1 MONTH OF
FREE
READING

at

www.ForgottenBooks.com

By purchasing this book you are eligible for one month membership to ForgottenBooks.com, giving you unlimited access to our entire collection of over 1,000,000 titles via our web site and mobile apps.

To claim your free month visit:

www.forgottenbooks.com/free1311364

ISBN 978-0-428-81299-7
PIBN 11311364

Pädagogische Studien

Neue Folge

Gegründet

von

Professor **Dr. W. Rein**

XXV. Jahrgang

Herausgegeben von **Dr. M. Schilling**

Königl. Sächs. Bezirksschulinspektor in Rochlitz

Dresden

Verlag von Bleyl & Kaemmerer (O. Schambach)

1904

Inhaltsverzeichnis
des
XXV. Jahrganges (1904).

———※———

C. Beurteilungen.

A. Abhandlungen.

I.

Ein sächsischer Dorfschullehrer in der Mitte des 19. Jahrhunderts.

Beitrag zur Dorfschulgeschichte des Königreichs Sachsen.

Vom Seminaroberlehrer Dr. H. Däbritz in Rochlitz.

Es war Ende März des Jahres 1869, als folgende Nachricht durch die sächsischen Tages- und Wochenblätter ging:

„Vorigen Mittwoch, den 22. März, bestattete man in Poldulitz bei Leisnig einen Mann zur Erde, der in seiner Originalität ein moderner Diogenes genannt werden kann. Der 62 Jahre im Amt gewesene Lehrer Gaudlitz in Zschockau bei Leisnig hat in der langen Zeit seines ausserordentlich fleissigen Wirkens nie mehr als 80 Taler Gehalt angenommen, obgleich es ihm mehrmals angeboten wurde, selbst das Gesetz es vorschrieb. Von diesem wenigen Gehalte machte er regelmässig den Konfirmanden namhafte Geschenke, unterstützte Arme mit wesentlichen Gaben, beköstigte sehr oft seine sämtlichen Schulkinder und sammelte ausserdem ein für diese Verhältnisse bedeutend zu nennendes Vermögen. Dass der Mann so gut wie gar keine Bedürfnisse hatte, ist wohl daraus zu ersehen. Auch die Kreisdirektion zu Leipzig sowie vorher das Konsistorium zu Dresden ehrten schon frühzeitig die Verdienste dieses Lehrers durch Anerkennungsschreiben. An seinem 50jährigen Jubiläum 1857 erhielt er das Ritterkreuz des Verdienstordens."

Diesem eigenartigen, in keinerlei Klassenbegriff aufgehenden Manne, der von 1852—1860 mein Lehrer war, sollen die folgenden Erinnerungen gelten. Nicht einem augenblicklichen Einfalle ist der Gedanke, sie zu schreiben, entsprossen, ich hatte mir längst Unterlagen dazu gesammelt und Aufzeichnungen gemacht, auch sie mit einstigen Schulgenossen gelegentlich durchgesprochen. Trotzdem

drängt es mich gleich anfangs, Jeremias Gotthelfs Wort zu wiederholen: Es möchte irgend jemand glauben, ich schreibe etwas Er-
sinntes ins Blaue hinein, um entweder die alte Zeit oder die alten
Schulmeister zu verleumden; nein, ich lüge wahrlich nicht.

I.

Gaudlitz wurde am 29. März 1786 im Dorfe Erlln bei Colditz
als Sohn des Hausbesitzers Johann Christian Gaudlitz[1]) geboren.
Nach seiner Konfirmation hielt er sich einige Jahre bei dem Schulmeister Nollau in Gersdorf bei Leisnig auf, um als „Schullehrling"
sich auf das Schulfach vorzubereiten, d. h. die Manier des Schul-
haltens abzusehen und durch Helferdienst sich anzueignen, bis er
nach einem „Tentamen" beim Superintendenten ein Zeugnis zur
Verwaltung einer „kleinen Schule" erlangte. Das war der gewöhnliche Weg der Vorbereitung der jungen Leute zum Schuldienst vor
Begründung von Seminaren in Sachsen und für viele noch lange
Zeit darnach.[2]) Als Selbstlehrlinge oder mit Unterstützung anderer,
besonders des Pfarrers, suchten sie sich dann weiterzubilden.
Bereits in einem Alter von 17 Jahren wurde Gaudlitz von der
kleinen Gemeinde Doberschwitz bei Leisnig „in Dienst" genommen
und informierte die Kinder, bis er am 13. Juli 1807 „Kinderlehrer"
im Nachbardorfe Zschockau wurde. Da kein Schulhaus vorhanden
war, zog er wohl als Reihe- oder Wandellehrer in den Häusern der
schulpflichtigen Kinder von Woche zu Woche nach einer gewissen
Reihenfolge umher und betrieb in den Wohn- und Familienstuben der
Bauern sein Unterrichtsgeschäft, bis später die Dörfer Doberschwitz
und Muschau mit Zschockau sich zu einer Schulgemeinde vereinigten
und in dem Seitengebäude eines Gutes ein stehendes Schullokal
ermieteten. 1842 erbaute die Schulgemeinde ein eignes Schulhaus mit
Lehrerwohnung, das am 8. November 1843 eingeweiht wurde. In
seiner Stellung verblieb Gaudlitz bis 1863, wo er mit 60 Talern
„als Provision aus der Schulkasse vom Einkommen der Stelle und
30 Talern vom k. Ministerium bewilligten persönlichen Zulage"
emeritiert wurde.[3])
Gaudlitz war ein „Kinderlehrer". So nannte man bis zum
Jahre 1835 in Sachsen die Lehrer, die nichts mit kirchlichen

---

[1]) Kirchenbuch Colmen.
[2]) Siehe Erneuerte Schulordnung für die teutschen Stadt- und Dorfschulen 1773
c. XIII, 6. Vgl. H. Däbritz, Zur Geschichte der ehemaligen Katecheten- und Kinder-
lehrerschulen in der Diöcese Grimma. Programm der Lehrerseminare I und II zu
Grimma 1891.
[3]) Pfarrarchiv Polditz: Bei dieser Gelegenheit spreche ich den Herren Pfarrern
Noth-Polditz, Müller-Colmen, sowie Herrn Bezirksschulinspektor Schulrat Mushake-Döbeln
meinen Dank aus, dass sie mir in das über Gaudlitz vorhandene Aktenmaterial Einsicht
zu nehmen gestatteten.

Funktionen zu tun hatten, die auf Nicht-Kirchdörfern, lediglich um Schule zu halten, angenommen wurden.[1] Ihre rechtliche Stellung war von der der „Schulmeister" auf den Kirchschulstellen wesentlich verschieden. Kinderlehrer nannte sich G. auch nach der veränderten Stellung, die diese Kinderlehrer nach dem Schulgesetz von 1835,[2] das ihre Stellung in eine ständige umgewandelt hatte, immer noch gern.

Der mittelgrosse, hagere Mann mit bartlosem Gesicht und dem ernsten Blick steht noch lebhaft vor meinen Augen. Das Silber-haar bedeckte ein Samtkäppchen. Sein Schulanzug bestand aus einem geschlossenen bis fast auf die Füsse reichenden dunklen Rocke mit kurzer Taille, einer breiten schwarzen Halsbinde mit weissen umgeschlagenen „Vatermördern". Stiefeln oder lederne Pantoffeln, im Winter Filzschuhe, die mit der feierlichen Steifheit seines Wesens wenig harmonierten, bildeten die Fussbekleidung.

Das Generale von 1805[3] hatte die Verwendung der Schulstube als Wohnstube verboten. Der unverheiratet gebliebene Gaudlitz hielt sich jedoch nur in der kleinen Schulstube auf. In einem lauschigen Winkelchen hinter dem Ofen war sein Bereich. Dort stand ein bescheidenes Tischchen mit allerhand Kleinkram belegt, eine Bank und ein hartgepolsterter Stuhl mit tiefeingedrückter Sitz-gelegenheit. An der Wand hing frei eine kleine Wanduhr. Diese einfache Ausstattung genügte ihm in seinem Stilleben. In die Räume des Obergeschosses ging er eigentlich wohl nur, um sich umzukleiden oder des Abends zu schlafen. Der Ofen in der Oberstube wurde von ihm selten oder nie geheizt. Die Schulstube war auch der Repräsentationsraum, dort empfing er Besuch, auch während der Anwesenheit der Schulkinder.

Er stellte bei seiner Bescheidenheit nie einen Antrag an die Gemeinde zu irgend einer nötigen Besserung oder Erneuerung im Hause. Die Schulstube liess er sich von Zeit zu Zeit auf eigne Kosten weissen und dabei über der Eingangstür das Lamm und die Symbole des Glaubens, der Liebe und der Hoffnung anbringen. Darunter, am Querbalken des Türgewändes, wurden dann zugleich die in wagerechter Reihe angemalten Anfangsbuchstaben der sieben Wochentage erneuert, unter die er mit Kreide die Ziffern der Monatstage für eine Woche schrieb, wodurch ihm der Kalender ersetzt war.

Äusserst einfach und schlicht war Gaudlitzens Kleidung. Hugo von Trimberg, ein mittelalterlicher Schulmeister in einer Vor-stadt von Bamberg, erzählt in seinem um 1300 gedichteten „Renner",

---

[1] Cod. Aug. I, S. 374. Däbritz a. a. O. S. 89.
[2] § 7 u. 10 sowie § 5 u. 12 der Verordnung im Codex des Kirchen- u. Schul-rechts S. 455/56.
[3] Cod. Aug. C. III, T. I, S. 58, § 19.

er habe seinen Mantel 34 Jahre getragen.[1]) Der Mann hatte eine zahlreiche Familie, er war arm und wurde von Sorgen gequält. Dieses war bei unserm Lehrer nicht der Fall, und doch übertraf er ihn. Hundertmal hat G. uns Schulkindern gesagt, dass er seinen Schulrock seit 40 Jahren trage. Das Aussehen liess allerdings auf hohes Alter schliessen. Er war zwar leidlich reinlich gehalten, erinnerte sonst aber an den Rock des Einsiedlers im „Simplicissimus". Er zeigte mehrere, in der wunderlichsten Weise von G. ausgebesserte Stellen. Ein etwas jüngerer blauer Mantel, der „matin", wie er gern sagte, mit grossem Kragen (in den dreissiger Jahren in Mode), war das Haupt- und Staatsstück seiner Garderobe, das er mit der Zähigkeit des Greises, der an der Mode seiner Jugend festhält, bei den regelmässigen Kirchgängen und an Festtagen trug. Einen neuen schwarzen Rock, der ihm einst von der Schulgemeinde verehrt worden war, zog er bei besonderen Feierlichkeiten an, aber er schien sich in diesem Sonntagsstaat nicht recht wohl zu fühlen, da er uns Kindern erzählte, dass er ihn nur ungern trage.

Der auf sich gestellte Junggeselle brauchte k e i n e f ü r s o r g e n d e S t ü t z e i m H a u s h a l t, nicht einmal eine sogenannte Aufwartung hielt er sich; er besorgte alles selbst. Er kehrte die Stube, aber nicht unter den Bänken; er wischte seinen Tisch, doch leider nicht unsre Subsellien;[2]) er putzte sich die Stiefel, wusch seine Taschentücher u. s. w. mehrfach während der Schulzeit vor unsern Augen, trug Holz und Kohle herbei und erwärmte die Schulstube. Mit seinem zurückscheuchenden Négligé an den Wintermorgen, einem vollständig abgetragenen, mehrfach defekten Rocke, dem alten blauen Taschentuche um den Hals und einer grossen Schildmütze auf dem Kopfe (wie sie Anfang des 19. Jahrhunderts getragen wurden, und von uns Kindern wegen ihrer Höhe die Ellenmütze genannt) lebt er noch deutlich in meiner Erinnerung. Trug er diesen Anzug noch bis 9 oder 10 Uhr, dann witterten wir, besonders die Sünder, nichts gutes, dann war Donner- und Prügelwetter nahe, und er teilte nicht selten mit dem alten Fausthandschuh, mit dem er die bröckeligen Torfziegel in den Ofen spediert hatte, Schellen aus, wobei es gewaltig um die Köpfe stäubte.

Nur in vereinzelten Fällen nahm G. zur Erledigung von Geschäften die D i e n s t e s e i n e r S c h u l k i n d e r in Anspruch. Wurden z. B. Torfziegel, Braunkohlen, Scheite oder Holzbündel angefahren, dann mussten wir Schulkinder Frondienste leisten; war Tinte, Papier aus der Kapitale der Gegend, dem eine Stunde entfernten Leisnig zu holen, so schickte er ein oder zwei Knaben zur Besorgung dahin ab.

---

[1]) Siehe Reicke, Der Lehrer S. 61 (Monographien zur deutschen Kulturgeschichte).
[2]) Revisionsber. des Sup. 1853 Pfarrarchiv Polditz.

Sehr anspruchslos war G. in Speise und Trank. Er genoss früh nicht Suppe, wie es in den fünfziger Jahren auf dem Lande noch mehrfach üblich war, oder Kaffee; ein Glas Wasser und ein Stück Brot oder die in der Schulstube liegen gebliebenen Bemmen von Schülern waren ihm lukullisches Morgenmahl. Selbst unter die Bänke gefallene Brotteile wusch und verspeiste er. Er tat es aus Wertschätzung gegen das Brot, das er als eine Gnadengabe Gottes respektierte, und das wegzuwerfen oder verderben zu lassen er als Frevel ansah. Ein sogenanntes zweites Frühstück gab es in der Regel für ihn nicht. Wenn er ass, so tat ers vor unsern Augen, nur selten ging er nach der Oberstube. Mittag- und Abendkost hatte er gegen kaum nennenswerte Vergütung im Hause meiner in der Nähe des Schulhauses wohnenden Eltern, und auch da zeigte sich seine spartanische Genügsamkeit. Gab es abends ganze Kartoffeln mit Butter und Quark, wie es in Bauernhäusern üblich ist, genoss er die Kartoffeln ohne Butter, nur mit Salz. Er gebot auch zuweilen uns Kindern, mit Salz und Kartoffeln zufrieden zu sein, und wir hatten viel zu viel Respekt vor ihm, um nicht sofort, wenn auch ungern, seinem Willen nachzukommen. G. war der Lehrer meiner Mutter gewesen, und so nahm man ihm Eingriffe in die häusliche Erziehung nicht übel. Ja, in jedem Hause der drei kleinen Bauerngemeinden seines Schulbezirks hatte er unter den Vätern, Müttern, ja sogar unter den Grosseltern ehemalige Schüler. Zwei Generationen hatten schon zu seinen Füssen gesessen, und es hatte sich eine Pietät gegen den alten Herrn entwickelt, die Eigenheiten seines Wesens nachsah.

Mit Vorliebe genoss G. Äpfel, aber nicht geschenkte, die er vielfach erhielt und noch in reicherem Masse erhalten hätte, wenn es ihm lieb gewesen wäre, sondern in den Gärten aufgelesene oder nur solchen Bäumen entnommene, die von den Eigentümern aus irgend einem Umstande ihrer Früchte nicht entledigt worden waren. Bei dem geringen Werte, den das Obst damals hatte, überliess man solche ihm gern. Mehrmals schickte er zur Obstzeit uns Jungen zum Obstauflesen in die benachbarten Gärten. Noch entsinne ich mich, wie er einst bei beginnendem Schneegestöber unter der Schulzeit eines entfernten, an einem Felde stehenden Baumes sich erinnerte, dass er noch Äpfel trüge. Einige Jungen, darunter ich, wurden beordert, mit Stangen die Äpfel herunterzuschlagen, weil sie nun doch niemand abnähme und sie durch den Frost zu Grunde gingen. Und das war ihm eine Freude, wie wir bald einen gefüllten Handkorb Äpfel brachten. Äpfel genoss G. gern als Bratäpfel, die auch während der Schulzeit auf dem eisernen Schulofen täglich in grösserer Anzahl zubereitet wurden, und es galt uns Knaben als ein grosses Verdienst, zuerst den Augenblick zu beobachten, wenn sie zu „singen" anfingen und gewendet werden mussten, damit sie nicht verbrannten. Der Apfelwender ging dann schnell zum Ofen,

blieb unaufgefordert als Wache stehen und wartete wenn nötig weiter
seines Amtes.

Sonst war Gaudlitzens Welt eng; von der Breite des Lebens
mochte er nichts wissen. In Wald und Flur gelegentlich Erholung
und Labung zu suchen, liebte er nicht. Selten liess er sich in seinem
Gärtchen vor dem Hause, an dem angrenzenden Teich und Gemeinde-
land blicken. Er zog sich in sich selbst zurück und empfand wenig
das Bedürfnis, im Verkehr mit anderen zu geben oder zu nehmen.
Sein Leben spielte sich innerhalb der weissgekalkten Wände seiner
Schulstube ab. In dieser seiner geistigen Einsiedelei weilte er als
Sonderling und zuweilen wohl auch als Griesgram. Selbst Umgang
mit Nachbarkollegen pflegte er nicht; ob er sich unter ihnen fremd
fühlte, ob er keinen fand, dem er seine Berufs- und Herzensangelegen-
heiten vertrauen konnte und wollte, vermag ich nicht zu sagen. Nur
selten auch trank er in einer Dorfschenke ein Glas einfaches Bier
und ein Schnäpschen. Das in Sachsen erst seit 1838[1] aufgekommene
und in den fünfziger Jahren auf dem Lande noch seltene Lagerbier
kam, wie er uns oft sagte, nie über seine Lippen. G. rauchte auch
weder Tabak, noch Zigarren.

Nicht häufig folgte er Einladungen in Familien bei festlichen
Gelegenheiten noch sonst in zwangloser Form zu traulicher Unterhaltung, doch trat er zu gewissen Zeiten einzelnen Bewohnern nahe.
In früheren Zeiten wurde vom Dorflehrer, dem Schulmeister bei der
Kirche, der wegen des religiösen Unterrichts gesetzlich zu den
Kirchenbeamten gerechnet wurde und der geistlichen Behörde unterstellt war,[2] seelsorgerische Tätigkeit gefordert. In einzelnen Fällen
verlangte man dies auch von den Kinderlehrern. So bedingt sich
z. B. die Gemeinde Chursdorf b. Penig bei Annahme des Kinder-
lehrers Kreym 1786 aus,[3] dass er verpflichtet sei, Kranke in der
Gemeinde zu besuchen und sovielmöglich mit den Kranken zu beten
und aus Gottes Wort Trost zuzusprechen. Gaudlitz übte in seiner
Schulgemeinde auch solche seelsorgerische Tätigkeit. War jemand
krank, so machte er unaufgefordert seinen Besuch. Er suchte dann
im stillen Leidensgemach dem Patienten Trost zu spenden, ihm vor-
zubeten, und seine Besuche wurden in vielen Fällen als eine Auszeichnung angesehen. Er hatte durch seinen Ernst und seine Würde
etwas von der priesterlichen Natur. Man wusste auch, er hatte den
Glauben, der Berge versetzt, und so baten Kranke um seine Gegenwart, um von ihm, dem priesterlichen Pädagogen, religiöse Tröstung
zu erhalten. Er berichtete uns Schulkinder ausführlich über solche
Gänge und knüpfte daran die Mahnung, in der Jugend beten zu
lernen; an Krankenbetten habe er so oft beobachtet, dass der Sinn

---

[1] Flathe, Sächs. Gesch. III, 492.
[2] v. Weber, System. Darstellung des im Königreich Sachsen geltenden Kirchen-
rechts I, 155.
[3] Archiv d. k. Bezirksschulinspektion Rochlitz. Act. Chursdorf 1786.

des Menschen sich dann nach dem Himmel richte und ein Spruch, ein Gesangbuchslied aus der Schulzeit grossen Trost gewähre.

Gaudlitzens Freundin ausser der Schulzeit war die Arbeit, und da beschäftigte ihn besonders auch abends bei seinem Lämpchen mit trüber Lebensanschauung vornehmlich Abschreiben. Wie weiland Schulmeister Wuz hatte er sich eine Bibliothek zusammengeschrieben. Ganze Stösse von kopierten Noten, Predigten aus erborgten Predigtbüchern oder auch aus Predigtmanuskripten, die er sich von Geistlichen erbeten hatte, von Danksagungen, Anzeigen mannigfachster Art aus der „Leipziger Zeitung" hatte er in seinem Vorrat. Wenn er dann von einzelnen Bewohnern angegangen wurde, einen Dank, eine Anzeige oder dergleichen für das „Leisniger Wochenblatt" oder die „Leipziger Zeitung" aufzusetzen, hatte er in seinen Sammlungen die Vorlagen. Ferner heftete er uns Schülern die Schulschreibebücher, ohne etwas dafür zu beanspruchen als die Auslagen für Papier; ärmeren Kindern schenkte er gewöhnlich auch das noch. Er schnitt und schärfte uns die Federn, denn wir schrieben noch meist mit Gänsekielen. Solche und ähnliche kleine Bemühungen uneigennützigster Art waren ein Ausfluss der unermüdlichen Schaffenskraft des alten rüstigen Herrn, die er ganz für seine Schüler hatte, ganz ihnen widmete. Frei von Familie kannte er keine Sorge als die um seine Zöglinge, keine Erholung als die, unter seinen Schülern zu sein. Er war wie es schien eine kerngesunde Natur; ich besinne mich nicht, dass er wegen Krankheit auch nur ein einziges Mal den Unterricht hätte aussetzen müssen.

Wie eingangs schon erwähnt, war G. von einer erstaunlichen Missachtung oder Gleichgültigkeit gegen materielle Güter des Lebens erfüllt, er nahm von der im allgemeinen wohlhabenden Schulgemeinde nicht einmal seinen vollen Gehalt. Seine Denkweise hatte wohl einen bescheidenen Teil von dem Idealismus, der die erste Hälfte des 19. Jahrhunderts ja wesentlich mehr erfüllte. Er hat uns Schulkindern oft gesagt, dass er nicht den vollen Gehalt für seine Tätigkeit beanspruche, da er nicht für Geld arbeiten wolle. In den ersten Jahren seiner Amtstätigkeit, wo er als Reihe- oder Wandellehrer die Reihekost genossen hatte, betrug sein Geldeinkommen nur wenige Taler. Als 1835 der Minimalgehalt eines Landlehrers ohne Kirchendienst auf 120 Taler erhöht wurde,[1] beanspruchte er anfangs nur 60, später z. B. 1852 90 Taler, und als die Verordnung vom 28. Oktober 1858[2] das zu Geldwert angeschlagene Einkommen auf 150 Taler erhöhte, nahm er nur 90 Taler. Ja als er von der Behörde genötigt wurde, eine Generalquittung über 150 Taler Jahresgehalt auszustellen, tat er das, nahm aber, wie er uns oft erzählt hat, doch nicht die volle Summe. 1859 er-

---

[1] Schulgesetz § 39a. G.- u. Vbl. 1835, S. 287.
[2] Gesetz- u. Verordnungsblatt v. 1858, S. 271 ff.

klärt er amtlich, dass seine Stelle eigentlich 200 Taler trüge, 60 Taler davon aber der Schulkasse zu gute gingen, er 140 Taler ausgezahlt erhalte.[1]) Und von diesen wenigen Talern lebte er nicht nur, er unterstützte ausser armen Anverwandten mehrfach arme Konfirmanden durch Kleider und regelmässig durch Gesangbücher; aber auch andern Armen der Schulgemeinde gab er reichlich, falls sie es nach seiner Überzeugung verdienten. Als 1842 nach einem grösseren Brande in Muschau für die abgebrannten Dienstboten eine Geldsammlung veranstaltet wurde, schenkte nach einem mir vorliegenden Verzeichnis der „Kinderlehrer Gaudlitz" 2 Taler, während die grösste der sonstigen Gaben 4 Neugroschen betrug. Es ist in der eingangs angeführten Zeitungsnotiz nicht richtig, dass G. sehr oft seine ganzen Schulkinder beköstigt habe, doch weiss ich, dass er uns zuweilen ein Stück Kuchen, einige „Bolltauben"[2]) oder eine Anzahl der schönen Pflaumen, die er auf den am Hause stehenden Spalierbäumen erbaut hatte, spendete. Der ritterschaftliche Abgeordnete der zweiten sächsischen Kammer, der auf dem Landtage 1845/46[3]) in der Debatte über die Befreiung des niedern Militärs von der Personalsteuer die Befreiung damit verteidigte, dass wohl ein Dorfschullehrer den Tag mit 2 Neugroschen (20 Pfg.) ganz gut leben könne, aber nicht ein zu grossem Aufwande genötigter Offizier, hätte unsern Lehrer als Beispiel anführen können.

II.

Wie stand es nun aber mit Gaudlitzens d i d a k t i s c h e n G r u n d - s ä t z e n und mit der P r a x i s d e s U n t e r r i c h t e n s ? Bei der Eigenheit seines Wesens muss eine solche Frage besonders nahe liegen.

Unsere Schule zu Zschockau war als Nebenschule eine L a n d - s c h u l e i n e i n f a c h s t e r G e s t a l t und zählte 34 Schüler.

Bei der einfachsten Landschule war es in den fünfziger Jahren bereits etwas Selbstverständliches, dass sie zur besseren Erreichung des Schulzweckes in zwei Hauptabteilungen oder Klassen zerfiel, deren jede in besonderen Stunden ihren Fähigkeiten entsprechenden Unterricht empfing. Für solche Einrichtung hatte man schon im 18. Jahrhundert gekämpft,[4]) und wahrscheinlich durch Dinters Einfluss[5]) hatte das kurfürstliche Generale vom 4. März 1805[6]) das

---

[1]) Pfarrarchiv Polditz.
[2]) Dreierbrotchen aus geringerem Mehl (mittelhochd. bolle Nachmehl, minderwertiges Mehl).
[3]) Böttcher-Flathe, Sächs. Geschichte III, 353.
[4]) „Über die höchstnötige Verbesserung der chursächsischen Dorfschulen" 1791. Verfasser ungenannt. S. 71.
[5]) Vgl. Schul- und Ephoralbote aus Sachsen 1834 No. 64.
[6]) § 19.

Zweiklassensystem der bis dahin einklassigen Landschule anbefohlen, damit der Lehrer nicht in die Notwendigkeit versetzt sei, seine Kräfte zwischen Grösseren und Kleineren zu zersplittern. Die Superintendenten wurden durch das Reskript vom 17. Mai 1816 [1] angewiesen, bei ihren Schulrevisionen darauf zu achten, ob die Klasseneinteilung bereits durchgeführt sei. Das Schulgesetz von 1835 [2] befiehlt wiederum, dass jede von einem Lehrer besorgte Schule in zwei nicht gleichzeitig, sondern nacheinander zu verschiedenen Tageszeiten zu unterrichtende Klassen geteilt sein soll. Indes der Schwierigkeiten halber, die sich an manchen Orten für die Klasseneinteilung ergaben, [3] wurde den Distriktsschulinspektoren gestattet, unter besonderen Umständen eine Ausnahme zu machen. Unsre Schule war eine solche Ausnahme; es gab keine Scheidung von Klassen nach den Fähigkeiten der Kinder, keine Sonderung in Vor- und Nachmittagsschüler; alle Kinder vom 6.—14. Jahre wurden zu gleicher Zeit unterrichtet.

Das Schulgesetz von 1835 setzte wie die Schulordnung von 1773 [4] den Schulanfang im Sommer um 7, im Winter um 8 Uhr fest, aber ein der Zeit nach genau bestimmter Schulanfang war bei G. nicht üblich. Es kamen die einen Kinder zeitiger, die andern später in die Schule. Im Sommer waren die ersten schon um 6 Uhr zur Stelle; je zeitiger sie kamen, um so lieber war es dem alten Lehrer, der nun in seiner Klause nicht mehr allein war.

Mit „Gott grüsse Sie!", dem schon im Mittelalter üblichen Grusse, [5] traten wir in die Schulstube ein und begaben uns möglichst leise auftretend an unsern Platz. Die heutigen zweisitzigen, mit Lehnen versehenen Schulbänke kannte man damals in Dorfschulen noch nicht; bei uns gab es einsitzige, mit der „Schreibbank" festverbundene „Subsellien", in die wir uns förmlich hineinklemmen mussten, so nahe war die Sitzbank dem Tische befestigt. Der Zugang des Lehrers zu dem einzelnen Kinde und ferner auch eine gründliche Reinigung des Fussbodens war bei ihnen unmöglich.

Das Ende der Schultätigkeit, während der es keine Pause zum Hinausgehen oder Frühstücken gab, war auch kein regelmässiges. Die Schulstunden waren unserm Lehrer gewissermassen Erholungsstunden, und die wollte er recht lange geniessen. Manche Schüler wurden um 11, andere etwas später, die letzten dann entlassen, wenn der Lehrer zu Tisch gerufen wurde und das Haus verliess. Mit „Leben Sie wohl, Herr Gaudlitz!" verabschiedeten wir uns. Sobald G. nach einer halben Stunde zurückkam, standen auch schon Schüler wieder bereit, um mit ihm in die Schulstube

---

[1] Cod. Aug. C. III, T. 1. S. 94.
[2] Gesetz- u. Verordnungsblatt 1835, S. 298.
[3] Siehe Hoffmann, Volksschulverfassung I, 258 Anm. 1.
[4] Cap. IV, 3.
[5] Vgl. Zur Geschichte des Grusses s. Zeitschr. f. deutsch. Unterr. VI, 320.

·einzutreten. Mittagpause mit Mittagruhe gab es für G. nicht; die
Beschäftigung begann sofort wieder, zumal auch die übrigen Schüler
sich bald wieder einstellten. Die entfernter wohnenden Kinder
gingen im Winter mittags überhaupt nicht nach Hause, sondern
brachten, wie die Schulordnung von 1773[1]) empfohlen, ihre Bemmen
des Morgens mit und assen sie mittags in einer Bauernstube oder
in der Schulstube, in der sie während der Abwesenheit des Lehrers
·eingeschlossen blieben. Nachmittags wurden manche um 4, andre
·später, ja mehrfach erst, wenn der sinkende Abend seine Schleier
zu weben begann, entlassen.

Bei solcher Ordnungslosigkeit war auch gemeinsamer Gesang,
war Gebet als sittlich-religiöses Erweckungs- und Stimmungsmittel
am Anfang und Schlusse der Schule[2]) bei uns selten.

Es ist uns heute eine selbstverständliche Sache, dass es nicht
dem Zufall, der Laune und Willkür des Lehrers oder wohl gar der
Wahl der Schüler überlassen bleiben kann, was in der Schule, zu
welcher Zeit und in welcher Ordnung es gelehrt werden soll. Die
Ordnung der Schule und des Unterrichts unterstützt und erleichtert
nicht nur das Unterrichtswerk selbst, sondern sie wirkt auch als
ein treffliches Disziplinarmittel. Durch sie gewöhnt sich das Kind
·an Ordnung und Pünktlichkeit. Ohne Planmässigkeit, ohne einen
feste Klassen und Abteilungen umfassenden Arbeits- und Lehrplan können wir uns in unsrer Zeit eine Schule gar nicht mehr
denken. In Sachsen ist auch bereits 1724[3]) ein Lehr- und Stundenplan zum erstenmal vorgeschrieben worden. Die Notwendigkeit
eines festen Lehr- und Lektionsplanes betont ferner die Schulordnung
von 1773[4]) sowie das Regulativ vom 17. Mai 1816.[5]) Das Schulgesetz von 1835[6]) fordert, den Stundenplan in eine besondere Tabelle
zu bringen, in der Schulstube aufzuhängen und den Schülern geläufig
zu machen. Von Lehr- und Stundenplan war in unsrer Schule jedoch
nichts zu spüren; wir wussten nicht, was an diesem oder jenem Tage
der Woche, in dieser oder jener Schulstunde behandelt werden würde,
es herrschte eine vollständige Planlosigkeit. Willkür und Subjektivität
des Lehrers machten sich in breitester Weise geltend, was der Lehrer
nach Neigung oder was der Zufall bestimmte, das wurde getan, oft
wie bei Pestalozzi ein und dasselbe einen ganzen Tag lang. Die
Behörde liess es „bei der vorhandenen Gewissenhaftigkeit" des
Lehrers auch nach. Der Superintendent dispensiert nach einem

---

[1]) Cap. V, § 7.
[2]) Instruction von 1724, § 27. Erneuerte Schulordnung 1773, cap. V, § 4, 5, 7,
·8, 10. Schulgesetz 1835, Verordnung § 58.
[3]) „Instruction, wie die Information in denen Teutschen Schulen der Chur-
·Sächsischen Lande anzustellen ist" Vormbaum III, 695 ff. Cod. Aug. II, Cont. 203 ff.
[4]) Cap. V, § 3 ff.
[5]) Cod. Aug. III, T. I, S. 94.
[6]) § 43.

Protokoll aus dem Jahre 1848[1]) Gaudlitz „seines eigentümlichen Lehrkursus wegen" von der Führung eines Schultagebuches.

Die Krone aller Lehrfächer war der Religionsunterricht; Religion war nicht nur Gegenstand täglicher Übung, sondern nahm auch im Unterricht einen breiten Raum ein, so dass unsre Schule an die Zeit des Pietismus erinnerte. Freilich ein Religionsunterricht im heutigen Sinne, eine Zerlegung des Stoffes in methodische Einheiten, eine Unterredung über die Materialien des Katechismus, durch welche der Lehrer in leichtfortschreitenden Fragen die Schüler auf Gedanken und Vorstellungen, die er in ihnen erwecken soll, hinzuführen oder durch anregende Hilfen zu freier Aussprache zu veranlassen sucht, eine unterrichtliche Behandlung und Erklärung der biblischen Geschichte gab es eigentlich nicht. Die Lehrweise entbehrte nicht nur der eingehenden Entwicklung des Stoffes, sondern auch der frischen lebendigen Gestaltung. Es fehlte dem Lehrer an Methode, an einem gesetzmässigen, psychologisch notwendigen Wege. Seine Unterrichtsart und Unterrichtsmethode war lediglich abhängig von dem subjektiven Belieben, von der Willkür. Unser Religionsunterricht war eigentlich mehr eine Gedächtnismarter und zumeist ein verständnisloses Einlernen von religiösen Stoffen, „viel Memorierwerk".[2]) Und wieviel ist doch schon zeitig gegen solchen Unterricht geeifert worden! Bereits die Visitationen von 1529 und 1534 ·(z. B. in der Diöcese Grimma)[3]) wollen die vorgesprochenen Katechismusstücke erklärt und dann memoriert haben. Die sächsische Schulordnung von 1580 sagt:[4]) „Der Lehrer soll den Kindern den Katechismus so lehren, dass sie denselben auswendig lernen und recht verstehen und begreifen mögen," und „die Schulmeister sollen den Schülern den Katechismus verständig erklären." Die Vorrede zu dem 1688 erschienenen sogen. Dresdner oder Kreuzkatechismus ·gibt Anleitung zu einer verständigen Methode des Religionsunterrichts.[5]) Der unter dem 22. Mai 1713[6]) erlassene „Befehl von fleissiger Aufsicht der Schulen" fordert die Geistlichen energisch auf, das verständnislose Auswendiglernen in den Schulen zu verhüten. Und in der „Instruction" von 1724[7]) heisst es: Die Lehrmeister „sollen vorbauen, dass die Kinder die zum Christentum gehörigen Dinge nicht nach der Leyer und ohne Verstand und Nachdenken lemen". Gleiche und ähnliche Mahnungen enthalten auch die Schulordnung von 1773[8]) und das Schulgesetz von 1835.

---

[1]) Pfarrarchiv Polditz.
[2]) Revisionsbericht des Sup. 1853 Pfarrarchiv Polditz.
[3]) Visitationsakten von 1529 u. 1534. Manuscript; Sup. A, Grimma.
[4]) Sch.-O. 1568 hrsg. v. Wattendorff S. 108.
[5]) Vorrede S. 3.
[6]) Corp. iur. eccl. Saxon. I, 527. Cod. Aug. I, 898.
[7]) C. i. e. S. II, 532, § 15.
[8]) Cap. III, § 5.

Wie hatte ferner schon Ende des 18. Jahrhunderts in Sachsen die Leipziger Ratshausschule als Musterschule (Rosenmüller, Plato, Dolz) ein schönes Vorbild durch Anwendung der entwickelnden Unterrichtsmethode Rochows, der „Reckanschen Lehrart" gegeben,[1]) und wie hatte an andrer Stelle wieder ein Dinter und nach ihm viele, besonders Diesterweg, das entwickelnde, die geistige Kraft hebende Lehrverfahren angeregt. Aber diese in den fünfziger Jahren bereits selbstverständlichen Forderungen gingen unserm Religionsunterrichte vielfach ab, da es dem Lehrer selbst zuweilen wohl an rechter Kenntnis der Sache und der Kenntnis der Schüler fehlte. Die an die Unterrichtsstoffe etwa angeschlossenen Erläuterungen trugen mehr einen erbaulichen Charakter.

Auch die Forderung Rochows: „Religion soll den Kindern nicht eingeprügelt, sondern eingeflösst werden", war für unsre Schule noch nicht erfüllt. Wir haben ohne viel inneres Empfinden mit Furcht und Zittern die Hauptstücke des Katechismus durch Vorsagen von Zeile zu Zeile und in stiller Selbstbeschäftigung nachbeten gelernt, ein Verständnis wurde nicht immer angestrebt. Dazwischen ermahnte uns G. zu einem frommen und tugendhaften Lebenswandel, machte aber oft die merkwürdigsten Exkurse, er wurde satyrisch und zitierte:

„Wie rar anjetzo sei die Gottesfurcht und Tugend,
Das zeigt nebst andern auch die ungezog'ne Jugend."

Er vermied nicht den Ton persönlicher Gehässigkeit, schimpfte und zankte in galligster Weise auf die Eltern, die an unserer Unwissenheit in religiösen Dingen und unsrer vermeintlichen Schlechtigkeit schuld trügen, da sie uns nicht zum Guten anhielten: „Ihr Eltern sehet doch auf bess're Kinderzucht, damit nicht über euch die Nachwelt seufzt und flucht" und wendete hundertmal das Bibelwort auf sie an, das auch A. H. Francke[2]) den schlechten Eltern zuruft: „Es wäre ihnen besser, dass ein Mühlstein an ihren Hals gehänget würde und sie ersäufet würden, mitten im Meere." Die Wirkung war freilich nicht die gewünschte; bei der oftmaligen Wiederholung liess uns seine Rede kalt, und die Eltern, wenn es ihnen berichtet wurde, machten schlimme Bemerkungen.

Wie mit den Stücken des Katechismus, so war es auch mit den Kirchenliedern, dem Morgen- und Abendsegen und den Tischgebeten, den biblischen Sprüchen und Psalmen. Das Auswendiglernen von Psalmen war eine Eigentümlichkeit unserer Schule; es war überhaupt in der alten sächsischen Volksschule traditionell. Schon Melanchthon befiehlt im „Unterricht der Visitatoren an die Pfarrherren" 1528:[3]) „Die Schüler sollen etliche leichte und klare

---

[1]) E. Helm, Geschichte der Ratsfreischule, S. 39.
[2]) Kurtzer und einfältiger Unterricht u. s. w. Ausgabe v. O. Frick, S. 8.
[3]) Grossmann, Die Visitationsacten der Diöces Grimma, S. 74.

Psalmen (111, 125, 127, 128, 133) richtig ausgelegt erhalten und auswendig lernen." Später begünstigt besonders der Pietismus[1]) das Memorieren von Psalmen, und die von ihm beeinflusste „Instruktion" für die sächsischen Schulen von 1724[2]) macht eine Anzahl Buss-, Weissagungs-, Lehr-, Kreuz-, und Trostpsalmen, Lob- und Dankpsalmen namhaft, die eingeprägt werden sollen. Auch die Schulordnung von 1773 fordert[3]) die Aneignung einer Anzahl Buss-, Lehr-, Trost- und Lobpsalmen. In den sächsischen Volksschulen alter Zeit war daher ein besonderer Abdruck des Psalters als Schulbuch in den Händen der Schulen, und erst im Schulgesetz von 1835[4]) wird der Gebrauch eines besonderen Psalters als überflüssig bezeichnet.

Nun wurde wohl bei uns viel auswendig gelernt, aber eine Einsicht in das Gelernte blieb uns in den meisten Fällen fremd, und wenn nicht die tausendfache Übung und die Furcht vor Strafe den Stoff dem Gedächtnis erhalten hätte, die nur eingepflanzten Kenntnisse wären verschwunden wie der Pilz, der über Nacht gewachsen ist. Gefragt und erläutert wurde vom Lehrer wenig, und falls ersteres geschah, so nützte es nicht genug, da die schädliche Gewohnheit des Zusammenantwortens noch nicht völlig ausgerottet war. Es wird auch 1849 in der Revisionstabelle des Distriktsschulinspektors, des Sup. Haan-Leisnig, in Gaudlitzens Schule getadelt.[5]) Es war das die alte Weise des Unterrichtens, die es nicht verstand, oder sich nicht die Mühe nehmen wollte, sich zu dem einzelnen Schüler herabzulassen, sondern im allgemeinen fragte und im Chor antworten liess, dadurch aber die Schüler zu einem geistlosen Nachbeten anleitete. Gegen solche Unsitte kämpft A. H. Francke und Rambach in seinem 1722 erschienenen „wohlunterrichteten Katecheten" und Rochow.[6]) Dr. med. Dippold, „Scholarch" in Grimma[7]) ist ärgerlich über „die schlechte und niedrige Methode", über die sich „fast in allen Schulen findende, alle Denkkunst ruinierende Gewohnheit, nach welcher die Knaben ihre Antwort auf die Frage des Lehrers alle zusammen in einem singenden Tone herausheulen, so dass der Lehrer nunmehro nicht weiss, wer eigentlich geantwortet, oder ob der grösste Teil der Kinder die Frage wohl verstanden hat; ein bis zwei fertige Köpfe geben den Ton an, und die andern bellen mit, der Faule kommt dabei mit durch, und weil die andern

---

1) A. H. Francke, Kurtzer u. einfältiger Unterr. Hrsgeg. v. O. Frick, S. 12.
2) § 14.
3) Cap. III, § 6.
4) § 44 der Ausführungsverordnung.
5) Revisionstabelle a. d Jahren 1845/49. Archiv d. Bezirksschulinsp. Döbeln.
6) S. Heppe, Gesch. d. deutschen Volksschulwesens I. 145. Strack, Gesch. der deutsch. Volksschulwesens., S. 213.
7) Über den Verfall der chursächsischen Schulen 1791, S. 44. Vgl. Däbritz, Ein Blick in die sächsischen Stadtschulen vor hundert Jahren i. Deutsche Blätter f. erz. U. 1885 No. 40—43.

antworten, kann er desto ruhiger an sein Ball- und Kegelspiel denken". Aber obgleich man seit Ende des 18. Jahrhunderts auf Beseitigung des Zusammenantwortens dringt, scheint die Unsitte doch schwer zu beseitigen gewesen zu sein. Noch 1832 klagt der Radeberger und dann Waldheimer Superintendent Hoffmann auf Grund seiner Erfahrungen als Distriktsschulinspektor[1) „über die in vielen Schulen aller Erinnerung ungeachtet recht schwer zu tilgende Gewohnheit, immer im allgemeinen zu fragen und im Chor antworten zu lassen". Auch der Pfarrer Rissmann von Zettlitz bei Rochlitz bemerkt in seinem Zeugnis über die Tätigkeit des Kirchschullehrers Böttcher am 25. April 1837, dass B. trotz wiederholter Rüge noch oft in den Fehler des Tuttiantwortens falle.[2)

Als Mittel zur Abhilfe kam Ende des 18. Jahrhunderts die Sitte des Handhebens als Zeichen der Bereitwilligkeit zum Antworten wahrscheinlich in den Schulen des Saganschen Abtes und Prälaten Felbiger[3) auf. Aus Norddeutschland ist es 1794 aus Hannover bezeugt.[4) Wann sie in den sächsischen Schulen zuerst erscheint, vermag ich nicht anzugeben, aber sie war in den fünfziger Jahren allgemein üblich; nur in unsrer Schule nicht.

In der Bibel lasen wir viel und fanden uns gut in ihr zurecht; denn volle halbe Tage lang wurde die Reihe der biblischen Bücher gelernt und wurden wir mit schnellem Aufsuchen dieses oder jenes Spruches beschäftigt. Das Bibellesen selbst war nur zumeist ein opus operatum, ein Werkdienst, wovor doch schon A. H. Francke so eindringlich gewarnt hatte.[5) Die gelesenen Stellen blieben ohne oder ohne genügende Erläuterung des Sinnes. Noch heute ist mir die innere Befriedigung in Erinnerung, die mich überkam, als ich im späteren Unterricht Aufschluss erhielt über den Sinn des Spruches: „Es ist leichter, dass ein Kamel durch ein Nadelöhr gehe" u. s. w. (Luk. 18, 25) ferner über die Ausdrücke „wider den Stachel zu löcken" (Apostelg. 9, 5), ein „Titel vom Gesetz" (Math. 5, 89 und „Träber" im Gleichnis vom verlorenen Sohne u. s. w., die mir aus der Dorfschulzeit als Wortschälle ohne Resonnanz längst geläufig geworden waren. Die Lehrbücher, besonders die Sprüche Salomonis und der Sirach, wurden häufig gelesen, sie spielten in der alten sächsischen Volksschule überhaupt eine grössere Rolle.

Um das Verständnis des Schulkatechismus in Sachsen bei Lehrern und Schülern mehr zu fördern, und um mehr Einheit in der Erklärung zu erzielen, hatten 1683 die Geistlichen an der Kreuzkirche in Dresden, vom chursächsischen Kirchenrate beauftragt, den

---

[1) Volksschulverfassung I, S. 176, Anm. 2.
[2) Acta d. Amtshauptmannschaft Rochlitz, das Schulwesen in Zettlitz. Erg. 1836 Xer. 757 Bl. 1376.
[3) Volkmer, Joh. Ignatz v. Felbiger u. s. Schulreform. Habelschwerdt 1890 S. 42.
[4) Heppe I, 90.
[5) Kurtzer u. einf. Unterr. S. 19.

Katechismus Luthers durch Fragen und Antworten erläutert und'
mit Sprüchen aus der heiligen Schrift versehen. Das aus 540 Fragen
und Antworten im Sinne der Concordienformel bestehende Buch
wurde 1688 und von neuem 1713[1]) als Normallehrbuch in die
sächsischen Stadt- und Dorfschulen eingeführt. Unter dem Namen
Dresdener Katechismus, Kreuzkatechismus, auch grosser Katechismus
genannt, hat er nicht nur im „Tentamen" der Kinderlehrer beim
Superintendenten, im Examen der Schulmeister im Konsistorium,.
sondern auch als Schulbuch über hundert Jahre eine grosse Rolle
gespielt. Auch die Schulordnung von 1773[2]) hält ihn noch als·
solches fest, und erst seit Anfang des 19. Jahrhunderts erscheint der·
Dresdener Katechismus nicht mehr als das rechte Lehrbuch[3]) und
wird durch andere Ausgaben, besonders durch Bayers Handbuch
für Wander- und Kinderlehrer, ersetzt. In unserer Schule stand er
in den fünfziger Jahren noch in hohem Ansehen, öfters wurde daraus
von einem Schüler vorgelesen, womit wahrscheinlich die Katechismus-
unterredung ersetzt werden sollte. Dem Kreuzkatechismus entnahm
Gaudlitz auch die Wochensprüche, die von ihm Zeile für Zeile „vor-
gebetet" und von uns Schülern „unisono" nachgesagt wurden, ganz·
nach A. H. Francke,[4]) der da fordert, dass „der Präceptor den
Kindern die Sprüche Wort für Wort, von einem Commate zum
andern vorsaget und die Kinder zugleich solche bescheidentlich und
ohne grosses Geschrei nachsprechen, bis sie den Spruch können".
Auch die Schulordnung 1773[5]) wünscht es in gleicher Weise. Das·
Nachsprechen ging nicht immer ohne Geschrei ab, ja — dem Einzelnen wächst der Mut in der Gemeinschaft — wir fanden ein gewisses Vergnügen daran, zu schreien. Ein ästhetischer Vortrag
wurde, soweit ich mich erinnere, vom Lehrer nicht verlangt. Und
doch hatte dafür das 18. Jahrhundert, insbesondere die Aufklärungszeit ihre Forderungen aufgestellt.

Um den Redeakt zu regeln, klopfte unser G. beim Sprüche-
sagen mit dem Buche oder dem grossen Hausschlüssel'
auf die Schulbank. Das Klopfen mit dem Schlüssel für solchen Fall
hat bereits Abt Falbiger empfohlen.[6])

Kam im Spruche oder sonst im Unterricht der Name Jesu vor,.
so neigten wir den Kopf so, wie es in der Kirche beim Segens--
spruch noch viele Besucher tun.

---

[1]) Hoffmann, Volksschulverfassung I, S. 64 u. 66: General-Verordnung v. 1. Sept.
1713, erlassen wegen des Übertrittes des Kurprinzen zur röm.-kath. Kirche 1711. Ferner·
Gen.-Schulordnung 1773 VI, § 2.
[2]) Cap. III, § 3.
[3]) S. Däbritz, Katechetenschulen u. s. w. S. 63.
[4]) A. Richter, A. H. Franckes Schriften über Erz. u. Unterr. S. 412.
[5]) Cap. III, § 1.
[6]) Heppe a. a. O. I, 90. v. Felbiger, Methodenbuch, hrsg. v. Tupetz § 2.

„Zieh ab und neige dich, wenn du von Jesu hörst,
So sehen andre auch, dass du den Heiland ehrst,"

mahnte er dann. Solches Bücken und Neigen beim Namen Jesu
war früher allgemein üblich und nicht nur in Sachsen. So schreibt
z. B. die Nordhäuser Schulordnung von 1583 [1]) vor, dass die Kinder
in der Kirche beim Namen Gottes oder Christi die Mütze abziehen
und sich bücken sollen.

Mit grosser Genugtuung sagte G. uns Kindern oft, dass er jederzeit den Katechismus Luthers als Grundlage des Religionsunterrichtes in Ehren gehalten habe. Der Grund
seiner Rede war uns gleichgültig und nicht verständlich. Es verband
sich damit aber wahrscheinlich eine geschichtliche Erinnerung an
die Zeit der dreissiger und vierziger Jahre des 19. Jahrhunderts, wo
in Deutschland Hegels Einfluss auf allen Gebieten geistigen Lebens
dominierte, der in der kirchlichen Bewegung durch die Namen
Strauss, Bauer, Feuerbach gekennzeichnet ist. In Sachsen[2]) herrschte
damals im Kirchenregiment (von Ammon), auf Universität, Kanzel,
Gelehrten- und Volksschule die neue Aufklärung, „der Gläubigkeit
im evangelischen und reformatorischen Sinne mehr als ein Makel
galt". Für den Religionsunterricht der Volksschule wurden statt der
revidierten Dresdener Ausgabe des Lutherischen Katechismus Ausgaben freierer Richtung, besonders Dinters Auszug aus dem Dresdner
Katechismus, oder die Hauptstücke der christlichen Religion von
dem Plauenschen, später Pirnaischen Superintendenten Dr. Tischer
gebraucht. Erst Anfang der fünfziger Jahre lenkte das Kirchenregiment mit Eintritt des Kultusministers von Falkenstein wieder in
andere Bahnen ein,[3]) und so wurden die naturalistischen Lehrbücher
aus der Schule verwiesen und der Lutherische Katechismus zog wieder
ein.[4]) Gaudlitz freute sich also wohl darüber, dass er die Wandlung
nicht mitgemacht, bei kirchlicher Rechtgläubigkeit und dem alten
Katechismus treulich ausgehalten hatte.

Auch Hübners biblische Geschichten oder genauer die
„zweimal 52 auserlesenen biblischen Historien aus dem alten und
neuen Testamente von Johannes Hübner, Rektor des Johanneums
in Hamburg", gehörten zu den Büchern unsrer Schule. Das 1714
erschienene Buch „des Vaters des biblischen Geschichtsunterrichts"
hatte bald auch den Weg in die sächsische Volksschule gefunden.

---

[1]) Strack a. a. O., S. 61.
[2]) Kunze, Die Leitung der sächsischen evangelischen Landeskirche. Leipzig 1870,
S. 2. Flathe, Sächs. Gesch. III, 421.
[3]) Kunze a. a. O. S. 4. Nach Flathe, Sächs. Gesch. III, 541/42 war die Bekanntmachung der in evangelicis beauftragten Staatsminister vom 17. Juli 1845 (abgedruckt bei Flathe a. a. O.) der erste entschiedene Schritt zum Bruch mit dem
Rationalismus.
[4]) Verordnung bezüglich der in der Elementar-Volksschule zu gebrauchenden und
nicht zu gebrauchenden Religionsbücher vom 4. März 1854. Vgl. auch Flathe, Sächs.
Gesch. III, 694.

Hübner stammte aus Sachsen. Er wurde 1668 in einem Dorfe bei
Zittau geboren und wirkte als Lehrer in Leipzig und Rektor zu
Merseburg, ehe er nach Hamburg ging. Über 100 Jahre lang ist
sein Buch ein beliebtes Schulbuch gewesen, neunundneunzigmal
wurde es aufgelegt. Der Preis von 9 Groschen war für ein Volks-
schulbuch nur etwas hoch, und so kam es, dass das Buch wohl in
vielen Schulen vorhanden, aber lange nicht in den Händen aller
Schüler war. So auch in unsrer Schule. Es fand sich der Hübner
nur in wenigen Schulexemplaren vor, die zuweilen an uns Kinder
zum Lesen, d. h. Lautvorlesen, verteilt wurden. So lasen wir denn,
freilich ebenso mechanisch wie in der Bibel und ohne rechte Einsicht in den Stoff. Es wurde vom Lehrer nicht genügend beachtet,
dass Hübner in der Vorrede die „Lehrmeister" auffordert, den
Kindern mit den' Worten auch zugleich den rechten Verstand und
Begriff von der Sache beizubringen, und dass er, um dem in der
Fragekunst ungeschickten Lehrer zu Hilfe zu kommen, selbst
numerierte Zergliederungsfragen, die mit den im Text der Geschichte gesetzten Ziffern korrespondieren, unter eine jede Geschichte hat drucken lassen. Wir lasen die „geschichtlichen
Fragen", ohne veranlasst zu werden, sie zu beantworten, die „nützlichen Lehren", „die gottseligen Gedanken" und selbst die „lateinischen Verse" ohne Verständnis.

Ein Lesebuch im heutigen Sinne hatten wir in unsrer Schule
nicht. Genau wie in den früheren Jahrhunderten, wo das Abc-Buch
zum Lesenlernen diente und, sobald die Schüler zu lesen vermochten,
der Katechismus, die Bibel und das Gesangbuch als Lesebücher eintraten, so war es auch bei uns. Das Abc-Buch, ein Nachkomme
der bekannten Kickeriki-Fibel, das ausser dem Alphabet und Material
zu Buchstabenübungen noch kleine Geschichten und dann bunte
Bilder mit darunterstehenden zweizeiligen Versen, Ziffern und das
Einmaleins enthielt, war unser erstes Lesebuch. Ich lernte in ihm
nicht nach „der neuen Lehrart", wie die Schulordnung von 1773[1])
verlangt, und womit sie doch wahrscheinlich die Lautiermethode
meint, lesen, sondern nach der geistlosen Buchstabiermethode, „der
langweiligen Lauserei", wie J. G. Zeidler[2]) sagt, oder „der Buch-
stabenplackerei und grausamen Lesebarbarei", wie Plato[3]) sich ausdrückt. Erst folgten in ähnlicher Weise, wie der Schulmethodus
Ernsts des Frommen empfiehlt[4]) und wie Pestalozzi[5]) es noch wollte,
die grossen Buchstaben der Reihe nach, dann die kleinen, die Vokale,
die Stummlaute und darauf die Silben ab, eb, ib, ob, ub; ba, be, bi,
bo, bu und entsprechend das ganze Alphabet; die ganze Reihe

---

[1]) Cap. IV, § 2.
[2]) Neuverbessertes vollkommenes A-B-C-Buch oder Schlüssel zur Lesekunst.
[3]) Gedanken über die gewöhnlichen Abc-Bücher 1797.
[4]) Ostermann, Pädagogisches Lesebuch, S. 114.
[5]) Raumer, Gesch. d. Pädag. II, 329.

wurde möglichst ohne einmal Atem zu holen gelesen oder vielmehr abgeschnurrt. Eine Eigentümlichkeit in der Benennung der Buchstaben war es, dass wir den Umlaut von u nicht in der üblichen Weise einsilbig als ü, sondern den Assimilationsvorgang des i mit u deutlicher bezeichnend zweisilbig als ui benannten. Warum wir aber für v nicht fau, sondern pfaff sagten, weiss ich nicht anzugeben.[1] Es gab bei uns keine Lesemaschine, die wir doch bereits bei den Philanthropen in Dessau[2] finden, und die, wie z. B. die Revisionsakten des Superintendenten im Superintendenturarchiv Grimma beweisen, um die Wende des 18. und 19. Jahrhunderts von der Leipziger Ratsfreischule aus den Weg allmählich auch in die sächsischen Dorfschulen der weiteren Umgebung von Leipzig gefunden hatte.[3] Lediglich durch das „mühsame und langweilige Aufsagen" bei dem Lehrer oder einem Schüler, dessen uns entgegengehaltenes aufgeschlagenes Buch wir Leseschüler wie einen Guckkasten umstanden, wurden wir in das Geheimnis des Lesens eingeführt. Wie lange es dauerte, bis die Anfänger lesen konnten, ist mir nicht mehr im Gedächtnis, nur erinnere ich mich noch der vielen Schläge, die beim „Aufsagen" zuweilen auf die armen Alphabetaner herabfielen.

„Das Lesen," sagt A. H. Francke,[4] „wird aus dem Katechismus geübet, den die Kinder ohnedem lernen müssen, und also soll schon durchs Lesen selbst ihnen der Katechismus ein wenig bekannt werden." Daran hielt auch Gaudlitz fest. War das Abc-Buch bewältigt, dann „kamen wir in den Katechismus". Nun hat zwar schon Salzmann im „Konrad Kiefer"[5] dargetan, dass der Katechismus für so zartes Alter sich gar nicht zum Lesebuch eigne; es hat Rochow, „um die grosse Lücke zwischen Fibel und Bibel auszufüllen," 1776 seinen „Kinderfreund" erscheinen lassen, der in Sachsen in den ersten Jahrzehnten des 19. Jahrhunderts so viel verbreitet war; es hatten seitdem eine Anzahl andre Lesebücher, wie Wilmsen, Otto, Leo und um die Mitte des Jahrhunderts besonders die „Lebensbilder" von Berthelt, Jäkel, Petermann und Thomas in den sächsischen Dorfschulen Eingang gefunden, ja es gab wohl kaum eine Dorfschule mehr ohne Lesebuch. Unsre Schule hatte in den fünfziger Jahren ein solches nicht, obwohl der Superintendent schon bei einer Revision 1840[6] es als einen Mangel empfunden hatte.

---

[1] Ein Theolog vermutet, die Bezeichnung gehe auf den Namen des sechsten Buchstabens im hebräischen Alphabet (W ä v) zurück. Grimms Wörterbuch bietet nichts darüber.

[2] Schummel, Fritzens Reise nach Dessau. Ausg. v. Richter, S. 49.

[3] Ern. Schulordnung v. 1773, Cap. IV, § 2.

[4] Kehr, Geschichte des Leseunterr. in Gesch. der Methodik[1], S. 339.

[5] Konrad Kiefer, hrsg. v. A. Richter, S. 76 (Cap. XXVII).

[6] Revisionstabelle des Superintendenten 1845/49. Archiv d. k. Bezirksschulinsp. Döbeln.

Stand auch im Schulgesetz von 1835,[1] dass „Katechismus und neues Testament nicht zu blossen Lehrmitteln herabgewürdigt werden sollten", wir traktierten den Katechismus nach der Weise, wie sie in der Schulordnung von 1773[2] angegeben war. Der Lehrer buchstabierte ein Stück vor, und die Schüler buchstabierten nach, wobei sie mit dem Griffel auf die betreffenden Worte zeigten. Das mehreremal durchbuchstabierte Stück wurde dann von den fähigsten Kindern zuerst und darauf von schwächeren vorgelesen. Ältere Kinder waren bei diesem Geschäft als Helfer tätig. Durch solche Bell-Lancastersche Weise lernten die Kleinen wohl zumeist das Lesen, weniger durch das Eingreifen des Lehrers. Nach dem Katechismus waren Bibel und Gesangbuch unsre Lesebücher.

Ganz ohne Lesebuch im heutigen Sinne war unsre Schule indes auch nicht, sie besass als Inventar einige Exemplare des Hempelschen Volksschulfreundes. Im Jahre 1816 hatte der altenburgische Pfarrer und herzogliche Kirchenrat dieses „Hilfsbuch zum Lesen, Denken und Lernen" in Leipzig erscheinen lassen, und es hatte bald den Weg in die sächsischen Schulen gefunden. Das Buch enthält auf den ersten 40 Seiten allerhand kleine Erzählungen und auf den übrigen 200 Seiten Naturgeschichte, Geographie und Geschichte. Die vorhandenen fünf oder sechs Exemplare wurden jährlich einigemal an einige obere Schüler zum lauten Vorlesen einiger Abschnitte verteilt.

Das mechanische Lesen lernten wir genügend, dazu hatten wir genug Zeit und hinreichende Übung, nur wurde von Fremden und Revisoren zuweilen getadelt,[3] dass wir „mit eigentümlicher Betonung", ohne Ausdruck, in einem eintönigen „singenden" Tone läsen. Über singenden Leseton in den Volks-, besonders den Landschulen wird freilich in früherer Zeit auch anderwärts geklagt. So im 28. Stück der moralischen Wochenschrift des 18. Jahrhunderts.[4] Der Verfasser des Buches „über die höchstnötige Verbesserung der Dorfschulen" 1791[5] bemängelt „das Hersagen, welches man lesen nennt". Die Revisionsakten des Superintendenten von Grimma[6] aus der Zeit von 1790 bis in die dreissiger Jahre des 19. Jahrhunderts hinein sind voll von solchen Klagen. Aus der Radeberger Ephorie bezeugt Superintendent Hofmann 1832[7] den einförmigen singenden Leseton, der in manchen Schulen herrsche. Schon 1771[8]

---

[1] § 44.
[2] Cap. IV, § 6.
[3] Revisionsbericht 1840, 1849 u. 1853: „Die Kinder lesen und sprechen allzu singend." Pfarrarchiv Polditz.
[4] Vgl. Lehmann, Die deutsch-moral. Wochenschriften des 18. Jahrh. S. 35.
[5] S. 27.
[6] Superintendendurarchiv Grimma.
[7] Volksschulverfassung I, § 60 (S. 190).
[8] Pohle, Der Seminargedanke in Kursachsen, S. 83. Heppe a. a. O. I, 178.

2*

setzte das Leipziger Intelligenzblatt dem Schullehrer einen Preis von 12 Talern aus, der seine Elementarschüler in einer gewissen Zeit zum Lesen bringe und ihnen den unangenehmen ländlichen, singenden und schreienden Ton beim Lesen abgewöhne. An dem singenden Leseton trug die Buchstabiermethode ein gut Teil Schuld,[1] und nur durch grosse Aufmerksamkeit des Lehrers konnte er verhütet werden. Felbiger[2] schlägt vor, die Kinder manchmal in einem anderen Tone lesen zu lassen, damit sie sich nicht an einen Ton gewöhnen. Es ist ja Tatsache, wer noch mit der Erkenntnis der einzelnen Buchstaben Mühe hat, der gewöhnt sich leicht an ein eintöniges Ableiern der Worte, ja Kinder finden besonderen Gefallen daran, wenn sie das mit recht lautem Klange fortsetzen dürfen. Und das durften wir. Wir erhielten, so viel ich mich erinnere, keine Anweisung, dass im Satz das Wort, dem der höchste Ton zukommt, auch betont, die Frage, der Vordersatz durch den gegen das Ende hin sich hebenden Ton kenntlich gemacht, durch rechtzeitiges Atemholen nicht nur am Schluss aller Hauptsätze, sondern auch zwischen Haupt- und Nebensatz allem Überhasten vorgebeugt werden müsse. Auch wurde der gewiss manchmal uns unverständliche Inhalt nicht erklärt.

Doch wir lernten bei unserm Lehrer nicht nur die Schulbücher lesen, sondern wurden auch von ihm angeleitet, Zeitungen, Aktenblätter, alte und neue schwer zu entziffernde Briefe und Handschriften lesen zu lernen. Eine Menge Vorrat für solche Übung hatte Gaudlitz in seiner Verwahrung. Bei seiner Eigenart, uns auch mitzuteilen, was nur seine Privatverhältnisse betraf, erhielten wir sogar eingehende Briefe, selbst Schreiben vom Pfarrer und die „Missiven" des Superintendenten zu lesen. Damit der Ephoralbote wartete — natürlich in der Schulstube —, wurde er mit Kuchen, Obst traktiert, oder er erhielt Geld zur Abfindung. Die alte Zeit schaute aus Gaudlitzens merkwürdiger Unterrichtsweise hervor. Übungen im Lesen verschiedener Handschriften gebieten die Schulordnungen des 18. Jahrhunderts.[3] Auch die sächsische von 1773[4] fordert, „dass den Schülern Briefschaften verschiedener Hände zum Lesenlernen vorgelegt werden sollen". Und der Waldheimer Superintendent Hoffmann empfiehlt noch 1832,[5] den Kindern Schriften von verschiedenen Händen, nach und nach weniger deutliche und bekannte zur Übung lesen zu lassen.

Doch das Lesen ist ja nur ein Teil des Sprachunterrichts der Volksschule, wie stand es nun weiter damit? Von grammatischen

---

[1] Vgl. auch Summarischer Abriss von den wichtigsten Pflichten der Schulhalter in deutschen Schulen. Halle 1784, S. 18 u. 21.
[2] Heppe a. a. O. I, 90.
[3] Siehe z. B. Vormbaum, Evangel. Schulordnungen III, 90.
[4] Cap, IV, 11.
[5] Hoffmann, Schulverfassung I, S. 190.

Unterweisungen und Übungen war eigentlich nichts zu spüren. Ich erinnere mich nicht, das Eigenschafts-, Zeit- und Hauptwort ausgenommen, von irgend einer Wortart, von einem Casus, von Deklination, Konjugation, Hauptsatz, Nebensatz in der Schule etwas gehört zu haben. Nicht einmal äusserliche Regeln, z. B. zur Unterscheidung von dem und den, erfuhren wir; wir waren daher auch nicht im stande, den Dativ und Akkusativ zu unterscheiden oder Geschriebenes einigermassen richtig zu interpungieren.

Orthographische Regeln wurden nicht eingeprägt, auch wurden merkwürdigerweise selten Diktate gegeben, die doch schon Francke in seinen deutschen Schulen einführt und seit Ende des 18. Jahrhunderts, wie mir Revisionsprotokolle[1]) mehrfach gezeigt haben, in der sächsischen Dorfschule als Vorläufer der selbständigen Stilarbeiten sich finden. Auf Rechtschreibung wurde jedoch Gewicht gelegt, und wir schrieben orthographisch richtiger als in andern Schulen, weil wir ungemein viel abschreiben mussten, der Lehrer die Tafeln und Bücher genau und sorgfältig kontrollierte und die richtige Schreibweise anmerkte. Freilich blieben bei solcher mechanischen Art gewisse Mängel immer bestehen; so lernten wir z. B. dass und das orthographisch nicht unterscheiden.

Sogenannte deutsche Aufsätze fertigten wir häufig. Sie schlossen dem Stoffe nach in der Regel an Tagesereignisse des Ortes und der nächsten Umgebung, an das „was sonst in dem menschlichen Leben einem jeden vorzufallen pflegt" (A. H. Francke) an. Auch Rochow bemerkt in seiner Instruktion für Landschulmeister 1773,[2]) dass der Lehrer „auf das, was im Dorfe vorgefallen und wovon das ganze Dorf spricht, seinen Unterricht richten" könne. Über die Tagesereignisse oder Neuigkeiten mussten wir Gaudlitz immer unterrichten, er hörte das gerne, und selten verging ein Tag, wo nicht der eine oder andere Schüler eine Neuigkeit aus seinem Dorfe oder dessen Umgebung mitzuteilen hatte. War nun eine bekannte Person gestorben, war eine Hochzeit zu feiern oder gefeiert, war „ein Feuer" gewesen, eine Jagd abgehalten, ein Haus „gehoben", ein Diebstahl begangen worden, war einem Gutsbesitzer ein Pferd, eine Kuh „draufgegangen", war eine Auktion, ein Gutsverkauf in Aussicht, so wurde das für die Sache rege Interesse genutzt, eine schriftliche Aufgabe daran geschlossen und ein Brief, eine Anzeige ins „Wochenblatt", eine Beschreibung oder dergleichen gearbeitet. Als ein in der Nähe der Schule wohnender Gutsbesitzer eine schöne hohe Tanne niederschlagen liess, führte Gaudlitz uns insgesamt an den Platz, damit wir den Baum roden und fallen sehen sollten, um darnach eine recht genaue Beschreibung des Vorganges liefern zu können. Indem die Einsicht auf dem natürlichen Wege der un-

---

[1]) Superintendenturarchiv Grimma.
[2]) Heppe a. a. O. I, 143. Schmidt, Gesch. d. Pädagogik III, 508.

mittelbaren Erkenntnis durch Selbstbeobachtung, Wahrnehmung erworben wurde, war dies Beispiel der Unterrichtsart von G. ein Vorbild von Methodik und speziell der Vorbereitung einer Stilarbeit. Zuweilen liess er uns da selbst den Weg der Ausarbeitung wählen, mehrfach las er uns aber ein Muster vor oder liess uns zunächst ein solches abschreiben und dann eine Nachbildung fertigen. So will es auch die Schulordnung von 1773.[1]) Freilich wurde dabei Gemachtes, Unwahres und unserm heutigen Gefühl nicht Zusagendes angelernt. Das fällt besonders in Briefen auf, in denen sich's um Mitteilung von Tatsachen handelt, die das Gefühl stark berühren. Das zeigt auch der folgende, aus dieser Zeit stammende Brief:

„Lieber Bruder. Im Namen meiner Mutter, der es Zeit und zitternde Hand nicht zulässt selber zu schreiben, melde ich Dir, dass uns Gott am Sonntag Nachmittag 4 Uhr wider unser Erwarten unsern guten Vater durch den Tod entrissen hat. Unsre Mutter ist durch den Verlust fast untröstlich, denn viel haben wir an ihm verloren. Wenn Du teuerster Bruder uns zu unsres Vaters Begräbnistage mit Deiner Gegenwart beehrtest, den selig Entschlafenen zu seiner irdischen Ruhestätte begleitest, Deine Teilnahme würde uns allen sehr tröstend sein. In der Hoffnung verbunden mit der Bitte die lieben Deinigen von unsrer Seits zu grüssen und die ausgesprochene Bitte erfüllt zu sehen,

zeichnet ergebenst

Clara —"

Jeder Schüler musste die auf der Schiefertafel gefertigte Arbeit dem Lehrer „aufweisen" oder „hinweisen", der sie korrigierte. Darauf wurde sie, ganz nach A. H. Franckes Vorschrift ins Aufsatzbuch eingeschrieben. Und das geschah so gut als möglich; das Aufsatzbuch war unser Stolz. „Die Bücher sind reinlich und sehr gut geschrieben" bemerkt Sup. Haan bei der Revision 1846, und fügt er hinzu „die Fähigkeit der Kinder im schriftlichen oder mündlichen Gedankenausdruck ist bewunderungswürdig."[2])

Noch eine besondere Einrichtung bestand in unsrer Schule, die von ausserordentlicher Wichtigkeit war, da sie nach meiner Meinung die Mängel des übrigen, die Schüler mehr zur Passivität verurteilenden Unterrichts einigermassen ausglich. Die Schulordnungen früherer Jahrhunderte fordern von den Schülern, die den Gottesdienst besuchen, das Nachschreiben der Predigten. Schon in der sächsischen Schulordnung von 1580 heisst es:[3]) „Es sollen auch die Schulmeister und andere Präceptores ihre Schüler mit besonderem Fleiss zur Predigt und dass sie dieselbe nicht allein hören, sondern

---

[1]) Cap. IV, § 11.
[2]) Revisionstabelle 1846.
[3]) Cod. Aug. I, 557.

auch fleissig nachschreiben, anhalten". Im Jahre 1581 wird in der Fürstenschule in Grimma von den Visitatoren angeordnet,[1] „dass die Knaben in der Kirche die praecipua Concionum Capita aufzeichnen und hernach die Präceptores solches von ihnen abfordern und darauf examinieren sollen", 1629 wird das Predigtnachschreiben nochmals eingeschärft. Und die Schulordnung für die deutschen Stadt- und Dorfschulen von 1773[2] fordert, dass diejenigen Schüler, welche schreiben können, etwas aus der Predigt in der Kirche aufzeichnen sollen. So wurde das Nachschreiben von Predigten auch von Volksschülern verlangt. Als 1792 in Hartmannsdorf b. Burgstädt der Schulsubstitut Öhme eingesetzt werden soll, ist unter den Wünschen der gesamten Gemeinde über das „was vom Schulsubstituten verlangt wird und selbiger beachten soll" auch enthalten, „dass bei gehaltener Predigt die Knaben, die schreiben können, die Predigt nachschreiben sollen".[3] Der Leipziger Ratsfreischuldirektor Dolz gibt in einem längeren Aufsatze im „Sächsischen Volksschulfreund"[4] Winke, wie ein Lehrer seinen Schülern zum Auffassen und Behalten der wesentlichen Teile einer Predigt behilflich sein könne. Das Predigtnachschreiben wurde von Volksschülern auch vielfach geübt, wie ich aus den Revisionsprotokollen aus den letzten Jahrzehnten des 18. und den ersten des 19. Jahrhunderts im Superintendenturarchiv zu Grimma ersehen habe, wo wiederholt anerkennend bemerkt ist, dass sich die Kinder durch das Nachschreiben der Predigt auszeichnen. Auch Gaudlitz hielt nicht nur streng darauf, dass wir den Gottesdienst regelmässig besuchten, sondern auch die Predigt nachschrieben. Und ohne Kenntnis der Stenographie erlangten wir Knaben durch fortgesetzte Übung eine solche Gewandtheit im Schreiben und ein Gefühl der Unterscheidung des Notwendigen und weniger Wichtigen, dass wir, wenn wir uns zu zweien oder dreien zusammen getan hatten, die Predigt unsres langsam sprechenden Pfarrers fast vollständig aufzeichneten, was uns ausserordentliche Freude machte. Mit Hilfe des frischen Gedächtnisses wurde sie am Sonntage zu Hause und am Montage in der Schule auf Tafeln geschrieben, dann durch die Korrektur des Lehrers von groben Verstössen befreit und darauf vom Schüler ins „Predigtbuch" eingetragen. Mit dieser Arbeit verging in der Regel der Montag, zuweilen noch der Dienstag. Dieses Predigtnachschreiben wurde von der Schulbehörde lobend anerkannt[5] und war auch von grosser Bedeutung für uns. Bei dem zwischen uns Knaben bestehenden Wetteifer in der Erlangung des relativ Vollständigsten

---

[1] Rössler, Geschichte der Fürstenschule, S. 174.
[2] Cap. VI, § 1.
[3] Act. d. k. Amtsh. Rochlitz, die Besetzung des Schulmeisterdienstes zu Hartmannsdorf Erg. Amt Penig 1792 X, nr. 208 Bl. 20.
[4] I, S. 73 ff.
[5] Schulber. 1852. Pfarrarchiv Poldit z.

und Besten kam es zu einer geistigen Reibung, die als ein wesentliches Förderungsmittel unsere Ausbildung wirkte. Das in der Schulstube sonst verkümmernde Leben erfrischte und läuterte sich. Das Predigtnachschreiben und -wiederausarbeiten führte dem jugendlichen Geiste eindringlicher als durch blosses Anhören einen wertvollen Schatz von Gedanken über ein bekanntes Bibelwort u. s. w. zu und förderte ganz wesentlich unsre sprachliche Bildung. Der vollständig nachgeschriebene Satz war ein Mustersatz für uns, dessen Form sich bei der Wiederholung durch Aufschreiben geläufiger machte. Der nur unvollständig, vielleicht nur durch ein Stichwort in der Pergamenttafel angemerkte Satz nötigte zur Darstellung des ganzen Gedankens und bei den einzelnen Sätzen wieder zum Aufmerken auf den sinngemässen Zusammenhang. Kurz, dieses Schreiben war ein Anreiz, die Kräfte zu stärken und zusammenzufassen, es wurde ein wichtiger Faktor unsrer Denkbildung und war ganz besonders in unsrer Schule eine höchstnötige Ergänzung bei der sonst vorherrschend gedächtnismässigen Aneignung von Stoffen; es war das Mittel, um unser Vorstellungsleben mehr in Aktivität zu versetzen. Der „Bauer" Palitzsch in Prohlis b. Dresden (1723—1784), der als Autodidakt sich zum Gelehrten gebildet hat, schrieb, wie sein Biograph Theile erwähnt, in seinen Knabenjahren die Predigt in der Kirche zu Leubnitz alle Sonntage zum Teil wörtlich nach und bekannte in späteren Jahren, dass das grossen Nutzen für ihn gehabt und seinen Verstand im Denken geübt habe, und dass er da durch mancherlei Betrachtungen, Bilder und Gleichnisse, die der Prediger aus der Natur entlehnt habe, zum Nachdenken über die Natur selbst veranlasst worden sei.

Ausser den sonntägigen Predigten mussten wir auch Leichenreden, Ansprachen bei der Grundsteinlegung und Hebung eines Gebäudes und dgl. nachschreiben. Wir sind zu diesem Zwecke teils mit dem Lehrer, teils einzeln oder zu zweien manchmal einige Stunden weit gegangen, wenn etwas Wichtiges zu hören war. Wenn wir nun bei einer Grabrede in halbkniender Stellung eifrig in die Pergamenttafel schrieben, so erregten wir wohl manchmal die Aufmerksamkeit und Neugierde der Umstehenden, aber wir waren dergleichen gewöhnt, liessen uns nicht stören und warteten unsres Amtes. Doch erinnere ich mich eines eigentümlichen und mir heute spasshaften Falles. Der Lehrer hatte gehört, dass in dem 1 $1/_2$ Stunde entfernten Mutzschen ein Geistlicher predigen werde, der vom Katholizismus zum Luthertum übergetreten wäre, und beorderte mich, dahin zu gehen und die Predigt nachzuschreiben. Ich ging auch, aber der Prediger sprach schnell und in einem mir ungewöhnten Dialekte, so dass es mir unmöglich war, auch nur einen Satz vollständig aufzufassen und zu schreiben. Was nun tun? Die Wahrheit zu sagen, hatte ich zu viele Angst vor dem sehr gefürchteten Lehrer. Es begann in der Seele jener erbitterte Kampf

der Motive, den man schon vor Kant und Schopenhauer für die freie
Selbstbestimmung des Menschen gehalten hat. Welches Motiv hier
als das stärkere den Sieg behielt, ist leicht zu entscheiden. Die
Kräfte wachsen in der Not; ich fertigte mühselig, mit Benutzung
andrer Predigten selbst eine Predigt und übergab sie wie gewöhnlich.
Gaudlitz las und korrigierte sie, liess sie mich aber nicht wie sonst
ins Predigtbuch einschreiben. Es war ein stummer Urteilspruch über
meine Leistung; indes ich war herzlich froh, doch so glücklich weggekommen zu sein.

Die Schreibmethode unsres Lehrers war eine veraltete. In
den Klosterschulen des Mittelalters[1]) schrieb der Präzeptor die Buchstaben zuerst auf ein Täfelchen vor, die der Schüler dann nachzu-
bilden sich bemühte. Ungeschickten führte der Lehrer die Hand
und gewöhnte sie auf diese Weise an die richtige Haltung des
Griffels. Ja noch im 16. Jahrhundert mussten, wie Gehmlich nachgewiesen hat,[2]) in den erzgebirgischen Stadtschulen die Knaben, um
Schreiben zu lernen, die Vorschrift des Lehrers auf Wachstafeln,
Zetteln oder in Büchern einfach nachmalen. Übte doch noch der
Philanthrop Wolke[3]) die Emilie Basedow im Schreiben so, dass er
sie die mit Bleistift vorgezeichneten Schreibzüge mit Tinte überziehen liess. Auch nach der Schulordnung von 1773[4]) sollen die
Buchstaben erst mit Bleistift vorgeschrieben und dann mit Tinte ausgefüllt und übermalt werden. Darauf soll mit Tinte vorgeschrieben
und daneben nachgeschrieben werden. So lernten auch wir nach
längerer Vorübung mit Grundstrichen das Schreiben durch Nachmalen der auf der Schiefertafel vorgeschriebenen Buchstaben. Eine
Wandtafel zum Vorschreiben, von der doch schon die Schulordnung
von 1773[5]) spricht, gab es bei uns nicht. Der Superintendent tadelt
es auch bei der Revision von 1853.[6]) Der Lehrer oder ein älterer
Schüler führte in der Regel die Hand, bis der Lehrling die Buchstaben schreiben konnte. Doch muss rühmend hervorgehoben werden,
dass wir die Buchstaben in genetischer Folge übten. Nach den
Buchstaben wurden Wörter und kleine, nützliche Wahrheiten enthaltende Sätze geschrieben, von denen Gaudlitz eine Zeile zum
wiederholten Nachschreiben vorgeschrieben hatte. Solche Art der
Unterweisung war, wie auch Dolz[7]) bezeugt, früher überhaupt üblich.
Weiter schrieben wir dann nach Vorlagen kurze Briefe, Titulaturen,

---

[1]) Specht, Gesch. des Unterrichtswesens in Deutschland von den ältesten Zeiten
bis zur Mitte des 13. Jahrh. S. 70/71.
[2]) Die kleinen Stadtschulen des Erzgeb. im 16. Jahrh. Leipziger Zeitung, wissenschaftliche Beilage 1893, nr. 69.
[3]) Raumer, Gesch. d. Pädagogik II, 219.
[4]) Cap. IV, § 10.
[5]) Cap. IV, § 10.
[6]) Pfarrarchiv Polditz.
[7]) Die Ratsfreischule zu Leipzig während der ersten 50 Jahre ihres Bestehens.
Leipzig 1841, S. 18.

Sinnsprüche, „Obligationen", Quittungen, kurze Abschnitte realistischen Inhalts. Einige Vorschriften sind mir noch erhalten geblieben, und ich kann nicht unterdrücken, sie zur Charakteristik hier anzuführen:

„Ein Bedienter ward von seinem Herrn zum Doktor in die Stadt geschickt, der Rabe hiess. Weil dieser nicht lesen konnte und den Namen vergessen hatte, so fragte er, wo wohnt denn der Doktor Dohle. Die Leute antworteten, es wohnt einer hier, der Rabe heisst. Ja, sprach der Bediente, ganz recht, er hiess so, ich konnte mich auf den Namen nicht besinnen. Hier sieht man deutlich, wie sehr gut und nützlich jungen Leuten das Schreiben und Lesen ist, besonders, wenn sie sich befleissigen, alles aus den Grund heraus lernen zu wollen." Die Erzählung trägt augenscheinlich den Charakter des Veralteten und ihrer Entstehungszeit an sich. Sie ist sicher im 18. Jahrhundert zusammengestoppelt worden, dessen Literatur so vielfach unter dem Banne der Tendenz steht. Auf pädagogischem Gebiet kommt das besonders von Dinter, Zerrenner u. a. angestrebte Nützlichkeitsprinzip dadurch zum Ausdruck, dass man gewisse Wahrheiten oder für das Leben zu Lernendes und zu Beobachtendes in kurze Schulgeschichten fasst. Unsere Erzählung stammt aus der Zeit, da noch nicht alle Kinder der Dorfschule schreiben lernten, und das geschah in Sachsen bis zum Erlass des Generale vom 4. März 1805, in Wirklichkeit länger, an manchen Orten bis 1835, da der „Schreiber" vielfach noch die Woche drei Pfennige Schulgeld mehr bezahlen musste.

Die zweite Vorschrift lautete: „Gibraltar ist an sich selber ein überaus hoher Felsen an der Meerenge zwischen Europa und Afrika. Dieses Vorgebirge hiess weiland Calpe, und man beredete die Leute, als wenn Herkules diese Klippe zum Andenken aufgerichtet hätte, weil er gemeinet, dass er nunmehro bis ans Ende der Welt gekommen wäre. Darauf machte ein General der Mohren, Namens Tarik, eine Festung und nannte sie Gebel-Tarik, das heisst so viel als Berg Tariks."

Rochow[1]) verlangte schon, dass jede Vorschrift, ehe sie dem Schüler zum Abschreiben gegeben werde, erklärt werden sollte. Das geschah leider bei uns nicht, und da der Inhalt der Vorschrift auch ausserhalb des Rahmens unsres Unterrichts und Gesichtskreises lag, so schrieben wir die Vorschriften meist mechanisch von Anfang bis zu Ende ohne rechtes Verständnis des Inhaltes ab.

Unser S c h r e i b d u k t u s war noch der eckige oder sogen. sächsische Duktus, den der Leipziger Schulmeister Johann Stäps in seinem 1758 herausgegebenen „getreuen Schreibmeister" wesentlich vervollkommnet, und der seine Fortbildung durch den sächsischen Geheimkanzlisten Rossberg erfahren hatte, welcher einst durch seine

---

[1]) Strack a. a. O. S. 217.

Stellung als erster Schreiblehrer am Friedrichstädter Seminar zu Dresden einen weitreichenden und bis in die ersten Jahrzehnte des 19. Jahrhunderts anhaltenden Einfluss auf Sachsens Schulschrift übte,[1] wo dann Zumpe, Zschille den Duktus verbesserten. In den fünfziger Jahren wurde er dann durch den jetzt üblichen abgerundeten, flüchtigen abgelöst. Nur in den letzten Jahren meiner Schulzeit schrieben wir in unsrer Schule neben dem eckigen auch den abgerundeten Duktus. Mit dem Schreiben war bei uns vielfach die Nachbildung verschieden verschlungener Linien, oft der wunderlichsten Geranke, verbunden, wofür dem Lehrer vielleicht Stäps zum Vorbild gedient hatte; denn ein Einblick in dessen „getreuen Schulmeister" zeigt, dass er auf dergleichen Übungen unter jeder Vorschrift Wert legt.

Die Umschläge unsrer Schreibbücher durften nur eine „blaue Schale" haben. Das war uns Kindern nicht lieb. Wir lernten beim Buchbinder die damals sehr üblichen bunten Buchumschläge mit Bildern und Gemälden aller Art kennen, die auch in den andern Schulen unsrer Gegend geduldet wurden. Seit dem Revolutionsjahr 1849 kam es jedoch vor, dass solche Buchschalen benutzt wurden, um „Bildnisse von Staatsverbrechern und sonstigen bekannten Revolutionären, mit einem Heiligenschein umgeben", zu verbreiten. Eine Verordnung der Leipziger Kreisdirektion vom 30. August 1851[2] verbot deshalb die Benutzung von Schreibbüchern mit dergleichen Umschlägen und drohte den Lehrern, die solche dulden, mit strenger Ahndung nach dem Mandat vom 3. Mai 1851 § 6.[3] Um wahrscheinlich nun nicht in Verlegenheit zu kommen und ein solches Bild nicht zu übersehen, duldete der ängstliche Mann überhaupt nicht die Benutzung von Büchern mit bunten und mit Bildern versehenen Umschlägen.

Schluss folgt.

II.

Zur Psychologie des Rechtschreibunterrichts.

Mit Rücksicht auf A. W. Lays „Führer durch den Rechtschreibunterricht".

Von Dr. Emil Schmidt in Stollberg (Erzgeb.).

Im Jahre 1897 ist unter dem Titel „Führer durch den Rechtschreibunterricht — Neues, naturgemässes Lehrverfahren", Verlag von Otto Nemnich, Karlsruhe, eine Schrift erschienen, in welcher

---

[1] Pohle, Seminargedanken S. 133.
[2] Pfarrarchiv Polditz.
[3] G.- u. Vbl. 1851, S. 107.

A. W. Lay es unternimmt, auf Grund sorgfältig angestellter zahlreicher Experimente die Methodik und Theorie des Rechtschreibunterrichts neu zu begründen. Durch Hermann Schiller, in Gemeinschaft mit Lehramtsassessor Heinrich Fuchs und Lehrer August
Haggenmüller,[1] sind weitere Versuche hinzugekommen, durch welche
die Ergebnisse Lays, in der Hauptsache wenigstens, bestätigt werden.

Die Ergebnisse sind sicherlich wertvoll und wohl geeignet, für
die Methodik des Rechtschreibunterrichts Fingerzeige und sichere
Grundlagen zu geben. Die Theorie aber, mit deren Hilfe Lay seine
Ergebnisse zu erläutern und zu erklären versucht, ist, in ihrer Grundlage wenigstens, verfehlt und leider nur zu sehr geeignet, noch mehr
Verwirrung in den „Wirrwar der Meinungen" und Unklarheit in
unsere ohnedies noch recht trübe Einsicht in die eigentlichen
psychologischen Grundlagen des Rechtschreibens zu bringen.

Die Hauptfolgerung und zugleich der Hauptirrtum Lays
liegen in folgenden Sätzen, die sich auf S. 150 des Buches finden:
„Das Gesamtergebnis der Versuche „Sehen mit leisem Sprechen"
weist für den Schüler 1,02, das Gesamtergebnis der Versuche „Abschreiben" 0,54 Fehler auf. Das Abschreiben ist in unserm Versuchen ein „Sehen mit leisem Sprechen", zu dem das
Schreiben hinzutritt. Die Differenz jener beiden Zahlen
wird also (!) durch die Bewegungsvorstellungen des Schreibens (!)
herbeigeführt; diese sind also imstande, den Gesichtsempfindungen
gegenüber die Fehlerzahl um die Hälfte herabzusetzen . . . . . Die
motorischen Schriftvorstellungen haben also grossen
Anteil am Rechtschreiben, wie wir auch den motorischen
Sprechvorstellungen eine bedeutende Rolle zuschreiben mussten."
Zur weiteren Erläuterung seiner sonach ganz eigentümlichen Anschauungsweise mögen nur noch folgende, den nächsten Seiten (157,
159) entnommene, seine Auffassung besonders deutlich charakteri-
sierende Sätze dienen: „Die Hand erzeugt das Schriftbild „Grab"
ganz auf dieselbe Weise wie die Sprachorgane das Klangbild hervorbringen: unbewusst, mechanisch und deshalb sicher, leicht und
schnell." „Ist es aber nötig, die Hilfe einer Regel, die Abstammung,
das Schriftbild (!) anzurufen, so wird die automatische (!)
Abwicklung unterbrochen; das Rechtschreiben ist nicht zur Genüge
eingeübt; sie ist keine Fertigkeit. Es ist nötig, dies mit allem
Nachdruck zu betonen." . . . „Wenn nun die Rechtschreibung eine
Fertigkeit sein soll, so ergibt sich, dass die Schreibbewegungsvorstellung beim Rechtschreiben die wichtigste Vorstellung
ist —" „Einer vollkommenen Fertigkeit in der Rechtschreibung aller
Wörter ohne Ausnahme", so schränkt er auf Seite 160 seine Aus-

---

[1] Studien und Versuche über die Erlernung der Orthographie, Sammlung von
Abhandlungen aus dem Gebiete der pädagogischen Psychologie und Physiologie, II. Band,
1898, 4. Heft.

einandersetzungen freilich schon selbst ein, „kann sich wohl keiner rühmen, also wird jeder die Hilfsvorstellungen bald da, bald dort benützen müssen." Wird dieses letztere Zugeständnis nur, wie dies mancher schon aus der eigenen Selbstbeobachtung heraus als notwendig fühlen wird, möglichst beträchtlich erweitert, derart, dass wir es gleich zugeben, Schreibbewegungsvorstellungen von ganzen Worten, die es uns ermöglichen, ohne jedes weitere Zutun rein „automatisch" die Rechtschreibung zu vollziehen, überhaupt nichts in uns zu spüren, dass kaum das Schreiben unseres eigenen Namens so vollständig automatisch verläuft, am allerwenigsten aber eine derartige vollendete Schreibfertigkeit die Aufgabe irgend eines Rechtschreibunterrichts sein kann, so treffen wir sicherlich noch viel mehr das Richtige und — die Grundlage für die ganze Theorie Lays stürzt damit schon zusammen. Derartige Schreibbewegungsvorstellungen für ganze Worte gibt es nicht — schon die von Lay selbst unter Hinweis auf Angaben von Schröder van der Kolk hervorgehobene ausserordentliche Kompliziertheit einer e i n z i g e n Zugbewegung beim Schreiben nur eines einzigen Buchstabens könnte jeden stutzig machen — die Existenz solcher kompliziertester Schreibbewegungs g e s a m t vorstellungen wird durch Lay auch durchaus nicht erst geprüft, sondern, wohl auf Grund der Tatsache, dass wir ja auch S p r e c h bewegungsvorstellungen von jedem Worte besitzen und ebensogut ein „motorisches S c h r e i b-" wie ein „motorisches S p r a c h centrum" unterscheiden, trotz der bedeutenden Verschiedenheit der psychologischen Verhältnisse bei beiden, ohne weiteres als selbstverständlich angenommen.

Aus dem überaus groben Ergebnissen der Sprachphysiologie bezüglich der Lokalisierung der sprachlichen Funktionen und den aus den verschiedenen Formen der Sprachstörungen abgeleiteten rohen und für solche Zwecke durchaus unzureichenden, höchst unvollständigen und hypothetischen Resultaten allein hat Lay seine ganze Theorie aufzubauen und zu begründen versucht! Den an sich schon so überaus verwickelten Rechtsschreibungsvorgang selbst einmal, und namentlich wieder in Bezug auf die für seinen Vollzug in dem lernenden Kinde sich nötig machenden elementaren psychischen Prozesse, zu analysieren und klarzustellen, hat Lay durchaus und vollständig versäumt. Und doch musste dies, zur Anstellung von Versuchen sowohl wie als Grundlage für jede Theorie, nachdem uns die heutige psychologische Forschung durch ihre vorsichtige Klarlegung und Erforschung gerade der e l e m e n t a r e n psychischen Vorgänge zur Erkenntnis der verwickelteren und höheren Prozesse überhaupt erst den Weg gebahnt hat, die erste und notwendigste Voraussetzung sein. Seine im übrigen und, im grossen Ganzen wenigstens, durchaus richtigen Ergebnisse würden sich dann, wie wir im Folgenden zeigen wollen, in viel einfacherer, natürlicherer Weise erklärt und seine Theorie sich wesentlich anders gestaltet haben. Auch andere neuere Arbeiten und Untersuchungen[1]) über denselben Gegenstand lassen über die eigentlichen Aufgaben und psychologischen Grundlagen des Rechtschreibunterrichts immer wieder grosse Unklarheit erkennen und sind darum, zusammen mit der Layschen Arbeit, die Veranlassung zu nachfolgendem Versuche geworden.

I.

Der psychologische Verlauf des Rechtschreibevorganges.

Der **Vorgang des Rechtschreibens**, über dessen Verlauf wir uns vor allem erst einigermassen Klarheit zu verschaffen suchen müssen, vollzieht sich bekanntlich und zweifellos nicht bloss bei den verschiedenen Personen, sondern vor allem, wie besonders zu beachten ist, auch auf den verschiedenen Entwicklungsstufen oder Graden der Rechtschreibefertigkeit durchaus verschieden.

a) Erste Entwicklungsstufe. Dem mit Lesen und Schreiben eben erst Fühlung gewinnenden ABC-Schützen steht der Klang des Wortes, das er dabei vielleicht auch erst langsam vor sich hinspricht, vor der Seele; indem er, nicht ohne Mühe, die den Klang des Wortes zusammensetzenden Laute einzeln nacheinander erkennt und jedesmal nach dem Erkennen des einzelnen Lautes, ähnlich wie der Setzer aus dem Setzkasten, einen dem Laute entsprechenden Buchstaben, den natürlich, der ihm eben gerade für diesen Laut am ehesten einfällt und gerade im Vordergrunde des Bewusstseins steht, aus dem Geiste hervorholt und hinschreibt, setzt er die Buchstaben zum Worte zusammen. Aus der Beschaffenheit unseres Buchstabensystems, welches für denselben Laut bekanntlich mehrere Zeichen, für verschiedene Laute auch wieder bloss ein Zeichen hat, ergibt sich, ebenso wie aus wahrlich zureichender Erfahrung, dass man, ganz abgesehen noch von den Einflüssen unscharfer oder dialektischer Aussprache, für die allermeisten Worte dementsprechend sehr verschiedenartige, aber dennoch „lauttreue" Schreibweisen konstruieren könnte, dass es, genau besehen, tatsächlich sogar nur recht wenige Worte gibt, bei denen die sogenannte „Gleichschreibung" (= lauttreue, orthographisch richtige Schreibweise) in Wirklichkeit statt hat und sich in vielen Fällen sogenannter „Gleichschreibung" mit einigem bösen Willen (oder mit Anwendung an sich durchaus berechtigter Analogieen) immer noch durchaus ver-

---

[1]) Siehe Marx Lobsien, Über die Grundlagen des Rechtschreibunterrichts. Pädag. Studien (Bleyl & Kaemmerer), Jahrgang XXI (1900) und Ludwig Maurer, Zur Psychologie des Rechtschreibunterrichts. Zeitschrift f. pädag. Psychologie u. Pathologie von Kemsies 1901, Heft 5.

schiedene lauttreue Schreibweisen finden liessen.[1]) Dadurch aber, dass bei den im ersten Leseunterricht auftretenden Worten der Lautbestand derselben meist gleich von Anfang an gleichzeitig mit ihrem Buchstabenbestand erlernt wird, die den Worten angehörenden Laute gleich sofort mit den entsprechenden richtigen Zeichen associiert werden, Laut und Buchstabe dem Kinde in diesen Fällen oft geradezu identisch erscheinen, sowie auch dadurch, dass bei den ersten Leseübungen aus praktischen Gründen ausserdem auch Reihen ähnlicher Wörter mit gleichem Lautmaterial angeschlossen werden, kommt es, dass auch beim Schreiben dieser Wörter, das ja ebenfalls bei unserem heutigen Unterrichtsbetrieb wieder mit dem Lesen zugleich verbunden wird, die betreffenden Laute sich mit den entsprechenden richtigen Buchstaben reproduzieren oder doch auf eine Reproduktion derselben mit grosser Wahrscheinlichkeit gerechnet werden kann. Der erste Schritt zur Rechtschreibung ist dadurch vollzogen: mit den Lauten einzelner im Leseunterricht genauer betrachteten Wörter sind auf Grund dieser eingehenden, häufigen Verwendung im Lese- und Schreibunterricht bestimmte Schriftzeichen so fest und innig verbunden, dass sie sich im gegebenen Falle auch bei gedächtnismässiger Niederschrift, also bei einer in umgekehrter Richtung erfolgenden Assoziationsfolge, der Analyse des Wortklangbildes mit nachfolgender Umsetzung in Schriftzeichen, häufig, mit Wahrscheinlichkeit wenigstens, reproduzieren. In allen Fällen aber erfolgt diese Umsetzung für den Anfang unausbleiblich und streng in der erwähnten Weise einer allmählichen Analyse des Wortklangbildes mit abwechselnd eingeschalteter assoziativer Herbeiziehung der entsprechenden Schriftzeichen. Das Kind, jeder, der die Rechtschreibung zu erlernen anfängt und frei aus dem Gedächtnis Worte niederschreibt, ist im Anfang reiner „Akustiker", er muss es sein, weil ein andrer Weg, eine andre Art und Weise für ihn einfach ausgeschlossen, unmöglich ist. Einfache Leute, die sich mit schriftlichen Dingen wenig beschäftigen, denen das Schreiben eine mühevolle Arbeit ist und besondere Anstrengung kostet, schreiben ihre Worte in der Hauptsache wohl ganz in der gleichen Weise nieder, wiewohl der Fall, dass dies für alle Worte in solcher Weise erfolgt, der Fall des reinen Akustikers also, wie sich gleich noch ergeben wird, immerhin wohl sehr selten sein dürfte. Ja, wir selbst sind ja in Fällen, in denen es sich um die Niederschrift gehörter, aber sonst völlig unbekannter Wörter, namentlich solcher mit ungewöhnlicher Lautfolge handelt, auf das gleiche Verfahren angewiesen.

b) Bei dem in der Rechtschreibung fertig Geübten

---

[1]) Lobsien („Über die Grundlagen des Rechtschreibunterrichts") ist anderer Ansicht, Maurer (a. a. O.) bringt l. c. originelles Tatsachenmaterial zum Beweise obigen Satzes.

vollzieht sich der Vorgang des Rechtschreibens, wie wohl als allgemein feststehende Tatsache angesehen werden kann, in der Hauptsache auf Grund des in seinem Gedächtnisse vorhandenen W o r t b i l d e r s c h a t z e s. Die Art und Weise, wie diese „Schriftwortbilder" ins Gedächtnis treten, also mit den übrigen psychischen Bestandteilen des Wortes associiert sind, wie sie beim Rechtschreiben verwendet werden, ob sie beim Schreiben wirklich regelmässig als Vorstellungen vor Augen gehalten werden und von ihnen gleichsam abgeschrieben wird, oder ob sie nur zur Regulierung und Prüfung der im übrigen akustisch erfolgenden Niederschrift benutzt werden, selbst die Schriftart, in der sie vorgestellt werden,[1]) ist zweifellos bei den einzelnen Personen, ja, wohl sogar bei ein- und demselben Individuum hinsichtlich der einzelnen Worte sehr verschieden und mannigfaltig und bedingt durch individuelle Anlagen, Denkrichtung und Angewohnheiten, auch durch die berufliche Tätigkeit, vor allem aber durch die Verhältnisse, unter denen sie gerade erworben und dem Gedächtnisse erstmalig einverleibt worden sind. Es ist auch schon durchaus genug, wenn wir die eigentümliche Tatsache feststellen können, dass jeder Mensch, sofern er mit Schreiben mehr beschäftigt ist und die Rechtschreibung fertig erlernt hat, seine Rechtschreibung schliesslich mit Hilfe einer mehr oder weniger grossen Zahl von Wortbildern in irgend einer Weise vollzieht. Aus dem Anfangsstadium des Akustikers entwickelt sich immer, früher oder später, selbst wenn der eigentliche Unterricht in der Rechtschreibung „durchs Ohr" gegangen ist, der mehr oder weniger scharf ausgeprägte „Optiker", eventuell auch eine Mischung beider Typen.

c) L a y s I r r t u m u n d u n s e r e S t e l l u n g d a z u. Auch Lay sieht den Besitz und die Zuhilfenahme der Wortschriftbilder beim Rechtschreiben als etwas ganz allgemein Feststehendes, eigentlich ganz Selbstverständliches, aber freilich auch als etwas ziemlich Nebensächliches an. Ihm gegenüber muss es darum noch besonders festgestellt und ausgesprochen werden: Wer das Schriftbild besitzt und dasselbe, was freilich, namentlich beim Kinde, zunächst nicht ohne weiteres selbstverständlich ist, für die Rechtschreibung auch wirklich zu Hilfe nimmt, der k a n n auch rechtschreiben und braucht dann wahrlich keiner weiteren Hilfen. Es wird den Tatsachen und allen Erfahrungen sicherlich sogar durchaus entsprechen, wenn man den Satz hinstellt, dass die Sicherheit in der Rechtschreibung direkt parallel fortschreitet mit der Erweiterung des erworbenen Wortbilderschatzes — nur über den Weg und die richtigen Mittel zur Anlegung und Bereicherung dieses Schatzes ist man geteilter Meinung.

d) D i e E r k l ä r u n g d i e s e r T a t s a c h e n liegt in der Natur

---

[1]) Siehe hierzu Lay a. a. O. S. 177.

unseres Seelenlebens klar und sichtbar begründet. Neun Zehntel unserer Vorstellungen sind Gesichtsvorstellungen, das Auge hat in jeder Beziehung die unbestrittene Vorherrschaft in unserem Geistesleben; ihm werden, soweit es nur möglich ist, die an uns herantretenden geistigen Anforderungen und Leistungen untergeordnet und die bedeutendsten, oft unglaublichen Leistungen von Gedächtnis-, Rechenkünstlern sind Leistungen des Orts- und Raumgedächtnisses, deswegen eben, weil auch unser Gedächtnis in allererster Linie für die Erfassung und Einprägung des Räumlichen eingerichtet und nach dieser Richtung hin besonders stark entwickelt ist. Und darauf besonders beruht es eben, dass sich die Einzelheit, der schwierige Buchstabe innerhalb seines räumlichen Zusammenhangs, innerhalb seiner „optischen" Beziehung zu anderen, als Glied eines geschlossenen, räumlichen Ganzen, wie jeder wohl auch erfahren hat, besser merkt, als auf irgend welche andere Weise. Wir würden zuletzt eben gar nicht mehr imstande sein und vermögen es ja tatsächlich auch nicht, wie die Erfahrungen zeigen, auf andere Weise, durch andere Gedächtnis- oder Geisteshilfen, die ungeheure Menge von orthographischen Einzelheiten und Besonderheiten behufs sofortiger Verfügung zu behalten und zu beherrschen, wenn wir eben nicht die Eigenart des Aussehens, die Möglichkeit zur Einprägung der Wortphysiognomie im Laufe der Erlernung des Rechtschreibens immer mehr zu Hilfe zögen. Das Mittel, welches das Kind gebraucht, erst einmal auf der Tischplatte, auf dem Löschblatte oder gar auf dem Fingernagel „zu sehen, wie's aussieht" — worauf auch Schiller in seiner erwähnten Abhandlung aufmerksam macht — ist ja zu bekannt und der schlagendste Beweis hierfür. Auch die Lesefertigkeit entwickelt sich ja in der gleichen Richtung unter Zuhilfenahme desselben Vorteils und Fortschritts, von dem „Auflesen" der einzelnen Buchstaben und akustischen Zusammenfügung derselben zur gedächtnismässigen Einprägung von Lautverbindungen und endlich zum Auffassen und Lesen ganzer Wortbilder. Indem die Lesefertigkeit nun noch dazu der Ausbildung in der Rechtschreibung vorauseilt, ist es natürlich und erklärlich, dass sie der Auffassung von Wortbildern für das Rechtschreiben nicht bloss den Boden bereitet, sondern ihrerseits wohl auch die nächste innere Ursache oder Anregung dazu wird, dass auch die Rechtschreibung, oft ganz ungewollt und sogar entgegen den Unterrichtsprinzipien, infolge der dadurch eintretenden Erleichterung und Selbsthilfe des Geistes, denselben Entwicklungsgang nimmt. Lesen und Schreiben verhalten sich infolgedessen in jedem Stadium ihrer Entwicklung immer wie zwei Seiten ein- und derselben Sache; das Rechtschreiben, welches seinerseits Klang- in Schriftbilder umsetzt, ist in jeder Beziehung die genaue und gerade Umkehrung des Lesens, durch welches ja Schriftbilder in Klangbilder umgesetzt werden.

II.

Die Entstehung der Schriftbilder.

Fast möchte es darnach scheinen, als wenn das Zustande-
kommen von Schriftbildern ein ziemlich einfaches, sich auf Grund
der angeführten Verhältnisse und Richtung des Seelenlebens überhaupt beinahe von selbst einstellendes Ergebnis der geistigen Entwicklung ist. — Lays Untersuchungen legen, wiewohl ihre Ergebnisse
in Wirklichkeit einzig und allein auf den Einfluss des Schriftbildes
zurückzuführen sind, verhältnismässig wenig Gewicht darauf, auch
die sonstige Lage der Verhältnisse auf diesem Gebiete zeigt hierüber, also über eine offensichtliche Grundfrage des Rechtschreibunterrichts, nur Unklarheit. Über die Voraussetzungen zur
Entstehung und über die Entwicklung der Schriftbilder muss zweifellos aber zuerst Klarheit herrschen.

a) Psychologische Voraussetzungen für das Zu-
standekommen von Schriftbildern. Zunächst muss man
sich folgendes zum Bewusstsein bringen:

1. Soweit das in die Schule eintretende Kind hinsichtlich seiner
Vorstellungen und Begriffe, sprachlichen und geistigen Fähigkeiten
auch schon entwickelt ist und für die verschiedenen Unterrichtsfächer
Anknüpfungspunkte und Grundlagen bietet — die Welt der Schriftzeichen tritt jedem Kinde mit dem Beginn des Schulunterrichts als
etwas durchweg und in jeder Beziehung Neues und völlig Fremdes
entgegen, für dieses Gebiet allein noch fehlt ihm, wie man im eigentlichsten Sinne sagen darf, „jedes Organ". — Das ihm entsprechende
„Hirnzentrum", um das gebrauchte Bild weiterzuführen, ist zwar vorhanden, aber noch in vollständig jungfräulicher Beschaffenheit, leer,
unberührt, Eindrücke so besonderer Art sind noch nie darauf gemacht worden. Die Seele des Kindes gleicht — man darf in diesem
Sinne den Ausdruck wohl gebrauchen — in dieser Beziehung einer
tabula rasa, nicht nur im materialen Sinne, insofern als es die Buchstaben eben noch nicht kennt, sondern auch im formalen Sinne,
insofern es ja natürlich auch nicht das geringste Gedächtnisvermögen,
zunächst auch absolut keinen „Sinn" für solchen Schulkram besitzt,
besitzen kann. Im Sinne der alten Seelenvermögentheorie könnte
man sagen, dass für diese speziellen „Schulfuchsereien" geradezu
überhaupt erst ein besonderes „Seelenvermögen" zu schaffen sei.

2. Selbst wenn dies schliesslich für das Lesen, für das Auffassen von Schriftzeichen gelungen ist, so gilt dies wieder
für die Rechtschreibung, angesehen als das Vermögen, Wortbilder zu merken, speziell für sich immer noch in vollstem Umfange. Denn in dem Lesen selbst liegt, was wohl zu beachten ist,
ja auch nicht der geringste Zwang oder Anlass, sich der Bestandteile

der gelesenen Worte — im Unterschiede zu andern etwa möglichen — auch wirklich bewusst zu werden oder sie gar zu merken, im Gegenteil viel eher die Veranlassung oder Verführung, sie, um der eigentlichen, genug Aufmerksamkeit absorbierenden Lesetätigkeit Raum zu geben und schnell weiter lesen zu können, sie überhaupt nicht zu beachten, möglichst rasch wieder verschwinden, vergessen und andern Eindrücken Platz machen zu lassen. Ist Buchstaben-auffassen, Formenerkennen aber schon ein total anderes als das Wiedervergegenwärtigenkönnen derselben aus dem Gedächtnis, wozu selbst viele Erwachsene vielleicht schon bei einem einzigen deutschen Grossbuchstaben (trotz seiner vermeintlichen genauen „Kenntnis") nicht einmal imstande sein würden, so ist Worteschreiben und das g a n z e geschriebene Wort in seinen Einzelheiten aus dem Gedächt-nis sich vorzustellen, noch viel mehr ein anderes, es sich aber gar zu m e r k e n, einzuprägen, ist erst recht wieder etwas Besonderes für sich. Hierzu gehören Klarheitsgrade, Spezialapperzeptionen, die wieder nur durch besondere, gründliche Beachtung und Betrachtung jedes einzelnen Elementes zustande kommen können, Zeit und be-sondere Willenshandlungen erfordernde Bewusstseinsakte, physio-logisch ausgedrückt: eine so grosse Zahl komplizierter physio-logischer Vorgänge, die „Einübung" so vieler Hirnelemente, die eben nur allmählich erarbeitet werden kann, von denen anfangs auch nicht die leisesten Spuren vorgearbeitet und vorbereitet sind, dass sich schon hieraus die angedeutete Vermutung, dass das Zu-standekommen von Schriftbildern durch den seelischen Mechanismus sich vielleicht ohne grössere Schwierigkeiten oder gar von selbst ergeben könnte, stark erschüttert wird oder wohl gar als grosser Irrtum sich erweist. Auch das Gedächtnis ist bekanntlich kein abstraktes, ohne weiteres „anwendbares" „Vermögen", sondern ruht in den Vorstellungen selbst, und ein innerer Widerspruch wäre es, von ihm überhaupt nur zu r e d e n, wo Vorstellungen, auf die es sich beziehen soll, noch — nicht vorhanden sind. Und das alles t r o t z der Tatsache, dass die Rechtschreibung doch weiter nichts anderes als — die gerade Umkehrung der Arbeit des Lesens ist! Die Übung und Gangbarkeit der Assoziationsbahnen nach bestimmter Richtung zu einem bestimmten „Zentrum" hin bedingt darum eben durchaus noch nicht auch ihre Geläufigkeit in umgekehrter Richtung.

Führt dies alles schon zu der Überzeugung, dass das Zustande-kommen von Schriftbildern sicherlich schon ein ganz bedeutendes Stück geistiger Arbeit ist und seitens der Unterrichtsmethodik sicherlich grösste Beachtung erfordert, so weisen uns die auf die g e ch Frage bezüglichen E r f a h r u n g e n d e s e l e m e n t a r e n Lleiseunterrichts zusammen mit den sicheren E r g e b n i s s e n der experimentellen Psychologie selbst auch noch auf Voraussetzungen von höchster Wichtigkeit hin, deren genauere Er-kenntnis für jede weitere Untersuchung des Gegenstandes unerlässlich ist, die bei der grossen Unsicherheit und Unklarheit der Anschauungen, trotz ihrer eigentlich axiomatischen Selbstverständlichkeit, doch so häufig übersehen werden.

3. Der elementare Leseunterricht zeigt es, wie schwer es dem Kinde wird, trotzdem es die Einzelbuchstaben genau und sicher kennt, beim Fortschreiten zu grösserer Geläufigkeit gleich 2 oder gar mehrere (häufig in Vor- oder Nachsilben etc. beisammenstehende) Buchstaben auf einmal zu überschauen und erkennen. Wie soll demnach, fragt man sich unwillkürlich, für den Anfangsunterricht ein Schreiben nach (auch in ihren Einzelheiten klar erfassten und bewussten!) Wortbildern überhaupt denkbar sein — kein Wunder wahrlich, wenn für den Rechtschreibunterricht eben — die akustische Schreibweise zu Grunde gelegt wird. Will der Unterricht seinerseits wirklich aber das Schreiben nach Wortbildern fördern, als das möglichst bald zu erstrebende Ziel betrachten, so muss zweifellos die Fähigkeit, mehrere Buchstaben gleichzeitig als Ganzes, als Einheit zu überschauen, die Erweiterung des Blickfeldes für Buchstaben und Buchstabengruppen, die unabweisbarste und selbstverständlichste Voraussetzung sein. Unzweifelhaft ist diese Form des Rechtschreibunterrichts darum auch in jeder Beziehung und durchaus von dem Erfolg und der nach dieser Richtung hin erfolgenden Vorarbeit des Leseunterrichts abhängig — der auf die Einprägung von Wortbildern gerichtete Rechtschreibunterricht darf demgemäss natürlich, wenn anders seine Arbeit nicht völlig illusorisch werden soll, auch erst zu dem Zeitpunkte einsetzen, an dem das Kind zum gleichzeitigen Erfassen mehrerer (zunächst der häufig beieinanderstehenden) Buchstaben befähigt ist. Dass für jedes Wort, das zum Gegenstand der Rechtschreibeübung gemacht wird, dessen Schriftbild also erfasst werden soll, ausserdem noch jede Leseschwierigkeit vollständig überwunden, beseitigt, das Wort also eventuell ein- oder mehrmals aufmerksam g e l e s e n sein muss, muss natürlich ebenfalls noch als eine in gleicher Weise selbstverständliche Voraussetzung von derselben Bedeutsamkeit hingestellt und hinzugefügt werden.

4. Für diese besondere Aufgabe, zum Lesen von einheitlich erfassten Buchstabengruppen oder Wortbildern zu führen, sind nun freilich auch d i e   b e i d e n   e n t g e g e n g e s e t z t   g e r i c h t e t e n L e s e m e t h o d e n, die analytische oder Normalwörtermethode und die synthetische oder reine „Schreiblese"methode, von sehr ungleicher Wirkung und Bedeutung, müssen darum auch anfangs als wesentlich mass- und richtunggebend für die besondere Gestaltung des Rechtschreibunterrichts erachtet werden. Den nach verschiedener Methode unterrichteten Kindern stellt sich, was sich experimentell erweisen lassen müsste, anfangs zunächst das Wort in verschiedener Weise dar, sie l e s e n auch, wie die Beobachtung zeigt, allermeistens in verschiedener Weise. Während die nach guter synthetischer Lese-

methode unterrichteten Kinder die Buchstaben wirklich nacheinander aufzu„lesen" und sie gleichzeitig sofort auch, da sie wirklich planmässig nach den physiologischen Lautverbindungsverhältnissen unterrichtet sind, zusammenzufügen imstande sind, müssen die nach der (in physiologischer Beziehung niemals so vollkommen ausgearbeiteten) Normalwörtermethode unterrichteten Kinder fast durchweg die nebeneinanderstehenden Laute vor ihrer Zusammenziehung isoliert für sich betrachtet oder doch erkannt haben, um dann erst entscheiden zu können („wegzubekommen"), in welcher Weise diese Laute gerade mit den verschiedenen Sprachwerkzeugen zu verbinden sind, bez. verbunden werden können. Sie sind daher, was sehr wichtig ist, an das vorherige Überblicken mehrerer Laute weit mehr gewöhnt; ihnen schwebt tatsächlich wohl auch, da ihnen ausserdem ja zuerst auch sofort ganze Wörter geboten und vor Augen geführt worden sind, das Wort als Ganzes, wenn auch in mehr oder weniger starker Verschwommenheit, Dunkelheit und Unklarheit, vor, während bei den synthetisch unterrichteten Kindern, namentlich den schwächeren, die Erscheinung wohl gar nicht selten ist, dass sie von Laut zu Laut vorwärts schreiten, ohne wohl auch nur im mindesten den Blick auf ihr gemeinsames Aussehen als Ganzes zu richten oder mehrere Buchstaben gleichzeitig mit einem Blick zu erfassen — bei dem raschen Fortgang des Lesens bleibt ihnen keine Zeit, den Blick nochmals auf Vorhergegangenes zu richten, das dringende Weitereilen zum nächsten anzugliedernden Laut gestattet keine „Gesamtbesinnung". Der Normalwörtermethode jedoch liegt ja als ihr Hauptcharakteristikum geradezu die Aufgabe vor, anfangs total dunkle, unübersehbare Wortbilder durch Analyse und Einzelbetrachtung der Bestandteile allmählich zu klären; dadurch legt sie ihrerseits jenes Einheitsbestreben, die Einheitsapperzeption des Wortes selbst gleich von Anfang an in das Kind hinein, während bei den nach synthetischer Lehrmethode unterrichteten Kindern dieses Einheitsbestreben allmählich erst zur Geltung gebracht werden muss, entweder, nachdem der Geist selbst erst den praktischen Vorteil des Überschauens — auch für das Lesen — gemerkt hat, spontan oder unter Anleitung des Lehrers. In den oft wiederholten, vielfach auch auswendig geschriebenen Normalwörtern machen sich die kleinen A B C-Schützen somit tatsächlich ihre ersten, immer noch mehr oder weniger klaren und einheitlich geschlossenen Wortbilder zu eigen, und auch die ersten orthographischen Versuche und Ergebnisse gelingen ihnen im allgemeinen wenigstens meistens besser.

5. Sehr wichtig und lehrreich für die vorliegende Frage, für die richtige Auffassung des Schriftbilderproblems sowohl wie für die richtige Erfassung der besonderen Aufgaben des Rechtschreib- (auch des ersten Lese-)unterrichts, sind auch die in dieses Gebiet einschlagenden Ergebnisse der experimentellen Psychologie, welche es ja bekanntlich mit Hilfe sehr einfacher Vor-

richtungen nachweist, dass wir im allgemeinen überhaupt nicht gut
mehr als etwa 4 Einzeldinge, Einzelbuchstaben etc. gleichzeitig
mit einem Blick zu erfassen vermögen, und dass allerdings dieses
Auffassungsvermögen sich dadurch wieder erweitert, dass wir dann,
von selbst, zur Gruppenbildung übergehen, mehrere zusammen-
gehörige oder zusammengenommene Einzelheiten selbst wieder als
Einheit und Einzelheit erfassen. Die Vergegenwärtigung des Schriftbildes eines längeren Wortes, wobei wir uns immer erst den Anfang
klar vergegenwärtigen und dann weiterschreitend die übrigen Teile
vor dem Blickfelde des Bewusstseins vorbeigleiten zu lassen, zeigt
auch ohne weiteres unser Unvermögen, das längere Ganze vollständig klar zu übersehen. Wie wenig wir demnach hinsichtlich
des Auffassungsvermögens für mehrere Buchstaben oder für Wortschriftbilder von den Kindern zunächst erwarten und verlangen
dürfen, geht daraus ja überzeugend genug hervor.

b) Die methodischen Massnahmen zur Erwerbung
der Schriftbilder überhaupt. Nach diesen Vorerörterungen
können wir nun imstande sein, die Schwierigkeit der Erzeugung und
Entwicklung von Schriftbildern zu verstehen und die Wichtigkeit der
hierzu notwendigen besonderen methodischen Mittel und
Massnahmen im rechten Lichte zu erkennen und zu würdigen,
nunmehr infolgedessen auch mit richtigem Verständnis den weiteren
Verhältnissen und Bedingungen, soweit sie sich auf die Erwerbung
von Schriftbildern beziehen, des weiteren nachgehen.

1. Zunächst handelt es sich, was wohl zu beachten ist, für den
Rechtschreibunterricht nicht, wie für den Leseunterricht, um das
Bild der Wörter in Druckschrift, sondern um Wortbilder in Schreibschrift, wie die Untersuchung der beim Schreiben, im allgemeinen
wenigstens, uns vorschwebenden und die Rechtschreibung regelnden
Gedächtnisbilder sofort ergeben würde und ihr besonderer Zweck,
ihre Verwendung ja auch erwarten lässt. Nicht das gedruckte Wort
kann darum, wenigstens nicht in der ersten Zeit, unmittelbar Ausgangspunkt und Grundlage für die „Auffassung" und Einprägung
von Wortbildern zu Zwecken der Rechtschreibung sein (die deutsche
Druckschrift mit ihren Buchstabenformen würde ja auch sonst noch
die allerungeeignetste Schriftform sein), die Verwendung der Schreibschrift (das einzuprägende Wort steht an der Tafel) ist für den Anfang unbedingt notwendig, und erst später erlangt das Kind durch
fortwährend und ausserordentlich häufig wirklich oder in Gedanken
sich vollziehende Umsetzung von Druck- in Schreibschrift eine
derartige Geläufigkeit, dass es diese Umsetzung (wie Versuche ergeben würden) ohne weiteres, leicht, unwillkürlich und unabsichtlich
von selbst vollzieht. Auch die Versuche Lays, der ja ausserdem
hinsichtlich dieser Frage sogar Umfrage bei verschiedenen tüchtigen
Schulmännern, allerdings mehr mit entgegengesetztem Ergebnis (l), ge-

halten hatte, bestätigen diese, hier rein theoretisch abgeleitete Forderung durchaus und vollkommen.[1])

2. Die oben bereits erwähnte und zwiefach begründete grosse Schwierigkeit des gleichzeitigen Auffassens und Übersehens einiger, wenn auch nur weniger Laute als eines Ganzen, macht für die Einübung und Einprägung der ersten Schriftbilder zweifellos ausserdem noch ganz besondere Massnahmen und Rücksichtnahmen dringend notwendig. Es ist gar nicht zu bezweifeln, dass die ersten wirklichen Wortbilder überhaupt zunächst nur von kurzen, einfachen, einsilbigen Wörtern erworben werden können, ja dass auch für diese, wenn anders die Anforderungen nicht gleich von vornherein überspannt werden sollen, ausserdem zunächst noch Erleichterungen geschaffen werden müssen. Eine wirklich klarere Erfassung und Beherrschung von Wortbildern wird anfangs überhaupt vielfach wohl nur dadurch zu erreichen sein, dass mehrere sehr ähnliche Worte, Worte, bei denen ein oder mehrere Buchstaben immer an gleicher Stelle wiederkehren, etwa nur ein oder zwei abweichende Buchstaben den Unterschied der Worte überhaupt ausmachen, neben- oder nacheinander betrachtet, verglichen, also einfache „Wörtergruppen" zur Einübung benutzt werden, so dass das Kind immer wieder ähnliche Zusammenstellungen vor Augen sieht und immer wieder zu klären gezwungen ist. Auch der Leseunterricht, jede Fibel bedient sich ja — für ihre ähnlichen Zwecke, um das Kind an das gleichzeitige Erfassen mehrerer, immer wieder zusammen auftretender Buchstaben zu gewöhnen — ganz des gleichen Mittels. Eine Behandlung mehrerer verschiedenartiger Wörter hintereinander würde sicherlich — schon nach den voraufgegangenen, mehr noch auf Grund weiterhin folgender Erwägungen — für den Anfang für viele Kinder schon zu hohe Anforderungen stellen, wenn auch nicht verkannt werden kann, dass das Auffassungsvermögen — wie ja auch beim Leseunterricht — nach Überwindung der ersten Schwierigkeiten und bei eintretender Gewöhnung oft überraschend schnell wächst. Das wiederholte Auftreten gleicher Lautverbindungen, schon in den Wörtergruppen, Vor- und Nachsilben, leitet gleich von Anfang an auch die (für das Auffassen vieler Einzelheiten nötige) „Gruppenbildung" ein und führt so sehr bald auch die Möglichkeit und Fähigkeit des Überschauens und einheitlichen Auffassens längerer Worte herbei.

3. Die durch das blosse Lesen und Schauen eventuell bewirkte Totalauffassung eines Wortbildes wie jedes zusammengesetzten Ganzen ist zunächst in ihren Einzelheiten noch vollständig dunkel. Das Verlangen, über die Einzelheiten derselben sofort Rechenschaft abzulegen, würde sofort die Unklarheiten zeigen und beweisen, dass

---

[1]) A. a. O. S. 94 u. 129 ff.

die oder jene Einzelheit eben noch nicht gesondert für sich apper-
zippiert, ins Bewusstsein getreten war. Ist das Lesen des Wortes
vielleicht gar aber noch auf die Überwindung von Leseschwierigkeiten, auf die richtige Zusammenfügung der Laute etwa gerichtet,
so kann auch von einer dunklen Totalauffassung nicht einmal die
Rede sein. Der kindliche Geist kann eben immer nur eine Tätigkeit auf einmal gründlich verrichten, den Blick, die Aufmerksamkeit
nicht teilen, nicht gleichzeitig auf mehrerlei richten. Es ist also vor
allem notwendig — was die Unterrichtspraxis ja jederzeit übt, hier
nur seiner psychologischen Bedeutung nach ins rechte Licht gerückt
und seiner unabänderlichen Notwendigkeit nach erkannt werden
soll —, auch die Bestandteile des Wortes einzeln für sich anzusehen
und nacheinander durch den Blickpunkt des Bewusstseins ziehen zu
lassen, um das vorher nur dunkle Gesamtbild, wenn ein solches auf
Grund der Ergebnisse des Leseunterrichts überhaupt schon vorhanden ist, in seinen Einzelheiten völlig zu klären. Langsames
Lautieren, oder — für den Klassenunterricht zweifellos praktischer
— Buchstabieren führt zum Ziele — Buchstabieren, das freilich
keine besondere Anstrengung behufs Besinnung auf den „Buchstabennamen" erst erfordern darf und geübt sein muss, trotz Lay, der das
Buchstabieren aus später zu erörternden Gründen entschieden verwirft.

4. Diese Arbeit, die Analyse des dunkeln Gesamtbildes durch
Buchstabieren, ist für den Fall, dass dem Kinde wirklich schon das
Wort als Ganzes, in Totalauffassung vorschwebte, besonders wichtig.
Für den Fall aber, dass der Sinn des (vielleicht nach synthetischer
Lesemethode unterrichteten) Kindes überhaupt noch nicht auf das
Überblicken und Erfassen des Ganzen gerichtet war,
würde nach diesem ganz besonders noch die Apperzeption des
Wortes als Einheit, ein besonderer geistiger Bindeakt, der auch
sonst nach jeder Buchstabieranalyse niemals überflüssig sein kann,
veranlasst werden, die Einzelbuchstaben würden nochmals ganz besonders in ihrer Beziehung zum Ganzen, als Einheit geschaut
werden müssen. Auch dies geschieht selbstverständlich nicht von
selbst; denn diese besondere Einheitsvollziehung erfordert, abgesehen
von der darauf noch besonders zu richtenden oder zu veranlassen-
den Willenstätigkeit, Zeit; diese muss dem Kinde gewährt werden
durch kurze Pause zur innerlichen Sammlung der Einzelheiten, am
besten dadurch, dass das Kind das in seinen Teilen vergegenwärtigte
Wort nun nochmals als Ganzes nicht bloss ausspricht, sondern liest,
eventuell mehrmals liest, vielleicht auch noch durch äussere Zeichen,
indem der Lehrer mit dem Stock darunter hinfährt, eine besondere
Aufforderung zur Betrachtung des ganzen Wortes noch ergehen
lässt, dazu gedrängt wird. Jeder Analyse muss nochmals eine,
nunmehr geklärtere, Totalauffassung und -anschauung, die Vollziehung
der Einheitssynthese folgen. Bei seinen Versuchen mit Semi-

naristen hat Lay das buchstabierte Wort nochmals aussprechen lassen, bei Kindern nicht; bei Seminaristen ist er nochmals mit dem Stocke darunter weggefahren, aber nicht — bei Kindern. (Dass hierdurch auch ausserdem noch der sonst von Lay besonders betonten und bei ihm zur Verwerfung des Buchstabierens führenden Forderung einer möglichst engen und innigen Verknüpfung von Klangbild und Artikulationsempfindungen (nebst Schriftbild, müssten wir noch hinzufügen) besonders und vollauf Genüge getan wird, soll hier wenigstens erwähnt werden).

5. Wenn das Kind schliesslich trotzdem das so behandelte, in seinen Einzelheiten geklärte, wie auch in seinem Aussehen als Ganzes geschaute Wortbild nicht behalten hat, braucht man sich nicht zu wundern. Wo soll es zunächst Interesse für solche Dinge, also irgend welchen Willensantrieb zur Einprägung hernehmen? Denn auch die Einverleibung ins Gedächtnis geschieht nicht von selbst, sondern erfordert einen besonderen Willensakt, der eben noch vollzogen sein will, also Vorsatz, „Neigung, Absicht" dazu. Wiedererkennen würde das Kind wohl das Wortbild nach dieser Arbeit, und damit begnügt sich ja der Leseunterricht, der die Wortbilder immer von neuem wieder — bloss zum Wiedererkennen — dem Kinde vorlegt, ohne dass schliesslich, trotz so vielfacher Wiederholung!, vielleicht nur das mindeste davon haften blieb. Der Rechtschreibunterricht aber verlangt mehr: das Kind soll das Wortbild in allen seinen Teilen frei aus sich selbst heraus wiedererzeugen können. Wiedererkennen und Wiedererzeugen, Einprägen oder Merken sind eben (wie auch besondere Fälle von Sprachstörungen, bei denen das Wiedererkennen gestört, das Wiedererzeugen aber möglich ist, erkennen lassen) in psychischer und darum auch didaktischer Beziehung zwei ganz verschiedene Dinge. Vielleicht, dass, physiologisch gesprochen, dem Wortbilde im entsprechenden Hirnzentrum ausdrücklich noch eine besondere „Erinnerungszelle" eingeräumt, ein besonderer „Einzug", Einverleibungsakt vollzogen werden muss. Die Aufforderung: „Merkt's euch!" — „Seht's euch erst noch einmal an, dass ihr's dann auch noch wisst!", mit dazu eventuell noch nachfolgender kurzer Pause, kurzem Moment des Wartens zum wirklichen Vollzuge der Einverleibung, sind also beim Anfang solcher Übungen durchaus keine überflüssigen Massnahmen, sondern sehr wichtige, nicht zu unterschätzende Impulse für den Willen des Kindes und Vorsichtsmassregeln für den wirklichen Vollzug der Einprägung! Erst später, wenn es merkt, dass diese Übungen nicht umsonst getrieben und darüber wieder Rechenschaft abgelegt werden muss, oder wenn der Willensimpuls von dem dadurch vielleicht mit erwachenden Interesse, beziehentlich der allgemeinen Lernlust ausgeht, können sich diese unbedingt notwendigen Willensimpulse aus eigenem Antriebe selbsttätig vollziehen.

6. Auch die sofortige Nötigung zur Projektion des Wort-

b i l d e s nach aussen, als „Vor"„stellung" vor den inneren Sinn durch Buchstabieren aus dem Gedächtnisse, „Kopfbuchstabieren", zwingt ja ausserdem noch zu dieser apperzipierenden Willenstätigkeit, kontrolliert überdies sofort das Gelingen und bewirkt eigentlich dadurch erst, dass es hierdurch auch die so wichtigen Gefühle des Gelingens, der Überzeugung von dem Besitze und des Wiedervergegenwärtigenkönnens hinzuschafft, den Abschluss oder vollständigen Vollzug der Aneignung; sie ist selbstverständlich auch um ihrer selbst willen erforderlich, denn auch das Wiedervorstellenkönnen, der Reproduktionsakt muss erst einmal vollzogen, da hierbei die Nervenbahnen ja wohl in umgekehrter Richtung tätig sein müssen, geübt sein, um den wirklichen Besitz und die Anwendungsfähigkeit einigermassen zu verbürgen. Irgend eine Garantie dafür, dass bei diesem Buchstabieren aus dem Gedächtnisse das Kind tat-sächlich auch das betrachtete Wortbild vor sich sieht und wirklich eine gedächtnismässige Analyse desselben vollzieht, ist dabei, was wohl zu beachten ist, noch in keiner Weise gegeben. Wie leicht ist's möglich, dass das Kind, falls der Erfolg der früheren Anschauungsarbeit noch aus- oder mangelhaft geblieben ist, unbemerkterweise sich dann beim Kopfbuchstabieren an das ihm noch bequemere Klangbild hält und — dieses analysiert! Sicherlich e n t s t e h t manchem Kinde wohl auch w ä h r e n d des Buchstabierens das Wortbild erst wieder klarer vor der Seele — individuelle Verschiedenheiten in bezug auf die Kräftigkeit der sinnlichen Einbildungkraft spielen hierbei sicherlich eine Rolle. Zur Unterstützung der Vorstellungskraft kann hier namentlich das Ortsgedächtnis, der Hinweis und die Erinnerung an die Stelle der Tafel, auf der das Wort gestanden hatte, sowie das „Luftschreiben", welches ja sicherlich das Hinaus-, in die Luft versetzen erzwingt, auch von Schiller in der erwähnten Abhandlung besonders empfohlen wird, gute und sicher wirkende Dienste leisten.

7. Wird das Wort nun g e s c h r i e b e n, fügt sich Buchstabe zu Buchstabe, so e n t s t e h t das Schriftbild jetzt nochmals sogar vor dem Auge; das Wort muss dabei, schon um überhaupt in jedem Augenblicke die Bestimmung zu ermöglichen, bis zu welchem Punkte innerhalb des Wortes die Niederschrift vorgeschritten ist, stückweise, als Viertels-, halbes, Dreiviertelswortbild, also auch in immer zunehmender räumlicher Ausdehnung g e s e h e n, schliesslich nochmals, auch beim kontrollierenden Nachlesen als Gesamtbild gefasst und gelesen werden — auf allen Gebieten vermittelt ja das Entstehensehen oder eigene Zusammensetzen eines grösseren komplexen Ganzen die genaueste und klarste Kenntnis derselben. Da das Wortbild ausserdem in der charakteristischen eigenen Handschrift sich dabei vor Augen stellt, sicherlich sich auch sonst allerhand Spezial-, Lust- oder Unlustgefühle beim Vollziehen oder Gelingen der Niederschrift sich damit verknüpfen, lässt sich hieraus der wiederum

ganz besondere und hohe Wert der nachfolgenden eigenen Niederschrift betrachteter Wortbilder für die nochmalige Auffassung und
Einprägung leicht ermessen, ganz abgesehen von seiner selbst-
verständlichen und sonst vielleicht allein nur beachteten Bedeutung
zur Prüfung und Kontrolle. Der auch hier, wie beim Kopfbuchstabieren, zunächst bestehenden Unsicherheit, dass der flüchtige
Sinn des Kindes die Niederschrift doch noch in Erinnerung an das
Klangbild vollzieht, muss dadurch vorgebeugt werden, dass die
Niederschrift, namentlich anfangs, möglichst bald oder sofort im
Anschluss an die wirkliche Betrachtung des Wortbildes erfolgt.
Wird dasselbe Wort nun gar (was Lay zur Einübung der Schreibbewegung für alle Wörter verlangt!) mehrmals, 2, 3 oder mehrmals hintereinander geschrieben (und, was unwillkürlich dabei geschieht, wieder nachgelesen), was sich bei längeren und
schwierigeren Wörtern und namentlich für den Anfang natürlich
sehr empfiehlt und selbst den Schwachen über alle Schwierigkeiten
sicher hinweghilft, so muss schliesslich eben auch das schwächste
Kind, schon in den ersten Anfängen, endlich zur „Wortanschauung"
kommen. Ob dann auch noch für die richtige Niederschrift der
vielen Hunderte verschiedener Schriftbilder der Einfluss von den
einzelnen Schriftbildern speziell eigentümlichen Schreib-(Innervations-,
Tast- und Bewegungs-)empfindungen in Frage kommt, könnte nunmehr wohl sogar dahingestellt bleiben — die nach Lay jedem Worte
zukommenden eigentümlichen „Schreibbewegungsvorstellungen" sind
bereits als unmöglich abgelehnt worden und müssen in ihrer Besonderheit als jeder Analogie entbehrend bezeichnet werden. Nur
für die wenigen Fälle, in denen tatsächlich durch das Aufeinanderfolgen selten nebeneinander vorkommender und schwierig zu ver-
bindender Buchstaben mechanische oder Innervationsschwierigkeiten
entstehen, mit deren Überwindung ausserdem dann noch bei dem
Kinde besondere Gefühle ausgelöst werden, mögen Schreibempfin-
dungen vielleicht für die Einprägung und Auffassung des betreffenden Wortbildes mit in Frage kommen und wertvoll sein.

    Zusammenfassung. Als die bei der Erwerbung von Schrift-
bildern sich nacheinander vollziehenden psychischen Akte und darum
auch notwendigerweise innezuhaltenden „Stationen" ergeben sich also
nach dem Voraufgehenden: Lesen des Wortes, Bewusstwerden der
einzelnen Bestandteile durch Analyse (Buchstabieren) desselben, Einheitsvollziehung (Synthese) der vorher isoliert aufgefassten Bestandteile bei nochmaliger Aussprache, Willensakt zur Einverleibung ins
Gedächtnis, Wiedervergegenwärtigung (Projektion) des Erfassten vor
den Innern Sinn (durch Kopfbuchstabieren), Quittierung über das
Erworbene und Verknüpfung mit dem Gefühl sicheren Besitzes durch
eigene Niederschrift.

    Das Kind muss aus seinem Buche sehr bald auch „ab-
schreiben". Alle die oben erwähnten Stufen des Schriftbilder-

erwerbs müssen hierbei, wie leicht ersichtlich, in raschester Aufeinanderfolge, gleichsam wie in einen zusammenhängenden Ver-
tiefungsakt verdichtet, durchlaufen werden. Indem das Abschreiben
also die volle Fertigkeit in dem Vollzuge dieser einzelnen Operationen
voraussetzt, bildet es so natürlich auch die beste und vortrefflichste
Fortsetzung der erörterten Aneignungsarbeiten überhaupt. Alle
die erörterten Verhältnisse müssen demnach auch für das Abschreiben volle und strengste Geltung haben und dabei berücksichtigt werden. Die allerwichtigste und selbstverständlichste Vorbedingung ist es natürlich, dass das Kind dabei eben auch wirklich
Wortbilder abschreibt, also die Worte auffasst und merkt, nicht
aber die einzelnen Buchstaben überträgt, was sich bekanntlich ja
schon in der Häufigkeit des Wechsels in der Kopfbewegung vom
Lese- zum Schreibebuch anzeigt, dass ferner alle Leseschwierigkeiten
in dem abzuschreibenden Stücke vollkommen und gründlich beseitigt
sind und überhaupt der Lehrer der Vorbereitung und Einübung
des richtigen Abschreibens, sowie der Kontrolle des Abgeschriebenen
seine grösste Aufmerksamkeit und Sorgfalt widmet. Denn dass das
Abschreiben (auch unter recht langsamer, aber stetiger Steigerung
der Anforderungen, wie weiterhin noch besonders auszuführen
ist) unter Anleitung des Lehrers ganz besonders geübt werden
muss, ist nach dem allen wohl nicht mehr zu bezweifeln. Das Abschreiben, dessen Übungen am besten übrigens auch erst von den
an der Tafel stehenden geschriebenen Wörtern und Sätzen, dann
erst von dem Lesebuche oder Sprachhefte aus erfolgt, bedeutet dann
weiterhin auch insofern noch einen besonderen Fortschritt, als bei
ihm, späterhin wenigstens, ja auch die Umsetzung des Druckbildes
in Schreibschrift durch das Kind fortwährend selbst vollzogen
werden und zur vollen Fertigkeit und Gewohnheit gebracht werden
muss.

Das Abschreiben ist es, wodurch allein auch der vorerwähnte
regelmässige Entwicklungsgang von der akustischen zur optischen
Schreibweise, der, wie wir sahen, wohl fast bei jedem mit Schreiben
mehr beschäftigten Menschen, nur früher oder später, langsamer oder
schneller, sich vollzieht, in der raschesten und einfachsten Weise und
in der kürzesten Zeit, zum grössten Vorteil für die Schule, gefördert
und zum Abschluss gebracht werden, die unsichere akustische Schreibweise am schnellsten zurückgedrängt werden kann. Dass dem Kinde,
dessen geistige Tätigkeiten selbstverständlich stets in der Richtung
des geringsten Widerstandes verlaufen, anfangs immer wieder die
Niederschrift nach dem Klangbilde am nächsten liegt und am meisten
sich aufdrängt, zum Schaden der orthographischen Richtigkeit des
Geschriebenen, ist wohl nicht zu bezweifeln. Das Klangbild ist ihm
ohne weiteres, unmittelbar gegeben, während die Herbeiziehung des
vielleicht auch schon erlernten Schriftbildes doch eher noch einige
Besinnung erfordert. Nur das Abschreiben stellt, zusammen mit den

geschilderten Übungen, den einzigen Fall dar, in welchem das Schriftbild, dessen Vergegenwärtigung ja hier dem Schreiben notwendigerweise am unmittelbarsten vorhergeht, dem (geübten!) Kinde sicherlich noch näher liegt, als der Klang des Wortes, die optische Niederschrift also wirklich mit Sicherheit erwartet und schliesslich, durch die dadurch herbeigeführte immer inniger und fester werdende direkte Verbindung des sensorischen mit dem motorischen Schriftzentrum, zur Gewohnheit werden kann.

Sind auf diese Weise, durch die besprochenen Übungen dem kindlichen Geiste die Schriftbilder in grösserer Anzahl einverleibt, viele „Spuren" eingegraben worden, so ist das „Schriftbilderzentrum" angelegt; ist schliesslich die Fähigkeit zur Auffassung und Einprägung von Wortbildern so weit entwickelt, dass zuletzt nur noch ein Blick zum Erfassen und Merken des Wortbildes genügt, dann ist, wie wir sagen können, auch das „Gedächtnis für Wortbilder" in dem Kinde begründet.

Sind die unabweislichen Voraussetzungen dafür, nämlich Befähigung zum Erfassen und gleichzeitigen Überblicken mehrerer Buchstaben, also Lesefertigkeit, erfüllt, so sind die Mittel dazu demnach sehr einfache: Buchstabieren oder Analysieren des Wortbildes aus der Anschauung und aus dem Gedächtnis (mit jedesmal anschliessender Synthese bei nochmaliger Aussprache des ganzen Wortes), Niederschrift und Abschrift der Wortbilder.

Schluss folgt.

III.

Das ästhetische Grundgesetz in Natur und Kunst.

Von Hans Schramm in Nürnberg.

Motto: „In welchem Sinne hat Plato gesagt, dass die Gottheit immer geometrisch verfahre?"
(Plutarch, Symposion VIII, 2.)

Im Vordergrunde des Interesses weiter Kreise des deutschen Volkes steht gegenwärtig eine lebhaft aufsteigende Bewegung der bildenden Künste.

Man hat den hohen ästhetischen Gehalt und den veredelnden Einfluss der Kunst erkannt und nach Recht und Gebühr gewürdigt, und die Losung „Durch die Kunst für die Kunst" erklingt nun immer lebhafter auch innerhalb der pädagogischen Reihen. Hier vor allem gilt es zu studieren und zu prüfen, inwieweit man der Kunst mehr als bisher Raum in der Schule gewähren kann.

Zur rechten Würdigung der Kunst und der modernen Kunstbestrebungen sucht auch unsere nachfolgende Arbeit beizutragen, indem wir auf Grund der einschlägigen neueren und neuesten Literatur, sowie nach eigenen Beobachtungen und Erfahrungen das hochbedeutsame ästhetische Grundgesetz darzustellen versuchen, nach dem Natur und Kunst ihre Gebilde formen und gestalten: nämlich den goldnen Schnitt, die „göttliche Proportion".

Zur Vorbereitung hierauf sei uns gestattet, einen geschichtlichen Rückblick auf die Lehre von den „Proportionen in der Kunst" werfen zu dürfen.

Unter den Bedingungen der Schönheit aller künstlerischen Formengebilde nimmt die Beziehung, in welcher die einzelnen Teile eines Gegenstandes hinsichtlich ihrer Grösse zueinander stehen, die erste Stelle ein. Diese Beziehung wird Verhältnismässigkeit oder Proportion genannt. Trotz der ausserordentlichen Wichtigkeit der genannten Grundbedingung für die Formenschönheit und trotz aller Fortschritte auf dem Gebiete der Kunst und des Kunstgewerbes herrschte aber doch gerade in Bezug auf die Regelung derjenigen Grössenverhältnisse, die einen wohlgefälligen Eindruck zu bewirken vermögen, bis in die Mitte des 19. Jahrhunderts eine kaum glaubliche Ratlosigkeit. Die Versuche, dieser Unsicherheit Herr zu werden, reichen bis in die ältesten Zeiten hinauf, und hervorragende Künstler waren es, die sich ehrlich abmühten, ja es als ihre Lebensaufgabe erachteten, hierin Klarheit und Festigkeit zu schaffen.

Polyklet, im 5. Jahrh. v. Chr., war nach der Überlieferung der erste, welcher eine gewisse Gesetzmässigkeit im Bau des Menschen erkannte und derselben in seinen Statuen Ausdruck verlieh. Er stellte eine Figur als Kanon auf und nach dieser Norm arbeiteten die griechischen Meister, und man sagte: „Polyklet hat die Kunst geschaffen." Er stellte für jeden Körperteil ein genaues Mass fest.

Dass er aber nicht das normale Massverhältnis gefunden hatte, geht daraus hervor, dass viele Meister nach ihm mit seinem Kanon nicht einverstanden waren und sich wieder ein eigenes System zurechtlegten, so Lysippos, Leonardo da Vinci, Albrecht Dürer, Michelangelo, Joh. Gottfried Schadow, Karl Gustav Carus, Karl Schmidt und andere.

Daraus können wir aber auch ersehen, dass kein einziges von allen diesen Proportionsgesetzen allgemeine Gültigkeit erlangte.

„Der menschliche Körper fügt sich eben nicht der starren Zahl. Es ist auch sehr umständlich und unkünstlerisch, nach Zahlen zu arbeiten."

Und doch bewundern wir an den Werken genannter Künstler die Ebenmässigkeit. Sie folgten wohl unbewusst ihrem Schönheitsgefühl und damit dem richtigen Maßstabe. „Das Schönheits-

gefühl aber ist nichts anderes als die unbewusste Anwendung des „goldenen Schnittes", und dass gerade der
goldene Schnitt das ästhetische Grundgesetz in Natur und Kunst ist,
das hat erst der Leipziger Professor Dr. Zeising in seinem 1854 erschienenen Werke zur Evidenz nachgewiesen.[1] — So epochemachend
und grossartig aber auch die Entdeckung Zeisings war, so erfüllte
sich doch seine Hoffnung nicht: seine Lehre fand nicht die gewünschte künstlerische Verwertung. Zeising hatte eben, wie die
Meister vor ihm auch, wieder nur Mafse an die Hand gegeben, in
Zahlen ausgedrückt, auf diese Weise konnte seine Lehre nicht
populär werden, weil die Kontrolle darüber grosse Schwierigkeiten
bot, und weil lange Zahlenreihen und Berechnungen nicht nach dem
Geschmack des Künstlers sind. Es fehlte bis in die neueste Zeit an
einem Mittel, wodurch es ermöglicht oder erleichtert worden wäre,
die Wissenschaft Zeisings ins praktische Leben und in die Kunst zu
übertragen.

Das Verdienst, der Wahrheit vom goldenen Schnitt den Weg
in alle Gebiete der Kunst und Wissenschaft gebahnt zu haben, gebührt unstreitig dem Münchener Kunstmaler Dr. Adalbert Goeringer;
denn er hat in dem „goldenen Zirkel" ein Instrument erfunden, das
in den Stand setzt, an einem beliebigen Objekte diejenigen Teile,
welche sich nach dem goldenen Schnitt zueinander verhalten, aufzusuchen, und in demselben Verhältnisse in jeder Grösse auf das
Papier zu übertragen. Die Erfindung wurde im Jahre 1893 in allen
europäischen Kulturstaaten patentiert. Bevor wir jedoch näher auf
diese ebenso sinnreiche wie einfache Erfindung eingehen können,
müssen wir das Wesen des goldenen Schnittes vom mathematischen
Standpunkte aus kurz beleuchten.

Unter dem goldenen Schnitt, „sectio aurea" oder „sectio divina"
genannt, versteht man die Teilung einer Strecke in der Weise, dass
sich die ganze Strecke zum grösseren Abschnitt verhält wie der
grössere Abschnitt zum kleineren. Den kleineren Abschnitt nennt
man den Minor, den grösseren Abschnitt den Major des goldenen
Schnittes; den Teilungspunkt bezeichnet man als dritten, inneren
oder mittleren Punkt.

Man kann also die Proportion des goldenen Schnittes auch so
ausdrücken: Das Ganze verhält sich zum Major wie der
Major zum Minor.

Arithmetisch genau lässt sich jedoch dieses Verhältnis nicht
feststellen; annähernd wird es ausgedrückt durch die Zahlen 1, 2,
3, 5, 8, 13, 21, 34, 55, 90, 145, 236, 381, 618, 1000.

Nimmt man aus dieser Zahlenreihe beliebige 3 nebeneinander-

---

[1] Neue Lehre von den Proportionen des menschlichen Körpers aus einem bisher
unerkannt gebliebenen, die ganze Natur und Kunst durchdringenden morphologischen
Grundgesetze entwickelt. Leipzig 1854.

stehende Zahlen heraus, z. B. 3, 5 und 8, so ist die erste, also 3, der Minor, die zweite, also 5, der Major und die dritte, also 8, das Ganze. Die Proportion heisst dann 3 : 5 = 5 : 8.

Dass diese Proportion aber nur annähernd richtig ist, erhellt daraus, dass das Produkt der inneren Glieder 25, das der äusseren 24 ist.

Auf geometrischem Wege lässt sich jedoch die „stetige" Teilung einer Linie ganz exakt darstellen. Wir verdanken diese Auflösung den Griechen und finden sie schon in der „Stoicheia" oder den „Elementen der reinen Mathematik" des Euklid in Alexandria, um 300 v. Chr. Der Minorit Lukas Pacioli gab ihr in seinem 1509 erschienenen Buche den Namen „proportio divina". Die Bezeichnung „goldener Schnitt" stammt gleichfalls aus dem Mittelalter, wo sie unter dem Namen „sectio aurea" oder „sectio divina" vorkommt, mit welchem Ehrenprädikat man die Vorzüglichkeit eines Lehrsatzes bezeichnen wollte, an dem die damaligen Mathematiker ein grosses Interesse nahmen.

Die Euklidische Konstruktion des goldenen Schnittes wird in folgender Weise ausgeführt:

Man zieht an einen Kreis eine Tangente von der Grösse des Durchmessers und von ihrem äusseren Endpunkte eine Sekante durch den Mittelpunkt, so ist die Sekante nach dem goldenen Schnitte oder stetig geteilt, d. h. der Durchmesser ist mittlere Proportionale zwischen der ganzen Sekante und ihrem äusseren Abschnitte. Hierauf trägt man den äusseren Abschnitt oder den Minor der Sekante auf der Tangente ab, so ist auch diese nach dem goldenen Schnitte geteilt. (S. Fig. auf nächster Seite.)

Die Proportionen des goldenen Schnittes sind hier:

I. $AB : BC = BC : AC$.

II. $AD : AE = AE : DE$.

Wir würden es als einen Mangel dieser Arbeit betrachten, wenn wir den mathematischen Beweis für den goldenen Schnitt weglassen würden, wollen ihn deshalb in aller Kürze und in leichtfasslicher Weise erbringen.

Wir ziehen CD und BD und den Radius nach D und beweisen zunächst, dass der Sehnen-Tangentenwinkel CDA gleich ist dem Peripheriewinkel DBC im entgegengesetzten Kreisabschnitte.

I. Der Winkel CDB ist ein rechter als Peripheriewinkel im Halbkreise (Thales, 640 v. Chr.).

II. Der Winkel MDA ist gleichfalls ein rechter; denn der Radius zum Berührungspunkte der Tangente eines Kreises steht senkrecht auf der Tangente.

Jeder dieser rechten Winkel enthält den Winkel MDC.

Folglich muss, da der Winkel MDC sich selbst gleich ist, der Winkel CDA gleich sein dem Winkel MDB; denn Gleiches von Gleichem subtrahiert gibt Gleiches.

Da aber die Winkel MDB und MBD als Basiswinkel eines gleichschenkligen Dreiecks einander gleich sind, so muss auch der Winkel CDA gleich sein dem Winkel MBD; denn sind zwei Grössen einzeln einer dritten gleich, so sind sie auch unter sich gleich.

Den Winkel MBD bezeichnen wir als Winkel CBD.

Somit ist der Sehnen-Tangentenwinkel CDA gleich dem Peripheriewinkel CBD im gegenüberliegenden Kreisabschnitte.

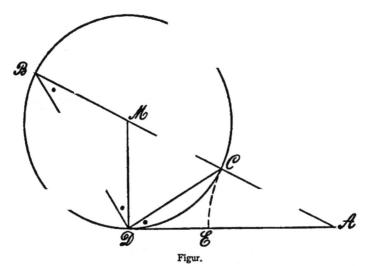

Figur.

Da ferner der Winkel DAC sich selbst gleich ist, so sind in den Dreiecken DCA und DBA zwei Winkel bezüglich gleich, folglich sind diese Dreiecke einander ähnlich.

In ähnlichen Dreiecken aber sind die entsprechenden Seiten proportional; also verhält sich die Seite AB des Dreiecks ABD zur Seite AD dieses Dreiecks ebenso wie die Seite AD des Dreiecks ADC zur Seite AC dieses Dreiecks.

Da aber AD nach der Voraussetzung und Konstruktion gleich ist BC, so zeigt die Sekante BC die folgende Proportion des goldenen Schnittes:

$$AB : BC = BC : AC.$$

Dass aber auch die Tangente AD in E gleichfalls nach dem

goldenen Schnitte geteilt ist, beweisen wir aus dieser Proportion mit Hilfe des folgenden Lehrsatzes.

Es sei gegeben die Proportion:

$$5 : 4 = 10 : 8,$$

so können wir auch sagen: $4 : (5 - 4) = 8 : (10 - 8)$; d. h. in jeder geometrischen Proportion verhält sich das 2. Glied zur Differenz des 1. und 2. Gliedes ebenso wie das 4. Glied zur Differenz des 3. und 4. Gliedes.

Diesen Lehrsatz auf obige Proportion angewandt ergibt

$$BC : (AB - BC) = AC : (BC - AC).$$

Nun ist aber BC nach der Voraussetzung und Konstruktion gleich AD; $AB - BC = AC$ und AC nach der Konstruktion gleich AE; $BC - AC$ ist somit $AD - AE$, d. h. DE.

Für die Differenzen den entsprechenden Wert, für $BC = AD$ und für $AC = AE$ in obige Proportion eingesetzt, ergibt die folgende:

$$AD : AE = AE : DE.$$

Mittels der obigen Konstruktion kann somit jede beliebige Linie nach dem goldenen Schnitte geteilt werden, wenn man sie als Durchmesser und Tangente eines Kreises betrachtet. Wie hier die Tangente als Major der Sekante nach dem goldenen Schnitte einfach dadurch geteilt wurde, dass man den Minor der Sekante auf der Tangente abtrug, so kann man überhaupt nach Auffindung des ersten Schnittpunktes eine unbegrenzte Reihe harmonischer Massverhältnisse nach dem goldenen Schnitt feststellen, welche als „goldene Reihe" bezeichnet wird. Es ist dies eine geradezu wunderbare spezifische Eigenschaft des goldenen Schnittes.

Eine g o l d e n e R e i h e erhält man, wie eben gezeigt, auf geometrische Weise dadurch, dass man den ersten Minor auf dem ersten Major abträgt, den Rest des Majors als neuen Minor annimmt und das Verfahren wiederholt. Die vorhin genannte Zahlenreihe 1, 2, 3, 5, 8, 13, 21 etc. stellt somit eine arithmetische goldene Reihe dar.

Jede Konstruktion des goldenen Schnittes wird überflüssig gemacht durch das „stereotype Schönheitsmass", d e n g o l d e n e n Z i r k e l von Dr. Adalbert Goeringer. Derselbe besteht aus zwei äusseren und zwei inneren Schenkeln, welch letztere in entgegengesetzter Richtung mit den ersteren so verbunden sind, dass eine Linie, welche die Endpunkte der beiden äusseren Schenkel verbindet, durch den Scheitelpunkt der inneren Schenkel automatisch nach dem goldenen Schnitte geteilt wird. Keine Konstruktion, kein anderes Instrument besorgt in so einfacher Weise die stetige Teilung einer Linie.

Der goldene Zirkel wird in zwei Grössen hergestellt; der grössere hat eine Spannweite von 2 m, so dass man Figuren in

Lebensgrösse direkt bemessen und die gefundenen Punkte derselben Grösse auf die Leinwand übertragen kann. Mit dem kleineren Zirkel lassen sich die Verhältnisse über 30 cm nur durch Visieren finden. Man muss aber darauf achten, dass die drei Zirkelspitzen genau in senkrechter Richtung stehen. Der goldene Zirkel wurde von anerkannten Autoritäten auf dem Gebiete der Kunst und des Kunstgewerbes[1]) als eine äusserst sinnreiche und praktische Erfindung bezeichnet. Nachdem wir das Wesen des goldenen Schnittes kennen gelernt haben, können wir zur Betrachtung desselben in Natur und Kunst übergehen.

I. Was den goldenen Schnitt in der Natur betrifft, so haben bezüglich des normalen, schönen, gesunden menschlichen Körpers Zeising, Pfeifer, Wittstein und Goeringer folgende, dem goldenen Schnitt exakt entsprechende Proportionen gefunden, die sich mit Hilfe des goldenen Zirkels leicht nachweisen lassen. Nimmt man die ganze Länge des menschlichen Körpers vom Scheitel bis zur Fusssohle in den „aufrechten"[2]) goldenen Zirkel, so fällt der 3. Punkt auf die Taille oder Gürtellinie, d. h. auf die Falte, die sich ergibt, wenn sich der Körper nach vorne oder nach rückwärts beugt: vorne fällt dieser Punkt auf das untere Ende des Brustbeins, hinten auf den 5. Lendenwirbel.

Nimmt man die Linie Scheitel—Fusspunkt in den umgekehrten goldenen Zirkel, so zeigt der 3. Punkt die Stelle an, wo bei herabhängendem Arme die Spitze des Mittelfingers zu liegen kommt. Wir bezeichnen diesen Punkt als Oberschenkelpunkt.

Die Linie Taille—Scheitel ist somit gleich der Linie Fusspunkt—Oberschenkelpunkt. Fasst man die Länge Taille—Scheitel in den goldenen Zirkel, so fällt der 3. Punkt auf die untere Begrenzungslinie des Kinns, durch den Minor ist hier die Kopflänge gegeben.

Nimmt man hierauf die gleichlange Linie Fusspunkt—Oberschenkelpunkt in den goldenen Zirkel, so bezeichnet der 3. Punkt genau eine Stelle 1 cm unterhalb der Kniescheibe, das ist derjenige Punkt, mit dem der Oberschenkel beim Knien abschneidet. Der Unterschenkel ist somit gleich der Oberrumpflänge Taille—Kinnpunkt.

Die Linie Kinnpunkt—Taille ist Major zu der Linie von der Taille abwärts bis zu dem Punkte, wo die „Spaltung der Beine" beginnt.

Da die Linie Taille—Kinnpunkt auch Major ist zur Kopfhöhe, so ergibt sich hieraus, dass die Partie Taille—Spaltungspunkt der Beine gleich ist der Kopfhöhe.

Nimmt man die Linie Taille—Spaltungspunkt der Beine als

---

[1]) Wir nennen u. a. C. Hammer, Conradin Walther, H. Steindorff in Nürnberg, Jos. Weiser, Max Kleiber, Franz Stuck in München, F. Moser in Magdeburg.
[2]) Der Major ist unten, der Minor oben.

4*

Minor an, so ist der dazugehörige Major nach unten die Länge des Oberschenkels bis zum Kniepunkt; somit ist auch der Oberschenkel gleich der Oberrumpflänge.

Der ganze menschliche Körper besteht somit aus 3 Oberrumpflängen (Taille—Kinnpunkt, Ober- und Unterschenkel) und 2 Kopflängen (Kinnpunkt—Scheitel, Taille—Spaltungspunkt der Beine).

Die Länge des Fusses ist Minor zur Länge des Unterschenkels; somit entspricht die Fusslänge der Kopfhöhe. Die Schulterbreite von Acromion (das ist der äusserste Knochen an der Schulter) zu Acromion ist gleich der Oberrumpfhöhe. Der Major zur Schulterbreite ist der Kopf.

Ebenso verhalten sich die Verhältnisse des Kopfes nach der Regel vom goldenen Schnitt. Fasst man z. B. das ganze Gesicht in den goldenen Zirkel, so ist der 3. Punkt die Nasenwurzel, beim umgekehrten Zirkel ist der 3. Punkt die Nasenspitze. Der Major gibt hier zugleich die Breite des Gesichtes an, also das Oval.

Nimmt man Nasenwurzel—Kinn in den umgekehrten Zirkel, so ergibt der 3. Punkt die Mundspalte. Ebenso lässt sich der Arm und die Hand mit den einzelnen Fingergliedern nach dem goldenen Schnitte konstruieren. Die Länge der Hand mit den einzelnen Fingergliedern bildet ·eine regelmässige 4 gliedrige „goldene Reihe". — Betrachten wir den Körper bei ausgebreiteten Armen, so ist die Spannweite gleich der Körperhöhe. Es würde zu weit führen, alle Verhältnisse, welche sich am menschlichen Körper nach dem goldenen Schnitt ergeben, hier aufzuzählen; diese finden sich bei Handhabung des goldenen Zirkels von selbst.

Ich habe an berühmte Meistergemälde aus alter, neuer und neuester Zeit den goldenen Zirkel angelegt, u. a. an „Ecce homo" von Guido Remi, an „Mona Lisa" von Leonardo da Vinci, an „La vinia" von Tizian, an „Jane Seymour" von Hans Holbein, an die „Sixtinische Madonna" von Raffael, an Dürers „Selbstporträt", an „Hieronymus Holzschuher" von Dürer, an zwei nackte allegorische Frauengestalten von Hans Baldung im german. Museum zu Nürnberg, an Rembrandts „Selbstbildnis", an Kupetzkys „Selbstbildnis", an die „Blumenkönigin" von Ed. Bisson, an die „Schönheit" von Hubert von Herkomer, an die „Nymphen" von E. Veith, an „die Rose des Südens" von A. della Corte, an „Evchen" von Lingner, an „Bismarck" von Lenbach, an „Richard Wagner" von Torggler, und konnte bei sämtlichen Figuren die Proportion des goldenen Schnittes konstatieren.

Welche Gefühle und Gedanken beschleichen uns aber, wenn wir diese Kunstwerke ohne Zirkel, ganz unmittelbar auf uns einwirken lassen, mit andern Worten, wenn wir uns so ganz dem „Kunstgenuss" hingeben? Wir empfinden unwillkürliches Gefallen und gewinnen den Eindruck, dass wir harmonisch gegliederte, vollendete Schöpfungen der Kunst, treue Wiedergaben der Natur vor uns haben. —

Auch bei den Tieren findet der goldene Schnitt Anwendung:

Die Länge der vierfüssigen Tiere vom Kopfe bis zum Standpunkt der Hinterfüsse wird durch den Standpunkt der Vorderfüsse nach dem goldenen Schnitt geteilt. Diese Regel gilt für das Krokodil und den Walfisch ebenso wie für das Pferd.

Bei den vollkommeneren Tieren, wie bei dem Pferde, dem Jagdhund ist auch der Abstand des Bauches vom Boden Major zu dem Leib des Tieres vom Bauche bis zum Rücken. Die Augen teilen die Kopflänge nach dem goldenen Schnitt.

Bei den Vögeln wird die ganze Länge vom Schnabel bis zum Steiss durch den Standpunkt der Füsse am Fussgelenk nach dem goldenen Schnitt geteilt, so dass der grössere Teil vorne, der kleinere hinten ist.

Auch im Pflanzenreich ist der goldene Schnitt das Grundgesetz der Gestaltbildung. Dies hat im Einklang mit Dr. Zeising besonders Matthias konstatiert.[1]) Wenn man einen Sprössling von einer Weissdornhecke zur Hand nimmt und von einem beliebigen Blatte an „5" Blätter abzählt, so zeigt sich, dass das 6. Blatt genau senkrecht über dem zuerst gezählten sitzt. Dieselbe Erscheinung bemerkt man auch bei vielen anderen Pflanzen, so bei der Eiche, der Esche, der Pappel, der Johannisbeere, bei dem Kraut der Kartoffel, der Schafgarbe, der Melde.

Betrachtet man aber einen Lindenzweig, so wird man bemerken, dass schon das 3. Blatt sich senkrecht über dem Anfangsblatte befindet, und dass man in diesem Falle nur „2" Blätter vorwegnehmen darf, um jenes zu erreichen. Dieselbe Anordnung ist auch an den Haelsträuchern und Ahornzweigen wahrzunehmen.

Bei anderen Pflanzen, wie z. B. bei der Erle, sind dagegen „3" bei dem Färberginster, dem Wegebreit, dem grossen Löwenmaul sind „8", bei der bunten Winde, dem weichen Storchschnabel, dem Mauerpfeffer sind „13" Blätter vorwegzuzählen, bevor man dasjenige erreicht, welches über dem ersten senkrecht steht.

Die genannten Zahlen 2, 3, 5, 8, 13 lassen sofort erkennen, dass sie jener eigentümlichen Reihe angehören, welche wir bereits als ein arithmetisches Hilfsmittel für die Bestimmung des Majors und Minors nach dem goldenen Schnitte, als arithmetische goldene Reihe bezeichnet haben.

Beide Erscheinungen, nämlich die verschieden angeordnete Wiederkehr der Knospenstellung[2]) und die daraus hervorgehende bestimmte Anzahl der Blätter bis zu jener Wiederkehr sind somit in der Tat ein Ergebnis der Einwirkung des Gesetzes des goldenen Schnittes.

---

[1]) Nach Pfeifer war Kepler der erste, welcher die Idee eines Zusammenhangs des goldenen Schnittes mit der Pflanzenwelt ausgesprochen hat.

[2]) Das Schimpersche Gesetz der Blattstellung. — (Schimper, Professor der Naturwissenschaften zu München, † 1867).

Die sämtlichen Blätter, die auf der Strecke zwischen zwei senkrecht übereinander befindlichen Knospen vorkommen, bilden eine in sich abgeschlossene Gruppe, und diese wird mit dem Namen Wirbel oder Wirtel bezeichnet. Die einzelnen Wirbel werden nach der Anzahl der zu ihnen gehörigen Blätter benannt. Man hat daher einen „dreiblättrigen" Wirbel, z. B. bei der Erle, einen „fünfblättrigen" bei der Eiche, einen „achtblättrigen" bei dem Gartenkohl u. s. w. In jedem Wirbel ist ausserdem auch die Anzahl der Windungen der Blätterreihe um den Zweig nach den Bestimmungen des goldenen Schnittes festgestellt. In dem dreiblättrigen Wirbel findet ein „einmaliges" Herumlaufen, in dem fünfblättrigen ein „zweimaliges", in dem achtblättrigen ein „dreimaliges", in dem dreizehnblättrigen ein „fünfmaliges" Herumwinden der Blätterreihe um den Trieb bestimmter Pflanzen statt.

Die Zahl der Blätter eines Wirbels steht zu der Zahl der Windungen in einem unabänderlichen Verhältnis und zwar in einem solchen, dass die Zahl der Windungen den Minor und die über die Zahl der Windungen hinausgehende Zahl der Blätter des Wirbels den Major darstellt. Wenn also ein Wirbel „fünf" Blätter enthält, so wird der Minor in Rücksicht auf die Zahl der Windungen „zwei" und der Major nach dem Überschuss der Blätter über zwei, nämlich von zwei an bis fünf, „drei" heissen. Bei dem dreizehnblättrigen Wirbel sind demnach „fünf" und „acht" und bei dem einundzwanzigblättrigen „acht" und „dreizehn" die Zahlen für den Minor und den zugehörigen Major.

Auch bei der Fruchtbildung zeigt die Natur überall das Bestreben, durch Anwendung der einfachsten Mittel Gegensätze in der Form zu erzeugen und diese Gegensätze nach den Forderungen des goldenen Schnittes wieder auszugleichen.

Man bemerkt das unausgesetzte Hinarbeiten der Natur auf das genannte Ziel in der auffälligen Verschiedenheit, welche sie in den Abmessungen der Länge und der Dicke der meisten Fruchtgebilde herzustellen sucht. Man erkennt diese Bemühung in der Art und Weise, wie sie die schützenden Hüllen der Früchte, z. B. die Becher, Kapseln, Hülsen, Schoten, Zapfen u. s. w. gliedert und anordnet, wie sie die Hebungen und Senkungen, die Adern, Rippen, Streifen, Wülste und Buckeln auf der Oberfläche aneinandergefügt oder verlaufen lässt.

Durch die wohlgefälligen Eindrücke, welche die Gestaltung und Anordnung der genannten Teile der Früchte auf den Beschauer hervorbringen, hat sich die Kunst bewogen gefunden, auch diesen Gaben der Natur recht viele Motive für ihre Formensprache zu entlehnen, so z. B. die Gestalt der Weintraube, des Granatapfels, des Pinienzapfens, der Ananas, der Eichel, der Distel, des Apfels, und dieselben bei ihren Schöpfungen, natürlich immer den Stoffen und Zwecken der letzteren angemessen, in Anwendung zu bringen.

Endlich hat Zeising auch im Mineralreiche, namentlich bei
Bildung der regulären Kristalle, den goldenen Schnitt konstatiert.
II. Wenn der goldene Schnitt wirklich das „Urgesetz aller
stofflichen Organisation" und zugleich die Grundlage des Schönen
ist, wenn gerade der menschliche Körper als die höchste Erscheinungsform aller irdischen Entwicklung so ganz nach dem
goldenen Schnitt aufgebaut ist, so muss es doch auch gewiss sein,
dass alles, was Menschen schaffen, auch nur dann unwillkürliches Gefallen erregt, und als vollkommen erscheint, wenn es
dem Gesetze des goldenen Schnittes entspricht.

Den Beweis hierfür geben uns die Kunstschöpfungen aller
Zeiten, in erster Linie natürlich die Darstellung des menschlichen Körpers selbst, wie z. B. die Venus von Milo, die Sixtinische Madonna, die Madonna della Sedia, die heil. Cäcilia von
Raffael, die Venus von Medici, der Apollo Belvedere im Vatikan,
der Narkissos zu Neapel.

Ja, vor allem Raffael di Santi und Leonardo da Vinci, diese
grossen Meister der harmonischen Komposition, sie haben in ihren
Werken nicht nur sich, sondern auch dem goldenen Schnitte ein
Denkmal gesetzt aere perennius.

Es stimmen auch alle Massbestimmungen der eingangs erwähnten Künstler mit den obigen Proportionen im grossen und
ganzen überein; nur haben jene alle den Fehler, dass sie eben nur
Masse, starre Zahlen sind.

„Dass es bei einem Kunstwerk neben der göttlichen Proportion
auch auf die Linienführung, Bewegung, auf den Wechsel von Licht
und Schatten, auf das Kolorit ankommt, ist wohl selbstverständlich;
dass aber die Verhältnisse die Hauptsache sind, geht unzweideutig
daraus hervor, dass uns eine Figur, welche im übrigen ganz gut, in
bezug auf die Verhältnisse aber fehlerhaft ist, nicht gefällt und auch
daraus, dass uns eine Figur gerade von der Seite aus am besten
gefällt, von wo aus die Schönheitsverhältnisse am deutlichsten in die
Augen fallen.

Diese Ansicht herauszufinden ist Aufgabe des Künstlers, und
das ist nur möglich nach Massgabe des goldenen Schnittes" (Dr.
Goeringer).

Und nicht nur bei der Darstellung einer einzelnen Figur ist der
goldene Schnitt von Wichtigkeit, sondern ebenso auch bei Landschaften, Stilleben, Gruppierungen.

Das erhabenste Beispiel namentlich in letzterer Beziehung haben
wir am „Abendmahl" von Leonardo da Vinci, das von bedeutenden
Kennern als das grösste Meisterwerk bezeichnet wurde, das überhaupt existiert.

Dr. Goeringer hat dasselbe mit dem goldenen Zirkel geprüft
und kam zu folgendem Urteile:

„Wir sehen hier die Verhältnisse des goldenen Schnittes in der minutiösesten Weise durchgeführt. Die Gruppierung ist mit dem goldenen Zirkel konstruiert."

Es sind die zwölf Apostel je zu dreien in vier Gruppen geteilt. In jeder Gruppe sind die drei Köpfe so angeordnet, dass die Gesichter als hauptsächlich interessierender Teil des Kopfes, nach dem goldenen Zirkel zueinander stehen.

Fassen wir jede der vier Gruppen als ein Ganzes auf und suchen wir den Schwerpunkt einer jeden Gruppe, so werden wir finden, dass sowohl die beiden Gruppen rechts, wie die links so angeordnet sind, dass sie zur Hauptfigur im Verhältnis des goldenen Schnittes stehen.

Nehmen wir nun den Schwerpunkt des ganzen Bildes, so ist auch dieser nach dem goldenen Schnitt, etwas rechts von der Hauptfigur, im ganzen Bilde angebracht.

Auch die Abstände der einzelnen Gruppen voneinander und von der Hauptfigur sind nach dem goldenen Schnitt bemessen.

Dasselbe ist auch der Fall bei den Falten des herabhängenden Teiles des Tischtuches. Dieses harmoniert dann wieder zu der Breite der Aufsicht des Tisches und zu der Fläche unterhalb bis an den unteren Rand des Bildes. Tisch — oberer Fensterrand — Zimmerdecke und die Breite der drei Fenster sind ebenfalls nach dem goldenen Schnitt."

Trotzdem nun in diesem Bilde alles gleichsam so mit dem Zirkel abgemessen ist, so fällt es doch nicht auf, sondern macht den Eindruck des Selbstverständlichen, Natürlichen, Ungezwungenen und berührt nur angenehm. Denn gerade das Schönheitsgefühl sagt uns, dass diese Anordnung die beste ist.

Wenn man auf das Innere der Gemälde eingeht, so findet sich mehrfach Anlass, den goldenen Schnitt aufzusuchen. So ist bei Landschaften diejenige Linie, welche immer zuerst ins Auge fällt, der Horizont; mag nun der Horizont unmittelbar sichtbar sein, wie in den Fällen, wo der Horizont Meer oder ebenes Land darstellt, oder mag er erst aus den Daten, welche das Bild darbietet, konstruiert werden müssen, in jedem Falle gilt hier nach Claude Lorrain die Regel: der Horizont soll in der Höhe des goldenen Schnittes liegen, wenn das Bild einen gefälligen Eindruck machen soll. In den berühmten Gemälden „Die Blinde" von Piglheim, oder in der Madonna „la belle jardinière" von Raffael, oder im „Tod des Tiberius" oder im „Tod Julius Cäsars" von Piloty wirken die einzelnen Figuren deshalb so wohltuend, weil sie nach den Verhältnissen des goldenen Schnittes sowohl an sich, als auch in den Raum gezeichnet sind.

Eine Allee wird sich im Landschaftsgemälde am schönsten ausnehmen, wenn die Zwischenräume zwischen den einzelnen Stämmen eine regelmässige „goldene Reihe" bilden.

Zeising, Bochenek, Pfeifer, Goeringer, Otto Lohr haben mit grosser Einhelligkeit konstatiert, dass die Proportionalität des goldenen Schnittes

bei allen schönen Bauten aller Stilarten, von den Ägyptern angefangen
bis in die Neuzeit, bis in die Details vorhanden ist. „Der
Schönheitssinn der Künstler hat eben überall das Richtige getroffen, und der eine oder andere hat wohl aus diesem unmittelbaren Schaffen heraus ein Gesetz deduziert und durch Maßangaben
fixiert, aber die Seele all dieser Masse ist der goldene Schnitt".

Den goldenen Schnitt in klarster Prägnanz zeigt das Parthenon,.
anerkannt das schönste Bauwerk des griechischen Altertums, ebenso
der Constantinsbogen in Rom, „ein Bauwerk so schön, dass es
schöner nicht gedacht werden kann". Bei beiden Baudenkmälern ist
nach Otto Lohr keine Linie, keine Länge, welche nicht mit einer
anderen im goldenen Verhältnis stünde. Bezugnehmend auf den
Constantinsbogen schreibt der Bildhauer Otto Lohr in München:
„Ein Beweis, dass bei einem Bauwerk, bei dem die Regel vom
goldenen Schnitt nicht oder nur wenig eingehalten ist, die feine.
künstlerische Wirkung fehlt, ist der Abklatsch des Constantinsbogens:
das Siegestor in München.

Gerade die Hauptschönheiten des Constantinsbogens, die feinen.
Verhältnisse, fehlen beim Siegestor, z. B. die schöne Säulenstellung,
die Verhältnisse der Tore zueinander und zum ganzen Bauwerk.

Durch die nach den Regeln des goldenen Schnittes fehlerhafte
Stellung der Säulen wirkt das Mitteltorstück entschieden zu eng.
Dadurch ist das Tor selbst wieder zu schmal und zu hoch. Der
Beschauer hat das Gefühl, als müsste er das Tor auseinanderschieben.
Wenn man beide Bauten vergleicht, so bleibt es wirklich unerklärlich,.
warum die Masse des Constantinsbogens nicht direkt beim Bau des
Siegestors verwendet wurden. Wollte der Erbauer das klassische
Vorbild verbessern??" — Lohr hat die Höhenmasse des Constantinsbogens mit den Körpermassen der menschlichen Figur verglichen
und gelangt zu folgendem Schlusse: „Der Constantinsbogen ist ein
sehr treffender Beweis dafür, dass der Künstler nach den Maßen,.
nach denen er selbst gebaut ist, schafft, dass der Künstler sich selbst
im Kunstwerk wieder bildet."

Wohl hat auch die Symmetrie Geltung, aber immerhin eine
sehr beschränkte. Goeringer sagt: „Zwei gleichlange Teile, Linien.
etc. lassen den Künstler kalt, sie stehen uns
unvermittelt nebeneinander; man hat unbedingt das Empfinden, dass
zwei solche Grössen einander fremd gegenüber stehen und dass es
erst eines Bindegliedes bedarf um sie dem Auge angenehm zu
machen."

Und dieses Binde- oder Mittelglied zwischen den einzelnen gleichlangen Teilen kann und darf nur der denselben gemeinsame Major
oder Minor des goldenen Schnittes sein, wenn die Symmetrie Leben
und künstlerische Bedeutung haben soll.

So ist in dem Constantinsbogen zu Rom das Mitteltor nach.
Höhe und Breite der gemeinsame Major zu den beiden Seitentoren.

In einem ähnlichen Verhältnisse steht im „Abendmahl" von Leonardo da Vinci das Mittelfenster zu den symmetrischen Seitenfenstern. So finden wir fast in jedem gegliederten Baue von architektonischem Reize drei Teile, die sich nach dem goldenen Schnitte zueinander verhalten und zwar meist in der Art, dass der Mittelbau Major ist zu den symmetrischen Seitenteilen. Dies ist anerkannt die schönste Dreiteilung, die überhaupt möglich ist. Manchmal ist auch der Mittelbau Minor und je ein Seitenteil Major. Das Vorbild für die erstere Einteilung ist der Kopf, welcher als Major zwischen den Schultern steht.

In enger Beziehung zur Kunst und Architektur steht das Kunstgewerbe. Hier haben Zeising, Pfeifer und Matthias den goldenen Schnitt als das „bildende Motiv" bei den verschiedensten kunstgewerblichen Erzeugnissen alter und neuer Zeit festgestellt, so an ägyptischen Wassereimern, persischen Vasen, am etrurischen Bronzeeimer, an der Hydria, dem ältesten griechischen Wassergefäss, an griechischen und römischen Amphoren und Urnen, an altdeutschen Humpen, an modernen eisernen Kassetten, an Wandschränken, Schreibtischen, Fenstergittern, Leuchtern, Ornamenten, Tischen, Musikinstrumenten. Unter den Musikinstrumenten ist es vor allen das „Meisterinstrument", die Violine, welche vollständig nach dem goldenen Schnitte gebaut ist.

Wittstein konnte sogar in der „Bekleidungskunst" das Walten des goldenen Schnittes konstatieren. — Zeising sagt: „Fragt man sich bei derartigen Gegenständen und Dingen, worauf dem eigentlich, wenn sie missfallen, die Unschönheit beruhe, so wird man fast stets irgend welche Verletzungen der Verhältnismässigkeit als Grund angeben müssen, sei es, dass uns die Höhe zur Breite, das Mass der Teile zu dem Ganzen, der Grad der Ausbauchungen zu dem der Einbiegungen, der Gliederung des einen Abschnittes zu der eines anderen in Missverhältnis zu stehen scheint." „So leuchtet ohne weiteres ein, wie wichtig auch für diese, „das Bedürfnis mit der Schönheit versöhnenden Künste" es ist, sich auf die Erkenntnis eines zuverlässigen Proportionalgesetzes stützen zu können, und wie eng also eine geschmackvolle und wohlgefällige Gestaltung unseres Lebens mit einer weiteren Ausbeutung dieser Erkenntnis auch für diese Art von Produktionen zusammenhängt."

Es ist wohl nach dem bisher Gesagten selbstverständlich, dass allen Gegenständen, deren Gestalt nicht durch ihren Gebrauch vorgeschrieben ist, von einem kunstsinnigen Verfertiger jederzeit eine solche Form gegeben werden wird, welche unmittelbar gefällt, oder mit anderen Worten, es wird niemand leicht über sich gewinnen, einem für den täglichen Gebrauch, den täglichen Anblick bestimmten Dinge absichtlich eine missfallende Form zu geben. In dieser Beziehung aber finden wir auffallend häufig den goldenen Schnitt. Ich will eines der unscheinbarsten Dinge voranstellen, nämlich das Format des gewöhnlichen Briefpapiers. Das Verhältnis der Länge zur Breite ist hier mit seltener Übereinstimmung genau dasjenige des goldenen Schnitts, wovon ich mich durch Anlegen des goldenen Zirkels überzeugt habe. Dasselbe gilt vom Kanzleipapier, von den gebräuchlichsten Briefkuverten und Visitenkarten, sowie den Photographie-Albumblättern.

Bei Post- und Ansichtskarten trifft das Verhältnis vom Major zum Minor zu.

Auch das Format unserer gedruckten Bücher, nämlich des gewöhnlichen Oktavs, entspricht sehr genau dem goldenen Schnitt, namentlich wenn man mehr den eigentlichen Schriftsatz, als die Hülle ins Auge fasst, die ihm der Buchbinder gibt.

Die gewöhnliche Druckschrift in dem Verhältnisse der Höhen der grossen und kleinen Buchstaben folgt gleichfalls genau dem goldenen Schnitte.

Schwedische Zündholzschächtelchen aus den verschiedensten Fabriken sind vollständig nach dem goldenen Schnitte geformt.

Dass der goldene Schnitt tätsächlich dem natürlichen Schönheitsgefühle des Menschen entspricht, dafür noch zwei Belege:

Prof. Dr. Rée am Gewerbemuseum in Nürnberg hat vor einigen Jahren ein grösseres Auditorium auf das ästhetische Empfinden geprüft, indem er ein „bewegliches“ Kreuz vorzeigte und seinen Zuhörern sagte, er werde es so lange verstellen, bis ihnen die Kreuzform gefällt.

Nach mehrfachem Hin- und Herschieben klang es plötzlich von allen Seiten: „Gut!“ Rée mass nach, und die Kreuzform war der goldene Schnitt.

„Ganz gut!“ möchte auch ich hinzusetzen; denn jeder Mensch mit normaler Gesichtsbildung trägt diese Form des Kreuzes im Gesicht: Eine Linie vom Scheitel durch die Mitte der Stirn und Nase bis zum Kinn und eine Querlinie, welche die beiden Augen mit der Nasenwurzel verbindet, geben die Form des Kreuzes nach dem goldenen Schnitt.

Prof. Gustav Fechner zu Leipzig erzählt in seiner Vorschule der „Ästhetik“, dass er seine Studenten in folgender Weise auf ihr natürliches Schönheitsgefühl prüfte. Er hängte in seinem Hörsaal mehrere Karten von den verschiedensten Dimensionsverhältnissen auf, darunter war eine Karte nach dem goldenen Schnitte. Seine sämtlichen Studenten bezeichneten diese als die schönste, obwohl keine weitere Erörterung vorhergegangen war.

Nachdem wir gesehen haben, dass vom Auge das als schön empfunden wird, was dem goldenen Schnitte entspricht, so können wir wohl annehmen, dass dies auch für das Ohr zutrifft.

Und in der Tat herrscht auch im Reich der Töne der goldene

Schnitt. Wir nehmen zu unserer diesbezüglichen Untersuchung „den schönsten Akkord, den die Musik kennt,"[1] nämlich den Quartsextakkord mit verdoppeltem Grundtone. Greift man diese 4 Töne auf einer Saite einer Violine, Gitarre oder Zither und zeichnet sich die Griffpunkte an, so hat man vor sich eine regelmässige goldene Reihe, vorausgesetzt, dass die Saite rein und die Griffe richtig sind. Vergleicht man damit analoge goldene Reihen am menschlichen Körper, wie 1. Fingergelenk, 2. Fingergelenk, 3. Fingergelenk, Fingerspitze oder Knie, Taille, Hals, Scheitel, so muss man den Sprachgebrauch bewundern, der von einer „harmonischen" Gliederung des Körpers spricht: „Die schönste Harmonie[1] und der vollkommenste Organismus nach einem und demselben Gesetze aufgebaut." Ad. Kullak bemerkt in seinem erwähnten Werke, dass nach vielen von ihm gemachten Versuchen Haydn und Mozart in den meisten Werken dem von Zeising aufgestellten Proportionalgesetze ziemlich nahe kommen, in einigen demselben ganz entsprechen.

Auch bei den Farben und zwischen den Musik- und Farbentönen waltet die „göttliche Harmonie des Schönen", der goldene Schnitt. Auf Grund des von Helmholtz in seiner Physiolog. Optik gezogenen Vergleichs zwischen Licht- und Tonwellenlängen hat man z. B. die dem Quartsextakkorde g, c, e, g entsprechenden Lichtwellenlängen auf einer Linie abgetragen und gefunden, dass auch hier die Differenzen nach dem goldenen Schnitte sich verhalten; die entsprechenden Farben waren: rot, gelb, indigoblau, überviolett.

Wenn nun alle Kunst, die vom Menschen ausgeht, dem Gesetze des goldenen Schnittes untertan ist, so muss doch auch die Sprache-, resp. Vokalbildung unter dieses Gesetz fallen. Und in der Tat hat Dr. Goeringer experimentell nachgewiesen, dass der Rauminhalt der Mundhöhle bei der Bildung der einzelnen Vokale nach dem goldenen Schnitt harmoniert.

Er nahm eine unten zugeschmolzene Glasröhre, füllte dieselbe unten mit Wachs aus, um eine horizontale Begrenzungsfläche zu haben, legte sich dann auf den Rücken, sprach den Vokal U aus, schloss hierauf durch Gaumen und Gaumenbögen die Mundhöhle nach rückwärts ab und goss den Mund bis zum Überlaufen mit Wasser voll; dieses liess er dann in eine Röhre laufen. Nachdem er dann den Stand des Wassers im Glase an diesem markiert hatte, schüttete er das Wasser aus. Ebenso verfuhr er bei O, A, E, I, und die verzeichneten Punkte an der Röhre ergaben, dass die Differenzen der Mundhöhlenkapazität bei den 5 Vokalen eine goldene Reihe bilden.

Wir haben gesehen, dass der goldene Schnitt, die „göttliche Proportion", das ästhetische Grundgesetz der schaffenden Natur ist. Wir haben erkannt, dass insbesondere der Mensch in allen seinen

---

[1] Ad. Kullak, Das Musikalisch-Schöne.

Teilen nach diesem Gesetze geformt ist, und dass ihm nur das als
schön und vollkommen erscheint, was wiederum diesem Gesetze
entspricht, dass somit der goldene Schnitt auch der Kanon, die
Norm der bildenden Kunst ist. —
Der Künstler schafft nach demselben Gesetze, nach dem er
selbst gebaut ist, er projiziert gleichsam sein innerstes Sein in die
Aussenwelt, gibt seinem Denken und Fühlen sinnliche Daseinsformen.
Der Mensch, der dem Künstler seelisch verwandt ist, auch wenn
ihm die Natur die künstlerische Schaffensgabe versagte, denkt und
fühlt beim Betrachten der Kunstwerke dem Künstler nach. Er erkennt mit diesem, dass durch die „göttliche Proportion" zwei Welten,
die natürliche und die vom Künstler erzeugte, harmonisch verbunden
sind. Diese Erkenntnis gibt dem Kunst- wie dem Naturgenusse erst
die rechte Weihe; sie erhebt den Menschen über das Sinnliche,
führt seinen Geist zu idealen Höhen, ja zu den Stufen der reinsten
Harmonie, d. i. zu Gott. Denn „des Herzens Dissonanz strebt nach
Harmonie mit Gott."[1]
Aus innerster Überzeugung wird er dann bekennen:

> „Es ist ein Gott", der diese Zeichen schrieb,
> Die mir das inn're Toben stillen,
> Das arme Herz mit Freude füllen,
> Und mit geheimnisvollem Trieb
> Die Kräfte der Natur rings um mich her enthüllen.
> Ich schau' in diesen reinen Zügen
> Die wirkende Natur vor meiner Seele liegen:
> Wie alles sich zum Ganzen webt,
> Eins in dem andern wirkt und lebt!"

B. Kleinere Beiträge und Mitteilungen.

I.

„Neue Bahnen" im Religionsunterricht?

Von Dr. H. Meltzer, Realgymnasialoberlehrer in Zwickau.

„Neue Bahnen. Der Unterricht in der christlichen Religion im Geist
der modernen Theologie"[2] ist der Titel einer Schrift von D. Baumgarten,
Professor der praktischen Theologie an der Universität Kiel. Man wird es von
vornherein mit Freude begrüssen, dass ein Vertreter der praktischen Theologie
Stellung zu den Fragen des Religionsunterrichts nimmt, da an den Universitäten

---

[1] Vgl.: „Πάντες δὲ θεῶν χατέουσ' ἄνθρωποι" (Homer, Odyss. III, 48).
[2] Tübingen, Mohr. 1903. 120 S. M. 1,20.

die „Katechetik" meist sehr stiefmütterlich behandelt und höchstens deren lange und meist unfruchtbare Geschichte möglichst ausgiebig und speziell untersucht wird, während die Probleme des Religionsunterrichts in der Gegenwart ebenso kurz wie verständnislos abgemacht werden. Ferner wird es das Interesse vieler für den Verfasser hervorrufen, dass er sich als modernen Theologen bekennt (was er übrigens auch durch die schneidige Chronik in seiner „Monatsschrift für die kirchliche Praxis"[1]) beweist), dass er durch eine Kritik des Lutherschen Katechismus und der Erklärung desselben von Theodor Kaftan in Konflikt mit diesem, dem Generalsuperintendenten von Schleswig-Holstein, geraten ist und dass 193 schleswig-holsteinische Geistliche beim Minister petitioniert haben, den Lehrstuhl für praktische Theologie nicht ferner einem Manne anvertraut zu lassen, der eine agitatorische Polemik gegen die Fundamentalartikel unseres Glaubens, gegen die Autorität der Schrift und die konfessionelle Grundlage des Religionsunterrichts, den Lutherschen Katechismus, betreibe!

Was sind's denn aber nun für „neue Bahnen", die B. führen will? Wie er zu dem „herrschenden" Unterricht steht, zeigt der 1., kritische Teil, worin er gegen jenen zunächst die Anklage der Pädagogik erhebt: er berücksichtige nicht die Kindesnatur und ihre Naivität. In dieser Kritik sagt B. sehr viel Beherzigenswertes: Man redet zumeist[2]) mit den Kindern, als ob sie sich interessierten für inneres Leben, als ob sie unter dem Druck der Sünde nach Erlösung seufzten. Der Unterricht schwebt über der Wirklichkeit, besonders der sozialen Gebundenheit des Volkes, indem er ihm eine unsinnige Innerlichkeit zutraut, der der Durchschnitt nicht gewachsen ist. Völlig unbegehrter Stoff wird aufgedrängt (Katechismus, Römerbrief), wobei die Seele passiv bleibt. Die geistliche Ungeduld verfrüht die Mitteilung, wenn man z. B. die Kinder von sich als verlornen und verdammten Sündern reden lässt. Andrerseits herrscht eine unendliche Geduld im Durchkneten einzelner Worte und Geschichten (konzentrische Kreise, Kulturstoff der Konzentrationstabellen, Schriftbeweis), sodass völlig das Moment der Überraschung fehlt und in der Religion stets mehr wiederholt als neu hinzugelernt wird. Bei dem Brauch, über einen kurzen Spruch zu katechisieren, entstehen lauter verlängerte Wassersuppen. Wieviel bleibt unverstanden, da die Kinder darin geübt werden, erwünschte Antworten aus der bekannten Schublade herauszuholen! Der Memoriermaterialismus sieht das Gedächtnis an als einen Kamelsmagen, der vor der Reise in den Vormagen Speise aufnimmt, die erst im Bedarfsfall in den richtigen Magen übernommen wird. Wenn in manchen Gegenden die Leute infolge unermüdlicher Einübung den Katechismus mögen im Schlafe aufsagen können, in Fleisch und Blut ist er nicht umgesetzt worden. Der Bekenntnischarakter, den Luther genial dem dürftigen Apostolikum gegeben hat, schiebt den Kindern Empfindungen unter, die für Luther und, Gott gebe, auch für uns tiefste Lebenskraft besitzen, aber nicht für Kinder.

Nicht weniger schwerwiegend sind die von B. erhobenen Anklagen des Wahrheitssinnes. Der Unterricht verletzt die Wahrheit als objektives

---

[1]) Tübingen, Mohr. M. 6.
[2]) Dies Wort soll für alles Folgende gelten!

Resultat der Forschung: Pietät gegen die Überlieferung spielt im Religionsunterricht die grösste Rolle, tötet aber die gegenwärtige Wahrheit, die beständig
in Fluss und Fortschritt ist. Die „klassische Katechismus-Tradition" hält den
Unterricht zurück auf dem Standpunkt Luthers; während der Inspirationsbegriff
in der Theologie längst aufgegeben ist, wird die Bibel dem „Kirchenvolk" noch
immer als einheitliches, irrtumsloses, mit Gottes Finger geschriebenes Werk dargestellt. Im Religionsunterricht leben wir noch vor Kopernikus, vor Goethe, vor
Darwin, ja vor aller Durchdringung christlichen Wesens mit humanistischen Gedanken. Daraus entstehen alle die Konflikte, welche die religiöse Gedankenwelt
unsrer Gebildeten wie unsrer Arbeiter zersetzen; und dieser Kampf zwischen
Tradition und wissenschaftlicher Arbeit endet zumeist mit der Niederlage der
ersteren. Besonders stark ist dieser Konflikt in dem Kreise unserer seminaristisch
gebildeten Lehrer, sodass ihnen der vorschriftsmässige Religionsunterricht eine
schwere Last sein muss. — Die Wahrheit als Wahrhaftigkeit des Subjekts,
die intellektuelle Redlichkeit wird verletzt durch die ewigen Biegungen, An-
bequemungen, Deutungen, Umsetzungen, die die Tradition nötig macht (Gottheit
und Fleischwerdung Christi, Auferstehung des Fleisches, Isaaks Opferung, die
Schlachtung der Baalspfaffen auf Gottes Befehl). — Endlich wird die Wahrheit im
Sinne der Wirklichkeit des Lebens verletzt: die hohen Ideale der Bergpredigt werden immer wieder wie selbstverständliche Forderungen vorgeführt; das
„reichlich und täglich versorget" kann Proletarierkinder nicht als wahr berühren;
der Welt der Wunder, den auf Goldgrund gemalten Gestalten stehen die Kinder
unsrer Zeit, in der es ganz anders aussieht, fremd gegenüber.

Auf diesen kritischen Teil folgt ein positiver über den notwendigen
Inhalt des Unterrichts, worin B. das Wesen des Christentums und
seine Konsequenzen für unser Welt- und Gegenwartsleben im Geist
moderner Theologie darstellt, indem er zunächst völlig von allen pädagogischen
Rücksichten absieht. Nur auf einige für den Unterricht wichtige Folgerungen
B.s sei hier aufmerksam gemacht: Unser christlicher Unterricht braucht nicht
ängstlich christozentrisch um Person und Werk Christi gruppiert zu sein,
denn Jesus selbst war auch nicht christozentrisch, hat nicht alles ängstlich an
die Anerkennung und Vermittlung seiner Person geknüpft. Da Jesu Evangelium
durchweg erfahrbar ist, während die Erklärungen über innergöttliche Vorgänge
von der Mehrzahl nur besinnungslos übernommen werden können, bedeutet dies
für den Unterricht grundsätzliche Ausscheidung aller metaphysischen Elemente
und damit Beseitigung der schwersten Lasten. Da die Grundzüge der alttestamentlichen Frömmigkeit in der christlichen weiterleben (vor allem die
heilige Energie), gehört in den Unterricht der christlichen Religion bis ans Ende
der Tage die Einführung in die Frömmigkeit des alten Bundes. Da das Wesen
des Christentums nicht einfach identisch ist mit seiner ersten
klassischen Erscheinungsform, sondern nur durch einen Längsschnitt
durch das ganze geschichtliche Leben des Christentums gewonnen
werden kann, kann und wird der Unterricht aus den Grundtrieben des Evangeliums heraus Forderungen entwickeln, die seinen ersten Verkörperungen fremd
geblieben sind, die sich aber im Längsdurchschnitt der christlichen Geschichte

als tatsächliche Konsequenzen des Evangeliums erwiesen haben (Stellung zur Askese, sozialen Frage, Recht und Staat, Kultur und Bildung).

Unser Hauptinteresse wird auf den 3., methodischen Teil gerichtet sein, wo B. die „Verteilung des Stoffs auf die Stufen der Entwicklung" behandelt: Mutterunterricht, Schul-, Konfirmanden-, religiöser Fortbildungs-Unterricht, Unterricht der Erwachsenen. Vorausgesetzt ist bei alledem, dass Religion nicht lehrbar ist wie Mathematik oder Französisch, sondern nur wie etwa Musik, dass sie eine gewisse Disposition voraussetzt, die nur geweckt sein will, dass wesentlicher als die Bildung von Vorstellungen die Anregungen des religiösen Gefühls, die Veranlassung zu religiösen Erlebnissen sind.

Beim Mutterunterricht wird betont, dass wesentliche grundlegende Tätigkeiten der Erziehung vor der Geburt des Kindes liegen: die richtige Verbindung der Eltern, die richtige Erzeugung und das Leben der Mutter für das ungeborene Kind. Angesichts der Vererbung erworbener Entartungen wird die ernste Frage aufgeworfen: vererbt nicht die Sozialdemokratie durch grundsätzliche Vorenthaltung religiöser Einflüsse die Exstirpation des religiösen Organs? Zu ihrer Bekämpfung wird aber nicht auf Niederschlagen und Machtmittel hingewiesen, sondern darauf, dass man die berechtigten Momente der Bewegung anerkenne und ihr jeden Vorwand benehme, als ob sie durch „Thron und Altar" geknebelt werden solle. Ernste Worte spricht B. über das Aufwachsen der Proletarierkinder in „Kaninchenställen", wahren „Asylen für Obdachlose", über die Seltenheit des Mutterunterrichts, über die Surrogate für diesen, die Kleinkinderbewahranstalten, deren Anwachsen ein sichres Symptom der Krankheit unseres Volkslebens ist.

Beim (Volks-)Schulunterricht unterscheidet B. 3 Stufen: 6.—8., 9.—12., 13.—15. Lebensjahr, in denen nacheinander Phantasie, Gedächtnis und erwachende verständige Reflexion vorwiege. Darnach sei der Stoff einzurichten; vor allem dürfe nicht derselbe Stoff auf den 3 Stufen vorkommen. Die Theorie der Kulturstufen lehnt B. „als zu künstlich" ab (eine überzeugende Erledigung!); ihre Voraussetzung, dass jedes Individuum den Kulturgang des Geschlechts rekapitulieren müsse, „hält er für nicht bewiesen" (Gegeninstanzen kommen nicht in Betracht: einfach!). Es „genügt ihm die allgemeine Forderung, den Stoff so aufzubauen, dass das Interesse und das Nachleben der Kinder mit dem Stoffe zugleich wächst" (in der Tat sehr „allgemein"!). An spezieller Methodik hat er „nie viel Interesse gehabt" (das werden wir noch zur Genüge erfahren!).

Für die Unterstufe „bleibt es wesentlich bei der herrschenden Methode, aus dem Zusammenhang gelöste einzelne biblische Geschichten zu bieten, während den Märchen das religiös-ethische Element fehle und sie kein schulmässiger Stoff, nicht von bleibendem Werte" seien (O. Willmanns glänzender Nachweis des Gegenteils ist B. also entweder nicht bekannt oder wird einfach nicht berücksichtigt: Pädagogische Vorträge ² 1896 S. 19—29). 1. Schuljahr: Weihnachtsgeschichte, Speisung, Meerwandeln, Jesus und die Kinder, vor allem die Josephsgeschichte; 2. Jahr: die Geschichten von Abraham, David und Goliath; 3. Jahr: die Schöpfungsgeschichte „in ihrem Zusammenhang", Sündenfall, Kain und Abel, Sintflut, Turmbau, Jesu Tod in verkürzter Form. Hauptforderung sei freies Erzählen, ohne Buch; auf den Zusammenhang komme es nicht an. Dass die Fragen der Kritik hier ausser Betracht bleiben, verstehe sich für jeden, der kindlich denke, von selbst. Zu lernen seien einzelne mehr schöne als tiefe Sprüche, Liederverse und Gebete; übrigens dürfe man das grösstenteils mechanisch arbeitende Gedächtnis nicht dadurch verderben, dass man nur Verstandenes lernen lasse; die übertriebene Ablehnung des Memoriermaterialismus, die dem Gedächtnis nur Erklärtes und Begehrtes zumuten wolle, reize zu der umgekehrten Übertreibung: je unverstandener, desto leichter gelernt! Hauptsache bleibe, diese Stunde den Kindern über alles lieb zu machen, den Hauch der Andacht darüber zu breiten.

Auf der Mittelstufe will B. vor allem das Gedächtnis gefüllt, diesem neugierigen Alter möglichst viel Stoff geboten wissen, und zwar noch immer nur einzelne Geschichten, da eine grosse zusammenhängende Geschichte die Fassungskraft dieses Alters übersteige: vor allem Helden wie Moses, die Richter, Simson, David, Elias, die Makkabäer, Johannes der Täufer, Petrus, Paulus in vollen Lebensbildern. 1. Jahr: Patriarchengeschichte von der Schöpfung an; 2. Jahr: neutestamentliche Geschichte, aber ohne Reden und Gleichnisse; 3. Jahr: Richter- und Königsgeschichte; 4. Jahr (ev. schon Oberstufe): Leben und Lehre Jesu. Keine wörtliche Wiedergabe ganzer Geschichten, nur den charakteristischen Kern, grosse entscheidende Worte im Wortlaut! Aber nicht die geschmacklose, gezwungene, rationalistische Zusammenfassung einer Geschichte in einem Spruch oder Liedervers, um schliesslich das ganze Spruchbuch und den ganzen Katechismus aus diesen Resultaten der biblischen Geschichten zusammenwachsen zu lassen.

Obschon B. bezweifelt, dass die Gemeinde formulierte Bekenntnisse brauche, will er sich mit dem Lutherschen Katechismus so abfinden, dass er möglichst kurz gehalten, nur das Nötigste erklärt, was man selbst nicht glaube oder billige, gar nicht erklärt, jedenfalls nicht die Zueignung des „Ich glaube" den Kindern zugemutet werde; vielmehr: das glaubte und erlebte ein Paulus, ein Luther von Christus. Die — etwa 20 — Lieder müssen festsitzen; die Erklärungen aus der Biographie der Dichter seien geschmacklos; nur nicht zu viel an Poesie erklären!

Auf der Oberstufe soll der Unterricht einen relativen Abschluss erreichen. Dazu sollen die bisher übergangenen Partien herangezogen werden: Prophetismus, Bergpredigt und Gleichnisse, Apostelgeschichte und Hauptphasen der Kirchen- und Missionsgeschichte. Betreffs des Prophetismus meint B., es sei kaum zu billigen, ihn in den Mittelpunkt der Geschichte Israels zu stellen, denn er sei zu hoch gespannt, zu gebunden an die komplizierte Zeitgeschichte und an das heikle Bild des Ehebruchs (doch bloss bei Hosea!), das Durchsprechen der langen Redestücke ermüde; nur die Lebensbilder von Amos, Hosea (wie ist das ohne Berührung des Ehebruchs möglich?), Jesaja und Jeremia seien unter Einflechtung der schönsten, plastischen Partien ihrer Reden vor Augen zu malen (wer verlangt denn mehr? Das sind doch buchstäblich meine Worte: Prophetismus Einl. S. XI, Das Alte Testament im christlichen Religionsunterricht S. 102 f.). Bei Sagen und Wundern will B. der historischen Kritik etwas Bahn gebrochen wissen durch Vergleichung mit der Tellsage, deren Wert als Idealbild des

Schweizervolks ganz unabhängig sei von der Frage ihrer Geschichtlichkeit, und durch Einführung in morgenländischen Pragmatismus. Das Todesgeschick Jesu (nicht das stellvertretende Leiden) soll als Vollendung der Treue im Gehorsam und in der Liebe gedeutet werden, die krassen Wunder, besonders die johanneischen, als Gleichnisbilder. Die Heilungen Jesu seien verständlich zu machen durch Hinweis auf psychophysische Zusammenhänge; bei der Auferstehung, wo die Visionshypothese zu schwierig für diese Stufe sei, seien die Gedanken der Emmausgeschichte nur weiterzuführen: er konnte nicht im Tode bleiben. Paulus soll als Held des Glaubens vor Augen gemalt werden, als Theolog zurücktreten. Dann folgen einzelne grosse Gruppenbilder: Märtyrer, Liebestätigkeit, Konstantin, Augustin, Karl der Grosse, Gregor VII., Kreuzzüge, Klosterleben, Reformkonzilien, Reformation, Jesuiten, der 30 jährige Krieg, Pietismus, äussere und innere Mission, Verfassung der Kirche — alles um Personen konzentriert, ohne viel Gelehrsamkeit, voll lebendiger Anschauung, um das Christentum als eine Geschichtsmacht hervortreten zu lassen. In der Bibelkunde, für die es eines biblischen Lesebuchs bedarf (die Schulbibelfrage kann als gelöst betrachtet werden, der pädagogisch-ethische Gesichtspunkt hat durchgeschlagen), keine Einleitungsfragen, keine Inhaltsangaben! Wir haben christliche Laien zu erziehen und nicht halbe Theologen. Eine zusammenhängende Glaubens- und Sittenlehre soll der spezifisch kirchlichen Unterweisung überlassen werden, für die Schule genügt, wenn Verständnis des Christentums als einer geschichtlichen Potenz erreicht wird.

Die Bedeutung der Konfirmation beschränkt sich nach B. auf die Zulassung zur freiwilligen Teilnahme an dem ganzen gottesdienstlichen Leben der Gemeinde; der Inhalt des Konfirmandenunterrichts soll darum 1. übersichtliche, zusammenhängende Unterweisung in der christlichen Religion, 2. Einführung in die selbständige Teilnahme am kirchlichen und gottesdienstlichen Leben sein. Bei jener soll nicht ein System geboten werden, nur Elemente oder Hauptstücke; am besten wäre der ganze Katechismusunterricht hierher zu verlegen, abgesehen von der Memoration und vorgängigen Worterklärung (so mechanisch lässt sich doch nicht trennen!). Die 2. Aufgabe, Erklärung der Gottesdienstordnung, der Bekenntnisschriften (aller?), der heiligen Handlungen, der Rechte und Pflichten des Einzelnen, der Verfassung und des Aufbaues der Gemeinde, der kirchlichen Vereinstätigkeit, würde am besten auf die Fortbildungsschule verschoben, wenn diese schon existierte. Ausserdem Übungen (?) in Gebet, Schriftlektüre, Durchsprechen der Predigt. Das alles nicht schulmässig: „der Schulteufel muss auf alle Fälle draussen bleiben" (im Schul-Religionsunterricht scheint das nicht so nötig zu sein!), sondern „rein intim" (was heisst das?), ohne das schulmässige Frageverfahren, vielmehr im Rahmen der Andacht, in einem „zusammenhängenden und wirksamen Bezeugen" des Seelsorgers, dessen Persönlichkeit ungehemmt von irgendwelcher behördlichen Ordnung und Beaufsichtigung walten müsse. Da sich, was der Konfirmandenunterricht leiste, nicht examinieren lasse (das wird man nach dem Vorausgehenden gern glauben!), soll die „Konfirmandenprüfung" vielmehr ein Examen für den Lehrer sein, ein Zeugnisablegen des Seelsorgers vor der Gemeinde über sein persönliches Christentum, so weit er es den Kindern mitgeteilt (!) hat (eine merkwürdige Art Konfirmanden-Prüfung!).

Was den Fortbildungsunterricht betrifft, so will B. den für die höhere Bildung kritisieren und vielleicht auch reformieren, den der Elementarbildung erst begründen und skizzieren. Beim Religionsunterricht an höhern Schulen (4 Oberklassen) handle es sich nicht um Erziehung zur subjektiven Religion, zur Frömmigkeit — das führe nur zu sichern Enttäuschungen, kein Alter sei dafür unempfindlicher oder doch ängstlicher, sich solche Empfänglichkeit zu gestehen —, sondern darum, das Christentum durch die imponierende Wucht der Tatsachen als geschichtliche Grösse, als einen Faktor der gegenwärtigen Welt verstehen zu lehren. Daher wesentlich geschichtlicher Unterricht: Literatur- und Religionsgeschichte des Alten und Neuen Testaments (hier auch „kurze Charakteristik des Niederschlags der paulinischen Gedanken in der populären Literatur, in den katholischen Briefen", „Entwicklung des Vulgärchristentums bis hin zur Didache", — dazu vgl. S. 80: „Wir haben christliche Laien zu erziehen und nicht halbe Theologen"!), Kirchengeschichte in ihren Hauptepochen mit Einschluss der Ideen- und Dogmengeschichte; im letzten Schuljahr nicht katechetisch, sondern vortragend eine zusammenfassende Darstellung der Glaubens- und Sittenlehre, nicht in einem System, nicht im Rahmen des Römerbriefs oder der Augustana, sondern freie Darbietung nach Hauptpunkten, mit Weite, Tiefe, Freiheit, Energie des Denkens. Vom elementaren Fortbildungsunterricht mit einer wöchentlichen Religionsstunde erwartet B. nicht viel; jedenfalls könne es sich nur um Orientierung über das christliche und kirchliche Leben handeln, nicht erbaulich, sondern freie, offene Besprechung der Hauptzweifel, starke Herbeiziehung des Lokalen.

Wenn B. das ceterum censeo seiner Erörterungen dahin zusammenfasst: „nicht verfrühen, nicht erzwingen, nicht abschliessen wollen! Aller Unterricht bleibt notwendig halb, bewusst halb", so muss er zum Schluss noch seine neuen Bahnen für den Unterricht der Erwachsenen zeigen: in Predigt, ausserkirchlichen Vorträgen, Bibelstunden, Lektüre, insbesondere auch für Bauern und Arbeiter, wovon jedoch hier abgesehen werden kann, so beherzigenswert (nur freilich auch kurz!) das Meiste ist.

So weit also Baumgartens „neue Bahnen". Bei ihrer Beurteilung müssen wir die einzelnen Teile des flott- und frischgeschriebenen Buches scharf auseinanderhalten. Der Kritik des traditionellen Religionsunterrichts wird man in der Hauptsache bedauernd zustimmen müssen, nur dass doch anerkannt werden muss, dass er nicht allgemein herrscht, dass vielmehr heute vielerorts schon frisches, freies Leben in der Theorie und Praxis dieses Faches pulsiert. B. scheint nur die allerdings weitschichtige Literatur dieses Gebiets ziemlich wenig zu kennen (dass er sich mit ihr an diesem Orte auseinandersetzen solle, verlangt natürlich niemand von ihm); sonst könnte er z. B. nicht fragen: wer stellt die Schlachtung der Baalspfaffen offen als eine Wirkung des irrenden Gewissens der Juden und die Opferung Isaaks deutlich als Nachwirkung der beidnischen Religionsstufe dar? Damit hängt dann zusammen, dass wir in dieser Kritik des traditionellen Betriebs nicht besonders „Neues" finden können: Thrändorf, Lietz, Reukauf, Katzer, Flöring und viele andre haben das alles schon

5*

lange und oft betont. Natürlich ist es sehr erfreulich, wenn dergleichen auch
von einem Professor der praktischen Theologie einmal in dieser Schärfe ausgesprochen wird.

Dem positiven Teil werden alle der modernen Theologie mehr oder
weniger Nahestehenden in der Hauptsache gern zustimmen, die Altgläubigen um
so entschiedener widersprechen: das ist eine gute knappe Zusammenfassung des
Ertrags der kritischen Theologie, wie er besonders durch Harnacks „Wesen des
Christentums" und Boussets „Wesen der Religion" schon in weitere Kreise gedrungen ist. Liegt also auch hierin nicht das Neue, was B. bringt, so wird
man doch auch dieser ansprechenden Skizze von Herzen zahlreiche empfängliche
Leser wünschen.

Die „neuen Bahnen" werden wir also im methodischen Teile zu suchen
haben, nicht zwar in den schönen Bemerkungen über Mutterunterricht, die nur
nicht viel helfen, nicht in dem dürftigen Ausblick auf die Religionsstunde der
Fortbildungsschule, sondern in den Kapiteln über Religionsunterricht der Volksschule, der höhern Schule und der Konfirmanden. Der hierfür eingehend aufgestellte
Lehrplan und die mehr beiläufigen Bemerkungen über die Methode dürften in der
Tat neu sein, wenigstens hinsichtlich literarischer Vertretung. Aber freilich im
Hinblick auf diesen Hauptteil des Buches finden wir es begreiflich, wenn ein
„Laie" in der „Thüringer Rundschau" die „sogenannten" neuen Bahnen B.s für
unbrauchbar, für schwächliches Flickwerk erklärt, mit denen er unversehens in
die alten, ausgefahrenen Geleise hineingeraten sei. Denn trotz vieler Einzelheiten, die klar beurteilt und treffend ausgesprochen sind, zeigt der Gesamtbau,
den B. aufführt, und die Art, wie er dies tut, so deutlich, dass B. dies nicht
besonders hätte zu sagen brauchen (s. o. S. 64), dass er nicht nur an spezieller,
sondern auch an allgemeiner Methodik wie an Lehrplantheorie „nie viel Interesse
gehabt", d. h. sich um die Theorie und Praxis des Gebietes, auf dem er neue
Bahnen weisen will, herzlich wenig gekümmert hat.

Die Haupteinwände gegen B.s Lehrplan, Stoffauswahl und
methodische Winke dürften sein: kein Prinzip, kein Zusammenhang, eine
riesige Stoffmasse, Hintansetzung der klaren Vorstellung und des selbsterworbenen
Urteils gegenüber mechanischem Gedächtnis und unklarem Gefühl.

Dem Lehrplan fehlt ein Prinzip. B. lehnt die von Anhängern und
Gegnern vielmissbrauchte und vielmissverstandene Kulturstufentheorie ab. Gut;
aber wie will er dann den Stoff aufgebaut wissen? „So, dass das Interesse
und das Nachleben der Kinder mit dem Stoff zugleich wächst." Wer nach diesem
ebenso allgemeinen als unklaren Satz einen Lehrplan aufstellen sollte, wird so
klug sein wie zuvor. Diese prinzipielle Unklarheit zeigt natürlich auch B.s
Lehrplan: er verwirft die konzentrischen Kreise und behält sie doch tatsächlich
bei! Wie „das Interesse und Nachleben der Kinder wachsen" soll, wenn sie nach
oder neben den einzelnen lebendigen Heldengeschichten zu dem möglichst dürftig
gehaltenen abstrakten Katechismus fortschreiten, vermag ich nicht zu verstehen.
Ein Prinzip allerdings herrscht doch — nämlich das der Zusammenhangs-
losigkeit: extra herausgelöst werden sollen die einzelnen Geschichten aus dem
Zusammenhang, und zwar auch noch auf der Mittelstufe (wo die Kinder „Robinson,
Lederstrumpf lesen" — das sind aber doch wohlzusammenhängende Geschichten!).

Von den Patriarchen schreiten Stoff und Kinder fort zu Jesus, Petrus und Paulus, von da zu Richtern und Königen, von da zur Lehre Jesu, wobei säuberlich die Reden und Gleichnisse von der Geschichte getrennt werden (während bei dem Prophetismus „die langen Redestücke ermüden" und darum richtig ins Lebensbild eingeflochten werden).

Dazu die Stoffmasse, die noch durch die mehrfachen Wiederholungen verstärkt wird! Für die Kirchengeschichte in höhern Schulen, der ein ganzes Jahr eingeräumt wird, gibt B. über eine halbe Seite Themata an. Und wenn der Stoff noch gesichtet wäre! Aber so allgemein ausgemerzte Geschichten wie die grausige von Kain, der Turmbau, Goliath werden weitergeschleppt, von Simson wird „ein volles Lebensbild" entworfen, die Schöpfungsgeschichte, die S. 21 als stärkster Stein des Anstosses bezeichnet, aus deren Beibehaltung der Kirche der Vorwurf konstanter Verschleierung der objektiven Wahrheit gemacht wird, soll im 3. Schuljahr „in ihrem Zusammenhang" vorgeführt werden, desgleichen der Sündenfall!

Endlich die methodischen Notizen, denn mehr sind sie nicht! Sobald die Methodik „einen systematischen wissenschaftlichen Charakter annimmt, verliert sie die Spur des wirklichen, widerspruchsvollen Lebens", — unterrichten wir also „widerspruchsvoll" d. h. wohl: wie es einem gerade einfällt, also ohne straffen Gang und Zusammenhang! Und zwar „möglichst vielen neuen Stoff, gerade für dieses neugierige Alter", „massenhaft"! Dagegen „nur nicht bloss Erklärtes, Verstandenes lernen lassen", „die übertriebene Ablehnung des Memoriermaterialismus reizt zu der umgekehrten Übertreibung: je unverstandener, desto leichter gelernt", — wie lange das mechanisch Gelernte nachhält, was es wert ist, wird nicht gefragt und die schöne Stelle vom Kamelsmagen ist gänzlich vergessen. Auch bei dem wahrlich nicht leichten Katechismus nur nicht zu viel und das Auffälligste gar nicht erklären! Wie aber bei dem zu Lernenden getrost allerhand Unverstandenes „mechanisch durch Lokalisation" eingepaukt werden mag, damit „das Gedächtnis nicht verdorben werde, wenn nur Verstandenes gelernt wird", so kommt's auch beim Unterricht mehr auf die Gefühlseinwirkung durch die „Persöulichkeit" an als auf methodisches Erarbeiten von klaren Vorstellungen und sittlichem Urteil. Letzteres ist „schulmässiges Frageverfahren, Hinein- und Herauskatechisieren dessen, was noch nicht drin ist, Schulteufel"!, womit wenigstens im Konfirmandenunterricht aufgeräumt werden muss: hier gilt's persönliches Zeugnis, zusammenhängendes Bezeugen; „das nur wirkt" — wenigstens in der Einbildung des Vortragenden; „das lässt sich freilich nicht examinieren" — weil nichts da ist; „aufs äusserste wollen wir uns sperren gegen jede generelle Ordnung und behördliche Beaufsichtigung" — dazu vgl. Ziegler, Allgemeine Pädagogik S. 67: „Es wäre der Mühe wert, den Konfirmandenunterricht der Geistlichen einmal auf seine pädagogische Form und seinen pädagogischen Wert hin von einem Sachverständigen prüfen zu lassen; ich glaube, die Resultate wären fürchterlich."

Das sind also die „neuen Bahnen", die uns B. führen will. Wir bedauern, hier einem Manne nicht folgen zu können, vielmehr entschieden widersprechen zu müssen, mit dem uns die gleiche freie theologische Stellung wie die gleiche warme soziale Stimmung verbinden und von dessen Anteilnahme an unsern Fragen

wir statt solcher „neuer Bahnen" Unterstützung und Förderung in den Bestrebungen erhofft hatten, die nicht mit dem Anspruch der Neuheit auftreten,
sondern seit mehr als 2 Jahrzehnten von Männern vertreten werden, welche nicht
bloss moderne Theologen, sondern auch wissenschaftliche Pädagogen sind. Wenn
ich als deren hervorragendsten Thrändorf nenne, so darf ich mich dafür auf
das Zeugnis eines der bedeutendsten Theologen unserer Zeit berufen, der ausser
dem Neuen Testament auch die Katechetik beherrscht, des Professors D. Heinrich
Holtzmann in Strassburg, der in Baumgartens „Monatsschrift für die kirchliche
Praxis" 1901 S. 90 die pädagogische Verwertung der modernen Bibelwissenschaft
„mit innerster Sympathie begleitet" und dabei schreibt: „Es ist besonders der
hochverdiente Seminaroberlehrer Dr. Thrändorf in Auerbach (Königreich Sachsen),
dem schon lange eine Führerrolle auf diesem Gebiete zugefallen ist." Dies Urteil
berechtigt wohl auch mich als den Schwager und dankbaren Schüler Thrändorfs,
auf dessen neueste Veröffentlichung an dieser Stelle hinzuweisen: „A l l g e m e i n e
M e t h o d i k d e s R e l i g i o n s u n t e r r i c h t s".[1] Es ist zwar keine völlig neue
Schrift, sondern die 4., allerdings gänzlich umgearbeitete Auflage des „Religionsunterrichts nach Herbart-Zillerschen Grundsätzen", etwa in der Form, wie sie der
Verfasser beim diesjährigen Ferienkursus in Jena vorgetragen hat.

In dem (1.) Abschnitt „der Religionsunterricht in der Gegenwart" weist
Th. darauf hin, wie infolge der modernen Natur- u. Geschichtswissenschaft sowie
der veränderten sozialen und politischen Verhältnisse der Ausbildung einer einheitlichen religiös-bestimmten Gesamtanschauung keine geringen Schwierigkeiten
entgegenstehen, wodurch heute der Religionsunterricht besonders der höhern Schulen
es mit z. T. neuen Problemen und Aufgaben zu tun hat. Von der (2.) „traditionellen
Methode" seit Luther wird eine knappe geschichtliche Skizze gegeben, in der vor
allem die Fortschritte bei Hübner, Salzmann, Schleiermacher und Pestalozzi betont,
Sokratik, Kunstkatechese und konzentrische Kreise charakterisiert werden und die
neuerdings verhandelte Frage nach der Lehrbarkeit der Religion dahin beantwortet wird: mag sie auch nicht d i r e k t lehrbar sein, so muss doch der Religions-
methodiker die Weckung religiösen Lebens als seine Hauptaufgabe ansehen, will
er anders nicht auf die innere Berechtigung seines Faches verzichten. Dazu ver-
pflichte ihn vor allem auch die Rücksicht auf seine Auftraggeber und die Zöglinge:
das (3.) „Unterrichtsziel" nämlich bestimmen Staat, religiöse Gemeinschaft und
Familie, noch mehr aber ist der Lehrer dem Zögling gegenüber moralisch verpflichtet, seine folgenschweren Eingriffe in dessen Geistesleben so einzurichten,
dass er sie als sittlich zweckentsprechend rechtfertigen kann. Wenn nun das Ziel des Religionsunterrichts nicht Bildung christlicher
Charaktere sein kann, da der Abschluss eines Charakters weit ausserhalb dessen
liegt, was in der kurzen Schulzeit erreicht werden kann, so ist doch deshalb die
Idee des erziehenden Religionsunterrichts nicht aufzugeben. Wohl wird unser
letztes Ziel der sittliche Charakter sein, aber damit ist nur die Richtung bezeichnet,
in der das Unterrichtsziel zu liegen hat. Dieses kann nur, muss aber auch
sein Weckung des Interesses für religiöse Persönlichkeiten, Probleme und Aufgaben, das die Brücke zum Glauben wird, und zwar Richtung des Interesses auf

---

[1] Langensalza, Beyer u. Söhne. 1903. 107 S. M. 1,50.

das Wesentliche im Christentum: den freimachenden Glauben und die Betätigung der sozialen Pflichten.

In dem 4. Abschnitt über „die Unterrichtswege" weist Th. zunächst die übliche Verquickung mit der Frage nach der Bedeutung der Lehrerpersönlichkeit zurück, aus der so gern der Schluss gezogen wird: also kommt es auf die Methode nicht an. Über die — selbstverständliche Wichtigkeit der — Lehrerpersönlichkeit viele Worte zu machen, hat keinen Zweck, weil dadurch religiöses Leben dort, wo es fehlt, nicht erzeugt wird; dagegen ist es sehr wohl denkbar, dass ein methodisch richtig angelegter Religionsunterricht auch auf den Lehrer erziehend wirkt. Methode ist nicht eine Summe von Regeln, sondern besteht darin, an wirkliche Erfahrungen der Schüler anzuknüpfen und den Erfahrungskreis in richtiger Weise zu erweitern. Soll die mangelhafte religiöse Erfahrung der Kinder ergänzt, sollen sie in einen „idealen Umgang" mit den grossen Persönlichkeiten der Religionsgeschichte versetzt werden, so muss zuvörderst jeder Altersstufe das geboten werden, was ihrer Fassungskraft entspricht. Mit den bekannten Imperativen „vom Nahen zum Entfernten!" u. s. w. ist nur etwas Selbstverständliches gesagt, aber nicht, was denn das Nahe, Einfache, Leichtere ist. Um eine derartige Anordnung der Bildungsstoffe zu gewinnen, dass diese nicht nur der jeweiligen Fassungskraft der Altersstufe entsprechen, sondern dass auch das Frühere immer vorbereitend und kraftbildend der Aneignung des Spätern und Schwierigeren vorarbeitet, hat man die Erwägung aufgestellt: Auch die geschichtliche Entwicklung der Gesamtheit ist nicht sprungweise verlaufen, für sie gilt im allgemeinen dasselbe Gesetz des Fortschreitens wie für das Individuum. Auch ein so entschiedner Gegner der Herbartischen Pädagogik wie Natorp räumt ein, dass „zwischen dem Bildungsgang des Individuums und der Entwicklung der Gesamtkultur eine Übereinstimmung in grossen und allgemeinen Zügen stattfindet" und dass „unter den Denkmälern vergangner Kulturstufen wohl auch solche sich finden werden, die von typisch-allgemeiner Bedeutung sind, nämlich für jede normale geistige Entwicklung notwendig zu durchlaufende Stadien in vorbildlicher Weise zum Ausdruck bringen." Das ist der Kern der Kulturstufentheorie, bei der von einer rein mechanischen Übertragung des geschichtlichen Ganges auf den Lehrplan selbstverständlich nicht die Rede sein kann. Abwegen und Irrgängen wird man nicht nachgehen, sondern eine Auswahl treffen von Stoffen, die nachweisbar den Fortschritt mit bedingt und zur Gestaltung des Geisteslebens der Gegenwart einen wesentlichen Beitrag geliefert haben. Ein demgemäss durchgeführter historisch-genetischer Aufbau des Lehrplans lässt die Zöglinge die schöpferische Arbeit, die die gegenwärtigen Kulturgüter erworben hat, gleichsam noch einmal erleben, wodurch Frische, Freudigkeit erzielt — Interesse geweckt wird. Die Volksschule kann diesen Gang nur in den allergröbsten Zügen zur Darstellung bringen, was für die betreffende Bevölkerungsschicht indessen im allgemeinen vollkommen (?) ausreicht (Fortbildungskurse u. s. w.). Während sie sich mit einer mehr auktoritätsmässigen Erfassung des Christentums begnügen muss, kann die höhere Schule zum Glauben aus eigner Überzeugung führen, zu einer moralisch freien Aufnahme der Religion, und zwar durch pädagogische Behandlung der Kirchengeschichte, die in stufenmässiger Entwicklung das Ringen nach immer tiefrer Erfassung und

Verwirklichung der christlichen Ideen zeigt. Von unten her wird sich der Lehrplan unter gleichzeitiger Berücksichtigung der Auffassungsfähigkeit der Zöglinge und der Hauptentwicklungsstufen der Religionsgeschichte folgendermassen aufbauen: von der phantasievollen Familiengeschichte der Patriarchen (von deren Geschichtlichkeit ihre erziehliche Bedeutung unabhängig ist, da Glaube und sittliches Urteil nicht auf den Geschichten ruhen, sondern nur an ihnen und durch sie gebildet werden sollen) schreitet er fort zur Geschichte des Volkes Israel, wo Gott nicht mehr sichtbar unter den Menschen wandelt, die Sittlichkeit aber noch eine legale, keine freie ist, ihre Beweggründe Furcht und Hoffnung sind (daher keine „christozentrische" Einzwängung der christlichen Ethik in das Schema der 10 Gebote!). Den Übergang von der äussern Gebundenheit an das Gesetz eines mächtigen Gebieters zur innern Gebundenheit an die eigene sittliche Einsicht vermitteln die Propheten, diese Bahnbrecher des ethischen Theismus, deren Gottesverehrung zu ihrer Beglaubigung keiner äussern Autorität bedarf, kein Opfer des Intellekts fordert, sondern ihre Beglaubigung in sich selbst trägt, daher sich der Gläubige bei dieser Gebundenheit frei fühlt. Damit ist der neue Bund vorbereitet, wo das Gesetz ins Herz geschrieben ist, wo Jesus in seiner Person das im Dienste der Brüder mit Gott dem Vater geeinte Leben darstellt, um für diese Aufgabe selbst sein Leben zu opfern. Wie er damit die Herzen der Menschen für sich und für den Gott, der in ihm lebt, gewinnt und so in der Welt fortlebt, das zeigt dann weiter die Kirchengeschichte. Wenn die Zöglinge diesen grossen Entwicklungsprozess gleichsam noch einmal durchleben, wachsen sie in das geistige Leben der Kirche der Gegenwart hinein und werden so fähig, als tätige Glieder an diesem Gemeindeleben teilzunehmen.

Als (5.) „Unterrichtsverfahren" empfiehlt Th. die Behandlung nach „formalen Stufen", nur freilich keine schablonenmässige, wie er denn auf Zillers Wort hinweist: „Der allgemeine methodische Gang muss immer erst der individuellen Lage des Lehrers angepasst, d. h. [mit subjektiven Formen umkleidet werden. Selbst die beste Methode wird zur schlechtesten herabgesetzt durch einen beschränkten, geistesarmen Kopf, der nichts von sich hinzufügt." Dies Wort sollte endlich einmal die gehörige Beachtung finden sowohl bei denen, die die Formalstufen verspotten, als auch bei den gewerbsmässigen Präparationsfabrikanten und beide sollten aus den folgenden klaren und gründlichen Ausführungen Th.s erst einmal lernen, wie ein Unterricht nach den formalen Stufen aussehen muss. Der Schwerpunkt jeder Einheit liegt nicht in der Systemstufe, sondern in der Synthese mit der dazugehörenden Vertiefung, nachdem die Analyse Verlangen nach weiterer geistiger Nahrung erzeugt hat. Bei der Darbietung warnt Th. davor, dass die Schüler mehr Geniessende als Mitarbeitende seien: was sie sich selbst erarbeiten können durch Quellenlektüre, eigne Versuche und Beobachtungen, darf ihnen nicht geboten werden, damit sie nicht bloss die betr. Sache gründlicher und sichrer lernen, sondern vor allem lernen lernen. Auch bei der Vertiefung soll der Lehrer nur mehr anregen und weiterleiten, soll durch Hauptfragen die Aufmerksamkeit auf das Wesentliche lenken, das anfänglich vielleicht irrtümliche oder unklare Urteil durch Einwürfe berichtigen. Bei Schülern, die an ein solches psychologisches Verfahren nicht gewöhnt sind, sondern die auf Abfragen abgerichtet sind, muss er die Beantwortung der Hauptfrage allmählich durch Spezialfragen zu gewinnen suchen (Beispiele dafür: der reiche Jüngling, Luther in Worms). Die weiteren Stufen sollen nur für die rechte Ordnung und leichtere Überschaubarkeit des Gewonnenen sorgen, die fünfte die Probe machen, ob der Zuwachs an geistigem Vermögen auch wirklich als Kraft funktioniert, indem dem Schüler ein Problem vorgelegt wird, an dessen Lösung er sich selbständig versuchen muss. Wenn eine endgültige Lösung öfters nicht möglich ist, wird sich der Zögling der praktischen Schwierigkeiten bewusst und fürs spätere Leben besonnen gemacht. So ist der Geist der Formalstufen Erziehung zur Selbsttätigkeit und Selbständigkeit, wozu gute Präparationswerke wertvolle Anleitung geben können, wenn nur jeder sie seinen Schulverhältnissen und seiner Individualität anpasst.

Im Schlussabschnitt „das Ideal und die Wirklichkeit" bespricht Th. die Einrichtung des Lehrplans in 4-, 6- und 2-klassigen Schulen, lehnt einen besondern Katechismusunterricht ab, zeigt aber, wie die Nachteile eines solchen dort, wo man dazu gezwungen ist, möglichst klein gemacht werden können, empfiehlt die immanente Repetition statt der regelmässigen Wiederholungen und bespricht das Eingehen auf die modernen Zweifel in den höhern Schulen durch Behandlung der Kirchengeschichte der Neuzeit. Gegenüber dem teils kühl abwartenden teils direkt hemmenden Verhalten des Schulregiments und den verhängnisvollen Bemühungen der verschiedenen politischen Parteien um die Schule schliesst Th. mit einem ernsten, warmen Appell an die Lehrerschaft und an die Familie zu Interesse und Mitarbeit an der rechten Gestaltung des Religionsunterrichts.

Dieses frische, klare, straffe, anspruchslose Buch darf als ein rechtes positives Gegenstück zu dem zerfahrenen methodischen Teil von Baumgartens „neuen Bahnen" empfohlen werden. Daraus wird man den Eindruck erhalten, dass es sich gar nicht darum handelt, neue Bahnen einzuschlagen, sondern treu und gründlich auf dem Grunde weiterzuarbeiten, auf dem schon lange eine Anzahl gleich kundiger und begeisterter Theologen und Pädagogen an der Arbeit sind. Natürlich ist auch da noch längst nicht alles ausgereift und erledigt und dankbar wird jeder begrüsst, aufmerksam jeder angehört, der hier oder dort den Finger auf Verfehltes legt, Übersehenes betont, Wertvolles erschliesst. Eine Anzahl solcher Einzelvorschläge, die nicht sowohl als neue Bahnen ausposaunt, sondern nur zur Vervollständigung und Ausbesserung der gemeinsamen Grundlage empfohlen werden, mögen im folgenden noch eine Besprechung und Prüfung erfahren.

. Schluss folgt.

II.

„Lehrmittel-Sammler", Zeitschrift für die Gesamt-Interessen des Lehrmittel-Sammelwesens, Organ der Lehrmittel-Sammelstelle Petersdorf bei Trautenau (seit 1. Januar 1903 auch Organ des „Allg. österr. Vereines für Naturkunde") erscheint monatlich 24 Seiten stark und kostet ganzjährig 2 K 50 h = 2 Mk. 50 Pfg. (Ausland 3 K.) Man abonniert darauf direkt bei dem Herausgeber: Gustav

Settmacher, Oberlehrer in Petersdorf bei Trautenau (Bhm.); in Deutschland auch bei den Postanstalten gegen kleine Mehrzahlung. Der Hauptzweck dieser Zeitschrift besteht darin, dass sie den Anschauungsunterricht, spez. das Lehrmittelwesen an den Schulen durch pädag.-didaktische und wissenschaftliche Aufsätze, Anleitungen zur Selbstherstellung von Lehrmitteln, Belehrungen über das Präparieren von Naturalien, über das Anlegen von Sammlungen u. dgl. mehr zu fördern strebt und regelmässig jeden Monat ein Verzeichnis von Lehrmitteln bringt, welche bei der Lehrmittel-Sammelstelle Petersdorf bei Trautenau „unentgeltlich" zu erhalten sind. Was in letzterer Beziehung schon geleistet wurde, steht wohl einzig da! Seit dem 17jährigen Bestande der Sammelstelle wurden nicht weniger als 4350 Schulen des In- und Auslandes mit zusammen 14 238 Lehrmitteln (darunter meist ganzen Sammlungen und vollständigen Biologien) „unentgeltlich" versehen. Sodann werden in dem Blatte neue praktische Lehrmittel bekannt gemacht und näher beschrieben; auch wird der Austausch von Naturobjekten (in neuerer Zeit auch Ansichtskarten) in ganz besonderer Weise gepflegt. Der „Lehrmittel-Sammler" gibt Andeutungen zum richtigen Betriebe des Handarbeits-Unterrichtes, enthält Preisrätsel, eine Bücher- und Zeitschriftenschau, bringt allgm. Fragen aus der Praxis und Antworten darauf und berichtet, wo man Naturalien unentgeltlich „bestimmt" erhalten kann.[1]

Diesem Hefte liegt ein Prospekt der bekannten Leipziger Verlagsbuchhandlung von Chr. Herm. Tauchnitz über naturwissenschaftliche Werke bei. Wir empfehlen ihn der Beachtung unserer geehrten Leser.

C. Beurteilungen.

Willmann, Otto, Didaktik als Bildungslehre. 3. verb. Aufl. 1. Bd. 1902, 2. Bd. 1903. Braunschweig, Friedr. Vieweg und Sohn. Pr. 6,50 u. 8,50 M.

Seidenberger, Prof. Dr., Grundlinien idealer Weltanschauung, aus O. Willmanns „Geschichte des Idealismus" und seiner „Didaktik" zusammengestellt. Ebenda 1902. Pr. 3 M.

Willmann will die Didaktik von der Pädagogik lösen, beiden Disziplinen gesonderte Ausgangspunkte und damit Selbständigkeit geben (I, 81, 82). Nach seiner Auffassung umspannt die Pädagogik das Gebiet des Erziehungswesens, die Didaktik das des Bildungswesens. Beide zwar gehören ein- und derselben Sphäre an: „der Gesamtheit der Vermittelungen, welche der Lebenserneuerung des sozialen Organismus dienen; allein innerhalb dieser Sphäre erscheinen sie als gesonderte, und zwar gleichgeordnete Gebiete." Das Erziehungswesen sei keine Provinz, noch weniger ein Anhängsel des Bildungs-

[1] Diese Mitteilung ist auf Wunsch des Vorstandes der Lehrmittel-Sammelstelle aufgenommen worden.

D. R.

wesens, letzteres mehr als eine Veranstaltung zu Erziehungszwecken. „Der Bildungserwerb und die ihm dienende kollektive Arbeit schaffen sich einen Organismus, der vom Gesichtspunkte der sittlichen Angleichung des Nachwuchses allein nicht zu verstehen ist" (I, 82). — „Wie ein Volk seinen Nachwuchs erzieht, ist darzustellen im Zusammenhange mit der Schilderung seiner politischen und sozialen Verfassung, seiner öffentlichen und häuslichen Sitten, seiner Gottes- und Weltanschauung im allgemeinen; dagegen was einem Volke als Bildung gilt, welche geistigen Güter bei ihm in allgemeinem Umlauf sind, welche als Lehrgut verwendet werden, und welche Veranstaltungen den daraus erwachsenden Bedürfnissen dienen, muss da aufgezeigt werden, wo von seinen geistigen Interessen, von seiner Literatur und Wissenschaft, Dichtung und Kunst die Rede ist" (I, 82, 83).

Willmann weist darauf hin, dass sich die Verschiedenheit zwischen Erziehungs- und Bildungswesen noch mehr aus der geschichtlichen Darstellung der beiden Gebiete geltend mache. Daher widmet er dieser Darstellung den ganzen 1. Band seines Werkes, der von den Typen des Bildungswesens handelt. Er führt uns von den Indern zu den Ägyptern, zu den Völkern der Keilschrift, zu den Israeliten, den Chinesen, Griechen und Römern bis herauf zu der christlichen Bildung von den ältesten Zeiten bis zur Gegenwart. Der 2. Band beabsichtigt „nicht die Aufstellung eines neuen didaktischen Systems, sondern die Erneuerung jener Prinzipien, welche den idealen Kern unseres Bildungswesens ausmachen . . . Um diese Prinzipien festzustellen und zu formulieren, bedarf es neben den historischen auch philosophischer Bestimmungen, und diese treten in dem vorliegenden (2.) Teile des Werkes bestimmter hervor als im ersten" (Vorrede zur 1. Aufl., die in der 3. Aufl. abgedruckt ist). Der 2. Band nun handelt von den Bildungszwecken, dem Bildungsinhalte, der Bildungsarbeit, dem Bildungswesen. Was hierüber in manchmal etwas weitläufiger Weise abgehandelt wird, ist zum Teil in anderen Werken, z. B. in Zillers Grundlegung mit grösserer Klarheit und Schärfe dargelegt worden.

Durch eine vom Herkömmlichen abweichende logische Gliederung setzt der Verfasser die Gegenstände in eine neue Beleuchtung, auch bietet er durch seine kritischen Betrachtungen mancherlei Anregung. Für Anfänger freilich eignet sich Willmanns Didaktik wenig, da es bei der Darstellungsweise des Verfassers für ihn sehr schwer ist, einen Überblick über die positiven Ergebnisse zu gewinnen. Der Leser muss ferner schon vieles studiert, insbesondere tiefer in die Pädagogik Herbartscher Richtung eingedrungen sein, sonst kann er den Gedankengängen des Verfassers kaum folgen, seine kritischen Darlegungen nicht verstehen. Näher auf einzelnes einzugehen, ist nicht Zweck dieser Besprechung. Hier soll nur einiges Grundsätzliche hervorgehoben werden. Nach Willmann sind Erziehungs- und Unterrichtswesen zwei gesonderte, gleichgeordnete Gebiete innerhalb des sozialen Organismus. Es muss bezweifelt werden, ob es ein Fortschritt ist, Pädagogik und Didaktik im Sinne Willmanns zu trennen. Eher könnte man in dieser Trennung einen Rückschritt erblicken. Die Perspektive, welche seine Geschichte des Idealismus eröffnet, kann eine solche Befürchtung nur bestärken. Nicht liegt Willmanns dreibändiges, über 2300 Textseiten umfassendes Werk zur Besprechung vor, sondern nur das angezeigte Buch Seidenbergers „Grundlinien idealer Weltanschauung". Doch sind diese Grundlinien auf Willmanns Anregung herausgegeben worden und werden von ihm eine treffliche Schrift genannt; sie enthalten „die leitenden Ideen" seines Werkes. Willmann hat die Pädagogik einer späteren Bearbeitung vorbehalten; man wird indes wohl nicht fehlgehen, wenn man in seiner Geschichte des Idealismus eine für seine Pädagogik grundlegende Arbeit vermutet. Die ideale Weltanschauung ist ihm gleichbedeutend mit der Weltanschauung des Thomas von Aquino (gest. 1274), sein philosophischer Standpunkt ist der des scholastischen Realismus. Papst Leo XIII. hat durch seine Encyklika vom 4. Aug. 1879 die Philosophie des Thomas von Aquino zum wissenschaftlichen Rüstzeug für die Gegenwart geweiht und damit einen Strich durch die Philosophie und Wissenschaft der neueren und neuesten

Zeit gemacht, oder vielmehr nur die Encyklika seines Vorgängers vom 8. Dezember 1864 mit dem ihr beigegebenen Syllabus, in dem die ganze nachmittelalterliche religiöse und wissenschaftliche Entwicklung verneint wird, nach der positiven Seite hin ergänzt. Über die Encyklika von 1879 sagt Seidenberger: „Sie ist gleich sehr eine Tat der lehrenden Weisheit, wie die reife Frucht der spontanen Regenerationsbestrebungen der christlichen Wissenschaft; sie fügt den Wegweisern zur Weisheit des christlichen Mittelalters einen neuen von monumentalem Bau hinzu und vereinigt die verschiedenen Stimmen ihres Preises zu einem Chore" (Seidenberger a. a. O. S. 108).

Mit diesem Standpunkte Willmanns hängt auch die häufige Berufung auf Schriftsteller des Mittelalters und auf Plato und Aristoteles zusammen. In psychologischen Dingen scheint ihm Aristoteles massgebender zu sein, als die neueren Psychologen, ganz zu schweigen von der neuesten Psychologie. Die neuere pädagogische Literatur wird nur spärlich berücksichtigt. Wo Willmann von dem Verhältnis zwischen Kirche und Staat spricht, gewinnt man den Eindruck, dass er der mittelalterlichen hierarchischen Anschauung huldigt. Ähnlich ist es, wenn er auf Schule und Lehrer zu sprechen kommt. Das tritt besonders in dem Abschnitte des Buches von Seidenberger (S. 227 ff.) hervor, der die Überschrift trägt: Staat, Kirche und Schule (— dieser Abschnitt ist aus §§ 95 u. 96 des 2. Bandes der Didaktik zusammengestellt —) und in dem Abschnitte „Die idealen Prinzipien als soziale Bindegewalten" (Seidenberger, S. 279 ff.). Die Ausführungen dieses Abschnittes gipfeln in dem Satze: „Die Hierarchie bewahrt vor der Panarchie so gut wie vor der Anarchie." Den mittelalterlichen Kulturbegriff nennt Willmann den der idealen Weltanschauung aller Zeiten (Seidenberger S. 264).

Auf diesen Kulturbegriff müsste denn nun doch wohl Willmann seine Pädagogik gründen. Kommen wir zurück auf die Frage, ob es ein Fortschritt genannt werden könnte, Pädagogik und Didaktik im Sinne Willmanns zu trennen! Es ist denkbar, dass die, welche für das Erziehungswesen die massgebenden Bestimmungen zu geben hätten, dem Bildungswesen mehr oder weniger gleichgültig, oder feindlich gegenüberstehen. Die Trennung von Pädagogik und Didaktik hat demnach schon ihre grossen praktischen Bedenken. Die innigste Verbindung von Erziehungs- und Unterrichtswesen erscheint im Interesse beider Gebiete; beide können dadurch nur gewinnen. Die Beziehung, in welche Herbart Unterricht und Erziehung zu einander setzte, ist eher eine Stärke, als eine Schwäche seiner Pädagogik zu nennen. Die Herbartsche Pädagogik verhindert und erschwert durchaus nicht, „die Jugend in den Dienst der Fortpflanzung der geistigen Güter zu stellen."[1] Die Idee des erziehenden Unterrichts ist eine fruchtbare Idee; je weiter die einzelnen Wissenschaften ausgebaut werden, je weiter sie sich verzweigen, in desto höherem Grade kann sie ihre konzentrierende Kraft erweisen.

Willmann ist der Meinung, dass die historische Behandlungsweise, oder, wie er sich ausdrückt: das historische Prinzip zur idealen Weltanschauung führe. Die historische Betrachtungsweise ist erforderlich, um einen Einblick in die Entwicklung zu gewinnen. Solcher Einblick, eine Orientierung über die Vergangenheit kann für ein richtiges Fortschreiten auf der Bahn bedeutungsvoll werden; dass man aber durch das „historische Prinzip" zu einer idealen Weltanschauung gelangen könne; dass das historische Prinzip der „Wegweiser zum echten Idealismus" ist (Seidenberger S. 169, 253), muss bezweifelt werden. Es wird ganz auf den Massstab ankommen, der bei der historischen Betrachtungsweise an die Erscheinungen gelegt wird. Durch Willmanns Darstellung wird der Schein erweckt, als ob die Entwicklung der letzten 600 Jahre nur ein grosser Abfall vom wahren Idealismus sei. Ob das an der Entwicklung, oder an dem von Will-

[1] Es sei auf die Abhandlung von Kurt Häntsch: „Über den Zweck der Erziehung bei Herbart" (Päd. Studien 1903, Heft 1 u. 2) — verwiesen.

mann angelegten Massstabe liegt? Bedient man sich bei der geschichtlichen Betrachtungsweise eines unzulänglichen Massstabes, so gerät man unvermeidlich in Geschichtskonstruktion. Willmann sagt, dass das historische Prinzip für die Erneuerung der idealen und religiösen Anschauungen erst zur vollen Geltung komme, „wenn die Geschichtsbetrachtung mit den Vorurteilen bricht, die seit der Glaubensneuerung (— gemeint ist doch wohl die deutsche Reformation—) das katholische Mittelalter dem Verständnis unzugänglich gemacht haben" (Seidenberger S. 261). Die Formel für derartige Geschichtsbetrachtung lautet: Die Geschichte muss nach dem Dogma korrigiert werden. Ob man die geistige, sittliche und religiöse Entwicklung der letzten 600 Jahre an mittelalterlichem Massstabe messen darf? Dieser Massstab ist zu schmal und zu kurz. Vieles muss über ihn hinausfallen. Ob das, was da hinausfällt, das Nichtideale, der Irrtum, das Niedrige und Gemeine ist? Ein unbefangenes Urteil wird zugestehen müssen, dass Gott sich auch in der nachmittelalterlichen Entwicklung auf wunderbare und mancherlei Weise an und in den Menschen und durch die Menschen bezeugt hat; dass in der modernen Entwicklung christliche Ideen sich tiefer und reicher auswirken, als dies im Mittelalter möglich war. Der Gährungsprozess wird das Unlautere ausscheiden; das Edle, Gute, Ideale, das Göttliche wird reiner und klarer daraus hervorgehen.

Wir können Willmanns Standpunkt nicht teilen. Auf diesem Untergrunde kann eine wissenschaftliche Erziehungs- und Unterrichtslehre nicht aufgebaut werden.

Rochlitz.   Dr. Schilling.

Die Arbeitskunde in der Volks- und allgemeinen Fortbildungsschule. Ein Vorschlag zur Vereinheitlichung der Naturlehre, Chemie, Mineralogie, Technologie etc. Von Dr. Rich. Seyfert. 4. Aufl. Leipzig, Verlag von Ernst Wunderlich. 1902. Preis 3 M.

Dem Titel entsprechend, ist in diesem Buche auf die neue Anordnung des Stoffes der Nachdruck zu legen. Es wird hier unter dem dunklen und irreführenden Oberbegriff Arbeitskunde eine Reihe von Fächern (Physik, Chemie, Mineralogie, Technologie und Gesundheitslehre) ineinander gearbeitet, die man sonst als Naturkunde bezeichnete, und es wird dann dieser Reihe die Botanik, Zoologie und Mineralogie (Bodenkunde) als Naturkunde (im besonderen Sinne) gegenübergestellt. Diese Arbeitskunde wird den 4 letzten Schuljahren zugewiesen; sie gliedert sich in dem vorliegenden Buche in folgende Kapitel: das häusliche und kleingewerbliche Leben (Wohnung, Heizung, Beleuchtung, Ernährung, Kleidung, die Uhr), der Nahverkehr, die geistige Seite der Kulturarbeit (Ohr und Schall, Sprache und Schrift, Auge und Licht), Himmels- und Witterungserscheinungen, Gewinnung und Verwertung der Metalle und anderer Mineralien, Grossbetrieb und Fernverkehr, chemische Industrien, die Elektrizität im Dienste des Menschen. Die Vorteile freilich dieses gewaltsamen Umsturzes vermag ich nicht zu finden. Zunächst wird dadurch — trotz der gegenteiligen Behauptung des Verfassers — der anthropozentrische Standpunkt für die Naturbetrachtung als beherrschend festgelegt, und doch widerstrebt er den letzten Zielen des naturkundlichen Unterrichtes. Sodann wird durch den Vorschlag die Konzentration nicht in dem Grade gefördert als es scheint. Um eines Prinzipes, des Prinzips der Kulturarbeit willen, das nach dem jetzigen Lehrplan recht wohl zur nötigen Geltung kommen konnte und kam, werden zahlreiche sachliche Zusammenhänge zerschnitten. Schon die Zerlegung in Arbeitskunde und Naturkunde ist sehr gewaltsam, und auch innerhalb jener wird vieles zerrissen, was zusammengehört und durcheinander verständlich wird. Damit ja die Arbeitskunde nicht brockenweise in die Naturkunde hineingeschoben werde, wird die Naturkunde (im guten alten Sinne) brockenweise in die Arbeitskunde hineingestopft. Nach der alten Ordnung kann bei einem guten Lehrplan und bei rechter Betonung der entwicklungsgeschichtlichen und biologischen Tatsachen, also auch der Lebensgemeinschaften, mindestens ebenso wirksam dem Gesetze der Konzentration genügt werden als nach Seyfert. Darum wird's noch gute Weile haben, ehe dessen Reformvorschlag durchdringt. So bescheidet sich der Verfasser im Vorwort auch: „Wenn ich erreichte, dass das lebensvolle Prinzip der Kulturarbeit für die praktische Seite der Naturwissenschaft wenigstens soweit Geltung fände, dass man von ihr, also von der Beobachtung ausginge und auf sie wieder hinzielte, also eine rein theoretische Behandlung der Stoffe aus der Schule verbannte und den Versuch nicht als Anschauungs-, sondern als Lehrmittel verwendete, so wäre ich recht sehr zufrieden." Das aber ist längst gefordert worden, und um das zu erreichen, braucht es keiner Arbeitskunde. Freilich wird viel dagegen gesündigt, aber dieser Gegensatz zwischen anerkannter Theorie und der Praxis liegt tiefer und wird nicht durch ein Buch beseitigt. — Von alledem abgesehen, ist aber das vorliegende Werkchen eine sehr geschickte, wohl brauchbare und für viele recht bequeme Stoffsammlung und Stoffbearbeitung, die eigene Arbeit erspart. Die einzelnen Einheiten bilden für sich gesonderte Ganze, die auch in anderen Lehrplänen brauchbar sind. Daraus ist der Erfolg zu erklären, den das Buch zu verzeichnen hat.

Naturwissenschaftliches Repetitorium, umfassend Zoologie, Botanik, Mineralogie, Physik und Chemie. Für die oberen Klassen höherer Lehranstalten, sowie zum Privatstudium von R. Schäpfer. 2. Aufl. Verlag von Hugo Richter in Davos. 1903. Gbd. 3,40 M.

Das Buch bietet auf etwa 300 Seiten ein äusserst mageres Gerippe der im Titel verzeichneten Wissenschaften. Es ist voll sprachlicher und sachlicher Unklarheiten. Wer aus seiner Schulzeit oder aus seiner Väter Tagen noch Leitfäden — sie können so alt und veraltet, so trocken und dürftig sein wie sie wollen — besitzt, der lasse sie sich zusammenheften, und er hat ein mindestens ebenso gutes, wahrscheinlich aber weit besseres Repetitorium als das vorliegende.

Kleine anorganische Chemie. Systematische Übersicht des elementarchemischen Unterrichtsstoffes zum Wiederholen von E. Pilz. Verl. v. R. P. Nietschmann in Halle a. S. 1901. Gebd. 1,60 M.

Den Zweck des Büchleins mag der Verf. selbst angeben. „Der vorliegende Grundriss enthält die anorganisch-chemischen Lehrstoffe in einer für Realschulen und andere mittlere Lehranstalten üblichen Auswahl. Er gibt keineAnweisungen zum Experimentieren, auch einen methodischen Lehrgang stellt er nicht dar, sondern er ist ausschliesslich ein für die Hand des Schülers bestimmtes Hilfsmittel zum Wiederholen der Versuchsergebnisse und der an die Versuche sich anschliessenden allgemeinen Lehren. Seine übersichtliche systematische Gruppierung macht es möglich, dass sowohl die Resultate, die in einem experimentell-induktiven Vorkursus gewonnen werden, als auch die im späteren Unterrichte behandelten Elemente, Verbindungen und theoretischen Sätze leicht aufgefunden werden können. So notwendig es auch ist, dass dem Schüler der Weg leicht ablaufbar gehalten bleibt, auf dem er vom Ansehen zum Einsehen geführt wurde, so muss doch im weiteren Verlaufe angestrebt werden, dass das Wissen des Lernenden auch nach fachwissenschaftlich-logischen Reihen mit Sicherheit reproduziert werden kann. Wenn die in oft ganz andrer Ordnung nach pädagogisch-psychologischen Rücksichten erworbenen Kenntnisse durch ein systematisch angelegtes Wiederholungsbuch befestigt werden, so wird dadurch der letztgenannten Anforderung zweckmässig Rechnung getragen. Der geistige Besitz wird leichter überschaubar, neue Vorstellungen werden leichter apperzipiert und in die beherrschten Reihen eingeschaltet. Deshalb meinen wir auch, dass unser Systemheft mit Erfolg namentlich von den reiferen Schülern benützt werden könne, denen an einem geschlossenen Vorwissen für eingehendere Studien liegt." Den hier angedeuteten Zweck wird das kleine Buch in seiner sorgfältigen Klarheit, seiner Reichhaltigkeit bei aller Knappheit und seiner Übersichtlichkeit sehr gut erfüllen.

Grimma. **Rossner.**

Becker, Prof. Dr. Anton, und **Mayer,** Prof. Dr. Julius, L e r n b u c h d e r E r d k u n d e. 1. Teil. 92 S. Mit 5 Fig., 4 Abbild. und 5 Karten. 1,40 K., geb. 1,80 K. Wien, Franz Deuticke, 1902.

Beide Verfasser sind als führende Persönlichkeiten unter den österreichischen Schulgeographen bekannt. Ihr „Lernbuch" gehört zu den methodisch beachtenswertesten Erscheinungen der jüngsten Zeit. Es enthält den Stoff für den geographischen Anfangsunterricht an den höheren Schulen. Zunächst werden die Grundbegriffe der Erdkunde entwickelt, dann folgt eine Übersicht über die Erdteile. Das Buch ist nach den österreichischen Lehrplänen zugeschnitten. Wo die Heimatskunde herangezogen wird, ist Wien und Umgegend als Grundlage genommen. Das wird der Verbreitung des Buches leider wenig günstig sein, was seiner methodischen Vorzüge wegen zu bedauern ist. Indessen wird bei einem Buch für den Anfangsunterricht die Bezugnahme auf einen bestimmten Wohnort aus methodischen Gründen nie zu vermeiden sein, wenn dem Schüler die Grundbegriffe an der Heimat erläutert werden sollen. Besonders beachtenswert ist die Aufnahme der Frage, die Becker in seiner „Zeitschrift für Schulgeographie" in den letzten Jahren umfassend zur Erörterung gestellt hat. Er bringt Sachfragen, die den Schüler zum Kartenlesen veranlassen, Verstandesfragen, um zum selbständigen Denken anzuleiten, und Wiederholungsfragen. Diese Fragen sind durch kleineren Druck von der zusammenhängenden Darstellung, dem Kern des Buches, unterschieden. Am Schluss eines jeden Paragraphen steht in gesperrtem Druck eine „Zusammenfassung", welche die dem Gedächtnis einzuprägenden Ergebnisse in prägnant ausgedrückten, nummerierten Leitsätzen enthält. Der Anhang stellt typische Landschaftsformen in Bild und Spezialkarte an

konkreten Beispielen dar. Gute Übersichtlichkeit und tadellose Ausstattung empfehlen weiterhin das Buch, auf das hiermit nachdrücklichst aufmerksam gemacht sei.

Ule, Dr. Willy, L e h r b u c h d e r E r d k u n d e f ü r h ö h e r e S c h u l e n. 2. Teil. Für die mittleren und oberen Klassen. 3. Aufl. Mit 12 farbigen und 84 Schwarzdruckabb. Leipzig. G. Freytag. 1902. 343 S. Geb. 3 Mk.

Ules Lehrbuch gehört inhaltlich zu den besten geographischen Unterrichtsmitteln. Der Stoff ist nach natürlichen Landschaften gegliedert, die Darstellung klar und fliessend, allenthalben wissenschaftlich bestens begründet. Die allgemeine Erdkunde ist so dargestellt, dass sie sowohl als besondres Pensum für die Oberklassen wie zur Erläuterung der Länderkunde in den Mittelklassen behandelt werden kann. Übersichtstabellen sind eingefügt, auf Anleitung zum Kartenlesen durch besondere Fragen und Aufgaben wird jedoch verzichtet. Die Bilder sind meist gut, einzelne Landschaftsbilder (Himalaya, Riesengebirge) vorzüglich. Die Kartenskizzen, zum Teil in Buntdruck, bieten mehrfach willkommene Ergänzungen zum Schulatlas, sollen ihn aber nicht ersetzen. Nebenbei sei bemerkt, dass auf Seite 82 die alte Einteilung Sachsens in 4 (jetzt 5) Kreishauptmannschaften stehen geblieben ist.

Richter, Dr. Eduard, L e h r b u c h d e r G e o g r a p h i e für die 1. 2. und 3. Klasse der Mittelschulen. Mit 21 farb. Karten und 33 Abb. 5. Aufl. 2,85 K., geb. 3,35 K. Wien und Prag, F. Tempsky, 1902. 266 S.

Der Verfasser, Professor der Erdkunde an der Universität Graz, hat die Anlage des bereits seit Jahren bewährten Lehrbuchs nach den österreichischen Lehrplänen eingerichtet. In einem besondern, 18 S. starken Beiheft legt er seine methodischen Grundsätze für den Lehrer dar, namentlich auch seine abwartende Stellung zur

Aufnahme von Fragen in das Lehrbuch. Die typischen Landschaftsbilder sind fast alle gut. Die Karten sind die des „kleinen Debes".

Petersen, Dr. Wilhelm, Geographische Tabellen in 3 Teilen. 1. Teil. Deutschland. 3. Auflage. Berlin, Gerdes u. Hödel, 36 S. 40 Pf.

Der Titel ist ganz irreführend. Das Ganze besteht in einer schablonenhaften, wenig zweckmässigen Aufzählung von geographischen Namen zum mechanischen Einlernen. Würde dieses „praktische (!) Hilfsbuch" in ein brauchbares Frageheft umgewandelt, das den Schüler zwingt, alle die hier aufgezählten Namen selbst auf der Karte aufzusuchen, so könnte es vielleicht ganz gute Dienste leisten. In der vorliegenden Form ist das Heft verfehlt. Sein Erscheinen in 3. Auflage zeigt, wieviel noch im geographischen Unterricht verbesserungsbedürftig ist.

Prüll, Hermann. Deutschland in natürlichen Landschaftsgebieten. 2. Aufl. Leipzig, Ernst Wunderlich, 1903. 195 S. 1,60 Mk., geb. 2 Mk.

Auf Herbart-Zillerschen Grundsätzen fussend, bietet Prüll in der neuen umgearbeiteten Auflage dem Lehrer ein methodisch gut gegliedertes und sachlich sehr zuverlässiges Hilfsbuch für die Vorbereitung zum Unterricht in den oberen Klassen der Volksschule und auf der Unterstufe der höheren Lehranstalten. Die mannigfaltigsten geographischen Erscheinungen werden an konkreten Beispielen entwickelt und begründet. Bei den Bodenformen wird die geologische Begründung, bei den Siedelungen und wirtschaftsgeographischen Verhältnissen die Abhängigkeit von Oberflächengestalt und Lage erörtert. Auch die Etymologie wird massvoll zur Erklärung der Namen herangezogen.

Pelz, Alfred, Die Geologie der Heimat. Mit 15 Zeichnungen und 3 lithogr. Tafeln. Leipzig, Ernst Wunderlich, 1903. 26 S. 1 Mk., geb. 1,20 Mk.

Am sächsischen Erzgebirge und besonders der Umgegend von Chemnitz werden die heutigen Bodenformen aus der geologischen Vergangenheit erklärt. Die Darstellung ist klar und leicht fasslich. In gutem Buntdruck sind eine geologische Karte der Umgegend von Chemnitz und zwei geologische Profile durch die Stadt Chemnitz und das Erzgebirge ausgeführt. Das empfehlenswerte Heft kann von allen Lehrern des Erzgebirges mit Erfolg benutzt werden.

Plauen.

Dr. Zemmrich.

Eingegangene Bücher.
(Besprechung vorbehalten.)

Schriften der Pädagogischen Gesellschaft (Jena), Heft 1: Dr. H. Meltzer, Zum evangelischen Religionsunterricht. Dresden, Bleyl & Kaemmerer 1903. Pr. 75 Pf.

Liedtke, Dr. H., Kirchengeschichte im Zeitalter der Reformation. Berlin 1903, Reuther u. Reichard. Pr. 1,25 M.

Fricke, A., Bilder aus der Kirchengeschichte. Hannover 1902, C. Meyer. Pr. 25 Pf.

Reukauf, Dr. A., Präparationen für den evang. Religionsunterricht. 3. Bd.: Hofmann-Bittorf, Jesusgeschichten u. Erzvätergeschichten. 2. verm. u. verb. Aufl. Leipzig 1903, E. Wunderlich. Pr. 2 M.

Reukauf-Heyn, Bibl. Geschichten für die Mittelstufe. Ebenda 1903. Pr. 40 Pf.

Reinke, Loewentraut, Brunzlow, Religionsbuch für evang. Schulen. Ausg. A. Berlin, R. Stricker. Pr. 1 M.

Falke, Gebrüder, Einheitliche Präparationen für den gesamten Religionsunterricht Bd. 1: 22 Biblische Geschichten f. d. Unterstufe. Halle 1902, H. Schroedel. Pr. 1,60 M.

Fortsetzung folgt.

A. Abhandlungen.

I.

Individualität und Persönlichkeit.[1]

Von Dr. M. Schilling in Rochlitz.

In den amtlichen Zweigkonferenzen des Jahres 1902 haben wir uns mit pädagogischen Fragen beschäftigt, die sich auf eng begrenzte Gebiete beziehen; auch die Gegenstände, die uns in den diesjährigen Zweigkonferenzen beschäftigt haben und noch weiter beschäftigen sollen, beschränken sich auf einzelne Zweige unserer praktischen Berufsarbeit. Lassen Sie mich heute zur Hauptkonferenz den Blick auf das Ganze unserer Berufsarbeit lenken.

Alle unsere Erwägungen und praktischen Bemühungen zielen ab auf eine geistige Beeinflussung der Jugend. Nicht wollen wir jetzt erörtern, wie ein solcher Einfluss denkbar und möglich ist, sondern von der Erfahrungstatsache ausgehen, dass ein Mensch auf den anderen geistigen Einfluss gewinnen kann.

Der Lehrer ist bemüht, die Sinne der Neulinge, insbesondere Auge und Ohr für gewisse Eindrücke und deren Unterschiede empfänglich, ihre Sprachwerkzeuge und andere Organe zur Hervorbringung gewisser Wirkungen geschickt zu machen. Dies alles, und je älter die Kinder werden, desto mehr geschieht, um gewisse geistige Zustände zu schaffen, die der Erreichung der Unterrichts- und Erziehungszwecke förderlich sind. Ganz bestimmte Vorstellungsgebiete werden von Stufe zu Stufe weiter ausgebaut, ganz bestimmte Gefühle und Gesinnungen geweckt und gepflegt, dem Willen des Zöglings ganz bestimmte Richtungen gegeben.

---

[1] Vortrag, gehalten zur 28. Hauptversammlung der Lehrer des Schulinspektionsbezirks Rochlitz, am 7. Juli 1903.

Heute möchte ich einen Gegenstand berühren, der auf allen
Gebieten der Erziehung und des Unterrichts Berücksichtigung fordert:
das ist die Individualität, und zwar möchte ich die Individualität:
in ihrem Verhältnisse zur Persönlichkeit kurz betrachten.

Der Erfolg unserer Arbeit hängt im wesentlichen davon mit ab,
dass wir die Individualität des Zöglings erkennen und berücksichtigen.
In je höherem Masse dies der Fall ist, desto leichter wird es dem
Lehrer gelingen, Anknüpfungspunkte in der Seele des Zöglings zu
finden; desto eher wird er die Hindernisse, die seinen Absichten
entgegenstehen, entdecken und somit sich und dem Kinde manch
vergebliche Mühe und manchen Verdruss ersparen.

Was unter Individualität zu verstehen ist, brauche ich hier nicht
ausführlich zu erörtern. Gewiss dürfen wir darunter nicht nur die
sogenannten „berechtigten Eigentümlichkeiten" eines Menschen verstehen; die Individualität schliesst auch oft sehr Unberechtigtes ein.
Berühren aber müssen wir die Frage nach den Faktoren der
Individualität.

Da ist ein Neuling, der sich wenig geneigt zeigt, dem Lehrer
Rede und Antwort zu stehen. Ist das Kind schüchtern, oder ver-
schüchtert? Ist es halsstarrig, verstockt, oder ist sein eigentümliches
Verhalten die Folge krankhafter Schwäche?

Da ist ein anderes Kind: munter, freundlich, gesprächig, stets
bereit, dem Winke des Lehrers zu folgen. Hat er es hier mit einem
geweckten, wohlerzogenen und befähigten Kinde zu tun? Es kann
sein, sicher aber ist es nicht. Dem erfahrenen und kundigen Erzieher drängt sich eine Reihe von Fragen und Möglichkeiten auf.
Es kann ein Jahr, es können Jahre vergehen, ehe er zu voller Klarheit über diese Individualitäten gelangt.

Die Angehörigen derselben Familie oder Sippe zeigen ein bestimmtes äusseres und inneres Gepräge: Familienähnlichkeiten. Hier
haben wir's mit der geheimnisvollen Tatsache der Vererbung zu
tun. Dass körperliche Eigentümlichkeiten vererbt werden, hat an
sich nichts Auffälliges; wir beobachten das auch an Tieren und
Pflanzen. Auf mancherlei Bedenken und Schwierigkeiten aber stösst
bei dem, der nicht einem rückständigen Materialismus huldigt, die
Annahme, dass auch das intellektuelle und sittliche Gepräge sich
von den Eltern auf die Kinder analog dem körperlichen überträgt.
Näher kann an dieser Stelle nicht darauf eingegangen werden; ganz
allgemein nur sei auf die Annahme hingewiesen, dass zwischen Leib
und Seele eine gewisse Wechselwirkung stattfindet. Wie eine solche
möglich ist, hat freilich bisher noch niemand sagen können. Ausdrücklich spreche ich nur von der Annahme einer solchen Wechselwirkung; vielleicht liegt die grössere Vorsicht auf Seiten derer, die
nur von einem Parallelismus in dieser Beziehung reden, obwohl da-

mit auch nichts weiter erklärt werden kann. Kurz: die Annahme einer Wechselwirkung zwischen Leib und Seele macht es wahrscheinlich, dass die Disposition auch zu intellektuellen und sittlichen Vorzügen und Mängeln angeboren werden kann. Die Erfahrung scheint dafür zu sprechen.

Als Faktoren der Individualität, deren Wirkung wir recht wohl feststellen können, deren Einfluss oft gleichsam handgreiflich ist, kommen noch Umgebung und Umgang in Betracht. Bekanntlich sind die Eindrücke der Umgebung und des Umgangs im frühen Kindesalter am stärksten und nachhaltigsten. Jugendeindrücke können den gereiften Mann noch in seinem Empfinden und Denken bestimmen; manch entscheidender Entschluss des späteren Lebens ist auf sie zurückzuführen.

Die Wirksamkeit dieser Faktoren der Individualität reicht jedoch weit über den Kreis der Familie hinaus. Umgebung und Umgang verleihen den Bewohnern ganzer Ortschaften, einzelner Teile unserer Grossstädte, den Bewohnern ganzer Landschaften ein eigenartiges Gepräge.

In der Individualität des Zöglings nun findet der Lehrer und Erzieher die stärksten Hilfen, aber auch den hartnäckigsten Widerstand. Die Individualität ist das Organ, mit dem der Mensch alles neu an ihn Herantretende und Aufnahmebegehrende erfasst oder zurückstösst. Ist das Neue der Individualität gemäss, so wird es leicht aufgenommen, mit Zähigkeit festgehalten und mit Erfolg dem geistigen Besitzstande einverleibt; ist es ihr zuwider, so verwahrt sich die Seele dagegen mit allen ihr zu Gebote stehenden Kräften und Mitteln.

Ein jeder, der geistigen Einfluss auf andere gewinnen und ausüben will, muss daher mit deren Individualität rechnen: der Kaufmann, der Politiker, der Diplomat, der Gesetzgeber, der Geistliche, der Lehrer. Dieser Einfluss kann auf vorübergehende, oder auf dauernde Zwecke berechnet sein. Der Kaufmann hat seinen Zweck erreicht, wenn der Handel abgeschlossen; der Politiker, wenn er dem Gegner den Wind aus den Segeln genommen, den Diplomat, wenn er erfolgreich und geschickt seines Auftrags sich entledigt hat; der Gesetzgeber kann vorübergehende, oder Zwecke von langer und unbestimmter Dauer im Auge haben; der Geistliche und Lehrer streben eine Verfassung des inwendigen Menschen an, der ein absoluter Wert beigemessen, auf deren Dauer gerechnet wird.

Das Individuelle an sich ist noch nichts Sittliches, ja es braucht nicht einmal etwas für das Bestehen des einzelnen oder einer Gesamtheit Wesentliches und Wertvolles zu sein. Ausgeschlossen freilich ist nicht, dass die Individualität auch Anfänge des Sittlichen in sich schliesst.

Nun erhebt sich die Frage, ob es überhaupt möglich ist, die Züge der Individualität, die das dem Erzieher vorschwebende Bild

6*

entstellen würden, auszulöschen, oder wenigstens so weit zu tilgen, dass sie das Bild nicht entstellen; ob es möglich ist, Mängel zu beseitigen oder auszugleichen, welche die Erreichung des Erziehungszieles erschweren, oder in Frage stellen. Hier sind unzweifelhaft dem Einflusse des Erziehers Schranken gezogen; hier erwachsen seinem Berufe aber auch Aufgaben, an deren Lösung zu arbeiten er nicht umgehen darf und kann. Wir können nicht alles aus allen machen; wir dürfen uns aber auch nicht darauf beschränken, nur die Entwicklung der im Zöglinge keimartig vorhandenen Anlagen zu unterstützen. Im letzteren Falle würde es für den Erzieher soviel Ziele geben, als Individuen da sind. Uns steht vielmehr ein ganz bestimmtes, für alle gültiges erstrebenswertes Ziel vor Augen: die Begründung und Heranbildung einer charaktervollen Persönlichkeit.

Unter Persönlichkeit verstehen wir eine bestimmte Verfassung des inneren Menschen, die Verfassung nämlich, die ihm das Gepräge der Einheitlichkeit gibt, die ihn in den verschiedenen Lebenslagen und Lebensverhältnissen als ein und denselben erscheinen lässt; unter Persönlichkeit verstehen wir die Verfassung des inneren Menschen, in der die wesentlichen Bestandteile all seiner Lebensbeziehungen beschlossen liegen; populär ausgedrückt: einen ganzen Mann, der sich nicht heute von diesem, morgen von jenem Winde bewegen lässt; nicht in seinem Berufskreise so, in der Familie wieder anders und im gesellschaftlichen Leben als ein Dritter erscheint. Bei der geistigen Verfassung, die wir Persönlichkeit nennen, handelt es sich jedoch nicht nur um etwas rein Formales, sondern auch um die Beschaffenheit des inwendigen Menschen, um den Inhalt seines Denkens, Fühlens und Wollens. Treffend wird die Beschaffenheit des inwendigen Menschen mit dem Sammelnamen „Gesinnung" bezeichnet.

Fassen wir nun das Verhältnis zwischen Individualität und Persönlichkeit schärfer ins Auge!

So starr und einseitig auch die Individualität sein mag, so muss sie doch als etwas Gewordenes und somit als etwas Wandelbares aufgefasst werden. Je einfacher die Verhältnisse sind, in denen die Menschen leben, desto einfacher und durchsichtiger gestaltet sich das Individuelle in ihnen. Daher kommt es, dass in den älteren Zeiten der Typus der Familien- und Sippengemeinschaft, der Stammes- und Volks-, der Kasten- und Zunftgenossenschaft schärfer sich ausprägte und in die Erscheinung trat, als heute. Je beziehungsreicher die Lebensverhältnisse sich gestalten, desto reicher und mannigfaltiger wird der Inhalt der Individualitäten, desto zahlreicher aber auch die Typen, wenn auch weniger scharf unterschieden.

Ein reicher und dabei mannigfaltiger Inhalt der Individualitäten, verbunden mit einer grossen Mannigfaltigkeit der Individualitätstypen, birgt jedoch gewisse Gefahren: er lockert die Bande der Familien- und Sippengemeinschaft, der Stammes- und Volksgemein-

schaft, des staatlichen und kirchlichen Gemeinwesens. Das Individuelle strebt nicht zum Ganzen, es zieht sich auf sich und in sich
zurück. Je reicher der Inhalt der Individualität wird, desto mehr
verdichtet er sich zum Subjektivismus, zu der eigentümlichen geistigen
Verfassung, bei der der Mensch das Gesetz seines Handelns nur in
sich findet, alles negiert und bekämpft, was von aussen ihm auf-
erlegt wird, was ihn in seinem Empfinden und Streben stört. Alles
Gemeinschaftsleben wird ihm zur unerträglichen Fessel, die zu
sprengen er für sein gutes Recht hält. Ein solcher Mensch stürmt
an gegen menschliche und göttliche Ordnungen und Autoritäten; er
wird von dem starken Triebe zu einer Umwertung aller Werte beherrscht. Der Subjektivismus ist der Wurzelboden des Anarchismus.
Der Subjektivismus ist immer geneigt, das historisch Gewordene zu
missachten, die Fäden, welche die Gegenwart mit der Vergangenheit zusammenhalten, zu zerreissen. Das lehrt die Geschichte aller
Kulturvölker. Wenn der Reichtum der Lebensbeziehungen zu Knoten-
punkten der Entwicklung sich verdichtete, dann traten stets Himmels-
stürmer der geschilderten Art hervor.

Der Subjektivismus ist selbstsüchtig. Auf wirtschaftspolitischem
Gebiete z. B. ruft er ein anderes Extrem, den Kommunismus, auf
ethischem Gebiete den sozialen Universalismus hervor, dem eine
Gesamtheit, etwa der Staat, Objekt alles sittlichen Strebens ist. Der
soziale Universalismus erkennt dem einzelnen an sich einen Wert
nicht zu, ihm ist, drastisch ausgedrückt, der einzelne nur Kultur-
dünger. Der soziale Universalismus erniedrigt den Menschen zu einem
Herdengeschöpf; er würde in konsequenter Durchführung die Kulturvölker auf eine längst überwundene Kulturstufe zurückversetzen. So
notwendig für den sicheren Fortschritt der Entwicklung solcher
Gegenschlag auch sein mag, Extreme können sich nie behaupten.
Der starke individuelle Zug der menschlichen Natur sorgt stets dafür, dass kommunistische Träumereien, sozialistische, kosmopolitische
Hirngespinste nicht glatt in die Wirklichkeit übersetzt werden.
Subjektivismus einerseits, Kommunismus und sozialer Universalismus
andererseits sind die äussersten Punkte, zwischen denen der Zickzack-
weg der Entwicklung allmählich aufsteigt.

. Doch was hat dies mit der Tätigkeit des Lehrers zu tun? Viel,
sehr viel! Es ist eine Aufgabe aller Volkserzieher, also auch des
Lehrers, die Individualität nicht ins Schrankenlose wuchern zu lassen;
sie vor den Gefahren des Subjektivismus zu bewahren. Je mehr
das gelingt, desto weniger scharf werden Gegensätze, wie die oben
genannten, hervortreten; desto geringer wird die Gefahr, dass solche
Gegensätze zu Konflikten heranwachsen, welche die Volksseele im
tiefsten Grunde erschüttern müssen; desto weniger weit wird das
den Entwicklungsgang regulierende Pendel nach den äussersten Punkten
hin ausschlagen.

Soweit das Individuelle in Angeborenem wurzelt, sind der

Tätigkeit des Lehrers Schranken gesetzt; hier muss er sich vielfach bescheiden, wiewohl die moderne Wissenschaft auch für solche Fälle hie und da noch Mittel an die Hand gibt. Anders verhält es sich mit den Bestandteilen der Individualität, die unter den Begriff des durch Umgebung und Umgang Erworbenen fallen. Hier ist der Tätigkeit des Lehrers ein weiterer Spielraum gelassen und die Möglichkeit in höherem Grade vorhanden, Einfluss auf die geistige Gestaltung des Zöglings zu gewinnen.

Wodurch nun kann der Lehrer der Individualität Mass und Ziel geben? Das geschieht kurz gesagt dadurch, dass der Wildling der Individualität durch das Ideal der Persönlichkeit veredelt wird.

Individualität und Persönlichkeit sind nicht identische Begriffe, obwohl sie hin und wieder für einander gebraucht werden. In der Pädagogik müssen wir sie streng auseinanderhalten. Die Individualität ist das Gegebene, der Rohstoff; die Persönlichkeit ist das Ideal, dem die Individualität anzugleichen ist. Für den Erzieher kann nur die sittlich-religiöse Persönlichkeit in Frage kommen.

Auch deckt sich der Begriff der Persönlichkeit nicht mit dem des Originals. Das Original steht der Individualität viel näher, als der Persönlichkeit. Je vielseitiger die Lebensbeziehungen werden, desto seltener werden die Originale. Dem Originale haftet immer eine starke individuelle Einseitigkeit an; die Persönlichkeit ist Abrundung und straffe Konzentration. Es fragt sich, ob wir's zu bedauern haben, dass Originale — im landläufigen Sinne — immer seltener werden; die Schwierigkeiten des Gemeinschaftslebens werden durch Originale nicht vermindert.

Mit Nachdruck muss ferner betont werden, dass das Ideal der Persönlichkeit nicht eine Schablone, eine Form ist, nach der die Menschen mechanisch gebildet werden können. Dem widerstrebt schon die Stärke des Individuellen, das sich nicht pressen lässt, wie Ton oder Wachs. Wenn nun auch Individualität und Persönlichkeit nicht identische Begriffe sind, so ist doch in den Begriff der Persönlichkeit das Individuelle in gewissem Sinne eingeschlossen. Eine Persönlichkeit ohne individuelle Züge ist unmöglich. Schablonenmenschen würden Exemplare, nicht Persönlichkeiten sein. Die Persönlichkeit muss auf die Individualität begründet, die Individualität durch das Ideal der Persönlichkeit erhoben, abgerundet, veredelt werden. So nur entstehen frische, lebensvolle und lebenswahre Charaktere. Man darf wohl sagen, dass Individualität und Persönlichkeit in ein Verhältnis der Wechselwirkung treten müssen. Je mehr die Individualität sich dem Ideal der Persönlichkeit nähert, desto mehr werden die elementaren Gewalten des Individuellen sich ins Gleichgewicht mit dem übrigen Seeleninhalte setzen, desto mehr werden diese Gewalten in den Dienst des Guten gezwungen; und je mehr anderseits in der Persönlichkeit individuelle Kräfte zur Geltung kommen, desto wirksamer und machtvoller wird sie.

Eine Wechselwirkung zwischen Individualität und Persönlichkeit ist auch insofern denkbar, als Ergebnisse der Erziehung Bestandteile der Individualität werden und diese der Individualität gleichsam einverleibten Bestandteile durch Vererbung in späteren Generationen günstigere Voraussetzungen für das Zustandekommen der Persönlichkeit bilden können. Das Ideal der Persönlichkeit, oder besser: die Erziehung, deren Ziel die Persönlichkeit ist, kann so im Laufe der Generationen die Individualitäten günstig beeinflussen; mit anderen Worten: eine Veredelung der Rasse herbeiführen.

Mass und Ziel kann der Individualität nur gesetzt werden durch Einprägung gewisser ethisch-religiöser Normen der Beurteilung menschlichen Tuns und Lassens, durch Befestigung gewisser Zielpunkte des Lebens, Strebens und Ringens, welche Ordnung und Einheit in das überschäumende, mannigfache Gegensätze einschliessende individuelle Leben bringen; durch welche die dem Guten widerstrebenden Züge der Individualität gemildert, rohe Kräfte gebändigt werden. Das geschieht durch einen Unterricht, der die notwendigen Gegengewichte gegen die Einseitigkeiten der Individualität schafft und die verschiedenartigen Kräfte in weiser Konzentration zusammengefasst und auf ein hohes, menschenwürdiges Ziel hinlenkt.

Es wurde bereits angedeutet, dass gerade reich ausgestattete und kräftige Individualitäten leicht zum Subjektivismus sich verdichten. Bei ihnen muss daher das Zustandekommen der Persönlichkeit auf besondere Schwierigkeiten stossen; denn mit dem wachsenden Reichtum der Lebensbeziehungen machen sich immer mehr einander widerstrebende Elemente geltend, treten immer zahlreichere und stärkere Konflikte mit den Normen sittlicher Beurteilungen hervor. Daher streben auch mit dem wachsenden Reichtume der Lebensbeziehungen die Glieder der gesellschaftlichen Verbände immer mehr auseinander, drohen die Kräfte des einzelnen, wie der Nationen sich zu zersplittern.[1]

Es muss als eine Fügung der göttlichen Vorsehung aufgefasst werden, dass an der Schwelle der neueren Zeit mit ihrer gewaltigen Entwicklung auf allen Gebieten menschlicher Betätigung, mit ihrer den einzelnen fast erdrückenden Fülle neuer Erkenntnisse, Anregungen, Ansprüche, Verpflichtungen und Verlockungen; mit ihrem zerstreuenden, verflachenden, nervenanspannenden und nervenverzehrenden Vielerlei; mit ihren die Gegensätze in der Brust des einzelnen, die Gegensätze im Verkehr der gesellschaftlichen Gruppen untereinander mehrenden und verschärfenden Aufgaben und Nöten: ja, es muss als eine Fügung der göttlichen Vorsehung aufgefasst

---

[1] Nicht Zufall ist es, dass in unserer Zeit das Vereinswesen sich mächtig entfaltet und immer mehr Einfluss auf öffentliche Angelegenheiten gewinnt. Hierin äussert sich die Reaktion gegen den den Gesellschaftsorganismus zersetzenden Subjektivismus.

werden, dass an der Pforte dieser Zeit die Pädagogik das Idealbild
der Persönlichkeit aufgestellt und dem Antlitz der Persönlichkeit die
Züge ernster Sittlichkeit und tiefer Religiosität aufgeprägt hat.

Die moderne deutsche Pädagogik stellt sich zum Individuellen
nicht wie Rousseau, nicht wie die Philanthropen: sie kapituliert
nicht vor der Individualität, noch ordnet sie sich dem Konventionellen
und Nützlichen unter. Obwohl unsere Pädagogik nicht von der
Voraussetzung ausgeht, dass der Mensch von Natur gut ist, so
ignoriert sie doch auch nicht die natürliche Eigenart, noch ver-
gewaltigt sie dieselbe, sondern sucht sie zu erforschen, um an sie
anzuknüpfen, ihrem Wachstum die Edelreiser vom Baume der Erkenntnis des Guten, des Wahren und Schönen einzufügen. Mit einem
Worte: sie weiss, dass eine starke und wahre Persönlichkeit nur im
engsten Anschluss an die Individualität begründet und herangebildet
werden kann.

Um sich vor Missgriffen zu bewahren, ist es zweckmässig,
zwischen Bildungsideal und Erziehungsideal scharf zu unterscheiden.
Das Bildungsideal wird mit der Zeit sich wandeln; es stellt den
Sammelpunkt aller Erkenntnisse einer bestimmten Zeit dar. Das
Erziehungsideal der sittlich-religiösen Persönlichkeit aber erhebt den
Anspruch auf Geltung für alle Zeiten. Die Nichtbeachtung dieses
Unterschieds hat zu manch müssigem Streite Veranlassung gegeben,
Theorie und Praxis irregeleitet.

In e i n e r Richtung mit dem Ideal der neueren Pädagogik liegt
der trotz allen internationalen Spukes, mag er schwarz oder rot
drapiert sein, durch die Völker gehende Zug nach nationalem Zusammenschluss, d. i. nach Wahrung ihrer Individualität und Persönlichkeit. Dieser Zug kommt auch in der Pflege des Volkskund-
lichen und Heimatlichen zum Ausdruck. Die Wertschätzung der
Persönlichkeit zeigt sich auch darin, dass man in neuerer Zeit innerhalb der evangelischen Konfession der Geltendmachung und der
Wirksamkeit der Persönlichkeit Christi einen höheren Wert beimisst,
als dem Streit um Dogmen; dass man der modernen Wissenschaft,
dem modernen Geistesleben nicht aus dem Wege geht, sie nicht
ohne weiteres als christentumfeindlich brandmarkt, sondern sich mit
ihnen auseinander zu setzen, das Moderne mit evangelischem Geiste
zu durchdringen sucht und so zu einem tieferen und weiteren Begriffe des Christentums gelangt. „Ich will ausgiessen von meinem
Geist auf alles Fleisch." Das Fleisch ist die konkrete, mannigfaltige, individuell gestaltete Menschheit. Die individuelle Viel-
gestaltigkeit soll nicht gewaltsam unterdrückt werden, ist sie doch
ein mächtiger Antrieb zum Fortschritt: das Einigende, die Extreme
Ausgleichende, die Selbstsucht Einschränkende, Ziel- und Richtung-
gebende aber ist der Geist, der da ausgegossen ist auf alles
Fleisch.

Auch die Pädagogik der Weltgeschichte (um mich dieses Aus-

drucks zu bedienen) scheint auf Förderung des Persönlichen hin-
zuzielen. Die gewaltige, durch Luther auf einen Höhepunkt erhobene·
religiöse Bewegung des ausgehenden Mittelalters z. B. gipfelt im
Begriff der religiösen Persönlichkeit, die Zeit von 1789—1815 und
die spätere Entwicklung bringt eine Bereicherung der Persönlichkeit
nach der politischen und nationalen Seite hin.

An diese skizzenhaften Andeutungen über das Verhältnis zwischen
Individualität und Persönlichkeit möchte ich einige praktische Folgerungen schliessen. Lassen Sie mich an die Verhandlungen der·
Diözesanversammlung der Ephorie Rochlitz am 17. Juni anknüpfen,
zu der auch eine grössere Anzahl Lehrer eingeladen war. In der
6. These zu dem Vortrage über das Alte Testament und die Schule
heisst es: „Das menschliche Reden, Fühlen, Handeln Gottes ist mit
zarter Vorsicht im Unterricht zu behandeln." . . . Es würde durchaus verfehlt sein, mit Kindern der ersten Schuljahre anders von Gott
zu reden, als es z. B. in den Patriarchengeschichten des A. T. geschieht. Kinder dieses Alters leben und denken noch ganz in sinnlichen Anschauungen. Alle Einwirkungen, die das Kind bis jetzt
auf sein Wohlergehen, auf sein Tun und Lassen erfahren hat, sind
von greifbaren, konkreten Gestalten aus erfolgt, an die es sich auch
mit seinen Klagen, Wünschen und Bitten wendet. So wenig ihm
noch der Name „Vater", „Mutter" zu einem blossen Begriffe geworden ist, so wenig würde es mit einem Gotte, der ihm nur als
Geist vorgeführt würde, anzufangen wissen. Zwischen dem „Gott
sprach" des Schöpfungsberichtes, zwischen dem Gespräch Gottes·
mit Adam und Eva im Paradies und dem neutestamentlichen Worte:
„Gott ist Geist, und die ihn anbeten, die müssen ihn im Geist und
in der Wahrheit anbeten" — liegt die ganze religiöse Entwicklung
auch des einzelnen Menschen beschlossen. Die in der angeführten
These empfohlene „zarte Vorsicht im Unterricht" bedeutet nichts
mehr und nichts weniger, als eine pädagogische Rücksichtnahme auf·
die Natur des kindlichen Geistes, die Individualität des Kindes.

Der Erforschung dieser Individualität dient z. B. die Prüfung
der Neulinge, dient auch die für unseren Bezirk in Angriff ge-
nommene Sammlung wertvoller Schulanekdoten. Aus diesen Materialien greife ich einiges heraus. Was wissen die Kinder von Gott,
wenn sie in die Schule eintreten? Bei Beantwortung dieser Frage
sehe ich ab von eingelernten Gebetchen und Verschen. Der Lehrer·
will wissen, was die Kinder auf die Fragen, wo Gott ist, wie er
ist, was er macht — äussern. Wo ist er? Im Himmel. Ein
Mädchen antwortete: „Ich hab' ihn noch nicht gesehen, ich war
noch nicht im Himmel." Ein anderes Kind: „Ich habe ihn noch
nicht gesehen; er versteckt sich." — Wie ist er? „Gut", „froh",
„hoch". — Was macht er? „Er bestraft die garstigen Kinder"; „er·
donnert"; „er springt"; „er arbeitet"; „er haut"; „nichts". Wer wohnt.
bei ihm? „Die Engel"; „Jesus"; „er ist allein".

In der Geschichte vom Sündenfalle fragt der Lehrer: „Warum
durften Adam und Eva nicht von dem Baume essen?" Antwort:
„Gott wollte die Äpfel selber essen." — Frage: „Warum wurden
Adam und Eva aus dem Garten getrieben?" Antwort: „Weil sie
das Gras zerlatschten (zertraten)."
Den Umstand, dass der Rauch von Kains Opfer nicht gerade
zum Himmel aufstieg, erklärt sich ein Kind damit, dass „Gott solch
Verbranntes nicht gern riecht".
Diese Beispiele schon lassen erkennen, wie sich das Kind Gott
denkt. Es ist vielleicht nicht zu viel gesagt, wenn man behauptet,
dass Kinder dieses Alters religiöse Vorstellungen im eigentlichen
Sinne des Wortes noch gar nicht haben.
Die Brücke zu den religiösen Ahnungen und Vorstellungen bilden
die Familienbeziehungen, also Verhältnisse sittlicher Art. Und von
den sittlichen Ideen werden in erster Linie die der Vollkommenheit
und die des Wohlwollens, der Liebe, in Betracht kommen. Des
Kindes Aufmerksamkeit, Interesse und Bewunderung haftet an dem
äusserlich Auffälligen: dem Grossen, dem Vielen, dem Mächtigen;
seine Hilflosigkeit ist angewiesen auf das Wohlwollen, die Liebe
der Eltern und Geschwister. Dass dem Können der Eltern Schranken
gesetzt sind, erkennt das Kind erst allmählich, und damit dämmert
in ihm die Ahnung, dass es des Wohlwollens, der Liebe einer
höheren Macht bedarf.
Daher sollte man die eigentlich religiöse Unterweisung der
Jugend nicht verfrühen. Die nächste Aufgabe der Schule sollte sein,
wie in den intellektuellen, so auch in den sittlichen Bestand des
kindlichen Seeleninhalts erst eine gewisse Ordnung und Klarheit zu
bringen. Von den ethischen Beziehungen wird man nach und nach
zu den religiösen gelangen. Nur wenn man das Religiöse eng an
die Individualität des Kindes anschliesst, wird man der Gefahr entgehen, das Innerlichste zu veräusserlichen, dem Kinde blosse Worte
zu geben, die weder religiöses Empfinden erzeugen, noch den Willen
beeinflussen können, zur Begründung der Persönlichkeit also nichts beitragen.
Ähnlich verhält es sich auf allen anderen Gebieten der Erziehung
und des Unterrichts. Im deutschsprachlichen Unterricht werden wir
nicht unvermittelt den Wortschatz des Schriftdeutsch darbieten,
sondern an den Dialekt, die Provinzialismen anknüpfen. Volkstümliche Satzkonstruktionen sollten wir nicht von vornherein zurück-
weisen und als Sprachsünden brandmarken. Der individuelle Wort-
vorrat der Kinder muss erst erforscht und geklärt werden, ehe man
mit der Bereicherung desselben beginnt. Die Rücksicht auf die
Poesie der kindlichen Anschauungsweise sollte uns von einer vorzeitigen Kultur des nüchternen abstrakten sprachlichen Ausdrucks
abhalten.
Viele Kinder kennen den Unterschied zwischen „mir" und „wir"

noch nicht; „sei" und „sein" gilt ihnen noch soviel wie „sind". In der Wiedererzählung der Geschichte vom Pharisäer und Zöllner legt sich deshalb ein Kind die Worte: „Gott, sei mir Sünder gnädig!" so zurecht: „Gott, mir Sünder, mir sein gnädig." — In dem Märchen von der Frau Holle wird von dem fleissigen Mädchen erzählt: „Es weinte, lief zur Mutter und erzählte ihr das Unglück. Die schalt es aber heftig." Das Kind fühlt aus dem Zusammenhange heraus, dass es hier unfreundliche Worte gegeben hat; bei dem Ausdrucke „schalt" denkt es an „schallen" (das Wort schelten findet sich in seinem Wortvorrate nicht); es gibt daher den Inhalt so wieder: „Die Mutter schimpfte das Kind so sehr, dass man's weit hören konnte." — Ein Arbeiterkind legt sich den bekannten Spruch Ps. 115, 3 so zurecht: „Unser Gott ist im Himmel; er kann schuften wie er will."

Wie im Religionsunterrichte der ersten Schuljahre mit dem Worte „Sünde" und später mit dem Worte „Glaube" viel Unfug ge-trieben wird, so ist man auch in anderen Unterrichtsstunden mit dem Gebrauche unverständlicher Abstrakta nicht vorsichtig genug. Die Kinder werden günstigen Falls das Wort, das für sie eben blosser Klang und oft nicht einmal richtig aufgefasster Klang ist, mit einem Inhalt aus ihrem individuellen Gedankenkreise erfüllen. Nicht selten aber wird dabei das Richtige so getroffen, wie in folgendem Beispiele: Die weisen Frauen im Märchen vom Dorn-röschen beschenkten das Königskind mit wunderbaren Gaben; die eine mit Tugend. Auf die Frage: Was ist Tugend? erfolgte die Antwort: „Solch Zeug wie Barchent, aber schöner."

Dergleichen Beispiele legen uns immer wieder nahe, wie sehr das Individuelle die sorgfältigste Beachtung aller verdient, die geistigen Einfluss auf andere ausüben wollen. Auch bei Beurteilung der Leistungen der Kinder, bei Bemessung von Lob, Tadel, Strafe sollte die Individualität nicht ausser acht gelassen werden. Die Ver-schiedenheiten der Berufsarten, der gesellschaftlichen Stellung, des Bildungsstandes, der Konfession der Eltern spiegeln sich wieder in den Kindern, die der Schule zugeführt werden.

Wird das Darzubietende dem Individuellen nicht angepasst, nicht aufs innigste mit ihm verbunden, so haftet es nicht in der Seele. Nicht das nur mechanisch Angefügte, nicht das nur An-gelernte, sondern allein das mit dem Seeleninhalte organisch Ver-einigte gewinnt Einfluss auf die Heranbildung der Persönlichkeit. Daraus erklärt sich zum Teil der dem Aufwand an Zeit und Mühe nicht immer entsprechende Erfolg der Schularbeit. Was nicht in organischer Verbindung mit den Wurzeln des Seelenlebens steht, welkt und fällt bald dahin. Gelingt es nicht, die Individualität zu fassen und den Unterrichts- und Erziehungszwecken dienst-bar zu machen, so geht sie ihre eigenen Wege und entzieht sich scharfsinnig der Kontrolle des Erziehers. Kommt die Zeit der Ernte, so zeigen sich Früchte, die alle Erwartungen enttäuschen.

Die grossen Männer der Geschichte haben durch die Macht des Individuellen gesiegt; das Prädikat gross aber kommt ihnen nur in soweit zu, als in ihrer Gesinnung und in ihrem Handeln die Ausgeglichenheit der Persönlichkeit sich offenbart. Die Erziehungskunst muss die individuellen Energieen in ein solches Verhältnis zu einander und dem übrigen Seeleninhalte setzen, dass sie nicht eine Tyrannei ausüben können, sondern dass der Seeleninhalt das Gepräge der harmonischen Persönlichkeit erhält. Harmonie ist nicht Gleichklang, nicht blosse Übereinstimmung, sondern ein wohlgefälliges Verhältnis des Verschiedenen und Mannigfaltigen.

Wenn wir uns angelegen sein lassen, Individualität und Persönlichkeit ins richtige Verhältnis zueinander zu setzen, so werden wir dem einzelnen, wie der Gesellschaft die besten Dienste leisten. Dieses Streben wird uns vor handwerksmässigem, schablonenhaftem Tun bewahren und unserer Unterrichts- und Erziehungsmethode Natürlichkeit, Lebensfrische und Lebenswahrheit verleihen.

II.

Ein sächsischer Dorfschullehrer in der Mitte des 19. Jahrhunderts.

Beitrag zur Dorfschulgeschichte des Königreichs Sachsen.

Vom Seminaroberlehrer Dr. **H. Däbritz** in Rochlitz.

Schluss.

Im Rechnen genügte unsre Schule nur den einfachsten Ansprüchen. Gaudlitz stammte aus der Zeit, wo trotz der Bemühungen Dinters und anderer, und abgesehen von einzelnen hervorragenden Leistungen, das Rechnen in der Dorfschule noch als ein nebensächlicher Gegenstand des Unterrichts galt, für den besonderes Schulgeld, gewöhnlich drei Pfennige die Woche, vom Kinde gezahlt werden musste, und an dem, trotz der Bestimmungen im Generale vom 4. März 1805[1]) und im Generale vom 23. November 1811,[2]) in sehr vielen Schulen nicht alle Kinder teilnahmen. Erst seit dem Schulgesetz von 1835 wurde Rechnen für sämtliche Schulkinder Pflichtfach.

Der Unterricht im Rechnen, davon sind wir heute überzeugt,

---

[1]) nr. 12.
[2]) § 2.

muss mit der Entwicklung richtiger Begriffe von den Zahlen und ihren Quantitätsverhältnissen auf dem Wege der äusseren Anschauung begonnen werden. So war es jedoch bei uns nicht. Wir begannen mit Zahlen, dann wurde das Rechnen mit den fünf Spezies die Hauptaufgabe; wir mussten dem Lehrer im Chor nachsprechen: „Die fünf Spezies heissen Numeration, Addition, Subtraktion, Multiplikation, Division." Darauf schrieben wir auf die Schiefertafeln als Überschrift Numeration und dazu willkürlich eine Anzahl zusammengesetzter Zahlen zum Aussprechen, die unter. Kontrolle des Lehrers vorgelesen wurden. Jetzt folgte Addition und Subtraktion. Wir zählten in der Weise, wie es z. B. Wolke von Emilie Basedow forderte [1]) schriftlich zu 1 oder 2 erst 2, dann wieder 2 bis 100, derauf 3, 4, 5, 6, 7 u. s. w. Von 100 nahmen wir erst 2, dann wieder 2 weg, bis es nicht mehr möglich war. Das geschah denn auch mit 2, 3, 4, 5 u. s. f. Pestalozzis Gertrud [2]) wendet zwar eine ähnliche Methode bei ihren Kindern an, aber sie berücksichtigt dabei das Prinzip der Anschaulichkeit, sie lässt sie während des Spinnens und Nähens die Fäden und Nadelstiche zählen, die ungleichen Zahlen überspringen und knüpft daran weitere Aufgaben. Solche Anschaulichkeit fehlte unserm Rechnen, obgleich doch schon die Schulordnung von 1773 [3]) befahl, „das den Kindern hinlängliche Begriffe von den Sachen, die gezählt und gemessen werden, ingleichen von den unterschiedenen Arten der Gemässe, des Gewichts und der Geldsorten . . . beigebracht werde." Auf höheren Stufen gingen die Aufgaben über 100 hinaus. Wegen der tausendfachen Übung der einzelnen Rechenoperationen mit einfachen Zahlen ist mir die Weise noch heute bis aufs Wort geläufig. Wir rechneten z. B. die Subtraktionsaufgabe von 100 — 12 so: „2 von 0 geht nicht, borg ich über die Nullen hinweg 1. Nun ist die Null eine 10 geworden, 2 von 10 bleibt 8. Weil ich über die Null hinweg geborgt habe, ist es eine 9 geworden, 1 von 9 bleibt 8, nichts von nichts bleibt nichts, 100 weniger 12 bleibt 88." Oft und lange habe ich mich als Knabe gewundert, wie nur aus der Null eine 9 geworden sein könne. Das Einmaleins wurde uns dadurch geläufig, dass es fast alle Tage im Chor vor- und rückwärts gesagt wurde und dass an dieser Tätigkeit eigentlich alle Schüler teilnahmen. In der Division teilten wir die Zahlen von 2 bis 100 erst mit 2, dann 3, 4, 5 u. s. w. Ältere Schüler waren bei neueren oder schwierigeren Übungen die Helfer der schwächeren.

Mit etwas Regel de tri und leichteren Brüchen, auch etwas Dezimalbruchrechnung schloss der Unterricht auf der Oberstufe. Der Lehrer diktierte im Rechnen zuweilen angewandte Aufgaben aus

[1]) Raumer, Gesch. d. Päd. II, 219. Ähnlich i. Rochows Schulen Streck a. a. O. 217.
[2]) II, cap. 22.
[3]) Cap. IV, § 14.

einem gedruckten Buche — wahrscheinlich aus Peschecks „A B C der Rechenkunst" oder dem „Angehenden Rechenschüler", die bis weit ins 19. Jahrhundert hinein in den sächsischen Volksschulen die verwendeten Rechenbücher waren[1]) —, oder bildete selbst aus dem Leben gegriffene und liess sie wohl auch im Kopfe rechnen. Im Rechnen einfacher Aufgaben wurde wegen der unendlich vielen Übung Gewandtheit erzielt. Auch ist aus verschiedenen Revisions-protokollen zu ersehen,[2]) dass G. „wegen schnellen und fertigen Rechnens" seiner Schüler belobt worden ist. Im allgemeinen trat das Kopfrechnen gegenüber dem Tafelrechnen sehr zurück, und da die gelösten Exempel auch in ein gutes Buch eingetragen wurden, so schrieb jeder während seiner Schulzeit mehrere dicke Bücher mit gelösten Rechenexempeln aus. Mit dem Ziffernrechnen glaubte ja die alte Volksschule bis zur Zeit der Philanthropen sich begnügen zu können; es passte zur Buchstabiermethode. Wie man bei dieser den Namen des Buchstabens mit dem Laute verwechselte, den er bezeichnen sollte, setzte man hier die Ziffer, das Zeichen und Sinn-bild der Zahl für die Zahl selbst, ohne richtigen Begriff von ihrem Wesen. Seitdem man das eingesehen, hat mit Recht das Kopf-rechnen eine grössere Wichtigkeit in der Volksschule erlangt und sollte es, selbst in unsrer Zeit, vielleicht noch mehr erlangen.

Für die Geschichte des sogen. Realunterrichts in den sächsischen Volksschulen ist die Schulordnung von 1773[3]) und das Generale vom 23. November 1811[4]) von Wichtigkeit, da sie als Wirkung der Bestrebungen des Comenius, Francke, der Philanthropen zum erstenmal fordert, dass den Kindern auch „allerlei Nützliches aus der Endbeschreibung, Weltgeschichte, Naturkunde und Wirtschaftslehre, vom Gebrauch des Kalenders, der Zeitungen und Intelligenzblätter" beigebracht werden solle. Die Ausführung der Forderung war damals nicht so leicht; viele Lehrer sollten auf einmal Dinge lehren, von denen sie nichts verstanden. „Wo sollen denn die Männer die Kenntnis von allen diesen Dingen hernehmen, wenn sie selbst nur Handwerksleute sind und nie eine höhere Schule und nicht einmal eine Trivialschule besucht haben."[5]) In ähnlicher Weise spricht sich 1806 Pfarrer Kindermann in Podelwitz bei Pegau aus.[6]) Da suchen nun die neuauftretenden Lesebücher — das von Rochow, Wilmsen, Hempel sind für Sachsen an erster Stelle zu nennen — dem Lehrer zu helfen, indem sie ihm den Stoff aus-

---

[1]) Förster, Christian Pescheck. Programmarbeit d. k. Lehrerseminars Löbau 1893. Goldberg, Das Landschulwesen auf d. Zittauer Dörfern. Leipzig 1894 unter „Rechen-unterr." S. 82.
[2]) Pfarrarchiv Politz und Archiv d. k. Bezirksschulinsp. Döbeln.
[3]) Cap. IV, 16.
[4]) § 5.
[5]) Über die höchstnötige Verbesserung der chursächs. Dorfschulen 1791. S. 38/39.
[6]) „Über nützliche Verwaltung des Predigtamts, Schulunterrichts auf dem Lande." 21. Brief.

. gewählt und in einfacher Weise erzählt darbieten. So soll nun die Landschule „gemeinnützige Kenntnisse", wie man seit den Philanthropen sagte, vermitteln. Im Jahre 1816 werden die sächischen Distriktsschulinspektoren vom Konsistorium angewiesen,[1]) bei ihren Schulrevisionen auf gemeinnützige Kenntnisse oder „Nebenvolkskenntnisse" mehr zu achten und ihre Bemerkungen in den Revisionstabellen, in denen im genannten Jahre zum erstenmal eine Rubrik dafür erscheint, einzutragen. Endlich fordert das Schulgesetz von 1835,[2]) „dass in allen Schulen auch das Gemeinfassliche und Notwendigste aus der Naturkunde, Erdbeschreibung und Geschichte,. sowohl im allgemeinen als in besonderer Beziehung auf das Vaterland" gelehrt werden solle. Wir von unseren heutigen Erfahrungen aus, die uns zeigen, dass der Realunterricht etwas von dem Gepräge nervöser Hast und Hetze des vielbegehrlichen Kulturlebens trägt, erwarten für die damalige Zeit — reichlich zwanzig Jahre nach Erlass des Gesetzes — auch in der einfachsten Landschule eine wenn auch bescheidene Erfüllung der gesetzlichen Forderungen. Aber ausser einigen mehr gelegentlichen Bemerkungen aus der Reformationsgeschichte, Geographie war in unsrer Schule von diesen Fächern nicht die Rede, wenn ich davon ausnehme, dass zuweilen etwas aus der Zeitung oder aus den Realstoffen des Hempelschen „Kinderfreundes" vorgelesen wurde. Wenn in einem Examenprotokoll Ostern 1854[3]) aber hervorgehoben wird, dass die Kinder hersagen mussten, wie sie über die Donaufürstentümer, den damaligen Kriegsschauplatz, wussten, oder Ostern 1856 der Ortsschulinspektor bemerkt, dass einiges aus der sächsischen Geschichte und Erdbeschreibung gefragt worden sei, die Kinder Städte, Flüsse auf der Landkarte gezeigt hätten, so will das richtig verstanden sein. Für solche Prüfungen (s. näheres später) wurden wir von unserm ängstlichen Lehrer drei, vier Wochen vorher auf solche Themen vorbereitet. Für die Naturlehre hatte G. einige selbstgeschriebene Heftchen mit Fragen und Antworten, in denen einigemal im Jahre gelesen wurde, aber gleich die Antwort auf die erste Frage: „Wie heissen die vier Elemente? Die vier Elemente heissen Feuer,. Wasser, Luft und Erde" zeigt, dass wir noch die schon im 17. Jahrhundert richtig gestellte Ansicht des Aristoteles nachsprachen.

Es wurde auch aus dem „Feuerkatechismus" gelesen,[4]) von dem es einige Inventarexemplare gab. Der mir vorliegende D. Christ. Gottl. Steinbecksche „Feuerkatechismus für die liebe Jugend unsers teutschen Vaterlandes" Leipzig 1804 (Oktav 94 S.),. enthält in Frage und Antwort ausgeführte fünf „Hauptstücke": „1. Von dem, was in jedem Orte bekannt sein und geschehen.

---

[1]) Cod. Aug. C. III, T. 1, S. 94. — Vgl. auch Flathe, Sächs. Gesch. III, 413..
[2]) Verordn. § 29.
[3]) Pfarrarchiv Polditz.
[4]) Siehe später Prüfungsprogramm u. Schlegel Schulverfassung I, § 68.

muss, um der Entstehung einer jeden Feuersbrunst, so weit es nur möglichst ist, vorzubauen. 2. Von dem, was dazu gehört, um in einem Orte alle Augenblicke auf den unglücklichen Fall einer entstehenden Feuersbrunst bereit zu sein. 3. Von dem, was zu tun ist, wenn wirklich ein Brand entsteht und auskömmt. 4. Von dem, was gleich nach geendigtem Brande und ehe noch an das Wiederaufbauen zu denken ist, geschehen muss. 5. Von dem, was bei der Wiederaufbauung eines ganz oder zum Teil abgebrannten Orts zu beobachten ist."

Der Feuerkatechismus in unserer Schule war jedenfalls der Dintersche, der 1812 in Neustadt a/O. unter dem Titel erschien: „Unterricht über Verhütung der Feuersbrünste und Bestrafung der Brandstiftungen." Im Auftrage des Kirchenrats 1810[1]) hatte der bekannte Pädagog, der damals noch Pfarrer in Görnitz bei Borna war, „ein allgemeines Unterrichtsbuch" über diesen Gegenstand abgefasst, dessen Gebrauch in den Volksschulen Sachsens nicht nur genehmigt, sondern über das zugleich anbefohlen worden war, mehrere Exemplare als Inventar für ärmere Schüler bei jeder Schule ankaufen zu lassen. Die Generalverordnung des Kirchenrats unter dem 4. Januar 1813 und 30. März 1824[2]) schärften dem Lehrer diesen Unterricht ein und wiesen Pfarrer und Superintendenten an, in den Schultabellen (bei Visitationen) Bemerkungen über den Erfolg zu machen. Auch das Schulgesetz von 1835[3]) schreibt „eine fassliche Belehrung über Verhütung von Feuersbrünsten und Bestrafung der Brandstiftungen" vor.

Von Anschauungsmitteln, wie wir sie heute für den Unterricht in Geographie, Naturkunde, Geschichte als ganz unentbehrlich halten, war in unsrer Schule nichts vorhanden, wenn ich von einer alten Wandkarte von Sachsen und einer an der Wand hängenden Papptafel mit einigen Gipftpilzen — wahrscheinlich der damals in vielen Schulen verwendeten von Plato — absehe.

Gesungen haben wir oft und viel, und wir galten, soviel ich mich erinnere, bei den Dorfleuten als gute Sänger, und es befremdet mich da ein Urteil des Superintendenten 1854,[4]) der den Gesang nicht genügend findet, „die Kinder sprechen mehr als sie singen." Der Lehrer bediente sich bei der Gesangsübung des „Fortepianos". Violine spielte er nicht mehr. Neben Kirchenmelodien sangen wir „Arien", womit wir Volks- und Kinderlieder bezeichneten. Die Lieder Höltys: „Üb' immer Treu und Redlichkeit", „Wer wollte sich mit Grillen plagen", Martin Millers keckes „Was frag ich viel nach Geld und Gut" und das sentimentale „Freund, ich bin zufrieden, geh' es wie es will, unter meinem Dache

---

[1]) S. Weber, Sächs. Kirchenr. II, 3, 1051.
[2]) Nach Weber a. a. O. abgedruckt i. „Volksschulfreund" 1827, S. 253, 255.
[3]) Verordn. § 35.
[4]) Pfarrarchiv Politz.

leb ich froh und still", „Der gute Reiche" vom Erfurter Pfarrer
Lossius: „An einem Fluss, der rauschend schoss, ein armes Mädchen
sass, aus ihren blauen Äuglein floss manch Tränchen in das Gras"
und Kotzebues „Trost beim Scheiden": „Es kann ja nicht immer so
bleiben hier unter dem wechselnden Mond" waren Lieblingslieder.
Man fühlt aus ihnen noch etwas von der Zeit nach, die in Moral-
und Naturliedern so gern die zweckmässige Einrichtung der Natur-
wesen und ihren Nutzen für den Menschen mit Vorliebe besang.
Die Philanthropen suchten einst diesem weltlichen Liede den Eingang in die Schule zu bahnen und einen Platz neben dem religiösen
zu schaffen, und aus den verbreiteten Liedersammlungen von Chr.
Heinr. Wolke, K. Z. Becker und A. L. Hoppenstedt gingen viele
Lieder in die geschriebenen Sammlungen von Gregorius- und Schul-
liedern der Dorfschullehrer über.[1]) Eine Erklärung des Textes oder
eine sprachliche Behandlung des zu singenden Liedes, um die rechte
Gemütsstimmung in Schulen zu schaffen und die verständige Auffassung zu sichern, war in unsrer Schule nicht üblich. Das geschieht
aber auch in unsrer Zeit, will mir scheinen, noch nicht immer genügend, und doch ist dies in vielen Fällen so nötig. Es sollten die
Gesangsstoffe immer in Konnex mit den Sprachstoffen stehen, in
der Stunde für deutsche Sprache, wenn nötig, erläutert und dann
gelernt werden und dann erst als präsentes Material in der Gesangsstunde ihre Verwendung finden.[2]) Wir würden dann nicht zuweilen
das Unnatürliche erleben, dass die Schüler die besten und schönsten
Volkslieder nicht anders als mit dem Buche in der Hand und ohne
rechtes Verständnis singen können. Es war eine schöne Sitte unsrer
Schule, dass wir die Liedertexte auswendig lernten und so jederzeit
zum Vortrag bereit waren. Ein gedrucktes Liederbuch, woraus
heute auch die Schüler in der einfachen Volksschule singen, kannten
wir nicht.

III.

Wir trieben in unsrer Schule aber noch manches,
was man in einer Dorfschule nicht sucht, das ich der
Eigentümlichkeit wegen zu erwähnen nicht vergessen darf.
G. J. Schlachter berichtet in der „Bildungsgeschichte" seines
Vaters, des Landschullehrers Schlachter,[3]) dass sich sein Vater, dem
steigenden inneren Drange, etwas in der Musik zu tun, nachgebend,
in seinen bedrängten Verhältnissen einst ein altes Klavier für
$1\frac{1}{2}$ Taler kaufte, es dann auf seinen Schultern nach Hause trug,

---

[1]) Siehe H. Däbritz, „Ein altes Volksschulliederbuch" Deutsche Blätter für erz.
Unterr. 1881, S. 366ff.
[2]) Vgl. Friedr. Otto, Anleitung, das Lesebuch als Grundlage und Mittelpunkt zu
behandeln S. 284.
[3]) G. J. Schlachter, G. J. Zollikofers Umgang und Briefwechsel mit einem Land-
schullehrer, vorangehend des Letzteren Bildungsgeschichte. Dessau 1822, S. 24.

dort nach dem Gehör zu spielen anfing und bald mancherlei Kirchen- und Profanmelodien nach dem Gehör sich einprägte. Man kann sich denken, bemerkt der Sohn, von welcher Beschaffenheit das Klavier war; doch hat es meinem Vater lange genug Dienste geleistet. Auch der Vater von Wilhelm Harnisch kaufte seinem für das Studium der Theologie bestimmten Sohne ein Klavier für einen Taler, „einen schlechten Rumpelkasten, der aber sehr gelobt ward, was er allerdings auch nötig hatte", bemerkt Wilhelm Harnisch.[1]) Diese Berichte erinnerten mich lebhaft an meinen alten Lehrer. Er besass nicht weniger als fünf ähnliche Instrumente, von denen vier leidlich brauchbar waren. Das wertvollste kostete ihm, wie er uns Kindern oft erzählte, 4 Taler. G. benutzte diese geisterhaft lispelnden Spinetts, aber auch wir Schüler spielten sie. Was die Schulordnung von 1773[2]) als Muster hinstellt, dass auch „einigen Knaben auf dem Klavier, wenn sie Lust und Zeit dazu haben, vom Lehrer in Privatstunden Anweisung gegeben werde", das wurde in unsrer Schule noch über den Wunsch der Schulordnung hinaus verwirklicht. Klavierspielen gehörte zu unsrer Schularbeit. Das beste „Fortepiano" stand auf dem Vorsaal der Etage und wurde von den Fortgeschritteneren zur Übung benutzt. Zum Spiel oder zur Anweisung eines anderen nach oben kommandiert zu werden, war immer höchst willkommen, da man der Enge der Schulstube und der Zucht des Meisters etwas entrückt war und noch Gesellschaft hatte. Der Ort selbst auch erschien wegen der nach verschiedenen Räumen führenden Türen, dem Durcheinander von Büchern u. s. w. auch als ein romantischer Raum und voll Reiz für Kinder. Zwei weniger gute Tastenkasten waren in der Schulstube aufgestellt, auf beiden wurde während der Schulzeit geübt, und, soweit ich mich erinnere, ohne Störung des sonstigen Unterrichts. Man hörte ja auch wenig genug von den Tönen, diese blieben unter dem Deckel. Wer Musik nur nach dem Gehör trieb, spielte in der Regel Melodien von Volks- und Kirchenliedern, die ihm fortgeschrittenere Schüler durch Vorspielen mechanisch einlernten. Wer nach Noten spielen lernte, erhielt nur in den seltensten Fällen gedruckte; sondern Gaudlitz, allen eigennützigen Rücksichten fremd und den schönsten Lohn nur in der Unterweisung und den Fortschritten seiner Schüler sehend, schrieb die Noten für jedes Bedürfnis selbst. Zuweilen wurden gleich einen ganzen Vor- und Nachmittag eingeübte Klavier- und Singstücke von den einzelnen vorgetragen, wobei ein Teil der Klasse oder alle Schüler Zuhörer waren. Auch zu den Michaelis- und Osterprüfungen wurden dergleichen musikalische Leistungen zuweilen mit vorgeführt.

In den lateinischen Schulen der Reformationszeit wurde, um

---

[1]) „Mein Lebensmorgen" S. 34.
[2]) Cap. IV, 16.

die Schüler zur Höflichkeit in den äusseren Sitten zu bringen, Erasmus' Büchlein de morum civilitate gelesen, das Hadamar in Marburg 1534 in Katechismusform gebracht hatte.[1]) Auch werden Joachim Camerarius' Distichon Praecepta honestatis atque decoris puerilis (Lips. 1544) viel verwendet.[2]) Die häuslichen Pflichten der Schüler wie die Anforderungen in deren Verhalten fasste der erste Rektor der Fürstenschule zu Grimma, M. Adam Sieber 1550 in lateinische Verse, die wahrscheinlich von den Alumnen auswendig gelernt werden mussten.[3]) Die Erziehung zur Höflichkeit und Wohlanständigkeit, sondern auch die damaligen Schulordnungen für lateinische Schulen. In der sächsischen von 1580[4]) heisst es: „Es sollen auch ingemein die Schulmeister und ihre Collaboratores die Kinder und Schulknaben mehrmals, besonders aber da die Lection durch einen schönen Sententz oder sonst Gelegenheit dazu gibt, ernstlich weisen und vermahnen, wie sie sich zu Hause gegen ihre Eltern und das Hausgesinde verhalten sollen, damit man den Unterschied zwischen denen Schulkindern und andern Kindern auch an der Zucht augenscheinlich merken könne." Für die deutschen Schulen veröffentlicht 1572 der deutsche Schul- und Rechenmeister zu Regensburg Johann Kandler eine „Schulzucht vom christlichen Wandel und guten Sitten für Knaben". Die Regeln sind der Zeit entsprechend in vierhebige, unbeholfene Zählverse gefasst.[5]) Als nach dem 30jährigen Kriege mit der grossen Wandlung des gesellschaftlichen Lebens von Westen her neue Bildungsideale aufkamen, die man auf dem Gebiete des höheren Schulwesens besonders in den Ritterakademien zu erreichen suchte, wo Wert auf Bildung zu feinen Sitten und feiner Lebensart gelegt wurde, übte dies auch auf die deutschen Schulen einen Einfluss. A. H. Francke, der als Pietist besonders viel auf äussere Ehrbarkeit in seinen Schulen dringt, verwendet in seinen deutschen Schulen ein kleines Sittenbüchlein für 6 Pfennige, da „man jungen Leuten zu anständigen Sitten Anleitung geben und sie anständige Stellung des Körpers lehren" müsse. Rochow sagt:[6]) „Die Lehrer müssen die Kinder frühzeitig zu allen dem gewöhnen, was die Sittlichkeit und Wohlanständigkeit im gemeinen Leben mit sich bringt." Felbiger gibt in „Eigenschaften, Wesen und Bezeigen rechtschaffener Schulleute" auch einen Abriss einer Anstandslehre für Schulen. Und bekannt ist es, wie Pestalozzis Gertrud[7]) ihren Kindern „nach alter Grossmutter Art" eine Anzahl

---

[1]) Eckstein, Latein. Unterr. S. 53.
[2]) Bünger, Entwicklungsgeschichte des Lesebuches S. 36.
[3]) Rössler, Gesch. d. Fürstenschule S. 62.
[4]) Vormbaum, Ev. Schulordnungen I, 257. Schulordnung 1580 hrsg. v. Waltersdorff S. 55.
[5]) Einen Auszug bei Bünger, Lesebuch u. s. w. S. 36/37.
[6]) Instruction für Landschulmeister 1773.
[7]) Cap. 122.

kurzgefasster „Lebensregeln" lehrt. So gebietet auch die sächsische
Schulordnung von 1773 für die deutschen Schulen:[1] „Mittwochs ist
den grösseren Schulkindern die eine und andre Lebens- und Sitten-
regel, dergleichen in Dr. Rambachs Handbüchlein für Kinder zu
finden, aufzugeben." „L e b e n s r e g e l n", welche die gesellschaftliche,
moralische und religiöse Ausbildung vervollständigen sollten, zu
schreiben und auswendig zu sagen, bildete auch einen Teil unsrer
Schultätigkeit. Ein geschriebenes „Lebensregelnbuch" aus der Schulzeit ist noch in meinen Händen. Es enthält zuerst „Unterweisungen,
wie man sich über der Mahlzeit höflich bezeigen soll", z. B.

> Bei dem Gebete steh' mit aufgehobnen Händen
> Und suche Aug' und Herz dem Himmel zuzuwenden.
>
> Am Tische musst du nicht mit Hund und Katzen spielen
> Und mit den Beinen gleich auf diese Tiere zielen.
>
> Am ersten musst du auch nicht in die Schüssel langen,
> Nein, warte nur so lang', bis andre angefangen.
>
> Wank mit dem Löffel nicht, wenn was darinnen ist,
> Sonst siehet man den Weg, wo du gefahren bist.
>
> Wenn du was Fettes isst, so wische Mund und Kinn
> Nicht auf den Ärmel gleich ganz unbedachtsam hin.
>
> Leg' auf den Teller nicht zu viel auf einmal hin
> Und mach' ihn nicht dadurch zu einem Magazin.
>
> Willst du vom Salze was, so tu' es auch mit Witze
> Und lange was davon nur mit der Messerspitze.
>
> Schieb auch nicht auf einmal zu viel in' Mund hinein,
> Sonst heisst't, das mag mir wohl ein rechter Vielfrass sein.
>
> Wenn draussen was passiert und du am Tische sitzt,
> So laufe nicht davon, dass du es hörst und siehst.
>
> Leg' dich nicht auf den Tisch bis an die Ellenbogen,
> Sonst hält dich jedermann für ziemlich ungezogen.
>
> Gib auf die Gläser acht, zumalen wenn sie voll,
> Ergreif sie mit Bedacht; denn Schütten lässt nicht wohl.
>
> Wenn du dich schneuzen willst, so sollst du nicht posaunen,
> Dass andre vor dem Ton erschrecken und erstaunen.
>
> Wend' dich von andern weg, die nahe um dich sein
> Und mache mit dem Tuch die Nase sachte rein.
>
> Beim Gähnen musst du gleich die Hand zum Munde bringen,
> Dass nicht dein Nachbar meint, du wollest ihn verschlingen.
>
> Kömmt dich zu niessen an, so tu' es mit Manier
> Und halte alsobald die Serviette für.

Aus der zweiten Abteilung: „Unterweisung, wie man sich in der
Kirche geziemend zu verhalten hat," hebe ich aus:

---

[1] Cap. V, § 6.

Wenn du zur Kirche kömmst, so tappe nicht hinein
Und grüsse, die mit dir auf einem Wege sein.

Lauf' nicht den andern vor, die mehr als du bedeuten;
Denn das geschiehet nur von ungezog'nen Leuten.

Wenn man den Text verliest und das Gebete spricht,
So steh' andächtig auf; denn Sitzen schickt sich nicht.

Schrei bei dem Singen nicht mit vollem Halse drein,
Sonst würde dein Gesang nur ein Geplärre sein.

Gaff' in der Kirche nicht nach andern, die zugegen,
Und lass an diesem Orte das Plaudern unterwegen.

Schlaf' nicht, wenn Wachens Zeit, ermuntre deine Sinnen,
Steh' auf und merk aufs Wort, so weicht der Schlaf von hinnen.

Lauf aus der Kirche nicht, erwarte nur den Segen,
Denn wer den Segen flieht, der läuft dem Fluch entgegen.[1]

Die dritte Abteilung der „Lebensregeln" wird eingeleitet durch
folgenden Spruch:

Mein Kind merk weil du lebst, nimm Schlangenklugheit an,
Wozu dir Folgendes in vielen dienen kann:

Trau keinem allzuleicht, die Welt ist voller Lügen,
So kann dich niemand nicht bestehlen und betrügen.

Tu' alles mit Gebet und kluger Leute Rat
So folgt die Reue nicht auf unbedachte Tat.

Halt' gute Richtigkeit und Ordnung in den Sachen,
Das wird die Arbeit dir zur Hälfte leichter machen.

Ein Wort geredt, verfleucht gleich einer Wasserblase,
Was du geschrieben hast, legt man dir vor die Nase.

Drum hüte dich mit Fleiss, in Briefe einzugehn,
Was mündlich abzutun, da lass die Tinte stehn.

Bestell' es auf der Post, was etwas zu bedeuten
Und gib es ja nicht hin mit Markt- und Weibesleuten.

Was du nicht haben willst, das dir ein andrer tu'.
Das tu du ihm auch nicht, so hast du Fried und Ruh.

Das Spielen lass, weil's oft ein schlechtes End' genommen
Viel Tausend sind dadurch um Gut und Leben kommen.

Poch' nicht auf deinen Stand, auf Klugheit und Vermögen,
Ein gröss'rer über dir kann dir das Handwerk legen.

Die unbeholfene Alexandrinerform, mit der Caesur in der Mitte,

---

[1] Diese Regel zu beobachten, ermahnte uns unser Lehrer wiederholt. Es war
in früherer Zeit überhaupt Brauch, die Kirche vor dem Segensspruche ohne Not nicht
zu verlassen. Ja nach dem sächsischen Revidierten Synodalen Generaldecret von 1673
(Corp. iur. eccl. saxon. I, 360 ff.) sollen nach § 13 die gestraft werden, die „vor
Sprechung des Segens ohne einige Noth aus der Kirche lauffen." Und bei Abnahme
der Kirchenrechnung in Wolkenburg bei Penig 1724 wird bestimmt, dass diejenigen,
„so vor Sprechung des Segens aus der Kirche laufen, vom Richter notiert und zur Bestrafung dem Gerichte angezeigt werden sollen" (Sup.-Archiv Rochlitz, Act. Wolkenburg 1724).

lässt fast mit Sicherheit darauf schliessen, dass die Verse alt und einst in der unfruchtbarsten Zeit unsrer neuhochdeutschen Dichtung von Opitz bis Klopstock, Lessing, in der der paarweis gereimte Alexandriner seine Herrschaft übte, entstanden sind. Im 18. Jahrhundeit finde ich eine grosse Anzahl unsrer Sprüche fast wörtlich, nur meist als Antwort auf beigefügte Fragen in der „Dillinger Sammlung verschiedener nützlicher Lesübungen" Dillingen 1782, die unter dem Titel „Anonymi Schule bei Höflichkeit oder Richtschnur der wohlanständigen Sitten, zum Gebrauche der hochfürstbischöflichen Hauptnormalschule zu Dillingen" einen 26 Seiten vollständigen und ausführlichen Anstandskatechismus in Frage und Antwort enthält.[1]

Zum Bildungsideal des vollkommenen Hofmannes, zur „conduite", gehörte seiner Zeit auch die Aneignung der Höflichkeitsbezeigung in Wort und Gebärden, das Kompliment. Komplimente lernen, oder wie die Volkssprache sich ausdrückte, Konterwitlernen, gehörte auch in unsrer Dorfschule zur Erziehung zur Wohlanständigkeit. Wir wurden vom Lehrer angeleitet, wie man bei dieser oder jener Angelegenheit in schicklicher Weise zu sagen habe, z. B. wenn man etwas Geborgtes wieder zurückgebe, und das wurde gleich praktisch geübt. Wir mussten einzeln die Schulstube mit einem Gegenstand in der Hand verlassen, draussen an der Stubentür stehen bleiben, anklopfen und auf Hereinruf in die Stube eintreten, den erhaltenen Gegenstand dem Lehrer übergeben und sagen: „Einen schönen Empfehl von meinem Vater, und hier schickt er den Schirm (oder dergl.) wieder, den er gestern abend geborgt hat, und lässt schön danken." Es wurde uns eingeschärft, die Antwort auf die Frage nach dem Wohlergehen einzuleiten: Ich danke der gütigen Nachfrage, mir geht es u. s. w. Wer seine Probe nicht gut bestand, musste noch einmal beginnen. Zur Höflichkeit gegen Erwachsene wurden wir immer ermahnt. Der Lehrer befahl uns streng, auf dem Schulwege, im Dorfe jeden Erwachsenen durch Mützcabnehmen und Wort ehrerbietig zu grüssen; wir galten auch in der Gegend als höfliche Kinder. „Weit und breit sind die Kinder wegen ihrer Artigkeit berühmt,"[2] äussert sich 1845 Superintendent Haan zu Leisnig.

Als man seit 1794 in Sachsen begann, eine Anzahl städtische Lateinschulen (Lyceen) in Bürgerschulen umzuwandeln, bedauerten viele Väter den Wegfall des lateinischen Unterrichts, da doch das gemeine Leben eine Anzahl Ausdrücke aus der lateinischen Sprache erhalten habe, die nicht wohl mit deutschen vertauscht werden könnten. Man suchte nach einem Vorschlage des Bautzener Gymnasialdirektors Gedicke[3] solche Leute dadurch zu befriedigen, dass

---

[1] S. Bünger, Leseb. S. 38/39.
[2] Revisionsprotokoll 1845. Archiv d. Bezirksschulinsp. Döbeln.
[3] Gedanken eines Schulmannes über eine dem Schulwesen in Chursachsen bevorstehende Veränderung. Baudissin 1795 S. 32.

man in der Bürgerschule wöchentlich eine Stunde Fremdwörter
nach Bedeutung und Rechtschreibung behandelte. An solche Einrichtung mochte sich G. wohl noch erinnern und sie für nützlich
ansehen; denn auch er machte uns mit Fremdwörtern mehrfach bekannt. Er liess einzelne still in einem alten Fremdwörterbuche
lesen, oder es wurde auch laut daraus vorgelesen. Wir mussten
aber auch französisch und selbst russisch zählen lernen. G. hatte
zur Zeit des Freiheitskrieges 1813 mit Hilfe eines gedruckten Dol-
metschers einige französische und russische Wörter, Redensarten und
die Zahlen gelernt, und das mussten wir nun auch lernen. Was im
geistigen Besitz des Lehrers war, sollte auch unser eigen werden.
Auch nur wenige Kenntnisse in fremden Sprachen, äusserte er da
in der Regel zu uns, können den Menschen später viel nützen.
Wenn G. nun einmal darauf verfiel, so wurde gleich mehrere
Stunden lang französisch und russisch gezählt. Der Kuriosität halber
wiederhole ich einige russische Zahlen, wie ich sie noch heute aus
der Schulzeit im Gedächtnis habe: Adin, dewa, tri, schetir, bàt,
schest, sàm, wossàm, dewat dejat, adinazat, dewànazat. Man wird
lebhaft erinnert an den Leipziger Winkelschullehrer Hofmann, der in
allerdings noch verkehrterer Weise 1730 den Kindern den 119. Psalm
in ebräischer Sprache eingeprägt hatte.[1]
   Bei allem Unterricht bot unsre Schule gewöhnlich ein mannig-
faltiges Bild. Denn in seltenen Fällen, den Religionsunterricht zuweilen ausgenommen, waren alle Schüler oder etwa die eine Hälfte
an derselben Arbeit beteiligt. Es gab keinen Klassen- oder
Gemeinschaftsunterricht, wie wir ihn in den fünfziger Jahren
in den Dorfschulen finden. Es hatte sich ja die Ansicht, dass sich
der Lehrer gleichzeitig mit allen seinen Kindern beschäftigen müsse,
dass in jedem Unterrichtsfach alle an der geistigen Arbeit tätig teilnehmen müssen, schon zeitig gebildet. Schon im Schulmethodus
Ernsts des Frommen 1642 wird dem Lehrer befohlen, sich mit dem
ganzen Haufen zu beschäftigen und zu und mit allen Kindern zu
reden.[2] Die sächsische Schulordnung von 1724[3] fordert, dass
„immer viel Kinder zugleich angeführet" werden. Ende des 18.
Jahrhunderts traten Felbiger und andere Pädagogen[4] für den
Klassen- oder Massenunterricht ein. In der 1792 begründeten
Leipziger Ratsfreischule war er von Anfang an üblich.[5] Wir 34
Schüler unsrer Schule dagegen bildeten zuweilen 8—10 verschiedene
Abteilungen.
   Der Lehrer hielt mit der einen Bibellesen, die andere schrieb

---

[1] Stephan, Urkundliche Beiträge zur Praxis des Volksschulunterr. im 18. Jahrh.
Nossen 1888 S. 12.
[2] Ostermann, Pädagog. Lesebuch ² S. 112.
[3] § 9.
[4] Schumann, Geschichte d. Pädagogik S. 27.
[5] Helm, Festschrift z. 100jähr. Jubiläum der Ratsfreischule. Leipzig 1892 S. 46.

die Predigt ein, die dritte arbeitete einen Brief aus, die vierte rechnete, drei Schüler spielten Klavier und wurden da von Mitschülern unter-wiesen oder beaufsichtigt, die fünfte zeichnete; denn hie und da wurde nach der „elenden Kopiermethode", d. h. nach Vorlagen mit Hilfe von Bleistift und Lineal und sonstigen Hilfsmitteln etwas ge-zeichnet, oder wie wir gewöhnlich sagten, gemalt. Zwei oder drei Schüler liessen die Abcdarier „aufsagen" oder schreiben. Das Ganze wurde dem alten Satze gemäss, Gesetzlosigkeit paart sich gern mit Härte, zusammengehalten durch die e i s e r n e D i s z i p l i n, die unser Schulmonarch wie ein plagosus Orbilius führte. Von seinem Observatorium, dem hohen Katheder, oder von seinem ge-wöhnlichen Standorte vor demselben aus überwachten seine scharfen Augen alles, und wehe, wenn des Daseins Lust die Schwingen zu hoch regte und einer den Sündenpfad der Ungezogenheit betrat. Für unsern Herrn und Meister hatten keine Philanthropen gelebt, waren die mannigfachen Mahnungen der sächsischen Schulgesetze, von der „Instruktion" von 1724[1]) an bis zu seiner Zeit noch nicht wirksam geworden. Wir mussten in Greifnähe in den Gang oder den Winkel treten und da, das Gesicht der Wand zugekehrt, oft lange ruhig stehen oder knien, zuweilen auch noch dazu die an den Ecken des Holzeinbandes mit Messing beschlagene grosse Bibel des Lehrers mit den Händen hochhalten und wer sich etwa bei-kommen und den ermüdeten Arm sinken liess, erhielt noch eine Bibel in die andre Hand zum Hochhalten. Wir wurden ins Vor-haus, in den Kohlenstall gesteckt, des Mittags eingeschlossen, durften den ganzen Tag nicht nach Hause und mussten hungern. Wir er-hielten Schellen, Kopfnüsse, Püffe, wurden bei den Ohren gezogen, bei den Haaren gerauft, mussten in den engen, unbequemen Subsellien oft stundenlang stehen. Die ärgste Strafe für Knaben, zuweilen auch für Mädchen, aber war, so unter die Sitzbank der letzten Sub-sellie knien zu müssen, dass der Schuldige eine für die Exekution besonders bequeme Stellung bot, und diese wurde mit einem ziem-lich starken haselnen Bakel unbarmherzig ausgeführt. „Bläue ihnen den Rücken, sagt Sirach," rezitierte er dabei gern. Es erinnerte die den Gesetzen der Ästhetik spottende Stellung fast an den Holzschnitt und die Beschreibung in M. G. Zeidlers „Sieben böse Geister",[2]) auf dem ein Dorfschullehrer des 17. Jahrhunderts, um sich das Strafamt zu erleichtern, eine oben angelegte und unten feststehende Leiter in Bereitschaft hat, in welche der Delinquent steigen, oben den Kopf und unten die Beine durchstecken muss, um in die rechte Lage für die auszuführende Züchtigung zu kommen. Die Furcht also vor

---

[1]) § 18 und 24.
[2]) „Sieben Böse Geister Welche heutiges Tages guten Teils die Küster oder so genandte Dorff-Schulmeister regieren." (Ulm 1700) erschienen i. Sammlung selten ge-wordener pädag. Schriften des 16. und 17. Jahrh., hrsg. v. A. Israel.

körperlicher Züchtigung, aber auch der Ernst, die Ruhe in Gaudlitzens
Wesen nötigten zum Respekt und hielten Ruhe und Ordnung.

Ein eigentümliches Bild boten immer die Michaelis- und
Osterprüfungen, die das Schulgesetz von 1835 [1]) vorschrieb und
die auch von den Eltern besucht wurden. Sie waren wichtige und
festliche Tage in unserm Schulleben, nicht Prüfungen im Sinne des
Gesetzes, sondern Darbietungen nach einem besonderen, vom Lehrer
zusammengestellten Programm. Vierzehn Tage und noch länger vorher erhielt jedes Kind oder eine Abteilung eine Aufgabe, die gehörig einzulernen war und wiederholt aufgesagt wurde. Wir sangen
einige Lieder, trugen memorierte Sprüche oder Gesangbuchslieder
oder Hauptstücke vor. Ein Kind sagte das ihm zuerteilte Exempel
und rechnete es laut vor, ein anderes las aus einem Aufsatzbuche
einen gefertigten Brief, einen Geschäftsaufsatz, oder aus dem „Predigt-
buche" eine nachgeschriebene Predigt vor, ein drittes spielte Klavier
und sang auch wohl eine Arie dazu.

Das Michaelisexamen 1853 z. B. hatte folgenden Verlauf: [2])

1. Gesang: Kommt lasst uns Gott lobsingen.
2. Erklärung des Liedes.
3. Lesen: Altes Testament Ps. 104 und im neuen Testament
   1. Joh. 4, 16.
4. Zwei nachgeschriebene Predigten wurden vorgelesen.
5. Das 4. Hauptstück wird von den Kindern hergesagt und
   vom Lehrer ausgelegt.
6. Rechnen. Der Lehrer wählte zu Aufgaben Gegenstände des
   täglichen Verkehrs, welche den Kindern nahelagen. Es wurde
   auf der Tafel und im Kopfe gerechnet.
7. Lesen im Feuerbüchlein mit Bezug auf das Brandunglück,
   welches Zschockau betroffen hat.
8. Einige Kinder sagten den Vers: Ach, lass uns kein banges
   Schrecken u. s. w. und andre Schüler gaben den Inhalt
   dieses Verses an.
9. Lieder und Sprüche wurden von allen Schülern hergesagt.
10. Als Sprachübung diente das Auffinden verschiedener Haupt-
    und Beiwörter, sowie mehrerer Wörter, in welchen a in ä,
    o in ö, u in ü verwandelt wird.
11. Die Schularbeiten wurden vorgelesen.
12. Das Abendlied: Herr, dessen Gnade uns u. s. w. wird ge-
    betet und vom Lehrer erklärt.

Der „Herr Magister", so nannten wir unsern ehrwürdigen,
milden Pfarrer, belobte unsre gut eingelernten und wiedergegebenen
Leistungen dann immer sehr.

Auch im Konfirmandenunterricht bestand unsre Schule

---

[1]) Schulges. Verordnung § 59.
[2]) Protokoll des Lokalschulinspektors Mag. Ficker. Pfarrarchiv Polditz.

immer ganz gut. Dafür gab es mehrere Gründe. Unser Gedächtnis
war mit religiösem Stoff reichlich befrachtet, und dann schrieben die
Konfirmanden in jeder Stunde des Konfirmandenunterrichts die Unterredung des Pfarrers nach, arbeiteten sie zu Hause und in der Schule
weiter aus und trugen die Ausarbeitungen in die guten Bücher ein.
Da nun der Pfarrer, wie es schien, denselben Stoff in gleicher Weise
behandelte, so wurden die Aufzeichnungen Vorbereitungsstoffe für
das Frage- und Antwortspiel der Konfirmandenstunde. Wollten die
„Abendmahlskinder", wie sie nach alter Weise bei uns genannt
wurden, die Schule verlassen, um in die „Pfarre" zu gehen, so wurde
das, was zur Behandlung an die Reihe kam, nach früherer Nach-
schrift von einem Schüler laut vorgelesen. So kamen wir Kinder
der Zschockauer Schule immer gut vorbereitet in den Konfirmandenunterricht und erhielten vielfach Lob.

Ferien gab's in unserer Schule nicht. Hitzeferien kannte das
abgehärtetere Geschlecht damals überhaupt nicht. Der Unterricht
begann nach den drei hohen Festen nicht, wie das Gesetz[1] es an-
ordnete, am Donnerstag, sondern bereits am dritten Feiertage.
Selbst an gewissen Fest- und Sonntagen liess G. einzelne Schüler
in die Schule kommen, wo sie mehrere Stunden beschäftigt wurden.
Auch Pausen zu Michaelis und in der Ernte kannten wir in unserer
Schule nicht; denn da das Schulgesetz von 1835[2] Ferien in der
Ernte nur für Kinder über 10 Jahre bestimmte, für die übrigen aber
der Unterricht fortgesetzt und nur dem Lehrer gestattet werden
sollte, mit Genehmigung des Schulvorstandes die Schule auf eine
Woche auszusetzen, so machte unser Lehrer nie Gebrauch davon.
Er gab uns höchstens einmal einen Nachmittag frei oder liess uns
nachmittags schon um drei Uhr nach Hause und war gegen fehlende
Kinder nachsichtiger. Die alte Einrichtung der Unterrichtsfreiheit
Mittwochs und Sonnabends nachmittags, die schon die Schulordnung
von 1580 für die Partikularschulen[3] getroffen, die auch die „Instruction
für die teutschen Schulen" 1724 ordnet[4] und an der die späteren
Schulbestimmungen[5] festgehalten haben, galt auch bei uns.

An die Stelle des 1835[6] in Sachsen endgültig in Wegfall gekommenen Gregoriusumganges, der am Ende regelmässig mit Be-
lustigungen und Annehmlichkeiten für die beteiligten Kinder endigte,
war von der obersten Schulbehörde die Anregung gegeben worden,
zur Entschädigung für die Kinder ein Frühlings- oder Schulfest[7]
zu veranstalten, und das wurde befolgt. Aus meiner Schulzeit be-

[1] Verordnung z. Schulges. 1835 § 70/71.
[2] Verordnung § 71.
[3] Abschnitt: Schulfeiertage.
[4] Einteilung d. Stunden S. 28.
[5] Schulges. 1835: Verordnung § 66. Ges.- u. Vbl. 1835 S. 314.
[6] Schulgesetz § 38.
[7] Schulgesetz § 67.

sinne ich mich nicht auf eine solche uns gewährte Lustbarkeit. Gaudlitzens ernstes strenges Wesen empfand wohl besonders im höheren Alter eine Abneigung gegen solche Festlichkeit. Vielleicht auch wirkten bei dem ängstlichen Manne die in den fünfziger Jahren ergangenen strengeren Bestimmungen für Abhaltung solcher Schulfeste.[1]) Uns Kindern, die wir von Kinderfesten in den benachbarten Schulen hörten, war das natürlich nicht angenehm.

Ich bin zum Schluss gekommen. Ich habe mich bemüht, einerseits der geschichtlichen Wahrheit und andrerseits dem pietätvollen Andenken, das ich meinem seligen Lehrer schulde, nicht zu nahe zu treten, bin jedoch des fragmentarischen Charakters meiner Aufzeichnungen mir wohl bewusst. Ich suche nur noch gleich dem Wandrer, der allein durch eine schlichte Dorfkirche gegangen ist, alles besehen hat und sich zuletzt noch ein wenig in einen Stuhl dem Altar gegenüber setzt, um ein Vollbild des Ganzen zu erhalten, auch hier nach einem Ergebnis. Unsre Schule bot ein von andern Dorfschulen meist verschiedenes und eigenartiges Bild, in der die Persönlichkeit des Lehrers sich scharf spiegelte. An Kenntnissen fehlte uns am Schlusse der Schulzeit mancherlei Nötiges, aber wir lernten uns schriftlich wenigstens einigermassen ausdrücken, schrieben orthographisch ziemlich richtig. Unsere Schrift war nicht schlecht, wir verstanden in engen Grenzen gut zu rechnen, wir besassen eine Menge wenn auch meist nur mechanisch angelernter Religionskenntnisse.

In erzieherischer Hinsicht war Gaudlitz durch sein unbestechliches Pflichtbewusstsein, verbunden mit selbstlosem Idealismus, durch sein musterhaftes Beispiel, die Achtung und Wertschätzung religiöser Dinge von sehr grossem Einfluss. Es bewahrheitete sich an ihm der Ausspruch Aug. Herm. Franckes:[2]) „Die wahre Gottseligkeit wird der zarten Jugend am besten eingeflösset durch das gottselige Exempel des Präzeptors selbsten." Ja, ich behaupte wohl nicht zu viel, wenn ich sage, dass G.s Einfluss gleich der Sonne, die da scheint und wärmt, wenn sie auch nicht redet, über die Schule hinaus in die Gemeinde reichte. Das alles wusste auch die Schulbehörde anzuerkennen. Schon 1824 liess ihm das Oberkonsistorium durch den Superintendenten eine „Ehrenschrift" überreichen.

1825 wird ihm die Zufriedenheit des Oberkonsistoriums von neuem bezeugt. 1830 werden „dem fleissigen Kinderlehrer Gaudlitz" auf Anordnung derselben Behörde „als Anerkenntnis seines Fleisses"

---

[1]) Verordnung vom 8. September 1856, Verbot der Tanzvergnügungen der Schulkinder bei Schulfesten.
[2]) Kurtzer u. einf. Unterr. hrsg. v. Frick S. 6.

8 Taler bewilligt. 1840 rühmt der Superintendent G.s Treue, Emsig-
keit, Anstrengung und sein Verdienst um die Kinder. 1845 und 47
schreibt der Superintendent Haan (Leisnig):[1] „Man muss eine Stunde
in dieser Schule gewesen sein, um von der Grösse des Verdienstes
sich zu überzeugen, die sich der Lehrer Gaudlitz um seine Schul-
zöglinge erwirbt . . . Die vorzüglichen Resultate sind weniger auf
schulgerechten Wegen als durch die ganz eigentümliche Methode
erzielt. Der Lehrer Gaudlitz ist ein Mann des Verdienstes. Von
früh bis spät abends widmete er seine ganze Zeit nur seinem Amt."
1850 wurde G. in Anerkennung seiner langjährigen treuen, erfolgreichen Amtsführung mit dem „Ehrenkreuz", dem „Kronkreuz des
Verdienstordens", dekoriert, und zu seinem 50jährigen Jubiläum 1857
bewilligt ihm die Behörde eine jährliche Zulage von 30 Tlrn. „als
ehrende Anerkennung seines Verdienstes und Wirkens". Nach seinem
Tode schmückte seinen Grabhügel auf dem Gottesacker zu Polditz
ein Gedenkstein mit der Inschrift: „Dem treuen Lehrer, Jubilar und
Inhaber des Kleinkreuzes des K. Sächs. Verdienstordens zu Zschockau,
Herrn Johann Christian Friedrich Gaudlitz, † 20. März 1869, er-
richteten dieses Denkmal dankbare Schüler. Das Gedächtnis des
Gerechten bleibt in Segen."

III.

Zur Psychologie des Rechtschreibunterrichts.

Mit Rücksicht auf A. W. Lays „Führer durch den Rechtschreibunterricht".

Von Dr. **Emil Schmidt** in Stollberg (Erzgeb.).

Schluss.

c) **Mittel zur Erziehung der Selbsttätigkeit beim Schriftbildererwerb.** Hiermit dürfte sich der Rechtschreibunterricht jedoch
noch immer nicht begnügen und zufrieden geben, wenn anders gerade
diese seine Arbeit von grundlegender Bedeutung und allgemeinerem
Erfolg sein will. Das Kind soll schliesslich auch völlig selbsttätig und
ohne fremden Antrieb, wenn auch vielleicht durchaus unbewusst und
unbeabsichtigt neuauftauchende Wortbilder „apperzipieren" und sich
aneignen; es soll „ein Auge dafür haben", ein „orthographischer
Sinn", ein, dem Kinde vielleicht kaum bewusstes, orthographisches
Streben in ihm erzeugt werden, dass ja am willkommensten und
schätzenswertesten sein würde, wenn es in der Form des orthographischen „Interesses" oder mit ihm verbunden auftritt (eine Frage,

---

[1] Revisionstabelle des Superintendenten d. k. Bezirksschulinspekt. Döbeln.

die später noch zu erörtern ist). Lay sagt in dem Abschnitte über das Lesen sehr richtig, wobei er freilich jeden inneren logischen Zusammenhang mit seiner eigenen Theorie fahren lässt:[1] „Der Rechtschreibunterricht hat es so weit zu bringen, dass es dem Schüler zur Gewohnheit wird, jedes neue Wort, das ihm beim Lesen begegnet, auch nach seiner Rechtschreibung einzuprägen" — nur durchs Lesen, meint er selbst, mit richtigem Gefühl — die Schreibbewegung muss solchermassen doch eigentlich — recht wenig in Frage kommen! Wenn es auch sicher ist, dass bei von Natur strebsam und gutgerichteter Charakteranlage des Kindes schon der Besitz einer Fähigkeit das Interesse und den Trieb zur Übung derselben herbeiführt, so ist doch dieser Fall bekanntlich, und am allerwenigsten auf dem vorliegenden Gebiete, ein allgemeiner oder gar eine Notwendigkeit. Gerade hier fehlt's, selbst bei guten Grundlagen und durchaus zureichender Ausbildung des „Gedächtnisses", doch wie oft an jeder Geltendmachung der Selbsttätigkeit — ganze Klassen zeigen solches Bild — an der Äusserung eigenen Dranges und Triebes, die vorhandene Gedächtnisanlage ohne Zwang, aus eigenem, unbewusstem Antrieb in Tätigkeit zu setzen!

Das Interesse wird durch Lustgefühle, hier zunächst also durch Freude am Gelingen erregt. Die bestimmte Willensrichtung muss durch Gewöhnung, durch immer wiederkehrende sehr häufige Wiederholung der Willensbetätigung, immerwährende Veranlassung dazu bei immer weiter zurücktretendem fremden Anreiz und stetig abnehmender fremder Hilfe, Hand in Hand mit immer selbständiger werdender eigener Willenstätigkeit beim Vollzug der Aneignung, herbeigeführt werden. Die bisher von aussen, durch den Unterricht gegebenen Anreize zur Willensbetätigung lässt derselbe einmal ganz allmählich schwächer, matter, andernteils unvollständiger werden; immer weniger Zwischenglieder in der zu den verschiedenen Willenstätigkeiten führenden Kette psychischer Vorgänge, Richtung der Aufmerksamkeit, Vorsatz, werden von aussen her ausgelöst, der eigenen Initiative des Kindes immer mehr überlassen, diese Initiative aber selbstverständlich dauernd dadurch abgenötigt und kontrolliert, dass über den Vollzug derselben hinterher Rechenschaft abzulegen ist. Die Aneignungsstufen werden gekürzt, dann nur angedeutet, erst die am ehesten zu entbehrende, vielleicht das Kopfbuchstabieren, weggelassen, dann sogar das genauere Betrachten des vor Augen stehenden Wortes dem Kinde selbst überlassen, nur ein sich ebenfalls allmählich verkürzender Augenblick Zeit zum aufmerksamen Auffassen gegeben, schliesslich muss ein Wink, ein kurzer Hinweis des Lehrers, ein Blick des Kindes, das blosse Lesen genügen, um ein Wort, endlich auch um mehrere Worte, Satzabschnitte, Sätze, in denen es natürlich viele Worte schon kennt, aufzufassen und zum

---

[1] a. a. O. S. 171.

Niederschreiben derselben befähigt zu sein. Das richtige Tempo für diese allmählichen Erschwerungen und den allmählichen Rückzug der Lehrerhilfe, auf das freilich alles ankommt, regeln die Ergebnisse von selbst und — die feine Beobachtung, der weise Takt des Lehrers. Das vollkommenste, unersetzlichste Mittel aber für diese mehr erzieherische Seite des Rechtschreibunterrichts, für die Erziehung zur Selbständigkeit, zum eigenen Willenszwang, wie überhaupt zur vollkommensten Befriedigung aller einschlagenden Erfordernisse ist wieder — das Abschreiben. Wahrlich ein recht, vielleicht allzu simples Mittel. Nicht bloss, dass das Abschreiben an sich schon durchaus zum selbständigen genauen Hinsehen, Auffassen und Merken zwingt, die bedeutende Erleichterung und Beschleunigung der Arbeit, die darin liegt, dass das Kind gleich mehrere Worte, ein ganzes Satzstück auf einmal abliest und niederzuschreiben versucht, veranlasst ausserdem das Kind ja fortwährend, im eigenen Interesse der schnelleren Beendigung der Arbeit an sich selbst immer höhere Anforderungen zur raschen und selbsttätigen Auffassung und Einprägung der Wortbilder zu stellen, seinen Blick um des eigenen Vorteils willen immer mehr zu erziehen, zu schärfen, immer mehr an rasches und doch gründliches Überblicken zu gewöhnen, seine Bewusstseinsweite zu vergrössern — vorausgesetzt natürlich, dass auch die gehörige und unabänderlich peinliche Kontrolle ein etwaiges flüchtiges Arbeiten unnachsichtlich rügt und bei aller selbsterstrebten Beschleunigung doch auch zu gewissenhaftem Arbeiten zwingt, vornehmlich und insonderheit bei den besser begabten Kindern, deren gutes Gedächtnis ja die grösste Portion auf einmal zu nehmen gestattet und sonach erfahrungsgemäss am meisten und leichtesten zur Flüchtigkeit und zu der Gefahr, fehlerhaft abzuschreiben, führt. Wird dies aber gewissenhaft und sorgfältig beachtet, so lässt sich nicht verkennen, dass es ein vorzüglicheres und wirksameres Mittel sowohl zur Erziehung und Herausbildung der Selbsttätigkeit bei Auffassung der Wortbilder, als auch zur fortschreitenden Kräftigung des Gedächtnisses gar nicht geben kann, als es wieder das sorgfältig kontrollierte Abschreiben ist.

Und so stellt sich, wie wir sehen, immer wieder und in jeder Beziehung das Abschreiben geradezu als das Universalmittel für die Rechtschreibung dar: das Abschreiben ist es, welches die zur Erfassung und Einprägung von Schriftbildern nötigen psychischen Akte immer und immer wieder, gleichsam in verdichteter Form, erzwingt und übt und so den orthographischen Blick sowohl wie auch das Gedächtnis für Schriftbilder stetig weiter bildet, welches allein überhaupt bei dem lernenden Kinde die Niederschrift auf Grund von Schriftbildern zu sichern, das Kind zur „optischen" Schreibweise zu erziehen vermag; das Abschreiben ist es, welches, wie kein anderes Mittel, vor allem die spontane Willenstätigkeit des Kindes ununterbrochen auf das äussere Kleid der

Worte, auf die Erfassung und gleichzeitige Einprägung der Schriftbilder zu richten, diese Tätigkeit zur Gewohnheit zu entwickeln
und namentlich so die Selbsttätigkeit beim Schriftbildererwerb zu
bilden vermag. Dadurch, dass es ausserdem aber auch, um der
Beschleunigung der Arbeit willen, das Gedächtnis- und Auffassungsvermögen zu immer grösserer Anstrengung und Kraftentfaltung reizt,
trägt es ferner dazu bei, Schriftbildersinn, Auffassungsfähigkeit und
Schriftbildergedächtnis stetig zu erweitern, und dadurch endlich, dass
es, wie wir sahen, die Umsetzung von Druckschrift- in Schreib-
schriftbilder beständig übt und zur Fertigkeit bringt, führt es
schliesslich, wie wir sehen, zusammen mit den vorgenannten Einflüssen und Wirkungen, auf Grund der grossen Gedächtnisausbildung,
Raschheit der Auffassung und Gewöhnung der Blickrichtung, das
Kind soweit, dass es schliesslich allein schon durchs Lesen in der
Rechtschreibung gefördert wird, ein Ziel, was auch Lay ja als erstrebenswert hinstellte, ohne freilich den Weg dazu zu zeigen.
Rechnet man, um die hohe Bedeutung des Abschreibens erschöpfend
zu würdigen, nun auch noch den bereits erörterten Wert jedes
Niederschreibens von Wörtern (das Wiederentstehen und mehrfache
Wiederüberblicken des Wortes beim Schreiben etc.), so ergibt sich
mit Deutlichkeit, dass das Abschreiben, recht aufgefasst und betrieben, tatsächlich überhaupt alle bis jetzt genannten Bildungsmittel
für die Rechtschreibung in sich vereint. Lay's vorzügliche Ergebnisse und Erfolge bei Zugrundelegung des Abschreibens sind
damit wahrlich zureichend und ungezwungen, wie von selbst, erklärt — und sie erklären sich eben nur hieraus, ohne Zuhilfenahme
irgend welcher (dazu besonders konstruierter!) unbewiesener Hypothesen; wir können sie hier sogar nunmehr als den besten und
sichersten Beweis für die bis hierher überhaupt entwickelten Anschauungen anführen. Sind Lay's Versuche richtig — und das sind
sie wohl im allgemeinen —, dann muss wohl auch die hier erörterte
psychologische Grundlegung die richtige sein. Beide bestätigen sich
gegenseitig, obwohl sie ja ganz unbeeinflusst voneinander entstanden
sind. Dass Lay mit dem einmaligen Abschreiben sich nicht begnügt,
sondern auf mehrmaliges Abschreiben desselben Wortes besonders
hohen Wert legt, gibt sich ja wohl sofort als eine seiner Spezial-
theorie von den einzuübenden Schreib-Bewegungsvorstellungen zu
Liebe herbeigeführte Einräumung und Eigentümlichkeit zu erkennen.
   Nach Schiller erweisen sich freilich — was den gesamten Ausführungen noch besonders beizufügen ist — gerade die Vorstellungen
des Gesichtssinnes, also auch die Schriftbilder, angeblich, und im
allgemeinen wenigstens, als die am wenigsten treuen und dauerhaften,
eine Annahme, die allerdings auch aus der ausserordentlichen Inanspruchnahme dieses Sinnes, seiner überwiegenden Beteiligung an
der Erfassung der Aussenwelt und dem daraus folgenden ungeheuren
Umfang der diesem Sinne zugehörigen Vorstellungswelt erklärlich.

und einleuchtend sein muss. Die Auseinandersetzungen des nächsten
Teiles werden es noch zeigen müssen, wodurch die Dauerhaftigkeit
der Schriftbilder hauptsächlich wenigstens noch zu sichern ist. Die
hieraus aber sonst noch sich als notwendig erweisenden Wiederholungen und Auffrischungen der aufgenommenen Schriftbilder geschehen wiederum in weitem Umfange schon durch Abschriften, bei
welchen ja wenigstens das gangbare Wortmaterial immer und immer
wieder auftritt und ungezwungen, immanent gleichsam, von selbst
wiederholt wird. Sonstige, darum nicht abzuweisende Wiederholungen, Diktate etc. werden aber auf den erörterten Einfluss der
Frische des Wortbildes auf seinen Gebrauch noch ganz besonders
Rücksicht nehmen müssen, und die Zeitintervalle, nach denen sie
eingeschoben werden, müssen danach bemessen werden. Da
natürlicherweise durch den Eindruck falscher Wortbilder die Klarheit des richtigen unbedingt getrübt werden muss, kann auch das
Voraugentreten oder gar, was Diesterweg bekanntlich empfahl, das
Vorführen falscher Wortbilder behufs Korrektur, ja unter Umständen
selbst die Vorlegung unvollständiger Wortbilder zur Einprägung,
niemals günstig wirken, und der Grundsatz, dass schon das Verhüten
von Fehlern die Erlernung der Rechtschreibung fördert, darum nur
gutgeheissen werden.

Der Vorgang des Rechtschreibens ist sicherlich selbst
noch viel verwickelter, als wir vorläufig nur angenommen haben,
freilich dabei wohl auch wieder sehr individuellen Abänderungen
unterworfen. Nachdem das Schriftbild in den geistigen Besitz eingegangen ist, stellen sich zweifellos auch zwischen ihm und dem
Klangbild, zwischen akustischem nnd sensorischem Zentrum wechselseitig engere Beziehungen und Verbindungen ein, die bei der Reproduktion des Schriftbildes sowohl wie auch beim Vollzug des
Schreibens — je nach der geistigen Grundrichtung — ihren er-
leichternden Einfluss geltend machen, dergestalt vielleicht, dass wir
die Vergegenwärtigung des Schriftbildes wieder erst unter Beihilfe
des Klangbildes vollziehen und umgekehrt event. das Klangbild durch
das Schriftbild berichtigen, klären, schärfer auffassen, dass die Rechtschreibung demgemäss, welcher Fall wohl sogar häufiger eine Rolle
spielen dürfte, wohl von dem Schriftbild ausgehend, ausgelöst, im
übrigen dann aber nach dem dadurch gleichsam korrigierten
oder geklärten Klangbild verläuft etc. Diese Beziehungen werden
eingeleitet und herbeigeführt im allgemeinen wohl schon durch die
belehrenden und begründenden Ausführungen des Rechtschreibunterrichts, namentlich aber auch dadurch, dass bei Betrachtung der
Wortbilder besonders wichtige oder charakteristische Buchstaben
besonders hervorgehoben und für sich beachtet oder erklärt werden,
dann aber auch der Klang oder die Aussprache des Wortes daraufhin
betrachtet und beurteilt wird, oder umgekehrt. Bei der wunderbaren
Feinheit und nur ahnungsweise fassbaren Verwickeltheit psychischer

Vorgänge sind wir zunächst wohl noch nicht so schnell imstande, diese Vorgänge in ihren feineren Zügen und Beziehungen und vielen individuellen Besonderheiten mit Sicherheit zu entwirren und klar zu analysieren — mit den hypothetischen Gröblichkeiten der Physiologie jedenfalls können wir, wie Lay glaubte, hierbei wahrlich nicht weit kommen. Nur die groben und allgemeingültigen Züge der einschlagenden psychologischen Verhältnisse sind hier entworfen; die durch sie gewonnene, durch Versuche und die Erfahrung erhärtete Grundanschauung aber, dass der Erwerb der Rechtschreibung durch Einprägung der Schriftbilder und mit Hilfe derselben am einfachsten, leichtesten und, auf Grund der Beschaffenheit unseres Geistes und des Charakters der deutschen Rechtschreibung, auf die natürlichste Weise sich vollzieht, kann auch durch ein Eindringen in die feineren Verhältnisse nicht weiter berührt, höchstens noch feiner ausgebaut werden.

III.

Die Verknüpfung des Schriftbildes mit den übrigen Bestandteilen der „Gesamtwortvorstellung".

Aber auch der sicherste Besitz des Schriftbildes verbürgt noch immer nicht, wie die alltäglichsten Erfahrungen beweisen, irgend welchen sicheren Erfolg in der Richtigschreibung! Innerhalb eines neuen Zusammenhanges, in einem andern Unterrichtsfache, im Aufsatz, in einem Briefe vielleicht, stellen sich bekanntlich — trotz aller Sicherheit des Schriftbildbesitzes — immer wieder, wie oft, die „unbegreiflichsten" Fehler ein! Und die Erklärung für diese niederschmetterndsten aller Lehrererfahrungen ist doch meist so naheliegend: Die Seele des schreibenden Kindes war in jenem Augenblick so ganz von dem Inhalt des Wortes, der durch das Wort zum Ausdruck gebrachten „Vorstellung" erfüllt und beherrscht, so vollständig mit der „Sache" allein beschäftigt, dass es an das „Wort" als solches, an das äussere Kleid gar nicht gedacht hatte. Seine Aufmerksamkeit, sein Interesse war von dem Akte der „Vertiefung" in die Vorstellung selbst so in Anspruch genommen, so vollständig absorbiert, dass ihm jede „Besinnung" auf ein etwa mit der Vorstellung bereits verbundenes Schriftbild, sofern dasselbe nur irgendwie noch einige Bemühung zu seiner Hervorholung aus dem Gedächtnis erforderte, vollständig fern blieb. Vielleicht aber — und dies wird nicht selten ebenfalls ein Erklärungsgrund sein — war dem Kinde auch bei dieser Gelegenheit jene Vorstellung infolge der besonderen Lebhaftigkeit, Frische und Farbenfülle, mit der sie in jenem Augenblick — innerhalb eines rein sachlichen Zusammenhangs — vor seinem Geiste erschien, so „neu", so vollständig „anders" vorgekommen, dass ihm schon aus diesem Grunde jede Erinnerung an das bereits erworbene Schriftbild, das früher vielleicht nur mit der in matterer Färbung oder gar in allgemeinen, schattenhaften Umrissen aufgetauchten Vorstellung verbunden gewesen war, vollständig fehlen musste. Fast immer aber geht ja, im praktischen Leben sowohl wie auch in der Schule beim Aufsatzschreiben — und dies ist wiederum sehr wichtig zu betonen — der erste Anstoss zum Schreiben gerade wieder eben von der Vorstellung, meist wohl auch von einer in besonderer Frische und Lebendigkeit vor der Seele stehenden Vorstellung aus! (Nur das Diktieren macht hier eine Ausnahme.) — Kein Wunder wahrlich, wenn, unter Umständen, die Erfolge des Unterrichts, trotz der erdenklichsten, auf die Einprägung von Schriftbildern gerichteten Bemühungen, immer wieder so kümmerliche und bekümmernde sind und wenn der Unterricht namentlich bei solchen Kindern, deren sinnenfrisches, „gegenständliches", anschauliches Denken diese Dissonanz zwischen „Wort" und „Vorstellung" in besonderer Weise fühlbar macht, schlimme Erfahrungen zeitigt!

Der Rechtschreibunterricht stellt, wie sich hieraus von selbst ergibt, eben auch noch weitere wichtige Anforderungen, ohne deren Erfüllung eine Garantie für seinen Erfolg nicht möglich wird: er muss gleichzeitig auch dafür Sorge tragen, dass die Schriftbilder beim Bewusst- oder Lebendigwerden der durch sie bezeichneten Vorstellungen, selbst dann noch, wenn dieselben auch einmal in besonderer Lebhaftigkeit und Farbenfrische auftauchen, leicht und sicher mit ihnen ins Bewusstsein treten — also auch die richtige und feste Verbindung der Schriftbilder mit dem Vorstellungsinhalte und die Sicherstellung ihrer Reproduktion von der Vorstellung aus ist Aufgabe des Rechtschreibunterrichts. Und es ist wohl gewiss, dass ein recht beträchtlicher Teil der auf dem vorliegenden Arbeitsfelde so überaus zahlreichen Seufzer und bitteren Enttäuschungen gerade hierin, in der Vernachlässigung dieses zweiten Hauptpunktes des Rechtschreibunterrichts seine Erklärung findet.

Die hierzu erforderlichen Massnahmen des Unterrichts sind ohne weiteres ersichtlich: Notwendig, unerlässlich ist es sonach, dass bei der Einübung oder Einprägung der Schriftbilder die durch sie bezeichneten Vorstellungen oder Begriffe dem Kinde gleichzeitig in voller Deutlichkeit und Klarheit bewusst und schon bei der Auffassung des Schriftbildes in möglichst vollkommener Lebendigkeit und Frische gleichzeitig zugegen sind; denn nur auf diese Weise ist es überhaupt möglich, dass das Schriftbild auch wirklich mit allen übrigen, die Vorstellung zusammensetzenden Einzelempfindungen und Empfindungskomplexen zusammentreten, verschmelzen, sich ihnen, was namentlich für die unmittelbare Mitreproduktion sehr wichtig ist, gleichsam als ein koordinierter Bestandteil der Vorstellung selbst mit beigesellen kann, und nur auf diese Weise auch kann überhaupt die leichte und sichere Reproduktion des Schriftbildes im Zusammenhange mit dem Bewusstwerden der Vorstellung verbürgt werden —

die blosse „Erwähnung" des Wortsinnes aber, durch welche, unter
gewöhnlichen Verhältnissen, ja meist immer nur eine matte, farblose
Vergegenwärtigung, kaum jedoch ein kräftiges Bewusstwerden sämtlicher in die Vorstellung eingehenden Einzelempfindungen hervorgerufen werden kann, die Verwendung des Wortes im Satze etwa,
kann — namentlich in den Fällen, da das betreffende Wort dem
sonstigen Gedankenkreise des Kindes ferner liegt — natürlich in
keiner Weise eine festere und innigere, assoziationsgesättigte und
unmittelbare Verschmelzung beider Bestandteile, geschweige denn
irgend welche Sicherheit für die spätere, von der lebendigen, frischen
Vorstellung aus erfolgende Reproduktion gewährleisten. Dass die
Weckung der Vorstellung selbst der Darbietung des Schriftbildes
vorhergehen muss, — schon aus dem besonderen Grunde, weil ja
die Assoziationsrichtung von der Vorstellung zum Schriftbild für die
gewöhnlichen praktischen Bedürfnisse auch fast allein in Frage kommt,
— das Schriftbild also an die Vorstellung, nicht umgekehrt diese
an jene angeschlossen werden muss, soll wenigstens hier noch erwähnt werden.

Für die verschiedenen Wortarten besteht freilich, wie die
Psychologie zeigt, hinsichtlich dieses Punktes, der Verbindung von
Sache und Wort, ein sehr verschiedenes, auch für die Rechtschreibung
ganz besonders zu beachtendes, eigentümliches Verhältnis. Die Fülle
und Mannigfaltigkeit der Einzelempfindungen und Empfindungskom-
plexe, durch deren Zusammenwirken die Vorstellung einer Person
oder eines Gegenstandes zustande kommt, ist gegenüber der verhältnismässig weit geringeren Zahl der Empfindungen, auf welchen
das Klang- oder Schriftbild ihres Namens beruht, so überaus gross,
dass diese letzteren, welche sich mit ihrem weit geringeren Empfindungs-
bestand natürlich auch nur in dünneren Verbindungen an die übrige
Empfindungsmasse anfügen, bei eintretender Reproduktion der Vorstellung der Fülle der übrigen Empfindungen gegenüber nur schwer
hervortreten oder sich geltend machen können. So wie der Name
einer vielleicht gerade ganz besonders frisch vor dem geistigen Blick
stehenden Person oft nur „auf der Zunge schwebt", seine Artikulationsempfindungen also gegenüber der Kraft der die sinnliche Vorstellung
zusammensetzenden Empfindungen nach Geltung ringen müssen, vor
dem Eintritt in die Sprachmuskulatur sogar stecken zu bleiben drohen,
wie auch sonst ja das darum eben für sich besonders so benannte
„Namengedächtnis" sich oft recht absurd und eigensinnig gebärdet,
bei eintretender Gedächtnisschwäche immer zuerst auch das Gedächtnis für die Namen schwindet, so tritt bekanntlich — und von
dieser hier in noch anderer Weise zu erklärenden Beobachtung sind
wir ja sogar ausgegangen — gerade auch das Schriftbild für die
Namen konkreter Dinge, besonders auch wieder in solchen Augenblicken, in denen die Vorstellung der Dinge besonders frisch und
lebendig vor der Seele steht, vor der Übermacht des Vorstellungs-

8*

komplexes sehr leicht in den Hintergrund. Und nur die unmittel-
barste, möglichst gleichzeitig mit dem Auftreten der Fülle jener
übrigen Teilempfindungen erfolgende Voraugenstellung und Auffassung des Schriftbildes, durch welche dieses gleichsam selbst mit
zu einer den übrigen Teilempfindungen beigeordneten, also gleichsam
dem Wesen der Sache selbst zugehörigen Eigenschaft, das Schriftbild zu einem notwendigen, dem Wesen der Sache immanenten
Merkmale der Vorstellung selbst mit gemacht wird — mit den
Worten des Chemikers ausgedrückt: nur der in statu nascendi, im
Augenblick des Entstehens der Vorstellung, erfolgende Anschluss
des Schriftbildes an die Vorstellung kann hier eine einigermassen
zureichende und sichere Gewähr dafür bieten, dass beim Wieder-
emportauchen der Vorstellung in ihrer vollen Frische auch ihr Schriftbild gleichzeitig, eben als ein der Vorstellung gleich seit ihrer Entstehung anhaftendes, notwendiges, ihr ganz selbstverständlich zugehöriges Merkmal wieder mit reproduziert wird! Die Forderung nach
unmittelbarster und festester Verknüpfung des Schriftbildes mit den
Empfindungsmassen der klaren, lebendigen Vorstellung muss also
für alle Bezeichnungen von Sinnendingen in ganz besonderer Strenge
gelten, mit um so grösserer Strenge, je sinnenfälliger und „interessanter"
der betreffende Vorstellungsinhalt für den kindlichen Geist ist. Bei
allen abstrakteren Ausdrücken tritt demgegenüber das Schriftbild
weiter, je nach der Abstraktheit der Begriffe mehr und mehr, in den
Vordergrund, und für die reinsten Formwörter, Partikel etc., kann
ja schliesslich das Schriftbild, mit dem Klangbilde zusammen überhaupt nur noch als das einzige sinnliche Element für die Wortbedeutung gelten, so dass, umgekehrt, Klang- und Schriftbild allein
hier wieder dem Inhalte des Wortes die beste und festeste Stütze
bieten und als die alleinigen Träger des Wortsinns gelten müssen.
Daraus erklärt es sich, dass die Schreibweise für abstrakte Ausdrücke,
die Schriftbilder selbst an und für sich schwierig oder ungewöhnlich
zu schreibender Partikel sich verhältnismässig leicht einprägen, dass
man in der Praxis, wie oft, die Einprägung solcher Wörter, vielleicht
unbewusst sogar, dem Zufall überlässt, mit der Einprägung der
konkreten Hauptwörter aber, wie wir sehen, mit voller Berechtigung
— ohne sich aber über dieses eigentümliche scheinbare Missverhältnis
Rechenschaft zu geben — fast allein sich abmüht.

In dem Kapitel „Das Fundamentalverfahren im Rechtschreibunterricht" hat Lay am Schlusse folgendes wichtige Ergebnis gewonnen: „Das direkte, beste, sicherste Verfahren, volle Fertigkeit
im Rechtschreiben zu erzielen, besteht darin, dass man die Erzeugung
der Begriffsvorstellung, der motorischen (!) Sprach- und Schriftvorstellung
jedes Wortes (?) als eine methodische Einheit auffasst" (wir würden
statt dessen natürlich die „Einprägung der sensorischen Schriftvorstellung", des Schriftbildes, verlangen müssen) „und dementsprechend die Bedeutung, die Artikulation und das Schreiben

des Wortes (!) gleichzeitig und planmässig einübt und wiederholt". Es bedarf, wie wir sehen, nur einer sehr kurzen, aber freilich ebenso dringlichen und wesentlichen Änderung einiger Worte, um uns auch unserseits mit diesem Grundergebnisse voll und ganz und aus innerster Seele einverstanden erklären zu können.

Allgemein ist es üblich und wird, wie wir aus der voraufgegangenen Begründung sehen, mit grossem Recht gefordert, dass die in den Unterrichtsstunden neu auftretenden Namen und Bezeichnungen von dem Lehrer sofort auch ihrer Schreibweise nach den Kindern dargeboten, an der Tafel schriftlich vor Augen gestellt werden. Nach den voraufgegangenen Erörterungen über den Schriftbildererwerb kann dieses Verfahren selbstverständlich nur dann Wert, wirklichen Erfolg und allgemeinere Berechtigung haben, wenn und soweit die darnach zu unterrichtenden Kinder — dies muss hier nunmehr noch besonders hervorgehoben werden — bereits eine genügende Auffassungsfähigkeit, ausreichende Gedächtniskraft und Selbständigkeit in der Aneignung dargebotener Schriftbilder besitzen — ein längeres Verweilen bei orthographischen Fragen innerhalb anderer Unterrichtsstunden verbietet sich ja von selbst. Für die grundlegenden Anfänge und ersten Schuljahre bedarf jedoch, wie wir genügend gesehen haben, die Auffassung und Einprägung von Schriftbildern, da sie für sich allein schon besondere Arbeit und Mühe zur Aneignung erfordern, dieses längeren Verweilens unbedingt. Dass der Rechtschreibunterricht umgekehrt wiederum seinerseits die klare Vergegenwärtigung des Inhalts der Wortbilder in grösserem Umfange übernehmen könnte, ist ihm ebensogut unmöglich, wie es seitens der andern Unterrichtsfächer unmöglich ist, während der ersten Schuljahre ihrerseits den Interressen des Rechtschreibunterrichts in weitgehender Weise zu dienen. Das Kind, welches auf dieser Stufe mit der Erarbeitung der Schriftbilder allein schon reichlich beschäftigt ist und beschäftigt wird, kann eben auch hier seine Aufmerksamkeit intensiv und mit voller Kraft immer nur einer geistigen Tätigkeit auf einmal zuwenden. Die Erarbeitung des Begriffsinhaltes, bez. die lebendige und klare Auffassung der Vorstellungen muss ausserdem, wie bereits erwähnt, unbedingt schon vorhergegangen sein, sie darf selbstverständlich, wenn anders das Kind sich mit ganzer, ungeteilter Kraft den Schriftbildern zuwenden soll, nicht ihrerseits auch noch besondere Mühe oder Anstrengung bereiten, die Vorstellung also nicht auch etwa schon wieder in den Hintergrund des Bewusstseins und der Interessensphäre des Kindes getreten sein, darf ebenso aber auch, um die Aufmerksamkeit nicht abzulenken und das Interesse wieder für sich allein in Anspruch zu nehmen, dem Kinde auf dieser Stufe nicht als völlig neu entgegentreten; sie soll dem Kinde bereits vertraut, vor oder zugleich mit der Darbietung des Schriftbildes womöglich, behufs richtiger Assoziationsfolge, auch ins Bewusstsein gehoben sein — alles in allem: nur

.durch den engen und innigen Anschluss des Rechtschreibunterrichts an den nebenhergehenden übrigen Unterricht,
im Hinblick auf die Bedeutung der konkreten Ausdrücke insbesondere an den Sachunterricht, können die angeführten, im
Interesse eines sicheren Erfolgs ganz unerlässlichen Bedingungen
gleichzeitig, vollkommen und vollständig erfüllt werden! Die in den
übrigen Lehrfächern bereits bearbeiteten Vorstellungen sind bereits
klar und deutlich; sie stehen ja gerade im Vordergrunde des Bewusstseins; sie bereiten zu ihrer Vergegenwärtigung darum auch
keine Mühe, sie ziehen die Aufmerksamkeit nicht von dem Schriftbild ab, ja eher noch vielleicht, was uns gleich noch weiter beschäftigen muss, zu ihm hin — sie sind tatsächlich der allergeeignetste
und alle Bedingungen in vollkommenster Weise erfüllende Stoff für
die Rechtschreibeübungen überhaupt. Der Sachunterricht übergibt
in den unteren Klassen, während der ersten Schuljahre, das begrifflich bearbeitete Wortmaterial dem Rechtschreibunterricht zur weiteren
Bearbeitung und Vermittlung der zugehörigen Schriftbilder — einen
andern, psychologisch gerechtfertigten Weg zur Erfüllung aller der
erhobenen Forderungen gibt es nicht, und alle andern Wege, auch
die von uns selbst, aus andern Gründen, nämlich für die erste Vermittelung und zur Erleichterung der Auffassung von Wortbildern
überhaupt, befürwortete Verwendung von Gruppen ähnlich gebauter
oder aussehender Wörter, muss als unvermeidlicher Notbehelf angesehen, verwendet und baldigst beseitigt werden, vor allem dabei
aber auch Rücksicht darauf nehmen, dass auch bei diesen Anfangs-
übungen aller Verbalismus vermieden und die anhaftenden Mängel,
schon durch entsprechende Auswahl der Wörter, möglichst beseitigt
.werden.

Mit einem Male beantwortet sich hier nun auch ganz von selbst
eine letzte, wichtige Frage, welche wir in den früheren Erörterungen
zunächst offen lassen, damals zunächst vielleicht sogar als unlösbar
betrachten mussten, die Frage nämlich nach dem so wichtigen und,
im Hinblick auf die dadurch ja wesentlich zu fördernde Selbsttätigkeit des Kindes, so überaus wünschenswerten Interesse für die
doktrinäre Arbeit der Aneignung blasser Schriftbilderschemen! An
der Sache haftet ja das Interesse des Kindes; es zu erregen und zu
schaffen, ist ja ausserdem sogar dem übrigen Unterrichte als ur-
eigenste und höchste Aufgabe gestellt. Wir finden es also schon
vor — durch den Rechtschreibunterricht darf es also mindestens
nicht — geschwächt oder zerstört werden, dadurch vielleicht, dass
wir das Kind, im Zusammenhange mit dem interessanten Stoffe, gar
zu sehr mit trocknem, orthographischem Schulkram plagen. Merkt
das Kind solche Absicht, wird's leicht „verstimmt". Aus unseren
früheren Auseinandersetzungen wissen wir es ja schon — die freie,
selbsttätig auf Grund der Gewöhnung des hierzu besonders zu
erziehenden Blicks von selbst sich vollziehende Aneignung der

Schriftbilder war ja unser eigentliches Ziel — dass es ja durchaus auch gar nicht nötig ist, dass das Kind von solcher Absicht überhaupt etwas merkt oder selbst auch die Erwerbung der Schriftbilder jedesmal mit vollbewusster Absicht vollzieht. Es kann und mag sich gern für das Kind, wenn es Ergebnissätze, Zusammenfassungen, gefundene Lehrsätze und Regeln von der Tafel, nach Diktat oder frei aus dem Kopfe niederschreibt, lediglich um die interessante Sache, die ganz natürlich eben richtig niedergeschrieben werden muss, wenn es geographische oder sonstige Namen von der Landkarte oder Wandtafel, jeden ein- oder zweimal, abschreibt, lediglich vielleicht nur um bessere Einprägung der Namen oder Niederlegung derselben ins Merkheft behufs späterer Wiederholung handeln. Wird der Stoff des Unterrichts zu sprachlichen Übungen verwendet, in bestimmte Satzformen gebracht, die Unterscheidung und Bildung der Wortarten daran geübt, wird ein Lesestück behandelt, umgeformt, abgeschrieben, Sprachliches, Wörter, Satzteile daraus gesucht oder verwendet — niemals natürlich dürfte Unbesprochenes oder Unverstandenes abgeschrieben werden —, ein zu lernendes Gedicht abgeschrieben und schliesslich, „zur Prüfung des Fleisses beim Memorieren", nochmals aus dem Kopfe niedergeschrieben, üben die Kinder in der Schreibstunde ihre Schreibfertigkeit an einem' dem übrigen Unterrichtsstoffe entnommenen Satze oder Worte, so braucht es sich bei alledem für das Kind ganz und gar nicht um — Rechtschreibunterrichtsqualen zu handeln, und nur für den Lehrer sind diese Übungen, in erster Linie vielleicht sogar, Mittel zur Einprägung, Voraugenführung und Übung der neu einzuprägenden Schriftbilder, Rechtschreibeübungen von besonderer Wichtigkeit; nur er kontrolliert, eben auf Grund der Notwendigkeit einer stetigen, planmässigen Verbindung des Sachunterrichts mit den Rechtschreibübungen, gewissenhaft und planmässig, ob er, um des Interresses willen in immer neuer, wechselnder Form, den Kindern in vollständiger und zureichender Weise Gelegenheit gegeben hat, auch das schriftliche Gewand des neuaufgetretenen Wortmaterials kennen zu lernen und einzuprägen.

In genauer Parallele und innigem Zusammenhange mit der Erweiterung des Wort-, Vorstellungs- und Begriffsschatzes erweitert sich auch der Schriftbilderschatz. „Die Auswahl, Gruppierung und Stufenfolge des Unterrichtsstoffes für das Rechtschreiben", das sind die Worte Lay's, mit dem wir uns in diesem Punkte ja bereits in grosser Übereinstimmung sahen, „schliesst sich im grossen und ganzen und im einzelnen streng an den Unterrichtsstoff der Lehrgegenstände an". Dieser Anschluss sichert einmal, besonders wenn er in natürlicher, ungezwungener, dem Kinde als Last nicht weiter merkbarer, wechselnder Form geschieht, das Interesse des Kindes an den schriftlichen Aufgaben auf das allerbeste, er wird ferner aber auch zur unabweisbaren Notwendigkeit für die Sicherung der stets von der Vorstellung aus oder im Zusammenhange mit ihr erfolgenden Reproduktion der Schriftbilder, welche vor allen Dingen auf Grund sowohl allgemein pädagogischer, wie psychologischer Bedingungen, den Besitz der klaren Vorstellung als gegeben und vorausgehend erforderlich macht.

Trotzdem dass Lay für alle seine Versuche bekanntlich sinnlose Wörter wählte (Wörter, an deren Konstruktion und Bauart ja freilich sehr bald, besonders zuletzt, sicherlich zu Ungunsten der Versuche, eine gewisse Gesetzmässigkeit nicht zu verkennen ist), hat er, wie dies wohl schon aus den vorerwähnten Zitaten hervorgeht, die hohe Bedeutung der mit dem Worte verbundenen Vorstellung sicherlich in keiner Weise unterschätzt, so dass jeder hieraus abgeleitete Vorwurf gegen Lay sicherlich sehr unberechtigt wäre. Gerade aus der gegenteiligen Überzeugung heraus, aus der Überzeugung, dass der Inhalt des Wortes in vielfacher Beziehung auf die Rechtschreibung von ganz ausserordentlichem, aber eben durchaus unberechenbarem Einfluss ist, hat er wohl, also um die Exaktheit seiner Versuche dadurch nicht zu beeinträchtigen, diesen Einfluss des Wortsinnes aus den Resultaten vollständig zu eliminieren sich gezwungen sehen. „Die Schwierigkeit, die die Rechtschreibung eines Wortes dem Schüler bietet", so sagt er ausdrücklich gegen den Schluss seiner Auseinandersetzungen hin,[1]) und diese Worte sind auch noch in anderer Beziehung für uns charakteristisch und bemerkenswert, „richtet sich nicht schlechthin nach der Schwierigkeit der orthographischen Form, sondern vor allen Dingen darnach, ob ihm (dem Kinde) das Wort nach Inhalt (!), Aussprache und — Schriftbild (!!) fremd oder geläufig ist. Mit dem lebendigen Inhalt des Wortes, mit der Aussprache und — dem Schriftbilde (!) bleibt auch die — Schreibfertigkeit im Gedächtnis, während sie im 2. Schuljahre für unverstandene Wörter wie ,Mixtur' und ,Sphinx' rasch verschwindet!" Eigentümlich und interessant ist es jedenfalls für uns, hier gegen den Schluss auch unserer Ausführungen von Lay selbst zu hören, dass auch er, am Schlusse seiner Auseinandersetzungen, den Besitz des Schriftbildes als wichtige Vorbedingung für die Dauerhaftigkeit der — Schreibfertigkeit ansieht!

Jedes „Wort" besteht aber nicht nur aus Vorstellungsinhalt, Schrift- und Klangbild — der wesentlichste Teil der Bemühungen Lays erstreckt sich ja gerade darauf, aus physiologischen Befunden bei Sprachstörungen etc. nachzuweisen, dass wir es bei jedem Worte mit einem noch zusammengesetzteren Gebilde, dessen sonstige Bestandteile nur zu wenig beachtet worden seien, zu tun haben. Das Wesen der „reinen Wortvorstellung" ist nach Stricker-Lay sogar in den Artikulationsempfindungen der beim Hervorbringen des Wortes tätigen Sprachorgane, in der „Sprechbewegungsvorstellung", zu er-

---

[1]) a. a. O. S. 195.

blicken. Scheiden wir die Schreibbewegungsvorstellung, die Lay
als den für die Rechtschreibung massgebendsten Teil der „Wort-
gesamtvorstellung" betrachtet, aus, so ergibt sich, dass jedes „Wort"
eine sogenannte Komplikation von mindenstens 4, selbst wieder
natürlich kompliziert zusammengesetzten, qualitativ von einander
vollständig verschiedenen Bestandteilen ist, die untereinander auf das
engste und innigste verknüpft sind oder doch, wie wir sahen, verknüpft sein sollen und sich wechselseitig ins Bewusstsein rufen, beziehentlich rufen sollen.

Man darf wohl annehmen, dass jedes Wort im Rechtschreibunterricht auch gelesen, gesprochen, sogar mehrmals ausgesprochen
wird. Wir haben es ausserdem auch noch besonders gefordert, dass
jedes Wort nach erfolgtem Buchstabieren, aus Gründen der Einheitsvollziehung und Einheitsapperzeption der isoliert genannten Bestandteile, nochmals getrennt für sich ausgesprochen werden soll. Es ist
ersichtlich, dass auch bei dieser nochmaligen, gesonderten Aussprache
des Wortes die Artikulationsempfindungen hinzutreten und, gerade
im Augenblicke der vollständigen Klärung des Schriftbildes, mit den
übrigen Bestandteilen (und den Einzelbuchstaben) verschmelzen müssen,
falls dies nicht schon beim früheren Lesen und Sprechen in genügender Weise geschehen ist. Da zudem ja nach Lay-Stricker die
„reine" Wortvorstellung, auch die des gedachten oder gehörten
Wortes überhaupt in den Artikulationsempfindungen zu suchen ist,
Worte ohne diese Empfindungen, welche sich allerdings, wie Lay
besonders noch hervorhebt, auch noch nach aussen fortpflanzen
müssen, also undenkbar sind, lässt sich wohl behaupten, dass auch
jeder normale Unterricht wiederum ohne die fortwährende Verwendung und Reproduktion der Artikulationsempfindungen oder
Sprechbewegungsvorstellung nicht gut denkbar ist, dass also in
jedem Unterrichte wohl für die feste und sorgsame Einfügung dieser
Bestandteile in die Wortkomplikation ohne weiteres von selbst oder
doch fast von selbst gesorgt ist und die Vernachlässigung dieses
Punktes durch die früheren Rechtschreibungsmethodiker demgemäss
mindestens sehr verständlich erscheint. Das Buchstabieren, welches
für den Klassenunterricht so erhebliche Vorzüge hat, deswegen zu
verwerfen, wie Lay tut, weil die unmittelbare Verknüpfung von Laut
und Zeichen dadurch verhindert wird, ist zu weit gegangen. Es ist
ein Verdienst Lays um die theoretische Erkenntnis, auf die Mitwirkung und Bedeutung dieses Bestandteils der Komplikation hingewiesen zu haben; ebenso ist für die Praxis die Einsicht auch
in diese Verhältnisse, ganz besonders um der Begründung der Notwendigkeit einer recht deutlich artikulierten Aussprache willen, gewiss
nicht ohne Nutzen, immerhin aber doch gegenüber der weit grösseren
Wichtigkeit der sonstigen Voraussetzungen und Bedingungen nur von
untergeordneter Bedeutung.

Wenn Lay nachgewiesen zu haben glaubt, dass sogar in dem

Einfluss des leisen und des lauten Mitsprechens ein wesentlicher Unterschied in den Versuchsergebnissen — zu Gunsten des
lauten Sprechens — sich ergibt und konstatieren lässt, so muss schon
nach seinen eigenen, in dieser Beziehung durchaus nicht durchweg
im gleichen Sinne ausgefallenen Versuchen, mehr aber noch auf
Grund der von Schiller-Fuchs erfolgten diesbezüglichen Nachprüfung
diese Annahme mindestens sehr zweifelhaft erscheinen — ja, die
voraufgegangenen Erörterungen könnten ebensogut sogar eine nachteilige Wirkung des gleichzeitig mit dem „Sehen" erfolgenden lauten
Sprechens durchaus verständlich, also sogar tatsächlich vorhandene,
ganz entgegengesetzte Resultate erklärlich erscheinen lassen; denn
in allen Fällen, in denen die Aussprache eines Wortes dem Kinde
irgend welche, auch nur leise Schwierigkeiten bereitet, was ja bei
besonders lauter und scharfer Artikulation gar nicht so selten eintreten wird, muss ja sofort infolge seiner demgemäss auf die Tätigkeit der Sprachorgane gerichteten Bemühung, die Richtung der Aufmerksamkeit auf die andere, gleichzeitig (!) erfolgende Tätigkeit, auf
das Sehen und Lesen, beeinträchtigt, abgelenkt, dadurch also mindestens
die Einprägung des Schriftbildes erschwert werden, ganz abgesehen
davon, dass sich ausserdem ja infolge des lauten, aufdringlichen
Ertönens des Wortklanges vor den Ohren, das vielleicht, infolge
des starken Reizes, auch gar noch die Aufmerksamkeit auf sich zieht,
schliesslich eine Ablenkung auf die akustische Schreibweise oder
doch ein „Kampf der Motive" bei der Niederschrift einstellen könnte,
der die Ergebnisse natürlich erst recht noch ungünstig beeinflussen
müsste und gewiss in einzelnen Fällen auch beeinflusst hat.

IV.

Rückblick.

Blicken wir auf das Ganze der Ausführungen nunmehr nochmals zurück, so ergibt sich:
Der Rechtschreibunterricht hat nach allem, in seinem grundlegenden Teile, seine Hauptaufgabe darin zu erblicken, dem Kinde
den Blick für die Auffassung und das Gedächtnis für die Einprägung
von Schriftbildern zu eröffnen und zu entwickeln, die Blickrichtung
und Aufmerksamkeit des Kindes auf die Eigentümlichkeiten derselben
in ihm zur Gewohnheit heranzubilden, die Schriftbilder selbst gleichzeitig aber auch so früh und so unmittelbar und fest als möglich
an die in dem übrigen Unterrichte auftretenden und geklärten Vorstellungen, bez. Begriffe anzuschliessen. Die Theorie Lays hat in
wesentlichen Stücken eine einseitige Richtung genommen und den
Kernpunkt verfehlt. Lay glaubte seine Aufgabe schon dadurch zu
lösen, dass er den Einfluss und die Bedeutung der für die Sprache
in Frage kommenden Hirnzentren nachwies und darnach vor allem

die nötigen Verbindungen derselben forderte. Lediglich von dem entwickelten Gehirn dabei ausgehend und auf die bei dem Erwachsenen sich vorfindenden Verhältnisse allein bezug nehmend, übersah er dabei vollkommen die für den Pädagogen ja in erster Linie zu erwägende Kern- und Hauptfrage, ob und wie überhaupt diese Zentren, die er sämtlich (!) ohne weiteres und ohne Prüfung als gegeben und fertig entwickelt annimmt, in dem für alles Schriftwesen ja überhaupt erst zu entwickelnden Hirn des Kindes vorbereitet und ausgebildet werden müssen. Bestochen wohl auch durch die Neuheit seiner Erkenntnis von dem Werte und Einflusse der (namentlich auch für die Anschauungsvorgänge früher zu wenig beachteten) Bewegungsvorstellungen, stellte er ausserdem die Bewegungsempfindungen, in Überschätzung ihres Einflusses, viel zu weit in den Vordergrund, gab dadurch aber, dass er, um die grossen Erfolge des „Abschreibens" bei seinen Versuchen zu erklären, in seiner Vorliebe für alle motorischen Zentren auch noch besondere Wortschreibbewegungsvorstellungen annahm und die „Einübung" derselben als die Hauptaufgabe des Rechtschreibunterrichts hinstellte, seiner Theorie schliesslich eine überhaupt verfehlte Grundlage.

Lay verlangt, dass die Rechtschreibung sich „automatisch", ganz von selbst vollziehen soll.[1]) Auch wir sehen nunmehr wohl, wenn wir das Ganze zusammenfassend überblicken, dass sich die Rechtschreibung nach alle dem, wenn auch nicht auf Grund eingeübter Schreibbewegungen, so doch auf Grund der von der Vorstellung aus auf assoziativem Wege unmittelbar von selbst erfolgenden Reproduktion der Schriftbilder rein mechanisch, ohne jede Zwischenschaltung irgend welcher höherer Bewusstseinsakte, ohne Mithilfe apperzeptiver Verbindungen also, ohne Einschaltung von Überlegung, und irgend welcher Verstandestätigkeit, direkt, ohne Umweg sich vollzieht — ohne Umweg, dessen Vermeidung den herkömmlichen Unterrichtsweisen, welche meist auf dem Wege über die Regel oder durch die Überlegung allmählich, auf Grund vieler Übung, zu demselben Ziele zu führen suchten, bisher wohl überhaupt nicht möglich schien.

Für den erörterten Teil des Rechtschreibunterrichts, den wir den eigentlich grundlegenden nennen möchten, soll und kann, bei Beachtung der vorliegenden Auseinandersetzungen und Forderungen, dieser Umweg durch den Verstand vermieden werden. Jedes Wortbild soll zunächst und allein als Individuum für sich, mit Ausnahme der vorbereitenden Übungen ohne Rücksicht auf seine Zugehörigkeit zu Gruppen und Regeln, allein auf Grund seines Vorstellungsinhalts und in engster Verbindung mit ihm erworben und angeeignet werden. Im Sinne der Herbartschen (nicht Zillerschen) Stufen gesprochen, muss erst die völlige „Klarheit des einzelnen" erreicht sein, ehe

---

[1]) S. hierzu die Einleitung dieser Abhandlung, S. 28 des vorigen Heftes.

weiterhin eine Vergleichung, Zusammenstellung, Ordnung ähnlicher, in Bezug auf ihr Äusseres verwandter oder gegensätzlicher Schriftbilder erfolgen, die Stufe der „Assoziation" und „des Systems" betreten werden. Erst nachdem die Wortbilder in ihre natürliche Verbindung mit der Sachvorstellung fest und sicher eingefügt sind, eine Beeinträchtigung dieser innigsten Verbindung durch neue Verbindungen also nicht mehr zu befürchten ist, kann ein auf das Äussere gerichteter Vergleich der bereits erworbenen Schriftbilder, auf Grund der zurückliegenden Untersuchungen, als einwurfsfrei gelten und an dieser Stelle auch noch von Nutzen sein. Das orthographische Material wird hierdurch nicht allein auf die kürzeste und passendste Weise wiederholt, befestigt, geklärt, geordnet und zur Übersicht gebracht, es wird, was nicht verkannt werden darf, zweifellos auch durch die vergleichende Betrachtung von Wortbildern der Blick, besonders für das Charakteristische der Wortbilder, und der Sinn dafür noch weiterhin geschärft und geübt. Eine Erlernung der Rechtschreibung jedoch nach dem für die Erlernung toter Sprachen geltenden Grundsatze, dass die Schriftbilder, so wie die Sätze und Wortbildungen der Sprache, auf Grund von Regeln und Paradigmen a priori konstruierbar seien, der Versuch also, auf verstandesmässigen, theoretischen Grundlagen die Rechtschreibung von vornherein aufzubauen, müsste die Arbeit sofort ja zu jenem bekannten „Schulkreuz" machen, unter dem so mancher schon geseufzt hat. Die Kenntnis der Beziehungen der Wörter und Wortformen zueinander sowie sonstige grammatische Einsichten müssen des weiteren natürlich die hier gezeichneten Grundlagen in ausgiebigster Weise ergänzen und weiterbilden, vermögen wir ja auf gewissen Gebieten der Rechtschreibung uns überhaupt nur mit der grammatischen Kenntnis der Sprache zu helfen. Dem Rechtschreibungsunterricht ersteht hieraus die weitere wichtige, und ihrem Umfange unterschätzte und weniger beachtete Aufgabe, die zu diesem Zwecke nötigen logischen, inneren Beziehungen der Wörter, also, psychologisch gesagt, apperzeptive Verbindungen unter ihnen herzustellen. Und so ergibt sich, dass wir für die Methodik des Rechtschreibungsunterrichts zwei logisch und psychologisch scharf voneinandergeschiedene Aufgaben zu erkennen und festzuhalten haben, welchen in der praktischen Durchführung zwei voneinander wohlzuunterscheidende, aber gleichberechtigte und gleichwichtige, nebeneinanderlaufende Kurse entsprechen müssen: ein zunächst voraufgehender und in seinen Voraussetzungen hier allein skizzierter grundlegender Kursus, durch welchen die „Schriftbilder" der Worte, ganz allein auf Grund klarer sinnlicher Auffassung und unmittelbarer Assoziation mit den übrigen Wortelementen, ohne Zwischenschaltung von Raisonnement und Verstandestätigkeit, dem Gedächtnis einzuverleiben sind, und ein neben diesen hergehender Ergänzungskursus, welcher die Rechtschreibung durch Schaffung apperzeptiver Verbindungen, Her stellung innerer Beziehungen unter den Worten, sowie durch verstandesmässige Bearbeitung, Vergleichung und Ordnung der Wortbilder selbst, teils also von sprachlich-grammatischen, teils von orthographisch-systematischen Gesichtspunkten aus, zu beeinflussen, zu fördern und zu ergänzen hat.

Es kann verwunderlich erscheinen, dass gerade über die Methodik des Rechtschreibunterrichts bislang, und bis in unsere Tage herein, so grosse Unklarheit und Unsicherheit geherrscht hat. Wenn man die geschichtliche Entwicklung daraufhin betrachtet, wird man unschwer erkennen, dass die Ursachen für diese Erscheinung und die Anfänge des entstandenen Wirrwarrs in jenen Zeiten zu suchen sind, als man begann, im Leseunterricht von der althergebrachten Buchstabiermethode zur Lautiermethode überzugehen. Jahrhundertelang hindurch hatte man erst die Rechtschreibung, wie das Lesen, durch fleissigstes Buchstabieren, geradezu durch Auswendiglernen der Worte erlernt. (Comenius, welcher, nach Lay, höchstwahrscheinlich beim Leseunterricht schon die Lautiermethode verwendete, empfahl in seiner Didactica magna, dass die Schüler, um der Orthographie willen, ihre gedruckten Bücher — abschreiben sollten!) Die Lautiermethode war es ja erst, welche die Erkenntnis allgemein zum Durchbruch und zur vollen Klarheit brachte, dass man die Worte, statt mit Hilfe der Buchstabennamen und blossen dunkeln Gefühls, ja direkt und einfach durch blosse Verbindung der Laute zusammensetzen, mit grösster Leichtigkeit also aus ihren Lauten — direkt konstruieren könnte. Welch grosser, überraschender Fortschritt, welch bedeutende Erleichterung der bisher so schwierigen Lesekunst! Wie herrlich, dann musste man ja auch beim Schreiben, rückwärts also, das Wort einfach aus seinem Klange, aus seinen Lauten — konstruieren können! Der Gedanke lag so nahe, drängte sich so von selbst auf, erschien so selbstverständlich und — das akustische phonetische Prinzip (für die — historische (!) Rechtschreibung) war gegeben! Freilich lehrte es die Erfahrung, nach Harnischs Geständnis, nur zu bald, „dass man sich vom Lautieren zuviel — für die Rechtschreibung versprochen hatte."[1]) Folgerichtiger Weise musste man — die Not drängte dazu — nun wenigstens die „Gleich-" und — „Andersschreibung" erfinden — nur schade, dass das Kind es ja bei dem fraglichen Worte eben — nicht wissen kann, ob dasselbe der „Gleich-" oder der „Andersschreibung" folgt, wenn es dies eben nicht wieder von jedem Worte — besonders gelernt hat, dass man es also wohl zunächst vollständig übersah, wie sehr man sich bei dieser Erfindung doch immer wieder im Kreise drehte. Hielt man an dem Prinzipe fest — und das musste man ja wohl, da es sich für den Leseunterricht so unbedingt als richtig und vortrefflich erwies — so konnte wieder nichts weiter helfen, als — Regeln! Die

---

[1]) Zitiert nach Lay, a. a. O. S. 53.

verschiedenen Richtungen und der Wirrwarr waren fertig. Eine verkehrt angewandte Logik, der vielfach wohl auf unwandelbarer Überzeugung beruhende Schluss, dass man das für den Leseunterricht als richtig erkannte Prinzip folgerichtig auch umkehren und auf die Umkehrung des Lesens, auf das Rechtschreiben, anwenden müsse und könne, war schuld an allem. Bormann, der auf die jedem Worte eigentümliche „Wortphysiognomie" hinwies, versuchte es, eine Reaktion herbeizuführen. „Es gibt keinen einfacheren und zugleich keinen sichereren Weg, die Rechtschreibung einzuüben, als dass die Kinder angeleitet und angehalten werden, Gedrucktes sorgfältig bis aufs äusserste ganz genau abzuschreiben" — das sind seine Worte.[1]) Nach ihm wies auch Kehr auf die alten Bahnen wieder zurück. Zwar bestätigen Lays verdienstliche Versuche die Anschauungen dieser Männer wieder voll und ganz — doch verwirft Lay trotzdem ihre Anschauungen und ihre Auffassung des „Abschreibens", da sie nicht mit seinen Sonderforderungen (Einübung der Schreibbewegung durch mehrmaliges Schreiben desselben Wortes, Benutzung der Schreibschrift statt der Druckschrift, gleichzeitiges Sprechen etc.) übereinstimmen; gerade aber durch diese seine ihm eigentümlichen Sonderanschauungen hat er den Wirrwarr wohl nicht geklärt, sondern vermehrt.

Möchten diese Ausführungen zur anderweitigen Erklärung seiner wichtigen Ergebnisse, zur weiteren Klärung überhaupt und — zur Erleichterung des „Schulkreuzes" einiges beitragen![2])

---

[1]) Lay, S. 58.

[2]) Kurz vor Drucklegung dieser Arbeit kommt dem Verfasser durch tätige Vermittlung der Redaktion die sehr beachtenswerte Abhandlung von Ernst Mally und Rudolf Ameseder aus dem psychologischen Laboratorium der Universität Graz „Zur experimentellen Begründung der Methode des Rechtschreibunterrichts" zur Kenntnis (Zeitschrift f. pädag. Psychologie, Pathologie und Hygiene, v. Kemsies und Hirschlaff, Berlin, 1902, 5. und 6. Heft), welche sich ebenfalls und ganz besonders eingehend mit dem Layschen Untersuchungen befasst und auf den Seiten 415—421 mit den vorstehenden Auseinandersetzungen in nahe Berührung tritt. Auch sie halten die Erklärung der Erfolge des „Abschreibens" aus „Schreibbewegungsvorstellungen" „kaum für richtig" und stimmen hinsichtlich ihrer Erklärung mit den vorstehenden Untersuchungen in weitgehender Weise überein; auch sie bringen, und zwar von Seite des bei den Experimenten beobachteten Verfahrens her, ganz ähnliche Einwendungen gegen den Einfluss des Mitsprechens beim „Sehen und Sprechen" vor, dabei gleichzeitig auch auf die Bedeutung der „optischen Zeichen" für das Auffassen und „orthographische" Schreiben der Wörter hinweisend. Man wird auf die von den Verfassern angekündigten neuen Versuche zu diesem Gegenstand sehr gespannt sein dürfen, da auch ihre übrigen Einwendungen gegen Lay (besonders hinsichtlich der Fehler seiner Berechnungsmethode sowie seines experimentellen Verfahrens überhaupt) grösstenteils sehr treffend und verdienstlich sind.

B. Kleinere Beiträge und Mitteilungen.

I.

„Neue Bahnen" im Religionsunterricht?

Von Dr. H. Meltzer, Realgymnasialoberlehrer in Zwickau.

Schluss.

Was das Alte Testament betrifft, so sei hier vor allem auf Heyns „Ge-schichte des alten Bundes"[1]) hingewiesen, für das 6. (bezw. 7.) Schuljahr berechnete Präparationen, die zum Lehrreichsten gehören, was es in dieser Be-ziehung gibt.

Drei grosse Epochen werden unterschieden: die Geschichte Alt-Israels oder die Zeit der Hirten, Helden und Könige (1350—933), die Zeit der Propheten, die jüdische Gemeinde (586—160). Begonnen wird mit den alten Ägyptern und dem Auszug unter Moses, in der „Richterzeit" werden Debora (Gideon) und Jephtha behandelt, in der Zeit Davids auch das Bundesbuch 2. Mos. 20—23, von den Propheten: Elias, Amos, Hosea, Jesaja, das Deuteronomium, Jeremia, im Exil: Ps. 137, 42, 43, 90, 130, der „Evangelist des alten Bundes" (anhangsweise die Schöpfungsgeschichte), unter der Überschrift „die Erfüllung der Weissagungen" Ps. 126, 129, 1, 26, Sach. 9, 9f., Hagg. 2, 1—9, Jes. 2, 2—4, Mal. 3, 1. 20—24, 1. Makk. 1, 1—10, eine Auswahl aus den Sprüchen und aus Hiob, Daniel 7.

Trotz mehrfacher Polemik des Verfassers gegen mich im Vorwort kann ich konstatieren, dass ich im wesentlichen, in der theologischen wie pädagogischen Stellungnahme, mich mit ihm in Übereinstimmung befinde. Die vorhandenen Differenzen wollen m. E. nicht allzuviel besagen, und den Ausstellungen, um derentwillen das Buch insbesondere unter unsere Überschrift gehört, möchte ich von vornherein keine zu grosse Bedeutung zugemessen wissen, obschon ich sie auch nicht unterdrücken zu dürfen glaube. H. hält es für einen „fundamentalen Unterschied", dass mein „Prophetismus"[2]) für die Mittelstufe, sein Buch für die Oberstufe bestimmt sei; jedenfalls wäre nur bei seiner Bestimmung die Möglich-keit gegeben, etwas mehr in die Tiefe zu gehen. Indessen kann doch der Unter-schied eines Jahres (hier das 5., dort das 6. Schuljahr) nicht so fundamental sein. Überdies gebe ich zu bedenken, dass bei dem Reukauf-Heynschen Plane durch die erste Behandlung der Geschichte Israels im 3. und 4. Schuljahre der zweiten im 6. Schuljahre ein gut Teil frischen Interesses vorweggenommen wird, dass der Eindruck der Propheten durch eine vorhergehende ausführliche Dar-stellung des Lebens Jesu — Döll: 453 S., M. 5,80! — ebenso abgeschwächt wird wie der der Geschichte Jesu (Heyn: 335 S., M. 4), die dem 7. Schuljahr zugewiesen wird. Indessen diese Differenz betreffs des Gesamtplanes ist praktisch von unter-geordneter Bedeutung: mag einer im 5. oder 6. oder meinetwegen 7. oder 8. Schul-jahr die Propheten zu behandeln haben, er wird sich überall des Heynschen Buches

---

[1]) Leipzig, Wunderlich. 1902. 343 S. M. 4,40, geb. 5.
[2]) Dresden, Bleyl u. Kaemmerer. 1898. 134 S. M. 2,40.

mit Nutzen bedienen können, wie ich denn auch hoffe, dass mein „Prophetismus" dazu nicht ganz unbrauchbar erscheinen wird.

Wenn ich mich nun gegen den Vorwurf nicht genügender Tiefe zu verteidigen habe und frage, worin wohl die grössere Tiefe bei H. bestehen könnte, so finde ich bei ihm eine viel stärkere Herbeiziehung der modernen theologischen Literatur in den Anmerkungen und eine sehr weitgehende Berücksichtigung der politischen, kulturgeschichtlichen, geographischen Verhältnisse in den Präparationen selbst. In jener Beziehung habe ich mich bewusst beschränkt auf besonders treffende und schöne Stellen in den bekannteren Werken, während H. überall Belege fast aus der gesamten theologischen Fachliteratur bringt und sich öfters mit dieser auseinandersetzt. Beides halte ich an dieser Stelle nicht für nötig, sicher das Zweite nicht einmal für angebracht; aber das mag Geschmackssache sein. Die starke Hereinziehung archäologischen, geographischen und politisch-geschichtlichen Materials dagegen kann ich keinesfalls billigen und gebe nicht einmal zu, dass dadurch — bei so massenhafter Verwendung — die Anschaulichkeit gefördert wird. Die religiössittlichen Fragen aber, das Eine, was sicher not ist, werden dadurch leicht aus dem Vordergrunde gedrängt, jedenfalls wird die Vertiefung in sie erschwert, statt dass unter Beseitigung alles Entbehrlichen der Nachdruck auf die Hauptsachen gelegt wird. Und dass dieser Ballast an Namen, Ereignissen, Begriffen u. s. w., der schon dem nicht theologisch gebildeten Lehrer die Orientierung oft erschweren wird, nicht nur schmückendes Beiwerk ist, geht daraus hervor, dass in der „tabellarischen Übersicht" ein grosser Teil davon fein säuberlich notiert und rubriziert ist. Ich greife ein Beispiel, keineswegs das ausgiebigste, heraus; zu Jes. 7 steht unter II a „Kulturhistorisches, Geographisches u. s. w.": „Ahas. Pekah. Syrerbündnis. Walkerfeld. Die Wasserleitung des obern Teiches. Obergaliläa. Genezarethsee. Ostjordanland. Endgültiger Verlust Elaths. Bestrebungen der assyrischen Weltmacht, Tiglath-Pileser Siloah. Der Strom, d. h. der Euphrat." Ich hoffe, dass die hiermit eingeschlagenen neuen Bahnen keine Nachfolge finden; anschauliche Darbietung ist gewiss zu fordern, aber solche Belastung mit allerhand gelehrtem Material und dessen Einfügung in diese Konzentrationstabellen gehören nicht in dieses Gebiet. Verzichtet man aber auf dergleichen „in die Tiefe gehen", so wird man den davon befreiten Kern vielleicht auch ein ganzes Jahr früher behandeln können.

Es sei nochmals gesagt, dass damit nicht etwas direkt Wesentliches an Heyns wertvollem Buche gekennzeichnet und abgelehnt sein soll; es liegen aber hier „neue Bahnen" vor, die meiner Meinung nach abgewiesen werden müssen. Dagegen sehe ich ein Verdienst Heyns darin, dass er zum ersten Male die Proverbien, Hiob und Daniel (c. 7) methodisch behandelt hat. Betreffs der ersteren bin ich zwar noch skeptisch, über Hiob und Daniel dagegen bin ich schon seit längerer Zeit derselben Ansicht, wenn ich auch vielfach andere Stücke auswählen würde; aber das ist sehr subjektiv. Was die Gesamtauswahl betrifft, so muss allerdings gesagt werden, dass diese Stoffmasse nirgends, auch unter den günstigsten Verhältnissen, dürfte bewältigt werden können — und sollen. Das Eine liegt doch den radikalen Bemühungen, besonders Katzers, das Alte Testament ganz aus dem christlichen Religionsunterricht zu beseitigen, als berechtigter Kern zu Grunde, dass das Alte Testament entschieden beschränkt werden muss. Da wir nun mit den Propheten sogar neues Material zuführen, so muss dieses scharf gesichtet und vollends im übrigen herzhaft gestrichen werden. Das Beschneiden und Zusammenrücken aber dem Einzelnen zu überlassen, dürfte nach allen Erfahrungen weniger geraten sein; denn nachweislich wird immer mehr am Ende als am Anfang gekürzt. Trotz der gemachten Einwendungen (auf Einzelnes sollte natürlich hier nicht eingegangen werden) weise ich nochmals auf meine Zustimmung zum Wesentlichen hin und empfehle das gründliche Buch zu fleissiger Benutzung.

Für einen Ausschnitt aus dem Alten Testament (das Neue Testament kommt dabei nur wenig in Betracht) hat Tränckner einen beachtenswerten Beitrag geliefert mit seiner Schrift „Die biblische Poesie, besonders die alttestamentliche, und ihre Behandlung in der Schule",[1] die er einen „bescheidenen Beitrag zur Belebung und Vertiefung des Religionsunterrichts" nennt. An der bisherigen Behandlungsweise poetischer Stoffe in der Bibel tadelt er, dass die Beachtung des anschaulichen Hinter- und Untergrundes gefehlt hat. Er verwirft die Anknüpfung poetischer Stücke an den Katechismus oder das Kirchenlied — ein didaktischer Stoff kann den andern nicht veranschaulichen. Er lehnt die „Methode" ab, die Psalmen anschaulich zu fundieren, indem man die Kinder einen Streifzug durch die ganze heilige und ausserdem noch die Profangeschichte machen lässt — kann denn ein solch flüchtiges Hinüberhuschen über eine Menge bunt zusammengewürfelter Stoffe, ein solches Hinübertölpeln aus einer historischen Situation in die andre, aus einem Charakter in den andern „Anschauung" erzeugen? Er geisselt die zerklärende Breittreterei, die nackten Umschreibungen des biblischen Textes in vielen „Bibelerklärungen" als eine Gefahr für Lehrer und Schule. Statt Beweise, Belehrung, Erbauung hinein- und herauspressen zu wollen, will er vielmehr die religiösen Dichtungen religiös und poetisch fruchtbar machen.

Im 1. Hauptteil untersucht T. sorgfältig die biblische Poesie nach ihren Stoffen (weltliche — religiöse Dichtung: Naturpoesie, spezifisch religiöse Poesie: Hymnen, Elegien. didaktische Dichtungen: Lehrgedicht, Spruchdichtung, Fabel, Parabel, Rätsel), nach ihren Formen (Anschaulichkeit: Metonymie, Synekdoche, Hyperbel, Ironie, Metapher, Allegorie, Personifikation, Wiederholung, Polysyndeton, Steigerung, Gegensatz, Pleonasmus, Brachylogie; Lebendigkeit: Ausruf, Frage, Anrede, Monolog, Dialog, Wechsel grammatischer Formen; Schönheit: Alliteration, Assonanz, Wortspiel, [Namen], Anaphora, Epiphora, Anadiplosis, Parallelismus, Reim, Strophenbau, Refrain, Akrostichon, Tonmalerei) und bietet eine kurze Literaturgeschichte der hebräischen Poesie. Der 2. Teil über die „Verwendung und Behandlung der biblischen Dichtungen" beantwortet, unter reichlichen Seitenblicken auf die deutsche Lyrik, die Fragen 1. a) Wie ist der Anschauungsgehalt und b) wie die Form fruchtbar zu machen? 2. Wie ist der Inhalt religiös fruchtbar zu machen? Während alle anschauungs- und stimmungslose Lyrik auszuscheiden ist, sind in den geeigneten Dichtungen alle anschaulichen Momente herauszuheben und zu einer einheitlichen Gesamtanschauung zusammenzufügen, die dann womöglich auf einen ganz bestimmten Punkt in der Entwicklung der Handlung, vielleicht gar auf einen einzigen Augenblick zu konzentrieren ist,

---

[1] Gotha, Thienemann. 1902. 236 S. M. 3,60, geb. M. 4,20.

von dem aus ein Schluss sowohl rückwärts auf das Vorhergegangene als auch vorwärts auf das Zukünftige möglich ist. Was die Form anlangt, so sollen nur die allernotwendigsten und allereinfachsten Elemente zur Sprache gebracht werden; es handelt sich nicht um einen Unterricht in der Poetik, Rethorik und Stilistik, sondern darum, die Kinder vollkommen in die vom Dichter gewollte Stimmung einzuführen. Der Weg dazu führt durch die Phantasie in das Gemüt, das mit Begeisterung erfüllt wird durch den „idealen Umgang" mit den Heroen der Religionsgeschichte. An diese Idealgestalten sind die religiösen Dichtungen anzulehnen, auf dem Hintergrund bestimmter historischer Situationen muss sich ihr religiöser Gehalt als Äusserung und Zeugnis ihres Geistes abheben. Im 3. Teil bietet T. praktische Entwürfe über Ps. 46, 137, 23, 133, 130, an die noch kurz verwandte Psalmen angeknüpft sind.

Bei einem flüchtigen Blick besonders in den 1. Teil des Buches wird wohl mancher den Kopf schütteln, und in der Tat ist mancherlei etwas breit ausgeführt, was nicht direkt zur Sache gehört, vielleicht ist auch auf die Form etwas zu viel Wert gelegt. Aber näher besehen bieten auch diese Partien nicht nur viel allgemein Interessantes, sondern auch mancherlei für die Schule gelegentlich zu verwendendes Material; ferner ist zuzugeben, dass sonst die Form viel zu sehr vernachlässigt wird; und so tief sich der Verfasser, obwohl er des Hebräischen nicht kundig ist, auf Grund grosser Belesenheit und Sachkenntnis in gelehrte Fragen einlässt, so nüchtern und massvoll ist er doch in seinen praktischen Forderungen. Gewiss wird der theologische Fachmann mancherlei Einwendungen machen können,[1]) aber der Verfasser erhebt ja auch gar nicht den Anspruch der Fachgelehrsamkeit, gibt seine Gewährsmänner an und verdient jedenfalls das Zeugnis, dass er sich gründlich orientiert hat. Besonders erfreulich aber ist sein gesunder Blick für Schäden, Selbsttäuschungen und Unwahrhaftigkeit im Betriebe des Religionsunterrichts, wofür er auch ein entschiedenes Wort zu finden weiss. Von seinen Entwürfen erscheinen mir die über Ps. 46 u. 23 besonders geglückt, wenn man auch natürlich vielfach kürzen oder die Sache anders angreifen kann; für die 3 Verse von Ps. 133 ist das Gerüst doch wohl etwas zu umständlich! Es wäre zu wünschen, dass der Verfasser mehr Proben böte, vielleicht etwas knapper, und auch über andres als Psalmen, für die Gunkels 40 „ausgewählte Psalmen" (Göttingen, Vandenhoeck. 1904. 270 S. M. 3,20) gute Dienste tun werden. Die Poesie der Propheten, über die besonders aus Duhms Kommentaren und Übersetzungen viel zu lernen ist, hat T. viel zu wenig berücksichtigt.

Wenn das Neue Testament mit den hier besonders in Betracht kommenden Gleichnissen bei Tränckner etwas kurz kommt, so haben wir dafür einen guten „Beitrag zur Reform des Religionsunterrichts" erhalten durch Witzmanns Schrift „Die unterrichtliche Behandlung der Gleichnisse Jesu."[2]) Es wird

---

[1]) So möchte ich sehr bitten, im Vorwort die „negierende" Tübinger Kritik, neben der sich der „positive" Vatke merkwürdig ausnimmt, zu tilgen — unsere gesamte moderne Bibelwissenschaft steht, mag sie es dankbar bekennen oder lächerlicherweise verschleiern wollen oder leugnen, auf den Schultern von Baur und Strauss, wobei es kein Wunder ist, dass sie in manchen Punkten etwas weiter und deutlicher als diese sieht!

[2]) Dresden, Bleyl u. Kaemmerer. 1904. (Im Juli 1903 erschienen!) 119 S. M. 2, geb. 2,50.

darin der Ertrag des grossen Werkes von Jülicher über „Die Gleichnisreden Jesu" (Tübingen, Mohr. 1899. 328 u. 634 S. M. 20) für die Schule nutzbar gemacht, während der Verfasser leider das neueste Werk von Bugge, „Die Haupt-Parabeln Jesu" (Giessen, Ricker. 1903. 502 S. M. 11) noch nicht benutzen konnte. Wie die Verstockungstendenz (Mc. 4, 10—13) so lehnt W. die allegorische Auslegung, die sich z. T. schon bei den Evangelisten bemerkbar macht, ab, ohne zu leugnen, dass Jesus, der häufig Metaphern gebrauchte, hin und wieder auch eine Allegorie, eine Reihe von Metaphern, gebildet haben möge (die bösen Weingärtner). Die Gleichnisse sind ihrem Wesen nach klar, wollen beweisen, kulminieren in einem einheitlichen Grundgedanken, um den sich alle andern Gedanken organisch gruppieren, erheischen keine Deutung, sondern Anwendung. Unterscheiden lassen sich 3 Gruppen: Gleichnisse im engern Sinne (z. B. Arzt, Bräutigam Mc. 2, 17. 19f.), Parabeln (z. B. der verlorene Sohn, der Schalksknecht; wie dort der Sachhälfte auf der Bildseite ein Satz, so entspricht ihr hier eine ausgeführte, erfundene Geschichte) und Beispielerzählungen (z. B. der barmherzige Samariter, Pharisäer und Zöllner, — wo keine Übertragung auf ein höheres Gebiet notwendig ist, sondern eine Wahrheit des sittlich-religiösen Lebens an einem erdichteten, besonders eklatanten Fall klargemacht wird).

Auch für den Unterricht wird nun die parabolische Erklärung gefordert, obgleich die Gleichnisse im Schultext z. T. allegorisch aufgefasst entgegentreten; denn dieser soll nach W. nur veraltete Formen, wirkliche Fehler Luthers, anstössige Ausdrücke ändern, bei Parallelen nicht kombinieren, sondern nach pädagogischen und wissenschaftlichen Erwägungen das relativ Beste wählen. Die bisherigen Gleichnisbehandlungen, auch die besten wie die von Staude, Thrändorf, Heyn, Voigt, Evers, unterzieht W. einer scharfen Kritik und findet, dass ihre Mängel zusammenhängen mit der Nichtbenutzung von Jülichers 2. Teil (1899), ein Vorwurf, der freilich Voigt (1893) und Thrändorf (1898) nicht treffen kann. Weiter soll hier auf den Inhalt von Witzmanns Arbeit nicht eingegangen werden, da eine sehr ausführliche Selbstanzeige bereits im 6. Hefte der Pädag. Studien (1903) veröffentlicht worden ist.

Witzmanns Schrift ist ein sehr tüchtiger Beitrag zur Förderung der Religionsunterrichts. Die Gleichnisse, wohl das Schönste, was wir von Jesus haben, sind so lange in der Schule malträtiert worden, dass man nur hoffen kann, dass W.s Buch endlich gründlichen Wandel schafft. Zwar hatte schon 1890 Thrändorf als der erste grundsätzlich mit der allegorisierenden Methode gebrochen, aber er hatte die meisten Gleichnisse nur anhangsweise in der 5. Stufe ganz kurz behandelt; seine nächstens erscheinende 3. Auflage wird nun ausser Jülichers 2. Band auch das neue, Jülicher ergänzende und modifizierende Werk von Bugge verwerten können. Trotzdem wäre es gewiss vielen erwünscht, wenn Witzmann in annähernd derselben Ausführlichkeit, in der er die „Arbeiter im Weinberg" bearbeitet hat, auch die übrigen Gleichnisse behandeln und veröffentlichen wollte. Es kann nicht genug gute Beispiele geben.

Einige Bedenken möchte ich doch nicht unterdrücken gegenüber W.s Verwerfung eines „pragmatischen" Lebens Jesu und seiner Forderung einer wiederholten Behandlung des Lebens Jesu wie gewisser Gleichnisse. Ohne Zweifel hat W. recht, wenn er den von Bang konstruierten Pragmatismus, aber auch Heyns

Vertrauen zu Mc. und seine Monats- und Tagesbestimmungen abweist. Aber
ich wäre doch neugierig, wie Witzmann bei der Behandlung des Lebens Jesu
ohne jeden „Pragmatismus" auskommen wollte. Irgend eine geschichtliche Ordnung im grossen muss — und kann — man doch herstellen, wenn man nicht,
was jetzt fast allgemein aufgegeben ist, einem Evangelium folgen will; innerhalb dieser Gruppen wird sich dann eine sachliche Ordnung empfehlen, wofür
ich einen Vorschlag in den Protestantischen Monatsheften (1900, Heft 4: „Die
Verwertung der neueren Leben-Jesu-Forschung im Religionsunterricht") gemacht
habe. Natürlich ist dafür nicht der Anspruch absoluter Richtigkeit zu erheben,
sondern das Hauptstreben auf psychologische Wahrscheinlichkeit zu richten; aber
irgendwie „konstruieren" wird man schon müssen, um ein warmes Lebensbild zu
gestalten, und weil er darauf gedrungen, hat Bang so viel Beifall gefunden.

Hiermit aber hängen auch meine Bedenken gegen eine wiederholte Behandlung des Lebens Jesu zusammen. Lässt sich denn der Grundriss eines Lebens-
bildes zweimal verschieden zeichnen und wohlgemerkt nicht das eine Mal für
Kinder, das andere Mal für Erwachsene, sondern hier für ca. Neun-, dort für
Zwölfjährige? Und wenn W. recht hätte, dass einmalige Wiederholung nicht
ermüde, so ist doch viel sicherer, dass neuer Stoff das Interesse ganz anders
weckt; es ist zu bedenken, dass hier ein ganzes Jahrespensum schon nach 2 oder
3 Jahren wiederholt werden soll und dass man krampfhaft nach neuen Gesichtspunkten suchen, entweder das 1. Mal an der Oberfläche bleiben oder das 2. Mal
eintragen und anhängen muss. Das sieht man schon an den „verschiedenen Gesichtspunkten", unter denen W. die 5 Gleichnisse auf der Mittel-
und Oberstufe betrachtet wissen will. Dort soll nur ein einzelner, einfacher
religiös-ethischer Satz gewonnen, hier alles unter den Gesichtspunkt gestellt
werden: Wie bringt mich Christus zu Gott, wie erlöst er mich? Im 1. Falle
also müssen, damit für die 2. Behandlung noch etwas übrig bleibt, die andern
Gedanken beiseite gelassen werden, — also eine Entleerung; im 2. Falle aber,
kommt denn da wirklich etwas anderes heraus? Durch jene schon gewonnenen
„religiös-ethischen Sätze" bringt mich ja eben Jesus zu Gott; dass er es aber
tut, das tut doch im Grunde nichts zur Sache, d. h. das fördert doch das Verständnis des Gleichnisses nicht und bringt keinen neuen Gesichtspunkt an dieses
heran. Also gegen die doppelt behandelten Gleichnisse habe ich das und sonst
noch manches einzuwenden. Aber die Hauptsache bleibt die Wiederholung des
Lebens Jesu, und für sie bringt W. den wie es scheint noch nicht genügend ab-
gegriffenen Grund: das Kind dürfe nicht zu lange auf unterchristlichen Religions-
stufen festgehalten, zu spät zum Christentum geführt werden, für das es weit
mehr Apperzeptionen mitbringe als für das alte Testament mindestens die Hälfte
der Zeit müsse dem Leben Jesu eingeräumt werden. Ist das nicht eine recht
mechanische Anschauung? Als ob etwas nur christlich-religiös wäre, wenn von
Christus die Rede ist! Spezifisch und beschränkt Israelitisches bringen wir
doch im Religionsunterricht der Volksschule entweder überhaupt nicht oder um
des Kontrastes willen, indem wir es korrigieren, — oder weil es der kindlichen
Stufe besonders entspricht; dann möchte ich es aber gar nicht spezifisch-israeli-
tisch nennen, sondern allgemein-religiös, etwa was man einst natürliche Religion
nannte. Gehört dergleichen nicht mit zur christlichen Religion? Wenn aber,

dann wollen wir's getrost nehmen, auch wenn es im Alten Testament steht, zumal da wir es hier in einem schönen grossen Zusammenhang und in einer ebenso einfachen wie kräftig anschaulichen Form finden. Das Spezifisch-Christliche aber wollen wir um alles in der Welt nicht verfrühen und durch Wiederholung abschwächen; es ist noch auf der Oberstufe schwer genug und soll dann in aller seiner Hoheit zu wirken — suchen.

Trotz dieser Einwendungen wiederhole ich, dass Witzmanns Schrift wenn nicht direkt neue Bahnen einschlägt, so doch den bereits eingeschlagenen Weg an einer wichtigen schadhaften Stelle trefflich bessert und sichert.

In folgendem muss und darf ich mich kürzer fassen, was keineswegs geringeren Wert der betreffenden Bücher bedeuten soll. Reukaufs u. Winzers „Geschichte der Apostel"[1] ist entschieden eine höchst fleissige, auf solider Sach- und Literaturkenntnis beruhende, psychologisch und religiös in die Tiefe gehende Arbeit. Fast alles, was oben — sei es lobend, sei es bezweifelnd, sei es ablehnend — über Heyns „Geschichte des alten Bundes" gesagt ist, wobei zweifellos das Lob überwiegt, gilt auch von diesem Bande des Sammelwerkes. Der theologische Standpunkt ist der der kritischen Theologie, die Hauptautoritäten sind Holtzmann-Strassburg und Schmiedel-Zürich, und was von solchen Männern kommt, muss gut sein. Ausser der gesichteten Apostelgeschichte werden natürlich zahlreiche Abschnitte aus den Paulusbriefen, auch einiges aus dem 4. Evangelium herangezogen, Stoffe, die natürlich einer sehr gründlichen Vertiefung bedürfen, sie aber auch verdienen. Freilich wird diese dadurch einigermassen erschwert, dass die Ausführung der Konzentrationsfragen in übermässig langen, unübersichtlichen, auch mit manchem Entbehrlichen belasteten Abschnitten erfolgt. Die Abstellung dieses äusserlichen Mangels würde ebenso leicht zu vollziehen sein, wie sie den praktischen Gebrauch erleichtern würde. Dieser wird ausserdem voraussichtlich beeinträchtigt durch den ausserordentlich starken Umfang und den dadurch bedingten nicht geringen Preis. Gewiss, reinwissenschaftliche Bücher sind in der Regel je dicker um so fördernder; aber praktische Handreichungen möchten schon knapper, gedrängter, überschaubarer sein (das letztere kann die dürre tabellarische Übersicht, deren Wert mir recht zweifelhaft ist, doch nicht leisten). Und es wäre auch ohne Zweifel gar nicht schwer, den Umfang des Buches stark zu reduzieren, schon wenn die Anführung der theologischen Literatur eingeschränkt würde auf wirklich Nötiges. Was kümmert z. B. den Religionslehrer die Frage, ob unter Galatien bloss die alte Landschaft im Norden, oder die ganze weiter nach Süden reichende Provinz zu verstehen sei, worauf fast eine Seite in Kleindruk verwendet wird! Der Theolog, der sich darüber orientieren will, weiss ganz genau, wo er etwas Gründliches darüber finden kann; der Nichttheologe könnte aus dieser Anmerkung, die ihn auch nicht klüger macht, einen merkwürdigen Begriff von der Wichtigkeit der theologischen Streitfragen bekommen. Oder welchen Religionslehrer soll die Bemerkung fördern, dass Michelsen (dessen Buch die Verfasser gewiss nicht in der Hand gehabt haben, — es verlangts auch niemand!) und Holsten zuerst 2. Kor. 11, 33 f. für einen Einschub erklärt haben? Wenn viele solche wichtigtuende Gelehrsamkeit,

---

[1] Leipzig, Wunderlich. 1903. 397 S. Mk. 5, gebd. Mk. 5,60.

die hier absolut nicht am Platze ist, verschwände, wenn in den Präparationen selbst das breitausgeführte kulturgeschichtliche Material (z. B. über das jüdische Pfingstfest) und manches andere Nebensächliche (z. B. die Stephanusrede bis V. 47) wegbliebe oder wenigstens stark eingeschränkt würde, so könnten Umfang und Preis herabgesetzt und dadurch das Buch, das zu Thrändorfs knapperem „Zeitalter der Apostel und 3. Artikel" (1901 ². 127 S. M. 2,50) eine wertvolle Parallele ist, mehreren zugänglich gemacht werden.

Umsomehr sei gleichzeitig der billige Preis und die schöne Ausstattung von Reukauf-Heyns Evangelischen Religionsbüchern gerühmt, deren Stoffauswahl den Präparationen entspricht und deren Text unter Kürzungen und nötigen Verbesserungen sich möglichst an Luther anschliesst. Der 1. Teil (Mittelstufe. 110 S. M. 0,40, geb. 0,60) bietet „biblische Geschichten des A. T. und N. T., aber mit Ausscheidung des geschichtlich Bedenklichen (?) und religiös Minderwertigen", die „Lesebücher aus dem Alten und Neuen Testament für die Oberstufe" (95 und 138 S. M. 0,40, geb. 0,60 u. M. 0,60, geb. 0,80) folgen dem geschichtlichen Gang.

So nahe sich die moderner gerichteten Religionslehrer in den wesentlichen Fragen des biblisch-geschichtlichen Unterrichts kommen, so verworren scheint noch die Lage betreffs des Katechismusunterrichts, wo auch unter sonst sich Nahestehenden starke Differenzen herrschen. Die einen sind noch für gesonderten Katechismusunterricht neben dem biblischen, schon auf der Mittel- oder erst auf der Oberstufe, andre wollen beide eng verknüpfen, wieder andere fordern nach dem geschichtlichen einen abschliessenden Katechismusunterricht, wieder andre verbinden diesen mit dem vorhergehenden Standpunkt, endlich wird die Verlegung des Katechismus aus der Schule heraus bloss in den Konfirmandenunterricht vorgeschlagen. Schwächen des Katechismus geben die einen nicht zu, indem sie vielmehr die betr. Punkte als das Wesentliche im Christentum betrachten; andre wollen flott darüber hinwegführen, andre sie umdeuten, wieder andre sie zugestehen und als Vergängliches erklären. Hier soll der Katechismus zergliedert, dort nach Formalstufen, da als 4. Stufe, dort nach wechselnder originaler Methode u. s. w. behandelt werden. Sehen wir, ob uns zwei der neuesten Beiträge aus diesem Wirrwarr heraushelfen können.

von Rohden hat „Ein Wort zur Katechismusfrage"[1] zum 3. Male herausgegeben, freilich „nur mit Widerstreben", mit „gemindertem Interesse, seitdem er erkannt, dass der Fortschritt hier nicht allein von dem Fortschritt in der katechetischen Einsicht und der treuen praktischen Arbeit abhängt, sondern auch von schwer zu beseitigenden kirchlichen und sozialen Hindernissen". Seinen frühern Vorschlag, den Katechismus als die Deutung der Heilsgeschichte zu fassen, gibt v. R. auf; er verwirft das Neben- und Ineinander von biblischer Geschichte und Katechismus, die, weil keine gleichartigen Grössen, nicht zu einem rechten Ehebunde gebracht werden können (obschon nichts dagegen einzuwenden sei, dass die Katechismussätze je bei passender Gelegenheit im biblischen Geschichtsunterrichte auftreten). Habe der Religionsunterricht die Aufgabe, mit Gott in Berührung zu bringen, so könne dies nur geschehen durch Bekanntmachung mit gotterfüllten Persönlichkeiten, daher das

---

[1] Gotha, Thienemann. 1902. 88 S. M. 1,40.

eigentliche Religionsbuch die Bibel sei, mit der der Katechismus, ein religiöser Klassiker zweiten Grades, nicht konkurrieren könne. Wenn dann v. R. den Katechismus „seiner Entstehung gemäss zunächst als Ausdruck des religiösen Lebens des Reformators, als das den Geist der Reformation in sich fassende Zeugnis von dem neugewonnenen Heil" aufgefasst wissen will, so wird man nach all diesen richtigen Vordersätzen den Nachsatz erwarten: also hat der Katechismus in der Reformationsgeschichte, im Leben Luthers seine Stelle. Aber auf diese einfache Lösung kommt der Verfasser nicht, da sich ihm ein andrer Gedanke dazwischenschiebt: der Zögling habe ja nicht als vereinzeltes Individuum eine völlig originale Glaubensform in sich zu entwickeln, sondern könne zur sittlich-religiösen Persönlichkeit nur als Glied der religiösen Gemeinschaft, in der er stehe, erhoben werden, und so behalte der Katechismus zum Zweck der Einführung in das Bekenntnis der Gemeinde einen unveräusserlichen, durch nichts zu ersetzenden Wert. Zwar erkennt R. die „fraglos vorhandene Spannung" an: „der Einzelne, wenn er im Glauben lebt, kann doch nicht anders, als in dem Masse des Glaubens leben, das ihm von Gott verliehen ist; je aufrichtiger er ist, um so lebhafter wird er die Zumutung ablehnen, eine formale Übereinstimmung mit dem Gemeindebekenntnis zu erstreben." Aber er meint, der Gefahr werde dadurch die Spitze abgebrochen, dass der Katechismus nicht als Inbegriff des religiösen Wissens, als gesetzlich verpflichtende Fassung der Glaubenswahrheiten behandelt werde; mit diesem Vorbehalt könne man ihn als das Bekenntnis der Gemeinde mit ganzer (!) Freude auch zur Norm oder zum massgebenden Lehrstoff des abschliessenden Religionsunterrichts machen, wozu es keiner jahrelangen Erklärung bedürfe und wozu R. christozentrische Behandlung empfiehlt und an Beispielen vorführt.

Ich dächte, die Freude könnte sicher nur eine recht geteilte sein bei solchen Gegeninstanzen, zu denen noch manche andre hinzukommen. Bekennt denn die Gemeinde wirklich den Katechismus? Könnte sie ihr Glaubensleben nicht anders und besser bekennen? Haben nicht alle Grossen des Geistes diesem Bekenntnis fern, dem schlichten Evangelium Jesu meist nahe gestanden? Empfinden nicht ausser vielen — und nicht den schlechtesten — Gemeindegliedern auch viele Diener der Kirche diese festgefügten Formeln als Fesseln? Ist solche — man mag sagen, was man will — systematisierende Schlussgruppierung notwendig? Braucht man in andern Fächern, z. B. in der Geschichte einen Katechismus der Vaterlandsliebe mit Huldigungseid, Verfassungsparagraphen u. dgl.? Und ist nicht der Katechismus bei allen seinen Vorzügen eine teils recht lückenhafte, teils schwer belastete „Zusammenfassung des Evangeliums"? Alle diese Schwierigkeiten werden gehoben bei historischer Betrachtung und Einfügung in das Leben Luthers: wie hier die schönsten Stücke aus den Schriften an den Adel, von der Freiheit u. a. auch dem Volksschüler auf der Oberstufe als Zeugnisse des Glaubenslebens Luthers geboten werden müssten, so auch sein Kleiner Katechismus mit einigen Ergänzungen aus dem Grossen. Dann liegt auch für die Schüler auf der Hand, was darin mit dem Geist Jesu nicht übereinstimmt, was fehlt, was wir in unsern veränderten Verhältnissen ändern oder hinzutun müssen. Freilich das Bekenntnis! Müssen, dürfen wir denn von Kindern Bekenntnisse verlangen? Säen wir nur den besten Samen, die Worte, den Geist Jesu und seiner grössten Wegebereiter und Nachfolger in die Herzen, und suchen wir das Aufgehen nicht unnatürlich zu beschleunigen, zu erzwingen, — der das Gedeihen hier gibt, dort verziehen lässt, ist Gott. Das wäre mein Vorschlag zur Lösung der Katechismusfrage. Über v. Rohdens Schrift sei zum Schluss bemerkt, dass sie viele gute Bemerkungen gegen die traditionelle Methode, gegen Dogmatismus, Maulbrauchen u. s. w. enthält, dass der Verfasser zwar zu den Altgläubigen gehört (Gottheit Christi), dass man sich aber mit so ehrlicher und besonnener Orthodoxie viel besser auseinandersetzen und auch wieder zusammenfinden kann als mit der verwaschenen Vermittlungstheologie, die jetzt in weiten Kreisen herrscht.

Aus den obigen Ausführungen geht zum Teil auch schon meine Stellung zu Pfeifers Abschnitten „Bibel oder Katechismus?"[1] und „Zum Katechismusunterricht"[2] hervor. Die giftigen Bemerkungen gegen die „wissenschaftliche Pädagogik, die psychologische Methode, die Schule Herbarts", womit der Verfasser seine Schriften nicht eben schmückt, wollen wir uns nicht anfechten lassen; gesteht er den „Jüngern Herbarts" doch einmal sogar ein Verdienst zu, nämlich dass sie „im Kampf um die Bedeutung der Person und des Wirkens Jesu ihren Mann gestellt haben". Aber ihrer Überschätzung des Historischen im Religionsunterricht steht P. kühl gegenüber; wollen wir nun „in der Wertung des rein Geschichtlichen auf das zulässige Mass zurückkommen, so bietet uns der Katechismus seine Dienste an". Da „dieses von seinem lokalen und zeitgeschichtlichen Kolorit losgelöste Evangelium" zunächst etwas „abstrakt" ist, soll man sich, statt der üblichen Jagd auf biblische Beispiele, im eignen Herzen, in dem der Kinder, in der Klasse, Familie, Gemeinde, Vaterland, Gegenwart umsehen und mit dem hier Gefundenen kolorieren. Dabei erkennt Pf. die Schwächen und Schranken des Katechismus an, will sie aber überwinden, indem er durch taktvolle offne Aussprache den Kindern zeigt, dass wir heute über viele Dinge anders denken oder in andern Zungen reden als unsre Ahnen; „je weniger wir an Luthers eignen Worten kleben bleiben, desto mehr unterrichten wir in Luthers Sinn." Nicht ersehen habe ich, welche Stelle im Lehrplan Pf. dem Katechismus zuweist (einmal spricht er von der „Wiederholung in der Oberklasse"; wann und wie zum 1. Male? Unterschied der Behandlung?); möglicherweise ist ihm das gleichgültig oder ganz nebensächlich wie überhaupt die Lehrplanfrage (S. 230). Aber so nebensächlich ist diese Frage doch eben nicht: je mehr Apperzeptionshilfen infolge einer organischen Gesamtgruppierung für neue Stoffe vorhanden sind, um so mehr werden diese wirken; und wenn P. das gesonderte Nebeneinanderhergehen von Katechismus und biblischer Geschichte (auf der Mittelstufe) voraussichtlich nicht billigen wird, dann muss er doch nach einer und zwar der besten Verbindung beider streben, d. h. er muss sich auch um die Lehrplanfrage kümmern.

Pf. scheint mir die zwei Fragen zu verquicken: Wie werden wir unter jetzigen Verhältnissen den Katechismus am besten behandeln? und: Welches wäre seine natürliche Stellung und Behandlung? Diese theoretische Frage ist so wichtig wie jene praktische, wenn wir aus Halbheiten und Schwierigkeiten heraus-

---

[1] Der christliche Religionsunterricht im Lichte der modernen Theologie². Leipzig, Hahn. 1901. 260 S. M. 3, geb. 3,50. S. 229—260.
[2] Zur innern Reform des Religionsunterrichts. Ebenda. 1902. 52 S. M. 0,80. S. 30—51.

und vorwärtskommen wollen. Aus Pf.s Zugeständnissen der Schwächen des Katechismus geht doch hervor, dass er sich nicht recht oder vielmehr gar nicht zum Bekenntnis, zum „Unterricht in der christlichen Religion“ eignet: „ich glaube, dass Christus, wahrhaftiger Gott . . .“! Warum muss denn das „Gewand des Katechismusgedankens“, obwohl sich „dies altmodischere Gewand nicht so glatt anschmiegt“, „gleichsam über das (selbständig) Gefundene hinweggebreitet“ werden? Warum? Der Not der herrschenden Lehrpläne gehorchend! Da diese aber weder unfehlbar, noch von ewiger Dauer sind, so gilt es, in praxi vor der Hand zwar sich mit ihnen auf beste Weise abzufinden, gleichzeitig aber darauf hinzuarbeiten, dass sie baldigst gebessert werden. Ich glaube nun, wie gesagt, dass die den Katechismusunterricht drückenden Schwierigkeiten gehoben würden, wenn diese Lutherschrift dort historisch eingeordnet würde, wo sie hingehört: in die Reformationsgeschichte. Dann haben wir darin ein höchst wertvolles, urkundliches Zeugnis vom Glauben des grossen Reformators, aus dem auch wir uns vieles aneignen können, während wir andres erklären und bei Seite legen, wieder andres umprägen, noch andres hinzufügen werden. Hierzu bietet uns P. gute Fingerzeige, wenn er vor dem Durchstöbern der Bibel nach Beispielen warnt und auf viel reichlichere Verwendung des kindlichen Gedankenkreises und der heimischen Verhältnisse dringt. Da soll es mich denn nun gar nicht stören, wenn P. das Historische unter- und das Heimische überschätzt, wenn er nicht beachtet, dass letzteres in der 1., 2., 3. und 5. Stufe von den „Jüngern Herbarts“ doch nicht so stark vernachlässigt worden ist, wenn er öfters recht zweifelhafte Anknüpfungspunkte empfiehlt und für „interessant“ hält (S. 40f.: Alpha und Omega, Monogramm Christi u. a.): genug, er hat den Finger warnend und bessernd auf eine dessen bedürftige Stelle gelegt, und das sei ihm gedankt und gebührend beachtet.

Den Ertrag der Arbeiten von Pfeifer und von Rohden möchte ich dahin zusammenfassen: mögen einzelne Katechismussätze schon früher im Anschluss an die biblische Geschichte gewonnen werden, als Ganzes gehört der Katechismus auf die Oberstufe, muss hier selbständig auftreten und nicht nur durch die besten biblischen Beispiele, sondern viel mehr, als bisher, durch heutige Verhältnisse illustriert, öfters taktvoll korrigiert werden. Ich füge dem hinzu: da er den Kindern nicht als Bekenntnis aufgedrängt werden darf, ist er in die Reformationsgeschichte (so wie in höhern Schulen die Augustana) einzugliedern als eins der schönsten Glaubensbekenntnisse Luthers, dem eine gründliche Behandlung mit Rückblicken auf die Bibel und Ausblicken auf die Gegenwart gebührt. Das würde so wenig eine Degradierung des Katechismus sein, wie es etwa die Behandlung der Bergpredigt im Leben Jesu, paulinischer Lehrstücke im Rahmen der Apostelgeschichte ist. Ob diese Behandlung noch der Schule zugeteilt oder dem Konfirmandenunterricht vorbehalten werden soll, ist eine mehr äusserliche Frage.

Das führt mich auf den Konfirmandenunterricht, betreffs dessen ich auf ein neues Schriftchen von Eckert, „die lehrplanmässige Organisation des Konfirmanden-Unterrichts“[1]) hinweisen möchte. Es ist sehr er-

---

[1]) Berlin, Reuther u. Reichard. 1903. 40 S. Preis?

freilich, wenn ein Pastor seinen Amtsgenossen eindringlich zuruft: „Unsre Kirche
und kirchliche Katechetik hat alle Ursache, bei der ernsthaften Pädagogik in die
Schule zu gehen", wenn er die Schule von manchem entlasten, der Schule aber
auch ganz geben will, was ihr zukommt, und wenn er endlich, was ich für das
allerwichtigste halte, unbedingt eine allgemein gültige lehrplanmässige Ordnung
der Lehrstoffe des Konfirmandenunterrichts fordert. Zu diesen rechnet er das 3.,
4. und 5. Hauptstück, Kirchengeschichte, Gottesdienstordnung, Kirchenjahr, Peri-
kopen, ferner weitere Bibellektüre (u. a. Propheten, Psalmen) und Kirchenlied.
Die Stofffülle erklärt sich daraus, dass er einen zweijährigen Kursus für unbedingt
notwendig hält. Hiergegen sowie gegen den ausgeführten Lehrplan E.s. liesse
sich manches einwenden, und aus seinem Satz „man fühlt immer mehr, Kate-
chismusarbeit ist kirchliche Arbeit" möchte man wohl die Folgerung ziehen
also soll die Schule bloss die biblischen Stücke des Katechismus, die Kirche diesen
als Ganzes (bes. auch das 2. Hauptstück) übernehmen. Aber das sind Nebensachen; den Hauptforderungen des Verfassers, dass Kirche und Schule sich schied-
lich friedlich in das Arbeitsgebiet teilen, aber in Einem Geist arbeiten sollen,
und dass der Konfirmandenunterricht dringend eines festen Lehrplans bedarf, wird
man nur freudig zustimmen können.

Um endlich noch das Gebiet der Kirchengeschichte zu berühren, so
erwähne ich hier noch zwei wertvolle Bücher, die uns dies Jahr gebracht hat: die
Kirchengeschichtlichen Lesebücher von Rinn & Jüngst[1] und von
Thrändorf.[2] Es ist überhaupt mit Freuden zu begrüssen, dass diese Art
Bücher jetzt allmählich an die Stelle der kirchengeschichtlichen Leitfäden und
Grundrisse zu treten beginnen. Freilich läuft auch hier mancherlei minderwertige
Ware mit unter: ich denke z. B. an das Quellenbuch von Barkhausen & Hübner, das
„im engen Anschluss an die durch die Allgemeinen Ministeriellen Bestimmungen
bestimmte Auswahl der Stoffe" fabriziert worden ist, an das Kleine Quellenbuch
von Halfmann & Köster, das als einzige Vertreter der Neuzeit Matthias Claudius,
Friedrich Wilhelm III., Wilhelm I. und besonders Wilhelm II. zu Worte kommen
lässt, an Heidrichs Quellenbuch über Luther, wo in der Hauptsache der lederne
Mathesius und der ähnliche Text aus des Verfassers Hilfsbuch zu Grunde gelegt
und im Vorwort gesagt ist: Wenn der Schüler nun etwa noch (!) eine oder die andere
einzelne Schrift von Luther kennen lerne, so habe er diesen genug kennen gelernt!
Rinn & Jüngst dagegen bieten eine ausserordentlich reichhaltige, auf solider
Quellenkenntnis beruhende Stoffsammlung in fliessender, meist selbständiger Übersetzung, öfters mit Vermittlung des geschichtlichen Zusammenhangs durch längere
oder kürzere Darlegungen. Die Verfasser möchten das Buch in erster Linie in
den Oberklassen höherer Schulen eingeführt sehen, in zweiter Linie Studenten,
Geistlichen u. a. damit Dienste tun. Ich glaube allerdings, dass es für den zweiten
Zweck geeigneter ist als für den ersten: nicht sowohl deshalb, weil es für die
Schule zu viel bringt und auch immerhin teuer ist, sondern weil die Auswahl
mehr von theologischem Standpunkt aus getroffen ist als von religionspädago-
gischem und weil zuvielerlei Vereinzeltes, zu wenig grössere Zusammenhänge ge-

[1] Tübingen, Mohr. 1904. 310 S. Mk. 3,50, gebd. 4,50.
[2] 3. Teil: Neuzeit. 2. Aufl. Dresden, Bleyl & Kaemmerer. 1903. 96 S.
Mk. 0,70, gebd. 0,90.

boten werden. Ich greife zum Beweise dafür je ein Beispiel aus jedem Hauptabschnitt heraus. Vom 2. Jahrhundert (S. 4—19) bringen die Verfasser Stücke aus
dem (1.) Clemensbrief, über Kerinth, Basilides, Marcion, Montanus, aus Celsus,
den Pliniusbrief, aus (Pseudo-) Ignatius, über Polykarp, die Verfolgung in
Lyon und Scili, aus Aristides, Justin, Tertullian, Irenäus, das römische
Taufbekenntnis, das Muratori'sche Fragment. Hier hätten die von mir
gesperrten Stücke völlig genügt, Celsus (vielleicht dazu Lucian) hätte noch
stärker berücksichtigt werden können. Bei Franziskus von Assisi (und Dominikus)
genügt die 1. Hälfte des Testaments nicht; ausser der 2. ist vor allem der
charakteristische Sonnengesang hinzuzufügen, auch empfiehlt sich das Stück aus
Dantes comedia über die beiden Männer, da dieser grosse Dichter doch auch bei
Bonifaz 8. zu berücksichtigen wäre. Weniger Gestalten, diese aber ausgiebiger
und, wenn möglich, immer nach Quellen und zwar den besten! Warum sind bei
Ignatius von Loyola z. B. nicht dessen Bekenntnisse verwendet, warum nicht
Stücke aus den exercitia spiritualia selbst statt des Auszugs, warum fehlen die
charakteristischen Aussprüche über den Gehorsam, Probabilismus u. s. w.? Die
deutsche Aufklärung wird durch Stücke von Semler, Zollikofer, Spalding, Nicolai,
Lessings „Erziehung des Menschengeschlechts" und 2 rationalistische Vater-Unser,
im ganzen 3½ Seiten, doch gewiss nicht so charakterisiert, wie durch Reimarus,
Lessings Streitschriften, Friedrich den Grossen. Ich wiederhole: für den Theologen sind wohl alle aufgenommenen Stücke von Interesse (für ihn könnten sogar
noch mehr und eben auch grössere Zusammenhänge geboten werden), für die
Schule eignet sich vielleicht ¼ des Gebotenen, dieses aber müsste dann wieder
durch Zugehöriges ergänzt werden. Trotz alledem bleibt das Buch von Rinn & Jüngst
eine bedeutsame Leistung, für die jeder Religionslehrer dankbar sein wird.

Viel mehr für den Schulgebrauch zurechtgemacht ist Thrändorfs Kirchengeschichtliches Lesebuch, von dem allerdings zur Zeit erst der 3. Teil,
die Neuzeit von Spener an, in 2. Auflage vorliegt. Das 2. Heft, die Reformationsgeschichte, wird aber voraussichtlich noch in diesem Sommer erscheinen, das 1.,
nicht so wichtige, darnach. Längere Stücke bietet T. über Spener, Francke, Reimarus,
Lessing, Friedrich den Grossen, Rousseau, Schleiermacher, Wichern, kürzere über
Penn, die Salzburger, Wesley, Aufhebung und Wiederherstellung des Jesuiten-
ordens, Holbach, Robespierre, die englische Missionssozietät, die Union, Falk,
Amalie Sieveking, den Gustav-Adolf-Verein, das Vatikanum, die Thomas-Encyklika,
Gustav Werner, die englischen Christlich-Sozialen, die sozialen Erlasse Wilhelms I.
und II. Gewiss wird der eine oder andere noch manches vermissen, manches
ergänzt, andres durch noch Besseres erstzt wünschen (zum Pietismus, Methodismus
und Quäkertum habe ich selbst im 1. u. 2. Heft der „Zeitschrift für den evangelischen Religionsunterricht" von Fauth & Köster (Berlin, Reuther u. Reichard)
Erweiterungen vorgeschlagen, geboten und begründet), aber im allgemeinen wird
das von T. Gebotene als eine sehr glückliche Auswahl bezeichnet werden dürfen,
und es ist zu bedenken, dass — wenigstens von vornherein — nicht zu viel aufgenommen werden möchte, wodurch die Einführung erschwert werden könnte.
Thrändorfs Buch sei zu fleissigem Gebrauch, scharfer Prüfung und tätiger Verbesserung nachdrücklich empfohlen.

Darf ich zum Schluss noch auf ein Schriftchen von mir selbst hinweisen?

Ich glaube es um so eher tun zu dürfen, da es nur ein bibliographisches Hilfsmittel ist und da ich mich der wertvollen Mitarbeit der Professoren der Theologie Baentsch und Wendt-Jena und Schmiedel-Zürich und der Kollegen Hennig, Neumann, Reukauf, Schiele und Thrändorf dabei erfreuen durfte. Dies von der „Pädagogischen Gesellschaft" (Prof. Rein-Jena u. Prof. Zimmern-Berlin-Zehlendorf) herausgegebene 1. Heft der „Verzeichnisse empfehlenswerter Bücher für Lehrer zur Vorbereitung für ihren Beruf und ihren Unterricht sowie zu ihrer wissenschaftlichen Weiterbildung": „Zum evangelischen Religionsunterricht"[1]) ist vom Standpunkt der sogenannten modernen Theologie aus bearbeitet; die einzelnen Schriften sind bibliographisch genau angegeben und mit Urteilen von Kennern über Inhalt und Charakter versehen: I. Allgemeines. Zusammenfassendes. II. Vorbereitung inbezug auf den Stoff. 1. Altes, 2. Neues Testament, 3. Kirchengeschichte, a) Quellen, b) Gesamtdarstellungen, 4. Systematisches. III. Methodische Bearbeitungen. IV. Schulbücher. V. Zur Lektüre und Erbauung. VI. Karten. Bilder. VII. Zeitschriften. — Berichtigungen und Ergänzungen werden mit Dank von mir angenommen.

Wir sind durch alle wichtigeren Gebiete des Religionsunterrichts gewandert und haben gesehen, dass überall eifrig und vielfach mit Erfolg gearbeitet wird. Neuer Bahnen bedarf es m. E. nicht, wohl aber immer neuer Arbeiter und immer erneuter Arbeit an der Weiterführung und Ausbesserung des seit 2 Jahrzehnten schon energisch in Angriff genommenen Wegebaus.

II.

Über den Gebrauch von Tafelwerken im modernen Zeichenunterricht.

Von Max Richard Gräf in Radebeul.

Die neuzeitlichen Bestrebungen haben eine grosse Umwälzung sowohl in bezug auf das Ziel des Zeichenunterrichts, als auch auf die Mittel zur Erreichung desselben hervorgerufen. Das Ziel, die Grundlagen zur künstlerischen Genussfähigkeit unserer Jugend zu bieten, ist bedeutend höher gesteckt, und die Mittel dazu [1. Entwicklung des Anschauungsvermögens und des Formengedächtnisses, 2. Förderung des Kunstsinnes durch geeignete Auswahl und Behandlung des Zeichenstoffes und durch eingehende Betrachtung kindlich fassbarer Bilder, 3. Ausbildung zu technischer Geschicklichkeit im Gebrauch von Stift, Feder und Pinsel] — sind entsprechend reicher geworden. Was man früher als das Hauptziel ansah: Liniendrill, also Erreichung einer guten Technik, ist heute an dritte und letzte Stelle gerückt; denn die Wiedergabe durch Stift und Pinsel soll nicht der Vorbereitung zu einem bestimmten Berufe dienen, sondern nur den Beweis erbringen, dass richtig angeschaut und das Geschaute mit dem Verstande erfasst und durchdrungen ist.

---

[1]) Dresden Bleyl & Kaemmerer. 1903. 40 S. Mk. 0,75.

Was den Lehrstoff betrifft, so könnte man die neue Lehrweise kurz dahin charakterisieren, dass sie an die Stelle klassischer Motive (Akanthus, Spiralformen des Renaissancestiles etc.) solche aus der Natur der Heimat benützt und anstatt des aus der Geometrie übernommenen, aber für den Zeichenunterricht ganz unberechtigten Stufenganges (Rechteck, Dreieck, Kreis etc.) eine vollständig andere Auswahl auf Grund gewissenhafter psychologischer Beobachtungen der Kindesseele trifft.

Wie so viele neuzeitliche Errungenschaften, hat aber auch diese Erweiterung und Vertiefung des Zeichenunterrichts Unangenehmes gezeitigt. Man verwendet wieder Vorlagen in der Weise, dass man sie ganz mechanisch kopieren lässt. Nur werden anstatt veralteter Renaissancetafeln „moderne" gebraucht. Auf der mit der diesjährigen Hauptversammlung deutscher Zeichenlehrer verbundenen grossen Ausstellung von Schülerzeichnungen waren Abteilungen zu bemerken, die in reichlicher Anzahl sklavische Kopien nach Tafelwerken von Deditius-Barmen, Schick-Kassel, Joh. Hipp-Strassburg etc. enthielten; andere Abteilungen liessen das Kopieren von Vorlagen wenigstens vermuten, da sie gewisse Renaissancemotive aufwiesen, welche das Naturobjekt nicht bietet, und auf die kein Schüler von selbst kommen kann, wenn er „nach Natur" zeichnet. Sehr viele Lehrer, zumal diejenigen, denen das Zeichnen nicht „Steckenpferd" ist, verwenden also trotz amtlicher Lehrpläne nach wie vor Vorlagen im alten Sinne, treten an die Vorlage das eigentliche Amt des Lehrers ab und begnügen sich mit einer beratenden oder gar nur aufsichtführenden Stellung. Wie kommt das? Eine Vorbereitung, wie man sie in anderen Fächern für notwendig hält, erachtet man für überflüssig. Das Naturobjekt, das man dem Schüler bietet, zeichnet man nicht erst einmal selbst, um die Schwierigkeiten herauszufinden, an denen der Zögling Anstoss nehmen könnte, oder um zu prüfen, ob der Stoff nicht überhaupt zu schwierig für das Kind ist?

An den Vertretern des anderen Extrems aber, die mutig nach amerikanischem Muster drauflosmalen lassen und Tafelwerke gänzlich verpönen, kann man leider nur allzuhäufig die Beobachtung anstellen, dass sie eben doch nicht den Kern der Sache begriffen haben, sondern ganz nebensächliche und rein äusserliche Dinge als Hauptsache betrachten. Gerade das, was wir vom Auslande nicht lernen sollen, die oberflächliche, flüchtige Behandlungsweise, wird als nachahmenswert gepriesen; „Zeichnen mit Kohle auf Packpapier", „freie Pinselarbeit", „Freiarmübungen" und wie die Schlagworte sonst noch heissen, gilt manchen als A und O alles Zeichenunterrichts. Vertretern dieser Richtung ist fleissiges Studium guter Tafelwerke nur von Vorteil, und es mehren sich die Stimmen, die dieser verpönten Sache wieder das Wort reden. Man sollte beispielsweise meinen, es wäre gleich, ob man dem Schüler gepresste, aufgeklebte Blätter oder getreue Abbildungen (Flinzers Blattformen etwa?) davon bietet; denn beides sind planimetrische Gebilde, — ob man ihnen eine Tonplatte oder eine Abbildung davon gibt; denn bei ersterer liegt lediglich das Muster 1—2 cm „höher" als auf Vorlagen. Was für ein Unterschied ist endlich zwischen dem Kopieren von einem „bedruckten Stoffe" und dem eines „bedruckten Papiers"? Ersteres wird da empfohlen und vorgeschrieben, wo das zweite verboten ist. Als Naturzeichnen könnte das Arbeiten nach bedruckten Stoffen doch nur dann gelten, wenn man auch die Struktur des Gewebes, ebenso die dadurch bedingte eigentümliche farbige Wirkung wiedergeben würde. Das ist jedoch schon für einen Künstler eine Aufgabe, und so bleibt denn keine andere Verwendung übrig, als ein Abzeichnen, wie es nach Vorlagen geschieht.

Es herrscht grosse Unsicherheit in bezug auf den Gebrauch von Tafelwerken. Das Zeitalter des Kopierens ist glücklich vorüber, ein Tafelwerk als „Vorlage" im landläufigen Sinne zu gebrauchen, sieht man jetzt mit Recht, von einigen Ausnahmefällen abgesehen, als missbräuchliche Benutzung an. Vielleicht lässt man am besten die Bezeichnung „Vorlage" überhaupt fallen, da sie eine üble Deutung zulässt. Zwar sind die Werke, die direkt zum Abzeichnen geschaffen wurden, wie Pilze aus der Erde geschossen, dennoch gibt es auch Werke, die nie „Vorlagen" sein wollten, sondern ganz andere Zwecke verfolgen.

Eine anfangs genannte Forderung lautet: „Pflege des Kunstsinnes durch eingehende Betrachtung kindlich fassbarer Bilder." Unter diese Rubrik gehört auch im allgemeinen die Verwendung der Tafelwerke. Eine grosse Anzahl von Gegenständen des Kunsthandwerkes, ja weitaus die meisten sind infolge ihres hohen Preises schwer oder überhaupt nicht zu beschaffen. Im Mädchenzeichnen macht sich dieser Umstand besonders unangenehm bemerklich. Wenn aber gestickte Läufer, Teppiche, Vorhänge, Deckchen — natürlich künstlerisch wertvolle — nicht zu erlangen sind, dann bieten eben mustergültige Abbildungen genügenden und billigen Ersatz. Verwendet man nicht mit Freuden „Hirths Formenschatz"? Aus welchem stichhaltigen Grunde wollen wir Abbildungen von Lebensformen, wenn Originale erhältlich sind, verschmähen? Hieraus geht aber schon hervor, dass Tafelwerke nur gelegentlich gebraucht werden können. An der einen Tafel interessiert etwa eine schöne Farbenharmonie, auf der andern erfreut eine besonders glückliche Raumverteilung, die dritte zeigt in schöner Weise sinngemässe Betonung irgend eines Pflanzencharakters, mit einer weiteren Tafel kann der Lehrer selbst durch einen ganz privaten „Konkurrenzentwurf" zur Vorbereitung oder Weiterbildung wetteifern, nach einer andern hinwiederum können vielleicht gute und lehrreiche Farbentreffübungen ins Skizzenbuch versucht werden u. s. f. Wie gut auch, wenn für den letzten Fall zur Informierung des Lehrers die Farbenmischungen angegeben sind! Eine Norm für ihren Gebrauch aufzustellen, ist nicht möglich, sondern es bleibt dem Geschick des einzelnen überlassen, wie und an welcher Stelle er die Tafel dem Unterrichte dienstbar macht. Oft wird ihre Verwendung auch da einzusetzen haben, wo die eigene Gestaltungskraft des Schülers am Ende ist. Man ist sich beispielsweise klar darüber, dass man bei Volksschülern nur dann von „eignen Entwürfen" reden kann, wenn es sich um einfache Aneinanderreihungen, tapetenartige Wiederholungen, einfache Anordnungen zu Rechtecks- oder Kreisfüllungen handelt. Um aber dennoch ein Bild davon zu geben, was aus dieser oder jener Pflanzenform noch geschaffen werden kann, wird man eben am besten zum Tafelwerke greifen. Ferner wird man aus technischen und finanziellen Gründen in der Regel im Zeichenunterrichte nur dünnere Farbentöne verwenden lassen können. Im Tafelwerke werden aber Farbenzusammenstellungen in einer Tiefe und Leuchtkraft geboten, wie sie der Schüler mit seinen schwachen Mitteln nicht erreichen kann, deren Betrachtung aber ergänzend hinzutreten muss. Da der Künstler viel schärfer das Charakteristische eines Dinges sieht und hervorhebt, so ist das Studium einer entsprechenden Tafel auch für die Vorbereitung des Lehrers neben dem Studium der Pflanze in Natur immer dankbar und empfehlenswert. Wie man aber beispielsweise nicht auf eine Sammlung von Gefässformen den ganzen Zeichenunterricht aufbauen kann, so wird man auch nimmermehr ein Tafelwerk finden, das dem gesamten Zeichenunterrichte einer Schule aufhelfen könnte. Speziell im Mädchenzeichnen wird immer das Zeichnen nach der natürlichen Pflanze den Ausgangspunkt bilden, und das Tafelwerk wird nur ein kleines Gebiet des unermesslichen Zeichenstoffes zu illustrieren und zu ergänzen vermögen, demgemäss also, wie schon bemerkt, auch nur gelegentlich zu verwenden sein. Methodische Lehrgänge kann man also aus Tafelwerken nicht entnehmen, sondern deren Gebrauch ist umgekehrt an geeigneter Stelle in jene einzugliedern.

Herbe Enttäuschungen werden diejenigen erleben, die ihren Schülern nach vorstehenden Gesichtspunkten bearbeitete, aber weit über die eigene Gestaltungskraft derselben hinausgehende Tafelwerke zum Kopieren vorlegen. Dem Verfasser ist über seine „Heimatliche Pflanzen im Mädchenzeichnen"[1]) wiederholt gesagt worden: „Das Werk ist zu schwer!" Wozu ist es zu schwer? Doch einzig und allein zum — Kopieren!

Möchten nur alle Tafelwerke in diesem Sinne „zu schwer" sein — der Segen für den Zeichenunterricht wäre gross. Wohl halten wir Kinder für fähig, ein gut zum Vortrag gebrachtes lyrisches Gedicht zu geniessen, doch muten wir ihm nicht zu, denselben Stoff nachzudichten. Wer aber glaubt, zur Erteilung von Zeichenunterricht nach modernen Grundsätzen gehöre weiter nichts als ein reicher Schatz moderner Entwürfe, die man den Schülern nur vorzulegen braucht, der darf sich nicht wundern, wenn dieser Unterrichtsapparat sehr schlecht, oder gar nicht funktioniert.

III.

Von der Geduld in Erziehung und Unterricht.

Von Anton Weis-Ulmenried.

Geduld, jene durch Übung gewonnene oder in der natürlichen Anlage vorhandene Fähigkeit mit ruhigem Gleichmute Anstrengungen, Beschwerden, Leiden und Widerwärtigkeiten zu ertragen, ist bekanntlich eine Eigenschaft von grossem Werte für jeden Menschen. Jeder braucht Geduld in den Tagen des Missgeschicks, in der Zeit der Leiden und Prüfungen nicht minder, als im täglichen Berufsleben. Wer die meiste Geduld hat, kommt am besten durch, hat die meiste Aussicht, sein vorgestecktes Ziel zu erreichen. Wer mit geduldigem Sinn warten kann, hat wohl immer Sieg und Erfolg auf seiner Seite; denn die Kunst, warten

---

[1]) Heimatliche Pflanzen im Mädchenzeichnen. Blätter zur Vorlage und Betrachtung von Max Rich. Gräf. Dresden 1901, Verlag von Bleyl u. Kaemmerer. Pr. 14 M. Vgl. Päd. Studien XXII, S. 233/34.

zu können, ist das grosse Geheimnis des Erfolges. Geduld macht das Gemüt froh und heiter, stählt die Kraft, so dass der Mensch seine Bürde leichter tragen und seine Berufsarbeiten besser vollführen kann. Ist die Geduld eine wertvolle und notwendige Eigenschaft für jeden Menschen, so ist sie dies wohl für Lehrer und Erzieher in noch höherem Grade, sollen sie nicht mutlos werden, erlahmen und erschlaffen in ihrer schweren, anstrengenden Arbeit.

„Es solte ja billich ein Schulmeister, weil er ein armer wohlgeplagter Unterman ist, dabei fromm, sanfftmütig und gedultig werden, und dabey lernen, dass dieweil ihm die gezwungene Sanfftmuth und Gedult, wenn er gute Worte geben muss, wohl zu statten kommen, dass ihn die freywillige Sanfftmuth noch viel höher zieren werde. Wenn er denn dieses begreiffet, so wird er nicht nur gegen seine Oberen sich sanfftmütig erweisen, sondern auch gegen seine untergebenen Schüler, ja gegen das kleinste Kind, und nicht den verbissenen Zorn gegen die Kinder auslassen, sondern in seiner guten Gewohnheit bleiben. Er wird, ehe er einmal losschlägt, alwege ein Vater unser beten, und bedencken, dass ein Kind, so seinen Irthum nicht erkennet, und nicht weiss, dass sein Thun unrecht ist, durch alle Schläge nicht umb einen Strohalm frömmer, sondern nur ärger und in seinem Irthum und Lastern verhärtet wird, ja gar ein hl. Märterer aus sich macht. Wird also alles mit guten Worten lehren, und weil alle Zucht, die nicht mit Liebe gethan wird, vergebens ist, in allem seinem Thun die Liebe spüren lassen. Damit bringt er es so weit, dass die Kinder weinen, wenn sie nicht sollen in die Schule gehen, und ihnen die Zeit in der Schule nicht lang wird. Weil er auch mit jedermann freundlich und friedlich umbgehet, hat ihn jedermann wieder lieb und werth, und man hat ein gut Vertrauen zu ihm, nicht viel weniger als wäre er selbst Pfarrer oder Seelsorger" — heisst es in den „Sieben Edlen Tugenden, deren sich die Herren Dorff-Schulmeister befleissigen oder doch befleissigen sollen."[1]

Standhaftigkeit und Ausdauer, die zusammen die „Geduld" bilden, sind für Eltern. Lehrer und Erzieher Eigenschaften von höchstem Werte um so mehr, als die ohnehin schwere Bürde, welche das Kind durch seine Unaufmerksamkeit, seine Vergesslichkeit, seinen Leichtsinn auf die Schultern seiner Erzieher ladet, gar häufig noch schwerer wird, wenn Eigensinn und vorsätzlicher Ungehorsam dazu kommen. Lehrer und Erzieher, lege darum Geduld zu dieser Last! Du trägst sie dann leichter. — Halte aus in deiner Liebe — „Liebe überwindet alles" —, halte aus in der Arbeit für das Wohl der dir anvertrauten Jugend! Die Resultate des Unterrichts sowohl als der Erziehung sind ja zum grössten Teil von der Gemütsart abhängig, womit die Zöglinge behandelt werden. Ein harter, kalter Lehrer wird nicht im entferntesten das zu leisten imstande sein, was ein Lehrer bei seinen Zöglingen erreicht, der „Herz" für sie hat. Überall in der Jugenderziehung soll die Liebe bemerkbar sein. Wo sie fehlt, da kann das Wissen, die Geschicklichkeit und der Fleiss des Lehrers noch so gross sein: seine mühevolle Arbeit wird nur eine verkümmerte und krüppelhafte Frucht hervorbringen. Der Lehrer soll seinen Zöglingen in väterlicher Güte vorstehen; die Strenge soll ein Ausfluss väterlicher Liebe sein und daher niemals in Härte ausarten, niemals

---

[1] Anhang zu den „Sieben böse Geister, welche heutiges Tages guten Theils die Küster oder sogenannte Dorff-Schulmeister regieren" (Verfasser und Jahreszahl unbekannt, ed. v. A. Israel, Zschopau 1880 bei A. Raschke).

leidenschaftlich werden. Besitzt der Lehrer die rechte Liebe zur Jugend, so besitzt er auch gewöhnlich das richtige, feinfühlige Verständnis für das kindliche Gedanken- und Gefühlsleben; es ist der wichtigste Faktor, wenn es sich darum handelt, in der richtigen Weise auf die Jugend einzuwirken.

Die Geduld kann aber nur so lange als Tugend gelten, so lange sie nicht zu blosser Passivität herabsinkt, so lange sie sich also in unerschütterlicher Beharrlichkeit im Verfolgen des vorgesteckten Zieles betätigt. Sobald sie in Passivität übergeht, alles gehen lässt, wie es geht — wird sie zum Zerrbild, als welches sie allerdings nicht selten in Schule und Haus zu finden ist. Die wahre Geduld, so lange sie als Tugend gelten will, stellt sich fest auf die Füsse gegenüber den Untugenden des Kindes; denn die Geduld des Erziehers schliesst in sich eine feste, sittliche Haltung, die sowohl das Resultat gründlicher pädagogischer Einsicht und Erfahrung, als auch eines gediegenen Charakters ist.

In der Kunst, warten zu können, liegt eine grosse Weisheit auch betreffs der Erziehung. Lerne warten! — Alles erfordert ja seine Zeit, um sich zu entwickeln und seine Reife zu erlangen. Sehr vieles in der Arbeit des Lehrers muss langsam geschehen, wenn es von Nutzen werden soll. — Schwämme schiessen sehr schnell aus der Erde; sie brauchen oft nur eine einzige Nacht, um zu reifen. Die starken Eichen aber und die riesengrossen Tannen, diese Bäume, aus denen man Schiffe baut und Häuser, die brauchen viele Jahre zu ihrer völligen Reife. — Was für die Ewigkeit ausgesät wird, reift langsam. Der christliche Erzieher weiss, dass er seine Zöglinge für das Reich Gottes zu erziehen hat.

Geduld zu haben mit der Entwicklung des Kindes, die oft ungleich und langsam vor sich geht, ist eine unerlässliche Forderung an jeden Erzieher. Gerade dagegen wird aber sehr häufig gefehlt, indem man die geistige Entwicklung des Kindes künstlich oder gewaltsam zu beschleunigen sucht. Struve sagt in seinem „Handbuch über die Erziehung und Behandlung der Kinder" (1804): „Immer müssen wir bei der Ausbildung der Seelenkräfte auf die Beschaffenheit des Körpers und auf die Fähigkeit der Kinder Rücksicht nehmen. Nichts schadet so sehr als Übertreibung. Gelehrte Kinder erziehen wollen, ist ein wahres Verbrechen gegen die Natur."

Unter dem Einflusse der modernen Vielleserei, die gegenwärtig auch einen nachhaltigen Druck auf den Unterricht ausübt, ist der eifrige Lehrer stark versucht, sowohl sich selbst als seine Schüler zu überanstrengen. Da wird es sehr notwendig, sich die alte, pädagogische Regel vor Augen zu halten: festina lente! Wie der Lehrer bei seinem Selbststudium langsam lesen und geduldig über das Gelesene nachdenken muss, wenn er einen Nutzen davon haben will, so muss er auch dem Kinde Zeit lassen zum Denken und Zeit, seine Gedanken in Worte zu kleiden.

Wenn Fragen und Antworten wie das Schiffchen in einem Webstuhl hin- und hergehen, so kann man mit Grund annehmen, dass es da nicht mit rechten Dingen zugeht. Entweder sind die Kinder gezwungen worden, auf stereotype Fragen formulierte Antworten einzulernen, oder der Lehrer hat auf einem kleinen Gebiete des vorgeschriebenen Lehrkurses die Intelligenzjagd zu einem Grade

10

hinaufgetrieben, der im umgekehrten Verhältnis zu den Kräften der Kinder steht. Der Nutzen solch katechetischer Exerzitien ist für die Verstandesentwicklung und die Erkenntnis ein minimaler. Wie ein forcierter Unterricht naturgemäss mit Oberflächlichkeit verknüpft ist, so trägt ein guter, der Fassungskraft der Kinder angepasster Unterricht das Gepräge der Tiefe und überlegenen Ruhe — Eigenschaften, die wichtige Voraussetzungen einer erfolgreichen Unterrichtstätigkeit sind.

Geduldig auf den Erfolg der Bemühungen zu warten, hat auch grosse Bedeutung, für die religiöse Entwicklung des Kindes. Man darf das Kinderherz nicht gleichsam von aussen zu erobern suchen, indem man die Gefühle des Kindes bestürmt und ihm die christlichen Lehren förmlich aufzudringen sucht. Man soll lieber auf die Überzeugung des Kindes einzuwirken suchen und ihm Zeit lassen für seine eigene freie Entscheidung im Lichte der Wahrheiten, die es kennen gelernt. Damit ist nicht gemeint, dass man dem kindlichen Verstande die gelehrten Glaubenswahrheiten zu beweisen suchen soll, sondern ein klarer, von einer warmen Überzeugung getragener Unterricht, der wohl am besten geeignet ist, das religiöse Interesse des Kindes zu wecken und zu erhalten. Ein Übermass von Ermahnungen und empfindsamen Vorstellungen, wie wohlgemeint sie auch sein mögen, wirkt unvergleichlich geringer auf das Kind ein als die göttlichen Wahrheiten selbst, wenn sie auf lebendige Weise dargestellt und von einigen warm empfundenen Ermahnungsworten begleitet werden.

Bezüglich der Disziplin unter den Kindern in Schule und Haus soll die G e d u l d dem Erzieher behilflich sein, alle Pedanterie zu vermeiden und jene häufig vorkommende Eigenheit, die sich in fortwährendem Nörgeln, Zanken und Zurechtweisen äussert, abzulegen. Pedanterie weckt Trotz, und ungeduldiges Nörgeln macht die Kinder mürrisch, verdrossen, mutlos, oder auch widerspenstig gegen die Massnahmen des Erziehers. Möchten doch manche Erwachsene bedenken, wieviel Torheiten sie begehen, und sie wollen Klugheit, Überlegung, Vorsicht und alle möglichen männlichen Eigenschaften von einem Kinde fordern! Auch soll man sich hüten, die Kinder zu reizen. Das hat seine besondere Bedeutung für den Fehler, der von den Erziehern am meisten beklagt wird, nämlich den Eigensinn. Der Eigensinn ist dieselbe Eigenschaft, die auch den Namen der Charakterfestigkeit trägt, und kein grosser Mann ist ohne diese Eigenschaft zu denken, die ihn antreibt, seine Idee der Meinung aller Welt zum Trotz durchzuführen. Hässlich erscheint sie beim Kind, noch mehr jedoch erscheint sie lästig, weil sie die Absichten des Erziehers durchkreuzt; wie denn überhaupt der Schwäche menschlicher Einsicht zufolge die Erziehung sich oft mehr gegen das Lästige als gegen das Schlechte kehrt. Da ist nun gerade beim Eigensinn wohl zu bedenken, dass Widerstand die eigensinnige Kraft nicht bricht, sondern stärkt. Früher pflegten die Orthopäden wohl schwere Gewichte in der Hand tragen zu lassen, um einen gekrümmten Arm zu strecken. Sie haben entdeckt, dass das Gegenteil der erstrebten Wirkung eintrat. So ist es auch mit dem Eigensinn. Gebrochen kann er nicht werden, er verbirgt sich nur und lässt den Hass emporkeimen.

Geduld lässt der Freiheit des Kindes innerhalb gewisser Grenzen den nötigen Raum, damit es sich offen äussern und damit man seine Individualität studieren kann, und spart Kraftworte und Strenge, bis wirklich Übermut oder Ausgelassenheit zum Ausbruch kommt. Sie sieht nicht in jedem Knabenstreich gleich ein Verbrechen und zeigt nicht gleich ein finsteres Gesicht, wenn Frohsinn und kindliche Munterkeit ohne Schaden für die Disziplin ihr Recht verlangen. Kräftige, energische Personen sind sehr der Versuchung zur Ungeduld ausgesetzt. Gut ist's, wenn die Energie sich entladen kann in emsiger, treuer Berufsarbeit. Die Versuchung wird dann geringer sein, das Kind die vulkanischen Ausbrüche einer bisweilen unzeitigen Energie und eines allzu leidenschaftlichen Gemütes erfahren zu lassen. Bei der Erziehungsarbeit ist darum ein geduldiger Mann, der seine Stimmung beherrschen kann, einem bloss „energischen" vorzuziehen. Andrerseits darf die Geduld dem Eifern gegen das Böse keineswegs hindernd im Wege liegen; denn manchmal muss es in der Schule auch donnern, damit die Luft gereinigt wird. Die Strenge aber soll sich, so weit möglich, in Liebe auflösen. Die pädagogische Erfahrung hat mannigfaltig das Wort des weisen Salomo bekräftigt: „Unvernunft klebt am Herzen des Kindes, aber das Reis der Zucht treibt sie fort." — Die Geduld soll die Erzieher bei Verhängung von Strafen und gar bei körperlicher Züchtigung vor Übereilungen bewahren und ihn lehren, dass auch in der Strafe Liebe sein muss, die das Wohl des Kindes will, auch wenn der Körper für begangene Fehler und Unarten leiden muss. — Es wurde bemerkt, dass die rechte Geduld sich nicht passiv verhalten dürfe. Sie kann und muss aktiv sein. In dieser Beziehung lässt sich ihre Aufgabe durch folgende Worte kurz bezeichnen: Hilf der schwachen Kraft! Diese Aufgabe der Geduld gilt nicht nur kleinen Kindern, sondern den Kindern jeder Altersstufe gegenüber. Mit Anwendung eines apostolischen Ausdruckes[1]) könnte man diese Aufgabe auch so formulieren: Traget des Kindes Lasten! Wie Gott, der grosse Erzieher der der Menschheit, erst gibt und dann fordert, so soll auch der Erzieher die Liebe, welche gibt, vorangehen lassen den Gesetzen, welche vorschreiben oder fordern. Für Lehrer und Eltern sollte als Erziehungsregel gelten: Erst gib, dann fordere! Nie soll man vergessen, der schwachen Kraft der Kinder geduldig zu helfen. Die Kinder wissen oft nicht, was sie tun oder lassen sollen; sie haben nicht die Kraft, ihre Triebe zu beherrschen. Die Erziehung muss den Kindern die Erfüllung ihrer Aufgaben zu erleichtern suchen. Wir müssen aber auch die Kinder durch Übung gewöhnen, sich willig unsrer Leitung zu überlassen, sich unsern Vorschriften zu fügen, auch wenn diese Unterwerfung und dieser Gehorsam für sie bitter ist. Soll dies dem Erzieher glücken, so ist Geduld erforderlich, die die Last des Kindes erleichtert und gleichzeitig dessen Selbsttätigkeit in Anspruch nimmt. Da das Mass des Tätigkeitsvermögens der Kinder sehr ungleich und häufig auch schwer zu erkennen ist, so ist es Sache der Geduld, auf die individuellen Ungleichheiten der Kinder hinsichtlich der Begabung, des Gesundheitszustandes etc. die entsprechende Rücksicht zu nehmen, die Geduld, welche liebevolle Rücksicht beobachtet und der schwachen Kraft Beistand leistet, hat ihre Berechtigung auch bei der Erziehung der reiferen Jugend, wo sie mit scharfem Blick für die erforderliche Leitung die Gabe vereinen soll, mit Liebe zu regieren, so dass die Leitung keinen unangenehmen Druck auf den vorwärtsstrebenden Jüngling ausübt, sondern seinem

---

[1]) „Einer trage des andern Last, so werdet ihr das Gesetz Christi erfüllen!"

Freiheitsdrang den gehörigen Spielraum lässt. Ist die Liebe das Erdreich, in welchem die Geduld wurzelt, und vereinigt sich mit ihr die Bitte um Segen von oben, so wird die Geduld, wie hart sie auch auf die Probe gestellt wird, ihre Kraft und Wirkung nicht verlieren.

C. Beurteilungen.

Kant-Aussprüche. Zusammengestellt von Dr. **Raoul Richter.** Leipzig 1901, E. Wunderlich. Pr. geb. 1,60 M.

In der Zusammenstellung der Kant-Aussprüche liegt eine sehr verdienstliche Arbeit vor. In der „Einführung" (S. V bis XIV) spricht sich der Herausgeber über den Zweck der Zusammenstellung aus; sie enthält manch beherzigenswertes Wort. Die Aussprüche sollen die Kantische Lebensanschauung einigermassen getreu widerspiegeln. Der Herausgeber sieht in dieser Lebensanschauung das wohltätigste Gegengewicht für manche Strömungen der Zeit. „Kant hat die schönste Frucht der Aufklärungszeit, die Freiheit zu denken, zu uns herübergerettet" (S. IX). Kant sagt: „Habe Mut, dich deines eigenen Verstandes zu bedienen! ist also der Wahlspruch der Aufklärung" (Ausspruch 112).

„Eines vor allem zeigt uns Kant, was die überreflektierte und doch von der Sehnsucht nach Naivität so tief durchdrungene Zeit fast wie ein Wunder gemahnen muss: dass man der kritische Geist und doch fest in sich zusammengehalten, in seinem Wollen eindeutig bestimmt, in seinem Fühlen erhaben und einfach, im Denken tief und bescheiden sein könne" (Einführung S. XII).

Die Aussprüche sind nach der vorkritischen und der kritischen Periode der Entwicklung Kants in zwei Hauptteile gegliedert. Die Unterabteilungen des 1. Teils beziehen sich auf Allgemeine Weltanschauung, Sittenlehre und Erziehung, Religion, Menschenkunde. Im 2. Teil kehren diese Unterabteilungen wieder; dazu treten: Allgemein-kritische

Grundsätze, Kunst und Genie; Schriftstellerei und Stil, Geschichte. In einem „Quellenregister" wird für jeden Ausspruch die Stelle in Kants Schriften nachgewiesen, damit der Leser einen ihm besonders zusagenden Ausspruch im Zusammenhange nachlesen kann und dadurch angeregt, sich in ein Originalwerk Kants zu vertiefen. Hiermit möge das Buch empfohlen sein.

Kant, J., Über Pädagogik. Herausgegeben von Prof. Dr. Theodor Vogt. 3. Aufl. Langensalza 1901, H. Beyer u. Söhne. Pr. geb. 1,75 M.

Diese Schrift bildet den 13. Band der Bibliothek pädag. Klassiker, her. von Mann. Sie enthält 1. eine vorzügliche, einen Einblick in die Entwicklung des Philosophen gewährende Biographie Kants; 2. eine Darstellung der in den systematischen Werken Kants niedergelegten pädagogischen Anschauung: Kants pädagogische Anschauung vom Standpunkte des transcendentalen Idealismus; 3. Kants Schrift über Pädagogik.

Prof. Vogt zeigt, dass die pädag. Anschauung Kants vom Standpunkte der transcendentalen Freiheit und vom Standpunkte des Apriorismus der Anschauungs- und Denkformen der pädag. Anschauung in der Schrift über Pädagogik grösstenteils entgegengesetzt ist, und stellt fest, dass jene eine wissenschaftliche Pädagogik in Kants Sinne ist, diese jedoch nicht. Dafür aber ist die Schrift über Pädagogik reich an trefflichen Gedanken. Um eine leichte und sichere Orientierung zu ermöglichen, ist Kants Schrift über Pädagogik ein von dem Herausgeber bearbeitetes sorgfältiges, 6 Seiten umfassendes Inhaltsverzeichnis beigegeben. Im Anhange werden pädagogische Fragmente und die von Kant in der Königsberger Zeitung 1777 veröffentlichte Aufforderung zur Pränumeration auf die vom dessauischen Edukationsinstitut veröffentlichten „Pädagogischen Unterhaltungen" geboten. Das Buch ist eine wertvolle Gabe.

W. Rein, Prof. Dr., **Pädagogik in systematischer Darstellung. 1. Bd.: Die Lehre vom Bildungswesen.** Langensalza 1902, H. Beyer und Söhne. (S. VIII, 680).

Der 1. Bd. soll zeigen, was für die Organisation eines einheitlichen nationalen Bildungswesens noch zu vollbringen ist (VII). Die Erreichung dieses Zieles wird als eine nationale Aufgabe bezeichnet, da „die Bildungsangelegenheiten unseres Volkes mit all unseren nationalen Arbeiten und Zielen sehr innig und sehr tief zusammenhängen." Die Darstellung ist bestrebt, die historische mit der philosophischen Betrachtung zu verbinden; doch nicht im Sinne Willmanns. Die grundsätzliche Verschiedenheit zwischen Rein und Willmann tritt besonders scharf in § 3 der Einleitung hervor, wo u. a. von dem Einflusse der Kirche und des Staates auf das Erziehungs- und Unterrichtswesen gesprochen wird. In § 7 der Einleitung wird begründet, dass sich der Streit zwischen Individual- und Sozialpädagogik auflöst in die Formel, dass es nur eine Pädagogik geben kann, die beide Betrachtungen in das rechte Verhältnis zu setzen weiss. „Diese eine Pädagogik will die heranwachsende Generation erziehen und ausbilden, dass sie in das nationale Ganze hineinwachse, um an der Kulturarbeit teilzunehmen und sie in geistiger und wirtschaftlicher Beziehung zu fördern" (S. 67). „Im Mittelpunkte der Kultur steht die moralische Gesinnung, die zwar ihre eigenen Wurzeln besitzt, aber, um sie fester zu verankern, tief in die Religion eingräbt" (S. 106). Mit Recht schreibt der Verfasser einer richtigen **Schulverfassungstheorie** hohen Wert zu; sie hat zu zeigen, wie die an der Erziehung beteiligten Faktoren (Familie, Gemeinde,

Staat, Kirche) in ein gewisses Gleichgewicht gesetzt werden können (S. 105). Eine planvolle Organisation hat solche Beziehungen unter den einzelnen Schulgattungen herzustellen, „dass jede individuelle Kraft ihren Weg zu dem Berufe findet, der ihr entspricht."

Der vorliegende 1. Bd. der Pädagogik enthält die Lehre vom Bildungswesen (praktische Pädagogik). In klarer, schlichter, umfassender Darstellung handelt er von den Formen der Erziehung (Einzel- und Massenerziehung) und von der Schulverwaltung (Schulverfassung, Schulausstattung, Schulleitung, Lehrerbildung, Lehrer-Fortbildung). In der Einleitung werden folgende Gegenstände berührt: Volksleben und Erziehung — Mass und Grenzen der Erziehung — Notwendigkeit eines Systems der Erziehung im Zusammenhange mit dem Leben — Entwicklung der Erziehungswissenschaften — Pädagogik eine Wissenschaft oder Kunst? — Theorie und Praxis — Individual- und Sozialpädagogik — Verhältnis der Pädagogik zu den Grund- und Hilfswissenschaften — Aufgabe und Plan der Pädagogik.

Im 2. Bde. soll die Lehre von der Bildungsarbeit (theoretische Pädagogik) geboten werden (Teleologie, Methodologie).

Rein steht, wie bekannt, auf dem Boden der Herbartschen Pädagogik. Aber mit offenem, vorurteilsfreiem Blicke weiss er den berechtigten Forderungen der modernen Bewegung zu entsprechen, ohne den Grundgedanken jener Pädagogik Zwang anzutun, oder ihnen untreu zu werden. Der 1. Bd. bietet eine Darstellung des gesamten Bildungswesens der Gegenwart, wie wir sie bis jetzt noch in keinem anderen Werke finden. Dabei wird die geschichtliche Orientierung nicht versäumt, um nicht „wertvolle Winke für Gegenwart und Zukunft" unbeachtet zu lassen. Der Verfasser nimmt Stellung zu den brennendsten Fragen der Gegenwart und zu ihrer Erörterung durch Fachleute und Politiker, oder politische Parteien. Dadurch werden diese Fragen in eine vielseitige, scharfe Beleuchtung gerückt; neben dem rein theoretischen Interesse wird das praktische Interesse betont und geweckt. Mag man auch hie und da anderer Meinung sein, als der Verfasser, aber nicht ohne Gewinn wird man auch solche Partien des Werkes lesen.

Das Buch kann nicht nur jedem Lehrer und jeder Schulbibliothek empfohlen werden, die Darstellungsweise macht es auch geeignet, Interesse für pädagogische Dinge und Aufklärung über solche bei Nichtfachleuten zu schaffen. Es wäre wünschenswert, dass ihm der Weg in öffentliche Bibliotheken (Stadt-, Volksbibliothek u. dgl.) gebahnt würde. Es könnte nur von Nutzen sein, wenn etwas pädagogische Erleuchtung auch in weitere Kreisen dränge. Es gibt da noch so viel zu erleuchten.

Nohl, Clemens, Lehrbuch der Reformpädagogik für höhere Lehranstalten. 1. Bd.: Die Lehranstalten; 2. Bd.: Die Methodik der einzelnen Lehrgegenstände; 3. Bd.: 1. Teil: Die Vorbildung wissenschaftlicher Lehrer, 2. Teil: Schulaufsicht, Prüfungen, Zeugnisse, Berechtigungen. 2. Aufl. Essen 1901, G. D. Baedeker. Pr. 2,80 M., 4 M., 7 M.

Die 1. Auflage dieses Buches erschien 1885, also vor der durch Kaiser Wilhelm II. veranlassten Schulkonferenz im Jahre 1890. Die 2. Auflage ist in allen Beziehungen eine nähere Ausführung und eine Ergänzung der ersten". Wenn auch die Schulkonferenz einen gemeinsamen Unterbau für die Gymnasien, Realgymnasien und Oberrealschulen ablehnte, so wurde ein solcher doch tatsächlich durch die Lehrpläne von 1892 für Gymnasium und Realgymnasium geschaffen; Kl. VI—IV zeigen in den Lehrfächern und der Stundenzahl bis auf eine Stunde mehr Französisch zu Gunsten des Realgymnasiums (Kl. IV) vollständige Übereinstimmung.

Nohl will, dass die Unter- und Mittelstufe der Volksschule (nach seiner Bezeichnung das 1.—4. Schuljahr) die unterste Grundlage sämtlicher höheren Lehranstalten bilden. Daran soll sich die allgemeine lateinlose Mittelschule (5.—7. Schuljahr) als Grundlage aller höheren Lehranstalten schliessen. In der untersten

Klasse (VI) dieser Schule tritt Französisch mit 6 Stunden auf, in der nächsten Klasse kommt dazu Englisch mit 4 Stunden. Die allgemeine lateinlose Mittelschule ergänzt sich von Klasse III an zu einer Anstalt, der die gegenwärtige lateinlose höhere Bürgerschule entsprechen würde; für die Schüler aber, die sich dem höheren Berg- oder Baufache, dem höheren Bau- oder Maschinendienste, der höheren Kaufmannschaft oder Industrie widmen wollen, würde sich die allgemeine lateinlose Mittelschule zur Oberrealschule, für die künftigen Theologen, Philologen, Philosophen, Naturwissenschafter, Ärzte und Rechtskundigen zum Gymnasium erweitern. Der Verfasser schlägt auch die Namen Bürgerschule und Oberbürgerschule für die lateinlosen Realanstalten vor; dem Realgymnasium (d. i. der lateintreibenden Oberbürgerschule) spricht er die Existenzberechtigung ab. Das Reform-Gymnasium würde in den unteren 3 Klassen sich von der höheren Bürgerschule und der Oberrealschule nur dadurch unterscheiden, dass es zu den dort betriebenen Gegenständen in je 3 wöchentlichen Unterrichtsstunden die lateinische und im dritten Gymnasialjahre in 3 wöchentlichen Stunden noch die griechische Sprache hinzufügt.

Mit der in den Grundzügen hier angedeuteten Reorganisation der höheren Unterrichtsanstalten beschäftigt sich der 1. Band des Werkes. Im 2. Bande handelt der Verfasser von der Methodik der einzelnen Lehrgegenstände. Dem Umfange nach ist dieser Band der stärkste, inhaltlich jedoch meines Erachtens der schwächste. Abgesehen davon, dass die Methodik der einzelnen Lehrgegenstände in den Rahmen des Werkes nicht passt, da das hier Gesagte im wesentlichen bindend ist für den Unterricht überhaupt ohne Rücksicht auf die Organisation, gehen die Ausführungen mehr in die Breite, als in die Tiefe. Es sind durchgehends feste, wohlbegründete methodische Grundsätze zu vermissen. Es fehlt nicht an Behauptungen, die Bedenken erregen müssen, so z. B. wenn der Verfasser sagt, dass die Schüler in der Bibellektüre mehr zu hören, als zu

reden haben, da der Lehrer viele Einzel-
erklärungen, nicht selten auch aus-
gedehnte Vorträge zu geben habe (S. 51).
Dass an die Stelle des Selbstsuchens und
Selbstfindens der Schüler sehr oft die in
kurzen Zügen zu gehende, Licht und
Wärme spendende Unterweisung des
Lehrers treten muss (S. 52).

Dieses Verfahren wird damit besonders begründet, „dass der Erlöser
selbst in der Unterweisung seiner Jünger
durchweg vortragend, akroamatisch verfuhr". Nebenbei bemerkt, muss es auffallen, dass sich der Verfasser gegen
die „undeutsche Sprache des Lutherschen Katechismus" so sehr ereifert
(S. 42). Es ist wohl nicht richtig, „das
Rechtschreiben mit der Interpunktion"
und den „Aufsatz" als Unterabteilungen
des „Schreibunterrichts" aufzufassen
(S. 97).

Im 3. Bande beklagt der Verfasser,
„dass man auf der Universität sich
bisher nur mit Wissenschaften be-
fasste, deren Betreibung von der Schule
gar keine Notiz nahm, und der Pädagogik, wenn man sich überhaupt um
sie kümmerte, nur als einen Zweig der
Philosophie eine Scheinberücksichtigung
gewährte". Er betont den Charakter
der Pädagogik als einer selbständigen
Wissenschaft, von der Weisungen ergehen an alle Schulgattungen. Er befürwortet, dem „Klassensystem", das in
der Volksschule herrscht, mehr Raum
gegenüber dem Fachlehrersystem zu
gewähren; „der Ordinarius sollte in
möglichst vielen Lehrgegenständen
unterrichten und seine Tätigkeit sich
möglichst nur auf seine Klasse beschränken". Der Verfasser tritt für
das akademisch-pädagogische Seminar
mit Seminarschule ein. Alles in allem
genommen, bewegt sich der Verfasser
in der Richtung eines auf das
Praktische gerichteten Fortschritts, obwohl man nicht sagen
kann, dass die Ausführungen über die
grundlegenden Wissenschaften der Pädagogik (S. 81 ff.) und über Didaktisches
auf der Höhe stehen. Nach diesen
Richtungen hin würden für eine Neuauflage tiefer eingreifende Verbesserungen erwünscht sein. Dem Buche
gebührt ein Platz in der Literatur über
die Reform des höheren Unterrichtswesens.

Kerrl, Dr. Th., Die Lehre von der
Aufmerksamkeit. Eine psycho-
logische Monographie. Gütersloh 1900,
C. Bertelsmann. VII und 219 S.
Pr. 3 M.

Das Buch umfasst einen theoretischen,
einen praktischen und einen kritischen
Teil. Im ersten Teile wird das Wesen
der Aufmerksamkeit dargestellt; der
zweite Teil handelt von der Anwendung
der Lehre von der Aufmerksamkeit in
Ethik und Pädagogik; der dritte Teil
gibt eine Darstellung der Beurteilung
der wichtigsten Aufmerksamkeits-
theorien.

Der Verfasser erkennt in der Physiologie und Psychologie zwei „ganz verschiedene Wissenschaften, welche sich
wohl in die Hände arbeiten können
und müssen; aber nie kann die eine
die andere ersetzen oder gar überflüssig
machen". Er stellt sich bei seinen
Untersuchungen auf den Standpunkt
Rehmkes (Lehrbuch der Allgemeinen
Psychologie).

Nach Kerrl ist die Aufmerksamkeit
ein Deutlichhaben von Gegenständlichem.
Ist die Bedingung des Deutlichhabens
nur der Grad des Gegensatzes, so ist
die Aufmerksamkeit eine unwillkürliche; tritt zu dieser Bedingung das
Bemerkenwollen, so ist die Aufmerksamkeit eine willkürliche. Das Über-
einstimmende zwischen willkürlicher
und unwillkürlicher Aufmerksamkeit ist
das Deutlichhaben, das Unterscheidende
liegt in den Bedingungen des Deutlichhabens. Die Bedeutung der willkürlichen Aufmerksamkeit erblickt er darin,
dass ohne die Fähigkeit der willkürlichen Aufmerksamkeit jede höhere
geistige Entwicklung ausgeschlossen
wäre.

Der praktische Teil des Buches fällt
streng genommen über den Rahmen einer
psychologischen Monographie hinaus, wie
er denn auch im Vergleich zu den
anderen Teilen nur geringen Umfanges
ist (S. 93—132). Er hat für das Ganze
lediglich die Bedeutung eines wertvollen Anhanges, obwohl er eben äusserlich nicht als solcher gekennzeichnet
ist. Der kritische Teil bezieht sich auf
die psychologischen Theorien und auf
die physiologischen Untersuchungen.
Der Verfasser wendet sich hier gegen
die Theorien der Herbartianer und

Assoziationspsychologen (Herbart, Waitz, Volkmann von Volkmar, Ziehen, Kohn) und gegen die Tätigkeitstheorien (Ulrici, Lotze; — Fechner, Stumpf, Wundt, Jodl, Kreibig).

Der Verfasser verfährt bei seinen Untersuchungen objektiv und gründlich. Schon aus diesem Grunde ist das Buch empfehlenswert. Dazu kommt, dass es sich hier um ein Problem von grosser Bedeutung für die pädagogische Praxis handelt. Die Richtigkeit und Zweckmässigkeit der pädagogischen Massnahmen, die in der Herbartschen Pädagogik sich herleiten aus der Bedeutung des Interesses für Unterricht und Erziehung, werden, soweit ich sehe, durch die vorliegenden Untersuchungen nur bestätigt (vgl. S. 128 ff.). Mit einer gewissen Berechtigung weist der Verfasser jedoch darauf hin, dass dieser Begriff psychologisch noch nicht scharf bestimmt sei (S. 56 ff.). Seine Arbeit gibt eine kräftige Anregung auch dazu.

Lange, Dr. Karl, Über Apperzeption. Eine psychologisch-pädagogische Monographie. 7. Aufl. 525 S. Leipzig 1902, R. Voigtländer. Pr. geb. 3,60 M.

Das in den pädagogischen Kreisen des In- und Auslandes bekannte und hochgeschätzte Buch ist bereits im 22. Jahrgang der Päd. Studien in seiner 6. Auflage angezeigt worden. Es gereicht dem Streben der Lehrerschaft nach Fortbildung und Vertiefung nur zur Ehre, dass dieses Buch in ihren Reihen immer weitere Verbreitung findet. Die neue Auflage bietet keine wesentlichen Änderungen; im historischen Teile nur wird über Ziehens Kritik der Apperzeptionstheorie berichtet. Zu Nachschlagezwecken wäre ein Sachregister erwünscht.

Müller, O., Seminaroberlehrer, Vom Gefühl und seinem Einfluss auf das Denken. Wissenschaftliche Beilage zum 29. Jahresbericht des Kgl. Lehrerseminars zu Zschopau, 1903. 44 S.

Diese Arbeit handelt vom Umfange des Begriffes „Gefühl", von der Entstehung des Gefühls, von seinem Anteil am Denken und Erinnern. Die Erörterungen über die Entstehung des Gefühls nehmen den grössten Raum ein (S. 9—31). Der Verfasser beabsichtigt, „das zusammenzustellen, was die Wissenschaft bisher gefunden hat, und durch Vergleichung und kritische Sichtung der vielfach [sich] widersprechenden Meinungen das herauszuheben, was man als sicher betrachten kann". Hierbei bezieht er sich hauptsächlich auf Herbart, Wundt und Ziehen. Es werden Gefühle, welche die Empfindungen (sinnliche Gefühle), und Gefühle, welche die Vorstellungen begleiten (Gefühle höherer Ordnung). Nach des Verfassers Darstellung sind die Gefühlstöne nicht als Bestandteile, sondern als Folgeerscheinungen der Empfindungen aufzufassen, und zwar als das Bewusstwerden der durch die Reize verursachten körperlichen Störungen, und die Gefühle höherer Ordnung nicht blosse Vorstellungen (Erinnerungsbilder) von Gefühlen, sondern wirkliche, Lust oder Unlust enthaltende Gefühle. — Einen Unterschied zwischen Gefühl und Affekt lässt der Verfasser nicht gelten; ihm ist der Affekt ein starkes Gefühl mit seinen Folgen. Als Hauptergebnis der Untersuchung wird hervorgehoben, dass ohne die Gefühle das Denken gar nicht möglich ist; dass die Gefühle die Vorstellungen erst zu wirksamen Kräften machen.

Die Arbeit verdient die Beachtung der Psychologen und Schulmänner.

H. de Raaf, Die Elemente der Psychologie. Aus dem Holländischen übersetzt von W. Rheinen. 2. verb. Aufl. VIII u. 132 S. Langensalza 1901, H. Beyer u. S. Pr. 1,60 M.

Das Buch ist für niederländische Lehrerbildungsanstalten berechnet. Der Stoff ist ohne Zweifel mit grossem Geschick angeordnet und behandelt. Auf das Bestreben nach möglichst populärer Darstellung mag es zurückzuführen sein, dass die Begriffe und Sätze nicht immer scharf gefasst sind. So tritt z. B. gleich im 1. Abschnitte der Unterschied zwischen Wahrnehmen und Vorstellen nicht klar hervor. Beide Begriffe werden in der Überschrift als Arten des Vorstellens bezeichnet. Es heisst: „Das Bilden einer Vorstellung durch Empfindungen nennt man Wahrnehmen." —

„Das Bilden einer Vorstellung ohne Empfindungen nennt man Vorstellen." — Im 2. Abschnitte (Die Empfindung wird der R e i z d e r N e r v e n ein physikalischer oder chemischer V o r g a n g (gemeint kann doch nur sein ein Vorgang in den Nerven) genannt. Vorher aber steht der Merksatz: „Was auf die Nerven einwirkt, nennen wir einen Reiz." Nach dem Zusammenhange kann hier nur an die Einwirkung des Klopfens, des Feuers, des Lichts gedacht werden, an einen den Nervenreiz bewirkenden äusseren Vorgang. Der Begriff „R e i z" tritt also in verschiedener Bedeutung auf. Über die R a u m v o r s t e l l u n g wird gesagt: „Von dem Raum der Wohnstube erlangt das Kind dadurch eine deutliche Vorstellung, dass es denselben täglich sieht und sich in ihm bewegt" (7. Abschnitt). Damit ist allerdings nichts erklärt. Ähnlich ist es, wenn es von der A u f m e r k s a m k e i t heisst: „Die Aufmerksamkeit ist die Lust oder das Begehren, auf etwas zu merken" (15. Abschnitt).

Die niederländischen Seminaristen stehen, wie im Vorworte zur 1. Aufl. bemerkt wird, gewöhnlich in dem Alter von 14—18 Jahren. Bei uns ist es ja etwas anders. Es dürfte sich wohl empfehlen, auf die jüngeren Altersstufen nachdrücklich praktische Psychologie zu treiben, wozu es besonderer Unterrichtsstunden nicht bedarf, den systematischen Betrieb der Psychologie aber gereifteren Altersstufen vorzubehalten; dann wird man sachlich tiefer und begrifflich schärfer verfahren können. Ich bin nicht in der Lage zu bestreiten, dass das Buch der Erreichung des vom Verfasser beabsichtigten Zweckes gute Dienste zu leisten vermag. Ob es geeignet ist, dem Unterrichte in deutschen Lehrerbildungsanstalten als Leitfaden zu dienen, mag dahingestellt sein. Jedenfalls ist es mit Dank zu begrüssen, wenn derartige Bücher übersetzt werden. Es wird dadurch der Vergleich zwischen der ausländischen und der deutschen Lehrerbildung ermöglicht.

Rochlitz.   Dr. Schilling.

Theodor Wunderlich, D e r m o d e r n e Z e i c h e n - u n d K u n s t u n t e r r i c h t. Illustr. Handbuch seiner geschichtlichen Entwicklung und methodischen Behandlung. Union, deutsche Verlagsgesellschaft in Stuttgart, Berlin, Leipzig. 137 S., 24 Tafeln mit Abbildungen. Eleg. geb. 4 M.

Seit etwa zehn Jahren herrscht auf dem Gebiete des Zeichen- und Kunstunterrichtes die lebhafteste Bewegung. Künstler, Kunstschriftsteller, Gelehrte bemühen sich im Verein mit den Vertretern des Faches oder auch im Gegensatz zu ihnen, den Nachweis zu erbringen, dass die alten Bahnen verlassen, dass neue Ziele gesteckt und neue Wege gefunden werden müssen.

Das vorliegende Werk will als zuverlässiger Führer beim Studium der Reformbestrebungen der Gegenwart dienen. Es gibt zunächst in knapper Fassung die Ansichten der Begründer der Reformbewegung und stellt dann zu den von ihnen erörterten Fragen die beistimmenden Ansichten und ebenso die entgegengesetzten Meinungen anderer zusammen, es dem Leser überlassend, sich ein Urteil zu bilden. So ist es dem Verfasser gelungen, den spröden Stoff übersichtlich zu gestalten. Dies und namentlich auch die Beigabe umfassender Literatur- und Lehrmittelverzeichnisse haben ein Nachschlagewerk entstehen lassen, das warm empfohlen werden kann. Auch die äussere Ausstattung des Buches, vor allem der reiche Bilderschmuck, verdienen volle Anerkennung.

W. Böhling, B e g r ü n d u n g u n d L e h r g a n g d e r H a m b u r g e r M e t h o d e d e s Z e i c h e n u n t e r r i c h t s. Neubearbeitung von Dr. A. Stuhlmanns „Begründung der Methode". Union, deutsche Verlagsgesellschaft in Stuttgart, Berlin, Leipzig. 77 S., 21 Tafeln mit Abb. Brosch. 1,80 M.

Das Buch ist verfasst worden, um die durch die Reformbestrebungen der letzten Jahre stark gefährdete Methode Stuhlmanns zu stützen, sie dem Neuen, soweit es brauchbar erschien, anzupassen oder wenigstens ihre Anpassungsfähigkeit nachzuweisen. Der Versuch der Rettung ist freilich vergeblich gewesen. Der Verein deutscher Zeichenlehrer hat sich in den im Februar dieses Jahres erschienenen Grundsätzen für den Unterricht im freien Zeichnen an Schulen für allgemeine Bildung durchaus auf den Boden der Reformen gestellt. Die preussische Unterrichtsverwaltung bereitet die allgemeine Einführung neuer Lehrpläne durch fortgesetztes Abhalten von Lehrerkursen vor; und in Hamburg, dem Vorort der Stuhlmannschen Methode, hat sich im vergangenen Frühjahr die grosse Mehrheit der Lehrerschaft in vier nach den Berichten darüber ausserordentlich stark besuchten und lebhaft bewegten Versammlungen so entschieden gegen Stuhlmann und seine Methode ausgesprochen, dass ein weiteres Bemühen um sie aussichtslos erscheint.

Die Schrift Böhlings kann trotzdem empfohlen werden. Sie bringt des Beachtenswerten und Guten vielerlei, auch dem, der Anhänger der neuen und neuesten Richtung ist.

Der erste Teil handelt von Zweck, Stellung und Ziel des Zeichenunterrichtes. Besonders sei hingewiesen auf die Erörterungen über Gedächtniszeichnen, über geometrische Formen, deren Kenntnis das Auffassen „vieler Naturformen und der meisten Gebilde der menschlichen Hand" erleichtern, über Umformen und Verknüpfen gegebener Gebilde, über naturalistische Darstellung und Erziehung zu künstlerischer Auffassung.

Aus dem zweiten Teil, der den Weg zum Ziele zeigt, mögen folgende Abschnitte Erwähnung finden: Die farbige Darstellung gegebener Gegenstände, der Gang, der bei der Verwendung des Pinsels einzuhalten ist, die Einführung in das Verständnis der Beleuchtungserscheinungen, das Zeichnen des Umrisses. — Die angeführten Artikel enthalten eine Fülle von Belehrungen; sie werden namentlich dem Volksschullehrer, der der Forderung des Zeichnens und Malens nach der Natur oft ratlos gegenübersteht, willkommen sein.

Über das Zeichnen von Körpern sei bemerkt, dass Böhling bei Gelegenheit der oben erwähnten Versammlungen in Hamburg vorgehalten worden ist, er veranlasse die Kinder, „die elementare geometrische Form in die Natur hineinzusehen". Unterzeichneter hält diesen Vorwurf nicht für gerechtfertigt,

glaubt aber doch, dazu mahnen zu müssen, die Schüler mit der Darstellung starrer geometrischer Formen möglichst zu verschonen. Ganz werden sie sich freilich nicht entbehren lassen.[1])

Der dritte Teil enthält einen Lehrgang für sechsklassige Schulen. Verwunderung muss es erregen, dass es der Verfasser nicht über sich gewonnen hat, auf das Netzzeichnen zu verzichten. In einem Anhang wird ausgeführt, wie der Stoff in minderklassigen Volksschulen, in sieben- und achtklassigen Volksschulen, in der sechsklassigen Realschule, in neunklassigen höheren Schulen und in Mädchenschulen zu verteilen ist.

Die dem Werke beigegebenen Abbildungen sind nicht durchweg einwandsfrei. Gut sind Tafel 8 (Rose), Tafel 12 (Star) und die Stillleben auf Tafel 14, 15, 16 und 17.

Rochlitz.   A. Mäder.

Philipp Melanchthon. Ein Lebensbild von Georg Ellinger. (Berlin 1902, R. Gaertners Verlagsbuchhandlung.)

„In den Menschen das Gefühl ihrer sittlichen Verantwortung wachzurufen, sie zu nützlichen, ihrer Aufgabe bewussten Gliedern der menschlichen Gemeinschaft zu machen und ihnen zugleich den Trost zu geben, der allein in den Mühen, Enttäuschungen, Kümmernissen und Schmerzen des Daseins den richtigen Halt zu gewähren vermag": mit diesen Worten fasst Ellinger (S. 524) die Absicht der Lebensarbeit Melanchthons zusammen. In der feinsinnigen Einleitung, einem Muster in ihrer Art, stellt er den Reformator und Humanisten in seine Zeit. Nachdem der Verfasser uns im allgemeinen mit den Kräften bekannt gemacht hat, welche die mittelalterliche Scholastik ablösen, ist die Person Melanchthons geradezu Postulat geworden: der religiös gestimmte Humanist wird die naturgemässe Ergänzung zu dem humanismusfreundlichen Reformator Luther. In zehn Kapiteln (S. 52—615) wird dann der äussere und innere Lebensgang des Praeceptor Germaniae allseitig von E. beleuchtet.

---

[1]) Man wird die geometrischen Formen z. T. aus der Betrachtung der Naturformen gewinnen können. D. R.

Aus der Heimat und Jugendzeit folgen wir dem Humanisten nach Wittenberg. In Tübingen wird er vom Geiste der Renaissance durchdrungen, in Wittenberg der Reformation zugeführt. Den Reiz, der in der ersten Berührung zweier für einander bestimmter Geister liegt, bringt die Darstellung wahr und fesselnd zum Ausdruck. Die Wittenberger Unruhen bestimmen Melanchthons spätere Lehrabweichungen von Luther: schon hier weist er den Kirchenvätern eine Stelle als Quelle religiöser Erkenntnis nächst der Bibel zu, schon hier wird ihm die Notwendigkeit einer sittlichen Volkserziehung zum Verständnis des Evangeliums klar, schon hier bahnt sich in seinem Geiste die Trennung zwischen Staat und Kirche, zwischen bürgerlichsittlichem Leben und Religion an. So stehen die nächsten Jahre unter dem Zeichen des Übergangs; Melanchthon wird zum doktrinären Vertreter der staatlichen Autorität. Das 5. Kapitel zeigt uns ihn im Dienste von Kirche und Staat; immermehr wird er zum Manne der Mässigung, des grösstmöglichen Entgegenkommens gegen die Ansprüche der alten Kirche. Deutlich enthüllt der Augsburger Reichstag die Schwächen Melanchthons und die Grenzen seiner Begabung; er tritt einen schmachvollen Rückzug vor Kaiser und Papst an, nur um den Frieden zu wahren, und ist sich doch schon damals der unüberbrückbaren Spaltung bewusst. Das 7. und umfangreichste Kapitel führt uns bis zu Luthers Tode. Immer deutlicher werden die Lehrunterschiede der beiden Reformatoren, trotz wiederholter Annäherungen bleiben sie bis zu Luthers Tode in der Auffassung des Abendmahls getrennt. Gerade in diesem Kapitel geht Ellinger in die Tiefe. Er zeigt uns, wie Melanchthon infolge seines geschichtlichen Sinnes eine unüberwindliche Abneigung hegt gegen alles Sprunghafte in der Bildung neuer Zustände, wie er die Lauterkeit dieser Gesinnung beweist während der mannigfachen Versuche, wodurch man ihn für die alte Kirche wiederzugewinnen trachtete. Interessant ist die Betrachtung M.s als des Lehrers Deutschlands; wir bewundern die Vielseitigkeit, geradezu Universalität seiner pädagogischen An-

regungen und Arbeiten, deren Frucht die Schulgründungen, die Universitätsreform, die Anbahnung eines modernen Wissenschaftsbetriebes sind. Die Leidensjahre, die für M. nach Luthers Tode folgten, zeigen nochmals alle seine Schwächen, den Vermittlungsstandpunkt, die Abschwächung wesentlicher reformatorischer Lehren, die kleinlichen Winkelzüge, die allzugrosse Nachgiebigkeit gegen Fürstenwillen; allein sie zeigen auch das überaus edle und reine Humanistengemüt in Selbstlosigkeit, Fleiss, Treue gegen das einmal für wahr Erkannte, Abneigung gegen schmutzigen Streit.

Das Werk bietet nicht, wie der Titel sagt, nur ein Lebensbild, sondern ein Stück Reformationsgeschichte im anschaulichen Rahmen der Biographie. Der Autor als Historiker hat Handreichung genommen von theologischen und philologischen Vorarbeitern. Eine enorme Arbeit steckt in dem Aufsuchen und Verarbeiten der Quellen; das Buch steht in dieser Beziehung auf der Höhe der Zeit. Freilich hat der Stil unter den langen Quellenzitaten, vor allem den sehr ausführlichen Inhaltsangaben gelitten; manche formelhafte Wendung mag dem Autor aus seinen Quellen überkommen sein. Im Gegensatz zu dieser Breite des Stils stellt das Buch, das gemäss der Vorrede für einen „weiteren Kreis", also für solche bestimmt ist, die selbst nicht Forscher sind, zu hohe Anforderungen an das historische Wissen des Lesers. Auch innerhalb einer Biographie ist die Einflechtung, nicht die blosse Erwähnung geschichtlicher Tatsachen, welche das Bild abrunden, empfehlenswert. Wohltuend berührt der gerecht vermittelnde Standpunkt des Autors, eine Folge der psychologisch feinen Betrachtung der Synthese Luther-Melanchthon. Diese Eigenschaft allein würde das Buch modern und empfehlenswert machen, wenn es sein Gegenstand nicht schon wäre. Ohne in Melanchthons Werk irgend etwas hineindeuten zu wollen, was nicht darin liegt, kann vieles daran noch heute den Pädagogen, den Philosophen und den Theologen anregen.

Dass das Kloster Nimbschen fälschlich in die Nähe von Torgau, statt in die von Grimma gesetzt worden ist (S. 215), ist wohl nur einer von den 20 Druckfehlern, die der Unterzeichnete aufgefunden hat.

Rochlitz, Dezember 1903.

Dr. phil. Georg Wagner.

Weigand, Der Geschichts-Unterricht nach den Forderungen der Gegenwart. Ein methodisches Handbuch. 2 Teile. 2. Teil, 3. (Schluss-) Lieferung. S. 305—480. Hannover, Carl Meyer (Gustav Prior). 1,50 M.

Das methodische Handbuch von Weigand liegt jetzt vollständig vor. Es ist keine Methodik des Geschichtsunterrichts, sondern eine Anweisung zur Benutzung der deutschen Geschichte von Weigand und Tecklenburg. Der Verfasser hat fleissig gearbeitet, und der Lehrer kann manches daraus lernen. Den 1. Teil haben wir bereits früher in den Pädagogischen Studien besprochen, auch unsere Ausstellungen daran gemacht (22. Jahrg. S. 380/81).

Weigand, Gesetzes- und Staatenkunde für das Königreich Preussen. Enthaltend Reichs- und Landesgesetze. 318 S. Ebenda 2 M., geb. 2,50 M.

Die Gesetzeskunde eines Laien für Laien. Es sind alle wichtigeren Reichs- und preussischen Staatsgesetze und Verordnungen mit Gesetzeskraft berücksichtigt. Der Verfasser bietet nicht den vollen Wortlaut der Gesetze, sondern nur die wichtigen Paragraphen. Behandelt sind: das Personenrecht, Sachenrecht, Gewerbe und Handel, Gesellschaften und Genossenschaften, Schulverhältnisse, Geld und Geldersatzmittel, Versicherungswesen, Gerichtswesen, Verkehrswesen, Militär- und Marinewesen, Staatsverwaltung, Staatfinanzwesen. Die Auswahl und auch die Einrichtung des Buches ist recht zweckmässig.

Roese, Gesellschaftskunde. Das Wissenswerteste aus der Staaten- und Gesetzeskunde, sowie der Volkswirtschaftslehre. Zum Gebrauche in Volks- und Fortbildungsschulen. 95 S. Hannover, Meyer (Prior), 1901. 60 Pf., geb. 80 Pf.

Für Lehrer ist dieses Buch allein nicht ausreichend. Es kommt auf die verschiedensten Stoffe zu sprechen, bietet aber oft nur einige Sätze, mit denen wenig anzufangen ist. Als Wissensgerippe für Fortbildungsschüler kann es immerhin verwandt werden.

Schumann und Heinze, Leitfaden der preussischen Geschichte. 4. Auflage, herausgegeben von Dageförde. 242 S. Ebenda, 1901. 1,75 M.

Diesen Leitfaden haben wir bereits früher besprochen. Der Stoff der brandenburgisch-preussischen Geschichte erscheint eng zusammengedrängt. Die neue Auflage ist wenig verändert.

Froning und Wewer, Vaterländische Geschichte. Für preussische Volks- und Mittelschulen. 3 Ausgaben: für evangelische, katholische und paritätische Schulen. 130 bis 142 S. Wiesbaden, Behrend, 1902. 60 bzw. 70 Pf.

Ein brauchbares Buch. Von den kulturgeschichtlichen Partien sind viele an Lehmanns Bilder angelehnt. Bei der neueren Zeit tritt die Kulturgeschichte zu sehr zurück.

Trautmann, Bilder aus der deutschen Geschichte in schulgemässer Form. 1. Tausend. Dessau, Anhaltische Verlagsanstalt. 72 S. 35 Pf.

Behandelt die deutsche Geschichte, schliesst aber mit dem 30 jährigen Kriege ab. Für die brandenburgisch-preussische Geschichte hat der Verfasser ein anderes Heft herausgegeben. Der Stoff ist in hergebrachtem Umfange einfach und klar erzählt. Gegen die Gliederung ist auch nichts einzuwenden.

Niessen, Die Hohenzollern im Glanze der Dichtung. 460 S. Mettmann, Frickenhaus.

Eine Sammlung patriotischer und historischer Gedichte, die sich auf die Hohenzollern und ihr Wirken in Brandenburg und Preussen beziehen. Es finden sich hier wertvolle und wertlose Gedichte, bekannte und weniger bekannte einträchtig beisammen. Eine grössere Anzahl ist im Geschichtsunterrichte und zu Deklamationen bei patriotischen Festen gut zu verwerten.

Nakel. A. Rude.

Heinze H., Physische Geographie. Mit 58 Skizzen und Abbild. Leipzig, Dürr, 1902. 125 S. 2 M.

Ein gut brauchbarer Abriss der allgemeinen Erdkunde, geeignet für die Oberklassen der Oberrealschulen, sächsischen Realgymnasien und andrer höherer Schulen mit besonderem Unterricht in allgemeiner Erdkunde. Eingefügt ist ein für den geographischen Unterricht völlig genügender Überblick über die geologischen Formationen und ihre Leitfossilien. Ein Schlusskapitel behandelt die Anthropogeographie, der Anhang das Wichtigste aus der Kartographie. Der Inhalt gibt also mehr, als der Titel verspricht. Das Ganze ist in engstem Anschluss an H. Wagners „Lehrbuch der Geographie" gearbeitet, es ist gewissermassen ein Schulauszug aus diesem und schon deshalb für den Unterricht auf der obersten Stufe zu empfehlen. Zusammenfassende Fragen und Aufgaben schliessen sich jedem Kapitel an.

Effert, G., Mathematische Geographie für Gymnasien. Mit 17 Fig. Würzburg, Stahel, 1903. 64 S. 1 M.

Engler, A., Grundlagen des mathem.-geogr. Unterrichts in Elementarklassen. Mit 16 Fig. und 6 Tafeln. Freiburg i. B., Herder, 1900. 64 S.

Lord - Eggert, Mathemat. Geographie. Mit 33 Holzschnitten. 6. Aufl. Leipzig, Dürr 1899. 75 S. 1,50 M.

Lang, L., Die Grundbegriffe der Himmelskunde. Mit einer Sternkarte u. 47 Fig. Leipzig, E. Wunderlich. 147 S. 2 M., geb. 2,50 M.

Das jetzt für den Unterricht viel bebaute Gebiet der mathematischen Geographie wird in vorgenannten Schriften von verschiedenen Gesichtspunkten in Angriff genommen. Jeder der Verfasser beherrscht seinen Stoff,

die Bearbeitung desselben ist dem besonderen Zweck der einzelnen Bücher angepasst. Effert schreibt für Gymnasien, Engler für den Elementarlehrer, Lord-Eggert ist für höhere Bürgerschulen und Seminare bestimmt, Lang eignet sich namentlich für Gewerbeschulen, besonders Uhrmacherfachschulen, und zum Selbstunterricht.

Landeskunde des Königreichs Sachsen.

a) von Prof. **O. Lungwitz** und Prof. Dr. **F. M. Schröter.** Mit 9 Profilen und Kärtchen und einem Bilderanhang. 6. Aufl. 24 S. Text, 16 S. Bilder. Breslau, F. Hirt, 1903. 50 Pf.

b) für sächsische Lehrerbildungsanstalten von Dr. **H. Schunke.** Mit 44 Abbildungen, 4 Tafeln mit acht farbigen Dorfplänen und einer farb. geolog. Karte. Leipzig, F. Hirt und Sohn, 1902. 72 S. geb. 1,50 M.

Beide Schriften decken sich teilweise wörtlich im Text, sowie in Bildern und Skizzen. Vorzuziehen ist die erweiterte Ausgabe von Schunke. Diese enthält einen, auch als Sonderheft (50 Pf.) zu beziehenden Abriss der geologischen Entstehungsgeschichte mit brauchbarer geologischer Übersichtskarte. Die Ortskunde wird in beiden Ausgaben am Schlusse nach Kreishauptmannschaften behandelt und steht zu wenig in organischer Verbindung mit der natürlichen Beschaffenheit des Landes.

Wende, Gustav, Deutschlands Kolonien in zwölf Bildern. 6. Aufl. Hannover und Berlin, Carl Meyer (Gustav Prior), 1900. 49 S. 30 Pf.

Eine recht brauchbare volkstümliche Übersicht über unsere Kolonien, nach bestimmtem Plan (Land, Bewohner, Politisches, Handel) bearbeitet.

Helmke, Fr., Hilfsbuch beim Unterricht in der Erdbeschreibung. Für die Oberstufe mehrklassiger Volksschulen. 1. Heft. Die aussereuropäischen Erdteile. 2. Aufl. Minden i. W., C. Morowsky, o. J. 95 S. 60 Pf.

Helmke vereinigt wie Becker und Mayer Beschreibung und Fragen.

Letztere sollen den Schüler zum selbstständigen Kartenlesen veranlassen. Das Heft ist als Wiederholungsbuch für die Schüler bestimmt. Es kann ebenso empfohlen werden wie des gleichen Verfassers „Vorbereitungen" für das ausserdeutsche Europa (siehe Päd. Studien XXII, S. 237).

Rasche, Emil, Produktion und Handel . . . . des deutschen Reiches. Leipzig und Frankfurt, Kesselring, o. J. 85 S. 1,20 M.

Eine übersichtliche und lesbare Darstellung des wichtigsten Materials zur deutschen Kultur- und Wirtschaftsgeographie, für Volksschullehrer bestimmt.

Wulle, F., Erdkunde. 2 Teile. Halle, H. Schrödel. 1902. 194 u. 142 S., je 1,80 M.

Wulle bietet ein Hilfsbuch nach den preussischen Lehrplänen für Lehrerbildungsanstalten. Das Ganze ist als gründliche Arbeit zu bezeichnen, wenn auch in Anlage und Darstellung nichts wesentlich Neues geboten wird. Der Einfluss H. Wagners macht sich auch hier erfreulich geltend.

Berg, Dr. Alfred, Die wichtigste geographische Literatur. Halle, Gebauer-Schwetschke, 1902. 74 S. 70 Pf.

Nur Büchertitel, vereinzelt kurze kritische Bemerkungen. Das Heft bietet für den Fachmann zu wenig Material, für den Laien zu wenig kritische Hinweise.

Plauen.   Dr. Zemmrich.

Eingegangene Bücher.
(Besprechung vorbehalten.)

Gottschalk-Meyer, Evangelisches Religionsbuch. Ausg. C u. Ausg. E. Hannover 1903, C. Meyer. Pr. je 1,25 M.

Spanuth, H., Die Propheten des Alten Bundes. Lesestücke für die Hand der Schüler. Stuttgart 1903, Greiner u. Pfeiffer. Pr. 12 Pf.
— Die Propheten des Alten Bundes, Lebensbilder u. Entwürfe. Ebenda 1903. Pr. 1,60 M.

Heilmann, Dr. K., Das heilige Land. 2. Aufl. Königsberg 1902, Bon. Pr. 80 Pf.

Bruns, Das feste Herz. Beitrag zur Behandlung des relig. Lehrstoffs etc. Stade 1902, Bacheratz. Pr. 40 Pf.

Langer, Dr. Otto, Georg Webers Weltgeschichte in übersichtlicher Darstellung, 21. Aufl., vollständig neu bearbeitet. Leipzig 1903, Engelmann. Pr. 4 M.

Hoffmeyer-Hering, Lehrbuch für den Geschichtsunterricht in Lehrerbildungsanstalten, 2. Teil. Breslau 1903, F. Hirt. Pr. 6 M.

Heinze-Rosenburg, Die Geschichte für Lehrerbildungsanstalten, 2. u. 3. Teil. Hannover 1902/3, C. Meyer. Pr. je 2 M.
— Quellenlesebuch für den Unterricht in der vaterländischen Geschichte. 3. Auflage. 2 Teile. Ebenda 1903. Pr. 1,20 M. u. 1,60 M.

Endemann-Stutzer, Andräs Grundriss der Geschichte für höhere Schulen, neu bearbeitet. 24. Aufl. 2. u. 4. Teil. Leipzig 1902, R. Voigtländer. Pr. 2,80 u. 2,20 M.

Tecklenburg, Aug., Lern- u. Lesebuch für den Geschichtsunterricht. 1. Teil. Hannover 1903, C. Meyer. Pr. 50 Pf.

Ziemann, D. Frz., Geschichte für die Mittelstufe. 2 Hefte, Pr. 20 u. 25 Pf., für die Oberstufe 1. Heft, Pr. 40 Pf. Ebenda 1903.

Beyhl, Jak., Ultramontane Geschichtslügen. 2. Aufl. München 1903, Lehmann. Pr. 50 Pf.

Würdig, L., Der alte Dessauer. 3. verb. Aufl. von Dr. Wäschke. Dessau 1903, Baumann Pr. 1 M.

Jerusalem, Prof. Dr. W., Der Bildungswert des altsprachlichen Unterrichts. Wien 1903, Hölder. Pr. 70 Pf.

Lüttge, E., Die mündliche Sprachpflege. Leipzig 1903, E. Wunderlich. Pr. 1,40 Pf.

Girardet, Puls, Reling, Deutsches Lesebuch für Lehrerbildungsanstalten. 2. Teil. Gotha 1903, Thienemann. Pr. 2 M.

Naumann, Dr. Jul., Theoretisch-prakt. Anleitung zur Besprechung u. Abfassung deutscher Aufsätze. 7. Aufl. 3 Teile. Leipzig 1903, Teubner.

Wehrbach, Cl., Schüleraufsätze. 1. Teil. Minden, Marowsky.

Erbach, J., Deutsche Sprachlehre. 5. Aufl. Düsseldorf 1903, Schwann. Pr. 1,60 M.

Kehr-Pfeifer, Das Wichtigste aus der Rechtschreibung u. Sprachlehre. 2. Aufl. Gotha 1903, Thienemann. Pr. 1,60 M.

G. Schlimbachs Fibel. Neue Ausgabe von Linde u. Wilke. 4. Aufl. Ebenda 1903. Pr. 50 Pf.

Mackenroth, V., Mündliche und schriftl. Übungen zu Kühns französ. Lehrbüchern. 1. Teil. 2. Aufl. Bielefeld 1903, Velhagen u. Klasing. Pr. 1,80 M.

Schmeil, Dr. O., Leitfaden der Botanik. Stuttgart 1903, E. Nägele. Pr. 3,20 M.

Mück, Kolorierter Pflanzenatlas in Taschenformat. Wien, Szelinski. Pr. 50 Pf.

Detmer, Prof. Dr. W., Das kleine pflanzenphysiologische Praktikum. Jena 1903, Fischer. Pr. 5,50 M.

Mellnat, G., Physik für deutsche Lehrerbildungsanstalten. Leipzig 1903, Teubner.

Ule, Prof. Dr. W., Lehrbuch der Erdkunde für höhere Schulen. 1. Teil. 4. Aufl. Leipzig 1903, Freytag. Pr. 1,80 M.

Prüll, H., Fünf Hauptfragen aus der Methodik der Geographie. Leipzig 1903, E. Wunderlich. Pr. 80 Pf.

Seyfert, Dr. R., Die Landschaftsschilderung. Ebenda. Pr. 1,60 M.

Kluth, E., Taschenliederbuch für Mädchenschulen. Guben, A. Koenig.

Cohn-Rübencamp, Wie sollen Bücher u. Zeitungen gedruckt werden? Braunschweig 1903, Vieweg u. S. Pr. 2 M.

Spruth, O., Berliner Schulkalender. Berlin 1903, Selbstverlag. Pr. 30 Pf.

Auskunftbuch für Schriftsteller, herausg. v. d. Redaktion der „Feder". Berlin 1903. Pr. 80 Pf.

Monumenta Germaniae Paedagogica, Bd. XXVII: Die Schulordnungen des Grossherzogtums Hessen. Her. von Lic. Dr. W. Diehl. 1. Bd.: Die höheren Schulen der Landgrafschaft Hessen-Darmstadt, 1. Teil, Die Texte. Berlin 1903, A. Hofmann u. Comp. Pr. 12 M.

Compayré, Gabriel, Herbart et l'Education par l'Instruction. Paris, Paul Delaplane.

Carnap, A., Friedrich Wilh. Dörpfeld. 2. Aufl. Gütersloh 1903, C. Bertelsmann. Pr. geb. 4,50 M.

Görland, Dr. A., Paul Natorp als Pädagog. Leipzig 1904, J. Klinkhardt.

Groos, K., Das Seelenleben des Kindes. Berlin 1904, Reuther u. Reichardt. Pr. 3 M.

Dierks, W., Von der Vererbung und ihrer Bedeutung für die Pädagogik. Bielefeld, A. Helmich. Pr. 50 Pf.

Cohn, Dr. med. P., Gemütserregungen und Krankheiten. Berlin 1903, Vogel u. Kreienbrink. Pr. 2 M.

Sully, Dr. James, Untersuchungen über die Kindheit. Übersetzt von Dr. J. Stimpfl. 2. verm. Aufl. Leipzig 1904, E. Wunderlich. Pr. 4 M.

Lay, Dr. W. A., Experimentelle Didaktik. 1. Teil. Wiesbaden 1903, O. Nemnich. Pr. 9 M.

Seyfert, Dr. R., Die Unterrichtslektion als didaktische Kunstform. Leipzig 1904, E. Wunderlich. Pr. 2,40 M.

— Die pädag. Idee in ihrer allg. Bedeutung. Ebenda 1904. Pr. 60 Pf.

Hofmann, Joh., Die allgem. obligatorische Mädchenfortbildungsschule. Ebenda 1903. Pr. 50 Pf.

Walsemann, Dr. H., Die Anschauung. Berlin 1903, Gerdes u. Hödel. Pr. 2,80 M.

Enderlin, M., Erziehung durch Arbeit. Leipzig 1903, Frankenstein u. Wagner.

Blackie, J. St., Selbsterziehung. Übers. v. Lic. Dr. Fr. Kirchner. 3. Aufl. Leipzig 1903. J. J. Weber. Pr. 2 M.

Romundt, Dr. H., Kirchen und Kirche nach Kants philosophischer Religionslehre. Gotha 1903, Thienemann. Pr. 4 M.

Burckhardt, Dr., Lehrplan der Seminarschule zu Löbau. 2. Aufl. Löbau i. S. 1903, Walde.

Rheinische Blätter, Generalregister zu Jahrg. 1870—1901. Frankfurt a. M. 1902, M. Diesterweg. Pr. 50 Pf.

Empfehlenswerte Jugendschriften, herausgeg. von den vereinigten deutschen Prüfungsausschüssen. Leipzig 1904, E. Wunderlich. Pr. 60 Pf.

Kinderwelt, Erzählungen und Skizzen, her. von denselben. Ebenda 1904.

Pfalz, Dr. Fr., Fritz Spalteholz, der junge Volksschullehrer. Leipzig 1903, R. Wöpke. Pr. 3 M.

Steude, Lic. E. G., Hülfsbuch für den Religionsunterricht in den oberen Klassen der höheren Lehranstalten. Gütersloh 1903, C. Bertelsmann.

Erbt, Lic. Dr. E. W., Israel und Juda. Bibelkunde zum Alten Testamente für Seminare und höhere Lehranstalten. Göttingen 1903, Vandenhoeck u. Ruprecht. Pr. 1,20 M.

Falcke, Gebrüder, Einheitliche Präparationen für den gesamten Religionsunterricht. 3. Band: Die heilige Geschichte in Lebensbildern. 4. Aufl. Halle 1903, H. Schroedel. Pr. 4 M.

Pfeifer, Lernstoff des evang.-christlichen Religionsunterrichts. 2. Ausgabe. Ebenda 1903. Pr. 80 Pf.

Fischer-Scholz, Biblisches Geschichtsbuch. Berlin 1903, W. Prausnitz. Pr. 1 M.

— 27 bibl. Geschichten für die beiden ersten Schuljahre. Ebenda 1903. Pr. 60 Pf.

Bauer-Streinz, Karl Schillers Handbuch der deutschen Sprache. 2. gänzlich umgearb. Aufl. 2.—10. Lieferung. Pr. je 50 Pf. Wien, A. Hartleben.

Hotop, G., Lehrbuch der deutschen Literatur. Teil 1 für Präparandenanstalten. 3. gänz. umgearb. Aufl. Pr. 1,75 M. — Teil 2 für Lehrerseminare. Zur Weiterbildung. Halle 1903, H. Schroedel. Pr. 3 M.

Padderatz, Frz., Sammlung von Briefen für den Unterrichtsgebrauch an höheren Lehranstalten, besonders an Lehrerseminaren. Ebenda 1903. Pr. 1,50 M.

Puls, Dr. A., Lesebuch für die höheren Schulen Deutschlands. 2. Teil: für Quinta. Gotha 1903, Thienemann. Pr. geb. 2,60 M.

Girardet-Puls-Reling, Deutsches Lesebuch für Lehrerbildungsanstalten. Teil 1: Prosa für Präparandenanstalten. Ebenda 1903. Pr. geb. 3,50 M.

Paszkowski, Dr. W., Lesebuch zur Einführung in die Kenntnis Deutschlands u. seines geistigen Lebens. Für ausländische Studierende und die oberste Stufe höherer Lehranstalten. Berlin 1904, Weidmann. Pr. 3 M.

Florin, A., Die unterrichtliche Behandlung von Schillers Wilhelm Tell. 2. Aufl. Davos 1904, H. Richter.

Göhl, Dr. H. u. Th., 60 Volksschulaufsätze. Theoret. Teil u. Unterstufe. Meissen 1903, Sächs. Schulbuchhandlung. Pr. 2 M.

Lüttge, E., Der stilistische Anschauungsunterricht. 1. Teil. 3. Aufl. Leipzig 1904, E. Wunderlich. Pr. 1,60 M.

Hermann, Paul Th., Diktatstoffe II. Ebenda 1904. Pr. 1,60 M.

Göbelbecker, L. F., Das Kind in Haus, Schule und Welt. Ein Lehr- und Lesebuch im Sinne der Konzentrationsidee etc. 2. Aufl. Wiesbaden, O. Nemnich. Pr. geb. 1 M.

— Lernlust, eine Comenius-Fibel. Ebenda. Pr. 50 Pf.

Schulze-Giggel, Deutsche Schreiblesefibel. 5. verb. Aufl. Gotha 1903, Thienemann. Pr. 50 Pf.

— Des Kindes erstes Schulbuch. Ebenda 1903. Pr. 75 Pf.

Schmidt, Dr. F., Lehrbuch der lateinischen Sprache für vorgerücktere Schüler, sowie zum Selbstunterricht. Wiesbaden 1903, O. Nemnich.

Druck von A. Rietz & Sohn in Naumburg a. S.

A. Abhandlungen.

I.

Praktische Vorschläge zur Neugestaltung des Zeichenunterrichts.[1])

Von **Arno Mäder**, Seminaroberlehrer in Rochlitz.

Auf keinem Gebiet des Schulwesens ist in den letzten Jahren so viel gearbeitet worden wie auf dem des Zeichenunterrichtes, und zwar ist es geschehen unter Beteiligung von Personen und Kreisen, die pädagogischen Fragen bisher ferngestanden haben. Der Grund ist darin zu suchen, dass heute das Zeichnen als Bildungsmittel höher bewertet wird, als es früher geschah; auch hat man die grosse Bedeutung der Geschmacksbildung für gewisse Industriegebiete erkannt.

Wie im allgemeinen der Zeichenunterricht gegenwärtig beschaffen ist, erfüllt er jedoch seinen Zweck weder nach der einen, noch der anderen Seite, und so bemühen sich seit Jahren Künstler, Kunstschriftsteller, Gelehrte im Verein mit den Vertretern des Faches oder auch im Gegensatz zu ihnen um die Neugestaltung der zeichnerischen Ausbildung unserer Jugend.

Seit dem Jahre 1901 hat nun auch die preussische Regierung Stellung hierzu genommen. Es wurden Revisionen des Zeichenunterrichtes veranstaltet und zunächst für die höheren Schulen des Landes neue Lehrpläne vorgeschrieben. Im Laufe des Jahres 1902 aber verfügte der Minister der geistlichen etc. Angelegenheiten, dass auch in den Gemeindeschulen Berlins und in den Übungsschulen einiger Lehrerseminare versuchsweise ein neuer Lehrplan für den

---

[1]) Vortrag, gehalten am 7. Juli 1903 zur Hauptversammlung der Lehrer des Schulinspektionsbezirks Rochlitz. Mit einigen Abkürzungen hier aufgenommen.

Pädagogische Studien. XXV. 3.   11

Zeichenunterricht in den Volksschulen durchgeführt werden solle. Um die allgemeine Einführung der neuen Zeichenlehrpläne vorzubereiten, wurde auch in den Präparandenanstalten und Seminaren der Zeichenunterricht neugestaltet, und ausserdem richtete die Regierung Zeichenkurse für Lehrer an Mittel- und Volksschulen zur Einführung in die neuen Zeichenlehrpläne ein.

Wie in Süddeutschland von Behörden und Lehrern das Vorgehen des grössten deutschen Staates mit Aufmerksamkeit verfolgt wird, so wird man auch in Sachsen auf eine Prüfung und nach Befinden auf eine Berücksichtigung der in den neuen preussischen Lehrplänen zum Ausdruck gekommenen Ideen nicht verzichten können.

Die folgenden Ausführungen wollen nur dazu anregen, die neueren Bestrebungen auf dem Gebiete des Zeichenunterrichtes auch für einfache Schulverhältnisse fruchtbar zu machen.

Eingeleitet worden ist die Reformbewegung durch den Umschwung zum Realismus, der sich seit den siebziger Jahren des vergangenen Jahrhunderts bei uns in der bildenden Kunst, namentlich in der Malerei, bemerkbar machte. Unsere Künstler wollten nicht mehr die alten Meister nachahmen, sondern sich lediglich an die Natur halten. Seit dem Ende der achtziger Jahre wurden dann Vorschläge laut, den Zeichenunterricht in naturalistischem Sinne zu reformieren. Die Natur sollte den Ausgangspunkt, die Nachahmung der Natur das Ziel des Zeichenunterrichtes bilden.

Der erste, der auf den Plan trat, war Georg Hirth, der spätere Herausgeber der Münchener „Jugend". Seine „Ideen über den Zeichenunterricht und über künstlerische Berufsbildung," die im Jahre 1887 erschienen, gaben den Anstoss zu der Bewegung.

Seiner Schrift folgte 1893 das bekannte Buch des Königsberger Universitätsprofessors Konrad Lange über die künstlerische Erziehung der deutschen Jugend.

Beide Schriften, die Hirths sowohl, wie die Langes, haben eine Flut von Broschüren, von Artikeln in Zeitschriften und von Vereinsvorträgen hervorgerufen, so dass Lange in einem Aufsatz, den er im November 1896 in den Grenzboten erscheinen liess, bereits von einem Hexensabbat von Reformen reden konnte.

In diesem Aufsatz erklärt Lange, dass von den Behörden zur Zeit noch nichts zu erwarten sei. Diese müssten erst erfahren, dass es zwei Auffassungen vom Zeichnen gebe, eine verstandesmässige und eine gefühlsmässige. Diese Aufklärung könne am besten erfolgen, wenn sich die Anhänger der Reformideen zusammenschliessen und gemeinsam vorgehen würden. Und so forderte er denn zur Gründung eines Vereins zur Reform des Zeichenunterrichts auf.

Eine solche Vereinigung trat noch im Jahre 1896 in Hamburg zusammen unter dem Namen „Lehrervereinigung zur Pflege der künstlerischen Bildung".

Die Vereinigung hat fleissig gearbeitet. In den Schriften, die sie bis in die neueste Zeit hat erscheinen lassen, wird im wesentlichen dasselbe ausgeführt, was andere, namentlich Hirth und Lange, seit Jahren vertreten haben, zugleich aber über Versuche berichtet, die Reformideen in die Praxis zu übertragen.

Die gefühlsmässige Auffassung des Zeichnens wird betont. Das Kind soll lernen, etwas von seinem L e b e n, etwas von seiner P e r - s ö n l i c h k e i t in die Zeichnung zu legen. Das Mathematische ist womöglich ganz auszumerzen, dafür ist ernster Anschluss an die Natur zu suchen; auf Genauigkeit kommt es dabei weniger an. Vom Ornament wird behauptet, dass die Kinder keine Freude an ihm hätten, dass es für sie völlig nichtssagend sei. Darum müsse es aus dem Zeichenunterricht der Volksschule entfernt werden. Das Kopieren von Vorlagen, auch von Wandtafelvorlagen, habe ganz in Wegfall zu kommen. Die Technik dürfe nur soweit in Betracht kommen, als sie das unentbehrliche Mittel für die Wiedergabe des Beobachteten ist. Die Zeichnung sei die Quittung für das verständig Gesehene. Auf Anregung des Amerikaners Tadd werden sogenannte Freiarmübungen empfohlen, die an aufrechtstehenden Tafeln vorgenommen werden sollen. Englischem Einfluss entstammt die Empfehlung der Fleckenmalerei, die durch Drücken mit dem Pinsel entsteht. Zur Kontrolle, ob die gezeichneten Formen richtig aufgefasst und ob sie eingeprägt worden sind, ist fleissig Gedächtniszeichnen zu üben. Ein erweitertes Gedächtniszeichnen ist das Illustrieren von Geschichten, das auf allen Stufen zu pflegen ist. Durch das Illustrieren soll die grössere oder geringere Klarheit der Vorstellungen, die im Gedächtnis haften geblieben sind, dargetan werden.

Das sind im wesentlichen die Grundzüge der Reform, die seit Jahren immer von neuem erörtert worden sind, nicht selten in leidenschaftlichem Hinüber und Herüber.[1]

Bei der Aufstellung der neuen preussischen Lehrpläne ist vieles von dem, was die Reformer erstreben, berücksichtigt worden. Einige der wichtigeren Punkte sollen jetzt einer Besprechung unterzogen werden.

Der Z w e c k d e s Z e i c h e n u n t e r r i c h t e s. „Warum wird in unseren Schulen Unterricht im Zeichnen erteilt?" „Damit die Schüler das Zeichnen erlernen!" wird die unbefangene und selbstverständliche Antwort lauten müssen. Und doch sollte eigentlich jeder Zeichenlehrer sich täglich zurufen: „Vergiss nicht, dass deine Schüler in die Zeichenstunde kommen, um zeichnen

---

[1] Die vorstehenden und zum Teil auch die folgenden Ausführungen stützen sich hauptsächlich auf nachgenannte Schriften: Georg Hirth, Ideen über den Zeichenunterricht und künstlerische Berufsbildung. Dr. Konrad Lange, Die künstlerische Erziehung der deutschen Jugend. Konrad Lange, Das Wesen der künstlerischen Erziehung. Karl

zu lernen!" — Es ist nicht zu viel gesagt, wenn man behauptet, dass bisher der weitaus grösste Teil der Schülerzeichnungen mit alleiniger Rücksicht auf Inspektion und Zeichenausstellungen entstanden sind. Schöne Zeichnungen wollte man vorlegen können, das war das Ziel, dem Jahr für Jahr zugestrebt wurde und oft genug ohne den gewünschten Erfolg. — So wurde die Zeichnung der Zweck des Zeichenunterrichtes und das Kind das Mittel zum Zweck.

Hier hat die Reform des Zeichenunterrichtes einzusetzen. Das erste und wichtigste, was der Lehrer zu erstreben hat, muss sein, die Schüler zu befähigen, das, was sie täglich um sich sehen: Gegenstände der Natur und solche handwerklicher Tätigkeit und der Kunst nach Form und Farbe richtig zu beobachten und das Beobachtete einfach und klar darzustellen. — An Ausstellungsarbeiten darf dabei in keinem Falle gedacht werden. Die Blätter, die der Schüler liefert, haben als Studienblätter zu gelten. Sie sind zu beurteilen nach der Förderung, die die Arbeit der Auffassung der Dinge nach Form und Farbe, sowie dem Geschmack gebracht hat.

Zur richtigen Beobachtung und klaren Darstellung muss aber noch ein weiteres kommen. Nur der wird zu einiger Sicherheit und Gewandtheit im Darstellen der Gegenstände, die ihn umgeben, gelangen, der sich bemüht, sie seinem Gedächtnis so einzuprägen, dass er sie auswendig zu zeichnen und zu malen versteht. Das wird den anderen grossen Vorteil für ihn haben, dass er allmählich lernt, das Wesentliche in der Erscheinung der Dinge herauszufinden und über Nebensächliches hinwegzusehen.

Darum muss zweitens das Bemühen des Lehrers darauf gerichtet sein, das Formen- und Farbengedächtnis seiner Schüler zu üben.

Und noch ein Drittes ist zu erwähnen. Die Natur bietet in unerschöpflicher Fülle Reize, die den, der sie zu erfassen vermag, immer von neuem entzücken und erheben. Im Zeichenunterricht hat der Lehrer Gelegenheit, sie den Schülern nahe zu bringen. Aus dem Studium der Natur ist in unseren Tagen eine neue Kunst emporgeblüht, aber die Künstler klagen, dass ihnen kein kunstverständiges und kunstbedürftiges Publikum gegenüberstehe. Soll das anders werden, soll vor allem die hohe Kunst fruchtbar gemacht werden für das Gewerbe, so muss versucht werden, in der Jugend bereits den Schönheitssinn und mit diesem zugleich den Gestaltungstrieb zu erwecken und zu pflegen.

Walter, Die Neugestaltung des Zeichenunterrichts. Theodor Apel, Der Zeichenunterricht nach dem neuen Lehrplan für die Volksschule. Chr. Schwarz, Neue Bahnen. Otto Scheffers, Zeit- und Streitfragen über den Zeichenunterricht. B. Grohberger, Kritische Beleuchtung der Hamburger Reformvorschläge. (Zeitschrift des Vereins deutscher Zeichenlehrer, Jahrgang 1901.)

Dreierlei ist also im Zeichenunterricht zu erstreben:

1. Die Schüler sollen befähigt werden, Gegenstände der Natur und solche handwerklicher Tätigkeit und der Kunst nach Form und Farbe richtig zu beobachten und das Beobachtete einfach und klar darzustellen.
2. Das Formen- und Farbengedächtnis soll geübt werden.
3. Der Schönheitssinn und der Gestaltungstrieb sind zu wecken und zu pflegen.

Das Ornamentzeichnen. Besonders umstritten ist zur Zeit das Zeichnen von Ornamenten. Die Mehrzahl der Reformer ist der Meinung, dass es nicht in den Zeichenunterricht allgemein bildender Anstalten gehöre. In den preussischen Lehrplänen hat es keine Stelle gefunden. Andere wieder, namentlich die Süddeutschen, sind der Meinung, dass es nicht zu beseitigen, sondern nur umzugestalten sei. Nicht zu leugnen ist, dass das Ornamentzeichnen bisher vielfach falsch betrieben worden ist. Man liess bis vor wenig Jahren Ornamente verschiedener Stilperioden, namentlich der deutschen Renaissance, nach Wandtafel- oder Einzelvorlagen oder auch nach Vorzeichnung an der Tafel kopieren, ohne Bezug zu nehmen auf die der Aufgabe zu Grunde liegende Naturform. Heute, nachdem unser Auge sich an die Formen einer neuen, naturalistischen Kunst gewöhnt hat, muten uns die Vorlagen, die vielfach in Menge in den Schränken der Schulen lagern, fremd und kalt an, und es widerstrebt wohl den meisten Zeichenlehrern, sie noch weiter im Unterricht in Gebrauch zu nehmen. Gelegenheit, sie durch andere, bessere moderner Richtung zu ersetzen, ist reichlich vorhanden, denn wohl zu keiner Zeit sind neue Vorlagenwerke in solcher Fülle auf den Markt gebracht worden, wie bei uns bis in die letzten Monate, trotz der ablehnenden Haltung vieler Reformer. Das beweist doch, dass das Ornament sich noch immer weitgehender Schätzung erfreut. Und mit Recht, denn unbestreitbar ist, dass es für die Geschmacksbildung in hohem Grade wertvoll ist, dass es Gelegenheit bietet zur Betätigung der Phantasie und dass es die beste Unterlage gewährt zur Bildung des im Leben für jedermann so ausserordentlich wichtigen Farbensinnes.

Es fragt sich nur, wie das Ornamentzeichnen zu betreiben ist. Soll nach Vorlagen gearbeitet werden, oder sollen die Schulen angehalten werden, selbst Schmuckformen zu erfinden?

Der rechte Weg ist seit Jahren von der Dresdner Kunstgewerbeschule, namentlich von ihrer Vorschule, gewiesen worden. Es kann sich für uns nur um das sogenannte neutrale Flachornament handeln. Die Schüler sind zur geschmackvollen Verzierung einer gegebenen Fläche anzuhalten. An eine praktische Verwertung der Schmuckformen, die im Schulunterricht gezeichnet werden, ist nur in Ausnahmefällen zu denken, weil hierzu Bekanntschaft mit Materialien und Techniken gehört, die weder der Lehrer

noch der Schüler besitzt. Am ehesten wird es noch im Mädchenzeichnen möglich sein. Die Formen, die zur Verwendung gelangen,
liefert fast ausschliesslich die heimische Pflanzenwelt.

Besonders hervorgehoben sei, dass von einer selbständigen,
selbstschöpferischen Tätigkeit des Schülers, wie Flinzer sagt, beim
Ornamentzeichnen in der Volksschule gar keine Rede sein kann.
Zehn- bis vierzehnjährige Kinder haben keine schöpferischen Ideen,
für sie handelt es sich nur um Stilisierungen und Zusammenstellungen
einfachster Art, die in der Anlage ihnen wohl überlassen werden
können, zu deren Ausführung sie in den allermeisten Fällen aber
der Leitung des Lehrers dringend bedürftig sind.

Auszugehen ist bei allem Ornamentieren von der Natur. Man
beginnt mit dem Zeichnen einiger wesentlichen Pflanzenteile, wie
Blätter und Blüten, die sich einer flächenhaften Darstellung leicht
anbequemen. Der Lehrer wird gut tun, sich eine Sammlung ge-
trockneter Blätter anzulegen. Auch Abdrücke von Blättern, die
sich mit Druckerschwärze leicht herstellen lassen, können zur Verwendung kommen.

Zu empfehlen ist, die ausgewählte Blattform in möglichst
grossem Massstabe mit Kohle auf Packpapier so lange üben zu
lassen, bis der Schüler imstande ist, sie auswendig zu zeichnen.
Die Zeichenfläche ist hierbei aufrecht zu stellen. Geht dies nicht
an, so müssen sich die Schüler erheben und im Stehen, leicht
über die Arbeit gebeugt, die Zeichnung ausführen. Bei ganz einfachen Schulverhältnissen mag sich der Lehrer damit begnügen, die
betreffenden Formen von einzelnen Kindern an der Wandtafel ausführen zu lassen. Zeichenständer, die ohne Schwierigkeit die Befestigung der Zeichenfläche gestatten, gleichviel, ob sie hoch oder
breit genommen werden soll, und die ausserdem Gelegenheit bieten,
sie mehr oder weniger steil zu stellen, können zu mässigem Preise
von einer später zu nennenden Leipziger Firma bezogen werden.

Noch ein Wort darüber, wie die Zeichnung zu entwerfen ist.
Es handelt sich beispielsweise um das Fliederblatt. Der Schüler
hat von der Mittelrippe auszugehen. Er bestimmt ihre Richtung
und Länge, gibt rechts und links die Breite des Blattes an und
zeichnet nun unter Nichtbeachtung der kleineren Abweichungen den
Blattrand in geraden Linien. In die so gewonnene rohe Form
werden die Feinheiten des Blattrandes und einige Nebenrippen eingetragen.

Ähnlich werden alle anderen Blattformen gezeichnet, auch solche
mit gelappter Fläche wie das Eichenblatt. Es ist stets vom Allgemeinen zum Besonderen zu gehen. Mit zunehmender Übung des
Zeichners können die umgrenzenden Hilfslinien mehr und mehr entbehrt werden.

Das Modell hat bei der Arbeit aufrecht in einiger Entfernung
vom Zeichner zu stehen, damit die Form in ihrer Gesamtheit und

unverkürzt überblickt werden kann und damit Einzelheiten, die auf der Zeichnung nicht anzubringen sind, zurücktreten.

Erst nach der eben beschriebenen Vorübung mit Kohle oder einem anderen weichen Material geht man zum Zeichnen mit Bleistift über. Die betreffende Naturform ist in etwas verändertem Massstabe, meist wird eine Vergrösserung am Platze sein, auf weissem oder farbigem Papier zu entwerfen.

Der Gummi sollte so wenig wie möglich angewendet werden. Die Anpreisung von radierfestem Papier durch die Händler beweist nur, auf welchem Wege der Zeichenunterricht bisher vielfach gewandelt ist und noch wandelt.

Ausziehen mit dem Bleistift oder mit der Feder im Sinne einer Schönschrift darf es nicht geben. Wird die Zeichnung mit Stift oder Feder noch einmal überarbeitet, so muss es unter steter Betrachtung des Modells und unter Beseitigung der Fehler geschehen, die beim ersten Zeichnen untergelaufen sind.

Ist das Blatt gezeichnet, so wird es in Farbe gesetzt. Die Farbe wird kurz besprochen, ihre Zusammensetzung festgestellt, und nun haben sich die Schüler zu bemühen, den Farbenton selbst zu finden.[1]) Die Farbe ist in satter Lösung, nicht dünnflüssig, und mit vollem Pinsel aufzutragen. Auf einige Flecken kommt es dabei gar nicht an. Die Natur hat auch keine fleckenlosen Flächen.

Für fortgeschrittene Schüler ist es eine besonders empfehlenswerte Übung, eine Blattfläche ohne Vorzeichnung sogleich mit Farbe auszuführen. Die Sache ist keineswegs so schwer, dass sie sich nicht erlernen liesse; aufmerksam sein muss freilich der Maler.

Und nun die Verwertung der geübten Form!

Der Lehrer deutet in einfacher Zeichnung an der Wandtafel an, in welcher Weise die Naturform sich zu Schmuckformen umbilden lässt, und fordert alsdann die Schüler auf, mit Feder und Tinte in kleinem Massstabe einige Entwürfe anzufertigen. Der am besten gelungene wird ausgeführt. Schwächere Schüler mögen sich damit begnügen, eine einfache Reihung herzustellen, Befähigtere können versuchen, eine Quadrat- oder Kreisfüllung oder ähnliches zu zeichnen.

Ein ausgezeichnetes Mittel, die Schüler zum Erfinden von Schmuckformen anzuleiten, besteht darin, dass man sie veranlasst, frische oder getrocknete Blätter zu Mustern zusammenzulegen oder aufzukleben. Es ist nicht schwer, sich auf solche Weise Vorlagen zu verschaffen. Bestreicht man geeignete Blätter mit Druckerschwärze und drückt sie auf Holzpappe, so lassen sich gleichfalls recht brauchbare Vorbilder gewinnen.

Unbedingt notwendig ist es, dass von der Schule einige gute

---

[1]) Angaben über die Mischung von Farben, wie sie beim Malen von Pflanzen vorkommen, findet der Lehrer in dem Werke „Heimatliche Pflanzen im Mädchenzeichnen. Blätter zur Vorlage und Betrachtung von Max Rich. Gräf. Dresden, Bleyl und Kaemmerer".

Vorlagensammlungen angeschafft werden, nicht zur Nachbildung, sondern zur Anregung. Zwei ausserordentlich empfehlenswerte Werke sind „Der Zeichenunterricht für Mädchen von Johannes Hipp" und „Von der Pflanze zum Ornament von Kolb u. Gmelich."[1]) Beide Werke gehören zum Besten, was in den letzten Jahren erschienen ist. Sie bieten Lehrern und Schülern eine Fülle von Mustern. Auch das schon früher erwähnte Werk von Gräf kann warm zur Anschaffung empfohlen werden.

Das Körperzeichnen. Während bisher das Ornamentzeichnen im Mittelpunkt des Zeichnens stand, soll nach den Forderungen der Reformer das Natur- oder Körperzeichnen an seine Stelle treten. — Wo es bisher betrieben wurde, ist man in der Regel von geometrischen Grundformen ausgegangen. Es wurde der Würfel, die Säule, die Pyramide, die Walze, die Kugel gezeichnet. Dann erst ging man zur Darstellung von Lebensformen, also von Gegenständen über, die die Schüler im Leben täglich um sich sehen.

Die meisten Reformer verwerfen diesen Weg. Geometrische Körper sind ihnen tote Formen, denen die Kinder kein Interesse abzugewinnen vermögen. Ausserdem sehen sie einen Nachteil in ihrer Konstruierbarkeit. Ich vermag ihnen nicht zuzustimmen. Wenn die Schüler ein Dach zeichnen sollen, so erscheint es mir nötig, dass sie vorher mit dem geraden dreiseitigen Prisma bekannt gemacht worden sind, dass sie an ihm beobachten gelernt haben, wie die Flächen sich verjüngen, wie die Kanten, je nachdem der Körper sich über oder unter dem Auge befindet, steigen oder fallen.

Und wenn die Schüler, um ein Beispiel zu geben, vor die Aufgabe gestellt werden, die Türme des Rochlitzer Schlosses zu zeichnen, so wird ein einigermassen befriedigendes Ergebnis am leichtesten wohl dann zu erzielen sein, wenn es geschieht im Anschluss an die Betrachtung und an die Darstellung der geraden vierseitigen Pyramide. Die Konstruierbarkeit der geometrischen Körper halte ich für einen Vorteil. Die Schüler werden sicherlich schneller zu einer richtigen Darstellung gelangen, wenn sie nicht lediglich gefühlsmässig arbeiten, sondern sich auch auf konstruktivem Wege von der Richtigkeit ihrer Beobachtung überzeugen können. Da in einer Schulklasse 30, 40 und mehr Schüler der Hilfe des Lehrers bedürfen, dieser aber auf einmal nur einen unterstützen kann, Körperzeichnen wird eben stets mehr oder weniger Einzelunterricht,[2]) so ist ihnen das Mittel zu

---

[1]) Kolb & Gmelich, Von der Pflanze zum Ornament. Göppingen bei Illig und Müller. Preis 37 Mark. Johanna Hipp, Der Zeichenunterricht für Mädchen. Strassburg i. Els. bei Friedrich Bull.

[2]) Zu der Bemerkung „Körperzeichnen wird stets mehr oder weniger Einzelunterricht" noch einige Worte. Die Schüler haben eine Tasse, die ihnen die Mutter auf den Wunsch des Lehrers zum Abzeichnen mitgegeben hat, vor sich aufgestellt. Die Obertasse wird betrachtet und ihre Grundform festgestellt. In dem einen Falle zeigt sie einen Zylinder, im andern die Form eines Eies, von dem oben und unten ein Teil fehlt, im dritten die Hälfte einer Kugel. Es wird weiter die Öffnung betrachtet. Sie

geben, sich selbst zu helfen, und das ist die Konstruktion. Sie besteht beim Zeichnen der Spitzdächer der Schlosstürme darin, dass von der quadratischen Grundlage ausgegangen wird, dass Diagonalen gezogen werden und im Schnittpunkt ein Lot errichtet wird. In diesem Lot muss die Spitze des Daches liegen, von der aus die sichtbaren Kanten dann leicht gefunden werden. Der Fortgeschrittene kann die Hilfslinien entbehren, der Anfänger wird ohne sie in den meisten Fällen nur falsche Formen zustande bringen.

Also entbehren lassen sich die geometrischen Grundformen beim Naturzeichnen kaum, aber es wird nicht nötig sein, dass man sie nach Flinzerscher Art in haarscharfen und schnurgeraden Linien ausführen lässt. Bei der Vorübung genügt es, wenn sie mit einem weichen Material, Kreide oder Kohle, auf Packpapier oder auch auf der Schiefertafel flott hingezeichnet werden. Verständnis und Übung sind nötig, Ausstellungsarbeiten nicht.

Ich wende mich zu den Beleuchtungserscheinungen. Sie sollen auch in der Volksschule beobachtet werden und zur Darstellung gelangen.

Die Reformer verlangen, dass als Modelle hauptsächlich farbige Gegenstände zu benützen seien; die Schüler müssten angehalten werden, nach dem Gefühl zu arbeiten; die konstruktive Richtigkeit der Schattenformen habe zurückzutreten.

Das sind ganz bedenkliche Forderungen. Bevor die Gesetze der Beleuchtung nicht an der Kugel und an einfarbigen, hellgestrichenen Gegenständen erläutert worden sind, wird man nicht zu bunten Naturkörpern übergehen dürfen, weil das Erkennen der Licht- und Schattenmassen an solchen für Anfänger zu schwierig ist. Und was das Arbeiten nach dem Gefühl betrifft, so ist zu bemerken, dass es bei Wiedergabe der Beleuchtungserscheinungen ein ebenso unhaltbares und unzureichendes Verfahren wie bei der Darstellung des Umrisses ist.

Man meine nun nicht: das gehört gar nicht in die Volksschule; das ist ja alles viel zu schwer! Vor 70 Jahren schon hat ein damals hochangesehener Zeichenlehrer gesagt: „Alles Zeichnen ist von der Natur ausgegangen und hat das Nachbilden der Natur zum Zweck." Der Satz ist heute noch so unanfechtbar richtig, wie er es damals war. Erteilen wir in unseren Schulen Zeichenunterricht, so müssen wir darnach streben, unsere Schüler soweit zu fördern, dass sie im-

---

ist kreisförmig gestaltet, erscheint aber, von der Seite gesehen, elliptisch. Die Gestalt des Henkels wird bestimmt. Ist er einfach, mehrteilig? Ragt er über den oberen Rand der Tasse hinaus oder nicht? Bis hierher wird Massenunterricht erteilt, sobald aber das Zeichnen begonnen hat, muss sich der Lehrer um den einzelnen Schüler kümmern, und nur dann, wenn ein Fehler mehrfach auftritt, wird wieder die Klasse in ihrer Gesamtheit zur Besprechung herangezogen. Massenunterricht in Verbindung mit Einzelunterricht! Der letztere wird aber immer den breitesten Raum einnehmen und bei weitem den schwierigeren Teil der Tätigkeit des Lehrers bilden.

stande sind, die Gegenstände ihrer Umgebung in ihrer körperlichen
Erscheinung richtig zu sehen und einfache Formen in einer schlichten
Technik zur Darstellung zu bringen.

Aber wie steht es mit der Schwierigkeit? Nun, Körperzeichnen
ist nicht so schwer, dass es von 12- bis 14jährigen Kindern nicht
geübt werden könnte. Man wähle nur die rechten Gegenstände
aus. Sie müssen von einfacher, charakteristischer Gestalt und möglichst frei von Nebensachen sein. Man halte ferner darauf, dass sie
mit den geringsten Mitteln. in ihrer körperlichen Erscheinung wiedergegeben werden. Bei kleineren Gegenständen genügen 3 Tonwerte,
um eine körperliche Wirkung zu erzielen. Handelt es sich z. B.
um die Darstellung von Tuschnäpfen, so ist folgender Weg einzuschlagen. Nachdem der Napf gezeichnet ist, werden mit ganz
leichten Strichen die Glanzlichter umrissen, dann wird der Mittelton,
also der, der an dem Gegenstand vorherrscht, so aufgetragen, dass
die Glanzlichter freibleiben. Fügt man noch den etwas dunkleren
Schlagschatten hinzu, also den Schatten, den der Gegenstand auf
die Fläche wirft, auf der er steht, so ist bereits eine genügende
körperliche Wirkung erzielt. Erhöht wird sie dadurch, dass ein
dritter Ton, der Kernschatten des Körpers, hinzugefügt wird. Das
beste Material zur Darstellung ist in diesem Falle Pinsel und Farbe.

Bei grösseren Gegenständen ist ausser der Farbe noch die Verwendung von Zeichenkohle zu empfehlen. Zeitraubende Schraffierungen
mit Stift und Feder sind zu vermeiden.

Wie sind Kohlezeichnungen herzustellen? Es soll eine Tonflasche
gezeichnet werden. Zunächst sind die Umrisse auszuführen. Dann
wird die ganze Zeichnung mit Kohle zugestrichen, so dass eine
Silhouette entsteht. Der Ton ist jetzt zu dunkel. Um den Mittelton zu erhalten, verwischt man die Kohle mit dem Finger. Es kann
dies in wenigen Minuten geschehen. Nun werden mit weichem
Gummi oder mit Brot die Glanzlichter herausgehoben, und schliesslich ist noch der Kernschatten einzutragen. Erhöht wird die Wirkung
durch Anbringen einiger Reflexe. Sie werden mit dem Wischer,
der bei Kohlezeichnungen wie ein Gummi gebraucht werden kann,
eingefügt.

Das klingt zwar einfach, in der Praxis gestaltet sich die Sache
anders, werden mir die Fachleute entgegenhalten. Und sie haben
recht; in vielen Fällen wird es so sein; aber die Schwierigkeiten
liegen nicht im Gegenstand, sie sind darin zu suchen, dass beim
Körperzeichnen auf ausschliesslichen Masseunterricht verzichtet
werden muss und dafür vielfach Gruppen- oder Einzelunterricht
einzutreten hat. Sie sind weiter begründet in vollen Klassen, un-
geeigneten Schulbänken, in den Kosten, die die Anschaffung und
vielleicht auch die Aufbewahrung der Modelle bereitet, und nicht
zum wenigsten schliesslich in den Anforderungen an die zeichnerische
Geschicklichkeit des Lehrers. Den Reformern bereitet alles das

geringe Sorge. Das Ziel ist gesteckt, der Weg ist gewiesen; ist er nicht gangbar, so muss er gangbar gemacht werden. Auch die preussische Regierung scheint der Ansicht zu sein, dass die genannten Schwierigkeiten zu überwinden sind, sonst würde sie den neuen Lehrplan, der lediglich Gedächtniszeichnen und Zeichnen nach dem Gegenstand berücksichtigt, nicht aufgestellt und bei einer Anzahl Schulen auch bereits eingeführt haben.

Nach meiner Erfahrung lässt sich Naturzeichnen in Klassen mit über 30 Schülern und bei ungenügenden räumlichen Verhältnissen nicht mit Erfolg betreiben, und auch 30 Schüler sind noch zu viel. So wünschenswert, ja notwendig das Arbeiten nach der Natur ist, so wird man sich doch so lange mit dem Zeichnen von Gegenständen, die sich flächenhaft darstellen lassen, wie Blätter, Blüten, Schmetterlinge, mit dem Zeichnen von geometrischen Formen und Schmuckformen begnügen müssen, bis wenigstens die Hauptübelstände, die vorhin genannt wurden, beseitigt sind.

Ausserordentlich viel würde gewonnen sein, wenn es zu ermöglichen wäre, volle Klassen zu teilen. Hierauf müsste die Lehrerschaft hinarbeiten, nicht auf eine Vermehrung der Unterrichtszeit über wöchentlich 2 Stunden hinaus. Ich will hier einfügen, was ich im vorigen Jahre bei Gelegenheit des sächs. Seminarlehrertages ausgeführt habe. „Die gleichzeitige Unterweisung einer grösseren Anzahl Schüler im Zeichenunterricht muss notwendig zur Oberflächlichkeit führen. Es geschieht dies, wenn jeder Schüler seine besondere Aufgabe erhält, es geschieht in demselben und noch höherem Grade, wenn alle Schüler die gleiche Aufgabe zu lösen haben. Im letzteren Falle kommt noch die Ermüdung hinzu, die den Lehrer ergreifen muss, wenn er stundenlang immer dieselbe Sache vor Augen hat und dieselben Fehler zu verbessern hat. Die allgemeine Korrektur an der Wandtafel genügt nach meinen Erfahrungen nicht. Dem Einzelnen müssen die Mängel s e i n e r Arbeit gezeigt werden. Alle Schriften über Zeichnen und Kunsterziehung, alle Reden und Vereinsbeschlüsse, alle Verordnungen der Behörden, alle Methoden, und wenn sie an sich noch so trefflich wären, werden uns nur wenig vorwärts bringen, wenn dem Lehrer nicht Gelegenheit gegeben wird, sich mit dem einzelnen Schüler zu beschäftigen, ihm zu raten, zu helfen, mit ihm weiter zu arbeiten."

Was für den Zeichenunterricht im allgemeinen gilt, gilt für das Körperzeichnen im besonderen. Nicht gesagt werden soll, dass eine Vermehrung der Zeichenstunden über 2 wöchentliche Stunden hinaus nicht dankbar zu begrüssen sei, wichtiger aber als mehr Stunden ist es, wenn weniger Schüler zu unterrichten sind.

P i n s e l ü b u n g e n. Das Aufsehen, das von einigen Volks- und Gewerbeschulen Londons durch die Pflege derartiger Übungen hervorgerufen worden ist, hat in Verbindung mit der Beachtung, die die japanische Malweise seit längerer Zeit auch bei uns findet, dazu

geführt, dass die Reformer Pinselübungen in ihr Programm aufgenommen haben. Das Wesentliche an diesen Übungen ist die
Ausführung von bildlichen Darstellungen ohne Vorzeichnung nur
mit Hilfe des Pinsels und einer satten Farbe, am besten einer
Deckfarbe. Soweit es sich bei dieser Art des Zeichnens um die
mechanische Einübung von keilförmigen und kreisförmigen Strichen
handelt, ist ihre Einführung in unsern Unterricht nicht zu befür-
worten. Wohl aber kann empfohlen werden, zur Gewöhnung des
Auges an eine flächenhafte Auffassung der Formen zuweilen Übungen
im Silhouettieren vornehmen zu lassen. Ganz ohne Vorzeichnung
wird es aber dabei in der Regel nicht abgehen.

Freiarmübungen. Die Kinder sollen befähigt werden, alle
nur denkbaren Linien mühelos und gewandt hervorzubringen, ihre
Hand soll „des Geistes stets bereites Werkzeug werden". Zu dem
Zwecke lassen die Reformer, namentlich auf Anregung des Amerikaners Tadd, allerlei Formen, besonders Kreise, Ellipsen, Eiformen,
Spiralen zunächst in der Luft, dann mit gestrecktem Arm, ohne
Auflegen der Hand, aus dem Schultergelenk heraus in einem Zuge
auf der Zeichenfläche ausführen. Diese muss möglichst gross sein
und hat dabei aufrecht zu stehen. Am besten geeignet sind Wandtafeln. In der deutschen Städteausstellung in Dresden sind Schul-
zeichentische ausgestellt, deren Platten sich aufklappen lassen; die
untere Seite ist schwarz gestrichen und zur Vornahme der eben
genannten Übungen bestimmt.

Solche Übungen, für die auch die Bezeichnungen Muskel- oder
Drillübungen gebraucht werden, sollen fortgesetzt auf allen Stufen
vorgenommen werden, bis „automatische Fertigkeit" erzielt ist. Dass
man bei einer derartigen Behandlung dem Ansehen des Zeichenunterrichts ausserordentlich schadet und denen die Waffen in die
Hand gibt, die im Zeichenunterricht nur ein technisches Fach sehen,
bedenken die Neuerer nicht.

Das Beschreiben schwieriger Formen in der Luft, das Üben
charakteristischer Linien, auf geringwertigem Papier bei passender
Gelegenheit vorgenommen, ist gewiss zweckmässig; aber weiter
sollte man nicht gehen.

Illustrieren von Geschichten. In den Zeichenkursen,
die an der Kgl. Kunstschule zu Berlin für Lehrer an Mittel- und
Volksschulen zur Einführung in die neuen Zeichenlehrpläne abgehalten werden, wird warm empfohlen, die Kinder zur Anfertigung
von Illustrationen von Geschichten und Gedichten anzuhalten. Derartige Arbeiten seien einmal für die Schüler hochinteressant, dann
aber auch für den Lehrer bedeutungsvoll, weil er an ihnen dabei
Gelegenheit finde, die individuelle Begabung jedes einzelnen zu
erkennen.

Was zunächst den ersten Punkt, das Interesse des Schülers,
betrifft, so ist zu bemerken, dass ältere Schüler fast ausnahmslos

widerwillig an derartige Arbeiten herantreten, weil sie sich der Unzulänglichkeit ihrer Kräfte sehr wohl bewusst sind. In Unterklassen wird die Sache als eine belustigende Spielerei betrachtet, und mehr ist es in der Tat nicht. Und was man von den Schülern verlangt, soll doch wohl auch der Lehrer vollbringen können. Welcher Lehrer vermag denn eine einigermassen genügende Zeichnung zum Erlkönig, zu Belsazar von Heine, zum Grafen von Habsburg zu liefern? Ist es ferner für den Lehrer wirklich von so grosser Wichtigkeit, zu erfahren, nach welcher Richtung der Schüler am meisten beanlagt ist, dass hierzu besondere Übungen vorgenommen werden müssten? Das zu ergründen, ist Sache der Eltern. Darnach, den zukünftigen Beruf seiner Schüler bestimmen zu wollen, wird wohl kein verständiger Lehrer Verlangen tragen.

Es möge nunmehr noch der Entwurf eines Lehrplanes folgen. Er setzt voraus, dass wöchentlich zwei womöglich hintereinanderliegende Stunden zur Verfügung stehen, und ist für sechs-, sieben- und achtklassige Schulen berechnet.

In den beiden ersten Zeichenjahren, dem 5. und 6. Schuljahre, ist für Knaben und Mädchen der gleiche Plan vorgesehen, im 3. und 4. Zeichenjahre, dem 7. und 8. Schuljahre, soll bei den Knaben mehr das Körperzeichnen, bei den Mädchen mehr das Pflanzen- und Ornamentzeichnen gepflegt werden.

Der Unterricht beginnt im 1. Zeichenjahre mit dem Darstellen der Ellipse, also mit der krummen Linie, denn diese ist nach der Überzeugung vieler, auch nach der meinigen, leichter zu zeichnen als die Gerade. Es wird, wenn der Unterricht beginnt, aber nicht gesagt: „Wir wollen heute eine Ellipse zeichnen", sondern die Kinder werden aufgefordert, eine Pflaume oder Stachelbeere zu malen. So wird die inhaltslose mathematische Form der kindlichen Anschauung näher gerückt. Erst wenn die Form fertig auf der Zeichenfläche steht, wird den Schülern gesagt, dass sie Ellipse heisst. — Ist die Form geübt, so werden andere Gegenstände gesucht, an denen gleichfalls die Ellipse zu sehen ist. Kürbis, Zitrone, Brille, Schlüssel, *Schere, Bilderrahmen, Türschild, Handspiegel kommen in Betracht. Es wird ein Gegenstand herausgegriffen. Wir wollen den Handspiegel zeichnen. Wer kennt ihn? Er wird vorgezeigt. Es folgt eine kurze Besprechung. Der Handspiegel hat 2 Teile: Spiegel und Griff. Wie ist der Spiegel beschaffen? Wie der Griff? Warum ist der Griff in der Mitte dünner als oben und unten. — Nun wird der Spiegel an die Tafel gezeichnet. Nach der Entfernung des Bildes zeichnen ihn die Schüler aus dem Gedächtnis.

An die Ellipse schliesst sich die Eiform und der Kreis an. Beide werden in ähnlicher Weise behandelt.

Die nächsten Aufgaben bilden das Rechteck und das Quadrat. Das Rechteck bereitet geringere Schwierigkeiten als das Quadrat. Die Formen sind freihändig zu arbeiten. Mathematische Genauigkeit ist nicht zu verlangen, sie würde auch beim Quadrat durch blosse Beobachtung gar nicht möglich sein. Das mathematisch genau gezeichnete Quadrat erscheint dem Auge in der Höhe stets grösser als in der Breite. Wer also richtig sieht, muss es als Rechteck zeichnen.

Die weiteren Formen, die zur Behandlung kommen, sind Dreieck, Achteck, Sechseck und Fünfeck.

Beherrschung der genannten geometrischen Formen erscheint mir für das Naturzeichnen durchaus geboten. Sie kehren in der Natur immer und immer wieder. Man hüte sich aber, das sei nochmals ausgesprochen, davor, die Schüler mit einer kleinlichen, peinlichen Ausführung zu quälen. Keine Ausstellungsblätter! Das muss immer wieder betont werden.

Den Abschluss der Übungen des 1. Jahres bildet das Zeichnen und Malen von Blattformen.

Im 2. Zeichenjahre sind dieselben Formen wie im 1. zu arbeiten, nur dass sie in freierer Weise mit dem Pinsel oder, wo es angeht, mit Zirkel und Reissschiene auszuführen sind. Es ist in dieser Klasse also neben freihändigem auch geometrisches Zeichnen zu treiben. Hierdurch wird dem Lehrer, wenn er 2 Abteilungen zu unterrichten hat, eine wesentliche Erleichterung geboten.

Am Schlusse des Jahres sind die im 1. Jahre gezeichneten Blattformen mit genauerer Rippenzeichnung zu wiederholen und zu Reihungen und Füllungen zu verarbeiten.

Zu vermeiden ist im geometrischen Zeichnen die genaue Angabe der Masse und der Anordnung der Figuren. Die Bogen, die die Schüler arbeiten, dürfen einander nur bezüglich des Stoffes gleichen, sonst nicht. Am besten wird es sein, wenn der Lehrer an der Tafel das Format des Zeichenbogens anzeichnet und in dieses die geometrischen Formen, die die Schüler arbeiten sollen, freihändig einträgt. Nach einer kurzen Besprechung wird aufgefordert, die Arbeit in Angriff zu nehmen. Missgriffe in der Grösse der Figuren und in der Anordnung des Bogens werden im Anfang häufig vorkommen. Aber das schadet nichts, mit der Zeit werden die Kinder schon lernen, was erst nicht recht gelingen will. In anderen Fächern, im Deutsch und Rechnen, werden die Arbeiten auch nicht fehlerlos abgegeben.

Im 7. und 8. Schuljahr sollen die Knaben zunächst geometrische Formen arbeiten. Von besonderer Wichtigkeit ist die Darstellung in Grund- und Aufriss. Von ihr ist auszugehen. Erst wenn hierdurch eine genaue Kenntnis des Körpers gewonnen ist, geht man zur perspektivischen Darstellung über. Sind die Umrisse richtig gezeichnet worden, so ist noch der Schatten, Körperschatten und Schlagschatten einzutragen. Wird Tonpapier benützt, was sehr zu empfehlen ist, so kann man auch noch Lichter aufsetzen lassen. Das beste Material zum Schattieren geometrischer Körper sind Pinsel und Farbe.

Nochmals sei betont, dass die freihändige Aufzeichnung geometrischer Formen nicht peinlich sein soll. Eine falsche Linie braucht durchaus nicht immer wegradiert zu werden. Wenn der Schüler gelernt hat, mit leichter Hand zu arbeiten, so kann er sehr wohl fehlerhafte Linien stehen lassen. Die richtigen werden nur etwas verdickt gezogen. Geringwertiges, rauhes Papier, Packpapier, und weicher Stift zwingen geradezu zu freierer Arbeit. Man lasse sich diesen Vorteil nicht entgehen.

An das Darstellen der geometrischen Grundformen schliesst sich das Zeichnen von Lebensformen an. Handelt es sich z. B. um Würfel und Prisma, so sind geeignete Gegenstände: Kästen, Zigarrenkisten, Bücher, Briefkartons, Schulranzen, Federkästen.

Im weiteren Verlaufe des Unterrichts werden Gläser, Tongefässe, Tassen, Kannen, Flaschen gezeichnet, erst flächenhaft, dann körperlich.

Den Abschluss bildet die Darstellung von Naturkörpern, von Pflanzen, Früchten, Käfern, Schmetterlingen, Muscheln und anderem. Es wird mit Bleistift, Kohle, Buntstift, Feder und mit Wasserfarben gearbeitet.

Im Mädchenzeichnen wird man sich bei der Auswahl der Pflanzen, die zu behandeln sind, nach der Jahreszeit zu richten haben. In den Wintermonaten mag auch hier Körperzeichnen getrieben werden.

Und nun noch einige Worte über die Lehrmittel.[1]) Ich weise zunächst hin auf die Zeichenblocks der Firma Oswald Süptitz in Leipzig-Anger.

Die genannte Firma stellt seit einer Reihe von Jahren einen Zeichenblock her, der den besten aussersächsischen völlig ebenbürtig ist und, so weit meine Kenntnis reicht, andere heimische Fabrikate weit übertrifft. Der Preis ist dabei so niedrig, dass man nur den Wunsch aussprechen kann, er möchte bald in jeder unserer Volksschulen im Freihandzeichnen an Stelle von Zeichenbuch und Reissbrett zur Verwendung gelangen. Für Volksschulen sind besonders zu empfehlen die Blocks Lipsia No. 2, 12 Bogen (weiss), Pr. 40 Pf.; No. 4, 12 Bogen (weiss), Pr. 50 Pf.; No. 12, 9 Bogen

---

[1]) Die hier genannten Firmen hatten neben dem Versammlungsraum eine Ausstellung ihrer Erzeugnisse veranstaltet.

(bunt), Pr, 60 Pf. Die vorhin erwähnten Zeichenständer können zum Preise von 80 Pf. von derselben Firma bezogen werden.

Darüber, dass Zeichenbücher für einen gedeihlichen Betrieb des Zeichenunterrichts ganz ungeeignet sind, ist kein Wort zu verlieren. Über Reissbretter ist zu sagen, dass sie den Betrieb schwerfällig machen und ihn in falsche Bahnen leiten.

Für das geometrische Zeichnen bieten die Reissbretter Vorteile, doch genügen in Volksschulen auch hier die Blocks vollständig.

Zum Zeichnen gehört unbedingt die Verwendung der Farbe. Soll aber das Malen Lehrern und Schülern Freude bereiten, so müssen gute, leicht lösliche Farben zur Verwendung kommen, und zwar ist es nötig, dass jeder Schüler seine eigenen Farben besitzt. Falsch ist es, wenn die Farben einmal auf Schulkosten oder wohl auch auf Kosten des Lehrers angeschafft und dann in starker Verdünnung dem Schüler zur Benützung hingesetzt werden,

Von der Firma Redecker und Hennis in Nürnberg sind einige Schulfarbenkästen und andere Malgeräte in den Handel gelangt, die sich in langen Jahren bewährt haben und warm zu empfehlen sind. Der Preis für einen festgebauten, mit 6 Farben gefüllten Blechkasten beträgt 40 Pf., ein Kasten, der 7 Farben und einen Pinsel enthält, 50 Pf. Besseres bei gleichem Preise wird schwerlich irgendwo zu erhalten sein.

Volles Lob verdienen auch die flüssigen, unverwaschbaren Ausziehtuschen von Redecker und Hennis.

Die Firma Fränkel und Runge in Spandau bei Berlin stellt gleichfalls Tuschen in Flaschen her, die sich beim Ausziehen von geometrischen Zeichnungen ebenso brauchbar erwiesen haben, wie bei der Verwendung zu freien Federzeichnungen.[1]

II.

Universität und Volksschullehrer.[2]

Von C. Geisel, Lehrer in Nordhausen.

Wenn wir das geistige Leben unseres Volkes in der Gegenwart nur mit einem kurzen Blick betrachten, dann können wir mit nicht geringer Befriedigung feststellen, dass es in seinem Steigen einer stark aufwärtsstrebenden Linie gleicht. Was Kunst und Wissenschaft

---

[1] Empfehlend sei hier auf Franz Hertels Buch hingewiesen: Der Zeichenunterricht in der Volksschule als individualisierender Klassenunterricht. Einleitung: Begründung der Methode. 1. Teil: Die geometrische Grundlage des Zeichenunterrichts. Mit 6 Tafeln in Farbendruck. 2. Teil: Die Grundformen des Pflanzenornaments. Mit 8 Tafeln in Farbendruck. Gera 1895 u. 1901, Th. Hofmann. Pr. 2,50 M. u. 3,50 M. Der Lehrer kann aus diesem Buche viele wertvolle Anregungen empfangen. D. R.

[2] Dieses Thema behandelte der Ref. in fast gleicher Weise am 11. Febr. 1903 im hiesigen Lehrerverein.

im Laufe des vergangenen Jahrhunderts an Wertvollem geleistet
haben, das begehrt unser Volk, besonders in seinen unteren Schichten
zu besitzen. Um sich hiervon zu überzeugen, denke man nur an
die vielen Vereine in grösseren und kleineren Städten, deren Aufgabe es geradezu ist, Volksbildung pflegen zu helfen, an die Volksbibliotheken, die zu immer grösseren Zahlen heranwachsen, die
Lesehallen und die Aufgabe des Lehrers selbst, dem Volksbildungs-
bedürfnis helfend entgegenzukommen.

Eine andere Erscheinung, der wir an der Schwelle des neuen
Jahrhunderts in Deutschland begegnen und die jenen Bildungs-
bestrebungen zu Hilfe kommen will, ist die, dass heute auch die
Lehrer der Hochschulen in die Reihe derer treten, welche
sich der Bildungsarbeit an den unteren Volksschichten widmen. Sie
betrachten es jetzt als eine weitere, sehr wichtige Aufgabe ihres
Berufes, wissenschaftliche Lehren ins Volk selbst zu tragen, damit
dieses die Gegenwart besser verstehen und sich auch glücklicher in ihr fühlen kann. Den Beweis hierfür finden wir in der
Begründung von Volkshochschulen, welche zuerst in England ins Leben traten und nun auch in Deutschland ihre Anhänger
gefunden haben. So sehen wir das Bestreben der grossen Volks-
masse in geistiger und sittlicher Beziehung nach höheren Zielen gerichtet und viele Mittel und Kräfte in Bewegung, damit dieselben
erreicht werden. Wer möchte in dieser gewaltigen geistigen Bewegung nicht die Anregung erblicken zu einer ernsteren Schul- und
Hauserziehung? Kann man von dem begonnenen Jahrhundert
erwarten, dass es, wie bereits vielfach ausgesprochen worden ist,
das Jahrhundert des „Kindes" werde?

Wenn jene Volksbildungsbestrebungen einen tieferen Erfolg für
die Zukunft bringen sollen, dann dürfen sie sich nicht auf die
Weiterbildung der Erwachsenen beschränken, sondern müssen auch
auf die Bildung und Erziehung des heranwachsenden Geschlechts in der Schule gerichtet werden. Darum begehrt auch
der Lehrer, an der Quelle der Wissenschaften zu schöpfen, um
nicht jahre- und jahrzehntelang warten zu müssen, bis sie allmählich
zu ihm hingeleitet wird; weiss er doch auch, dass länger fliessendes Wasser nicht mehr die erfrischende und belebende Kraft besitzt, als das immer sprudelnde Quellwasser. Aus dieser
Veranlassung heraus sind auch die schon seit längerer Zeit in
Deutschland bestehenden, in den letzten 4—5 Jahren überall in
starker Vermehrung begriffenen Fortbildungskurse für Lehrer
und Lehrerinnen entstanden, welche sowohl in Universitätsstädten,
als auch in anderen grösseren Städten abgehalten werden. Bemerkenswert ist hierbei, dass die Dozenten dieser Kurse fast ausnahmslos aus Universitätsprofessoren gewählt waren. Die Zahl der
Teilnehmer war allenthalben eine überaus grosse und bestätigt
somit, dass der Wunsch nach einer zeitgemässen Bildung ein durch

den ganzen Volksschullehrerstand gehender ist; zugleich aber auch die Richtigkeit der Meinung, dass, wenn durch die errichteten Volkshochschulen eine tiefere Volksbildung erstrebt werden soll, der Weg die besten Aussichten bietet, welcher den Lehrer in nähere Beziehung zur Universität setzt; denn Volksbildung und -erziehung treiben, heisst heute wie zu allen Zeiten zunächst: Hebung der Lehrerbildung.

Ehe ich nun die Beziehungen des Lehrers zur Universität näher darlege, will ich die Frage beantworten: Hat der Staat die wichtigste aller Vorbedingungen für den Universitätsbesuch des Volksschullehrers, nämlich eine erhöhte Seminarbildung, schon erfüllt?

Die Klagen der preussischen Volksschullehrerschaft, dass ihre bisherige Seminarbildung nach ihrem Charakter als Allgemein- und Berufsbildung nicht genügend sei, waren berechtigt und haben daher Veranlassung gegeben, neue Bestimmungen über das Lehrerbildungswesen aufzustellen. Diese sind am 1. Juli 1901 erschienen und zeigen den Allgemeinen Bestimmungen von 1872 gegenüber einen anerkennenswerten Fortschritt. Derselbe charakterisiert sich im allgemeinen dadurch, dass zwar noch keine vollständige Trennung der Allgemein- von der Fachbildung vorgenommen, dass diese aber doch bis zu einem gewissen Grade durchgeführt worden ist, insofern die naturwissenschaftlichen Fächer mit Mathematik schon am Ende des zweiten Seminarjahres abgeschlossen werden. Dadurch ist nun mehr Zeit geschaffen für Pädagogik, Religion, Deutsch und Geschichte, welche Fächer daher mit bedeutend erweiterten Zielen auftreten. Ein weiterer Fortschritt für alle Fächer liegt darin, dass der Lehrplan für Präparande mit dem des Seminars ein organisches Ganze bildet, wodurch unnötige Wiederholungen erspart werden. Dazu kommt, dass die bisherige Zeit von 2 Jahren für den Besuch der Präparandenanstalt auf 3 Jahre erhöht worden ist, so dass die ganze Vorbildungszeit heute 6 Jahre beträgt. Infolge dieses Zeitgewinnes ist es denn auch möglich geworden, wenigstens eine der neueren Sprachen (Französisch oder Englisch) bereits in den Lehrplan der Präparande aufzunehmen.

Der Religionsunterricht in der Präparande, für den in der III. und II. Klasse je 2 und in der I. Klasse 3 wöchentliche Stunden angesetzt sind, behandelt das bisherige Pensum des Seminars: Bibl. Geschichte des alten und neuen Testaments, Katechismus, Kirchenlied, Psalmen und Kirchengeschichte. (Im Anschluss an die Apostelgeschichte einige Bilder aus der Kirchengeschichte, besonders: Christenverfolgungen, Ausbreitung des Christentums, Entwickelung des Papsttums, die Reformation und ihre Ausbreitung, die äussere Mission.) Im Seminar, dessen wöchentliche Stundenzahl für Religion in der III. Klasse 3, der II. 4 und I. 3 Stunden beträgt, wird die in der Präparande im Anschluss an die biblische Geschichte begonnene Bibelkunde des alten — Psalmen und prophetische Bücher

— und neuen Testamentes — 4 Evangelien, eingehende Darstellung der Lehrtätigkeit Jesu mit besonderer Berücksichtigung der Bergpredigt, der Gleichnisse und der johanneischen Reden, der epistolischen Bücher, Glaubens- und Sittenlehre, fortgesetzt. Das Stoffziel ist, wie wir gesehen haben, ganz bedeutend erweitert und kommt dem der höheren Schulen nicht nur nicht gleich, sondern übersteigt es noch.

Im Deutschunterricht der Präparande sind für jede Klasse 5 Stunden und für das Seminar insgesamt 12 Stunden bestimmt. Der bisherige Stoff der Grammatik bis zu der zweiten Seminarklasse wird jetzt schon in der Präparande vollständig durchgearbeitet. Die Lektüre führt hier in der I. Klasse bis zur Behandlung eines Dramas (Tell). Das Seminar erweitert diese Stoffe in einer Weise, dass die Abiturienten des Seminars denen der höheren Schulen fast vollständig gleichgestellt sind. III. Klasse: Einführung in die Kenntnis des Nibelungen- und Gudrunliedes, der grossen germanischen Sagenkreise, der höfischen Epik und der höfischen Lyrik im Anschluss an die Lektüre. Hermann und Dorothea (ganz zu lesen), Abschnitte aus Homer und den neueren epischen Dichtungen. Dramen: Götz, Jungfrau von Orleans. Prosa: Reden, Darstellungen aus Geschichte, Kultur-, Kunst- und Literaturgeschichte; Schilderungen aus Natur- und Länderkunde; Abhandlungen, Briefe. Lautlehre und Aussprachlehre. Deutsche Mundarten. II. Klasse: Die bedeutendsten Persönlichkeiten des 16. und 17. Jahrhunderts in Einzeldarstellungen und Proben aus ihren Werken. Lebensbilder von Klopstock, Lessing, Herder, Goethe, Schiller — im Zusammenhang der politischen Geschichte und der allgemeinen Kultur ihrer Zeit. Oden Klopstocks; Goethes und Schillers Gedankenlyrik. Dramen: Minna von Barnhelm, Egmont. Abschnitte aus Dichtung und Wahrheit. Goethes Briefe. Lessingsche Prosa. Überblick über die geschichtliche Entwickelung der deutschen Sprache; der Bedeutungswandel. I. Klasse: Die hervorragendsten Zeitgenossen Goethes und Schillers — im Zusammenhange mit ihren Werken und ihrer Zeit. Einige der bedeutendsten neueren Dichter — in Einzeldarstellung im Anschluss an die Lektüre. Das Volkslied. Dramen: Wallenstein; ein Drama Shakespeares. Prosa: Vorzugsweise Herdersche und Schillersche Prosa.

Liz. Schiele[1] urteilt über die Bedeutung der Bildung der Lehrer in der deutschen Sprache folgendermassen: „Was für Umwälzungen der geistigen Signatur unseres Vaterlandes wird es zur Folge haben, wenn alljährlich ein paar tausend so vorgebildete Lehrer ausziehen, ihre Bildung ins Volk zu tragen. — Schon um der hohen Zahl dieser Gebildeten willen ist es politisch wichtig, welcher Art ihre Bildung ist. Dazu kommt, dass ihre Verteilung über das

---

[1] Preussische Jahrbücher 1901.

Vaterland viel gleichmässiger, dass das Netz, mit dem diese
Bildung das Volk durchzieht, viel dichtmaschiger ist als bei den
gymnasial und akademisch Gebildeten; auch das kleinste Dorf,
das den Pfarrer nur alle vier Wochen zu sehen bekommt, hat seinen
Lehrer. Und endlich, diese Leute haben ihre Bildung zum
Weitergeben empfangen, was vom Arzte und Richter nur be-
dingungsweise, ja selbst vom Pfarrer nur in beschränktem Masse gilt."
Als fremde Sprachen werden Englisch oder Französisch von
dem Eintritt in die Präparande bis zum Austritt aus dem Seminar
gelehrt mit je 9 wöchentlichen Stunden in der ersteren und 6 in
der letzteren Anstalt. „Wo bisher fakultativer Unterricht im
Lateinischen eingeführt war, ist er beizubehalten! Die
Teilnehmer können auf ihren Antrag von dem Unterrichte
im Französischen oder Englischen befreit werden." Damit
ist also gesagt, dass der künftige Volksschullehrer wenigstens in
zwei fremden Sprachen vorgebildet sein kann. Dass das Ziel
dieser Bildung nicht so hoch wie das der höheren Schulen gesteckt
worden ist, ist gewiss zu bedauern; das mag aber darin begründet
sein, dass die hierfür erforderliche Zeit nicht so leicht zu erübrigen
gewesen ist, wenn nicht zugleich andere Fächer — z. B. Psychologie, Pädagogik eine Schädigung erleiden sollten. „Ziel des Unterrichts ist Verständnis nicht zu schwieriger Schriftwerke sowie einige
Übung im mündlichen und schriftlichen Gebrauche der fremden
Sprache."
Dem Geschichtsunterricht ist wie dem Deutsch- und
Religionsunterricht ein bedeutend grösseres Stoffziel gegeben worden,
wie das auch schon aus der Zahl der Stunden in der Präparande
— III. Kl. 2, II. Kl. 2, I. Kl. 3 Stunden — und dem Seminar —
jede Klasse 2 Stunden — hervorgeht. Die alte Geschichte, welche
nach den Allg. Bestimmungen in der III. Klasse des Seminars lag,
ist in die I. Klasse der Präparande hinabgeschoben worden und
wird nach der Seite der kulturhistorischen Stoffe ausführlicher dargestellt. Das Seminar nimmt die Behandlung der deutschen Geschichte nochmals auf, um von der II. Klasse ab die brandenburgisch-preussische Geschichte bis zur Gegenwart in intensiver
Weise vorzuführen. Mit dieser Ausführlichkeit erreicht die heutige
Lehrerbildung das bisherige Ziel der Mittelschullehrerprüfung.
Der Unterricht in Mathematik schliesst, wie gesagt, schon
mit dem Austritt aus der Seminarklasse ab; dennoch hat er eine
Erweiterung seiner Ziele erfahren. Der Rechenstoff des früheren
Lehrplans der II. Seminarklasse wird jetzt teilweise in der I. Klasse
der Präparande erledigt. Im Seminar werden heute behandelt
a) in der III. Klasse: Potenzen, Wurzeln, Logarithmen; Gleichungen
des 1. Grades mit mehreren Unbekannten; b) in der II. Klasse:
Gleichungen des 2. Grades, arithmetische und geometrische Reihen.
Zinseszins und Rentenrechnung. Die Raumlehre schliesst in der

Präparande mit der Bezeichnung geradliniger Figuren (mit Einschluss
der regelmässigen Vielecke und Berechnung des Kreises) — das
Seminar mit der Stereometrie, der Konstruktion algebraischer Aus-
drücke, den trigonometrischen Figuren und der Bezeichnung ebener
Figuren] ab. Die Stundenzahl für beide Fächer beträgt in allen
Klassen: 5.

In der Naturbeschreibung bemerken wir ebenfalls erhebliche Fortschritte. Die Präparande nimmt folgende Stoffe auf in
Pflanzenkunde: Heimatliche Samenpflanzen mit leicht und
schwerer verständlichem Bau, die wichtigsten ausländischen Kulturpflanzen, Pflanzensystematik, Übung im Bestimmen von Pflanzen —
in Tierkunde: die 5 grossen Tierkreise und den niederen Tier-
kreis; das Seminar in Pflanzenkunde: Gestalt und Gewebelehre,
die Lebenserscheinungen der Pflanzen und in Tierkunde: Gestalt
und Gewebelehre und die wichtigsten Lebenserscheinungen der
Tierwelt.

Physik wird von der III. Klasse der Präparande bis zur
II. Seminarklasse gelehrt, während Chemie und Mineralogie
erst in der III. Seminarklasse eingestellt werden. Hieraus geht
hervor, dass diese letzteren Zweige der Naturwissenschaft in ihren
Zielen dem der Oberrealschule nicht gleichkommen, wohl aber dem
des Gymnasiums.

In der Erdkunde ist der neue Lehrplan des Seminars mit
Stundenzahl und Stoff reicher ausgestattet als der der sämtlichen
höheren Schulen. „Aufgabe des Seminars ist es vor allem, unter
vergleichender Betrachtung die inneren Beziehungen und die ursächlichen Zusammenhänge von Klima, Lage, Bodengestalt, Bodenkultur,
Menschenleben u. a. zum Verständnis zu bringen. Bei der Handels-
geographie ist besonders der Anteil Deutschlands am Welthandel
und Weltverkehr zu berücksichtigen. Hierbei findet sich wieder
Anlass zu volkswirtschaftlichen Belehrungen z. B. über Ein- und
Ausfuhr, Produktion und Konsumtion, Rohstoffe und farbige Ware,
Austausch der Güter, Umlaufsmittel des Verkehrs" etc.

Wenn wir den Lehrplan des Zeichenunterrichts mit dem
der höheren Schulen vergleichen, finden wir eine fast wortgetreue
Übereinstimmung; hier wie dort wird den neueren Bestrebungen
auf diesem Gebiete Rechnung getragen. (Fortsetzung bis zur
I. Seminarklasse.)

Auch der Turnunterricht gleicht dem der höheren Schulen,
da in ihm ebensoviel Stunden (3) angesetzt sind. Das Turnspiel
wird mehr als bisher gepflegt.

Dem Schreibunterricht dagegen ist nicht dasselbe Recht
wie den übrigen Fächern zuteil geworden; er wird nicht mehr im
Seminar getrieben, sondern schon in der Präparande (I. Klasse)
beendet.

Wenn ich mich jetzt der Berufsbildung zuwende, so erinnere ich zunächst an das, was ich bereits über die Trennung der Allgemein- und Berufsbildung gesagt habe, wie mehrere Fächer z. B. Naturbeschreibung und Mathematik im Seminar zu gunsten der Pädagogik zurücktreten, so dass diese nun in theoretischer wie praktischer Beziehung einen viel breiteren Raum auf dem Stundenplan einnehmen kann. Es ist mit Freude wahrzunehmen, dass man der Zeitvermehrung entsprechend zugleich auch an eine mehr wissenschaftliche Behandlung der Pädagogik gedacht hat, was sehr deutlich daraus zu ersehen ist, dass alles bis zur kleinsten praktischen Frage hinab auf psychologisches Betrachten gestellt werden soll. Die methodischen Anweisungen führen aus: „Die Zöglinge sollen Kenntnis der Grundsätze der Unterrichts- und Erziehungslehre sowie Einsicht in deren psychologische und logische Grundlage erhalten." Der künftige Lehrer soll bei seinem Eintritt ins Lehramt einen Unterricht auf psychologischer Grundlage erteilen können. Nach den Allgemeinen Bestimmungen wurde die Psychologie nicht in so inniger Verbindung mit der Theorie und Praxis gelehrt; das Studium der Geschichte der Pädagogik galt für die Vorbereitung auf den Lehrer- und Erzieherberuf mehr als die Psychologie. Das ist heute anders geworden. „Der Unterricht in der Psychologie ist als die Grundlage der pädagogischen Unterweisung an den Anfang zu stellen, die Geschichte der Pädagogik erst nach Beendigung der Unterrichts- und Erziehungslehre vom zweiten Halbjahre des Mittelkursus ab zu betreiben." Sehr bemerkenswert ist aus dem Unterricht in der Geschichte der Pädagogik, dass diese bis zur neuesten Zeit fortgesetzt wird und die Hauptwerke aus den letzten vier Jahrhunderten quellenmässig studiert werden sollen. „Eingehendere Darstellung findet die Entwickelung des Schulwesens während der letzten vier Jahrhunderte. Hierbei sind die Schüler in die Kenntnis pädagogischer Hauptwerke einzuführen. Diese sind ganz oder in ihren wichtigsten Abschnitten zu lesen — was teilweise der Privatlektüre zugewiesen werden kann — und zu besprechen; es ist ihnen namentlich das, was auf die Gestaltung des Schulwesens von Einfluss gewesen und was für das Verständnis der pädagogischen Bedeutung der betreffenden Verfasser von Wichtigkeit ist, hervorzuheben. Bloss gedächtnismässiges Aneignen des Stoffes ist zu verhüten; überall ist soweit möglich auf die Beziehungen zu der Kultur der betreffenden Zeit sowie zu dem jetzigen Stande des Erziehungs- und Unterrichtswesens hinzuweisen." In der I. Klasse wird ausser der Geschichte der Pädagogik noch Schulkunde aufgenommen. Diese beschäftigt sich mit Schuleinrichtungen, Schulhygiene, Schulverwaltung und Schulverordnungen. Die Zahl der Unterrichtsstunden für diese Teile der Pädagogik beträgt in allen Klassen 3, 2 Stunden mehr als früher. — Die spezielle Methodik wird von den einzelnen Fachlehrern behandelt und für fast jedes Fach wöchentlich 1 Stunde benutzt. — Die Anleitung für die im Seminar zu übende Praxis beginnt bereits in der II. Klasse und wird zunächst erteilt im Anschluss an Musterlektionen, welche von Seminarlehrern gehalten werden; hierbei sollen zugleich die verschiedensten Formen der Unterrichtsmethode in Anwendung gelangen. Gegen Ende des II. Seminarjahres müssen die Seminaristen selbst Lehrproben halten; diese Arbeit wird bis zum Austritt aus dem Seminar fortgesetzt und zwar in der Weise, dass jeder ausgebildete Lehrer wenigstens in 3 Fächern praktiziert haben muss.

Bei diesem kurzen Durchlauf der Unterrichtsfächer von der Präparande bis zum Seminar wird man wahrnehmen können, dass in allen bedeutende und anerkennenswerte Fortschritte erreicht worden sind. Können wir nun damit zufrieden sein? Die Allgemeinbildung zeigt in vielem eine auffällige Ähnlichkeit mit der der höheren Schulen; ein näherer Vergleich mit diesen, der in der „Neuen pädagogischen Zeitung" von 1901 ausgeführt ist, gibt folgendes Resultat: „Die neuen Lehrpläne versetzen die Lehrerbildungsanstalten in die angenehme Lage, in Religion, Erdkunde, Zoologie u. Botanik höhere Ziele als die der höheren Schulen zu erreichen und in Deutsch, deutscher Geschichte und Zeichnen (abgesehen vom geometrischen Zeichnen in den Realanstalten) etwa dasselbe zu leisten als diese. Dagegen werden ihre Schüler denen der höheren Schulen in der Kenntnis der alten Geschichte und in der fremdsprachlichen Bildung bedeutend nachstehen, am meisten selbstverständlich denen der Gymnasien. Während aber die den letzteren hinsichtlich des fremdsprachlichen Unterrichts auch nicht gleichkommenden Realanstalten diesen Mangel durch ein höheres Mass von mathematisch-naturwissenschaftlicher Bildung ausgleichen, bleiben die Leistungen der Lehrerbildungsanstalten, wenn sie auch in der Naturlehre denen des Gymnasiums gleichkommen mögen, in der Mathematik nicht unerheblich selbst hinter denen dieser Schulgattung, in beiden Fächern aber Mathematik und Naturlehre sehr weit hinter denen der Realanstalten zurück." Der Hauptunterschied in der Bildung zwischen dem Seminar und den höheren Schulen besteht aber darin, dass in diesen Anstalten die fremdsprachliche und mathematische Bildung grösser ist als in unserer Anstalt. Wenn somit die Forderungen der deutschen Lehrerschaft in Bezug auf die Allgemeinbildung, wie sie im Interesse der Hebung der Volksbildung durch die Schule auf der Breslauer Lehrerversammlung 1898 gestellt wurden, nämlich, dass diese auf einer höheren Schule zu erwerben sei, noch nicht ganz erfüllt worden sind, so liegt doch kein Grund vor, ihr nicht heute schon den Besuch der Universität zu gestatten, zumal die fremdsprachliche Bildung in 1—2 Sprachen im Seminar bereits soweit vorgeschritten ist, dass der Volksschullehrerstudent die noch erforderlichen Kenntnisse in den an den Universitäten eingerichteten Sprachkursen für Abiturienten

der höheren Schulen leicht nachholen kann; das ist von ihm um
so eher zu erwarten, als er in reiferem Alter die Universität
besuchen wird. So kann ihm nichts im Wege stehen, um an der
Universität besonders naturwissenschaftliche Studien mit dem
gleichen Erfolg zu treiben, wie die Lehrer des Königreichs und
Grossherzogtums Sachsen, von denen ein bestimmter Prozentsatz bereits seit längerer Zeit zum Universitätsstudium zugelassen
worden ist. Auch die Berufsbildung weist ganz erhebliche Fortschritte
auf. In ihrem theoretischen Teil, namentlich in den grundlegenden
Wissenschaften Psychologie und Logik, sehen wir eine bessere Vorbereitung für das spätere philosophische Studium auf der Universität,
als sie auf den höheren Schulen erreicht werden kann; denn hier
wird nur in O I im Anschluss an den Deutschunterricht „eine in
engen Grenzen zu haltende Behandlung der Hauptpunkte der Logik
und der empirischen Psychologie" gegeben. Deshalb ist dem Volksschullehrer nicht nur das Studium der naturwissenschaftlichen, sondern
auch das der philosophischen Fächer freizustellen, d. h. mit anderen
Worten: die sämtlichen Disziplinen der philosophischen
Fakultät.

Wenn wir soeben auf Grund der neuen Lehrerbildungs-
bestimmungen den Nachweis über die erhaltene Befähigung zum
Universitätsstudium führen konnten, so sind wir nunmehr vor die
Frage gestellt, welche Lehrer in Zukunft die Universität besuchen
sollen.

Es ist meines Erachtens ganz unmöglich, heute schon die
Forderung zu erheben, dass jeder Lehrer die Universität besuchen
müsse, und zugleich zu erwarten, dass dies auch geschehen kann.
Abgesehen davon, dass nicht jeder Lehrer nach Beendigung seiner
Seminarzeit in der Lage sein wird, noch weitere Geldmittel für
ein 2—3jähriges Studium an der Universität aufwenden zu können;
abgesehen auch davon, dass nach einem verlängerten (unfreiwilligen!)
Seminarbesuch von 6 auf 7 Jahre manchem die Lust vergehen
wird, noch weitere höhere Studien zu machen, wird der Staat
selbst nicht in der Lage sein können, eine solche Forderung der
Lehrerschaft zu erfüllen; denn wenn beispielsweise der preussische
Staat den einmaligen Abgang der Lehrer vom Seminar zur Universität
entlassen wollte, wäre er zugleich gezwungen, an vielen Orten die
Schulen vollständig zu schliessen. Diese Folgen können und
wollen wir nicht herbeiführen; wir würden dadurch die Erfüllung unserer Forderungen nur auf eine viel spätere Zeit
hinausschieben. Uns muss zunächst mehr daran gelegen sein,
dass wir das gesteckte Ziel recht bald erreichen. Darum müssen
wir den theoretischen Standpunkt verlassen und uns für die gegenwärtigen Forderungen auf einen praktischen stellen, und dieser wäre
dann der allerpraktischste, der die Möglichkeit in sich birgt, dass

nach ihm unser Ziel schon in der nächsten Zeit erreicht werden kann. Einen solchen Standpunkt vertrete ich, wenn ich im folgenden die Ansicht ausspreche, dass nur die Lehrer die Universität zu besuchen haben, welche später das Amt eines Präparandenlehrers, Seminarlehrers und Seminardirektors, eines Rektors für Volks-, Mittel- und höhere Töchterschulen und eines Kreisschulinspektors zu übernehmen gedenken.

Dass dieser Gesichtspunkt in der Auswahl der Volksschullehrer für den Besuch der Universität einer der geeignetsten ist, ist daraus zu ersehen, dass nach Befolgung desselben sich kaum ein bemerkbarer Lehrermangel geltend machen wird, und somit wäre wenigstens einer von den noch vielen anderen Gründen der Regierung beseitigt, die diese bei der Forderung für die Zulassung aller Lehrer erheben könnte. Dann aber dürfte letztere auch dazu geneigt sein, dass die Ausbildung der Lehrer sowie die Leitung und Beaufsichtigung der niederen und mittleren Schulen nur Männern anvertraut wird, die nach ihrer wissenschaftlichen Ausbildung wie ganzen Persönlichkeit die volle Gewähr bieten, das ihnen anvertraute Amt zum Wohl und Heil der Schule und ihrer Lehrer nach besten Kräften zu verwalten. Nach besten Kräften! Durch Privatstudien kann zwar auch schon sehr viel erreicht werden, aber der beste Weg zum Ziele ist es nicht. Professor Rein sagte mit vielem Beifall auf der deutschen Lehrerversammlung in Breslau: „Die Lehrer haben ihre Fortbildung selbst in die Hand genommen in Konferenzen, Lesekränzchen, Gründung von Bibliotheken etc. Sie bereiten sich häufig privatim vor für weitere Examina. Allerdings ist dabei nicht zu verschweigen, dass dieser Gang auch manche Gefahren in sich birgt (sehr wahr!), insofern ein einseitiges Examenwissen erzeugt wird (sehr richtig!) und, meine Herren, ich habe vorhin schon gesagt, auf das Wissen allein kommt es nicht an; wir haben sehr gelehrte Leute, deren Geist doch nicht beweglich genug ist, um in die Volksbewegung wirksam eingreifen zu können und ihre Kraft und vor allen Dingen ihre sittliche Kraft zum Austrage zu bringen. Also, das Wissen und namentlich ein totes Examenwissen tut es nicht, das nachher sofort wieder abgelegt wird wie ein Rock, den man nicht mehr braucht. (Sehr richtig.) In diesem Wege liegt auch die Gefahr, dass nur ein einseitiger Ehrgeiz befördert wird und eine einseitige Büchergelehrsamkeit." Die besten Kräfte kann man dort empfangen, wo man unter Anleitung tüchtiger Gelehrter in die ganze Tiefe und Breite der Wissenschaft geführt wird, und so will und muss es auch sein besonders für diejenigen, welche selbst andere ein weites Stück in die Wissenschaft einführen sollen. Das wissenschaftliche Studium an der Universität und nicht nur die private Fortbildung muss aber auch aus dem Grunde gefordert werden, da die Examinanden im Mittelschullehrerexamen das gleiche Stoffwissen beherrschen müssen wie die Lehrer höherer Schulen zweiter Stufe.

Was dort gilt, muss auch hier richtig sein, zumal wenn die durch die neuen Bestimmungen erhöhte Lehrerbildung nicht bloss eine auf dem Papier stehende und ausserdem eine den höheren Schulen gleich- bezw. nahebleibende sein soll.

Auch die pädagogische Bildung, wie sie nach den neuen Be- stimmungen in einem Mittel- und Rektorexamen zu fordern ist, kann nicht mehr auf autodidaktischem Wege erreicht werden. Es ist kaum zu begreifen, dass von einem Lehrer, der ein Schulamt gewissenhaft versehen soll, verlangt wird, dass er neben seiner Schularbeit jahrelang so viel Zeit für spezielle Studien der Pädagogik mit ihren Grund- und Hilfswissenschaften erübrigen soll, um diese einigermassen gründlich zu beherrschen; ebenso unbegreiflich er- scheint es mir, wenn von ihm in dieser Beziehung dieselbe Un- möglichkeit, durch Privatstudien in das gesamte pädagogische Wissen einzudringen, gefordert wird. Auch hier kann man der Hilfe und Leitung eines tüchtigen Führers nicht entbehren. Daher ist zu wünschen, dass die Prüfungsbestimmungen für diejenigen Volksschullehrer, welche in die vorher bezeichneten Ämter eintreten wollen, in Wegfall kommen und an ihre Stelle ein 2—3 jähriges Studium an der Universität eingerichtet wird. Für die pädagogische Weiterbildung kann ihnen aber die Universität heute noch nicht so viel Anregung bieten, als zu wünschen ist; sie kann vielleicht (?) die Theorie lehren, aber nicht zugleich auch die Praxis. Weil aber die pädagogische Theorie ohne Praxis ihren vollgültigen Wert nicht er- weisen kann, muss an der Universität noch die Einrichtung getroffen werden, dass der Studierende beide kennen lernt. Das kann ge- schehen, indem man die Pädagogik wie jede andere selbständige Wissenschaft behandelt und für sie wenigstens einen Lehrstuhl mit Seminar und Übungsschule einrichtet.

Es fragt sich noch, wann der Volksschullehrerstudent die Uni- versität zu besuchen habe. Manche meinen, dass er gleich nach seinem Seminarabgang die akademischen Studien beginnen müsse. Es kann da zunächst an die Seminarerziehung gedacht und die Frage gestellt werden, ob sie bei der Internatseinrichtung, die ja heute noch an den meisten Orten besteht, dasselbe leisten kann als etwa eine der höheren Schulen, die ihren Zöglingen durch das Externat mehr Freiheit in ihrem Handeln gewährt und dadurch auch häufiger Gelegenheit findet, den Charakter des Einzelnen besser zu beein- flussen. Gewiss liegt hierin ein grosser Vorteil; doch halten wir ihn hinsichtlich des Zeitpunktes für den Eintritt des Volksschullehrers in die Universität für nicht so bedeutend, als gewöhnlich angenommen wird, da dessen pädagogische Bildung ein gewaltiges Mehr an Stütze für die Festigkeit seines Charakters verbürgt. Wenn wir aber dennoch an einer zweijährigen Zeit in der Berufspraxis festhalten, so sind wir dabei von dem Gedanken geleitet, dass der Lehrer in diesen Jahren noch viele Studien in der Theorie und Praxis des

Berufes machen wird, die den Wunsch nach weiterer Vertiefung seines Wissens um so lebhafter in ihm wecken werden, wodurch die beste Garantie für ein fleissiges Studieren an der Universität geboten wird. Und letzteres scheint doch gegenüber dem auch in Universitätskreisen — natürlich vereinzelt — herrschenden Misstrauen, das man den Leistungen eines Volksschullehrerstudenten entgegenbringt, ein so hervorragender Umstand zu sein, dass wir ihn für die Erreichung unserer Wünsche selbst in der bescheidensten Form nicht hoch genug schätzen können. Freilich kann jenes Interesse nicht bei jedem Lehrer ohne irgend welches Bedenken vorausgesetzt werden; deshalb muss auch hier eine Prüfung d. i. die Staatsprüfung feststellen, wie weit der Lehrer in seinen wissenschaftlichen Arbeiten fortgeschritten ist. Die in diesem Examen erlangte Zensur „Gut" sollte die letzte Entscheidung für die Zulassung eines Lehrers zur Universität bilden.

Aber auch jeder andere Lehrer muss mit den wissenschaftlichen Studien der Universität in Beziehung gebracht werden, wenn er die für sein Amt als Lehrer und Volksbildner erforderliche geistige Frische und Beweglichkeit behalten will. Was die gegenwärtige Generation an zeitgemässer Bildung zu beanspruchen hat, das muss er durch seine Arbeit in und ausser der Schule geben können. Darum heisst es, Fühlung nehmen mit den neuen und neuesten Forschungen und Errungenschaften der Wissenschaft und Kunst. Die zu diesem Zwecke bereits errichteten Fortbildungskurse an manchen Universitäten sind deswegen an allen zu gründen und zu einer beständigen Einrichtung zu erheben. Überdies muss jedem Lehrer der Universität gestattet sein, auch ausserhalb der Universitätsstadt Vorlesungskurse einzurichten.

Meine soeben gegebenen Vorschläge für die Fortbildung der Lehrer auf der Universität werden nicht überall den gleichen Beifall finden; man wird hauptsächlich einwenden, dass sie ein zu geringes Ziel für die akademische Bildung darstellen. In ähnlicher Weise spricht sich auch Dr. Otto Gramzow in seiner vor kurzem erschienenen Schrift „Universität und Volksschullehrer" (Minden bei Marowsky) aus. Darum soll auf seine Ausführungen noch etwas näher eingegangen werden.

Dr. Gramzow will die Universitätsfrage der Volksschullehrer ebenfalls von einem Standpunkt aus lösen, der die sie berührenden praktischen Verhältnisse genügend berücksichtigen soll. Von der Erwägung ausgehend, dass zur Zeit das Endziel: vollständige und vollgültige akademische Bildung für jeden Lehrer unerreichbar sei, will er nur einen bestimmten Teil der Lehrer dieses Ziel erreichen lassen und da dies auf Grund der heutigen Seminarzeugnisse unmöglich ist, eine Ergänzungsprüfung der Lehrer in denjenigen Fächern der Oberrealschule eingerichtet sehen, in denen (fremde Sprachen und Mathematik) sie ein geringeres

Wissen als die Zöglinge dieser Anstalt erreichen. So sei die Möglichkeit vorhanden, dass der Volksschullehrer an der Universität als Vollstudent angesehen und dass ihm auch wie diesem das gleiche Zeugnis ausgestellt werde, das ihn nicht nur berechtige, an höheren Schulen angestellt zu werden, sondern ihm auch die Ablegung der Doktor- und Dekanatsprüfung gestatte. Zur Begründung des Hauptkerns dieser Forderungen sagt er: „Unter einer verminderten akademischen Bildung verstehe ich die Zulassung zum Studium auf kürzere Zeit und mit beschränkten Rechten. Das Studium der sächsischen Lehrer, das, wie schon erwähnt, einer beschränkten Anzahl offensteht, stellt eine verminderte akademische Bildung dar. Die Lehrer Sachsens werden nur auf vier Semester[1]) immatrikuliert, können nur eine besonders für sie eingerichtete Prüfung ablegen und werden nur dann zur Doktorpromotion zugelassen, wenn sie über ihre Leistungen in den Universitätsseminaren die Zeugnisse von zwei Professoren beibringen. Letztere Zeugnisse haben die Bedeutung, dass die Professoren sich mit ihrem wissenschaftlichen Namen und kraft ihrer amtlichen Stellung für die wissenschaftliche Zulänglichkeit des Doktoranden verbürgen. Die hierin liegende Beschränkung begründet in den Augen der Welt einen sehr wesentlichen Unterschied zwischen den Lehrerstudenten und den anderen Studierenden. Alle glänzenden wissenschaftlichen Leistungen der studierenden Lehrer und alle anerkennenden Urteile einiger Universitätsdozenten und Schulaufsichtsbeamten können den Unterschied im Urteil der Menge nicht beseitigen. Aber nicht allein das öffentliche Urteil kommt hier in Betracht, sondern auch die Wertung seitens der staatlichen und kommunalen Behörden. Auch sie werden nur selten bereit sein, dem auf Grund seiner Seminarzeugnisse akademisch vorgebildeten Lehrer denselben Wert beizumessen, wie dem Voll-Akademiker. Selbst eine Zahl von Universitätsdozenten, die doch Gelegenheit haben, sich von dem Geeignetsein der Lehrer zum Studieren zu überzeugen, hat sich noch keineswegs mit deren Studienberechtigung befreunden können. In weiten Kreisen sieht man in den studierenden Lehrern unberechtigte Konkurrenten gegenüber den Abiturienten der neunstufigen höheren Lehranstalten. So wertvoll sich die Berechtigung der sächsischen Lehrer erwiesen hat, und so würdig sie benutzt worden ist, so kann sie doch kein erstrebenswertes Ziel des preussischen und gesamten deutschen Lehrerstandes sein. Vielmehr ist sie mehrere Jahrzehnte hindurch ein Notbehelf gewesen, der durch eine vollkommenere Einrichtung abgelöst werden muss, wenn die Frage nach der Zukunft des Lehrerstandes in einem für diesen günstigen Sinne entschieden werden soll. Natürlich beruht, um das noch einmal hervorzuheben, die verminderte Studienberechtigung der sächsischen Lehrer darauf, dass das Entlassungszeugnis des Seminars und das Wahlfähigkeits-

---

[1]) Seit 1898 auf 6 Semester.

zeugnis nicht als den Abiturientenzeugnissen der höheren Vollanstalten gleichwertig angesehen werden." Dr. Gramzow trifft dann an einer anderen Stelle seiner Schrift so die Entscheidung in der Wahl zwischen vollgültiger und minderwertiger Universitätsbildung,: dass er die Forderung aufstellt: „entweder vollgültige akademische oder keine!"   •

Das Ziel meiner Forderungen fällt mit der sächsischen Einrichtung, die nun seit beinahe vierzig Jahren besteht, fast vollständig zusammen; und wenn ich es so aufstellte, dann war ich mir bewusst, dass es für die meisten Staaten Deutschlands etwas Erreichbares enthält. Wir stehen mit diesen auf einem praktischen Boden, der ernsthafte Schwierigkeiten nach keiner Seite bereiten wird, und so darf man hoffen, dass in kurzer Zeit viele Lehrer Deutschlands ein weiteres und auch höheres Ziel ihrer Bildung erreichen können. Und damit werden dann auch die schon seit langer Zeit ihrer Lösung harrenden Fragen hinsichtlich der Seminarlehrer- und Schulaufsichtsbeamtenbildung ihrer Erfüllung bedeutend nähergeführt. Das alles aber würde, wenn wir den sonst sehr wohlgemeinten Vorschlägen von Dr. Gramzow folgen wollten, in eine fast unabsehbare Ferne gerückt und so manche Sorge von neuem auf die Herzen vieler Lehrer gelegt. Dass sich die künftige Praxis in der Zulassung der Lehrer zur Universität auch in den übrigen Staaten Deutschlands in der Richtung des von mir angegebenen Zieles bewegen wird, das kann auch der kürzlich erschienene Erlass der darmstädtischen Regierung schon ziemlich klar andeuten, wonach die dortigen Schulamtsaspiranten und Volksschullehrer, die in der Entlassungsprüfung an hessischen Seminaren die erste Note und in der Schulamtsprüfung die erste oder zweite Note erhalten und sich im praktischen Schulamt bewährt haben, für einen dreijährigen Besuch zwecks Studium der Pädagogik in der philosophischen Fakultät immatrikuliert werden können. Was Männer wie Herbart, Brzoska, Dörpfeld, Ziller u. a. einst gedacht haben über die hochwichtige Aufgabe der Erziehung und ihre Forderungen an das Können der Lehrer und Erzieher, das mag gewiss in der damaligen Zeit bei all ihren ungünstigen Vorbedingungen vielen undurchführbar erschienen sein. Heute hat man hier und dort die Auffassung jener Männer als etwas Richtiges und Wahres erkannt. Die notwendigste Vorbedingung, eine entsprechende Vorbildung durchs Seminar, ist erfüllt. Dazu kommt ferner das sich immer stärker entwickelnde Bedürfnis des Volkes nach weiterer Erhöhung seiner Bildung, ein Umstand, der unseren Bestrebungen zu gute kommt. Darum werden die übrigen Staaten dem Beispiele Sachsens bald folgen.

III.

Der Geist von
„Sturm und Drang" in der Pädagogik des jungen Herder.[1])

Von Dr. phil. **Max Bruntsch** in Schneeberg.

Literarhistorische Grundlegung.

1. Der Geist von „Sturm und Drang". Mit „Sturm und Drang" pflegt man die Richtung in der deutschen Literatur zu bezeichnen, die sich im Verein mit der Gefühlsphilosophie als bewusste Reaktion gegen die sich allmählich zur Tyrannei der Geister entwickelnde Aufklärung erhob. Will man die geistige Bewegung zeitlich begrenzen, so kann man es vielleicht mit den Jahren 1759 und 1787 tun, mit dem Jahre des Erscheinens der „Sokratischen Denkwürdigkeiten" und dem Jahre des Erscheinens des „Don Karlos", wobei wir freilich eine mehr philosophische Schrift mit einer rein

---

[1]) Literatur - Verzeichnis. 1. Literatur über „Sturm und Drang". Goethe, Aus meinem Leben. Dichtung und Wahrheit. Briefe aus der Sturm- und Drangperiode. Mitgeteilt von Dr. C. A. H. Burkhardt. Grenzboten 1870. Stolberg, Fr. Leop. Graf zu, Über die Fülle des Herzens. Deutsches Museum. 1777. 7. Stück Juli. Schlosser, J. G., Politische Fragmente. Deutsches Museum. 1777. 2. Stück Februar. Nachrichten vom Zustande des deutschen Parnass. Teutscher Merkur. 1774. 8. B. — Minor, Jakob, Johann Georg Hamann in seiner Bedeutung für die Sturm- und Drangperiode. Frankfurt a. M. 1881. Düntzer, H., Christoph Kaufmann, der Kraftapostel der Geniezeit. Raumers historisches Taschenbuch. 1859. 3. Folge. 10. Jahrgang. Sauer, A., Die Sturm- und Drangperiode. Deutsche Nationalliteratur herausgeg. von Joseph Kürschner. 79. Band. Brahm, Otto, Das deutsche Ritterdrama des 18. Jahrhunderts. Beilage: Tendenzen der Genieperiode. Quellen und Forschungen zur Sprach- und Kulturgeschichte XL. Strassburg 1880. Hettner, Hermann, Bilder aus der deutschen Sturm- und Drangperiode. Westermanns Illustrierte deutsche Monatshefte 1866. B. 21.
2. Herderliteratur. Herder, Über den Fleiss in mehreren gelehrten Sprachen 1764. I. und XXX., Aussichten über das alte und neue Jahr 1765. I., Von der Gratie in der Schule 1765. XXX., Über die neuere deutsche Litteratur. Fragmente. 1766 bis 1768. I. u. II., Rezension der Millerschen Einladungsschrift „Die Hofnung besserer Zeiten für die Schulen". 1766. I., Über Thomas Abbts Schriften. 1768. II., Rezension des Bodmerschen Buchs „Die Grundsätze der deutschen Sprache". 1768. IV., Journal meiner Reise. 1769. IV., Einzelne Blätter zum „Journal der Reise". IV., Abhandlung über den Ursprung der Sprache. 1772. V., Rezension von James Beatties Versuch über die Natur und Unveränderlichkeit der Wahrheit. 1772. V. Auch eine Philosophie der Geschichte zur Bildung der Menschheit. 1774. V., Ursachen des gesunk=nen Geschmacks bei den verschiedenen Völkern, da er geblühet. 1775. V., Vom Erkennen und Empfinden der menschlichen Seele. 1778. VIII. Vom Erkennen und Empfinden, den zwo Hauptkräften der Menschlichen Seele. 1775. VIII. (Die Werke Herders sind nach der Ausgabe von Suphan zitiert, u. z. bezeichnet die lateinische Ziffer den Band, die deutsche die Seite.) — Carolina v. Herder, Erinnerungen aus dem Leben Joh. Gottfrieds

dichterischen Erscheinung zusammengestellt haben. Da aber im folgenden sowohl philosophische, als auch literarische Tendenzen zur Sprache kommen müssen, weil diese von jenen zum grossen Teile abhängig sind, so seien als Anfang der genannten Periode des deutschen Geisteslebens die „Sokratischen Denkwürdigkeiten" genannt und nicht Herders „Fragmente", von welchen an in der Regel „Sturm und Drang" gerechnet wird. Es ist hiermit zugleich ausgesprochen, dass wir den Begriff von „Sturm und Drang" etwas erweitern wollen, um auch die Gefühlsphilosophie wegen der bezeichneten Abhängigkeit mit berücksichtigen zu können.

Während jener Zeit aber pflegte man von einer „Genieperiode" zu sprechen, und erst das 19. Jahrhundert hat die jetzt gebräuchliche Bezeichnung gewählt. So ist gerade ihr unwürdigster[1]) Vertreter, Christoph Kaufmann, wenn auch ungewollt, der Namensfinder für die ganze Geistesrichtung geworden, als er dem Klingerschen Drama „Wirrwarr" die beiden Schlagwörter „Sturm und Drang" vorsetzte.

Besser jedoch könnte der Name nicht gewählt sein; denn es war in der Tat eine Zeit des Stürmens und Drängens, der Unruhe, des Kampfes, eine Bewegung, die mit dem Hergebrachten, das die Geister knechtete, machtvoll und kühn zu brechen suchte.

Rousseau sollte auch für Deutschland nicht vergebens geredet haben. Seine geniale, übertreibende, paradoxe Anschauungs- und Schreibweise weckte auch hier die Geister und erzeugte mit den „Sturm und Drang". Mehr oder weniger stark ist Rousseaus Einfluss auf die einzelnen Vertreter: manchen, unter ihnen Klinger, erschien er als ein sicherer Führer durch alle Labyrinthe des Lebens, und sie sahen seine Bücher an wie unter der Eingebung der lautersten Tugend, der reinsten Wahrheit geschrieben und enthaltend eine neue Offenbarung der Natur;[2]) andere prüften ihn aufmerksam und suchten ihn auf das richtige Mass zurückzuführen, wie Herder es tat; noch andere wurden durch ihn nur angeregt und schritten dann, bis auf diese Anregung unabhängig von ihm, weiter, wie etwa Hamann.

Der Ruf nach Natur, nach ursprünglicher, ungefälschter, un-

---

v. Herder. Herders sämtliche Werke. Tübingen, bei Cotta. Band 16 u. 17. Einleitungen zur Herderausgabe von Suphan. R. Haym, Herder nach seinem Leben und seinen Werken. Berlin 1880 u. 1885. Renner, Über Herders Verhältnis zur Schule. Programm. Göttingen 1871. Kittel, Herder als Pädagog. Wien 1878. Hänssel, Der Einfluss Rousseaus auf die philosophisch-pädagogischen Anschauungen Herders. Pädagogische Studien XXIII. 1902. Hänsch, Darstellung und Kritik der Gedanken Herders über die Muttersprache. Pädagogische Studien XXIII. 1902.

[1]) Vgl. H. Düntzer, Christ. Kaufmann, der Kraftapostel der Geniezeit. Raumers hist. Taschenbuch. 1859. 3. Folge. 10. Jahrg. S. 107 ff.

[2]) Vgl. Hettner, Bilder aus der deutschen Sturm- und Drangperiode. Westermanns illustr. deutsche Monatshefte. 1866. B. 21. S. 594.

verdorbener, unverbildeter Natur war es, der diese Revolution in den Geistern hervorbrachte. Wie die Farben des Spektrums im Sonnenstrahl zum reinen Weiss zusammengefasst sind, so vereinte jene Zeit ihre nach den verschiedensten Richtungen gehenden Anschauungen, Wünsche und Bestrebungen in dem einen Worte „Natur".[1]

Am mächtigsten tritt die Forderung nach Natur wohl in Bezug auf alle äusseren Lebensverhältnisse hervor. Sie erscheint in der Sehnsucht nach dem Landleben, welche die Gemüter ergriffen hatte;[2] sie erscheint in dem Bestreben, den Menschen, wie er aus der Hand der Natur hervorgegangen war, die reine, unverfälschte Menschlichkeit, des Menschen innerstes, natürlichstes Wesen ohne Rücksicht auf historisch Gewordenes — in jeder Hinsicht, auch in Bezug auf die gesellschaftlichen Verhältnisse — wieder zur Geltung bringen.

Das ging nicht ohne Kampf gegen alles, was dem zu widersprechen schien, besonders nicht ohne Kampf gegen die „korumpierte Kultur", gegen die „schwächlichen und kleinlichen Produkte der Zivilisation." Deshalb eiferte man gegen die Stände, sofern in ihnen ein Unterschied der Menschen nach Klassen oder Kasten aufgerichtet ist, und eiferte gegen alle daraus hervorgehenden Vorurteile, besonders gegen die der Ehre. Bekämpft wurden die Stände auch insofern, als sie den Menschen zu einer einseitigen Entfaltung seiner Kraft zwingen. Besonders der Gelehrtenstand wurde als unnatürlich und als zu weltfremd angesehen; ebenso wurde der Autorenstand verachtet — Schreiben sah man als geschäftigen Müssiggang an.[3]

Diese Anschauungen setzte man in die Praxis um. Schon Hamann hatte eine fast unüberwindliche Scheu vor einem Berufe, und Goethe erzählt, dass sie froh allen Büchern den Rücken gewandt. Noch auffälliger ist's mit der Verachtung der Autorschaft. Hamann trug sie geradezu zur Schau: Karl Mohr ekelt vor dem tintenklecksenden Säkulum, und Schiller selbst wollte mehr als einmal der Schriftstellerei den Rücken kehren. Mit so viel Konsequenz

---

[1] In diesem Sinne schreibt Chr. Fr. Daniel Schubart an seinen Freund Kayser aus Ulm am 24. April 1776: „Wir fangen nun an, alles auf die Einfalt der Natur zu reduzieren" — und im Mai desselben Jahres: „Klaudius, Goethe, Wieland, Lenz, Stolberg, Herder in Einer Person, sollten die nicht grosses thun können, nicht uns verirrte Schäflein auf Naturweide treiben können?" (Brief aus der Sturm- und Drangperiode. Mitgeteilt von Dr. C. A. K. Burkhardt. Grenzboten 1870. II. 2. S. 456 u. 461.)

[2] Dem Grafen L. v. Stolberg kränkelt das Herz in der Stadt, und voll Freude begrüsst er den Frühling, der ihn wieder hinaus aufs Land führt. (Über die Fülle des Herzens. Deutsches Museum. 1777. 7. Stück. II. Band. S. 8.) Goethe zog sich von Weimar in seinen Garten, Lenz nach Berka zurück. Einsiedler oder solche, die es werden möchten, tauchen in den meisten Dramen des „Sturms und Drangs" auf.

[3] Vgl. den Ausruf Schlossers in den politischen Fragmenten: „Himmel, was für Stände! — der Gelehrtenstand, der Predigerstand, der Autorstand, der Poetenstand — überall Stände und nirgends Menschen!" (Deutsches Museum. 1777. 2 Stück. S. 109.)

jedoch ist wohl keiner vorgegangen wie Klinger, der seine Manu-
.skripte ins Feuer warf, als er die erstrebte Leutnantsstelle erhalten hatte.

Besserung wollte man durch die Erziehung herbeiführen. „Man
spottete darüber, 'den Kindern so viel fremdes Zeug beizubringen,
dass sie vor lauter Gelehrsamkeit ihren eignen Vater nicht mehr
kennen; wie man sich von den zugestutzten, steifen, gezwungenen
französischen Gärten der freieren englischen Gartenkunst zuwandte,
so wollte man auch in der menschlichen Pflanzschule die freie kindliche Natur sich selbst entfalten lassen."[1])

Als Ersatz für das viele Abgelehnte beseelte die Stürmer und
Dränger ein ungestümer, ungezügelter Tatendrang, eine unendliche
Sehnsucht nach lebensvollem Schaffen. Natur-, Welt-, Menschenkenntnis erstrebte man, um sie für ein tatenfrohes Wirken zu nutzen.
Aber das Ungestüm war so heftig, dass es nicht wusste, wie es
sich selbst Genüge tun sollte, und so kam man über ein Wünschen
und über das ins Dunkle, ins Unbestimmte gehende Sehnen nicht
hinaus und schliesslich doch wieder darauf zurück, sich durch
Schreiben von dem Drängen zu befreien.

Dieses Streben nach einem reicheren, gehaltvolleren, freieren,
schöneren, nach einem auf ein höheres Niveau gehobenen Leben
hat seinen Grund in der vertieften Auffassung der Menschennatur
und seiner Äusserungsweisen. Das Prinzip erweist sich mächtig,
auf welches Goethe im zwölften Buche von Dichtung und Wahrheit sämtliche Aussprüche Hamanns zurückführt: „Alles, was der
Mensch zu leisten unternimmt, es werde nun durch Tat oder Wort
oder sonst hervorgebracht, muss aus sämtlichen vereinigten Kräften
entspringen; alles Vereinzelte ist verwerflich," oder wie es in der
Klingerschen Lebensregel ausgesprochen ist: „Das Herz erschaffe
die Tat, der Verstand überlege und rate, Güte und Weisheit seien
miteinander im Bunde, dann geht der Sterbliche festen und sichern
Trittes einher, das übrige ist des Schicksals."

Hamann war es auch, der die Kräfte oder besser die Äusserungsweisen der menschlichen Seele, welche durch die Aufklärungsphilosophie zu gunsten der Vernunft unbeachtet geblieben oder verachtet
worden waren, wieder zu Ehren zu bringen suchte, so dass auch
hierin der Natur wieder ihr Recht geschah. Hamann ist von der
Überzeugung durchdrungen, dass die Vernunft nur zur Erkenntnis
des Irrtums führen könne und dass deshalb der Glaube ergänzend
und die letzten, tiefsten Wahrheiten besiegelnd hinzutreten müsse.[2])

---

[1]) A. Sauer, Die Sturm- und Drangperiode. Deutsche Nationalliteratur, herausgegeben von Joseph Kürschner. Band 79. S. 29.

[2]) Das Verhältnis, in das Glaube und Vernunft bei Hamann treten, wird am
besten durch dessen eigne Worte beleuchtet: „Unser eigen Daseyn und die Existenz
aller Dinge außer uns muß geglaubt und kann auf keine andere Art ausgemacht
werden. — — Was man glaubt, hat nicht nöthig bewiesen zu werden, und ein Satz

Ja er stellt, wie die in der Anmerkung abgedruckte Stelle zeigt, den Glauben nicht bloss neben, sondern über die Vernunft. Diese Anerkennung des Glaubens als Grund der Erkenntnis öffnet dem dunklen, ahnungsvollen Betrachten Tor und Tür. Wie Hamann hierin weiter wirkte, zeigt Lenz, der sich selbst eine Anerkennung gewähren wollte mit den Worten: „Der arme Junge, leistet er nichts, so hat er doch gross geahndet." Über Ahnungen kam man oft nicht hinaus und wollte nicht darüber hinauskommen; allen hellen, klaren Systemen erklärte man den Krieg und sagte also auch hier der Aufklärung Fehde an. Aber dieser Glaube wurde nie Autoritätsglaube im üblichen Sinne des Wortes; „Nil admirari bleibt immer die Grundlage eines philosophischen Urteils, war einer der Hauptsätze Hamanns."[1] Er bleibt auch bei den Stürmern und Drängern in Geltung.

Eine gleiche Stellung wie dem Glauben für die Erkenntnis wird dem Gefühl als Norm des Handelns eingeräumt. Deshalb wird so viel vom Herzen geredet.[2] Mit dieser Anerkennung des Gefühls war etwaigen anderen Autoritäten auch hinsichtlich des Handelns vollkommen der Boden entzogen.

Auf diesem Grunde ist sicher auch das Verständnis für alles Individuelle, für das Originale im einzelnen Menschen, wie in ganzen Völkern erwachsen. Auf sprachlichem Gebiete war darin bereits Hamann vorausgegangen.[3] Auch wurde in richtiger Konsequenz gefordert, dass jeder Schriftsteller seine ganze Persönlichkeit und

---

kann noch so unumstösslich bewiesen seyn, ohne desswegen geglaubt zu werden. Es giebt Beweise von Wahrheiten, die so wenig taugen als ihre Anwendung, die man von den Wahrheiten selbst machen kann; ja man kann den Beweis eines Satzes glauben, ohne dem Satz selbst Beifall zu geben. Die Gründe eines Hume mögen noch so triftig seyn und ihre Wiederlegungen lauter Lehrsätze und Zweifel: so gewinnt und verliert der Glaube gleich viel bei dem geschicktesten Rabulisten und ehrlichsten Sachwalter. Der Glaube ist kein Werk der Vernunft und kann daher auch keinem Angriff derselben unterliegen; weil Glauben so wenig durch Gründe geschieht, als Schmecken und Sehen." (Angeführt bei Herder V. 462.)

[1] A. Sauer a. a. O. S. 46/47.

[2] Leopold von Stolberg wird aus eignem übervollen Herzen ein Prediger der „Fülle des Herzens". Sie ist nach ihm die menschlichste aller Gaben und zugleich eine göttliche, ja die edelste Gabe Gottes, und dem, der sie schon bei der Geburt empfing, ist das Los „am lieblichsten gefallen". (Deutsches Museum. 1777. 2. Band. S. 1 u. 14.) „Eine begeisterte Schilderung von der Allmacht des Herzens hat uns Fritz Jakobi gegeben in Allwill: „Am Ende ist es doch allein die Empfindung, das Herz, was uns bewegt, uns bestimmt, Leben giebt und That, Richtung und Kraft . . . Der einzigen Stimme meines Herzens horche ich. Diese zu vernehmen, zu unterscheiden, zu verstehen, heisst mir Weisheit, ihr mutig zu folgen, Tugend. Noch mit jedem Tage wird der Glaube an mein Herz mächtiger in mir." (Vgl. Otto Brahm, Das deutsche Ritterdrama des 18. Jahrh. Quellen und Forschungen XL. S. 172.)

[3] „Überall sucht er das eigentümliche und individuelle in der Sprache eines Volkes oder Schriftstellers aufzufinden. Überall schützt er „den in den Idiotismen wahrgenommenen Eigensinn" der Sprache und des Schriftstellers gegen die strenge Regel. „Ein Kopf, der auf seine eigenen Kosten denkt, wird immer Eingriffe in die Sprache thun." (Jakob Minor, Johann Georg Hamann in seiner Bedeutung für die Sturm- und Drangperiode. Frankfurt a. M. 1881. S. 39 f.)

Eigenart in seine Schriften hineinlegen solle. Es spiegelt sich infolgedessen oft die ganze Innenwelt desselben mit ihrer Dunkelheit des Erkennens, mit ihrem ausgebildeten Gefühl und ihrer Unruhe des Wollens in ihnen wieder. Systeme bedeuteten Zwang und Unnatur, und so warf man seine Gedanken in wirrer Unordnung, in unzusammenhängender Folge und in dunklem Stile hin.[1])

So wollte man in allen Lebensäusserungen den ganzen Menschen und diesen auch nach seiner individuellen Eigentümlichkeit zur Geltung bringen. „Der wahre, reine, ganze Mensch war das Ideal der Stürmer und Dränger, frei von Regeln und Gesetzen, von jeder Fessel gelöst, von keiner Autorität gezwungen, nur sich selbst lebend, nur seinem Herzen folgend, nur seinen Gefühlen hingegeben."[2])

Zwei Eigenschaften waren es ausserdem, die dieser Idealmensch verkörpern musste, sollte er den Ansprüchen der jungen Generation genügen: er musste original und er musste kraftvoll sein. Chr. Fr. Daniel Schubart schrieb am 1. November 1775 an Kayser: „Sie sind ein Musikus, setzen mit grosser Erfindung — Empfindung wollte ich schreiben — aber Erfindung mag stehen bleiben; denn Genies sind Erfinder."[3]) Ganz abgesehen von diesem direkten Zeugnisse deutet schon die Loslösung von jeglicher Autorität, das Folgen nur der Eingebung seines Herzens auf das Streben nach Originalität hin, das sie alle zur Schau trugen.

Der andere besonders betonte Zug des Idealmenschen ist das Kraftvolle an ihm. Für Maler Müller war Faust schon in der Jugend ein Lieblingsheld, weil er, wie Maler Müller selbst sagt, „ein grosser Mensch sei, der alle seine Kraft fühle, der Mut genug habe, alles niederzuwerfen, was ihm hindernd in den Weg trete, und ganz zu sein, was er fühle, das er sein könne."[4]) Die Dichter selbst fühlten in sich überschwellende Stärke, wie z. B. Klinger in seinen Jugendjahren ein solcher ungezügelter Kraftmensch war, den Helnse „Grosser König der Tiere" anredete und von dem Merck sagte, dass er sich betrage wie ein Mensch aus einer anderen Welt.[5])

---

[1]) Hamann hielt diese Art der Schriftstellerei für sich und seine Zeit geradezu für notwendig, wenn er sagt: „Wenn man sich nichts anderes als eine verkehrte Anwendung deutlicher Wahrheiten versprechen kann, so erfordert es die Klugheit, sie lieber einzukleiden und den Schein der Falschheit auf Unkosten seiner Ehre zu brauchen und sie mit der Zeit desto nachdrücklicher zu rächen." Ebenso notwendig erschien ihm die Willkür und Phantasie für die Kunst: „Wer Willkür und Phantasie den schönen Künsten entziehen will, ist ein Quacksalber, der seine eigenen Regeln noch weniger kennt als die Natur der Krankheiten . . . Wer Willkür und Phantasie den schönen Künsten entziehen will, stellt ihrer Ehre und ihrem Leben als ein Meuchelmörder nach und versteht keine andere Sprache der Leidenschaft als der Heuchler ihre." (Angeführt bei Minor a. a. O. S. 25/26 u. S. 37.)
[2]) Sauer a. a. O. S. 32/33.
[3]) Briefe aus der Sturm- und Drangperiode. Grenzboten 1870. II. 2. S. 456.
[4]) Hettner a. a. O. S. 467.
[5]) Ebenda S. 595.

Daher die Absicht Klingers, durch seine Schriften Kraft zu erwecken,[1]) daher die Kraftgestalten in den Dramen jener Tage, daher die Darstellung massloser Leidenschaften. Solche Menschen sind nach Ansicht der Zeit die wahren Genies. Genie aber wurde auch für eine dem Menschen innewohnende Kraft genommen, vermöge der er schöpferisch wirksam sein kann, die ihn über alle Regeln erhebt, die alle Regeln ersetzt. Mit dieser Auffassung verbindet sich der Glaube an einen im Menschen wohnenden, ihn leitenden, führenden, beratenden und begeisternden Genius. Von Hamann war dieser Glaube besonders im Hinblicke auf Sokrates, Homer und Shakespeare verkündet worden. Er wurde später fast zum Kultus. So schreibt Goethe an Herder: „Ich streichelte meinen Genius mütterlich mit Trost und Hoffnung" und singt in Wanderers Sturmlied:

> „Wen Du nicht verlässest, Genius,
> Nicht der Regen, nicht der Sturm,
> Haucht ihm Schauer übers Herz."

Neben diesem dem einzelnen Menschen zugehörigen Genius redeten die Stürmer und Dränger noch von einem Genius oder auch Genie der Völker und ihrer Sprache. Ihm nachzugehen und ihn zu pflegen, betrachteten sie als eine Hauptaufgabe ihres Wirkens. Daher die Betonung nationaler Eigenart in Literatur und Kunst.

Dass die Anhänger der besprochenen literarischen Richtung in ihren Behauptungen und Forderungen oft über das gerechtfertigte Mass hinausgingen, das erscheint bei ihren Tendenzen fast als selbstverständlich. So sprach Kaufmann in seinem äusseren Auftreten allem Gewohnten Hohn; so räumte Heinse im Ardinghello dem Gefühle und den Leidenschaften unumschränkte Herrschaft ein, dass sich Goethe über das Rumoren entsetzte, so befleissigte sich Lenz besonderer Derbheit der Ausdrücke. Doch sei es mit dem Hinweis auf solche zügellose Genialitätssucht genug.

2. Herders Stellung zu Sturm und Drang im allgemeinen. Wir haben schon oben von Schubart gehört, dass die Zeitgenossen von Herder Grosses erwarteten, und es sei dem noch hinzugefügt, dass 1774 in den „Nachrichten vom Zustande des deutschen Parnass" bereits von einer Reihe von Schriftstellern der „Herderschen Partei" geredet wird.[2]) Jedenfalls haben wir auf literarischem Gebiete in Herder den Anfänger von „Sturm und Drang" zu sehen. Seine Zeitgenossen empfanden schon aus der ungewohnten Sprache der Herderschen Erstlingsschriften, dass sie es mit einem Schriftsteller zu tun hatten, der auf neuen Bahnen wandelte. „Herder ist auch sehr mein Mann, ob ich gleich oft, wenn er spricht, mehr

---

[1]) Hettner a. a. O. S. 605.
[2]) Teutscher Merkur. 1774. 8. Band. S. 184.

ahnde als sehe und empfinde. Man sieht doch, dass er auf der Bahn der Wahrheit geht und man hat doch Hoffnung, dass man auch einmal mit ihm ins Heiligtum eintritt," so schreibt Miller am 24. September 1775 an Kayser.[1]) In der Tat ist Herders Sprache dunkel, vor allem im Reisejournal und in den Schriften aus der Bückeburger Zeit. Sie ist „eine Sprache des originalen Dranges, der inneren Erregung, der ungeteilten Seelenkräfte und als solche Phantasie, Gefühl und Verstand des „hörenden" Lesers in gleicher Weise anregend".[2]) Auch in grammatischer Beziehung trägt sie in diesen Schriften das Gepräge des Ungewöhnlichen, ja Barocken: die Artikel und Hilfsverben sind weggelassen und die Fragestellung wird häufig angewandt.[3])

Da wir bei der näheren Kennzeichnung von Herders Stellung zu „Sturm und Drang" immer im Auge behalten müssen, dass er im Verein mit Hamann und Rousseau zu den Anregern der ganzen Bewegung gehört und dass deren Tendenzen, wie sie im ersten Abschnitte dargestellt wurden, der ganzen Periode bis zu ihrem Abschlusse entnommen sind, so erscheint es angebracht, zunächst rückwärts schauend Herders Verhältnis zu Rousseau[4]) und Hamann darzulegen.

Schon frühe war Herder mit Rousseau bekannt geworden. Die tiefe Empfindung für das Naturwüchsige und Ursprüngliche, der grosse Gedanke des rein Menschlichen, die Forderung, in allem der Natur zu folgen, fanden bei ihm lebhaften Widerhall.[5]) Obwohl er

---

[1]) Briefe aus der Sturm- und Drangperiode. Grenzboten 1870. II. 2. S. 432.

[2]) Suphan in der Einleitung zum 5. Bande seiner Herderausgabe. S. VIII.

[3]) Selbst Hamann drohte ihm deshalb mit einem bello grammatico und schrieb ihm ein anderes Mal: „Die Gräuel der Verwüstung in Ansehung der deutschen Sprache, die alkibiadischen Verhunzungen („Verbeissungen", Weglassungen) des Artikels, die monströsen Wortkuppeleien, der dithyrambische Syntax und alle übrige licentiae poeticae verdienen eine öffentliche Ahndung und verraten eine so spasmodische Denkungsart, dass dem Unfuge auf eine oder andere Art gesteuert werden muss. Dieser Missbrauch ist Ihnen so natürlich geworden, dass man ihn für ein Gesetz Ihres Stils ansehen muss, dessen Befugnis mir aber ganz unbegreiflich ist." (Angeführt bei Minor a. a. O. S. 26/27.) Urteilte so schon der Mann, der selbst im „Teutschen Merkur" als der Vater der neuen Stilkünsteleien, welche sich die junge Schule in Deutschland erlaubte, genannt worden war, so kann es nicht überraschen, dass Herder nicht viele gleich nachsichtige Urteile über seine Schreibweise zu hören bekam, wie es das von Miller ist, dass er vielmehr einen Sturm der Entrüstung heraufbeschwor bei allen, die dem in jener Zeit üblichen ebenen, glatten, in breiter, weitläufiger Klarheit sich ergehenden Stile huldigten.

[4]) Vgl. über Herders Verhältnis zu Rousseau Dr. Otto Hänssel, Der Einfluss Rousseaus auf die philosophisch-pädagogischen Anschauungen Herders. Pädagogische Studien. Neue Folge. XXIII. Jahrgang. S. 81—140.

[5]) Beweis dafür sind zwei (bei Suphan I. 547 u. 548) teilweise abgedruckte Gedichte Herders aus den Jahren 1762 und 1763 und der aus den Jahren 1764 und 1765 stammende Aufsatz „Wie die Philosophie mit der Menschheit und der Politik versöhnt werden könne, so dass sie ihr auch wirklich dient." In letzterem scheint er „zunächst ganz die Rousseausche Wendung zu nehmen, dass das Unnütze der Philosophie, aber wohlgemerkt, nur der bisherigen, der ‚hohen' Philosophie behauptet wird", weshalb er auch die Schullogik und die Methaphysik darin geringschätzig behandelt. (Vgl. Haym, Herder nach seinem Leben und seinen Werken. I. S. 49.)

in einem Briefe an seine Braut sagt, dass Rousseau durch jedes Lob geschmäht werde, dass wir ihn nicht loben, sondern tun müssen,[1]) obwohl ihm Rousseaus Grösse immer unzweifelhaft gewesen ist, so wird er deshalb doch nicht zu einem unkritischen Nachbeter desselben. Bekannt ist die Äusserung gegen Scheffner, worin er sein philosophisches Lehrgedicht an Kant nicht gerade geschmackvoll als „das Aufstossen eines von Rousseauschen Schriften überladenen Magens" bezeichnet. Nachdem er bereits in den Fragmenten abgelehnt hatte, „einen Rousseauschen Zustand der Natur romanhaft zu erdichten," weist er im Reisejournal mit vollkommener Klarheit auf die Mängel des Franzosen und auf die Schwierigkeit, ihn richtig zu verstehen, hin: „Bei Rousseau muss alles die Wendung des Paradoxen annehmen, die ihn verdirbt, die ihn verführt, die ihn gemeine Sachen neu, kleine gross, wahre unwahr, unwahre wahr machen lehrt. Nichts wird bei ihm simple Behauptung; alles neu, frappant, wunderbar: so wird das an sich Schöne doch übertrieben: das Wahre zu allgemein und hört auf Wahrheit zu seyn; es muss ihm sein falsche Tour genommen, er muss in unsre Welt zurückgeführt werden, wer aber kann das? Kann's jeder gemeine Leser? ist's nicht oft mühsamer, als dass es das lohnt, was man dabei gewinnt? und wird nicht also Rousseau durch seinen Geist unbrauchbar und schädlich bei aller seiner Grösse?"[2]) Wir werden später sehen, wie ihm Rousseaus Ruf nach Natur zu einer vertieften und psychologisch begründeten Forderung für den Unterricht wird.

Die Hinleitung zur Natur und Erfahrung, zur reinen Menschlichkeit, zu lebensvollem Wirken hatte Herder aber nicht bloss den Schriften Rousseaus zu danken, sondern auch dem persönlichen, lebendigen Einwirken Hamanns, dessen Schüler er in Königsberg war. Ihm hatte er sich geistesverwandt gefühlt und sich ganz seinem Einflusse erschlossen. Aber er blieb nicht bei den Hamannschen Ideen stehen, sondern hatte die Kraft, sie weiter zu entwickeln, den Hamannschen Samenkörnern wenigstens Blumen und Blüten zu entlocken, wenn er ihnen noch keine Früchte abgewinnen konnte, wie Hamann selbst über die in seiner Geistesrichtung gehenden Bestrebungen Herders urteilt,[3]) und Herder erkennt in der ersten Sammlung der Fragmente an, dass der Kern von Hamanns

---

[1]) Erinnerungen aus dem Leben Joh. Gottfrieds von Herder von Carolina von Herder. Herders sämtliche Werke. Tübingen, bei Cotta. 1820. 16. Teil. S. 209.

[2]) IV. 416/417.

[3]) Ein voller tönendes Lob spendet ihnen Minor: „Herder wird hier (am Rheine) der Vermittler und Apostel Hamannscher Ideen. In seinem Kopfe wurden Hamanns Einfälle zu Wahrheiten; er hat das Verdienst, sie ins grosse und bedeutsame ausgebildet zu haben. Was bei Hamann nur Ahnung ist, wird bei Herder Erkenntnis; was bei Hamann in mystischer Verhüllung sich merken lässt, tritt bei Herder zwar auch nicht klar und deutlich, aber imponierend und begeisternd ans Licht. (Minor a. a. O. S. 37.)

Schriften ·viele Samenkörner von grossen Wahrheiten und neuen Beobachtungen enthält.[1])

Auf erkenntnistheoretischem Gebiete stimmt er der Hamann- schen Ansicht über das Verhältnis von Vernunft und Glauben zu. In der Rezension von James Beatties Versuch über die Natur und ·Unveränderlichkeit der Wahrheit im Gegensatz der Klügelei und Zweifelsucht zitiert er die schon oben (S. 193 Anm. 2) ·angeführte Stelle aus den „Sokratischen Denkwürdigkeiten", in der Hamann dies Verhältnis feststellt, mit der Bemerkung, dass sie den Haupt- inhalt des besprochenen Buches angibt und mit ein paar feinen Zügen vielleicht mehr als das ganze Buch sagt,[2]) während er dieses selbst, besonders dessen ersten und dritten Teil wohlmeinend allen Buhlern der Philosophie empfiehlt zu lesen, weil sie darin eine sehr kräftige Predigt gegen solches Schattenspiel von Zweifeln und Ver- nünfteleien finden werden — „eine Predigt, der im ganzen niemand Wahrheit, Wert und Wichtigkeit absprechen kann."[3]) Er mein, dass der Mensch nicht zum Metaphysizieren da sei, und wenn er einmal Vernunft von gesundem Verstande, Spekulation von Gefühl und Erfahrung trennt, „der Dädalus und Ikarus" den festen Boden der Mutter Erde verlassen habe.

Von Hamann wird er auch einen nachdrücklichen Hinweis auf den Gegensatz zwischen dem „thatsächlichen, frischen, vollen Leben" und „der Dürre abgezogener Begriffe" empfangen haben. Als Folge davon dürfen wir jedenfalls seine eigene Ansicht darüber betrachten, wie sie in einem Briefe an seine Braut ausgesprochen ist: „Eigent- liche Gelehrsamkeit ist dem Charakter eines Menschen, eines Mannes schon, so unnatürlich, dass wir ihr nur aus Noth uns unterziehen müssen und dabei doch immer verlieren; in dem Leben, in der Liebe, in dem Mund eines Frauenzimmers aber, die noch die einzigen wahren menschlichen Geschöpfe auf dem politischen und Exerzier- platz unserer Welt sind, ist diese Unnatur so tausendmal fühl- barer . . . Nur dem eigentlichen Gelehrten bleibt es übrig, sich nichts gleichgültig seyn zu lassen, was Wissen, was Kenntniss ist; wer wird gern diese Last mit ihm theilen'wollen? Denn unter nichts erliegt die wahre Empfindung und Ausbildung, und Ge- schmack und lebendige menschliche Wirksamkeit so sehr als eben unter Gelehrsamkeit.[4]) .

Als eine weitere Folge dieses Hamannschen Hinweises dürfen wir es jedenfalls ansehen, dass Herder, wie es im Reisejournal zum Ausdruck kommt, alle ihm überlieferten Anschauungen zerstören wollte, um lediglich selbst zu erfinden, was er denke, lerne und glaube — und das sollte nur lebendiges Wissen sein — dass er seine

---

[1]) I. 227.
[2]) V. 462.
[3]) V. 457.
[4]) Erinnerungen, a. a. O. XVI. 164/165. 166.

Autorschaft verachtete, sein ganzes bisheriges Arbeiten als verloren ansah, weil es nicht für das lebendig-pulsierende Leben getan, sondern sich mit Meinungen elender Skribenten befasse und er selbst dadurch „ein Tintenfass von gelehrter Schriftstellerei" geworden sei, „ein Wörterbuch von Künsten und Wissenschaften", ein „Repositorium voll Papier und Bücher". Dafür aber wollte er — und damit geht er wohl über Hamann hinaus — seine Jahre geniessen, gründliche und reelle Wissenschaft kennen lernen, alles anwenden und sich zum Geiste zu handeln gewöhnen. Er fühlte in sich einen ungestümen Drang nach Wirklichkeit, nach Leben, nach einem ins Unendliche gehenden Schaffen, dem er freilich auch nur durch Pläne, aber durch die Menschheit umfassende Pläne Ausdruck geben konnte.

Auf Hamann wird auch die bei Herder immer und immer wiederkehrende Betonung des Genies, des Genies im einzelnen Menschen, des Genies der Sprache, wie es besonders in den Idiotismen zum Ausdruck kommt, des Genies der Literatur, des Genies der Völker zurückzuführen sein, auf Hamann auch der Glaube an einen dem Menschen innewohnenden Genius. „Sokrates glaubte einen Genius zu haben, der neben ihm wachte. Könnte man nicht sagen, dass alle grossen Männer einen haben, der sie auf die Bahn führt, die ihnen die Natur gezeichnet hat, der von dieser Seite alle ihre Sensationen, Ideen, Bewegungen lenkt, der ihre Talente nährt, erwärmt, entfaltet, der sie fortreisst, sie unterjocht, der über sie einen unüberwindlichen Ascendant nimt, der die Seele ihrer Seele ist."[1] Und in Bezug auf sich selber fährt er fort: „O Genius! werde ich dich erkennen? Die Jahre meiner Jugend gehen vorüber: mein Frühling schleicht ungenossen vorbei: meine Früchte waren zu früh reif und unzeitig. Führer meiner Jugend, und du hülletest dich in Schatten!"[2] Noch lebhafteren Ausdruck gibt er dieser Überzeugung in einem Briefe an seine Braut: „In den wichtigsten Sachen meiner Angelegenheiten des Herzens, und insonderheit recht auf den Scheidewegen meines Lebens gebe ich viel auf solche Weissagungen, und halte, wenn sie aus dem Innersten der Seele treu herausgehoben werden, mehr auf sie als auf alle langsamen Beratschlagungen der kalten, tauben, stumpfen, schulmeisterischen Vernunft. Ich glaube, jeder Mensch hat einen Genius, das ist im tiefsten Grunde seiner Seele eine gewisse göttliche, prophetische Gabe, die ihn leitet; ein Licht, das, wenn wir darauf merkten und wenn wir es nicht durch Vernunftschlüsse und Gesellschaftsklugheit und wohlweisen bürgerlichen Verstand ganz betäubten und auslöschen, ich sage, was uns denn eben auf dem dunkelsten Punct der Scheidewege einen Stral, einen plötzlichen

---

[1] IV. 463.
[2] IV. 463/464.

Blick vorwirft, wo wir eine Scene sehen, oft ohne Grund und Wahrscheinlichkeit, auf deren Ahndung ich aber unendlich viel halte. Das war der Dämon des Sokrates; er hat ihn nicht betrogen; er betrügt nie; nur ist er so schnell, sein Blick so fein, so geistig; es gehört auch zu ihm so viel innerliche Treue und Aufmerksamkeit, dass ihn nur achtsame Seelen, die nicht aus gemeinem Koth geformt sind, und die eine gewisse innerliche Unschuld haben, bemerken können."[1]

Ebenfalls durch Hamann ist ihm der Blick für die dunklen Tiefen der Menschennatur geöffnet worden; von ihm hat er jedenfalls auch die Dunkelheiten eines Schriftstellers so zu beurteilen gelernt, wie er dies mit Abbts Schriften tut: „Oft spricht er, wie durch einen inneren Sinn; wie z. E. da er die Grösse, Stärke und Güte des Herzens schildert, wie niemand sie vor ihm schilderte. Er geräth auf Begriffe, die er innig fühlet, mit Anstrengung denket, aber mit Mühe ausdrucket. Da er sie, wie durch eine Divinitation, empfand, und wie in einem Gesichte anschauete: so sagt er sie auch alsdenn, wie ein Bote der Geheimnisse, und nimmt zu Bildern seine Zuflucht, die uns oft ein Blendwerk der Sinne scheinen; es vielleicht aber für ihn nicht waren. Diese Seite von Abbts Geist ist für mich die heiligste; und jede Entdeckung in ihr ein Aufschluss in der Seelenlehre, obgleich unsere entseelten Kunstrichter Abbten eben ihretwegen der Dunkelheit und der Unbestimmtheit anklagen."[2]

Da nun dieses Kapitel ebensowenig wie das erste auf Vollständigkeit weder Anspruch machen kann noch will, so sei nur noch einmal darauf hingewiesen, dass das Menschliche überall einer der Hauptgesichtspunkte des jungen Herder ist, wie er schon 1765 in den „Aussichten über das alte und neue Jahr" seine Leser auffordert, mit ihm nicht Comptoir- und ökonomische Rechnungen, noch Journale zu durchlaufen, sondern, da er als Mensch rede, das Buch der menschlichen Handlungen,[3] oder wie er an Abbts Schrift vom Verdienst rühmend hervorhebt, dass es überall auch — Rousseauisch zu reden — menschlich geschrieben ist,[4] oder wie er es im Reisejournal als ein grosses Thema bezeichnet, „zu zeigen, dass man, um zu seyn, was man seyn soll, weder Jude noch Araber, noch Grieche, noch Wilder, noch Märtrer, noch Wallfahrter seyn müsse; sondern eben der aufgeklärte, unterrichtete, feine, vernünftige, gebildete, tugendhafte, geniessende Mensch, den Gott auf der Stuffe unsrer Cultur fodert."[5] Menschsein ist also auch für Herder das erste; aber wir sehen schon aus der zuletzt angeführten Stelle, wie sich der Herdersche Idealmensch von dem Naturmenschen Rousseaus

---

[1] Erinnerungen, a. a. O. S. 163/164.
[2] II. 291.
[3] I. 8.
[4] I. 79.
[5] IV. 364/365.

unterscheidet. Die weitere Darlegung dieser Anschauungen sei für
später vorbehalten. Nur darauf soll noch hingewiesen werden, dass
— seiner Auffassung des Menschen gemäss — Herder die Stände
für Unnatur ansieht, sofern nämlich durch sie böse „Falten" entstehen — er selbst empfand die „Schul- und die Predigerfalte"
an sich nur zu bitter[1]) — sofern durch sie einseitige Menschen erzeugt werden.[2]) Doch geht er hierin vermöge seines ungemein ausgeprägten Blickes für das historische Werden nicht so weit, wie die
jüngeren Vertreter von „Sturm und Drang". Er rechnet vielmehr
mit den Ständen, wenn er z. B. im Reisejournal erwägt, wie er den
Adel für seine Pläne gewinnen könne oder wenn er die guten Eigenschaften desselben herausheben will und helfen möchte, die bösen
zu vermeiden.

Das ist in allgemeinen Zügen die Stellung Herders zu „Sturm
und Drang", das etwa die Stimmung des jungen Herder, von dessen
Pädagogik nun angezeigt werden soll, wie sich darin der Geist von
„Sturm und Drang" ausprägt, der ihren Urheber so mächtig ergriffen
hatte. —

Da in den Jahren des Bückeburger Aufenthaltes — das sei hier
noch bemerkt — die Tendenzen des „Sturmes und Dranges" noch
einmal besonders lebendig in Herder wirkten und da er in fast alle
seine Schriften pädagogische Bemerkungen eingestreut hat, so
kommen auch fast alle — von Anfang seiner Schriftstellerei an bis an
das Ende der Bückeburger Zeit — für diese Abhandlung in Betracht.
Die Hauptquelle aber wird das „Journal meiner Reise" sein müssen;
in ihm hat er sich am zusammenhängendsten über pädagogische
Fragen ausgesprochen; es atmet mehr als alle anderen Schriften den
Geist von „Sturm und Drang".

I.

Zur allgemeinen Pädagogik.

1. Kapitel: Herders Psychologie. Die philosophischen,
besonders die erkenntnistheoretischen Ansichten Herders, soweit sie
als Grundlagen seiner Pädagogik vorauszusetzen sind, wurden schon
oben kurz dargelegt. Seine psychologischen Anschauungen jedoch
bedürfen einer genaueren Besprechung, da sie für seine Pädagogik
von ungleich grösserer Bedeutung sind und da sie noch dadurch
besonderes Interesse gewinnen, dass wir hier gewissermassen die
Wurzeln aufgraben können für zwei Hauptideen der Sturm- und
Drangzeit: für die Bedeutung, welche der Empfindung und, später

---

[1]) IV. 347.
[2]) VIII. 330/331.

übertragen, dem Herzen zugemessen wurde, und für die Hochschätzung der Muttersprache und der idiotistischen Schreibart in ihr.

Die für Herders Psychologie wichtigste und deshalb für uns in der Hauptsache in Betracht kommende Schrift ist ohne Zweifel die Abhandlung „Vom Erkennen und Empfinden der menschlichen Seele", die uns in nicht weniger als drei Fassungen vorliegt. Ihr können wir bei der Darstellung der Herderschen Psychologie in der Hauptsache folgen, da wir hier die genaueste Auskunft erhalten und da es sich zeigt, dass Herder auch in andern Schriften dieselben Anschauungen vertritt, wenn er auf psychologische Fragen zu sprechen kommt. Diese zunächst für die Berliner Akademie der Wissenschaften als Preisschrift ausgearbeitete und dann selbständig herausgegebene Schrift und besonders deren Fassung von 1775 hat für uns auch deshalb viel Interesse, weil in ihr der Geist von „Sturm und Drang" noch einmal recht lebhaft zur Geltung kommt.

Dieser hier spezifisch Hamannsche Geist zeigt sich schon darin, dass Herder nicht aus lichten und klaren, sondern aus dunkeln und mehr nur Ahnung gewährenden Quellen die Kenntnis von der menschlichen Seele geschöpft sehen möchte. Aus ahnungsvollen, sich hineinfühlenden Beobachtungen von Freunden und Ärzten, aus Weissagungen und geheimen Ahnungen der Dichter und aus Selbstlebensbeschreibungen[1] hofft er mehr Psychologie zu gewinnen als aus aller hellen und klaren Philosophie. So glaubt er, „dass Homer und Sophokles, Dante, Shakespear und Klopstock der Psychologie und Menschenkänntniss mehr Stoff geliefert haben, als selbst die Aristoteles und Leibnitze aller Völker und Zeiten."[2] Der Philosophie aber, meint er, graut „vor solchem Abgrunde dunkler Empfindungen, Kräfte und Reize am meisten"; denn „sie segnet sich davor, als vor der Hölle unterster Seelenkräfte und mag lieber auf dem Leibnitzischen Schachbrett mit einigen tauben Wörtern und Klassifikationen von dunklen und klaren, deutlichen und verworrenen Ideen, vom Erkennen in und ausser sich, mit sich und ohne sich selbst u. dgl. spielen."[3]

Neben der für den jungen Herder charakteristischen Ablehnung der Aufklärungsphilosophie und -psychologie geht aus den letzten Worten deutlich hervor, wie dunkel ihm der innere Mensch erscheint. Die tiefste Tiefe unserer Seele ist ihm mit Nacht bedeckt; sie ist ein „rauschendes Weltmeer dunkler Wogen", oder um in einem andern seiner Bilder zu reden: „nur Düfte wehen uns aus dunklen Büschen zu." Ebenso dunkel erscheint ihm die Verbindung des Körpers mit der Seele, ebenso rätsellhaft die Einwirkung der Aussenwelt auf unsere Sinne und die Verbindung der einzelnen Reize unter-

---

[1] VIII. 180.
[2] VIII. 171.
[3] VIII. 179/180.

einander „Wunder und Geheimniss, wie die äussere Welt in die innere würkt! wie der Mensch der Sinnen ein Schöpfer wird von Gedanken und Trieben!"[1] Doch kommt diese Betrachtungsweise der Seele in seiner Pädagogik weniger zur Geltung, und so wollen wir es mit der blossen Erwähnung derselben genug sein lassen.

Wichtiger ist schon, dass es Herder als gewiss erscheint — und damit befindet er sich wieder im Gegensatze zur Aufklärungsphilosophie —, dass der innere Mensch mit allen seinen dunklen Reizen und Kräften nur e i n e r ist.[2] Gegen die Fächer und Scheidewände der Vermögenspsychologie wendet er sich an den verschiedensten Stellen mit aller Energie. Immer betont er, dass überall die ganze, ungeteilte Seele wirkt.[3]

Ein für seine Pädagogik fundamentaler Satz im eigentlichsten Sinne des Wortes ist aber der folgende: „Im Abgrunde des Reizes liegt der Same zu aller Empfindung, Leidenschaft und Handlung."[4] Ihm an die Seite zu stellen ist der andere: „Die Empfindung ist nur Aggregat aller dunklen Reize so wie der Gedanke das helle Aggregat der Empfindung." Damit ist dem Reize grundlegende Bedeutung für unser Seelenleben zugesprochen. Er ist der Keim der Empfindung.

Das Wort Empfindung, Sensation freilich dürfen wir bei Herder nicht immer in der engen Bedeutung von rein sinnlicher Empfindung nehmen. Gelegentlich erweitert er es auch auf menschliches Empfinden, Fühlen überhaupt, so, wenn er im Reisejournal „Originalgenie" erklärt: „Jede Empfindung in der Jugendseele ist nicht blos was sie ist, Materie, sondern auch aufs ganze Leben Materie: sie wird nachher immer verarbeitet, und also gute Organisation, viele, starke, lebhafte, getreue, eigne Sensationen, auf die dem Menschen eigenste Art, sind die Basis zu einer Reihe von vielen starken, lebhaften, getreuen, eignen Gedanken, und das ist Original-Genie. Das ist zu allen Zeiten würksam gewesen, wo die Seele mit einer grossen Anzahl starker und eigenthümlicher Sensationen hat beschwängert werden können: in den Zeiten der Erziehung fürs Vaterland, in grossen Republiken, in Revolutionen, in Zeiten der Freiheit, und der Zerrüttung wars würksam."[5]

Auf solchen Empfindungen baut sich für Herder das ganze Seelenleben auf. Zunächst das Erkennen: „Erkenntniss ist nicht ohne Empfindungen möglich: wie kann ich erkennen, wo nichts ist? wo meine Seele nichts berührt? Wo ist Bewustseyn da nichts ist, das und dessen es bewust werden kann? — Und tiefer ist noch Erkenntniss nicht ohne Empfindungen möglich. Der Gegenstand

---

[1] VIII. 286.
[2] VIII. 178 u. 277.
[3] Schon in der Abhandlung vom Ursprung der Sprache. V. 30.
[4] VIII. 277.
[5] IV. 454/455.

muss (wenn es erlaubt ist, ein durch die niedrige Sprache des Eigen-
nutzes und die tändelnde Kunstsprache entkräftetes Wort hier in
eigentlichem Sinne und Fülle des Ursprungs anzuwenden) er muss
würklich interessieren, d. i. zwischen treten, mit geheimen Banden
an mir hängen, würklich ein Theil meines Ichs seyn oder werden."[1]
Dieses interessieren ist etwa dasselbe, was er an anderer Stelle mit
„fassen" bezeichnet, dies sei um der Wichtigkeit dieses Begriffs
willen sogleich hier bemerkt. Kurz darauf kommt er nochmals auf
die Bedeutung der Empfindung für die Erkenntnis zu sprechen:
„Erkenntniss ohne Empfindung und Reiz des Gegenstandes, ist
Spinnweb, das in der Luft flattert, wie das Medium solcher Erkenntnis, Wort ohne Sache, Bild ohne Wesen,"[2] und bald darauf[3]
wiederholt er: „Erkenntnisse sind des Namens nicht werth, wenn
uns die Empfindungen mangeln, aus denen sie wurden, und die sie
noch immer in ihrem Schoosse, nur geheim, enthalten," und noch
einmal[4] kommt er darauf zurück: „Der Spekulator mit leerer
schwacher Empfindung ist Sachen- und Thatloser Kopf, Wissen-
schaftler, Wortzähler; ist er aber ganzer gesunder Mensch mehr?"
— Nur deshalb ist auf diese Ansicht Herders so ausführlich hingewiesen worden, weil darin der letzte Grund für die Ablehnung
der Büchergelehrsamkeit und für die so stark betonte Natur- und
Weltoffenheit seiner Pädagogik zu suchen ist.

Die Pforten der Empfindungen von aussen sind die Sinne.
Daher die Bedeutung, die er diesen im Reisejournal zuschreibt:
„Man verliehrt seine Jugend, wenn man die Sinne nicht gebraucht.
Eine von Sensationen verlassne Seele ist in der wüstesten Einöde:
und im schmerzlichsten Zustande der Vernichtung."[5] Den Sinnen
aber müssen wir glauben. „Ist mein Sinn falsch, oder habe ich ihn
nur falsch zu brauchen mich gewöhnt, so bin ich mit alle meiner
Känntniss und Spekulation verlohren."[6] So verschieden nun auch
der Beitrag der einzelnen Sinne sein mag, es fliesst alles in unserm
innern Menschen zusammen. Die Tiefe aber dieses Zusammenflusses
nennt Herder „Einbildung".[7]

„Alle Empfindungen aber, die zu einer gewissen Helle steigen
(der innere Zustand dabei ist unnennbar) werden Apperzeption, Gedanke; die Seele erkennet, dass sie empfinde. Was nun auch Gedanke sei, so ist in ihm die innigste Kraft, aus Vielem, das uns
zuströmt, ein lichtes Eins zu machen, und wenn ich so sagen darf,
eine Art Rückwirkung merkbar, die am hellesten fühlet, dass sie

[1] VIII. 293.
[2] VIII. 293/294.
[3] VIII. 303.
[4] VIII. 311.
[5] IV. 451.
[6] VIII. 187.
[7] VIII. 189.

ein Eins, ein Selbst ist."[1]) Es sind demnach beim Denken immer zwei Momente zu beachten: einmal die innige Verflechtung des Erkennens mit dem Sinnlichen, mit dem Gebiete des Reizes und der Empfindung und dann etwas lediglich dem Menschen Eigenes, Höheres, das die zusammenströmenden Empfindungen vereinigt und zur Klarheit erhebt und das Herder „innere sich selbst erblickende Thätigkeit, Apperzeption, göttliches Bewusstsein"[2]) nennt. So allein kommt nach ihm Erkenntnis zustande. „Die Seele spinnet, weiss, erkennet nichts aus sich, sondern was ihr von innen und aussen ihr Weltall zuströmt, und der Finger Gottes zuwinket."[3])

Bisher haben wir den Weg vom Reize über die Empfindung zum Erkennen verfolgt. Herder zeigt aber auch eine Verbindung zwischen Reiz und Handlung, wenn er sagt: „Im Abgrunde des Reizes liegt der Same zu aller Empfindung, Leidenschaft und Handlung." Auch insofern ist das Tun und vorher das Wollen vom Reize abhängig, als sich Herder ohne Wollen kein oder doch nur ein falsches und unvollständiges Erkennen denken kann und überzeugt sich, dass man desto inniger wirken wird, je tiefer man erkennet.[4]) So ist auch hier die Einheit der Seele und aller seelischen Erscheinungen von Herder gewahrt. Es seien kurz noch einige andere Stellen angeführt, in denen ebenfalls auf diese Einheit des Seelenlebens hingewiesen wird: „Nur so viel hat ein Mensch Freiheit, Wille, Gewissen, als er innere tiefe Apperception, Thätigkeit, Bewustseyn hat: gerade so viel hat er auch Verstand,"[5]) oder: „Liebe ist das edelste Erkennen," oder: „Was wir im Erkennen und Empfinden d. i. im Maas der Anschauung Genie nennen, heisst Charakter im Maas des Erkennens, Empfindens und Handelns. Genie sollte immer Charakter werden."[6])

Wir können gleich hier Gelegenheit nehmen, zu zeigen, wie sich Herder das Werden des Genies, des Originalgenies denkt, und damit einen für seine Pädagogik sehr wichtigen Begriff psychologisch aufzuhellen. Der bereits oben (S. 204) angeführte Satz, der uns den Begriff der Empfindung erklären half, gibt auch darüber Aufschluss. Es ist für Herders Auffassung von Genie charakteristisch, dass er für dessen Entstehung nur die Faktoren geltend macht, die ihm bereits für jegliche Erkenntnis nötig waren: die Sensation und die innere Kraft, d. h. die eigne Art, die individuelle Weise, die innerste Selbsttätigkeit, mit der die Empfindungen aufgenommen werden. Deshalb kann er behaupten: „Jedes Geschöpf von lebendigen Kräften

---

[1]) VIII. 193/194.
[2]) VIII. 290.
[3]) VIII. 194.
[4]) VIII. 294.
[5]) VIII. 296.
[6]) VIII. 324/325.

ist Genie auf seiner Stelle."[1] Es wird uns aber bei Herder nicht überraschen, wenn einmal das eine, ein anderes Mal das andere Moment stärker betont wird. Auf keinen Fall aber will er das Genie in einem Übermass der Kräfte sehen. Vorweisend sei noch darauf aufmerksam gemacht, dass, wie die originale Anschauungsweise zu originaler Denkart, diese dann weiter auch zu originaler Schreibart führt.

Nach der bisherigen Darlegung kann kein Zweifel sein, dass die Empfindungen, seien sie nun sinnlicher oder anderer Art, die Grundlagen, die Materie für alle menschliche Bildung abgeben. Das Mittel aber, wodurch wir die Empfindungen erst recht eigentlich in unsere Gewalt bekommen, dass wir sie in unserm geistigen Leben weiter nützen können, ist das Wort, die Sprache.[2] In der Preisschrift „Vom Ursprung der Sprache" hat Herder schon gezeigt, wie innig das innere Merkwort und dann das gesprochene Wort mit der Anschauung, mit dem Erlebten verknüpft ist, und in der dritten Sammlung der „Fragmente" weiss er eigentlich kein Bild zu finden, welches das innige Verhältnis von Empfindung und Ausdruck, von Gedanken und Wort treffend bezeichnet, und er nimmt schliesslich das Verhältnis von Platons Seele zum Körper.[3] So viel liegt ihm daran, dass diese Verbindung möglichst innig und lebendig ist, dass es ihm als Ideal erscheint, dass sich der Mensch nicht einer überlieferten Sprache bedienen möchte — denn das ist der Fehler unserer Zeit, dass wir in zwei Minuten mit Worten durchgehen, was die Generationen vor uns in Jahrhunderten verstehen gelernt —, sondern dass sich möglichst jeder seine Sprache selbst erfinde, wie er im Reisejournal sagt: „Jeder Mensch muss sich eigentlich seine Sprache erfinden, und jeden Begrif in jedem Wort so verstehen, als wenn er ihn erfunden hätte,[?] — — — und wer seine Muttersprache so lebendig lernte, dass jedes Wort ihm so zur Zeit käme, als er die Sache sieht und den Gedanken hat: welch ein richtiger philosophisch denkender Kopf! welch eine junge blühende Seele! So waren die, die sich ihre Sprache selbst erfinden musten, Hermes in der Wüste und Robinson Crusoe."[4] Diesem Ideal aber entspricht einigermassen noch die Muttersprache. Daher die grosse Bedeutung, die ihr Herder in allen seinen Schriften zuspricht. Darin berührt er sich wieder mit einer Haupttendenz von „Sturm und Drang", begründet aber diese viel tiefer als seine Gesinnungsgenossen. Diese Tendenz tritt noch weit mehr hervor, wenn wir noch die Ansicht Herders hinzunehmen, dass sich nur in der Muttersprache Original-

---

[1] VIII. 322.
[2] Vgl. hierzu Dr. Felix Hänsch, Darstellung und Kritik der Gedanken Herders über die Muttersprache. Pädagogische Studien. Neue Folge. XXIII. Jahrgang. S. 337 bis 349 und S. 369—393; besonders Kap. 1 u. 2.
[3] IV. 451.
[4] IV. 452.

genies bilden können, dass nur in ihr eine „idiotistische Schreibart"
möglich ist. Doch sollen die weiteren Ausführungen darüber einer
späteren Stelle vorbehalten bleiben.

Wir haben hiermit aus Herders Psychologie das hervorgehoben,
was für seine Pädagogik von Wichtigkeit ist und was an „Sturm
und Drang" anklingt. Auf andere Seiten seiner Psychologie, z. B.
auf die Bedeutung der Triebe und Leidenschaften und besonders
auf Selbst- und Mitgefühl als Triebfedern aller menschlichen Handlungen[1]) des näheren einzugehen, kann unterbleiben, da Herders
Pädagogik diese Gebiete nicht berührt.

2. Kapitel: Herders Idealmensch. Fragen wir uns nun,
was für ein Menschenideal hat Herder vorgeschwebt, wenn er sich
über pädagogische Probleme aussprach, fragen wir, wie war der
Mensch beschaffen, zu dem er erziehen wollte, so könnten wir kurz
darauf antworten: es ist der Mensch, der er selbst zu sein wünschte,
als er sein Tagebuch schrieb, von dem er bitter empfand, dass er's
nicht war, und der zu werden ihm auf seiner Reise Hauptbemühung
sein sollte.

Das erste dabei ist, dass dieser Idealmensch „Mensch" ist, aber
nicht, wie schon oben bemerkt wurde, der Naturmensch Rousseaus
und vieler anderer Vertreter des „Sturmes und Dranges", sondern
der aufgeklärte, unterrichtete, feine, vernünftige, gebildete, tugendhafte, geniessende Mensch, den Gott auf dieser Stufe unserer Kultur
fordert; aber doch vor allem anderen Mensch, und damit bleibt er
doch in der Geistesrichtung von „Sturm und Drang". Des öfteren
hebt er hervor, dass wir Menschen sind, ehe wir etwas anderes, ehe
wir Philosophen oder Spekulatoren oder Angehörige irgend eines
anderen Standes sind. Wie er in dem Gelehrtenstande Unnatur
sieht, dafür ist schon früher die Beweisstelle beigebracht worden.
Wie er durch die Teilung in Stände und Lebensarten alle die Fehler
entstehen sieht, welche erzeugt werden, „wenn das einzelne Glied
abgeschieden ist und am Leben des Ganzen auf seine Weise nicht
innig Antheil nimmt," das geht aus der Schrift „Vom Erkennen und
Empfinden der menschlichen Seele" und aus dem „Journal meiner
Reise" deutlich hervor. .Deshalb sagt er: „Alle Menschenbildung,
die auf ein ausschliessendes unvollkommenes Eins hinausgeht, ist
Missbildung auf Lebenszeit. Bilde den Witz und der Scharfsinn
verblühet: bilde Wortgedächtniss und das Bild der Sache, die Einbildung, der Verstand erstirbt: lass die Spekulation frühe reifen; es
wird ein Scholastischer Mensch daraus ohne Anschauung und
Rührung"[2]) und weiter: „Das Hauptgesetz der frühen Erziehung sei
also zu nähren Eins in allem und Alles in einem, die innere Thätigkeit und Elasticität der Seele. Jede Einschränkung ist Gift und

---

1) VIII. 295.
2) VIII. 325.

Verbeugung des Baumes, der nicht gerade hinauf in frischer Luft wachsen darf. Nähre den ganzen lebendigen Menschen; Genie ist nur lebendige Menschenart."[1])

Aber es soll ein lebendig-tätiger, kraftvoller Mensch sein, ein Mensch, der mit lebendigsten, nützlichsten Kenntnissen ausgerüstet, fürs Leben wirken kann. Doch soll er nicht zu jenen nützlichen Leuten gehören, die über die Mittelmässigkeit nicht hinauskommen; sondern er soll ein originaler Mensch werden, der auf seine ihm eigentümliche Art empfindet, denkt, redet, erfindet und ausführt. Fassen wir Herders Idealmenschen wieder in ein Wort, so können wir sagen: er soll „Genie" sein. Schon in der Rezension der Millerschen Einladungsschrift „Die Hoffnung besserer Zeiten für die Schulen" hatte er im Jahre 1766 angemerkt, dass Miller, um immer nützliche Leute (von gutem commun sense) zu bilden, die Genies etwas versäume.[2]) Herders Menschenideal ist das Genie, das er in der Abhandlung „Vom Erkennen und Empfinden der menschlichen Seele" gezeichnet hat. Nicht in Unförmlichkeit, nicht in dem „übertriebenen Äussersten Einer Kraft"[3]) erkennt er das Genie, und damit wendet er sich gegen die Anschauung seiner Zeit und zugleich gegen die Genialitätssucht der Kühnsten unter den Stürmern und Drängern; sondern jeder Mensch mit edlen lebendigen Kräften, jeder Mensch, dessen sämtliche Betätigungen aus eigenster, innerster Selbsttätigkeit, aus dem lebendigen Quell seines Ichs entspringen, ist ihm Genie. Damit weicht er auch von dem heutigen Sprachgebrauche ab, da auch wir unter Genie einen aussergewöhnlichen, in einziger Weise das Mittelmass weit überschreitenden, sich durch seine Gaben weit über andere erhebenden Menschen verstehen. Für Herder ist der Mensch Genie, den wir eine ausgeprägte, starke Individualität nennen würden. Deshalb kann nach Herder auch jeder Mensch an seiner Stelle ein Genie sein, sei es nach Innigkeit oder nach Ausbreitung, Lebhaftigkeit und Schnelle. Es ist dabei für Herder — wie dies auch schon angedeutet wurde — selbstverständlich, dass ein solches Genie original ist; die nur ihm eigne Art innerer Betätigung ist wesentliches Merkmal, unerlässliches Charakteristikum.

Wir sehen, wie eng sich Herder in der Anschauung über den Idealmenschen mit „Sturm und Drang" berührt, nur dass er sich mit feinem Takte auch hierin von Einseitigkeiten und Verzerrungen, von utopistischen Vorstellungen fernhält.

Obwohl Herder bei seinem pädagogischen Nachdenken offenbar nur Knaben und künftige Männer im Sinne gehabt hat, so soll doch auch das Ideal für die Erziehung der Mädchen mit ein paar Strichen

---

[1]) VIII. 325/326.
[2]) I. 120/121.
[3]) VIII. 323.

14

gezeichnet werden, einmal, weil diese für Herder die „einzigen wahren menschlichen Geschöpfe auf dem politischen und Exerzier- platz unserer Welt" sind, und dann, weil ihm hier das rein Mensch- liche alleiniges Ideal ist. Schon in der dritten Sammlung der Frag- mente[1]) hatte er gelegentlich von der Bestimmung des „Frauen- zimmers" gesprochen. In einem Briefe an seine Braut spricht er sich in demselben Sinne, nur eingehender darüber aus. Er redet da von den Büchern, die ein „Frauenzimmer" lesen soll und sagt unter anderem: „Für sie (die Weiber) bleibt nur das, was bildet, was die Seele menschlich aufklärt, die Empfindungen menschlich verfeinert und sie zur Zierde der Schöpfung, zum Reiz der mensch- lichen Natur, zum höchsten Gut der Glückseligkeit eines gefühl- vollen, würdigen Jünglings, zur immer neuen, immer angenehmen Gattin eines würdigen Mannes, zum Vergnügen einer guten Gesell- schaft und zur Erzieherin guter Kinder macht. Grosser Gott! sind das nicht Zwecke und Pläne genug, die schon beleben und auf- muntern und beschäftigen können, insonderheit wenn man sie alle in Harmonie und Proportion zu erreichen sucht!"[2])

3. Kapitel. Umfang der pädagogischen Bestrebungen des jungen Herder. Haben sich schon in den vorhergehenden Abschnitten Gelegenheiten geboten, die Verwandtschaft Herders mit „Sturm und Drang" zu beleuchten, so tritt uns diese noch viel auf- fallender vor Augen, wenn wir seine pädagogischen Bestrebungen einmal im ganzen überschauen. Als Lehrer hatte er in Königsberg, als Lehrer und Prediger in Riga gewirkt und sich in dieser Wirk- samkeit schon weit über das gewöhnliche Niveau erhoben, wie wir aus einem Briefe Hamanns an den Rektor Lindner und wie wir aus einer ganzen Reihe von Zeugnissen hören, die ihm in der Haupt- sache von ehemaligen Schülern ausgestellt wurden.[3]) Als Prediger hatte er insonderheit menschlich zu wirken gesucht; auch hatte er bereits einen Anfang gemacht, als Wochenschriftsteller und zwar als Mitarbeiter der „Gelehrten Beiträge zu den Rigischen Anzeigen" auf seine Zeitgenossen einzuwirken in der Absicht, sie zu schöner Mensch- lichkeit zu bilden. Er hatte sich damit die dauernde Zuneigung seiner Schüler erworben, sich eine Gemeinde geschaffen und die Liebe und Anhänglichkeit einer ganzen Stadt wie im Fluge gewonnen. Das alles genügte ihm nicht mehr. Ein „glühender Lebens- und Schaffens- durst" war in ihm erwacht und erweckte in ihm das Gefühl eigner Unvollkommenheit, eigner Verbildung und übler „Falten" und liess ihm seine Situation als viel zu eng erscheinen. Dazu kamen noch

---

[1]) I. 393.
[2]) Erinnerungen, a. a. O. S. 165.
[3]) Die diesbezüglichen Angaben aus Briefen u. s. w. sind des öfteren zusammen- gestellt: im Lebensbilde, in den Erinnerungen, von Kittel, „Herder als Pädagog", von Renner, „Über Herders Verhältnis zur Schule".

die Unliebsamkeiten, in die er durch seine Schriftstellerei geraten war, und so lesen wir gleich auf dem ersten Blatte des „Journals meiner Reise": „Ich gefiel mir nicht als Schullehrer, die Sphäre war für mich zu enge, zu fremde, zu unpassend, und ich für meine Sphäre zu weit, zu fremde, zu beschäftigt. Ich gefiel mir nicht, als Bürger, da meine häusliche Lebensart Einschränkungen, wenig wesentliche Nutzbarkeiten, und eine faule, oft eckle Ruhe hatte. Am wenigsten endlich als Autor, wo ich ein Gerücht erregt hatte, das meinem Stande eben so nachtheilig, als meiner Person empfindlich war. Alles also war mir zuwider."[1]) Jahre seines Lebens, die er zur eignen Bildung hätte benutzen sollen, erschienen ihm als verloren; denn er sah es als einen unersetzlichen Schaden an, Früchte affektieren zu wollen und zu müssen, wenn man nur Blüten tragen sollte. Deshalb wollte er nachzuholen versuchen, was er versäumt. Es erstreckt sich daher sein pädagogisches Nachdenken in der aus seiner Jugendzeit wichtigsten Quelle dafür zunächst auf seine eigne Bildung. Doch nicht genug damit: er sieht sich bereits als Leiter der Ritterakademie, zu deren Rektor er bestimmt war, und entwirft einen Plan für sie. Doch der wird ihm unversehens zu einem Plane zur Bildung einer ganzen Provinz, und dieser weitet sich wie von selbst zu dem kühnen Projekte der Reformation des ganzen russischen Reichs: Herder will in Wahrheit werden, was Montesquieu damals dem Namen und der Ehre nach war: Gesetzgeber von Fürsten. Wie ernst es ihm damit war, geht aus einem Briefe[2]) an seinen Freund Begrow in Riga hervor, in dem er ausdrücklich bemerkt, dass er von einem politischen Werke rede, und wo er um seines Freundes Ansicht über einen Weg zum Ohre der Kaiserin bittet. Endlich will er ein Bildner der Menschheit werden; er will wirken für Jahrhunderte und sich unsterblich machen. Von ihm und seiner eignen Bildung gehen seine Pläne aus und umfassen zuletzt die Menschheit. Sich selbst will er bilden und doch würdig werden, Lykurg und Solon, Luther, Zwingli und Calvin an die Seite gestellt zu werden. Wie lebendig spricht aus diesem universellen Planen, aus diesem Gerichtetsein auf praktisches, „reelles" Wirken, aus dieser Schaffenslust und diesem Tatendrange der Geist von „Sturm und Drang!" Und zugleich teilt er eine Schwäche mit den späteren Vertretern dieser Richtung, dass er am Ende über das Niederschreiben seiner Ansichten und Pläne nicht hinauskommt.

Seine Gedanken über die Reformation Russlands sind, wie er ja selbst betonte, politischer Art. Es sind deren auch nur wenige. Sie kommen für uns nicht in Betracht. Zu berücksichtigen sind aber seine pädagogischen Gedanken, die sich auf die Selbsterziehung, auf die Schülererziehung und auf die erzieherische Wirksamkeit er-

---

[1]) IV. 345.
[2]) Abgedruckt im Lebensbild II. 84—88 und zum Teil bei Suphan IV. S. XIX.

14*

strecken, die er als Prediger und Schriftsteller auf das Volk, auf die Menschheit ausüben will. Bei unserer Darstellung wollen wir jedoch seine Gedanken über Selbstbildung nicht von seinen Ansichten über Schulbildung trennen, da die Ergebnisse seines Nachdenkens über die eigne Bildung von Herder selbst immer gleich angewandt werden auf die Bildung, deren Vermittlerin die Schule sein soll.

Schluss folgt.

B. Kleinere Beiträge und Mitteilungen.

I.

Zeugnis und Versetzung.[1])

Von Gotthold Deile, Oberlehrer am Königlichen Realgymnasium zu Erfurt.

Ostern naht. Etwa zu derselben Zeit, in der wir Ostern halten, feierten unsere Vorfahren ein Frühlingsfest. Es war der Frühlingsgöttin Ostara geweiht, von der ja das Osterfest seinen Namen hat. Wenn auch unser Blick am Ostermorgen nicht nach der aufgehenden Ostersonne, sondern vielmehr nach dem Grabe Christi gerichtet ist, so freut sich doch heute noch an diesem Feste Alt und Jung, dass der kalte Winter mit Eis und Schnee davongezogen ist, der milde Frühling seinen Einzug gehalten hat. Wir freuen uns alle auf Ostern; liegt doch dahinter ein Frühling voll Waldesgrün und Nachtigallengesang, ein Sommer voll Blumenduft und Sonnenschein. Aber wer denkt jetzt schon an „diese tausend Stimmen der erwachenden Natur"? Steigen nicht vielmehr mit dem Worte Ostern für manchen Vater, für manche Mutter an dem lichten Frühlingshimmel dunkle Wolken auf? Je näher Ostern, um so deutlicher erkennen wir in den dunkeln Wolken zwei grosse Fragezeichen: Zeugnis? Versetzung?

Der Vater sorgt, das liebende Mutterherz bangt um seinen Liebling. Und wenn sich dann die bösen Ahnungen erfüllen, dann gibt der Vater vielleicht mit derben Scheltworten oder gar mit einer kräftigen Handbewegung seiner Entrüstung Ausdruck, das bekümmerte Mutterherz leidet doppelt, für sich und das Kind. Es möchte anklagen, entschuldigen, niederschmettern und trösten und fragt im Stillen mit ihrem Knaben: Muss es denn Zeugnisse geben? —

Für die Schule selbst würden vielleicht die mündlichen Zeugnisse ausreichen; aber damit die Eltern und Angehörigen der Schüler von dem Urteil der Schule Kenntnis erhalten, kommen die schriftlichen Zeugnisse hinzu. Zu den wichtigsten, aber oft am wenigsten beachteten, gehören die Zeugnisse, die den Hausarbeiten

---

[1]) Eine Ansprache, gehalten auf dem Elternabende des Königlichen Realgymnasiums zu Erfurt am 10. Februar 1904.

und besonders den Klassenarbeiten gegeben werden. Die Eltern, die von ihnen regelmässig genaue Kenntnis nehmen, werden stets wissen, wie es um die Fortschritte ihres Kindes bestellt ist.

Über den Wert der Zwischenzeugnisse, wöchentlich oder monatlich gegeben, als Verkehrshefte, Lob- und Tadelzettel oder dergleichen, lässt sich streiten. Die Staatsschulen kennen sie nicht und bitten höchstens um eine Unterschrift bei schriftlichen Arbeiten. Aber böse Erfahrungen möchten auch hiervon abraten. Es ist ratsam, nur dann davon Gebrauch zu machen, wenn das Elternhaus zustimmt und in Kenntnis gesetzt ist. — Je häufiger ein Zeugnis gegeben wird, je mehr verliert es an Wert. Mit Recht wird deshalb auf die Quartals- oder Semester-Zeugnisse der grösste Wert gelegt. —

Die Zensuren sind das schulamtliche Mittel, die Schüler mit dem Urteil der Schule über ihr gesamtes Verhalten, besonders über den jeweiligen Stand der Gesamtleistungen in den einzelnen Fächern, besonders über den Stand der Aussichten auf die Versetzung bekannt zu machen. Von diesem Urteil der Schule sollen die Zensuren auch den Eltern und Angehörigen der Schüler Kenntnis geben. Eine vollkommenere Form der Beurteilung wäre ein eingehendes Aussprechen über die schulischen Leistungen in Form eines ausführlichen Berichtes an die Eltern. Diese Form ist, wenigstens in grösseren Schulen, unausführbar; denn es würde ein überaus umfangreicher und zeitraubender Briefverkehr mit dem Elternhause sich notwendig machen. Die mündlichen Verhandlungen mit den Angehörigen der Kinder würden eine Ausdehnung erfahren, wie sie weder der Leiter der Schule noch die Klassenlehrer bewältigen könnten. Der Verzicht aber auf jedes von der Schule an die Eltern gerichtete Urteil würde gleichgültiges, gedankenloses oder angeblich schonendes Gehenlassen zeitigen und das Bedürfnis nach Fühlung mit der Schule nicht zum Ausdruck kommen lassen. Deshalb erfüllt die Schule ihre Pflicht, wenn sie in bestimmten Fristen mit den Eltern in dienstliche Fühlung tritt.

Aus der Einrichtung der Zensuren muss deren amtlicher Charakter sofort ins Auge fallen. Am Fusse jeder Zensur finden wir die eigenhändige Unterschrift des verantwortlichen Leiters der Anstalt und des Klassenlehrers. Wir finden auf der Rückseite des ersten Blattes die amtlich vorgeschriebenen Urteilsformen. Alle Urteile und etwaigen Zusätze oder Bemerkungen auf der Zensur lassen deutlich genug erkennen, dass es sich um Beschlüsse der Konferenz unter der Leitung des verantwortlichen Leiters handelt. Dies möchte ich besonders hervorheben, weil Unverstand und Böswilligkeit nur zu gern in den Zensuren den Ausfluss persönlichen Beliebens einzelner Lehrer zu sehen glaubt. Für Betragen, Fleiss und Aufmerksamkeit sind bestimmte Prädikate dienstlich nicht vorgeschrieben, und dies mit Recht; denn mit solchen dienstamtlichen Prädikaten würden die Lehrer zu wenig den individuellen Verhältnissen der Schüler Rechnung tragen können, zumal bei der zutreffenden Beurteilung der Aufmerksamkeit und des Fleisses so viel Umstände in Betracht kommen, dass nur zu leicht ein schiefes Bild sich ergibt. Die Fassung der Urteile erfordert oft neben dem Pulsschlag des Erzieherherzens ein feines Sprachgefühl. In bezug auf die Zensuren für die einzelnen Fächer sind jetzt durch den Staat einheitliche Zensururteile vorgeschrieben: Sehr gut, gut, genügend, mangelhaft, ungenügend. Dass sich auch gegen diese Prädikate mancherlei einwenden lässt, muss zugegeben werden. Denn das Mittelprädikat „genügend" entspricht insofern den Anforderungen nicht völlig, als dieses Wort nach dem Sprachgebrauche ein positives Urteil enthält, während die Praxis eines Wortes für den Stand der Leistungen bedarf, der unter Umständen die Versetzung in Frage stellen könnte. Die Eltern werden immer glauben, ihr Sohn stehe mit der Zensur „genügend" in den wichtigsten Fächern nicht schlecht, während er doch ein mittelmässiger Schüler sein kann. Es ist daher nur ein Notbehelf, wenn an das Zensururteil sich Zahlen wie 3—, 3$\frac{b}{}$ in Klammern angliedern.

Die grössere Unvollkommenheit liegt in der Unmöglichkeit, in verhältnismässig doch wenige Prädikate, zumal da das Prädikat keinen einschränkenden Zusatz enthalten darf, alles das zusammenzufassen, was bei einer summarischen Beurteilung über die Leistungen Rücksicht verdient, und mit den durch die verschiedenen Zensurgrade gegebenen scharfen Abgrenzungen die verfliessenden Grenzen zwischen den Leistungen der einzelnen zu treffen.

Schliesslich muss die Zensur Raum gewähren für die Unterschrift der Eltern oder deren Stellvertreter. Nur ist darauf zu halten, dass die Schule auf den Zensuren selbst alle weiteren Zusätze zur Namensunterschrift, namentlich wenn sie ein Urteil über die Zensuren enthalten, unbedingt ablehnen muss; die Knaben dürfen gar nicht einen Zwiespalt zwischen Haus und Schule für möglich halten.

Abgesehen von dem Vermerk über die Schulversäumnis, unabsichtliche wie absichtliche, finden wir auf vielen Zensuren noch die Nummer der Rangordnung. In den Zeugnissen unserer Anstalt vermissen wir eine Rangordnung. Dass den Schülern die Wahl des Platzes nicht zu überlassen ist, sondern jeder den vom Lehrer ihm angewiesenen Platz einnehmen muss, ist durch den Begriff der Schulordnung geboten. Seit alten Zeiten hat man die Sitzordnung zu einer Rangordnung gemacht. Dass der Rangunterschied der einzelnen Plätze als ein bequemes und zugleich wirksames Mittel, die Schulzucht zu erleichtern und die Unterrichtserfolge zu vermehren, sich bot, ist dieser Anschauung sehr förderlich gewesen. Ausser dieser Förderung, welche Disziplin und Unterricht durch die festgehaltene Rangordnung erfahren können, hat man ihr noch andere wohltätige Wirkungen zugeschrieben. Die Rangordnung soll die künftige Versetzung abspiegeln. Das kann in dreifachem Sinne gemeint sein: für den Lehrer, für die Eltern, für die Schüler. Für den Lehrer ist dies überflüssig; denn er muss seine Schüler kennen und weiss deshalb auch ohne Rangordnung, ob sie das Klassenziel erreichen oder nicht. Die Eltern werden viel besser durch die Zensuren und durch mündliche oder schriftliche Mitteilung benachrichtigt. Denn sie können aus der Rangordnung gar nicht ersehen, bis zu welchem Platze die Versetzung sich erstrecken wird. Dem Schüler kann auf viel klarere Weise die Gefahr vor Augen gehalten werden, die ihm etwa droht; aus der Rangordnung liest er sie gewiss nicht ab. Zudem soll der Schüler nicht lernen, nur um versetzt zu werden, er soll vielmehr lernen aus Interesse am Lernen, er soll versetzt werden, weil er lernt. Das letzte Ziel der Erziehung ist die Bildung eines sittlichen Charakters. Beim Charakter aber kommt es auf die Beschaffenheit des Willens an. Darum ist auch die oberste Aufgabe des Unterrichts die Bildung des Willens. Da aber die Wurzel des Willens das Interesse ist, so ist des Unterrichts nächster Zweck die Bildung des Interesses. Wer also den erziehlichen Zweck nicht nur als ein

Anhängsel an den Unterricht betrachtet, sondern ihn oben anstellt und den Unterricht nur als ein sehr wichtiges Mittel, ihn zu erreichen, ansieht, der wird, eben weil er auch den Unterricht in den Dienst der Erziehung stellt, die Rangordnung, eben weil sie nur etwas Äusseres ist, verwerfen müssen. —

Die Rangordnung völlig gerecht zu gestalten ist äusserst schwierig, wenn nicht unmöglich. Die Schwierigkeit besteht zunächst in der Aufstellung eines richtigen Prinzips, nach dem sie erfolgen soll. — Soll nur nach den Leistungen gesetzt werden oder soll auch Fleiss und Betragen dabei in Frage kommen? Das Betragen zum Massstabe der Rangordnung zu machen, wäre nicht zu billigen, weil die Schule doch nur einen Teil des Wohlverhaltens überschaut und Schüler, die sich in der Schule durch gutes Verhalten auszeichnen, ausserhalb der Schule es oft an gesittetem Betragen fehlen lassen. Kann so das Betragen der Schüler überhaupt nicht zum Massstabe der Rangordnung angenommen werden, so darf es auch nicht neben den Leistungen berücksichtigt werden. — Nach dem Fleisse kann die Rangordnung auch nicht hergestellt werden. Der Grad der Anstrengung, den der Schüler zur Bewältigung einer Aufgabe nötig hat, entzieht sich allgemein der genauen Beurteilung. Ein schwach begabter Schüler, der eine Aufgabe nur mangelhaft gelöst hat, hat oft weit grösseren Fleiss angewandt als ein fähiger zu befriedigender Lösung gebraucht. Ebenso wenig genau lassen sich die sittlichen Beweggründe bestimmen, die den Schüler zum Fleisse getrieben haben. — Nach den Fähigkeiten die Schüler zu setzen ist unmöglich, denn auch der geschickteste Lehrer vermag die Unterschiede nicht genau zu bestimmen. Die Vereinigung der Fähigkeit mit dem Betragen oder des Fleisses mit dem Betragen kann auch nicht zur Lösung der Schwierigkeiten führen; denn niemand kann Fähigkeiten und Fleiss so trennen, dass jedes für sich eine genaue Beurteilung zuliesse. — Wenn aber nur die Leistungen entscheiden sollen, wie will man die einzelnen Disziplinen so sicher abwägen, dass das Resultat ein durchaus gerechtes werde? Ist nicht ein Versuch, etwa durch die Zahl der den einzelnen Fächern zukommenden Punkte das Gewicht derselben festzustellen, eine recht bedenkliche, äusserliche Massregel, die in den Augen der Schüler das Urteil über die Bedeutung der Unterrichtsfächer verschieben muss, die eine völlige und, worauf viel ankommt, auch dem Bewusstsein des Schülers entsprechende Gerechtigkeit nicht verbürgt? — Aber selbst wenn alle diese Bedenken sich beseitigen liessen, so dürfte die Rücksicht auf die Schwachen in der Klasse, die trotz guten Willens und trotz löblichen Fleisses es den Befähigteren nicht gleichtun können, der wichtigste Grund sein, eine Rangordnung nicht aufzustellen. Denn während die trägen und unempfindlichen Naturen durch das Beschämende, was mit dem Sitzen auf den untersten Plätzen sich verbindet, erfahrungsmässig nicht gebessert werden, lastet auf diesen das Bewusstsein, immer unten sitzen zu müssen, als ein fortwährender, lähmender Druck. Das ist aber das wirksamste Mittel, eine schwache Kraft, der es nicht an gutem Willen fehlt, ganz zu erdrücken. Aber pädagogische Weisheit und Liebe gebieten gerade das Gegenteil. Die Liebe soll die in der Schule herrschende Grundstimmung sein. Nicht das, was die Kinder sind, schwebt dem Lehrer und Erzieher vor Augen, sondern das, was sie ankündigen und werden sollen. Die Liebe fordert, dass man den Schwachen möglichst viel Hilfe angedeihen lässt, die Unlenksamen nicht verbittert und aufgibt. Die beste Hilfe ist

Anerkennung der Leistungen auch der Schwachen, wenn sie ihrer Kraft entsprechend das Möglichste getan haben; denn der Wille wächst mit dem Bewusstsein des Könnens. Nie werden wir freilich die Schwachen hineinwiegen wollen in die Täuschung, ihre Leistungen seien genügend; dass dies nicht der Fall ist, können die Schüler auch ohne Rangordnung, ohne Versetzen nach jeder Antwort zur Genüge erfahren. Aber es ist doch ein grosser Unterschied, ob diese schwachen Schüler durch das Urteil ihrer Lehrer über ihre Leistungen und Fortschritte aufgeklärt werden, oder ob das fortwährend zum Ausdruck kommt durch den Platzwechsel oder auf der Zensur durch die Rangordnung. Der grösste Gewinn also, der aus der Aufhebung der Rangordnung in der Schule erwächst, ist die Möglichkeit, die Schwachen in der Klasse, die nicht aus Mangel an Fleiss, sondern aus Mangel an Fähigkeit wenig leisten, richtig zu behandeln, über sie die schützende und sorgende Hand auszubreiten, ihnen die Schule zu einem lieben Aufenthaltsorte zu machen und den rechten Lerneifer zu erwecken.

Wie ein Zeugnis zustande kommt, ist den zunächst Beteiligten meistens ein Geheimnis. Viele Schüler und nicht wenige Eltern meinen, dass der Klassenlehrer, der es übergibt, es allein ausstelle. Dass für eine gewissenhafte Zeugnisgebung eine ganze Reihe vor Vorarbeiten nötig ist, dass die Einzelleistungen eines grösseren Zeitraumes berücksichtigt werden müssen, um die Durchschnittsleistung festzustellen, dass in Konferenzen, an denen sämtliche Lehrer der betreffenden Klasse unter dem Vorsitze des Direktors teilnehmen, oft über ein allgemeines Prädikat lange gesprochen wird, ist vielen Eltern und Schülern fremd. Wie könnten sie sonst das Zeugnis wie ein Lotterielos betrachten und immer fragen: Was wird das Zeugnis wohl bringen? — Die Zensuren werden doppelt ausgefertigt. Ein Exemplar bleibt bei den Anstaltsakten, eines erhält der Schüler von seinem Klassenlehrer ausgehändigt, und zwar in einem Zensurbuche. Ein solches Zensurbuch bietet die Gelegenheit, die Entwicklung eines Schülers im Ganzen oder in einzelnen Fächern, auch in bezug auf sein sittliches Betragen die Schuljahre hindurch zu verfolgen. Aus dieser Zusammenstellung kann man je nach den individuellen Gaben Perioden des Steigens und des Fallens, Perioden eines allmählichen Erlahmens der geistigen Kraft und wieder des Aufschwunges derselben beobachten und nach den Gründen spüren. Der Klassenlehrer wird infolge dieser Übersicht seinen ganzen Einfluss aufbieten, um die Schüler zu rechtzeitiger Ausfüllung alter Lücken, die Eltern zu rechtzeitiger Fühlung mit der Schule zu gewinnen.

Zensuren werden bei uns nach altem Brauche vierteljährlich ausgefertigt. Als Vierteljahrestermin gelten Johannis, Michaelis, Weihnachten, Ostern. Solange die Frage über die zweckmässigste Lage des Schuljahranfangs mit Rücksicht auf die Zeit des Osterfestes noch nicht endgültig entschieden ist, solange also über die zweckmässigste Lage der Sommerferien keine abschliessende Entscheidung gefällt werden kann, kann eine Verteilung der Zensuren zu Johannis oder zu Michaelis wohl auf Bedenken stossen, zumal die wenigen Wochen nach den Sommerferien bis Michaelis erfahrungsmässig die am wenigsten erquicklichsten im Schuljahre sind. Auf die Weihnachtszensur wird wohl niemand gern verzichten wollen, der die Freuden des Weihnachtsfestes im engsten sittlichen Zusammenhange mit der Pflichterfüllung in der Schule erhalten wissen will. —

In der Erteilung der Zeugnisse kommt vor allem die Gerechtigkeitsliebe des Lehrers zum Ausdruck, nicht die objektive, richterliche Gerechtigkeit, sondern die subjektive, pädagogische, die alle Verhältnisse in Betracht zieht, alle Gründe zu erforschen strebt und vor allem weniger der Schule als dem Kinde gerecht zu werden sucht. Es ist eine schwierige Sache, mit einem Worte, mit einer Zahl gar, über monatelanges Arbeiten, über eifriges Streben und Wollen zu urteilen. Aber diese Aufgabe wird noch erschwert, wenn ausser den massgebenden Faktoren, dem Kinde und seinen Leistungen, auch noch ein dritter Faktor in Betracht gezogen wird: die Eltern; wenn hinter dem Lehrer, der die Zeugnisse gibt, unsichtbar der Vater oder die Mutter steht. Die Zeugnisse müssen vielmehr aus dem gesamten Leben der Schule wie eine selbstverständliche Frucht herauswachsen. In seinem ganzen Verhalten zum Schüler gibt sich die Gerechtigkeit des Lehrers kund, in der Art und Weise, wie der Lehrer die Schulordnung und Schulzucht dem Kinde gegenüber anwendet. Der Lehrer wird bei der Beurteilung seine Schüler ihrer Eigenart nach gründlich kennen zu lernen suchen, er wird Mittel und Wege finden, den äusseren und inneren Gründen ihres Vor- und Rückwärtsschreitens nachzugehen, er wird schliesslich die Zensuren nicht nach einzelnen Aufzeichnungen im Notizbuch oder nach einzelnen Leistungen, besonders nach einzelnen Extemporalien, erteilen, sondern stets den Blick auf das grosse Ganze der Entwicklung des Schülers zu richten wissen. Das Extemporalienwesen hat zeitweise wie ein Alp auf der Seele der Schüler und auf dem Elternhause gelastet; es war einer der hauptsächlichsten Gründe für die angeblich objektive, in Wirklichkeit subjektive Überbürdung der Schüler. Geist und Wortlaut der neuen Lehrordnungen weisen deutlich genug das Extemporalienwesen in die gebührenden Schranken. Es ist unmöglich, dass die Extemporalien, wie viele Eltern noch meinen zu müssen glauben, den entscheidenden Einfluss auf die Zensuren ausüben, wenn sie im Sinne unserer gegenwärtigen Lehrordnung lediglich als Übungsarbeiten unter der Anleitung des Lehrers aufgefasst werden. Der Lehrer wird vielmehr für die Zensur das Gesamtbild von dem Anteil des Schülers an allen Teilen des Unterrichtsfaches entscheidend zur Geltung bringen. Lehrer sein ist kein Handwerk, das nur im Aufgeben und Abhören besteht, es ist eine Kunst, eine schwere Kunst. Und die Gesetze dieser Kunst zu wissen, macht noch lange keine Künstler. Sehr feinsinnig sagt Otto Ernst in seiner Novellensammlung „Aus verborgenen Tiefen": „Es ist ein schwacher Vergleich, von Samenkörnern des Wissens zu sprechen, die wir ausstreuen; die Körner, die wir säen, müssen schon mit allen Wurzeln, mit der logischen Pfahlwurzel, mit den feinen psychischen Fasern versehen sein, damit sie in dem neuen Boden sogleich festen Fuss fassen. Das ist die schwere Kunst des Pflanzens, die der Lehrer nie auslernt zu begreifen."

Doch trotz aller Liebe und Mühe und Aufopferung, trotz alles Könnens und Wissens wird der Lehrer seine Aufgabe nur dann gut erfüllen können, wenn ihm das Haus als treuer Helfer zur Seite steht. Es ist dies so selbstverständlich, so natürlich, dass wir es eigentlich gar nicht zu erwähnen brauchten. Aber wenn auch vielleicht am Anfange eines Schuljahres ein Interesse für die Schule von seiten der Eltern vorhanden sein mag, bald erlahmt es und scheint schliesslich nach einigen Wochen ganz verloren zu sein. Freilich, wenn das Zeugnis am

Quartalsende in Sicht ist, oder wenn gar die Zeit der Versetzung naht, dann hebt sich das Interesse wieder. Und doch vermissen wir oft auch auf unseren Elternabenden gerade die Eltern, die man wegen ihrer Söhne um Aufklärung befragen möchte. —

Im Dezember wird in der Konferenz festgestellt, für welche Schüler die drei Monate später zu erfolgende Versetzung bedroht erscheint, das Resultat wird den Eltern auf der Zensur mitgeteilt. In vielen Fällen merken wir nicht die geringste Wirkung. Manche Eltern jedoch nehmen die Sache ernster, sie beraten sich mit dem Direktor oder dem Klassenlehrer und erbitten sich Anweisung, wie im Hause am besten geholfen werden kann. In manchen Fällen gelingt es, den Schüler wieder in seiner Klassenstellung zu befestigen, aber immer nur dann, wenn ihm im Hause eine schärfere Aufsicht zu teil wird, wenn übermässige Spiellust, Lesewut oder noch schlimmere Dinge eingeschränkt oder beseitigt werden. Unter allen Umständen ist für die rechtzeitige, wiederholende, ergänzende, selbsttätig mit- und nachhelfende Arbeit des Schülers der Rat und die Hilfe der Schule zu erbitten. Und wo die rechte Vertrauensstellung zwischen Schule und Haus besteht, wird es nicht an fördernder Unterstützung und Leitung fehlen. Die Väter erbieten sich in den meisten Fällen sofort, dem Sohne Privatunterricht erteilen zu lassen. Es ist nicht selten schwer, sie zu überzeugen, dass durch dieses Mittel nichts erreicht wird. Einmal gebietet die Rücksicht auf den Geldbeutel der Eltern wie auf die Ehre und die Achtung vor der eigenen Lehrerarbeit den Nachhilfestunden entgegenzuarbeiten; sodann, ist der Schüler meistens in einer Reihe von Fächern zurück, wollte man ihm neben dem Schulunterrichte in jedem derselben Privatstunden geben lassen, so würde eine solche Überbürdung eintreten, dass das angestrengte Kind weder ein noch aus weiss, und schliesslich ist doch alle Überanstrengung umsonst gewesen. — Schwache Anlagen können nur durch Fleiss ausgeglichen werden, dieser erfordert aber ein gewisses Mass von Willenskraft. Wo sie nicht ausreichend vorhanden ist, da muss sie zielbewusst gestärkt werden. Am erfolgreichsten gelingt dies durch Aufmunterung, durch Anerkennung aller Leistungen, die mit Aufwand von Mühe fertiggebracht sind. In der Schule hat dies grosse Schwierigkeiten, weil eine ungleiche Beurteilung bei den Schülern leicht den Verdacht der Parteilichkeit erzeugt; desto besser kann es im Hause geschehen, und hier darf es deshalb nicht versäumt werden. Empfohlen kann daher nur werden eine sachverständige und sachgemässe Beaufsichtigung bei Anfertigung der Schularbeiten. Solchen Namen verdient nicht die Aufsicht eines beliebigen Lehrers, der unserem Schulorganismus ganz fernsteht, noch viel weniger die Aufsicht etwa eines Schülers der oberen Klassen. Eine sachverständige Aufsicht kann nur von einem Lehrer geführt werden, der aus fleissigem Verkehr mit den Fachlehrern seines Zöglings unterrichtet bleibt, wo in den Lehrstunden und Übungen sich die Schwächen zeigen, wie eine Aufgabe erklärt ist und gelöst werden soll. Nur durch solchen persönlichen Verkehr können andererseits die Beobachtungen des Arbeitslehrers dem Fachlehrer zur Kenntnis gebracht werden, der sie dann zum Wohle des Schülers verwertet. Von besonderer Wichtigkeit bleibt, dass dem Schüler nicht mehr Hilfe in der Arbeitsstunde gegeben wird, als zur Lösung der Aufgabe unerlässlich ist. Man darf nicht vergessen, dass die Unaufmerksamkeit in der

Schule eine Hauptursache der Misserfolge ist. Wenn nun ein Schüler mit diesem Fehler behaftet ist und er weiss, dass ihm zu Hause jede erwünschte Hilfeleistung zu Gebote steht, so geht ihm ein Zwang zur Aufmerksamkeit verloren, und das ist ausserordentlich bedenklich. Grundsätzlich muss die Schule ihre Schüler zu selbsttätiger Arbeit, auch in Bezug auf die häusliche Wiederholung und befestigende Übung der jetzigen oder der früheren Pensen anhalten.

Individuelles Leben muss in der Schule herrschen. Deshalb kann nicht genug einem möglichst breiten und tiefen Wirkungskreise des Klassenlehrers das Wort geredet werden. Er wird vor der Zensurerteilung mit den Fachlehrern sich in Verbindung setzen und alle individuellen Verhältnisse des Schülers eingehend würdigen. Stellen sich diese Besprechungen auf eine psychologische und ethische Grundlage, so wird der Gesamterfolg eine Einheitlichkeit im Urteil der Lehrer über die einzelnen Schüler sein. Der Klassenlehrer schlägt daher nach Rücksprache mit den Lehrern seiner Klasse die Urteile über Betragen, Aufmerksamkeit und Fleiss vor. Alle diese Vorschläge werden dem Anstaltsleiter so rechtzeitig vor der Zensurkonferenz vorgelegt, dass er alles prüfen, vergleichen, etwaige Abänderungen vorbereiten, nötigenfalls auch noch durch persönliche Rücksprache mit den beteiligten Lehrern in die Wege leiten kann. In der Zensurkonferenz selbst wird eine Bemerkung, die etwa noch zur Zensur erwünscht ist und auf die individuellen Verhältnisse des Schülers eingehen soll, dem Wortlaut nach festgestellt, namentlich geschieht dies in Fällen, wo die Aussichten auf die Versetzung fraglich sind.

Endlich kommt die gefürchtete Stunde, die Zeugnisverteilung! Nach der Schlussandacht gehen die Schüler mit geheimem Bangen und Hoffen in ihre Klasse. So weit das Gedächtnis reicht, werden alle Aussichten noch einmal erwogen. Immer banger schlägt das pochende Herz, bis der Klassenlehrer erscheint. Ehe er das verhängnisvolle, freud- oder leidbringende Zeugnis dem Schüler aushändigt, wird er die rechte Form finden, um hier der Anerkennung, dort dem ernsten Tadel, hier der Ermunterung oder dem Ansporn, dort vorschauender Warnung Ausdruck zu geben, der zu Herzen gehen muss, wenn er von Herzen kommt. Bei der Austeilung der Zensuren kann man Charakterstudien machen und sehen, wie der Ehrgeizige, der Gleichgültige, Verbissene, Unzufriedene, Selbstbewusste sein Zeugnisbuch in Empfang nimmt. So ein Zeugnis ist wie ein Barometer, das beständiges Wetter oder Sonnenschein oder gar Sturm ankündigt. Dass jedoch das Barometer selbst das Wetter nicht macht, will vielen gar nicht einleuchten.

Nach den Ferien haben die Schüler die Zensuren, mit der Unterschrift des Vaters oder Vormundes versehen, ihrem Klassenlehrer vorzulegen. Es ist Sache der Eltern, nicht der Schule, sich die Zensuren rechtzeitig, d. h. sogleich nach der Rückkehr ins Elternhaus vorlegen zu lassen. Manche Eltern bekommen das Zeugnis erst zu sehen, wenn die Not, es unterschreiben zu lassen, am Morgen des Schulbeginns drängt. Dem Vater wird sie oft erst in einem Augenblicke vorgelegt, wo er gerade dienstlich alle Hände voll zu tun hat. Manche Eltern wünschen, dass die Zensur erst nach der Weihnachtsbescherung ans Tageslicht kommt. Manche bekümmern sich überhaupt nicht darum; sonst könnte es nicht vorkommen, dass Unterschriften gefälscht werden. Aber selbst gute Zeugnisse werden oft von den Eltern mit einer Gleichgültigkeit betrachtet, die das Herz des Kindes tief schmerzen muss. — Nicht alle Eltern verstehen ein Zeugnis zu lesen oder zur rechten Zeit zu lesen. Sonst könnten die Zeugnisse ihnen nicht so viele unangenehme Überraschungen, so viele Enttäuschungen bereiten.

Wie soll man Zeugnisse lesen? — Man sieht in erster Linie nach dem, was oben an in der Zensur bezeugt wird: Betragen, Aufmerksamkeit, Fleiss, und dann zieht man daraus Schlüsse. Sind diese Zeugnisse gut, so hat das Kind zweifelsohne seine Pflicht getan und verdient Anerkennung, selbst wenn die Leistungen schlecht sind. Mögen sich dann die Eltern sagen: unser Kind hat guten, ehrlichen Willen gezeigt, aber es fällt ihm schwer.

„Wir können die Kinder nach unserem Sinne nicht formen;
So wie Gott sie uns gab, so muss man sie haben und lieben,
Sie erziehen aufs beste und jeglichen lassen gewähren.
Denn der eine hat die, die anderen andere Gaben;
Jeder braucht sie, und jeder ist doch nur auf eigene Weise
Gut und glücklich." —

Hat der Schüler mit Lust und Liebe und mit Erfolg gearbeitet, seinen Kräften entsprechend das Pensum gelöst, hat er auch in seinem Betragen seine Schuldigkeit getan, und zwar nicht bloss, um dafür Lob einzuernten, dann gebührt ihm besondere Anerkennung von seiten der Eltern. Diese Anerkennung, diese Ergänzung dessen, was er selbst fühlt und zu fühlen berechtigt ist, ist ihm so notwendig, dass er sich in seinem Innern tief verletzt fühlt, wenn sie ihm nicht wird. Wie wollte man sich die sonst unerklärliche Tatsache erklären, dass Jünglinge mit sehr regem und freilich krankhaft gesteigertem Ehrgefühl sich das Leben genommen haben, weil ihnen solche Anerkennung versagt wurde, wenn sie nicht gewissermassen psychologisch in der Weise ihnen ein Bedürfnis war, dass ihnen ohne dieselbe das Leben keinen Wert hatte? Es wäre geradezu eine Grausamkeit von dem Vater, wenn er seine Anerkennung ganz versagte. An den Leistungen des Kindes nur das Ungenügende und Fehlerhafte hervorzukehren, das macht mutlos und ist nicht geeignet, in dem Kinde das Vertrauen zu sich zu erwecken, dessen es zu seiner Arbeit so sehr bedarf. Sind die Zeugnisse in Betragen, Aufmerksamkeit und Fleiss nicht den Wünschen entsprechend oder gar schlecht und die Leistungen doch noch genügend, dann ist ein ernstes Wort angebracht, dann heisst es auf der Hut sein, die Zügel streng fassen. Die Zensuren in Betragen, Aufmerksamkeit, Fleiss und Leistungen, nur diese zusammengehalten, können ein klares Bild von dem Schüler geben. Deshalb ist es die erste Pflicht für die Eltern, zwischen diesen Zensuren zu vergleichen, aber nicht erst bei der Weihnachtszensur, wenn es oft schon zu spät ist, wenn das Versäumte nicht mehr eingeholt werden kann.

Die Versetzung der Schüler in die nächst höhere Klasse ist der natürlich gegebene Abschluss der gesamten Unterrichts- und Erziehungsarbeit der einzelnen Klassen während des ganzen Schuljahres. Ich betone „des ganzen Schuljahres", weil viele Schüler die Neigung haben während des ersten Teiles des Schuljahres sich merklich gehen zu lassen und kurz vor der Versetzung sich erst zusammenraffen und mit allem Nachdruck für diese arbeiten. Einmal ist solche Art der Arbeit sittlich zu verwerfen, sodann ist sie auch wissenschaftlich wertlos. Eine treue Arbeit während des ganzen Jahres ist die beste Bürgschaft für die Versetzung. Wird nicht auf blossen Schein gearbeitet, wird nicht lediglich für die Zwecke der Versetzung und der Versetzungsprüfung mit besonderem Nachdrucke „eingepaukt", beruht also der ganze Unterricht vielmehr auf Wahrheit und ehrlicher Arbeit, so werden die Versetzung als reife Frucht diejenigen ernten, die nach Fleiss und Fortschritt ein Anrecht darauf haben. Steht das Elternhaus während des ganzen Jahres in beständiger Fühlung mit der Schule, so müssen unliebsame Überraschungen für die Schüler und deren Eltern als ausgeschlossen gelten.

Es ist durch unsere gesamten Schulordnungen dafür gesorgt, dass die Versetzungen der Abschluss der Arbeit innerhalb der für die Arbeit in jeder Klasse festgestellten Zeit sind. Da die Pensen der Klassen Jahrespensen sind, so kann die Versetzung auch nur nach Ablauf des Jahres erfolgen. Dem Versuche mancher Schüler und ihrer Eltern, auf Umwegen und durch Zeitersparnisse zum Ziele zu gelangen, ist längst ein Riegel vorgeschoben, ganz abgesehen davon, dass die Versuche künstlicher Zeitersparnis sich oft als Mittel für das gerade Gegenteil herausstellen. Auch darauf möchte ich hinweisen, dass die Beschlüsse der einen Schule in bezug auf die Versetzung für alle Schulen des Staates gültig sind. Nachträgliche Versetzungen sind nicht zulässig. —

Vielfach herrschen bei den Eltern unklare, sonderbare, ja verkehrte Vorstellungen über die Art, wie die Versetzungen zu stande kommen. Die Unterlagen für die Versetzungen bilden die im Laufe des ganzen Schuljahres abgegebenen Urteile und Zeugnisse der Lehrer, insbesondere aber das Zeugnis am Schlusse des Schuljahres. Diese Unterlagen werden in der Regel noch durch mündliche Befragungen vervollständigt. Solche Befragungen, auch Versetzungsprüfungen genannt, lässt der Direktor in Gegenwart des Fachlehrers der nächsten Klasse vom Fachlehrer der Klasse stattfinden. Zweckmässig ist es, wenn auch der Klassenlehrer allen Prüfungen in seiner Klasse beiwohnt, jedenfalls zuvor mit ihm und den übrigen Lehrern der Klasse Rücksprache genommen ist. Solche Prüfungen sind eine heilsame Einrichtung für alle, die an der Versetzung beteiligt sind. Für die Eltern und Schüler haben sie den Zweck, damit sie zu der unbedingten Gerechtigkeit der Schule volles Zutrauen haben, für die Schüler, damit sie Sicherheit und Geistesgegenwart beweisen lernen, für die Lehrer, damit nicht etwa nur ein Exemporale oder einzelne Zensuren im Notizbuche auf die Versetzung einen entscheidenden Einfluss auszuüben scheinen. Dem Leiter der Anstalt muss Gelegenheit geboten werden, ein sicheres Urteil über die geistige Reife, über die Sicherheit des Wissens und Könnens und über den inneren Zusammenhang in dem Wissen der Schüler zu gewinnen. —

Nunmehr erfolgt die Beratung über die Versetzung der Schüler. Die Lehrer treten klassenweise unter dem Vorsitz des Direktors zusammen. Dieser Beratung liegen nach der vorherigen Rücksprache und nach den Verhandlungen mit den Fachlehrern die Vorschläge des Klassenlehrers zu Grunde, welche Schüler zu versetzen sind, welche zurückzuhalten sind. Die übrigen Lehrer der Klasse geben ihr Urteil nach Erörterung aller in Frage kommender Verhältnisse nicht vom Standpunkte der einzelnen Fächer ab, sondern für ihr Urteil muss immer die Gesamtheit der Unterlagen massgebend sein. Der Schlüssel der Entscheidung liegt neben der Feststellung des zum erfolgreichen Besuche der folgenden Klasse erlangten erforderlichen Wissens und Könnens in der Kunst des Individualisierens, die sich freilich nicht in eine Systematik bringen lässt.

Sind die Lücken zu gross, dann muss der Schüler bei der Versetzung zurückbleiben, und zwar je eher, desto besser. Wir verkennen keineswegs die Unannehmlichkeiten, welche mit einer Verlängerung der Schulzeit verbunden sind, aber es ist in vielen Fällen doch das einzige Mittel, um schliesslich noch das gesteckte Ziel zu erreichen. — Während Versetzungen Grausamkeiten sein können, die sich schwer rächen werden, so kann das Zurückbleiben für gewisse Schüler zum Verderben gereichen; denn war der Schüler im ersten Jahre träge, wird er es im zweiten Jahre noch mehr, da er ja bei geringer Anstrengung das Ziel doch erreichen kann. Gerüstet sein muss der Lehrer vor allem gegenüber den vielfachen Vorstellungen, Wünschen und Bitten der Eltern. Wer einer Schule das Vertrauen schenkt, dass er ihr sein Kind anvertraut, muss auch das Vertrauen zeigen, dass er sich den Anordnungen und Massnahmen der Schule fügt, selbst wenn er einmal nicht ganz von ihrer Richtigkeit überzeugt sein sollte. Eines sollte aber bei allen Eltern immer feststehen: die Schule will das Beste des Kindes. —

Zum Schluss sei mir gestattet, kurz darauf hinzuweisen, dass oft die Rollen gewechselt werden. Nicht die Lehrer allein, auch die Schüler erlauben sich Zeugnisse zu geben über ihre Lehrer. Wie manches leichtfertige Wort über Person und Sache muss oft die Schule über sich ergehen lassen, wie manche Kritik von Gebot und Verbot wird oft in knabenhaftem Unverstande geübt, wie mancher Vorgang in verzerrter Weise, nur um ihn lächerlich zu machen, dargestellt! Und nur zu oft glauben die liebevollen Eltern dem armen Jungen. Wird von den Zuhörern immer widersprochen oder auch nur dem „audiatur et altera pars" ein Recht eingeräumt? Aber man wolle nie vergessen, dass dem Kinde die Reife fehlt, das Tun des Lehrers zu beurteilen, dass das Kind Partei ist. Und neben der mangelnden Urteilskraft besitzt das Kind noch ein Übermass an Phantasie, das es zu falschen Schlüssen und Zeugnissen verleitet, zu unwahren Berichten und Behauptungen verführt. Wäre es da nicht vielmehr die Pflicht des Hauses, durch seine Autorität auch die Schule zu schützen? Gegenseitige Achtung ist die Grundforderung der gemeinsamen Erziehung.

Doch nicht nur über den Lehrer, auch über das Haus gibt das Kind ein Zeugnis. Gewiss nicht immer ein richtiges, aber oft sagen uns die Kinder, in welchem Hause eine gute oder nachlässige Erziehung herrscht, wo wir mit Gleichgültigkeit oder Vorurteil zu kämpfen, wo wir Hilfe und Unterstützung zu erwarten haben.

Auch die Eltern geben Zeugnisse, Zeugnisse über ihr Kind, Zeugnisse über die Lehrer. Es besteht nicht das rechte Verhältnis, wenn Schule und Haus sich fremd und kalt gegenüberstehen, wenn zwischen beiden eine Missstimmung oder gar eine feindliche Stellung Platz greift, wenn bei entstandenen Missverständnissen gegenseitiger Tadel heimlich und öffentlich ausgesprochen wird. Aber weit schwerer ist zu beklagen, wenn geringschätzige Äusserungen über die

Lehrer und ihren Beruf, stete Entschuldigungen über die offenbaren Fehler und
Unarten der Kinder, ungerechte Parteinahme bei nötig werdenden Bestrafungen
des Zöglings gar in Gegenwart der Kinder selbst laut werden; denn dadurch
wird der Schule die gebührende Achtung entzogen. Wie die Lehrer einer und
derselben Anstalt in der Übermittelung der Kenntnisse an ihre Schüler einander
in die Hand arbeiten, wie sie über die Prinzipien der Erziehung untereinander
einig sein müssen, wenn die Arbeit an ihren Schülern gedeihlich wirken soll, so
ist auch zwischen den Lehrern, die an der Schule erzieblich wirken, und
den Eltern, welche ihre Kinder der Schule anvertrauen, eine gleiche Übereinstimmung erforderlich. Schule und Haus müssen sich eins fühlen in der Arbeit
an der verantwortungsvollen Aufgabe. Denn nur ein getreuliches Zusammenwirken von Schule und Haus verbürgt glücklichen Erfolg, verbürgt die Erreichung
des hohen Zieles, verbürgt die Vollbringung der schweren Arbeit, von der der
Dichter singt:

> „Kinder sind Rätsel von Gott und schwerer als alle zu lösen,
> Aber die Liebe vollbringt's, wenn sie sich selber bezwingt."

II.

Der Verein für wissenschaftliche Pädagogik.

Wer um einige Jahrzehnte in der Entwicklung der Pädagogik zurückblickt,
wird sagen müssen, dass die Herbartische Pädagogik sich selbst fortgesetzt weiter
entwickelt, an Bestimmtheit, Umfang und Verbreitung zugenommen, dass sie
ferner auch über den Kreis der Anhänger im engeren Sinne hinaus das Ansehen
der Pädagogik gehoben, ganze Gebiete, insbesondere der Unterrichtsmethodik,
umgestaltet und die Praxis allenthalben beeinflusst hat.

Für dieses Wachstum sind neben der inneren Kraft der grundlegenden wie
der abgeleiteten Lehren selbst verschiedene äussere Ursachen massgebend gewesen.

Einzelne Männer — wir nennen von älteren besonders Mager, Scheibert,
Kühner, Dörpfeld, Stoy, Ziller, Strümpell, Lindner — wirkten als
Einzelne an Universitäten, Seminaren, an höheren und niederen Erziehungs-
schulen, in behördlichen Stellungen und in der Literatur.

Wo Personen, die wirken oder auf sich wirken lassen wollten, nahe beisammen wohnten, bildeten sich Ortsvereine. Der Verein für wissenschaftliche Pädagogik war bei seiner Gründung (1868) hauptsächlich eine Zusammenfassung des von Prof. Ziller geleiteten Leipziger und des von Hauptlehrer
Senff († 1870) geleiteten Berliner Pädagog. Vereins. In dem Verzeichnis der
ersten 98 Mitglieder (Jahrbuch I, S. 238 f.) stellen daher Berlin und Leipzig das
grösste Kontingent, nächstdem Wien, Buckau, Heidelberg (Stoy) u. s. w. Nunmehr
wirkte der Verein durch seine Mitglieder wie durch seine Satzungen auf die
Bildung neuer Ortsvereine hin, deren Mitglieder aber nach § 28 der Satzungen
„nicht unbedingt dem Hauptvereine anzugehören brauchen". — Die hierdurch bewirkte Erstarkung und Ausbreitung der Herbartischen Richtung ermöglichte

endlich, wo hervorragende Personen in ihrem Kreise besonders tätig waren, die Gründung von Landschaftsverbänden mit ähnlich freier Organisation.

Diese freie Organisation ist jedenfalls auch die richtige und einzig durchführbare für Bestrebungen, welche äussere Vorteile irgend welcher Art nicht bezwecken und nicht bieten können. Aber da es gilt, pädagogische und philosophische Erkenntnis nicht nur zu bewahren und zu vermehren, sondern auch zu verbreiten und in möglichst weitem Umfang zu erproben und anzuwenden, so ist es doch der guten Sache förderlich, wenn Gäste unserer Versammlungen oder überhaupt Personen, die an unserer Arbeit hinreichendes Interesse gewonnen haben, zu einem Ortsvereine, zu dem Landschaftsverbande, endlich auch zu dem Verein für wissenschaftliche Pädagogik in ein festes, dauerndes Verhältnis treten. Über den letzteren insbesondere wird man sagen müssen, dass er die Arbeit der Orts- und Landschaftsvereine teils angeregt, teils aufgenommen und fortgesetzt hat und eine Hauptbedingung der Fortbildung der Pädagogik als Wissenschaft und als Kunst, nämlich die Zusammenfassung aller pädagogischen Stände, am treuesten zum Ausdruck bringt. Die Zusammenfassung der Kräfte und die immer wiederkehrende Gelegenheit zur Verständigung über auseinandergehende Meinungen halten wir in einer Zeit, in der die verschiedensten Strömungen sich Geltung zu verschaffen suchen, für ganz besonders nötig und wertvoll.

Wir glauben daher jeden Freund der Herbartischen Pädagogik, mögen seine Überzeugungen im Einzelnen gerichtet sein, wie sie immer wollen, einladen zu dürfen, dem Verein für wissenschaftliche Pädagogik als Mitglied beizutreten, ausserdem aber bei sich darbietender Gelegenheit, insbesondere bei pädagogischen Versammlungen, in gleichem Sinne auf andere zu wirken. Zu kurzer Orientierung kann folgendes dienen:

Zweck des Vereins ist die Förderung der Theorie der wissenschaftlichen Pädagogik und ihre Verbreitung durch Lehre und Schrift. Auch die philosophischen Voraussetzungen derselben sollen, soweit sie nicht mit Sicherheit dargeboten zu sein scheinen, in den Kreis der Betrachtungen gezogen werden. Daneben sollen durch populäre Schriften, durch Darbietung von Geldmitteln oder auf andere geeignete Weise auch solche Bestrebungen gefördert werden, welche geeignet sind, die Resultate der Forschung in die Praxis überzuführen.

Um hierbei einen gemeinsamen Boden zu haben, betrachten die Mitglieder die Lehren der Herbartischen Pädagogik und Philosophie als allgemeinen Beziehungspunkt für ihre Untersuchungen und Überlegungen, sei es nun, dass die betreffenden Lehren anerkannt, ausgebaut und weitergeführt, sei es, dass sie bekämpft, widerlegt und ersetzt werden, sei es, dass überhaupt dazu in Beziehung Stehendes dargeboten wird; nur ist stets auf eine Annäherung an eine grössere Einheit unter den Ansichten der Mitglieder hinzuwirken.

Als Mittel zur Erreichung des Vereinszweckes dienen: 1. das Jahrbuch, welches alljährlich vor Ostern erscheint; 2. die Jahresversammlung (zu Pfingsten), auf welcher über die Aufsätze des Jahrbuches verhandelt wird; 3. die Erläuterungen zum Jahrbuche, welche den vom Vorsitzenden redigierten und gegebenenfalls erweiterten Bericht über die Pfingstversammlung enthalten.

Die Mitgliedschaft erwirbt man durch Anmeldung (beim Kassierer, z. Z. Lehrer K. Teupser in Leipzig, Münsterstrasse 6, oder bei der Verlagshandlung Bleyl & Kaemmerer in Dresden) und Zahlung von 1 Mk. Eintrittsgeld. Für den Jahresbeitrag von 4 Mk. erhält man alle während der Mitgliedschaft erscheinenden Vereinsschriften. Auch Kollegien, Vereine, Bibliotheken u. s. w. können die Mitgliedschaft für ein oder auch für mehrere Jahrbücher erwerben.

Im Buchhandel kostet das Jahrbuch 5 Mk., ein Jahrgang der Erläuterungen 1 Mk.

Inhaltsverzeichnis von Jahrgang XX—XXXVI (1888—1904).

Inhalt des XX. Jahrganges. 1888.

XXI. Jahrgang. 1889.

XXII. Jahrgang. 1890.

XXIII. Jahrgang. 1891.

XXIV. Jahrgang. 1892.

XXV. Jahrgang. 1893.

Derselbe, Der Jesuitenorden in der Schulkirchengeschichte. — Dr. Max Schilling, Friedrichs des Grossen Friedenstätigkeit. Unterrichtsbeispiel für Quellenbenutzung. — Prof. Friedrich, Lessings Philotas. — Dr. Göpfert, Zusätze zur vorstehenden Abhandlung. — Kuhn, Zum Geschichtsunterricht. — Hausmann, Enthaltensein oder Messen?

XXVI. Jahrgang. 1894.

Löwe, Die Stellung des Gesangunterrichts zur Ästhetik und Kulturgeschichte. — Dr. Rein, Die künstlerische Erziehung der deutschen Jugend. — Dr. Thrändorf, Die Neuzeit in der Schulkirchengeschichte. — Dr. Capesius, Zu Dr. K. Langes Ausführungen über das kulturgeschichtliche Prinzip beim Unterricht. — Mehl, Pflege und Erziehung der Verwaisten. — Dr. Just, Der Wechsel der Stimmung im Gemütsleben des Kindes. — Dr. Capesius, Ein Lehrgang aus Chemie auf geschichtlicher Basis. — Dir. Dr. Barth, Die Gliederung der Grossstädte. — Dr. Bergemann, Ein neues System der Pädagogik. — Prof. Dr. Vogt, Oskar Lorenz über den Geschichtsunterricht.

XXVII. Jahrgang. 1895.

Prof. Otto, Die Beziehungen der Religion zum Nationalgefühl bei den alten Israeliten. — Prof. Dr. Vogt, Der analytische und synthetische Unterricht. — Dr. Wilk, Die Unterrichtskunst Galileis. — Dr. Göpfert, Über den Zweck des Geschichtsunterrichts. — Zillig, Zur Frage des Lehrplanes in der Volksschule. — Prof. Thrändorf, Die Reformationszeit in der Schulkirchengeschichte. — Prof. Dr. Menge, Verbindung von Lektüre und Grammatik. — Dr. Göpfert, Präparationen zur deutschen Geschichte.

XXVIII. Jahrgang. 1896.

Dr. Thrändorf, Die Reformationszeit in der Schulkirchengeschichte. — Zillig, Zur Frage des Lehrplanes in der Volksschule (Fortsetzung). — Fack, Über den neuen Würzburger Lehrplan. — Dr. Wilk, Das Quadrieren und das Quadratwurzelziehen. — Dr. Beyer, Die Lehrwerkstätte. — Herbarts Schemata zu Vorlesungen über Pädagogik in Göttingen. Herausgegeben von Rud. Hartstein. — Katzer, Der christliche Religionsunterricht ohne das alte Testament.

XXIX. Jahrgang. 1897.

Prof. Dr. Vogt, Pädagogische Vorbildung der Kandidaten für das höhere Schulamt. — Dr. Wilk, Über die dritte formale Stufe, die Assoziation. — Hemprich, Die Mission in der Erziehungsschule. — Jetter, Schwäbische Sagen im Lehrplan der Erziehungsschule. — Dr. Thrändorf, Schleiermacher in der Schulkirchengeschichte. — Zeissig, Formenkunde als Fach.

XXX. Jahrgang. 1898.

Dr. Thrändorf, Die Behandlung der sozialen Frage in Prima. — Dr. Meltzer, Grundlagen für die Umgestaltung des alttestamentlichen Religionsunterrichts. — Hartstein, Inedita Herbartiana (aus der Königsberger Zeit). — Dr. Wilk, Die Kulturstufen der Geometrie. — Dr. Just, Die psychische Entwicklung des Kindes (nach Wundt). — Prof. Dr. Vogt, Zur Frage der pädagogischen Ausbildung der Kandidaten für das höhere Schulamt.

XXXI. Jahrgang. 1899.

Flügel, Über voluntaristische und intellektualistische Psychologie. — Franke, Die religiöse Seite der Gesamtentwicklung. — Hopf, Versuch einer Würdigung der Geometrie der Lage in ihrer Bedeutung für den Jugendunterricht. — Jetter, Nachtrag zu den thüringischen und schwäbischen Sagen. — Prof. Bolls, Die formalen Stufen in der altklassischen Lektüre des österreichischen Gymnasiums. — Teupser, Der pädagogische Wert der Rechenaufgaben. — Dr. Schmidkunz, Vergangenheit und Gegenwart der Hochschulpädagogik. — Prof. Dr. Vogt, Friedrich August Wolf als Pädagoge. — Prof. Willmann, Über Sozialpädagogik.

XXXII. Jahrgang. 1900.

Franke, Die analogen und ursächlichen Beziehungen zwischen der Gesamt- und Einzelentwickelung in religiöser Hinsicht. — Haase, Bemerkungen über den mineralkundlichen Unterricht in der Erziehungsschule. — Hopf, Zwei Unterrichtsbeispiele aus dem Gebiete der neueren Geometrie. — Zeissig, Zillers Ansichten übers Zeichnen in authentischer Darstellung. — Prof. Otto, Die Wunder Jesu in der Schule. — Itschner, Lay's Rechtschreibe-Reform. — Prof. Falbrecht, Horaz im erziehenden Unterrichte. — Prof. Dr. Vogt, Zur Behandlung sozialer Fragen im Geschichtsunterricht.

XXXIII. Jahrgang. 1901.

Prof. Friedrich, Die Ägineten. — Hollkamm, Die drei Hauptarten der successiven Stoffanordnung. — Prof. Trbojevic, Die Grundbegriffe der Ethik. — Jetter, Badische Sagen im Unterricht. — Schwertfeger, Ziehen über Herbarts Psychologie. — Dr. Reukauf, Zur Lehrplantheorie der geschichtlichen Stoffe im Religionsunterricht in der Volksschule. — Prof. Dr. Vogt, Zur Ethik.

XXXIV. Jahrgang. 1902.

Jetter, Badische Sagen im Unterricht (Forts.). — Prof. Dr. Rein, Zur Reform der Lehrerbildung. — Dr. Thrändorf, Der Religionsunterricht an den preuss. Lehrerbildungsanstalten n. d. Bestimmungen v. 1. Juli 1901. — Dr. Just, Deutsch. — Löwe, Zeichnen. — Fack, Die neuen naturkundlichen und mathematischen Lehrpläne für die Präparandenanstalten und Lehrerseminaren in Preussen. — Bär, Geschichte nach den neuen preussischen Bestimmungen. — Dr. Wilk, Die Mathematik in den Präparandenanstalten und Seminaren. — Prof. Otto, Die Fächer der Berufsbildung. — Muthesius, Unterrichtslehre und Unterrichtspraxis. — Helm, Musik. — Bolin, Themistokles im Kampfe gegen Persien. — Prof. Friedrich, Die Ägineten (Forts.). — Dr. Fritzsch, Briefe Herbarts an Drobisch. — Schreiber, Eine pädagogische Betrachtung über das Gebet.

XXXV. Jahrgang. 1903.

Prof. Friedrich, Die Ägineten (Schluss). — Franke, Grundzüge der deutschen Wirtschaftspädagogik. — Fack, Zur Psychologie im Lehrerseminar. — Fack, Denkende Naturbetrachtung. — Dr. Fritzsch, Briefe Herbarts an Drobisch (Forts.). — Dr. Wilk, Das Werden der Zahlen und des Rechnens im Menschen und in der Menschheit auf Grund von Phychologie und Geschichte. — Dr. Thrändorf, Der Religionsunterricht nach den neuen Lehrplänen und Lehraufgaben für die höheren Schulen in Preussen. — Prof. Dr. Vogt, Latein und Griechisch im Gymnasium mit Rücksicht auf die neuen preussischen Lehrpläne für höhere Schulen. — Dr. Wilk, Bemerkungen zu dem Lehrplan in Mathematik für die höheren Schulen in Preussen im Jahre 1901. — Dr. Just, Deutsch in den Lehrplänen und Lehraufgaben für die höheren Schulen in Preussen 1901.

XXXVI. Jahrgang. 1904.

Dietz, La Chanson de Roland als 1. Lektüre im französischen Unterricht. — Weniger, Der französische Unterricht im Seminar. — Wilk, Die Formengemeinschaften in der Geometrie. — Thrändorf, Die Geschichte des Pietismus im erziehenden Unterricht. — Hemprich, Zur modernen Kinderforschung. — Jetter, Zur Volksschulmethodik. — Vogt, Urteile eines Empiristen über die Herbartsche Pädagogik und ihre Fundamente. — Vogt, Zur Formalstufentheorie. — Franke, Zu Herbarts Lehre vom Gefühl und zu Rissmanns Ablehnung.

III.

Ferienkurse in Jena

für Damen und Herren werden, wie in den vergangenen Jahren (seit 1889), im August, und zwar im Volkshaus am Karl Zeiss-Platz abgehalten werden. Das Programm enthält folgende Abteilungen: 1. Naturwissenschaftliche Kurse vom 4.—17. August: Botanik; Physik; Astronomie; Chemie; Anatomie; Physiologie. 2. Pädagogische Kurse teils vom 4.—10., teils vom 11.—17. August: Geschichte der Pädagogik; Allg. Didaktik; Spez. Didaktik; Religionsunterricht; Hodegetik; Pädagogische Pathologie; Psychologie des Kindes; Hilfsschulwesen. 3. Kurse aus dem Gebiete der Frauenbildung: Frauenfrage und Mädchenbildung; Höhere Mädchenschule; Fröbels Pädagogik. 4. Theologische, geschichtliche und philosophische Kurse vom 4.—17. August: Religionsgeschichte; Babel- und Bibelforschung; Deutsche Literaturgeschichte; Deutsche Kulturgeschichte; Einleitung in die Philosophie der Gegenwart; Geschichte der Philosophie; Psychologie. 5. Kurse aus dem Gebiete der Kunst vom 4.—17. August: Antike Kunst und Kultur; Die Kunst im Haus und im öffentlichen Leben der Gegenwart. 6. Sprachkurse vom 4.—17. und vom 4.—24. August: 1. Deutsche Sprache: Sprachkurse für Anfänger und für Fortgeschrittene; 2. Englische Sprache: Elementarkursus und Engl. Literatur; 3. Französische Sprache: Grammatische Kurse; Französische Literatur. Nähere Auskunft erteilt das Sekretariat: Frau Dr. Schnetger-Jena, Gartenstr. 2.

C. Beurteilungen.

C. Achinger, Pädagogik in soziologischer (nicht sozialer) Auffassung.

Ein massvoller, die Sache wirklich klärender und fördernder Aufsatz, der leider sehr versteckt ist, in der Einladungsschrift zur 38. Hauptversammlung des Vereins für Herbartische Pädagogik in Rheinland und Westfalen, Elberfeld, 1903. Verfasser gibt am Schlusse selbst folgende Inhaltszusammenfassung.

1. Die Pädagogik in soziologischer Auffassung. Der Mensch ist abhängig von der Umwelt, im engeren Sinne von der Gesellschaft. Die Wirkung dieser äusseren Einflüsse wird befestigt und ergänzt durch Vererbung, die sich formal — in Anlagen und Kräften, und material — in Kulturgütern, geltend macht. Neben dieser Bedingtheit besteht die Individualität; der Einzelne ist ein Wesen mit Selbstbewusstsein und selbständigem Lebenszweck. Dem Individualismus steht der Universalismus gegenüber, der den Einzelwillen vollständig im Gesamtwillen aufgehen lässt. — Es ist an der Selbständigkeit des Individuums nach Wesen und Wert festzuhalten und die Gesellschaft nur als ein Kollektivbegriff aufzufassen.

a) Die Gesellschaft als Ausgangspunkt für die Erziehung. Aus der Tatsache, dass der Einzelne ein Produkt der Umwelt ist, ergeben sich für die Pädagogik wichtige Forderungen: 1. Sie hat eine möglichst genaue Anknüpfung an die für das Kind gegebenen Faktoren der Umwelt zu suchen, 2. sie muss die Elemente der Umwelt als Miterzieher ansehen. Es gilt, soviel wie möglich die Wirksamkeit derselben zu verstärken.

b) Die Gesellschaft als Ziel der Erziehung. Man kann die Erziehung als Assimilation auffassen; diese muss möglichst vollständig, d. h. im Anschluss an die gegebene Wirklichkeit erfolgen. Doch ist sie durch das ideale Moment zu ergänzen. Die Erziehung für die Gesellschaft hat

aa) eine individuelle Richtung, sie bezweckt nämlich durch Erziehung und Zucht sowie durch Unterricht Zubereitung des Kindes für das Leben in der Gesellschaft (um des Kindes willen). Sie hat

bb) eine soziale Richtung, insofern sie auf die kulturelle und sittl. Hebung der Gesellschaft abzielt.

c) Organisation der Gesellschaft zum Zwecke der Erziehung. Die Gesellschaft hat an den Schulen als ihren Anpassungsorganen grosses Interesse. Deshalb gründet sie Schulen und sorgt für deren Bestand. Sie betätigt sich dabei als Staat, Kirche, bürgerliche Gemeinde und Familie nach Massgabe der besonderen gesellschaftlichen Aufgaben. Einseitigkeiten: Bei der reinen Staatsschule sind die inneren Kräfte und der Bildungsinhalt gefährdet. Ein Übergewicht der Familie würde dem Verhältnis der Schule zur Gesellschaft und ihrer Stellung zu den Kulturaufgaben schaden.

2. Sozialpädagogik. Sie bezweckt die Erziehung für die Gesellschaft um des gesellschaftlichen Bestandes willen. Es scheidet also der erste Teil der grundlegenden Betrachtung aus: Erziehung durch die Gesellschaft, sowie der dritte Teil: Schulverwaltung. Von dem zweiten: Erziehung für die Gesellschaft, bleibt der soziale Gesichtspunkt allein bestehen. Dieser macht die Sozialpädagogik aus; in derselben ist auch ein individualistisches Moment enthalten (ideale Hebung der Gesellschaft). Neben der Sozialpädagogik hat die individualistische, die den Einzelnen als Persönlichkeit weckt, ihr Recht. Beide müssen sich ergänzen. Es ist deshalb einseitig, die individualistische Pädagogik der evolutionistischen Weltanschauung zu liebe, die der Gattung allein objektiven Wert hat, zu verwerfen und vollständig durch die universalistische ersetzen zu wollen. Der Universalismus enthält in der Ethik bedenkliche Unsicherheiten, seine religiösen Vorstellungen sind verschwommen und praktisch nicht verwertbar.

3. Geschichtliches — Herbart. Die Geschichte beweisst, dass die anerkannt grössten Pädagogen beides vereinigten, die individualistische und die soziale Ansicht. Bei Herbart finden wir nicht allein ein tiefes Verständnis für die soziale Abhängigkeit des Menschen und für die grosse Bedeutung derselben in der Pädagogik, sondern auch für die eigentliche Aufgabe der Sozialpädagogik. Die Kritik der Gegner ist unsachlich; sie beruht auf einer Differenz in den allgemeinen philosophischen Grundanschauungen über die Relation des Individuums zur Gattung.

In 1. wird klar und scharf auseinandergesetzt, wie das Einzelwesen zwar abhängig ist in Gestaltung und Bildung von seiner Umwelt, wie aber doch eben diese individuelle Gestaltung und Bildung wohl berechtigt ist. Wenn unter a) behauptet wird, unsere pädagogischen Lehrbücher und der gebräuchliche Unterricht wüssten durchweg nichts davon, dass das Stadtkind ein anderes ist als das Landkind, das Kind der Ebene ein anderes als das des Gebirges, das Kind eines ländlichen Tagelöhners ein anderes als das des Industriearbeiters, so ist doch zu bedenken: Pädagogische Lehrbücher müssen das der Praxis überlassen, und die Praxis nimmt auf das Angeführte sehr wohl Rücksicht; man denke nur an die spezielle Methodik in den Lehrerseminaren und an die weitere Ausgestaltung derselben in den Konferenzen der Lehrerkollegien, der Bezirkslehrervereine. Trotzdem bleibt die Mahnung, die Verfasser folgen lässt, sehr wohl bestehen: Der Lehrer soll auf diesem Gebiet Forscher in seinem beschränkten Kreise bleiben, damit die Schulbildung und Schulerziehung nicht für sich allein dastehe, sondern mit den Erziehungsfaktoren der Umwelt zusammenarbeite, statt ihr entgegenzuarbeiten. Die soviel für Menschenrechte und Menschenveredelung schwärmen, haben meist für die Aufgaben in ihrem nächsten Bereiche keinen Sinn, und es dürften die eifernden Menschenbeglücker selten sein, die es verstehen, in ihrem Wirkungskreise die Wärme zu verbreiten, die zur Belebung und Entfaltung der schönsten und edelsten Keime erforderlich ist. Sehr richtig wird unter b) gesagt: Was wir die soziale Frage nennen, kann man sicherlich auch eine sittliche nennen . . . Darum hat die Schule vor allem eine Gesinnung in dem Schüler zu begründen, die ihn bereit und fähig macht, sich selbst dem Ganzen zu weihen. Aus c): Wollte man denen nachgeben, die in schulischer Beziehung über die Einzelkirchen den Dom einer alle umfassenden Gemeinschaft ausspannen möchten, so hiesse das, die geschichtliche Kontinuität abbrechen. Mit Recht betont der Verf. die Bedeutung der Familie: Es werden der Familie — hauptsächlich durch die Schule immer mehr Aufgaben abgenommen, zu deren Lösung sie vor allem berufen ist, die sie allein vollauf lösen kann (Wartung und Erziehung der vorschulpflichtigen Kleinen, Haushaltungsunterricht, Ferienspiele, Erholungskuren für schwache und kranke Kinder). Unter 2. scheint: Erziehung der Kinder für die Gesellschaft allein um des Bestandes der Gesellschaft willen, zu eng gefasst zu sein; nicht nur der Bestand, sondern auch Förderung, Veredelung der Gesellschaft soll schon im werdenden Geschlecht angebahnt werden, sonst Chinesentum (S. 16). Sehr zeitgemäss ist die Warnung: In ihrer ausschliesslichen Geltung ist die Sozialpädagogik ein Moloch, der alles individuelle Leben verschlingt . . . Individuum und Gesellschaft, Individual- und Sozialpädagogik sind nur theoretisch zu trennen; praktisch können, ja müssen sie zusammen sein; praktisch bedeutet jedes für sich allein eine Einseitigkeit. S. 33 geht der Verf. der Verwirrung zu Leibe, die sich an die Begriffe Individual- und Sozialethik angeschlossen hat; nach Herbart ist der Ausgangspunkt der Ethik das wollende und handelnde Individuum, ihr Zielpunkt der Nächste und die Gesellschaft. Der geschichtliche Überblick unter 3. ist ebenso kurz als treffsicher. Herbart bietet natürlich viel Sozialpädagogisches, war aber selbst kein Sozialpädagog, wollte keine Sozialpädagogik aufstellen. Dazu war er zu vielseitig.

Auerbach i. V.   Dr. Simon.

Hilfsbuch für den Religionsunterricht in den oberen Klassen der höheren Lehranstalten von Lic. **E. G. Steude,**

Seminardirektor in Waldenburg i. Sa. Gütersloh 1903. 126 S.

Dieses Schriftchen kann unter Umständen besonders für die sächsischen Seminare sehr verhängnisvoll werden. Am Schluss der Vorrede bemerkt nämlich der Verfasser, er werde, wenn sein Buch Anklang und Zustimmung finde, an die Ausarbeitung einer Glaubens- und Sittenlehre gehen, die dann in Klasse II in wöchentlich 3 und in Klasse I in wöchentlich 2 Stunden zu behandeln sein würde. Wenn es dem Verfasser gelänge, für sein systematisches Opus die nötige Unterstützung zu gewinnen, so würde der Erfolg den Bemühungen, den Religionsunterricht so zu gestalten, dass er Interesse und Leben weckt, nur hinderlich sein, denn nichts ist wirklichem Leben feindlicher als öde Systematik. Darum halte ich es für eine heilige Christenpflicht jedes Religionslehrers, gegen derartige Versuche, den Religionsunterricht in die Schablone eines vorgeschriebenen systematischen Lehrbuches einzuschnüren, energisch zu protestieren. In der Befürchtung, dass derartige Bestrebungen hervortreten würden, habe ich in dem Schriftchen „Der Religionsunterricht im Lehrerseminar" (Gotha, Thienemann) vor einem unfruchtbaren systematischen Unterrichte gewarnt und eingehend nachgewiesen, dass nur die Geschichte im weitesten Sinne ein wahrhaft Leben weckender Stoff für den Religionsunterricht auch der höheren Schulen sein kann. Es wäre sehr erwünscht und notwendig, dass die Herren Spezialkollegen zu einer vorurteilsfreien, ruhigen Erwägung der Gründe und Gegengründe gelangten und methodische Fragen nicht zu blossen Machtfragen werden liessen.

Geschieht letzteres, werden methodische Fragen zu Machtfragen, dann ist es vorbei mit der Wissenschaftlichkeit der Methodik. Den Schaden tragen Lehrende und Lernende. Die Lehrer verfallen in handwerksmässiges Tun und der Unterricht wird ihnen zur Last; die Schüler revanchieren sich für die Misshandlungen, die sie im Religionsunterricht erfahren haben, im späteren

Leben durch möglichst grosse Gleichgültigkeit gegen alles, was mit Religion und Kirche zusammenhängt.[1] Beim Seminar ist die Wirkung dieser falschen Richtung des Religionsunterrichts natürlich noch verhängnisvoller; denn die Zöglinge des Seminars sollen später selbst wieder Religionslehrer werden. Man redet so viel von der grossen Bedeutung der Persönlichkeit des Religionslehrers. Glaubt man etwa Persönlichkeiten zu erziehen, wenn man den Leuten im Seminar den Religionsunterricht systematisch verleidet?

Über den Inhalt des neuen „Hilfsbuches", das einen Vorschmack des zukünftigen Lehrbuches bieten soll, ist weiter nicht viel zu sagen. Wenn der Titel lautete „Theologisch-philosophische Lesefrüchte", so würde gegen das Gebotene gar nichts einzuwenden sein. Der erste Abschnitt „Weissagungen auf Christum im Heidentum" bietet einige gelehrte Bemerkungen über den Parsismus, die Religion der Germanen, Platos Staat, die römischen Saturnalien und den Idealmenschen der Chinesen. Der zweite Abschnitt berichtet, was über das Christentum gesagt wird von einer chinesischen Zeitung, von Fr. von Hellwald, Laplace, Napoleon, Darwin, Voltaire, L. von Ranke, R. Eucken, Du Bois-Reymond, Ihering, Kant, Fichte, Paulsen, Pestalozzi, Schiller und Goethe. In den weiteren Abschnitten folgen Aussprüche über Christus, historische und statistische Notizen über Bibelgesellschaften und Innere Misson, Gedanken über die drei Ämter Jesu und besonders über die „erschöpfende" Behandlung des prophetischen Amtes, über Determinismus und Indeterminismus, über das Verhältnis der Religion zur Moral und über Nietzsches Ethik. Zum Schluss werden einige Quellenstücke zur Kirchengeschichte geboten, darunter ein Auszug aus den Statuten der freireligiösen Gemeinde in Zittau. Wer also das Bedürfnis hat, seinem Religionsunterrichte durch viel gelehrte Notizen ein scheinbar wissenschaftliches Ansehen zu geben, dem kann durch dieses Hilfsbuch geholfen werden. Uns andern aber zeigt dieser Versuch,

---

[1] Vgl. die Klagelieder im Neuen sächsischen Kirchenblatt und die matten Entgegnungen, die sich hinter Gesetzen und Verordnungen verschanzen.

was unserer wartet, wenn die Vertreter des systematischen Religionsunterrichtes Einfluss erlangen. Darum: Caveant consules, ne quid detrimenti res publica capiat!

Auerbach i. V.

E. Thrändorf.

Unsere Muttersprache, ihr Werden und ihr Wesen. Von Prof. Dr. **O. Weise.** 4. Aufl. 1902. geb. 2,60 M.

Ästhetik der deutschen Sprache. Von Prof. Dr. **O. Weise.** 1903. geb. 2,80 M.

Deutsche Sprach- und Stillehre. Von Prof. Dr. **O. Weise.** 1901. geb. 2 M.

Diese drei im Verlage von Teubner in Leipzig erschienenen Schriften ergänzen einander in der glücklichsten Weise und können jedem Freunde unserer Muttersprache, insbesondere aber jedem Lehrer empfohlen werden, der Unterricht im Deutschen zu erteilen hat.

Die Schrift „Unsere Muttersprache" beabsichtigt, unsere Muttersprache, ihr Werden und ihr Wesen auf wissenschaftlicher Grundlage, aber allgemein verständlich und anregend zu behandeln. Sie will vor allem die noch weitverbreitete äusserliche Auffassung vom Wesen der Sprache bekämpfen und über die Ursachen des Sprachlebens namentlich während der neuhochdeutschen Zeit aufklären. Von den einschlägigen Schriften Schleichers und Behaghels unterscheidet sie sich hauptsächlich dadurch, dass sie die Sprache mehr im Zusammenhange mit dem Volkstum zu betrachten sucht und die Bedeutung der Wörter nachdrücklicher betont. — Es ist nicht nötig, über das liebenswürdige und von der ersten bis zur letzten Seite anregende Buch viel Worte zu verlieren. Verdientermassen hat es in verhältnismässig kurzer Zeit die 4. Auflage erlebt; neben und mit Hildebrands bekannter Schrift „Vom deutschen Sprachunterricht" ist es vortrefflich dazu geeignet, den deutschen Sprachunterricht lebendig, fesselnd, anregend zu gestalten.

Etwas länger verweilen müssen wir bei der nächsten Schrift Weises:

Ästhetik der deutschen Sprache. Der Verfasser sagt im Vorwort: „Der Ausspruch Goethes, die Form sei den meisten ein Geheimnis, gilt besonders von uns Deutschen, zumal wenn unsere Muttersprache in Betracht kommt. Denn wir legen viel weniger Wert auf das Äussere als die romanischen Völker, z. B. unsere westlichen Nachbarn. Welche Schönheit die Ausdrücke erhalten, welche Wirkungen man damit erzielen kann und schon erzielt hat, ist vielen ganz unbekannt . . . So reichen wir Deutschen nur zu oft goldene Früchte in irdener Schale, da uns die Erwägung fernliegt, dass eines so köstlichen Inhalts nur ein silbernes Gefäss würdig sei. Kein Wunder, dass in unserem Vaterlande hervorragende Stilisten wie Friedrich Nietzsche zu den Seltenheiten gehören. Es dürfte daher an der Zeit sein, unsere liebe deutsche Sprache einmal vom ästhetischen Gesichtspunkte zu betrachten und die weiten Kreise der Gebildeten, denen ganz besonders ihre Pflege am Herzen liegen muss, etwas eingehender mit dem Zauber ihrer Form bekannt zu machen."

Wie — so möchte man zunächst fragen —, hat es denn bisher an Schriften gefehlt, welche die deutsche Sprache vom ästhetischen Gesichtspunkte aus betrachten? Berichtet nicht jedes Lehrbuch der Poetik — und deren gibt es doch genug — ein Langes und Breites über Rhythmus und Reim, Tropen und Figuren? Der Verfasser spricht u. a. auch von diesen Dingen; achtet er nun alles für nichts, was vor ihm von anderen darüber gesagt worden ist? Das kann nicht sein, und wir müssen daher annehmen, dass er sich im Vorwort nur etwas unbehutsam ausgedrückt hat. Er will seinen Lesern die Augen öffnen für die Schönheiten unserer Sprache überhaupt, und nicht bloss für die Schönheiten der poetischen Ausdrucksweise; er berücksichtigt ferner — einem Wunsche R. Hildebrands Rechnung tragend — die Unterschiede der Sprache in Formen und Wendungen je nach der Lebensschicht, im Alltagsdeutsch oder in gewählterer, wichtigerer oder gar feierlicher Rede, in Prosa und Poesie; er zieht endlich nach Möglichkeit die geschichtliche Entwicklung der Sprache und neben dem Wie das Warum in Betracht. So ist ein ganz einzigartiges Werk entstanden, das sich einen ehrenvollen Platz in unserer Literatur erringen wird. Es ist nicht alles neu, was darin steht, aber es enthält viel Neues, und auch dem bekannten Alten weiss der Verfasser stets eine interessante Seite abzugewinnen.

Das Buch zerfällt in einen allgemeinen und einen besonderen Teil; jener handelt (S. 1—154) von den Schönheiten unserer Sprache, dieser (S. 154—276) von den Schönheiten der poetischen Ausdrucksweise. Einen deutlicheren Hinweis auf den Inhalt der Schrift geben die Kapitelüberschriften: Lautmalerei — Interjektionen — Wohllautsbestrebungen — Verkleinerungs- und Koseformen — Verstärkung des Ausdrucks — Gegensatz im sprachlichen Ausdruck — Gefühlswert der Wörter — Glimpfwörter — Höflichkeitsbezeigungen — Schimpfwörter — Übertragungen (Metaphern) — Beseelung des Leblosen — Volkstümliche Bildersprache — Geschmack im bildlichen Ausdruck — Die Frau und die Sprache — Der Volkswitz — Die Sprache der Dichter — Die Sprache Goethes, Schillers — Die Beiwörter — Die Fremdwörter in der Poesie — Feilen und Überarbeiten — Übersetzungen — Morgenländisches in unserer Sprache — Verdienste der Schweizer um die neuhochdeutsche Schriftsprache — Rhythmus und Reime — Unsere Kinderlieder.

Um nun an einem Beispiel zu zeigen, wie der Verfasser seinen Stoff behandelt, wählen wir das Kapitel: Gefühlswert der Wörter. „Mit einer grossen Anzahl deutscher Wörter ist ein bestimmter Gefühlswert verbunden. Aus Wortreihen wie Weib, Frau, Gattin, Gemahlin; Mutter, Mama; Vater, Papa ergibt sich, dass er zunächst eine blosse Begleiterscheinung bildet, indem dieselbe Sache in verschiedenen Ständen und Gesellschaftskreisen verschiedene Namen enthält. Sodann tritt er auch als Werturteil neben den begrifflichen Inhalt, z. B. auf sittlichem Gebiete bei benebelt gegenüber betrunken, auf religiösem bei Welt, Fleisch, Erlösung, Seligkeit, auf ästhetischem bei Zähre, Fittich,

Minne. Ja, dieser Gefühlswert kann sogar den Sieg über den eigentlichen Wortsinn davontragen, so in Goethes Anrede an Frau von Stein: „Mein süsses Gold", in Heines dichtenden Märchen" u. s. w.

„Häufig kommt es vor, dass Wörter Einbusse an ihrem ursprünglich guten Rufe erleiden. Zuweilen werden sie dadurch entwertet, dass sie sich gewöhnlich mit Begriffen wie böse, arg u. s. w. verbinden, z. B. Wicht (vgl. Bösewicht, eigentlich böses Ding), oder List (vgl. Arglist, urspr. arge Klugheit); zuweilen trägt auch die Literatur einen Teil der Schuld" (vgl. Schilda).

„Mehrfach empfinden die deutschschreibenden Ausländer über ein Wort Missbehagen, während wir selbst davon nicht im mindesten unangenehm berührt werden. So kommt uns kaum noch zum Bewusstsein, dass in dem Worte Handschuh, d. h. Schuh für die Hand, etwas Unschönes liegt, dagegen ist dieser Ausdruck nach Varnhagen von Enses Angabe der Lady Morgan anstössig erschienen. Ferner wird uns das Hässliche des Wortsinns bei Sternschnuppen erst dann klar, wenn wir an die Etymologie erinnert werden, z. B. durch Goethes Egmont (IV, 1), wo der Schreiber Vansen zum Schneider Jetter sagt: „Hast du nie einen (Stern) sich schneuzen gesehen? Weg war er!" Ähnlich ist es mit Schnurrbart (Barthaare der schnurrenden Katze)."

„Die Anschauungen Gebildeter sind anders als die der grossen Masse. Die Zeiten ändern sich und wir mit ihnen. Essen und Fressen (= Veressen) waren vormals gleich edel und bei den Menschen wie bei den Vertretern des Tierreichs anwendbar; jetzt ist jener Ausdruck in höheren, dieser in niederen Gesellschaftskreisen üblich. Derselbe Unterschied besteht zwischen trinken und saufen; doch ist es jedermann gestattet zu sagen: Der Schacht ist ersoffen oder ich habe soupiert (= frz. souper, welches aus nd. sûpen, saufen, d. h. eine Flüssigkeit zu sich nehmen, entlehnt ist). In einer ahd. Bibelübersetzung wird Christus angeredet: Wann sahen wir dich hungrig und fütterten dich? In

Luthers Tischreden findet sich die Wendung: Der Kaiser lässt sich melken wie eine Memme (= mamma, weibliche Brust), d. h. man kann mit ihm machen, was man will."

Genug damit. Des Verfassers Wunsch wird sich erfüllen: Die „Ästhetik der deutschen Sprache" wird sich gleich der „Muttersprache" viele Freunde erwerben.

Während die Schrift „Unsere Muttersprache" hauptsächlich den Zusammenhang zwischen Volkscharakter und Sprache zu ermitteln sucht, die „Ästhetik der deutschen Sprache" die Sprache vom ästhetischen Gesichtspunkte aus behandelt, „mache es sich die „Deutsche Sprach- und Stillehre" zur Aufgabe, die grammatischen Erscheinungen unserer Muttersprache in ihrer Entwicklung zu verfolgen und dadurch zum Nachdenken über ihre Eigenart anzuregen. Die Darstellung ist gemeinverständlich. Vollständigkeit wird nicht beabsichtigt, vielmehr namentlich das herausgegriffen, woran sich das Leben und der Wandel der Wortformen und die Entstehung des Satzgefüges am deutlichsten erkennen lässt. Besondere Aufmerksamkeit ist den Bruchstücken früherer Sprachperioden geschenkt worden, die sich bis zur Gegenwart erhalten haben, weil man aus ihnen in bequemer Weise auf den früheren Sprachzustand Schlüsse ziehen kann. In der beigegebenen Stillehre wird angestrebt, durch Regel und Vorbild zugleich zu wirken; es kommen hier die hervorragendsten Vertreter unseres Schrifttums zu Worte, zwar in kurzen, aber doch bedeutsamen und kennzeichnenden Abschnitten ihrer Werke. Durch einige Bemerkungen ist auf die Besonderheiten ihrer Schreibweise hingewiesen worden."

Der Verf. wollte also die grammatischen Erscheinungen unserer Muttersprache in ihrer Entwicklung verfolgen und dadurch zum Nachdenken ihrer Eigenart anregen; und das ist ihm in vortrefflicher Weise gelungen. Nur ein paar Beispiele. Warum sagen wir: Der Donner, der Sturm, der Fluss, die Rose, die Linde, die Biene, das Wasser, das Glas, das Silber? Weise antwortet: „Die Sprache überträgt menschliches Sein und Tun auf die aussermenschliche Welt. Je nachdem nun ein Gegenstand gross oder klein, kräftig oder zart, tätig oder untätig ist, hat man ihm männliches oder weibliches Geschlecht gegeben; alles aber, was den Eindruck des Stoffartigen oder Erzeugten macht, ist keinem dieser Geschlechter zugewiesen, also als ungeschlechtig bezeichnet worden (neutrum)." Aber warum sagen die Deutschen: die Sonne, der Mond, während die Griechen und Römer der Sonne männliches, dem Mond weibliches Geschlecht beilegten (Helios, Selene — Sol, Luna)? Die Antwort lautet: „Den Griechen und Römern war die Sonne ein gar strenger Herrscher, der seine oft todbringende Scheibe auf Menschen und Tiere sandte und die Kinder der Flur erlegte, der Mond dagegen erschien ihnen als sanfte Frau, die allen Menschen in Bedrängnis und Not beistand. Und wenn wir die Glut, die das strahlende Tagesgestirn in jenen Gegenden entfaltet, mit den milden, hellen Mondnächten des Südens vergleichen, so finden wir leicht den Schlüssel zur richtigen Auffassung dieses sprachlichen Vorgangs. Den alten Germanen war umgekehrt die Sonne eine gütige Göttin, da sie die Blumen aus ihrem Winterschlafe erweckte und mit ihren freundlichen Strahlen die kalte Luft des Nordens erwärmte, der Mond dagegen erinnerte sie an die eisige Kälte unbewölkter Winternächte; daher hier das entgegengesetzte Geschlecht." [1]

In weiten Kreisen scheint die Meinung verbreitet zu sein, die Langeweile sei eine notwendige Begleiterscheinung des Unterrichts in der deutschen Grammatik. Das ist aber ein Irrtum; es kommt ganz darauf an, wie die Grammatik betrieben wird. Durch eine pedantische, geistlose Behandlungsweise kann man jeden Unterrichtsgegenstand, die Meisterwerke unserer Literatur nicht ausgenommen, den Schülern verleiden. Denn die Grammatik kann und wird niemals

---

[1] Vgl. Muttersprache S. 204 ff. Ich habe absichtlich diese Stelle angeführt, um noch einmal darauf hinzuweisen, dass die drei Schriften Weises sich gegenseitig aufs glücklichste ergänzen.

eine ähnliche Anziehungskraft auf die Schüler ausüben, wie etwa Geschichte und Literatur; aber langweilig braucht sie darum noch lange nicht zu sein, nicht in der Volksschule, und am allerwenigsten in den höheren Schulen, die in der Lage sind, die Eigenart der Muttersprache durch Vergleichung mit fremden Sprachen in das rechte Licht zu rücken. Die Grammatik darf unter keinen Umständen blosse Gedächtnissache, ein System an Regeln sein, die man auswendig lernt, weil es nun einmal so gefordert wird; sie muss — das ist eine alte, aber noch immer nicht allgemein durchgeführte Forderung — in der innigsten Beziehung zur Lektüre stehen, das Nachdenken in Anspruch nehmen und den Schüler die Freude empfinden lassen, dass er mit ihrer Hilfe Fortschritte macht in dem Verständnis des Gelesenen und in der Fähigkeit, sich sachgemäss und sprachrichtig auszudrücken. Zu einer solchen lebendigen, zugleich nützlichen und unmittelbar interessanten Behandlung grammatischer Fragen regt die „Sprachlehre" von O. Weise an, und darum sei sie nachdrücklichst empfohlen.

Welchen Leserkreis Weise bei seiner „Sprachlehre" im Auge gehabt hat, ist mir nicht ganz klar geworden. Die Gebildeten überhaupt, „denen ganz besonders die Pflege der Muttersprache am Herzen liegen muss?" Es wäre sehr schön, wenn ein Buch wie die „Sprachlehre" bei gebildeten Männern und Frauen, die nicht Lehrer und Lehrerinnen sind, auf Teilnahme rechnen könnte; aber ich glaube nicht mehr daran. Vom Sollen lässt sich nicht aufs Sein schliessen; jedem gebildeten Deutschen sollte ja eigentlich das Werden und Wesen, die Schönheit und der grammatische Bau der Muttersprache am Herzen liegen; allein ist das auch wirklich so? Und wenn es nicht so ist: sollte die Schule daran nicht einen grossen Teil der Schuld tragen?

An die Schüler höherer Lehranstalten scheint der Verf. nicht gedacht zu haben; sonst hätte er wohl die Satzlehre etwas ausführlicher behandelt und die Interpunktionsregeln nicht ganz übergangen. Gleichwohl kann das Buch in der Form, die es nun einmal hat, den Schülern der Oberklassen von Gymnasien, Realgymasien, Lehrer- und Lehrerinnenseminaren wesentliche Dienste leisten; es würde, wenn man es als Schulbuch einführte, eine andere deutsche Grammatik überflüssig machen und um so mehr am Platze sein, als der „Sprachlehre" noch eine sehr praktisch angelegte „Stillehre" folgt, die durch Regel und Vorbild zugleich zu wirken bestimmt und fähig ist.

Denkmäler der Älteren deutschen Literatur für den literaturgeschichtlichen Unterricht an höheren Lehranstalten im Sinne der amtlichen Bestimmungen, herausgegeben von Prof. Dr. **Gotthold Bötticher** und Prof. Dr. **Karl Kinzel**. Halle a. S., Verlag der Buchhandlung des Waisenhauses.

Die Sammlung zerfällt in vier Abteilungen: I. Die deutsche Heldensage. 1. Hildebrandslied und Waltharilied nebst den „Zaubersprüchen" und „Muspilli". 2. Kudrun, übertragen von W. Löschhorn. 3. Das Nibelungenlied im Auszuge nach dem Urtext. II. Die höfische Dichtung des Mittelalters. 1. Walther von der Vogelweide und des Minnesangs Frühling, übersetzt. 2. Der arme Heinrich und Meier Helmbrecht, übersetzt. 3. Heliand, nebst einem Anhange über Otfrieds Evangelienbuch, übersetzt. III. Die Reformationszeit. 1. Hans Sachs. 2. und 3. Martin Luther. 4. Kunst- und Volkslied in der Reformationszeit. IV. Das 17. und 18. Jahrhundert. 1. Die Literatur des 17. Jahrhunderts. 2. Die Literatur des 18. Jahrhunderts vor Klopstock. 3. Aus Klopstocks Messias und Oden.

Als Ergänzung haben die Herausgeber noch folgen lassen:

Gedichte des 18. und 19. Jahrhunderts, ausgewählt und erläutert. 2 Bände; 1,20 M. und 2,00 M.

Geschichte der deutschen Literatur mit einem Abriss der Geschichte der deutschen Sprache und Metrik. 7. Aufl.; geb. 1,80 M.

In den „Denkmälern" werden uns geradezu musterhafte Schulausgaben einiger Hauptwerke der älteren deutschen Literatur dargeboten. Jedem Bändchen ist eine Einleitung vorausgeschickt, kurze Anmerkungen unter dem Text erleichtern das Verständnis, so dass die einzelnen Hefte sich auch ganz ausgezeichnet zur Privatlektüre eignen. Wenn die ausgewählten Werke nicht das Interesse der empfänglichen Jugend gewinnen, so liegt die Schuld sicherlich nicht an den „Denkmälern", sondern an dem Lehrer, der durch eine übermässig breite, „gründliche", d. h. gründlich langweilige Behandlung das aufkeimende Interesse erstickt. Die Ausstattung lässt nichts zu wünschen übrig; der Preis beträgt durchschnittlich 1 M. etwa für das kartonierte Heft.

Gern würde ich über jedes einzelne „Denkmal" einige Bemerkungen niederschreiben, doch lässt der Raum das nicht zu. Ich will also nur jedem Deutschlehrer, der die „Denkmäler" noch nicht kennt, dringend raten, sich mit ihnen bekannt zu machen. Nur eine Ausnahme mag mir verstattet sein, nämlich ein besonderer Hinweis auf die in Heft 2 und 3 der dritten Abteilung enthaltenen Schriften Luthers.

Diese beiden Hefte sind die umfangreichsten der ganzen Sammlung (272 und 282 Seiten; kart. 1,95 und 2,15), und gerade sie werden nicht allein jedem Deutschlehrer, sondern auch jedem Geschichtslehrer, ja jedem Freunde unseres grossen Reformators höchst willkommen sein. Prof. Dr. Richard Neubauer gibt uns hier eine Lutherausgabe, die in ihrer Anlage und Ausführung mit den landläufigen Auswahlen nichts gemein hat. Sie bringt nicht eine beliebige Anzahl Lutherscher Schriften oder Stückchen oder Häppchen aus solchen, bequem zusammengerafft und schnell mit ein paar hingeworfenen dürftigen Bemerkungen versehen, sondern sie ist eine planmässig angelegte und auf ein Ganzes berechnete, auf jahrelanger Lektüre in Luther beruhende, überall aus den Quellen und dem Vollen schöpfende, ernste Arbeit, bei der der Stoff nach bestimmten, sachlichen wie sprachlichen, Gesichtspunkten gesammelt, verteilt und angeordnet und ebenso darnach erläutert ist. In sachlicher Hinsicht leitete neben der Absicht, Luther ausser als kirchlichen

Reformator möglichst nach allen Seiten seiner schriftstellerischen Tätigkeit vorzuführen, vor allem die andere, den Mann von den verschiedensten Seiten seines Charakters und Gemütes zu beleuchten, um ihn so dem Leser vertraut zu machen, kurz, der ganzen echt deutschen Eigenart dieser grossen Persönlichkeit, die so oft an unsern Bismarck gemahnt, das volle Verständnis zu erschliessen und ihr zugleich die Herzen zu gewinnen. — Prof. Neubauer verdient aufrichtigen Dank für seine mühevolle Arbeit, an deren Früchten sich Tausende erfreuen werden, Lehrer und Schüler. Für einen sehr mässigen Preis ist hier eine unvergleichliche Gelegenheit geboten, den ganzen Luther kennen zu lernen; und wer den Mann kennt, muss ihn lieben und verehren.

Die Literaturgeschichte von Bötticher und Kinzel bildet gewissermassen den Abschluss der „Denkmäler". Sie soll für die Zeit vor Klopstock nichts weiter sein als eine übersichtliche Zusammenfassung dessen, was die Schüler aus den „Denkmälern" gelernt haben, also ein Büchlein zur Wiederholung und Befestigung, bezw. ein gedrucktes Systemheft im Sinne Zillers. Es lag nicht in der Absicht der Verfasser, irgend einen Ersatz zu bieten für Nichtgelesenes, oder der Arbeit des Lehrers vorzugreifen. Auf die klassische Epoche der Neuzeit haben sie selbstverständlich das Hauptgewicht gelegt. Ein Wiederholungsbuch für das, was die Schüler an positiven Kenntnissen an unseren Klassikern erwerben sollen, hat ausser den voranzustellenden leitenden Ideen vor allem die Entwicklung der dichterischen Persönlichkeiten darzustellen und ihre Werke, so weit sie für die Schule in Betracht kommen können, unter leicht fasslichen und übersichtlichen Gesichtspunkten zu gruppieren. Für die grossen Dramen aber schien den Verfassern ausserdem eine kurze Darstellung ihres Baues wünschenswert zu sein an Stelle der in den meisten Literaturgeschichten beliebten erzählenden Inhaltsangaben und allgemeinen Charakteristiken der Hauptpersonen. In dieser Weise sind behandelt die drei Meisterdramen Lessings, Goethes Götz, Egmont, Iphigenie, Tasso,

dazu noch etwas mehr erforderlich, als die Anwendung jenes Grundsatzes. Doch es würde zu weit führen, an dieser Stelle darüber zu reden.

Diktatstoffe von **Paul Th. Hermann.** Leipzig, Ernst Wunderlich. 1903 und 1901. I. Diktatstoffe zur Einübung und Befestigung der neuen deutschen Rechtschreibung. 7., vermehrte und verbesserte Auflage. Preis 1,60 M., geb. 2,— M. II. Diktatstoffe zur Einübung und Befestigung der deutschen Satzlehre. 3., vermehrte und verbesserte Auflage. Preis 1,60 M., geb. 2,— M.

Über den Wert der „Diktate" gehen die Ansichten der Theoretiker bekanntlich noch weit auseinander. In der Praxis jedoch scheint das Diktat noch in unvermindertem Ansehen zu stehen. Darauf deutet u. a. der buchhändlerische Erfolg des hier vorliegenden Werkes. Das Vorwort zur 1. Aufl. des 1. Bandes ist in mancher Beziehung interessant. „Oft und nicht erst in neuester Zeit," heisst es da, „ist die Forderung ausgesprochen worden, dass die Sprachstoffe, welche zur Erkenntnis, Einübung und Befestigung der Regeln unserer deutschen Rechtschreibung Verwendung finden, nicht als inhaltlich zusammenhangslose Sätze auftreten, sondern zusammenhängende, womöglich in sich abgeschlossene Ganze bilden sollen. Der Nutzen einer solchen Unterrichtspraxis ist unverkennbar. Zunächst wird der Gedankenausdruck unserer Schüler durch die Aufsatzform der Diktate bei weitem mehr gefördert, als durch die Darbietung einzelner, inhaltlich zusammenhangsloser Sätze;[1] dann aber erfährt auch durch den Anschluss solcher Sprachganzen an die einzelnen Unterrichtsgegenstände und an den Erfahrungskreis unserer Schüler der Gedankenkreis derselben eine sehr wünschenswerte Vertiefung und Erweiterung, die bei der grossen Zahl unserer Unterrichtsfächer gewiss nicht von der Hand zu weisen ist. Es erscheint vielmehr ratsam, jede, auch die geringste sich darbietende Gelegenheit zu benutzen, um die oft vollständig fremd nebeneinanderlaufenden Unterrichtsgegenstände in innige Beziehung zueinander zu bringen und ihre Stoffe miteinander zu verknüpfen."

Die Unterrichtsgegenstände laufen oft vollständig fremd nebeneinander her? Leider ist es so. Der Verf. möchte dem Übel abhelfen, aber wie? Fordert er eine andere, zweckmässigere Anordnung der Unterrichtsstoffe? O nein, er lässt die Lehrgegenstände in der hergebrachten gegenseitigen Teilnahmlosigkeit ruhig weiterlaufen; zu einer gründlichen Reform des Lehrplanes scheint ihm ja auch kein Anlass vorzuliegen; man kann durch mancherlei Mittel, z. B. durch Diktate in Aufsatzform, die Stoffe miteinander verknüpfen. Wie das geschehen soll, ist des Verfassers Geheimnis; mir wenigstens will es durchaus nicht gelingen, den Sinn und die Ausführbarkeit seines Vorschlags zu begreifen. Folgender Wochenplan liegt gewiss nicht ausser dem Bereiche der Möglichkeit:

Religion: Moses Geburt und Flucht; Deutsch: Das Erkennen; Geschichte: Heinrich IV. in Canossa; Geographie: Vorder-Asien; Naturkunde: Bedeutung des Waldes im Haushalte der Natur. Singen: Preisend mit viel schönen Reden; Zeichnen: Würfel.

Ähnliche Zusammensetzungen kann man alle Tage finden. Wie soll nun ein Diktat, das noch dazu nach bestimmten orthographischen und grammatischen Rücksichten zugeschnitten ist, es anfangen, diese vollständig fremd nebeneinanderstehenden Unterrichtsstoffe in innige Beziehung zueinander zu bringen? Wer mir das erklärt, erit mihi magnus Apollo.

Fast ebenso verständnislos stehe ich dem Vorschlage des Verfassers gegenüber, man solle durch Diktate in Aufsatzform den Gedankenkreis der Schüler vertiefen und erweitern. Ich will mich nicht aufhalten bei dem „ver-

---

[1] Ist und kann es Zweck des Diktates sein, den Gedankenausdruck zu fördern? Das Diktat hat doch lediglich orthographischen Zwecken zu dienen. Seine Verwendung auch zu grammatischen Zwecken scheint ein Missbrauch des Diktats zu sein.　　　　　　　　　　　　　　　　D. R.

tieften" Kreise, sondern nur auf eins hinweisen. Nach des Verfassers Ansicht ist die Fülle des zu behandelnden Unterrichtsstoffes zu gross. Was folgert er daraus? Etwa die Notwendigkeit, den Stoff zu beschränken? Nein, er lässt die Überfülle ruhig bestehen: das Diktat bringt Hilfe. Die Stoffe nämlich, die man in den übrigen Unterrichtsstunden nicht bewältigen kann, vermittelt man dem Schüler durch Diktate! Nur schade, dass der Schüler bei einem Diktate, welches ausdrücklich zur Einübung und Anwendung einer orthographischen oder grammatischen Regel bestimmt ist, weder die Lust noch die Fähigkeit hat, dem Inhalt der diktierten Sätze seine Aufmerksamkeit zuzuwenden. Mit der „Erweiterung des Gedankenkreises" wird es also nicht viel auf sich haben.

Der Nutzen der vom Verfasser empfohlenen Unterrichtspraxis könnte demnach nur darin bestehen, dass durch die Aufsatzform der Diktate der Gedankenausdruck der Schüler bei weitem mehr gefördert würde, als durch die Darbietung einzelner, inhaltlich zusammenhangsloser Sätze. Allein auch dieser Nutzen ist an zwei Bedingungen geknüpft, die mit dem Diktat an sich und seinem nächsten Zweck nichts zu tun haben. Der diktierte Aufsatz muss nämlich ein mustergültiges Lesestück sein und zweitens als solches behandelt werden, d. h. die Schüler müssen es lesen und wieder lesen, so lange lesen, bis sie imstande sind, es ziemlich wortgetreu wiederzugeben. Das blosse Diktieren des „Aufsatzes" fördert den „Gedankenausdruck" nicht im mindesten. Wer aber wollte die Arbeit des Einlesens und Memorierens nicht lieber an klassischen Prosastücken, als an zusammengedrechselten „Diktaten" vornehmen lassen?

Dennoch würde ich, und zwar lediglich im Interesse der Orthographie und Grammatik, die Diktate in Aufsatzform den zusammenhangslosen Sätzen vorziehen, aus einem psychologischen Grunde, an den der Verfasser nicht gedacht zu haben scheint. Wenn das Kind nämlich weiss, dass es auf bestimmte orthographische oder grammatische Erscheinungen zu achten hat, so kommt ihm der Inhalt der diktierten Sätze zwar nicht deutlich zum Bewusstsein, wohl aber wirkt dieser Inhalt auf seine Tätigkeit ein in der Form mitschwingender Vorstellungen. Je weniger nun diese Vorstellungen zueinander im Gegensatz stehen, desto leichter wird es dem Schüler, den orthographischen und grammatischen Erscheinungen seine ganze Aufmerksamkeit zuzuwenden.[1]

Eisenach.   O. Foltz.

Natur und Schule, Zeitschrift für den gesamten naturkundlichen Unterricht aller Schulen, herausgegeben von B. Landsberg, Allenstein O.-Pr., O. Schmeil, Magdeburg und B. Schmid, Zwickau i. S. 2. Band, 1903. Leipzig und Berlin, B. G. Teubner. Jährlich 8 Hefte, Grossoktav, halbjährlich 6 M.

„Naturwissenschaft und Schule" betitelt sich ein vor 10 Jahren erschienenes Buch von Karl Kollbach, in welchem in sehr sachkundiger und anziehender Weise der hohe Bildungswert sämtlicher naturwissenschaftlicher Disziplinen für Unterricht und Erziehung nachgewiesen und für die heutige Schule nutz- und verwertbar zu machen versucht wurde. Schon Rossmässler[2] war in dem gleichen Bestreben vorangegangen, und in der nunmehr im 2. Jahrgange vorliegenden, vornehm ausgestatteten Zeitschrift „Natur u. Schule", in welcher eine Anzahl mit der gleichen Liebe zur Natur und Schule beseelter Fachmänner, Schulmänner und Naturkundiger zu dem gleichen Zwecke sich zusammengetan haben, begrüssen wir die nachdrück-

---

[1] Dem Nutzen derartiger für einen grossen Kreis von Schulen bestimmter Sammlungen von zusammenhängenden Diktaten wird man wegen der Verschiedenheit der Schulorganisationen und Lehrpläne immerhin skeptisch gegenüberstehen müssen. Auch wird bestritten werden können und müssen, dass das zusammenhängende Diktat als das allein zulässige zu gelten hat.   D. R.

[2] Vgl. Päd. Studien 1903, Heft 3 u. 4: Dr. Kotte, Rossmässlers Bedeutung für die Methodik des naturwissenschaftlichen Unterrichts.

liche, überaus zeitgemässe Fortsetzung des von jenen Männern begonnenen Werkes und Strebens. Der vorliegende zweite Band des Unternehmens muss jeden Freund der Natur und der Schule mit Freude und Befriedigung erfüllen. Die Zeitschrift widmet ihr Interesse namentlich den methodischen Fragen des Unterrichts, bespricht neu aufzustellende oder aufgestellte Lehrpläne und gesetzliche Bestimmungen für den naturkundlichen Unterricht der einzelnen Schulgattungen, bringt in einem besonderen Teile wertvolle „kleine Schulversuche", „Selbstbeobachtetes", eröffnet einen Sprechsaal für alle, welche einschlägige Fragen zu diskutieren wünschen, bringt die Besprechung der Fachliteratur und Neuerscheinungen, räumt auch interessanten geschicht-lichen Fragen den gebührenden Platz ein und verfolgt dabei die Fortschritte der Forschung auf den einzelnen Gebieten, Streitfragen werden erörtert — kurz und gut, was die Zeitschrift wecken und zu grösserer Beachtung und Geltung bringen möchte: Leben und Liebe zur Natur, das pulst und atmet in ihr selbst. Die Vertreter aller Schulgattungen und Richtungen, von der Universität bis zur Volksschule, haben sich in ihr zu gemeinsamer Arbeit zusammengetan — und das ist gewiss gleichfalls ein besonderer, nicht zu unterschätzender Vorzug der Zeitschrift, welche jedem Lehrer der Naturwissenschaften, wie jedem Freunde von Natur und Schule hiermit bestens empfohlen sei.

Stollberg (Erzgeb.)

Dr. Schmidt.

Eingegangene Bücher.

(Besprechung vorbehalten.)

Freytag, R., Darbietungen, Ergebnisse und Zusammenfassungen aus dem heimatkundlichen Unterricht. Altenburg 1903, Pierer. Pr. 70 Pf.

Schöne, Dr. E., Adolf Tromnaus Lehrbuch der Schulgeographie. 2. Teil, 3. Abt.: Das Deutsche Reich. Halle 1903, H. Schroedel. Pr. 2 M.

Berninger, Joh., Ziele und Aufgaben der modernen Schulhygiene. Wiesbaden 1903, O. Nemnich. Pr. 2 M.

Bauer, Dr. med. A., Hygienischer Bilderatlas. Ebenda 1903. Pr. 1,50 M.
— Lehrbuch für den Samariterunterricht an Seminarien etc. Ebenda 1903.

Braunes Rechenbuch, bearb. von H. Hanft. Ausgabe A, Heft 1—3. Pr. 25, 30, 30 Pf. Halle, H. Schroedel.

Martin-Schmidt, Raumlehre, nach Formengemeinschaften bearbeitet. Heft 1—3. Pr. 50, 50, 55 Pf. Berlin, Gerdes u. Hödel.

Martin, P., Der gegenwärtige Stand der Geometrie-Methodik — ein Rückstand? Ebenda 1903. Pr. 75 Pf.

Schmidt, E., Methodik des Zeichenunterrichts in der Volksschule. Halle 1903, H. Schroedel. Pr. 80 Pf.

Meister, R., Liederbuch für Männerchor. Ebenda. Pr. 1,50 M.

Grässner-Kropf, Sammlung geistlicher und weltlicher Gesänge für Männerchor. Ebenda. Pr. 1,50 M.

Monumenta Germaniae Paedagogica, her. von K. Kehrbach, Bd. XXVI: Koacala, Dr. Joh., Die pädag. Reform des Comenius in Deutschland bis zum Ausgange des 17. Jahrh., 1. Bd.: Texte. Berlin 1903, A. Hofmann u. Comp. Pr. 12 M.
— Bd. XXVIII: Diehl, Dr. W., Die Schulordnungen des Grossherzogtums Hessen, 2. Bd., 2. Teil. Ebenda. Pr. ?

Romundt, Dr. H., Kants „Widerlegung des Idealismus". Gotha 1904, Thienemann. Pr. 50 Pf.

Goldschmidt, L., Kant über Freiheit, Unsterblichkeit, Gott. Ebenda 1904. Pr. 80 Pf.

Vogel, Dr. A., Geschichte der Pädagogik als Wissenschaft. 2. Ausg. Gütersloh 1903, C. Bertelsmann. Pr. geb. 4,50 M.

Fénelon und seine Abhandlung über die Erziehung der Mädchen. Von Al. Knöppel. Schroedels päd. Klassiker Bd. XI. Halle a. S. 1903, H. Schroedel. Pr. 80 Pf.

Francke, A. H., Sein Leben u. seine Schriften. 1. Teil von A. Otto. Ebenda 1902. Pr. 1,50 M.

Lange, B. J., Die Pädagogik des Pierre Coustel. Wandsbek 1903, K. Sauermann. Pr. 1,50 M.

Mass, Th., Geschichte des Unterrichts. Thüringer Verlagsanstalt W.-Jena 1903. Pr. 1,50 M.

Maass, B., Die Psychologie in ihrer Anwendung auf die Schulpraxis. 9. Aufl. Umgearbeitet von Lic. Dr. C. Thomas. Breslau 1903, F. Hirt. Pr. 1,60 M.

Regener, Fr., Elemente der Logik. Ebenda 1903. Pr. 2,25 M.

Schwarz, W., Der Denkprozess in psycho-physiologischer Darstellung. Minden, C. Marowsky. Pr. 60 Pf.

Schlichting, C., Über die Pflege des Gedächtnisses. Halle 1904, H. Schroedel.

Schumann-Voigt, Lehrbuch der Pädagogik, 3. Teil: Spezielle Methodik u. Schulkunde. 11. vollständig neubearb. Aufl. Hannover 1904, C. Meyer. Pr. 5 M.

Hohmann, L., Schulpraxis. 1. Teil: Die Schulpraxis im engeren Sinne; 2. Teil: Schulverwaltung, Schulgesetze und schulamtl. Verordnungen. Breslau 1903, F. Hirt. Pr. 3,50 M.

Böttcher u. Kunath, Lehrgang für das Mädchenturnen. Hannover 1904, C. Meyer. Pr. geb. 3,30 M.

Gramzow, Dr. O., Universität u. Volksschullehrer. Minden, C. Marowsky. Pr. 60 Pf.

Nieland, W., Der Kampf um die Jugendschriften. Ebenda. Pr. 60 Pf.

Ratschläge u. Winke für junge Volksschullehrer. Ebenda. Pr. 60 Pf.

Beetz, K. O., Der Stand der Pädagogik im Spiegel der jüngsten Literatur. Berlin 1903, Gerdes u. Hödel. Pr. 1,50 M.

Fröbel, Fr., Die erste Erziehung. Bearbeitet von Fr. Zimmer. Berlin 1903, L. Oehmigke. Pr. 80 Pf.

Lotz, Kathi, Von Kindergärten und Kindergartenbeschäftigungen. Krefeld 1904, G. A. Hohns Söhne. Pr. 75 Pf.

Baumgarten, Dr. med. A., Katechismus der Gesundheitslehre für die Schuljugend Wörishofen 1903, Verlagsanstalt. Pr. 50 Pf.

Fröllch, R., Die tuberkulösen Kinder und die Schule. Minden, C. Marowsky. Pr. 50 Pf.

Kankeleit, A., Fürs Leben. Zum Gebrauch in Oberklassen der Volksschule, in Fortbildungsschulen und zur Selbstbelehrung. Königsberg i. Pr. 1903, Verlag des Pestalozzivereins. Pr. 50 Pf.

Ommer, E. M., Selbstliebe — Egoismus. Bozen 1903, Tyrolia. Pr. 85 Pf.

Festschrift zur Hundertjahrfeier der Musterschule (Elisabethenschule) in Frankfurt a. M. 1903, M. Diesterweg. Pr. geb. 3 M.

Thrändorf, Prof. Dr. E., Das Leben Jesu und der 1. u. 2. Artikel. 3. umgearb. und verm. Aufl. (Thrändorf-Meltzer, Der Religionsunterricht, Bd. IV). Dresden 1904, Bleyl u. Kaemmerer. Pr. geb. 3,30 M.

Gebler, K., Bibelkunde. Breslau 1904, F. Hirt. Pr. geb. 4 M.

John Urquhart, Die neueren Entdeckungen und die Bibel. Übersetzt von E. Spliedt. Stuttgart 1904, M. Kielmann. Pr. geb. 5 M.

Mrugowsky, E., Hilfsbuch für den evangelischen Religionsunterricht. 1. Teil: Die Bibelkunde des Alten Test. Halle 1903, H. Schroedel. Pr. 2 M.

Gottschalk-Meyer, Evangel. Religionsbuch. Ausg. F. (Vereinfachte Ausg.). Bearb. von H. Iversen. Hannover 1904, C. Meyer. Pr. 1 M.

Passarge, F., Präparationen zu 40 Kernliedern etc. 2 verm. Aufl. Ebenda 1904. Pr. geb. 2,80 M.

Bell, Fr., Bilder u. Beispiele für die Predigt u. den Religionsunterricht. Ebenda 1903. Pr. geb. 2,50 M.

Boehmer-Romundt, H., Die Jesuiten. Leipzig 1904, B. G. Teubner. Pr. 1,25 M. Fortsetzung folgt.

Druck von A. Rietz & Sohn in Naumburg a. S.

A. Abhandlungen.

I.

Der Geist von „Sturm und Drang" in der Pädagogik des jungen Herder.

Von Dr. phil. Max Bruntsch in Schneeberg.

Schluss.

II.

Zur speziellen Pädagogik.

Nicht zu einem Naturmenschen in Rousseaus Sinne will sich Herder umbilden, und seine Schule soll nicht solche Naturmenschen erziehen, die in der Zurückgezogenheit leben. Obgleich aber seine Schule für alle Welt erziehen soll,[1] so soll sie doch eine Vaterlands-schule bleiben[2] und womöglich „National- und Provinzialfarbe"[3] bekommen, freilich nicht mehr als Farbe. So erscheint Herder der Gedanke, dass die Zöglinge in der Welt leben und zuerst Menschen, nicht Angehörige eines Landes, nicht Bürger sind, als der wichtigere. Darin berührt er sich mit „Sturm und Drang".

Wie will aber Herder diese Erziehung für die Welt, diese Bildung zur vollen Menschheit verwirklichen, wie will er dem früher angeführten Hauptsatze der frühesten Erziehung gerecht werden, wie will er Einseitigkeiten bei seinen Schülern vermeiden, wie will er Kräfte wecken, originale Denkungsweise, kurz: wie will er seine Zöglinge zu Genies bilden, zu dem Menschenideal emporheben, a d s

---

[1] IV. 401.
[2] IV. 371.
[3] IV. 400.

ihm vorschwebte? Wie will er diesen Forderungen, welche die
Stürmer und Dränger dann zu den ihrigen machten, gerecht werden?
Alle diese Fragen zu beantworten, soll im folgenden versucht werden.

Schon aus Herders Psychologie geht die grosse Bedeutung
hervor, die er der Empfindung einerseits und der Sprache anderseits zumisst. Empfindung und Sprache geben deshalb auch Hauptrichtungen an, in denen sich das pädagogische Nachdenken Herders
erstreckt. Die sinnlichen Empfindungen zu vermitteln und ihnen den
Bildungswert abzugewinnen, den sie haben können, dazu dient in
der Schule der Realunterricht, die übrigen „Sensationen" hat die
Schulen durch die „Bildung des Herzens" dem Zöglinge zu teil
werden zu lassen, und der Sprache dient der Sprachunterricht, besonders der Unterricht in der Muttersprache. Dieser Einteilung
wollen auch wir im weiteren Verlaufe unserer Betrachtung folgen.

4. Kapitel. Herders Anschauungen über den Realunterricht. Wir kommen damit mitten hinein in die Interessensphäre Herders, in die er sich auf seiner Reise und besonders
während der Seefahrt versetzt hatte. Am Schlusse seiner Rigaer
Jahre hatte ihn mit einem Male ein Gefühl innerer Leere, das Bewusstsein, selbst noch recht arm an Naturkenntnissen zu sein, überfallen. Es ist eine wahre Flut von Dingen, die nicht genug betrieben
zu haben, er sich am Anfange seines Tagebuches vorwirft, meist
Dinge, die für ein ausgebreitetes Wirken in der Welt notwendig
sind zu wissen, und solche, die zu einer lebensvollen Weltkenntnis
und zur Natur- und Menschenkenntnis führen. Dazu machte er auf
dem Schiffe noch die Erfahrung, dass er schlecht gelernt hatte, ohne
Bücher und Instrumente· aus der Natur zu philosophieren. Deshalb
der Vorsatz, sich in Zukunft mit allem Eifer den Naturwissenschaften
zuzuwenden, um seinen Heisshunger nach Weltkenntnis und nach
einer Philosophie „über Himmel, Sonne, Sterne, Mond, Luft, Wind,.
Meer,· Regen, Strom, Fisch, Seegrund" zu stillen. Bücher will er
dabei zwar zu Hilfe nehmen, aber er will selbst mitten in der Natur·
sein, um so auch — wenngleich er es nicht direkt ausspricht —
gefühlsmässig die·Natur zu studieren. „Und ich, wenn ich Rollet,
und Kästner und·Newton lesen werde, auch ich will mich unter den
Mast stellen, wo ich sass, und den Funken der Elektricität vom Stoss
der Welle, bis ·ins Gewitter führen, und den Druck des Wafsers,
bis zum Druck der·Luft und der Winde erheben, und die Bewegung
des.Schiffes, um welche sich das Wafser umschliesst, bis zur Gestalt.
und Bewegung der Gestirne ·verfolgen, und nicht eher aufhören, bis
ich mir selbst alles weiss, da ich bis jetzt mir selbst Nichts weiss."[1]

Den Realien überhaupt hatte er von jeher mehr Platz in der·
Schule einräumen wollen. Schon in der Rezension der bereits
erwähnten Millerschen Schrift sagt er: „Im Ganzen hat der Verfasser

[1] IV. 350/51.

nach unserer Meinung völlig Recht, wenn er die Realwissenschaften erweitert",[1] und im Reisejournal spricht die stark an Rousseau an‹ klingenden Worte: „Philosoph der Natur, das sollte dein Standpunkt seyn, mit dem Jünglinge, den du unterrichtest! Stelle dich mit ihm aufs weite Meer, und zeige ihm Fakta und Realitäten, und erkläre sie ihm nicht mit Worten, sondern lass ihn sich alles selbst er‹ klären."[2] •

Auf Grund dieser Ansicht über die Realien und auf Grund seiner Anschauung über die fremden Sprachen, besonders über das Latein, will er „drei völlig unabhängige Realklassen errichten, wo man „für die Menschheit und fürs ganze Leben erntet."[3] Dass in ihnen nicht Wortgedächtnis herrschen wird, welches die Jugend wie eine Kräutersammlung auftrocknet,[4] dafür bürgt der Plan, den er diesem Realunterricht zu Grunde legen will. In Bezug auf die unterste Klasse sagt er: „Die ersten Känntnisse mehr der Natur‹ geschichte als der Naturlehre, mehr von sich als von Entferntem Fremden, von Körper, Seele, merkwürdigen Sachen, die man täglich, braucht, und siehet und nicht kennet, Kaffee und Thee, Zucker und Gewürze, Brot und Bier und Wein u. s. w. Die ganze äussere Ge‹ stalt der Welt, in deren Mitte das lernende Kind stehet, wird er‹ klärt. Er auf den Unterschied, und Ähnlichkeiten und Beschaffen‹ heiten der Thiere geführt, die er so liebt: die gemeinsten Bedürfnisse des Lebens, Erfindungen und Künste ihm gezeigt, damit er sich selbst kennen, in seinem Umkreise fühlen, und Alles brauchen lerne. Das wird ihn zu keinem Fremdlinge in der Welt machen, wo er ist: ihm keine unverstandenen Ideen lassen, die er sonst mit Sprache und Gewohnheit lernt, ihn aufwecken, selbst zu betrachten, und über‹ haupt dem grossen Zwecke nacheifern, ihm das zu erklären, oder ihm die Erklärung von Alle dem finden zu lehren, was ihm die Sprache als Vorurteil einprägt. . . . Hier kommen lebendige Sachen und Kupfer zu Hülfe: er kennet seine Welt: hier wird Alles lebendig: er findet sich, dass das eben dasselbe ist, was er wuste und nicht weiss, zu kennen glaubte und nicht kennet, spricht und nicht denket. Welche Wetteiferungen! welche Revolution in der Seele des Knaben! welche Erregung von unten auf! Eifer, nicht blos Akademisch todter Erklärungen, sondern lebendiger, lebendiger Känntnisse; das erweckt die Seele. Das giebt Lust zu lernen und zu leben: das hebt aus der Einschläferung der Sprache; das lässt sich den Eltern, zum Ruhm der Kinder, vorpredigen, das lässt sich anwenden: das bildet auf Zeitlebens."[5] Diese Stelle und alle weiteren Ausführungen über die erste Realklasse sind typisch für die Sturm‹ und Drangstimmung

---

[1] I. 120.
[2] IV. 350.
[3] IV. 388.
[4] VIII. 321.
[5] IV. 372/373.

des jungen Herder: Richtung auf lebendige Kenntnisse, lebensvolles, lebenweckendes, anzuwendendes Wissen, Feindschaft gegen allen toten Wortkram und gegen die Einschläferung durch die Sprache, Erweckung der Selbsttätigkeit und Hervorhebung dessen, was wirklich menschlich ist.

Erhöht wird dieser Eindruck, den wir von seinem Streben nach lebensvollem Unterricht haben, wenn wir noch beachten, wie weit er den Begriff „Realien" fasst und wie lebendig und anschaulich er diese Kenntnisse darbieten will. Er selbst will auf seiner Reise alles kennen lernen, er will von dem, was sonst nicht immer zu haben ist, ein „physisches Kabinett" einrichten, er will auch die Werkstätten der Handwerker aufsuchen; denn „ein Schüler, der von Künsten und Handwerken ohne lebendige Anschauung allgemein hin schwatzt, ist noch ärger, als der von Allem nichts weiss."[1]

Wir können es Herder nachfühlen, wie er, von der einstigen Verwirklichung dieses Planes Grosses erhoffend, selbst innerlich erregt gewesen sein mag; wir können ihm zustimmen, wenn er in solchem Hochgefühle ausruft: „Mit einem solchen Anfange wird er (der Zögling) nie der Wissenschaften und noch weniger des Lebens überdrüssig werden; nie seine Schulzeit beklagen: sich nie in einer anderen Welt gebohren zu seyn wünschen, weil ihm durch keine andre der Kopf verrückt ist, und die seinige sein erster Horizont wurde."[2]

Obwohl Herder den Systemen der „hohen" Philosophie feind war, so liess er sich dadurch doch nicht zur Einseitigkeit fortreissen. Schon in der zweiten Realklasse will er mehr Zusammenhang und Allgemeinheit in den Unterricht hineinbringen, um endlich in der dritten Klasse mit dem ersten Schritte von der Erfahrung zum Raisonnement, zum Systeme zu gelangen, das auf solche Art nicht zu frühe System der Erziehung wird, aber auch nicht zu spät kommt: „es schichtet die Seele, gibt der Jugend den letzten Druck, und Aussichten auf die ganze Zeit des Lebens."[3]

Nun kann er auch mit seinem Zöglinge zur abstrakten Philosophie und zur Metaphysik übergehen, mit denen man sonst zu frühzeitig anfängt, die aber jetzt unentbehrlich sind und auch eine ganz andere Gestalt annehmen. Die Philosophie ist nunmehr das Resultat aller Erfahrungswissenschaften, ohne die sie freilich nichts als eitle Spekulation wäre, hinter denen sie aber der bildendste Teil ist: „Die Psychologie, was ist sie anders, als eine reiche Physik der Seele? Die Cosmologie anders, als die Krone der Newtonischen Physik? Die Theologie anders, als eine Krone der Cosmologie, und die Ontologie endlich die bildendste Wissenschaft unter allen."[4]

[1] IV. 373.
[2] IV. 372.
[3] IV. 382.
[4] IV. 383.

So lebhaft die Tendenzen der Genieperiode in Herders Anschauungen über den Realunterricht zur Geltung kommen, so vermögen sie doch an keiner Stelle, was besonders durch seine Ansichten über das System und die Philosophie im Unterrichte
dokumentiert wird, Herder in diesem Teile der Pädagogik vom
richtigen Wege abzuführen. Wir können deshalb am Ende dieses
Kapitels als abschliessendes Urteil aussprechen: der Geist von Sturm
und Drang ist vorhanden, er prägt sich in den charakteristischen
Zügen aus, aber er zeigt sich in besonnener, mässiger Weise.

5. Kapitel: Herders Plan zur Bildung des Herzens.
Der doppelten Auffassung von Empfindung, Sensation, entsprechend,
nimmt Herder neben den sinnlichen auch auf die geistigen Sensationen
Rücksicht. Sie sollen vermittelt werden durch die Klasse zur Bildung
des Herzens, des für die spätere Sturm- und Drangzeit wichtigsten
Teils am Menschen, des Mittelpunktes aller Lebensäusserungen. „Für
das Herz gehört eben eine solche Klasse."[1]
Als erstes Bildungsmittel dafür wird der Katechismus Luthers
genannt. Die näheren Bestimmungen hierzu sind wieder charakteristisch für den auch darin waltenden Geist der Genieperiode:
„Recht innig muss er auswendig gelernt werden ... Erklärungen
über ihn sind ein Schatz von ... Menschenkänntnissen." Besonders
in Bezug auf das Religiöse in diesem Unterrichte tritt das Bestreben,
gefühlsmässig auf die Kinder zu wirken, hervor: „Das Abendmal
ist das, worauf sie zubereitet werden sollen und nicht zeitig und
innig genug zubereitet werden können. Das soll einer meiner
grösten Zwecke seyn, dies Sakrament würdig zu machen, es zu erheben, die Confirmation in alle Feier ihres Ursprungs zu setzen, und
die ersten Eindrücke so ewig zu machen, als ich kann. Dazu will
ich Karfreitag und Alles Rührende zu Hülfe nehmen, um es wenigstens
von aussen so ehrwürdig zu machen, als ich kann: die ersten Eindrücke in ihrem ganzen Einflusse aufs Leben zu zeigen, den Pöbel
zu empören, die schönen Geister zu überzeugen, die Jugend zu er-
bauen."[2]
Weiter ist bezeichnend für die Sturm- und Drangstimmung, dass
neben dem Katechismus Luthers der Katechismus der Menschheit,
den er kurz vorher entworfen hat und der noch zu besprechen sein
wird, der Bildung des Herzens dienen soll, um für seinen Teil
menschlich zu bilden. Auch hierbei ist Methode und Zweck
charakteristisch: alles werde „lebendig erzählt, wiedererzählt, nie
gelernt, nie Pedantisch durchgefragt und durchgeknätet: so bildet
sich Seele, Gedächtniss, Charakter, Zunge, Vortrag, und nachdem
wird sich in späterer Zeit, auch Styl, auch Denkart bilden. Mit
jedem solcher Geschichten" — der Katechismus der Menschheit

---

[1] IV. 375.
[2] IV. 375.

nimmt seinen Stoff zumeist aus der Geschichte, der biblischen, wie
der profanen — „wird die Seele des Knaben in einen guten Ton
gewiegt: der Ton trägt sich stille fort, wird sich einprägen, und
auf ewig die Seele stimmen."[1])

Nicht kalte, nüchterne Moral will er lehren, sondern in die Tiefe
der Menschenseele durch innige und lebensvolle Darstellung dringen,
nicht abstossend wirkende Pflichtgebote will er auswendig lernen
lassen, sondern gefühlsmässig auf das Innere des Menschen wirken;
die Seele des Kindes will er in einen guten Ton wiegen, um sie
ewig auf diesen Ton zu stimmen. Der Gefühlsphilosoph Herder
zeigt sich recht deutlich.

Leider wird diese Seite der Herderschen Jugendpädagogik bei
der Besprechung, wie sie in der zweiten Klasse zur Geltung kommen
soll, von den Gedanken über die sachlich-wissenschaftliche Bildung
fast überwuchert. Nur in einer kurzen Bemerkung kommt er darauf
zurück. Das Religiöse hat schon einen mehr gelehrten Anstrich erhalten, und vom Katechismus der Menschheit heisst es nur, dass
mit ihm fortgefahren wird und dass er das Buch zur Bildung ist.[2])
Herders Seele ist nicht mehr dabei, der Hauch der inneren Anteilnahme ist dem Plane zur Bildung des Herzens genommen. Bei der
Erörterung über die dritte Klasse kehrt dieser Plan nicht wieder.
Der der Sturm- und Drangrichtung so entsprechende, später (in der
Schrift „Vom Erkennen und Empfinden der menschlichen Seele")
von Herder vertretene Gedanke, dass Genie Charakter werden
müsse, scheint ihn im Jahre 1769 noch nicht beschäftigt zu haben.
Wir müssen darauf verzichten, über diese Seite der Menschenbildung
im Schulplane weitere Auskunft zu erhalten. —

Wir haben damit erschöpft, was Herder den jungen Seelen an
realem Inhalte geben will: Realien im weitesten Sinne des Wortes
und Bildung des Herzens. Wie sich darin der Geist von „Sturm
und Drang" zeigt, darauf ist bereits bei den einzelnen Gelegenheiten
hingewiesen worden. Es erübrigt nur noch, ein weiteres, vielleicht
das wichtigste Moment zur Geltung zu bringen, das jetzt erst erörtert werden kann, da es bei der Darbietung beider Arten von
Sensationen erstrebt werden muss: es ist die Bildung des Genies.
Schon bei der Darstellung der Herderschen Psychologie ist gezeigt worden, wie er sich dessen Entstehung denkt. Auf die
von Herder erstrebte Selbsttätigkeit des Zöglings ist auch jetzt
wieder hingewiesen worden. Kommt dazu noch die eigne Art des
Empfindens, dann erwächst daraus ganz von selbst das Genie, das
Originalgenie: „Das ist der Weg, Originale zu haben, nehmlich sie
in ihrer Jugend viele Dinge und alle für sie empfindbare Dinge
ohne Zwang und Präoccupation auf die ihnen eigne Art empfinden

---

[1]) IV. 376.
[2]) IV. 381.

zu lassen. Jede Empfindung in der Jugendseele ist nicht blos was sie ist, Materie, sondern auch aufs ganze Leben Materie: sie wird nachher immer verarbeitet, und also gute Organisation, viele, starke, lebhafte, getreue, eigne Sensationen, auf die dem Menschen eigenste Art, sind die Basis zu einer Reihe von vielen starken, lebhaften, getreuen, eignen Gedanken, und das ist das Original Genie."[1].

Wir sind damit in der Pädagogik des jungen Herder durch den Realunterricht und die Bildung des Herzens bereits bis zu seinem Idealmenschen, bis zum Idealmenschen der ganzen Zeit, bis zum Genie, aufgestiegen. Jeder der Stürmer und Dränger wollte es sein, nach ihm wurde die ganze literarische Richtung benannt. Doch ist noch einmal zu betonen, dass das Genie Herders einen sehr gemässigten Charakter hat.

6. Kapitel. Herders Anschauungen über den Sprachunterricht. Neben dem Nachdenken über das, was den jungen Seelen an Stoff darzubieten ist und wie sie zu schöner Menschlichkeit gebildet werden können, bewegte Herder noch eine andere Materie, die mit jener im innigsten Zusammenhange für ihn steht: die sprachliche Bildung der Schüler. Dreierlei hatte ihn dafür erregt: die Überzeugung, dass Sache und Wort, Gedanke und Ausdruck in innigster Verbindung stehen, der elende Zustand, in dem sich die Lateinschulen zu seiner Zeit befanden, und die völlige Vernachlässigung der Muttersprache.

a) Herders Anschauungen über die Muttersprache.[2] Wir haben gesehen, wie lebensvoll Herder die Umwelt und die Menschheit dem Zöglinge nahe bringen wollte, wie er alle seine Sinne der Welt öffnen möchte, ihn mit reicher Kenntnis derselben auszurüsten, und wie er auch bestrebt war, das Innenleben des Knaben edel zu stimmen. Alles dies muss doch schliesslich in der Sprache seinen Ausdruck finden. Auch sie soll vom Leben und dem Gefühle des Erlebten durchdrungen sein; jedes Wort soll Leben atmen und Leben wirken, recht innig und machtvoll. Das ist aber, wie schon oben gezeigt wurde, durch keine andere Sprache möglich als durch die, mit deren Worten sich von der ersten Kindheit an diese Lebensempfindungen verknüpft haben, durch keine andere als die Muttersprache. Sie muss schon deshalb bei Herder im Schulunterricht den wichtigsten Platz einnehmen.

Nicht bloss im Reisejournal, in allen seinen Schriften, auch aus früheren Jahren ist er dem entsprechend für den Unterricht in der deutschen Sprache eingetreten. In der Rezension von Bodmers Grundsätzen der deutschen Sprache z. B. beklagt er es, dass noch

---

[1] IV. 454.
[2] Vgl. hierzu die schon erwähnte Abhandlung von Dr. Hänsch, Darstellung und Kritik der Gedanken Herders über die Muttersprache. Päd. Stud. XXIII S. 337—349 und S. 369—393.

auf so wenigen Schulen Deutsch gelehrt werde.[1] In seiner Schule
soll es allen andern Sprachen vorangehen: „Die erste Klasse der
Sprache sei also Muttersprache",[2] und sie „dauret so lang, als Unterricht in den Wissenschaften dauret, und ist nach unsrer Methode
untrennbar von den Gedanken."[3]

Schon diese Würdigung der Hervorhebung der Muttersprache,
der deutschen Sprache, ist ein für Sturm und Drang charakteristischer
Zug der Herderschen Pädagogik. In seinen Ansichten über die
Muttersprache zeigt sich indes noch weitere Verwandtschaft
mit jener literarischen Bewegung, die deshalb noch dargelegt
werden muss, weil wir annehmen dürfen, dass sich Herder auch
einen diesen Anschauungen entsprechenden Sprachunterricht gewünscht hat.

Dass nach Herder die originale Anschauungs- und Auffassungs-
weise zu originaler Denkart führt, ist schon gezeigt worden. Es ist
nun weiter seine Überzeugung, dass die originalen Gedanken auch
in einer originalen Sprache ihren Ausdruck finden müssen. „Hier
ist davon die Rede, dass wenn ein originaler Geist seinem Gedanken
freie Wendung und Schwung lässt, wenn er in seiner Muttersprache
schreibet, sich in seiner Muttersprache lebendig und in Büchern zu
einem Manne, der seiner Nation werth ist, gebildet hat: so werde
der von selbst Idiotistisch schreiben, d. i. nicht so, wie z. E. unsre
Classischen Süsslateiner, bei denen jedes Wort, und jede Periode
aus dem Latein übersetzt scheint; sondern ursprünglich aus der
deutschen Sprache, mit der freien, festen und sicheren Art, die in
der Kunst heisst keck malen", oder wie er etwas weiter unten sagt:
„. . ich weiss nicht, wie es denn bei jedem Schriftsteller, der auf
seine Kosten denkt, anders sein könne, als dass er auch auf seine
Kosten spreche."[4] Es ist deshalb selbstverständlich, dass er die
idiotistische Schreibart nicht darin erkennen will, dass man Idiotismen
im blossen Wortbau ausklaubt, ohne Idiotismen von Gedanken zu
haben.[5] Den Unterschied zwischen seiner und Bodmers Auffassung
von idiotistischer Schreibart bezeichnet er demgemäss mit folgenden
Worten: „Der Fragmentist nimmt Idiotism als Farbe der ganzen
Schreibart; der Schweizer einige ausgeklaubte Sprüchwörter."[6]

Wir erkennen auch in dieser Auffassung von idiotistischer
Schreibart den Geist von Sturm und Drang als wirksam. Er tritt
noch mehr hervor, wenn wir die Konsequenzen verfolgen, die Herder
daraus zieht. Auf Grund dieser Anschauung sieht er die Dunkelheiten in der Schreibart eines jungen Genies, die in der Dunkelheit

---

[1] IV. 301.
[2] IV. 389.
[3] IV. 400.
[4] II. 306.
[5] ebenda.
[6] ebenda.

seiner Begriffe ihre Quelle haben, für dreimal besser an, als jenes langweilige Plappern, mit vielen deutlichen Worten nichts zu sagen.[1]) Aus demselben Grunde sind ihm die deutschen Schriftsteller teuer, die vielleicht bei tausend Fehlern ihrer Sprache mächtig sind, dieselbe auf eine gewisse eigene Art behandeln. Von diesem Standpunkte aus bequemt sich nur der mittelmässige Skribent nach dem ordentlichen Wege, während das kühne Genie das so beschwerliche Ceremoniell durchstösst.[2]) Von diesem Standpunkte aus wendet er sich gegen den Missbrauch, der mit dem Wort „klassisch" von den Kunstrichtern getrieben wird. „Kein ungewagtes Wort soll gewagt, kein Ausdruck aus dem gemeinen Leben aufgenommen werden, der nicht schon in Büchern abgedroschen ist: kein Eigensinn kann erlaubt werden, so bald er ein Eingriff in eine Regel seyn kann. Kunstrichter wünschen nichts so sehr, als geläufigen Stil, Ausdrücke, die für alle Sprachen geräumig, für alle Denkarten gedehnt genug sind, und das, was so recht nach ihrem Sinne, wo keine Regel beleidigt, keine neue Freiheit gewagt ist, wo alles in langsamen Schritt, wie ein beladener Maulesel, trabet, das ist Classisch."[3]) Darum tadelt er die Gottschedianer um ihrer gedankenlosen, wässerigen, ebenen, breiten Schreibart willen; aber Abbt rühmt er als idiotistischen Schriftsteller nach seinem Herzen.[4])

Es ist nur eine weitere Konsequenz dieser seiner Anschauung von idiotistischer Schreibart, wenn er weiter behauptet, dass auch jede Sprache als solche idiotistisch ist, und wenn er sich bemüht, das Idiotistische der deutschen Sprache festzustellen.

Endlich muss auch noch auf einen Zug der Herderschen Auffassung von der Muttersprache hingewiesen werden, in dem er sich ebenfalls mit der Genieperiode berührt: es ist die Vorliebe für die „Macht- und Klangworte" und der Wunsch, diese seiner Sprache aus der älteren deutschen Sprache wiederzugewinnen. Deshalb möchte er die Quellen unserer Sprache, die älteren Schriftsteller und Dichter, unter ihnen besonders die schwäbischen Minnesänger und Luther wieder aufgesucht wissen, um „an ihnen Saft und Stärke zu trinken: ein Trank, der unserer ermatteten lächzenden Schreibart gewiss gut thun müste."[5])

Fragen wir nun noch, wie sich Herder den deutschen Sprachunterricht selbst gedacht hat, so müssen wir uns in der Hauptsache an zwei Stellen Auskunft geben lassen: im „Journal meiner Reise" und im zweiten Stück des Torsos „Über Thomas Abbts Schriften", das bei Suphan[6]) aus der Handschrift abgedruckt ist.

[1]) I. 214.
[2]) L 166.
[3]) II. 47.
[4]) Vergleiche zu dieser ganzen Materie die schöne Stelle I. 402/403, wo er den Originalschriftsteller schildert und uns einen tiefen Blick in dessen Seele tun lässt.
[5]) II. 43. Vgl. auch II. 42 und 248.
[6]) II. 295 ff.

Entsprechend der Überzeugung, dass mit den Dingen und Gedanken auch der sprachliche Ausdruck gegeben ist, sich von selbst
einstellt, bekämpft er die Art, die Muttersprache nach Regeln der
Grammatik zu lehren. Sein Sprachunterricht geht vielmehr den
Weg von den Dingen, Gedanken und Gefühlen zum sprachlichen
Ausdrucke. „Die ganze erste Klasse von Naturhistorie ist ein
lebendig Philosophisches Wörterbuch der Begriff um uns, sie zu
erklären, zu verstehen, anzuwenden: ohne Pedanterie der Logik,
ohne Regeln der Grammatik. Die ganze erste Klasse der Geschichte
ist Übung in der leichtesten, lebendigsten Syntaxis, in der Erzälung
des historischen Styls. Die ganze erste Klasse für die Empfindungen
ist Rethorik, erste Rethorik der Sprachenergie: alles lebendige
Uebung."[1] Die erste Klasse kommt über das Sprechen nicht
hinaus,[2] erst die zweite schreibt. Auch dieses hat wie das Sprechen
lebensvoll zu geschehen: „Lass den Schüler die Erfahrungen und
Versuche, die er sieht, in aller Wahrheit aufschreiben: die Bilder
der Historie und Geographie in allem ihrem Lichte aufschreiben:
die Einleitung in die Geschichte der Religion und Menschheit in
aller Stärke aufschreiben: und er hat alle Uebungen der Schreibart,
weil er alle der Denkart hat.[3] Ausführlich legt er dar, wie viel er
sich von diesem Unterrichte verspricht: der Schüler lernt „Reichtum
und Genauigkeit im Vortrage der Wahrheit: Lebhaftigkeit und
Evidenz, in Bildern, Geschichten und Gemälden: Stärke und un-
aufgedunstete Empfindung in Situationen der Menschheit." Wie
Herder hier wieder das Lebensvolle hervorhebt, so tritt an den
weiteren Vorzügen, die er seiner Methode zuschreibt, deutlich
hervor, als wie innig verknüpft er alle Äusserungen des geistigen
Lebens ansah.

Dass Herder über seinen Bemühungen, dass der Schüler durch
Sehen, Hören, Fühlen, Beschreiben, Erzählen rühren lerne, die
formelle Seite der Sprachbildung nicht ganz vernachlässigen. wollte,
dafür sprechen die beiden Wege, die er im „Torso" für den Unterricht in der Muttersprache mit der Bemerkung empfiehlt, dass er
für ihre Richtigkeit stehen könne, wobei er sicher an seine Erfahrungen während der Rigaer Lehrtätigkeit denkt, wo ihm ja der
Unterricht im Stil anvertraut war.[4] Diese Wege hier genauer zu

---

[1] IV. 389.
[2] IV. 392.
[3] IV. 390.
[4] Leider sind die Nachrichten über Herders praktische Tätigkeit im Schulamte
zu sehr nur allgemein rühmender Art; ein wirklich anschauliches Bild, das auch die
feinen Züge seiner Wirksamkeit zeigte, das uns einen Vergleich derselben mit seinen
theoretischen Anschauungen ermöglichte, haben wir nicht. Ob etwa Jegor v. Sievers,
Herder in Riga, wo die Urkunden über Herders dortige Tätigkeit zusammengestellt
sind, nähere Auskunft gibt, ist mir nicht bekannt, da ich das Buch nicht erhalten
konnte. Hier haben wir nun einmal einen Hinweis Herders auf die Art, wie er seinen
Unterricht erteilt hat.

betrachten, kann hier nicht Zweck sein, da sie für Herders Sturm-
und Drangrichtung nicht charakteristisch sind. Nur darauf sei hingewiesen, dass der Faktor der Sprachbildung, der hier noch angeführt ist: die Bildung des Ohres für die Schönheit der Sprache
.durch Lesen, also die Bildung der eignen Sprache an der Sprache
anderer, im Sinne Herders, der doch immer auf idiotistische Schreibweise dringt, immer Originalschriftsteller wünscht, nicht überschätzt
werden darf, zumal Herder selbst in den Fragmenten vor zu vielem
Lesen warnt: „Gewinnt der Ausdruck, weil er Belesenheit zeigt? —
Es kann seyn, aber je mehr Schriftsteller ich gelesen: je mehr ich
aus ihnen Nahrung gezogen: desto unbestimmter muss meine Schreibart werden, und ihren Charakter verlieren!"[1]) Was dort im Hinblicke auf das Latein gesagt ist, dürfen wir sicher auch auf die
deutsche Sprache anwenden, ohne Gefahr zu laufen, Herder dadurch
falsch aufzufassen.

Besonders deutlich zeigt sich aber seine Verwandtschaft mit
„Sturm und Drang" in der energischen Bekämpfung des zu seiner
Zeit üblichen trockenen, pedantischen, schablonenhaften Sprach-
unterrichtes. Im „Torso" sagt er in Beziehung darauf: „Wozu also
unsere Periodische Schulübungen für unsre Sprache?" . . . Sie sind
„für unsere Deutsche Wohlredenheit — unausstehlich fremde, . . .
als Deutsche Schulübung, als erste Deutsche Redeübung, als Regel
des Wohlschreibens, und Übersetzens — sind sie ein unterdrücken-
des Joch . . . Und steht nicht auf diesem Periodengrunde das ganze
Gebäu unsrer Schuloratorien? Eben hierauf bauet man ja alles, und
weiss nichts besseres, als nach einer Undeutschen Periodologie eine
so Gott will! schöne Ausschmückung des Perioden durch Tropen
und Figuren anzupreisen. Dieser Auskehricht nimmt den ersten und
wichtigsten Theil der Redekunst ein, und endlich werden die Arten
der Schreibart, Brief, Dialog, Erzählung u. s. w. als etwas sehr ent-
behrliches dazu gethan, da sie doch alle, sämtlich und sonders, nicht
auf den Periodengrund passen, da dieser alles in ihnen verderben
muss, da jedes von ihnen seinen eigenen Boden haben, und als ein
eigner besonderer Vortrag der Denkart betrachtet werden sollte.
Ich weiss unter unsern Theorien fast keine, die mehr Mitleid verdiente."[2]) Im Reisejournal kommt er ebenfalls auf diese Art des
Unterrichts zu sprechen. Hier gibt er den Grund für seine Abneigung
dagegen an: Diese „Methode verdirbt in Briefen, Reden, Perioden,
Chrien und Versen auf ewig: sie verdirbt Denk- und Schreibart:
gibt nichts, und nimmt vieles, Wahrheit, Lebhaftigkeit, Stärke, kurz
Natur: setzt in keine gute; sondern in hundert üble Lagen, auf
Lebenszeit, macht Sachenlose Pedanten, gekräuselte Periodisten,

---

[1]) I. 407.
[2]) II. 342/343.

elende Schulrhetoren, alberne Briefsteller, von denen Deutschland voll ist, ist Gift auf Lebenszeit."[1])

Auch die Ablehnung der üblichen Methode im deutschen Sprachunterrichte wird also begründet mit Motiven der Sturm- und Drangperiode, mit dem Hinweise auf den Mangel an Sachen, Empfindungen, Gefühlen, mit dem Hinweise auf das Fehlen eines lebensvollen Inhaltes, auf das Fehlen der Natur.

Wir sehen in der Stellung Herders zum Unterrichte in der deutschen Sprache alle Tendenzen vereint, welche die Stürmer und Dränger für die Muttersprache geltend machten. Sie müssen vorhanden sein, da „Sturm und Drang" in dieser Beziehung wohl am meisten von Herder abhängig gewesen ist.

b) Herders Stellung zu den fremden Sprachen. Wir kommen von der Muttersprache her in dies neue Gedankengebiet Herders. Deshalb sei zuerst eine Stelle aus den Fragmenten angeführt, in der Herder das Verhältnis der fremden Sprachen zur Muttersprache bestimmt: „Nicht um meine Sprache zu verlernen, lerne ich andre Sprachen . . . sondern ich gehe blos durch fremde Gärten, um für meine Sprache, als eine Verlobte meiner Denkart, Blumen zu holen . . . Wenn ich mich meiner Heimath entziehe und mich in fremden Sprachen weide, ahme ich Kleist Bienen nach,

> — — — — — Die in zerstreuten Heeren
> Die Luft durchsäuseln, und fallen auf Klee und blühende Stauden
> Und dann heimkehren zur Zelle mit süsser Beute beladen
> Und liefern uns Honig der Weisheit."[2])

Vielleicht würdigt hier Herder weniger als sonst die fremden Sprachen; um so nachdrücklicher tritt noch einmal hervor, wie hoch er die Muttersprache wertet.

Aber auch die fremden Sprachen, besonders die alten im Vergleich zu den neuen erscheinen ihm nicht gleichwertig. Ihr Verhältnis hat er schon 1764 in der Abhandlung „Über den Fleiss in mehreren gelehrten Sprachen" folgendermassen bestimmt: „Die Alten soll sie (die Jugend) lesen, damit sie im Denken gründlich, im Ausdruck genau und schön sey! Die Neuen mit dreifachem Fleiss betrachten, um ihre Wendungen, ihren Witz sich eigen zu machen."[3]) Im „Torso" wiederholt er 1768 dasselbe Urteil in verschärfter Form: „Immer, glaube ich, besser, die vortreflichsten Neuern ohne die Alten (in ihrer Originalsprache) als diese ohne jene gekannt." Die Begründung dafür ist hier aber eine tiefere und eine vielmehr dem Sturm- und Dranggeist entsprechende: „Da die Sprachen der Alten todt sind: so verfällt man durch blosse Nachahmung derselben nur

---

¹) IV. 390.
²) I. 401/402.
³) XXX. 13.

gar zu leicht selbst in Tod: man betrachtet ihre Poesie und Redner-
kunst nur gar zu gern als blosse modos linguarum: ihre Wissenschaften und Geschichte als eine Gedächtnissache: und ihre ganze
Denkart wird Philologie. Bei den Neuern wenigstens geniesse ich
lebendige Sprachen, eine lebendige Welt, Sachen, die näher der
Anwendung sind und weniger also in Wortgrübelei ausarten können.
Ich sehe Gegenstände, die mich ruffen, Aussichten, die ich durch-
wandere, Lücken, die ich erfülle, Mängel, die ich ersetzen soll. Die
Alten sind, um meinen Geschmack zu sichern, meine Gelehrsamkeit
zu gründen; die Neuern meinen Geschmack zu versuchen und zu
vergnügen, meine Gelehrsamkeit anzuwenden, und weiter fortzubringen."[1] In den Fragmenten macht er ausserdem noch den
Gesichtspunkt geltend, dass „eine todte Sprache, die ich nach
Regeln der Grammatik lerne, notwendig äusserst einschränkt, weil
nach diesen Gesezzen der Gedanke sich richten muss, dagegen in
lebendigen Sprachen schon eher das Gesezz sich nach dem Gedanken richtet;"[2] ja, er fürchtet sogar, dass uns alle Originalschriftsteller geraubt werden würden, wenn keiner Schriftsteller werden
sollte, der nicht die Alten gelesen.[3]

Wir sehen hieraus, was ihm ausschlaggebend für die Beurteilung
der fremden Sprachen und ihre Rangordnung ist: die Frage, wie
weit sie Leben, Tätigkeit, Wachstum, Originalität gestatten und
fördern oder verhindern; wir sehen also auch hier den Geist von
„Sturm und Drang" wirksam.

Betrachten wir nun, welche Stellung Herder zu jeder der
fremden Sprachen einnimmt! Da bei ihm die Frage nach der Berechtigung des Lateins im Unterrichte am eingehendsten erörtert
wird, so soll sie auch zuerst behandelt werden.

1. Herders Stellung zum Latein. Die energische Ablehnung des Lateins, das er in den Fragmenten und im Reisejournal
mit allem Feuer seiner Beredsamkeit bekämpft als ein im Vordergrunde der Schulbildung stehendes Unterrichtsfach, ist ebenso typisch
für die Pädagogik des jungen Herder, wie die Gründe, die er gegen
dasselbe geltend macht, charakteristisch sind für den Geist von
„Sturm und Drang", der diese Betrachtungen durchweht.

Es erscheint ihm schon an dem historischen Hergang der Erneuerung der Wissenschaften als ein Schaden, dass sie sich sogleich
in die neurömische Kleidung einhüllten und in dieser Gestalt den
Völkern erschienen, dass man bei der äusseren Schale stehen blieb
und lernte, was die Alten gedacht, statt wie sie zu denken, dass
man ihre Sprache lernte, statt wie sie sprechen zu lernen. Was
er hier beklagt, das ist die mangelnde Selbsttätigkeit, die Unter-

[1] II. 361/362
[2] I. 404.
[3] I. 162.

drückung des eigenen Denkens durch die äussere Form. Dies zeigt sich noch deutlicher, wenn er sagt: „Man weiss, wie wenig Originalen Geist man in diesen übrigens sehr verdienten Philologen antrifft: und man muss über die Schwäche des Menschlichen Geistes die Achseln zucken, wenn man sieht, wie das Denken unter der Last der Gelehrsamkeit erliegt, wie die Erfindung sich bei dem künstlichen Nachahmen zerstreuet, und die schöne fremde Sprache den Dialekt des Landes zäumet."[1]) Zugleich kommt in den angeführten Worten ein neuer Grund gegen die lateinische Sprache zur Geltung: die Unterdrückung der Landessprache durch diese. Ihn führt er kurz darauf wieder ins Feld, wenn er behauptet, dass der ganze Schade in der Bildung früherer Jahrhunderte darin bestand, dass man die deutsche Sprache als keine gelehrte Sprache ansah und dass in jener Zeit bloss die lateinische Sprache als die unsrige zurückgehalten habe, und er bezeichnet es als eine „wahre Schande" dieser Zeit, „dass es grosse und schönlateinische Schriftsteller dieser Zeit gibt, die in ihrer Sprache Barbaren waren."[2])

„Die lateinische Form", meint er, „hat sich von diesem zarten Alter an sehr erhalten: der Zuschnitt der Gelehrsamkeit, die Stiftung und Einrichtung der Akademien, die Zunftgesezze der Litteratur, die Schulen und die Bildung im Ganzen ward Römisch — und ist es noch."[3])

Die beiden angegebenen Gründe, die er gegen die lateinische Bildung überhaupt und gegen die lateinische Sprache im besonderen geltend macht, sind in Herders Augen von so gewichtiger Art, dass es nicht verwunderlich erscheinen kann, wenn er Wandel schaffen möchte. Nach seiner Ansicht soll das Latein zwar unsere gelehrte Sprache bleiben, da sie ein Band der Nationen ist; sie soll Sprache der Forscher des Altertums bleiben; sie soll in allen Sachen ihre Stimme haben, wo die Alten erklärt, ausgelegt und in ihren Schönheiten vorgezeigt werden; sie soll also das Werkzeug der Gelehrsamkeit bleiben:[4]) aber in den Schulen darf sie die Alleinherrschaft nicht weiter behaupten. „So bald man es zu einem letzten Zweck macht, Lateitisch zu lernen; und diese an sich so angenehme und nützliche Sprache nicht blos als Mittel gebraucht, um durch sie Geschichte zu lernen, in den Geist grosser Männer zu blicken, und gleichsam das ganze Gebiet einer ausgebildeten vortrefflichen Sprache sich zu eigen zu machen: so wird den Musen Latiums zu viel Raum in den Schulen und zu viel Antheil an der Erziehung gelassen. Ich dehne dies bis auf einzelne Stücke aus: so bald die Erklärung eines Autors, oder der Autor selbst, der Jugend nichts

---

[1]) I. 370/371.
[2]) I. 373/374.
[3]) I. 371/372.
[4]) I. 413.

als Worte und Mechanischen Styl zu lernen gibt: so bald die
Methode eines Lehrers oder die Materie der vorgegebenen Übungen
auch nur zum Hauptzweck hat, die Wahl und Stellung der Worte
Grammatisch genau einzuprägen: und wenn sie gar in dem ganzen
Plan einer Schule oder einer Unterweisung ein gewisser Lateinischer
Geist herrscht, der auf der andern Seite die grössten Mängel nach
sich ziehen muss: so opfert man der Lateinischen Sprache, sie sey
so schön und nützlich, als sie wolle, zu viel auf."[1]

Hier taucht zugleich ein neuer Grund gegen das Latein in den
Schulen auf: die Abneigung gegen den geistlosen grammatischen
Betrieb derselben. Dieser muss zu Herders Zeit der herrschende
gewesen sein; denn es fehlt bei Herder nicht an Stellen, wo er den
Lateinunterricht in düsteren Farben malt. In den Fragmenten klagt
er: „Seufzen muss der Menschenfreund, wenn er sieht, wie in den
Schulen, die mit dem Namen: Lateinische Schulen prangen, die erste
junge Lust ermüdet, die erste frische Kraft zurückgehalten, das
Talent in Staub vergraben, das Genie aufgehalten wird, bis es, wie
eine gar zu lange zurückgehaltene Feder seine Kraft verliert . . .
Unterdrückte Genies! Märtrer einer blos Lateinischen Erziehung!
o könntet ihr alle laut klagen!"[2] Sicher hat er auch den Lateinunterricht der damaligen Zeit im Auge, wenn er im Reisejournal
sagt: „Mit ihr gehen die besten Jahre hin, auf eine elende Weise
verdorben: sie benimmt Muth, Genie und Aussicht auf alles."[3] In
direkter Beziehung auf die Schule lesen wir noch einmal gegen den
Schluss: „Gehe also in eine Schule der Grammatiker hinein, eine
Welt älternder Seelen unter einem veralteten Lehrer,"[4] was freilich
die Lateinschulen jedenfalls nicht allein, sondern auch den Unterricht
in der Muttersprache treffen soll.[5]

Die Frage nun: „Ist die Lateinische Sprache Hauptwerk der
Schule?" beantwortet er mit einem entschiedenen Nein.[6] Es ist
eine der ersten auf seinen Schulplan bezüglichen Bemerkungen:
„Nun wird nicht alles der Lateinischen Sprache aufgeopfert und ihr
gleichsam zu Liebe rangieret."[7] Der Grund, den er hier dagegen
geltend macht, ist: „Die wenigsten haben sie nöthig: die meisten
lernen sie, um sie zu vergessen."[8] Denselben Grund hat er schon
in den Fragmenten dagegen ins Feld geführt: „Die Welt braucht
hundert tüchtige Männer und einen Philologen: hundert Stellen, wo

[1] I. 378/379.
[2] I. 380/381.
[3] IV. 388.
[4] IV. 451.
[5] Vgl. Dr. Hänsch, Darstellung u. Kritik der Gedanken Herders über die Muttersprache. a. a. O. S. 377.
[6] IV. 388.
[7] IV. 372.
[8] IV. 388.

Realwissenschaften unentbehrlich sind; eine, wo eine gelehrte und
Grammatische Känntniss des alten Roms gefodert wird."[1] Hier
herrscht also die Rücksicht auf das Leben, das praktische, tätige
Leben vor im Gegensatze zur Büchergelehrsamkeit, und damit vertritt Herder wiederum eine Tendenz von „Sturm und Drang".

Das Endurteil über das Latein in den Schulen ist schliesslich:
„Das ist also gewiss, dass a) keine Schule gut ist, wo man nichts,
als Latein lernet . . ., b) dass keine Schule gut ist, wo man nicht
dem Latein entweichen kann."[2]

Drei Hauptgründe sind es, wie wir gesehen haben, die nach
Herders Meinung gegen das Latein sprechen und die für das Verhältnis der Pädagogik des jungen Herder zu „Sturm und Drang"
charakteristisch sind:

1. dass es alle Selbsttätigkeit, das eigne Denken, kurz das Genie
erstickt,

2. dass es die deutsche Sprache unterdrückt und sie verdirbt,
weil — diese Begründung sei noch hervorgehoben — sein Genie
von dem unserer Sprache am weitesten entfernt ist,

3. dass es für eine erspriessliche Tätigkeit in der Welt ganz
entbehrlich ist.

Auch darin, wie sich Herder den lateinischen Sprachunterricht
denkt, finden wir Beziehungen zu „Sturm und Drang". Wieder macht
er das vom Genie der deutschen Sprache gänzlich verschiedene
Genie der lateinischen als Grund dafür geltend, dass er den Lateinunterricht nicht mit Sprechen, sondern mit Lesen beginnen will;
denn dass das Latein wie eine lebendige Sprache und nicht aus
der Grammatik gelernt wird, ist bei Herders Feindschaft gegen den
grammatischen Betrieb des Unterrichtes selbstverständlich. Das
Lesen soll aber lebendig sein, „um den ersten Lateinischen Eindruck
stark zu machen, den Schwung und das Genie einer neuen, der
ersten antiken Sprache recht einzupflanzen, und also wahre Lateiner
zu bilden".[3] Lebendigkeit und Hineinfühlen in eine andere Sprache
sind charakteristisch. Wenn er dann als Hauptzweck der zweiten
Klasse nicht Übersetzungen ansieht, sondern dass „alles lebendig
gefühlt, erklärt, Rom gesehen, die verschiedenen Zeitalter Roms gesehen, das Antike einer Sprache gekostet, Antikes Ohr, Geschmack,
Zunge, Geist, Herz gegeben" werde, so tritt das Sachenreiche,
Lebensvolle, Gefühlsmässige des ganzen Unterrichts noch mehr
hervor. Dasselbe gilt auch für die dritte Klasse. Dass er nicht
Nachahmung, sondern Nachbildung, lebendigste Nacheiferung der
Alten anstrebt, wie er dies in den Fragmenten[4] mit feuriger Be-

---

[1] I. 382.
[2] IV. 388.
[3] IV. 397.
[4] I. 408.

geisterung beschreibt, auch darin ist der Geist von „Sturm und Drang"
als wirksam zu verspüren.

2. Herders Stellung zu den übrigen fremden
Sprachen. Herders Stellung zu den übrigen fremden Sprachen
können wir nun kürzer behandeln. Dieselben Gesichtspunkte, die
er beim Latein geltend macht, kehren wieder. Nur darauf sei noch
hingewiesen, dass das Genie und die Unentbehrlichkeit der Sprachen
massgebend für die Reihenfolge im Unterrichte sind. Demgemäss
folgt in seiner Schule auf die Muttersprache zunächst das Französische[1]) — das Englische, das nach Herders Ansicht dem Genie
unserer Sprache am nächsten kommt, hat er nicht in seinen Unter-
richtsplan aufgenommen. Nun folgt das Latein. Zwischen beide
Sprachen möchte er jedoch das Italienische[2]) einfügen. Es ist „das
Mittel" zwischen beiden und „insonderheit für den Adel, die Kenner
von Geschmack, und die, die sonst nicht Lateinisch lernen, unentbehrlich". An das Latein reiht sich dann das Griechische[3]) an, bei
dem ihm das Schmecken und Kosten des griechischen Geistes sehr
am Herzen liegt. Die hebräische Sprache[4]) endlich kommt zuletzt
und ist nur für eine kleine Auswahl der Schüler. Sprechen und
Schreiben fällt hier wegen des zu verschiedenen Genies der Sprache
weg. Der Unterricht darin beschränkt sich auf lebendiges Lesen
und die Betrachtung der orientalischen Natur und Denkart. —

Damit ist der Stoff, den Herder der Jugend darbieten will, erschöpft. Überschauen wir das weite Feld, das er mit ihr durch-
schreiten will, so haben wir das Gefühl, als ob wir vor einer fast
unübersehbaren Fläche ständen. Im lebendigsten Bewusstsein dessen,
was seiner eignen Bildung noch fehlte, sucht er in seinem Schulplane allen Mängeln zuvorzukommen. Für seinen Hunger und Durst
nach Welt- und Menschenkenntnis, für seine ausserordentliche Begabung und für seinen stürmischen Tatendrang mag der Plan angemessen sein; aber Herder würde wohl wenig Knaben und Jünglinge gefunden haben, die einer solchen Fülle des Stoffes sich
gewachsen gezeigt hätten trotz aller Lebendigkeit und allen Feuers,
mit dem sie ihnen nahegebracht worden wäre. Auch diese Überfülle des Stoffes ist, sofern sie eben die damalige Kraftstimmung
Herders verrät, ein Zeichen des „Sturmes und Dranges" in seiner
Jugendpädagogik.

7. Kapitel. Herders Anforderungen an die Unterrichtsmethode und an den Lehrer. Obwohl schon des
öfteren auf die Anforderungen, die Herder an die Erteilung des

---

[1]) IV. 393.
[2]) IV. 395.
[3]) IV. 398.
[4]) IV. 398.

Unterrichts und damit zugleich an den Lehrer stellt, hat hingewiesen werden müssen, so erscheint es doch notwendig, diese noch im Zusammenhange zu betrachten und zu ergänzen.

Die Lebendigkeit, mit der alles dargeboten werden soll, ist uns immer und immer begegnet. Um auch seitens des Schülers diese Lebendigkeit der Auffassung zu ermöglichen, ist es nötig, dass die Kindesnatur berücksichtigt werde. Da die menschliche Seele in der ersten Jugend von selbst nichts fassen kann als Begriffe durch Sinne[1]) und da ihre Jugend Neugierde ist, kindischer Glaube, unersättliche Begierde, Dinge zu sehen, insonderheit Wunderdinge, da das Kind auch die Gabe hat, Sprachen zu lernen, wenn sie nur an Begriffen und Dingen hangen,[2]) so hat der Unterricht auch nur solche Dinge darzubieten, die diesen Seiten der jungen Seelen entsprechen. „Alles Neugierde, die Neugierde Vergnügen. Das Lernen Lust und Ergötzen; üben, sehen, Wunderdinge sehen, welche Lust, welche schöne Jugend! Hier ein Plan, was und wie sie in allen Wissenschaften hindurch zu lernen hat, um immer jung zu seyn, ist Verdienst der Menschheit."[3])

Dabei ist noch zu berücksichtigen, „dass manche Wissenschaft, manche Geschicklichkeit kein andres Opfer, als die Erstlinge unsrer Jahre, unsrer Munterkeit und unsrer Begierde, annehmen könne; dass zu gewissen Bildern und Begriffen ein gewisser Adlersblick nöthig sey, die man, wenn dieser fehlt, nachher nie im gehörigen Lichte sieht, nie mit der gehörigen Macht, nie mit dem wahren Feuer denket und im ganzen Umfange umfasset." Auch die Fortsetzung ist charakteristisch: „Es kam auf den ersten allmächtigen Eindruck an; ist dieser verfehlet, so ist alles verloren: verloren der erste unerklärliche Scharfsinn, der nie durch Geduld und Fleiss ersezt wird: verloren das grosse innerliche Gefühl eines Bewusstseyns, dass man das Ganze habe; verloren das Hausherren- und Eigenthumsrecht, mit diesen Begriffen schalten und walten zu können; kurz verloren, was man Genie nennt."[4]) Die Stellen zeigen recht deutlich, wie tiefdringend Herders Blick war und wie allseitig begründet seine Forderungen; sie zeigen auch, wie Herder stets darauf bedacht war, dass durch den dargebotenen Stoff der ganze Mensch erfasst werde.

Dass zu dieser Lebendigkeit des Aufnehmens auf seiten des Schülers Selbsttätigkeit nötig ist und dass Herder den Unterricht immer so erteilt wissen will, dass diese geweckt wird, dafür sind schon oben die Belegstellen angeführt.

Während er aber noch im Reisejournal meint, dass zu solcher Unterrichtserteilung, die doch zuletzt auf Erweckung des Genies

---

[1]) IV. 453.
[2]) IV. 448.
[3]) IV. 453.
[4]) I. 379/380.

hinausläuft, kein Genie, sondern nur Treue, Fleiss und Aufmerksamkeit nötig ist, so vertritt er in der Schrift „Vom Erkennen und Empfinden der menschlichen Seele" die Ansicht, dass nur ein Genie das andere verstehen, reizen und ahnden kann,[1] womit übereinstimmt, wenn er in der Abhandlung „Ursachen des gesunkenen Geschmacks bei den verschiedenen Völkern, da er geblühet" sagt, dass Genies, die er hier als rasch und lebend sich übende Naturkräfte definiert, nur durch Genies gebildet werden können.[2]

Über diese ganze Bildung des jungen Menschen, wie über den Charakter und die Sitten des Lehrers muss die „Grazie", von der Reiz, Anstand, Schönheit, Anmut, Annehmlichkeit, Holdseligkeit Teile sind, die sie einzeln nicht erschöpfen, ihre Reize ausgiessen, „damit er den erhabenen Ernst und die Väterliche Annehmlichkeit gewinnt, die seinen Schülern" — und dies ist wieder bezeichnend — „das Herz nimmt."[3] Der gelehrte Lehrer genügt Herder ebensowenig als ein scharfer Lehrer; liebenswürdig soll der Lehrer sein. „Den gelehrtesten Lehrer kann ein Schüler schätzen, aber bloss wegen seiner Gelehrsamkeit wird er ihm nichts zutrauen; den scharfen Lehrer kann ein Schüler fürchten, aber er wird ihn fliehen; nur den liebenswürdigen wird er schätzen, und achten, und sich ihm überlassen."[4] Die Grazie, welche sich im Lehrer verkörpern soll, ist nichts anderes, als eine harmonisch ausgeglichene, freie, schöne, edle Menschlichkeit. Durch sie soll der ganze innere Mensch des Zöglings gewonnen werden. Wir sehen: schon im Jahre 1765 hofft Herder vom gefühlsmässigen Einwirken auf den Zögling alles.

Dass er allen Pedanten, Männern von Zwang, Handwerksmonarchen, trocknen Grammatisten, allen Wortgelehrten und Phrasendrechslern feind ist, das ist bei einem so für Leben, Tätigkeit und schöne Menschlichkeit glühenden Charakter, wie Herder es war, selbstverständlich.

Es zeigt sich also, dass auch Herders Anforderungen an Lehrer und Methode, auch die aus frühester Zeit, im Grunde von Tendenzen des „Sturmes und Dranges" getragen werden, dass ihn aber auch hier diese Tendenzen zu massvollen Forderungen führen, denen vollkommen zuzustimmen ist.

Vielleicht darf hier noch darauf hingewiesen werden, dass Herder in Rücksicht auf die Bildung des Menschen überhaupt feind ist aller „verfeinten Erziehung", die eine verfrühte Entwicklung des jungen Menschen anstrebt, „die frühreife Blüthen, die abfallen und nichts gebären, civilisirte junge Greise macht."[5] Die darin liegende

---

[1] VIII. 327.
[2] V. 604.
[3] XXX. 18.
[4] XXX. 23.
[5] VIII. 325.

Forderung, auch in dieser Hinsicht der Natur zu folgen, ist ebenso offenbar, wie die Verwandtschaft mit Rousseau und mit „Sturm und Drang".

8. Kapitel. Anschauungen des jungen Herder über Volkserziehung. Haben wir es bisher versucht, den Geist von „Sturm und Drang" in den auf die Jugendbildung gerichteten Gedanken Herders nachzuweisen, so haben wir nun noch Herders Anschauungen über die Volkserziehung, d. h. über die erzieherische Beeinflussung der Erwachsenen unter diesem Gesichtspunkte zu betrachten.

Auch hierin ist es ihm oberster Gesichtspunkt, dass seine Wirksamkeit „menschlich" sein soll und dass er schöne Menschlichkeit bilden will.

Schon frühe waren Herders Gedanken auf dieses grosse Thema gerichtet worden. Schon in Königsberg hatte er der Philosophie der Menschheit nachgesonnen, und die daran sich knüpfenden Aussichten waren ihm „Lieblingspläne" gewesen. Bereits in Königsberg hatte ihn die Berliner Preisaufgabe: „Wie die Wahrheiten der Philosophie zum Besten des Volks allgemein und nützlich werden können" zur Beantwortung gereizt.[1]) Die Philosophie, die dieser Forderung entsprechen könnte, beschreibt er in folgender Weise: „Statt Logik und Moral bildet sie mit philosophischem Geist den Menschen im Selbstdenken und im Gefühl der Tugend; statt Politik bildet sie den Patrioten, den Bürger, der da handelt; statt unnütze Wissenschaft der Metaphysik legt sie ihm wirklich Ergötzendes vor, das Unmittelbare."[2]) Wir haben schon hier die Abwendung von toter Gelehrsamkeit und die Hinwendung zur lebensvollen Wirklichkeit; wir haben schon hier als Ziel die Selbsttätigkeit im Denken und das Gefühl der Tugend, schon hier den Bürger, der da handelt.

Was er durch die Philosophie angestrebt wünscht, das suchte er selbst in seinem Rigaer Predigtamte zu verwirklichen. An Kant schreibt er darüber: „Da ich aus keiner anderen Ursache mein geistliches Amt angenommen, als weil ich wusste, und es täglich aus der Erfahrung mehr lerne, dass sich nach unserer Lage der bürgerlichen Verfassung von hier aus am besten Kultur und Menschenverstand unter den ehrwürdigen Theil der Menschen bringen lasse, den wir Volk nennen, so ist diese menschliche Philosophie auch meine liebste Beschäftigung."[3]) In diesem Sinne hat er auch gepredigt, wie er das seiner Gemeinde selbst erklärte: „Der edlen Sache der Menschheit wieder emporzuhelfen, ein Wort zu pflanzen,

[1]) Haym, a. a. O. I. S. 94.
[2]) angeführt bei Heym, a. a. O. I. S. 95.
[3]) ebenda I. S. 93/94.

das menschliche Seelen glücklich machen könne, — das sei der leitende Gedanke seines Predigerberufes gewesen."[1]

Demselben Ziele sollte besonders nach der gänzlichen Veränderung seiner „gelehrten Denkart", die das Jahr 1769 brachte, seine Schriftstellerei zustreben. Schriftsteller der Menschheit will er werden; dazu muss er zuvor der erste Menschkenner sein. Ein Journal der Menschenkenntnisse will er sich halten, die er täglich aus seinem Leben, und derer, die er aus Schriften sammelt, weshalb er eine beständige Lektüre der Menschheitsschriften pflegen will. Ein Jahrbuch der Schriften für die Menschheit schwebt ihm vor, das aus Theologie und Homiletik, aus Auslegung und Moral, aus Kirchengeschiche und Asketik u. s. w. nur das nimmt, was für die Menschheit unmittelbar ist, und er hofft von ihm, dass es in Deutschland eine Zeit der Bildung schaffen werde, indem es die Hauptaussicht einer zu bildenden Menschheit merken lehrt. Dazu soll ferner ein Buch über die menschliche Seele kommen, das er als Mensch für Menschen schreiben will, das lehren und bilden soll, endlich ein Buch zur menschlichen und — unvermittelt kommt dazu — christlichen Bildung, das empfunden werde, das für seine Zeit und sein Volk und alle Lebensalter und Charaktere des Menschen sei. Wie sehr ihm diese Schriftstellerei am Herzen gelegen hat, zeigt der Plan, den er von dem letztgenannten Buche ausführlicher, als er sonst zu tun pflegte, entworfen hat.

Im ersten Teile soll es vom Menschen als Individuum handeln, wo Rousseau ein grosser Lehrer sein kann. Der zweite Teil soll die Gesellschaft betrachten, wobei es Rousseau nicht folgen darf. Auf Stände und politische Einzelheiten soll sich dieser Teil noch nicht einlassen. Dem soll der dritte gewidmet sein: die Charaktere aus Ständen soll er schildern, um die bösen Falten zu vermeiden und „jedem Stande alle seine Privattugenden zu geben, alle mit einander aus den verschiedenen Naturen und Situationen der Menschheit zu erklären". Der vierte Teil hat dann das Verhältnis von Untertanen und Obrigkeit zu behandeln, der fünfte die schönen und überflüssigen Bedürfnisse und der sechste „die Mängel, die da bleiben, uns zu unterrichten, zu beruhigen, zurückzuhalten, aufzumuntern". Er soll besonders christliche Kenntnisse immer aber „im Gesichtspunkte der Menschheit" vermitteln.[2]

Neben diesen Büchern erscheinen bei Herder die Wochenschriften als ein Bildungsmittel von grösster Bedeutung. Besonders in dem Aufsatze über die Prose des guten Verstandes redet er ihnen das Wort: „— und dann kann ich mir nicht die Grille ausreden, dass eine gute Wochenschrift viel zur Bildung einer Stadt, oder wenigstens eine Reihe von Lesern in einer Stadt beitragen

---

[1] angeführt bei Haym a. a. O. I. S. 94.
[2] vgl. IV. 367—370.

müsse";[1] — — — „nun stelle ich gleich hinter diese Gespräche und Vorträge der Andacht, um eine gewisse bessere Denkart aus-zubreiten, sogleich — — was? — nichts neuers und seltners, als Wochenschriften".[2]

. Aber Herder hat hinsichtlich dieser Schriften, der Bücher und der Predigten noch besondere Wünsche, die sich in der Hauptsache auf die Art beziehen — seine Forderungen bezüglich des Inhaltes sind uns schon bekannt —, in der sie zum Leser und Hörer sprechen sollen. Auch hierin treten uns Tendenzen des „Sturmes und Dranges" entgegen.

Da er der Überzeugung ist, dass sich das menschliche Herz nur dem öffnet, der sich ihm nähert, und dass man nur dann auf Ideen wirken kann und etwas in der Welt ausrichten, wenn man nicht bei der Blüte solcher und solcher Meinungen stehen bleibt, sondern sich zur Wurzel der Empfindungen, dem Herzen, wagt, wenn man das Herz trifft:[3] deshalb will er auch zum Herzen sprechen. Zu diesem Zwecke will er sich vor der Gewohnheits- und Kanzelsprache in acht nehmen, immer auf seine Zuhörer sehen, für die er redet, sich immer in die Situationen einpassen, in denen man die Religion sehen will, immer für den Geist und das Herz reden.[4] Bereits in der Abhandlung „Über die Prosa des guten Verstandes" finden wir das Idealbild eines wahren Predigers in lichten Farben gezeichnet. Es mag ihm hier eine Stelle gewährt sein, um es von Herder selbst zu hören, wie der Prediger — und in ähnlicher Weise in seiner Sphäre der Wochenschriftsteller — unter Menschen Mensch werden und als Mensch zu den Herzen seiner Hörer reden soll: „Und nun setze man einen Prediger, wie er seyn soll, und selten ist: einen Mann, der recht dazu gemacht sey, für den guten, gesunden Verstand[5] des Volks zu reden: der Gelehrsamkeit, und wissenschaftlichen Vor-trag zu vergessen weiss, um mit dem gemeinen Manne brüderlich zu reden: der die leichte Hand hat, jede seiner Lehren und Pflichten so nett in eine Situation des Lebens einzuschieben, dass sie sich dem Zuhörer immer ganz darstellen müssen, wenn er auf einen Vor-fall dieser Art geräth — man denke sich einen Mann, der zu rechter Zeit über die Gränzen seiner Dogmatik und Moral so nützlich über-trete, dass er sein Wort nicht immer vom Himmel, sondern aus dem Menschlichen Herzen, aus den Kammern der Erziehung, der Geschäfte, der Besuche zu holen weiss, und die Philosophie des ge-

---

[1] II. 325.
[2] II. 327.
[3] VIII. 221. Vgl. hierzu auch V. 543: „Es war eine Zeit, da alles" u. s. w.
[4] IV. 370.
[5] Verstand ist hier sicher nicht im Sinne der Vermögenspsychologie zu nehmen, sondern eher als „Erkennen und Empfinden", wovon er VIII. 312 sagt: „Gesund er-kennen und empfinden . . . das thut der gemeine Mann vielleicht mehr als der Ge-lehrte."

sunden Verstandes, und des allgemeinen Lebens mit Religion freilich oft überkleidet — einen Mann, der in das Innere der Denkart seiner Zuhörer, in ihre Vorurtheile und praktische Ketzereien, mit stillem Feuer einzudringen, und nur dazu zu bringen weiss, dass jeder nach seinen Seelen- und Leibesumständen für sich denken lerne — o ein solcher Mann ist der einzige Demagoge unsrer Zeit, und des Ordens der Verdienste vielleicht würdiger als die Voltaire, und Algarotti. Was er zur Bildung beiträgt, nenne ich mit dem Gefühl der Ehrfurcht, wahre Politische und Menschliche Erbauung, die um so viel vester und heiliger ist, weil sie in das Licht der Theologischen Erbauung und in den Schatten der Andacht tritt."[1]

Wenn wir noch daran erinnern, dass Herders Ansichten über die Menschlichkeit, welche er durch die ihm vorschwebende Volkserziehung bilden will, wiederum nicht utopistischer Art sind, sondern dass er mit dem historisch Gewordenen rechnet, dass er die Stände nicht bekämpfen, sondern veredeln, die Kultur nicht ausrotten, sondern fördern will, dass also auch ihr der Geist von „Sturm und Drang" massvoll erscheint, wenn wir noch daran erinnern, dass er auch hier das nationale Element überall geltend macht,[2] wie es die Stürmer hinsichtlich der Sprache taten, so dürfen wir auch diese Betrachtung für abgeschlossen ansehen.[3] Nur die eine Bemerkung sei noch gestattet, dass es Herder ernstlich darum zu tun war, dass es auch hierin nicht beim Reden bleibe, sondern dass Volkserziehung lebenskräftige Tat werde. Dies geht besonders aus einigen Stellen der Schrift „Auch eine Philosophie der Geschichte zur Bildung der Menschheit" hervor, wo er z. B. sagt: „Wenn meine Stimme also Macht und Raum hätte, wie würde ich allen, die an der Bildung der Menschheit würken, zuruffen: nicht Allgemeinwörter von Verbesserung! Papierkultur! wo möglich Anstalten — thun!"[4] oder: „Der Solon eines Dorfs, der würklich nur Eine böse Gewohnheit abgebracht, nur Einen Strom Menschlicher Empfindungen und Thätigkeiten in Gang gebracht — er hat tausendfach mehr gethan, als all ihr Raisonneurs über die Gesetzgebung, bei denen alles wahr, und alles falsch — ein elender allgemeiner Schatte ist."

Schluss.

Heben wir noch einmal die Grundzüge hervor, in denen sich der Geist von „Sturm und Drang" geltend macht! Übereinstimmung mit „Sturm und Drang" haben wir in Herders Psychologie in der

[1] II. 326/327.
[2] Besonders in den Gedanken bei Lesung Montesquieus.
[3] Dass er auch Kraft erwecken wollte, geht weniger aus direkten Hinweisen hervor, als aus der Art, wie er in der Schrift „Auch eine Philosophie" u. s. w. die Schwächlichkeiten seiner Zeit geisselt.
[4] V. 544/545.

Hervorhebung der Dunkelheiten des Seelenlebens und in der Betonung der Einheit des ganzen Menschen gefunden, Übereinstimmung mit „Sturm und Drang" auch in dem Bestreben, immer auf den ganzen Menschen und sein innerstes Wesen einzuwirken. Übereinstimmung mit „Sturm und Drang" zeigt sich auch in der Hinwendung zu dem, was dem praktischen, tätigen Leben in der Welt und unter Menschen dient und Übereinstimmung in der Scheu vor aller trockenen Gelehrsamkeit, Übereinstimmung auch in der eigenen Sehnsucht nach Natur, nach Wirklichkeit, nach grossem Wirken.

Den Geist von „Sturm und Drang" erkennen wir aber besonders darin, dass im Mittelpunkte der Pädagogik des jungen Herder der Mensch steht und dass menschlich zu wirken, menschlich zu lehren als höchstes Ziel erscheint. Aber Herders Ideal ist nicht der Naturmensch Rousseaus, sondern der Mensch, wie er auf der Stufe sein muss, die ein Volk in seiner historischen, kulturellen Entwicklung erreicht hat. Den Geist von „Sturm und Drang" sehen wir auch darin, dass Herder durch alle seine erzieherischen Massnahmen Kräfte wecken will; aber die Kräfte sollen harmonisch ausgeglichen sein, und Kraftmenschen im Sinne der Schillerschen Jugenddramen etwa will er durchaus nicht bilden; die an eine solche Auffassung anklingenden wenigen Stellen im Reisjournale[1] können nichts dagegen beweisen, da Herder selbst sagt, dass er „Stunden hatte", in denen er so dachte. Sein Idealmensch, den er erziehen möchte, ist im Sinne von „Sturm und Drang" das Genie, das Originalgenie, aber wiederum nicht das verzerrte Originalgenie mancher Stürmer und Dränger.

Von diesen Grundgedanken werden auch, wie wir gesehen haben, seine Ansichten über Einzelfragen der Schul- und Volkserziehung getragen. So heftig und stürmisch sich nun auch im jungen Herder selbst der Geist von „Sturm und Drang" regte, so sehr diesen die Sehnsucht nach Welt, nach Leben, so ungestüm ihn die Sehnsucht, Mensch zu sein, ergriffen hatte, so dürfen wir doch als abschliessendes Urteil aussprechen: der Geist von „Sturm und Drang", der sich in allen Zügen der Pädagogik des jungen Herder als anregend und Leben schaffend erweist, zeigt sich in ihr doch überall massvoll, nirgends zu einer unförmlichen Kraft gesteigert.

Gerade dieser massvolle und doch freies, frisches, gesundes Leben spendende Charakter des Sturm- und Dranggeistes ist es, der noch heute das Reisetagebuch nach dem Urteile Rudolf Hildebrands[2] wert macht, ein Handbuch für den Lehrer zu sein, der heute noch die Pädagogik des jungen Herder als nicht veraltet erscheinen lässt.

---

[1] IV. 349/350.
[2] R. Hildebrand, Vom deutschen Sprachunterricht. 6. Aufl. S. 83. Anmerkung.

B. Kleinere Beiträge und Mitteilungen.

I.

Bedeutung der Phantasie für den Religionsunterricht.

Bericht von Marx Lobsien in Kiel.

Über dieses Thema sprach auf der Zusammenkunft des schleswig-holsteinischen Vereins für wissenschaftliche Pädagogik in Itzehoe (1903) der Rektor der Kieler Universität Prof. D. Baumgarten. Die wichtigsten Gedanken des Vortrags sollen hier in aller Kürze angemerkt werden.

a) Das Wesen der Phantasie muss man klar abheben von Erinnern und Gedächtnis und im Sinne Wundts näher an die Verstandestätigkeit heranrücken. Herbart fasst die Beziehung der Phantasie zum Gedächtnis zu eng, ihm ist sie lediglich „Lebhaftigkeit der Reproduktion", also nur eine Weise des Erinnerns. Trotzdem kann man nicht wohl leugnen, dass die Phantasie zu dem Erinnern etwas neues hinzutut, das in diesem ursprünglich nicht enthalten ist und auch nicht in der Anschauung, nämlich freie, willkürliche Kombination. Die Phantasie ist eben schöpferisch, frei, willkürlich; Gedächtnis und Erinnern ist gebunden an die Anschauung. Die Freiheit wiederum hängt ab von dem Einfluss von Wertgefühlen, die bestimmend eingreifen, kurz: Gedächtnis ist unwillkürliche; Phantasie willkürliche Reproduktion und eben diese Zutat ist ihr Charakteristikum jenem gegenüber. Mit der Verstandestätigkeit berührt sich die Phantasie insofern, als es dort auch auf freies Kombinieren ankommt. Während aber der Verstand sein Augenmerk richtet auf die logischen Beziehungen der einzelnen Reihenglieder, umfasst die Phantasie gleich das Ganze des Bildes. Der Verstand arbeitet diskursiv, die Phantasie schafft intuitiv. Die Phantasie ist ein willkürliches aktives Erleben, das aufs Ganze des Bildes gerichtet ist.

Wie wächst die Einbildungskraft? Ref. folgt den Spuren Wundts und zeigt in wenigen starken Umrissen den Weg von dem ersten passiven Einbilden durch die Aufmerksamkeit, die frei aber haltlos schaltende Phantasie bis zu der durch logische Realität disziplinierten.

b) 1. Welche Aufgabe hat der Religionsunterricht? Seine Aufgabe liegt nicht im Einpauken von Stoffen, sondern in der Ermöglichung religiösen Erlebens. Das setzt voraus einmal die Darstellung religiösen Lebens und dann die Bearbeitung religiöser Vorstellungen zu Begriffen, damit das Kind sich seiner religiösen Erlebnisse bewusst werde. Weitaus wichtiger aber als dieses zweite ist das erste, die Ermöglichung religiöser Teilnahme. Religion ist nur so viel wert, als sie Gefühl und Willen umspannt. Dem Schüler muss die religiöse Welt eine nahe Welt werden. Das kann sie aber nur mit Hilfe der Phantasie, mit der er diese Welt umspannt. Die Anschauung des Rationalismus, dass religiöse Vorstellungen im Bewusstsein des Kindes schlummern und nur der Mäeutik warten, um ans Tageslicht zu treten, ist zwar jetzt sowohl links wie auch rechts aufgegeben worden, doch ein böses Erbteil hat der Rationalismus uns hinterlassen: die Katechese. Heute ist man zu der Anschauung durchgedrungen, dass Religion Geschichte, Erleben ist. Sie ist göttliche Offenbarung im Leben des Einzelnen wie des Volkes, am vollkommensten und lautersten in der Person Jesu. An diesem Grunde wird nichts geändert. Aber eben weil das so ist, weil Religion ein Erleben und nicht ein System fertiger Begriffe ist, deshalb weg mit der Katechese! Rückkehr von dieser rationalistischen Lehrform, die auf ganz falschen Voraussetzungen ruht zum rechten phantasievollen Erfassen religiösen Lebens! und zwar sei der Verkehr real und ideal zugleich. Real erfasst das Kind diese Erlebnisse im Hause bei der Mutter, in der Schule beim Lehrer — allerdings muss er selbst volles Leben haben. Die Lehrer müssen eine Bildung erfahren, die das ermöglicht. Man muss aufhören mit dem logisch-statischen Behandeln nach katechetisch-rationalistischer Weise und die Phantasie zu ihrem Rechte kommen lassen durch Darstellung, Erzählung und Mitteilung religiösen Lebens, persönlicher Erlebnisse u. s. w. Aufgabe des Religionsunterrichts ist: Erleben von Religion durch Phantasie.

2. Und nun die „Neuen Bahnen", diese Aufgabe zu lösen?[1]) Man hat dem Verf. vorgeworfen, dass das Gute, welches sein Buch enthalte, eben nicht neu sei. Er habe aber nirgends darauf Anspruch gemacht, etwas geleistet zu haben, das mit keinem andern sich berühre. Neu an seinem Buche sei nur die Konsequenz in der Durchführung der Wertschätzung der Phantasie — und darin, das sei ihm immer klarer geworden — berühre er sich mit Comenius, Herder — und nicht zuletzt Pestalozzi, diesem Helden der Phantasie. Religionsunterricht ist Lebensunterricht. Soll die Schule dem gerecht werden, so muss sie entlastet werden von Aufgaben, die sie unmöglich erfüllen kann. Zum Zweck der Entlastung von unverstandenen, toten Bibel- und Katechismustexten habe er sein Buch geschrieben, den Lehrern habe er es bestimmt; seine Überschrift könne auch lauten: Entlastung der Schule.

3. Wie denkt sich der Ref. dieselbe?

I. Eins darf niemals vergessen werden, nämlich, dass Religion nicht lehrbar ist wie Mathematik oder Französisch. Religiosität ist lehrbar nur etwa wie die Musik durch Übertragung. Einpauken von Tonleitern und Harmoniefolgen und Einlernen von Stücken ergibt noch keine musikalische Bildung. Diese setzt eine gewisse Disposition voraus, die nur geweckt sein will. Aufgenötigter Stoff ist nicht nur unwirksam, sondern schädlich. Mit andern Worten, wir müssen Ernst machen mit der Behandlung der Seele als Organismus: das die Eindrücke auffassende Organ muss vorhanden und vorbereitet sein; sonst ist die Aussaat aussichtslos.

II. Mutterunterricht. Ref. weiss sich eins mit Comenius in der hohen Wertschätzung der Mutterschule. In meisterhafter Weise versteht er die grosse Bedeutung derselben zu zeichnen, doch verbietet das Moment der Stimmung, das

---

[1]) Neue Bahnen. Der Unterricht in der christlichen Religion v. D. O. Baumgarten, Prof. a. d. Universität Kiel. Tübingen-Leipzig. Mohr 1903. Vgl. Päd. Studien 1903, Heft 5, S. 358.

in diesem Teil des Vortrages in besonderem Masse waltete, eine kurze Niederschrift; sie würde dem Ref. nicht gerecht werden können. Das Ziel des Unterrichts ist, die Kinder einzutauchen in die Welt des Mysteriums unter steter
Respektierung der kindlichen Phantasietätigkeit dieser Altersstufe.

III. Der Unterricht auf der Unterstufe ist charakterisiert durch grosse Ähnlichkeit mit der Vorstufe: wir haben Mutterkinder vor uns. Es ist eine unnötige
Härte, diese Mutterkinder gleich schulmässig zu behandeln. Der Unterricht muss
ganz persönlich, frei, beweglich sein, von Mund zu Mund. Der Lehrer muss wie
die Mutter erzählen, der Phantasie des Kindes freies Nachschaffen des Erzählten
gestatten. Vor allem nicht zu viel Stoff! Es darf ferner kein Buch zwischen
Lehrer und Schüler treten. Auch auf grössere Zusammenhänge wird man verzichten, nur Einzelgeschichten bieten. Das Kind erlebt alles, was man ihm erzählt als gleichzeitig mit sich selbst und empfindet es als absolut gültig. Die
Beschränkung auf alttestamentliche Stoffe hält Ref. für eine unnötige Einengung;
es gibt auch ausgewählte, Gemüt und Phantasie der Kleinsten angreifende Stoffe
aus Jesu Leben. Nur über nichts reflektieren, nichts systematisieren, keine
grammatischen, historischen Erklärungen geben, alles auf die eine Ebene der
Gleichzeitigkeit für das Gefühl projizieren! Frauen sind meistens geeigneter
für diesen Unterricht; sie folgen mehr der Stimmung und weniger der Reflexion.
Männer sollen ihn nur geben, wenn sie von der Kindheit ergriffen sind, wenn's
ihnen natürlich oder doch möglich ist, recht vieles im „Schummrichen" zu lassen.
Auf dieser Stufe ist womöglich noch nötiger als auf den andern, dass der, der
unterrichtet, selbst religiös sei; denn es kommt weit mehr an auf den Ton als
auf klugen Unterricht. Gerade hier spielt die Suggestion eine entscheidende
Rolle. Man muss mit gedämpftem Tone, mystisch über diese Dinge sprechen
können, im Stil des Geheimnisses. Das braucht durchaus nicht Berechnung des
Effekts zu sein, es fordert nur Gemütsmenschen. Der Katechismusunterricht und
das Memorieren abstrakter Katechismussätze ist zu unterlassen.

IV. Die Mittelstufe leitet schon über zum verstandesmässigen Erfassen der
religiösen Objekte; aber auch da gilt die Mahnung: Nur nicht verfrühen!
Stimmung und Gefühl muss als Mutterboden der Religion geachtet werden, die
Reflexion als das spätere. Man muss die Kinder in idealen und realen Umgang
setzen mit ausser ihnen lebenden religiösen Wirklichkeiten. In den Mittelpunkt
des Unterrichts stellen wir wieder die biblische Geschichte und zwar bieten wir
möglichst vielen neuen Stoff für dieses neugierige Alter, aber wieder nicht grosse
Zusammenhänge: Moses, die Richter, Simson, David, Elias, die Makkabäer;
Johannes der Täufer, Petrus, Paulus (!) — volle Lebensbilder! Noch immer unterrichte man ohne Kritik des Wunders und der Sage, aber das äussere Wunder,
das Mirakel muss zurücktreten vor dem Blick auf die Heldenkraft. Helden sind
aber keine Engel. Die Heldenverehrung ist rein zu erhalten von unwahrer Ver-
himmelung, es sind möglichst viele natürliche Züge aufzuweisen. Und der
Katechismus? Seine Hauptaufgabe soll liegen in der Erziehung zum Bekenntnis,
mit andern Worten: in der Bildung einer religiösen Totalanschauung, zu der
man sich mit Worten bekennen kann. Nun aber ist das Bekennen in festen,
wohlgesetzten Formen gar kein allgemeines Bedürfnis. Ferner: Kommt denn
nicht durch die abstrakte Fassung und Zusammenfassung, durch das feste,

formelhafte Gefüge Unwahrheit in das Zeugnis des Laien? Der Katechismus bietet doch den Ausdruck reifer Erlebnisse anderer, keine kindliche, eigene Erfahrung, die sie damit in den Mund nehmen. Er ist für die Kinder ein Petrefakt; ihr eigenes Glaubens- und Sittenleben gestattet nicht einen solchen Ausdruck, es ist notwendig noch im Fluss und Stückwerk. Am bedenklichsten ist die Zumutung, dass die Kinder das Ich des lutherischen Katechismus sich zueignen sollen, da sie dessen noch nicht reif sind. Das ist eine direkte Verleitung zur Unwahrheit; denn es setzt das Erlebnis eines reifen Mannes voraus, das Luther auch nicht als Knabe gehabt hat, das vielmehr ein Gewinn seines Aufenthalts im Kloster war. Der Katechismus verleidet vielen Kindern die Religionsstunde.

V. Auf der Oberstufe erhält der Religionsunterricht einen relativen Abschluss, einen relativen nur, denn das Tiefste des Christentums, die Erfahrungen von Sünde, Schuld und Gnade u. s. w., alles dies liegt jenseits des Lebens und der Fassungskraft dieses Alters. Wohl aber kann die Geschichte der Testamente als Ganzes zusammengefasst werden und so ein Abschluss im Bibelunterricht erreicht werden. Den Prophetismus in den Mittelpunkt zu stellen verbietet sich jedoch, weil er zu hochgespannt, wuchtig und kompliziert ist. In der Behandlung der Sagen und Wunder darf versucht werden, der historischen Kritik etwas Bahn zu brechen. Im zweiten Jahre ist ein zusammenhängendes Lebensbild Jesu nach Markus zu geben. Besonders soll auch das Todesgeschick Jesu zum Verständnis gebracht werden, aber nicht als stellvertretendes Leiden, das viel zu hoch und unverständlich für die Stufe ist. Auch ist eine kurze Geschichte der Kirche zu geben, beginnend mit Pfingsten. Hier können und müssen die wunderbaren Vorgänge offen als symbolische gedeutet werden.

VI. Nur eine freie, dem wissenschaftlichen und Bildungsgeiste der Gegenwart zugängliche, den psychologischen Gesetzen der Erregung geistigen Lebens gehorsame Verkündigung des Christentums ist den vorstehend skizzierten Aufgaben gewachsen.

———

II.

Jakobs Traum von der Himmelsleiter.

Von Lic. Dr. Otto Clemen i. Zwickau i. S.

Die Behandlung der Jakobsgeschichte auf der Unterstufe bietet insofern nicht geringe Schwierigkeiten, als die Kinder in der Regel auf Grund dessen, was sie gleich zuerst über die beiden Brüder hören werden, den Intentionen des biblischen Erzählers zuwider für Esau gegen Jakob Partei nehmen, vollends aber die Art und Weise, auf die dann Jakob erst dem Bruder das Erstgeburtsrecht ablistet und schliesslich den besten Teil des väterlichen Segens erschleicht, als elenden Betrug verurteilen werden,[1] während der biblische Erzähler diesen

———

[1] Vgl. in dem kürzlich erschienenen Roman „Krauskopf" von Hermann Wette, Leipzig, Grunow 1903, aus dem man für die Kinderpsychologie sehr viel lernen kann, die amusante Auseinandersetzung zwischen Klein-Detmar und dem strammen Religionslehrer Magister Ross S. 294 ff. Detmar meint, Jakob sei ein „ganz gemeiner Hund", und bleibt trotz aller Beschwichtigungsversuche seitens des Magisters bei seinem: „Jakob hat betrogen!"

sittlichen Massstab ja gar nicht anlegt und Jakob für ihn überhaupt nicht als Individuum, sondern vielmehr nur als ἥρως ἐπώνυμος, als Vertreter eines durch heldenhafte List und Gewalt sich über seine Rivalen emporringenden Volkes in Betracht kommt. Durch einen Hinweis darauf die Handlungen Jakobs in ein anderes Licht zu stellen, ist Kindern gegenüber unmöglich; auch sonst kann man die Betrügereien Jakobs nicht vertuschen oder beschönigen; man würde nur das sittliche Urteil der Kinder verwirren. Meiner Meinung nach empfiehlt es sich, in das instinktiv-richtige Urteil der Kinder kräftig einzustimmen und in dem Charakter Jakobs mit seiner Reise in die Fremde und dem Aufenthalt daselbst eine Läuterung und Besserung eintreten zu lassen. Wie ich mir das denke, soll das folgende zeigen. Ich habe damit zugleich eine Probe jenes phantasievollen, den religiös-sittlichen Gehalt unaufdringlich betonenden Erzählens alttestamentlicher Geschichten, das man am besten von van Koetzveld lernt, geben wollen.

Als Jakob vor seinem Bruder Esau hatte fliehen müssen, da brach er am Rande einer Oase zusammen. Ein paar Palmen standen da, und in ihrem Schatten murmelte eine Quelle aus dem steinigen Boden hervor. Hier beschloss Jakob zu nächtigen. Er pflückte einige dürre trockene Palmenwedel ab und legte sie zusammen, ein Stein musste ihm als Kopfkissen dienen; dann wickelte er sich in seinen Mantel und schloss die Augen. Aber der Schlaf wollte ihm nicht kommen. Die Gedanken jagten sich hinter seiner Stirn hin und her; bald tauchten sie rückwärts in die Vergangenheit, bald eilten sie vorwärts in die Zukunft. Er musste daran denken, wie gut er's daheim hätte haben, wie glücklich er hätte weiter wohnen können, wenn er sich nicht unmöglich gemacht. Er musste daran denken, wie unnatürlich selbstsüchtig, wie unnatürlich lieblos er gegen Esau verfahren war. Als wäre es gestern gewesen, so stand ihm plötzlich alles in unerbittlicher Klarheit vor Augen. Müde, abgespannt war Esau eines Abends spät vom Acker heimgekommen! Esau arbeitete ja immer fleissig draussen auf dem Felde, oder wenn er frei hatte, jagte er den flinken Gazellen nach durch Wald und Steppe, während Jakob daheim blieb in Stube und Küche — und bei seiner Mutter das Kochen lernte. Also Esau war ermüdet vom heissen Tagewerk und mit einem grimmigen Hunger nach Haus gekommen. Da sah er ein Gericht das Jakob bereitet hatte, und bat ihn, dass er ihm etwas davon zu essen gäbe Jakob hätte sagen sollen: Nimm, so viel du willst, lieber Bruder! Aber Jakob wollte das Gericht nur verkaufen. Und als Kaufpreis verlangte er nicht etwa nur ein paar bunte Federn oder ein paar seltene Steine, sondern er forderte, Esau solle ihm die Vorrechte, die er als Erstgeborener besass, abtreten. Esau war so abgespannt körperlich und geistig, dass er sich das gar nicht weiter überlegte und ohne Bedenken sein Erstgeburtsrecht preisgab. Jakob hätte sich nun mit dem einfachen Versprechen seines Bruders begnügen sollen, aber nein! — Esau musste es ihm feierlich schwören! Ja, so niederträchtig misstrauisch war Jakob gegen seinen eigenen Bruder! — Und dann drängte sich ihm ein anderes Bild vor die Seele, wie er den alten, halbblinden Vater, als dieser sterbenskrank zu Bette lag, so arglistig betrogen und sich den Esau zugedachten Segen erschwindelt hatte. Jetzt kam es ihm erst recht zum Bewusstsein, wie erzschlecht er an Vater und Bruder gehandelt hatte. Jetzt regte sich das böse Gewissen in ihm, immer drohender klang die anklagende Stimme. — Und dann wieder musste

Jakob an die Zukunft denken. Er ging in ein ganz fernes, fremdes Land. Daheim kannte er jedermann, und jedermann kannte ihn, mit jedem Begegnenden konnte er Gruss und Rede tauschen. Wie mild war der Vater, wie zärtlich die Mutter gegen ihn gewesen, und wie freundlich doch auch der frische, muntere Esau, bis er durch seine elenden Betrügereien dessen Zorn und Feindschaft heraufbeschworen hatte. Dort in Mesopotamien würde er lauter fremde Gesichter sehen! Wer weiss, was für ein trauriges Los ihn erwartet, was für Beschwerden und Entbehrungen ihm bevorstehen! — So wogten die Gedanken in ihm hin und her. Er schlug die Augen auf: droben am Nachthimmel brannten die Sterne in unerreichbarer Ferne. Und wie kalt war es geworden! Fröstelnd zog er den Mantel dichter um die Schultern. Und diese furchtbare Einsamkeit, diese entsetzliche Totenstille! Er fühlte sich so ganz verlassen, so ganz verloren — der arme Jakob! Aber da sprach eine innere Stimme leise zu ihm: du bist doch nicht ganz allein, der Gott deiner Väter ist mit dir! Und da stürzten Jakob die heissen Tränen aus den Augen, er faltete die Hände unter der Decke und betete: Ach Gott im Himmel, vergib mir meine schrecklichen Sünden, straf mich nicht in deinem Zorn, behüt mich auf der Reise und dann im fernen Lande, verwirf mich nicht von deinem Angesicht! — Dann schlief er ein. Und nun hatte er einen wunderschönen Traum. Der Himmel öffnete sich, eine Leiter reichte bis zur Erde, und Engel in leuchtenden Kleidern, jeder einen funkelnden Stern auf der Stirn, stiegen nieder und lächelten und nickten ihm zu: Komm mit! Und auf der obersten Stufe stand der liebe Gott in seinem dunkelblauen, silbergestikten, wallenden Mantel, und Englein umschwebten ihn, — Kopf drängt an Kopf, und Reigen sich an Reigen! Und Gott sprach zu Jakob: Ich will mit dir sein und dich behüten in der Fremde und auch glücklich wieder heimbringen. Dann schloss sich der Himmel, der güldne Schein erblich, und als Jakob erwachte, war der Osthimmel mit einem blossen Rosa überhaucht, die Sonne ging auf, und Jakob griff nach seinem Wanderstabe und war getrost und heiter.

Zwei Gedanken, die im Obigen nur angedeutet sind, könnten vielleicht noch weiter ausgeführt werden. Erstens: Wenn man Gott den kleinen Finger gibt, nimmt er gleich die ganze Hand. Es waren nur die ersten Anfänge von Reue und Selbsteinkehr, von Glaube und sich auf Gott gründen, die in Jakobs Innern emporgekeimt waren, aber Gott ist schon damit zufrieden, schickt Jakob den allerschönsten Traum und schüttet ihm einen ganzen Reichtum von Trost und Frieden ins bange, zitternde Herz. Und der andere Gedanke: Jeder Tag unseres Lebens soll uns eine Stufe dem Himmel näher bringen. Wir sollen uns hienieden als Pilger fühlen und unser irdisches Leben als Durchgangsstadium betrachten. Wir haben hier keine bleibende Stätte, sondern die zukünftige suchen wir. Alle Leiden dieser Zeit sind nicht wert der Herrlichkeit, die an uns soll geoffenbart werden.

III.

Ein Hauptfaktor in der Schulerziehung.

Von H. Grabs in Glogau.

Gewöhnlich meint man, dass nur das belehre, was unterrichtlich vorgetragen oder sonstwie schulmässig dargeboten wird. Dem ist durchaus nicht so. Den wirksamsten Unterricht — darauf hat schon Herbart hingewiesen — bilden vielmehr die Erfahrungen des Lebens und der Umgang mit anderen. Für die Jugend ist besonders bildend das Zusammensein mit Erwachsenen, namentlich mit charaktervollen Menschen, zumal wenn sie eine übergeordnete Stellung einnehmen. Was in der Schule gelehrt wird, so vorzüglich es auch sein mag, hat immer mehr oder weniger das Gepräge des Theoretischen und Unpersönlichen an sich. Was man aber im Umgange mit einem Menschen täglich beobachtet, erfährt, erleidet oder sonstwie wahrnimmt, das trägt das frische Kolorit des Selbsterlebten an sich, das dringt einem ans Innere heran und rüttelt nicht selten auch den Phlegmatikus aus seinem Schlafleben auf.

Daher ist von entscheidender Bedeutung für die Wirksamkeit aller Schularbeit die Persönlichkeit des Lehrers.

Das Kind hat für Lebendiges und Konkretes mehr unwillkürliches Interesse als für Totes und Abstraktes, — zu letzterem muss man das blosse Buchwissen rechnen. Ausserdem ist jedem Kinde ein starkes Verlangen nach Wohlwollen und Teilnahme eigen; beides aber kann ihm nur eine Person, ein lebendiges Wesen gewähren. Ein anderes Bedürfnis des kindlichen Geistes hängt mit dem ebengenannten zusammen, nämlich dies, sich an Erwachsene anzulehnen, zu ihnen aufzublicken und nachzuahmen, was ihm dabei als beachtenswert erscheint.

Der Mann, der Tag für Tag vor dem Kinde steht, der seine gesamte Tätigkeit viele Stunden hindurch regelt, der unmittelbar in sein Geistesleben entweder mit zarter oder mit rauher und plumper Hand eingreift, der es erfreut und erhebt oder langweilt und plagt, ist eben der Lehrer. Kein Wunder, wenn das Kind diesen Mann fortwährend im Auge behält. Wie das zarte Blütenköpfchen sich der Sonne zuwendet, so blickt das Kindesauge zum Antlitz des Lehrers hin, von ihm entweder Heiterkeit und Sonnenschein, oder aber Kälte, Wind oder Hagelwetter ablesend.

Zuerst lenkt sich des Kindes Blick auf das Äussere des Lehrers. Es betrachtet genau, wie sein Gesicht beschaffen, wie es durch Mienenspiel belebt wird, wie seine Augen, sein Bart, die einzelnen Organe und Teile des Gesichts aussehen; wie seine Sprachweise, sein Lachen ist. Während das Kind scheinbar aufmerksam zuhört, schweifen seine Gedanken plötzlich ab, und auf den Lehrer hinüber, um beispielsweise seine Ohrmuschel pp. mit der des Nachbars zu vergleichen, um sich zu überzeugen, ob der Rock oder Weste des Lehrers ebenso sauber und ordentlich sind, wie die des Vaters.

Selten entgeht den kleinen Kritikern etwas. Sie beobachten des Lehrers Haltung beim Sitzen, die Weise seines Gehens, ob er rasch, resolut, in gerader Haltung oder ob er nachlässig, schlürfend, schwankend und gebückt seinen Weg zieht; ob er saubere Finger hat und was er mit ihnen macht; ob er schlicht und einfach oder ob er eitel ist und gern Ringe und Schmuck trägt. Ja sogar seine Gesten und Manieren sind Gegenstand ihrer Betrachtung. Auf die Schüler passt für ihr Verhältnis zum Lehrer ganz treffend das Wort:

Wie er sich räuspert, wie er spuckt,
Das haben sie ihm bald abgeguckt.

Besonders scharfe Augen haben die Schüler für die Gewohnheiten und Schwächen des Lehrers. Sie sind darin zuweilen heller sehende Zensoren als die vorgesetzten Revisoren und Inspektoren. Allerdings werden sie dabei weniger von den Urteilen klaren Erkennens als vielmehr von dunklen Gefühlen und .instinktiven Ahnungen geleitet.

Bald haben sie es heraus, ob ihr Lehrer pünktlich ist oder nicht, ob er gewissenhaft die häuslichen Arbeiten nachsieht oder zwar viel aufgibt, aber nichts kontrolliert; ob er es streng mit seinen Pflichten nimmt oder hin und wieder Nebendinge treibt. Besonders achten sie darauf, wie er straft; ich denke hier besonders an die körperliche Bestrafung. Häufig kommt es vor, dass die Schüler bei ihren Spielen den Lehrer darin nachahmen. Daher muss der Lehrer sich fortwährend selbst beobachten und in Zucht nehmen, Sorgen oder häuslichen Kummer muss er vor der Schultüre zurücklassen, die Störungen des seelischen Gleichgewichts, die Trotz oder Trägheit, Ungehorsam oder geistige Schwäche der Kinder hervorrufen, gleich im Beginn zu unterdrücken und des aufsteigenden Affekts Herr zu werden suchen. Denn es ist eine vielbeobachtete Tatsache: Affekte erzeugen Affekte, d. h. in unserem Falle: die weiche, bildsame Seele des Schülers wird durch öfter hervorbrechende Affekte der Lehrer und Erzieher zu psychischen Gleichgewichtsstörungen und affektartigen Ausbrüchen gewissermassen zugerichtet.

Vor rauher Behandlung, vor beschimpfenden Strafreden schliessen sich die Herzen zu, bei liebevollem Eingehen auf die kindliche Gefühlsweise und Individualität, besonders bei schonender Behandlung und richtig angebrachter Nachsicht öffnet sich das Kindesgemüt. Ich selbst habe einen Fall aus meiner Amtstätigkeit noch deutlich im Gedächtnis. Es war in den 60er Jahren, als ich noch Landlehrer war. Ein grosser Knabe, der Sohn eines Bauern und Schulvorstehers, machte mir viel Arbeit und Sorge; er hatte zwar guten Willen, aber eine sehr langsame und geringe Fassungskraft; auf seine Antworten konnte ich meist nur schweigen oder mit den Achseln zucken, und immer wieder musste ich Unmut und Ungeduld niederkämpfen und freundlich ermuntern. Doch eins erreichte ich unabsichtlich an ihm: durch die ihm bewiesene Geduld gewann ich seine Zuneigung und Dankbarkeit, die er mir über die Schule hinaus bewahrt hat.

Für einige Stücke sind die Schüler, hauptsächlich die älteren, besonders sehr empfindlich, für sie haben sie ein scharfes Unterscheidungsvermögen, nämlich für folgende: Ist der Lehrer gerecht oder parteilich, zieht er vor und setzt er ungerecht zurück? Bleibt er streng und konsequent bei der Wahrheit oder hält er's nicht immer genau mit ihr? Ist ihm das, was er im Unterricht lehrt, Herzensangelegenheit oder redet er nur so, weil er muss, weil es vorgeschrieben ist? Am schädlichsten auf den Schüler wirken Heuchelei und innere Unwahrheit. Selbst dann, wenn kein Schüler diese Qualitäten dem Lehrer nachweisen kann, äussern sie doch ihre verderbende Wirkung. Es ist so, als ob die Schüler es aus Ton, Stimme und Gebärde herausfühlten, dass der Lehrer nicht voll und ganz bei seinen Worten ist. Dahingegen kann das Interesse des Lehrers, das sich nicht bloss im Leuchten seiner Augen, sondern auch in der sichtbaren Freude am Gegenstande und der Regsamkeit seines Geistes kundgibt, sich sympathisch auf die Schüler geradezu übertragen.

Ein solcher Lehrer wird den Schülern nicht bloss Gegenstand der Beobachtung, sondern auch der Ver- und Bewunderung. Denn das ist den meisten unter ihnen etwas Seltsames und ein ungewöhnliches Ereignis, dass jemand für eine blosse Idee sich begeistern kann.

Dass der Religionsunterricht wie überhaupt der gesamte Gesinnungsunterricht hinsichtlich der Charakterbildung oft nur ganz geringe Früchte erzielt, liegt in vielen Fällen meines Erachtens am Lehrer selbst und an seiner Persönlichkeit.

Bekanntlich tritt in der Entwicklung des Geistes das religiöse Denken und die ethische Würdigung ziemlich spät hervor. Wer auf diese Seiten der Charakterbildung mit wohlerwogner Absicht einwirken will, muss sich der Liebe und Zuneigung seiner Schüler erfreuen. Dem langweiligen, unsympathischen oder gar gefürchteten Manne verschliessen Knaben und Mädchen den Zugang zum Heiligtum ihrer ernstesten Auffassungen, Gedanken und Gefühle. Gar bald haben sie heraus, ob sie im Lehrer einen einheitlichen Charakter, eine sittliche Persönlichkeit vor sich haben. Solch ein Lehrer wirkt, wenn er sich ganz für den Erziehungszweck einsetzt, schon durch seine Gegenwart wie eine stille unwiderstehliche Macht. Die Religion ist etwas Innerliches, Persönliches, Selbsterlebtes. Hier wirkt der Lehrer weniger durch das, was er lehrt als vielmehr durch das, was er darstellt. Religiosität kann nicht vordoziert oder gelernt werden, sie will angeschaut, erfahren, miterlebt sein. Darum kann nur dort ein Gemüt von ihr entzündet werden, wo der Funke des religiösen Lebens von Person zu Person überspringt. Gar bald spüren die Schüler, ob die Worte des Lehrers nur Redensarten sind oder ob sie aus einem für Gott und sein Reich erglühten Herzen hervorquellen. Lehrer letzterer Art werden sicher, wenn sie nicht ganz unpädagogisch verfahren, frommen und demütigen Sinn begründen, erstere dagegen immer, und wenn sie noch so salbungsvolle Worte wählen, Schaden anrichten.

Jeder Lehrer sollte daher des Wortes Christi, das er an seine Gegner richtete, immer eingedenk sein und es auf seine Schüler beziehen: Darum werden sie eure Richter sein.

Nicht als ob ich etwas Neues sagen wollte oder gesagt hätte! Aber in einer Zeit, die auf Wissensreichtum und Kenntniserwerb ausserordentlichen Wert legt, in der weite Kreise ich möchte sagen vom Bildungsdusel ergriffen sind, halte ich es für nötig und geboten, auf den andern nicht minder wichtigen Faktor, die Lehrerpersönlichkeit, hinzuweisen. Gebt acht auf euch selbst! Das Beispiel ist die eindringlichste Lehre. Ich schliesse mit einem Worte Herbarts: „Der Erzieher selbst ist dem Zögling ein ebenso reicher als unmittelbarer Gegenstand der Erfahrung; ja sie sind mitten in der Lehrstunde einander ein Umgang, in welchem die Ahndung wenigstens enthalten ist von dem Umgange mit den grossen Männern der Vorwelt, oder mit den rein gezeichneten Charakteren der Dichter. Abwesende, historische und poetische Personen müssen Leben erhalten von dem Leben des Lehrers. Er fange nur an; bald wird auch der Jüngling, ja der Knabe mit seiner Einbildung beitragen, und oft werden beide miteinander in grosser und gewählter Gesellschaft sein, ohne dazu irgend eines Dritten zu bedürfen."

IV.

Die Beschäftigung der Kinder während der Ferien.

Von Anton Weis-Ulmenried.

Die Ferien haben bekanntlich den Zweck, Schülern und Lehrern Gelegenheit zu geben, sich zu erholen und neue Kräfte für die kommende Schularbeit zu sammeln. Oft hört man die Ansicht ausprechen, dass die Schüler während der Ferien geistig gar nicht beschäftigt werden sollen, dass sie überhaupt von all und jeder Arbeit befreit sein und sich ganz und gar dem dolce far niente hingeben sollen. Dieser Ansicht möchten wir nun nicht beistimmen. Sollte nicht die Zeit der Ferien von den Schülern auf die eine oder andere Weise verwendet werden zur Festigung und Vermehrung der erworbenen Kenntnisse, zur Erwerbung neuen Wissens und Könnens? — Damit meinen wir durchaus nicht, dass die Kinder über den Büchern sitzen und „büffeln" sollen. Nein, es gibt gar viele andere Arten von Tätigkeit und Beschäftigung, die obenso nützlich als fruchtbringend für die Jugend sind.

Die Ferien sollen in erster Linie zur Kräftigung von Leib und Seele verwendet werden durch Aufenthalt in Gottes freier Natur; sie sollen aber auch verwendet werden zur Bildung und Übung der Urteilskraft durch Studium des grossen Buches der Natur; und sie sollen auch verwendet werden zur Erwerbung von Erfahrungen auf dem Gebiete praktischer Beschäftigungen. Zu der angedeuteten Verwendung der Ferien haben insbesondere jene Kinder Gelegenheit, die ihre Ferien auf dem Lande verbringen können. Und doch besteht für viele derselben die Erholung und Kräftigung während ihres Landaufenthaltes, insbesondere in den wie Pilze aus der Erde schiessenden Kurorten, nur darin, Spaziergänge zu machen oder mit einem Buche meist zweifelhaften Wertes unter einem Baume zu sitzen. Auf diese Weise wird aber weder Leib noch Seele gestärkt und die wertvolle Zeit nur vertrödelt. Statt dessen möchten wir vorschlagen, mit den Kindern Ausflüge mit einem im voraus bestimmten Zwecke zu veranstalten. Damit meinen wir keineswegs weite Touren, die Tage oder Wochen beanspruchen. Auch auf einem kleinen Umkreise und in wenig Zeit kann man den Kindern unterhaltende und nützliche Beschäftigung in hinreichendem Masse verschaffen. Einige Beispiele! In der Nähe des Landaufenthalts befindet sich ein Berg, ein Wald und vielleicht ein See oder Fluss. Das Kind findet da Gelegenheit, zu beobachten und zu bestimmen, wie die Baumschläge und Pflanzenarten wechseln, je nach dem Terrain;

es kann die Bedingungen für deren Vorkommen und Verbreitung kennen lernen; es kann die Beschaffenheit des Berges und seiner Abhänge untersuchen, die Höhe des Berges zu bestimmen versuchen. Eine Wanderung längs des See- oder Flussufers kann vielerlei Beobachtungen geben. Das Buch der Natur hat ja gar viele Blätter für die, welche daraus lernen wollen. Freilich kann man nicht von allen Kindern erwarten oder verlangen, dass sie von selbst auf derlei Beobachtungen und Beschäftigungen verfallen. Da müssen eben die Eltern anleitend und anregend eingreifen; denn in ihrem Interesse liegt es ja, dass die theoretischen Kenntnisse, die ihre Kinder in der Schule erworben, angewendet und fruchtbringend gemacht werden im alltäglichen, praktischen Leben. Die Kinder sehen und hören genug, aber mit der selbsttätigen Beobachtung ist es schlecht bestellt, da ist Anregung und Anleitung notwendig.

Wie sinnlich und daher auch bleibend lassen sich auf einem Spaziergang naturwissenschaftliche, geographische und selbst astronomische Kenntnisse dem Kinde beibringen! Man zeige dem Knaben z. B. alle Teile einer Blume; man nehme ein Blumenblatt heraus und mache ihn auf die Honigbehälter in dessen Grunde aufmerksam; man zeige ihm, wie die am Ende der Staubfäden aufsitzenden Staubbeutel den Blumenstaub in sich enthalten; wie dieser, wenn der Staubbeutel zu seiner gehörigen Reife gekommen ist und aufspringt, umher verstreut wird und notwendigerweise auch auf die Narbe, welche dem in der Mitte der Staubfäden sich befindlichen Griffel aufsitzt, fallen muss und dort, da die Narbe klebrig ist, hängen bleibt, eingesogen und in den Griffel hinabgeleitet wird und so in dem Grunde der Blume die Anlage zur Frucht bildet. Oder man pflücke Blumen mit getrennten Geschlechtern, zeige ihm eine Blume, welche nur die Staubfäden mit ihren Staubbeuteln enthält, und wieder eine andere Blume von derselben Art, welche nur den Griffel mit seiner Narbe enthält. Leicht wird der Knabe nach einigen Bemerkungen einsehen, dass, da die Vereinigung des Blumenstaubes mit der Narbe zur Hevorbringung der Frucht nötig ist, hier aber die so wichtigen Teile getrennt sind, auch keine Befruchtung stattfinden kann. Nun mache man ihn auf den zottigen Leib der Bienen aufmerksam, lasse ihn beobachten, wie die Biene jetzt auf eine nur die Staubfäden enthaltende Blume fliegt und wie sich der in den schon aufgesprungenen Staubbeuteln enthaltene Blumenstaub, während sie den Honigsaft aus dem im Grunde der Blumenblätter befindlichen Behälter saugt, an ihren zottigen Leib legt — wie sich nun dieselbe Biene auf eine andere, nur den Griffel mit seiner klebrigen Narbe enthaltende Blume setzt und, während sie hier wieder den Honig saugt, den an ihrem Leib hangenden Blumenstaub an die Narbe abstreift, und wie so die Befruchtung auf dem schon bekannten Wege vor sich geht. Der Knabe erhält, auf solche Weise zur Selbstbeobachtung angeleitet, eine deutliche Erkenntnis, die, weil er sie seiner Fassungskraft angemessen und auf eine so angenehme Weise erhielt, auch lebenslang haften bleiben wird. Und welcher Vorteil für das religiöse Gefühl bei solcher Unterrichtsart! Muss nicht eine tiefe Bewunderung das junge Menschenkind auf den Gedanken eines weisen, gütigen Urhebers führen? Und selbst wenn das Kind auch noch nicht so weit nachdenkt, so ist es leicht und angenehm, dasselbe bei solchen Gelegenheiten auf diesen Gedanken hinzuleiten.

Nicht mittels der Landkarte, nicht durch trockene Zahlen kann man dem

noch ganz sinnlichen Kinde einen Begriff von der Grösse der Erde beibringen. Leichter, wirksamer lässt sich das bewerkstelligen, wenn man gelegentlich eines Spazierganges das Kind auf einen Berg führt, es die weit umherliegende
Gegend bis zu den entferntesten, in blauen Nebel gehüllten Grenzen überschauen
lässt und es daran erinnert, wie dieses Ganze nur ein kleiner Punkt auf dem
Erdball ist. Man gehe mit ihm einen Kilometer weit, lasse es die zurückgelegte
Strecke betrachten; dadurch wird es einen Begriff von diesem Masse erhalten
und es fassen, wenn man es über die Grösse der Erde belehrt.

Ein Kind, auf solchen, seiner Sinnlichkeit und seinem jugendlichen Frohsinn
angemessenen Wegen in das Gebiet der Wissenschaften eingeführt, wird auch
trefflich in geistiger Hinsicht gedeihen. Um zu detaillieren, in welcher Richtung
wir uns ein solch praktisches Naturstudium denken, wollen wir eine Anzahl
Fragen und Aufgaben anführen, welche man vorgeschrittenen Schulkindern
während der Ferien zur Beantwortung vorlegen könnte: Beobachte den „Instinkt"
der Haustiere, ihr Leben, ihre Gewohnheiten! — Welche Äusserungen von Urteilsvermögen bei den Tieren hast du beobachtet? — Achte auf den Flug der verschiedenen Vögel und lerne deren Gesang kennen bezw. unterscheiden! — Beobachte
das Leben und Treiben der Spinnen, Ameisen, Bienen, Wespen, Hummeln! —
Welche Bäume liefern hartes, welche weiches Holz? — Kennst du Gewächse,
welche bloss im Sandboden, und solche, welche bloss im Lehmboden gedeihen? —
In welchem Garten reifen die Früchte eher, in einem nach der Sonnenseite oder
in einem nach Norden gelegenen? — Welches Zimmer ist wärmer, ein nach Süden
oder ein nach Norden gelegenes? — Wo kommt sog. hartes und weiches
Wasser vor? — Beobachte, wo das Wasser schneller fliesst, in der Mitte eines
Flusses oder am Ufer? — Beachte die Beschaffenheit eines Terrains bei der
Mündung eines Baches, Flusses! — Gib acht auf die Richtung des Windes und
die Bewegung des Wassers! — Hast du bemerkt, ob die Richtung und Stärke
des Windes in Beziehung steht zur Beschaffenheit des Landes? — Welchen
Leuten geht die Sonne früher auf und unter, den am Ost- oder den am West-
abhang eines Berges Wohnenden? — Welche Gassen deines Wohnortes sind zu
einer bestimmten Zeit beschattet? — Merke dir Aussehen und Namen der Berge
in der Umgebung deines Wohnortes! — Mache eine Kartenskizze über die nächste
Umgebung deines Wohnortes! — Übe dich im Schätzen von Entfernungen
zu Wasser und zu Land! — Beachte die Stellung des Regenbogens zur Sonne!
Berechne aus der Zeit, die zwischen Blitz und Donner verfliesst, die Entfernung
des Gewitters! — Beobachte die Windrichtung und den Zug der Wolken! U. s. w.

Derartige Fragen und Aufgaben können natürlich ins Unendliche fortgesetzt
werden. Sehr vorteilhaft ist auch, die Kinder zur Anlegung eines Tagebuches über astronomische und meteorologische Beobachtungen zu
veranlassen, in welches sie ihre selbstgemachten Beobachtungen eintragen, um
sie dann mit dem Kalender zu vergleichen.

Man könnte nun fragen, ob die Kinder einen nennenswerten
Nutzen davon haben, sich in der angedeuteten Weise mit der
Natur zu beschäftigen. Diesbezüglich liesse sich folgendes anführen: Die
Beschäftigung mit der Natur weckt und übt die körperlichen und Seelenkräfte.
Die Bewegung in der frischen Luft ist die natürlichste und gesündeste Gymnastik.

Die Beschäftigung mit der Natur hält die Jugend von vielem ab, was für deren Sittlichkeit schädlich ist. Die Kinder sind da nicht nur beschäftigt überhaupt, sondern beschäftigt auf eine so einfache und natürliche Weise, dass ihr Sinn, ihr Gemüt natürlich erhalten wird. Die Beschäftigung der Kinder mit der Natur hat aber auch mitunter mannigfachen Nutzen für das praktische Leben. Sie lehrt die Kinder ihre Glieder gebrauchen, schärft Sinn, Verstand, Urteilskraft, Beobachtungsvermögen; lehrt sie die Tiere, Pflanzen, Gesteine u. s. w. aus eigner Anschauung kennen, flösst ihnen Liebe zur Natur ein, veredelt ihr Gemüt.

Was nun die rein praktischen Beschäftigungen der Kinder während der Ferien betrifft, so ist das ein Gebiet, welchem recht viele, ja die meisten Schüler fremd gegenüberstehen. Und doch könnten die Jungen viel Nützliches im Hause schaffen! Einige praktische Verrichtungen, kleine Arbeiten, und zwar ordentlich ausgeführt, kann man von den Kindern, Knaben wie Mädchen, gewiss fordern, ohne ihre Kräfte zu überanstrengen und ihre freie Zeit zu verkürzen. Von all den verschiedenen praktischen Arbeiten eignet sich unbedingt der Gartenbau am besten für die Kinder. Sobald die Ferien beginnen, sollen die Eltern ihre Kinder zur Gartenarbeit anhalten, wo dazu halbwegs Gelegenheit vorhanden ist. Es ist von hohem erziehlichen Wert, die Kinder anzuleiten, Blumen zu pflegen in eigenen Beeten, auf besonderen ihnen zugewiesenen Gartenplätzen. Es wird der Sinn für das Schöne geweckt, das Interesse für Naturbeobachtungen angeregt, das Gemüt veredelt. Schon das Bedürfnis nach Bewegung im Freien und besonders nach geeigneter körperlicher Arbeit spricht für den Gartenbau als besonders passende Erholung.

Die Ruhe von geistiger Beschäftigung bezweckt die Kräftigung der Gesundheit während der Ferien. Ruhe soll aber nicht gleichbedeutend sein mit Beschäftigungslosigkeit. Für den von geistiger Arbeit Ermüdeten bedeutet körperliche Arbeit Ruhe. Eine solche dienliche Ruhe kommt am besten zustande durch Abwechslung in der Beschäftigung, aber nicht durch gänzliche Untätigkeit, die keineswegs heilsam ist. Da die meisten Kinder während der Schulzeit nur wenig Gelegenheit haben, ihre Körperkräfte zu üben, so werden diese geschwächt, wie wir am Schluss des Schuljahres hinreichend zu beobachten Gelegenheit haben. Um so notwendiger ist es, während der Ferien die Kinder zu körperlicher Arbeit anzuhalten, und zu diesem Zweck ist der Gartenbau besonders geeignet. Das Kind gewöhnt sich dadurch schon früh an die Arbeit, lernt die Arbeit an sich würdigen und achten, und findet Vergnügen daran, sich nützlich zu machen, seine Zeit nützlich anzuwenden. Überdies ist die Gartenbaupflege in sanitärer und ökonomischer Hinsicht von grosser Bedeutung, sie hat aber auch pädagogischen Wert. Denn, wenn sich das Kind von früher Jugend an gewöhnt, zu des Hauses Unterhalt und Verschönerung beizutragen, so wird es auch eine grössere Liebe zu seinem Heim und in weiterem Sinn für sein Vaterland empfinden. Und woran sich das Kind früh gewöhnt, das wird ihm mehr als eine blosse Gewohnheit, es wird ihm Bedürfnis, Freude und damit etwas, was in seinem ganzen Leben eine einflussreiche Rolle spielen wird.

V.

Untersuchung der Schulbeleuchtung.

Mitgeteilt von Marx Lobsien in Kiel.

In „Paedologisch Jaarboek" der Stadt Antwerpen, redigiert von Prof. Dr. M. Schuysten 1902/3 findet sich eine interessante Untersuchung über diese Angelegenheit von Dr. E. J. Schoute, Augenarzt in Amsterdam, aus der das wichtigste hier kurz mitgeteilt werden soll.

Nächst den nicht geringen wissenschaftlichen Anforderungen an eine Methode, die Stärke des Tageslichts zu untersuchen, muss auch noch praktischen Anforderungen durch dieselbe Genüge geschehen. Vor allen Dingen muss die Untersuchung sehr schnell erledigt werden können, zumal wenn eine grössere Anzahl Schulen untersucht werden soll. Andernfalls würde sie sich hier und dort über eine zu grosse Zeit erstrecken und einen Vergleich erschweren oder unmöglich machen. Zwar könnte man eine grössere Anzahl von Personen mit der Untersuchung betrauen — aber das erfordert auch eine grössere Anzahl Photometer. Nun kostet das vorzügliche Instrument von Weber nur 300 M., was die Gemeindekasse nicht zu schwer belasten würde, aber wenn man 10 Apparate anschaffen müsste, dann ist die Ausgabe keineswegs gering. Auch trägt es — trotzdem es sonst allen wissenschaftlichen Anforderungen entspricht — nicht dem Wunsche nach einer Vorrichtung Rechnung, die man bequem zu sich stecken könnte; dazu ist das Webersche Photometer zu schwer.

Es erhebt sich zugleich die Frage: Bieten uns die genauen Zahlangaben des Photometers viel? Die Hauptfrage bleibt doch: Welche Anzahl Meterkerzen hat man als dem Auge angenehm, wohltuend, angemessen zu bezeichnen — und darüber gehen die Meinungen stark auseinander. Weber verlangt: 10, Erisman: 12, Piekenca: 10 für grobe, 15—20 für feinere Arbeit, Katz: 1—16, Bayr: 20—30; Cohn forderte früher 12, hält jetzt aber 50 für „sehr erwünscht".

Man erstaunt, wenn man diese Zahlen vergleicht mit den Untersuchungen van Alphens-Amsterdam. Er untersuchte, welches Licht die Arbeiter in verschiedenen Betrieben nach ihrer Meinung für nötig erachteten — doch musste er sich dabei — wegen des Misstrauens der Fabrikanten — auf Leute beschränken, die im Hause arbeiteten, ihr Licht selbst bezahlten und damit natürlich so sparsam wie möglich umgingen. Die verlangten Zahlen waren nun nicht allein sehr gross, sondern auch sehr abweichend. Aus einer Liste nehme ich einige Daten heraus:

Gold- und Silberschmiede	Meterkerzen		142,05—195,58
Graveure	"		123—463,98
Instrumentenmacher	"		29,30—278,47
Korrektoren	"	nur	131,74
Schneider	"		26,14—92,99
Sticker	"		35,41—82,52
Uhrmacher	"		84,87—174,84

So bekommt man durch das Photometer zwar ein zahlenmässig genaues, aber kein praktisches Resultat. Bedenkt man dann noch, dass dieses Instrument viel Zeit erfordert, so wird man bald zugeben, dass es für Schulen nicht brauchbar ist. — Verf. wendet sich jetzt zu einer ganz einfachen Methode, erwägend den Rat von Javal, dass die Beleuchtung dann wohltuend sei, wenn man etwa 30 qcm vom Himmel sehen kann.

Er hat eine doppelte Untersuchung angestellt: für rund 13000 Plätze hat er verzeichnet, ob der Himmel sichtbar sei oder nicht, und dann ob die Stärke des Tageslichts angenehm sei oder nicht. Die Untersuchungen wurden an den dunkelsten Tagen des Jahres vorgenommen und es offenbarte sich, dass man inmitten des Tages an einem Stück des grauen holländischen Himmels noch genug hatte.

In Amsterdam gibt es noch Schulen, die früher Lokale hatten für mehr als 100 Schüler. Man hat diese durch gläserne Schotten getrennt, aber die Beleuchtung hat dadurch stark gelitten. Dazu kommt ein zweiter Umstand: man baute die Schulen früher zwar sehr lang und breit, aber nicht sehr hoch. Gelegenheit, Oberlicht anzubringen, war nicht vorhanden, weil das nächste Stockwerk bewohnt war. So sieht man den Himmel auf den schlechten Plätzen annähernd in horizontaler Richtung und doch ist nur wohltuend das Licht, welches mindestens unter einem Winkel von 27° einfällt. Während Sch. wenig Plätze fand, von denen aus der Himmel zwar sichtbar, aber das Licht wenig zuträglich war, war das umgekehrte der Fall bei allen Plätzen, von denen man den Himmel nicht gewahren konnte, nämlich dort, wo man keine Fenster, wohl aber mattgeschliffenes Oberlicht hatte. Unter Umständen tut auch ein Reflektor gute Dienste, doch hat er den Nachteil, dass er ein starkes Lichtbündel nur auf begrenzten Raum wirft. — Man kann getrost alle diejenigen Plätze als günstig belichtet ansehen, von denen aus man ein gut Stück des Himmels in recht schräger Richtung sehen kann und bei mehr als ¹/₃ aller Sitzplätze sollte diese Bedingung erfüllt sein. Von denjenigen Plätzen, die diese Bedingungen nicht erfüllen, darf man nicht vorschnell urteilen, dass sie ungünstig beleuchtet sind, hier muss man zu andern Mitteln greifen, um sicher zu gehen. Auch dieses Mittel muss einfach sein, und doch brauchbare Resultate liefern.

Früher begnügte man sich, das Verhältnis zu berechnen zwischen Fenster- und Fussbodenfläche, anfangs forderte man 1 : 5, dann 1 : 4. — Verf. glaubt nicht, dass beabsichtigt gewesen sei, aus diesen allgemeinen Bestimmungen Urteile darüber abzuleiten, ob im e i n z e l n e n die Belichtung der Gesundheit zuträglich sei oder nicht. Durch nichts wird das Unzulängliche dieser Weise so klar dargetan, als durch ein Instrument, das man vordem anwandte: Mittels einer erhabenen Linse wirft man ein Bild des Fensters auf einen Schirm, der quadriert ist. Bedeckt dieses Bild eine gewisse Anzahl Felder, dann erachtet man die Belichtung günstig. Man erkennt aber sehr bald, dass dabei keine Rücksicht genommen wird auf d e n G r a d, sondern lediglich auf den U m f a n g der Beleuchtung; denn Schulen, die umbaut sind, erleiden zweifelsohne eine wesentliche Einbusse an Beleuchtungsschärfe gegenüber freiliegenden, trotzdem das Verhältnis zwischen Fenster- und Bodenfläche unverändert bleibt. Verf. verwirft daher dieses Verfahren. Er schliesst sich an R. Katz-St. Petersburg an, der eine bestimmte Anzahl Meterkerzen allgemein als der Gesundheit des Auges zuträglich anzunehmen verwarf. Nirgends findet man so klar ausgesprochen, was ṇot tut, wie bei ihm: nicht nur, wie gewöhnlich geschieht, eine Belichtung, bei der die Sehschärfe ihren höchsten Grad erreicht, sondern eine solche, bei der das Auge stundenlang so scharf zu sehen vermag, wie die Arbeit erfordert, ohne darunter zu leiden. Er hat sich darum die Frage gestellt: An welchen Anzeichen erkennt man die Ermüdung des Auges? Bei schlechter Beleuchtung werden die Ermüdungserscheinungen stark, bei guter sehr schwach hervortreten. — Die Ermüdung des Auges — vorbildlich diejenige, welche bei dem Lesen eintritt — ist die Folge der Anspannung der Akkomodations- und Konvergationskraft, der Ermüdung der Netzhaut durch die Lichtstrahlen und der Reizung des Auges durch Wärmestrahlen. Vor allen Dingen liegt die Methode zur Bestimmung für die Akkomodationsabnahme infolge schlechter Belichtung klar auf der Hand.

Leider wird ihre Anwendung vereitelt durch einen Umstand: Während das Auge durch den Gebrauch ermüdet, sind andere Funktionen bereit, die Ausfälle wieder herzustellen, wie Bewegungen der Augenlider u. a. unwillkürliche Bewegungen. Seinen ursprünglichen Plan musste Katz darum fahren lassen; er beschränkte sich auf die Frage: Ist unter den herstellenden Faktoren einer zu finden, der geeignet erscheint, ein Mass für die Ermüdung des Sehorgans zu bieten? Das war in der Tat der Fall, es offenbarte sich, dass die Anzahl der Augenlidbewegungen wuchs nicht nur Hand in Hand mit der Anstrengung der Netzhaut, sondern auch mit der Ermüdung des Akkomodations- und Konvergationsvermögens.[1])

Diese Beobachtung legte den Grund für eine ausgedehnte Untersuchung, aus der hervorging, dass, wenn eine Sehschärfe für eine gute Arbeit berechnet wird mit der Belichtung p, die Aufgabe die geringste Anspannung des Auges verlangt, wenn die Beleuchtung $= 25 \times p$. Kehrt man dieses Verhältnis um dann hat man ein Merkmal, die Belichtung zu beurteilen. Berechnet man mit $^1/_{25}$ des vorhandenen Lichts die Gesichtsschärfe, die für tadelloses Arbeiten nötig ist, dann kann man sicher sein, dass man bei der vollen Schärfe $^{25}/_{25}$ dieselbe Arbeit stundenlang verrichten kann, ohne das Auge unnötig zu ermüden. Man rüste sich daher aus mit einer Brille mit Gläsern, die $^1/_{25}$ des Lichts durchlassen und $^{24}/_{25}$ zurückhalten (wie sie von dem Optiker J. E. Mielch, St. Petersburg, Gr. Morskaja 39 zu billigem Preise geliefert wird). Dann ist nur zuzusehen, ob man seine Arbeit durch diese Brille während einzelner Augenblicke verrichten kann; ist das der Fall, so ist die Beleuchtung zuträglich, wenn nicht, so ist zwar sehr wohl möglich, dass die Klasse gut belichtet s c h e i n t, aber es herrscht nicht die Beleuchtung, d i e f ü r d a s A u g e die beste ist.

Wo diese Versuche nicht durchführbar sind, muss man sich auf andere Weise zu helfen suchen. Am meisten empfiehlt es sich, wenn der Untersuchende selbst den Platz des Kindes einnimmt und sich fragt, welche Beleuchtung für ihn die vorteilhafteste ist. Dabei muss man die grösste Sehschärfe verlangen, weil eine Reihe von Unterrichtsfächern — nicht zuletzt das Lesenlernen — diese erfordert. Für Schüler, deren Lichtsinn stärker oder gleich dem des Experimentators ist, fordert man eine Beleuchtung, bei der die Sehschärfe auch des letzten stunden-

---

[1]) . . . en wel gaat doze lidslag vermeering niet alleen haand in haand met de nitputting van het netvlies, maar ook met de vermoling van de accommodatie en van de convergentie.

lang maximal bleibt. Wo aber das Gesicht schwächer ist, kommt man damit nicht aus, möglich bei groben und mittleren, niemals aber bei feinen Arbeiten. Grund genug, die Schüler selber genauer zu untersuchen.

Verf. benutzte ein holländisch-französisches Wörterbuch, das er mittels einer Schnur von 50 cm[1]) mit der genannten Brille verband. Er brauchte also nur die Brille aufzusetzen, die Schnur zu spannen und zuzusehn, ob er imstande sei, die Wörter im Buche zu lesen. Ein einzelnes Blatt durfte er nicht benutzen, weil dabei zu besorgen war, dass die Lettern sich bald dem Gedächtnis einprägen würden. Zu erinnern ist ferner noch daran, dass man für die Adaption der Netzhaut sorgen muss. Damit haben wir eine Methode, mittels der man ohne viele Umstände die Untersuchung ausführen kann.

Der Einfachheit wegen zog Verf. das Instrument von Katz dem komplizierteren von Cohn vor. Es besteht aus einer Reihe dunkler Gläser verschiedenen Grades, einem Massstabe und in Reihen geordneten 4 stelligen Ziffern. Die Beleuchtung ist dann am günstigsten, wenn durch das dunkelste Glas die Zahlen gelesen werden können und noch eben zulässig, wenn es mit dem hellsten möglich ist. Ist es auch damit nicht möglich, dann werden die Ziffern näher an das Auge herangerückt und der Abstand gemessen. Für die vorliegende Aufgabe sind solch genaue Angaben nicht nötig; es genügt, wenn man durch die Gläser von Katz mit grösster Bequemlichkeit zu lesen imstande ist, die Beleuchtung als sehr gut, wenn es noch eben möglich ist, als eben zuträglich zu bezeichnen.

Verf. hat mittels dieses Apparats im November, an Tagen, die noch lange nicht die kürzesten waren, einige Schulen Amsterdams besucht, deren Belichtung die allergünstigste war, Räume mit breiten und hohen Fenstern. Er wählte solche aus, die frei lagen und in diesen das oberste Stockwerk: dort fand er 3 Uhr des Nachmittags die Beleuchtung allein entlang des Fensters unbedenklich. Zusammenfassend kann man sagen: die Plätze, von denen aus man ein Stück des Himmels gewahrt, nenne man gut beleuchtet; für die übrigen untersuche man, ob die Sehschärfe mit $1/_{23}$ der Belichtung normal bleibt. Man vergesse jedoch nicht, wie günstig auch die Untersuchung ausfalle, dass in einem Klima, das mit dem holländischen übereinstimmt, in den Wintertagen immer auch künstliches Licht notwendig ist. Der Schularzt sondere dann die Schüler, deren Sehschärfe, durch die Brille gemessen, die Maximalhöhe nicht besitzt und bilde daraus eine besondere Gruppe.

Verf. gibt dann Ergebnisse seiner Untersuchungen in öffentlichen und besonderen niederen und höheren Schulen von Amsterdam.

	Klassen:	gut belichtet:	nicht gut:	%
öffentliche	1. Klasse 1094	6253	302	4.61
	2. „ 225	1241	97	7.25
	3. „ 317	1464	111	7.05
	4. „ 102	552	78	12.38
	zusammen: 1738	9510	588	5.82

---

[1]) Das Maximum seiner Sehschärfe besteht im Erkennen von Lettern von 0,7 mm auf 50 mm Abstand.

	Klassen:	gut belichtet:	nicht gut:	%
1. Gruppe	147	761	129	14.49
2. „	21	100	22	18.03
3. „	273	1555	107	6.44
4. „	132	768	95	11.00
zusammen:	574	3111	353	10.19
Gesamt:	2312	12629	937	6.90

(besondere) — bracketing groups 1–4.

Die Endziffer lehrt, dass 6.90 % aller untersuchten Plätze während der dunkleren Jahreszeit unvollkommen belichtet sind. Verf. empfiehlt: Schulen nicht zu errichten in unmittelbarer Nähe von Packhäusern, Kirchen u. s. w., nicht die Fenster allein in der oberen Mauerhälfte zu bauen — sonst sind die Plätze entlang den Fenstern am schlechtesten belichtet. Besonders empfiehlt er Oberlicht, nur eine Schule in· Amsterdam ist damit ausgestattet und die Belichtung ist dort vorzüglich. Wenn das Mattglas zu dunkel macht, kann man sich mit gewöhnlichem Glase begnügen, nur muss man sich durch Zuggardinen gegen die Sonne schützen. Der Schnee gibt oft zu Klagen Anlass. Bei mehrstöckigen Gebäuden sollte man das Erdgeschoss nicht zu Klassenräumen einrichten; in Amsterdam findet man dort oft den Turnsaal. — Die Methode von Vogel-Wingen, welche die Lichtstärke misst nach der Stärke der Einwirkung des Lichts auf Chlorsilberpapier hält Sch. für die vorliegende Aufgabe nicht verwendbar, weil man keine Antwort erhält auf die Frage, ob die Belichtung für länger dauernde Arbeit zureichend ist.

VI.

Einzel- und Gesamtleistung des Schulkindes.

Mitgeteilt von Dierks in Wettringen (Westfalen).

In der Schule wird eine Anzahl Kinder gemeinsam unterrichtet. Ist das von Vorteil oder von Nachteil für die Leistungen des Schulkindes? Abzusehen ist dabei von den erziehlichen Vorteilen, die die Klassengemeinschaft mit sich bringt. Wir können die Frage auch fassen: Welchen Einfluss hat die Umgebung des Schülers in der Klasse auf seine Leistungen? Oder, wenn wir die Leistung des Schülers, die in der Gemeinschaft anderer Schüler hervorgebracht wird, einmal Gesamtleistung nennen, die Arbeit, die er abgetrennt von anderen vollendet, aber Einzelleistung (wenn die Bezeichnungen auch nicht eindeutig sind): Wie verhält sich die E. (d. h. Einzelleistung) eines Individuums zu seiner G. (d. h. Gesamtleistung)? Eine praktische Untersuchung dieser Frage hat August Mayer in Würzburg unternommen, worüber er im Archiv für die gesamte Psychologie (Herausgeber Prof. E. Meumann, Verlag W. Engelmann, Leipzig. Bd. 1. Heft 2/3) berichtet.

Die Versuche wurden ausgeführt an 14 Knaben der Würzburger Volksschule. Als Stoff wurden nicht allein die Stoffe berücksichtigt, die im Vordergrunde des Unterrichts standen, da der sicher vorhandene Übungseinfluss quantitativ schwer bestimmbar gewesen wäre. Auch eine einzige Art der Arbeitsleistung würde kaum einen sicheren Rückschluss gestatten, da dabei sicherlich eine Geistestätigkeit zu sehr in den Vordergrund treten würde, andere, die auch im Schulleben eine Rolle spielen, unberücksichtigt bleiben würden. Um Verstand, Gedächtnis und Phantasie in Anspruch zu nehmen, fiel die Wahl auf folgende Stoffe: Diktat, mündliches Rechnen, Kombination, Gedächtnis und schriftliches Rechnen. Von diesen würden mündliches und schriftliches Rechnen besonders den Verstand in Anspruch nehmen, sofern sie nicht nur mechanische Ausführung bekannter Operationen verlangen; Gedächtnisleistung und Diktat nehmen das Gedächtnis in Anspruch, bei der Kombination ist der Phantasie Gelegenheit gegeben, sich zu betätigen.

Die Diktate, als Ganzes den Kindern unbekannt, enthielten keine unkannten, neuen Wortformen. Alle Diktate umfassten je 127 Silben, die in 15 Abschnitten dargeboten wurden. Die Stoffe waren so gewählt, dass sie den Kindern möglichst gleiche Schwierigkeiten bei der E. und der G. boten. Sie trugen beschreibenden Charakter und lagen im Anschauungskreise der Kinder.

Jeder Leistung des mündlichen Rechnens lagen drei Aufgaben zu Grunde, die den folgenden analog gebildet waren:

a) Was kosten $4^1/_2$ kg Kaffee à 1,80 M.?

b) Unter 7 Personen sollen gleichheitlich 238 M. verteilt werden. Wieviel erhält jede?

c) $7 \times 80 + 40 \, ^1/_2$ die Hälfte $^1/_{10} \, ^1/_2 \, ^1/_{10} \times 100$ die Hälfte.

Die beiden ersten Aufgaben sind der einfachen Schlussrechnung entnommen, davon ist die erste durch Multiplikation, die andere durch Division zu lösen. Die erforderlichen Operationen der E. stimmten mit denen der G. überein. Aufgabe 3 jeder Gruppe umfasst neun Operationen.

Die Kombination wurde zuerst von Ebbinghaus angewandt. „Ihr Wesen liegt darin, dass eine grössere Vielheit von unabhängig nebeneinander bestehenden Eindrücken, die an und für sich ganz heterogene und zum Teil direkt gegeneinanderlaufende Assoziationen zu wecken geeignet sind, mit Vorstellungen beantwortet werden, die doch zu ihnen gleichzeitig passen, die sie alle zu einem einheitlichen sinnvollen oder in irgend welcher Hinsicht zweckvollen Ganzen zusammenschliessen.“ Ebbinghaus benutzte Prosatexte, die durch Weglassung von Silben und Worten verstümmelt waren. Die betreffenden Stellen waren durch Striche angegeben. Möglichst rasch mussten die Lücken ausgefüllt werden. Zu berücksichtigen war die Silbenzahl, die angegeben war. Da die Hauptsache ist, ein sinnvolles Ganzes zu bilden, sinnvoll aber auch eine andere Ergänzung mit anderer Silbenzahl sein kann, änderte Meyer dieses insofern, als er nicht irgend eine Silbe, irgend ein Wort wegliess, sondern das Zeitwort, den Hauptgedankenträger; die Stelle war nicht bezeichnet, die Silbenzahl nicht angegeben.

Als Gedächtnisleistung diente das Memorieren einzelner Silben.

Eine Aufgabe des schriftlichen Rechnens möge als Probe mitgeteilt werden:

Ein Handwerksmann hat von einem Kaufmanne 27 M. 8 Pf. zu fordern. Er bezieht von letzterem 14,50 m Tuch à 3,75 M. und 3,60 m à 8 M. 5 Pf. Wieviel Geld muss der Handwerker noch daraufzahlen?

Bei je zwei Gruppen von Versuchen wurden folgende Bedingungen gestellt: 1. Die Arbeit ist rasch und schön anzufertigen; 2. Es ist besonders schön und langsam zu arbeiten; 3. Die Arbeit ist recht rasch zu erledigen.

Bei der ersten Versuchsgruppe wurde die E. vor der G. erledigt; da aber nach der ersten eine Übung vorhanden ist, wurde die Reihenfolge abgeändert, als man das Resultat erkannte, um dem Einwand zu begegnen, die bessere Leistung bei G. sei auf den Übungszuwachs zurückzuführen.

Bei den Ergebnissen der Arbeiten war zu achten auf die Zeit, in der sie gewonnen wurden, und auf die Zahl der Fehler. Beim Diktat musste die Zeit ausser Betracht beiben wegen der G.

Bei den Versuchen, die unter der Bedingung „rasch und schön" ausgeführt wurden, ergab sich, dass die meisten G. rascher verlaufen als die E. Folgende Übersicht gibt das Resultat für die einzelnen Gebiete, in Prozente umgerechnet, an:

	mündl. Rechnen	Kombinieren	Gedächtnis	schr. Rechnen	Gesamtheiten
I.	92,9	100,0	85,7	78,6	100,0
II.	57,1	7,1	92,9	78,6	71,4

Auch die Durchschnitts-G. sind von kürzerer Dauer als die -E.

Bei den Massenarbeiten vermindern sich die Abstände, die die Leistungen der einzelnen Versuchspersonen von dem Durchschnitt trennen auf allen Gebieten; diese zeitliche Uniformierungstendenz kommt auch bei den Gesamtzeiten zum Durchbruch.

Relativ am günstigsten ist die Massenleistung der Gedächtnisarbeit.

Ungünstiger für die G. gestalteten sich die Ergebnisse der Versuche, die unter der Normalbedingung „recht schön und langsam" verliefen.

Die grösste Zahl der G. verlief langsamer als die entsprechenden E. Eine Uniformierungstendenz hinsichtlich der Zeit ist aber in fast allen Fällen vorhanden. Ähnlich gestalteten sich die Ergebnisse unter der dritten Arbeitsbedingung „recht rasch".

Ein Vorzug der G. ergibt sich daraus nicht, selbst da nicht, wo die G. kürzer verlaufen, wenn mit der Verkürzung eine Vermehrung der Fehlerzahl Hand in Hand ginge. Darum ist es nötig, auch auf die Fehlerzahl das Augenmerk zu richten. Da war festzustellen,

1. dass unter der Bedingung „rasch und schön" sich bei den meisten G. die Fehlerzahl gegenüber der E. verringerte;

2. dass sich die durchschnittlichen G. fehlerfreier stellten als die mittleren E.;

3. dass durch die Massenarbeit die Entstehung einer uniformierenden Tendenz hinsichtlich der Fehlerwerte begünstigt wurde.

Dasselbe trat auch ein unter der Bedingung „recht schön und langsam“, dagegen wurden die günstigen Ergebnisse sämtlich ins Gegenteil verkehrt, wenn die Arbeiten „recht rasch“ zu vollenden waren, mit Ausnahme des Diktats bei Punkt 2 und 3.

Den eigentlichen Wert der Arbeiten zeigen aber weder die Zeit noch die Fehler, sondern beide in ihrer Verbindung. Es wurden darum „Qualitätsgrade“ gebildet für jede Arbeit, indem die Fehlerziffer mit der zur Anfertigung gebrauchten Zeit multipliziert wurde.

Ein Beispiel:

„Versuchsperson A liefert eine Arbeit in 8 Minuten mit 2 Fehlern, Versuchsperson B braucht hierzu 5 Minuten und verfehlt sich 7 mal.

Wenn nur die Fehlerwerte in Betracht gezogen werden, liefert Versuchsperson B eine $^7/_2$ mal so grosse Fehlerzahl als A. Ihre Arbeit repräsentiert daher mit Rücksicht auf die Verstösse nur $^2/_7$ des Wertes von der Leistung B. Während A seine Arbeit vollendet, wird nun B in den restierenden 3 Minuten imstande sein, unter sonst gleichen Bedingungen eine Arbeit zu liefern, welche $\frac{2 \cdot 3}{7 \cdot 5} = {}^6/_{35}$ des Leistungswertes A darstellt. Ihrer ganzen Arbeit wurden also $^2/_7 + {}^6/_{35} = {}^{16}/_{35}$ von dem Leistungswerte A zuzuerkennen sein und das Qualitätsverhältnis wäre A : B = 35 : 16. Da aber nach unserm Prinzip (Fehlerberechnung und auch Zeitmessung) die grössere Ziffer die minderwertige Leistung darstellt, muss die Proportion lauten A : B = 16 : 35. Dasselbe Verhältnis ergibt sich auch durch Multiplikation von $t_A \times f_A$ und $t_B \times f_B$.“

Einen Einblick in das Resultat gestattet folgende Tabelle, die angibt, wie viel Prozent der G. über den E. standen:

Bedingung	Bogen auf alle Gesamtleistungen	Diktat	mündliches Rechnen	Kombination	Gedächtnis	schriftliches Rechnen	Gesamtqualität
Rasch und schön	81,3	71,4	78,6	78,6	96,5	82,2	96,5
Recht schön und langsam	63,6	82,2	50,0	50,0	64,3	71,5	67,9
Recht rasch	34,1	48,1	33,3	7,4	37,0	44,4	22,2

Es zeigt sich, dass unter der Bedingung „rasch und schön“ und „recht schön und langsam“ die meisten G. in qualitativer Hinsicht über den E. stehen. Das Gegenteil ist bei der Bedingung „recht rasch“ der Fall.

Auch die durchschnittlichen Gesamtarbeiten stehen unter den ersten Bedingungen qualitativ höher als die E. Die Aufgabe „recht rasch“ führt eine zum Teil erhebliche Verschlechterung herbei, ausgenommen Diktat.

Unter allen Verhältnissen lässt sich eine Uniformierungstendenz in der Gesamtheit konstatieren, am meisten unter den ersten Bedingungen.

Eingehend erörtert Mayer die Versuchsresultate in ihrer Beziehung zu den

Bedingungen und zur Eigenart der gebotenen Stoffe und die Individualität der Versuchspersonen in ihrem Verhältnis zu den Versuchsresultaten.

Von den praktischen Folgerungen aus den Untersuchungen sind folgende wichtig.

Erstlich ergibt sich da die Erhärtung der Forderung: „Nicht Einzel-, sondern Massenunterricht"; denn letzterer regt den Wetteifer und damit die Leistungsfähigkeit der einzelnen Individuen intensiver an als der Einzelunterricht. Hierdurch wird zugleich der Wert der Hofmeistererziehung und des Hofmeisterunterrichts als ein nur relativer anerkannt. Es kann hiermit selbstverständlich nicht in Abrede gestellt sein, dass unter ganz besonderen Verhältnissen der Einzelunterricht oft zur unbedingten Forderung werden muss. Ebensowenig soll geleugnet werden, dass dem Einzelunterricht, namentlich im Hinblick auf die Möglichkeit einer weitgehendsten Individualisierung, auch wieder unverkennbare Vorzüge zuzusprechen sind."

Der Ehrgeiz ist nicht zu stark anzuregen indem das zeitliche Moment zu sehr betont wird. Am besten ist es, die Arbeiten unter der Normalbedingung „rasch und schön" verlaufen zu lassen.

Die Kinder sind nicht nach ihrer Begabung in verschiedene Abteilungen zu verweisen, da die besser Veranlagten für die anderen ein mächtiger Sporn sind.

Der geringe Wert der Hausaufgaben tritt deutlich hervor.

VII.

Die Marianischen Kongregationen.[1])

Von Prof. Dr. Oskar Jäger in Bonn.

Die Nachricht, dass die preussische Schulregierung geneigt oder im Begriffe sei, den Schülern der höheren Schulen die Teilnahme an den sogenannten Marianischen Kongregationen, die ihnen unter dem Ministerium Falk aus sehr guten Gründen untersagt wurde, wieder zu gestatten, hat in weiten Kreisen Aufsehen und schwere Besorgnis erregt: vor allem in der Lehrerwelt unserer Mittelschulen und nicht am wenigsten, setzen wir hinzu, unter den Lehrern katholischen Bekenntnisses. Dies letztere ist sehr erklärlich: denn sie brauchen sich nicht erst, wie die evangelischen, darüber belehren zu lassen, was Marianische Kongregationen sind.

Wir wollen hier nicht davon reden, wie die Übertreibungen des Kultus der Jungfrau Maria, die jetzt wie einst im Jahre 1837 in Spanien im karlistischen Lager in aller Form zur Generalissima des ultramontanen Heerbannes ernannt worden zu sein scheint, auf jugendliche Gemüter wirken müssen. Wir wollen nur auf die pädagogischen Gründe hinweisen, welche einst evangelische wie

---

[1]) Abdruck aus der „Wartburg", 3. Jahrg., No. 8. Verlag von J. F. Lehmann in München.

katholische Schulmänner in ihrer grossen Mehrzahl jenes Verbot mit Genugtuung begrüssen liessen. Es war nicht bloss die Besorgnis vor einer Störung des konfessionellen Friedens unter den Schülern einer und derselben Anstalt, die sie bestimmte, noch auch die auf der Hand liegende Wahrnehmung, dass es den obersten Grundsätzen der Erziehung desjenigen Teils der vaterländischen Jugend, welche den leitenden und verantwortungsvollsten Stellungen in Staat und Gesellschaft zugeführt werden sollen, ins Gesicht schlagen hiesse, wenn diese Jugend früh und mit Aufbietung aller religiöser Reiz- und Lockmittel in eine Kampfesorganisation und Kampfesatmosphäre hineingezogen würde, bei der ihnen notwendigerweise die höchste Hebelkraft des Erziehungs- und Bildungswerks, die Kraft eigenen Urteils und selbstständigen Wollens unmerklich und vielen für immer verloren ginge: es war vor allem der Gedanke, dass die organische Einheit der Anstalten, auf der unsere Gymnasialerziehung beruht, auf das empfindlichste gestört wird, wenn ein von aussen kommender, dem Gemeinschaftsleben der Anstalt fremder, ihm nicht verantwortlicher Einfluss in einer, milde ausgedrückt, durchaus einseitigen Richtung das Seelenleben einer grösseren Anzahl ihrer Schüler bestimmt und beherrscht. Niemand bestreitet den mittelbaren oder unmittelbaren Anteil, den religiöse Unterweisung, kirchlicher Brauch und Übung am Erziehungswerk unserer höhern und niedern Schulen besitzt, unsere ganze pädagogische Literatur wie die tägliche Praxis an unsern höhern Schulen gibt dafür Zeugnis, und ein breiter, in der Tat unserer Ansicht nach schon zu breiter Raum ist in dieser Hinsicht der römischen Kirche und den katholischen Religionslehrern eingeräumt. Allein was darüber hinausgeht, es trage die römischkatholische oder die hochkirchlich-evangelische Farbe, stört das einheitliche, unbefangene Arbeiten der Lehrenden und entfremdet vor allem die Schüler den Lehrern, die aufhören, für sie in erster Linie Träger der Autorität, des Idealen, Repräsentanten der sittlich-religiösen Idee zu sein. Dass dies unserm nationalen Erziehungswerk verderblich werden muss, liegt auf der Hand; auch ist es kein leeres Schreckgespenst, sondern erfahrene Wirklichkeit. Und weiter: was bei dem jüngsten Vorstoss in Trier ziemlich unumwunden und fast wie eine selbstverständliche Forderung ausgesprochen worden ist — es macht diese einer ausserhalb der Schule stehenden Organisation eingegliederten Schüler vielfach zu Aufpassern, gegenüber ihren Mitschülern nicht allein sondern auch gegenüber den irgendwie ihren Leitern verdächtigen Lehrern, „vergiftet das Vertrauen", wie der Dichter sagt, und sie glauben mit solcher Achtsamkeit noch ein gutes Werk zu tun. Es gibt ein einsichtiges Wort eines berühmten englischen Pädagogen, Thomas Arnold, der, wie bekannt, auf streng christlichem Boden stand, sein Ziel sei, christliche Männer heranzubilden — für christliche Knaben könne er sich nicht stark machen. — Um aber unsere Knaben zu christlichen Männern zu erziehen, dazu gehört, dass man sie zu ernster Selbstverantwortung nach selbsterrungener Überzeugung heranbildet. Sie frühzeitig einer Partei, und wäre ihre Fahne noch so einladend und reich bestickt, zu überliefern, geht wider das eigentliche Lebensprinzip unserer vaterländischen höheren Schulen, und vor allem der Techniker des pädagogischen Berufs, die Lehrerwelt, muss sich jedem solchen Versuch entgegenwerfen.

Aber noch ein anderes. Wir können nicht glauben, dass in den massgebenden Kreisen unserer Schulregierung jene pädagogischen Bedenken, welche einst das Verbot der Teilnahme an diesen Kongregationen herbeigeführt haben, verschwunden seien — sagen wir's nur geradezu, wir glauben, dass dort die Überzeugung der übergrossen Mehrheit der Sachverständigen von dem Pädagogisch-Verwerflichen solcher von Priestern im Geist der Gesellschaft Jesu, dem die Marianischen Kongregationen entsprungen sind, geleiteten Jugendvereine und alles, was dem gleicht, geteilt wird. Wird diese Teilnahme an diesen Vereinen jetzt wieder gestattet, so geschieht es nicht aus sachlichen, sondern aus politischen Gründen; und gegen diese Verquickung des Werks nationaler Erziehung mit dem, was eine augenblickliche und — hoffen wir — vorübergehende politische — politische, nicht religiöse — Strömung einer Regierung opportun erscheinen lassen mag, müssen wir laut und nachdrücklich protestieren.

Nirgends hat der preussische und überhaupt der deutsche und moderne Staat eine sicherere Position als an seinen Schulen. Er hat hier eine ganz klare, unzweideutige sittliche Pflicht und Aufgabe; er hat die Sicherheit des guten Gewissens, denn er hat diese Schulen geschaffen oder neu und zeitgemäss umgeschaffen; er hat ihnen stete und eifrige Fürsorge und eine im ganzen stets einsichtige Reformarbeit gewidmet: man darf sagen, dass er hier auf diesem Boden unüberwindlich ist, wenn er nicht von selber die Waffen streckt.

Der staatsweise Sinn Kaiser Wilhelms II. hat einst im Jahre 1892 ein klerikal zugespitztes, von einer aus Ultramontanen und verblendeten evangelischen Konservativen zusammengesetzten Mehrheit beschlossenes Schulgesetz zurückgewiesen, weil es den Kern der Nation, die Mittelklassen, gegen sich hatte. Um diese Fahne müsste sich jedem weitern Schritt einer Waffenstreckung gegenüber vor allem die Lehrerwelt, Universität, Mittelschule, Volksschule eng zusammenscharen und sich erinnern, dass auch ihr ein Priestertum anvertraut und die Hut eines Heiligtums befohlen ist.

C. Beurteilungen.

Georg Webers Weltgeschichte in übersichtlicher Darstellung. 21. Aufl., vollständig neu bearbeitet von Dr. **Otto Langer**. Leipzig 1903, W. Engelmann. Pr. geb. 4,80 M.

Nach einer kurzen Einleitung über den Gegenstand der Geschichte, über Staatenverfassung, Bevölkerungsgliederung, Kulturentwicklung, über die Aufgabe des Geschichtschreibers und über die Chronologie wird im 1. Buche die Geschichte der alten Welt (130 S.), im 2. Buche das Mittelalter (115 S.), im 3. u. 4. Buche die neuere Zeit: Reformation und Absolutismus (118 S.), das Zeitalter der Aufklärung und das Zeit-

alter der französischen Revolution (109 S.), im 5. Buche die Geschichte der neuesten Zeit (165 S.) behandelt.

Dem 644 Seiten umfassenden Texte ist ein sorgfältig gearbeitetes Namen- u. Sachregister beigegeben (S. 646—691).

Die „übersichtliche Darstellung der Weltgeschichte" durfte den Umfang eines handlichen Bandes nicht überschreiten. Die dem Verfasser hiermit auferlegte Beschränkung setzt neben gründlichem fachwissenschaftlichen Wissen die Fähigkeit voraus, das Wesentliche von dem Minderwichtigen scharf zu unterscheiden und gleichsam den Extrakt der Geschichte in lesbare

Form zu bringen. Mit grossem Fleisse, anerkennenswerter Umsicht und sicherem Takt hat Dr. Langer die schwere Aufgabe gelöst. Die Darstellung ist durchaus frei von Phrase, jeder Satz ein Gedanke. Mit Sorgfalt sind, soweit das bei einem so umfänglichen Stoffe für einen Mann überhaupt möglich ist, die neueren und neuesten Forschungsergebnisse berücksichtigt. Der letzte Hauptabschnitt des 5. Buchs (die Zeit Kaiser Wilhelms I. und Bismarcks) führt bis an die Grenze der Gegenwart. Es werden hier die Zustände und Ereignisse der jüngeren Vergangenheit (bis 1890) berührt, deren Kenntnis zum Verständnis der Gegenwart notwendig ist.

Nach der Absicht des Verfassers soll das Buch den Schülern der höheren Schulen Anregung und Belehrung bjeten. Es wird in seiner Handlichkeit, Übersichtlichkeit und Gediegenheit jedem Geschichtsfreunde (und das sollte jeder Gebildete sein) gute Dienste leisten. Der erstaunlich niedrige Preis macht das Buch den weitesten Kreisen zugängig. Es möge an dieser Stelle besonders auch den Lehrern aufs wärmste empfohlen sein.

Rochlitz i. S.   Dr. Schilling.

J. C. Andrä. Grundriss der Geschichte für höhere Schulen. 24. Aufl., neu bearbeitet und für die Oberstufe neunklassiger Schulen fortgesetzt von Karl Endemann und Emil Stutzer. Leipzig 1902. R. Voigtländer. — II. T. Deutsche Geschichte bis zur Gegenwart für die Tertia und Untersekunda höherer Lehranstalten. — 2,80 M. — 311 S. — IV. T. Mittelalter und Neuzeit I für die Unterprima. — 2,20 M. — 182 S. — V. T. Neuzeit II für die Oberprima. — 2,40 M. — 224 S.

Für preussische Schulen ist dies Buch entschieden recht brauchbar, weniger für nichtpreussische, da der Anteil der nichtpreussischen Fürsten und Völker an der deutschen Geschichte zu wenig gewürdigt wird. So wird auch in dieser Auflage bei Erwähnung des Augsburger Religionsfriedens des Kurfürsten August von Sachsen, der ihn abschloss, nicht gedacht; auch Johann Georgs III. und seiner Sachsen Verdienste um die Befreiung Wiens 1683 werden verschwiegen. Man lasse sich also durch den Verlagsort Leipzig nicht irre machen. Das Buch trägt die deutsche Geschichte vom preussischen Standpunkte aus vor.

Löbau i. S.   Dr. Carl Franke.

O. Förster, Seminaroberl. in Löbau. Das erste Schuljahr. Theoretisch-praktisches Handbuch für Lehrer der Elementarklassen. 4. Aufl. 415 S. Leipzig 1902. R. Voigtländers Verlag. 3,60 M., geb. 4,40 M.

R. Wernecke, Die Praxis der Elementarklasse. Ein Führer auf dem Gebiete des Elementarunterrichts. 4., vermehrte Aufl. 391 S. Leipzig 1901. Theod. Hofmann. 3,80 M.

Cl. Burkhardt, K. Laass und **H. Schrader.** Deutsche Fibel mit phonetischem Aufbau. Mit Bildern von Oskar Popp. Ausgabe A für Mittelschulen und höhere Schulen. 104 S. Geb. 60 Pf. Ausgabe B für Volksschulen. 88 S. Geb. 50 Pf. Leipzig 1902. Theod. Hofmann.

Die beiden Werke über den Gesamtunterricht der untersten Schulklasse fordern einen selbständigen Anschauungsunterricht, der durch Sachen und Vorgänge, nicht durch die Bedürfnisse des Lesens bestimmt wird. Beide verlangen auch neben demselben einen besonderen Religionsunterricht im Anschluss an biblische Geschichten. Wernecke beginnt denselben in der 6. Woche mit der Schöpfung, nachdem „Unterredungen über den lieben Gott" im Anschluss an einige Gebote vorausgegangen sind, schliesst mit „Christi Lebensende, Auferstehung und Himmelfahrt" und behandelt in geschichtlicher Folge 20 Geschichten; die Behandlung wird auf S. 205—297 dargelegt. Ich glaube, dass damit in diesem „Fache" zu viel und nicht immer das Geeignetste geschieht, aber des Verfassers Sorgfalt ist anerkennenswert.

Förster dehnt die Vorarbeit länger aus; nach ihm solle der biblische Geschichtsunterricht „unter keinen Umständen früher als etwa nach erfolgreichem halbjährigen Schulbesuche beginnen". Was er gegen die Verfrühung sagt, ist so triftig, dass es eigentlich noch eine grössere praktische Wirkung haben müsste. Hinsichtlich der Behandlung verweist er kurz auf seine besondere Schrift: der biblische Geschichtsunterricht in der Elementarklasse. (5. Aufl. 1901. 141 S.) — Beide verwerfen dann auch nicht nur die vereinzelten sog. moralischen Erzählungen, sondern auch die Behandlung der Märchen nach Art Zillers u. a. Wernecke will sie nur als selteneres Genussmittel erzählen und betrachtet das als „ein süsses, träumendes Aufnehmen einer geistigen Nahrung, die so mild, mühelos und erquicklich eingeht, wie die Milch aus der Mutterbrust dem Säugling"; denn er meint, dass der Lehrer damit „gewissermassen auf die vorschulpflichtige Altersstufe zurückgreift in ähnlicher Weise, als wenn er nach der ernsten Schularbeit ein Bewegungsspiel vornimmt als eine freundliche Zugabe und als eine erfrischende Abwechslung". Die Schule sei die „Stätte der Arbeit", deshalb passe die eingehende Behandlung der Märchen nicht herein. Diese eingehende Behandlung müsse auch „die poetische Welt des Märchens zerstören und die ödeste Langweile und Unaufmerksamkeit erzeugen". Eine Auseinandersetzung mit den Freunden des Märchenunterrichts ist das Vorgebrachte nicht. Ich will daher nur an zwei Tatsachen erinnern. Erstens: „Zerstören" kann man durch entsprechende Behandlung auch das, was die an sich herrlichsten und unangefochtensten Erzeugnisse der alt- und neutestamentlichen und der deutschen Literatur in den kindlichen Geist bringen sollten, und die Strömung gegen die alten Sprachen auf unseren höheren Schulen hat darin ihren Hauptsitz, dass den Philologen jene Verekelung des Herrlichsten so häufig „gelingt". Aber gelingt denn nicht auch das Umgekehrte? — Zweitens: Ziller hat sich schon 1870 auf den gleichen Vorwurfe A. W. Grubes gegenüber auch berufen auf eine „Erfahrung, die auf das kanonische Alter, das Horaz für literarische Erzeugnisse fordert, Anspruch hat" (Jahrbuch des Vereins f. w. P. II, S. 306). Unterdessen sind viele, welche solchen Unterricht erhalten haben, zu

Vätern und Müttern, auch zu Lehrern und Lehrerinnen herangewachsen und treiben, wo es ihnen gestattet ist, mit ihren oder mit fremden Kindern wieder ähnlichen Märchenunterricht, ohne „ödeste Langeweile" zu befürchten — Beweis genug, dass bei Werneckes Verwerfung nach singulären Tatsachen ein generelles Urteil gefällt wird, wenn auch an der durchaus einwandfreien Behandlung noch vieles gefehlt haben und noch fehlen mag. — Ziemlich dieselben Meinungen treten bei Förster auf. Nur richten sich seine Gegengründe ausschliesslicher gegen die Märchen als „Gesinnungsstoff"; dagegen hat er dem zweiten Teile seiner Fibel, welcher hauptsächlich für das zweite Schuljahr bestimmt ist, 15 der bekanntesten deutschen Märchen von Grimm und Bechstein und A. Godin, in eine etwas einfachere Form gegossen, als Anhang beigegeben, der auch für sich zu haben ist (2 Bog., mit Bildern von Ludwig Richter. 16. Aufl. 20 Pf.). „Einen interessanteren Lesestoff kann es für die Kleinen nicht geben. Sie werden ausserordentlich gern selbst von Kindern des ersten Schuljahres schon gelesen."

In anderer Hinsicht stehen sich die beiden Schriften sehr entgegen. Im Rechnen befolgt Wernecke Grubes Behandlung und unterscheidet dabei genau das Enthaltensein und das Teilen i. e. S. Förster dagegen begrüsst es, dass die sog. monographische Methode Grubes mit ihren Zahlenindividuen nun fast gänzlich beseitigt worden sei. Das Dividieren bestehe für kleine Kinder darin, „eine Zahl als Summe in gleiche Zahlen zu zerlegen und die Anzahl derselben zu ermitteln." Auf Grund dessen lässt er „Zahlen zerlegen", z. B. aus der 6 lauter Zweien machen, er lässt auch „die Würfel verteilen", z. B. nachdem die „Hälfte" an 1 Semmel und 1 Brezel gezeigt ist, die Hälfte von 4 Äpfeln angeben. Dieser einfache Vorgang sei „durch die monographische Methode mit ihren Zahlenindividuen verdunkelt und erschwert" worden. Das ist in Hinsicht auf bestimmte Bücher ja wahr, aber man kann, wie ich selbst erfahren zu haben glaube, mit dem Fortschritt nach Zahlenindividuen die von Förster vorgeschlagene Vereinfachung und Erleichterung recht wohl verbinden. Durch diese m. E. sehr wohltätige „Abkürzung der Division" wird dem Verfasser Zeit, nach dem Ende des Jahres hin die 10 zu überschreiten. Er findet zwei kleine Gebiete geeignet: Das Aufbauen und Zerlegen der Zahlen 11 und 12 ohne Rücksicht auf den Zehner, und das Rechnen innerhalb des zweiten Zehners. Wernecke hingegen behandelt für „gehobene Elementarklassen" die Zahlen von 11—20 einzeln nacheinander „in derselben intensiven Weise" wie die von 1—10. In einer Hinsicht steht aber Försters Darlegung über das Rechnen der von ihm bekämpften Art fühlbar nach: der Fortschritt nach Zahlenindividuen und bei jedem Individuum wieder der gleichartige Fortschritt der Operationen gibt einen auch jedem Anfänger sofort erkennbaren Plan, der leicht gewinnend wirken kann. Försters Gang liegt der Natur der Sache nach nicht so zu Tage und lässt viel abgeändertes Versuchen zu, das ohne Zweifel von grossem Werte ist; vielleicht sollte aber für Anfänger ein möglicher „lückenloser" Gang etwas fester vorgezeichnet sein. — Für verhängnisvoll halte ich die von Förster ausgesprochene Ansicht, dass die Sorge um die „Fertigkeit im Rechnen" das genauere Blicken nach den Sachgebieten nicht zulasse; dagegen zweigt er den eigentlichen Rechenunterricht erst „etwa zu Anfang des zweiten Vierteljahres" vom Anschauungsunterricht ab und übt bis dahin das Zählen an Gegenständen und an Zeichen für solche.

Nicht kleiner ist der Gegensatz bei dem Lesen und Schreiben. Förster folgt der Normalwörtermethode, ohne dem Anschauungsunterricht die Selbständigkeit zu nehmen; er entlehnt (mit Leutemann, dem Maler seiner Fibelbilder) die Gegenstände der Normalwörter den bekannten Lebensgemeinschaften, und so geht sein Leseunterricht bald seinen eigenen Weg nach „eigenem Tempo". Das methodische Schifflein der synthetischen Methode, meint er, sei nun fast ganz versunken. Wernecke hingegen behauptet, dass jene Methode „die Wahl der Anschauungsobjekte von den Normalwörtern des Schreiblesens abhängig macht"; das war nun wohl einmal richtig, jetzt aber sollte man das, zumal in einer ausführlichen Darlegung, in „unbenannter" Weise gar nicht mehr aussprechen. Er seinerseits betreibt das ganze Jahr einen „vereinigten Anschauungs-, Sprech-, Schreib- und Leseunterricht", d. h. Lesen und Schreiben werden gelehrt „in völliger Abhängigkeit und als Ausfluss des Anschauungsunterrichts", indem sie die Resultate desselben benutzen. Jede einzelne Lektion zerfällt daher in die Abschnitte: A. Entwicklung, B. Wiederholung, Aufbau des Resultats, C. Mündliche Reproduktion des Resultats, D. Vorübungen zum Schreiben und Lesen, E. Schreiblesen, F. Erzählen, Memorieren und Singen. Hieraus sieht man, dass im Gegensatz zu Förster ein gleichmässiges „Tempo" zwischen Anschauungsunterricht und Schreiblesen nötig ist. Aus dem Satze: „Johann führt das Pferd in den Stall" wird das „Normalwort in" herausgehoben und zuerst das i, später das n geschrieben etc. So stehen dann bald Silbenreihen da wie in, an, un, ein, en, on — um, un, uf, ur, ul, usch, die für Förster ein Greuel sind. „Die Lückenlosigkeit der Pestalozzischen Schule war falsch verstanden, als man . . . bei den Lautverbindungen der Fibel . . . alle Kombinationen anstrebte." (Ziller, Grundlegung. 1. Aufl. S. 301.) Doch will ich mit dieser Anführung nicht bestreiten, dass Wernecke dieser Vollständigkeit Zügel anlegt und insoweit noch ein Recht behält, wie Förster gegen Auswüchse neuerer sog. phonetischer Fibeln zu reden. Damit komme ich zu der oben angeführten Fibel.

Was Burkhardt, Laass und Schrader geben, ist leicht charakterisiert. Unter dem ersten Bilde steht der Satz: „Ida legt die Puppe in den Wagen"; herausgehoben wird der Laut i, welcher in kleiner Schreibschrift daneben steht. Unter dem zweiten Bilde steht der Satz: „Emil will den Wagen ziehen", daneben geschrieben das kleine e. Die kleinen Druckbuchstaben kommen erst auf S. 16 dazu, die grossen Schreib- und Druckbuchstaben auf S. 24, und bis S. 23 treten in den Wörtern und Sätzchen keine Hauptwörter auf.

19*

Es stehen keine blossen Lautverbindungen, sondern nur wirkliche Wörter da (auffällig sind nur die Formen „lauren, scheuren, schauflen", S. 16, 17). Die Schwierigkeiten werden so allmählich eingeführt, dass erst auf S. 72 bei dem letzten Bilde („Kaiser" Wilhelm II.) das ai auftritt. Bis dahin ist ausser den neuen Zeichen auch „dasjenige Wort- und Satzmaterial, welches unbedingt nach Diktat geschrieben werden muss, in Schreibschrift dargeboten", während das erste Lesestück in Druckschrift schon S. 36 steht. Die am Schlusse der Ausgabe A stehende Einführung der lateinischen Druckschrift erscheint mir sehr zweckmässig; die neuen Zeichen werden nach und nach gegeben und gleich mit Wörtergruppen belegt. (Über die Reihen: Circus, Ceder, Cäcilie, Cicero etc. — Philipp, Phosphor — Xanten, Xaver, Xerxes etc. — Ysop, Cylinder etc. — Auktion, Station etc. (S. 90f.) und über Ähnliches der deutschen Schrift vgl. nachher.) Die Fibel legt durch ihre Anordnung des Stoffes jedenfalls auch dem Rechtschreibunterricht einen vorzüglichen Grund, und nach dem kurzen Vorwort erhielten die Verf. den „wirksamsten Antrieb" zur endgültigen Ausführung durch eine Arbeit von Karl Koch: Lesen und Rechtschreiben in der Grundklasse auf phonetischer Grundlage (Päd. Zeitung 1900). Den Anschauungs- und Religionsunterricht denken sich die Verf. selbständig, meinen aber, dass ihn die Bilder und Lesestoffe unterstützen und beleben werden. Nun muss natürlich der Lehrer in der Fibel vorausblicken und auf dies und jenes zu rechter Zeit ein Licht fallen lassen; aus inhaltlichen Rücksichten hätte wohl ein und das andere Wort oder Sätzchen wegbleiben sollen.

Mit der Fibelfrage ist aber gegenwärtig die Phonetik eng verknüpft, und zwar schwerlich, wie Förster meint, bloss darum, weil die synthetische Leselehrmethode dringend der Hilfe bedürfe und nun vorgebe, bei ihr sei für genaue und schöne Aussprache besser gesorgt als bei der Normalwörtermethode. Ich erkläre mir vielmehr das freundschaftliche Verhältnis zwischen Phonetik und synthetischer Schreiblesemethode aus natürlicher Verwandtschaft. Letztere ist bei ihrer Entstehung eine angewandte Phonetik gewesen, nur im Vergleich mit jetzt Anwendung einer unvollkommenen Phonetik. Dazu kommt dann die Rücksicht auf die verschiedene Schwierigkeit der Bezeichnung der Laute. Die analytisch-synthetische Methode hingegen hat psychologische Erwägungen angestellt und seelische Vorgänge analysiert. Beides mit den natürlichen und nachweisbaren Erweiterungen! Denn jedes dieser geschichtlichen Erzeugnisse ist an sich nur ein Halbes und strebt der andern Hälfte zu, soweit nicht Parteigeist oder Einzel-Rechthaberei der Natur entgegenstehen. Naturgemäss ist aber die synthetische Methode die ältere, weil die Fachwissenschaft im allgemeinen älter ist als die bessere Psychologie; die Methodik überhaupt aber hat die ihr ureigene Vollkommenheit darin zu suchen, dass sie den objektiven und den subjektiven Bestandteil ihrer Arbeit, jeden in der jeweilig erreichbaren Vollkommenheit, gerade an der richtigen Stelle oder im richtigen Verhältnis zusammenführt. Das ist für die Kritik der wichtigste Punkt, auch dann, wenn sie ihn wie manches andere, das wir brauchen, noch nicht mit dem Pfahle markieren kann. Dass psychologische und fachwissenschaftliche Rücksichten einander nicht ausschliessen müssen, beweist die Beispiel Zillers, dem man von mancher Seite noch jetzt zu weitgehende psychologische Rücksicht vorwirft und der gleichwohl eine Form der synthetischen Methode empfahl. — Ich schaue nunmehr von der obengenannten Fibel etwas nach rückwärts.

Die erste phonetische Fibel, welche grössere Bedeutung erlangte, war meines Wissens die von W. Bangert, welche 1895 in Frankfurter Anstalten eingeführt wurde. (Frankfurt a. M., M. Diesterweg. Geb. 90 Pf. Ausgabe A mit dem Duktus von L. Müller, Ausgabe B in preussischer Normalschrift.) Das erste der meist sehr packenden Bilder zeigt einen Aar, darunter steht klein geschrieben a, das zweite einen Esel, dazu das kleine e u. s. w. Dass Verf. sachliche Anknüpfung voraussetzt, zeigt z. B. das Bild zum z: die beiden Ziegen, welche sich auf dem schmalen Stege begegnen.

In den Wörtergruppen tritt aber doch die phonetische Grundlage als **fachwissenschaftliches** Element der Fibel mehr hervor als bei Burkhardt und Gen., d. h. letztere scheinen mir trotz derselben Grundlage das **ganze** Kind mehr im Sinne gehabt zu haben. Die im Anschluss an Bangerts Fibel bearbeitete Schrift von K. **Hess**: Der deutsche Unterricht in den ersten Schuljahren auf phonetischer Grundlage (ebenfalls bei M. Diesterweg, 64 S. 50 Pf.) gibt, so weit sie sich auf das erste Schuljahr bezieht, keinen Anhalt für eine gegenteilige Annahme, auch nicht das der Fibel beigegebene Begleitwort von Dir. Dr. K. Rehorn, der im wesentlichen nur von der Fachwissenschaft und von den Bedürfnissen des neusprachlichen Unterrichts ausgeht. Allerdings sagt Hess, Bangert habe an bestimmten Stellen den Widerstreit zwischen Phonetik und Methodik „in glücklicher Weise ausgeglichen, so dass weder der einen, noch der anderen Gewalt geschieht". Der Ausdruck ist jedoch nicht genau; die richtige **Methode**, die wir suchen, **wäre selbst der Ausgleich**, aber die zweite Macht neben der Phonetik ist oben neben ihr genannt, und gerade sie scheint mir Hess geringschätzig behandelt zu werden, denn er sagt über den Streit der Methoden (der doch nur in dem Fehlen des **richtigen** Ausgleiches begründet sein kann) „In scharfen, haarspaltenden psychologischen Untersuchungen werden Gründe für das eine oder andere Verfahren gezüchtet; die Mehrzahl der Methodiker begünstigt das reine Schreiblesen als das natürlichere." Welcher Art sind aber die Gründe für diese Natürlichkeit? Muss es neben künstlich gezüchteten nicht auch **naturwüchsige** psychologische Gründe geben, die dann als vollberechtigte und anerkannte Macht den Ausgleich mit schliessen? (Vgl. Päd. Stud. 1900, S. 440.)

Deutlich erkennbar ist die Neigung zu phonetischer Einseitigkeit bei **Brüggemann**: Lesebuch für das erste Schuljahr, nach phonetischen Grundsätzen bearbeitet. (Leipzig, E. Wunderlich. 1900. Geh. 40 Pf., geb. 60 Pf.) Die beiden ersten Abschnitte (14 und 31 S.) enthalten nur Schreibschrift, und der erste führt nur die kleinen Buchstaben vor und verwendet sie nur zu Wörtern „mit rein phonetischer Schreibung", darin liest man aber nicht nur saum, maus, laus, sondern auch mos, sas, fus, ser etc., ferner Bildungen wie il, ili, li, ol, lo, olo, unu, uwu u. dgl., die belebenden, das Gedächtnis unterstützenden Bilder fehlen. Die Begleitschrift: Der erste Leseunterricht nach phonetischen Grundsätzen (40 S., 40 Pf.) spricht fast nur von phonetischen Dingen, vom Unterschied zwischen Laut und Zeichen, wenn auch in trefflicher Weise. Über die andern Seiten des ersten Unterrichts fällt kaum ein Wort — der Titel des Heftes wie der Fibel ist sehr genau. Hildebrands bekanntes Wort, das Hochdeutsch müsse im Anschluss an die Hand- und Familiensprache gelehrt werden, wird angeführt und für die weitere Betrachtung sogleich „auf die lautliche Seite beschränkt".

Noch nackter nimmt sich von vornherein die „Fibel für den vereinigten Sprach-, Schreib- und Leseunterricht, nach phonetischen Grundsätzen bearbeitet", von L. **Green** aus. (Leipzig, Reisland.) Sie enthält einen Bogen reine Schreibschrift mit kleinen Buchstaben, aber ohne blosse „Silben" und unorthographische Wörter, weiterhin sind nur die neuen Zeichen in Schreibschrift zu der Druckform gesetzt. Die Anordnung ist wie auch bei Brüggemann phonetisch sorgfältig. Das Wichtigste daran aber ist mir, allen genannten Verfassern gegenüber, ein Satz in den für Lehrer und Eltern beigegebenen „Anmerkungen"; auf der letzten Seite derselben heisst es bei dem Abschnitt über Schärfung, Dehnung u. s. w.: „Diese Abschnitte sollen erst im zweiten Schuljahre behandelt werden." Damit ist wieder einmal von einem Praktiker anerkannt, dass es **nicht richtig** ist, gleich im ersten Schuljahr auf vollständige Erlernung des elementaren Lesens zu dringen, trotzdem man uns jedes Jahr wieder die Möglichkeit beweist. Diese gar nicht angezweifelte Möglichkeit darf aber die tiefere, allseitige Überlegung nicht stören. **Schädlicher Empirismus** ist auch ein Grund für den jetzigen Brauch, den Förster geltend macht: Der Gedanke, dass alle Schulkinder im ersten Jahre lesen lernen müssten, sei seit Jahrzehnten so in das Volksbewusstsein eingewurzelt, dass eine Änderung das Ansehen der Schule schädigen werde. Warum fragt man nicht auch nach denjenigen Eltern, welche eine Änderung sehr begrüssen würden? Und ist nicht auch eine immerhin beträchtliche Verminderung des religiösen Memorierens erfolgt, trotzdem eine Anzahl von Leuten dadurch innerlich stark verletzt worden ist? — Wer für gemässigtes Tempo wirken will, sollte schon jetzt, so viel an ihm ist, nicht von der Elementarklasse, sondern von der Elementarstufe reden, wie es bei wenig gegliederten Schulen auch durchgeführt werden muss. Die Scheidung zwischen lauttreuer und abweichender Schreibung, welche die erwähnten Fibeln in das erste Schuljahr hineinlegen müssen, hat schon Ziller zwischen die beiden ersten Jahre gelegt. Erst im zweiten Jahre treten nach ihm „Wörter ohne alle Beschränkung auf, namentlich aber solche, aus denen die noch unbekannten Buchstaben und die auf Wortgruppen ausdrücklich zurückzuführenden Differenzen zwischen Laut und Zeichen abgeleitet werden können, durch welch letzteres ein regelmässiger Aufbau der Orthographie nach Wortklassen beginnt". (Materialien zur speziellen Päd. S. 38.) Dann würden die Schreibungen mit ph, x, y, auch mit c, mit v = w, die die Fibeln fast immer glauben bringen zu müssen, nebst den z. T. recht unnötigen oder ganz unverständlichen Wörtern wenigstens aus dem ersten Schuljahre verschwinden.

Soll die genauere Berücksichtigung der Phonetik nicht bloss eine Zeitströmung bleiben, sondern eine wirkliche Bereicherung der Methodik sein oder werden, so darf sie nicht zu einer neuen Form pädagogischen Spezialistentums ausarten, welche alte richtige Gedanken ohne genügendes Recht verdunkelt und verdrängt; sondern die neuen Gedanken müssen sich mit den alten sachgemäss ausgleichen. Darlegen lässt sich der Versuch eines solchen Ausgleiches aber nur in Arbeiten über den Gesamtunterricht der Elementarstufe.

Ist es vielleicht kein Zufall, dass (wenn ich nicht irre) die erklärten Freunde der Phonetik uns noch kein Werk, welches den beiden oben angeführten entsprechen könnte, beschert haben, sondern nur Begleitheftchen mit lautsystematischen Übersichten?

Leipzig.   Fr. Franke.

E. Egger, Mitglied des Instituts von Frankreich. Beobachtungen und Betrachtungen über die Entwicklung der Intelligenz und der Sprache bei den Kindern nach der 5. Auflage des Originals übersetzt v. Hildegard Gassner. Pr. M. 1,20. Leipzig, Verlag von Ernst Wunderlich 1903. — 73 S. —

Vorliegende in gewandtem und verständlichem Deutsch geschriebene Übersetzung kommt sehr post festum; denn das französische Original ist zum grossen Teile schon 1871 verfasst und 1878 veröffentlicht worden. Seitdem sind Schriften erschienen, die das angeregte Thema sowohl in psychologischer als auch in linguistischer Beziehung gründlicher behandeln. Ich verweise auf das Literaturverzeichnis in Reins „Encyklopädischem Handbuch der Pädagogik", Sprachentwicklung des Kindes von Dr. C. Franke (auch als Sonderabdruck), Langensalza 1899, wo die Titel der von 1871—1896 erschienenen einschlagenden Schriften über eine Seite ausfüllen. Vollständig unverständlich ist es mir daher, wie Herr Dr. phil. W. Ament in Würzburg, der vorliegender Übersetzung eine Einleitung vorausgeschickt hat, behaupten kann S. 3: „Zu individuellem Vorzuge gereicht es ihr aber, dass sie — als einzige (!) selbständige Schrift über die Kindersprache bis heute (!) — von einem Philologen verfasst ist." — Immerhin lässt diese im Verhältnis zu neueren Untersuchungen sehr lückenhafte Darstellung erkennen, dass die Entwicklung eines Kindes französischer Zunge der eines deutschen oder englischen sehr ähnlich ist. Doch habe ich keinen Punkt gefunden, der nicht auch in den deutschen Schriften berührt wäre. In psychologischer Beziehung scheint mir auch jetzt noch beachtenswert, was über die sich entwickelnde Fähigkeit des Kindes,

Schlüsse zu ziehen, gesagt ist. Empfohlen kann dies Werkchen nur Spezialisten werden.

R. Günther, Seminardirektor in Münsterberg, **Deutsche Lautlehre und Sprachgeschichte für Lehrerbildungs-Anstalten.** Leipzig, Dürr'sche Buchh. 1902. — 1 M. 30 Pf. — 96 S.

Vorliegendes Buch ist nach den vom preussischen Ministerium gegebenen Anweisungen zur Ausführung der neuen Lehrpläne geschrieben. In klarer, übersichtlicher, knapper und doch gefälliger und fliessender Darstellung wird das Wesentliche der Lautlehre, deren Anschaulichkeit die beigegebenen Abbildungen sehr erhöhen, des Lautwandels, der deutschen Mundarten und der Geschichte der deutschen Sprache behandelt, und zwar vom Standpunkt der neuesten Forschungen aus. Einzelheiten werden freilich angefochten werden; so widerspricht es meinem obersächsischen Sprachgefühl nach S. 16 in „beredt, Dresden, fehlen, geben, Hedwig, hehlen, Krebs, leben, nebst, nehmen, Segen, sehen, stehlen, stets, wegen" langes geschlossenes e wie in Fee sprechen zu sollen. Hingegen ist es vom ästhetischen Standpunkte nur zu billigen, dass der Verfasser das eigentliche ä, diesen unschönen, breiten, zwischen dem offenen e und a liegenden Laut, ganz aus der Schriftsprache ausschliesst und dafür die Aussprache des offenen e's verlangt, so dass in Kränze und Grenze die Vokale der Stammsilbe gleichklingen. Nach S. 88 scheint der Verfasser die Verbindung „herzlich schlecht" für schriftdeutsch zu halten, was sie doch wohl noch nicht ist. Da das Buch für die Hände der Schüler bestimmt ist, so bemerke ich noch, dass S. 93 Tron, Tronfolger, Tronwechsel, Tronstreitigkeiten steht, was gegen die Regeln für die deutsche Rechtschreibung von 1902 (§ 7, 3 th, Anm. 1) ist.

Lesebuch für Mädchenfortbildungsschulen und ähnliche Anstalten. Herausg. v. Lehrerin **O. Kuntz** und Frau **L. Wohlrabe.** Halle a. S., Pädagog. Verlag von H. Schroedel 1902. — 2 M. 40 Pf. — 400 S.

Vorliegendes Buch soll die in den Bürger- und Volksschulen von den Mädchen für Gemüt und Verstand erworbenen Güter halten, hüten und erweitern. Als Hauptaufgabe haben sich die Herausgeberinnen gestellt, solche Stoffe zu wählen, die das Mädchen- und Frauenleben in den Mittelpunkt stellen und dabei in epischer Gewandung vorführen. Und diese Aufgabe haben sie mit feinem Verständnis und grossem Geschick gelöst. Der 1. Teil führt ins Vaterhaus, in die Heimat und das Vaterland, zeigt des Vaters Mühe und der Mutter Walten, schildert der Geschwister, der Verwandten und der Freunde Liebe und vergisst auch die Grosseltern nicht. Im 2. wird das weibliche Arbeitsleben vorgeführt. Der 3. bietet Wissenswertes für Beruf und Leben aus dem Gebiete der Haus- und Volkswirtschaft, der Gesetzeskunde, der deutschen Geographie und Geschichte. Dabei wechselt gebundene und ungebundene Rede miteinander ab, wobei aus unseren besten Dichtern und Schriftstellern mit Glück entlehnt worden ist, so aus M. Arndt: Das Vaterland, Mägdleins schönster Schmuck, Kindererziehung vor 100 Jahren, aus Fr. Reuter: Hawermann am Sarge seiner Frau, Fru Pastern to Wihnacht, Steh nicht still! aus G. Freytag: Luther als Vater, Geben ist seliger denn nehmen, Ehrlich sein und praktisch, Polnische Wirtschaft, Deutsches Bürgerleben um 1750, aus Pestalozzi: Eine Hüterin des Familienglückes, Wie Rudeli zur Ehrlichkeit erzogen wird, aus Jer. Gotthelf: Sie kann nichts, er hat nichts, Grossmutters Segen, Vom Dienen, aus Goethe: Bestimmung des Weibes (Herm. u. Dor.), aus Herder: Nicht der Schule, sondern dem Leben, aus Rosegger: Wie dem kleinen Maxel das Haus niederbrannte, Als ich das erste Mal auf dem Dampfwagen sass, aus Walther von der Vogelweide: Mahnung, aus Gerok: Krankenbesuch, Pfingsten, Dankfest, aus Geibel: Ostern. Dem trefflichen Buche ist eine weite Verbreitung zu wünschen.

Löbau i. S. Dr. C. Franke.

Lesebuch für die höheren Schulen Deutschlands. Herausgegeben von Dr. **Alfred Puls,** Oberlehrer am Königlichen Christianeum zu Altona.

Erster Teil: Lesebuch für Sexta.
Zweite, vermehrte, nach den Lehr-
plänen von 1901 und der neuen Recht-
schreibung verbesserte Auflage. Gotha,
Verlag von E. F. Thienemann 1902.
Preis gebunden 2,00 M.

Das Lesebuch trägt in seiner zweiten
Auflage auf das genaueste den neuen
preussischen Lehrplänen Rechnung. Da
aber der eigentliche Grundstock der
Lesestücke durchaus unverändert geblieben ist, so kann die erste Auflage
auch ohne irgendwelche Behinderung
neben der zweiten gebraucht werden.
Dies entspricht der Vorschrift des
Herrn Ministers. Die äussere Ausstattung des Buches hat eine wesentliche Verbesserung erfahren, Klarheit
und Übersichtlichkeit des Druckes haben
dabei nicht unwesentlich gewonnen.
Den neuen preussischen Lehrplänen entsprechend zerfällt der prosaische Teil
in Märchen, Fabeln, Erzählungen
und Schwänke, Darstellungen aus
deutscher Sage und Geschichte und
Bilder aus dem Natur- und Menschenleben. Letztere Lesestücke, die in der
zweiten Auflage eine Vermehrung erfahren haben, dienen besonders der Anregung und Belebung der Phantasie
und der Ausbildung des Naturgefühls
und sind glücklich gewählt.

Die Poesie zerfällt in Fabeln, Erzählungen und Schwänke, Dichtungen
aus deutscher Sage und Geschichte,
Lieder (Gott — Natur — Vaterland).
Als Abschluss hat dieser Teil: Sprichwörter, Sprüche und Rätsel; die letzteren
aber ohne Auflösungen. Daran reiht
sich noch ein Anhang, der einen ganz
kurzen Abriss der Grammatik enthält,
nämlich: Formenlehre, Satzlehre und die
wichtigsten Interpunktionsregeln.

Die ausgewählten Stücke enthalten
manches Neue und Zeitgemässe, so z. B.
S. 221 „Eine Schiffswerft", und zeugen
nach ihrer Anordnung von praktischer
Erfahrung und von pädagogischer Rücksichtnahme auf die Aufnahmefähigkeit
und den Grad des Wissens und die Ge-
mütsentwicklung unserer Sextaner. Ob
aber freilich eine mundartliche Dichtung
wie die von Fritz Reuter No. 94 „Wat
dedst du, wenn du König wirst" oder
von Klaus Groth No. 132 „Regenleed" von
einem oberdeutschen Sextaner verstanden
wird, bleibt wohl mehr als fraglich.

Als besonders wertvoll möchte ich
die grosse Anzahl von Sagen und Darstellungen aus der deutschen Geschichte
bezeichnen, die eine ausgezeichnete
Grundlage und Stütze für die in Sexta
vorgeschriebenen Lebensbilder aus der
vaterländischen Geschichte bildet. Bei
der Auswahl und Zusammenstellung
hat den Verfasser mit Recht die Chronologie geleitet. Mit wenigen Ausnahmen
ist ferner vom Verfasser darauf Bedacht
genommen worden, dass für die Sextaner die Lesestücke nicht zu lang sind.
Ferner hat der Verfasser sein Augenmerk mit Recht darauf gerichtet, dass
die dargebotenen Lesestücke stets ein
abgerundetes Ganze bilden. Aber abgesehen von dem inhaltlichen Werte
muss jedes einzelne Lesestück eine
musterhafte Form in klarer Durch-
sichtigkeit der Inhaltsgliederung bieten.
Das vorliegende Lesebuch entspricht
auch diesen Anforderungen, obwohl in
manchen Lesestücken einzelne Abschnitte noch kürzer gefasst sein
könnten. — Eine bessere Formgebung
wäre vielleicht bei einzelnen Gedichten
erwünscht. Wären die einzelnen Strophen
nicht nebeneinander, sondern stets untereinander gedruckt, so fiele auch die
leidige Brechung der Verszeile fort.

Erfurt.   G. Deile.

W. Vorbrodt, Seminaroberlehrer in
Eisleben. Dispositionen und
Themen zu deutschen Auf-
sätzen und Vorträgen für
Lehrer- und Lehrerinnen-Bil-
dungsanstalten und Volks-
schullehrer-Prüfungen. Halle
a. S. — Herm. Schroedel. 1902. 186 S.

Vorliegendem Buche merkt man es
an, dass es aus der Praxis hervorgegangen ist; es wird den besonderen
Bedürfnissen der Seminarien tatsächlich
gerecht. Von den 140 Dispositionen,
die es enthält, beziehen sich 72 auf
deutsche Sprache und Literatur, aber
einige greifen bereits in das Gebiet
der Pädagogik hinüber, so: ‚Die Erziehung Hermanns', ‚Die Erzieher-
weisheit Goethes in Hermann und
Dorothea', ‚Die Erziehung im Hause
Wilhelm Tells', ‚Unterricht und Erziehung in Götz von Berlichingen',
‚Pflege von Wissenschaft und Unterricht
in den Klöstern des XII. Jahrhunderts

nach Scheffels Ekkehard', ,Wie erziehen die Eltern in Krummachers Parabeln „Die Pfirsiche" ihre Kinder?' Der 2. Teil bietet 45 Dispositionen aus der Pädagogik und Methodik, wie: ,Welche Grundsätze verfolgt der alte Kiefer bei der Erziehung seines Sohnes?', ,Die Mutter in Lienhard und Gertrud als Erzieherin', ,Warum soll aller Unterricht von der Anschauung ausgehen und warum darf er nicht an ihr haften bleiben? Dann folgen 16 allgemeine Themata, wie ,Krieg und Gewitter', ,Was habe ich auf unserer diesjährigen Schulreise gelernt?' und darauf 6 aus Religion und Geschichte, wie ,Das Haus in Bethanien, eine Lieblingsstätte des Herrn' und ,Warum hat Deutschland so spät eine Kriegsflotte erhalten? Den Schluss bilden Aufgaben, die wirklich zur Seminaraufnahme oder zu den 2 Lehrerprüfungen gegeben worden sind. Wer nicht selber aus der Lektüre und andern Unterrichtsgebieten genügend viel Themen gewinnt, dem sei dies Buch bestens empfohlen![1])

Löbau i. S.   Dr. C. Franke.

K. Dorenwell, Der deutsche Aufsatz in den höheren Lehranstalten. Ein Hand- und Hilfsbuch für Lehrer. In drei Teilen. Hannover und Berlin. Verlag von Carl Meyer (Gustav Prior).

Erster Teil. Der deutsche Aufsatz in den unteren und mittleren Klassen höherer Lehr-Anstalten, sowie in Mittel- und Bürgerschulen. Vierte, verbesserte Auflage. 1900. Preis geh. M. 3,50, geb. M. 4.

Der erste Teil des in hervorragenden Fachzeitschriften bereits in der anerkennendsten Weise besprochenen Handbuches für den Unterricht in dem deutschen Aufsatze verdient die Anerkennung, die er sich bereits bei der Lehrerwelt erworben hat. Einer besonderen Empfehlung bedarf der erste Teil demnach kaum. Geschrieben ist dieser Teil in erster Linie für angehende

Lehrer, Seminaristen und Probanden. Jüngeren Lehrern dürften die vielfältig gegebenen technischen Ratschläge nicht unwillkommen sein. Sie wollen ein jahrelanges Herumtasten durch Aufzeigung von gangbaren und methodisch begründeten Wegen einigermassen auf eine kürzere Versuchszeit einschränken. Der Verfasser ist mit grossem Geschicke bestrebt gewesen, dem muttersprachlichen Unterrichte auf der Unterstufe, dem bisherigen Stiefkinde der Methodik, einigermassen zu seinem Rechte zu verhelfen. Auch die älteren Lehrer werden gewiss Anregung in dem Buche finden und mit Dankbarkeit die reiche Stoffauswahl verwenden. Da nach den neuen preussischen Lehrplänen von 1901 der Aufsatzunterricht für Sexta fortfällt, so hat der Verfasser eine Änderung in der Anordnung des Stoffes insofern eintreten lassen, als derselbe statt auf drei auf zwei Stufen verteilt worden ist. Aber da „mündliches Nacherzählen von Vorerzähltem und Gelesenem" nach den neuen Lehrplänen in Sexta gefordert wird, so ist mit gutem Vorbedacht die unterste Stufe in zwei Reihen gegliedert. Die erste Reihe enthält die allerleichtesten Aufsätze. Einzelne Aufsätze sind nach orthographischen Rücksichten angefertigt[2]) und können in Sexta und Quinta zu Rechtschreibeübungen Verwendung finden. Die Wörter, die zu beachten sind, sind durch fetten Druck kenntlich gemacht. Der reiche Inhalt des Buches gibt dem Lehrer Gelegenheit, je nach den Verhältnissen das ihm Geeignete auszuwählen. Die Aufsätze sind der Fabeldichtung, der Sagengeschichte des Vaterlandes und des klassischen Altertums, der alten und neuen Geschichte, der Naturgeschichte, der Erdkunde und der Lektüre entlehnt. Den Briefen wird der ihnen beim Aufsatzunterrichte gebührende Platz eingeräumt.

Für die Entfaltung und Entwicklung der Selbsttätigkeit und Selbständigkeit des Schülers ist gesorgt, indem eine grosse Anzahl von dahinzielenden Auf-

---

[1]) Damit ist nicht gesagt, dass die Themen nicht stets dem Erfahrungskreise der Schüler entnommen werden müssen. D. R.

[2]) Ob das zu billigen ist? D. R.

gaben wie Nachbildungen, Umbildungen, Erweiterungen geboten werden.

Das Buch gehört mit zu den besten seiner Art. Jeder Lehrer, namentlich aber der Anfänger wird es beim Gebrauche bald als ein vorzügliches Hilfsmittel erkennen.

Zweiter Teil. Fünfte, verbesserte Auflage. 1902. Preis geh. M. 4.

Dieser Teil ist bestimmt für die Klassen Unter-Tertia bis Unter-Sekunda und enthält 308 Themen. Die grössere Anzahl hat eine ausführliche Ausarbeitung gefunden, einige Themen erscheinen nur in nackter Disposition.

Die Stoffe zu den Aufsätzen sind entnommen 1. aus der Sage und der Geschichte, 2. aus dem naturkundlichen Unterrichte, 3. aus der Erdkunde und 4. aus der deutschen Lektüre. Daran reihen sich noch Schilderungen, Erörterungen und Abhandlungen verschiedener Art. Den einzelnen Abhandlungen hat der erfahrene Schulmann noch vortreffliche Ratschläge vorgesetzt.

Dritter Teil. Eine Auswahl von Musterstücken, Schulaufsätzen, Entwürfen und Aufgaben für die oberen Klassen. Unter Mitwirkung von Dr. **E. Hartmann** zusammengestellt. 1900. Preis geh. M. 4.

Dieser letzte Teil bietet 184 Aufsätze, die den Stoffgebieten entsprechen, denen die Aufsätze für die betreffenden Klassen entnommen werden. Eine besondere Berücksichtigung hat die altklassische Lektüre erfahren, während wir Themen aus der neusprachlichen Lektüre ungern vermissen. — Der Verfasser hat die Themen vortrefflich gewählt, er hat es verstanden, sich ganz in die Seele des Schülers zu versetzen, er hat ihm seine Neigungen und Interessen abgelauscht. Deshalb wählt er Gegenstände, welche die Fähigkeit besitzen, die Phantasie des Schülers ins Spiel zu setzen und sein Gemüt in Anspruch zu nehmen, die den Neigungen, die dem jugendlichen Alter eignen, einigermassen entsprechen. Die Themen weisen daher eine gewisse Mannigfaltigkeit auf, eine angemessene Abwechselung der Stoffgebiete, denen sie entnommen sind, wie auch hinsichtlich der Stilgattungen, denen sie angehören.

Die vollständig angeführten Themen können als Musterarbeiten angesehen werden. Wir sind überzeugt, dass diese Sammlungen jedem Lehrer gute Dienste leisten werden.

Erfurt.   G. Deile.

Die deutschen Dichter der Neuzeit und Gegenwart. Biographien, Charakteristiken und Auswahl ihrer Dichtungen. Herausg. von **Karl L. Leimbach,** Lic. theol., Dr. phil., Kgl Provinzialschulrat. 9. Band. 1. Lieferung. Leipzig. Frankfurt a/M. Kesselringsche Hofbuchhandlung. — M. 1,50. — 160 S.

Die Pädagogischen Studien haben bereits 1901 in No. 3 des Leimbachschen Gesamtwerkes, das aus 15 Bänden besteht und M. 63,50 kostet, bei Besprechung des 8. Bandes höchst anerkennend gedacht. Das dort Gesagte gilt im vollen Umfange auch für die vorliegende neue Lieferung, in der uns 18 Dichter und Dichterinnen vorgeführt werden, nämlich Fr. Reuter, Wilh. Reuter, Beat. Rhenanus, Jul. Riffert, Max Ring, Emilie Ringseis, Anna Ritter, K. Gottfried Ritter, Paul Ritter, E. Rittershaus, Heinr. Wilh. Rocholl, Herm. Rocholl, Jul. Rodenberg, Friedr. Roeher, Herm. Friedr. Römpler, Rob. Rössler, Friedr. Wilh. Rogge u. Marie v. Reitzenstein. Man sieht, die stolzesten Namen wechseln mit fast unbekannten ab. Von den lyrischen Gedichten hat der Herausgeber tatsächlich die charakteristischsten und wertvollsten ausgewählt. Gerade darin, dass er manche Perle eines verschollenen Dichters ans Tageslicht bringt, besteht sein Hauptverdienst. Die epischen und dramatischen Werke sind bündig, aber treffend gekennzeichnet, die Dichter selbst unter Hinzufügung ihrer wesentlichen Lebensumstände sine ira et studio auf Grund sorgfältigster Forschungen beurteilt, so dass dieses Werk sich immer mehr als ein vorzügliches Hilfsmittel erweist, in kurzer Zeit über weniger bedeutende Dichter der Neuzeit sich ein richtiges Urteil zu bilden und namentlich Schul- und Lehrerbibliotheken zu empfehlen ist.

Pädagogisches Magazin. Abhandlungen vom Gebiete der Pädagogik und

ihrer Hilfswissenschaften. Herausgegeben v. **Friedrich Mann.** Langensalza, Verlag von Herm. Beyer u. S.
1901. — Die einzelnen Hefte dieser
Sammlung bieten Abhandlungen sehr
verschiedenen, doch zur Pädagogik
in Beziehung stehenden Inhaltes von
einer stattlichen Anzahl von Verfassern Zillerscher Richtung, die sich
einer gründlichen Auseinandersetzung
befleissigen. Zur Besprechung liegen
vor: 1. 157. Heft. **P. Thieme,** Kultur-
denkmäler in der Muttersprache
für den Unterricht in den
mittleren Schuljahren. Preis
1 M. 20 Pf. — 94 S. — 2. 162. H.
H. Göring, Kuno Fischer als
Literarhistoriker. Pr. 45 Pf. —
33 S. — 3. 168. H. **A. Grosskopf,**
Der letzte Sturm und Drang
der deutschen Literatur, insbesondere die moderne Lyrik.
Pr. 40 Pf. — 34 S.

Im einzelnen ist zu bemerken zu
1. Der Verfasser geht von dem glücklichen Gedanken aus, beim Sprachunterricht hauptsächlich zur Steigerung
des Interesses an der Muttersprache,
anschliessend an den deutschen Wortschatz, kulturgeschichtliche Belehrungen
zu geben, und zwar über die frühere
Beschaffenheit unseres Vaterlandes, über
unserer Vorfahren Götterglauben, Eigenschaften und Standesbezeichnungen, über
ihren friedlichen Verkehr mit den
Römern und die Entwicklung ihres
Handels. Dabei ist er aber in der
Etymologie manchmal etwas kühn, so
wenn er ,froh' von ,vrôn' ableitet und
,ähnlich einem Frôn = Herrn sich
fühlen' erklärt, während es doch gewöhnlich zu sanskritt pri und griech.
πραΰς = freundlich gestellt wird; oder
wenn er schreibt ,Hölle = Ort, wo den
Unseligen Gottes Angesicht verhüllt,
verborgen ist' und ,Held = ein (in der
Rüstung) Verhüllter', während doch das
alte ,helle' die verbergende und ver-
borgene Unterwelt ist und ,helt, = des'
der Deckende, Schützende; oder wenn
nach ihm von ,wihen', ,Wicht gebildet
ist' und ,Weichbild = heilige Stätte,
da den Göttern geopfert wurde', bedeutet, während ,wihen' zu ,wich,
-hes' = heilig got. ,veihs' gehört, dagegen Wicht (mhd. wiht) zu got.
vaihts = Ding, etwas, und Weichbild

(mhd. wichbilde) das Bild zur Bezeichnung der Grenze des Stadtgebietes
ist, denn es kommt vom mhd. wich =
Wohnsitz, das zu got. veihs = Flecken,
lat. vicus, griech. οἶκος und sanskr.
vêca = Haus gehört.

Zu 2. Der Verfasser geht von der
Überzeugung aus, dass Kuno Fischer,
der die Literaturgeschichte als Grundlage der Weltanschauung und Quelle
des Idealismus zur Geltung bringt, der
mustergültigste Literarhistoriker ist.
Darauf bespricht er dessen Abhandlungen über Goethes Faust, über Lessing
als Reformator der deutschen Literatur,
über Shakespeares Charakterentwicklung
Richards III. und über die Entstehung
und Entwicklungsformen des Witzes
anschaulich und treffend, während er
Fischers Abhandlungen über Schiller
zu kurz und zu wenig eingehend erörtert.

Zu 3. Dies ist eine sehr dankens-
werte Abhandlung über die Entwicklung
der modernen Lyrik seit etwa 1885.
Die Ursachen zu dieser Sturm- und
Drangperiode findet der Verfasser in
dem einseitigen Schönheitskultus der
vorangehenden konventionellen sonnen-
glatten Bildungspoesie, in der decadenten
Klassendichtung, in der Einwirkung
von Ausländern wie Zola, Ibsen, Tolstoi,
in Nietzsches Philosophie und in den
sozialistischen Ideen. Die darauf-
folgende Schilderung dieser Periode ist
streng objektiv gehalten. Der Verfasser erkennt an, dass sie ,ein charakteristisch verkörpertes Abbild alles
Leidens, Sehnens, Strebens und
Kämpfens unserer Epoche darstellt'
und ,der Lyrik ein grösseres Stoffgebiet
erobert' hat, tadelt aber ihre Gross-
mannssucht, ihre Verwechselung der
Wahrheit mit der Wirklichkeit, infolge
deren sie ,viel Schmutz und Kot als
Schönheit ausgegeben' hat, ihre Neigung,
neue Wortungetüme zu schaffen, ihr
Streben, im Leser eine bestimmte
Sinneswahrnehmung zu erzeugen. Die
Stürmer und Dränger, von denen er
die hervorragendsten einzeln bespricht,
gliedert er in die älteren Naturalisten
und in die jüngeren Symbolisten.
Er gelangt zu dem Schluss, dass die
geschilderte Periode eine Art Übergangszeit bedeute.

Harry Jung, Herm. Sudermann. Minden, 1902, Verl. v. C. Marowsky. — 32 S. — 60 Pf.

Vielen, die ihren poetischen Geschmack an unsern grossen Epikern und Dramatikern des 18. Jahrhunderts gebildet haben, hat der Verfasser sicherlich aus der Seele gesprochen, wenn er Sudermann eine Scheingrösse, einen angenehm aufregenden Erzähler, ein starkes Theatertalent nennt, dem aber wahrhaft Grosses kraftvoll zu gestalten beim besten Willen die Kraft fehlt und der in Zukunft zur völligen Bedeutungslosigkeit herabsinken wird. Zu diesem Schlusse gelangt er durch die Betrachtung der Romane: Frau Sorge, Katzensteg, Es war, und der Dramen: Die Ehre, Sodoms Ende, Heimat, Die Schmetterlingsschlacht, Das Glück im Winkel, Morituri, Johannes, Die 3 Reiherfedern, Johannisfeuer und ‚Es lebe das Leben!‘. Von diesen Dichtungen räumt er der 1., Frau Sorge, die relativ höchste Stellung ein, allerdings ohne die Frage zu erörtern, ob es glaubhaft ist, dass Paul Meyhöfer durch kein anderes Mittel verhindern kann, dass sein an Krücken mit Mühe sich fortschleppender Vater das Besitztum des Duglas in Brand steckt, als dass er sein eigenes anzünde. Ich meine, auch hier zeige sich schon Sudermanns ‚Sucht, durch das Auffallende zu wirken‘.

Till Eulenspiegel. Herm. Seemann Nachfolger, Leipzig, 1902. — Pr. geb. M. 2,50. — 73 S.

Vorliegende Ausgabe dieses alten beliebten Volksbuches hat zwar dessen allzugrosse Derbheiten ausgeschieden, doch die Frische und Urwüchsigkeit des mittelhochdeutschen Originals gewahrt. Wesentlich erhöht wird ihr Wert durch die dem Charakter des Buches durchaus entsprechenden Bilder von der Hand des bekannten Malers Walter Tiemann. Der Text ist in der neuesten Rechtschreibung gegeben. Die Ausgabe enthält 42 Schwänke. Viele Schelmenstreiche Eulenspiegels bestehen darin, dass er einen in Form einer bildlichen Redensart gegebenen Befehl, so Eulen und Meerkatzen backen, wörtlich ausführt. Nun verstehen aber die Kinder anfänglich bildliche Redensarten auch wörtlich. Daher heimeln sie derartige Schwänke sehr an, so dass dieses alte Buch in dem trefflichen neuen Gewande sicherlich ihr Wohlgefallen erregen und sich von keinem der modernen Kinderbücher launigen Inhaltes ausstechen lassen wird.

Viktor Kly, Abriss der deutschen Literaturgeschichte von den ältesten Zeiten bis zu Goethes Tode. Ein Leitfaden für den Unterricht in den oberen Klassen höherer Lehranstalten und eine Einführung für das Privatstudium. Preis geh. M. 1,50, geb. M. 2. — Hannover-Berlin, 1902. Verlag C. Meyer. — 183 S.

Wiewohl manche Paragraphen des vorliegenden Buches recht gut gelungen sind, so S. 43 Der Niedergang der mittelhochdeutschen Poesie, S. 48 Die dramatische Poesie, S. 56 Das Volkslied, ist doch dessen Daseinsberechtigung nach dem Erscheinen von Klees ‚Grundzügen der deutschen Literaturgeschichte‘ stark zu bezweifeln: denn es bringt veraltete Ansichten und Bezeichnungen, die dort schon ausgemerzt sind. So wird S. 5 deutsch noch für germanisch gebraucht und werden das Gotische und Nordische ‚Mundarten der deutschen Sprache‘ genannt. S. 24 kennt der Verfasser noch einen hunnischen Sagenkreis, aber keinen allemannischen und longobardischen und reiht Brunhild dem burgundischen, nicht dem fränkischen ein. Überhaupt erklärt er den Begriff Sagenkreis gar nicht. Da nun aber Attila, wie schon der Name zeigt, nicht von seinen Hunnen, sondern von den Ostgoten zuerst besungen worden ist, gehört er dem ostgotischen Sagenkreise an. Die Vernichtung des Burgundenkönigs Gundikar ist nicht durch ihn, wie der Verfasser S. 32 lehrt, sondern durch hunnische Söldnerscharen des Aetius erfolgt. Zarnckes Forschungen über das Nibelungenlied sind ganz unbeachtet geblieben, die einzelnen Gesänge dieses Epos sollen von einem ungeschickten Sammler vereinigt worden sein (S. 34). S. 9 werden der alliterierenden Langzeile noch 8 Hebungen zugesprochen und daher beim Hildebrandslied ‚prosaische

Zwischensätze' angenommen, während sogar schon Kluge die neuere Auffassung, die dem Langvers 4 Hebungen zuerteilt, wenigstens als Anmerkung aufgenommen hat. Ist es folgerichtig gehandelt, wenn der Verfasser die neuhochdeutsche Periode mit 1525 beginnt, dagegen S. 58 sagt: ‚Wir stellen ihn (S. Brant) richtiger an die Spitze dieser Periode; denn er war es, der mit seinem Buche der satirischen Richtung der Zeit den Weg wies.‘ Oder fürchtet sich der Verfasser, mit Zarncke die neuhochdeutsche Periode mit dem Erscheinen des Narrenschiffes (1494) zu beginnen? Für die Grundidee des Erek halte ich mit Klee u. a. die Treue des Weibes, der Verfasser S. 17: ‚Tüchtigkeit bewährt sich erst in Prüfungen‘; die des Iwein findet er S. 19 in dem Gedanken: ‚Untreue wird bestraft‘, ich in der Verherrlichung der standhaften Treue des Mannes. Welche Auffassung ist poetischer und welche hausbackener? — Auch den praktischen Bedürfnissen der Schule wird dies Buch nicht gerecht. Die Zeit nach 1832 tut es auf ¹/₂ Seite ab, während doch die Forderung immer lauter wird, auch diese Periode in der Schule mit zu behandeln, die gotische, nordische, althoch- und altniederdeutsche Literatur werden auf 4¹/₂ Seite abgetan, da angeblich ‚nur ganz geringe Überreste der damals entstandenen Werke erhalten sind‘. Der Heliand, das in derselben Sprache geschriebene Epos alttestamentlichen Inhalts und der Krist sind keine ganz geringen Überreste und verdienen auch in einem Schulbuch eine grössere Beachtung, um so mehr da der Verfasser anderweits verschwenderisch mit dem Platz umgeht. So behandelt er S. 22 die Vorgeschichte in ‚Tristan und Isolde‘ auf einer ganzen Seite, und während nach ihm (S. 9) ‚hier nicht der Ort ist‘, Ulfilas ‚Werk nach Gebühr zu würdigen‘, kramt er auf 2 Seiten (53 und 54) über Luthers Leben Dinge aus, die jeder Konfirmand im Schlafe muss aufsagen können und jeder Obersekundaner in seiner Kirchengeschichte finden kann. Dabei aber erwähnt er Luthers Streitschriften und Fabeln nicht einmal. Irregeführt wird der Schüler, wenn die lateinischen Gedichte der Ottonenzeit vor dem Muspili,

dem Heliand und dem Krist erwähnt werden. Unklar ist S. 15, weshalb Genelun Roland zürnt, unklar und nichtssagend S. 29: ‚Hagen und der Spielmann Volker führen den Zug der Burgunden zur Donau, wo ihnen die Meerweiber ein Unglück weissagen. Um die Nichtigkeit der Prophezeiung zu erweisen, wirft Hagen den Kaplan des Königs in die Fluten.‘

Webers Illustrierte Katechismen. No. 238. Benedix, Der mündliche Vortrag. I. 9. Aufl. — 1 M. 50 Pf. — Leipzig. — 80 S.

Die Vorzüglichkeit vorliegenden Buches beweist schon das Erscheinen der 9. Auflage. Um so wünschenswerter wäre die Beseitigung einiger Mängel gewesen. Der Hauptfehler ist die zu geringe Berücksichtigung der geschichtlichen Lautentwicklung. So sollen S. 18 ei und ai, S. 19 eu und äu, S. 30 v und f lautlich unterschieden werden, was doch nur einen Sinn hätte, wenn durchweg nhd. ei und eu mhd. i und iu, nhd. ai und äu dagegen mhd. ei und öu entspräche, sowie v altem f, hingegen f dem durch die hochdeutsche Lautverschiebung entstandenen. Dies ist jedoch durchaus nicht der Fall, sondern ai und v steht nur in einer sehr kleinen Minderheit von Wörtern für die älteren Laute und äu da, wo es augenscheinlich Umlaut von au ist. Mit diesen Vorschriften setzt sich das Buch auch in direkten Widerspruch zu den ‚Regeln für die deutsche Rechtschreibung‘ (S. 5). Ferner wird tönend nicht für einen vom Stimmton begleiteten Konsonanten gebraucht, sondern für Reibelaut. Daher werden ch, z, ss tönende genannt (S. 20), während w sowohl unter diesen als auch unter den stummen aufgeführt ist. S. 10 sind als Beispiele für das ‚volle‘ e: ‚Meer, sehr, schwer‘ angeführt. Aber gerade in diesen Wörtern wird in der Umgangssprache meist breites e gesprochen; geeigneter als Beispiel ist das auslautende lange e (weh, See), das die Umgangssprache meist nach i zu spricht.

Löbau i. S.   Dr. C. Franke.

Maturitätsfragen aus der deutschen Literaturgeschichte von Dr. **Siegfried Robert Nagel**, k. k. Gymnasiallehrer in Pola. Wien und Leipzig, Franz Deuticke, 1902.

Dieses Buch ist, wie aus dem Titel hervorgeht, für österreichische Abiturienten geschrieben und soll als Wegweiser und Leitfaden durch den Prüfungsstoff im Deutschen dienen. In 60 Fragen gibt der Verfasser einen Überblick über die ganze deutsche Literatur. In der Einleitung behandelt er die Fragen: „Was ist deutsche Literaturgeschichte?“ und „Wie teilt man die Literaturgeschichte ein?“ Die Antworten mussten demnach recht ausführlich ausfallen. Es lässt sich streiten, ob die Fragen nicht in kleinere Fragen zergliedert werden mussten, wie z. B. „Was verstehen wir unter Literatur? Was ist Literaturgeschichte? Wovon handelt die deutsche Literaturgeschichte? Wie viele Perioden der deutschen Literaturgeschichte lassen sich unterscheiden?“ — Die Antworten würden dann kürzer, aber präziser ausgefallen sein. In einem nächsten Abschnitt behandelt Verfasser die Vorzeit, dann in einer einzigen Frage die althochdeutsche Zeit, in 8 Fragen die mittelhochdeutsche Zeit, und von Frage 13 an die neuhochdeutsche Zeit mit besonderer Hervorhebung der österreichischen Dichter. In den „Bemerkungen zu einzelnen Fragen“ wird die Metrik und Poetik knapp, aber genügend behandelt. Die meisten Fragen sind glücklich gewählt. Mit möglichster Beschränkung auf die unbedingt notwendigen Jahreszahlen verbindet der Verfasser in den Antworten eine oft allzu ausführliche Darstellung in den Hauptsachen und häufig ein Zuviel an Entwicklungsgeschichte. Wie schon gesagt, wäre es vielleicht praktischer, den Fragen nicht so lange Antworten folgen zu lassen, d. h. die Fragen so zu stellen, dass nicht Seiten lange Antworten folgen müssen. Wenn für das preussische Abiturientenexamen an Gymnasien, Realgymnasien und Oberrealschulen eine besondere Prüfung in der Literaturgeschichte nicht gefordert wird, so dürfte es doch vielen jungen Leuten, die sich einer Prüfung in der Literaturgeschichte zu unterwerfen haben, wie bei der Mittelschullehrerprüfung und auch Studenten, wesentliche Dienste leisten. Die Literaturgeschichten bieten in den meisten Fällen zu viel. Die Gefahr, dass das Nebensächliche das Hauptsachen bei Wiederholungen unterdrückt, liegt nahe. Die beste Stütze für die Wiederholungen wäre freilich ein Auszug, den sich die Examinanden selbst bei Durchnahme des betreffenden Gebietes gemacht haben. Dazu fehlt aber häufig die Zeit und oft auch die Fähigkeit, das Richtige zu treffen. Deshalb wird die vorliegende Zusammenstellung die Examinanden bei ihren Wiederholungen auf leitende Gesichtspunkte hinweisen und ihnen die Kontrolle über ihr Wissen erleichtern.

Erfurt.   G. Deile.

H. Prüll, Die Heimatkunde als Grundlage für den Unterricht in den Realien auf allen Klassenstufen. Nach den Grundsätzen Herbarts u. Ritters, dargetan an der Stadt Chemnitz und ihrer Umgebung. Ausgeführt in 18 Lektionen. 3., veränderte und vermehrte Aufl. Leipzig, Ernst Wunderlich.

Wie der Titel schon besagt, enthält das Buch nicht nur die Stoffe und Lektionen, welche dem im Stundenplan gewöhnlich allein als „Heimatkunde“ bezeichneten Unterrichtsfache des 3. Schuljahres angehören, sondern auch, und zwar von der 11. Lektion an, verteilt auf das 4.—8. Schuljahr, sogenannte „abschliessende“ Lektionen über den Verkehr (im Anschluss an Hauptbahnhof und Post), über Bildungsanstalten, Winde und Niederschläge (6. Schuljahr), über das Geologische der Heimat (7. und 8. Schuljahr), Handel, Obrigkeit u. Wehrstand. Der Umstand, dass die Besprechung gleich von vornherein nach logisch-systematischen, und zwar oft schon ziemlich abstrakten Gesichtspunkten erfolgt, welche sogar schon von den vom geographisch-systematischen Denken noch völlig unberührten kleinen Kindern des 3. Schuljahrs selbst angegeben werden sollen, verhindert eine wirkliche Durcharbeitung des Stoffes, welcher ja die „Stufen“ dienen sollen, also die erst auf Grund der „Assoziation“ und begrifflichen Fassung später erfolgende logische Gruppierung des vorher in seinem natürlichen Beisammensein und nach dem Gesichtspunkte der psychologischen Nähe und Ferne zu besprechenden Stoffes vollständig und bringt es mit sich, dass die Stufen der „Assoziation" und des „Systems" bei solcher Anlage der Lektionen fast durchweg zu blossen, höchstens etwas umfangreicheren „Wiederholungen" des bereits in logischsystematischer Weise durchgesprochenen Stoffes herabsinken. Dass der heimatkundliche Unterricht durchweg auf wirklich unter Anleitung vollzogene sinnliche Anschauung und Klassenausflüge aufgebaut wird, ist gewiss sehr anerkennenswert, doch würde auch hier, zur Ergänzung des eben Bemerkten bezüglich der Anlage der Lektionen, darauf hinzuweisen sein, dass die „Vorbereitung" eines Spaziergangs, schon aus den soeben angeführten Gründen, methodisch nicht identisch sein kann mit der „Vorbereitung" einer nach Stufen durchgeführten Lektion, dass vielmehr der vollzogene Spaziergang selbst erst wieder als „Vorbereitung" der Lektion, nicht aber, wie dies geschieht, bereits als Stufe der „Darbietung" betrachtet werden müsste. [1]

Stolberg i. E. Dr. Schmidt.

Eingegangene Bücher.
(Besprechung vorbehalten.)

Bithorn, Prof. W., Religiöse Lebensfragen. Merseburg 1904, F. Stollberg. Pr. 50 Pf.

Schillmann, Dr. R., und Viergutz, F., Leitfaden für den Unterricht in der deutschen Geschichte. 1.—3. Teil. 45. bezw. 46. Aufl. Berlin 1903, Nicolai. Pr. 50, 75, 60 Pf.

J. C. Andrä, Grundriss der Geschichte für höhere Schulen. 24. Aufl. Herausg. von Endemann und Stutzer. 5. Teil, Geschichte der Neuzeit seit 1648 (für die Oberprima). Leipzig 1903, R. Voigtländer. Pr. 2.40 M.

Zurbonsen, Prof. Dr. Fr., Geschichtliche Repetitionsfragen und Ausführungen. 1. bis 4. Teil. 5. Aufl. Berlin 1904, Nicolai. Pr. 1.20 M., 4. Teil 80 Pf.
— Tabellarischer Leitfaden der Geschichte. 2. Aufl. Ebenda 1904. Pr. 60 Pf.

Weigand, H., Merkbuch f. d. deutsche Geschichte. Hannover 1904, C. Meyer. Pr. 30 Pf.

Ziemann, Dr. Fr., Geschichte für die Oberstufe. 2. Heft. Ebenda 1903. Pr. 60 Pf.

Rübenkamp, W., Vaterländische Geschichte in 2 Teilen. Ausg. B.: für ev. Schulen, Ausg. C für paritätische Schulen. Pr. 25 u. 30 Pf.

Cüppers, Ad. Jos., Kleine deutsche Staatskunde. Ebenda 1903. Pr. 30 Pf.

Hoffmeyer-Hering, Lehrbuch für den Geschichtsunterricht in Lehrerbildungsanstalten. 3. Teil: Quellenbuch. Breslau 1903, F. Hirt. Pr. 3 M.

Keppel, K., Geschichtsatlas. 18. Aufl. München, R. Oldenburg. Pr. 1 M.

Schultze, H., Geographische Repetitionen. 2. Aufl. Halle 1903, Waisenhaus. Pr. 1,80 M.

Deutsche Rundschau für Geographie und Statistik. Herausg. von Prof. Dr. Umlauft. 26. Jahrg. 1. Heft. Wien, Hartleben. Jahrg. in 12 Heften. 13,50 M.

Becker, Dr. A., und Mayer, Dr. J., Lernbuch der Erdkunde. 1. Teil. Wien 1904, Frz. Deuticke. Pr. 1,50 M.

Baade, Fr., Naturgeschichte. 2. Teil: Pflanzenkunde. 8. Aufl. Halle 1903, H. Schroedel. Pr. 3 M.

Peters, Salomon u. Meyer, Chemische Experimente. Halle 1903, Gebauer-Schwetschke. Pr. 2,80 M.

---

[1] Die Vorbereitung eines „Spazierganges" (besser „Unterrichtsganges") wird doch wohl als Vorbereitung (Analyse) im Sinne der formalen Stufen aufgefasst und gestaltet werden können, während der Unterrichtsgang selbst, d. h. das auf demselben Beobachtete tatsächlich als Darbietung zu gelten haben wird. Die Natur bietet gleichsam den Text, der dann der weiteren unterrichtlichen Behandlung nach der Seite der Erklärung und Vertiefung hin zu Grunde liegt.

D. R.

Norrenberg, Prof. Dr. J., Geschichte des naturwissenschaftlichen Unterrichts an den höheren Schulen Deutschlands. (Sammlung naturwissensch.-pädag. Abhandlungen, her. v. O. Schmeil u. B. Schmidt, Bd. 1, Heft 6.) Leipzig 1904, B. G. Teubner. Pr. 1,80 M.

Brenning, Prof. Dr. Emil, Geschichte der deutschen Literatur. 2. Aufl. Lahr o. J., M. Schaumburg. 776 S.

Bachmann, Jul., Literaturkunde. Breslau 1904, F. Hirt. Pr. 2 M.

Schaefer, A., Kleiner deutscher Homer. 4. Aufl. Hannover 1903. Pr. geb. 1 M.

Cassel, H., Deutsche Aufsätze für Volks- und Bürgerschulen. 2 Teile. Ebenda 1903/4. Pr. 1 M. u. 1,50 M.

Edert, R., Geschäftsaufsätze. Ausg. A. 2. Heft. Ebenda 1903. Pr. 75 Pf.

Meyer, Joh., Lehr- u. Übungsbuch für den Unterricht in der Rechtschreibung. Ausg. A in 1 Heft. Ebenda 1904. Pr. 30 Pf.

— Kleines deutsches Sprachbuch. Ausg. A in 1 Heft. 4. Aufl. Ebenda 1904. Pr. 60 Pf.

— Deutsches Sprachbuch. Ausg. A in 1 Heft. Ebenda 1903. Pr. 1,20 M.

— Deutsches Sprachbuch. Ausg. B in 4 Heften. 4. Heft. Ebenda 1903. Pr. 1 M.

Lehmann-Dorenwell, Deutsches Sprach- und Übungsbuch. 4. (Schluss-)Heft: Tertia. 2. Aufl. Ebenda 1903. Pr. 1 M.

Wilke, E., Sprachhefte für Volksschulen. Ausg. A. 3. Heft. 4. Aufl. Halle 1903, H. Schroedel. Pr. 50 Pf.

Wilke-Herbst, Sprachhefte. Ausg. D. 2. Heft. Ebenda 1903. Pr. 50 Pf.

Hiemesch u. Christiani, Präparationen für den ersten Schreib-Leseunterricht. 2. Aufl. Kronstadt 1904, H. Zeidner. Pr. 60 Heller.

Cassel, H., Aufsätze u. Diktate für Fortbildungs- u. Gewerbeschulen. Hannover 1904, C. Meyer. Pr. geb. 3,60 M.

Mehnert, M., Über Sprachstörungen. Dresden 1904, A. Urban, Kommissionsverlag. Pr. 75 Pf.

Thoma, Prof. Dr. A., Das Studium des Dramas an Meisterwerken der deutschen Klassiker. 1. Teil: Lessing. 2. Aufl. Gotha 1903, Thienemann. Pr. 2 M.

Ricken, Dr. W., Französisches Gymnasialbuch etc. Berlin 1903, W. Gronau.

Ohlert u. John, Schulgrammatik der frz. Sprache. Ausg. B für höhere Mädchenschulen. 4. Aufl. Hannover 1903, C. Meyer. Pr. geb. 2,25 M.

Pünjer, J., Lehr- und Lernbuch der frz. Sprache. 1. Teil. 6. Aufl. Ebenda 1903. Pr. geb. 1,80 M.

Pünjer-Heine, Lehrbuch der frz. Sprache für Handelsschulen. Ausg. B. Ebenda 1904. Pr. geb. 1.85 M.

Kasten, Dr. W., Einführung in die technische Ausdrucksweise im Französischen. Ebenda 1903. Pr. 90 Pf.

Ristow, Anna Marie, Übungsbuch zu Dr. Knörichs frz. Lese- u. Lehrbuch. 1. Teil. Ebenda 1903. Pr. 50 Pf.

Wilk, Dr. E., Die Formengemeinschaften, ein Irrweg der Geometriemethodik. Dresden 1904, Bleyl u. Kaemmerer. Pr. 1,20 M.

Braune, A., Raumlehre. Bearb. von F. Skorczyk. 7. Aufl. Pr. 75 Pf. Halle 1903, H. Schroedel.

Brennert-Stubbe, Rechenbuch für achtstufige Schulen. 8 Hefte. Pr. 15, 30, 50, 60 Pf. Berlin, Nicolai.

Wenzel, K., Rechenbuch für kaufm. Fortbildungsschulen. 2 Teile. 2. verb. Aufl. Hannover 1903, C. Meyer. Pr. 60 u. 80 Pf.

Götze, C., Methodik des Zeichenunterrichts in den Volksschulen. Ebenda 1903.

Puff-Heberer, Lehrgang für das Projektionszeichnen. Halle, Waisenhaus. Pr. 80 Pf.

Abel, G., Übungen u. Gesänge für die Oberstufe achtklassiger Schulen. Berlin, Nicolai. Pr. 50 Pf.

Fortsetzung folgt.

Druck von A. Rietz & Sohn in Naumburg a. S.

A. Abhandlungen.

I.

Die Erziehung der sittlich gefährdeten Schulkinder.[1])

Von Schulrat Dr. Karl Lange in Dresden.

Im Jahre 1902 sind in Deutschland wegen Verbrechen und Vergehen gegen Reichsgesetze 50966 jugendliche Personen unter 18 Jahren verurteilt worden. Das bedeutet seit 1896, also in 6 Jahren eine Vermehrung der jugendlichen Verurteilten um 6754 oder um 15,3 %. Gewiss sind diese Zahlen aus verschiedenen Gründen kein untrüglicher Massstab für die Moralität unsrer strafmündigen Kinder. So manches von ihnen, das in jugendlicher Übereilung eine strafbare Handlung beging, ist nicht als innerlich verderbt zu bezeichnen. Nicht wenige Kinder dagegen, die es sicherlich sind, kommen mit dem Strafrichter nicht in Konflikt. Das eine aber steht jedenfalls fest, dass in unsern Schulen es Zöglinge gibt, deren Wille eine unverkennbare Richtung aufs Böse genommen hat, Kinder, die als ein Spielball sträflicher Begierden und Neigungen sittlich verloren zu gehen drohen. Vagabondieren und Betteln, Betrug und Diebstahl, Sachbeschädigung und Tierquälerei, Brandstiftung und leider auch Unzucht sind häufige Verfehlungen solcher Schulkinder. Hierfür nur einige charakteristische Beispiele. Ein sechsjähriger Knabe, dem die Mutter frühzeitig gestorben und dessen Vater, ein Trunkenbold, verschollen ist, beschädigte aus reinem Mutwillen mit einem Messer 19 Strassenbäume erheblich, band einen Hund fest, um ihn mit der Peitsche im Kreise herum zu jagen und hohnlachend zu schlagen, und verunreinigte den wohlverwahrten Dorfbrunnen in so ekelerregender Weise, dass die Umwohner im hohen Grade gegen den Knaben aufgebracht waren und seine Zwangserziehung verlangten. Aber niemand will den frechen, lügenhaften Jungen seinen übel beleumundeten Pflegeeltern abnehmen, und so ist er der Ärger

---

[1]) Ein in der amtlichen Konferenz der Bezirksschulinspektoren Sachsens vom 29. Juni 1904 gehaltener Vortrag, der durch einige Zusätze erweitert worden ist.

und Verdruss des ganzen Ortes. Ein zwölfjähriger Knabe stahl mit
mehreren Genossen wiederholt Gurken aus einem Garten, um sie an
Elbschiffer zu verkaufen, erbrach eine Baubude, der er verschiedene
Geräte und 25 Flaschen Bier entnahm und betrog einen Kaufmann
aufs frechste um Waren. Ein andrer strafmündiger Junge trieb den
Leuten die Hühner weg, fing, tötete und verkaufte sie und stahl
einem Boten mehrere Brote vom Wagen; auch trieb er sich tage-
und wochenlang vagabondierend und stehlend im Freien umher. In
beiden Fällen fehlte es an häuslicher Aufsicht und Zucht: die Väter
der Knaben sind tagsüber auswärts auf Arbeit und bekümmern sich
wenig um ihre Kinder, und den Müttern gebricht es an der zur Erziehung nötigen Autorität und Einsicht, sowie an gutem Willen. In
grosse Aufregung wurde eine Gemeinde dadurch versetzt, dass ein
elfjähriger Knabe wiederholt Gutsgebäude befreundeter Nachbarn
böswillig in Brand steckte. Von häuslicher Verwahrlosung konnte
bei ihm, dem Sohne wohlhabender und gut beleumundeter Eltern,
nicht wohl die Rede sein. Zu seiner Entschuldigung gab er an,
dass er in den der Brandstiftung vorausgegangenen Nächten wüste
Träume gehabt und in ihnen mit dem Tode bedroht worden sei,
wenn er bei den betreffenden Nachbarn nicht Feuer anlege. Es
scheinen da krankhafte Zustände, sogenannte Zwangsvorstellungen
wirksam gewesen zu sein, wie denn der Knabe nach Aussage der
Angehörigen, wahrscheinlich infolge eines erlittenen Unfalls, auch
an nervösen Störungen leidet. Hier wäre weiter ein von epileptischen
Zufällen öfters heimgesuchter Knabe zu erwähnen, der um seiner
boshaften Streiche willen — er stiess wiederholt Mitgespielen hinter-
listig in den Teich — im ganzen Orte gefürchtet ist und neuerdings
wieder den Seinen durch wochenlanges Umherschweifen grosse Sorge
bereitet hat. Zur Zwangserziehung wurde der dreizehnjährige Sohn
einer Witwe verurteilt, weil er ein jüngeres Mädchen in die Scheune
gelockt, mit Wein betrunken gemacht und alsdann unsittliche Handlungen an ihr vorgenommen hatte. Ein andres, noch schulpflichtiges
Mädchen kam zur Anzeige, weil es daheim mit einem fremden
Burschen wiederholt geschlechtlichen Verkehr gepflogen hatte. Die
Anzeige erstattete ein Mann, der mit der Mutter des Mädchens in
wilder Ehe lebte. Hinterher stellte es sich heraus, dass dieser
Mensch selbst mit dem Kinde, wie es scheint nicht ohne Wissen
und Zustimmung der Mutter, wiederholt Unzucht getrieben hatte.
Die verwahrloste Mutter, eine Arbeiterin, die mit ihrem Zuhälter
täglich auswärts in die Fabrik ging, hat auch dann, als das aufs
höchste gefährdete Kind ihr entnommen und im Magdalenen-Asyl
untergebracht worden war, wiederholt ihre Tochter vorzeitig zurück-
zuholen und so die auf Besserung derselben gerichteten Bemühungen
der Anstalt zu durchkreuzen versucht.

Das sind nur einige typische Bilder, dem Schulleben eines
einzigen Bezirkes aus jüngster Zeit entnommen. Sie liessen sich für

diesen um das Drei- und Vierfache, für das ganze Land gewiss um das Hundertfache vermehren. Sie zeigen uns, welch schwere Gefahren unsre Kinderwelt bedrohen und zugleich, wo wir ihre Ursachen zu suchen haben. Sicherlich zum Teil in angebornen Anlagen. Nicht wenige jener Sorgenkinder sind nicht normale, sondern pathologische Naturen. Manche sind erblich schwer belastet; als Opfer des Alkohols oder der Unzucht leiden sie unter den Sünden ihrer Eltern. Oft finden wir Schwachsinn oder epileptische und hysterische Schwächezustände. Dass zwischen diesen leiblich-geistigen Fehlern und Dispositionen und den sittlichen Mängeln des Kindes ein Zusammenhang besteht, unterliegt leider keinem Zweifel. So beobachten wir bei dem Epileptiker häufig rücksichtslose Selbstsucht, Gefühlsroheit und Neigung zu gewalttätigen Handlungen, sowie unbezwingbaren Hang zum planlosen Umherschweifen. Der Hysterische neigt bei seiner lebhaften Phantasie zum redseligen Fabulieren, zum Lügen und Betrügen. Der geistig Schwachsinnige ist meist ethisch stumpf und willenlos oder krankhaft reizbar und zum impulsiven Handeln aufgelegt. Beim moralischen Schwachsinn (moral insanity) aber lässt der Zögling zu unsrer peinlichen Überraschung das Verständnis für Recht und Unrecht, starke sittliche Gefühle, Gewissen und Reue fast ganz vermissen.[1]

Leider erfahren die unsittlichen Neigungen und Triebe, wie sie durch leiblich-geistige Mängel verursacht oder begünstigt werden, oft noch eine Stärkung und Förderung durch schlechte Erziehung. Zur angeborenen Anlage tritt die erworbene. Wo ein Kind in gestörten Familienverhältnissen aufwächst, wo ihm die Zucht eines charakterfesten Vaters und die sorgsame Pflege einer liebenden Mutter fehlt, da ist auch leicht seine sittliche Entwicklung gefährdet. Von 509 gefallenen Mädchen, die dem Magdalenen-Asyl zu Niederlössnitz zugeführt worden waren, hatten 284, also nahezu 56 % den Segen einer geordneten Familienerziehung entbehren müssen: sie waren verwaist oder ausserehelich geboren, oder sie stammten aus geschiedenen oder zerrütteten Ehen. Da aber, wo im Elternhause äusserlich geordnete Verhältnisse bestehen, führt sehr häufig der Mangel an Aufsicht zur Verwahrlosung der Kinder. Wenn der Vater tagsüber in der benachbarten Stadt seiner Arbeit nachgeht und erst in später Abendstunde oder wohl gar nur Sonntags von ihr heimkehrt, wenn die Mutter gleichfalls von dem Dienste des Hauses oder von Nebenbeschäftigungen völlig in Anspruch genommen wird, darf es da Wunder nehmen, dass der sich selbst überlassene Knabe Gefallen am müssigen Umherstreifen, an allerhand törichten und bösen Streichen findet?[2] Manche Eltern sind zu schwach und unverständig,

---

[1] Vgl. Mönkemöller, Geistesstörung und Verbrechen im Kindesalter. 1903. S. 17 ff.

[2] Der Anarchist Stellmacher, der mehrere Morde auf dem Gewissen hatte, schrieb wenige Stunden vor seiner Hinrichtung 1884 an seine Frau, sie möchte ihrem

um ihre irrenden Kinder in heilsame Zucht zu nehmen, andere zu jähzornig und hart, als dass sie in erzieherischer Weisheit und Geduld aufkeimenden Sünden zu wehren vermöchten. Noch schlimmer steht es um die Kinder, die von ihren verdorbenen Eltern durch Wort und Beispiel im Bösen unterwiesen, ja zu ihm geradezu angehalten und verführt werden. Was soll man von einer Mutter als Erzieherin erwarten, die ihren Sohn vor den Augen des Lehrers hart züchtigt, weil er diesem einen begangenen Diebstahl eingestanden hat? Was von einem Vater, der sein Kind selbst in blutschänderischer Unzucht missbraucht? Dass ausnahmsweise auch rechtschaffene Eltern, die es mit der Kinderzucht ernst nehmen, verlorene Söhne zu beklagen haben, gehört zu jenen schmerzlichen Erfahrungen, die wir als geheimnisvolle Fügung Gottes hinzunehmen haben, aber selten zu erklären vermögen.

Alle die Kinder nun, deren Wille, sei es auf Grund angeborner Anlage oder infolge schlechter und ungenügender Erziehung oder aus beiden Ursachen zugleich bereits eine gewisse Richtung aufs Böse genommen hat, sowie die Kinder, welche trotz geordneter Erziehung missraten sind, bezeichnen wir als sittlich gefährdete Schüler. Zu ihnen wollen wir auch die rechnen, welche zwar noch nicht verdorben sind, aber infolge ungünstiger Erziehungseinflüsse leicht verwahrlosen können.

Sie alle bilden für Gemeinde und Staat eine ernste Gefahr; denn aus ihnen zumeist gehen die Verbrecher hervor, welche die bürgerliche Gesellschaft und ihre Wohlfahrt bedrohen. Was lässt sich gegen sie tun? Oder vielmehr: Was sollen wir für unsre sittlich Gefährdeten tun? Denn so missfällig auch ihr Wesen sein mag, sie bleiben doch Gottes Kinder, von ihm uns anvertraut, dass wir sorgend um ihr Heil uns mühen. „Der Täter bleibt uns lieb, wie leid uns sind die Taten." Nun wohl, höre ich da sagen, schärfen wir ihnen die Paragraphen des Strafgesetzes mit seinen drohenden Bestimmungen ein, damit sie es fürchten lernen. Und der Richter überantworte die strafmündigen Missetäter dem Gefängnisse, dem Korrektionshause, damit sie in sich gehen. Aber strafen und unschädlich machen heisst noch nicht sie bessern. Wir würden auf diesem Wege im besten Falle erzwungenen Gehorsam, ein bloss äusserliches, gesetzliches Tun erzeugen, das nicht Bestand hat. Bei vielen Zöglingen dagegen würde die Massregel überhaupt nichts mehr nützen, wie die grosse Zahl der jugendlichen Strafrückfälligen mit erschreckender Deutlichkeit beweist. Oder sollten wir

Söhnlein eine gute Erziehung zuteil werden lassen; denn wenn er besser erzogen worden wäre, würde was anderes aus ihm geworden sein. „Wenn meine Mutter nicht hätte fortwährend müssen auf der Strasse liegen, um für uns Brot zu verdienen, würde ich auch mehr gelernt haben. Aber so war ich während meiner ganzen Kinder- und Schulzeit stets mir selbst überlassen, konnte tun und lassen, was ich wollte."

für mehr Schulunterricht, für die Erweiterung der Jugendbildung
sorgen? Ja, das liesse sich hören, wenn man nur hierbei die rechte,
tiefgründige Bildung meinte! Aber Bildung im landläufigen Sinne,
d. h. ein hohes Mass von Wissen und Können an sich verhütet
sittliche Verderbnis nicht; beides kann mit dem elendesten Charakter
sich vertragen. Nein, wir müssen das Übel bei der Wurzel fassen,
wir müssen tiefer auf das Kind einzuwirken, seine Gesinnung zu
heben, seinen Willen zu wandeln suchen; denn dies allein gibt die
Gewähr für eine gründliche, dauernde Besserung. Mit einem Worte:
wir müssen unsre sittlich gefährdeten Kinder erziehen.

Die grosse Schwierigkeit dieser Aufgabe besteht darin, dass
wir im Zögling hervorbringen sollen, was doch im Grunde sein
eigenstes, freies Tun sein muss — den guten Willen. Unmittelbar
schaffen — etwa durch Mahnung, Drohung und Befehl — lässt er
sich nicht; denn dann wäre er eben nicht frei. Wie also ist ihm
in der Kindesseele beizukommen? Nun lehrt die Psychologie, dass
der Wille wie in gewissen leiblichen Dispositionen so vornehmlich
in der Gedanken- und Gefühlswelt des Menschen wurzelt. Dunkle
Triebe und starke Vorstellungen sind die nächsten Veranlassungen,
Lust und Unlust die entscheidenden Motive und das Interesse der
Keim des Wollens. Demnach dürfen wir sagen: Jemehr der
Erzieher Macht gewinnt über die Gedanken, Gefühle und
Interessen des Zöglings, je tiefer er wirkt auf sein Herz
und Gemüt, desto eher kann er hoffen, dessen Gesinnung und
Handeln günstig zu beeinflussen. Es bildet aber das sittlich
gefährdete Kind in seiner inneren Verfassung das gerade Gegenteil
eines in sich gefestigten ethischen Charakters, wie er dem rechten
Erzieher eignet. Wenn hier das monarchische Regiment des Sitten-
gesetzes oder der Gottesfurcht alles Wollen und Tun des Mannes
beherrscht, so bietet dort dagegen die Kindesseele das unerfreuliche
Bild einer geistigen Anarchie oder Oligarchie dar. Dunkle Triebe
und sinnliche Begehrungen herrschen da vor und lösen im bunten
Wechsel sich ab. Das Kind folgt haltlos dem regellosen Spiel
äusserer Eindrücke und ist der Einwirkung böser Beispiele leicht
zugänglich. Nur schwer vermag es dem psychischen Zwange der
in schlimmer Umgebung bisher gesammelten unsittlichen Anschauungen sich zu entziehen: es sündigt, weil seine Gedanken unrein
sind und seine Phantasie vergiftet ist. Was an ethischen Werten in
ihm lebt, etwa in Form von Lehrsätzen und äusseren Geboten, ist
unmächtig und vermag die bösen Gelüste nicht niederzuhalten. So
fehlt seinem Gemütsleben das ordnende Gesetz, der regierende
Wille; das Kind ist ein Knecht seiner Einfälle und Eindrücke,
seiner Neigungen und Begierden.

Wer es bessern will, muss es daher vor allem von solch
unrühmlicher Sklaverei zu befreien suchen. Zunächst gilt es,
den Zögling möglichst seiner bisherigen verderblichen Umgebung zu

entreissen und in einen andren, gesunden Lebenskreis zu verpflanzen.
Dann fehlt seinen schlimmen Neigungen der fortdauernde Anreiz
zur Betätigung, wie ihn Verführung und die durch die Umwelt alltäglich geweckte Erinnerung an frühere Verfehlungen bieten. Aus
den Augen — aus dem Sinn — gilt vielleicht auch für ihn, und
neue, bessre Eindrücke verdrängen allmählich altgewohnte hässliche
Anschauungen. Sodann muss er durch den sanften Zwang eines
neuen Gemeinschaftslebens, durch den streng geregelten Wechsel
von Arbeit und Erholung und unter sorgfältiger Aufsicht lernen,
sich selbst zu beherrschen und widerstrebende Triebe zu bekämpfen.
Unter Umständen wird er zum Gehorsam gegen die neue Lebensordnung durch geeignete Strafmittel zu nötigen sein. Durch solch
heilsame Gewöhnung mit ihren vorbeugenden und verhütenden
Massregeln wird er allmählich der Tyrannei seiner bösen Neigungen
entzogen, wird dem guten Willen der Boden zubereitet. Und nun
muss zur negativen Erziehung die positive, zur strengen
Zucht die heilende und neupflanzende Pflege kommen
oder vielmehr sie möglichst von Anfang an begleiten. Schon
die neue Lebensgemeinschaft, in die der Zögling gestellt ist,
mit ihrer wohltuenden Ordnung, Tätigkeit und guten Sitte predigt
still, aber eindringlich ihm den Segen christlicher Lebensführung.
An der starken, vorbildlichen Persönlichkeit seiner Erzieher, an dem
Beispiele tüchtiger Mitschüler lernt er den Wert christlicher Gesinnung
kennen und schätzen. Im Unterrichte erweitert der Umgang mit
idealen Personen der heiligen und profanen Geschichte wie der schönen
Literatur diese beglückende innere Erfahrung. Spürt der Zögling
zudem auf Schritt und Tritt die Wärme selbstloser Liebe, die für-
sorgend sich seiner annimmt, dann öffnet sich wohl sein Herz
bessrer Regung, und er tut dankbar und gern, was sonst nur gezwungen geschah. Wo aber solch guter Wille schüchtern sich regt, da
muss er durch des Erziehers Vertrauen ermuntert, da muss ihm
Gelegenheit zu häufiger Betätigung gegeben und mehr und mehr
Freiheit gewährt werden, soweit und solange er ihrer sich würdig
zeigt. Denn jede gelungene sittlich-freie Tat stärkt des Kindes
Glauben an seine sittliche Kraft, und die Erinnrung an siegreich
bestandene Versuchungen, das Gedächtnis des Willens, ist das beste
Mittel zu seiner Bessrung. Nur da, wo solch freies, gutes Wollen
geweckt, geübt und bewährt erfunden worden ist, kann die Erziehung
des Zöglings als gelungen und abgeschlossen gelten.

Sehen wir nun zu, was nach diesen Grundsätzen die
Schule für die Gesundung ihrer sittlich gefährdeten Kinder
tun kann. Ihrer Wirksamkeit sind insofern erhebliche Schranken
gesetzt, als sie die Schüler täglich nur ein paar Stunden in Zucht
und Pflege nehmen kann. Wie leicht können da Haus und Gasse
wieder einreissen, was sie mühsam gebaut hat! Indessen sind die
feste Ordnung der Schule, ihr genau geregeltes Gemeinschaftsleben,

die planmässige Tagesarbeit immerhin wichtige Mittel, um des Kindes Streben auf feste Ziele zu lenken und unedle Triebe zurück- zudrängen. Und wie des Lehrers gewinnende Persönlichkeit, sein pflichtmässiges, opferfreudiges Walten, so können auch unverdorbene Mitschüler sittigend einwirken auf den gefährdeten Knaben, wenn nur der rechte Gemeinschaftsgeist das Schulleben durchweht. Wo der Klasse nicht Aufseher gesetzt sind, die über ihre Mitschüler peinliche Polizeiaufsicht führen, sondern wo sie gewöhnt worden ist, sich selbst zu regieren, wo also das Gefühl der gemeinsamen Ver- antwortlichkeit die Schüler beseelt, da muss auch der übelgesinnte Zögling der guten Sitte und Ordnung, dem Gesamtwillen der Klasse schliesslich sich fügen.

Vor allem aber hat die Schule durch den Unterricht positive Werte in der gefährdeten Kindesseele zu schaffen. Da gilt es, ihre Scheu vor geistiger Arbeit durch reiche Gaben des Kopfes und Herzens, durch eine frische, anregende Lehrweise zu überwinden. Es gilt, dem Schüler auf den verschiedenen Wissensgebieten einen Schatz wertvoller Anschauungen zu vermitteln, an ihnen sein Denken zu wecken, die Freude am Wahren und Schönen zu entzünden, mit einem Worte: mannigfache Interessen hervorzurufen. Denn geistige Interessen bilden ein erwünschtes Gegengewicht gegen rein sinnliche Neigungen. Und wo sie sich regen, findet der Wille wertvolle Ziele. Insbesondere sucht der Lehrer im Zöglinge das vielfach noch schlummernde sittliche Urteil zu beleben, indem er ideale oder typische Persönlichkeiten in anschaulicher Lebenswahrheit ihm vor die Seele stellt und in ihre Gedanken und Gesinnungen ihn mit psycho- logischem Verständnis und mit Wärme einführt. Dass das Kind so diese fremden Seelenvorgänge in seinem Innern nachlebe und mit starkem Beifall oder Missfallen begleite, darauf kommt alles an. Denn aus solch lebendigen Gefühlen geht die Gesinnung, gehen die Anfänge eines besseren Wollens hervor. Endlich gilt es, in ähnlicher Weise, auf dem Wege innern Erlebens, dem Zögling die Gewissheit eines lebendigen Gottes zu vermitteln, indem der Lehrer mit be- sonderer Kraft seiner Überzeugung die grossen Geheimnisse der heiligen Geschichte ihm verkündet. Es gilt, dessen Bild tief ihm ins Herz einzuprägen, der da gekommen ist, zu suchen und selig zu machen, was verloren ist. Je weniger das Haus zu solchem Glaubensleben in ihm Grund gelegt hat, desto ernstlicher muss der Lehrer dafür sorgen, dass in den weihevollen Stunden religiöser Unterweisung dem Schüler beseligende Erfahrungen eines Kindes Gottes zuteil werden. Denn ohne lebendiges Gottesbewusstsein ist seine Bessrung nicht denkbar. Gott vor Augen und im Herzen haben — das gibt seinem Wollen erst die erwünschte Richtung und Kraft. Wohl der Schule, von welcher der Zögling dereinst dankbar bekennen darf: Sie hat mich meinen Heiland finden gelehrt.

Dort hab ich Gott von Angesicht gesehen, und meine Seele ist genesen!

Zum Unterrichte aber gesellt sich die seelsorgerische Pflege. Wendete jener sich an die ganze Klasse, bei seinen Belehrungen in der Regel taktvoll vermeidend, auf die gefährdeten Schüler und ihre Verfehlungen gleichsam mit Fingern zu zeigen, so gilt die Pflege dagegen unmittelbar dem einzelnen Zöglinge und ihm ganz persönlich-individuell. Kam es dort darauf an, an Szenen und Personen der heiligen Geschichte das objektive sittlich-religiöse Urteil aller Schüler zu bilden, so tritt hier der Erzieher dem irrenden Schüler in der Weise des Propheten Nathan unter vier Augen mit dem ernsten Worte entgegen: Du bist der Mann. Aber bei alledem erweist solch mahnende Seelsorge sich doch nicht aufdringlich und plump zu-greifend, sondern keusch zurückhaltend und mild. Denn sie ist der Ausfluss väterlicher, barmherziger Liebe. Sie fährt nicht im zornigen Gesetzeseifer einher; sondern sie wirbt um die irrende Seele mit treusorgender Teilnahme. Sie lässt auf die strafende Strenge immer bald wieder die heilende Gnade, auf den einschneidenden Ernst den Sonnenschein aufrichtiger Vergebung folgen. Und wo sie vergeben, da hat sie auch vergessen, da gibt's kein winterliches Nachtragen und Nachzürnen. So schafft sie dem Kinde, das seinen Fehler bereut, wieder ein gut Gewissen, damit es nicht unbegnadigt und ungetröstet vom Lehrer heimkehre. Nie zeigt die barmherzige Liebe sich grösser als in solch heiligem Werben um eine irrende Seele, nie wirkt sie tiefer und nachhaltiger auf das nicht ganz verstockte Kindesherz. „Unsere besten Fortschritte, die wir als Kinder gemacht, sie haben ihre Kraft aus der Erfahrung heilig liebreicher Vergebung gesogen."[1]

Freilich wird der Schule solch erziehliche Pflege nicht wenig er-schwert durch die grosse Zahl ihrer Kinder. Setzt Seelsorge doch genaue Kenntnis und individuelle Behandlung derselben voraus. Dass sie in grossen Schulkasernen und überfüllten Klassen kaum möglich ist, sollten unsere Schulgemeinden wohl bedenken. Aber sie muss auch unter ungünstigen Verhältnissen versucht, die Schüler dürfen nicht wie Dutzendware behandelt und in Massenerziehung genommen, sondern es muss alles getan werden, was der Erforschung der verschiedenen Kindernaturen dient. Zunächst sollten alle Schul-kinder durch psychiatrisch erfahrene Ärzte untersucht werden. Denn die Schule vermag die infolge geistiger Schwäche oder Krankheit sittlich gefährdeten Kinder viel eher gerecht zu beurteilen und richtig zu behandeln, wenn sie deren Anormalität rechtzeitig erkannte. Zwar wird sich der Pädagog hüten müssen, in gewissen leiblichen Entartungszeichen wie fliehende Stirn, missgestaltete Ohren, Wolfs-rachen und unregelmässige Zähne oder in der auffallenden Neigung

[1] Die Christliche Welt, herausgeg. v. Rade, 1889, Nr. 2.

mancher Kinder zum Lügen, Verleumden, zum Stehlen, Zerstören, zu schamlosen Handlungen und Redensarten ohne weiteres untrügliche Zeichen regelwidriger Veranlagung zu erblicken. Das hiesse mit Lombroso weit über das Ziel hinausschiessen. Wohl aber wird der Lehrer gut tun, solche Wahrnehmungen dem Schularzte mitzuteilen und in der moralischen Verwilderung nicht zu lange das pathologische Element zu verkennen, das besondere erziehliche Massnahmen nötig macht.[1]) Er wird ferner darauf bedacht sein, auch ausserhalb des Unterrichts näheren Verkehr mit dem Zögling zu pflegen und so seine Eigenart besser kennen und verstehen zu lernen. Im täglichen Spiel und bei Schulfesten, wo die Jugend sich eher gibt, wie sie ist, auf Schulwanderungen, wo der Erzieher Mühe und Genuss und alle grossen und kleinen Erlebnisse treulich mit ihr teilt, öffnen sich leichter ihm die kindlichen Herzen, so dass er tiefe Blicke in sie tut. Auf seinen Besuchen im elterlichen Hause, wie sie Erkrankungen, schuldhafte Versäumnisse und Verfehlungen des Kindes ihm nahe legen, treten ihm neue Charakterzüge desselben und ihre erziehlichen Ursachen entgegen. Ist's ihm zudem vergönnt, das Kind ununterbrochen durch mehrere Klassen hindurchzuführen, wird über dessen geistige und sittliche Entwicklung in sogenannten Seelsorgekonferenzen regelmässig Rat gepflogen und legt der Lehrer die gemachten Erfahrungen in einer eingehenden Charakteristik des betreffenden Schülers, einem Kinderbild, zu seiner eigenen wie der übrigen Lehrer Information nieder, dann sind einer seelsorgerisch-einsichtsvollen Behandlung des gefährdeten Kindes in der Schule die Wege geebnet.[2])

Je grösser aber die sittliche Gefahr ist, die einzelnen Schülern droht, destomehr wird der Lehrer sich für verpflichtet halten, **auch über die Schulräume und Unterrichtzeit hinaus ihnen seine Fürsorge zu widmen.** Wenn sie daheim ohne verständige Aufsicht bleiben und in Müssiggang und schlechter Gesellschaft zu verwahrlosen drohen, wird der Lehrer versuchen, in taktvoller Weise die Eltern an ihre Erziehungspflicht zu erinnern und mit Rat ihnen zur Seite zu stehen. Wo dies nichts hilft und die Fälle sittlicher Verwahrlosung unter der Jugend sich mehren, muss in grösseren Orten oder wo es sonst es angeht ein **Kinderhort** gegründet werden, der während der schulfreien Tageszeit die sich selbst überlassenen Schüler aufnimmt, in Arbeit und Spiel angemessen

---

[1]) Zu solch seelsorgerischer Auffassung ihres Berufes müssen die jungen Lehrer im Seminare wie auf den Hilfslehrerkonferenzen fleissig angeleitet werden. Aus eigener Erfahrung darf ich bezeugen, dass sie für die dahin zielenden Anregungen meist sehr empfänglich sind. Nicht wenige der von ihnen für die Konferenz entworfenen Kinderbilder zeugten von so guter psychologischer Beobachtung und so liebevollem, tiefeindringendem Verständnis für die Kindesseele, dass solche Arbeit dem Lehrer wie dem Schüler sicher einen bleibenden Gewinn gebracht hat.

[2]) Mönkemöller a. a. O., S. 80.

beschäftigt 'und zu Ordnung, Reinlichkeit und guter Sitte anhält. Es liegt im eigensten Interesse der Schule, einer solchen Anstalt durch persönlichen Liebesdienst kräftige Unterstützung zu gewähren, damit sie nicht zur blossen Bewahr- und Speiseanstalt herabsinkt, sondern mit pädagogischem Geiste geleitet wird und die unterrichtlichen und erziehlichen Zwecke der Schule fördert. Wo aber ein Kinderhort nicht besteht, da möchte man vor etwaiger Einführung des vielerseits leidenschaftlich befürworteten durchgehenden Unterrichts wohl erwägen, ob nicht durch den Wegfall der Nachmittagslehrstunden so manch Arbeiterkind mehr als bisher auf die Gasse gesetzt und den Gefahren derselben preis gegeben wird. Macht der Lehrer die Wahrnehmung, dass Schulkinder durch ihre Beschäftigung in gewissen gewerblichen Berufen geistig oder moralisch geschädigt, dass sie insbesondre durch ihre Verwendung in Gast- und Schankwirtschaften sittlich gefährdet werden, so wird er seiner Schulaufsichtsbehörde Anzeige erstatten, die berechtigt ist, auf Grund des Gesetzes vom 30. März 1903 bei der Polizeibehörde zu beantragen, dass den Kindern die betreffende Beschäftigung untersagt oder dass sie eingeschränkt wird. Oft erhält der Lehrer von Übertretungen und Vergehen strafunmündiger Schüler durch die Bezirksschulinspektion Mitteilung mit dem Anheimgeben, über eine angemessene Schulstrafe Entschliessung zu fassen. Da soll er sich nicht als blosses Polizeiorgan ansehen, das verordnungsgemäss eine Strafe mit geschäftlicher Kühle verhängt, vollstreckt und einberichtet. Nein, auch da soll er seinen seelsorgerischen Beruf bewähren, indem er den Zögling nicht bloss strafend zu schrecken, sondern vor allem in seinem Gewissen zu fassen und zu aufrichtiger Reue zu bewegen sucht. Und darum wird ihn der Lehrer in der Regel nicht vor versammelter Klasse, etwa mit lautem, lieblosem Schelten, strafen — ein Verfahren, das so leicht das strauchelnde Kind vor seinen Genossen ehrlos macht und sein Gemüt verbittert — sondern in ernster Zwiesprache unter vier Augen. Wo immer nur möglich, wird er dabei des Einverständnisses und der Mithilfe des Hauses sich versichern. Denn wenn dieses sein Urteil in der Sache und seinen Tadel teilt, wirkt er auf das Kind mit doppelter Kraft. Wünscht der Vater sein Kind in Gegenwart des Lehrers oder an seiner Stelle selbst zu züchtigen, so sei's ihm verstattet. Ja die Schule kann unter Umständen von einer Strafe ganz absehen, wenn das Haus die Gewähr bietet, dass dort eine angemessene Ahndung des kindlichen Vergehens erfolgen wird oder schon geschehen ist. Sie wird also kindliche Fehler nicht schablonenhaft behandeln, sondern beim Strafen weise individualisieren. Solch erzieherische Fürsorge der Schule für gefährdete Kinder wird aber fort und fort kräftige Anregung empfangen, wenn die Schulaufsichtsbehörde dem Lehrer mit der Aufforderung, wegen einer Schulstrafe Entschliessung zu fassen, geeignetenfalls zugleich es nahe legt, den Ursachen der kindlichen Verfehlung nachzugehen und des Schülers sich seelsorgerisch anzunehmen. Fragt weiter der Bezirksschulinspektor bei seinen Schulbesuchen fleissig und mit herzlicher Teilnahme den Sorgenkindern des Lehrers nach, dann fühlt dieser, dass die ihm vorgesetzte Behörde die Schwierigkeit seines Amtes zu würdigen, sein seelsorgerisches Wirken zu schätzen weiss. Und die beruhigende Gewissheit, dass dem tiefgründig, wahrhaft erzieherisch wirkenden Lehrer Gerechtigkeit widerfährt, ermutigt ihn, den gefährdeten Seelen nach wie vor mit besonderer Treue zu dienen.

Aber kann nicht, so höre ich einwenden, durch solch weitgehende Fürsorge der Erfolg der Schularbeit beeinträchtigt werden, insofern der Dienst an den sittlich Kranken die Aufmerksamkeit und Kraft des Lehrers zum Nachteil der übrigen Zöglinge zu stark in Anspruch nimmt? Soll man nicht überhaupt das Schwache sterben lassen, statt es zum Schaden der Volkswohlfahrt künstlich zu erhalten? Aber so kann nur ein Anhänger der Herrenmoral Nietzsches, nicht ein Jünger des Weltheilandes sprechen. Selbstverständlich darf die Arbeit an den Verwahrlosten nicht in einseitiges Spezialistentum, sozusagen in pietistischen Sport ausarten, bei dem weltliche Gedanken an äussere Ehre und Menschenlob gar sehr mit hereinspielen. Nein, die barmherzige Liebe des Lehrers muss wurzelecht sein und alle Schüler in gleichem Masse umfassen. Aber das ist gewiss, dass die pflichtmässige Fürsorge für die sittlich Gefährdeten dem Lehrer den Ernst seines Berufes ganz besonders vor Augen stellt, dass sie zur tieferen Auffassung seiner Aufgabe: nämlich unsterbliche Seelen zu gewinnen für Gottes Reich, notwendig hinführt. Sie mahnt ihn, bei allem Unterricht nicht bloss Verstand und Gedächtnis der Kinder in Anspruch zu nehmen, sondern auf das Zentrum ihrer Persönlichkeit, auf Herz und Willen zu zielen. Und so geht von der Fürsorge für die sittlich Schwachen leicht ein Strom des Segens auch auf die übrigen Kinder aus, insofern auch sie betrachtet und behandelt werden sub specie aeternitatis, d. h. mit dem Gedanken an ihr Seelenheil. Wo man der geistig Armen und sittlich Schwachen in Liebe sich annimmt, da herrscht der rechte pädagogische Geist, da kann ein äusserliches Wesen, ein Streben nach bloss gleissenden Erfolgen so leicht nicht aufkommen, da treibt man, was immer die Hauptsorge der Schule bleiben muss: Veredlung und Hebung des geistigen Lebens, Festigung des innern Menschen, religiös-sittliche Erziehung. Und das ists, was wir doch allen unsern Schülern, auch den gutgearteten, von Herzen wünschen und angedeihen lassen wollen. — —

Auch bei treuester Arbeit aber gelingt es der Schule aus den bereits erörterten Gründen nicht immer, verwahrloste Schüler zu bessern, und so können diese den übrigen Zöglingen zu einer immerwährenden Gefahr werden. In solchem Falle ist es geboten, erstere beizeiten dem ungünstigen Einflusse ihrer bisherigen Umgebung zu entreissen und in besondere Erziehung zu geben. Sind die Erziehungspflichtigen einsichtig genug und verfügen sie über die nötigen Mittel, so werden sie einer dahingehenden Anregung oder Aufforderung der Schulaufsichtsbehörde ja wohl Folge leisten. Im andern Falle — und das ist die Regel — muss die Zwangserziehung des gefährdeten Zöglings beantragt werden. Ihrer Verfügung und Ausführung aber setzen Eltern und Schulgemeinde sehr oft beharrlichen Widerstand entgegen: die Eltern aus falschem Ehrgefühl, sträflichem Eigennutz oder unverständigem Trotz, unbemittelte Gemeinden um der erheblichen Kosten willen, die ihnen in Aussicht stehen. Manche von ihnen finden es billiger, zu warten, bis das gefährdete Kind durch neue, schwere Straftaten seine völlige Verwahrlosung dargetan hat; denn dann wandert es meist ins Gefängnis und kostet der Gemeinde so gut wie nichts. Mitunter glaubt auch der Vormundschaftsrichter einen Antrag auf Zwangserziehung ablehnen zu müssen, weil er eine von der Ansicht der Schulbehörde abweichende Auffassung des Gesetzes vertritt. Es kommen aber hierbei für die Schulverwaltung unseres Landes folgende gesetzlichen Bestimmungen in Betracht.

1. Nach § 4, Abs. 5 des Volksschulgesetzes kann die Bezirksschulinspektion anordnen, dass verwahrloste Kinder, sofern nicht für deren Erziehung durch die dazu Verpflichteten anderweit hinreichend gesorgt ist, in hierzu bestimmte öffentliche oder Privatanstalten unterzubringen sind.

2. Wird der von ihr angeordneten Unterbringung in einer Erziehungsanstalt widersprochen, so ist diese Unterbringung nunmehr bei dem Vormundschaftsgerichte zu beantragen und diesem die weitere Entschliessung gemäss den §§ 1666 und 1838 des Bürgerlichen Gesetzbuches zu überlassen.[1]) Das Vormundschaftsgericht kann aber in diesem Falle die Unterbringung nur beschliessen, wenn dem Vater oder der Mutter ein Verschulden an der Verwahrlosung des Kindes nachzuweisen ist. Diese Einschränkung fällt weg, wenn

3. der Schulvorstand oder die Bezirksschulinspektion auf Grund des (durch § 50 des Ausführungsgesetzes zum B.G.B. vom 18. Juni 1898)

---

[1]) § 1838: „Das Vormundschaftsgericht kann anordnen, dass der Mündel zum Zwecke der Erziehung in einer geeigneten Familie oder in einer Erziehungsanstalt oder einer Besserungsanstalt untergebracht wird. Steht dem Vater oder der Mutter die Sorge für die Person eines Mündels zu, so ist eine solche Anordnung nur unter den Voraussetzungen des § 1666 zulässig." — § 1666: „Wird das geistige oder leibliche Wohl des Kindes dadurch gefährdet, dass der Vater oder die Mutter das Recht der Sorge für die Person des Kindes missbraucht, das Kind vernachlässigt oder sich eines ehrlosen oder unsittlichen Verhaltens schuldig macht, so hat das Vormundschaftsgericht die zur Abwendung der Gefahr erforderlichen Massregeln zu treffen. Das Vormundschaftsgericht kann insbesondere anordnen, dass das Kind zum Zwecke der Erziehung in einer geeigneten Familie oder in einer Erziehungsanstalt oder einer Besserungsanstalt untergebracht wird."

abgeänderten § 5, Abs. 5 des Volksschulgesetzes die Anordnung der Zwangserziehung bei dem Vormundschaftsgerichte beantragt. Die betreffende Gesetzesstelle lautet: „Ist ein Kind sittlich verwahrlost oder der Verwahrlosung ausgesetzt und bleiben die der Schule zu Gebote stehenden Zuchtmittel ohne Erfolg, so hat der Schulvorstand oder die Bezirksschulinspektion nach Gehör des Schulvorstandes die Anordnung der Zwangserziehung bei dem Vormundschaftsgerichte zu beantragen."

Nun bestreiten aber einzelne Vormundschaftsrichter, dass dieser Paragraph die vorhin erwähnte Einschränkung ihrer Befugnisse aufhebe. Sie meinen, dass nach § 1838 und § 1666 des B.G.B. in allen Fällen, wo Vater und Mutter für das Kind zu sorgen haben, Zwangserziehung nur verfügt werden könne, wenn ein Verschulden der ersteren nachweisbar sei. Und sie sind sehr geneigt, ein Verschulden grundsätzlich da zu verneinen, wo vielbeschäftigte Eltern ihr Kind durch Mangel an Aufsicht vernachlässigen[1]) und der Aufforderung der Bezirksschulinspektion zu anderweiter Unterbringung desselben nicht nachkommen. Man übersieht unseres Erachtens hierbei, dass Artikel 135 Abs. 1 des Einführungsgesetzes zum B.G.B. doch eine andere, dem praktischen Bedürfnisse wie den Absichten des Gesetzgebers besser entsprechende Auffassung unsrer schulgesetzlichen Bestimmung sehr wohl zulässt.[2]) Weiter halten manche Richter die Verwahrlosung eines Kindes und die Erfolglosigkeit der Zuchtmittel der Schule bei ihm nur dann für gegeben, wenn es gewisse Verfehlungen wiederholt begangen und wiederholt dafür ohne Erfolg bestraft worden ist. Aber die Verwahrlosung dürfte doch nicht bloss in der Zahl der Straftaten, sondern mehr noch in der ganzen sittlichen Verfassung und Gesinnung des Kindes zu suchen sein. Manche jugendlichen Vergehen verraten eine solche moralische Verdorbenheit, dass die sofortige Versetzung des Täters in eine andere Erziehungsstätte dringend geboten ist; es wäre gefährlich und un-

---

1) Vgl. z. B. F r i e s e in seinem Aufsatze über „Die Zwangserziehung Minderjähriger in Sachsen" (Leipziger Zeitung 1903, Nr. 188 u. 189.) Er sagt geradezu: „Wenn die heutigen Erwerbsverhältnisse es mit sich bringen, dass viele Eltern sich tagsüber um ihre Kinder gar nicht kümmern können, weil sie gezwungen sind, auf Arbeit zu gehen, um für sich und die Kinder den nötigen Unterhalt zu erwerben, so wäre es bittres Unrecht, wenn man ihnen den hierdurch bedingten Mangel an Beaufsichtigung der Kinder ohne weiteres als eine Vernachlässigung der Kinder oder überhaupt als ein Verschulden anrechnen wollte."

2) Er lautet: „Unberührt bleiben die landesgesetzlichen Vorschriften über die Zwangserziehung Minderjähriger. Die Zwangserziehung ist jedoch, unbeschadet der Vorschriften der §§ 55, 56 des Strafgesetzbuchs nur zulässig, wenn sie von dem Vormundschaftsgericht angeordnet wird. Die Anordnung kann ausser den Fällen der §§ 1666, 1838 des Bürgerlichen Gesetzbuchs nur erfolgen, wenn die Zwangserziehung zur Verhütung des völligen sittlichen Verderbens notwendig ist." Deckt sich letztere Bestimmung mit dem Inhalte des § 5 Abs. 5 unsres Volksschulgesetzes, woran wir nicht zweifeln, so ist Zwangserziehung auf Grund des genannten § 5 zulässig, auch wenn ein Verschulden der Eltern nicht vorliegt.

verantwortlich, das Einschreiten der Fürsorge erst von einer Wiederholung des Vergehens abhängig zu machen. Gewissen Verfehlungen
— man denke an die Unzuchtsvergehen — wird überhaupt nie durch
die Schule unmittelbar entgegen gewirkt werden können.

Wie kann nun die Schulverwaltung auch unter so schwierigen
Verhältnissen ihre erzieherischen Absichten kräftig durchsetzen? Ich
fasse meine Erfahrungen und Vorschläge in folgende Sätze zusammen:

1. Zwangserziehung darf nicht leichthin und nicht bloss auf die
polizeiliche Feststellung und Anzeige jugendlicher Straftaten hin,
sondern vor allem auf Grund sorgfältiger Erkundigung beim Schulvorstand, bei den Lehrern und Erziehern des betreffenden Kindes
beantragt werden. Sie ist nur da gerechtfertigt, wo eine ernste
sittliche Gefahr für den Zögling vorliegt, die seine Familie und
Schule nicht von ihm abzuwenden vermögen.

2. In allen geeigneten Fällen sollte die Bezirksschulinspektion
zunächst die Eltern des sittlich gefährdeten Kindes zur anderweiten
Unterbringung desselben auffordern und zu bewegen suchen. Dazu
ist sie nach § 4, Abs. 5 des Volksschulgesetzes sowohl berechtigt
als verpflichtet. Folgen die Eltern dieser Aufforderung, dann fällt
bei solch freiwilliger Fürsorgeerziehung die Mitwirkung des Vor-
mundschaftsgerichts völlig weg.

3. Widersprechen dagegen die Erziehungsberechtigten jener Aufforderung, so hat die Bezirksschulinspektion ihrerseits bei dem Vormundschaftsrichter den Antrag auf Fürsorgeerziehung zu stellen.
Und zwar ist dringend zu raten, in allen Fällen den Antrag auf
§ 5 Abs. 5 des Volksschulgesetzes zu gründen. Denn es kann dann
auch da, wo das Vormundschaftsgericht nach § 1666 des B.G.B.
wegen mangelnder Schuld der Eltern nichts für das verwahrloste
Kind glaubt tun zu können, dessen Fürsorgeerziehung auf Grund
eines Landesgesetzes herbeigeführt werden. Es empfiehlt sich aber,

4. dem Vormundschaftsgerichte in den Antragsakten durch sach-
dienliche Bekundungen der Polizei, des Ortsschulinspektors, Lehrers,
Schulvorstandes und anderer zuverlässiger Personen ein deutliches
Bild von dem Verhalten und dem sittlichen Zustande des gefährdeten
Kindes zu geben. Denn wenn der Richter auch die eigene Unter-
suchung der Sache sich vorbehalten wird, so können doch jene
Aufzeichnungen ihm für die gerechte Beurteilung des Zöglings von
Wert sein.

5. Endlich werden die Bezirksschulinspektionen gut tun, sich
bei der Ablehnung ihrer Anträge auf Fürsorgeerziehung durch den
Richter nicht grundsätzlich zu beruhigen, sondern in allen geeigneten
Fällen Beschwerde einzulegen und sie bis zum Oberlandesgericht
hinauf zu verfolgen.

Wohl lässt uns der treffliche § 5 unseres Volksschulgesetzes
den Mangel eines Zwangserziehungsgesetzes minder schwer empfinden.

Denn er gibt unseren Schulaufsichtsbehörden seit langem weitgehende
Befugnisse, wie sie die Schulverwaltungen anderer Staaten noch bis
vor wenig Jahren entbehrten. Aber er reicht doch nicht aus. Er
umfasst nicht die vorschulpflichtigen und nachschulpflichtigen Minderjährigen, nicht die missratenen Kinder, die man doch nicht wohl
als verwahrlost bezeichnen kann. Vor allem aber legt er den Gemeinden oder Armenverbänden die ganze Kostenlast der Zwangserziehung auf, anstatt sie, wie zu wünschen ist, auf grosse, tragfähigere
Verbände zu verteilen. Solange hierin nicht Wandel geschaffen ist,
wird die Schulverwaltung in ihrer Fürsorge für die sittlich gefährdeten
Unmündigen sich immer gehemmt und vielfach lahm gelegt sehen.
Sie kann daher nichts sehnlicher wünschen, als dass der Versuch
zur Neuregelung der Fürsorgeerziehung von der Königlichen
Staatsregierung recht bald wiederholt und glücklich durchgeführt
werden möchte.[1]) —
    Ist die zwangsweise Erziehung eines Kindes vom Vormundschafts-
gerichte verfügt, so erhebt sich für die ausführende Behörde die
Frage, ob das Kind einer Familie oder einer Anstalt zu übergeben
sei. Für Familienerziehung sprechen erhebliche pädagogische
Gründe. In der eng umhegten häuslichen Gemeinschaft lassen Aufsicht und Behütung des sittlich gefährdeten Kindes sich leicht handhaben, treten bei seinem lebendigen Verkehr mit den Pflegeeltern
ihm christliche Sitte und Gesinnung unmittelbar nahe; hier umfängt
es die Wärme persönlicher Teilnahme an seinem Wohlergehen, lernt
es Arbeit und Sorge, Freud und Leid mit der Familie treulich teilen.
Wohl dem Kinde, das so im fremden Hause eine neue, glückliche
Heimat fand! Dem noch nicht schulpflichtigen, sowie dem verwaisten
oder daheim der Verwahrlosung ausgesetzten Kinde wüssten wir
in der Tat keine bessere Unterbringung als die in der Familie zu
wünschen. Aber freilich nur unter einer gewichtigen Voraussetzung.
Die Pflegeeltern müssen auch wirklich fähig und geneigt sein, erziehlich auf ihre Pfleglinge einzuwirken. Sie müssen von gesundem christlichen Geiste beseelt, makellosen Charakters, geschickt im Umgange
mit Kindern und vor allem von herzlicher Liebe zu ihnen erfüllt
sein. Sie müssen um Gottes willen, nicht aus schnödem Eigennutz
die Kleinen aufnehmen und in Wahrheit Vater- und Mutterstelle an
ihnen versehen. Wo die armen Kinder an den Mindestfordernden
vergeben und lediglich um des Kostgeldes willen oder als billige
Arbeitskräfte begehrt und verwandt werden, da ist es in der Regel
um ihre leibliche und sittliche Pflege schlimm bestellt. Da geschieht
es wohl, dass sie zu geisttötenden oder ungesunden Industriearbeiten
angehalten, in landwirtschaftlichen Betrieben übermässig (oft von

---

[1]) Bekanntlich ist der von der Königl. Sächs. Regierung den Ständen vorgelegte
Entwurf eines Gesetzes über die Zwangserziehung Minderjähriger vom Jahre 1902 nicht
völlig durchberaten worden und daher nicht zur Verabschiedung gelangt.

früh 4 bis abends 9 Uhr) angestrengt und als Hütekinder vom Besuche des Gottesdienstes abgehalten werden, dass sie ihre Schlafstelle mit den Knechten und Mägden teilen und dort Augen- und Ohrenzeugen schamloser Vorgänge sind. Familienerziehung ist daher nur dann unbedenklich zu empfehlen, wenn die Pflegeeltern gewissenhaft ausgewählt und sorgfältig beaufsichtigt werden. Die Zahl solcher wohlgeeigneten privaten Erzieher wird, wenn man mit unserer Forderung es ernst nimmt, voraussichtlich immer eine ziemlich beschränkte sein, zumal bei ihrer Auswahl in unserm dichtbevölkerten Lande wohl zu berücksichtigen ist, dass grosse, geschlossene Ortschaften mit lebhaftem Verkehr als Erziehungsstätten für Kinder sich weniger eignen, als etwa ein einsamer Bauernhof, ein Gebirgsdorf oder eine andere, fern vom städtischen Verkehr gelegene kleine Siedelung.

Schon aus diesem Grunde wird die Hilfe von Erziehungsanstalten nie zu entbehren sein. Zudem gibt es sittlich gefährdete Kinder, die überhaupt nicht in einer Familie untergebracht werden können, weil sie dort voraussichtlich nicht die erwünschte Bessrung finden, für die Schule des Orts aber eine Last und stete Gefahr bilden würden. Es sind die missratenen und verwahrlosten Kinder, die strengerer Aufsicht, sowie die sittlich gefährdeten Kinder, welche wegen körperlicher Gebrechen und Krankheit besonderer Fürsorge bedürfen. In der Anstalt erfahren sie an sich die Kraft einer ungeteilten Erziehung. Haus und Schule sind hier vereinigt. In Unterricht und Zucht, in Stunden der Arbeit und festlicher Feier wirken bestimmend auf die Kinder dieselben Persönlichkeiten. Schärfer als in der Familie ist hier ihre Beaufsichtigung, strenger die Hausordnung, einheitlicher der Wille, dem sie gehorchen, seltner die äussere Gefahr der Verführung. Die geregelte Arbeit lässt ihnen kaum Zeit, bösen Gedanken nachzuhängen. So dürfte ihnen eher die Möglichkeit geboten sein, gewisse Vergehen zu unterlassen, sich allmählich aus den Banden sträflicher Neigungen zu befreien. Aber die Anstalt tut noch mehr. Zur Strenge der Behütung fügt sie die Liebe seelsorgerischer Pflege. Schon bei dem Eintritte in die Anstalt erfährt sie der Zögling in der feierlichen Zusage des Hausvaters: Alles, was du bisher gesündigt, sei verziehen und vergessen! So wird ihm eine neue Welt des Vertrauens erschlossen. Der Unterricht aber sucht im Gemüt des Zöglings das vornehmlich zu pflanzen, was diesem noch fehlt, starke Anschauungen einer reinen, ernsten Lebensführung in ihm zu wecken. Und wie keine Mauer die Anstalt gegen die Aussenwelt abschliesst und offene Tore und Türen dem Zögling gleichsam das Gefühl persönlicher Freiheit gewähren, so wird ihm auch Gelegenheit gegeben, seinen guten Willen den Zwecken der Anstaltsgemeinde gemäss in freien Leistungen und selbstgewählten Arbeiten mehr und mehr zu betätigen. In Summa: Es ist ein Vorurteil, wenn man in weiten Kreisen immer noch mit dem Begriff einer Anstalt für gefährdete Kinder die Vorstellung einer kalten, harten Behandlung der Jugend, des Zuchthauszwanges verbindet. Wo der rechte christliche Geist in ihr waltet, da ist sie ebenso eine Erziehungsstätte wie die Familie, die notwendige und wertvolle Ergänzung derselben. Sie wird aber bei einem verwahrlosten Kinde um so mehr ausrichten, je früher es ihr anvertraut wird und je länger sie es behält. Denn Bessrung einer verdorbenen Persönlichkeit ist eine schwierige und langwierige Sache; sie will Zeit haben, um von innen heraus zu geschehen. Es sollten darum gefährdete Kinder einer Anstalt möglichst vor dem 12. Lebensjahre überwiesen und unter Umständen bis zum 16. Lebensjahre belassen werden.

Ob staatliche oder private Erziehungsanstalten den Vorzug verdienen, mag streitig sein. Sicher ist, dass wir beider bedürfen. Staatsanstalten verfügen gewöhnlich über reichere Mittel und über eine grössere Zahl wohlvorgebildeter Lehrer. Sie können darum hinsichtlich des Unterrichts und der Arbeitsgewöhnung mehr leisten als private Anstalten. Auch vermögen sie bei ihrer grossen Kinderzahl und ihrer unausgesetzten Aufsichtsführung eher einen verdorbenen Zögling ohne Schaden für die anderen zu ertragen. Ihnen werden daher in der Regel die gerichtlich verurteilten und in sittlicher Verwahrlosung weiter vorgeschrittenen Minderjährigen zugewiesen, die einer strammeren Zucht bedürfen, um überhaupt in einer Anstalt auszuhalten. Staatliche oder städtische Erziehungshäuser erhalten zumeist die Sorgenkinder, bei denen alle übrigen Erzieher nichts ausgerichtet haben. Darin beruht die Schwierigkeit ihrer Arbeit und ihr besondres Verdienst. Doch sind sie eher der Gefahr ausgesetzt, durch gesetzliche Vorschriften in ihrer Bewegungsfreiheit gehemmt und in bureaukratischer Weise regiert zu werden. Wo sie sich ihrer nicht erwehren, wo Verwaltungsgrundsätze und nicht pädagogische Absichten und Einsicht massgebend sind, da muss zum Schaden des Ganzen der erzieherische Geist erstarren und die Anstalt zum Straf- und Korrektionshaus herabsinken.

Anders bei der privaten Erziehungsanstalt oder dem sogenannten Rettungshause.[1]) Als die Schöpfung privater Opferfreudigkeit und Selbsthilfe ist es viel mehr als die Staatsanstalt mit seinem Leben und Gedeihen an die Persönlichkeit des Leiters oder Hausvaters gebunden. Es hat völlige Freiheit, sich selbst zu regieren und seine Eigenart zu behaupten. Von barmherziger Liebe gegründet und fort und fort erhalten, ist ihm damit die seelsorgerische Tendenz gesichert: es muss eine Erziehungsstätte bleiben, wenn es nicht sich selbst und seinen Ursprung verleugnen will. Am deutlichsten spricht

---

[1]) In Sachsen gibt es über 25 Rettungshäuser, deren jährlicher Verpflegesatz für ein Kind durchschnittlich nicht viel mehr als 100 M. beträgt — eine geringe Summe für einen so wichtigen Zweck.

sich diese erzieherische Absicht darin aus, dass es seine Zöglinge zu Gruppen vereinigt, die unter Leitung von sogenannten „Brüdern" das Leben einer rechten Familie darstellen und pflegen sollen. „So steht das Rettunghaus in der Mitte zwischen Familie und Staatsanstalt; es hat anstaltliche Regelung des täglichen Lebens, wahrt aber dabei den familiären Zusammenschluss aller Hausinsassen." [1]

Man sagt ihm wohl nach, dass es pietistischen Bestrebungen diene und so leicht Frömmelei und religiöse Heuchelei gross ziehen könne. Das mag ja hie und da trotz der reinsten Absichten geschehen sein. Aber der Idee des Rettungshauses liegt eine solche Tendenz ursprünglich fern. Der Vater unserer heutigen Rettungshäuser, der unvergessliche Wichern, war eine durchaus gesunde, auf praktisches Christentum gerichtete Natur. Von einem ehrwürdigen Zeugen seiner Wirksamkeit wissen wir, dass das Leben in seiner Anstalt mit seinen Andachten, Festen, Spielen und Ausflügen in den grünen Sachsenwald ein frommes, aber fröhliches und freies, dass das Rauhe Haus eine Anstalt voll Sang und Klang gewesen ist. [2] Wo aber so wie dort ein frischer, gesunder, werktätiger und nationaler Geist herrscht, da kann ein kopfhängerisches Wesen, eine gemachte Frömmigkeit nicht aufkommen.

Mit Recht legt allerdings das Rettungshaus grosses Gewicht auf die Pflege echt religiösen Sinnes und Lebens. Das ist in seinem Wesen und Ursprung begründet. Aus christlichem Erbarmen mit den gefährdeten Kinderseelen wie aus der Liebe zu Christo, die also zum Dienste an der Jugend sich gedrungen fühlt, ist es hervorgegangen. Da liegt es nahe, dass solch fromme Gesinnung auch andre für den Heiland zu gewinnen sucht. Und darum wird immer ein positiv christlicher Zug dem Leben im Rettungshaus eigentümlich sein. Gewiss zu seinem Segen. Denn so Grosses auch blosse Humanität auf dem Erziehungsgebiete zu schaffen vermag — wahre christliche Gesinnung wird ihr allezeit an Liebeskraft und Liebeserfolg überlegen bleiben.

Eine schwache Seite der kleinen Rettungshäuser ist der Unterricht. Muss ihn der Hausvater selbst und allein erteilen, so bleibt ihm für seine übrigen amtlichen Pflichten zu wenig Zeit und Kraft. Besuchen die Kinder aber die Schule des Ortes, so ist die Erziehung eine geteilte, und es können daraus sich Übelstände für Schule und Anstalt ergeben. Auch sind oft die Hausväter für den Lehrerberuf nicht vorgebildet und vermögen daher im Unterrichte als einzige Lehrkraft nicht zu genügen. Am besten wäre es, wenn sowohl der Hausvater als die sonst erforderlichen Lehrer dem Volksschullehrerstande entnommen würden, wie dies z. B. in der Schweiz geschieht.

---

[1] Bausteine, Monatsblatt für innere Mission. 1892, S. 86.
[2] Franz Wilhelm Kockel. Aus dem Leben eines sächsischen Schulmannes. 1900 S. 26—27.

Es dürfte im Interesse des Staates liegen, den Rettungshäusern eine solche Einrichtung, etwa durch Zuweisung von Hilfslehrern oder Gewährung von Beihilfen, zu ermöglichen. Denn sie nehmen der öffentlichen Volksschule in den sittlich gefährdeten Kindern dankenswerterweise eine so grosse Sorge und Last ab, dass sie eine staatliche Unterstützung wohl verdienen.

In der Grossstadt hat man versucht, noch nicht verwahrloste, aber der Verwahrlosung ausgesetzte Kinder in einer Anstalt zu vereinigen, die an eine bestimmte Schule sich anschliesst, deren Unterricht die Zöglinge besuchen. Man sieht hier also davon ab, die Zöglinge aus ihrem heimatlichen Boden in einen völlig fremden zu verpflanzen, sondern man begnügt sich damit, sie ihren zerrütteten häuslichen Verhältnissen zu entreissen und an ein geordnetes Familienleben in der Anstalt zu gewöhnen. Dieser Versuch ist gelungen und hat sich wenigstens für grosse Städte als unbedenklich erwiesen, sofern nur die Anstalt mit seelsorgerischem Geiste verwaltet wird, und auch die Teilung der Erziehungsarbeit vermochte sie ohne Schaden zu ertragen, wenn sie mit der betreffenden Schule lebendige Gemeinschaft pflegte. Solch grossstädtische Erziehungsanstalt bietet zudem menschenfreundlichen Männern und Frauen — auch aus höheren Ständen — Gelegenheit, ihre barmherzige Gesinnung nicht nur durch Geldspenden, sondern durch persönlichen, werktätigen Dienst an den gefährdeten Kindern zu beweisen.[1] Sie hat ferner weniger unter dem Vorurteile des Volkes zu leiden, als sei sie eine Strafanstalt, sondern sie wird eher in ihrem Charakter als Wohltätigkeitsstiftung erkannt und unbedenklicher aufgesucht. Und daran muss uns doch vor allem liegen, dass unsre Erziehungsanstalten von den breiten Volksmassen mehr und mehr in ihrer menschenfreundlichen, fürsorgenden Eigenart gewürdigt, dass sie vertrauensvoll in Anspruch genommen und dass ihre Zöglinge nicht von anderen als Sträflinge betrachtet und behandelt werden.[2]

Das möchten wir bis zu einem gewissen Grade selbst jenen Anstalten wünschen, welche dazu bestimmt sind, nur jugendliche Verbrecher aufzunehmen. Gewiss fordert hier das Gemeinwohl wie das eigene Interesse der schwer gefährdeten Jugendlichen ein strengere Beaufsichtigung derselben und eine grössere Einschränkung ihrer persönlichen Freiheit, als anderwärts. Aber auch hier darf nicht vornehmlich durch Anwendung von Zwangsmassregeln, nicht durch so bedenkliche Mittel wie Kostschmälerung und Kostbelohnung,

---

[1] Vgl. Beyer's Aufsatz über das Zillerstift zu Leipzig in Rein, Encyklopädisches Handbuch der Pädagogik VII, S. 837—842.

[2] Den Namen „Landesanstalt" und „Rettungshaus" haftet in der Auffassung des Volkes noch allzusehr der fatale Beigeschmack an, den es früher mit dem Begriff „Straf- und Korrektionsanstalt" verband. Es wäre daher wohl zu erwägen, ob für sie nicht besser Namen (wie z. B. Lutherstift, Kinderheim) gewählt werden, die den erzieherischen, fürsorglichen Charakter der betreffenden Anstalten deutlich zum Ausdruck bringen.

deren sich manche Kinderbessrungsanstalten heute noch bedienen, eine Bessrung der Jugend angestrebt werden; sondern auch hier muss der Geist seelsorgerischer Liebe die Strenge begleiten, auch hier kommt es darauf an, im Zöglinge von innen heraus neues sittliches Streben zu entwickeln und neue Keime des Guten in ihn zu pflanzen.[1])

So gibt es also viele Formen, in denen christliche Barmherzigkeit an sittlich gefährdeten Seelen ihre rettende Kraft erweisen kann. Und darum soll man nicht auf eine einzige sich festlegen, sondern je nach der Art und dem Grade der kindlichen Gefährdung, nach örtlichen Verhältnissen und den verfügbaren Mitteln die jeweilig zweckmässigste oder mögliche Form der Jugendfürsorge wählen. Für alle aber gilt als erstes Erfordernis: Keine bloss strafende Polizeiaufsicht, sondern seelsorgerische Erziehung!

Zu den Bessrungsmitteln, wie sie Schule, Familie und Erziehungsanstalt bei gefährdeten Kindern anwenden, fügt der Staat noch die gesetzliche Strafandrohung, die Vorladung vors Gericht, das Gefängnis. Freilich mit sehr zweifelhaftem Erfolge.[2]) Denn öffentliche Gerichtsverhandlungen üben auf das jugendliche Gemüt selten eine günstige, oft aber eine verderbliche Wirkung aus. Dem unverdorbenen Kinde haftet, auch wenn es freigesprochen wurde, aus der Verhandlung immer ein Makel an, der seine Seele bedrückt; der freche, leichtsinnige Knabe aber fühlt sich durch das Bewusstsein gehoben, dass man mit seiner Person sich öffentlich beschäftigt und über sie in den Zeitungen berichtet hat.[3]) Und auch das Gefängnis bessert den jugendlichen Übeltäter selten. Er kehrt aus ihm in die Schule zurück entweder als ein Ausgestossener, den jeder meidet, oder er wird als ein Held betrachtet, auf dessen Erzählungen aus dem Gefängnis die anderen Schulkinder neugierig lauschen. Als ein solcher Knabe das erste Mal wieder zur Schule kam, antwortete er auf die Frage seiner Mitschüler, wie es denn im Gefängnis gewesen sei, ganz vergnügt: Nun, ganz hübsch! Das sind Tatsachen, die doch zu denken geben.

Unsere Gesetzgeber behandeln eben die Kinder vom vollendeten 12. Lebensjahre an als Erwachsene. Das ist ein grosser Irrtum. Schulkinder sind noch keine Erwachsenen. Sie sollten auch bei Verfehlungen als Unmündige behandelt, d. h. erzogen werden. Man sollte die Strafmündigkeitsgrenze vom 12. bis zum voll-

---

[1]) Darum sollten auch Rettungshäuser mit Straf- und Armenanstalten weder räumlich noch organisch verbunden sein. Wo Bezirksanstalten neben erwachsenen Armen, Obdachlosen und Arbeitsscheuen auch Kinder herbergen, da ist es um die Erziehung der letzteren schlecht bestellt.

[2]) Vgl. zu dem Folgenden Aschaffenburg, Das Verbrechen und seine Bekämpfung. 1903, S. 237 ff.

[3]) Zu welch peinlichen Szenen kann doch eine solche Gerichtsverhandlung führen! So wurde ein Lehrer, dem ein Schüler es ableugnete, dass er ihn rechtzeitig auf die Folgen der Strafmündigkeit aufmerksam gemacht habe, vom Richter veranlasst, seine Aussage dem eigenen Schüler gegenüber zu beschwören.

endeten 14. Lebensjahre hinaufrücken. Dann würden Schulkinder überhaupt nicht mehr verurteilt und nicht dem Gefängnis, sondern der Bessrungsanstalt überwiesen werden.[1]) Mehr Erziehung, damit weniger Bestrafung nötig ist! So manche Vergehen unserer Kinder, so manch törichter Jugendstreich, die jetzt mit Gesetzesstrafen bedroht und vom Richter geahndet werden, könnten wie in früherer Zeit in das Bereich der Schulzucht gezogen und dieser zur Bekämpfung überlassen werden. Die Schule würde solcher Aufgabe sich gewiss nicht entziehen, wenn man nur nicht, wo sie gerecht und angemessen straft, mit schwächlicher Sentimentalität ihr in den Arm fällt. Es könnte der Vormundschaftsrichter noch mehr als bisher die lebendigen Kräfte der Lehrerschaft zu Erziehungszwecken in Anspruch nehmen, sei es bei der Einsetzung von Waisenräten, oder bei der Vorbereitung eines Beschlusses auf Jugendfürsorge. Er könnte vor Einleitung der Zwangserziehung noch einen letzten Versuch mit dem verwahrlosten Kinde machen, indem er ihm in der Person seines oder eines anderen Ortslehrers einen Pfleger bestellt mit der Androhung, dass es in eine Bessrungsanstalt gebracht werden müsse, wenn es seinem Pfleger nicht folge. Wie ganz anders würde dann des Lehrers Wort bei ihm wirken, und wie würde dessen Autorität auch bei den übrigen Schülern dadurch gekräftigt werden! Mehr Erziehung! Mit dieser Losung sollten Staat, Schule und Kirche zu ernster Sorge um die gefährdeten Kinderseelen sich vereinigen. Der Staat — denn er hat nicht nur Rechts- und Polizeiaufgaben, sondern vor allem Kulturaufgaben zu erfüllen. Die Schule — denn so dient sie ihrem höchsten Zwecke. Die Kirche — denn in der rettenden Liebe beweist sie ihren lebendigen Glauben. Gehen diese drei treulich Hand in Hand, dann wird mit Gottes Hilfe mehr und mehr das unausgesprochene Sehnen der irrenden Kinderwelt gestillt werden: Komm hernieder und hilf uns!

II.

Zur methodischen Behandlung des Bibelspruches.

Von Dr. H. Tögel in Dresden.

Wer oft Gelegenheit gehabt hat, sogenannte Spruchkatechesen von Studenten, Lehrern und Schülern zu hören, wird vielleicht denselben Eindruck empfangen haben, wie der Schreiber dieser Worte

---

[1]) Diese würde die Verwahrlosten nicht nur in strenge Zucht zu nehmen, sondern auch so zu hüten haben, dass sie nicht vorzeitig sich ihr entziehen und durch neue Verbrechen die öffentliche Sicherheit bedrohen. Nur unter dieser Voraussetzung würde ein Hinausschieben der Strafmündigkeitsgrenze sich rechtfertigen lassen.

nämlich den, dass die ganze Art und Weise recht wenig zweckvoll
war, dass weder Gemüt noch Verstand der zu Unterrichtenden
dabei wirklich bereichert wurde, dass es sich bisweilen beinahe nur
um ein Erschüttern der Luft handelte. Woher kommt es, dass der
Hörer oft mit recht peinlichen Gefühlen daneben sass? Lag es nur
an der geringen Übung des Lehrenden? Aber andere Lektionen
machen bei aller Unvollkommenheit der Ausführung weit seltener
einen so unbefriedigenden Eindruck. Oder lag es an der Schwierigkeit des Stoffes? Ist dieser nicht rein abstrakten Charakters? Wie
soll da Leben hineinkommen?

Dabei handelt es sich für den Verfasser dieses Aufsatzes zunächst gar nicht um die Frage, wo der Bibelspruch im Religionsunterricht auftreten soll, ob die selbständige Spruchkatechese Berechtigung hat oder nicht. Er geht von der Tatsache aus, dass der
Bibelspruch im Religionsunterricht vorhanden ist und irgendwie den
Kindern nahegebracht werden muss. Er hat den Eindruck, dass
die Lehrer, die in der Spruchkatechese so Unbefriedigendes leisteten,
denselben grossen Schleier des Unwirklichen und Wirkungslosen
über jede Art der Behandlung des Spruches ausbreiten, — wenn
sie sich nicht überhaupt damit begnügen, ihn ohne jede Besprechung
einfach mechanisch lernen zu lassen. Wo liegt bei allen, die selbst-
ständige Spruchkatechesen halten oder den Spruch im Anschluss
an die biblische Geschichte oder an den Katechismusunterricht sei
es kurz oder lang erklären oder besprechen der gemeinsame Fehler?
Müssen wir „neue Bahnen" einschlagen? Vielleicht kann uns Baumgarten helfen, der es mit so genialem Selbstbewusstsein unternimmt,
das seit Jahrhunderten im Religionsunterricht Verdorbene wieder
einzurenken. Holen wir uns bei ihm Rat!

„Es sind [auf der Unterstufe] auch einzelne Kernsprüche zu
lernen, aber mehr schöne als tiefe. Ehe man sie lernen lässt, muss
man möglichst den Wortsinn erklären, während man den tieferen
Sinn nur ahnen lassen kann. . . . Übrigens darf man das Gedächtnis
nicht dadurch verderben, dass man nur Verstandenes lernen lässt. . . .
Die übertriebene Ablehnung des Memoriermaterialismus, die dem
Gedächtnis nur Erklärtes und Begehrtes zumuten will, reizt zu der
umgekehrten Übertreibung: je unverstandener, desto leichter gelernt". („Neue Bahnen" S. 64/65.)

Doch dies gilt vielleicht nur für die Unterstufe. Aber bei der
Mittelstufe heisst es über den Katechismusunterricht: „Ich eifere nicht
dagegen, dass dann vieles unverstanden memoriert würde; das wäre
ja nur normal und gesund für das mechanische Gedächtnis" S. 70).
„Nach einer kurzen Erklärung der Worte, Sätze und Satzgefüge wird
man ein kleines Stück aufgeben und oft abhören. Nur das Nötigste
wird man erklären. . . . Dagegen soll man ein Spruchbuch sammeln
zu den Hauptstücken und die Kinder selbst ein solches anlegen
lassen. Solch ein Schatz von Sprüchen ist viel wichtiger als die

theologischen Erklärungen" (S. 72). Von den 20 Liedern, die gelernt werden sollen, heisst es: „Man soll unklare Worte erklären, Satzgefüge, Aufbau, Zusammenhang aufweisen; aber damit genug. . . . Einstweilen ist die Hauptsache, dass die Kinder sie genau und sicher lernen, bis sie sie im Schlafe hersagen können" (S. 73). So ist sehr stark zu vermuten, dass auch der Schatz an Sprüchen dem Wortlaut nach erklärt und dann gepaukt werden soll. Sind das die „neuen Bahnen"? Aber wie ist mir denn? Hat es nicht schon vor ein paar hundert Jahren Männer gegeben, die nicht gerade theoretisch d ese Methode lehrten, aber sie ungefähr praktisch so anwendeten? Man sieht deutlich, wie nötig es ist, die Geschichte eines besonderen Zweiges der Methodik zu kennen, wenn man neu auftauchende Meinungen beurteilen will. Sehen wir zu! Wenn wir die verschiedene Art, wie man in der evangelischen Kirche Sprüche behandelt hat, an uns vorüberziehen lassen, werden wir zu gleicher Zeit ein vorläufiges Urteil gewinnen und sehen, wo wir einsetzen müssen.

I.

Geschichte der Behandlung des Bibelspruches.

Weder im Mittelalter noch in der alten Kirche hat man den Bibelspruch mit Bewusstsein zu einem Bestandteil des evangelischen Religionsunterrichtes gemacht, und auch jetzt noch steht er im katholischen Religionsunterricht beiseite (vgl. Bürgel, Geschichte des Religionsunterrichtes in der katholischen Volksschule S. 282). Dagegen geht er in der evangelischen Kirche bis an den Anfang zurück; L u t h e r · selbst ist sein Vater. In der deutschen Messe und Ordnung des Gottesdienstes von 1526 schreibt er nämlich: „Man gewöhne ein Kind, aus den Predigten Sprüche der Schrift mit sich zu bringen und den Eltern aufzusagen, wenn man essen will über Tische (gleichwie man vorzeiten das Latein aufzusagen pflegte), und darnach die Sprüche in die Säcklein und Beutlein stecken, wie man die Pfennige und Groschen oder Gulden in die Taschen steckt. Als, des Glaubens Säcklein sei das goldene Säcklein; in das erste Beutlein gehe dieser Spruch, Röm. 5, 12: An eines Einzigen Sünde sind sie alle Sünder und verdammt worden; und der, Ps. 51, 7: Siehe in Sünden bin ich empfangen, und in Unrecht trug mich meine Mutter. Das sind zwei rheinische Gulden in das Beutlein. In das andere Beutlein gehen die ungarischen Gulden, als dieser Spruch, Röm. 4, 25: Christus ist für unsere Sünde gestorben und für unsere Gerechtigkeit auferstanden; item Joh. 1, 29: Siehe, das ist Gottes Lamm, das der Welt Sünde trägt. Das wären zwei gute ungarische Gulden in das Beutlein.

Der Liebe Säcklein sei das silberne Säcklein. In das erste Beutlein gehen die Sprüche vom Wohltun, als Gal. 5, 13: Dient untereinander in der Liebe; Matth. 25, 40: Was ihr einem aus meinen Geringsten tut, das habt ihr mir selbst getan. Das wären zwei silberne Groschen in das Beutlein. In das andere Beutlein gehe dieser Spruch Matth. 5, 11: Selig seid ihr, so ihr verfolgt werdet um meinetwillen; Hebr. 12, 6: Wen der Herr liebt, den züchtigt er, er stäupt aber einen jeglichen Sohn, den er aufnimmt. Das sind zwei Schreckenberger in das Beutelein."

Ich habe es mir nicht versagen können, diesen herzerquickenden Geburtsbrief der evangelischen Spruchbücher ganz aufzunehmen. Bald erscheinen diese selbst. Die Haustafel Luthers, die er 1529 seinem kleinen Katechismus anhängt, ist selbst ein solches. Bekannt sind das „Rosarium Trocedorfii contextum ex rosis decerptis ex Paradiso Domini", „Ein Krantz von Rosen, genomen aus dem Paradis des Herrn" vom Jahre 1568 und das „Panareton" des Michael Neander vom Jahre 1580. Welche Methode wendet man nun im 16. Jahrhundert an? Es ist selbstverständlich und bedarf keiner Entschuldigung, dass man ohne irgend welche methodischen Massnahmen einfach auswendig lernen liess. Man wandte das alte Schema des mittelalterlichen Lehrverfahrens an, das in Vorsagen und Nachsagen, Diktieren oder Lesen und Auswendiglernen bestand. Wenn in Valentin Trotzendorfs hochberühmter Schule zu Goldberg täglich eine Anzahl Sprüche vom Lehrer vorgesagt und von den Schülern nachgesagt wurden, wenn nach dem hochbedeutsamen Schulmethodus von 1642 die Woche drei Stunden für das Lernen der Sprüche und Psalmen angesetzt sind, wenn die Spruchbücher des Pietismus bis zu der entsetzlichen Zahl von 9000 Sprüchen anschwellen, so ist dies alles nur so denkbar, dass ohne Erklärung auswendig gelernt wurde. Ja diese Unmethode dürfte bis ins 19. Jahrhundert reichen. Denn noch um die Mitte des Jahrhunderts enthält ein Spruchbuch von C. H. Fischer ungefähr 2500 Sprüche, ein vom ev. Konsistorium zu Hanau herausgegebenes und 1882 in 6. Auflage erschienenes 885, Petermanns Spruchbuch, das bis Ende der 70er Jahre vielfach im Königreich Sachsen benutzt wurde, über 800 Sprüche. Solche Massen zwangen natürlich dazu, dass lediglich das Gedächtnis in Anspruch genommen wurde. Und sollte nicht hier und da in Stadt und Land der eine oder der andere Lehrer, wenn auch nicht bei allen, so doch bei einem Teil der vorgeschriebenen Sprüche dieses einfache Verfahren anwenden?

Indessen würde er nur dann unter diese erste naivste Methode zu rechnen sein, wenn er die Sprüche ohne jede Beziehung zu seinem sonstigen Unterricht memorieren liesse. Einen gewissen Hintergrund erhalten sie nämlich etwa seit dem Anfang des 17. Jahrhunderts in dem zusammenhängenden Text des Katechismus. Vorher waren die Sprüche im Spruchbuch wie im Rosarium Trotzendorfs nach den Sonntagstexten des Kirchenjahres oder wie in Neanders Panareton nach den Büchern der Bibel angeordnet.

Oder man teilte die Sprüche wie die kursächsische Schulordnung von 1580 in tröstliche und lehrhafte Sprüche ein. Erst im „Grundbuch der Religion" aus dem Anfang des 17. Jahrhunderts finden wir die Anordnung nach der Reihenfolge der Artikel. In der Mitte des 17. Jahrhunderts lernte man in Frankfurt und Hessen nur noch Katechismussprüche. Der bekannte Dresdner Kreuzkatechismus von 1688 hat die Sprüche ganz der Reihenfolge des Katechismus eingefügt.

Nun ist diese Einordnung zwar nicht aus methodischen Gründen getroffen. Vielmehr fügt lediglich der Orthodoxismus des 17. Jahrhunderts dem Katechismus seine Belegstellen aus der Bibel bei. Aber die tatsächliche Folge ist, dass nunmehr eine Anzahl Sprüche, soweit die Auswahl nämlich passend getroffen ist, durch den Zusammenhang des Katechismus eine gewisse Beleuchtung erfahren. Gegenwärtig weist noch die grösste Anzahl der in den deutschen Landeskirchen eingeführten Spruchbücher diese Einteilung auf, die, abgesehen von ihrer ursprünglichen Bedeutung, wohl brauchbar ist. So wird es auch jetzt noch vielfach so sein, dass der Lehrer nach Besprechung des betreffenden Katechismusstückes die entsprechenden Sprüche ohne weitere Erklärung lernen lässt.

Und doch tritt schon im 16. Jahrhundert eine dritte Behandlung der Sprüche auf. Trotzendorfs Rosarium gibt zu jedem Spruche eine Erklärung in Form einer erbaulichen Rede, die den Inhalt des Spruches umschreibt und eigene Gedanken daran knüpft. Er vertraut also den Spruch nicht ohne weiteres dem Gedächtnis an, und wir müssen es ihm hoch anrechnen, dass er so handelt. So haben sicher die vorzüglichsten und eifrigsten Lehrer bis zur Zeit des Pietismus den Kindern die Sprüche erklärt, und so dürften noch jetzt ungeschickte Lehrer, denen die dialogische Lehrform bei abstrakten Dingen schwer fällt, gelegentlich verfahren.

Ein grosses Stück vorwärts führt der Pietismus. A. H. Francke schreibt in der Ordnung und Lehrart der Waisenhausschulen folgendes vor (dritte Frühstunde): „Solche Sprüche hat der Präceptor hac Methodo mit ihnen zu treiben, dass er sie ihnen erstlich von Wort zu Wort, von einem Commate zum anderen, vorsaget, und die Kinder zugleich solche bescheidentlich und ohne grossem Geschrei nachsprechen lässet, bis sie den Spruch können; da er denn eine jeden nach der Reihe den Spruch sagen lässet. Dabei dieses zu merken, dass man den Kindern den vorgegebenen Spruch nicht etwan auf einmal vorsage, sondern erstlich nur etliche Wörter, oder ein Comma, und dieses so oft wiederhole, bis sie es können. Hernach muss man ein ander Comma nehmen, und solches eben so oft den Kindern vorsagen, und, wenn sie dieses können, mit den vorigen wiederholen, und so fort, bis sie den ganzen Spruch können. Alsdann machet er ihnen den Spruch durch Fragen deutlich, z. E. Christus hat sich selbst für uns gegeben Fr.: Wer hat sich selbst für uns gegeben? Antw.: Christus hat sich selbst für uns gegeben. Fr.: Für wen hat er sich gegeben? Antw.: Für uns hat er sich gegeben. Fr.: Was hat er für uns getan? Antw.: Er hat sich selbst für uns gegeben. Fr.: Was hat er für uns gegeben? Antw.: Sich selbst hat er für uns gegeben. Wan dann den Kindern auf diese Weise der Verstand des Spruches beigebracht ist, so hat er sie auch mit einigen Worten, welches auch füglich durch Frage und Antwort geschehen kann, zur Application des Spruchs zu erwecken z. E. Wer hat sich denn nun für euch gegeben? Christus. Für wen hat er sich gegeben? für uns, für mich. Sollen wir denn nicht einen solchen lieben Heiland lieb haben, der sich selbst für uns gegeben hat? ja u. s. f." Francke wendet also beim Spruch ganz dieselbe Art und Weise an, die er für die Katechese eingeführt hat, nämlich die Einteilung in recitatio, explicatio und applicatio, ein Verfahren, das in seinem mittleren Teile nach den bekannten Lehrbüchern Johann Hübners als Hübnersches Verfahren allgemeine Anwendung gefunden hat. Diese Behandlung der Sprüche reicht in seinem Hauptzuge sicherlich bis in die Gegenwart. Denn jeder Lehrer, der sich im wesentlichen damit begnügt dass er schwierige Wörter, den Satzbau und den äusserlichen Wortsinn in dialogischer Weise erklärt, tut dasselbe, was Francke seine Studenten tun liess.

Eine fünfte Art und Weise ergibt sich von selbst aus dem Auftreten einer neuen Disziplin. Nachdem bereits das 16. und 17. Jahrhundert einige biblische Geschichtsbücher hervorgebracht hatte, schlugen die 2 mal 52 biblischen Geschichten von Johann Hübner aus dem Jahre 1714 durch. Wenn man von jetzt ab biblische Geschichten auswendig lernen liess, so lernte man natürlich die in ihnen etwa vorkommenden Sprüche mit, und je vollkommener sich die Methode des biblischen Geschichtsunterrichtes gestaltete, desto mehr Licht fiel dadurch auf jene. Diese Methode hat sich natürlich bis in die Gegenwart erhalten, da sie völlig richtig ist.

Sehr nahe lag es nun, dass man auch andere Sprüche, als die der betreffenden Geschichte zugehörigen unter ihren Schutz stellte und so ein doppeltes erreichte: Einmal fasste man dadurch die der Geschichte innewohnenden Gedanken in eine kurze, leicht einzuprägende Form; dann gab man auch umgekehrt den Sprüchen konkretes Leben, das ihnen selbst zu fehlen schien. Dabei hatte man zunächst nur den zuerst genannten Zweck im Auge; gegenwärtig dürfte der Fall oft entgegengesetzt liegen. Dieses Verfahren hat vor allem durch die biblische Geschichte von Zahn aus dem Jahre 1832, die im wesentlichen nur eine zeitgemässe Umgestaltung der alten Hübnerschen bedeutet, Verbreitung gefunden. Er setzt an Stelle von dessen drei Lehren, die den Geschichten angehängt waren, drei Bibelsprüche, die er noch ausserdem in erbaulicher Weise breit und unkindlich erklärt.

Auch die ausgedehnteste Form der Spruchbehandlung, die

Spruchkatechese, geht doch im letzten Grunde ebenfalls auf die Anregungen des Pietismus zurück. Denn wenn Lorenz von Mosheim 1735 die Kinder „durch ein bedeutsames Fragen ausforschen und damit so lange anhalten" will, „bis unvermerkt ihre unvollkommenen und mangelhaften Begriffe gebessert sind" und wenn er damit zum Vater der Sokratik wird, so vertieft und erweitert er nur, was Francke und Hübner begonnen hatten. Es war natürlich, dass die neue sokratische Lehrform auch auf den Bibelspruch angewandt wurde. Das 19. Jahrhundert hat die sokratische Methode zwar bekämpft, indem sie das Seichte des rationalistischen Inhalts beseitigte, das Allzu-Formalistische der Form milderte, den rein logischen Charakter durch mannigfaltige Zutat konkreter Bestandteile aus der biblischen Geschichte, dem gewöhnlichen Leben etc. mässigte; aber die entwickelnde Form behielt es bei. Die Sokratik wurde nicht vernichtet, sondern modifiziert. Als Beispiel diene v. Zezschwitz. „Im Bibelspruche sind die Bilder, die Erinnerung an Vorgänge der heiligen Geschichte und des gewöhnlichen Lebens die Hauptmittel." „Vor allem bewährt sich beim Bibelspruche die biblische Geschichte als unerschöpfliches Exempelbuch." (II, 545.) So behandelt er etwa Joh. 3, 16: „Also hat Gott die Welt geliebt . . ." folgendermassen: „Im I. Teil (Prolog) werden die Voraussetzungen des Spruches erörtert: der verlorene Sohn und ein König, der zur Besänftigung der Empörer seinen Sohn schickt, sind die Anschauungsmittel. Im II. Teil wird die Liebe Gottes unter Vergleichung mit der Liebe einer Mutter, eines Vaters, Abrahams zu Isaak entwickelt: im III. wird schliesslich das Verhalten des Sünders unter Heranziehung ganz allgemein gehaltener Beispiele aus dem Leben gefunden. Das Ergebnis lautet: „Gott hat seine höchste Vaterliebe in dem Opfer seines eingeborenen Sohnes für die abgefallenen Kinder offenbart, um die Sünder zum Glauben an seine Liebe zu erwecken und sie wieder selig zu machen in seiner Gemeinschaft." Bezeichnend ist, dass der Verfasser mit keinem Wort an Nicodemus und jenes stimmungsvolle Nachtgespräch erinnert, dass er den Zusammenhang des Spruches innerhalb der Rede Jesu völlig ignoriert, dass es ihm völlig gleichgültig ist, ob Jesus oder Paulus oder Johannes das Wort gesprochen hat. Ja auch wenn es ein Wort Luthers etwa wäre, würde seine unterrichtliche Behandlung genau in derselben Weise stattfinden können.

So haben wir sieben verschiedene Arten gefunden, in denen die Sprüche behandelt wurden:

1. Lernen ohne Zusammenhang und ohne Erklärung.
2. Lernen im Zusammenhang des Katechismus ohne Erklärung.
3. Erbauliche Erklärung in akroamatischer Lehrform.
4. Worterklärung unter Anwendung des zergliedernden Frageverfahrens.
5. Lernen innerhalb der biblischen Geschichte, in der er steht.

6. Lernen im Anschluss an eine andere biblische Geschichte, zu der er passt.

7. Selbständige katechetische Behandlung unter Benutzung von Anschauungsstoff mannigfaltiger Art aus der biblischen Geschichte und dem gewöhnlichen Leben.

II.

Urteil über die verschiedenen Methoden.

Zunächst ergibt sich uns daraus, dass Baumgartens „neue Bahnen" hier tatsächlich in recht alten Bahnen wandeln. Denn sie führen im schlimmsten Fall bis in die Unmethode des 16. Jahrhunderts, im besten bis in die Zeit Franckes zurück. Nur Unkenntnis oder Geringschätzung der Pädagogik kann solche Ratschläge geben. Die Methoden 1—4 müssen wir als ganz ungenügend abweisen. Damit ist nicht gesagt, dass nicht ein einfacher Spruch wie etwa: Bleibe fromm und halte dich recht; denn solchen wird's zuletzt wohlgehen oder Danket dem Herrn; denn er ist freundlich; und seine Güte währet ewiglich auch ohne jede Erklärung verstanden werden und eine gute Wirkung ausüben könnte. Aber ebenso sicher ist, dass die Klarheit und Tiefe des Verständnisses, die Reichhaltigkeit der Verknüpfung mit dem sonstigen Vorstellungsinhalt des Kindes und die Mannigfaltigkeit der Anwendung bei einer eindringlichen Behandlung unendlich viel grösser sind. Das Bessere ist der Feind des Guten und wir streben nach dem Besten. Auch der Einwand, dass der Lehrer keine Zeit zur Spruchbehandlung habe, ist kaum mehr aufrecht zu erhalten, wenigstens nicht mehr für alle Gebiete der evangelischen Landeskirche. Während noch in der Mitte des 19. Jahrhunderts die allzu umfangreichen Spruchbücher überwiegen, zeigt sich in den letzten Jahrzehnten das Bestreben, die Menge der Sprüche zu vermindern. Das Spruchbuch für das Königreich Sachsen, auf Grund ministerieller Verordnung v. 15. Sept. 1877 zusammengestellt, enthält 150 Hauptsprüche nebst 24 Nebensprüchen zu biblischen Geschichten, die einer besonderen Behandlung nicht bedürfen. Neuerdings sind von dieser Anzahl noch 9 als fakultativ bezeichnet worden, so dass etwa 140 zur Behandlung übrig bleiben. Zwei Spruchbücher für die Altmark (Robert Heine und Ebers) umfassen 180 Sprüche, Laag Spruchbuch Minden 180 Sprüche, Spruchbuch von Seehaussen Marburg 1895 157, Mecklenburgisches Spruchbuch 1891 180, Spruchbuch für Breslau von Bojanewski 174. An der Spitze marschiert das Spruchbuch für den Religionsunterricht im Kanton Zürich nach dem Beschluss der Synode v. 31. März 1897 mit 100 Sprüchen. Freilich hat Hohmann, Methodik (1902) noch nicht Recht, wenn er sagt, dass man in neuester Zeit die Zahl 100 selten überschreitet (S. 91); aber sicher ist zu erwarten, dass die

Entwicklung lin der angegebenen Weise weiterführt und vielleicht bis zur Durclhschnittszahl von 100 gelangen wird. Aber auch jetzt schon dürfte es möglich sein, bei den etwa 1200 Religionstunden, die ein Kind im evangelischen Deutschland während seiner Schulzeit geniesst, etwa 150 Sprüche in eingehender Weise zu behandeln. Anders ist es mit der 5. Methode. Da hier die betreffende biblische Geschichte durchgearbeitet wird und da der Spruch nur ihr Ergebnis oder wenigstens einen mit ihr eng verwobenen Bestandteil bedeutet, so ist er mit ihrer Erklärung erklärt und findet in ihrer Anwendung seine Anwendung. Der Lehrer hat weiter nichts zu tun, als während der biblischen Geschichtstunde auf den zu lernenden Spruch in besonderer Weise sein Augenmerk zu richten. So wird etwa gelernt: „Ein Mensch siehet, was vor Augen ist, der Herr aber siehet das Herz an" oder „Wie sollte ich ein solch grosses Übel tun, und wider Gott sündigen?" Leider sind aber derartige Sprüche an Zahl nur gering, und alle Sprüche aus den Briefen, viele aus den Evangelien, alle aus den Psalmen und andere entbehren des Hintergrundes einer biblischen Geschichte, die im Unterricht behandelt wird.

Für die grosse Masse der Sprüche sind wir also auf die 6. und 7. Methode angewiesen. Wie diese gegenwärtig benutzt werden, zeigt die modern gehaltene Methodik von Heilmann 4. Auflage 1908: „In den meisten Fällen ist die anschauliche Grundlage durch die biblische Geschichte bereits gegeben, und der Spruch dient zur Zusammenfassung des sittlich-religiösen Gewinnes. Hier ist eine weitere Erläuterung des Inhalts zumeist nicht nötig, nur auf sprachliche Gliederung, sinngemässe und ausdrucksvolle Aussprache ist Gewicht zu legen ... Sprüche, die, wie es im Katechismusunterricht der Fall sein kann, mehr selbständig auftreten, sind zu gliedern und zu erläutern: z. B. der Spruch: „Es ist der Glaube eine gewisse Zuversicht u. s. w." ist in seine beiden Teile zu zerlegen, und sein Inhalt ist durch biblische Geschichten (Abraham, Petri Fischzug) zu veranschaulichen (S. 44)." Die Mehrzahl der Sprüche wird also als Ergebnis an biblische Geschichten angehängt und nach kurzer Erklärung äusserer Art gelernt, die kleinere Hälfte nach der 7. Methode behandelt. Es ist keine Frage, dass diese beiden Methoden mit gutem Erfolg angewendet werden und dass ein Lehrer, der nach ihnen geht, kein schlechter Lehrer ist. Aber wir müssen fragen, ob es nicht etwas noch Besseres gibt oder ob nicht wenigstens beide Methoden bessernde Zusätze erhalten können.

III.

Theorie der Behandlung des Bibelspruchs.

Zu diesem Zwecke müssen wir zuerst über die Natur des Bibelspruches klar werden. Man könnte ihn der Bedeutung und

Anwendung nach mit dem Sprichworte vergleichen. In beiden Fällen haben wir kurzgefasste Wahrheiten oder Ausprägungen bestimmter Gefühle, die durch die Art ihrer Fassung und durch die Trefflichkeit ihres Inhalts den grössten Wert besitzen. Dort handelt es sich um Wahrheiten des profanen, hier um solche des religiösen Lebens. Was beim gewöhnlichen Menschen entweder gar nicht oder nur verschwommen und keimweise vorhanden ist, das bieten sie in willkommner Form und überragender Klarheit dar. Deshalb üben sie den günstigsten Einfluss aus, wenn sie zum festen und doch leicht beweglichen Besitz der Seele gehören; denn sie kommen klärend, anspornend, tröstend herbei, wenn die innere und äussere Lage des Menschen dazu Veranlassung gibt. Indem sie immer und immer wieder ganz denselben Einfluss ausüben, leiten sie das Innere des Menschen allmählich in ihre Bahnen; indem sie mit Vorstellungen aus dem eigenen Leben in innigste Verbindung treten, dringen sie immer weiter zum Mittelpunkt des Ichs vor, und mancher Spruch der Bibel ist schon ebenso wie manches Sprichwort zum Hauptgrundsatz des Lebens geworden. Bei dieser Ähnlichkeit in der Form der Wirkung könnte man nun auf eine Ähnlichkeit in der zweckentsprechenden Behandlung schliessen. Wie dringt ein Sprichwort in die Seele ein? Bei den meisten denkt weder Schule noch Haus daran, sie zu erklären. Im besten Falle steht im Lesebuch eine Geschichte, als deren Ergebnis das Sprichwort gedacht ist. Danach hätte doch Baumgarten Recht? Dann wäre die ganze Bemühung bis hierher umsonst gewesen. Aber warum ist ein Sprichwort meist ohne weiteres verständlich, ein Bibelspruch nicht? Das Sprichwort ist ein Kristall, der in sich selbst völlig geschlossen und nach den ihm innewohnenden Gesetzen verständlich ist; der Bibelspruch ein Stück Granit, das ich vom Berge losgebrochen habe. Nur die geologische Struktur des Berges, ja die ganze geologische Geschichte der Erde kann mir das vorliegende Bruchstück völlig verständlich machen. Dazu kommt, dass die Sprichwörter als Schöpfungen des dem sinnlichen Denken nahestehenden Volkes sehr oft Bilder in sich bergen, die zur Erklärung reizen und diese bei nur geringem Nachdenken selbst darbieten.

Hingegen gleichen die Bibelsprüche einer anderen ähnlichen Erscheinung des profanen Lebens ihrer Herkunft nach, nämlich den Zitaten aus Dichtungswerken, die zu geflügelten Worten geworden sind. Diese gebraucht der Ungebildete entweder gar nicht oder er versteht und gebraucht sie oft falsch. Nur dem, der das Werk selbst kennt und verstanden hat, erschliessen sie ihr wahres Leben. Was fängt der Unbewanderte mit dem oft zitierten Wort an: „Nacht muss es sein, wo Friedlands Sterne strahlen"? Aber auch die vielen Zitate, die losgelöst von ihrem Fruchtbaume verständlich sind, gewinnen erst für den wahres Leben, der ihre Bedeutung im Dichtungswerk kennt.

> „Wohl dem, der seiner Väter gern gedenkt,
> Der froh von ihren Taten, ihrer Grösse
> Den Hörer unterhält und still sich freuend
> Ans Ende dieser schönen Reihe sich
> Geschlossen sieht."

ist ein schönes Wort, auch wenn man den Zusammenhang nicht kennt. Aber welch anderes Gesicht gewinnen die Verse, wenn man weiss, dass sie Iphigenie spricht, wenn man den dunkeln Hintergrund kennt, von dem sie sich abheben. Mit schmerzlich zuckendem Mund spricht sie die Worte mitten in der Erzählung von den Greueltaten der eignen Vorfahren, die ihre Seele mit innerem Schauder erfüllen.

> „Es kann der Frömmste nicht in Frieden bleiben,
> Wenn es dem bösen Nachbar nicht gefällt"

ist zwar auch ohne Erklärung leicht verständlich; aber weit wirkungsvoller wird es, wenn man daran denkt, dass Tell oben auf dem Felsen die Worte spricht, während schon Gessler den Eingang zur hohlen Gasse von Küssnacht betritt. Die biedere Persönlichkeit Tells, die Grausamkeit des Landvogts, der schreckliche Schuss vom Haupt des Knaben geben dem Wort ein ganz anderes Leben, als er es vorher in seiner matten Allgemeinheit besass. Also es ist zu fordern, dass solche Worte nur von der Grundlage des Mutterwerkes her verstanden, gelernt und gebraucht werden.

Wenn diese Forderung für profane Worte gilt, so müssen wir sie noch weit stärker bei biblischen Worten betonen. Denn die Bibel muss ihres Inhalts und schon ihres ehrwürdigen Alters wegen auf eine weit peinlichere Behandlung Anspruch machen als unsere Dichter. Entspricht es aber der Ehrfurcht, die wir den Schriftstellern der heiligen Schrift schuldig sind, wenn wir irgend ein Wort aus ihren Schriften herausgreifen und, unbekümmert um den Zusammenhang, in dem es niedergeschrieben wurde, erklären? Es wird dies sicher bei manchen Sprüchen zu schiefen Auffassungen führen, zum mindesten bei den Kindern, so dass sie sich zwar die Worte der Bibel, aber trotzdem nicht ihren Geist, sondern die eignen schiefen Vorstellungen einprägen. Wenn gelernt wird: „Einen andern Grund kann niemand legen ausser dem, der gelegt ist, welcher ist Jesus Christ", so weist der Spruch deutlich auf Versuche hin, das Christentum in anderer Weise aufzubauen, nämlich auf die Parteien in Korinth, die sich nach Paulus, Petrus und Apollos nannten. Nur der Zusammenhang von 1. Kor. 3, 1—23 erklärt den Spruch in befriedigender Weise. Was sollen sich ohne den Zusammenhang von 1. Kor. 12—14 die Kinder unter den „Menschen- und Engelszungen" denken? Sicherlich werden sie darunter nicht eine einseitige Steigerung der religiösen Erregtheit verstehen, die in Gegensatz gesetzt wird zu einfacher, schlichter Bruderliebe, sondern

-einen schönen Gebrauch der Sprache wie ihn etwa der Dichter zeigt. So wird der Gegensatz völlig schief. Denn das, was sie dann miteinander vergleichen, sind disparate Grössen. Die Kinder lernen: „Wohlzutun und mitzuteilen vergesset nicht, denn solche Opfer gefallen Gott wohl" (Ebr. 13, 16). Das Wort solche weist auf andere Opfer hin, von denen aber im Spruch nicht die Rede ist. Wieso könnten Christen an andere Opfer denken? Nur Hebr. 13, 9—15 erklären die Worte in befriedigender Weise. Nun ist es freilich auch hier ebenso wie bei den profanen Zitaten, dass viele Sprüche auch ohne Kenntnis der natürlichen Umgebung einen befriedigenden Sinn geben. „Gott ist Geist, und die ihn anbeten, die müssen ihn im Geist und in der Wahrheit anbeten": wir verstehen den Gedanken, auch wenn wir den Zusammenhang nicht kennen. Solche Sprüche haben Licht in sich. Aber auch hier ist es so, dass sie ein weit helleres Licht empfangen, wenn wir den ganzen Abschnitt kennen, in dem sie stehen. Wie ganz anders dringt dieser Spruch in unsre Seele, wenn wir in Joh. 4 den Herrn am altheiligen Jakobsbrunnen vor uns sehen, wie er hinaufweist zu dem ragenden Gipfel des Garizim und der Samariterin, aus deren Augen ein tieferes Verständnis der Religion dämmernd aufleuchtet, -erklärt: „Nicht dort hinauf braucht man zu steigen, nicht weit nach Süden nach Jerusalem braucht man zu ziehen, wenn man dem unsichtbaren Herrn Himmels und der Erde ein wohlgefälliges Gebet darbringen will; überall kann man zu ihm beten, wenn man sein wahres Wesen erkannt hat." Wie ganz anders ergreift das Majestätswort: „Heilig, heilig, heilig ist der Herr Zebaoth, alle Lande sind seiner Ehre voll" unser tiefstes Gemüt und erweckt im Herzen des Kindes ehrfürchtige Schauer der Gegenwart Gottes, wenn es ihm in Jes. 6, 1—6 aus dem Munde der Seraphe entgegentönt, die in feierlicher Ruhe vor Gottes Thron schweben!

Dabei würden wir allerdings nicht über das äussere Gewand, in das der Spruch gehüllt ist, kommen, wenn wir aus dem eben Erörterten nur die Forderung schlössen, jedesmal das betreffende Kapitel etwa lesen zu lassen. Das würde eine recht mechanische Auffassung der Tatsachen sein, von denen wir ausgingen. Es kommt weniger auf den äusseren, als auf den inneren Zusammenhang an.

Wenn wir das Zitat verstehen wollen: „Nacht muss es sein, wo Friedlands Sterne strahlen", so nützt uns die Szene wenig, in der es Wallenstein spricht. Den Geist des ganzen Dramas, die Persönlichkeit Wallensteins als Ganzes, wie sie uns Schiller zeigt, muss man erfasst haben, um es ganz zu verstehen. Ebenso verstehen wir das Wort des Paulus: „Ich schäme mich des Evangeliums von Christo nicht; denn es ist eine Kraft Gottes, die da selig macht alle, die daran glauben" nicht völlig, wenn wir nur Röm. 1, 8—17 äusserlich lesen. Der ganze Römerbrief, der ein einziges Zeugnis ist von der neuen Gotteskraft, die in der Welt erschienen ist, im Verhältnis zu der mattgewordenen Kraft des Judentums, ja das ganze Leben des Paulus, der ganze Charakter des gewaltigen Mannes ist der Zusammenhang, in dem unser Spruch steht. So tritt über den Zusammenhang der Worte der Zusammenhang der Sache, des Inhalts als etwas Höheres.

Während wir bisher das Verständnis von Zitaten als ähnliche Erscheinung im profanen Leben gebrauchen konnten, unterscheiden sich die Bibelsprüche, ganz abgesehen natürlich von dem Inhalt, in einem Punkte wesentlich von jenen. Zitate stammen fast sämtlich aus einer Zeit, deren gesamter Vorstellungskreis der unsere ist d. h. im wesentlichen im weitesten Sinne aus der Gegenwart. Die Bibelsprüche dagegen sind vor mehreren tausend Jahren in fernen Landen von Gliedern fremder Völker innerhalb einer uns fremden Kultur in fremden Sprachen aufgezeichnet. Müssen wir dies berücksichtigen? Baumgarten sagt: „Und nur nicht zu viel Kulturstoff beimischen! Man liebt es da und dort, so viel geographische, geschichtliche, kulturelle Notizen herbeizuziehen oder gar die Religion in ihrer Verwobenheit mit der Kultur zu zeigen, dass die Kinder ganz vergessen, Religionsunterricht zu haben. Die reichliche, oft die grössere Bemühung wird auf die Berücksichtigung der kulturellen Vorzüge verwandt; das führt leicht zu einer Schwächung des spezifischreligiösen Interesses" (S. 67). Gewichtiger als die Stimme des Professors, der den Volksschulunterricht wohl nur aus seinem katechetischen Seminar kennt, ist die eines erfahrenen, auch schriftstellerisch höchst beachtenswerten Schulmannes: „Durch die Leben Jesu-Bewegung, insbesondere durch falsche Benutzung der Schriften Schnellers ist ein Strom archäologischen, geographischen, naturhistorischen und sprachwissenschaftlichen Inhalts in die Präparationen herübergeleitet worden, dass das Religiös-Ethische vom archäologisch-naturwissenschaftlichem Schutt allmählich überflutet zu werden in Gefahr ist. Da werden Entfernungen nach Kilometern gemessen, Strassen, Wege, Häuser, Kleidertrachten, Pflanzen und Gesteine der Landschaft untersucht, Brunnen und Krüge ausgemessen, die Juden beim Essen und Trinken und Baden beobachtet — und das Interesse wird von der Hauptsache hinweggelenkt." Mit vollem Herzen müssen wir zuerst dem zustimmen, dass das Religiös-Ethische der einzige Gegenstand des Religionsunterrichts ist, dass jeder Lehrer auf Abwegen wandelt, der die Kulturgeschichte um ihrer selbst willen im Religionsunterrichte treibt oder ihren Stoff allzusehr wuchern lässt. Der Religionsunterricht hat sicherlich die Aufgabe, die ewigen Wahrheiten des Christentums, die noch jetzt dieselben sind wie vor 2000 Jahren, die dieselben sind in Grönland und in Indien, in Berlin und auf der Hallig, dem Kinde zuzuführen. Mit klarem Verstande stimmen wir auch dem zu, dass es unnötig, geschmacklos und irreführend sein würde, etwa die Weinsorten Palästinas bei Besprechung der Hochzeit zu Kana, die Tiefe des Jakobsbrunnens beim Gespräch mit der Samariterin, die Länge der israelitischen Elle bei Matth. 6, 27 in Zentimetern anzugeben. Wir haben kein Bild der Gesichtszüge des Herrn, und wir brauchen es nicht. Aber schüttet man nicht das Kind mit dem Bade aus, wenn man das kulturgeschichtliche Element ganz zurückdrängt? Aug. Herm. Francke, der sicher Sinn hatte für das eine, was not tut, schreibt in der Verbesserten Methode des Pädagogiums: „Es ist vom Tempel zu Jerusalem im Pädagogio ein grosses und von Holz fabriciertes Modell, 5 Ellen lang und breit, vorhanden und eigentlich zu dem Ende angeschafft worden, dass die Structur und Beschaffenheit desselben den Anvertrauten recht bekannt gemacht werden sollte, weil solches bei Lesung der heiligen Schrift alten und neuen Testamentes ein grosses Licht giebt und manchen schönen Ort und Spruch sehr deutlich macht, den man sonst nicht so wohl verstehen kann. Ausser diesem ist auch bei der Anstalt ein Modell der Stadt Jerusalem und des gelobten Landes, auf gleiche Weise fabriciret, zu sehen. Der Docens bedienet sich hierzu M. Semlers hieselbst gedruckten Beschreibung und conferiret dabei Lundii jüdische Heiligtümer." Es muss „Palästina vor allen Dingen wohl inculciret werden, damit die Untergebenen . . . in den biblischen Geschichten ungehindert fortkommen mögen." Geographie von Palästina und eine Beschreibung des Tempels wird denn auch tatsächlich noch jetzt in jedem evangelischen Religionsunterricht getrieben. Wie sich Francke mit seinem ungewöhnlich praktischen Geiste in allen Fächern des Religionsunterrichts mit unvollkommenen, aber sehr entwicklungsfähigen Ansätzen an den Anfang der Entwicklung gestellt hat, so kann es auch hier nur die Aufgabe der auf ihn folgenden Zeit sein, das auszubauen und zur Vollendung zu führen, was er roh andeutet. Die Frage lautet also nicht: Soll bei Behandlung der Sprüche kulturgeschichtliches, geographisches u. s. w. Material zur Erklärung verwendet werden, sondern: Was muss von diesen Dingen herangezogen werden?

Diese Notwendigkeit ergibt sich sofort, wenn wir auf Einzelheiten eingehen. Was sollen die Worte in Ps. 23: „Du bereitest vor mir einen Tisch" ohne dass man auf die andersgearteten Tische der Israeliten eingeht? Die „feurigen Kohlen" in Röm. 12, 18—21 sind ohne Kenntnis der Heizeinrichtung der Orientalen, der „Zuchtmeister" in Gal. 3, 24 ohne Kenntnis der Erziehung in Griechenland, Ps. 139, 7—10 ohne Kenntnis der Vorstellungen Israels von Himmel und Hölle nicht völlig verständlich. Das Joch in Matth. 11, 28—30, den Hohenpriester in Hebr. 7, 26, die Feste in Ps. 19, 2—4 muss man kennen, wenn man den Spruch verstehen will. In allen diesen Fällen verbindet das Kind ohne Belehrung mit den betreffenden Dingen entweder verschwommene oder gar falsche Vorstellungen. Anders liegt der Fall, wenn es die fremden Dinge mit heimischen

Vorstellungen apperzipiert. Bei der „Lilie des Feldes" in Matth. 6, 25—33 denkt es an die ihm bekannte Lilie, bei dem „Kämmerlein" in Matth. 6, 5—8 an seine Schlafkammer. So ist der Sinn des Spruches ungefähr gewahrt, und man könnte sogar sagen, dass durch die Wärme der heimischen apperzipierenden Vorstellungen auch in die Erfassung des Spruches eine grosse Innigkeit hineinkäme. Das würde dann die Methode des Heliand und die Art Luthers, die Bibel deutsch reden zu lassen, sein. Die biblischen Gemälde Uhdes gehen im letzten Grunde von demselben Gedanken aus. Aber gewinnt nicht der Spruch vom Beten ein ganz anderes Leben, wenn wir das israelitische Haus vor uns sehen, auf dem flachen Dache den kleinen Aufbau, an der Seite die kleine Treppe, die hinaufführt; hat es nicht einen eigenartigen Reiz, wenn wir denken, wie vielleicht der Herr selbst diesen vornehmsten Raum des israelitischen Hauses, der zugleich der einsamste war, zum Gebet aufsucht? Auf jeden Fall habe ich im Unterricht die Beobachtung gemacht, dass die Kinder mit besonderer Freude solche Züge an Sprüchen auffassten und nach langer Zeit noch die Einzelheiten der Erklärung wiedergeben konnten. Ist dies etwa Täuschung? Woran mag es liegen?

Wir sind bisher immer vom Inhalt des Spruches ausgegangen. Vielleicht werden wir zu noch grösserer Klarheit geführt, wenn wir die Frage einmal vom Standpunkte der auf Psychologie gegründeten Methodik ins Auge fassen. Die Methoden, die wir als 5., 6. und 7. behandelten, unterscheiden sich dadurch von der Vergangenheit, dass sie dem abstrakten Spruch einen konkreten Untergrund geben, sei es die eigne biblische Geschichte oder eine fremde, oder mannigfaltiger aus der Bibel und dem täglichen Leben genommenen Stoff. Nun ist freilich der Begriff der Anschauung recht wenig klar. Es ist ja bekannt, dass es sich dabei um alle Sinne, nicht nur um den Gesichtssinn handelt. Aber weiter ist es das grosse Verdienst Pestalozzis, auch dem Religionsunterricht die Grundlage der Anschauung gegeben zu haben, indem er fordert, dass der Lehrer auf der innern Anschauung des Kindes, d. h. von dessen eignen sittlichen und religiösen Einzelerlebnissen fusse. Solche innere Einzelerlebnisse haben aber auch andre, und auch dann ist der Unterricht anschaulich, wenn sich von ihnen ausgehe. Nur ist hier die Apperzeption von fremden Innenerlebnissen weit schwieriger. Was ist nun der gemeinsame Begriff der innern und äussern Anschauung? Es ist die einzelne Wirklichkeit im äussern und innern Leben, das einzelne Sein und Geschehen drinnen und draussen. Was ist nun die Wirklichkeit eines Spruches? Auf jeden Fall nicht das, was Zscheschwitz gibt, der uns mit keinem Worte sagt, dass es der Herr ist, der Joh. 3, 16 spricht. Benutzen wir als Beispiel Matth. 20, 28: „Des Menschen Sohn ist nicht gekommen, dass er ihm dienen lasse, sondern dass er diene und gebe sein Leben zu einer Erlösung für

22*

viele." Jener Augenblick ist die Wirklichkeit dieses Spruches, als der Herr auf dem letzten Zuge nach Jerusalem diese Worte gesprochen hat. Die Söhne des Zebedäus und ihre Worte gehören zu ihr, die im kommenden Reich besondere Herrscherstellen beanspruchen, deren Selbstsucht der Herr zurückweist. Die andern Jünger gehören dazu, die über die Anmassung der beiden unwillig werden. Den Wirklichkeits-Hintergrund bildet die alte Festpilgerstrasse bei Jericho, belebt von den fröhlichen Festkarawanen galiläischer Osterpilger. Der Mittelpunkt aber ist der Herr selbst, sein Schmerz über die unreifen Worte der Jünger, sein Wille zu dienen, sein Denken an den Tod, der seiner in Jerusalem wartet, vielleicht auch die Vorstellung vom Sklavenmarkt, wenn er dieses Bild benutzt, um die Loskaufung der Menschen aus der Sündensklaverei darzustellen. Ein kleines Bildchen, herausgeschnitten aus dem grossen Menschheits-Geschehen, herausgehoben mit Vordergrund und Hintergrund, mit Idee und Staffage ist unser Spruch. Wer ihn als Wirklichkeit, als Wort aus dem Munde des leibhaftigen Herrn erleben könnte! Aber es muss unser heisses Bemühen sein, ihr so nahe zu kommen, als es uns irrenden Menschen möglich ist. Alle Mittel der Wissenschaft müssen wir zu Hilfe rufen, um uns ihr zu nähern. Jetzt wird es klar, warum auf Kinder diese Behandlung der Sprüche mehr Eindruck macht. Ihre Erklärung durch fremde konkrete Stoffe ist ähnlich zu beurteilen wie die Erläuterung sittlicher Wahrheiten durch die sogenannten moralisierenden Geschichten, wie sie Rochow und die zahlreichen Lesebücher, die sich an ihn anschlossen, darboten. Wie die biblischen Geschichten wertvoller sind als jene, so ist der natürliche Hintergrund wertvoller als der künstliche. Das Gewordene, Gewachsene hat in sich Leben und Kraft; dem Gemachten und Ersonnenen ist es erst von aussen zugetragen worden. Ausserdem muss uns schon die Ehrfurcht vor dem Bibelwort veranlassen, es so zu nehmen, wie es uns gegeben ist. Wenn wir die Anschaulichkeit des Spruches so auffassen, dann ist keine Gefahr vorhanden, dass das kulturgeschichtliche Element das religiöse überwuchern könnte. Denn kein guter Maler wird in die Versuchung kommen, den Hintergrund zum Vordergrund oder gar zum Mittelpunkt des Bildes zu machen. Unser Mittelpunkt ist und bleibt die Religion. Freilich gehört das Kulturgeschichtliche, Geographische, Archäologische u. s. w. mit zum Bewusstseinszustand des Paulus oder des Psalmdichters u. s. w. in jenem Augenblick, als er unsern Spruch sprach oder schrieb. Aber dieser Gesamtinhalt des Bewusstseins kulminierte in einem Punkt oder um psychologisch zu reden: der Blickpunkt jenes Augenblicks war das religiöse Gefühl oder der sittliche Gedanke u. s. w. unsers Spruches; alles andre stand in absteigender Helligkeit im Blickfeld. Ein Unterschied ist nun allerdings zwischen jenem Augenblick vor vielleicht 1900 Jahren und unserm Versuch der Nachschöpfung vorhanden, der den Vorwurf einer zu grossen Betonung des Kulturgeschichtlichen erklärlich macht. Während der Mittelpunkt damals wie jetzt neu und einzigartig war und ist, war der Hintergrund damals selbstverständlich und halb unbewusst; uns ist er neu, fremdartig und auffällig. Wir können deshalb nicht umhin, eine zeitlang auf seine Einzelheiten das volle Licht unsrer Aufmerksamkeit zu richten. Damit würde also eine Verschiebung der Bestandteile jenes Gesamtbildes eintreten und sie würde zur Verzerrung werden, wenn nach Laokoon dem Dichter — und wir sind im Unterricht Nachdichter — nicht manches erlaubt und möglich wäre, was dem Maler nicht erlaubt ist. Indem wir zeitlich den Hintergrund zuerst malen, dann den stärker betonten Vordergrund der handelnden Personen und zuletzt den am stärksten hervorgehobenen Mittelpunkt, bewirken wir, dass jenes im Bewusstsein schon wieder etwas verblasst ist, wenn dieser die grösste Leuchtkraft entfaltet. Somit glauben wir, dass bei nüchterner und geschickter Behandlung eine Zurückdrängung des religiösen Elementes nicht zu befürchten ist. Es besteht also die neue Art und Weise der Spruchbehandlung darin, dass der Spruch aus seiner wirklichen Umgebung heraus erklärt wird. In jener geschichtlichen Reihe ist es nur ein Schritt weiter auf der 5—7 beschrittenen Linie, das Prinzip der Anschauung auf diesen Stoff des Religionsunterrichtes anzuwenden. Die neue Behandlung steht so in notwendigem geschichtlichem Zusammenhang mit der Vergangenheit und ist kein ersonnenes Fündlein.

Nun ist aber mit einer solchen Erklärung die Behandlung des Spruches keineswegs erschöpft. Wie wir beim Leben Jesu nicht bei den mehr zufälligen irdisch-menschlichen Beziehungen des Zimmermanns aus Nazareth stehen bleiben, sondern in ihm den Weg und die Wahrheit und das Leben ganz allgemein finden, wie wir in dem Menschensohne den Gottessohn erkennen, wie wir nicht seine irdische Mutter Maria, sondern seinen himmlischen Vater, der über alle Zeiten und Menschen gleichmässig herrscht, anbeten: so können wir auch hier nicht bei dem konkreten Einzelerlebnis unserer Sprüche stehen bleiben. Wir müssen den in ihnen liegenden Gedanken oder die Vorstellungen, an denen die Gefühle haften, in die Höhe des Begrifflichen hinaufheben. Man könnte meinen, dass dies um so schwieriger sei, je tiefer ich zum Konkreten hinabgestiegen bin; aber das Gegenteil ist der Fall. Das Kind hat sowohl ungenaue Anschauungen wie unausgebildete Begriffe. Sein Denken neigt nach der etwas verschwommenen Mitte zwischen beiden zu. Allein der Gelehrte hat völlig genaue Beobachtungen gemacht und völlig objektive Anschauungen gewonnen; ebenso hat er reine Begriffe. Je klarer das Kind die konkrete Wirklichkeit unsers Spruches erfasst hat, desto leichter wird es sich ins Reich der Idee erheben. Nun kann es uns natürlich nicht beikommen, logische Begriffe bilden zu wollen. Wir begnügen uns beim Kinde mit psychischen. Wir

wollen nicht, dass das Kind die abstrakte Seele des Spruches völlig
vom konkreten Körper loslöse, so dass dieser am Wege liegen bleibt
und sich auflöst; wir wollen aber, dass es diese Seele klar erkennt,
scharf im Auge behält und stets als das Wichtige an ihm würdigt.
Das Konkrete jedoch soll immer durchleuchten, so dass er stets das
Frische und Farbige der fröhlichen Wirklichkeit behält.

Aber wie wir im Menschensohn aus Nazareth nicht nur den
Gottessohn für alle Welt erkennen, sondern diesen wiederum zum
deutschen Heiland für all unsre gegenwärtigen Bedürfnisse gewinnen
sollen, so ist auch bei den Sprüchen diese dem Begriff zustrebende
Behandlung nicht das letzte. Es gilt noch, die vorsichtig aus dem
Mutterboden samt einem Ballen der Muttererde herausgehobene
Pflanze der Fremde in unsre liebe deutsche Heimat zu versetzen.
Wir müssen, um ohne Bild zu reden, den Gedanken des Spruches
auf unsre gegenwärtigen Verhältnisse anwenden. Erst dadurch erreichen wir, dass er zum wertvollen Eigentum des Kindes wird.
Ohne dies haben wir mit ihm höchstens das Intellekt der Kinder
bereichert; mit der Anwendung wird er zum Lebensspruch, der den
Willen noch in späten Zeiten bestimmt und an der Bildung des
religiösen Charakters arbeitet. Dabei handelt es sich um ein
doppeltes. Wir müssen zuerst den Gedanken des Spruches aus
der grauen Vergangenheit in die bunte Gegenwart heraufheben,
wir müssen ihn dann auf das persönliche Leben des Kindes anwenden. Wir haben z. B. den Spruch Ps. 139, 7—10 erklärt: „Wo
soll ich hingehen vor deinem Geiste u. s. w." Die Kinder haben
sich in die Seele des Menschen versetzt, in dem zuerst der überwältigende Gedanke von Gottes Allgegenwart, befreit von allen
Unvollkommenheiten der Volksauffassung, aufstieg. Sie haben gesehen, wie er die grössten Entfernungen nimmt, die die poetisch-
natürliche Weltanschauung der damaligen Zeit kennt, die Entfernung
zum Gewölbe des Himmels nach oben, die Entfernung zur Scheol
unter der Erdscheibe nach unten, die Entfernung zum Meer, das
die Erdscheibe umkreist nach allen Seiten. Dann haben sie den
Gedanken der Allgegenwart Gottes von diesem Hintergrund losgelöst und allgemein ausgesprochen. Zuletzt müssen sie ihn nun in
unsrer Sprache ausdrücken: Wenn wir nach China auswandern: Gott
ist auch dort. Wenn wir bis zum Erdmittelpunkt fliehen: ihm können
wir nicht entgehen. Wenn wir zum Mars, zum Sirius, ja bis zum
fernsten Weltennebel eilen, den unsre Fernröhre noch gerade entdecken, von dem das Licht Tausende von Jahren braucht, ehe es
uns erreicht: auch dort würden wir nicht fern von der Hilfe
Gottes sein. Natürlich wird sich der Lehrer ganz nach dem ihm
bekannten Vorstellungskreis und Auffassungsvermögen der Kinder
richten. Um wie viel wunderbarer muss uns die Allgegenwart Gottes
erscheinen als dem frommen Psalmdichter, dem die Erde noch die
Welt war.

Nun ist unser Spruch Ausdruck des religiösen Gefühls der Gegenwart geworden. Nun kann er persönliches Eigentum der Kinder werden, indem sie ihn in phantasiertem Handeln auf ihre Lebensverhältnisse übertragen. Dass er schliesslich in ihrem wirklichen Handeln eine Macht werde, das ist unser heisser Wunsch und darauf zielt im letzten Grunde unsre ganze Arbeit hin.

IV.

Anwendung auf die Praxis.

Es gilt nun zuletzt noch, kurz darzulegen, wie sich die Behandlung des Bibelspruches in der Praxis des zusammenhängenden Religionsunterrichts tatsächlich gestalten soll. Dabei müssen wir davon ausgehen, dass er niemals, in der Art des Wochenspruches etwa, den der Pietismus so sehr betonte, isoliert auftreten darf. Nur grosse Vorstellungsmassen geben den nötigen Halt in der Seele des Kindes; 150 isolierte Pünktchen würden bald verblassen und schliesslich schwinden. An welches Fach des Religionsunterrichtes sollen wir nun die Sprüche angliedern? In unserm Sinne ist, wie aus der ganzen bisherigen Erörterung hervorgeht, die am meisten das Verständnis erleichternde Art die, dass der Spruch inmitten der Bibellektüre auftritt. So wird z. B. beim Lesen und Besprechen des 104. Psalmes der 24. Vers: „Herr, wie sind deine Werke u. s. w." aufs natürlichste den Kindern nahegebracht. Doch ist dies bei allen Sprüchen möglich? Unter den 150 Sprüchen des im Königreiche Sachsen eingeführten Spruchbuches stammen allein 14 aus dem Römerbrief. Dieser kann aber nicht mit den Kindern gelesen werden. Oder soll ich diese 14 Sprüche mit andern einzelnen aus dem Römerbrief, die leicht verständlich sind, im Zusammenhange lesen lassen? Gibt dies eine wertvolle Gedankenmasse, die die 14 Sprüche trägt und hält? Es scheint uns also, als ob nur ein Teil der Sprüche an die Bibellektüre und Bibelkunde anzuschliessen sei. Ein anderer Teil wird sich von selbst bei der biblischen Geschichte einfinden, sei es dass der Spruch in der biblischen Geschichte vorkommt oder, anderswoher genommen, ihr Ergebnis bildet oder in wirkungsvoller Weise in der Anwendung bez. Übung auftritt. Ein Spruch der ersten Art ist z. B. 1. Mos. 39, 9: „Wie sollte ich denn ein solch grosses Übel tun und wider meinen Gott sündigen." Als Ergebnis der Josephsgeschichte könnte auftreten Ps. 37, 37: „Bleibe fromm und halte dich recht; denn solchem wird's zuletzt wohlgehen." In der Übung zu Petri Verleugnung könnte behandelt werden Matth. 7, 1—3 „Richtet nicht, auf dass ihr . . ." (Dabei ist hervorzuheben, dass es Sache des einzelnen Lehrers, nicht Aufgabe der Methodik ist, diese Auswahl zu treffen.) Der dritte Teil

der Sprüche schliesst sich dann an den Katechismusunterricht an.
Wo vom Glauben geredet wird, wird Hebr. 11, 1 gelernt: „Es ist
aber der Glaube eine gewisse Zuversicht . . ." Somit haben wir
festzustellen, dass die Sprüche an jedes Fach des Religionsunterrichtes anzugliedern sind. Es ist nun nicht etwa so, dass ein bestimmter Spruch in einem bestimmten Fach auftreten müsste.
Joh. 4, 24 „Gott ist Geist . . ." kann bei der Lektüre des Johannes-
evangeliums, falls diese der Lehrplan vorsieht, oder bei der biblischen
Geschichte von Jesu Gespräch mit der Samariterin im Zusammenhang des Lebens Jesu oder im Katechismusunterricht und hier wieder
beim 1. Artikel oder beim 3. Hauptstück auftreten. Wie im einzelnen
der einzelne Lehrer oder die Schule oder der Schulbezirk der einheitlichen Gestaltung des Religionsunterrichtes wegen die Sprüche
im Lehrplane festlegt, ist eine Frage der Organisation, die uns hier
nicht beschäftigt. Auf jeden Fall ist eine ein für allemal feststehende,
von der speziellen Methodik zu bestimmende Verteilung weder möglich noch notwendig.

Dieser Mannigfaltigkeit der Anordnung steht die Einheit des
Zweckes gegenüber. Stets soll mit dem Spruche dem Kinde ein
kleiner Schatz übergeben werden, der sein ganzes Leben hindurch
Gemüt und Willen in günstiger Weise beeinflusst. Die Einordnung
in den Gesamtrahmen des Religionsunterrichtes hatte ihm Halt
verliehen. In der Praxis des Lebens tritt er für sich allein
auf. Dies muss auch im Unterricht berücksichtigt werden.
Es gebührt ihm daher, wenn der Unterricht zu ihm gelangt
ist, eine besondere Hervorhebung und Behandlung, wenn er
im Leben des Kindes die nötige Kraft entfalten soll. Dass dies
auch des Verständnisses wegen bei den Sprüchen, die im Zusammenhang der biblischen Geschichte und des Katechismusunterrichtes
auftreten, unbedingt nötig ist, ist ja oben schon zur Genüge dargelegt. Aber auch die beim Bibellesen vorkommenden Sprüche
müssen durch eine ausführlichere Besprechung innerhalb des Abschnitts doppelt und dreifach unterstrichen werden, wenn sie später
für sich wirken und schaffen sollen. Es soll ja so sein, dass, wenn
auch ganze Bücher der Bibel, ganze Partien des Unterrichts vom
Meere des Vergessens verschlungen werden, unsere Sprüche als
Felseninseln stehen bleiben. Dies ist kein Widerspruch zu dem
vorher Erörterten; denn auch diese Inseln schwimmen nicht für sich
auf dem Meere, sondern unter den Wassern hängen sie zusammen
und sind nur für den Augenschein isoliert. Auch der Geograph
dürfte eine Insel zunächst als ein Glied eines Teiles der Erdrinde,
dann auch als etwas für sich Bemerkenswertes ins Auge fassen.
Somit haben wir zweierlei gefunden: Kein Spruch tritt isoliert auf
und jedem Spruch gebührt eine besondere Behandlung.

Wie soll nun diese besondere Behandlung aussehen? Sie kann
5 Minuten dauern, sie kann auch eine ganze Stunde umfassen, sie

kann auch vielleicht zwei Stunden in Anspruch nehmen. Der Durchschnitt mag ungefähr $^1/_2$ Stunde betragen. Wenn ich etwa Joh. 4 mit den Kindern gelesen und besprochen habe, werde ich V. 24 hervorheben und von den Kindern fordern: Erklärt mir diesen Spruch aus dem Zusammenhang des Abschnitts! Sprecht den Gedanken des Spruches in andern Worten aus, so dass er für alle Zeiten gilt! Beurteilt danach die Verehrung Gottes durch die Israeliten, durch die Katholiken u. s. w. Kann man auf der Strasse beten? Welchen Zweck hat das Gotteshaus u. s. w. Dies alles dürfte etwa 10 Minuten in Anspruch nehmen und völlig genügen, wenn das Kapitel gut verstanden ist. Wenn dagegen Joh. 4, 24 erstmalig beim 1. Artikel auftritt, ist eine längere Zeit erforderlich. Auf den langen Spruch vom Sorgen Matth. 6, 25—33 z. B. müssen sicher 2 Stunden verwendet werden, wenn er in jeder Hinsicht klar und kräftig sein soll. Bei jedem Spruch nun, mag er 5 Minuten oder 2 Stunden in Anspruch nehmen, sind die oben ausgeführten drei Punkte zu berücksichtigen: Er muss von einem konkreten Hintergrunde aus erklärt, er muss von diesem losgelöst als eine Wahrheit aller Zeiten ausgesprochen, er muss auf das Leben der Gegenwart und der Kinder angewendet werden.

V.

Beispiele.

Es läge nun nahe, zum Schlusse eine ausgeführte Spruchbehandlung darzubieten. Aber die Mannigfaltigkeit in der Anknüpfung, in der Ausführlichkeit, in der Art des stofflichen Inhalts ist so gross bei den Sprüchen, dass e i n e solche Musterlektion, um sie so zu nennen, nur e i n e n Typus der Spruchbehandlung vertreten und dass man daraus irrtümlich verallgemeinernde Schlüsse ziehen könnte. Eine Reihe von Behandlungen darzubieten verbietet aber der Raum. An Stelle dessen mögen zwei Beispiele aus einer Stoffsammlung des Verfassers treten, die unter dem Titel „Der konkrete Hintergrund zu den 150 Kernsprüchen" erschienen ist.[1]

Es seien zwei Sprüche gewählt, die beide sehr bekannt sind: Ps. 23 aus dem Alten und Phil. 2, 5—11 aus dem Neuen Testament. Beide sind dem Spruchbuch, das im Königreiche Sachsen eingeführt ist, entnommen. Ausserdem sei darauf hingewiesen, dass bereits im XXIII. Jahrgang der Pädagogischen Studien 1902 im 6. Heft S. 396—398 in einem Aufsatze von Marx Lobsien ein anderes Beispiel Ps. 118, 1 abgedruckt ist.

Ps. 23 (20).

„Der Herr ist mein Hirte; mir wird nichts mangeln. Er weidet mich auf einer grünen Aue und führet mich zum frischen Wasser;

---

[1] 2. Auflage 1904, Bleyl u. Kaemmerer. 2 M., bez. 2 M. 50 Pf.

er erquicket meine Seele; er führet mich auf rechter Strasse um seines Namens willen. Und ob ich schon wanderte im finstern Tal, fürchte ich kein Unglück; denn du bist bei mir, dein Stecken und Stab trösten mich. Du bereitest vor mir einen Tisch gegen meine Feinde. Du salbest mein Haupt mit Öl und schenkest mir voll ein. Gutes und Barmherzigkeit werden mir folgen mein Leben lang, und ich werde bleiben im Hause des Herrn immerdar."

„Jahwe ist mein Hirte; nicht werde ich darben. In frischgrünen Oasen lässt er mich lagern; zu Gewässern, die zu traulicher Ruhe Ruhe einladen, leitet er mich. Er erquickt meine Seele; in rechten Gleisen leitet er mich um seines Namens willen. Auch wenn ich in finstrer Todesschlucht wandere, fürchte ich nichts Böses; denn du bist bei mir. Dein Stecken und Stab sie lassen mich getröstet aufatmen."

„Du bereitest vor mir einen Tisch im Angesicht meiner Feinde, nachdem du mit Öl mein Haupt gesalbt hast. Mein Becher ist übervoll. Nur Gutes und Gnade wird mir alle Tage meines Lebens auf dem Fusse folgen, und ich werde immerdar im Hause Jahwes wohnen."

Wir müssen uns, um unsern Psalm recht aufzufassen, in das Gebirge Judas versetzen, vor allem in seinen südlichen Teil, in dem die Viehzucht überwog. Der Kalkboden saugt den Regen, der vom Oktober bis März/April fällt, rasch auf. Die Bäche sind grösstenteils Winterbäche. So ist man in der übrigen Zeit im allgemeinen auf den geringen, vielleicht sogar schlechten Vorrat von Zisternen angewiesen, in denen das winterliche Regenwasser aufgefangen wird. Gegen Ende des Sommers müssen Tausende in Jerusalem ein Getränk zu sich nehmen, an das sich zu erinnern schon furchtbar ist. Dagegen entfaltet sich an den nicht zu häufigen Stellen, an denen eine Quelle sprudelt, auch mitten im Sommer eine frische, grüne Pflanzenwelt. Immergrüne Wiesen laben das Auge; in alter Zeit gedieh hier die Dattelpalme (z. B. Oase von Jericho), die jetzt ausgestorben ist. Wie mochten diese grünen, lieblichen Auen den Wanderer einladen zu rasten! Zu solchen Plätzen führt Jahwe die Seinen (V. 1—2). Er führt sie auf rechten Wegen, die im steinigen Gebirge und in der Steppe Judas, die öde und trostlos nach Osten abfällt, leicht zu verfehlen waren; wer hier irreging, konnte dem Verschmachten nahekommen. Der Name Jahwes ist ja „der Rechte", d. h. „der Gerechte" (V. 3).

Vom Kamme des Gebirges her führen unzählige Schluchten, die der Winterregen mit seinen plötzlich abfliessenden Wassermassen in das Gebirge gerissen hat, nach Osten zum Jordan und zum Toten Meere. Ihre Wände sind oft fast senkrecht. Dorthin zogen sich die von der Gesellschaft Ausgestossnen zurück, dort machen noch jetzt Beduinen die Gegend unsicher. Wie unheimlich muss eine einsame Wanderung durch diese unsichern Schluchten gewesen sein!

Das Wort, das der Dichter für Finsternis gebraucht, klingt dem Israeliten an das Wort „Tod" an, und ein Todestal konnte eine solche Schlucht leicht werden. Vielleicht denkt der Verfasser gar an die finstere Schlucht, die in die Unterwelt hinabführt. In alten Zeiten kam ausserdem Löwe und Bär in Palästina vor. Den Wolf trifft man noch jetzt in den Schluchten am Toten Meere. Schakale und Hyänen streichen nachts in Rudeln umher. Gegen diese Tiere musste der Hirt mit der Holzkeule, die er sich selbst geschnitzt hatte, die Herde verteidigen (V. 4).

Im zweiten Teil des Psalmes vergleicht der Dichter Gott mit einem Gastgeber. Die Gastfreundschaft spielte bei den Israeliten, wie noch jetzt bei den Beduinen, eine grosse Rolle. Zur Begrüssung des Gastes wurde ihm bei Beginn des Gastmahls Öl aufs Haupt gegossen. Der Ölbaum war ja der nützlichste und dankbarste Baum des Landes. Er lieferte das kostbare Erzeugnis, das unsre Butter vertritt, das als Arznei dient, mit dem man den ganzen Körper salbt in der Meinung, dass es stark mache. Alles, was lieb und teuer ist, bestreicht der Israelit mit diesem Nass, z. B. heilige Steine und Altäre. Zuerst wird der König gesalbt, später auch der Priester, schliesslich jeder, dem man sich liebenswürdig zeigen will. Dann wird der Tisch zugerichtet. In alter Zeit wurde auf den Boden des Zeltes eine Matte aus Stroh oder ein rundes Stück Leder ausgebreitet. Später benutzte man einen niedrigen Holztisch, der auf Füssen ruhte oder man legte eine Metallplatte auf ein Schemelchen. Auf dem Tische müssen

Tisch mit speisenden Israeliten in älterer Zeit.

wir uns ausser dem Wein noch scheibenartige Brotfladen oder Semmeln aus feinem Weizenmehl, ähnlich unsern Pfannkuchen, gekochtes, vielleicht sogar gebratnes Lammfleisch und als Nachtisch Trauben, Feigen und Oliven in rohem oder getrocknetem und eingemachtem Zustande denken (V. 5). Der Dichter kann keinen grössern Wunsch haben, als zeitlebens in einem so gastlichen Hause bleiben zu können (V. 6).

Leider spielen auch in diese liebliche Schilderung die religiösen Streitigkeiten der Juden hinein. Denn nur Privatfeinde können es sein, die es beim Vorübergehen infolge der Öffentlichkeit alles

morgenländischen Lebens mit Neid bemerken, wie Jahwe seinen
Gast bewirtet (V. 5).

In einem Lande, das zwar nicht unberührt von der Weltkultur
blieb, das aber abseits von ihr lag, vielleicht in den einsamen Triften
des südlichen Palästinas, ist unser Psalm entstanden. Ein stiller
Friede muss über dem Leben und über dem Gemüte des Mannes
gelegen haben, der ihn gedichtet hat. Passt sein einfaches Gottvertrauen in unsre von Kampf durchtobte Zeit, in das Brausen der
Grossstädte? In doppelter Weise hilft uns Gott als unser treuer
Hirt und beschenkt uns als unser guter Wirt. Zunächst ist der
Inhalt des Psalms bildlich gemeint. Wir müssen ihn also zuerst
geistig deuten. Das Christentum als Religion des Geistes verspricht
seinen Anhängern nicht in erster Linie äussere, sinnliche Hilfe,
sondern Glück, Heil und Seligkeit durch Einwirkung auf die Seele.
Wie der Herr seinen Tod, die äussere, naturhafte Vernichtung seines
körperlichen Lebens, zum innerlichen, geistigen Sieg über alle feindlichen Mächte in der Welt umgewandelt hat, so sollen auch wir
alle äussern Übel zum innern Heile wenden. Gott gibt uns im
Glauben das Mittel, Krankheit, Not und Verfolgung zur Reinigung
und Kräftigung unserer Seele zu benutzen. Er führt uns durch die
finstern Täler von Not, Zweifel und Tod hindurch, wenn wir den
Hirten, den er uns in seinem Sohne geschickt hat, fest an der Hand
fassen und uns vertrauensvoll an ihn schmiegen. Er bewirtet uns
mit der köstlichsten Speise, wenn wir in eindringlicher Beschäftigung
mit dem Leben Jesu und in beständigem geistigem Umgange mit
ihm seinen Geist immer mehr in uns aufnehmen. Aber sicherlich
hat der Verfasser die Führung durch das finstre Tal und die Be-
wirtung mit Wein und Öl nicht nur geistig gemeint. Es ist eine
unverrückbare Tatsache des religiösen Bewusstseins, dass wir in Not
und Bedrängnis äussrer Art, auch äussere Hilfe von Gott erhoffen.
Die Gebetserfahrung eines jeden lebendigen Christen ist ein besserer
Beweis, als er auf rein verstandesmässigem Wege möglich ist. Ohne
diesen Glauben wäre ein grosser Teil unsrer Gebete zwecklos. Freilich
weiss Gott allein, wenn uns derartige Hilfe not tut und auf welchem
Wege er sie uns zu teil werden lässt. So wollen wir denn in allen
unsern Nöten vertrauensvoll Gott um Hilfe bitten, „wie die lieben
Kinder ihren lieben Vater".

Phil. 2, 5—11.

„Ein jeglicher sei gesinnet, wie Jesus Christus auch war, welcher,
ob er wohl in göttlicher Gestalt war, hielt er's nicht für einen Raub,
Gott gleich sein, sondern äusserte sich selbst und nahm Knechtsgestalt an, ward gleich wie ein andrer Mensch und an Gebärden als
ein Mensch erfunden; erniedrigte sich selbst und ward gehorsam bis
zum Tode, ja zum Tode am Kreuz. Darum hat ihn auch Gott

erhöhet und hat ihm einen Namen gegeben, der über alle Namen ist, dass in dem Namen Jesu sich beugen sollen alle derer Knie, die im Himmel und auf Erden und unter der Erde sind, und alle Zungen bekennen sollen, dass Jesus Christus der Herr sei, zur Ehre Gottes, des Vaters."

„Die Gesinnung sei unter euch, wie bei Jesus Christus, der, obwohl er in Gottesgestalt war, die Gottgleichheit nicht als etwas zu Raubendes ansah. Sondern er entäusserte sich selbst, indem er Knechtsgestalt annahm, in Menschenbild auftrat und im Verhalten erfunden wurde wie ein Mensch; er erniedrigte sich, gehorsam bis in den Tod, ja bis zum Kreuzestod. Deshalb hat ihn auch Gott erhöht und ihm einen Namen über alle Namen verliehen, dass bei dem Namen Jesu sich jedes Knie derer im Himmel, auf der Erde und unter der Erde beuge und jede Zunge bekenne, dass Jesus Christus „der Herr" sei, zur Ehre Gottes, des Vaters."

In der lieben Philippergemeinde waren die Verhältnisse doch nicht völlig mustergültig. Eben hatte man die ersten festen Gemeindebeamten gewählt, Bischöfe d. h. Aufseher, die wie in den griechischen religiösen Vereinen, die Aufsicht über die Mitglieder und über das Vermögen führen sollen, und Diakonen d. h. Gehilfen (1, 1). Freilich waren sie noch nicht so einflussreich wie später und standen der Gemeindevertretung nur als dienende Brüder zur Seite. Bei dieser Wahl schon war es wohl zu Eifersüchteleien gekommen, und auch unter den Gewählten wollte wahrscheinlich jeder gern der erste sein.[1]) Auch eine Helferin etwa zur weiblichen Armenpflege war notwendig geworden. Zwei wohlhabende Frauen, Euodia und Syntyche, hatten sich nun von Anfang an um die Gemeinde in gleicher Weise sehr verdient gemacht. Vielleicht hatten sie Paulus und den Christen gastfreundlich ihre Häuser geöffnet, vielleicht sich der Krankenpflege gewidmet, vielleicht auch in der freiern Weise der griechischen Frauen der neuen, anrüchigen Sache Anhänger geworben. Genug! Beide waren gleich geachtet. Aber nur eine konnte jenes Amt erhalten. Die andere hatte sich in echt weiblicher Weise verletzt gefühlt. Es war zu hässlichem Streit gekommen (4, 1—3). So erklärt sich möglicherweise die in diesen Versen berührte Tatsache. Herrschsucht und Eifersucht drohten denn den Gemeindefrieden zu untergraben.

In eindringlicher Weise ermahnt deshalb Paulus in 1, 27—2, 4 die lieben Philipper, seine Lieblingsgemeinde, die einzige, von der er Geldunterstützungen annahm, doch ja einträchtig zu sein. In den folgenden Versen (2, 5—11) zeigt er nun, wie wenig ihr Verhalten zu dem Vorbilde Christi passt. Er, der Meister, hat ganz anders gehandelt, und an seinem Beispiel können sie Demut lernen. Seine Gesinnung müssen sie in sich aufnehmen (2, 5).

---

[1]) 2, 3—4 vgl. III. Joh., 9.

In grossen Zügen gibt er nun, um Christi Demut nachzuweisen, seine Geschichte an. Dabei schwebt ihm in Rom vielleicht ein naheliegender Vergleich vor. Wenn er von seiner Mietwohnung im Osten Roms in der Nähe der Kaserne der Leibtruppen nach Westen sah, erblickte er die Paläste der Kaiser auf dem Palatinischen Hügel. In der Prätorianerkaserne und am Hofe hatte er christliche Freunde. Rom war damals voll von Gesprächen über den schändlichen Kaiser Nero, der in seinen Mauern lebte.[1]) So beschäftigte sich Paulus sicher viel mit ihm. Wie war er, der Namen führte wie Cäsar, Augustus, Imperator, die höher waren als alle andern irdischen Titel, den man im Morgenlande als den irdischen Heiland (sotér) abgöttisch verehrte, zum Herrn der Erde geworden? Es war offnes Geheimnis in Rom, dass er durch Raub auf den Thron gekommen war. Schon bei Lebzeiten seines Stiefvaters Claudius hatte es seine Mutter Agrippina durchgesetzt, dass er von dem schwachen Kaiser zum Thronfolger ernannt worden war, nicht Britannicus, der eigne Sohn des Kaisers. Dann hatte seine Mutter, sicher mit seiner Zustimmung, den Kaiser vergiftet. Durch Giftmord also hatte er den Thron an sich gerissen. Darum auch hat er schon damals in der Welt einen Namen erlangt, den man nur mit Grauen und Abscheu nannte. Schon die Offenbarung des Johannes bezeichnet ihn als den Antichrist.[2]) Mit ihm vielleicht vergleicht nun Paulus Jesus, den Herrn des Himmels. Freilich durfte er dies in einem Briefe, der geöffnet werden konnte, nicht genauer ausführen. Aber in Philippi, wo sich eine römische Militärkolonie befand und römisches Wesen herrschte,[3]) verstand man wohl zwischen den Zeilen zu lesen. Vor Jesu irdischem Leben lebte er als Wesen göttlicher Art in der Umgebung Gottes. Aber die göttliche Herrschaft fehlte ihm noch. Denn niemand von den Menschen erzeigte ihm göttliche Verehrung. Er hätte sich nun auf unrechtmässige Weise durch Raub Gottesherrschaft und Gottesgleichheit aneignen können, etwa wie man es sich von dem Engel Luzifer erzählte; aber der Gedanke an Thronraub lag ihm völlig fern. Im Gegenteil leistete er das äusserste an Demut dadurch, dass er den göttlichen Purpurmantel von sich legte und das schlichte Gewand des sterblichen Menschen annahm. Ja noch mehr! Der Hefe der Menschheit, den Verbrechern, die am Galgen enden, stellte er sich gleich, indem er ihren Tod auf sich nahm (2, 5—8). Diese Demut sollen sich die Bischöfe der Philipper, sollen sich jene beiden eifersüchtigen Frauen zum Vorbild nehmen. Und Paulus macht es einem ehrgeizigen Gemüte, dem die Demut schwer fällt, leicht, Jesus nachzuahmen, indem er zeigt, dass Jesus auch für seine Demut belohnt worden ist. Gott hat ihm zum Lohne

---

[1]) Vgl. Apostelgesch. 28, 30—31, Phil. 1, 13, 4, 22.
[2]) Offenbarung Joh. 13, 18.
[3]) Schneller, In alle Welt, S. 141 ff.

den alten, hochheiligen Gottesnamen Jehova = Herr verliehen, den höchsten Machttitel, den es im Himmel und auf Erden gibt, einen Titel, der doch noch einen höhern Klang hat als Cäsar und Augustus. Schon jetzt werfen sich alle Christen vor ihm, als vor ihrem göttlichen Herrscher zu Boden, und es kommt eine Zeit, die Paulus im Geiste vorausschaut, wo Engel, Menschen und die verstorbenen Seelen in einhelligem Jubel ihn anbeten werden (9—11).

Ihn also sollen die Philipper nachahmen und, wie der Herr mit Furcht und Zittern und heissem Todesschweiss im Garten Gethsemane um das Heil der Welt rang, so an ihrer Seligkeit arbeiten (V. 10). Wie Gott seinem Sohne geholfen hat, so hilft er ja auch ihnen (V. 11).

Sicher hat das Beispiel Jesu auf die Philipper gewirkt. Es liegt in unserm Spruche auch für uns eine Mahnung. Nicht auf Titel und Rang kommt es an. Der allmächtige Kaiser Nero hat einen Namen erhalten, den man nur noch Hunden beilegt. Jesus aber ist noch immer der angebetete Herr und Meister der Menschheit. Durch dienende Liebe ist er es geworden.

Wie wunderbar ist die Geschichte des Herrn, wie noch viel wunderbarer ist sein Weg durch die Weltgeschichte. Was haben Könige und Eroberer getan, um ihren Namen unsterblich zu machen! Pyramiden haben sie getürmt. In Stein und Erz haben sie ihre Taten eingegraben. Nun ja, ihre Namen sind uns zum Teil noch bekannt, ihre Taten graben wir wieder aus dem Schutt der Jahrtausende. Wie haben Schriftsteller in dem Gedanken geschwelgt, für ihrem Namen ein Denkmal gesetzt zu haben als Erz! Nun ja, ihre Bücher stehen noch zum Teil in den Büchereien und die allerberühmtesten werden auch noch gelesen. Aber wessen Ruhm reicht an den Ruhm Jesu? Wessen Geist bestimmt noch nach Jahrtausenden die Millionen auf dem Erdenrund in ihrem täglichen Handeln? Wer zwingt noch jetzt alle Gebildeten, zu ihm innere Stellung zu nehmen? Und wodurch hat er es erreicht? nicht durch Völkerkriege und gewaltige Bauten, nicht durch Erfindungen und unsterbliche Gesänge, sondern dadurch, dass er mit Krüppeln und Sündern freundlich war und dass er zuletzt seinen guten Namen ans Kreuz heften liess. Wie wunderbar! Und Jesus hat es vorausgesagt, dass seine Lehre die ganze Erde überschatten werde. Wer so demütig dient wie er, wird mit ihm erhöht werden. Aber er darf dabei nicht s e i n e n Ruhm suchen. Darin liegt das Geheimnis.

Schluss.

Man beurteilt in der Gegenwart die Spruchkatechese meist als eine in sich verfehlte Erscheinung und meint, dass ihre Entwicklung in einer Sackgasse ende. Es würde dies richtig sein, wenn die Sprüche isoliert vom sonstigen Religionsunterricht behandelt werden sollten und wenn ihre Behandlung die abstrakte Behandlung abstrakter

Sätze sein müsste. Dann handelte es sich tatsächlich nur um ein Erschüttern der Luft. Vielleicht sind beide Vorstellungen mit dem Worte Spruchkatechese unlösbar verknüpft. Wir geben deshalb dieses Fremdwort auf und setzen dafür das gute deutsche Wort Spruchbehandlung. Wenn diese aufs engste mit dem sonstigen Religionsunterrichte verwoben ist und eine gesonderte Stellung ganz aufgibt, wenn sie weiter den Spruch aus seinem konkreten Hintergrunde heraus in lebendiger Weise erklärt und ihn zuletzt auf das konkrete Leben der Gegenwart und auf die wirkliche Erfahrung der Kinder anwendet, wenn sie so den Spruch von zwei Seiten her durch farbiges Wirklichkeitsleben beleuchtet: dann dürfte sie ein sehr wesentlicher Bestandteil des Religionsunterrichtes sein und bleiben und in bedeutender Weise zum Aufbau der religiösen Persönlichkeit unserer Kinder beitragen.

B. Kleinere Beiträge und Mitteilungen.

I.

Die Hauptversammlung des deutschen Lehrervereins in Königsberg, 23.—26. Mai 1904.

Bericht von Schuldirektor Enzmann in Mittweida.

Über Erwarten zahlreich hatten sich die deutschen Lehrer in Königsberg eingefunden. Von den 106000 Mitgliedern des deutschen Lehrervereins waren aus allen Gauen des weiten deutschen Vaterlandes über 4000 herbeigekommen, um an den Beratungen und Arbeiten teilzunehmen, um alte Bekannte zu begrüssen und neue Bekanntschaften anzuknüpfen, um Land und Leute kennen zu lernen; die Frequenz der Versammlung, die vor zwei Jahren in dem weit bequemer gelegenen Chemnitz tagte, war übertroffen. Vielleicht hat gerade der Umstand, dass die Versammlung in einem so entlegenen und doch so interessanten Teile des Vaterlandes abgehalten wurde, manchen bewogen, die Kosten und Mühen der Reise nicht zu scheuen, weil sich ja doch für viele kaum wieder eine Gelegenheit bieten wird, diese entfernte Grenzmark aufzusuchen. Von den 4000 Teilnehmern waren 385 als Vertreter der verschiedenen Unterverbände entsendet worden.

Der Empfang durch die Witterung war sehr kühl; wärmer gestaltete er sich von seiten der Einwohnerschaft und ihrer Vertreter, der Behörden, wie sie sich namentlich kundgab in der örtlichen Presse und in der ersten Hauptversammlung am 24. Mai. Der Oberpräsident und der Regierungspräsident entboten der Versammlung durch ihre Stellvertreter Gruss und Glückwunsch, während der Oberbürgermeister der Stadt und der Rektor der Universität und

selbstverständlich der Vorsitzende des Ortsausschusses persönlich die überaus zahlreiche Versammlung, welche die weite Festhalle bis auf den letzten Platz füllte,
willkommen hiessen.

Nachdem ein Huldigungstelegramm an Se. Majestät den Kaiser abgesendet
worden war, folgte auf die vorerwähnten Begrüssungen der sogenannte „Stimmungs-
vortrag". In der „Stadt der reinen Vernunft" und im 100. Todesjahre Kants
konnte nur dieser grösste Sohn der Stadt Gegenstand des Festvortrages sein.
Es war keine leichte Aufgabe für den Universitätsprofessor Dr. Busse, einem
Thema, das in diesem Jahre in der Presse, und nicht zuletzt in der pädagogischen,
so vielfach behandelt worden ist, neue Seiten abzugewinnen. Und doch gelang
es ihm, in einer kurzen, prägnanten Form die Bedeutung Kants für die Philosophie
im allgemeinen, Ethik und Pädagogik im besonderen, ins rechte Licht zu stellen.
Er bemühte sich, in allgemeinverständlicher Weise auch für den, der sich noch
nicht eingehender mit Kant beschäftigt hat, die Grundlehren hauptsächlich aus
der Kritik der reinen Vernunft und der praktischen Vernunft in ihrer Bedeutung
für unser gesamtes Geistesleben und somit auch für die Wissenschaft der Erziehung und des Unterrichts klar darzulegen. Leider war das Organ des Redners
für die Riesenfesthalle nicht stark genug, so dass er, wie später vielfach geklagt
wurde, in den entfernteren Teilen derselben nicht allenthalben verstanden worden ist.

Den 2. Hauptvortrag hielt Lehrer Gutmann - München über „Die allgemeine Volksschule". Er ging aus von München, schilderte die dortigen
Schulverhältnisse und wies nach, welche Opfer die bayrische Hauptstadt für ihr
Schulwesen bringt. Vor allem legte er Gewicht darauf, dass man dort die Vorschulen zu den Gymnasien u. s. w. nicht kenne. Darin erblickt er einen Zustand,
der für das ganze Reich zu erstreben und recht wohl geeignet sei, die Klassen-
gegensätze versöhnen zu helfen.

In der Debatte erfolgte heftiger Widerspruch. Gleich der erste Redner,
Riess-Frankfurt, trat den Ausführungen des Referenten entschieden entgegen.
Er meinte, jede Schule müsse ihr Endziel in sich selbst tragen und dürfe nicht
nur Vorbereitungsanstalt für andere, höhere Schulen sein. Dass die Klassen-
gegensätze sich dadurch mildern sollten, dass die wohlhabenden Kinder 4 oder
5 Jahre die allgemeine Schule besuchen, wollte ihm nicht einleuchten; er forderte
vielmehr eine neunklassige Volksschule mit einem wissenschaftlich gebildeten
Lehrerstande.

Die meisten anderen Redner standen auf der Seite des Vortragenden, wenn
auch abweichende Meinungen in zahlreichen Abänderungsanträgen zu den Thesen
zum Ausdrucke kamen. Eigentümlich berührte es, dass fast alle, die an der
Debatte sich beteiligten, den Beifall der Versammlung fanden, mochte ihre
Stellungnahme auch noch so verschieden sein. Das war wohl darauf zurück-
zuführen, dass dieser Beifall oft mehr den Personen, meist alten, erprobten
Kämpen auf den Tribünen der deutschen Lehrerversammlungen, als der von ihnen
vertretenen Meinung galt. Nach etwa zweistündiger Debatte, an der die Herren
Köhnke-Hamburg, Dr. Lentz-Danzig, Pünjer-Altona, Dr. Schubert-Leipzig, Scherer-
Büdingen, Dönniger-Frankfurt, Lägler-Reichenberg in Böhmen, Weber-München,
Polz-Weimar, Martell-Frankfurt und Otto-Perleberg sich beteiligten, wurden die
Thesen des Vortragenden mit den Abänderungsvorschlägen der Herren Schubert-

Leipzig und Polz-Weimar angenommen. Sie lauten: 1. Das Gefühl nationaler Zusammengehörigkeit, gegründet auf das Bewusstsein gleicher Rechte und gemeinsamer Pflichten aller Glieder des Volkes, muss in sämtlichen Gesellschaftsschichten so viel als nur möglich gestärkt werden. Als ein in dieser Richtung bedeutsames Mittel erweist sich die allgemeine Volksschule. 2. Ein nach psychologisch-pädagogischen Anforderungen organisierter unentgeltlicher Elementarunterricht muss als gemeinsamer Unterbau für alle weiterführenden Bildungsanstalten anerkannt werden. 3. Die Erziehung der Kinder aller Stände leidet in der allgemeinen Volksschule durchaus nicht Not; sie erfährt im Gegenteile mannigfache Förderung, die Schulen nicht zu bieten vermögen, die nur von Kindern bestimmter Bevölkerungsgruppen besucht wurden. 4. Die deutsche Lehrerschaft darf in ihrem Kampfe gegen die der allgemeinen Volksschule entgegenstehenden Vorurteile um so weniger erlahmen, als sich dieselbe überall da, wo sie seit längerer Zeit besteht, trefflich bewährt hat. 5. Die Schulbehörden der deutschen Bundesstaaten sind zu ersuchen, dahin zu wirken, dass den Vorschulen die staatliche Unterstützung entzogen und die Vorschule überhaupt aufgehoben werde. Die Forderung, jedes Kind muss bis zum 10. Jahre die allgemeine Volksschule besuchen, ist in die schulgesetzlichen Bestimmungen aufzunehmen.

Am nächsten Tage (25. Mai) sprach im 3. Hauptvortrage Seminaroberlehrer Muthesius-Weimar über „Universität und Volksschullehrerbildung“. Ausgehend von dem Worte Kants: „Die Erziehung ist das schwerste Werk, das ein Mensch treiben kann“, beleuchtet er die Heranbildung eines besonderen Volksschullehrerstandes seit der Reformation, weist hin auf die immer steigenden Anforderungen, die an den Lehrer gestellt werden und kommt zu dem Schlusse, dass es nicht nur ein Recht, sondern eine sittliche Pflicht des Lehrerstandes sei, zu den Quellen der Wissenschaft vorzudringen und sich den Zugang zu den Universitäten zu erzwingen. Mit Rücksicht auf das, was gegenwärtig erreichbar scheint, schlägt er folgende Thesen vor: 1. Die Universitäten als Zentralstellen wissenschaftlicher Arbeit sind die geeignetste, durch keine andere Einrichtung zu ersetzende Stätte für die Volksschullehrer-Fortbildung. 2. Den Volksschullehrern, die einen regelrechten Studiengang an der Universität durchlaufen haben, ist die Möglichkeit zu bieten, ihre Studien durch Ablegung einer wissenschaftlichen Prüfung zum Abschluss zu bringen. Das Bestehen dieser Prüfung gewährt die Anwartschaft auf den Schulaufsichts- und Seminardienst.

In der Debatte gingen die Meinungen wieder stark auseinander. Wohl war man einig in der Forderung, dass den Lehrern die Universität offenstehen solle; aber ob das Seminar bestehen bleiben und weiter ausgebaut, oder beseitigt werden und demgemäss die Universität nicht nur zur Fortbildung, sondern zur Ausbildung des Lehrers dienen solle, ob zunächst nur einer Auswahl von Seminaristen (wie es gegenwärtig in Sachsen, Hessen und Weimar der Fall ist), oder allen der Zugang zur Universität offenstehen solle u. s. w., darüber herrschte durchaus keine Einigkeit. Schliesslich gelangten die Thesen, die die weitestgehenden Forderungen stellten, zur Annahme: 1. Die Universität als Zentralstelle wissenschaftlicher Arbeit ist die geeignetste, durch keine andere Einrichtung zu ersetzende Stätte für die Volksschullehrerbildung (nicht Fortbildung). 2. Für die Zukunft erstreben wir daher die Hochschulbildung für alle Lehrer. 3. Für die Jetztzeit dagegen fordern wir, dass jedem Volksschullehrer auf Grund seiner Abgangszeugnisse vom Seminar die Berechtigung zum Universitätsstudium erteilt werde.

Die Frage, ob die Universität in ihrer gegenwärtigen Beschaffenheit überhaupt geeignet und imstande sei, diese Ausbildung zu gewähren, wurde in der Debatte zwar berührt (Scherer-Büdingen), blieb aber unerörtert.

Hierauf wurde die Antwort Sr. Majestät des Kaisers auf das Huldigungstelegramm am vorherigen Tage verlesen.

Im 4. Hauptvortrage (25. Mai) behandelte Rektor Juds-Kolberg das Thema: „Die Schulaufsichtsfrage." Dabei suchte er eigentlich zwei ganz verschiedene Fragen zu lösen, nämlich 1. die Beseitigung der Schulaufsicht durch die Geistlichen und den Ersatz derselben durch die fachmännische Aufsicht und 2. die Beseitigung der Ortsschulaufsicht, die der Kreisschulinspektor mit übernehmen soll.

In seinen Ausführungen, die er der vorgerückten Zeit wegen wohl sehr gekürzt hatte, beschränkte er sich lediglich auf die Beleuchtung der geistlichen Schulaufsicht. Kein Stand auf Erden, so führte er aus, werde von Angehörigen eines andern Standes beaufsichtigt; die Beaufsichtigung des Lehrers durch den Geistlichen bedeute daher eine Missachtung des Lehrerstandes; die Wissenschaft der Pädagogik schreite fort; daher sei der Theolog gar nicht mehr imstande, die Arbeit des Lehrers zu beurteilen; Reibereien zwischen Geistlichen und Lehrern würden nach der Beseitigung der geistlichen Aufsicht viel seltener vorkommen; auch wünschen die meisten Geistlichen, mindestens 70—80 Prozent derselben, selbst, dieses Nebenamtes enthoben zu werden.

Die 2. Frage, die Beseitigung der Ortsschulaufsicht, streifte er nur mit einem Satze. Auch in der Debatte wurde nur einmal kurz erwähnt, dass die Aufsichtsbezirke die Kreisschulinspektoren nach Beseitigung der Ortsaufsicht jedenfalls verkleinert werden müssten. Demnach bewegte sich die Debatte beinahe nur um die 1. Frage. Generalsuperintendent Dr. Braun-Königsberg suchte die geistliche Aufsicht zu rechtfertigen; aber alle übrigen Redner stimmten dem Referenten zu, und da sich eine gewisse Beratungsmüdigkeit einstellte (die Verhandlungen hatten bereits 6 Stunden gedauert), so fand ein Antrag, die Thesen des Referenten en bloc anzunehmen, einhellige Zustimmung. Die Thesen lauten: 1. Im Interesse der Schule ist die fachmännische Aufsicht einzuführen. 2. Die Volksschulen sind unmittelbar dem Kreisschulinspektor zu unterstellen; die Lokalschulaufsicht ist zu beseitigen. 3. Die Kreisschulinspektion im Nebenamte ist aufzuheben; zu ständigen Kreisschulinspektoren sind Schulmänner, die sich im Volksschuldienst bewährt haben, zu berufen.

Die Themen der unter No. 2, 3 und 4 behandelten Vorträge sind schon seit Jahren in der pädagogischen Presse und in den Lehrervereinen eifrig erörtert worden. Wenn daher im einzelnen auch die Ansichten auseinander gingen, in den Hauptzielen herrschte beinahe immer Einmütigkeit. Die Vorträge waren daher eigentlich auch nicht dazu bestimmt, die Versammlung über die Fragen zu orientieren, sondern Kundgebungen zu veranlassen. Ob und wie weit die gefassten Beschlüsse verwirklicht werden können, ist eine ganz andere Frage. Unzweifelhaft aber ist es, dass sie für die Bestrebungen der Lehrerschaft gewisse

Richtlinien geben werden. Daher waren die Versammlungen auch immer sehr gut besucht. Die Vertreter waren wohl immer nahezu vollzählig anwesend. Aber auch der übrige Raum der etwa 3000 Menschen fassenden „Festhalle im Tiergarten" (ein riesiger, einfacher Holzbau mit einem Fussboden, wie die Mutter Natur ihn zur Verfügung gestellt hat) war meist bis auf den letzten Platz gefüllt.

Den Hauptversammlungen ging Montag den 23. Mai eine Vertreterversammlung voraus, und Donnerstag den 26. Mai folgte eine solche nach. In der ersteren wurde das Präsidium für die Hauptversammlungen bestimmt, die Reihenfolge der Vorträge festgestellt, für die nächste Versammlung im Jahre 1906 München ein Vorschlag gebracht und eine neue Geschäftsordnung angenommen. Die Verhandlungen der 2. Vertreterversammlung erstreckten sich auf folgende Punkte: 1. Bericht über den Gesamtverein, der nach Anschluss Bayerns und eines Teiles der Reichslande nunmehr nahezu das gesamte Deutschland umfasst. 2. Kassenbericht. Da an die Rechtskasse grosse Anforderungen herantreten, die Comeniusbibliothek jährlich mit 2000 Mark unterstützt werden soll und auch andere Aufgaben vom Verein zu lösen sind, so wird der Mitgliederbeitrag auf 30 Pfennige erhöht (die Vertreter Sachsens stimmten für 50 Pfennige). 3. Die Kommissionen für Rechtsschutz, Reisebuch, Versicherungswesen, Jahrbuch und Kalender, die Zeitschrift „Die deutsche Schule", die statistische Zentralstelle und die Militärangelegenheiten erstatteten Bericht über ihre Tätigkeit. 4. Ein Antrag des Oldenburgischen Landeslehrervereins: „Der Vorstand wolle dahin streben, dass der Beschluss des Bundesrates, nach welchem die Lehrer bei der Wiederimpfung der Kinder anwesend sein sollen, wieder aufgehoben werde," wurde angenommen. 5. Vorort und das Zentralorgan des Vereins bleiben unverändert. 6. Die Aufstellung der Verbandsthemen wurde dem Vorstande überlassen.

Neben den Haupt- und Vertreterversammlungen wurden auch viele, meist sehr gut besuchte Nebenversammlungen abgehalten. Es würde viel zu weit führen, über alle diese Verhandlungen berichten zu wollen; es war ja ganz unmöglich, ihnen allen beizuwohnen, besonders für diejenigen, die verpflichtet waren, an den Haupt- und Vertreterversammlungen teilzunehmen. Nur das Wichtigste sei hervorgehoben:

Die freie Vereinigung für philosophische Pädagogik hielt unter der Leitung ihres Vorstehers Dr. Steglich-Dresden 4 Versammlungen ab. Fett-Königsberg sprach über „Hamann und Dinter als Vertreter des Pietismus und des Rationalismus auf pädagogischem Gebiete". Da der 2. Referent, Dr. Jahn-Leipzig, nicht erschienen war, so behandelte der Vorsitzende selbst die Themen: „Über die Bedeutung der Einbildungskraft in der Philosophie Kants," „Die Stellung der Philosophie Frohschammers zur Psychologie Herbarts" und „Frohschammers Untersuchung über den Ursprung der menschlichen Seele."

Die Vertreterversammlung der Vereinigung deutscher Pestalozzivereine verhandelte besonders über literarische Unternehmungen, deren Reinertrag den Kassen zu gute kommen soll.

In der Versammlung für Freunde der Gesellschaft für Verbreitung von Volksbildung suchte der bekannte Generalsekretär dieses Vereins, Lehrer Tews-Berlin, seine Zuhörer für die freiwillige Bildungsarbeit (Volksbibliotheken, öffentliche Vorträge, Volksunterhaltungsabende u. s. w.) zu erwärmen.

Die Vertreterversammlung deutscher Militärkommissionen erörterte besonders die Frage der finanziellen Fürsorge für den freiwilligen Militärdienst und den weiteren Ausbau der Literatur, die sich mit dem Militärdienste der jungen Lehrer beschäftigt.

In der Generalversammlung der vereinigten deutschen Prüfungsausschüsse für Jugendschriften nahmen die Verhandlungen über geschäftliche Angelegenheiten so viel Zeit in Anspruch, dass die angekündigten Vorträge „Die Tendenz in der Dichtung mit besonderer Berücksichtigung der Jugendschriften" und „Das Geschlechtliche in der Jugendschrift" nicht gehalten werden konnten, sondern im Druck erscheinen werden.

Ebenso verhandelte die Vertreterversammlung der statistischen Kommissionen des deutschen Lehrervereins hauptsächlich geschäftliche Angelegenheiten.

Die Freunde der deutschen Kolonialgesellschaft hielten zwei Versammlungen ab, in denen Vorträge mit Lichtbildern über die Kolonien geboten und die Frage ventiliert wurde: „Soll und kann es zu den Aufgaben der deutschen Lehrerschaft gehören, in den breiten Schichten unseres Volkes, besonders aber in der Volksschule, den Sinn für das grosse, nationale Werk der Kolonialsache zu wecken und zu pflegen?"

Besonders interessant gestaltete sich die Hauptversammlung des deutschen Lehrervereins für Naturkunde. Dr. Abromeit hielt einen Vortrag über „Die Dünenflora unserer Nehrungen", und Rektor Brückmann sprach über „Die geologische Beschaffenheit Ostpreussens".

Ebenso tagten auch die Ausstellungskommission u. a. Es ist daraus zu ersehen, dass auf den verschiedensten Gebieten der Schule fleissig gearbeitet worden ist.

Mit der Versammlung war, wie üblich, eine Lehrmittelausstellung verbunden. Sie zerfiel in 9 Abteilungen: 1. Moderne Schulbauten, 2. Schulbaracken und Modelle, 3. Schulausstattung, 4. Allgemeine Lehrmittel, 5. Heilpädagogik (Blinden-, Taubstummen- und Hilfsschulwesen), 6. Kindergartenarbeiten, 7. Spiel und Sport, 8. Ausstellung von Königsberger Schulen, 9. Schulhygiene.

Abteilung 1 enthielt namentlich Pläne, Abbildungen, Skizzen, Situationszeichnungen u. s. w. von vielen Schulen aus ganz Deutschland, Abteilung 2 mehrere Schulbaracken in natura. Beide Abteilungen waren alte Bekannte aus der Dresdner Städteausstellung. Abteilung 3 enthielt namentlich Schulbänke, Zeichentische, Wandtafeln, Kartenständer u. s. w. der verschiedensten Systeme und Firmen in Deutschland. Nr. 4 sollte hauptsächlich zur Anschauung bringen, was in den letzten zwei Jahren neu erschienen war. Dabei waren aber manche alte, gute Bekannte anzutreffen. Das war insofern gut, als man dadurch Gelegenheit hatte, das Neue mit dem Alten, Erprobten zu vergleichen. Besonders reich waren die Unterabteilungen für Naturgeschichte und für Physik und Chemie ausgestattet. In der ersteren fiel besonders auf, wie man sich bestrebt, die Einzeldinge, z. B. Insekten, Vögel u. s. w., nicht nur an und für, sondern auch in ihrer Umgebung, auf den Pflanzen, von denen sie leben u. s. f., kurz als Glieder einer Lebensgemeinschaft zur Anschauung zu bringen. Die Abteilung für den Blinden-, Taubstummen- und Schwachsinnigenunterricht, sowie für die Spiele im vorschulpflichtigen Alter waren systematisch und übersichtlich angeordnet und gewährten auch dem, der noch nicht Gelegenheit gehabt hat, den Unterricht in den betr. Anstalten zu sehen, einen Einblick in diese eigenartigen Zweige unterrichtlicher Tätigkeit. Recht interessant war auch Abteilung 9. Verschiedene Einrichtungen zur Ventilation und Desinfektion, graphische Darstellungen über mitunter jahrelange Beobachtungen verschiedener Art, richtige und fehlerhafte Bekleidung u. s. f. forderten zu einem Studium heraus, zu dem die Zeit bei weitem nicht ausreichte.

Zu der Ausstellung im weiteren Sinne gehörte es auch, dass der Magistrat einige der neueren Schulen zur Besichtigung geöffnet hatte und dass Jugendspiele und Schwimmübungen vorgeführt wurden. Auch hinsichtlich der Ausstellung stand die Königsberger Versammlung keiner anderen nach; sie zeigte vielmehr, dass die Ausstellungskommission bestrebt gewesen ist, etwas Vollkommenes und teilweise Originelles zu schaffen.

Der Bericht würde aber sehr unvollkommen sein, wollte er nicht auch einen Blick werfen auf das, was bestimmt war, nach den anstrengenden Sitzungen und Beratungen zur Erholung und Erheiterung zu dienen. Die städtischen Behörden, die Bürgerschaft und der Ortsausschuss hatten auch nach dieser Richtung hin vieles aufgeboten, um auch weiteren Ansprüchen zu genügen. Die Sammlungen, Museen, verschiedene gewerbliche Etablissements, der einzigartige, schöne Tiergarten, die hervorragendsten städtischen Gebäude u. s. w. waren den Teilnehmern an der Versammlung geöffnet. Zahlreiche Ausflüge nach der näheren und weiteren Umgebung, besonders nach den beiden benachbarten Strandseen, dem kurischen und dem frischen Haff mit den Nehrungen, und nach den benachbarten, teilweise ganz reizend gelegenen Seebadeorten (Cranz, Rauschen, Warnicken, Palmnicken, Neuhäuser u. a.) boten reichlich Gelegenheit, die alte, interessante Ordensstadt und ihre Umgebung mit Land und Leuten kennen zu lernen. Das gemeinsame Festmahl, an dem gegen 900 Gäste, darunter auch zahlreiche Vertreter der Behörden sich beteiligten, gab Gelegenheit zu manch ernstem und heiterm Worte. An das Festmahl schloss sich am 24. Mai abends ein Schlossteichfest an, bestehend in Militärkonzerten, Vorträgen mehrerer Männergesangvereine, Gondelkorso, Uferbeleuchtung und Wasserfeuerwerk. Der Schlossteich ist an sich schon eine Sehenswürdigkeit Königsbergs, und es ist zu bewundern, dass es gelungen ist, ein solches Kleinod zu retten in den Zeiten, als in den Festungen meist der Platz zu eng wurde und doch der Bürger nicht wagen konnte, ausserhalb der schützenden Wälle sich anzusiedeln.

So konnte denn im Schlusskommers, der ebenso wie der Begrüssungskommers in der Festhalle des Tiergartens stattfand und so stark besucht war, dass viele Einlassbegehrende keinen Platz mehr fanden, mit Genugtuung und aufrichtigen Danksagungen gegen alle, die zum Gelingen der Versammlung beigetragen hatten, konstatiert werden, dass die Königsberger Versammlung sich ihren Vorgängerinnen würdig angereiht habe, und viele Freunde trennten sich mit dem Gelübde: Auf Wiedersehen in zwei Jahren in München!

II.

Bericht
über die Versammlung des Vereins für wissenschaftliche Pädagogik in Stuttgart am 23. u. 24. Mai 1904 nebst einigen Zusätzen.

Von Fr. Franke in Leipzig.

Mit dieser Versammlung hat der Verein seit seinem Bestehen erst zum zweiten Male die Mainlinie überschritten; die erste Versammlung auf süddeutschem Boden fand 1888 in Nürnberg statt. Der Verein hat dort noch nicht viele Mitglieder, aber eine rührige und hart angefochtene Korporation, der „Verein für erziehenden Unterricht", hat seine Tätigkeit entfaltet und besitzt in dem „Schulfreund" ein monatlich erscheinendes Organ, das auch namentlich von den Würzburger Freunden mitbenutzt wird. Mittelschullehrer Glück in Stuttgart wies in seiner Begrüssung auf der Vorversammlung (im „Herzog Christoph") hin auf die Kämpfe, die gegenwärtig in Württemberg um den Lehrplan der württembergischen Volksschule geführt werden. Es ist dort noch ein unter dem Einfluss der preussischen Regulative entstandener Normallehrplan in Geltung, der wie diese die einklassige Schule als Norm ansieht. Er hat bei seinem Erscheinen wohl einigen Nutzen gestiftet, ist aber längst ein Hindernis des Fortschrittes und schränkt namentlich dadurch, dass seine Vorschriften sehr ins Einzelne gehen, Freiheit und Leben ein. Die württembergischen Herbartianer haben schon seit einer Reihe von Jahren Fluss in die Lehrplanfrage zu bringen gesucht: durch theoretische Arbeiten, durch Herausgabe des „Anti-Normallehrplanes", durch Spezialbesprechungen, durch Nebenversammlungen bei den Hauptversammlungen des württembergischen Volksschullehrervereins u. s. w. Seit etwa zwei Jahren, d. h. seit der Organisierung des Landesvereins für erziehenden Unterricht, haben sich auch weitere Kreise an dieser Arbeit beteiligt, aber merkwürdigerweise richtete sich diese neue Arbeit bisher weniger gegen den alten Lehrplan, als vielmehr gegen diejenigen, welche in der Sache die erste Arbeit getan haben. Solche Gegenarbeit geht wenigstens von einer Richtung aus, welche sich dort gern deutsche Pädagogik nennt, aber unter die Sozialpädagogik im modernen Parteisinne fällt. Insofern geht dann der Kampf nicht die Württemberger allein an. Doch sind in der Bewegung auch andere Stimmen laut geworden. Das klang auch heraus aus den Begrüssungsworten des Herrn Straub, der im Namen des Stuttgarter Bezirkslehrervereins sprach. Er hob dann noch hervor, dass der V. f. w. P. alle Arten der Lehrer zusammenfasse und dem Gedanken des einen Zieles aller unterrichtlichen Tätigkeit eine dauernde Stätte bereitet habe; sonst habe die Entwicklung zu immer weiterschreitender Absonderung geführt. — Der Vorsitzende, Prof. Theod. Vogt, erwiderte darauf u. a.: Wir sind der Einladung, hierher zu kommen, gern gefolgt und freuen uns, aufs neue zu sehen, wie unsere Pädagogik als Sauerteig wirkt. Für die Diskussion ist aber festzuhalten, dass wir Pädagogik und Politik auseinanderhalten und dadurch die Schäden vermeiden, welche durch Vermischung derselben entstehen. Dass Sie hier im Kampfe stehen, hat uns nicht abgeschreckt, und das Jahrbuch trägt gerade diesmal einen besonderen Charakter. Aber man würde die kritischen Arbeiten desselben nicht richtig würdigen, wenn man den positiven Inhalt derselben übersähe; positive Vorschläge zu machen, oder ihnen zur Durchführung zu verhelfen, ist auch das eigentliche Ziel der uns vorliegenden Kritiken. — Was hierbei über die Angriffe auf die Grundlagen unserer Pädagogik gesagt wurde, wurde am folgenden Tage fortgesetzt und wird dort im Zusammenhange mitgeteilt. Sodann folgten Mitteilungen aus den Lokal- und Landschaftsvereinen. In Württemberg haben sich zunächst an einzelnen Orten kleine Kränzchen gebildet, die sich mit der Lektüre einführender oder grundlegender Schriften beschäftigt haben und dann zu Lehrproben übergegangen sind; die letzteren Veranstaltungen sind vielleicht am meisten geeignet, weitere Kreise zu interessieren, wie es sich z. B. in Reutlingen gezeigt hat. Aus den kleinen Anfängen aber hat sich durch treue, ausdauernde Arbeit der zusammenfassende Verein für erziehenden Unterricht gebildet. Seminarlehrer König berichtet von dem Kränzchen in Strassburg i. E., das seit 13 Jahren besteht und z. B. drei Jahre auf die Lektüre von Zillers „Grundlegung" verwendet hat. Weiter wird berichtet über den Herbartverein in Leipzig, über die rege Tätigkeit in Mansfeld, im Unstruttale, in Halle, in Magdeburg, über die Vorträge Flügels, endlich über den allgemeinen Thüringischen Herbartverein, der 1300 Mitglieder hat und in diesem Jahre seine Osterversammlung in Meiningen abgehalten hat. Hierbei wird unter Bezugnahme auf die oben erwähnte Zusammenfassung des Lehrstandes gesagt, der Verein könne diese Zusammenfassung nur leisten, indem er die gemeinsamen Grundgedanken aller pädagogischen Tätigkeit immer in den Mittelpunkt der Arbeit stellt; sonst können die Einigungsbestrebungen nicht dauernd gedeihen. Das setzt aber voraus, dass genug Leute da sind, welche diese Arbeit tun neben der anderen eben so nötigen Arbeit, die allgemeinen Grundgedanken in besonders gearteten Verhältnissen anzuwenden. Damit kam man wieder auf die in Hildburghausen angestellten Überlegungen zurück. (Päd. Stud. 1901, S. 352 ff.) Dort wurde gesagt, die Landschafts- und Ortsvereine könnten die Aufgabe eines allgemeinen Vereins (die bisher dem V. f. w. P. zugefallen ist) nicht leisten und der allgemeine Verein nicht die Aufgaben der Zweigvereine. Das letztere ist wohl ohne weiteres klar. Hingegen das erstere braucht nicht ohne weiteres wahr zu sein; denn es kann doch jede Vereinigung gerade so wie jede einzelne Person ihre freie Arbeit oder wenigstens einen Teil derselben den allgemeinen pädagogischen Aufgaben zuwenden, und so geschieht es meines Erachtens auch tatsächlich. Es ist aber auch natürlich, dass auf einen bestimmten Boden beschränkte Vereinigungen die besonderen Verhältnisse desselben ins Auge fassen und umgestaltend darauf einwirken möchten. Dazu ist aber nötig ein verständiges Zusammenwirken mit den durch die Verhältnisse gegebenen Mitarbeitern, auch soweit sie etwa abweichende Anschauungen hegen oder wenigstens die Gleichartigkeit derselben nicht durch Zugehörigkeit zu dem allgemeinen Vereine betätigen wollen und von den Arbeiten desselben nur mittelbar die Wirkung empfangen. Es muss daher, so scheint es mir, auch in Zukunft wenigstens bei Landschaftsvereinen bei dem Paragraphen unserer Satzungen bleiben, nach welchem die Mitglieder der Zweigvereine nicht notwendig zugleich Mitglieder des allgemeinen Vereins sein müssen.[1]) Wenn aber wirklich, wie in Stutgart gesagt wurde, der gegenwärtige Kampf gegen unsere Pädagogik „vielleicht einheitlich geleitet" ist, so dürften die Angegriffenen vielleicht auch an eine bessere Zusammenfassung denken. Die allgemeinere Absendung von Mitgliedern auch nach entfernten Versammlungsorten, nötigenfalls mit Reisegeldern, wurde gerade in Stuttgart nahegelegt. Es könnte auch die Jahresversammlung in zweckmässiger Reihenfolge in das Gebiet je eines Zweigvereins gelegt werden, der dann auf seinem Gebiete den eigentlichen Versammlungsort bestimmte. Dieser Zweigverein könnte dann in dem betr. Jahre seine eigene Versammlung mit jener Hauptversammlung „vereinigen", wie der Herbartverein in Rheinland und Westfalen 1893 seine Sommerversammlung „ausfallen" liess. Daraus ergeben sich auch Folgerungen, wie der Vorstand zu bilden und wie das literarische Band einzurichten wäre. Bei letzterem müsste eine Einrichtung geschaffen werden, dass in erster Linie die allgemeine wissenschaftliche Arbeit mit ihren Ergebnissen, Zielen, Spaltungen etc. zu allgemeiner Kenntnis käme, ebenso aber auch die praktischen Anstrengungen und Versuche, die man hier oder da macht, und das Schicksal derselben, und dass daneben der einzelne Kreis im besonderen noch tun könne, was er für nötig hält; man denke an ein allgemeines Organ mit besonderen Beilagen. — Das sind nun einstweilen „nur Phantasien", aber sie scheinen mir zeitgemäss und sind deshalb zur weiteren Erwägung hier mitgeteilt worden.

Weiter wurde berichtet über den Stand der Gymnasialpädagogik in Österreich. Die Abneigung vieler Mittelschullehrer gegen die Herbartische Pädagogik erklärt sich zum Teil aus der Befürchtung, es möchten aus unseren methodischen Forderungen strenge Verordnungs-Paragraphen entstehen, während die jetzt geltenden „Instruktionen" eine mehr höflichratende Sprache reden. Diese Umwandlung würde aber ein Missbrauch wissenschaftlicher Arbeiten sein, an dem der Verein unschuldig sein würde. Man vergleiche die vorjährigen Verhandlungen, Päd. Stud. S. 352 und Erläut. S. 15 f. Sehr erfreuliche Mitteilungen machte Erziehungsrat G. Wiget aus Rorschach über den Stand der Herbartischen Pädagogik in der Schweiz; der Grundsatz, dass jeder Richtung ein gewisses Mass von Bewegungsfreiheit zu gewähren sei, wird dort noch jetzt so vertreten, wie ehemals, als die Herbartianer diese Freiheit für sich zu erlangen suchten.

Die wissenschaftlichen Verhandlungen an den beiden folgenden Tagen fanden statt im Saale der Mädchenmittelschule I; die zahlreich Versammelten wurden am ersten Morgen von Herrn Rektor Salzmann herzlich begrüsst. Von den schon S. 227 aufgeführten neun Arbeiten des Jahrbuches sind nur fünf zur Besprechung gekommen; die Beteiligung war eine so rege, dass die Zeit nicht weiter reichte. Man folgte diesmal der Reihenfolge vom All-

---

[1]) Notwendig aber ist es, dem Hauptvereine möglichst viele Mitglieder zuzuführen. Der Hauptverein wird auf die Öffentlichkeit einen weit grösseren Einfluss ausüben können, als irgend ein Provinzial- oder Ortsverein. D. R.

gemeinen zum Besonderen, und so machte Vogts Arbeit: „Urteile eines Empiristen über die Herbartische Pädagogik und ihre Fundamente" den Anfang. Darauf folgte meine Arbeit: „Zu Herbarts Lehre vom Gefühl und zu Rissmanns Ablehnung." Sie behandelt z. T. dieselben Fragen, wie die vorige. Ich werde deshalb hier keine äusserliche Unterscheidung versuchen, dagegen an passender Stelle dem, was ich in Stuttgart zu Rissmanns Entgegnung auf meine Arbeit gesagt habe, noch einige Bemerkungen beifügen. (Vgl. Deutsche Schule 1904, S. 325 f.)

Die Ausführungen von Prof. Theobald Ziegler, gegen die Vogt sich richtet, enthalten keine Begründung, sondern nur „Urteile", nämlich: Herbarts Ethik sei individualistisch, seine Psychologie sei intellektualistisch, und sie sei metaphysisch begründet, statt rein empirisch zu sein; deswegen seien beide heute als Grundlage einer Pädagogik untauglich. Zu dem dritten Vorwurfe wandte man sich zuerst. Vom Tode Kants bis zum Tode Hegels herrschte in Deutschland die idealistische Philosophie und in derselben der synthetische oder deduktive Denkweg; das Philosophieren bewegte sich in luftigen Konstruktionen, die Erfahrung ergriff man durch Erschleichungen. Darauf folgte als naturgemässe Reaktion die andere Einseitigkeit; man will nun alles durch Analyse der Erfahrung leisten, oder wie es v. Oettingen ausgesprochen hat: Nach Induktion strebt alles, was auf wissenschaftliche Bedeutung Anspruch macht. Herbart war beiden Richtungen immer ein unbequemer Gegner, den Empiristen deswegen, weil er die Erfahrung nicht etwa beiseite schiebt, sondern berücksichtigt, wie es der Inhalt des betr. Gebietes der Philosophie fordert. So hat er schon seinen Zeitgenossen zugerufen, man möchte über die Probleme der Erfahrung und Naturwissenschaft selber nachdenken, statt bloss über die Schriften Kants zu philosophieren.

Aber der induktive Denkweg, die Analyse der Erfahrung, führt in gewissen Zweigen der Philosophie nicht zum Ziel, nämlich in den normativen Wissenschaften: Logik, Ästhetik und Ethik. Sehen wir von den ersten beiden, ferner von der Mathematik hier ab, so zeigt die Analyse oder Induktion auf ethischem Gebiete nur, dass die Menschen verschieden handeln und dabei verschiedenen Motiven folgen; aber sobald wir die eine Reihe der Handlungen und Motive gut, die andere Reihe schlecht nennen, ohne dabei an einen blossen Vorteil oder Nachteil zu denken, überschreiten wir das, was die Induktion uns gesagt hat, und geben der Wissenschaft vom ethischen Werte einen Anfangspunkt von innen, von uns aus. Dementsprechend sagt Vogt, Herbarts Ethik gründe sich weder auf den Willen des Individuums, noch auf den Willen einer Gesellschaft, sondern sie gehe von Gedachtem aus. Synthetisch wird dieser Denkweg genannt, weil sich mit dem aus der Erfahrung Aufgefassten in dem Auffassenden ein Zusatz verbindet, der Billigung oder Missbilligung ausdrückt; das Aufgefasste ist das Subjekt, der Zusatz das Prädikat des synthetischen Urteils. Bei der Entstehung desselben ist es nötig, Erfahrungen bereits zu besitzen oder den Zögling Erfahrungen machen zu lassen, damit er die Subjekte der ethischen Urteile gewinne, und das Eintreten des Urteils ist selbst wiederum eine neue innere Erfahrung, welche eintritt, wenn die psychologischen Voraussetzungen dazu vorhanden sind. Psychologisch angesehen ist das Prädikat des synthetischen Urteils ein Gefühl; aber trotzdem gehören diese Urteile zu dem Objektivsten und Wertvollsten, was der Mensch besitzen oder erwerben kann, oder wie ein Redner sich äusserte: Es gibt nach Herbart Gefühle, über welche der Mensch nicht hinaus kann.

Auf eine Anfrage antwortet der Vors. noch, er nenne solche Urteile Urteile a priori, weil sie sich hinsichtlich des dadurch ausgedrückten normativen Wertes nicht weiter rückwärts beweisen lassen, wie die Grundurteile der Logik und Ästhetik auch und wie ferner die Axiome der Mathematik; dagegen beruhen sie nach unserer deterministischen Psychologie nicht wie Kants Urteile a priori auf einer ureignen Geistesorganisation, sondern sie lassen sich hinsichtlich ihrer Entstehung nach rückwärts verfolgen und bleiben aus, wo die psychologischen Bedingungen nicht erfüllt sind, beides sowohl beim einzelnen Menschen als auch in der Entwicklung der Völker. Was hierbei über den japanischen Ehrentitel „Spion" sowie über die sog. „geborenen Verbrecher" gesagt wurde, will ich übergeben.

In der Versammlung wurde die Meinung geäussert (ich habe sie auch schon früher gehört), diese Darstellung Vogts berühre wie etwas Neues. Neu ist aber daran Herbart gegenüber nur die Einreihung der Logik in die normativen Wissenschaften und die Zusammenfassung derselben unter dem Namen Dignitätslehre, während Herbart nur Ästhetik und Ethik zusammennimmt, und zwar als Ästhetik oder praktische Philosophie im weiteren Sinne. Der Vors. verwies auf seine Abhandlung im 33. Jahrbuche; das Wesentliche davon ist auch schon im 12. Jahrbuche vorgelegt worden, und Lotts Schrift „Zur Logik" erschien 1845. Damit nicht etwa die Frage wegen der Neuheit störend eingreife in die jetzt vor allem wichtige Frage, worin der ethische Wert eigentlich liege, gestatte ich mir, ein paar Stellen anzuführen aus Herbarts Aufsatz „Über ästhetische Darstellung der Welt", die leichter von jedermann im Zusammenhange nachgeprüft werden können als z. B. die entsprechenden Ausführungen in der „Allg. prakt. Philosophie".

„Der Sittliche gebietet sich selbst. — Was gebietet er sich?" — „Vergeblich würde man den Begierden Gehorsam auflegen, wenn man die Vernunft hinterher wieder zur Begierde machen wollte. Ewig wahr bleibt Kants Lehrsatz: kein praktisches Prinzip dürfe die Wirklichkeit irgend eines Gegenstandes fordern." Daraus folgt, dass „ursprünglich die Vernunft nicht Wille ist; denn ein Wille, der Nichts will, ist ein Widerspruch. Die Vernunft vernimmt; und sie urteilt, nachdem sie vollendet vernahm. Sie schaut und richtet." Dies zu tun, muss der Sittliche in sich eine Notwendigkeit finden; aber keine theoretische, bloss natürliche Notwendigkeit; „man kennt den Unterschied zwischen Sollen und Müssen. Also auch keine logische; denn diese ist, an sich, ebenfalls ein Müssen." [Hier liegt die Abweichung Vogts von Herbart; letzterer verkenne die logische Evidenz, die ihrer Art nach ein Sollen sei und oft genug wie ein solches verletzt wird, nämlich wenn der logischen Aussage ein Wille entgegenwirkt. Jahrb. S. 240.] „Also nichts Geschlossenes, nichts Gelerntes, nichts in der Erfahrung Gegebenes oder durch die Naturlehre Erforschtes! [Auch der Staat hat nach Herbart eine Naturlehre.] Soweit behält Kant durchaus Recht, der das Empirische der reinen Vernunft streng entgegensetzt." — „Unter den bekannten Notwendigkeiten ist nur noch die ästhetische übrig. Diese charakterisiert sich dadurch, dass sie in lauter absoluten Urteilen, ganz ohne Beweis, spricht, ohne übrigens Gewalt in ihre Forderung zu legen." Weil aber das

Urteil mit dem Vorstellen des Gegenstandes immer wiederkehrt, „gilt es dem Menschen, der ihm nicht entfliehen kann, endlich als die strengste Nötigung." Nun hat man „die so erhaltenen Urteile zu konstruieren, eine Lebensordnung daraus zu bilden". „Es versteht sich, dass die einfachen Grundurteile über den Willen, zwar nicht als Formeln, aber als Beurteilungen individueller Fälle, eben wegen ihrer Einfachheit und absoluten Priorität schon dem Kinde nicht entgehen können, wofern ihm nur die Gelegenheiten von seiner Umgebung dargeboten werden."

Endlich: „Wie man das rohe Verlangen hüten soll, dass es sich nicht durch die Tat seine Kraft beweise und dadurch entschiedener Wille werde; so muss dagegen, wo sich richtige Überlegung erhebt, dieselbe in Handlung gesetzt und bis zur Erreichung ihres Zwecks unterstützt werden. So erfährt die Vernunft, was sie vermag; und fasst Mut, zu regieren." — Zu allem kommt dann noch die Bemerkung, Herbart wolle nicht „eine neue Sittlichkeit erfinden und dadurch den strengen Forderungen der alten und echten hohnsprechen", sondern seine Ethik werde „ihr Verdienst darin suchen, nichts Neues, aber das Alte deutlicher zu sagen".

Dass der erziehende Unterricht auch der Umsetzung in Handlung bedürfe, kam in der Versammlung gleichfalls zur Sprache; hier müssten aber die Massregeln der Zucht eingreifen, und dazu sei es nötig, unser im ganzen ärmliches Schulleben auszubauen.

Damit ist nun auch Zieglers Vorwurf des Individualismus bezüglich der Ethik beleuchtet. Eine wirklich individualistische Ethik war die von Rousseau; denn dieser lehrte, der ethische Wert liege in der durch die „Kultur" noch nicht verderbten Natur des Einzelmenschen. Dieser Anschauung entsprechend gründete er den Staat auf den Willen der Einzelnen, und diese pochten dann auf ihre Vorrechte und liessen den Staat zu Grunde gehen. Der Voraussetzung gemäss musste er dagegen mit Notwendigkeit ein Idealstaat werden, so weit es der nach Rousseaus Lehre gestalteten Erziehung gelänge, die verderblichen Einflüsse der „Kultur" zurückzudämmen. Das passt auf Herbarts Ethik und Pädagogik schlecht, und in anderem Zusammenhange wissen das die Gegner wohl auch. Habe ich doch im Jahrbuch S. 293 Herbarts Wort: „Der Mensch bedarf der Kunst, welche ihn erbaue, ihn konstruiere, damit er die rechte Form bekomme" (über den Standpunkt der Beurteilung der Pestalozzischen Methode: am Schlusse) vor der Übertreibung zu schützen gehabt, das Kind werde dabei als ein „Machwerk" angesehen. Heisst es doch bei Herbart z. B. gleich nach jener Stelle, dass man den menschlichen Geist „nicht wie eine tote Tafel ansehen darf, auf welcher die Buchstaben so stehen bleiben, wie man sie hingeschrieben hatte"; und wird doch auch das „Bauen" sogleich näher bestimmt: Die Pestalozzische Methode ergriff eifriger und kühner als jede frühere Methode „die Pflicht, den Geist des Kindes zu bauen, eine bestimmte und hellangeschaute Erfahrung darin zu konstruieren, — nicht zu tun, als hätte der Knabe schon eine Erfahrung, sondern zu sorgen, dass er eine bekomme" u. s. w.

Eine wirkliche Sozialethik ferner war die von Plato. Nach dieser liegt der ethische Wert in der Natur des Staates; was seinem Bestande dient, ist richtig, weil er ein Staat ist, auch das nach unseren Begriffen unmoralische

Verhältnis der drei Stände oder das Aussetzen derer, die demselben voraussichtlich nichts nützen würden. Diese „Gerechtigkeit", die an dem Eingange seiner Ethik steht, ist daher wirklich etwas Gesellschaftliches, während die Tugend in Herbarts Sinne sich zunächst nur in der Person realisiert. Doch kann sie wiederum schlechterdings nicht in der Einzelperson eingeschlossen bleiben. Hier habe, meinte der Vors., seine Arbeit eine Lücke.

In dem gegenwärtigen Kampfe bestreiten nun manche Vertreter der Sozialpädagogik, dass diese allgemein den ethischen Wert nur auf diesen Nutzen für die Gesellschaft oder auf den gesellschaftlichen Willen gründe. So sagt Rissmann in seiner Entgegnung auf meine Jahrbucharbeit, Sozialpädagog bedeute mir „einen, der absolute sittliche Werte nicht anerkennt, vielmehr den ethischen Wert menschlichen Handelns nach dem Erfolg bestimmt", und in diese „selbstgefertigte Schablone" suche ich ihn hineinzupressen, er aber habe sich gegen diesen Vorwurf „mehrmals ausdrücklich verwahrt". Dazu muss ich zuerst bemerken, dass sich meine Ausführungen nicht auf die Sozialpädagogik beziehen; sie wollen vielmehr darlegen, welche Stellung und Bedeutung das Gefühl in Herbarts Psychologie hat, und damit dem Vorwurf des Intellektualismus entgegentreten. Weil man hierbei auf das ethische Urteil zu sprechen kommen muss, so ist dabei „Paulsen u. a." sowie einer bestimmten „Richtung der Sozialpädagogik" die Gründung des ethischen Wertes auf den Erfolg nachgesagt, und das wird anscheinend nicht mehr bestritten. Auf Rissmann ist es angewendet mit Hilfe eines „scheint" (Jahrb. S. 296 und Schlusswort). Den Anlass dazu gab eine psychologische Behauptung Rissmanns, welche er auch jetzt noch nicht anders zu deuten versucht hat, und dem Anlass gemäss wird von mir der bloss psychologische Gefühlserfolg für das Individuum und der reale Erfolg für die Gesellschaft unterschieden.

Wahr ist nun, dass er sich gegen diesen Vorwurf öfter verwahrt hat; so erst kürzlich wieder D. Sch. 1904, S. 113, wo es u. a. heisst: „Es ist ein bekannter Trick streitbarer Herbartianer, die Sozialpädagogen sämtlich als Vertreter des ethischen Evolutionismus hinzustellen. Das ist ein Irrtum. Weder Prof. Natorp, noch z. B. Dr. Görland und meine Wenigkeit sind Evolutionisten. Ich für meine Person lehne diese Theorie ab, weil sie meiner Ansicht nach nicht imstande ist, die tatsächliche Unbedingtheit der sittlichen Forderungen ausreichend zu begründen." Das ist gesagt gegen Jetter, und dieser hat es an der betr. Stelle wirklich mit evolutionischen Ansichten zu tun. Aber auch bei Rissmann klang einstmals das Lied anders. Trotzdem können die älteren Leser der Päd. Studien finden, dass ich auch in meiner Arbeit: „War Dörpfeld Individualist? Mit Rücksicht auf Abhandlungen R. Rissmanns erwogen" (1896) nur gesprochen habe von einem „Schwanken Rissmanns" zwischen entgegengesetzten Anschauungen (S. 104). Das Schwanken ist dort aus seinen wirklichen Äusserungen nachgewiesen, ohne Trick und ohne Schablonenpresserei. Der Evolutionismus ist aber nur eine der falschen ethischen Denkweisen, nämlich die moderne Verbindung des Monismus mit der Darwinischen Entwickelungslehre (S. 90); eine andere derartige Ansicht ist die von Natorp, welche im wesentlichen auf der Sozialethik Platos, nicht auf Pestalozzi ruht, und auf welche sich zur Zeit Rissmann zu stützen scheint. Die Ablehnung des Evolutionismus, so erfreulich sie an sich ist, macht also dem

Kampfe und wohl auch dem Schwanken noch kein Ende. Das beweist eine Äusserung Rissmanns, welche der von der tatsächlichen Unbedingtheit der sittlichen Forderung folgt: die formale Forderung des Wohlwollens z. B. habe absolute Geltung, aber was man derselben gemäss nun tue, das hänge von der Kulturentwicklung ab. Das zeigt noch keine klare Erkenntnis des „Absoluten", denn es trifft doch gewiss nicht den Gegensatz zwischen absolut und relativ oder zwischen unserer Pädagogik und der Sozial- oder Kulturpädagogik; der Gedanke an sich ist sogar in Präparationen über das Wohltun zu finden, und in Stuttgart wurde z. B. bemerkt: Einst kam es wohl vor, dass man die Alten mit der Axt totschlug, jetzt baut man ihnen freundliche Asyle; das Wohlwollen, d. h. das einfache moralische Urteil, welches demselben zu Grunde liegt, ist dasselbe, nur die Mittel, demselben zu gehorchen, sind ganz andere geworden.

Einer unklaren Bewegung gegenüber ist es immer von Vorteil, wenn man auf konsequente Durchführung gewisser Grundgedanken hinweisen kann. So habe ich früher aus der „Ethik" von Fred Bon einiges Erschreckliche hervorgehoben (Päd. Stud. 1898, S. 248) und Bergemanns Lehren bis zu den didaktischen Handlungen verfolgt (1900, S. 405); so habe ich auch jetzt im Jahrbuche auf die Frucht Bergemannscher Gedanken in Bezug auf den Lehrplan u. s. w. hingewiesen (S. 276). Rissmann erklärt diese letzteren „Andeutungen" als eine Massregel meiner an ihm verübten Schablonenpresserei, versucht aber nicht etwa nachzuweisen, dass die konkreten Massnahmen Stettners, die unsere württembergischen Freunde bekämpfen, nicht Früchte von Anschauungen sind, die neben anderen auch Rissmann vertreten hat. Er wird darum auch von Stettner mit als Autoriät angeführt.

Trotz allem aber, was gegen die angeführten Erklärungen Rissmanns zu sagen war, sind dieselben doch wertvoll als Zeichen, dass der wahre Streitpunkt des gegenwärtigen Kampfes allmählich klarer wird; er ist nicht ausgedrückt in den Worten individual und sozial, sondern es handelt sich um Sein oder Nichtsein der Herbartischen idealen Ethik — so hiess es schon in den Erläuterungen zum 22. Jahrbuche, und meine frühere Arbeit über Dörpfeld hatte die Absicht, diese Tatsache aus zeitgeschichtlicher Verdunkelung hervorzuziehen.

Damit wäre dann zugleich die zweite Behauptung der Sozialpädagogen ins rechte Licht gerückt, zu einer sozialen, d. h. richtigen und umfassenden Begründung der Pädagogik tauge Herbarts Individualismus nicht. Die Herbartianer haben sich gegen diesen Vorwurf „ausdrücklich verwahrt", seit dem Streitwort Sozialpädagogik ertönt; in Stuttgart wurde wieder dazu bemerkt: Wer Herbarts Ethik individualistisch nennt, kennt sie nicht recht. Sie hält auch der Gesellschaft ein Ideal vor, dem diese zustreben soll, nämlich das Bild der beseelten Gesellschaft, in welcher die ethischen Ideen die Herrschaft haben wie die Seele über den Leib. Wohl waren die sozialen Probleme der Gegenwart Herbart zum Teil unbekannt, aber seine Ethik reicht für die Lösung derselben aus. Demgemäss ist auch „die Herbartische Pädagogik sozial gerichtet wie keine". Es wird erinnert an den entwicklungsgeschichtlichen Gedanken; nach demselben soll der Zögling durch die Hauptstufen der volklichen und menschheitlichen Entwicklang hindurchgeführt werden, damit er einst an der weiteren Entwicklung mitarbeiten könne. Auch wird darauf hingewiesen, dass Ziller ebenso wie Pestalozzi eine Bewahranstalt gründete. Mit der richtigen Erziehung der Jugend wird dann auch eine Wirkung auf die Erwachsenen erreicht werden, so weit sie ihr überhaupt zugemutet werden kann. Soll freilich Sozialpädagogik bedeuten, dass die Erziehung nur für den Staat zu arbeiten habe, dann wollen wir ihr nicht folgen. In der Geschichte der Erziehung ist auch dies Programm niemals so weit durch-. geführt worden, dass man gesagt hätte, das Kind gehöre gar nicht mehr den Eltern, und wo man darin am weitesten ging, z. B. in Sparta oder bei den Jakobinern, da liess die Not den Leuten, die bestimmte politische Pläne hatten, keine andere Wahl, und Vorbilder sind uns dabei nicht gegeben worden! Jetzt werden wieder einmal Vorschläge gemacht, nach welchen man den Zögling einfach in die „wirkliche Welt" hineinwerfen, den Willen der Gemeinschaft auf ihn wirken lassen soll. Das setzt aber eigentlich eine ideale Gesellschaft, insbesondere einen idealen Staat voraus. So lange wir diese nicht haben, wird die Pädagogik in dem Wirklichen, Gegenwärtigen immer einen Unterschied machen und darnach zu bestimmen suchen müssen, was auf den Zögling einwirken solle. Die „Gegenwartsstoffe", ein Schlagwort aus dem württembergischen Lehrplankampf, spielten hier und noch öfter in die Debatte herein.

Die Ethik, welche nun nach Prof. Ziegler zur Grundlage der Pädagogik dienen und sich vorzüglich dazu eignen soll, ist näher besehen eine naturalistische Ethik, denn die Menschen sollen nach derselben das werden, was sie von Haus aus sind, nämlich Menschen (hierin zeigt sich die Wirkung des empiristischen, bloss induktiven Philosophierens). Sie ist ferner eine widerspruchsvolle Ethik, weil sie das Glück zum alleinigen Ziel des Strebens macht; denn was die wirklichen Menschen als Glück erstreben, lässt sich nicht in ein Ziel zusammenfassen — man vergleiche den Kapitalisten und den Arbeiter, den begehrlichen Genussmenschen und den praktischen Idealisten oder das vermeintliche Glück, das man in der Gegenwart erstrebt, und das wahre Glück, das man in irgend einer Zukunft vergeblich wünschen wird, jetzt erstrebt zu haben.

In pädagogischer Hinsicht aber kommt Prof. Ziegler über einzelne Imperative nicht hinaus, und wenn er dann weiter vor allem „viel, viel gesunden Menschenverstand" für nötig erklärt, so müssen wir dagegenhalten, dass man auch damit um eine wirkliche Berufsbildung nicht herumkommt. Mit dieser Forderung erweist er sich geradezu als ein rückwärtsschauender Prophet. Der gesunde Menschenverstand war auch schon in Ansehen, als die pädagogischen Kunstgriffe nach Handwerkerart dem Sohne oder dem Lehrling überliefert wurden; und die Wissenschaft, die wir suchen, wird denselben auch nicht ausser Dienst stellen.[1]

Der Ankündigung des Bankerotts gegenüber wird gesagt, Prof. Ziegler möge die Wechsel vorweisen; einstweilen fehlt es auf seine Einwände und Vorwürfe nicht an Gründen, und wir werden an Herbart festhalten, bis wir etwas Besseres haben. In der Praxis kann übrigens niemand für den Erfolg völlig gutst.hen, weil niemand den Schüler ganz in der Hand hat; selbst aus dem geschlossensten aller Erziehungssysteme, dem der Jesuiten, kommen immer wieder

---

[1] In der Päd. Revue, Band 10, 1845 ¹, S. 11 sagt Mager über Herbart, dass er „nicht nur ein grosser Pädagog, sondern auch ein grosser Philosoph und nebenbei ein Mann von eminentem bon sens war".

Misserfolge zur öffentlichen Kenntnis. („Die beste Erziehung misslingt gar oft"
sagt Herbart in einer der Vorlesungen über Pädagogik; daher soll der Erzieher
bescheiden genug sein, „nicht die ganze Determination in seiner Hand zu glauben."
Ähnlich sagt er gegen Fichte, in dessen Erziehungssystem ebenso wie bei den
Jesuiten „das Band der Anhänglichkeit an Vater und Mutter aufgelöst ist", der
Erzieher werde „niemals von Unfehlbarkeit zu reden wagen". Päd. Schriften,
herausg. von Willmann, I, S. 544, 547, II, S. 209.) Die Kritik Zieglers braucht
uns daher nicht zu beunruhigen. Doch wurde an dieser Stelle die Zurückweisung
derselben durch den Vors. dankbar begrüsst, denn die Ankündigung des Bankerotts
sei sofort mit Lust aufgegriffen und zu agitatorischen Grabreden benutzt worden.
Auch der Vorwurf finde leicht Gläubige, Herbart setze das Ziel in den Willen,
könne aber eigentlich seiner Psychologie gemäss nur von Vorstellungen reden;
hier sei daran zu erinnern, dass die Vorstellungen im metaphysischen Sinne, die
er auch Selbsterhaltungen nennt, nicht den Vorstellungen der empirischen Psychologie gleichzusetzen sind. Der Übergang von dem Vorstellen zum Wollen ist in
Zillers „Grundlegung" behandelt in den Abschnitten vom Interesse; dieses ist
ein Vorstellen, verbunden mit dem Gefühl der Wärme, der Wertschätzung,
woraus dann ein Streben hervorgeht. Der oberste Gedanke unserer Psychologie
ist demnach, dass die Hauptrichtungen der geistigen Tätigkeit nicht isoliert verlaufen, sondern in Wechselwirkung stehen; sodann aber zeigt sich, dass die Vorstellungen einfache, Gefühl und Wollen aber zusammengesetzte geistige Zustände
sind. Hingegen wird gelehrt, die Vorstellungen seien das Wertvollste oder
Wichtigste. Die ethischen Werturteile schliessen sich an Willensverhältnisse an.
— Im ganzen sei also Zieglers „Urteilen" gegenüber auch fernerhin die Möglichkeit des erziehenden Unterrichts festzuhalten.

Bei meiner Arbeit wurde dann noch ausgeführt, dass wir die flüchtigen
Gefühle, welche aus blossen Gemütslagen entstehen, gar wohl kennen, auch die
Kunst der Rührung und die oft nur zu schnell verfliegende Wirkung derselben,
endlich die Möglichkeit, aus solchen flüchtigen Gefühlen Begehrungen hervorgehen
zu lassen. Aber ein rechter Wille im Sinne unserer Pädagogik ist das nicht. Ich
habe dabei an die Schriften von Gansberg und Scharrelmann, sowie an die 52
biblischen Geschichten von Paul erinnert; diese sind daraufhin sorgfältig zu
prüfen, ob sie auf einer gesunden Grundlage ruhen oder etwa bloss geeignet
sind, eine Gefühlsperiode herbeizuführen, wie wir sie mit wenig rühmlichem Ende
in Literatur, Pädagogik u. s. f. schon einmal gehabt haben. (Päd. Studien 1903,
S. 450).

Wie wir aber nicht „den ganzen Tag rühren" können oder sollen, so sollen
und wollen wir anderseits auch nicht ein blosses Wissen [unterschieden von
Herbarts „Gedankenkreis"] ausbilden, das den Zögling selbst ganz gleichgültig
lässt und daher nicht auf den Willen hinüberwirkt; das widerspricht der Lehre
vom Interesse (s. oben).

Im Schlussworte meiner Arbeit ist auch der zweite Ablehnungsgrund Rissmanns, der Moralismus, erwähnt. Das Wort sollte eigentlich nur das bedeuten,
was sich auf das ethische Urteil stützt im Gegensatz zum blossen Erfolg; so
enthält der Ausdruck ein Lob, und wir sind im Bunde mit Kant und mit dem
Christentum. Hierin liegt an sich nicht die Engherzigkeit und Dürftigkeit, die

man uns mit diesem Ausdrucke zum Vorwurfe macht, und noch weniger das sog. Moralisieren am unrechten Platze. Verfehlte Präparationen beweisen dagegen nichts. Die Aussprache verbreitete sich hier über die Konzentrationsfragen, über die Anwendungsstufe, über Zucht und Schulleben. Nach den Mitteilungen eines Gymnasiallehrers gilt es in gewissen Kreisen geradezu als unwissenschaftlich, bei der Lektüre u. s. w. ein ethisches Urteil einfliessen zu lassen, oder die Schüler zur Fällung eines solchen aufzufordern, während umgekehrt die Schüler mitten im Hinschütten des wissenschaftlichen Materials oft nach einem Urteil lechzen.

Wie hier der Vorwurf des Moralismus, wenn man ihn in einem praktischen Nebensinne versteht, eine gewisse Berechtigung erhält, so auch der des Intellektualismus, der oft nach dem Egoismus stärkt (oder wie Willmann sagt, die Begierden bewaffnet). Doch ist bei Ziegler und Rissmann damit in erster Linie gemeint, dass Herbarts Psychologie das Fühlen und das Wollen nicht wie das Vorstellen als gleichursprüngliche Erscheinungen ansieht.

An meinen Ausführungen wurde die Ausstellung gemacht, dass ich Begierden ohne vorausgehende Gefühle für möglich erklärt habe. Man habe von solchen Begehrungen keine Erfahrung und meine, es gebe kein Begehren ohne voraufgehendes Gefühl. Im Jahrbuche findet sich die angefochtene Lehre Herbarts S. 281—84 in dem Abschnitt, wo die auf der blossen Gemütslage ruhenden Gefühle samt ihren Begehrungen von dem objektiv Angenehmen unterschieden werden und wo Herbart nachzuweisen hat, dass es jene erste Art von Gefühlen und Begehrungen auch wirklich gibt, also nicht jeder Begehrung ein Gefühl der zweiten Art, des objektiv Angenehmen, vorausgeht. Hierbei knüpft Herbart an Erfahrungsaussprüche von Locke und Kant an, welche jene erste Art der Gefühle noch nicht hinreichend von der zweiten Art unterschieden. So verstehe ich den nicht ganz scharfen Ausdruck Herbarts, und wenn er nicht so gemeint war, so meine ich, er wäre so zu meinen gewesen.

Sonst sind Einwände gegen meine Darstellung in der Versammlung nicht erhoben worden, ausser etwa, dass ich mich mit den Ansichten Rissmanns zu viel beschäftigt habe. Dagegen meint Rissmann, ich habe seine Einwürfe gegen Herbarts Lehre nicht richtig zurückgewiesen. Er hat sich darüber folgendermassen geäussert: „Worauf beruht seine Beweisführung? Nicht etwa darauf, dass er durch folgerichtige Schlüsse aus Herbarts Grundanschauungen meine Einwürfe widerlegte, sondern lediglich darauf, dass er neben diese zahllose Zitate aus Schriften solcher Psychologen stellt, die zwar nominell der Herbartschen Schule angehören, meist aber durchaus nicht mehr Herbarts Ansichten in ihrer ursprünglichen Fassung vertreten, vielmehr teilweise diese stark modifizieren, teilweise bemüht sind, sie durch mehr oder minder scharfsinnige Interpretationen mit der neueren Entwicklung der Wissenschaft in Einklang zu setzen.“

Demgegenüber brauche ich kaum darauf hinzuweisen, dass meine Arbeit Herbarts Lehre mit Herbarts Worten darstellt; der Leser des Jahrbuches sieht das sofort. Daneben sind dann häufiger angeführt Volkmann, Nahlowsky und Flügel, weil sie entweder nach meiner Überzeugung die betr. Punkte der Lehre Herbarts ausführlicher vortragen, oder auch bloss zeigen, dass sie Herbarts Lehre noch vertreten; ferner Hartenstein in Fragen der psychologischen Werte und Waitz, Drobisch und Strümpell in Fragen der Terminologie. Missbrauch dieser Namen mag Rissmann mir nachweisen; was er über dieselben urteilt, hat nur in Hinsicht auf Waitz und Strümpell eine gewisse Berechtigung, aber diese kommt S. 279, 294 u. 298 nicht in Frage.

Etwas anders liegt die Sache mit den „folgerichtigen Schlüssen aus Herbarts Grundanschauungen", die Rissmann vermisst. Seine Artikel werden von ihm selbst nur als Skizzen bezeichnet; sie enthalten zwar Hinweise auf Herbarts erklärende Grundansicht, in der Hauptsache aber macht er dagegen die Erfahrung geltend und führt Zitate an, aus denen nach seiner Meinung hervorgeht, dass die neuere Psychologie „auf seiten der Erfahrung stehe". Daher habe ich in meiner Arbeit von vornherein erklärt, ich wolle nur auf das achten, was er als seine Ansicht und als Tatsache der Erfahrung ausspricht, und dem auch Herbarts Lehre „möglichst auf das Erfahrungsmässige beschränkt" gegenüberstellen. Dass ich dabei oft Rissmanns Erwartungen nicht erfüllt habe, glaube ich gern; denn so lange Gegner über Herbarts Psychologie referieren und urteilen, so lange wissen sie über die erklärende Grundansicht und über das Verhältnis derselben zur Erfahrung auch vielfach anderen Bescheid als Herbart selbst und seine Anhänger. Weil ich notwendig gegen solche hergebrachte Ansichten verstossen musste, habe ich der Ablehnung Rissmanns die Lehre Herbarts in der angegebenen Weise gegenübergestellt. Seine Befremdung hat schliesslich in drei Fragen Ausdruck gefunden, die ich noch hersetzen will. „Erstens: Wie geht es zu, dass die übergrosse Mehrheit der neueren Psychologen zwischen sich und Herbart einen Gegensatz konstatiert? Ist denn alle Welt betört?" Der behauptete Gegensatz ist aber erstens vielfach gar nicht vorhanden; so hat Flügel z. B. den Vorwurf des Intellektualismus, welchen die Voluntarier erheben, wesentlich eingeschränkt (im 31. Jahrb.), und von seiner Auseinandersetzung mit Zieglers Gefühlslehre habe ich im Jahrbuche sagen können, dass er sich mit derselben „vielfach eigentlich zusammensetzt". Zweitens sind Gegensätze in philosophischen Fragen nicht immer von der Art, dass die Vertreter der einen Ansicht sogleich als „betört" gelten müssten. Drittens ist von Herbart und seinen Nachfolgern so viel Arbeit darauf verwendet worden, die philosophischen Gedanken, an denen der Gegensatz zu seiner Philosophie sich entzündet hat, aufzudecken, dass ich einstweilen nur bitten kann, die allgemeine Frage bestimmt zu stellen. Ein Teil der psychologischen Gegnerschaft beruht z. B. darauf, dass diese Gegner das absolute Werden in ihr philosophisches Denken aufnehmen; der Gegensatz zu Herbarts Ethik liegt meist darin, dass die Gegner dem Willen, der gehorchen soll, einfach einen anderen Willen oder auch, versteckt oder offen, nur die blosse Macht gegenüberstellen und zu dem willenlosen Urteile über den Willen nicht vordringen (s. oben); von der Pädagogik will ich nicht erst Beispiele anführen und auch alles, was gutgläubige Missdeutung, was der auf praktische Ziele gerichtete Wille und der Parteigeist und endlich die Modesucht im Erkenntnisgebiete anrichten, übergehen. Damit ist einstweilen auch auf die zweite Frage das Mögliche geantwortet: „Worin besteht das Eigentümliche der Psychologie Herbarts?" Die dritte lautet: „Wenn Frankes Behauptungen stimmen, warum hat man da nicht längst schon die Konsequenzen für die Pädagogik gezogen? Oder beruht die zahlreiche Gegnerschaft in diesem Punkte auch nur auf Verblendung?" An der „Ziehung" dieser Konsequenzen ist gewiss schon viel gearbeitet worden, aber wenn Herbarts Bedeutung so gross ist, wie ich glaube, wird das „längst schon" noch so lange ausstehen wie alles, was dem wirklichen Ideale sich nähert. Die Frage selbst beruht auf der Meinung, dass meine Behauptungen nicht „stimmen". Ich muss wieder daran erinnern, dass in meiner Arbeit von „Behauptungen" meinerseits wenig zu finden sein wird; wenn es nötig ist, will ich die Reihe der psychologischen Sätze Herbarts und der Gegensätze Rissmanns, zwischen denen meine Darstellung hindurchgeht, nachträglich noch herausstellen.

Weiter wirft mir Rissmann vor, ich beachte nicht den Zusammenhang seiner Ansichten; ich deute mit virtuoser Spitzfindigkeit an seinen Worten und Sätzen herum, bis sie mir ein verwerfendes Votum ermöglichen. Nun sind mir wirklich eingehende psychologische Arbeiten von Rissmann, die hier in Frage kommen könnten, nicht bekannt; von dem Ablehnungsartikel aber habe ich gleich im Eingange meiner Arbeit sagen müssen, es sei oft unklar, was er eigentlich sagen will. Seine Worte oder Sätze weiter zu deuten, habe ich nicht versucht, weil dazu die Kontexte fehlen, sondern mich darauf beschränkt, zu sagen: bedeutet der Satz dies, so ist meine Stellung so, bedeutet er jenes, so ist meine Stellung anders; und dabei habe ich meine Zustimmung ebenso unverhohlen ausgesprochen wie die Abweichung. Den Gang meiner Arbeit bezeichnen aber die Hauptsätze von Herbarts Lehre vom Gefühl. Die Aufreihung dieser Sätze würde zeigen, dass meine Kritik nicht „krause Gänge" macht, obwohl sich Herbarts Lehre vom Gefühl nicht wie eine einfache Regeldetrianfgabe behandeln lässt; sie würde auch zeigen, dass Rissmann bloss in Hinsicht auf „dieses oder jenes Tüpfelchen" Unrecht gehabt hat. — Was die Entgegnung sonst noch enthält, will ich wenigstens jetzt übergehen.

Vogts weitere Arbeit „Zur Formalstufentheorie" hat den Hauptzweck, der Anklage eines starren Dogmatismus gegenüber darauf hinzuweisen, dass in der Lehre und in der Ausführung Bewegung geherrscht hat. Ich habe darüber an anderer Stelle noch zu reden. Die Einheit soll sich, so hat Just schon vor Jahren vorgeschlagen, deutlich in zwei Teile spalten, die man bezeichnen kann durch die Begriffspaare Vertiefung und Besinnung oder Anschauung und Begriff oder Apperzeption und Abstraktion. Jeder Teil soll auch ein besonderes Ziel erhalten. Das erste Ziel kann noch nicht auf das Endresultat, z. B. auf das ethische Urteil oder auf die begrifflichen Ergebnisse hinweisen, wohl aber soll das zweite Ziel dies tun. Die „Konzentrationsfragen" Zillers müssten demnach auf alle Fächer entsprechend angewandt werden, und diese Fachziele würden vor mancher Verirrung schützen, denn sie halten es deutlich gegenwärtig, dass die Art der Bearbeitung der Art des Stoffes entsprechen muss. Daran schlossen sich mancherlei Auseinandersetzungen im einzelnen, auch über praktische Missbräuche, an denen die Theorie unschuldig ist. Die Formalstufen sind demnach ein nach Stoff, Altersstufe etc. biegsames Schema, oder wie die Arbeit sagt, „sie sind nicht selbst Prinzipien" und keine blosse Schablone wie z. B. die Reihe: Bodengestalt, Bewässerung, Klima etc. in der Geographie. Die prinzipiellen psychologischen Gesetze aber, die den Formalstufen zu Grunde liegen, müssen befolgt werden, wenn man nicht durch Einschlagung von Umwegen geistige Kraft unnütz verbrauchen, wenn man nicht nur Wissen, sondern auch geistiges

Leben erzeugen, wenn man nicht in die Willkürlichkeiten der blossen Persön-
lichkeitspädagogik fallen will. Herr v. Sallwürk verfolgt aber jetzt mit den
Neukantianern ein anderes Unterrichtsziel als wir, nämlich Erkenntnis des gesetzmässigen Zusammenhanges des Bildungsinhaltes. Das ist also dasselbe Ziel
wie das der Fachwissenschaft, und die eigentliche Beraterin bei der Arbeit ist
nicht mehr die Psychologie, sondern die Logik. — Hieran schliesst sich wieder
der oft wiederholte Satz, dass Bearbeitung und Lehrplan eng zusammenhängen.

Jetters kritische Ausführungen über die „Württembergische Volks-
schulmethodik" von Seminarlehrer Lauffer sind zu beurteilen von der Frage
aus: Wer soll die Methodik vorwärtsbringen, da die Praktiker an die bestehenden
Vorschriften gebunden sind, d. h. was sollten die Seminare dafür tun? Der
Hauptgedanke der Debatte schien mir zu sein: Die tiefere Ursache aller der
Fehler, die man vorfand, sei, dass im Seminarunterricht auf der einen Seite die
enzyklopädistische Vielwisserei, auf der anderen Seite die Überlieferung von
Kunstgriffen noch nicht überwunden sei, also zwischen Wissen und Handeln noch
zu wenig Verbindung herrsche. So ist z. B. von dem höheren Zwecke des
Religionsunterrichtes zwar die Rede, aber in der Praxis wird demselben ent-
gegengewirkt durch zu hohe Forderungen in Bezug auf stoffliches Wissen.

Thrändorfs Arbeit über den Pietismus wurde begrüsst, weil der
Pietismus mit seiner Gegenströmung gerade in Württemberg eine grosse und
zum Teil unheilvolle Rolle gespielt hat; weil er in der Arbeit gerecht beurteilt
wird; endlich weil die Betrachtung so ausgeführt ist, dass durch die Vorführung
der Vergangenheit auf Erscheinungen der Gegenwart Licht fällt, ohne dass diese
letzteren selbst („Gegenwartsstoffe") direkt den Gegenstand bilden. Dabei spielte
die Frage stark herein, wie weit überhaupt „unser Volk" geschichtliches Verständnis habe. In den Präparationen wird neben dem religiösen System das
kirchengeschichtliche System vermisst; das System müsse der Eigenart des Faches
entsprechen, und die Präparationen wollen ausgesprochenermassen die Glaubens-
und Sittenlehre mit der Kirchengeschichte zusammen durcharbeiten, wie beide
auch in Wirklichkeit zusammengewesen sind. Der Verf. brauchte hier bloss den
Hinweis nachzutragen, dass in seinem Seminarunterricht das Lehrbuch von
Netolitzka in Gebrauch sei.

Wilks Arbeit über die Formengemeinschaften im Geometrie-
unterricht ist gerichtet gegen eine kleine Schrift von E. Martin. Der Vors.
schied aus der Debatte das aus, was bloss der persönlichen Auseinandersetzung
dient. Aber die beiden Gegner vertreten zwei verschiedene Richtungen des
Unterrichts in dem einen Fache, zwischen denen wir den rechten Ausgleich
suchen müssen. Martin legt das Hauptgewicht auf die sinnliche Auffassung des
Räumlichen und auf die darin oder daran zu vollziehende körperliche Arbeit;
sein Gang ist daher beherrscht durch eine Reihe sinnlich-technischer Art, durch
seine Arbeitsgebiete: Wohnort, Feld und Wald, Kulturstätten. Wilk betont dem

gegenüber die denkende Verarbeitung, ordnet daher seinen Gang nach einer Begriffsreihe, also nach geistigen Gebilden und deren geschichtlicher Entwicklung, und sucht dies nachzuweisen als das Verfahren des allgemein-bildenden Unterrichts, während er Martins Betonung der Arbeit erst für Fachschulen passend findet. Über dieses nähere Gebiet hinaus berührt jedoch der vorliegende Fall die Fragen, in welcher Weise der kulturgeschichtlichen Entwicklung zu folgen sei (Martins Bezeichnung seiner drei Arbeitsgebiete als Kulturstufen erklärt ein Redner für blossen Aufputz), ob oder wo formale oder sachliche Konzentration anzuwenden sei. Das führt wieder zurück auf die Erörterungen in Hildburghausen; und da Wilks Vorlage die damalige Streitfrage doch nicht ganz austrägt, wie die „Einheit" des Erziehungszieles mit der „Vielheit" der Interessen und der Gegenstände zu vereinigen sei, so soll dieser Austrag im nächsten Jahre versucht werden. Daher will ich auch weitere Mitteilungen hier nicht mehr machen. — Bemerkenswert schien mir ein im Eingange dieser Besprechung gemachter Versuch, das „System" der Schulgeometrie auf eine einfache Grundlage zu stellen.

III.

Über den durchgehenden Unterricht.

a) Die Gründe für den durchgehenden Unterricht.

Kurzer Bericht
zur Einleitung der Besprechung, erstattet bei der Hauptversammlung sächsischer Schuldirektoren in Pirna, den 4. Juli 1904, von Dr. J. Richter in Dresden.

Die medizinische Wissenschaft hat in den letzten Jahrzehnten wiederholt und von verschiedenen Angriffspunkten aus Einfluss auf die Pädagogik gewonnen. Es sind vor allem zwei Gebiete zu nennen, welche deutlich davon Zeugnis ablegen. Zuerst die Psychologie. Sie ist durch medizinische Forschungsresultate zur experimentellen geworden. Theorie und Praxis der Pädagogik stehen zwar noch meist auf dem Boden der vorwiegend spekulativen Psychologie, aber eine Umformung ist unvermeidlich. Es ist nicht angängig, dass psychologische Forschungsresultate und pädagogische Lehrbücher so in Widerspruch bleiben, wie es zur Zeit der Fall ist. Ich will den heutigen Zustand nur durch einen einzigen Beleg beleuchten. Die herkömmliche Art, einen längeren Spruch, mehrstrophige Gedichte, eine Vokabelreihe lernen zu lassen, steht in diametralem Gegensatze zu den von Meumann[1]) klargelegten psychotechnischen Gesetzen des Lernens. Theorie und Praxis der Pädagogik werden in absehbarer Zeit die Bahn beschreiten müssen, die durch Meumanns Arbeiten und Lays experimentelle Didaktik gewiesen ist. — Das zweite wichtige Einbruchsgebiet der Medizin ist mit dem Sammelnamen Schulhygiene zu bezeichnen. Ein Blick in das sächsische Schulgesetz von 1873 lehrt, dass schon vor 30 Jahren ein trefflicher schulhygienischer Kanon vorhanden war. Die intensiveren Bestrebungen auf dem

---

[1]) Ökonomie und Technik des Lernens. Leipzig, Klinkhardt.

Gebiete der Schulhygiene sind indes jüngeren Datums. Den ersten bemerkenswerten Vorstoss bezeichnen die Untersuchungen des ausgezeichneten Breslauer Augenarztes Cohn, die uns neben vielem Guten die jetzt verurteilte Vorliebe für die Nordlage der Schulzimmer gebracht haben. Die Gegenwart kennt eine ganze Reihe von schulhygienischen Tagesfragen, die von ihren Urhebern und deren Jüngern als dringlich bezeichnet werden. Ich nenne in bunter Reihe: Verminderung des wissenschaftlichen Lehr- und Lernstoffes, Verringerung der Stundenzahl, Abschaffung der Prüfungen, der Prüfungsarbeiten und der Hausaufgaben, Lektionsfolge, Schulbänke, Steilschrift, Antiqua, Typengrösse, graues Papier, Wegfall der Doppellinie, besonders aber der Netzliniatur, körperliche Züchtigung, 7 oder 8 Uhr-Anfang, Pausen, bedachte Wandelhallen, Jugendspiele, mehr Turnen, Schwimmen, Schulbäder, Beköstigung armer Kinder, Ferienkolonien, Seehospize, Schülerwanderungen, kleinere Klassen, grössere Klassenräume, Heizung und Lüftung, Fussbodenölung, Linoleumbelag, schulärztliche und schulzahnärztliche Untersuchungen, Unterricht im Freien, Pavillonsystem, Koëdukation, Sonderung der Kinder nach der Befähigung, Beginn des Lesens und des Schreibens im zweiten Schuljahr, diffuses Licht. Ich unterwinde mich nicht zu behaupten, dass die Aufzählung eine vollständige sei. Es will scheinen, als ob die pädagogische Welt bisweilen müde würde, mit der Hydra schulhygienischer Fragen anzubinden. Das ist begreiflich. Gleichwohl ist es nicht zulässig, dass man ohne ernstliche Prüfung über die neuen hygienischen Forderungen hinweggeht. So kann man dem Vorstande des Vereins nur Dank wissen, dass er die Frage des durchgehenden Unterrichts zur Besprechung bringt. Wenn ich es in seinem Auftrage unternehme, die Gründe für den durchgehenden Vormittagsunterricht darzulegen, so beginne ich damit, die Front, die ich zu verteidigen habe, so weit zu verkürzen, dass nur übrigbleibt, was verteidigt werden kann. Denn es sollen nicht Forderungen aufgestellt werden, die in der Praxis entweder überhaupt unausführbar sind oder die erst für Kinder und Kindeskinder spruchreif werden können. — Ich nenne zunächst dementsprechend die Umstände, die meines Erachtens die Forderung des ungeteilten Unterrichts in Wegfall bringen. Es ist zunächst ein finanzieller Grund. Der geteilte Unterricht ermöglicht eine ausgiebigere Benutzung der Schulräume. Es ist bei den hohen Schullasten der Gemeinden ein Gebot der Notwendigkeit, dass sie die Maximalausnutzung erstreben. Immerhin würde sich in vielen Fällen ein Eingehen auf den Wunsch nach ungeteiltem Unterricht wenigstens teilweise ermöglichen lassen. Der zweite Umstand, der den Verzicht auf die Forderung nötig macht, schliesst einen hygienischen und einen erziehlichen Grund in sich. Es ist dringend zu wünschen, dass der Stundenplan die in der Schulgemeinde übliche Mittagsstunde freilässt. Sonst geht der erziehliche Einfluss der Eltern an einer wichtigen Stelle noch weiter verloren. Ferner ist Gefahr vorhanden, dass die Beköstigung der Kinder eine weniger zweckentsprechende wird. Wir könnten es da erleben, dass in einigen Jahren die Hygieniker nicht mit Unrecht eine neue Forderung an die Schule richten: Gebt dem Kinde Zeit, mit der Familie zu Mittag zu essen. — Es bleibt die Forderung des durchgehenden Vormittagsunterrichts demnach bestehen für diejenigen Schulen, wo die soeben angeführten finanziellen, erziehlichen und hygienischen Gegengründe wegfallen. Ich komme zu der Begründung der

Forderung. Die Hygieniker stützen sie auf das Ergebnis physiologischer und didaktischer Untersuchungen. Der Gang der Erwägungen ist folgender. Die Blutmenge, beim Erwachsenen etwa 13 l, ist im Laufe des Tages nicht immer gleicherweise im Körper verteilt. Das Blut wird in diejenigen Organe gedrängt, wo Arbeit geleistet wird, damit die Ermüdungsstoffe weggeführt und den arbeitenden Zellen Ersatzstoffe dargeboten werden. Wir wissen aus täglicher Anschauung, dass Arm und Fuss bei Anstrengungen anschwellen. Derselbe Prozess findet in den inneren Organen statt. Er ist für das Organ, das den Pädagogen am meisten interessiert, das Gehirn, durch die Mossoschen volumetrischen Versuche ziffernmässig nachgewiesen. Es steigert sich die Blutmenge des Gehirns bei angestrengter Arbeit bis um 40 %. Ebenso bedarf der Magen zur Verdauung der Hauptmahlzeit einen starken Blutzufluss. Dieser wird zum Teil aus dem reichgefüllten Blutreservoir des Gehirns entnommen. Das Gehirn des Verdauenden wird blutarm und infolgedessen zur geistigen Arbeit ungeeignet. Jeder weiss aus dem lateinischen Elementarbuch und aus eigner Erfahrung: Ein voller Bauch studiert nicht gern. Das Sprichwort lässt uns herkömmlich gewöhnlich an den Mann von Amt und Würden und Jahren denken. Die medizinischen und pädagogischen Untersuchungen haben seine Berechtigung für die Verhältnisse des Schulkindes erbracht. Es wurden in der Hauptsache drei Untersuchungsmethoden angewandt: Erstens die Messung der Hautempfindlichkeit (am Jochbogen) mit dem Griesbachschen Ästhesiometer, zweitens die Messung der Hubkraft der Finger durch den Mossoschen Ergometer, drittens die Ermittlung und Vergleichung der Fehlerziffern in schriftlichen und mündlichen Aufgaben. Als Gewährsmänner nenne ich zu 1: Griesbach, Vannod, Wagner, zu 2: Kemsies, zu 3: Kemsies, Friedrich, Löwenthal, Löhr, Rassfeld, Schöne, Richter-Jena, Schiller, Burgerstein, Janke-Berlin, Hinzmann, Bucheneder, Schulze-Leipzig. Sämtliche Untersucher kamen auf Grund zahlreicher Experimente zu folgenden übereinstimmenden Ergebnissen. Die meisten Schüler kommen nach dreistündiger Mittagspause in ungenügender Arbeitsfähigkeit zur Schule. Nach Wagner waren 84 % so gut wie gar nicht erholt, die übrigen 16 % nur notdürftig. Innerhalb des Nachmittagsunterrichts stiegen die Ermüdungsziffern erheblich schneller als am Vormittage. Das erklärt sich daraus, dass die Erholung des Gehirns zu Beginn des Nachmittagsunterrichts noch unzureichend war. Hingegen bewirken die Vormittagspausen eine fast vollständige Erholung. Die dreistündige Mittagspause erzielt denselben Erfolg um deswillen nicht, weil das Gehirn infolge des Verdauungsprozesses blutarm geworden ist. Die zahlreichen Untersuchungen sind so gewissenhaft ausgeführt worden, dass man ihre Ergebnisse als exakte wissenschaftliche Resultate nicht bloss bezeichnen darf, sondern bezeichnen muss. Eine höchst beachtliche Bestätigung der eben genannten Ergebnisse bringt Zollinger in den Mitteilungen für das Züricher Schulwesen Jahrg. 1899—1900. Die augen- und ohrenärztlichen Untersuchungen der Kinder am Nachmittage wiesen ganz unzuverlässige Resultate auf. Die Kinder waren nicht imstande, sich zu konzentrieren. Hiermit stimmt die von mir und andern gemachte Beobachtung überein, dass am Nachmittage mehr Lesefehler gemacht werden als am Vormittage. Es kommen hier sinnliche Funktionen und die rein psychischen Vorgänge des Erkennens und Wiedererkennens in Frage, die bei ermüdetem Gehirn langsam und fehlerhaft vor sich gehen. Die gewollten Assoziationen werden durch die nichtgewollten Assimilationen gestört. Auf Grund der Untersuchungsergebnisse darf man sagen: Der Nachmittagsunterricht ist pädagogisch minderwertig. Die fünfte Vormittagsstunde ist erheblich wertvoller, sofern der Vormittagsunterricht die erforderlichen Pausen aufweist. Der Nachmittagsunterricht ist auch hygienisch nicht unbedenklich; denn die regelmässige gleichzeitige Anstrengung von Gehirn und Magen muss bei jugendlichen Personen zur Schwächung des ganzen Organismus führen. Besonders bedenklich erscheint es, wenn das zu geistiger Arbeit nicht geeignete Gehirn durch besondere Energie angetrieben wird.

An zweiter Stelle sprechen für den durchgehenden Unterricht Gründe allgemein hygienischer Art. Sie haben indes in der Hauptsache nur für die Grossstadt Geltung. Es ist eine unbestrittene Forderung, dass man dem Grossstädter, besonders aber dem Kinde, möglichst viel Gelegenheit gebe, aus der unreinen Luft und dem Strassenlärme des Stadtkerns an die Erholungsstätten im Freien zu kommen, zu Feld und Wald und Vogelsang. Die Wege dahin sind von erheblicher Länge. Die Strassenbahnen werden von kinderreichen Familien gern gemieden. So braucht man zu einem Ausfluge ins Freie mehrere Stunden. Diese Zeit kann nur verfügbar gemacht werden bei durchgehendem Unterricht. Die Zeit n a c h dem Nachmittagsunterricht genügt nur im Hochsommer. Von Beweiskraft dürfte auch die Statistik von Schmidt-Monnard (Halle) über die Beteiligung an den Jugendspielen sein. Die Klassen mit besetzten Nachmittagen zeigten 15—30, die mit freien Nachmittagen 20—75 % Teilnehmer. Auch die Länge des Schulweges in den Grossstädten erheischt in manchen Fällen den ungeteilten Unterricht. Die Schulorganismen werden aus finanziellen Gründen immer grösser. Schulwege von 2, 3, 4 km sind keine Seltenheit. Ein weiter Schulweg von Dorf zu Dorf oder von einem entlegenen Ortsteile in die Schule der kleinern Stadt ist sicher heilsam. In den Strassen der Grossstadt ist die mehrmalige Zurücklegung eines längeren Weges keine Erholung, sondern eine Abhetzung. Die Freunde des durchgehenden Unterrichts führen noch eine Reihe weiterer Gründe in das Feld. Ich beschränke mich lediglich auf die vorgeführten, die ich für einwandfrei erachte, und verzichte auf die übrigen. Nur bezüglich eines Punktes glaube ich eine Rechtfertigung schuldig zu sein. Es stünden mir zahlreiche Gewährsmänner zur Verfügung, welche bekunden, dass der durchgehende Unterricht pädagogisch wertvoller ist als der geteilte, dass insbesondere die vielbefehdete fünfte Vormittagsstunde unterrichtlich mehr leistet als die erste und die zweite Nachmittagsstunde. Aber wenn man die Erfahrungen der Befürworter des durchgehenden Unterrichts als Beweismittel benutzen wollte, so müsste den Beobachtungen der Anhänger des geteilten Unterrichts dieselbe Beachtung geschenkt werden. Da die Erfahrungsurteile auf beiden Seiten wie alle empirisch gewonnenen Ergebnisse, auch durch die Überzahl auf der einen oder auf der anderen Seite, nur relativen Wert beanspruchen können, so ist dringend zu raten, die unterrichtlichen Ergebnisse experimentell zu untersuchen. Es ist wohl möglich, dass man auf diesem Wege wenigstens zu einem einheitlichen theoretischen Resultate gelangt. Dass die Praxis keine einheitlich werden kann, bedarf nach dem oben Gesagten keiner weiteren Ausführung.[1]

---

[1] Vgl. H. Graupner, Leipz. Lehrerztg. 1901 No. 21, 22.

b) Die Gründe gegen den durchgehenden Unterricht.

Bericht, erstattet bei der Hauptversammlung der sächsischen Schuldirektoren
von H. Voigt in Chemnitz.

Ob die geteilte oder die ungeteilte Unterrichtszeit an Volksschulen die
richtige ist, kann wohl nur die Erfahrung entscheiden. Ich bin zunächst selbst
der Ansicht, die beste Unterrichtszeit ist der Vormittag; daher wollen wir auch
so viel als möglich Unterrichtsstunden dahin legen. Mehr als 4 auf einen Tag
aber nicht, sonst ist die Anstrengung eine zu grosse. Nur in Ausnahmefällen
könnte ich im Sommerhalbjahre einmal eine 5. Stunde gutheissen, vielleicht am
Mittwoch oder Sonnabend.

Zu gross ist die Anstrengung in erster Linie für den Lehrer. Für einen
jungen Mann, der erst ins Schulamt eingetreten ist, sind 5 aufeinanderfolgende
Stunden sehr gewagt und viel zu anstrengend. Die Zahl der lungenschwachen
jüngeren Kollegen ist nicht unbedeutend. Sie werden sagen, er kann sich ja
dafür am Nachmittage recht erholen. Wie aber, wenn die Anstrengung vorher
doch eine zu grosse war! Warum legt sich ein solcher junger Mann lieber nieder,
anstatt sich durch ein kräftiges Mittagsbrot zu stärken? Mit der Kräfteentziehung
ist auch der Appetit nach Speise und Trank vergangen.

Männer, die in den besten Lebensjahren stehen, deren Lunge mit der Zeit
gekräftigt worden ist, vertragen eher 5 Stunden Unterricht. Immerhin befürchte
ich, dass auch von ihnen viele zu zeitig erlahmen. Wie aber, wenn überhaupt
ein Lehrer schwächlicher Natur ist? In früherer Zeit wurde für das Kollegium,
dem ich damals angehörte, in den heissen Sommertagen ein sogenannter Sommer-
plan aufgestellt. Da galt es von früh 7 bis 12 Uhr fest anzutreten. Ich habe
mich, Gott sei es gedankt, immer einer guten Gesundheit zu erfreuen gehabt;
aber ich weiss noch recht gut, wie schwer mir die fünfte Stunde zuweilen geworden ist. Auch von meinen Freunden habe ich oft gehört, wie sie froh waren,
wenn der Normalplan wieder zur Geltung kam. Nun muss man sich nur in der
heissen Jahreszeit in ein nach SO gelegenes Zimmer versetzen. Es ist ja ent-
setzlich, 5 Stunden lang darin auszuhalten und dabei noch zu unterrichten! In
der freien Direktorenkonferenz zu Chemnitz sagte ein Herr Kollege, der den ungeteilten Unterricht durchlebt hat, er sei die fünfte Unterrichtsstunde oft ganz
abgemattet gewesen. Das müssen eben kerngesunde Leute sein, die fünf Stunden
nacheinander frisch und freudig unterrichten sollen. Wenn aber die Spannkraft
des Lehrers beim Unterrichte erlahmt, dann werden die Schüler und Schülerinnen
erst recht erlahmen. Darum bin ich der Meinung: Es wird bei dem ungeteilten
Unterrichte viel mehr Kraft verbraucht, als wenn eine zwei- bis dreistündige
Erholungspause dazwischentritt. — Ausserdem müsste wohl auch der Direktor
an den Nachmittagen in der Schule zu sprechen sein, wenn nicht gerade ein
Expedient ihm beigegeben ist.

Bisher sprach ich nur von den Herren Lehrern. Die Hauptsache sind aber
doch die Kinder! Herr Rektor Müller in Eilenburg teilt in seinem Werke: „Die
ungeteilte Unterrichtszeit in der Volksschule" die Gründe für und gegen in
sanitäre, soziale und in pädagogisch-ethische.

Auf die sanitären Gründe lege ich wenig Wert, weil die Herren Ärzte über den ungeteilten Unterricht ganz verschiedener Meinung sind. Da heisst es z. B. bei Müller: „Der Körper muss nach eingenommener Mahlzeit sich vorzugsweise mit der Verdauung der Speisen beschäftigen. Die geistige Anstrengung ist dann nicht bloss unfruchtbar, sondern geradezu schädlich." So schlimm scheint mir das nicht zu sein, sonst müssten wir, viele unserer Vorfahren und der grösste Teil unserer Jugend bereits in der Entwicklung, vor allem während der Schulzeit, körperlich schon verdorben sein.

Weiter wird gesagt: „Die übergrosse Hitze an vielen Sommernachmittagen erzeugt in der Klasse eine unerträgliche Temperatur." Ich bin der Ansicht, die Hitze in der 5. Vormittagsstunde wirkt erschlaffender als am Nachmittag nach mehrstündiger Ruhe und nach gehöriger Lüftung.

Dann soll die Beleuchtung von 3—4 Uhr im Winter unzureichend sein. Früh von 8—9 Uhr ist das in dieser Jahreszeit oft auch der Fall. Diesem Übelstande kann bei unserer jetzigen künstlichen Beleuchtung leicht abgeholfen werden.

Ferner soll der viermal zu machende Schulweg ungesund sein. Das Sprich-wort aber sagt: „Nach dem Essen sollst du stehn oder 1000 Schritte gehn." Ich habe oft von Eltern gehört, dass ihre Kinder gerade durch den weiten Schulweg recht kräftig und gesund geworden sind.

Besonders wichtig sind mir die sozialen Gründe, welche für den geteilten Unterricht sprechen.

Werden die Kinder im Winterhalbjahre bis 1 Uhr in der Schule behalten, so kommen manche vor $\frac{1}{2}$2 Uhr nicht nach Hause. Der Vater hat bereits seine Arbeitsstätte wieder aufgesucht. (Ich denke dabei an die Kinder der einfachen Volksschule.) Er bekommt seine Kinder nicht einmal zu sehen. Welche Störung macht doch das für die Mutter! Wir wollen auch nicht vergessen, dass frisch-gekochte Speisen besser schmecken als abgestandene. Und kommen dann endlich die Kinder abgemattet nach Hause, so haben sie nicht einmal rechten Appetit. In den höheren Bürgerschulen der grossen Städte ist das ganz anders. Sie mögen immerhin ungeteilten Unterricht einführen. Dort stören die Kinder, auch wenn sie erst $\frac{1}{2}$2 Uhr nach Hause kommen, in vielen Fällen das Familienleben nicht, da die Mittagsmahlzeit dort oft auf eine spätere Zeit verlegt wird.

Dr. Müller sagt bei Aufzählung der sozialen Gründe für den ungeteilten Unterricht: „Die Kinder können helfen, die Lage der Eltern zu verbessern (Be-aufsichtigung der Geschwister pp.)." Während die Mutter kocht, ist das meiner Ansicht nach erst recht nötig. Ich denke auch an das Essentragen seitens der Kinder. Weiter sagt Dr. Müller: „Es hilft Unzufriedenheit beseitigen, wenn höhere und niedere Schule die gleiche Lage der Unterrichtszeit erhalten." Ich habe bisher noch keine Klage vernommen.

Auch die pädagogischen und ethischen Gründe, die Dr. Müller für den un-geteilten Unterricht anführt, können mich nicht bestechen. Er sagt: 1. „Der Schulbesuch wird regelmässiger, da die Kinder nicht mehr wegen allerlei Kleinigkeiten am Nachmittage zu Hause behalten werden können." Ich frage: Darf das überhaupt vorkommen? 2. „Die Zucht bessert sich, da die meisten Torheiten auf dem Schulwege verübt werden und namentlich um 4 Uhr, wo im

Winterhalbjahr Halbdunkel herrscht." Das wäre traurig. Kein Lehrer, der in seiner Klasse auf gute Zucht hält, wird mit diesem Urteile übereinstimmen. 3. „Der Unterricht nur am Vormittage zeitigt bessere Erfolge als der Nachmittagsunterricht, da hier die Abspannung zu gross ist." Das unterschreibe ich, dass im allgemeinen der Vormittagsunterricht bessere Erfolge aufweist, ausgenommen ist aber die fünfte, zum Teil auch die vierte Unterrichtsstunde. 4. „Der Nachmittagsunterricht bedingt durch die doppelten Schulgänge Zeitverschwendung und mangelhafte Kontrolle." Den grössten Teil des Jahres sind die Schulgänge Spaziergänge. 5. „Die Nebenbeschäftigung der Kinder (Privatstunden) kann besser betrieben werden." Das geht die Schule nichts an; sie mag vielmehr bemüht sein, Privatstunden zu vermindern. 6. „Der Lehrer ist frischer zu seiner Arbeit und seiner Vorbereitung." Wirklich von 11—12, resp. von 12—1 Uhr?

Dr. Müller zählt auch für den geteilten Unterricht 11 pädagogisch-ethische Gründe auf. Ich übergehe sie, um meine Ansicht kurz mitzuteilen. Ich behaupte:

1. Die ungeteilte Unterrichtszeit ist für gewisse Klassen undurchführbar. Ich denke hierbei z. B. an die Oberklassen der Mädchen in der einfachen Volksschule. In grösseren und auch schon in kleineren Städten erhalten dieselben hauswirtschaftlichen Unterricht. Derselbe wird aus praktischen Rücksichten hauptsächlich auf den Vormittag gelegt und nimmt da einen ganzen Vormittag in Anspruch. Es bleiben da von der Woche noch 5 mal 5 oder 25 Stunden übrig, die ersten Mädchenklassen in Chemnitz haben aber z. Z. noch 27 Stunden Unterricht. Ausserdem würde es mindestens sehr schwierig sein, den Stundenplan so einzurichten, dass jede dieser Klassen täglich 5 Stunden Unterricht nacheinander haben könne, da das Fachsystem immer noch ziemlich ausgedehnt ist.

2. Die geteilte Unterrichtszeit ist die ergiebigere. Ich denke hierbei zunächst an die Pausen. Bei ungeteilter Unterrichtszeit sind vier, bei geteilter Unterrichtszeit vier bis fünf Pausen täglich nötig. Die Vorschläge für die Länge der Pausen sind sehr verschieden. Elsass-Lothringen empfiehlt nach der ersten Stunde 5, nach jeder weiteren 15, zwischen der vierten und fünften aber 20 Minuten, also täglich 55 Minuten. Bayern hat nach jeder Stunde 10 Minuten, also täglich 40 Minuten Pause. Ein Herr Richter schlägt sogar 10, 15, 20 und 30 Minuten, also 75 Minuten Pausen vor. Ich will das Exempel einmal nach dem Vorschlage von Elsass-Lothringen vorrechnen. Dort kommen beim ungeteilten Unterrichte 5, 15, 15 und 20, also täglich 55 Minuten Pausen vor. Für den geteilten Unterricht ergäbe das 5, 15 und 15 = 35 Minuten am Vormittag und 5 und 15 Minuten am Nachmittag. Das wären zusammen ebenfalls 55 Minuten. Die Berechnung ist jedoch nur scheinbar richtig, denn in vielen Klassen ist der Unterricht am Nachmittage um 4 Uhr zu Ende, so dass die zweite Pause von 15 Minuten für sie in Wegfall kommt. Das macht aber wöchentlich wenigstens eine Stunde mehr Unterricht aus. Auch am Vormittage würde in vielen Klassen ausserdem die dritte Pause wegbleiben. Doch wollen wir letzteres nicht in Rechnung ziehen, da das beim ungeteilten Unterrichte ebenfalls vorkommen kann.

Ich nehme an, dass in beiden Fällen die Pausen pünktlich eingehalten werden.

Da würde sich das Exempel nach meinem gegenwärtigen Stundenplane in den obersten 5 Klassen der I. Abteilung jede Woche folgendermassen gestalten:

	a) beim get. Unterr.:	b) beim unget. Unterr.:	Differenz:
Kl. I	210 Minuten	295 Minuten	85 Minuten
„ II	235 „	295 „	60 „
„ III	235 „	295	60
„ IV	220 „	295 „	75 „
„ V	160 „	210 „	50 „

Ich bemerke, dass die Klassen VIII und VII in Chemnitz nach jeder Unterrichtsstunde eine Pause von 15 Minuten haben. Für diese Klassenstufen halte ich es aber für viel praktischer, nur zwei Unterrichtsstunden aufeinander folgen zu lassen. Ich glaube, dass dies von Segen ist für die Kleinen. In der ersten (mittleren) Abteilung lege ich für die Elementarklasse 10 Stunden auf den Vormittag und 6 auf den Nachmittag, so dass immer nur zwei Stunden aufeinanderfolgen. In der einfachen Volksschule sind in Chemnitz 15 Stunden für die unterste Klassenstufe bestimmt, deshalb müssen sich einmal drei Stunden folgen. Diese lege ich auf einen Tag, an dem die betreffende Klasse nur einmal zur Schule kommt.

3. Die geteilte Unterrichtszeit ist die billigere. Das ist eine merkwürdige Behauptung, die uns bei Beantwortung unserer Frage eigentlich gar nicht in den Sinn kommen darf. Ich mag sie trotzdem nicht übergehen.

Die höheren Bürgerschulen können den ungeteilten Unterricht einführen. Sie haben genügende Räume. Jede Klasse erhält in der Regel ihr eigenes Zimmer. Das ist bei einem neuen Schulgebäude für einfache Volksschulen ebenfalls der Fall. Die letzteren werden aber bald gefüllt und oft zu schnell überfüllt. Ich habe z. B. in meiner Schule z. Z. 24 Klassen mit 532 Stunden Unterricht. Welche Räume stehen mir dazu zur Verfügung? Es sind 14 Lehrzimmer und 1 Kombinationszimmer da, jedes zu 30 Stunden gerechnet, gibt 450 Stunden, ferner eine Turnhalle, die ich 28 Stunden rechne, und 14 Stunden Raum im Zeichensaale. (Die übrige Zeit nimmt die IV. Knabenbezirksschule in Anspruch.) Somit hätte ich nur Raum für 492 Stunden. Was sollte denn da mit den übrigen 40 Stunden werden? Sie mögen immerhin sagen, da müssen zwei, besser drei Klassen ausgeschult werden. Das ist leicht gesagt, aber wohin? Da müssten in einer Stadt wie Chemnitz sofort mehrere Schulhäuser auf einmal gebaut werden. Die Schullasten sind aber für die Gemeinden so wie so sehr gross. — Bei geteilter Unterrichtszeit steht ausser den täglichen 6 Stunden auch noch die Zeit von 4 bis 5 Uhr zur Verfügung.

Hierbei will ich noch erwähnen, dass in vielen Orten Sachsens der Lehrer noch zu 32 Unterrichtsstunden verpflichtet ist. Obwohl dort eine Abminderung der Pflichtstundenzahl sehr erwünscht wäre, so würde sich doch so manche Schulgemeinde nicht so leicht dazu entschliessen können.

Also: Für Klassen, in denen sich alle Unterrichtsfächer am Vormittage leicht unterbringen lassen, bin ich für den ungeteilten Unterricht. Wo dies aber die Verhältnisse nicht gestatten, bleibe ich beim ganztägigem Unterrichte.

C. Beurteilungen.

Adolf Rude, Methodik des gesamten Volksschulunterrichts. II. Teil: Geographie — Naturgeschichte — Physik, Chemie, u. Mineralogie — Rechnen — Raumlehre — Zeichnen — Gesang — Turnen. Osterwieck, A. W. Zickfeldt. 1904. 504 S. 4,20 M., geb. 5 M.

Dieser II. Teil der Methodik des Volksschulunterrichts ist dem I. Teil, der vor einem Jahre erschien und auf allen Seiten die günstigste Beurteilung fand, vollständig ebenbürtig. Die grossen und wesentlichen Vorzüge, die dem I. Teile zuerkannt werden mussten (siehe Jahrgang 1903, Heft IV, S. 301), eignen auch dieser neuen Arbeit des verdienstvollen, aussergewöhnlich fleissigen Verfassers. Wie der I. Teil ist auch dieser neue, Fortsetzung und Schluss der Methodik, durchweg aus einem Guss gearbeitet, so dass er, wie verschiedenartig auch die darin behandelten Materien beschaffen sind, ein einheitliches Ganzes darstellt; dabei ist er so inhaltreich und umfassend, dass er in jeder methodischen Frage von einigem Belang, so weit sie Geographie, Naturbeschreibung, Physik, Chemie, Mineralogie, oder Rechnen, Raumlehre, Zeichnen, Gesang und Turnen betrifft, Auskunft gewährt. Ein weiterer hervorragender Vorzug der Methodik besteht darin, dass Rude den einzelnen Reformbestrebungen, deren es in jedem Unterrichtsgegenstande eine Anzahl gibt, nicht aus dem Wege gegangen ist, sondern sie auf ihre Berechtigung sorgfältig geprüft hat, um schliesslich seine Stellung zu demselben darzulegen. Als Nachweis für das Gesagte diene ein Beispiel aus dem naturkundlichen Unterrichte.

Nachdem Rude am Anfange Aufgabe und Bildungswert dieses Gegenstandes behandelt, dann einen Abriss über die Geschichte der Entwicklung dieses Unterrichts (S. 105—111) gegeben hat, bespricht er das biologische Prinzip, zeigt weiter, wie ein Teil der Schulmänner sich ablehnend dazu verhält, ein anderer Teil zu vermitteln sucht, noch ein anderer Teil dieses Prinzip durchzuführen bestrebt ist, um dann in 16 Zeilen seinen eigenen Standpunkt zu fixieren. Nachdem hierauf auf S. 116 ein Abschnitt über den Kausalzusammenhang im organischen Leben, sodann ein anderer übers Studium der Pflanzenbiologie gegeben worden, beantwortet Rude unter C die Frage: Sind in der Schule biologische Gesetze bzw. Wahrheiten zu entwickeln? und referiert fürs erste über die von Junge in Kiel aufgestellten Gesetze und die dagegen erhobenen Einwendungen, in ähnlicher Weise darauf über Klanschs biologische Gesetze. Nachdem dann Verf. noch die Frage, wodurch sich Schmeils biologische „Wahrheiten" von Junges „Gesetzen" unterscheiden, beantwortet hat, spricht er in bestimmter und einleuchtender Weise seine eigene Ansicht aus. Hieran schliesst sich ein Abschnitt, der die Bestrebungen derjenigen beleuchtet und beurteilt, welche die menschliche Arbeit als massgebendes Prinzip für die Anordnung des naturkundlichen Unterrichts aufstellen; es geschieht dies mit Beziehung auf Dr. O. W. Beyers „Die Naturwissenschaften in der Erziehungsschule" und auf Dr. R. Seyferts „Die Arbeitskunde in der Volks- und Fortbildungsschule". — Der Anordnung und Verteilung des bez. Unterrichtsstoffes sind volle 16 Seiten gewidmet. Hierbei kommen nacheinander zur Besprechung: 1. die systematische Anordnung, 2. die Kritik des Lübenschen Verfahrens, 3. die Anordnung nach natürlichen Familien, 4. die Anordnung nach Lebensgemeinschaften, 5. ausländische Naturkörper und 6. die Anordnung nach historischen Gesichtspunkten. Hieran reiht sich naturgemäss auf S. 172—178 das Kapitel von der Konzentration.

Solche und ähnliche Gründlichkeit zeichnet das ganze Werk aus. Ein Blick auf das Inhaltsverzeichnis bestätigt dies auch. Und nun noch ein Beispiel. Im geographischen Unterricht wird unter der Überschrift: „Das geographische Zeichnen" folgendes behandelt: A. Vorteile und Nachteile. B. Arten des Kartenzeichnens. 1. Einzeichnung in gegebene Grundlagen.

2. Das freihändige Kartenzeichnen; a) die Zugrundelegung willkürlich konstruierter Netze, nämlich der Quadratnetze; b) die Zugrundelegung eines vollständigen Gradnetzes; c) die Zugrundelegung einzelner ausgewählter Gradnetzlinien; d) Distanzkreise mit Richtungsbestimmung; e) die Verwendung der Normallinie; f) die Verwertung geometrischer Hilfskonstruktionen. C. Unsere Stellung zum geographischen Zeichnen. 1. Inwieweit ist das Zeichnen im geographischen Unterrichte der Volksschule anzuwenden? 2. Was ist zu zeichnen? 3. Das Verfahren beim Zeichnen. 4. Die Gebirgsdarstellung. 5. Das Zeichenmaterial. 6. Literatur zum Kartenzeichnen.

Überall beim Lesen der Methodik ist wahrzunehmen, dass Rude die gesamte einschlägige Literatur, die ins riesenhafte angewachsen ist, kennt und, soweit wertvoll, in seinem Werke berücksichtigt und verdichtet hat.

Schliesslich werde noch auf eins aufmerksam gemacht. Um auch in allen Einzelheiten der grossen und verschiedenen Unterrichtsmaterien nur durchaus Zuverlässiges zu bieten, hat Verf. die einzelnen Manuskripte bedeutenden Fachmännern zur Begutachtung eingesendet, so für Geographie dem Professor Dr. Becker in Wien, für Naturgeschichte dem Professor Dr. Schmeil in Magdeburg, für Rechnen dem Bezirksschulinspektor Beetz in Gotha, für Raumlehre dem Direktor Dr. Wilk in Gotha, für Zeichnen dem Zeichenlehrer Götze in Hamburg.

Alles in allem: der Verfasser hat sich durch diese schöne Gabe an die deutsche Lehrerwelt Anerkennung und Dank verdient. Ich schliesse mit dem Wunsche, dass der II. Teil der Rudischen Methodik dieselbe Beachtung und Verbreitung wie der I. Teil, von dem bereits eine zweite Auflage erschienen ist, finden möge.

Glogau.   H. Grabs.

Wilk, Dr. E., Schuldirektor in Gotha, Die Formengemeinschaften — ein Irrweg der Geometriemethodik. Dresden, Verlag von Bleyl & Kaemmerer (Inh.: O. Schambach) 1904. 1,20 M., 61 S.

Den Inhalt des vorliegenden Schriftchens bildet der Aufsatz, den der Verf. im Jahrbuch des Vereins für wissenschaftliche Pädagogik 36. Jahrgang veröffentlicht hat und in welchem er sich mit den beiden Vertretern der Formengemeinschaften Martin u. Schmidt auseinandersetzt. Dr. Wilk sieht in den Formengemeinschaften der Geometrie eine pädagogische Verirrung, vor allem, weil durch die einseitige Betonung der Konzentration der Fächer eine Vergewaltigung der natürlichen Stoffolge herbeigeführt werde. Wir halten den Standpunkt Wilks für den richtigen ohne zu verkennen, dass auch die Raumlehre von Martin und Schmidt, die mit gutem Geschick und in praktischer Weise stetig die Beziehungen zum Leben festhält, mit Erfolg benutzt werden kann. Dr. Wilk, der bereits durch seine Schrift „Der gegenwärtige Stand der Geometriemethodik" und durch die vorzügliche Neubearbeitung von A. Pickels Geometrie der Volksschule sich als durchaus zuverlässiger Führer auf dem Gebiete der Methodik der Geometrie erwiesen hat, hat durch die vorliegende Schrift wesentlich zur Klärung der Meinungen in der beregten strittigen Frage beigetragen.

Dresden.   Vetter.

Das kleine pflanzenphysiologische Praktikum. Anleitung zu pflanzenphysiol. Experimenten für Studierende und Lehrer der Naturwissenschaften von Prof. Dr. W. Detmer. Jena, Verlag v. G. Fischer. 1903. 5,50 M.

Der gelehrte Verfasser trägt den wachsenden Bestrebungen, den botanischen Unterricht ebenso wie den physikalischen und chemischen mehr auf den Boden des Experimentes zu stellen, Rechnung, indem er seinem umfänglichen „pflanzenphysiolog. Prakt." ein „kleines Praktikum" bes. für Lehrer höherer Schulen folgen lässt. Der Name darf nicht irre führen. Das Buch umfasst 290 engbedruckte Seiten in Grossoktav und bietet Anleitung für etwa 1000 Experimente. Diese Anleitungen sind eingebend, ja peinlich genau; ihnen dienen 163 Abbildungen. Durch viele Angaben gelangen die Erfahrungen zum Ausdruck, die der Verfasser im Laufe langer Jahre bei eigenen Arbeiten und an Arbeiten seiner Schüler machen konnte. Der ganze Inhalt ist streng systematisch geordnet. Der 1. Teil behandelt in 156 Kap. die Physiologie der Ernährung (Nährstoffe der Pflanzen, Molekülarkräfte der Pflanzen, Stoffwechselprozesse im vegetabilischen Organismus); der 2. bietet die Physiologie des Wachstums und der Reizbewegungen. (105 Kap.) Jedem grösseren Abschnitt sind orientierende Ausführungen vorgestellt, die ein Lehrbuch der Physiologie beinahe ersetzen, sicher aber vorzüglich ergänzen können. — Den ausserordentlich reichen Inhalt des Buches zu prüfen ist mir unmöglich und ist auch bei dem wissenschaftlichen Ruf des Verfassers nicht nötig; hier handelt es sich nur um die Verwendbarkeit des Werkes für die Schule. Es gilt heute für ausgemacht: So notwendig genaues Beschreiben und Bestimmen der Pflanzenformen, zumal in Verbindung mit dem Zeichnen, zur Entwicklung des Beobachtungsvermögens und des ästhetischen Sinnes ist, so wenig genügt es. Der gesamte Unterricht in der Botanik muss beherrscht sein von biologischen Gesichtspunkten; denn nur dann kann er seine volle Bedeutung für die Geistesbildung gewinnen; erst dann wird er in der Hand des erfahrenen und kenntnisreichen Lehrers zu einem Mittel allerersten Ranges für Verstandes- und Herzensbildung des Schülers, und erst dann kann für ein tieferes Verständnis der grossartigen Zusammenhänge zwischen der anorganischen Natur und der Organismenwelt eine sichere Grundlage geschaffen werden. Nur so ist auch eine Verknüpfung des botanischen Unterrichtes mit anderen Fächern möglich, mit Physik, Chemie, Zoologie und Geographie. Die Behandlung der Biologie fordert aber besondere Berücksichtigung der Physiologie, und diese ist nicht systematisch, sondern meist in Verbindung mit den Fragen der Anatomie, Morphologie und Biologie und mit der weitgehendsten Benützung des Experimentes durchzunehmen. Diese fruchtbare Gedankenreihe vorwirklichen zu helfen ist das Buch vorzüglich geeignet. Es bietet für jede besondere Aufgabe reiches Material, der Lehrer braucht nur aus der Fülle für seinen Zweck auszulesen. Da auch die allereinfachsten Versuche mit berücksichtigt sind, wird das Buch auch den Volksschullehrer anregen und seinen Unterricht befruchten können. In Gymnasien, Realschulen und Seminaren freilich wird bei den herrschenden Lehrplänen, die der Botanik nur eine ganz beschränkte Zeit und noch dazu ausschliesslich in den Unterklassen zuweisen, der Lehrer das Buch Detmers gar nicht oder nur höchst ungenügend ausbeuten können. Wenn aber die Teilnahmlosigkeit und das Misstrauen der leitenden Kreise gegenüber der Biologie überwunden sein wird, wenn man nach dem Muster der neuen badenschen Seminarlehrpläne den biologischen Fächern Licht und Luft gönnen wird, dann wird das kleine Praktikum noch in ganz anderer Weise Segen zu stiften vermögen als es jetzt leider nur geschehen kann. — Es sei übrigens aus dem Vorwort des Buches noch eine Stelle angeführt, die zwar nichts mit der Pflanzenphysiologie zu tun hat, die aber aus anderen Gründen bemerkenswert und erfreulich erscheint: „Dass in der Lehrerschaft tatsächlich ein weitgehendes Interesse für die Förderung des botanischen Schulunterrichtes besteht, bezeugen mancherlei Erscheinungen. Ich erwähne hier nur die in den letzten Jahren vielbesprochenen Ferienkurse der Universitäten und die wissenschaftlichen Kurse, welche die Lehrerschaft selbst veranstaltet ... In diesen Kursen haben wir es mit herrlichen Blüten unseres Kulturlebens zu tun. In der Lehrerschaft, besonders in dem so energisch aufstrebenden Stande der Volksschullehrer, herrscht eine geradezu leidenschaftliche Sehnsucht nach tieferer Erkenntnis, ein begeistertes wissenschaftliches Streben, ein unvergleichlicher Idealismus, vielfach verbunden mit einem ganz überraschenden Reichtum an Kenntnissen und kraftvollster Betätigung des einzelnen in seinem Wirkungskreise. Alles dies beansprucht höchste Würdigung und Bewunderung."

Grimma.   A. Rossner.

Eingegangene Bücher.

(Besprechung vorbehalten.)

Hentschels Liederhain, neubearbeitet von Model u. Möhring. Leipzig, C. Merseburger. Kleine Ausgabe, 1. Heft. Pr. 40 Pf.

Bollmacher, Fr., Liederbuch für Volksschulen. Heft 4. Ebenda. Pr. 36 Pf.

Bliedtner, E., Elementarbuch der deutschen Einheitsstenographie. 1. Teil. Halle, H. Schroedel. Pr. 40 Pf.

Illustriertes Verzeichnis von Lehrmitteln und Büchern für Erziehung und Unterricht. 1904. Leipzig, F. Volckmar.

Rude, Ad., Methodik des gesamten Volksschulunterrichts. 2. Teil. Osterwieck 1904, Zickfeldt. Pr. geb. 5 M.

Brauer, Dr. O., Die Beziehungen zwischen Kants Ethik und seiner Pädagogik. Leipzig 1904, E. Wunderlich. Pr. 80 Pf.

Cantecor, Georges, Le Positivisme. Paris, P. Deplane.

Bruch, Der Lehrer als Seelsorger. Bielefeld, A. Helmich. Pr. 40 Pf.

Friedrichs, K., Gegenwärtiges Verhältnis der Pädagogik zur Musik etc. Ebenda, 50 Pf.

Krug, A., Andreas P. Chr. Herbing, ein philanthropischer Förderer der Volksschule. Ebenda, 40 Pf.

Suck, H., Lüftung u. Beheizung der Schulräume. Ebenda, 40 Pf.

Freymut, E., Die Bestie im Menschen u. ihre Zähmung. Dresden 1904, O. Damm. Pr. 60 Pf.

Kant, Grundlegung zur Metaphysik der Sitten. Herausg. von Dr. Th. Fritzsch. Leipzig 1904, Ph. Reclam.

Kehrbach, Karl, Monumenta Germaniae Paedagogica, Bd. XXIV. Berlin 1904, Hofmann & Comp.

Lindemann, Fedor, Das künstlerisch gestaltete Schulhaus. Leipzig 1904, R. Voigtländer. Pr. 6 M.

Heman, Friedrich, Geschichte der neueren Pädagogik. Osterwieck 1904, A. W. Zickfeldt. Pr. 4,20 M.

Bernhardt, P., Die Fortbildungsschule für Mädchen. Bielefeld, A. Helmich. Pr. 40 Pf.

Tegeder, Wilh., Aus welchen Gründen ist die ungeteilte Unterrichtszeit erstrebenswert etc. Bielefeld, A. Helmich. Pr. 40 Pf.

Urquhart, John, Die neueren Entdeckungen und die Bibel. Übersetzt von E. Spliedt. 1. Bd. 4. Aufl. Stuttgart 1904, M. Kielmann. Pr. 4 M.

Derselbe, Die Bücher der Bibel, oder: Wie man die Bibel lesen soll. 1. Bd. Ebenda 1904. Pr. 2 M.

Achenbach, Fr., Behandlung des Kirchenlieds auf historischer Grundlage. 2. Aufl. Cöthen 1904, O. Schulze.

Réville, Jean, Modernes Christentum. Übersetzt von H. Buck. Tübingen 1904, J. C. B. Mohr. Pr. 2,50 M.

Tögel, Dr. H., Der konkrete Hintergrund zu den 150 Kernsprüchen. 2. verb. und verm. Aufl. Dresden 1904, Bleyl & Kaemmerer. Pr. 2,50 M.

Hoffmann, Dr. E., Der Geschichtsunterricht in der Volksschule. Vortrag. Bielefeld, A. Helmich. Pr. 40 Pf.

Arndt, Dr. L., Quellensätze zur Geschichte unseres Volkes von der Reformation bis zur Gegenwart. 1. Abt. 4. Band der Quellensätze etc. von E. Blume. Cöthen 1904, O. Schulze. Pr. 7 M.

Itschner, Hermann, Lehrproben zur Länderkunde von Europa. Leipzig 1904, B. G. Teubner.

Anthes, O., Dichter u. Schulmeister. Leipzig 1904, R. Voigtländer. Pr. 80 Pf.

Hoffmann, T. A., Der Unterricht im Deutschen im 1. Schuljahre. Hannover 1904, C. Meyer. Pr. 1,80 M.

Löhr, Fr., Der richtige Fall. 3. Aufl. Bielefeld, A. Helmich. Pr. 20 Pf.

Fortsetzung folgt.

Druck von A. Rietz & Sohn in Naumburg a. S.

A. Abhandlungen.

I.

Die staatliche Schwachsinnigenfürsorge im Königreich Sachsen.[1])

Von Anstaltsbezirksarzt Dr. med. E. Meltzer.

I. Ihre Entwicklung und ihre Einrichtungen.

Während die Irrenfürsorge in Deutschland von jeher und grösstenteils in den Händen des Staates gelegen hat, war es mit der Fürsorge für die Schwachsinnigen umgekehrt. Noch jetzt gibt es in Deutschland nur wenige staatliche Schwachsinnigenanstalten; sie sind meist entweder Privat-Unternehmen oder durch Humanitätsbestrebungen Einzelner entstandene Gründungen, die mehr oder weniger von privater Wohltätigkeit abhängen. Im Königreich Sachsen erkannte man schon im Jahre 1846 die Notwendigkeit einer staatlichen Fürsorge auch für diese Art Geisteskranke bez. Geistesschwache. Es wurden damals neun Knaben in eine neugebildete Abteilung der vereinigten Hubertusburger Landesirrenanstalten mit dem Ziele aufgenommen, sie möglichst zur Erwerbsfähigkeit heranzubilden. Bis zum Jahre 1852, in dem diese Versuchsabteilung als Erziehungsanstalt für „blödsinnige" Kinder, sanktioniert wurde, kamen noch achtzehn Knaben hinzu. Im Jahre 1857 wurde ihr auch die Befugnis erteilt, Kinder weiblichen Geschlechtes aufzunehmen. Für alle diese Kinder war der Nachweis ihrer Bildungsfähigkeit durch Zeugnis des Bezirksarztes zu erbringen. Diejenigen, die sich in der Erziehungsanstalt als nicht bildungsfähig erwiesen und die aus dem Lande direkt zugeführten gänzlich blöden Kinder wurden in einer besonderen Kinderstation des Irrenversorghauses untergebracht. Die

---

[1]) Zuerst erschienen in der Allgem. Zeitschr. für Psychiatrie. (Verlag Reimer, Berlin.) Mit einigen Kürzungen des 1. Teils hier abgedruckt.

immer wachsende Nachfrage nach Plätzen in der zuletzt je dreissig Knaben und Mädchen beherbergenden Erziehungsanstalt, bei der Unmöglichkeit, diese innerhalb der auch expansionsbedürftigen Irrenanstalten zu erweitern, veranlasste die Staatsregierung am 1. Mai 1889, die bisherige Waisen-Erziehungs- und Besserungsanstalt Grosshennersdorf bei Herrnhut (Regierungsbezirk Bautzen) als Erziehungsanstalt für schwachsinnige Knaben, die bisherige Gefangenenanstalt Nossen (Regierungsbezirk Dresden) für schwachsinnige Mädchen einzurichten. Mit den bildungsfähigen Schwachsinnigen wurden auch die bildungsunfähigen dorthin versetzt. Die Verpflegung dieser meist unruhigen, schreienden und lärmenden Idioten mit den erziehungs- und bildungsfähigen Elementen gemeinsam in demselben Hause, ja auf demselben Flure, — die Anstalt Grosshennersdorf ist ein vierstöckiges, 62 m langes Gebäude, die Anstalt Nossen ein altes Schloss —, brachte naturgemäss viele Störungen mit sich; Mitte der neunziger Jahre war auch schon wieder Platzmangel in beiden Anstalten vorhanden, der dazu zwang, zu Gunsten der bildungsfähigen Zöglinge die bildungsunfähigen schon nach 1—2jähriger Verpflegung nach Haus zu entlassen, ein Zustand, der im Lande vielfach drückend empfunden wurde. Man richtete daher in Hubertusburg, dessen Irrenanstalten unterdessen durch Neugründungen entlastet waren, wieder eine Abteilung für diese blöden Kinder ein. Seit 1901 ist jedoch auch diese Hilfsabteilung der Erziehungsanstalten wieder so voll besetzt (zur Zeit 53 Mädchen und 45 Knaben), dass die Kinder, die das 14. Lebensjahr erreicht haben, sofern sie nicht in der Pfleganstalt untergebracht werden müssen, zu entlassen sind.

Die Grosshennersdorfer Erziehungsanstalt für Knaben hat in den letzten Jahren einen Durchschnittsbestand von 250 Knaben bei einer jährlichen Aufnahmeziffer von ca. 50 gehabt; in der Nossener Anstalt ist das Verhältnis 175 : 30. Vom Tage ihrer Einrichtung an bis Ende 1903 sind in ersterer 991 männliche, in Nossen 691 weibliche Zöglinge verpflegt worden. Die jetzige Bestands- und Aufnahmeziffer würde in beiden Anstalten eine viel höhere sein, wenn nicht seit einigen Jahren aus Platzmangel alle diejenigen Aufnahmeanträge abgelehnt worden wären, bei denen schon aus dem beigegebenen ärztlichen Zeugnis hervorging, dass das Kind voraussichtlich bildungsunfähig war und daher keinen Nutzen von den spezifischen Einrichtungen und Methoden der Erziehungsanstalt gehabt haben würde. Auch werden vorläufig Aufnahmeanträge aus grösseren Städten, in denen Hilfsschulen und Nachhilfeklassen für Schwachbegabte existieren, abgelehnt, um Platz für die aus kleineren Städten und vom Lande kommenden bildungsfähigen Kinder, die mangels jeder Erziehung verblöden würden, zu behalten. Dieser Notstand hat schon vor Jahren das Projekt einer Erweiterung und Zusammenlegung der beiden Anstalten reifen lassen. Im Zentrum des Landes, nahe der Fabrikstadt Chemnitz, in Altendorf-Chemnitz, befindet sich jetzt die künftige Landeserziehungsanstalt im Bau und wird voraussichtlich im Herbst 1905 ihrer Bestimmung übergeben werden.

Bevor die jetzigen sächsischen Erziehungsanstalten aufhören, ihrem Zwecke zu dienen, ist es wert, einmal über ihre Einrichtungen und Erziehungsprinzipien zu referieren, zumal über erstere nie ein Wort in Fachzeitschriften gedrungen ist und sich neuerdings doch überall ein Interesse für das Gebiet des Schwachsinns bemerkbar macht. Das einzige, was bisher veröffentlicht wurde, ist eine längere Arbeit in der „Zeitschrift für die Behandlung Schwachsinniger und Epileptischer" 1898 No. 4—8 „Aus der Praxis der Vorschule" von Gustav Nitzsche, Oberlehrer an der Landesanstalt Grosshennersdorf. Diese auch im Sonderabdruck erschienene Arbeit ist besonders geeignet, jedem, der sich für das Gebiet interessiert, eine Einsicht in die Bestrebungen der sog. Heilpädagogik zu gewähren; für den angehenden Schwachsinnigenlehrer und das Personal, welches zur Unterrichtserteilung mit herangezogen werden muss, sind die daselbst skizzierten Lehrgänge ein täglich nötiges Vademecum.

Die beiden Schwachsinnigenanstalten mit ihrer Hilfsabteilung in Hubertusburg unterstehen wie sämtliche Irren-Heil- und Pfleganstalten, Blinden-, Erziehungs-, Korrektions- und Gefangenen-Anstalten in Sachsen einer Abteilung des Ministeriums des Innern. Die Direktion derselben ruhte seit 1890 in den Händen des als Blindenlehrer bekannt gewordenen Hofrat Büttner, der zugleich Direktor der Dresdener Blindenanstalt und ihrer Hilfsabteilungen in Moritzburg und Königswartha war. Nach seinem Tode im Jahre 1898 übertrug das Ministerium die Leitung der Anstalten interimistisch den bisher dirigierenden Oberlehrern an denselben unter Verleihung des Titels „Oberinspektor". Diese werden die Direktionsgeschäfte bis zur Inbetriebsetzung der neuen Anstalt Chemnitz-Altendorf behalten. Ärztlich wird die Nossener Anstalt von einem in der Stadt Nossen praktizierenden Arzte versorgt. Er ist im Nebenamte angestellt, während der Arzt an der ca. 100 Köpfe grösseren Anstalt Grosshennersdorf im Hauptamte tätig ist. Die letztere bildet seit 1891 einen selbständigen Medizinalbezirk. Der Grosshennersdorfer Arzt muss daher staatsärztlich geprüft sein. Als Anstaltsbezirksarzt untersteht er dem Kreishauptmann (Regierungspräsident), als Anstaltsarzt der Anstaltsdirektion. Privatpraxis darf er nur soweit betreiben, als dadurch der Anstaltsdienst nicht beeinträchtigt wird. Mit der eigentlichen Verwaltung der Anstalt hat er nichts zu tun, dagegen hat er in allen Zweigen derselben, die mit dem Gesundheitszustand in ihr zusammenhängen, ihrem Vorstand anregend helfend oder beratend beizugehen, in Zweifelsfällen auch die von ihm selbst für nötig gehaltenen, keinen Verzug leidenden Massnahmen durch die Direktion ausführen zu lassen. Er hat, wie es in seiner Instruktion heisst, sein Augenmerk auf die Herstellung und Erhaltung der Reinlichkeit, gehöriger Lüftung und angemessener Temperatur in den Räumen der Anstalt, auf die Beköstigung, Bekleidung, die Lagerstätten der Zöglinge, die Reinigung derselben und deren Bewegung im Freien, die Badeeinrichtungen und die Beschäftigung der Zöglinge zu richten; ferner hat er sich aller vorgeschriebenen Untersuchungen der Zöglinge bei der Einlieferung und Entlassung, der ärztlichen Behandlung der Zöglinge sowohl wie der Beamten und Bediensteten, endlich aller einschlagenden Begutachtungen und der Bearbeitung der der Medizinalstatistik dienenden Listen zu unterziehen. Seine Hauptbeschäftigung besteht in der Behandlung der bei einer so grossen Zahl körperlich dürftiger und widerstandsunfähiger Kinder immer reichlich vorhandenen akuten und chronischen Kranken auf der hierzu bestimmten Abteilung. In der hiesigen Anstalt waren im Jahre 1903 eingebettet 183 Knaben mit 3427 Krankheitstagen; daneben wegen kleinerer Leiden nur am Tage auf der Krankenabteilung als sogenannte Revierkranke: 249. Ausserdem kommen täglich 10—50 Knaben in die Verbindestunde; es werden da kleine Schnittwunden, Schrunden, ekzematöse Stellen in geeigneter Weise verbunden, die chronisch Ohrenkranken, die Zahnkranken etc. behandelt. Es handelt sich da vielfach nur um rechte Kleinigkeiten, die zur Not auch einmal ein geübter und erfahrener Krankenpfleger allein besorgen kann. Für gewöhnlich ist auch hier die ärztliche Beobachtung und Hilfe notwendig. Ergeben sich doch oft aus solchen kleinen Leiden Fingerzeige für die Behandlung der Gesamtkonstitution. Der Arzt an einer Schwachsinnigenanstalt möchte so universell wie möglich ausgebildet sein, vor allem aber spezialistische Kenntnisse in der Augen-, Ohren-, Nasen-, Rachenheilkunde besitzen. Die Mehrzahl der Kinder ist skrofulös und rachitisch; chronische Nasenkatarrhe, vergrösserte Tonsillen, Rachenvegetationen sind bei ca. 75% festzustellen. Daneben muss er etwas Orthopäd, Chirurg, Neurolog sein; eine beträchtliche Zahl der Kinder ist gelähmt (besonders durch cerebral. Kinderlähmung und Littlesche Lähmung), durch Lähmungen oder Misswachs verkrüppelt.

Es erübrigt an dieser Stelle nur kurz zu erwähnen, dass diesem grossen praktischen Tätigkeitsfelde des Arztes in der Schwachsinnigenanstalt ein ebenso reiches wissenschaftliches Gebiet gegenübersteht, das sehr der Bebauung harrt. Das Schwachsinnigenmaterial ist anthropologisch wie psychologisch in höchstem Masse interessant; freilich bedarf es zu solchen Arbeiten immer einer reichlichen Ausstattung an einschlagenden Werken und Apparaten, deren Kosten bei Neuerrichtung von Anstalten nicht gescheut werden dürfen.

Verf., der seit drei Jahren an der Anstalt Grosshennersdorf arbeitet, ist psychiatrisch vorgebildet. Die bisherigen Ärzte waren es nicht. Psychiatrische Kenntnisse sind aber selbstverständlich für den Arzt jeder Schwachsinnigenanstalt unbedingt erforderlich.

An hiesiger Anstalt sind sechs seminaristisch gebildete Lehrer, in Nossen drei Lehrer und eine Lehrerin angestellt. Jeder derselben erteilt in einer Schul- und in einer Vorschulklasse Unterricht. Damit er die Individualität jedes einzelnen seiner schwachsinnigen Schüler recht kennen lernt, behält er diejenigen, die fortrücken, auch in den folgenden Schuljahren bis zum Aufrücken in die erste Klasse bei. Für den Schwachsinnigenlehrer ist dieser jährliche Wechsel des Lehrstoffs, der bei den mangelhaften Anlagen der Kinder natur-gemäss nur ein kleines Gebiet umfassen kann und daher mit der Zeit ermüdend wirkt, hygienisch notwendig. Den Lehrern liegt ausser dem Schulunterricht (wöchentlich: Durchschnitt 28 Stunden inkl. Turn-, Spiel- und Zeichenstunden) der wochenweise wechselnde Tagesdienst in der Anstalt, d. h. die Beaufsichtigung des Personals, die Wahrung der Ordnung, Abhaltung der Morgen- und Abend-andacht etc., und die Führung der Personalbogen ob. Über jeden Zögling wird ein solcher gleich nach seiner Aufnahme ausgestellt; er enthält den körperlichen und einen kurzen psychischen Befund, den der Arzt möglichst bald nach der Aufnahme gemacht hat, dann einen pädagogischen Aufnahmebefund und endlich die halbjährlichen oder bei Gelegenheit auch ausser der Zeit stattfindenden Ein-tragungen über die geistige Entwickelung des Kindes seitens der Klassenlehrer und Pfleger oder Pflegerinnen. Es werden halbjährlich auch Zensuren gegeben, mehr um den Wünschen der Eltern, die auf diese Äusserlichkeit meist grossen Wert legen, zu genügen als um darin einen Massstab der Fortschritte zu haben. Lassen sich diese bei Schwachsinnigen doch nur selten in kurze Urteile, ge-schweige denn in Zahlen fassen.

Die Zahl der Lehrer an den Anstalten ist eigentlich immer noch zu gering, so dass manche Unterrichtsstunde in den zwölf Klassen von nicht pädagogisch geschultem Personal gegeben werden müssen. Doch verbietet sich eine höhere Zahl von Lehrern aus staatsökonomischen Gründen; andererseits gibt es unter dem Pflege-personal eine ganze Reihe früherer Kindergärtnerinnen, oder solcher Personen, die sich nach gehöriger Unterweisung durchaus zur Er-teilung auch solcher Unterrichtsstunden eignen. Die meisten Hand-arbeits- und Beschäftigungsstunden liegen in den Händen des Abteilungspflegers bez. der -pflegerin.

Dieses Pflegepersonal der sächsischen Schwachsinnigenanstalten bekommt wie das der Irrenanstalten eine halbjährige Ausbildung in den Pflegerhäusern zu Hochweitzschen und Hubertusburg (Pfleger-innen). Nach zweijähriger Probedienstzeit in einer Landesanstalt erhält es Staatsdienereigenschaft. Diese Momente bedingen ein im allgemeinen recht taugliches und wenig fluktuierendes Personal. Dies ist natürlich auch für die Schwachsinnigenanstalten von grosser Wichtigkeit. Die verschiedenen Abteilungen bez. Klassen der jüngeren Kinder sind Pflegerinnen unterstellt, diejenigen der älteren Knaben Pflegern. Die Verwendung weiblichen Personals auch in der Erziehungsanstalt für Knaben seit 1890 hat sich, wie von vornherein zu erwarten, durchaus bewährt. Das weibliche Element ist bei der Erziehung geduldiger, in den Anforderungen genügsamer, mit kleinen Erfolgen zufriedener; es kann sich mehr in das Seelenleben des Kindes vertiefen. Das von der leiblichen Mutter getrennte Kind schliesst sich rascher einer weiblichen Person an; die Pflegerin ersetzt dem Kinde gar bald die Mutter und geht in den Interessen ihrer Abteilungskinder oft völlig auf. Das kann beim Pfleger nie in dem Masse der Fall sein, da seine Interessen sich naturgemäss zwischen Dienst und seiner eigenen im Orte wohnenden Familie teilen. Bei den älteren Knaben dagegen ist wegen der geschlecht-lichen Entwickelung und Unarten, wegen der grösseren Wildheit und der Beschäftigung der Umgang mit männlichem Personal unbedingt besser.

Was nun die schwachsinnigen Zöglinge selbst anbetrifft, so interessieren allgemeiner zunächst einige Punkte im Aufnahme-regulativ. Ausgeschlossen von der Aufnahme sind Kinder

1. sofern sie tuberkulös oder syphilitisch sind,
2. wenn sie epileptisch sind und als solche in einer Anstalt für Epileptische Aufnahme finden können,
3. sofern sie blind, taubstumm oder sonst mit einem schweren Gebrechen behaftet sind, es sei denn, dass sie der Pflege in einer Anstalt bedürfen und in keiner anderen Anstalt unter-gebracht werden können,
4. sofern sie jünger als fünf Jahre sind,
5. wenn sie wegen vorgeschrittener Entwicklung sich nicht mehr für die Anstalt eignen,
6. wenn bei ihnen auf Grund ihres Vorlebens anzunehmen ist, dass sie in der Anstalt eine sittliche Gefahr für andere Zöglinge bedeuten würden.

Die letzteren werden zweckmässiger in der Landesanstalt für sittlich gefährdete Kinder in Bräunsdorf b. Freiberg untergebracht. Für die blinden Schwachsinnigen gibt es in Königswartha i. S. eine besondere Abteilung, die der dortigen Blindenhilfsanstalt angegliedert ist. Leicht schwachsinnige taubstumme, verkrüppelte und epilep-tische Kinder werden meist Aufnahme und entsprechende Fort-bildung in den sächsischen Taubstummen-, Epileptischen- und Krüppelanstalten finden. Die in höherem Grade schwachsinnigen Kinder oder ganz verblödete mit solchen Gebrechen werden da-gegen in den Erziehungsanstalten oder ihrer Hilfsabteilung in Hubertusburg aufgenommen. So ist für alle Kategorien von Schwachsinnigen staatlich durch geeignete Anstalten gesorgt.

Diejenigen, die ein Kind in eine Schwachsinnigenanstalt bringen wollen, haben, damit Missgriffe und Weitläufigkeiten vermieden werden, stets die Vermittlung der Behörde ihres Aufenthaltsortes nachzusuchen. Diese richtet den Aufnahmeantrag an die Anstalts-direktion. Diesem muss stets ein auf persönlicher Untersuchung beruhendes von einem in Deutschland approb. Arzte ausgestelltes Formulargutachten beigefügt werden, ferner die Zustimmung des Erziehungsberechtigten, deren es nicht benötigt, wenn die Zwangserziehung angeordnet ist oder ein fürsorgepflichtiger Armenverband die Aufnahme beantragt hat, weiter eine Verbindlichkeitserklärung wegen Übernahme der Kosten, eine Bescheinigung der Staatsangehörigkeit sowie des Unterstützungswohnsitzes oder der Landarmeneigenschaft, das Taufzeugnis und der Nachweis der Impfung bezw. auch der Wiederimpfung und eine eingehende Darstellung der Erziehung, Schulbildung, der geistigen und sittlichen Entwicklung. Der gewöhnliche Verpflegsatz beträgt zur Zeit täglich 1,25 M.; Ortsarmenverbände des Königr. Sachsens bezahlen dagegen für die von ihnen untergebrachten Kinder nur 50 Pf. täglich. Das Ministerium des Innern kann alle diese Verpflegsätze ermässigen. — Bei der Zuführung ist stets eine Bescheinigung der Ortsobrigkeit darüber mitzubringen, dass seit sechs Wochen in der Familie des unterzubringenden Zöglings und in der nächsten Umgebung keine ansteckende Krankheit wahrzunehmen gewesen ist. Man will durch diese Massregel die Anstaltsinsassen möglichst vor Einschleppung von Seuchen, besonders aber der Kinderkrankheiten, die sonst in solchen Anstalten nicht erlöschen würden, schützen. Der Schutz, den diese Massregel bietet, ist begreiflicherweise kein genügender. Es kommen doch einmal Einschleppungen von Krankheiten vor, denn die Ortsobrigkeit kann entweder nicht richtig informiert sein, oder den Begriff „der nächsten Umgebung" nach subjektivem Ermessen sehr eng fassen, ganz abgesehen noch von Zufälligkeiten, die ihr das Bestehen von Epidemien, vor allem deren Anfang oder Ende verschleiern können. Von Nutzen würde in dieser Hinsicht deswegen eine Quarantänezeit von mindestens zwei Wochen sein, die jedes neuaufgenommene Kind in der Krankenabteilung zu verbringen hätte. In dieser Zeit würde es zugleich auf seine körperlichen und geistigen Eigentümlichkeiten und in seinem Verkehr mit den andern gerade kranken Kindern ärztlich beobachtet werden können. Erkrankt es in dieser Zeit an einer ansteckenden Krankheit, so ist eine weitere Isolierung von der Krankenabteilung aus natürlich viel rascher und vollständiger möglich, als wenn es schon einer bestimmten Klasse zugewiesen war. In Grosshennersdorf wie in Nossen liegen die Krankenabteilungen so ungünstig, dass eine derartige Quarantäne, wie sie z. B. auch in der amerikanischen Anstalt Elwyn (Pennsylv.) eingeführt ist, keinen Zweck haben würde. In der neuen Anstalt Chemnitz-Altendorf wird man dagegen ein von den Schul- und Wohngebäuden getrenntes Krankenhaus und Isolierhaus haben.

Jedes Kind wird sofort nach der Aufnahme gebadet und, was für die Anstaltshygiene sehr wichtig ist, die Kleidungs- und Wäschestücke, in denen die Aufzunehmenden in die Anstalt gebracht werden, gelangen nach erfolgter Aufnahme sofort an die Angehörigen oder Behörden zurück. Nur ausnahmsweise dürfen Zöglinge im Gebrauche mitgebrachter Kleidungstücke gelassen und während ihres Aufenthaltes in der Anstalt ferner von ihren Angehörigen mit Bekleidung versehen werden. Die Zöglinge der bei beiden Anstalten bestehenden Pensionsabteilung für Bemittelte erhalten Kleidung und Leibwäsche nicht von der Anstalt. Sie nehmen am Unterricht und an der Beschäftigung der übrigen Zöglinge teil, erhalten aber besondere Wartung und Pflege, bevorzugte Wohnung und Kost. Gezahlt wird für Pensionäre 2 M., für Ausländer 4 M. täglich, überdies ein Berechnungsgeld von 120 M. jährlich.

Jeder Zögling bekommt von der Anstalt drei vollständige Anzüge, bestehend aus Jacke, Beinkleid, Weste, Stiefel, dazu noch zwei Extrahosen und eine Extrajacke; im Sommer werden statt der Jacken meist Leinenblusen getragen; für jeden sind drei vorhanden. Die Bettwäsche wird jeden Monat gewechselt, die Leibwäsche alle acht Tage; bei den Unreinlichen natürlich nach Bedarf. Jeder Abteilungspfleger bekommt noch reichlich Reservekleidungsstücke und -Wäsche jede Woche zugeteilt, um denen, die sich weniger sauber halten oder infolge der Arbeit mehr bedürfen, auszuhelfen. Die grösseren Zöglinge erhalten wöchentlich ein Reinigungsbad, die kleineren zwei, die Unreinlichen nach Bedarf mehr. Ausser der Frühwaschung findet noch sowohl vor der Mittags- als vor der Abendmahlzeit eine Waschung des Gesichts und der Hände statt; nach diesen beiden Mahlzeiten wird der Mund gespült und die Zähne geputzt.

Beköstigt werden die Zöglinge auf folgende Weise: Pro Person früh ca. $^1/_2$ l Milch mit Semmel, mittags fünfmal wöchentlich durchschnittlich 100 g Kochfleisch mit $^1/_2$—$^3/_4$ l Gemüse; einmal wöchentlich mittags 250 g Braten mit Kartoffeln, Salat oder Kompott, einmal wöchentlich mittags eine Milch- oder Mehlspeise, abends $^3/_4$ l Suppe oder Obst, Wurst, Fisch, Quark, Käse; nachmittags $^1/_2$ l Milchkaffee. Zum Vesperkaffee wie zur Frühstückszeit am Vormittag wird Butterbrot gegessen; es kann bis zu 500 g Brot täglich verabreicht werden; Butter 125 g wöchentlich. — Die Epileptischen unter den Zöglingen erhalten seit zwei bis drei Jahren kein Fleisch mehr, dafür eine eiweissreiche durch Milch und Eier aufgebesserte, salzarme Pflanzenkost und kleine Gaben von Brom. Die Zahl der Anfälle ist durch diese Diät sehr wesentlich herabgesetzt worden, ja zum Teil zum Verschwinden gebracht worden. Die Beobachtungszeit erstreckt sich aber zunächst nur auf $1^1/_2$ Jahr. Unterernährung oder sonstige Nachteile hat man nicht beobachtet.

Der Tagesplan, nach dem sich das Leben in der Anstalt abspielt, ist folgender:

$^1/_2$6 Uhr: Aufstehen, Ankleiden, Waschen.

$^1/_2$—$^3/_4$7 Uhr: Erstes Frühstück.

$^3/_4$7 Uhr: Morgenandacht.

$^3/_4$7—8 Uhr: Für einige Abteilungen Bettenmachen, Schlafsaalreinigen; für einige Abteilungen Haus- oder Küchenarbeit; für einige Abteilungen (kl. Zögl.) freies Spiel.

8—$^3/_4$9 Uhr: Schul- oder Handfertigkeitsunterricht; hierüber s. II. Teil: „Die Erziehungsgrundsätze in der Landesanstalt Grosshennersdorf."

$^3/_4$9—$^1/_2$10 Uhr: Zweites Frühstück.

$^1/_2$10—$^1/_4$12 Uhr: Schul- oder Handfertigkeitsunterricht.

$^1/_4$12—$^3/_4$12 Uhr: Reinigung; Freizeit.

$^3/_4$12—$^1/_4$1 Uhr: Mittagessen.

$^1/_4$1—1 Uhr: Freizeit; für einige Abteil. Küchenaufwascharbeit.

1—2 Uhr: Spaziergang; bei schlechtem Wetter: Turnfreiübungen; Freizeit.

2—4 Uhr: Schul- oder Handfertigkeitsunterricht.

4—$^1/_2$5 Uhr: Vesper.

$^1/_2$5—6 Uhr: Arbeit für die älteren Zöglinge; für die jüngeren Spaziergang oder Unterhaltungs- oder Spielstunde.

6—$^1/_2$7 Uhr: Reinigung; Freizeit.

$^1/_2$7—7 Uhr: Abendessen.

7—$^1/_2$8 Uhr: Freizeit.

$^1/_2$8 Uhr: Abendandacht.

$^3/_4$8 Uhr: Schlafengehen.

Diejenigen Kinder, die nachts einnässen, werden $1^1/_2$ Stunde, nach dem Zubettgehen noch einmal geweckt und abgeführt. Sie bekommen abends keine flüssige Kost. Diejenigen kleinen Zöglinge, die trotzdem noch nachts sich verunreinigen, werden in Unterlagsstoffe eingebunden. Die grösseren Zöglinge liegen auf Torfmull, eine Lagerungsmethode, die nicht schön aussieht, aber dafür den Vorteil hat, dass keine Matrazen verdorben werden und absolut kein Geruch entsteht. Der Urin versickert sofort in den Torfmull; die Haut wird nur in geringstem Umfang und vorübergehend benässt. Am nächsten Morgen wird der beschmutzte Teil der Torfmulls ausgestochen und durch neuen ersetzt. Der Torfmull ist ein warmes Lager; er reizt die Haut nicht. Furunkulose oder Ekzeme, die bei den meist skrofulösen Kindern sonst so häufig beobachtet werden, kommen bei den Bettnässern, die auf Torfmull[1]) liegen, nicht häufiger als bei anderen vor.

Am Sonntag verändert sich obiger Tagesplan insofern, als für die Unterrichts- und Arbeitsstunden Freizeit oder Spiel oder Spaziergang angesetzt ist. Jeden vierten Sonntag hält der Ortsgeistliche vormittags Hausandacht ab: die übrigen Sonntage besorgt dies der diensthabende Lehrer. Der Ortsgeistliche, der vom Ministerium

---

[1]) Es eignet sich hierzu nur bester (65 % Trockengehalt) Torfmull; die hiesige Anstalt bezieht solchen von der Norddeutschen Torfmoorgesellschaft in Triangel in Westfalen (1 Lowry, 10000 kg, I. Ware = 200 M.

nebenamtlich angestellt ist, gibt auch denjenigen Zöglingen, die konfirmationsfähig sind, die Vorbereitungsstunden für die Konfirmation. Er führt ausserdem über das Pflegepersonal männliches und weibliches, eine Art Patronat; d. h. er ist in persönlichen Angelegenheiten ihr Berater, vermittelt, wenn nötig, zwischen ihm und dem Leiter des Pfleger(-innen)hauses und erteilt ihm wöchentlich behufs geistiger Anregung Unterhaltungs- oder Belehrungsstunden.

Mit Schularbeiten werden die Zöglinge nicht geplagt; in den Freizeiten können sie sich also nach Belieben tummeln oder mit ihrem Spielzeug beschäftigen, das gewöhnlich zu Weihnachten oder zum Schulfest erneuert bezw. ersetzt wird. Der Geburtstag jedes einzelnen wird durch eine kleine Kostzugabe gefeiert. Zur Zeit der grossen kirchlichen Feste sind acht bis zehn Tage, im Hochsommer überdies vier Wochen Ferien, in denen eine Beurlaubung ins Elternhaus statthaft ist. In den Herbstferien, die immer in die Zeit der Kartoffelernte gelegt werden, beteiligen sich alle grösseren Schulkinder zu ihrem eigenen grössten Vergnügen am Kartoffelausmachen. Besuch der Eltern oder Angehörigen bei ihren hier untergebrachten Kindern ist jederzeit erlaubt. Damit die kleinen Schwachsinnigen ihre Angehörigen nicht ganz vergessen, sind deren Photographien in den Wohnzimmern derartig angebracht, dass die Kinder oft an dieselben erinnert werden. Züchtigungen finden nie oder nur ganz selten statt. Alle diejenigen, die im Aufregungszustande handeln, werden zur Krankenabteilung gebracht und, wenn nötig, eingebettet. Eine Zelle gibt es nicht; ebenso vergitterte Fenster; Drahtfenster nur dort, wo sich die kleinen Idioden aufhalten. Die Anstalt ist eine durchaus offene. Haus, Hof und Garten sind auch nach aussen nicht verschlossen. Entweichungen kommen trotzdem fast gar nicht vor (in den letzten sechs Jahren keine). In Nossen liegen die Verhältnisse in dieser Beziehung etwas anders. Die Lage des Schlosses auf steiler Anhöhe, die Verwendung eines Teiles des Schlosses als Amtsgericht macht hier natürlich gewisse Abschliessungen nach aussen nötig. Die Kinder gewöhnen sich meist sehr rasch in das Anstaltsleben ein; nur selten wird länger als wenige Stunden anhaltendes Heimweh beobachtet und auch dies nur, wenn die Eltern sie zur Aufnahme hierher bringen. Aus den Ferien hat man die Kinder immer nur gern zurückkehren sehen, woraus wohl geschlossen werden darf, dass selbst diejenigen, die den denkbar günstigsten Familienverhältnissen entstammen, das Familienleben nicht ernstlich vermissen. Bei den weitaus meisten Kindern hat das Anstaltsleben vor dem Familienleben ganz erhebliche Vorteile. Denn die meisten Kinder entstammen ärmlichen Verhältnissen; die Eltern sind vielfach geistig minderwertige Menschen (25 %), oder Alkoholiker (20 %), die ihre Kinder verwahrlosen lassen; in anderem Falle müssen sie auf Arbeit gehen und die Kinder unbeaufsichtigt oder der mangelhaften Aufsicht älterer Geschwister übergeben. Die Ernährung ist meist eine schlechte. Zeit, sich mit dem immer mehr zurückbleibenden Kinde abzugeben, hat meist niemand. Auch die Schulen können sich auf die Dauer nicht mit dem schwachsinnigen Kinde befassen; es wird also entlassen und ist nun auch in der Zeit der Schulstunden unbeaufsichtigt; es treibt sich auf den Strassen herum, fängt an zu betteln, zu vagabondieren, kurz es verkümmert geistig und körperlich. Es ist klar, dass unter solchen Umständen das Anstaltsleben, selbst wenn man von seiner unterrichtlichen Seite hier ganz absicht, schon allein durch seine Regelmässigkeit, durch die günstigen Lebensbedingungen usw. erzieherisch wirkt. Vielfach kommen die Kinder erst mit ihrem Eintritt in die Anstalt in ein menschenwürdiges Dasein.

Mit dem Austritt aus der Anstalt hört leider für viele das glückliche sorgenfreie Leben wieder auf, trotzdem die Anstalt auch dann noch ihnen einen gewissen Schutz und Unterstützung gwährt. Wenn der Zögling diejenige Ausbildung erlangt hat, zu der er vermöge seiner Beanlagung fähig ist, oder wenn er nach seinem Alter und seiner körperlichen Entwicklung der Anstalt entwachsen ist, oder die Entlassung von dem Erziehungsberechtigten beantragt und diese von der Anstaltsdirektion für unbedenklich erachtet wird (die übrigen mehr verwaltungsrechtlichen Gründe zur Entlassung· brauchen hier nicht erwähnt zu werden), so verfügt die Anstaltsdirektion die Entlassung. Dieser kann eine Beurlaubung vorausgehen, „um zu prüfen, ob die in der Anstalt erzielten Ergebnisse der Erziehung und Ausbildung sich auch ausserhalb der Anstalt bewähren". Diese Beurlaubung darf erst erfolgen, wenn für den Zögling ein geeignetes Unterkommen ermittelt worden ist. Die Beurlaubten zählen noch zum Personalbestand der Anstalt; sie bleiben der Überwachung der Anstalt unterstellt und werden mindestens einmal im Jahre vom Anstaltsvorstand besucht. „Mit dem Dienst-, Lehr- oder Arbeitsherrn ist von der Anstalt ein Vertrag abzuschliessen. Darin ist unter anderm jenem sorgfältigste Behandlung und Überwachung des Zöglings, ferner halbjährliche Einreichung eines Zeugnisses über sein Verhalten, bei besonderen Vorkommnissen oder grober Ungebührlichkeit desselben sofortige Meldung und für den Fall der Entlassung vorgängige Vernehmung mit der Anstaltsdirektion zur Pflicht zu machen. Auch ist über den Arbeitsverdienst des Zöglings im Vertrage Bestimmung zu treffen und hierbei auf Ablieferung von Ersparnissen an die Anstalt, in eine Gemeindesparkasse oder an eine der von der Anstalt bestellten Vertrauenspersonen Bedacht zu nehmen." Bei Beurlaubungen eines Zöglings zu seinen Angehörigen oder Verwandten kann ev. vom Abschluss eines förmlichen Vertrages abgesehen werden. Die Anstaltsdirektion bemüht sich, namentlich auf dem Lande und in kleinen Städten Dienst- und Arbeitsherren ausfindig zu machen, die zur Aufnahme von Zöglingen bereit und zur Fortsetzung des Erziehungswerkes an ihnen geeignet und willig sind;

sie steht deswegen fortgesetzt mit Geistlichen, Lehrern, Gemeinde-
behörden u. a. im Einvernehmen. Der Zögling wird bei seiner Beurlaubung von der Anstalt mit zwei vollständigen Anzügen, dreifacher
Leibwäsche und dem erforderlichen Handwerkszeug ausgestattet. Die
hierdurch auflaufenden Kosten werden aber nur ausnahmsweise, d. h.
wenn die Zahlungspflichtigen sie nicht zu tragen vermögen, aus der
„Unterstützungskasse für entlassene Schwachsinnige" bestritten. Der
Beurlaubte kann jederzeit, wenn es die Umstände erfordern, ohne
weitere Formalitäten in die Anstalt zurückgenommen werden. Von
der Beurlaubung eines Zöglings muss zunächt natürlich dem Zahlungspflichtigen (Angehörige, Armenverbände), dem gesetzlichen Vertreter
des Zöglings und dem zukünftigen Arbeitsherrn, dann aber auch
einer Vertrauensperson (Pfarrer, Lehrer u. a.) am Urlaubsort oder in
dessen Nähe Mitteilung gemacht werden und zwar letzterem mit der
Bitte, dem Arbeitgeber bei der weiteren Erziehung und Überwachung
der Beurlaubten behilflich zu sein und die dabei gemachten Wahrnehmungen mindestens halbjährlich der Anstaltsdirektion mitzuteilen.
Wenn der Zögling zwei Jahre beurlaubt war und das Urlaubsunter-
kommen sich für ihn passend erwiesen hat, so wird er entlassen,
d. h. vom Personalbestande der Anstalt abgeschrieben. Für diejenigen, die ohne vorgängige Beurlaubung direkt aus der Anstalt
entlassen werden, wird in gleicher Weise von der Anstalt auf Kosten
der oben erwähnten „Unterstützungskasse" gesorgt, falls sie dieser
Fürsorge bedürftig sind. Es wird dadurch den unterstützungs-
pflichtigen Angehörigen und Armenverbänden manche Sorge abgenommen oder wenigstens erleichtert.

Die Unterstützungskasse für entlassene Schwachsinnige verfügt
über einen Fonds von ca. 120000 M. Ausser aus den Zinsen des
Kapitals bestehen ihre jährlichen Einkünfte aus einmaligen Beitrags-
zahlungen der 26 Amtshauptmannschaften (Kreise) des Königreichs
Sachsen, aus den Einkünften der Anstaltskorbmacherei, -Decken-
flechterei und -Rohweberei, der Anstaltsökonomie (20 Hektar) die
der Staat dieser Kasse überlassen hat, endlich aus den Einkünften
des seit 1894 von dieser Unterstützungskasse erworbenen Bauern-
gutes in Grosshennersdorf, der sog. Kolonie, deren Felder (30 Hektar)
an die der Anstaltsökonomie grenzen. Sie wird von den Beamten
der Anstalt unentgeltlich mitverwaltet und von einem besonders
angestellten Vogt, dessen Frau, einem Knecht und zwei Mägden
bewirtschaftet. Als Hilfskräfte wirken dort 17 entlassene ältere
Schwachsinnige, die wegen ihres hochgradigen geistigen Defektes
anderweit nicht untergebracht werden können oder ihren Angehörigen zur Last fallen. Da ihre Arbeitsleistung nur sehr gering
zu bewerten ist, so wird für sie ein jährlicher Verpflegsbeitrag von
60—80 Pf. pro Tag erhoben. Dafür werden sie genau wie die Zöglinge der Anstalt beköstigt und bekleidet; sie werden familiär verpflegt und geniessen dabei doch die Wohltat eines geordneten

Anstaltslebens. Ihre geringe Arbeitsleistung aber wird für die „Unterstützungskasse" d. h. für diejenigen nutzbar gemacht, deren Angehörige oder Gemeinden nicht in der Lage sind, in gleicher oder ähnlicher Weise für ihre der Anstalt entwachsenen Schwachsinnigen zu sorgen.

II. Die Grundsätze der Schwachsinnigenerziehung in der Landesanstalt Grosshennersdorf i. Sa.

Die Erziehungsprinzipien der beiden Landesanstalten Nossen (Mädchen) und Grosshennersdorf (Knaben) sind im allgemeinen dieselben, besonders hinsichtlich der schulischen und allgemeinen Ausbildung der Kinder; bei der Heranbildung zu einer Erwerbsfähigkeit kommen dagegen bei Mädchen natürlich andere Gesichtspunkte in Betracht. Sie werden mehr in häuslichen Arbeiten, Nähen, Kleiderausbessern u. a. unterwiesen. Im folgenden beschränke ich mich auf die Erläuterung der Erziehungsgrundsätze, wie sie sich mir im Laufe meiner amtlichen Tätigkeit in der Anstalt Grosshennersdorf dargestellt haben.

Vorher ist es jedoch nötig, einmal kurz das hier zur Aufnahme kommende Material zu skizzieren. Es befinden sich darunter alle Grade von der tiefsten Idiotie bis zum leichtesten Schwachsinn. Kinder mit dem leichtesten Grade des Schwachsinns sind zur Zeit nur in geringer Zahl in der Anstalt. Der grösste Teil dieser geistig nur etwas zurückgebliebenen Kinder, denen es namentlich in der Schule und dort wieder besonders im Rechnen schwer fällt mit ihren Mitschülern fortzukommen, wird den Hilfsschulen oder -klassen übergeben. Bestehen doch solche fast in allen grösseren und mittleren Städten, ja auch den volkreicheren Dörfern des Königreich Sachsens, das mit der Gründung der ersten Hifsschule im Jahre 1868 in Dresden bahnbrechend voranging. In diesen Hilfsschulen erhalten die Kinder eine ganz ähnliche unterrichtliche Ausbildung, zum Teil nach denselben Methoden wie diejenigen Zöglinge, die die hiesige Anstaltsschule besuchen. Solche nur schwachbegabte Schüler bekommt die Anstalt also nur aus solchen kleineren Gemeinden, die keine Hilfsklassen besitzen, und auch aus diesen selten, weil diese Kinder bei der grossen Zahl der Schüler in einer Klasse und der im umgekehrten Verhältnis dazu stehenden Zahl der Lehrer erst spät durch ihr Zurückbleiben auffallen; vielfach werden sie trotz mangelhafter Schulkenntnisse ihres Alters wegen in eine höhere Klasse versetzt und so bis zur Konfirmation mitgeschleppt. Werden auf Treiben des Lehrers oder der Schulbehörde doch endlich von seiten der Gemeinde Schritte ergriffen, diese den Fortschritt der übrigen nur hemmenden Kinder in geeigneterer Weise unterzubringen, so ist meist der günstigste Zeitpunkt für die Aufnahme in der Anstalt verstrichen. Solche Kinder im 12. bis 13. Jahre, die einige Jahre früher biegsameres Material gewesen wären, sind abgestumpft und teilnahmlos geworden; in der Schule ist ihnen schon lange keine Beachtung mehr geschenkt worden; sie brauchten nicht aufzumerken, daher haben sie sich auch abgewöhnt, dem Unterricht zu folgen und überhaupt zu denken; dafür haben sie oft allerlei üble Angewohnheiten angenommen: vielfach sind sie auch moralisch verkümmert, denn sie stehen geistig nicht so tief, dass nicht die Lust zum Bösen und die Nachahmung des Schlechten, das sie in ihrer täglichen Umgebung sehen, eine Stätte in ihnen fände. In der Anstalt sind sie ebenfalls ein Hemmschuh. Für die Klassen der jüngeren Kinder sind sie zu gross und zu alt, für die der fortgeschrittenen geistig zu sehr zurück geblieben; es fehlt ihnen der Unterbau. Ihre Aufmerksamkeit, ihr Denken ist nicht mehr recht anzuregen; sie sind zu vergleichen mit dement gewordenen Geisteskranken, die ihre akute Psychose draussen in mangelhafter Pflege durchgemacht haben, während sie in geeigneter anstaltlicher Behandlung geheilt worden wären. Sie können oft nur einige ausgelesene Stunden der oberen Anstaltsklassen besuchen; meist werden sie bald einer Arbeiterabteilung zugeteilt. Doch werden sie auch dort im besten Falle nur zu mittleren Leistungen gebracht. Das rechte Verständnis für die Arbeit, Ausdauer und Lust zur Arbeit kann ihnen nicht mehr eingepflanzt werden.

Werden dagegen solche Kinder rechtzeitig, d. h. im 7. bis 9. Lebensjahr zur Anstalt gebracht, so sind sie natürlich das dankbarste Material, das mit Sicherheit zur Erwerbsfähigkeit herangebildet wird.

Häufiger als diese Art nur schlechtbegabter Kinder (I. Gruppe) kommen solche zur Aufnahme, bei denen man von Schulkenntnissen überhaupt nicht eigentlich mehr reden kann. Sie haben ja vielleicht in ein bis zwei Schuljahren ein paar Buchstaben und Ziffern schreiben, d. h. nachmalen, seltener lesen gelernt; sonst ist aber bei ihnen nichts haften geblieben. Meist sind sie immer wieder vom Schulbesuch zurückgewiesen worden, weil sie den Unterricht in der mannigfachsten Weise gestört oder eine bedauernswerte Indolenz gezeigt haben. Auch in der Hilfsschule kommen sie nur schwer vorwärts. In der Familie und im Haus haben sie dagegen manche allgemeine Kenntnisse erworben; sie finden sich im Hause, auch in dessen nächster Umgebung zurecht; sie kennen die gewöhnlichen Gebrauchsgegenstände und deren Eigenschaften wie ihre Verwendung; aber diese Kenntnisse sind, so wie man näher zusieht, höchst oberflächlich. Es sind ihnen wohl eine ganze Reihe Vorstellungen geläufig geworden, die, wenn die adäquaten Empfindungen erneuert werden, Erinnerungsbilder wecken; diese Erinnerungsbilder haben sich aber nicht zu einem Erfahrungsinhalt vertieft. Daher kommt es, dass sie, wenn sie nach ganz einfachen Dingen gefragt werden, ohne sie vor sich zu sehen, keine oder nur ganz ungenügende Auskunft geben können. Ein normales Kind von drei bis vier Jahren gibt, wenn es unbefangen ist, meist bessere Antworten auf einfach gestellte Fragen. Auch in der Entwicklung der Sprache ist es mit normalen Kindern dieses Alters zu vergleichen. Die Sprache ist meist wenig entwickelt, stammelnd. Gedächtnis, Aufmerksamkeits- uns Auffassungsvermögen sind auffallend schwach. (II. Gruppe.)

Einer III. Gruppe von Kindern, die am häufigsten der Anstalt zugeführt wird, fehlen auch solche allgemeine Kenntnisse, wie sie das normale Kind schon früh erwirbt. Kinder dieser Art kennen die Gegenstände nur schattenhaft; sie wissen nichts über deren Eigenschaften und Verwendung, können sie im Bilde und ihrer Zahl nach nicht unterscheiden; der Begriff der Einheit und Mehrheit ist ihnen meist ganz fremd. Sie kennen oft ihre Körperteile nicht; sie können sich nicht an- und ausziehen, nicht waschen, ja sich oft nur schwer beim Essen selbst behelfen. Ihre Sprache ist ganz unentwickelt. Die spontanen Äusserungen erinnern zuweilen an die Sprechversuche eines ein- bis zweijährigen normalen Kindes; sie sprechen meist in Infinitiven; der Ichbegriff hat sich noch nicht herausgebildet. Wer nicht in der Schwachsinnigenpraxis erfahren ist, wird diese Kinder für bildungsunfähig halten, um so mehr, als sie zu einem grossen Teil in ihrem Äussern dem Vollidioten sehr ähneln.

Doch unterscheiden sie sich von diesem noch durch Reste von Aufmerksamkeit und Gedächtnis. Wenn es gelingt, ihre Aufmerksamkeit zu fixieren, ahmen sie nach, was man ihnen vormacht; sie merken, wenn ihnen etwas wiederholt und eindringlich gesagt worden ist. Wenn sie auch oft über die Massen, die einen apathisch, die anderen erethisch sind, so ist ihr Gebahren doch noch nicht so zweck- und ziellos, wie das der kleinen gänzlich bildungsunfähigen Idioten, die alles betastend, alles beschmutzend umherschiessen, keine Gefahr kennen, nur brummende oder grunzende Töne ausstossen oder ganz apathisch dahocken und nur zuweilen in schaukelnde stereotype Bewegungen verfallen.

Diese letzte Art Kinder (IV. Gruppe) kommt, wie schon im I. Teil erwähnt, zur Zeit nur selten hier zur Aufnahme.

Zwischen diesen vier von mir zur Erläuterung des Folgenden geschiedenen Gruppen gibt es natürlich zahlreiche Übergänge. Ausserdem fasst jede Gruppe wieder grosse und kleine, verkrüppelte, gelähmte und mit besonderen Gebrechen (Hörstummheit, Taubstummheit, Speichelfluss) behaftete Kinder.

Der Verschiedenartigkeit dieses Materiales wird nun durch eine weitgehende Differenzierung der Abteilungen Rechnung getragen. Die Mehrzahl dieser Abteilungen hat nur 12—15 Kinder, weil bei einer solch kleinen Anzahl sich der Lehrer und das Pflegepersonal intensiver mit dem einzelnen Individuum beschäftigen können. Eine grössere Zahl fassen nur die Abteilungen der älteren, der Anstaltsschule entwachsenen Zöglinge. Es bestehen in der Anstalt vier sogenannte Vorschulabteilungen, sechs Schulklassen, drei Abschiebe- oder Aushilfsabteilungen und vier Arbeiterabteilungen (Korbmacher, Rohrweber und Rohrstuhlflechter, Feld- und Gartenarbeiter, Hausarbeiter) und eine Station für kleine, gänzlich bildungsunfähige Zöglinge.

In dieser letztgenannten Abteilung legt man das Hauptgewicht darauf, die Kinder zur Reinlichkeit beim Essen und der Verrichtung ihrer Bedürfnisse anzuhalten und sie im übrigen, soweit dies überhaupt möglich ist, mit geeigneten Spielsachen zu unterhalten und dadurch die Erregten wenigstens zu zeitweiligem Stillsitzen zu gewöhnen. Während der wärmeren Jahreszeit sind sie bei günstigem Wetter einen grossen Teil des Tages im Freien. Man muss sich bei ihnen oft damit begnügen, wenn erreicht wird, dass sie ihre übelsten Triebe und Gewohnheiten ablegen und dass sie im Falle der Entlassung zu ihren Angehörigen dann doch nicht mehr so viel Pflege und Abwartung bedürfen, wie vor ihrer Aufahme in die Anstalt. Bei vielen Idioten werden freilich auch diese einfachsten Erziehungsresultate nicht erzielt.

Was nun die Vorschul- und Schulabteilungen anbetrifft, so gelten in ihnen für die Erziehung folgende allgemeine Grundsätze:

Jeder zur Aufnahme gelangende Zögling, der sich nicht sofort als gänzlich bildungsunfähig herausstellt, wird derjenigen Vorschul- oder Schulklasse zugeteilt, für die er sich nach seiner geistigen Beschaffenheit am besten eignet. Das Alter spielt dabei eine ganz sekundäre Rolle. Es gibt 13—14jährige Zöglinge, die noch in den untersten Vorschulklassen sitzen, und wiederum viel jüngere, die schon die Schulklassen besuchen.

Ziel der Anstalt ist es, jedem einzelnen das Mass allgemeiner Kenntnisse zu verschaffen, das er nach seiner ganzen Anlage und nach den in ihm vorhandenen intellektuellen Dispositionen überhaupt im günstigsten Falle erwerben kann. Sie will ihn weiter möglichst zu einem brauchbaren Menschen erziehen, der Kraft, Lust und Ausdauer zur Leistung einer ihm übertragenen Arbeit hat, der sich im Aussenleben gesittet beträgt und nicht jeder Verführung zum Schlechten anheimfällt. Nicht ihr Zweck ist es, ihn auf eine einzelne Handfertigkeit zu trainieren oder ihn mit Schulweisheit vollzupropfen. Die Anstaltsschule und -vorschule sollen ihn zu einer Zeit, wo er wegen seines Alters und körperlicher Schwäche noch nicht imstande ist, eine Erwerbstätigkeit zu erlernen, vorbereitend zweckmässig beschäftigen, namentlich die höheren geistigen Tätigkeiten des Aufmerksamkeits-, Auffassungs-, Gedächtnisvermögens in Bereitschaft zu setzen und soweit ausbilden, dass er später, wenn seine physischen Kräfte dazu ausreichen, unschwer nicht nur die oder jene Handarbeit, sondern möglichst jede, die sich ihm darbietet, erlernen kann. Die Anstalt will also nicht gelernte schwachsinnige Korbmacher und Rohrstuhlflechter und dergleichen in das Aussenleben entsenden; denn wer garantiert, dass der entlassene Schwachsinnige gerade in einen Ort kommt, in dem nach derartigen Arbeitern Nachfrage ist? Wenn er von frühester Jugend an z. B. nur auf das Korbmachen eingedrillt worden wäre, so würde er eine bestimmte Art von Körben automatenhaft fertigen können, er würde aber nicht imstande sein, diese Korbmacherarbeit in gewünschter Weise zu variieren, geschweige denn eine andere Industriearbeit, z. B. in der Fabrik zu leisten. Ob ferner der Schwachsinnige lesen und schreiben kann, ob er überhaupt in die Schulklasse gelangt ist, darauf kommt es gar nicht an. Hauptsache ist, dass er sich einmal ohne zu viel Schwierigkeiten in diejenigen Verhältnisse, in die er nach der Entlassung aus der Anstalt kommt, zu schicken weiss und zu seinem Lebensunterhalte möglichst viel beitragen kann. Mancher nicht bis in die oberste Schulklasse aufgerückte Zögling ist doch dank der allgemeinen Durchbildung seiner psychischen Fähigkeiten, die er in den durchlaufenen Abteilungen erhalten hat, ein tüchtiger Arbeiter und hiermit ein nützliches Mitglied der menschlichen Gesellschaft geworden. Im allgemeinen kommen aber doch diejenigen besser vorwärts, die die Anstaltsschule durchgemacht haben, und darum ist es erwünscht, dass sie von möglichst vielen durchlaufen wird. Ziel dieser Anstaltsschule an sich ist es, die Zöglinge soweit zu fördern, dass sie ungefähr dasselbe leisten, wie normale Kinder auf der Mittelstufe der einfachen Volksschule.

Um diese Ziele bei dem oben skizzierten Schwachsinnigenmaterial, besonders bei Gruppe II und III zu erreichen, müssen andersartige Wege eingeschlagen werden, wie sie bei normalen Kindern üblich sind. Es muss sozusagen die Kinderstube, deren bildender Einfluss den meisten von ihnen in ihrer bisherigen Lebenszeit entweder ganz oder wegen ihrer schwachen Anlagen grösstenteils verloren gegangen ist, gründlich wiederholt werden. Normale Kinder lernen im Verkehr mit Eltern, Geschwistern und Spielgenossen von selbst und spielend ihre Wahrnehmungen differenzieren, zu Vorstellungen ordnen und bewusst handeln. Bei schwachsinnigen Kindern sind jene unklar, getrübt, schattenhaft; daraus resultieren mangelhafte Vorstellungen. Es ist also erstes Erfordernis dieser Kinderstubenbeschäftigung, die Sinne anzuregen und die Sinnesvorstellungen durch oftmalige Wiederholungen und Variierung der Sinnesreize su schärfen. Man muss sich gleichzeitig durch die verschiedenen Sinnespforten und oft nacheinander mit demselben Reiz zentripetal einschleichen und die hervorgerufene assoziative zentrale

Erregung ausnutzend sie sofort auf zentrifugale Bahnen leiten. Durch diesen einfachsten „sensorial and motor training" gelangt man dazu, im schwachsinnigen Kinde psychische Parallelprozesse zu wecken, die denen des bedeutend jüngeren normalen Kindes ungefähr entsprechen. Der Anschauungsunterricht bietet hierzu die beste Gelegenheit. Auf der untersten Stufe — also in der letzten Vorschulklasse — wählt man zur Besprechung Gegenstände, die auch dem normalen Kinde Lust erregen, also Kugeln, Bälle, weil sie rollen, Pfeifen, Glocken, weil sie tönen, Hämmer, weil mit ihnen gepocht und Lärm gemacht werden kann. Sowie die Aufmerksamkeit erst erregt ist, wird ihnen gesagt, wie der Gegenstand heisst; einzeln und im Chor müssen sie das Wort wiederholen, wobei diejenigen, die wenigstens etwas sprechen können, die anderen zur Nachahmung reizen, jedes bekommt nun eine Kugel in die Hand; es muss sie anfühlen, sie rollen, sie suchen und herbeibringen; es wird auf das Geräusch des Rollens, des Pochens auf dem Fussboden aufmerksam gemacht; ihre Eigenschaften, ihre Verwendung, das Material, aus dem sie besteht, werden ihnen gesagt.

Ich füge hier ein Beispiel aus der erwähnten Schrift von Nitzsche ein. S. 5. 2. Die Glocke.

Was habe ich heute mitgebracht? Das ist eine Glocke. Sprecht: Glocke. Was tue ich mit der Glocke? Ich läute. Otto, hier hast du die Glocke, läute! Sprich: Ich läute. Karl du auch! Ernst, gehe hinaus, läute vor der Türe! Horcht! Ich höre (Hand an das Ohr) die Glocke. Die Glocke klingt. Ich höre mit den Ohren. Jeder Knabe erhält eine Glocke vor sich hingestellt. Hände auf den Rücken! Fasst die Glocke an! Hebt hoch! Läutet! Glocke nieder! Hand auf den Rücken! Marschieren mit der Glocke in der Hand. — Bei schönem Wetter werden im Freien Übungen im Auffinden nach Gehör vorgenommen. Der Lehrer oder die Pflegerin versteckt sich, die Schüler suchen sie auf den Glockenklang hin, müssen aber auf den entfernten Klang vorher aufmerksam gemacht werden.

Wiederholung: Was siehst du auf dem Tisch? Kugel, Glocke. Was tut die Kugel? Zeige, womit du die Kugel hörst! Zeige mir, was klingt, was rollt! Ich höre etwas rollen — läuten, was ist das? Glocken und Kugeln werden an verschiedenen Stellen im Zimmer (Fensterbrett, Tisch, Bank, Stuhl usw.) gelegt. Zeige eine Kugel! Hole die Kugel! Sprich: Kugel! Hole du auch eine Kugel! Ich sehe schon eine — noch eine usw."

Es kommt darauf an, immer nur das Nötigste, das Einfachste ihnen zu sagen und zu wiederholen; sich immer an sämtliche Sinne, besonders den Tast-, Gehör- und Gesichtssinn gleichzeitig zu wenden, damit sich die bald nacheinander entstandenen Sinnesvorstellungen zu einer Gesamtvorstellung des besprochenen Gegenstandes gruppieren; so werden, wie Nitzsche schreibt, die Wahrnehmungen, die die Kinder bisher in ihrem Lebenskreise gemacht haben, geklärt, vertieft; es werden ihnen neue Anschauungen aus ihrer Umgebung vermittelt, der Beobachtungssinn geweckt, die Denkkraft hervorgelockt und die Sprachkraft entfaltet. Es heisst stets langsam und lückenlos fortschreiten, damit die Kinder nicht ermüden. Deswegen werden auch in der Vorschule wie in der Schule immer nur kurz dauernde Lektionen gehalten. Den kleinen Zöglingen der unteren Vorschulklassen ist auch die Zeit von 30 Minuten noch viel zu lang, um sie in der obengenannten Weise zu beschäftigen. Damit ihr durch das Wenige schon angestrengte Gehirn sich erholt, lässt man sie aus den Bänken heraustreten, stellt sie entlang einer langen Stange in eine Reihe, lässt die Stange von allen aufheben, senken, vorstrecken. Die stumpfen Elemente werden durch die erregteren zu der gewünschten Bewegung mit fortgezogen, sie mögen wollen oder nicht. Oder man lässt Tätigkeitsübungen auf dem Platze machen: Hebt die Hände, steht auf, stellt euch auf die Bank usw. Namentlich die letztere Übung macht den Kindern Spass und bringt wieder Leben in die Körper, die infolge der geringen geistigen Anspannung ebenfalls erschlaffen. Bei den ganz indolenten Elementen muss der Lehrer zuweilen durch Stellen' ihrer Glieder nachhelfen. Zu diesen Tätigkeitsübungen, die täglich wiederholt und variiert werden, gehören auch die Sprachübungen. Oben angeführtes Beispiel liess schon erkennen, wie man bei dem Zeigen der Gegenstände auch immer ihre Sprachmuskulatur mit zu üben trachtete, indem man ihre Bezeichnungen vorsagte und sie einzeln und im Chor wiederholen liess. Dabei hört man, dass bei vielen so ziemlich alles falsch nachgesprochen wird. Es ist daher, um sie eine für andre verständliche lautreine Sprache zu lehren, nötig, systematische Lautierübungen zu treiben; erst kommen die Vokale dran, später die Konsonanten; dann Verbindungen beider, endlich kurze einfache Worte, die ihnen aus ihrem Vorstellungsschatze bekannt sind.

Später wenn dieser und ähnlicher Stoff beherrscht wird, kann man zu andern für das Kind an sich schon weniger interessanten Gegenständen übergehen wie zu den Gegenständen im Zimmer, in der Küche. Zuletzt werden auf dieser Stufe . kleine Modelle und endlich die Bilder der behandelten Gegenstände vorgezeigt, mit den wirklichen Gegenständen verglichen, von ihnen betastet, auf Geheiss herbeigeholt usw. Dabei lassen sich die einfachsten Eigenschaftsvorstellungen (gross, klein usw.), die bei der III. von mir gebildeten Gruppe ganz fehlen und bei der II. nur sehr mangelhaft vorhanden sind, entwickeln.

Diese Aufgabe der Entwicklung der Eigenschaftsvorstellungen erfüllt besonders das sog. Sortieren, das ist eine Art praktischer, besonders den Tastsinn der Hand und die Selbsttätigkeit jedes einzelnen beschäftigenden Anschauungsunterrichtes. Jedem Kinde wird ein Kästchen mit verschieden grossen Kugeln, Bällen, konzentrischen Ringen, verschieden langen Bauhölzchen, dicken und dünnen Bleisoldaten, den verschiedenen Gemüseformen (Erbsen, Bohnen, Linsen), verschiedenfarbigen Glasplättchen, verschieden schweren Säckchen usw. vorgelegt. Es ist oft recht mühsam, diese Unterscheidungen, die das normale Kind ganz von selbst lernt, dem Schwachsinnigen beizubringen. Bei ihm zu warten, bis es diese Elemente aus der Erfahrung des täglichen Lebens aufnähme, würde bei einem grossen Teile vergeblich sein. Wie eine von Lähmung befallene Muskelgruppe durch Vernachlässigung in Atrophie und Kontraktur verfällt, so würden beim Schwachsinnigen die wenigen vorhandenen mehr oder weniger schlummernden Fähigkeiten bei Mangel an Anregung und methodischer Übung bald in den geistigen Todesschlaf hinüberschlummern.

Kinder dieser Bildungsstufe können Einheit und Mehrheit fast nie voneinander scheiden, obwohl manche von ihnen wohl das oder jene Zahlwort kennen, ja vielleicht auch zählen können. Eine Zahlvorstellung fehlt ihnen aber meist völlig, wie der falsche Gebrauch der Zahlen bei jeder Antwort auf eine entsprechende Frage beweist. Es kommt daher darauf an, ihnen die Grundlage des Rechnens möglichst bald beizubringen. Denn was nützen ihnen alle sonstigen Kenntnisse, wenn sie nicht gleichartige Dinge richtig abzählen können? Wenn der Korbmacher, Garten- und Feldarbeiter, der Schilfflechter gewisse einfachste Aufträge (bestimmte Zahl von Weiden, Pflanzen usw. holen!) erfüllen soll, so braucht er die elementarsten Kenntnisse im Rechnen, das sind eben die Zahlvorstellungen. Wie schwer das Rechnen den Schwachsinnigen fällt, ist ja allgemein bekannt. In diesem Fach bringen es auch die besten bis in die oberste Schulklasse gelangten Zöglinge nur selten bis zu Leistungen, die der Mittelstufe der einfachen Volksschule entsprechen.

Nächst dem Sortieren, bei dem sich schon Gelegenheit bot, die Begriffe der Einheit und Vielheit zu entwickeln, bedient man sich hierzu am besten des Perlen- oder Kettenreihens. Benutzt werden verschiedenfarbige Glasperlen von ca. 1 cm Grösse, die an einen Faden angereiht werden. Zunächst müssen die Kinder verschiedenfarbige Perlen, ganz wie sie ihnen unter die Hände kommen, an den Faden reihen, eine Übung, die gleichzeitig Fingermuskeln, Tast- und Gesichtssinn bildet. Dann wird es angewiesen, gleichfarbige Perlen aus dem Kästchen zu sortieren, was ihm meist unschwer gelingt, lange bevor es die Farben richtig bezeichnen kann. und diese auf den Faden zu ziehen. Die Zahl „Eins" wird nun entwickelt, indem es erst verschiedenfarbige Perlen z. B. weisse und schwarze sortiert und dann eine weisse und eine schwarze hintereinander aufreiht bis eine Kette von 20 cm Länge fertig ist. Dem müssen oft Vorübungen voraufgehen, z. B. lege e i n e schwarze hierher, e i n e weisse dorthin; e i n e weisse hierher, viele schwarze dorthin; e i n e weisse an den Faden, e i n e schwarze daneben u. s. w., wobei auf das Zahlwort immer ein besonderer Nachdruck gelegt werden muss. Später werden andere Farbenzusammenstellungen gewählt, bis das Kind die „Eins"zahl wirklich beherrscht. Auf diese Weise wird die „Zwei", „Drei" u. s. w. gefunden. Bei jeder muss die vorhergefundene wiederholt werden. Es können dann auch Ketten mit zwei Fäden, oder solche, bei denen jedes Glied ein Quadrat bildet, gefertigt werden. Durch diese Variationsmöglichkeit ist immer Gelegenheit gegeben, gleichzeitig Kinder, die hinsichtlich ihrer manuellen Fertigkeiten und geistiger Anlagen verschieden sind und doch einmal aus Zweckmässigkeitsgründen in einer Klasse ver-einigt sind, mit Nutzen zu unterrichten. Mit dem Unterricht im Kettenreihen berührt sich nach der beabsichtigten Wirkung auf das Kind das Flechten nach Fröbel. Die Anfänger bekommen Leder-flechtblätter, in die sie glatte Holzspänchen einziehen, vorgelegt; später, wenn sie geschickter geworden sind, bunte Papierflechtblätter, in die sie mit der hölzernen Flechtnadel Papierstreifen einziehen. Wiederum lassen sich dieselben Zahlvorstellungen — und diesmal, was ja sehr wichtig ist, mit ganz anderm Material — bilden, indem man das eine Mal nur einen Streifen, das andere Mal zwei Streifen des Flechtblattes u. s. w. mit der Nadel oder dem Spänchen über-gehen lässt. Bald lassen sich dann hübsche Muster flechten, die dem Kinde Freude an seinem Tun und Lust zu immer besseren Leistungen schaffen.

Die Lust am Schaffen, die Erregung des Tätigkeitstriebes wird ·aber wohl durch keine Beschäftigung besser erreicht als durch das Arbeiten mit Ton. Die Neigung des Kindes, aus Sand, Lehm, Ton allerhand Gegenstände nachzuformen, wird hier benutzt, um dem Schwachsinnigen auf spielende Weise das Verständnis für Formen, das ihm meist mangelt, beizubringen. Wenn im Anschauungsunter-richt mit den Kugeln, Ringen, Fäden oder dgl. hantiert worden ist, so wird hier in Anlehnung an das Besprochene gleich die Herstellung dieser Dinge vorgenommen. Es werden also mit gewöhnlichem durchgekneteten Töpferton diese Formen nach einem Vorbild, später auch aus dem Gedächtnis nachgebildet. Die den Unterricht gebende Pflegerin muss natürlich überall helfen, nachbessern, selbst formen und dabei belehrend unterhalten. Je geschickter sie die Aufmerksamkeit der Kinder anzuregen und zu erhalten weiss, ohne sie zu ermüden, desto eher wird sie die Freude ernten, dass Kinder, die scheinbar ganz apathisch sind und bisher keine Zeichen geistigen Lebens gegeben haben, im Anschauungsunterricht auf einmal Ver-ständnis für die Formen zeigen, dass sie bei ihnen ein erstes schüchternes Lächeln über eine selbstgefertigte Tonkugel entdecken, die sie dann mit Behagen in vielen Exemplaren nachbilden. — Auf späteren Stufen — die Tonarbeit wird in allen Vorschul- und auch noch in einigen Schulklassen gepflegt — geht man zu immer schwierigeren Nachbildungen über. So werden Tonmodelle von Tischen, Stühlen, Häusern, Ketten u. dgl. gefertigt. Es ist oft augenscheinlich, wie sich etwas wie Selbstbewusstsein im Kinde regt, wenn es sieht, wie aus rohem Material durch eigene Kraft und Geschicklichkeit ein anschauliches Gebilde entsteht. Solche Leistungen reizen aber die anderen ganz unwillkürlich zur Nacheiferung und zur Lust an nützlichem Tun überhaupt.

Waren die bisher genannten Unterrichtsfächer, der Anschauungsunterricht, das Sortieren, Perlenreihen, Flechten und die Tonarbeit mehr allgemein fördernd, dadurch, dass sie dem Kinde erst ein gewisses Mass von geistigem Rüstzeug schufen, ohne das eine bewusste Tätigkeit nicht möglich ist, so fängt man doch auch auf dieser Stufe schon an, eine spätere Gewerbearbeit, die für manche nutzbringend sein kann, nämlich auf das Schilf- oder Strohzopfflechten vorzubereiten. Schilf selbst schon den Kindern in die Hand zu geben, würde keinen Zweck haben; die kleinen Finger müssen zunächst ein geschmeidigeres Material vorgelegt bekommen, damit sie nicht gleich am Anfang vor der Arbeit zurückschrecken. Es werden deswegen Saalleisten gewählt; das Kind wird vor einen Haken postiert, an dem ein fertiger Tuchleistenzopf eingehangen wird. Zuerst werden sie mit dem Aufmachen des Zopfes beschäftigt; später wird ihnen das Flechten desselben und zwar zuerst mit gleichlangen, später mit ungleichlangen Tuchleisten gelehrt, wobei dann die Schwierigkeit des Anlegens überwunden werden muss.

Die Schwachsinnigen dieser Bildungsstufe können sich, wenn sie zugeführt werden, meistenteils nicht mit ihrer Kleidung behelfen. Sie sind von zuhaus aus gewöhnt, früh an- und abends ausgezogen zu werden und so bei jeder Bedürfnisverrichtung, bei jeder Verunreinigung. Es war bisher vergeblich, ihnen auch nur das Zumachen eines Knopfes beizubringen. Daher ist es wichtig, sie hierin bald selbständig zu machen. Um dies zu erreichen, genügen die Anleitungen früh und abends beim An- und Auskleiden nicht; es sind deswegen im Tagesstundenplan besondere Selbstbedienstunden angesetzt. In diesen lernen sie zunächst ihre Kleidungsstücke wie ihre Körperteile erst unterscheiden. Sie müssen das Einzelne zeigen, wie im Anschauungsunterricht benennen, herbeiholen; sie erfahren die Handgriffe des Zuknöpfens, des sich gegenseitig Helfens, des Bindens, des Aufbewahrens der Kleider, des Waschens, Zahnreinigen, Gurgeln u. s. w. Die Älteren werden auch in der Reinigung der Kleider, der Schuhe, im Ordnen und Reinigen des Zimmers, in der Ausführung von Besorgungen im Hause, Hof und Garten, zuletzt im Annähen von Knöpfen, Einsetzen eines kleinen Fleckes, im richtigen

Gebrauch von Messer und Gabel und in der Grussbezeigung unterwiesen.

Diese Stunden im Selbstbedienen, Sortieren, Flechten werden von Pflegerinnen gehalten.

Der harmonischen Ausbildung der gesamten Körpermuskulatur dienen die Unterrichtsstunden im Turnen und Spiel. Es kommt dabei besonders in den Vorschulklassen absolut nicht auf Exaktheit an; erfordern doch schon die einfachsten Freiübungen, wie das Marschieren neben- und hintereinander bei den unaufmerksamen gedächtnisarmen Kindern mancherlei Kunstgriffe wie die Benutzung langer Stangen, an die sie sich zunächst festhalten, an der alle gemeinsam zunächst die Übung des Armhochhebens, -Vorstreckens ausführen. Immer nur ein Teil der Stunde wird auf reine Ordnungs- und Freiübungen verwendet; der andere auf gemeinsames Spiel, das von bekannten Kindermelodien begleitet wird. Eine besondere Gesangsstunde (eine wöchentlich) übt diese Melodien, auf höherer Stufe auch solche Gesänge, die bei festlichen Anlässen mit Vorliebe gesungen werden, ein.

Die übrigbleibende Zeit am Tage können sich die Kinder in ihrem Schulzimmer mit ihrem Spielzeug beschäftigen; bei günstigem Wetter werden Spaziergänge gemacht. Bei diesen ist fortwährend Gelegenheit, die Schwachsinnigen auf Naturerscheinungen und die Vorgänge des täglichen Lebens aufmerksam zu machen, die für das Verstehen desselben nötig sind. Es wird ihnen das landwirtschaftliche Treiben auf Feld, in Scheune und Stall, die Arbeit des Handwerkers in der Schmiede, der Bäckerei u. a. gezeigt, um ihnen Erinnerungsbilder zu schaffen, die dann später im Anschauungsunterricht verwertet werden können. Jeder Spaziergang hat sein Ziel und seine Aufgabe; beide werden in das sog. Spaziergangbuch eingetragen; es lässt sich dann kontrollieren, ob das Personal seine Pflicht getan hat. — Bei den älteren Zöglingen werden auf den Spaziergängen, die sich dann auch gelegentlich über die nächste Umgegend hinauserstrecken, auch Übungen im Zurechtfinden gemacht. Ein Knabe bekommt z. B. das Geheiss, nach dem oder jenem Punkte hin die Führung zu übernehmen, ein anderer auf anderem Wege die Rückkehr zu leiten.

Nach dem eben Besprochenen dürfte der Stundenplan der untersten Vorschulklasse interessieren. (S. S. 408.)

Schwachsinnige, die in dieser Klasse nicht gefördert werden können, werden in die früher erwähnte Idiotenstation versetzt; von da aus können sie, wenn sie in einem der genannten Fächer doch etwas leisten, zu den betreffenden Stunden herangezogen werden. Eine derartige Anregung ist selbstverständlich auch für den Idioten erzieherisch ebenso wichtig wie für erwachsene Demente irgend eine, wenn auch noch so wenig Nutzen bringende Beschäftigung. Die sich sonst gern in Vernichtungstrieb umsetzende motorische Kraft

Stundenplan der untersten Vorschulklasse.

	Fröbelflechten					
	Turnen und Spiel	Tonarbeit		Turnen und Spiel		
		Selbstbedienen	Zopfflechten	Anschauung		
	Zopfflechten		Anschauung	Anschauung		
	Selbstbedienen					
¹/₂5—6	Freies Spiel	Freies Spiel	Selbstbedienen Zimmerreinigen	Freies Spiel		Freizeit

wird dadurch mehr oder weniger gebunden, der Verfall in tiefere Abstumpfung verhütet.

Diejenigen Zöglinge dagegen, die Fortschritte machen, rücken in die nächste Vorschulklasse auf. Die Unterrichtsfächer unterscheiden sich von denen in der vorhergehenden Klasse fast nur durch Erweiterung des Stoffes und der Ziele, wie dies zum Teil schon angedeutet wurde. Wenn z. B. die Kinder bisher nur Gegenstände und deren Modelle und Einzelbilder kennen gelernt haben, so können ihnen nun auch umfassendere Bilder mit Erfolg gezeigt werden. Es kommt häufig genug vor, dass, wenn man einen Schwachsinnigen vor ein Gruppenbild stellt, er nichts oder wenig von dem sieht, was dort abgebildet ist. Es geht ihm wie dem ungeübten Auge, das zum erstenmal durch ein Mikroskop ein feineres Präparat betrachtet; es kann noch nicht projizieren.

Zur Zeit wird in dieser zweituntersten Vorschulklasse nur ein Fach hinzugenommen, das ebenfalls geeignet ist, Formen-, Zahlen- und Raumsinn zu bilden, das Stäbchenlegen (wöchentlich 3 Stunden). Man bedient sich dabei zunächst gleichlanger ungefärbter später gefärbter Stäbchen von 5—10 cm Länge. Mit diesen wird ein Gegenstand, der vorher gezeigt, dessen Konturen dann an der Tafel nachgezeichnet worden sind, nachgebildet. Man geht hier wie überall vom Einfacheren zum Komplizierteren über

Turnstab,   Kletterstangen,   Kreuz,   Trichter,   Dach,

Haus,   Blumentopf

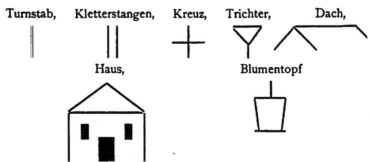

und ähnliche. Räumliche Begriffe wie oben, unten, links, rechts, kurz, lang, die dem Schwachsinnigen ebenso wie Zahlen- und Zeitbegriffe schwer fassbar sind, lassen sich dadurch leicht anschaulich machen. Das Gedächtnis- und Denkvermögen wird geübt, wenn solche Figuren öfter und ohne Vorbild gelegt werden. In ähnlicher Weise lässt sich das Bauen mit Baukastenhölzchen verwerten.

Eine bedeutendere Steigerung der Anforderungen und Ziele zeigen die nächsten beiden Vorschulklassen, die zur Zeit ungefähr gleichwertiges Material haben, also Parallelklassen sind. Bei ungleichem Material kann man natürlich wieder gegeneinander abstufen.

Der Wochenplan dieser Klassen ist folgender:

5	Stunden	Anschauungsunterricht,
1	„	Sortieren,
5	„	Selbstbedienen,
3	„	Fröbelflechten,
1	„	Tonarbeit,
1	„	Gesang,
2	„	Turnen und Spiel,
2	„	Deckenflechten,
2	„	Ausnähen,
2	„	Zählübungen,
4	„	Leseübungen.

Vergleicht man ihn mit dem oben gebrachten Plane, so bemerkt man, dass die letzten vier Fächer hinzugekommen sind.

a) Das Deckenflechten. Vom Flechten des Tuchleistenzopfes geht man zu dem schwierigeren, weil schon mehr Fingerkraft und -Gewandtheit erfordernden Flechten des Schilf- oder Strohzopfes über. In den höheren Klassen wird diese Arbeit weiter geübt. Jeder Zögling muss dann auch den Zopf am Rahmen einspannen und ihn durch Abputzen zu Decken verarbeiten lernen. Es werden in hiesiger Anstalt wöchentlich im Durchschnitt 7 qm solcher Fussabstreicher gefertigt.

b) Ausnähen. Auf braunem Kartonpapier sticht die Pflegerin im Abstand von 10 mm Löcher vor, die die Figur eines Gegenstandes, einer Pflanze oder dgl., kontourieren. Der Zögling muss nun mit einer starken Sticknadel, in die ein Wollfaden eingefädelt ist, die Löcher verbinden und zwar so, dass auf der Vorder wie auf der Rückseite das gleiche Bild entsteht. Fortgeschrittenere Zöglinge können auch das Vorstechen der Löcher besorgen. Wie die Tonarbeit, so steht auch das Ausnähen oft im Dienste des Anschauungsunterrichts; ist in diesem z. B. ein Tier besprochen worden, so wird es dort „ausgenäht".

c) Zählübungen. Hier sucht man die Zahlvorstellungen, die man schon bei dem Fröbelflechten, Sortieren, Perlenreihen, Stäbchenlegen gelegentlich zu wecken gesucht hatte, systematisch zu befestigen; natürlich immer wieder an praktischen Beispielen. Bezüglich der Einzelausführung derselben sei hier nochmals auf das angezogene Schriftchen von Nitzsche hingewiesen, in dem gerade dieses Kapitel eine weitere Ausführung erhalten hat.

d) Leseübungen. Wenn Schwachsinnige durch die oben gekennzeichneten Unterrichtsmethoden soweit gefördert sind, dass sie gröbere Formenunterschiede erkennen, dann drängt sich die Aufgabe zu, dem Auge und der Hand auch feinere Unterschiede zu lehren. Die Buchstaben, die dem Analphabeten fast alle gleich oder wenigstens sehr ähnlich erscheinen, sind hierzu wie geschaffen. Das ungeübte Auge muss suchen, um den Unterschied von m und n, o und a zu finden; die Finger haben verschiedenartige Tasteindrücke, wenn sie die aus Laubsägeholz hergestellten Modelle der Buchstaben umgreifen. Gleichzeitig wird aber das Gedächtnis geübt, wenn die nur wenig verschiedenen Formen mit ganz verschiedenen Bezeichnungen festgehalten werden müssen. Die Aufmerksamkeit des Lernenden kann kaum besser wie beim Buchstabieren und dann später beim Lesen vom Lehrenden kontrolliert werden. Beim Nachformen in Ton, Nachsetzen in Mosaik, Nachmalen, Nachzeichnen der Buchstaben werden endlich gleichzeitig die feineren Finger- und Handbewegungen geübt.

Nach dem hier und weiter oben Gesagten ist es wohl nicht mehr nötig, den Schreibleseunterricht in Schwachsinnigenanstalten zu rechtfertigen, wie man das wohl gelegentlich Besuchern der Anstalt gegenüber tun muss. Selbst wenn viele von den Schwachsinnigen das, was sie hier lernen, vergessen, so war die Mühe, die von ihnen wie vom Lehrenden darauf verwendet worden ist, doch ebensowenig vergeblich wie die von uns auf Erlernung alter Sprachen und höherer Mathematik verwendete Zeit. Mit Kenntnissen im Lesen und Schreiben wird sich ein Schwachsinniger wohl nur sehr selten etwas zu seinem Lebensunterhalt verdienen können. Auch wir ziehen aus der Kenntnis alter Sprachen nur geringen direkten Nutzen. Das eine wie das andere dient aber zur Gymnastik des Geistes und schafft daher um so grösseren indirekten Nutzen. Übrigens macht man die Erfahrung, dass ein ganzer Teil Schwachsinniger gut lesen und schreiben lernt; für sie haben dann die erworbenen Kenntnisse doch den direkten Wert, dass sie sich nach getaner Arbeit mit Lektüre beschäftigen und mit den Angehörigen brieflich verkehren können. Die hiesige Zöglingsbibliothek erfreut sich seitens der älteren in der Landwirtschaft und Korbmacherei arbeitenden Zöglinge eines regen Zuspruchs. Auch wird die Beherrschung der Druck- und Frakturschrift manchem entlassenen Schwachsinnigen Vorteile bringen.

In den Vorschulklassen kann man vom Schreibleseunterricht eigentlich noch nicht reden; es ist mehr ein modifizierter Anschauungsunterricht, bei dem als Unterrichts- und Spielmaterial Buchstaben benutzt werden. Von den leichteren geht man zu den schwereren über. Sehr zweckmässig ist der Anfang zu machen mit lateinischen Druckbuchstaben, die die Grundformen aller übrigen sind; von diesen lässt sich leicht auf die lateinische Fraktur und von dieser wieder zur deutschen Fraktur und deutschen Druckschrift übergehen. — Im Anschluss an die besprochenen Buchstaben werden natürlich nebenher fleissig Lautierübungen gemacht, die die schwerfälligen Sprachwerkzeuge mobilisieren sollen.

Aus den vier Vorschulklassen, die man auch als eine Art auf die Anstaltsschule vorbereitenden Kindergarten betrachten kann, fallen nun im Laufe des Jahres eine ganze Zahl Schwachsinniger ab, die nicht einmal dieser Art von Unterricht folgen können, die aber andrerseits auch nicht geistig so tief stehen, dass sich ihre Verweisung an die Station der völlig blöden Kinder rechtfertigen liesse. Für sie, wie für manche der Neuaufgenommenen, die sich für keine andre Abteilung eignen, hat man drei Aushilfs- oder Abschiebeabteilungen geschaffen. In die eine werden diejenigen Zöglinge, die im Alter von 6—9 Jahren stehen oder körperlich zurückgeblieben sind, in die andere die grösseren meist im Alter von 9—14 Jahren stehenden eingereiht. Die dritte beherbergt diejenigen, die infolge von Lähmungen schwer beweglich sind, oder wegen Taubheit, Taub- oder Hörstummheit oder wegen eines Gebrechens wie hochgradigen Geiferns in andern Abteilungen mehr oder weniger störend sein würden.

Diese dritte Aushilfsabteilung wird von einer Pflegerin im Rohrstuhlbeziehen (8 Stunden wöchentlich), im Ausnähen (2), Fröbelflechten (2), Zopfflechten (4), im Selbstbedienen und Zimmerreinigen (4) unterwiesen. Die Fortgeschritteneren erhalten auch etwas Schreib- (5 Stunden wöchentlich) und Zeichenunterricht (4); die Hör- und Taubstummen daneben Sprechunterricht auf Basis der Schriftmethode.

Wenn bei diesen schwachsinnigen, an den Gliedern oder an den Sinnen Gelähmten weiter nichts erzielt würde, als dass sie durch diese Beschäftigungen vor dem Verfall in tiefere Idiotie bewahrt und

zu einer geordneten Lebensweise erzogen würden, so wäre damit
schon den gerechtfertigten Humanitätsbestrebungen unsrer Zeit genügt. Manche von ihnen erlernen aber trotz ihres Schwachsinns und
ihrer Lähmungen doch die eine oder andre Arbeit, mit der sie
später zu ihrem Lebensunterhalt etwas beitragen können.

Auch in den beiden andern Aushilfsabteilungen spielt die Anleitung zu einer nutzbringenden Beschäftigung die Hauptrolle. Aus
ihnen rekrutiert sich besonders die Abteilung der Hausarbeiter.
Damit aber auch diese einfachste Arbeit, die Hausarbeit, auf die ich
später noch zurückkommen werde, nicht ganz ohne Verständnis
getan wird, so werden auch in diesen Klassen noch einige Stunden
Anschauungsunterricht in der Form, wie er für die unteren Volks-
schulklassen geschildert wurde, gegeben.

Der Wochenplan der Aushilfsabteilung für ältere Zöglinge ist
nachstehend wiedergegeben.

Wochenplan der Aushilfsabteilung für ältere Zöglinge.

Deckenflechten

Deckenflechten

Späneschnitzen

¹/₂5—6   Freies Spiel   Zimmerreinigen Selbstbedienen   Freies Spiel   Freies Spiel   —

Was nun endlich den Unterricht in den sechs Schulklassen an-
betrifft, so ähnelt dieser in den unteren Klassen noch sehr dem der
Vorschulklassen; je weiter man in die Höhe kommt, desto mehr
ähnelt er dem, der in einfachen mehrklassigen Volksschulen kleinerer
Gemeinden gegeben wird. Diejenigen Zöglinge, die bis in die erste
Klasse gelangen, besitzen in allen Fächern ausser im Rechnen

Kenntnisse, wie sie mittelmässige Schüler auf der Mittelstufe einer einfachen Volksschule erreichen. Der Anschauungsunterricht, der in den unteren Klassen noch alle Gebiete des täglichen Lebens streifte, wird in den oberen Klassen zur Natur- und Heimatskunde. Man beschränkt sich selbstverständlich auch hier auf das Nächstliegende und Nötigste, praktisch Verwertbare. Wenn diese geistig fortgeschrittensten Zöglinge also einen Begriff vom Leben der Tiere und Pflanzen, soweit sie hier zu Lande vorkommen, vom Wechsel der Jahreszeiten, von dem, was sie in Feld und Garten zeitigen, von der Zeiteinteilung u. ä. erhalten, so genügt das vollständig. Auch ist es von Wichtigkeit, dass sie sich in der nächsten Umgebung zurechtfinden können, dass sie einen Begriff von ihrer Heimat und ihrem engern Vaterland besitzen. Im Rechenunterricht sind die eigentlichen abstrakten Rechenübungen Nebensache, Hauptsache dagegen Übungen im Abzählen, Übungen im praktischen Rechnen, also mit Geld und Gegenständen; die Kenntnis der Masse, der Zeiteinteilung, der Uhr und alles hierher Gehörige. Der Unterricht in der Religion ist in den unteren Klassen vorwiegend ein Anschauungsunterricht mit Bildern aus der biblischen Geschichte in darstellender Form; in den oberen beschränkt er sich auch in der Hauptsache auf die Erzählung geeigneten Stoffes aus altem und neuem Testament und deren Wiedergabe durch die Zöglinge, doch wird im Anschluss daran auch etwas Katechismus getrieben. Jährlich können ungefähr 15—20 Zöglinge konfirmiert werden. Der Religionsunterricht ist natürlich das berufenste Fach, um die Kinder moralisch denken zu lehren und die moralischen Anschauungen, die sie im Anstaltsleben, im Verkehr mit ihren Lehrern und Pflegern unbewusst erwerben sollen, systematisch an geeigneten Beispielen zu festigen. Trotzdem immer eine ganze Reihe moralisch stark verkümmerter Schwachsinniger der Anstalt zugeführt werden, kommen doch schwerere Verfehlungen ganz selten vor. —

Vor dem Volkschüler hat der Anstaltszögling das voraus, dass seine Hand nicht nur die feineren Finger- und Handbewegungen des Schreibens lernt, sondern dass er schon zeitig an Handarbeiten gewöhnt wird, die ihm später direkt oder indirekt nutzbringend werden können.

Schon erwähnt wurde das Deckenflechten. Weiter wird das Rohrstuhlbeziehen, neuerdings auch das Bürstenbinden und Netzstricken gelehrt; in einigen Schulklassen sind Stunden für Zeichnen, Holz- und Papparbeiten angesetzt. Die Zöglinge müssen sich einen Knopf annähen, ein Loch zunähen, ihre Kleider von Flecken reinigen und in den Schrank ordnen können. Sie werden auch in die Zuputz- und Aufwaschküche gewiesen, damit sie dort die üblichsten Arbeiten kennen lernen.

Durch diese gleichmässige Ausbildung aller körperlichen und geistigen Fähigkeiten wird erzielt, dass jeder Anstaltszögling, wenn

er auch nur kürzere Zeit Anstaltserziehung und -schule genossen hat,
sie physisch und psychisch gefördert verlässt.

Hier mögen noch Platz finden: 1. ein Wochenplan der fünften
bezw. zweituntersten Schulklasse;

		Religion				
		Rechnen				
	Tonarbeit					
	Ausnähen			Deckenflechten		
	Turnen und Spiel					
½5—6	Erzählen bezw. Vorlesen	Erzählen bezw. Vorlesen	Selbstbedienen	Freies Spiel	Freies Spiel	Spaziergang oder Freizeit

2. der Stundenplan der obersten Schulklasse s. S. 415.

Dass vereinzelte Stunden wie Rechnen oder Deutsch, die man
besser am Vormittag abhielte, auf den Nachmittag gelegt sind,
erklärt sich nur daraus, dass nicht für jede Klasse eine seminaristisch ausgebildete Lehrkraft zur Verfügung steht. Die Lehrkräfte
werden daher im allgemeinen so verteilt, dass sie vormittags in
in den Schulklassen, nachmittags in den Vorschulklassen Unterricht
erteilen.

Die Anstalt ist nicht nur eine Sammelhilfsstelle für die schwach-
sinnigsten Kinder des Landes; sie will diese in der gekennzeichneten
Weise Vorbereiteten auch in einer ihren Anlagen entsprechenden
praktischen Tätigkeit nach Möglichkeit ausbilden, sobald sie physisch
dazu fähig sind. Dabei muss einerseits auf die Anlagen und Eigenschaften der einzelnen Rücksicht genommen werden; andererseits
auf die Wünsche der Eltern und was vielfach damit zusammenhängt,
auf die Wahl des späteren Aufenthaltsortes. Diejenigen, welche sich
schon in der Vorschule und Schule durch Geschicklichkeit ausgezeichnet haben und die mit unruhigerem, leicht erregbarem
Temperament, die auf dem Felde bei keiner Arbeit aushalten
würden, werden der Korbmacherei zugewiesen, desgleichen die,

Gesang

Deckenflechten Nähen

Deckenflechten

Freies Spiel

¹/₄6—6 Vorlesen —

deren Eltern oder Angehörige in einem Industrieorte leben, in den sie also wahrscheinlich nach der Entlassung wieder zurückkehren werden. Vom Lande stammende Zöglinge werden vorwiegend in der Landwirtschaft ausgebildet. Diejenigen endlich, die zu keinem von beiden sich eignen, werden der Abteilung der Hausarbeiter zugewiesen; es sind dies meist Zöglinge, die bis zum 14. oder 15. Jahre in den Vorschulklassen oder den Abschiebeabteilungen ohne besonderen Erfolg unterrichtet worden sind.

Die Hausarbeiter besorgen unter Leitung eines Pflegers die Reinigung der Korridore, sie tragen das Wasser, die Kohlen, reinigen die Schlafsäle, den Essaal, decken mittags und abends die Tische, machen für gewöhnlich die Zuputz- und Aufwascharbeit, helfen bei der Tonnen- und Aschenabfuhr und wo sonst noch zuzugreifen ist. In einer grösseren Anstalt werden stets mehrere Gruppen sich bilden lassen, die bald das eine, bald das andere besorgen können. Nach ihrer Entlassung bilden diese Art Schwachsinnige gewöhnlich die Faktoten im Haus. Wenn sie auch nichts verdienen oder mitverdienen können, so kann ihnen doch im elterlichen Haushalt, oder wo sie sonst untergebracht sind, manche Arbeit, die sonst andere tun müssten, mit gutem Gewissen übertragen werden. Einige Ent-

lassene dieser Art besorgen bei gutem Lohn z. B. auch das Kohlen-
fahren in Fabriken. Sie tun meist gewissenhaft, was sie einmal
gelernt haben und halten zuweilen sogar pedantisch auf die Ordnung,
die ihnen von der Anstalt her in Fleisch und Blut übergegangen ist.
Im übrigen kümmern sie sich wenig um ihre Umgebung, mit der
sie bei ihren mangelhaften geistigen und sprachlichen Anlagen nur
selten Berührungspunkte haben. Meist sind sie harmlose, leicht
durch freundlichen Umgang lenkbare Menschen, die nicht als Last
empfunden werden. Das würde aber der Fall sein, wenn sie die
Anstaltserziehung nicht genossen hätten. Man darf das mit Recht behaupten, weil immer einmal Kinder, die als Vergleichsmaterial dienen
können, in zu vorgerücktem Alter aufgenommen werden. Diese haben
nicht nur allerlei schlechte Gewohnheiten angenommen, sondern sind
auch entweder so zerfahren, dass ihre Aufmerksamkeit nicht mehr
auf die einfachste geordnete Tätigkeit zu fixieren ist oder so stumpf,
dass dieselbe überhaupt nicht mehr angeregt werden kann. Die
letzteren hocken untätig in den Ecken herum und verblöden immer
tiefer; die anderen sind durch ihren Vernichtungstrieb störend; beide
bedürfen schliesslich der Überwachung, können daher auf die Dauer
nicht in jedem Haushalt verbleiben und verursachen lebenslänglich
Kosten.

Die Feld- und Gartenarbeiter sind auf dem Felde, in Scheune,
Stall und Garten tätig und lernen dort alle Arbeiten kennen, die
nicht selbständige Wirtschaftsgehilfen zu tun pflegen. Nach ihrer
Entlassung werden sie meist, wenigstens wenn sie in gute Hände
kommen, arbeitsame und ausdauernde Hilfsarbeiter. Im hiesigen
Dorfe sind mehrere schon seit Jahren als Knechte bei Bauern in
Brot und Lohn.

Die landwirtschaftliche Arbeit ist zweifellos die gesündeste und
zweckmässigste für Schwachsinnige. Sie sind dabei fast beständig
in frischer Luft und in Bewegung; ihre überschüssigen Kräfte werden
in nützliche Hilfeleistungen übergeführt; die Tätigkeit ist nie so ein-
tönig und abstumpfend, weil nach Tages- und Jahreszeiten wechselnd,
wie manche Industriearbeit.

Doch muss heutzutage, wo die Industrie so stark entwickelt
und weit verbreitet ist, dass viele der entlassenen Schwachsinnigen
in die Lage kommen können, Fabrikarbeit zu tun, auch auf diese
vorbereitet werden. Dazu dient hier für die Intelligenteren das
Korbmachen, für geistig Schwächere die Rohrweberei und das
Rohrstuhlbeziehen. Wer das Korbmachen erlernt hat, wird sich nicht
nur fast in jede Fabrikarbeit, sondern auch in die schwierigere, weil
mehr wechselnde Arbeit des Handwerkers finden.

Anderwärts lässt man in Schwachsinnigenanstalten weben, drucken,
schneidern, schuhmachern u. a. Für diese Beschäftigungszweige hat
man sich hier nicht recht erwärmen können, weil sie doch schon zu
speziell sind oder Vertrautheit mit einem komplizierten Mechanismus

(Webstuhl!) erfordern. Doch lässt sich, falls mehr Platz als in der hiesigen Anstalt vorhanden, zweifellos noch manche andere Handarbeit als geeignete Vorbereitung für Industrie fruktifizieren.

Diejenigen Arbeiter, die in der Korbmacherei und Rohrweberei (Anfertigung von Rohrdecken zum Deckenbewurf, und Rohrstuhlbeziehen) tätig sind, daher viel sitzen müssen, haben allabendlich zwischen Abendessen und Zubettgehen noch eine Art freier Turnstunde; im Sommer Spaziergang.

Man hat beobachtet, dass Zöglinge, die früher recht gute Schüler waren, dann, wenn sie aus der Schule entlassen und in eine der vorgenannten Arbeiterabteilungen eingereiht worden waren, augenfällig stumpfer wurden, jedenfalls unter dem Einflusse der doch eintönigeren Arbeit, als die sie während der Schulzeit gewöhnt waren, und wie nur anregender Unterricht wieder mehr Leben in die Geister brachte. Es sind daher vorläufig wöchentlich 2—3 Stunden Fortbildungsunterricht für sie angesetzt worden. Auf diese Weise können die Zöglinge auch nach dem Austritt aus der Schule geistig besser überwacht werden; denjenigen, die ordentlich lesen gelernt haben, kann geeignete Lektüre aus der Zöglingsbibliothek zugewiesen werden; solchen, die das nicht können, werden anregende Geschichten vorgelesen oder erzählt. Ausserdem wird denen, die Lust zu Laubsäge- und Papp- oder Holzschnitzarbeiten haben und sich freiwillig melden, während des Winters am Sonntag eine Unterrichtsstunde gegeben; sie regt ebenfalls zum Denken an und übt die Geschicklichkeit der Hände einmal in ganz anderer Weise als es die gewohnte Tagesarbeit tut.[1])

Die Schwachsinnigen sind, selbst wenn sie eine derartige Ausbildung genossen haben und diese anscheinend von gutem Erfolg war, geistig normalen Menschen im Kampfe ums Dasein meist nicht gewachsen. Sie bedürfen auch weiterhin der Leitung und einer gewissen Fürsorge, besonders dann, wenn sie viele von ihnen nicht in das Elternhaus zurückkehren können. Sind sie mangelhafte Arbeiter, so hört die Geduld ihrer Arbeitsherren bald auf; sie werden von einer Stelle zur andern geschoben und leisten dann erst recht wenig; sie verfallen eher oder später üblen Angewohnheiten und geraten schliesslich von selbst oder durch Verführung auf die Bahn des Vagabundentums oder Verbrechens. Sie fallen dem Staate von neuem zur Last, erst in den Gefängnissen und dann in den Irrenanstalten. Sind sie brauchbare Arbeiter, so werden sie von ihren Arbeitgebern vielfach zu sehr ausgenützt und zu schlecht bezahlt. Gutmütig, wie sie meist sind, lassen sie sich alles

[1]) Zur Geschichte der Grosshennersdorfer Anstalt sei noch bemerkt, dass dieselbe und besonders das Unterrichtswesen in der Hauptsache von dem seit 1890 dirigierenden Lehrer der Anstalt, jetzigen Oberinspektor G. Nitzsche organisiert worden ist.

gefallen, selbst wenn sie mit der Zeit einsehen lernen, dass sie be-
nachteiligt sind. Wieder andere waren in der Anstalt durchaus brauchbare
Arbeiter, weil sie Tag und Nacht unter Aufsicht waren, jahrein,
jahraus dieselbe unumstössliche Ordnung gewohnt waren und in
ihren Lehrern und Pflegern von Jugend auf Autoritätspersonen
gesehen haben, denen gegenüber es ihnen leicht fiel, ihren Willen
unterzuordnen. Alle diese Momente fallen mit der Entlassung weg.
Es knüpft ihn kein Band an den neuen Lehrherrn, er mag es anfänglich noch so gut mit ihm meinen. Das Essen kann meist nicht
so reichlich und gut sein wie in der Anstalt, die Essens-, Schlafens-
und Ruhezeiten nicht so regelmässig eingehalten werden. Es mag
noch ein ganz gerechtfertigter Tadel dazukommen, dann explodiert
der schon im Reizzustand befindliche Schwachsinnige, wirft die
Arbeit beiseite und ist nur schwer wieder zu beruhigen. Arbeitgeber und die schwachsinnigen Arbeiter sind in diesem Falle ohne
Schuld; der letztere passt eben nicht in freie Verhältnisse.

Endlich bilden alle Schwachsinnigen nach ihrer Entlassung eine
Gefahr für den Staat, insofern als sie ihre geistige Minderwertigkeit
vererben können. Schwachsinnige Mädchen werden oft geschlechtlich
missbraucht oder verfallen der Prostitution; schwachsinnige junge
Männer heiraten oder werden geheiratet, besonders wenn sie in
ihrem Äussern nicht ganz abschreckend sind und nach ihrer Arbeit
den Eindruck machen, dass sie einen Hausstand erhalten können.
Kinder von Schwachsinnigen sind nun aber zu einem grossen
Teile wieder schwachsinnig. Sie werden also auch wieder pflege-
und erziehungsbedürftig zu einer Zeit, wo gewöhnlich die Eltern
noch dem Staate oder der Gemeinde zur Last fallen.

Gegen alle diese Übel, die dem entlassenen Schwachsinnigen
von der menschlichen Gesellschaft und dieser von ihm drohen, gibt
es zur Zeit leider wenig Hilfe. Die Unterstützungskasse für entlassene Sehwachsinnige, von deren Einrichtungen im I. Teile die
Rede war, lindert gewiss manche Not; sie lässt die Entlassenen
auch durch Beamte der Anstalten von Zeit zu Zeit besuchen, so
dass der Schwachsinnige an ihm einen Anhalt und Anwalt finden
kann, während der Arbeitgeber weiss, dass er nicht mit dem ihm
Anvertrauten machen kann, was ihm beliebt. Sie gibt auch solchen
Meistern, die viel Not und wenig Nutzen von den bei ihnen Untergebrachten haben, als Aufmunterung Prämien, damit sie diese nur
weiter unentgeltlich verpflegen. Aber selbst wenn solche Orientierungs-
reisen öfter gemacht werden könnten, als es tatsächlich möglich ist
und mit den Einnahmen vereinbar ist, selbst wenn die Vertrauens-
männer an den Orten der Unterbringung der entlassenen Schwachsinnigen immer voll ihre Pflicht tun, so kann nach Lage der Dinge
beiden doch manches verheimlicht, anderes verschleiert werden.
Gegen die oben angedeutete Gefahr der Fortpflanzung und Weiter-

verbreitung des Schwachsinns bietet diese sonst ganz nützliche Einrichtung natürlich nicht den geringsten Schutz.

Den Interessen des Staates sowohl wie denen des der Erziehungsanstalt entwachsenen Schwachsinnigen würde durch eine Ausgestaltung der Kolonisation, wie sie hier in Grosshennersdorf in kleinen Anfängen besteht, wohl am besten gedient sein. Es käme darauf an, zu dem obengenannten Koloniegut einige wenn möglich anliegende Güter hinzu zu erwerben und sie für die Aufnahme einer grösseren Zahl schwachsinniger Feldarbeiter geeignet zu machen. Man könnte sich selbstverständlich mit der einfachsten Ausstattung, wenn sie nur einigermassen hygienischen Anschauungen gerecht wird, begnügen; die Kost würde, wie das auch für das hiesige Koloniegut geschieht, von der auch weiterhin für staatliche Zwecke benutzten Anstalt geliefert werden. Man beabsichtigt nämlich, diese als Idiotenanstalt einzurichten, d. h. diejenigen, die sich in der künftigen Landeserziehungsanstalt Chemnitz-Altendorf als bildungsunfähig herausgestellt haben und nicht mehr Platz in dem dortigen Gebäude für Idioten finden, hierher zu versetzen. Das wäre schon deswegen sehr zweckmässig, weil es sich nicht empfiehlt, in der Erziehungsaustalt eine grössere Idiotenstation entstehen zu lassen, die sich bald als Anstalt in der Anstalt auswachsen, immer mehr Platz beanspruchen würde und das Ansehen der Erziehungsanstalt als solcher wenigstens in den Augen der ihre Kinder dorthin bringenden Eltern leicht herabsetzen könnte. Hier auf dem Lande, fern von grössern Städten, mitten unter landwirtschaftlicher Bevölkerung, die die Kranken dieser Art kennt, würde sie die Zentrale sein, an die sich die Koloniegüter anlehnen, von der aus sie mitverwaltet werden könnten. Sie würde auch die natürliche Aufnahmestätte für solche sein, die in den Koloniegütern durch körperliche oder geistige Krankheit vorübergehend arbeitsunfähig werden. Endlich könnte sie als Hilfskräfte die aus der Erziehungsanstalt entlassenen dort für den Hausdienst vorbereiteten schwachsinnigen Mädchen aufnehmen. Dadurch würde also auch ein Unterschlupf für diese geschafft; es könnte Wärterinnenpersonal gespart werden, und die ganze Wäscherei- und Flickarbeit, die notwendig aus einer Ausdehnung der Kolonisation folgen würde, hier am Orte ohne erhebliche Zuhilfenahme fremder Kräfte besorgt werden.

Die hiesige Kolonie (s. I. Teil) verzinst sich zu 3 %; müsste sie für den Lebensunterhalt und die Bekleidung der 17 Kolonisten, die zur Zeit dort untergebracht sind, und für die ein Verpflegbeitrag gezahlt wird, aufkommen, so würde sie sich gerade erhalten können. Zweifellos würde dies Resultat auch erzielt werden, wenn bei einer Ausdehnung der Kolonisation nicht nur solche hochgradige Schwachsinnige, wie sie zur Zeit in den Kolonien sind, sondern auch besseres in der Feldarbeit gut ausgebildetes Material der Erziehungsanstalt eingestellt würde. Die tüchtigsten Arbeiter, die ohne Aufsicht zu arbeiten vermöchten, könnte man bei Überfluss von Arbeitskräften auch als Lohnarbeiter auf das nahe Rittergut verdingen, das sie sicher gern gegen russische oder polnische Arbeiter eintauschen und ebenso lohnen würde, wenn sie sich überzeugt hätte, dass sie dasselbe leisten; brauchte es doch dann nicht für deren Unterkunft zu sorgen. Das Arbeitslohn würde zum grössten Teil für die Unterhaltung der Kolonien, zum kleinen Teil für persönliche Anschaffungen und Annehmlichkeiten verwendet werden.

Das erstrebenswerte Ideal ist jedenfalls, dass eine derartige Einrichtung sich selbst eingerechnet die nötige Anzahl von Beamten erhält; sie soll also wenn möglich die Staatslasten nicht noch vermehren. Sie soll weiter dem Schwachsinnigen ein dauerndes gemütliches Heim bieten, in dem seiner Individualität Rechnung getragen, und in dem er vor Schritten bewahrt wird, die ihn für seine Mitmenschen zu einer Gefahr machen können. — Das Schwierigste ist es, die Geldmittel zusammenzubringen, um Güter zu diesem Kolonisationszweck anzukaufen. Der jetzige Unterstützungskassenfonds würde durch den Ankauf und Ausbau eines einzigen erschöpft werden und könnte dann nicht für die vielen jetzt im Lande zerstreuten unterstützungsbedürftigen Schwachsinnigen ausgenützt werden. Es gilt also die Öffentlichkeit, die fast keine Kenntnis von der Schwachsinnigenfürsorge hat, für sie zu interessieren, wie dies zu jeder Zeit für die Blindenfürsorge geschehen ist. Die Blindenanstalten verfügen über einen Fonds von $1\frac{1}{2}$ Millionen, aus dessen Zinsen nicht nur die wirklich Fürsorgebedürftigen, sondern alle Anstaltsinsassen nach der Entlassung kräftig unterstützt werden können. Wenn es gelänge, nur einige mildtätige Stiftungen den Schwachsinnigen zuzuwenden, so würden auch die oben skizzierten Zukunftspläne zu verwirklichen sein.

Die Grundsätze der Schwachsinnigenerziehung, wie sie oben dargelegt worden sind, würden auch nach dem soeben vorgeschlagenen Ausbau der Schwachsinnigenfürsorge dieselben bleiben. Denn auch dann würde man denjenigen, die ihre Kinder nach der Ausbildung in der Erziehungsanstalt zurückbegehren, diese nicht vorenthalten dürfen. Sie müssen also für das Leben in noch freieren Verhältnissen, als es die Kolonien bieten würden, physisch, intellektuell und moralisch möglichst gut ausgebildet sein.

II.

Einiges von der Kunst in der Schule.

Von Schuldirektor Dr. **Grimm** in Elsterberg.

Es gibt Moden auf allen Gebieten menschlicher Betätigung. Zu den pädagogischen Moden unserer Tage gehört die starke Hervorkehrung des Kunstfaktors in der Erziehung.

Nun erzählen die Modejournale in jeder Nummer, dass ziemlich alles schon dagewesen sei. Auch die „Kunst in der Schule" ist nichts neues; bloss die Abgrenzung dessen, was man jetzt gerade unter Kunst versteht, und die Hilfsmittel, auf die man sich bei den ästhetischen Bestrebungen der Gegenwart verlässt, bringen einen eigenartigen Zug in die aktuellen Bestrebungen. „Kunst" soll sagen: Malerei in möglichst ursprünglicher Vertretung; Hilfsmittel werden geschaffen aus dem Zusammenwirken der Wünsche einzelner künstlerisch gestimmter Seelen mit dem Erwerbsinteresse der vorhandenen Vervielfältigungsinstitute. Die Technik der in die Schule gelangenden Kunstwerke wird fast ausschliesslich nach Massgabe der Gewinnprozente bestimmt. Das darf man bei aller Kunstbegeisterung nicht vergessen.

Lässt man die Frage beiseite, ob ästhetisches Verhalten wirklich am nachdrücklichsten durch Bildwerke angeregt und veredelt werde, beobachtet man lediglich, wie sich Schüler den vor ihr Auge gestellten Gemälden gegenüber benehmen, so ist eine der ersten Wahrnehmungen, dass mit dem Aufhängen des Bildes bei den meisten Kindern gar nichts erreicht wird.

Von Kindern des achten Schuljahrs — 40 Knaben und Mädchen (Durchschnittszensur II) — konnte mir keins vollständige Angaben darüber machen, welche Bilder in dem Schulzimmer hingen, das die Schüler im Vorjahre innehatten. Einzelne Bilder waren von gar keinem Kinde apperzipiert worden, andere von sämtlichen missdeutet. So war ein Moltkekopf, der allerdings ungünstig beleuchtet war, von den wenigen Kindern, die sich eines Bildes an der betreffenden Stelle entsinnen konnten, für eine Photographie König Alberts angesehen worden. Ein grosser Christuskopf in Lichtdruck war 17 Kindern, die ein volles Schuljahr hindurch vorbeigegangen waren, nicht im Gedächtnis geblieben.

Ähnliche Erfahrungen kann jeder Lehrer mit recht gut befähigten Kindern reichlich machen. Es wird das zur Folge haben, dass er jenen vielgeschäftigen Leuten, bei denen „Kunst in der Schule!" so viel heisst wie „Bilder in der Schule!" mit etwas gesundem Skeptizismus entgegentritt. So leicht, wie es sich mancher Philanthrop denkt, ist es nicht, Kindern des Volks einen Zugang ins Reich der Kunst zu eröffnen. „Der Mensch sieht nur, was er weiss," gilt auch hier.

Verfasser hat mit den vier Oberklassen seiner Schule eine Reihe von Versuchen angestellt. Die Ergebnisse werden einigen typischen Wert beanspruchen dürfen. Da wurde zunächst in jeder Klasse ein Bild an bevorzugter Stelle, etwa auf einer Wandtafel, befestigt. Nach einer Woche wurden die Kunstblätter wieder entfernt, ohne dass sie vorher zum Gegenstande der Besprechung seitens der Lehrer gemacht worden wären. Die Kinder mussten nun angeben, was sie aus freien Stücken beobachtet, gefunden und gemerkt hatten. In

einer 1. Knabenklasse war Kaiser Friedrich nach dem Wichgraff-
schen Gemälde, in der 1. Mädchenklasse Königin Luise von demselben Autor ausgestellt. Es war also Rücksiht genommen auf die
Freude der Knaben am soldatischen Wesen und das Interesse der
Mädchen für bildliche Darstellung schöngekleideter Frauen. In den
beiden gemischten Oberklassen waren Landschaftsbilder dargeboten,
in 1, I a Strich-Chapells „Blühende Kastanien"; in 1, I ein Seestück
„Carrik Castle", das sich in einer verstaubten Mappe aus alter Zeit
vorfand.

Wen die beiden Porträts darstellten, wussten die 43 Knaben
bez. 44 Mädchen sämtlich. Von den Jungen wusste auch die knappe
Hälfte anzugeben, dass Kaiser Friedrieh auf dem Bilde Kürassier-
Uniform trug und in einer Hand den Helm hielt. Aber schon die
Frage, in welcher Hand der Helm sei, machte die Schüler unsicher,
und als nun gar die Umgebung, in der sich der Kaiser befand, angegeben werden sollte, meldeten sich bloss noch 8 Knaben, also
knapp 16 $^0/_0$ der Klasse. Diese 8 wussten in der Tat sämtlich von
dem roten Vorhang, der in schweren Falten hinter dem Kaiser
niedergeht. Der übrige Hintergrund (Rasen mit Buschwerk und
grosser Wasserfläche) war durchweg falsch aufgefasst worden. „Eine
Feldlandschaft" kam der Wahrheit noch am nächsten.

Ganz ähnlich verhielten sich die 44 Mädchen zum Bilde der
Königin Luise. 17 Kinder wussten anzugeben, dass die hohe Frau
ein weisses Schleppkleid trug, selbst das rosa Band mit wallender
Schleife, welches an der Taille befestigt ist, war nicht unbemerkt
geblieben. Auch dass die Schleppe mit der rechten Hand aufgenommen wird, konnten einige Kinder (5) angeben. Wenn ein
Mädchen vom r o t e n Kleide der Königin sprach, kann diese Verwirrung durch den roten Vorhang veranlasst sein, der auch auf dem
Luisenbilde nicht fehlt.

Dieser Vorhang, der ja in der Tat nur dekorativen Wert hat,
ist überhaupt Anlass zu mehrfacher Missdeutung, zumal er die linke
Hand der Königin zudeckt. Auf die Frage, was die Königin mit
der linken Hand tue, kamen vier Antworten: „Sie schiebt den Vorhang weg," „stützt sich auf," „klopft an," „öffnet die Türe." Für die
blosse Pose hatten die Kinder also keinerlei Verständnis. Als Standort der Königin (links der rote Vorhang, rechts Kiesweg, Rasen,
Wasser mit Insel, und Parksträucher und Bäume) wird angegeben:
„Ein Zimmer," „Vorsaal," „Gartensaal" und — ganz zuletzt — „ein
Park." Aber auch das Mädchen, welches vom Park gesprochen hat,
weiss nur von Blumenbeeten zu sagen, als sie angeben soll, was
denn in diesem Park zu sehen sei.

Die Frage, ob dem abgebildeten Kaiser, dem Gemälde Luisens
etwa anzusehen sei, was die Dargestellten wohl dachten oder fühlten
in dem Augenblicke, da sie der Blick des Malers erfasst habe, ward
einstimmig verneint. Ausser der Freude, Personen, die ihnen aus

Geschichte und Deutschunterricht bekannt waren, die ihnen mit patriotischer Begeisterung geschildert und — auch sonst im Bilde gezeigt wurden — wieder zu erkennen, schienen in den Kindern die beiden grösseren Bilder (51 : 39) keinen Gemütszustand ausgelöst zu haben. Erst als an das trübe Schicksal erinnert ward, das über die Heldengestalt Friedrich III. gekommen ist, als der frühe, von Leid ums Vaterland beschleunigte, Tod Königin Luisens den Schülern ins Gedächtnis zurückgerufen ward, schauten sie mit bewegtem Gemüt auf die Bilder. Also nicht der Künstler; das erinnernde Lehrerwort führte zur Stimmung.

Das Seebild, welches in der gemischten Klasse 1, I vorgezeigt ward, war zufällig gut durch eine frühere Lektion vorbereitet. Die Klasse hatte kurz vorher Julius Wolffs poetische Erzählung „Aus Sturmes Not" gelesen und ziemlich eingehend besprochen. Da diese Besprechung auf die wesentlichen Teile eines Schiffes hingewiesen hatte; überhaupt das Leben an Bord und in Küstengegenden den Kindern nahegebracht worden war, so zeigte sich bei allen 44 Schülern der Klasse ein recht lebhaftes Interesse für das Seestück, das sie eines Morgens an der Tafel vorfanden. Als später gefragt ward, was das Gemälde dargestellt habe, antwortete genau die Hälfte, dass ein Hafen mit Schiffen an der Tafel zu sehen gewesen sei. Die Zahl der Schiffe: zwei draussen und zwei an den Ufermauern, kam von etwa ebensovielen Kindern richtig. Es war offenbar die Schiffstaffage gut betrachtet worden. Sobald aber die Kinder angeben sollten, was denn auf dem Lande zu sehen gewesen sei, versagten die Antworten fast völlig. Mühsam kamen die Angaben, dass eine Seemannsschänke, Fuhrwerke, Waren am Ufer gewesen wären — ein Kind redete von Handelshäusern. Die charakteristischen Zinnen und den Turm des Kastells hatte kein Kind apperzipiert; selbst als der Lehrer auf diesen Teil des Bildes hinwies, wollten sich die Kinder des Befestigungswerks, das räumlich einen grossen Teil des Hintergrunds einnimmt, nicht erinnern. Die Aufmerksamkeit war eben nach ganz anderer Richtung hingegangen.

Auch über Tages- und Jahreszeit hatten die Kinder keinerlei bestimmte Wahrnehmungen gemacht. Das war anders bei dem Bilde Strich-Chapells, das in der gemischten Klasse 1, I a zur Betrachtung stand. Hier waren sämtliche Motive derartig durch heimatliche Erfahrungen vorbereitet, dass jenes Wiedererkennen, welches nach Aristoteles die wichtigste Grundlage ästhetischen Verhaltens abgibt, reichlich in Wirksamkeit treten konnte.

Der Heimatsort des Kindes besitzt eine prächtige Kastanienallee, hat weisse Häuschen mit Fachwerkbau; eine Steinbrücke mit Holzgeländer im Vordergrund und grossem Prellstein fehlt auch nicht. Eine Viertelstunde Wegs oberhalb der Stadt findet sich im Hofe einer Mühle, deren Gebäude auch weissgetünchtes Fachwerk zeigen, eine besonders mächtige und schöne Kastanie, unter der wohl jedes der Kinder einmal gestanden hat. Entsprechend diesen Landschaftserinnerungen deuteten die Kinder das Bild. Etwa ein Drittel der Schüler bezeichnete als Gegenstand der Steinzeichnung „eine Kastanienallee", ziemlich gleichviel Kinder wollten eine „Mühle unter einem Kastanienbaum" gesehen haben. Von den übrigen Kindern sprachen einige von „Abbildung einer Brücke". Die Bezeichnung des Bildes als „blühende Kastanien" schlechthin kam aber auch, und zwar von einem Knaben, der seit wenigen Wochen aus einem 4 km entfernten Nachbarort in die Stadtschule kommt. Er hatte die Bäume in ihrer mächtigen Gruppierung aufgefasst, der gegenüber in der Tat Strasse, Brücke und Bach im Vorderunde wie die Häuser, in deren lange Zeile man hineinsieht, nur nebensächlich anmuten. Dass Frühlings- und Abendzeit auf dem Bilde dargestellt sei, wussten so ziemlich alle Kinder anzugeben und zu beweisen; einzelne sprachen sogar von dem schwermütigen Eindruck, welchen die nach glänzendem Tag einbrechende Dämmerung auf den, der sie einsam (Mann auf der Brücke!) beobachtet, hervorruft.

Nach den Erfahrungen, die bis jetzt wiedergegeben sind, lässt sich wohl sagen:

Zunächst ist bei Schulkindern bloss geringes Interesse an Bildern vorauszusetzen. Nur der Gegenstand, nicht die Art seiner Wiedergabe ist ihnen wichtig. Genau betrachten sie nur, was ihnen inhaltlich durch den Sachunterricht nahegebracht worden ist oder auch durch eigene Beobachtung der Natur — bekannt und lieb geworden.

All das spricht gegen ein blosses Aufhängen der Bilder, wie es von Seite einzelner Künstler vorgeschlagen worden ist. Auch aus den Angaben bedeutender Künstler und Kunstrichter über den eigenen Bildungsgang kommt man zur Erkenntnis, dass künstlerisches Empfinden durch gewisse Massregeln oder äussere unausweichliche Verhältnisse gebildet werden müsse. Goethe hat durch die römischen Prospekte im väterlichen Hause und die oftmaligen erklärenden Hinweise darauf für sein ganzes Leben die Richtung auf die römische Antike erhalten; Ludwig Richter ward vom Vater nicht bloss in eine veraltete Technik eingeführt, sondern auch zum rechten Sehen des nie Veraltenden angeleitet. Und in seiner Selbstbiographie spricht er davon, wie er sich wohl getraue, fleissigen Schülern das Sehen des Bildes in der Natur zu lehren. John Ruskin wurde durch seine puritanische Erziehung, die kein Spielzeug in des Kindes Hand duldete und den Knaben fürchterlicher Langeweile aussetzte, dazu gebracht, sich die Teppichmuster im Wohnzimmer der Eltern, die Fassaden der Nachbarhäuser, die Effekte der Jahres- und Tageszeiten einzuprägen. Eine Hinlenkung ist also auch wohl unseren Kindern nötig.

Nun kann ja eine Anleitung zum künstlerischen Geniessen durch Ungeschicklichkeit dessen, den sie geben will, misslingen. Es ist bei einzelnen Menschen das ästhetische Empfinden so zart und mimosenhaft, dass durch rauhe Hände viel Übel angerichtet wird. Und die endlose Rederei um Dinge, die mancher tiefer erfasst als der Erklärende, kann sogar Ekel erregen. Der Hinweis auf die Klassiker, die manchem in der Schule zum Überdruss geworden sind, liegt nahe. Aber es ist in allen jenen Fällen nicht die Unterweisung schlechthin — sondern die verkehrte Art derselben, die Übles wirkt. Man darf nicht den Weizen mit dem Unkraut ausraufen. Darum ist zunächst der Boden, wo beides sich findet, genauer zu betrachten.

Es gibt kaum zwei Menschen, welche die Dinge gleich beschauen. Darum sagt ja auch ein etwas weitgehendes Sprichwort, dass sich über den Geschmack nicht streiten lasse. Liebhabereien aber hat jeder normale Mensch, und einen Unterschied zwischen Wohlgefälligem und Abstossendem machen alle.

Soweit es sich um Wohlgefallen an Farbe und Form handelt, lassen sich einzelne durchgehende Regeln leicht gewinnen. Kinder und primitive Menschen haben an grellen, stark belichteten Flächen Gefallen. „Je bunter, desto besser" heisst es bei lebhaften Kindern mit gesunden Augen bis zu einer ziemlich späten Stufe. Auch hinsichtlich der Linienführung ist es zunächst das Vielerlei, das Reichhaltige, was dem Kinde gefällt. Es muss viel auf dem Bilde sein; grosse weitverzweigte Bäume mit bunten Vögeln darauf wählten fast sämtliche Kinder eines 4. Schuljahres (Zehnjährige), die mir beim Aussuchen eines Rollvorhangs am Stande einer Marktbude helfen sollten. Es ist instruktiv, Kinder verschiedener Schuljahre auf Zettel schreiben zu lassen, ob sie einen Lieblingsplatz haben und welcher das sei, oder die Stelle zu erfragen, von welchen aus sich der Heimatsort am schönsten ausnehme. Man bekommt dabei auch in anderer Hinsicht hübsche Einblicke. Ein junger Lehrer fragte im 3. Schuljahr einer höheren Bürgerschule, also bei Kindern aus wohlhabenden Ständen, nach dem Lieblingsplatze. Von 40 Knaben hatten nur 37,5 % einen solchen. Fast bei all diesen Jungen war es der Ort, wo sie ihre jugendlichen Kräfte betätigten: der Hof, Garten, Bauplatz. Einer nannte das Eck im Garten, von wo aus er die Züge des nahen Bahnhofs rangieren sah; ein anderer liebte vor allen den Platz „bei seinen Hunden". Sinn für das Landschaftliche war also noch nicht entwickelt; und wenn auch 71 % einen Ort angaben, von wo aus man die schönste Aussicht auf die Vaterstadt habe, so waren das doch lediglich Punkte mit weiter, umfassender Aussicht, keineswegs Stellen, die einen abgerundeten oder besonders charakteristischen Anblick gewährten.

Bei Mädchen im 6. Schuljahr fanden sich schon mehr individuelle Angaben. 57 % der Kinder nannten ohne Besinnen einen Lieblingsplatz: die Hälfte bezeichnete einen bestimmten Punkt des väterlichen Gartens, der einen besonders schönen Blick gewähre, ein

Mädchen sass mit Vorliebe auf dem Gartenzaun unter einem grossen Ast. Etwa 20 % der antwortenden Kinder — jedenfalls solche, deren ästhetische Beanlagung mehr auf seiten des Gehörs lag, nannten als Lieblingsplatz die Stätte „am Klavier". Auch „das Sophaeck" ward als Lieblingsort genannt. Als schönste Aussicht auf den Heimatsort bezeichneten diese grösseren Kinder zum Teil schon fest umgrenzte Partien. Die Nennung von hochgelegenen Aussichtspunkten war seltener, schon ward in einem Fall der Blick in eine bestimmte Strasse von einer genau bezeichneten Stelle aus genannt. Aber noch schien keine genaue Apperzeption von Beleuchtungsmodalitäten vorzuliegen. Kinder im achten Schuljahre sahen hier schärfer. Da ward angegeben, dass ein Aussichtspunkt bei untergehender Sonne, eine Baumgruppe bei Mondenschein den Besuch verlohne. Das deutet auf künstlerisches Schauen hin, wenn vielleicht auch da und dort Urteile Erwachsener nachgeredet wurden. In Dichtung und Prosa, von Eltern und Verwandten sind die Kinder eben aufmerksam gemacht worden, wie das Schöne vielgestaltig an den Menschen herantritt. Und in ihrem immer mehr umfassenden, reicheren Stimmungen zugänglichem Gemüt wirkt Zeit und Ort tiefer als bei jüngeren Kindern, die noch ganz wenig reflektieren. Es tritt bei reiferen Kindern auch schon ein Unterschied zwischen dem ästhetischen Verhalten der Geschlechter hervor. Die Knaben, die ja besser wandern und leichter steigen, kommen lange nicht so früh zum Genusse intimer Landschaftsbilder wie die Mädchen. Auch die Reize des Kleinlebens, die sinnige Betrachtung von Blüte und Blatt, ist bei den Jungen seltener. Man lasse, wenn man das konstatieren will, etwa die Kinder einer gemischten Klasse Sträusse nach Belieben gelegentlich eines Spaziergangs binden. Noch immer haben sich Frauen eher zur Blumen- als etwa zur Theatermalerei geeignet.

Und hier knüpft eine Erfahrung an, die in unseren Tagen vielleicht zu wenig betont wird. Es gibt zweierlei Auffassungen des in der Natur Gegebenen, soweit es sich um die bildliche Wiedergabe handelt. Vieler Menschen Auge (fast stets das des stärkeren Geschlechts) sieht überall die grossen Umrisse. Mädchen ohne besondere Vorbildung sehen und zeichnen zunächst bloss Einzelheiten. Bei geeigneten Vorbildern fordere man Kinder auf, aus dem Gedächtnis nachzuzeichnen. Ein beträchtlicher Bruchteil der Schüler wird nur ein Detailbild in der linken unteren Ecke des zur Verfügung stehenden Papiers fertigbringen. Das aber enthält manche Einzelheiten genauer als die Vorlage. Von den „blühenden Kastanien" zeichnete ein Mädchen den vollständig richtig gedachten Blütenstand eines einzelnen Zweiges in einer ganz unmöglichen Umgebung. Perspektive gibt es auf solchen Versuchen nicht; der Stuhl wird so gezeichnet, als wäre er von allen Seiten gleichzeitig sichtbar; die Zahl der Blütenblätter eines Veilchens, einer Lilie wird richtig wiedergegeben, ohne dass dem jungen Zeichner klar geworden wäre, wie man bei einer Seitenansicht unmöglich alles körperlich Vorhandene überblicken kann. Aber gerade solche künstlerischen Misserfolge zeigen, wie das Kind sich genaueres Hinsehen und Bemerken angeeignet hat. Durch den Irrtum gelangt es allmählich zur Wahrheit. Und ein nicht zu unterschätzender Nebengewinn ist, dass ihm eine Ahnung von der Technik des Künstlers aufgeht.

Bei dem Aufsatze: „Was der Schneemann erlebt" durften Kinder im 8. Schuljahre eine „Kunstbeilage" mit eingeben. Mit viel Freude ward die Nebenarbeit getan, und ein hübsches Päckchen Handzeichnungen lag schliesslich auf dem Schreibtisch des Lehrers. Nicht weniger als 40 % der Kinder hatten den Schneemann mitten auf die Landstrasse gestellt. Wegweiser, Kilometerstein, Häuser standen vielfach leidlich richtig, sogar etwas wie Perspektive gab es auf einigen Bildern — aber der Schneemann stand auf einem Platze, wo er in Wirklichkeit keine Viertelstunde vor Fussgängern und Geschirren hätte bleiben können. Die Kinder hatten einen richtigen Begriff vom Schneemann, der Strasse etc., aber kein klares Bewusstsein von dem Verhältnis zwischen Strasse und Schneemann. Andere Kinder hatten sehr genau die Schiefer auf dem Dache gezeichnet, obwohl doch Schnee auf der Strasse lag, auch in der Luft herumwirbelte. Die Einzelheiten waren richtig konzipiert, wichtige Zusammenhänge nicht. Bezeichnend für die Gardinen erzeugende Gegend der Versuche war es übrigens, dass 25 % der zeichnenden Schüler die meiste Zeit und Sorgfalt auf die hübsch durchgeführten Muster der Fenstervorhänge verwandt hatten. Und doch sollte das Bild „den Schneemann" darstellen.

Zu Lenaus Gedicht „Der Postillon" schuf das eifrige Völkchen, mit dem der Verfasser seine Untersuchungen anstellte, eine ganze Reihe von Bildern. Dabei trat auch die Farbe (Buntstifte) in ihre Rechte, und einzelne Kinder lieferten wirklich hübsche Darstellungen der Landschaft mit dem Postwagen, des Friedhofs am Bergeshang. Letzteres Bild war unverkennbar nach Analogie des heimatlichen Friedhofs, der auf halber Höhe eines waldbekrönten Berges liegt, geschaffen. Überall aber war die Farbengebung eine auffällig kräftige. Der gelbe Postwagen, die braunen Pferde, der blaue Himmel mit weissen Wolken und gelbem Monde waren nach Kräften mit den Farben, welche die einzelnen Gegenstände für sich zeigen, wiedergegeben. Die Blumen im Grase zeigten fast durchweg, obwohl sie doch seitlich gesehen werden, die volle Krone — zuweilen übrigens in recht hübscher Ausführung der Glocken, Kelche und Dolden. Also auch hier richtige Einzelangaben, die aber nicht zusammenstimmen wollten. Selbst einigermassen ans Sehen gewöhnte Kinder zeichnen die Dinge, wie sie sind, nicht wie sie erscheinen. Damit hängt die Aufmerksamkeit aufs Kleine zusammen, deshalb fehlt auch meist der Blick für die Hauptlinien der Vorlage.

Nun kann die Unterweisung im vernünftigen Betrachten von Gemälden kaum einen besseren Ausgangspunkt nehmen als der durch die kindlichen Zeichnungen gegebene ist. Wie das Kind die Farben wiedergibt, sind sie in einer Mondnacht unmöglich zu sehen. Schiefer des Daches ist nicht zu erblicken, wenn alles übrige dicht mit Schnee bedeckt ist. Ein von der Seite gesehenes Himmelschlüssel zeigt nicht fünf gleichgrosse Blumenkronenlappen. Das Bild zeigt die Dinge, wie sie dem Maler von einem bestimmten Standort, unter einer gewissen Beleuchtung erscheinen. Wir müssen lernen, Menschen und Sachen, Landschaften und Farben so zu sehen, wie sie der Künstler gesehen hat. Wir denken uns das alles oft ganz anders, zumeist wird aber der Maler nicht bloss das grössere Geschick in der Darstellung, sondern auch das feinere Gefühl in der Auswahl des Darzustellenden haben.

Und jetzt kann den Kindern erzählt werden welche Studien die grossen Maler hinter sich hatten, bevor sie ihre Meisterwerke schufen. Da mögen die Schüler erfahren, wie zur rechten Kenntnis der Menschenfigur selbst an der Leiche, am Gerippe — in Gemeinschaft mit den Ärzten — die Grundformen betrachtet worden sind; wie eine Fülle von Landschaftsstudien nötig war, ehe der Maler sich gerade für die Wiedergabe der auf seinem Bilde vorhandenen Gegend entschied; welche Jahreszeit- und Beleuchtungsbeobachtungen stattfanden, welche Menge von Skizzen vorlag, ehe das eine Bild entstand, das nun als so selbstverständlich in allen seinen Teilen vor dem Betrachter steht. Wo der Lehrer persönliche Beziehungen zu einem Maler hat, wird er derartigen Mitteilungen eine persönliche Note geben dürfen. Jedenfalls aber wird er gut tun, gelegentlich den Kindern, die dafür Interesse haben, ausserhalb der Schulzeit Skizzen und Ausführung irgend eines bestimmten Bildes zu zeigen. Meine Versuchskinder sind bei solchen Gelegenheiten vollzählig erschienen und waren höchlichst erfreut, wenn sie im fertigen Werke Elemente aus den Skizzen wiederfanden.

Ist man einmal so weit gekommen, die Kinder etwas vom künstlerischen Schaffen ahnen zu lassen, so wird man in ihnen nicht mehr flüchtige Betrachter finden, die bloss am Gegenstande des Bildes Interesse haben. Sie erkennen schneller als vordem das „Was?" des Bildes und eilen nun zum Studium des „Wie?"

Da ist's denn eine Freude, zu sehen, mit welchem Erfolg hier einige Hinweise aus der Geschichte der Kunst aufgenommen werden. Der Lehrer sagt gelegentlich, dass die ganze Menschheit in der Kunst den Weg gegangen sei, wie das einzelne Kind. Und dann zeigt er einmal ein Gruppenbild ohne Perspektive aus der altholländischen Schule oder eine der köstlich naiven anachronistischen Schöpfungen zur heiligen Geschichte. Wieviel echte Kunst, wieviel frommer Glaube sich trotz aller Seltsamkeiten in jenen Werken ausspricht, welch einen Fortschritt sie bezeichnen, lässt sich durch geschichtliche Mitteilungen sehr wohl klar machen.

Dann endlich kommen jene Bilder auf, bei deren Anblick die Betrachter die Wirklichkeit zu sehen glauben (Lucas Kranachs Geflügelbild in Torgau und der Graf von Schwarzburg). Aber auch jetzt noch ist ein Fortschritt möglich. Man erweitert das Stoffgebiet der Gemälde; neben der Heiligenmalerei tritt die Darstellung von profanen Gruppen auf. Geschichtliche Ereignisse, Familien- und Zunftbilder mit bedeutungsvollem Hintergrunde, Landschaftsmalerei als Selbstzweck, Tier- und Blumenmalerei in Gegenden, wo Tier- und Blumenzucht zur Sache der Allgemeinheit ward, Seebilder bei den Völkern mit grosser Schiffahrt: ins Ungemessne wächst die Auswahl des Bildwerten.

Die meisten Lehrer werden weder im eigenen Besitz noch im Lehrmittelzimmer Kunstwerke genug haben, um für die verschiedenen Richtungen und Perioden der Kunst Beispiele geben zu können. Aber mit Hilfe von Sammelwerken, Journalausschnitten und einzelnen entliehenen Kunstblättern kann man doch für strebsame Kinder vom Besten etwas geben. Da lässt sich dann der Blick fürs Künstlerische durch Vergleichen schärfen. Wenn Albrecht Dürer in starken charakteristischen Linien malt und zeichnet, während ihm gleichzeitige Niederländer — mit zartester Pinselführung jedes Haar eines Pelzes, jeden feinen Faden einer Spitzenkrause darstellen, so fällt das auch dem schlichtesten Betrachter auf. Hier zeigt sich ihm der tiefgreifende Unterschied zwischen dem Blick aufs Grosse und der Versenkung ins Kleinste ganz deutlich. Und damit ist ein Standpunkt fürs klare Beurteilen des Kunstwerks gewonnen, von dem aus des Kindes Kunstsinn sich immer kräftiger entwickeln wird. Man darf wohl Schülern zeigen, wie die Hauptlinien einer Landschaft, eines Angesichts bei bestimmter Beleuchtung besonders hervortreten. Die Silhouette des Heimatsortes, die sich von dem noch golden strahlenden Abendhimmel abhebt, — die Menschengestalt oder das Bauwerk auf einsamer Höhe laden zum Nachzeichnen der charakteristischen Linien geradezu ein.

Das sind im allgemeinen aber auch die Gegenstände, an deren bildlicher Wiedergabe unsere Modernen die meiste Freude haben. Die Stimmungsmalerei der Gegenwart meidet das Eingehen ins Detail, weil dieses den Geist des Betrachters doch nur ablenken würde. Auch hinsichtlich der Farbengebung lässt sich, wie man mit Recht anführt, an exponierten Gegenständen in der Natur wie auf Gemälden sehr viel lernen. Da erscheint die Schattenwirkung einfach, die Lichtquelle leicht auffindbar. Soweit die Malerei zur Farbensymbolik wird, sagt man, verträgt sie jene ins einzelne gehende Ausführung gar nicht, wie sie sich findet in der sauberen Linienführung der altniederländischen Kunst, der Rokokozeit oder auch der nie wieder erreichten Klarheit der italienischen Renaissance.

Aber hier drängt sich dem Lehrer doch wohl die Frage auf,

ob für das Kind, das erst in die Kunst eingeführt werden soll, das Symbolische, Stimmungsvolle, Impressionistische das Geeignete ist. Es kann ein Bild, ein Gedicht, ein Musikstück auf der Höhe der gerade zur Mode gewordenen Kunstrichtung stehen und doch für Kinder unserer Schulen durchaus ungeeignet sein. Weil die Kunst in der Schule gar so sehr von Vertretern der Moderne gepredigt wird, versündigt sich der Künstler, welcher der Schule dienen will, vielfach am heiligen Geist der Pädagogik. Das Symbol nützt dem Kinde nicht, das unklar über den Grundgedanken ist; die Stimmung wird sich im Kindergemüt, dem viele Erfahrungen ernster tief-greifender Art fehlen, weit seltener einstellen als beim Erwachsenen; einzelne Impressionen werden im Schüler kein Gefühl auslösen, weil der sich erst entwickelnde Mensch die Andeutungen noch nicht zu ergänzen vermag. Wir verwahren uns mit Recht dagegen, Bibel-sprüche einzuprägen, deren Verständnis sich bei Kindern nicht erreichen lässt: wir sollten mit künstlerischen Offenbarungen, die wir unseren Schülern vor die Seele stellen, nicht minder vorsichtig sein. Ein Bild, das nicht j e d e m Kinde etwas sagt, nicht vom Schwächsten freudig aufgenommen wird, verdient keinen Platz in der Schule. Man lächelt heute in manchen kunstsinnigen Kreisen über die Speckter'schen Bilder zu Hey's Fabeln. Mir scheint, mit Unrecht! Von seiten der Kinder ist ihnen das lebhafteste Interesse entgegengebracht worden, und bei wiederholter Betrachtung haben sie den Blick für allerhand Tiermalerei geschärft. Im Haag, in Amsterdam, Brüssel und Antwerpen habe ich nach stundenlanger Betrachtung der Bilder von Potter, Jan Steen, Fr. Snyders, Honde-coeter dankbar der alten Speckter'schen Radierungen auf Stein — gedacht. Mir persönlich sind sie Führer ins Gebiet der Kunst gewesen.

An Richterschen Holzschnitten kann sich bei uns heute der Sinn des geistig Ärmsten bilden zum Geniessen der heimischen Landschaft, des Kleinlebens auf der Gasse und im Hause. Und wo der Betrachter klare Vorstellungen gewonnen hat, da kommen auch Stimmungen und Gefühle: nach Massgabe vorhandener Residuen aus früheren Erfahrungen — etwas dürftig, gewiss; aber doch voll-kommen genug für unsere Kinder. Frühreife Stimmungsflegel brauchen wir wirklich nicht; auch keine Kinder, die das Unsagbare durch aufgeschnappte Phrasen zu beschnattern wissen. Wie es Maler-Dilettanten gibt, die Farbensymbolik, Dämmerungsver-schwommenheit lieben, weil ihnen die sichere Hand für feste Um-risse fehlt, weil ihre Geduld nicht ausreicht zu genauer Wiedergabe bestimmter Formen, so gibt es Betrachter von Bildern, die sich gern der geistigen Zucht entziehen, welche dazu gehört, sich Rechen-schaft über die Objekte des Bildes zu geben. Das sind die vagen Schwärmer fürs „Dämmerhafte", für die „Symbolik der geschwungenen Linie". Grosse Kritiker — es sei an Goethe, an Kant, an Ruskin erinnert — haben stets nach dem Gedanken in der Form gefragt. Und sie alle haben schon als Kinder gelernt, nach dem „was?" zu fragen, ehe sie sich über das „wie?" Gedanken machten. „Kunst in der Schule" ist nicht denkbar ohne Begriffe in den Schulkindern. Ein blosses Wirken auf die Stimmung sollte nicht für das Wesentliche an der Kunst der Malerei gehalten werden. Bei der Musik, wo die rhythmische Einteilung des Zeitablaufs der Stimmungserregung zu Hilfe kommt, mag eine ziemlich reine Gefühlsübertragung vom Künstler auf reife Hörer möglich sein. Der Genuss von Werken der bildenden Künste aber ist nicht zu suggerieren; da muss der Geniessende von vorn herein ein hohes Mass von eigener Tätigkeit entfalten. Alle Versuche mit Kindern bezeugen, dass sich passive Naturen schlecht zum Betrachten und Geniessen von Werken der bildenden Kunst eignen, während bekanntlich selbst Idioten in hohem Masse durch Musik beeinflusst, ja sogar zu eigenem Musizieren gebracht werden können. Der Gedanke liegt nahe, dass eine gewisse intellektuelle Regsamkeit den ästhetischen Gefühlen erst den Boden bereiten muss, soweit es sich um den Genuss von Malerei, Skulptur und Architektur handelt. Es gibt Völker von mehr Beanlagung zur bildenden Kunst und solche, die mehr für Musik prädestiniert erscheinen; Perioden in denen die Malerei, andere in denen die Oper im Vordergrund der allgemeinen Aufmerksamkeit steht. Man darf vielleicht nach dem Vorherrschen der einzelnen Künste von aktiven und passiven Völkern, Perioden reden. Jedenfalls aber lässt sich die Aktivität unserer Schulkinder leichter wachrufen und leiten, wenn man ihnen Bilder zeigt, als wenn man sie durch Konzerte künstlerisch anregen will, wie das ja neuerdings in einzelnen Grossstädten geübt wird.

Der Lehrer kann also bei Darbietung bildender Kunst die Direktion in der Hand behalten. Das ist ein Vorteil, welcher der Bilderbetrachtung allerdings eine vorherrschende Stellung im Lehrplan zur Kunsterziehung zuweist. Und weil sich zeigte, wie das kindliche Interesse besonders stark ist, wo Bekanntes auf dem Bilde auffindbar ist, so dürfte heimatliche und Heimatkunst vor allem dargeboten werden. Das aber geht, soweit Landschaftsbilder in Frage kommen, in der ärmsten Dorfschule.

Ein gewisser Lehrgang ist wohl möglich und braucht durchaus nicht Pedanterie zu bedeuten. Wir sahen ja, dass die Kinder zunächst nicht Stimmungseinfluss verspüren, sondern den Gegenstand des Bildes zu deuten versuchen. Man kann sie deshalb von mehr photographischen Landschaftsbildern hübsch allmählich zu künstlerischen führen. Dazu aber dient sehr wohl die überall vorhandene Ansichtspostkarte. Man gibt — etwa in einem selbst gefertigten Wechselrahmen von Pappe —, nachdem die Kinder sich geäussert haben, von wo aus ihnen der Heimatsort am hübschesten erscheint, die Ansichtskarten herum, die man auftreiben konnte.

Es wird den Kindern viel Freude machen, den Standort zu suchen, von dem aus die Aufnahme erfolgt ist, aus den Lichtverhältnissen die Tageszeit festzustellen, nach der Belaubung oder Kahlheit der Bäume die Jahreszeit zu erschliessen, in welcher das Bild entstand. Nun werden schon einzelne Kinder einer anderen Ansicht den Vorzug geben. Lebhafte Kinder begründen recht bald ihre dahingehenden Behauptungen, und so steht man bereits am Anfang mitten in einer kleinen Kunstdebatte.

Nun geht man, um die geäusserten Meinungen nachzuprüfen, mit den Kindern an die Punkte, welche als Aufnahmestellen der bisher gesehenen Bilder in Frage kommen. Der leere Rahmen wird mitgenommen und durch denselben die Landschaft betrachtet (übrigens ein von Richter empfohlenes Verfahren). Ganz von selber ergeben sich dabei Beleuchtungs- und Staffageunterschiede gegenüber dem Bilde auf der Ansichtskarte. Die Kinder erklären sich darüber, ob die Landschaft in der augenblicks sichtbaren Tages- und Jahreszeit malerischer sei. Dann wird der Standort gewechselt, andere Bilder werden aus der Landschaft herausgehoben, und schliesslich sind die Kinder imstande, grosse Landstriche ihrer Heimat ästhetisch zu würdigen. Selbst das „warum?" der Wirkung eines Felsens im Vordergrunde, eines sanft sich windenden Wasserlaufs wird den Schülern klar. Vielleicht würden sie, wenn ihnen der photographische Apparat zur Verfügung stände, bessere Ansichtskarten entwerfen, als man sie bisher in ihrem Heimatsorte besitzt.

Bildbetrachtung und Landschaftsbetrachtung unterstützen wechselseitig den ästhetischen Eindruck. Sehr viele Menschen behaupten ja, dass sie zum ästhetischen Sehen von Landschaften erst durch Bilder geleitet worden seien. Auch der Sprachgebrauch des schlichten Mannes bezeichnet eine schön vor Augen liegende Landschaft als „wie gemalt".

Die Kinder, welche bisher auf Ansichtskarten eine in der Hauptsache mechanische Wiedergabe der Gegend gefunden haben, werden endlich mit einer „Künstlerpostkarte" überrascht. Der Vergleich mit den bisher betrachteten Heimatsbildern ergibt, dass der Wahrheitsgehalt der künstlerisch ausgeführten Landschaft ein geringerer ist. Dennoch aber hat die Ausführung von der Hand des Zeichners oder Malers gewisse Vorzüge. Diese lassen sich bei Kindern, die an den eigenen Versuchen erkannt haben, welch eine wichtige Sache es um die Technik sei, ganz gut zeigen. Da fällt zuerst ins Auge, dass der Maler grosszügig die Umrisse entwirft, breite Flächen mit Farbe übergeht, Licht und Schatten nur andeutend behandelt. Der Künstler gibt Hauptsachen, denen er Einzelheiten nur im Vordergrunde vorlagert. Was seinem Auge wesentlich erschien, das findet sich auf dem Bilde; viel Nebensächliches ist weggefallen, weil wir selber es uns ergänzen.

Auch die Farbengebung der Künstlerkarte trägt dazu bei, dass der Beschauer zunächst etwas verblüfft ist. Die Dachschiefer sind doch schwarz, während sie auf dem Bilde ziemlich hellblau erscheinen; der Wald auf der Karte erscheint violett, während ihm doch ein lichtes Grün eigen ist. Da muss zur entsprechenden Tageszeit wieder einmal die vergleichende Naturbetrachtung eintreten, den Kindern gezeigt werden, wie eine bestimmte Beleuchtung und eine gewisse Entfernung die Farben anders erscheinen lassen, als sie in der Regel sichtbar sind. Sehr schnell finden die Kinder heraus, was man als die Relativität der Färbung bezeichnen kann. Auf dem Umweg über eine Reihe von Versuchen sind sie jetzt zu einer denkenden Betrachtung gekommen, die sich nun auf andere Gegenstände der Kunst wie der alltäglichen Erscheinungswelt übertragen lässt.

Vielleicht ist es aber richtig, bevor man zum Genre-, Tier- und Blumenbild übergeht, den Schülern Ideallandschaften zu zeigen. Da ist meist ein bestimmter durchgehender Typus vom Künstler festgehalten, bei dessen Betrachtung das Kind einen Begriff von Stil und Manier erlangt. Kann man die Bilddarbietung in der Art vorbereiten, dass man einige Zeit vorher ein Ereignis schildert, als dessen Schauplatz die Ideallandschaft gedacht werden kann, so wird das den Eifer der betrachtungsrohen Schüler wesentlich spornen. Jedenfalls aber haben die Kinder schon durch die bisherigen Übungen Gesichtspunkte genug gewonnen, um auch ein zunächst völlig fremdes Landschaftsbild mit Nutzen zu betrachten. Ohne Zögern werden sie sich über die Gegenstände des Vorder- wie des Hintergrunds äussern; den Standort der Lichtquelle können sie aus den Schattenwirkungen erschliessen; die ergänzende Tätigkeit der wohlgenährten kindlichen Phantasie wird leicht und meist richtig arbeiten. Aber wenige Menschen wird es geben, die nicht trotz solcher Vorbildung noch weit tiefer ins Verständnis der Gemälde eindringen, wenn ihnen eine feinsinnige Analyse des Bildes gegeben wird. Ob wohl einer jener Künstler, die so begeistert von dem „Wirken der Kunst durch sich selber" reden, Goethes Bemerkungen über bestimmte Kunstwerke ohne allen Nutzen liest? In dem reichen Material, das Werke zur Kunstgeschichte und Kunstphilosophie heutzutage bieten, dürften sich jedenfalls dem Lehrer Hilfsmittel zur Vertiefung der Bilderbetrachtung bieten. Der wirklich gebildete Pädagog wird dabei die kindliche Aufmerksamkeit viel richtiger lenken, als etwa der Durchschnittsmaler vermöchte. Oder glaubt jemand, um auf ein Nachbargebiet zu schauen, dass etwa der grosse Beethoven erfolgreiche Anweisungen zum Musikverständnis in Volksschulen hätte geben können?

Man wende nicht ein, dass der angedeutete Weg zu eingehender Bilderbetrachtung nur bei der · ohnehin am Stofflichen haftenden Landschaftsmalerei möglich sei. Irgendwie am Stoffe haftet jede Kunst, die Sinne müssen überall durch Übung geschärft werden; auch ein Blick auf die Technik des Künstlers ist unvermeidlich.

Und was sich bei der Landschaftsmalerei ergeben hat, lässt sich leicht genug auf andere Gebiete malerischer Darstellung übertragen. So ist es ein prächtiger Versuch, Kindern einer Oberklasse, die etwas von der Bedeutung eines Goethe ahnen, Portraits des Dichterfürsten zu zeigen. Man braucht nicht gleich an Zarnckes Zusammenstellung oder die neuerdings bei Möbius reproduzierten Bilder zu denken. Ausschnitte aus Prospekten (immer im Wechselrahmen) tun schon ganz gute Dienste. Auch hier geht man von Bildern aus, die auf mechanischem Wege gewonnen sind. Wieviel mehr deuten künstlerische Gemälde oder auch die drei hauptsächlichen Büsten an! Endet man schliesslich mit der Aufstellung jenes stimmungsvollen Bildes, das den greisen Dichter vor dem Holzhäuschen auf dem Gikelhahn — darstellt, lässt man anklingen die wunderbaren Verse: „Über allen Gipfeln ist Ruh", deren Kenntnis den Schülern schon früher übermittelt ist, dann dürfte kaum ein Schüler gefunden werden, der sich stumpf zeigte gegenüber so vielseitiger tiefgehender Anregung.

Tritt so immer von neuem hervor, dass eine methodische Anleitung zur Bilderbetrachtung wünschenswert und erfolgreich ist, so fragt es sich bloss noch, ob dieselbe nicht am vorteilhaftesten durch eine Kette von Künstlerbiographien — unter Vorführung der Werke — zu geben sei. Der Erwachsene pflegt ja diesen Weg zu gehen, weshalb auch die Vorliebe der meisten Kenner für bestimmte Schulen und Perioden erklärlich ist. Für Schüler liegen aber die Verhältnisse ganz anders.

Da können nur die wenigsten Maler in ihrer Totalität betrachtet werden — schon wegen der verarbeiteten Stoffe. In der Schule ist auch an keine zusammenhängenden Lehrvorträge über Kunst und Künstler zu denken. Nur um Hindeutungen, gelegentliche Belehrungen und Vorführungen kann es sich in der Schulstube handeln. Dabei wird dort und da ein Charakterzug des Menschen erwähnt werden, der in seinem Werke sichtbar zutage tritt; selten aber mehr. Zu eingehender biographischer Behandlung müssten schon andere Umstände mit auffordern; etwa landsmannschaftliches Interesse, wo es sich um Heimatkunst handelt, die allgemeine Zeitstimmung, wenn eine Jahrhundertfeier, eine wichtige Neuauffindung auf bestimmte Personen, ihre Art und Kunst hinlenkt. Zum Kunstempfinden und -Verstehen gehört zunächst kein Wissen von der Person des Künstlers. Bei Lessing kehrt immer wieder der Gedanke, dass man über dem rechten Kunstwerk den Urheber desselben vergessen darf, ja vergessen muss. Das schliesst Andeutungen über den allgemeinen Gang der Kunstentwickelung nicht aus, nur werden dieselben der Betrachtung von Bildwerken in den meisten Fällen erst folgen. Überhaupt muss immer festgehalten werden, dass die Schule nur vorsichtig einführen kann, wo es sich um ein Gebiet handelt, das die höchsten Anstrengungen des Menschengeistes in sich schliesst.

Selbstbeschränkung ist eine Hauptforderung, die jeder Methodiker an sich richten muss; Begeisterung der Lehrer darf nicht dazu führen, dass man Schwache und Unvollkommene in ungemessene Fernen fortreisst.

Als die gewaltige Bewegung der Kreuzzüge das ganze Abendland durchflutete, da ist auch ein Kinderkreuzzug zustande gekommen. Sein Ziel hat er nicht erreicht; aber die junge Schar verdarb auf unwegsamer Fahrt. Deuten wir freundlich vor den unserer Hand befohlenen Kindern aufs gelobte Land der Kunst, erwecken wir in ihnen die Sehnsucht, Kraft zur Wegfahrt dahin zu sammeln; aber hüten wir uns, zu vorzeitigem Auszug von gesichertem Boden ins ferne Wunderland zu drängen! Nur die vielseitig gestärkte Kraft befähigt zum Vollgenuss — zum rechten Geniessen auch im Lande der Kunst.

B. Kleinere Beiträge und Mitteilungen.

I.

Friedrich Ratzel als Lehrerbildner.

Von Dr. phil. Franz Schulze, Frankenberg i. Sa.

Am Dienstag, den 9. August, ist der ordentliche Professor für Geographie Geh. Hofrat Dr. phil. Friedrich Ratzel in Ammerland am Starnberger See am Herzschlag plötzlich verschieden. So verkündete es mir die Zeitung vom 11. Aug., als ich in meinen Ferien oben im Erzgebirge weilte. Unmöglich! So schrie mein entsetztes Innere den toten, kalten Buchstaben entgegen. Friedrich Ratzel, diese germanische Reckengestalt, so hochaufgerichtet und breitschulterig wie Bismarck, mit dem herrlichen Gelehrtenhaupte, dem strahlenden blauen Auge, dem jugendfrisch glänzenden Antlitz, dem breit vom Kinn herabwallenden weissen Bart, Friedrich Ratzel, für uns alle, wenn wir ihn straffen Schrittes dahinschreiten sahen, das Urbild strotzender Manneskraft, für uns alle, wenn wir ihn, eine Nelke oder eine Rose auf seiner Brust, vor uns stehen sahen, das bewunderte Bild männlicher Schönheit, Friedrich Ratzel — zusammengebrochen, gestürzt wie ein starker Eichbaum durch den Wetterschlag? Zitternden Herzens bin ich noch an demselben Nachmittag im Geist mit allen denen, die von seinem Tode früher erfuhren und noch nach seinem See fahren konnten, von Ammerland aus auf die Höhe von Münsing hinter seinem Sarge hergeschritten und habe ihm in sein Grab heisse Dankesworte zugeflüstert für alles, was er mir gewesen.

Mit mir haben gar viele Lehrer an seiner Bahre geklagt. Die meisten von ihnen hatten schon vor ihrem geographischen Studium im Schuldienste gestanden. Sie wirken jetzt an Seminaren, Real- und Handelsschulen und auch an Volksschulen. Aber nicht bloss Pädagogen zählte Ratzel zu Schülern, obwohl diese das Hauptkontingent seiner Hörer stellten; auch Mathematiker, Naturwissenschaftler und Philologen wusste er für die Erdkunde zu gewinnen. Der grösste Teil von ihnen ist jetzt an höheren Schulen tätig.

Was war Ratzel uns, die wir seine Wissenschaft studierten und Lehrer der Geographie werden wollten, während der Leipziger Zeit? Wie trat er uns gegenüber? Worin beruhen die besonderen Verdienste Ratzels um unsere Ausbildung?

Wer mit dem geographischen Studium begann, lernte Ratzel zunächst in seinen Vorlesungen kennen. In diesen behandelte er Kapitel aus der allgemeinen Erdkunde oder aus der Länderkunde, aus der Verkehrsgeographie oder aus der Landschaftskunde. In den Kollegien über allgemeine Erdkunde fiel uns zunächst seine Abweichung von der üblichen Stoffanordnung auf; er wollte die Fülle der geographischen Erscheinungen nicht in die Kategorien hineinzwängen, wie er in dem Vorwort zu seinem grossen zweibändigen Werke „Die Erde und das Leben" bemerkt, das aus seinen Vorlesungen über allgemeine Erdkunde herausgewachsen ist. Bei der Behandlung der einzelnen geographischen Erscheinungen fügte er immer einen Abschnitt ein, der auf die Bedeutung für das Leben, insbesondere auf das Leben der Menschen hinwies. So trat uns Ratzel hier in seinen eigensten Ideen gegenüber, die er zum Teil in seiner „Anthropogeographie", seiner Lehre von der Verbreitung des Menschen, dargelegt hat und die er des weiteren in einer „Biogeographie", einer Lehre von der Verbreitung des Lebenden auf der Erde, ausführlich zu erörtern gedachte. Ganz Ratzel waren fernerhin die Kapitel, die er der Wirkung der geographischen Erscheinungen auf den Geist des Menschen und die er ihrer Bedeutung für die Landschaft widmete. In den Kollegien über Länderkunde mussten zunächst seine ausführlichen Darlegungen über die Lageverhältnisse auffallen. Alsdann wusste Ratzel, nachdem er die Natur eines Landes charakterisiert und genetisch erklärt hatte, unser Interesse durch seine ausführliche Behandlung der politischgeographischen und wirtschaftsgeographischen Verhältnisse zu fesseln. Er gab da immer zugleich angewandte Verkehrsgeographie. Er hat deren Theorie aber auch in besonderen Vorlesungen behandelt, und es war seine Absicht, aus diesen eine „Verkehrsgeographie" hervorgehen zu lassen. Den lebhaftesten Beifall fand Ratzel jedenfalls durch sein Kolleg über Landschaftskunde und Naturschilderung. Was er hier bot, suchte man vergebens in Büchern; es war seine eigenste Schöpfung. — Wie bot er den Stoff dar? Er war vom Pestalozzischen Prinzip durchdrungen, dass die Anschauung das Fundament aller Erkenntnis ist. Darum sorgte er stets für gute Wandkarten, liess neue von seinem Kartographen entwerfen, wenn ihm die alten nicht ausreichend schienen; darum gab er immer veranschaulichende Bilder und Photographien während seiner Vorlesungen herum; darum verwendete er manche Viertelstunde dazu, Projektionsbilder vorzuführen und daran seine Lehre zu erhärten. Weiterhin wusste er seine Theorie durch eine überreiche Fülle von Beispielen zu illustrieren, die von einer fabelhaften Belesenheit Ratzels zeugten. Aber gerade durch das fortgesetzte Einstreuen von Beispielen und Belegen, von denen er einzelne breiter behandelte, wurde es oft Anfängern schwer, den roten Faden Ratzelscher Vorträge festzuhalten, und ich weiss nicht bloss einen, der unzufrieden mit sich aus einzelnen Kollegien herausging, weil er so wenig zu Papier hatte bringen können, und unzufrieden auch mit seinem Lehrer, dessen Logik ihm nicht einwandfrei dünkte. Wer aber länger Ratzel gehört und seine Diktion kennen gelernt hatte, dem wurden seine Vorträge immer interessanter und genussreicher, weil er ihren Kern zu erfassen verstand.

Besser noch als in seinen Vorlesungen lernten wir Ratzel kennen, als wir in sein Seminar eintraten. Einmal oder zweimal wöchentlich versammelte er dessen Mitglieder um sich zu einer sogenannten Übung. In den ersten Semestern meiner Studienzeit gestalteten sich diese geographischen Übungen so: Ratzel bestimmte zu Anfang die Kapitel, die zur Behandlung kommen sollten (ausgewählt aus der allgemeinen oder speziellen Erdkunde, aus der Geschichte der Geographie oder der Kartographie); dann heftete er das Programm für jede einzelne Stunde an die Tür seines Direktorialzimmers. Die Mitglieder suchten sich nun an der Hand des reichen Bücherschatzes im Seminar — Dezember 1901 umfasste die Bibliothek 3300 Bände und gegen 200 Atlanten — mit dem Stoff genügend vertraut zu machen. In der einzelnen Übungsstunde begann Ratzel an der Hand eines vorzüglich durchdachten Planes das bestimmte Thema zu behandeln, akroamatisch oder erotematisch. Gar oft liess er sich von seiner Materie hinreissen, und er fesselte dann durch eine grosszügige, ideenreiche Darbietung in freiem Vortrage. Wie oft sahen wir ihn da die fruchtbarsten Gedanken gleichsam aus den Ärmeln schütteln, die manchen seiner Schüler zur weiteren Verarbeitung angeregt haben! Solche Stunden offenbarten uns den ganzen grossen Ratzel, sie haben uns ihn anstaunen, bewundern lassen. Wenn er aber mit der erotematischen Lehrweise begann, dann zeigte sich freilich, dass dem Meister ein Mangel anhaftete, der uns Lehrern natürlich besonders auffallen musste: es wurde ihm schwer zu fragen. Daher die Erscheinung, dass es zu keiner lebhaften Diskussion kommen wollte, was Ratzel sehr beklagte. Daher kam es fernerhin wohl auch, dass er manchmal nach so selbstverständlichen Dingen fragte, dass keiner, um nicht trivial zu werden, zu antworten wagte; oder es kam vor, dass er die jüngsten Semester durch so schwere Fragen in Verlegenheit setzte, dass sie oft Herren vorm Examen kaum beantworten konnten. In meinen letzten Semestern änderte Ratzel die Praxis der Seminarübungen. Er gab zu Anfang eine Reihe von Themen, die einem Gebiete entlehnt waren, und forderte die Mitglieder auf, sich zu Referaten bei ihm zu melden. In den Übungsstunden wurden uns nun von Studiengenossen fleissig ausgearbeitete Vorträge gehalten. Für die Debatte, die Ratzel im Anschluss daran wünschte, blieb meist nur wenig Zeit übrig.

Wer nur bei Ratzel Kollegien gehört und die geographischen Übungen besucht hat, wird nie, wenn er über ihn urteilt, dem ganzen Ratzel gerecht werden. Der erschloss sich erst demjenigen, der sich zu einer grösseren wissenschaftlich geographischen Arbeit entschlossen hatte. Von dem Tage an, da Ratzel seinen Jünger einem bestimmten Ziele mit rüstigem Schaffen entgegenstreben sah, war das Verhältnis zu ihm nicht mehr bloss ein freundliches, sondern ein freundschaftliches; er war jetzt bestrebt, in die wissenschaftlichen Beziehungen zu seinem Schüler Fäden gemütlicher Art hineinzuflechten, wie er selbst Dr. Eckert gegenüber auf die Dankadresse seiner Schüler zum 50. Geburtstage hin geäussert hat. Exemplum docet! Ich komme zu Anfang der grossen akademischen Ferien nach Dresden und erfahre, dass in einigen Wochen ein grosses Werk erscheinen soll, in dem ein von mir seit langem bearbeitetes Thema behandelt wird. Ich

entschliesse mich darauf zu einer geschichtlichgeographischen Arbeit und sende
an Ratzel, indem ich ihm zugleich von meinem Missgeschick berichte, eine mir
von Dr. V. Hantzsch besorgte Auswahl von Themen mit der Bitte, mir eines zur
Behandlung vorzuschlagen. Bereits zwei Tage darauf erhielt ich aus Kochel am
See die Antwort: „Ich habe Ihre freundlichen Zeilen gestern abend empfangen
und will nicht zögern, das Meine zu tun, um Sie aus dem Zustande der Un-
gewissheit herauszubringen . . . Von den Aufgaben, die unser gemeinsamer
Freund H., den ich zu grüssen bitte, genannt hat, halte ich Springer für die
aussichtsreichste. Die Vorstudien würden Lukas Rehm . . . umfassen . . . Mit
herzlichem Grusse Ihr ergebener R."[1]) Bald ergibt sich, dass die wünschenswerten biographischen Notizen über meinen ersten deutschen Indienfahrer, Balthasar
Springer, und die nötigen bibliographischen Angaben über seine Veröffentlichungen
fehlen. Da lässt Ratzel auf Kosten des geographischen Seminars ein Rundschreiben
drucken, das an fast hundert der grössten deutschen und ausländischen Bibliotheken hinausgeht. Da schreibt er persönlich an eine Reihe befreundeter Professoren
und Archivdirektoren und bittet um Nachforschungen nach Quellen für mich. Da
ersucht er einen nach England zurückkehrenden Herrn, im Britischen Museum zu
London meinem Springer nachzuspüren. So erschloss mir Ratzel erst die be-
fruchtenden Wasseradern, dass ich auf dem mir zur Bestellung übergebenen öden
Felde arbeiten konnte. Mit welcher Freude beobachtete er das Hervorspriessen
der ersten Keime! Wie wurde er müde, durch seinen Rat das Wachstum zu
befördern, bis endlich die Reifezeit gekommen war! Um mir dann neben der Veröffentlichung meiner wissenschaftlichen Würdigung der Reiseberichte Springers
noch den Faksimiledruck des kostbaren Itinerars vom Jahre 1509 zu ermöglichen,
vermittelte er beim Leipziger Verein für Erdkunde eine Unterstützungssumme
von 150 Mark. — Mit derselben Liebe, mit der Ratzel mich in meinen Studien
gefördert hat, bedachte er alle seine Schüler, die bei ihm arbeiteten. Zu jeder
Stunde am Tage, in der er in seinem Direktorialzimmer weilte, selbst am Sonntag-
vormittag, empfing er seine ratsuchenden Jünger, um ihnen bei ihren wissenschaftlichen Sorgen beizustehen. Da brauchte der eine eine teure ausländische
Karte, sie wurde auf Seminarkosten angeschafft. Ein andrer wünschte die Be-
schaffung eines grösseren Werkes, er sollte nicht lange darauf warten müssen.
Ein dritter musste eine Studienreise unternehmen, da gab ihm Ratzel Empfehlungen
an befreundete Herren mit, die ihm Bibliotheken und Museen öffneten. Wenn die
Arbeiten zu Ratzels Zufriedenheit ausgefallen waren, dann wusste er immer Rat
für die Drucklegung. Wieviele Dissertationen sind auf Ratzels Veranlassung
allein vom Leipziger Verein für Erdkunde gedruckt worden! Manch treffliche
auch in den Forschungen zur deutschen Landes- und Volkskunde, in der Zeitschrift für Schulgeographie, in der Geographischen Zeitschrift und im Internationalen Archiv für Ethnographie. So hat sich denn uns, die wir nicht bloss
seine Kollegien und Übungen besucht, sondern geographisch wissenschaftlich gearbeitet haben, der ganze grosse Ratzel erschlossen. Wir haben seinen schier
unerschöpflichen Geist tagtäglich mehr erkennen gelernt; wir haben, wenn wir

---

[1]) Ich habe diese Zeilen aus seinem Briefe angeführt, weil sie mir charakteristisch dafür sind, in welches Verhältnis sich R. zu seinen Schülern stellte.

sein unvergleichliches klarblaues Auge auf uns ruhen fühlten, in sein wunderreiches Gemütsleben schauen dürfen, in ein Herz, „das so innig schlug und mit Milde den Adel seiner Stirn so lieblich verklärte". Wer hätte da nicht mit hellster Begeisterung und tiefster Verehrung für Ratzel erfüllt werden sollen!

Warum verkehrte er in der eben charakterisierten Weise mit seinen Schülern? Warum zunächst so mit uns, die wir von dem Schulamte zu ihm als Studenten kamen? Ratzel hatte das Schülermaterial schätzen gelernt, das die Lehrerseminare in ihren beruflich voll ausgebildeten jungen Lehrern der Universität senden, wie er in der ersten Vorlesung des akademischen Ferienkurses für Lehrer (Juli 1904) ausdrücklich hervorhob. Er hielt sehr viel von der geographischen Ausbildung, die wir mit nach Leipzig brachten; er stellte sie, wie er gelegentlich betonte, viel höher als die der ehemaligen Gymnasiasten, hat er doch sogar behauptet, dass die Volksschule eine bessere geographische Grundlage schaffe als das Gymnasium (Kurt Hassert in der Ratzelfestschrift pag. 155). Aber Ratzel widmete sich ja nicht bloss uns, sondern allen seinen Schülern mit so viel Wärme wie selten ein andrer Professor seinen Studenten. Warum? Das erklärt sich psychologisch zunächst aus seinem ganzen Wesen. Weiterhin aus seiner Begeisterung für seine Wissenschaft. Endlich glaube ich in einem Briefe noch einen Schlüssel für sein Verhalten gegen uns gefunden zu haben. Als er im Jahre 1882 den ersten Teil seiner „Anthropogeographie" herausgab, da leitete er sie ein mit einem Widmungsschreiben an den Professor Dr. Moritz Wagner in München. Ich will hier nur einige Stellen daraus anführen:

„Hochverehrter, väterlicher Freund!

Das Gefühl des Dankes, mit welchem ich auf ein Leben zu blicken habe, das der gemütlichen Teilnahme und der geistigen Anregung lieber Freunde vom Knabenalter an mehr zu verdanken scheint als seiner eigenen zwar ziemlich unverdrossenen, aber wohl nicht immer klug bedachten Tätigkeit, steigert sich im Gedenken dessen, was Ihre Freundschaft mir ist, zu der Überzeugung, einen guten Teil meines besseren Selbst Ihnen zu schulden. Seit den unvergesslichen Dezembertagen 1871, an welchen ich, der schiffbrüchig an hohen Hoffnungen damals in diesen guten Hafen München einlief, das Glück hatte, Ihnen näher zu treten, habe ich fast jeden Plan mit Ihnen durchsprechen, fast jeden Gedanken mit Ihnen austauschen dürfen, und ich kann geradezu sagen, dass ich seitdem, was die geistigen und gemütlichen Interessen betrifft, mein Leben nicht allein zu führen brauchte. Wieviel liegt in solchem Bekenntnis! Wie glücklich ist der zu schätzen, der es aussprechen darf, und wie dankbar sollte er sein! . . . Mit jedem Schritte vorwärts fühlte ich die Bewunderung für Ihren Geist und meine Dankbarkeit für die zahllosen Anregungen sich steigern, die Sie mir gewährt haben."

So konnte Friedrich Ratzel an Moritz Wagner schreiben. Wieviel herzlichste Dankbarkeit, wieviel aufrichtigste Bewunderung für seinen väterlichen Freund atmen seine Zeilen! Wie überglücklich zeigt sich Ratzel in der Erinnerung daran, dass Wagner ihn so unendlich oft durch seine Anregungen geistig gefördert, dass er ihm aber auch so reiche gemütliche Teilnahme geschenkt hat, dass er sein Leben nicht allein zu führen brauchte. Wer von solchen starken

Gefühlen gegen seinen Lehrer und väterlichen Freund erfüllt war, der konnte nicht anders wie Ratzel mit seinen Schülern verkehren. Er musste sie in ihren geistigen und gemütlichen Interessen fördern, er musste sie die Wonne des Glückes fühlen lassen, das ihm einst durch Wagner geworden. Gar manche Zeile aus seinem Briefe hätten wir, seine Schüler, an ihn, unsern Meister, unsern väterlichen Freund auch schreiben können.

Wir haben bisher davon gehört, wie Friedrich Ratzel uns in Vorlesungen, Seminarübungen und bei wissenschaftlichen Arbeiten gegenübertrat. Es soll jetzt weiter unsere Aufgabe sein, die besonderen Verdienste Ratzels um unsere geographische Ausbildung, insbesondere auch um unsere Ausbildung als Geographielehrer zu charakterisieren.

Gustav Freytag schreibt in seiner Verlorenen Handschrift: „Des akademischen Lehrers schönstes Vorrecht ist es, dass er nicht nur durch sein Wissen, auch durch seine Persönlichkeit die Seelen des nächsten Geschlechts adelt .... Nicht nur der Inhalt seiner Lehre bildet seine Schüler, mehr noch seine Art zu suchen und darzustellen, am meisten sein Charakter und die besondere Weise des Vortrags. Denn diese erwärmen dem Hörer das Herz und senken ihm Achtung und Neigung in das Gemüt. Solcher Abdruck eines menschlichen Lebens, der in vielen zurückbleibt, ist für Arbeitsweise und Charakter der Jüngeren oft wichtiger als der Inhalt empfangener Lehre." Keiner meiner akademischen Lehrer hat mich die Wahrheit dieser Behauptungen Freytags besser erkennen lassen als Ratzel. Denn er hat uns nicht bloss seiner Pflicht gemäss als ordentlicher Professor für Erdkunde in die verschiedenen geographischen Disziplinen eingeführt — darin würde ja kein besonderes Verdienst beruhen — sondern er hat es verstanden, da er mit seinem Herzen Geograph und Lehrer war, das Feuer der Begeisterung für seine Wissenschaft in seinen Schülern anzufachen, dass sie dann durch eigne Arbeit seine Wissenschaft zu fördern sich bestrebten, dass sie vor allem auch begeisterte Lehrer der Geographie wurden. „Wenn das Königreich Sachsen jetzt im allgemeinen einen vorzüglichen Geographielehrerstand besitzt, so ist das nicht zum allergeringsten das Verdienst Ratzels" (Privatdozent Dr. Eckert in der Leipziger wissenschaftlichen Beilage vom 30. August 1904). Darum ist also Friedrich Ratzel als Lehrerbildner zuerst zu preisen, weil er unser Herz für die Geographie und das geographische Lehramt erwärmt hat.

Ratzels Stellung als Geograph wird durch seine organische Erdauffassung charakterisiert, d. i. „die Auffassung der Erde, die das Feste, Flüssige und Luftförmige, sowie alles Leben, das aus ihnen und in ihnen erblüht, als ein durch Geschichte und ununterbrochene Wechselwirkung zusammengehöriges Ganze betrachtet" (Die Erde und das Leben Bd. II pag. 4). Welche geographische Erscheinung er auch behandelte, Erdteile, Inseln, Küsten, Bodenformen, das Wasser der Seen, Flüsse und Meere oder die klimatischen Verhältnisse, immer erörterte er ihre Bedeutung für das Leben, insbesondere für das Leben der Menschen. Darin sehe ich nun das zweite grosse Verdienst Friedrich Ratzels um unsere Ausbildung, dass er uns zu seiner hohen Auffassung der Geographie erzogen, dass er uns zur biogeographischen Betrachtungsweise angeleitet und auf deren ausserordentliche Bedeutung für den geographischen Unterricht hingewiesen hat. Wie oft betonte er, um hier nur eines Kapitel seiner Anthropogeographie zu gedenken, die Wichtigkeit der Lage! Er entwickelte dabei dieselben Gedanken wie in seinem Vortrage auf dem siebenten internationalen Geographenkongress über „die Lage im Mittelpunkte des geographischen Unterrichts", die in dem Grundsatze gipfelten, dass die Kenntnis der Lage die Grundlage jeder geographischen Bildung sei. In seinen Vorlesungen hat er eine Fülle von Beispielen gegeben, wie die Lage, dieser „inhaltreichste geographische Begriff", darzustellen ist. Ich erinnere an sein Kolleg über Deutschland und Mitteleuropa, aus dem das 1898 bei Grunow erschienene „Deutschland, Einführung in die Heimatkunde" hervorgegangen ist. In mustergültiger Weise hat er da die Lage charakterisiert. Die Hauptsätze daraus mögen hier folgen:

Deutschland liegt

1. in der gemässigten Zone und zwar 24° von der tropischen Zone, 11° von der kalten Zone entfernt, also in der nördlichen gemässigten oder der kalten gemässigten Zone;

2. auf der nördlichen Halbkugel, „dem Ausstrahlungsgebiet der stärksten, über die ganze Erde wirksamsten geschichtlichen Kräfte, wo die mächtigsten Staaten, die tätigsten und reichsten Völker wohnen, wo darum auch die meisten Fäden des Weltverkehrs zusammenlaufen und die Gewinne des Welthandels sich ansammeln";

3. auf der östlichen Halbkugel, in der alten Welt, daher im Gebiet der alten Geschichte, der geschichtlichen Landschaft, des dicht besetzten Bodens, zahlreicher Städte, der starken, ununterbrochnen, längst zur Notwendigkeit gewordenen Answanderung;

4. auf der Landhalbkugel, nicht fern vom Landpol (w. vor der Loire-Mündung!), also in der Mitte der grössten Verkehrsentwicklung;

5. in Europa und zwar zwischen Alpen und Nord- und Ostsee, zwischen Weichsel und Vogesen, also im Lande der Germanen gegenüber den Slaven im Osten und den Romanen im Süden und Westen;

6. mitten in der Ökumene, mitten in Europa, womit es als dessen nachbarreichstes Land und in seiner Kraft und Schwäche zugleich charakterisiert ist, ein Land der Landnachbarn und der überseeischen Nachbarn.

So hat Ratzel in den ersten fünf Punkten die natürliche, im sechsten Punkte die Nachbarlage Deutschlands gemäss seiner Theorie (Anthropogeographie 1. Bd. pag. 212) gekennzeichnet.

Aus Ratzels organischer Erdauffassung, in der seine hohe Meinung von der geographischen Wissenschaft wurzelt, erklärt sich seine Auffassung der Landschaft. Er hat sie uns in einem besonderen Kolleg über Landschaftskunde dargelegt. Er hat sie in der allgemeinen Erdkunde, indem er bei der Besprechung der einzelnen geographischen Erscheinungen ihre Bedeutung für die Landschaft erörterte, gekennzeichnet. Er hat sie in ihrer Wichtigkeit für den Unterricht während meines Studiums ein Semester im Seminar behandelt. Er hat sie endlich in zahlreichen herrlichen Landschaftsschilderungen in seinen Kollegien und den aus ihnen hervorgegangenen Büchern erkennen lassen. Wie wir vernommen haben, brachte er noch kurz vor seinem Tode nach langjährigen Studien eine Lehre von der Anschauung und Schilderung der Landschaftsnatur zum

Abschluss, deren Veröffentlichung wir alle herbeisehnen.[1]) Ich betrachte es nun
als drittes grosses Verdienst Ratzels um unsere geographische Ausbildung, dass
er uns in die von ihm begründete ästhetisch geographische Disziplin eingeführt,
indem er uns zu seiner Landschaftsbetrachtung erzog und die Landschaft schildern
lehrte, dass er uns ferner auf den Wert der Landschaftsschilderung für den
geographischen Unterricht hingewiesen hat.

Inwiefern erschloss uns Ratzel das Verständnis für die Landschaftskunde?
Er zeigte uns, wie der Anschauungsgehalt und der ästhetische Gehalt einer
Landschaft zu erkennen und in poetisch belebter Weise wiederzugeben ist. Ratzel
bedeutet die Landschaft nicht ein beliebiger Ausschnitt aus der Natur, sondern
sie ist ihm nach geologischen Gesichtspunkten abgesondert. Wenn er den
Anschauungsgehalt darstellen will, so wählt er dazu die genetisch erklärende
und vergleichende Behandlung (im Sinne Carl Ritters!). Es genügt ihm nicht,
jeden Bestandteil der Landschaft nach allen sinnlich wahrnehmbaren Eigenschaften zu zeichnen; er will auch diese Eigenschaften verständlich machen,
indem er auf ihre Ursachen hinweist; er will in dem Nebeneinander die Wirkung
der Kausalität erkennen lassen; er will nicht bloss mit dem äusseren Auge,
sondern auch mit dem inneren Auge, mit dem denkenden Geiste die Landschaft
anschauen lehren. Aber die Landschaft spricht nicht bloss zu ihm, sondern auch
zum empfindenden Gemüt. Für diese Sprache hat keiner ein feineres Ohr gehabt
als unser Friedrich Ratzel. Darum verstand er es auch so ausgezeichnet, den
ästhetischen Gehalt der Landschaft zu charakterisieren. Da zeigt er, welche
Wirkung die Linien und Flächen und Massen allein oder im Verhältnis zueinander, welche Wirkung die Formen und Farben und Lichter durchs Auge, die
Töne und Geräusche durchs Ohr vermitteln. Dabei gibt er nicht immer selbst
an, welche Stimmung die Landschaft atmet, sondern er versteht es wie ein echter
Dichter die Empfindung derart in die Schilderung des Sinnfälligen zu legen,
dass der geniessende Hörer mit regstem innerem Anteil seiner Phantasie veranlasst ist, sie aus dieser selbsttätig auszulösen. So wusste uns Ratzel den
doppelten Gehalt der Landschaft darzustellen. Wir lernten alsbald mit seinen
Augen die Landschaft betrachten. Damit kamen wir zugleich zu der Erkenntnis,
welchen Inhalt die rechte Landschaftsschilderung haben muss. Aber auch über
deren Form unterrichtete Ratzel. Er wollte den Anschauungsgehalt und den
ästhetischen Gehalt in poetisch belebter Weise dargestellt wissen. Wie oft hat
er uns an Beispielen seine Forderung erklärt! Und wie herrlich waren diese!
Denn Ratzel war ein Meister der Landschaftsschilderung, indem er „die Nüchtern-
heit scharfen Beobachtens mit warmem ästhetischem Empfinden verband und für
beides den angemessensten Ausdruck fand". Ich will hier nur an die Schilderung
des deutschen Küstenlandes in seinem Kolleg über Deutschland erinnern. Er
behandelte da, um zunächst den Anschauungsgehalt zu erschöpfen, die Lage der
deutschen Küsten, die Nordseeküste und Geest, Marsch und Watten, die Ostsee-
küste und die Dünen, die Zerstörung der Küste und den Kampf um die Küste,

---

[1]) Jetzt bei Oldenbourg, München, unter dem Titel „Über Naturschilderung"
erschienen.

die Inseln vor der Küste; weiterhin, um den ästhetischen Gehalt darzulegen, den Charakter der Nord- und Ostseelandschaften (cf. Deutschland pag. 138—169).

Inwiefern hat er uns die pädagogische Bedeutung der Landschaftskunde erkennen gelehrt? Es hat uns gezeigt, wie die Landschaftsschilderung zu einem Hauptgeschäft des geographischen Unterrichts werden muss, wie der sich nicht bloss in Namen- und Zahlenangaben gefallen und etwa bloss eine trockene Beschreibung, d. h. eine Darstellung der sinnlich wahrnehmbaren Eigenschaften eines Gebietes geben darf, sondern wie er den doppelten Gehalt einer geologisch abgegrenzten Landschaft erschliessen soll. Er hat uns darauf hingewiesen, wie schon in der Heimatkunde mutatis mutandis Landschaftskunde zu geben ist und wie dadurch am besten die Aufgaben der Heimatkunde gelöst werden, propädeutischer Unterricht für die spätere Geographie zu sein und mit der Kenntnis der Heimat Liebe zu ihr zu erwecken. Ich habe noch die Stunde lebhaft im Gedächtnis, in der er uns zeigte, wie die Leipziger Tieflandsbucht im Sinne seiner Landschaftskunde in der Heimatkunde zu behandeln sei.

Ich stehe am Ende. Wir haben Friedrich Ratzel als Lehrerbildner kennen gelernt, wie er uns, die wir schon im Schulamte gewesen waren, und allen andern, die einst die Geographie lehren wollten, in Vorlesungen, Seminarübungen und bei wissenschaftlichen Arbeiten gegenübertrat, wie er sich um unsere geographisch pädagogische Ausbildung das grösste Verdienst erwarb, indem er uns zunächst mit Begeisterung für die geographische Wissenschaft und das geographische Lehramt erfüllte, indem er uns weiter zu seiner hohen geographischen Auffassung, insbesondere zu seiner biogeographischen Betrachtungsweise erzog und indem er uns endlich zu Landschaftskundigen und Landschaftskündigern machte. Nun ist „verstummt der Mund, der lehrend zu Tausenden sprach, die Fülle seiner Gedanken freigebig verkündend". Wir werden dessen nie vergessen, was der grosse, herrliche Lehrer uns war und uns gab.

„Schlaf wohl, du Teurer, im kühlen Schoss der Erde,
Die ruhelos dein forschender Geist durchmass;
Schlaf wohl am Gestade deines lieblichen Sees,
Des Wellenspiel die Wogen deiner Seele glättete;
Schlaf wohl im Angesicht deiner herrlichen Alpen,
Die du mit Geist und Herz so tief und innig durchdrungen;
Schlaf wohl, Friedrich Ratzel, du unser Meister und Freund!"

Literatur:

„Zu Friedrich Ratzels Gedächtnis", Gedicht von Dr. Taute. Leipziger Lehrerzeitung 1904, pag. 712. — „Friedrich Ratzel" von Dr. Max Eckert Wiss. Beilage der Leipziger Zeitung vom 30. August 1904. — „Friedrich Ratzel und seine Bedeutung für die Schulgeographie" von demselben. Allgem. deutsche Lehrerzeitung 1900, No. 50. — „Festschrift z. Professoren-Jubiläum Ratzels" von demselben, 1901. — „Die Landschaftsschilderung" von Dr. Seyfert. Verl. v. Wunderlich, Leipzig 1903. — „Über Landschaftsschilderung" v. Dr. Häntsch, Zeitschrift f. Schulgeogr., 1904, pag. 173. — „Wissenschaftliche Würdigung der Reiseberichte Springers zur Einführung in den Neudruck seiner „Meerfahrt" vom Jahre 1509" von Dr. Fr. Schulze. Verlag v. J. H. Ed. Heitz, Strassburg 1902.

C. Beurteilungen.

Lay, Dr. W. A., Experimentelle Didaktik. 1. Allgemeiner Teil. XII. 595. Wiesbaden 1903. O. Nemnich. Pr. 10 M.

Der Verfasser will im 1. Teile seines Werks über die Voraussetzungen, das Wesen, die Bedeutung und die Durchführung der experimentellen Forschungsmethode auf dem Gebiete der Didaktik theoretisch und praktisch orientieren, zur praktischen Anwendung derselben aufmuntern und diese erleichtern. Der 2. Teil wird auf experimenteller Grundlage die Methodik der einzelnen Unterrichtsgegenstände behandeln.

Als Ursache des Widerspruchs der Meinungen auf dem Gebiete der Didaktik hebt L. den Mangel an Beobachtung hervor. Die notwendigen Voraussetzungen für Anstellung von Beobachtungen sind ihm gründliche theoretische Kenntnisse. Da nun aber die theoretische Psychologie keine für die Unterrichtspraxis direkt verwertbaren Direktiven und Gesetze gebe, so müßten solche durch besondere Überlegungen und Veranstaltungen gewonnen werden, durch Experimente.

Ein Blick auf das Inhaltsverzeichnis zeigt die große Mannigfaltigkeit der in dem 1. Teile berührten Gegenstände, deren jeder für sich schwierige Probleme birgt. „Die Didaktik hat Mittel und Wege zu erforschen, wie die Ziele der Pädagogik durch die Schule am besten zu erreichen sind" (S. 564). Dann aber paßt die Bezeichnung „experimentelle Didaktik" nur auf einen Teil der Didaktik, auf das Gebiet der Methode im engeren Sinne, das Unterrichtsverfahren, denn nur darauf wird das „didaktisch-psychologische Experiment" oder die „experimentelle Forschungsmethode" anzuwenden sein.

„Was Didaktik und Methodik", sagt Lay (S. 8), „der Praxis bis jetzt zur Verfügung gestellt haben, sind, wie wir noch sehen werden, in der Regel allgemeine, von psychologischen Lehren schlechthin abgeleitete, daher schwankende Sätze und Gesichtspunkte, rohem Empirismus entwachsene „praktische Erfahrungen", d. h. subjektive Meinungen."

Mit dieser Behauptung schießt L. über das Ziel hinaus; so manchen jener Sätze hat die experimentelle Forschung stehen lassen müssen und nur von einer anderen Seite her gestützt. Das ist gewiß auch eine anerkennenswerte und verdienstvolle Leistung. Recht aber hat L., wenn er an derselben Stelle sagt: „Dilettantismus und roher Empirismus sind auf pädagogischem Gebiete noch in ausgedehntem Masse vorhanden." Hieran schließt sich die Forderung: „Sie müssen durch wissenschaftliche Forschung und wissenschaftliche Erfahrung verdrängt werden."

Man könnte auf den Gedanken kommen, dass L. lediglich der naturwissenschaftlichen Forschungsmethode das Prädikat „wissenschaftlich" zuerkennen will. Das wäre wiederum eine Einseitigkeit und Übertreibung. Dilettantismus und roher Empirismus sind gewiß nicht erst seit Anwendung des „didaktisch-psychologischen Experiments" bekämpft worden, wie ja überhaupt die experimentelle Forschungsmethode nur auf ein Teilgebiet der Didaktik anzuwenden ist.

Beim Durchlesen der einzelnen Kapitel wird man hin und wieder den Eindruck erhalten, dass L. zu rasch weitgehende Folgerungen aus den Ergebnissen der physiologischen Psychologie zieht. Daher wird sich mit der Zeit manche Einschränkung und Korrektur nötig machen.

Trotz alledem muß es als ein hohes Verdienst anerkannt werden, dass der Verfasser den Versuch gemacht hat, für das Unterrichtsverfahren die Ergebnisse der physiologischen und der experimentellen Psychologie in weitestem Umfange nutzbar zu machen und für Erforschung des zweckmässigsten Unterrichtsverfahrens das Experiment in Anwendung zu bringen. Die auf eingehenden und weitreichenden Studien beruhende Arbeit Lays muss dankbar anerkannt und als ein Fortschritt begrüsst werden. Lays Verdienst erleidet auch dadurch keine Einbusse, dass die Ansichten über die Art der Veranstaltung derartiger Experimente noch auseinander gehen, und dass manche Ergebnisse nicht unbestritten hingenommen werden. Die Anwendung neuer Hilfsmittel, das Unterrichtsverfahren naturgemäss zu gestalten, wird, ich möchte sagen, notwendigerweise zunächst zu gewissen Einseitigkeiten und Übertreibungen führen; die Einschränkung auf das richtige Mass wird nicht ausbleiben. Und wenn die neueren Bestrebungen in der Hauptsache auch nur das Ergebnis haben sollten, bereits bestehende methodische Forderungen tiefer zu begründen und fruchtbarer für die Praxis zu machen, methodische Verirrungen und Unklarheiten zu beseitigen, so werden doch auch Psychologie und Methodik wertvolle Bereicherungen erfahren.

Die Hauptabsicht des Verfassers ist darauf gerichtet, die Bedeutung der motorischen Prozesse für Erziehung und Unterricht nachzuweisen. Mit Recht sagt er, dass das Gebiet der motorischen Prozesse für die Pädagogik noch eine terra incognita ist. Er hofft, „dass eine pädagogische Bearbeitung des Problems der Bewegung viele pädagogische Fragen klären, viele pädagogische Massnahmen durch natur- und kulturgemässere ersetzen werde" (S. 32).

Manche Abschnitte des Kapitels „Willensbildung" fallen doch wohl über den Rahmen einer experimentellen Didaktik hinaus, z. B. Verantwortlichkeit und Strafe, Über das Wesen der Religion.

Zum Schluss möchte ich darauf hinweisen, dass es dem Verfasser gelungen ist, den teilweise recht spröden Stoff leicht lesbar zu gestalten, ein schätzenswerter Vorzug des Buches.

Rochlitz i. S.   Dr. Schilling.

Dr. Richard Seyfert, Die pädagogische Idee in ihrer allgemeinen Bedeutung. Ein erweiterter Vortrag. 60 Pf. 52 S. Leipzig, Wunderlich. 1904.

Derselbe. Die Unterrichtslektion als didaktische Kunstform. Praktische Ratschläge und Proben für die Alltagsarbeit und für Lehrproben. 2,40 M., geb. 3 M., 241 S. Leipzig, Wunderlich. 1904.

Der Verfasser, welcher Seminaroberlehrer in Annaberg ist, hat schon sehr viel geschrieben und veröffentlicht. No. 1 enthält das Manuskript, nach welchem derselbe im September 1903 auf der sächsichen Lehrerversammlung in Plauen einen Vortrag gehalten hat. Darin wird die Bedeutung der pädagogischen Idee erörtert. Es wird in dieser Arbeit fast alles, was auf das erziehliche Problem Bezug hat, herangezogen. Für einen Teil der Zuhörer, nämlich für diejenigen, die in den Gedankenkreisen des erziehenden Unterrichts nicht völlig zu Hause sind, ist sie aber auch in ihrer ersten Hälfte zu abstrakt und allgemein gehalten. Den Ausführungen des Verfassers muss man fast durchweg zustimmen; wer jedoch die Herbart-Zillersche Pädagogik kennt, findet in ihnen nichts wesentlich Neues, nur dass die Gedanken teilweise in anderen Ausdruck gekleidet sind. — Im letzten Teile beurteilt Verf. die heutigen Zustände und tadelt mit Recht u. a. den Gelddünkel und das Protzentum; aber er erwähnt nicht, dass auch viele der Besitzlosen einen grossen Dünkel haben, dass nicht allein die Genusssucht, sondern auch die Arbeitsscheu im vierten Stande immer mehr in gefahrdrohender Weise zunimmt. Ebenso hat Verf. nicht erwähnt, dass es nicht bloss eine soziale Spaltung und Zweiteilung unseres Volkes aus wirtschaftlichen Gründen gibt, sondern auch eine konfessionelle. Der Graben, den der Ultramontanismus im deutschen Volk aufgeworfen hat, ist fast noch tiefer als der durch die Sozialdemokratie errichtete. Im übrigen ist die Arbeit zu empfehlen.

Was ich im Vorstehenden gesagt habe, gilt auch zum Teil für No. 2. Das Buch „Die Unterrichtslektion als didaktische Kunstform" setzt ebenfalls beim Leser viel voraus, nämlich nicht weniger als eine gründliche theoretisch-praktische Vorbildung. Ohne diese ist die Arbeit kaum verständlich. Bald nachdem man den ersten Blick in dieselbe getan hat, erkennt man, dass der Verf. wohl unterrichtet ist. Der theoretische Teil des Buches hat 11 Kapitel, der praktische 22 Versuche oder Musterlektionen, entnommen aus fast allen Unterrichtsgebieten der Volksschule, die meisten derselben (7) dem Religionsunterrichte angehörend. Viel Wertvolles wird hier dargereicht, recht verwendbar aber nur für den, der mit den Ideen der wissenschaftlichen Pädagogik vertraut ist, oder der doch wenigstens Reins Schuljahre gründlich durchgearbeitet hat. Befremdet hat's mich, dass der Verf. für die seit langer Zeit gebräuchlichen Namen der Formalstufen neue Benennungen einführt, ohne sich dem Bestehenden auseinander zu setzen und ohne dabei nur einmal den Namen Zillers, dieses hochverdienten Pädagogen und Hochschullehrers, der, was Herbart begründet, in genialer Weise fortgeführt, dankbar und pietätvoll zu nennen. Das kann nicht gut geheissen werden! Darum muss ich mich dem anschliessen, was J. Barandun in einer Besprechung des Buches in den „Pädagog. Monatsheften" (Heft IV S. 128, herausg von Max Griebsch, Milwaukee, Th. Herold. 1904) gesagt hat: „Der Verf. hat es sich nicht versagen können, nach „berühmten" pädagogischen Mustern eigene Wege zu suchen, die von den ursprünglichen „Formalstufen" einigermassen abweichen sollen, und möglichst weithergeholte neue Bezeichnungen für eine längst bekannte Tatsache, die nichts nützen und nur allenfalls Verwirrung anrichten können." Nicht mit Unrecht spricht sich B. gegen eine „Originalität à tout prix, die sich so oft in pädagogischen und künstlerischen Kreisen zeigt", aus.

Glogau.　　　　　H. Grabs.

Blume, E., Quellensätze zur Geschichte unseres Volkes. Fortgeführt von L. Arndt. 4. Bd. Cöthen 1904. O. Schulze. Pr. 7 M.

Band 1—3 dieses Werkes sind in den Jahren 1883—1891 erschienen; sie umfassen die Zeit bis zur Reformation. Auf diese Bände habe ich in dem Artikel „Quellenbücher für den Geschichtsunterricht an höheren Schulen" in Reins encyklopädischem Handbuche der Pädagogik, Bd. 5, S. 638—668, Bezug genommen u. a. bemerkt (S. 662, a, Fussnote): „Das Werk soll, wie ich erfahren habe, nicht weiter fortgesetzt werden." Bald darauf teilte mir Herr Seminardirektor Prof. Blume mit, dass das Werk doch noch vollendet werden würde. Er hatte für die Fortsetzung Herrn Oberlehrer Dr. Arndt gewonnen.

Die Einrichtung des 4. Bds. entspricht im wesentlichen der Einrichtung der Bände 1—3; nur beschränkt sich der Verfasser in diesem Bande auf die staatlichen Zustände. Dem gesellschaftlichen, geistigen, religiösen und wirtschaftlichen Leben soll ein besonderer, der fünfte und letzte Band gewidmet werden.

Band 4 zerfällt in 2 Abteilungen: die 1. Abt. enthält eine zusammenfassende Darstellung der Schicksale unseres Volkes von der Reformation bis zur Gegenwart (S. 1—153) und eine zusammenfassende Darstellung der staatlichen Zustände innerhalb dieses Zeitraumes (S. 154—235); die 2. Abteilung bietet Quellensätze zu den staatlichen Zuständen. Die Gliederung der 2. Abt. entspricht genau der Gliederung der zusammenfassenden Darstellung der staatlichen Zustände.

Dieser Band ist, wie die früheren, mit grossem Fleisse und peinlicher Gewissenhaftigkeit bearbeitet. Der Text der 1. Abteilung ist ein Muster gedrängter, das Wesentliche scharf hervorhebender Darstellung. Der Inhalt der 2. Abt. ist die Frucht eingehender und mühsamer selbständiger Quellenstudien.

Wie aus dem Vorworte ersichtlich ist, sollen die Schüler sich in den Inhalt der unter einem Stichworte (z. B. Stellung der Fürsten zum Könige) stehenden Quellensätze vertiefen und aus dieser Vertiefung eine Erkenntnis gewinnen. Die Verfasser halten Quellensätze (im Gegensatz zu längeren zusammenhängenden Quellenstücken, wie sie in Quellenlesebüchern geboten werden) für besonders geeignet, eine Einsicht in die Entwicklung des zuständlichen Lebens unseres Volkes zu gewinnen, und meinen, dass Quellenstücke mehr nur „der besseren Erkenntnis der Schicksale unseres Volkes" dienen (vgl. Vorwort IX). Das mag häufig der Fall sein; allein mit dieser Gegenüberstellung scheint ein durchgreifender Unterschied nicht gegeben zu sein. Auch Quellenstücke können Erkenntnisse des zuständlichen Lebens vermitteln. Daneben können sie interessante und wertvolle Einblicke in die Motive, Stimmungen, seelischen Zustände der handelnden Personen gewähren. Es scheint mir, dass sorgfältig ausgewählte

Quellenstücke neben dem Erkenntniswerte eine ganz besondere veranschaulichende Kraft besitzen, die vielleicht in gleichem Grade blossen Quellensätzen nicht innewohnt. Die Arbeit auf Grund von Quellensätzen wird mehr auf logische Operationen hinauslaufen, die, an sich gewiss notwendig und nützlich, doch aber eine zu einseitige Betätigung sein würden. Der Geschichtsunterricht wird in den Schulen doch so zu gestalten sein, dass die staatlichen, gesellschaftlichen, geistigen, religiösen und wirtschaftlichen Zustände nicht getrennt voneinander und nicht getrennt von den handelnden und leidenden Personen dargeboten werden, wie sie ja auch in der geschichtlichen Entwicklung nicht neben, sondern durch- und ineinander bestehen und wirken. Eine Isolierung der einzelnen Entwicklungsreihen wird erst nach Abschluss einer Periode vorzunehmen sein. Diese Isolierung hat den Zweck, die klare Auffassung der Reihen an sich zu ermöglichen und dadurch eine tiefere Einsicht in ihre gegenseitigen Beziehungen zu gewinnen.

Man könnte daran denken, den Geschichtsunterricht zunächst auf Quellenstücke zu gründen, wobei das Zuständliche in dem natürlichen Zusammenhange auftritt, bei der isolierenden Betrachtung der einzelnen Gebiete des zuständlichen Lebens aber Quellensätze zur Ergänzung und weiteren Vertiefung heranzuziehen. Auf diese Weise kämen beide zu ihrem Rechte und würden beide nach ihrer Eigenart dem Geschichtsunterrichte zu gute kommen.

Die Frage bedarf sicherlich noch weiterer gründlicher Erwägung. Jedenfalls aber ist es den Verfassern als Verdienst anzurechnen, dass sie dem Geschichtsunterrichte einen neuen Weg zu bahnen sich bemühen, getrieben von der Überzeugung, dass das meist noch übliche Verfahren im Geschichtsunterrichte nicht geeignet ist, unserer Jugend in den Volks- und höheren Schulen den Bildungsgehalt der Geschichte zu erschliessen. Fortschritte sind hinsichtlich der Stoffauswahl wohl überall geschehen, Verbalismus und didaktischer Materialismus aber sind noch nicht überwunden.

Rochlitz i. S.   Dr. Schilling.

Unsere Pflanzenwelt. Einzelbeschreibungen für Schule und Haus von **Wichard Laukamm.** Verlag von Schlimpert in Meissen 1903. 269 S.

Dieses Buch ist nicht besser und nicht schlechter als sein im vorigen Jahre hier angezeigtes Seitenstück, die tierkundlichen Betrachtungen; ich kann es darum mit gutem Gewissen weder der Schule, noch dem Hause empfehlen. Aus dem Vorworte erfahren wir, dass das fertige Manuskript des „mühevollen Werkes" lange Zeit im Schreibtische „geruht" habe. Das war nicht wohlgetan. Hätte der Verfasser die mühevoll beschriebenen Bogen öfter herausgeholt und durchgearbeitet oder — noch besser — einem sach- und sprachkundigen Freunde zur freundlichen Durchsicht angelegentlichst empfohlen, so wären sicher zahlreiche sachliche Unklarheiten und Fehler, manche Vergewaltigung der Logik, bes. aber schiefe und unklare Ausdrücke, Fehler und Unebenheiten des Stiles und Weitschweifigkeiten vermieden worden, und das Buch wäre brauchbarer und erträglicher geworden, als es nun ist.

Grimma.   A. Rossner.

Eingegangene Bücher.
(Besprechung vorbehalten.)

Strässer, Joh., Sind Sprachübungshefte in der Volksschule notwendig? Bielefeld, A. Helmich. Pr. 40 Pf.

Oppermann, H. W., Methodik des Schreibunterrichts. Hannover 1904, C. Meyer. Pr. 1 M.

Puls, Dr. Alfred, Lesebuch für die höheren Schulen Deutschlands. 3. Teil. Gotha 1904, E. F. Thienemann. Pr. 2,70 M.

Achenbach, Fritz, Präparationen zur Behandlung deutscher Gedichte in darstellender Unterrichtsweise. 3. Aufl. I. u. II. Teil. Cöthen 1904, O. Schulze. Pr. geb. 4,80 M.

Kunsterziehung, Ergebnisse und Anregungen des zweiten Kunsterziehungstages in Weimar. Deutsche Sprache und Dichtung. Leipzig 1904, R. Voigtländer. Pr. 1,25 M.

Ristow, Anna Marie, Übungsbuch zu Dr. Knörichs französischem Lese- und Lehrbuch. Hannover 1904, C. Meyer. Pr. 1 M.

Magnus, K. H. L., Rechenbuch für Präparandenanstalten. 2. Teil. Hannover 1903, C. Meyer. Pr. 80 Pf.

Fritzsche, K., Kleine Gesangschule. Leipzig, C. Merseburger. Pr. 30 Pf.

Waldsack, A., Lehrgang eines erziehlichen Elementar-Schulgesangunterrichts. Ebenda, Pr. 30 Pf.

Rein, W., Encyklopädisches Handbuch der Pädagogik. 2. Aufl. 1. Bd. 2. Hälfte. Langensalza 1903, Beyer u. S. Pr. bei Bestellung vor Erscheinen des 3. Halbbandes 7,50 M.

Sallwürk, Dr. E. von, Joh. Friedr. Herbarts pädag. Schriften. 7. Aufl. 1. Bd. Ebenda. Pr. geb. 4 M.

Sailer, Joh. Mich., Sein Leben u. seine Schriften. Herausg. von J. Niessen. Halle 1904, Schroedel. Pr. 1,25 M.

Eckstein, Emma, Die Sexualfrage in der Erziehung der Kinder. Leipzig 1904, C. Wigand.

Naumann, Dr. Fr., Der Streit der Konfessionen um die Schule. Berlin-Schöneberg 1904, Verlag der Hilfe. Pr. 60 Pf.

Tews, J., Schulkompromiss, konfessionelle Schule, Simultanschule. Ebenda. Pr. 30 Pf.

Riemer, E., Die Selbsttätigkeit der Schüler im Unterricht. St. Petersburg 1904, Trenke u. Füsnot.

Ries, E., Zum Kampfe um die allgemeine Elementarschule. Leipzig 1904, Kesselring. Pr. 60 Pf.

Brunotte, K., u. A. Tecklenburg, Die Schulaufsicht; Universität und Volksschullehrer. Hannover 1904, Helwing.

Slokinger, Dr. A., Organisation grosser Volksschulkörper nach der natürl. Leistungsfähigkeit der Kinder. Mannheim 1904, Bensheimer. Pr. 80 Pf.

Nohl, Cl., Womit hat der höhere Schulunterricht unserer Zeit die Jugend bekannt zu machen etc. etc.? Essen 1904, Baedecker. Pr. 80 Pf.

Witkowski, Dr. G., Was sollen wir lesen und wie sollen wir lesen? Leipzig, M. Hesse. Pr. 20 Pf.

Schwarzkopff, Dr. P., Nietzsche der Antichrist. Schkeuditz b. Leipzig 1903, W. Schäfer. Pr. geb. 1,60 M.

Franke, K., u. Riemann, P., Einheitliches Religionsbuch für ev. Volksschulen mit einfachen Verhältnissen. Gotha 1904, Thienemann. Pr. 1,40 M.

Fricke, Albert, Bibelkunde. 1. Bd. 1. Hälfte. 2. u. 3. Aufl. Hannover 1904, C. Meyer. Pr. 2 M.

Vogt, A., Hilfsbuch für den ersten Religionsunterricht. Ebenda 1904. Pr. 30 Pf.
— Lehrplan für den evangelisch-lutherischen Religionsunterricht. 1. Teil. Ebenda 1904. Pr. 80 Pf.

Bang, S., Zur Reform des Katechismusunterrichts. 2. verm. Aufl. Leipzig 1904, Wunderlich. Pr. 1,20 M.

Bittorf, W., Methodik des evangelischen Religionsunterrichts in der Volksschule. Ebenda 1904. Pr. 2,40 M.

Paul, Max, Für Herz und Gemüt der Kleinen. 56 bibl. Geschichten etc. Ebenda 1904. Pr. 3 M.

Brucker, Albert, Die 10 Gebote im Lichte der Moraltheologie des Alphons v. Liguorie. Schkeuditz 1904, Schäfer. Pr. 3.20 M.

Schwarzkopff, Dr. P., Die Weiterbildung der Religion. Ebenda 1903. Pr. 1,60 M.

Fortsetzung folgt.

Druck von A. Rietz & Sohn in Naumburg a. S.

Pädagogische Studien.

Neue Folge.

Gegründet

von

Professor **Dr. W. Rein.**

XXVI. Jahrgang.

Herausgegeben von **Dr. M. Schilling,**
Königl. Sächs. Bezirksschulinspektor in Rochlitz.

Dresden.
Verlag von Bleyl & Kaemmerer (O. Schambach).
1905.

Inhaltsverzeichnis

des

XXVI. Jahrganges (1905).

—⸎—

A. Abhandlungen.

I.

Herbarts Gedanken
über das Verhältnis der Erziehung zum Staate.

Von Dr. phil. **Hermann Popig** in Löbau (Sachsen).

Einleitung.

Als in den ewig denkwürdigen Sommertagen des Jahres 1789 die Massen des 3. Standes in Paris sich auflehnten gegen die jahrhundertelange Bedrückung, Entrechtung und Bevormundung durch Adel und Geistlichkeit, da fiel ihrem kühnen Ansturme eine Welt zum Opfer, in der die Rechte und Pflichten der einzelnen Volksschichten in einem schreienden Widerspruche standen. Aus den erbitterten Kämpfen ging als bleibendes Resultat die Idee einer freien, selbstbewussten und selbstbestimmungsfähigen Persönlichkeit siegreich hervor. Millionen von bisher Unterdrückten war nun die Möglichkeit geboten, nicht nur den eigenen, individuellen Bedürfnissen unbeeinflusst zu leben, sondern auch das Gewicht der frei und harmonisch ausgestalteten Persönlichkeit bei der Leitung der Staats- und Volksinteressen in entschiedener Weise zur Geltung zu bringen. Aber nur ganz allmählich eroberten sich diese menschlich erhabenen Vernunftprinzipien der französischen Revolutionsperiode die übrige Welt.

In Deutschland war am Ende des 18. Jahrhunderts von dem erfrischenden Hauche dieses neuen Geistes ausserordentlich wenig zu verspüren. Hier bestanden noch die alten Vorrechte der ersten Gesellschaftsklassen. Treffend sagt Goethe im „Wilhelm Meister": „Wenn der Edelmann durch die Darstellung seiner Person alles gibt, so gibt der Bürger durch die Darstellung seiner Person nichts und soll nichts geben." Der gesamte 3. Stand hatte bei der Leitung der nationalen oder besser der staatlichen Angelegenheiten des deutschen Volkes nach innen und nach aussen keinen Einfluss. Es war herabgedrückt zur persönlichen Minderwertigkeit und politischen Bedeutungslosigkeit. Dabei war in den herrschenden Kreisen selbst von einem wahrhaft nationalen Leben durchaus nichts zu bemerken. Kein lebendiges Einheitsgefühl pulsierte in dem Staatskörper; die starren Fesseln des gesellschaftlichen Kastenwesens ertöteten jede frische Regung. Der nationale Hochflug der Gedanken, hervorgerufen durch die Taten Friedrichs des Grossen, wurde gehemmt durch den Geist der Kleinstaaterei mit seiner kleinlichen, willkürlichen Kabinettspolitik, die sich äusserte in Religions- und Zensuredikten, in nationalem Indifferentismus, religiöser Intoleranz, persönlicher Freiheitsbeschränkung, in einem unheilvollen Rang- und Titelwesen und einer bis ins kleinste gehenden bureaukratischen Beamtentätigkeit.[1]) Deutschland galt nichts mehr im Rate der Völker, man kannte es nur noch als geographischen Begriff, und der Deutsche schien höchstens als „Bildungsferment" eine gewisse Bedeutung zu besitzen. Die Hoffnung auf eine nationale Wiedergeburt war derart gesunken, dass Goethe schreiben konnte:

> „Zur Nation euch zu bilden, ihr hofft es, Deutsche, vergebens,
> Bildet, ihr könnt es, desto freier zu Menschen euch aus."

Solche Meinungen waren nicht vereinzelt in deutschen Landen, sondern bezeichneten vielmehr die allgemeine Stimmung. Da der Deutsche aber keine Freude an seinem Vaterlande mehr empfinden konnte, da es ihm nicht vergönnt war, die Geschicke seines Volkes mit zu bestimmen, so blieb ihm nichts anderes übrig, als sich in den freien Bereich des persönlichen Innenlebens zurückzuziehen, „als Gelehrter sich zu versenken in bessere Zeiten als die unsern, als Künstler sein Ideal zu gestalten, abstehend von der Wirklichkeit, in der Dichtung den ganzen Menschen aufzusuchen, den man im Leben nicht fand, als Philosoph ihn zu konstruieren."[2]) Dass damit nicht nur die Meinung politisch Indifferenter ausgesprochen war, bezeugt ein Ausspruch E. M. Arndts, der noch 1805 in seinen „Fragmenten über Menschenbildung" sagt: „Es ist schön, sein Vaterland lieben und alles für dasselbe tun, aber schöner doch, unendlich schöner, ein Mensch zu sein und alles Menschliche höher achten als das Vaterländische."[3]) Derselbe Gedanke spiegelt sich wieder in unsrer klassischen Dichtung, in unsrer absoluten Philosophie und in der neuhumanistischen Pädagogik. Das Individuum, losgelöst von den beengenden und drückenden Fesseln des Standes, der Konfession und Nationalität als verkleinertes Bild der Menschheit aufzufassen und auszugestalten, war der ideale Gehalt des Denkens und Dichtens jener Zeit, die Vervollkommnung der eignen Persönlichkeit das

---

[1]) Von ihr gibt Schiller im 6. ästhet. Briefe eine lebhafte Schilderung.
[2]) Debo: Humanistische und nationale Bildung, pag. 11. Karlsruhe 1892.
[3]) II. Teil, pag. 202.

höchste Ziel des Strebens und der Genuss dieser freien und reinen Individualität das höchste Glück des Lebens. Rückhaltlos wurden diese Gedanken von W. v. Humboldt als reinste Wahrheit proklamiert: „Der Satz, dass nichts auf Erden so wichtig ist als höchste Kraft und die vielseitige Bildung der Ideen, und dass daher der wahren Moral erster Satz ist: Bilde dich selbst! und ihr zweiter: Wirke auf die andern durch das, was du bist! Diese Maximen sind mir so zu eigen, als dass ich je von ihnen mich trennen könnte."[1]

Diese Zeitströmung musste sich naturgemässer Weise auch in den Erziehungsfragen widerspiegeln; denn in der Heranbildung der kommenden Geschlechter lag die Bürgschaft dafür, dass die als richtig erkannten Ideen auch über die zeitweiligen Träger hinaus sich lebendig und wirksam erhielten. Mit der Forderung nach freier, harmonischer Entwicklung des Einzelindividuums war als bedeutsamste Folge die Notwendigkeit möglichster Unabhängigkeit der Erziehung von den verschiedensten Kollektiverscheinungen und vor allen Dingen von den mächtigsten derselben, dem Staate, verknüpft. „Öffentliche, d. h. staatliche Erziehung, scheint mir ganz ausserhalb der Schranken zu liegen, in denen der Staat seine Wirksamkeit halten muss," schreibt der spätere Dezernent des preussischen Schulwesens, W. v. Humboldt, in seinem Aufsatze über „Öffentliche Erziehung"; „denn soll die Erziehung ohne Rücksicht auf bestimmte, den Menschen zu erteilende bürgerliche Formen Menschen bilden, so bedarf sie des Staates nicht."[2] Sobald aber der Staat Einfluss auf die Jugendbildung verlangt und erhält, so wirkt er in einseitiger Richtung auf Brauchbarkeit und Tauglichkeit für seine Zwecke, ohne das Interesse des Einzelnen zu beachten und die allgemein menschlichen Seiten zu berücksichtigen oder zu fördern. Daher ist jede öffentliche Erziehung zu verwerfen, „da immer der Geist der Regierung in ihr herrscht und dem Menschen eine gewisse bürgerliche Form gibt."[3] Aus dieser Erkenntnis ging folgerichtig das Bestreben hervor, die Erziehung der Machtsphäre des Staates zu entziehen und sie auf „eigne Füsse" zu stellen. Familien- und Hauslehrererziehung waren die Schlagwörter der Pädagogik geworden. In überaus wirkungsvoller Weise waren diese Gedanken in Pestalozzi verkörpert. Mit bitterem Weh erfüllte es ihn, wenn er seine Zeit auf ganz andern Bahnen wandeln sieht, wenn er bemerkt, „wie sich eine Staats-, Standes-, Herrschafts- und Dienstbarkeitsbildung unnatürlich hervordrängt".[4] Entsetzen erfasst ihn, wenn er sieht, wie die Menschheit solchen nichtigen, „schimmernden Schaubühnen" zuströmt und auf „klippenvolle Meere" hinaustreibt. Einen ebenso eifrigen, besonnenen

---

[1] Briefe an G. Förster.
[2] Berlin. Monatsschrift Dezember 1792, pag. 606.
[3] Ebenda, pag. 601.
[4] „Abendstunde eines Einsiedlers." Vgl. „Meine Nachforschungen über den Gang der Natur."

und radikalen Vertreter fanden diese neuen Ideen unter den deutschen Philosophen und Pädagogen in Johann Friedrich Herbart.

Die Aufgabe der vorliegenden Arbeit ist es nun, zu zeigen, welche Ansicht der Philosoph im besonderen über das Verhältnis der Erziehung zum Staate sich gebildet hat, wie er sie ableitet und begründet, und schliesslich den Einflüssen nachzuspüren, die bei ihrer Entwicklung wirksam gewesen sein können.

Um dieses Verhältnis möglichst klar und erschöpfend darstellen zu können, wird es zunächst erforderlich sein, Herbarts Ansicht über Wesen und Zweck des Staates und der Erziehung in allgemeinen Umrissen aufzuzeigen. Freilich kann die Staatstheorie des Philosophen hier nur soweit zur Behandlung kommen, als es das Thema unbedingt erfordert. Es werden also lediglich die Punkte hervorzuheben sein, in denen eine Übereinstimmung, ein Parallelismus oder ein Gegensatz zwischen den beiden Gebieten sich ergeben. Die näheren Beziehungen zwischen der Statik und Mechanik des Staates und des Geistes in seiner „Psychologie als Wissenschaft" können nur vorübergehend gestreift werden.

I. Teil.

Erwägungen prinzipieller Natur.

I. Herbarts Lehre vom Staat.

Die Staatslehre unseres Philosophen hat die meiste Ähnlichkeit mit den Ansichten Platons und Herbarts Zeitgenossen, des bekannten „Antiprotestanten" v. Haller, und steht in schroffem Gegensatze zu dem staatstheoretischen Leitsatze des englischen Materialisten Hobbes: „Bellum omnium contra omnes", ist aber auch weit entfernt von dem Staatsvertrage der französischen Aufklärer.

„Der Staat ist Gleichgewicht im Gegensatz der Unruhe."[1] Dieser Satz bezeichnet im wesentlichen das Hauptmerkmal des Herbartschen Staatsbegriffes. Die Kräfte, die in diesem Kollektivwesen wirksam sind und das Gleichgewicht bedingen oder stören, sind psychologischer Natur und wirken ganz und gar analog den Gesetzen des geistigen Geschehens, weshalb auch Herbart die Statik und Mechanik des Staates vollständig der Statik und Mechanik des Geistes parallel setzt.

Die gesellschaftlich tätigen Faktoren unterliegen also auch demselben bunten Wechsel wie die Vorstellungen im Einzelbewusstsein. „Sie treffen zusammen, sofern sie sich durch Sprache oder durch Handlung in der gemeinsamen Sinnenwelt kundgeben. In der

---

[1] „Psychologie als Wissenschaft II." Gesamtausgabe von Hartenstein VI, pag. 34.

letzteren hemmen sie einander."[1] Der psychologische Ausdruck der Hemmung in die Gesellschaftssprache übersetzt, bedeutet das immer wahrzunehmende Schauspiel gegensätzlicher, sich widerstreitender Interessen und gesellschaftlicher Reibungen. Das Vorhandensein von Konfliktspunkten zwischen den einzelnen Faktoren muss zu einem Kampfe führen, in dessen Verlaufe einzelne — es seien Personen oder Parteien — unter die „Schwelle des gesellschaftlichen Einflusses" sinken und damit unwirksam gemacht werden. Aus einem solchen Konflikte geht nach der Hemmung durch Verschmelzung der siegreichen Elemente als ursprünglichstes Kollektivwesen die Gemeinde hervor. An ihr haben die „völlig Unterdrückten" keinen Anteil. Zwischen den einzelnen Gemeinden und Ortschaften wiederholt sich aber in der Folgezeit dasselbe Schauspiel gegensätzlicher und streitender Interessen, siegender und unterliegender Parteien, und als Resultat ergibt sich ein weiterer Gesellschaftsverband. Im Staate endlich hat dieser Prozess sein Ende erreicht oder naht sich ihm wenigstens; denn er bedeutet das „Gleichgewicht der Kräfte". Die durch den Vergleich mit der Wirklichkeit sich ergebende Differenz verschwindet im Unendlichen. Der Staat bildet sich also von unten nach oben und nicht umgekehrt. „Familien, Gemeinden, Dörfer, Städte, Provinzen entstehen nicht aus dem Staate, sondern er entsteht aus ihnen; und sie würden bleiben, sie müssten ihren inneren Zusammenhang behalten, selbst wenn die Staatsform sich änderte."[2] Diejenigen Einzelindividuen oder kleineren Kollektivwesen, die im politischen oder wirtschaftlichen Kampfe unter die Schwelle des gesellschaftlichen Einflusses gesunken sind, werden durch das Schutz- und Nahrungsbedürfnis angetrieben, sich aufs Bitten und Dienen zu legen. So bilden sich die Unfreien im Gegensatz zu den Freien. Der Angesehenste unter den Freien, das ist derjenige, dessen Wertvorstellung bei allen Mitgliedern des Gesellschaftsverbandes das höchste Mass erreicht hat, ist der Fürst, dem die Aufgabe zufällt, das Gleichgewicht zwischen den einzelnen Gliedern des Gesamtverbandes, als auch zwischen den Angesehenen und den Gemeinen zu bewahren. In der Organisation beider Gruppen, der Gemeinen im „Bürgerverein" und des Adels im „Corps", und in dem Ausspielen beider Verbände gegeneinander muss er versuchen, Herrschaftsgelüste des einen oder des andern Teils zu zügeln und Übergriffe zu verhüten.

So ist der Herbartsche Staat, wie er sich nach den Gesetzen seiner Entwicklung darstellt, ein organisch gewordenes Gebilde. Der Vergleich mit einem Organismus „bewährt sich nicht so sehr in der Befreiung der eigentümlichen Natur als in der Assimilation und der

---

[1] „Psychologie als Wissenschaft II." H. VI., pag. 31.
[2] „Über die Unmöglichkeit, persönliches Vertrauen im Staate durch künstliche Formen entbehrlich zu machen." Sämtliche Werke herausgeg. von Kehrbach IX. Band, pag. 6. H. IX., pag. 227.

Bändigung der chemischen Eigentümlichkeiten, die bekanntlich erst dann ihre widerspenstige Natur an den Tag legen, wenn das Leben aufgehört und sie nun in wilder Anarchie den Leichnam zur Verwesung fortreissen . . . Gerade wie der Staat, wenn seine organische Reizbarkeit nicht mehr stark genug ist, um die Reaktionen der Grossen, des Volkes oder des Heeres durch tausendfache Reaktionen zu überwältigen oder zu seinem Heile umzukehren."[1]

Alle Macht nun, die in einem Staatswesen vorhanden ist, verkörpert sich in dem Fürsten. Sie ist ursprünglich und hat sich zugleich organisch entwickelt; „denn übertragene Macht kann nicht feststehen, folglich nicht Macht sein."[2] Ebenso kann auf „einem Boden", d. h. in einem Staate nur eine Macht, einheitlich und nicht getrennt, bestehen, „Mehrere Mächte, einander widerstrebend, würden in Krieg geraten, möchte es auch nur ein schleichender, heimlicher Krieg sein; man würde es zweifelhaft finden, welche von ihnen die stärkere sei, und schon der Zweifel an der Überlegenheit der Macht hebt ihre Wirkung auf, d. h. vernichtet sie und mit ihr den Staat".[3] Diese Erkenntnis nennt Herbart den evidentesten Satz der ganzen Politik, und darum wendet er sich scharf gegen Montesquieu und seine Lehre von der Dreiteilung der Gewalten, die er in Parallele setzt zur Lehre von den Seelenvermögen in der Psychologie. „Die Politik kann die drei Gewalten nicht als eine vollständige Teilung deduzieren, sie kann die Grenzen zwischen ihnen nicht festsetzen, sie kann das kausale Verhältnis unter denselben weder seiner Möglichkeit nach begreiflich machen, noch angeben, wie es sein sollte, sie kann daher das Getrennte nicht wieder vereinigen. Sie hat bloss zerrissen, aber nicht geteilt."[4]

Auf der andern Seite ist unser Philosoph aber auch weit entfernt von den Anschauungen Hegels, der in dem Staate ein Idealgebilde, „die Wirklichkeit der sittlichen Idee", „den wirklich hienieden präsenten Gott" erblickt, sondern ihm ist der Staat, wie schon oben erwähnt, ein Organismus, behaftet mit allen Fehlern und Vorzügen eines solchen. Diese Auffassung will Herbart aber auch nicht in dem Sinne verstanden wissen, als ob der Entwicklung ein organischer Keim zu Grunde läge, den man nur zu pflegen brauche und wodurch die Staatskunst eine Art Gärtnerei würde; sondern das staatliche Gebilde nähert sich nur im Laufe der Zeit der Natur eines organischen Wesens, „indem jeder Grad von schon empfangener Bildung dazu beiträgt, die Art von Assimilation zu bestimmen, wodurch das Neue vom Alten angeeignet wird."[5]

---

[1] „Über die gute Sache." K. Bd. IV, pag. 572. H. Bd. IX, pag. 153.
[2] Einleitung zur „Psychologie als Wissenschaft II". H. Bd. VI, pag. 25.
[3] „Über das Verhältnis der Schule zum Leben." K. Bd. IV, pag. 515. H. Bd. XI, pag. 391.
[4] „Psychologie als Wissenschaft II." Einleitung. H. Bd. VI, pag. 27.
[5] „Psychologie als Wissenschaft II." Einleitung. H. Bd. VI, pag. 46.

Ebenso widernatürlich erscheint es dem Philosophen, wenn Rousseau von der ursprünglichen Gleichheit der Menschen redet. Die bürgerliche Gleichheit ist ihm kein originelles Naturprodukt, sondern das Resultat harter Kämpfe und langer Entwicklung.

So weit die „Statik des Staates"! Was sagt nun die „Mechanik"?

Wenn im Systeme des Gleichgewichts eine neue Kraft auftritt oder eine bereits vorhandene Stellung oder Stärke ändert — beide Fälle sind bei der Beweglichkeit psychologischer Kräfte nichts Seltenes — dann muss das Gemeinwesen, insbesondere sein verkörperter Wille, der Fürst, bemüht sein, ein neues Gleichgewicht zu schaffen. Vollkommen falsch ist die Politik, die mit aller Macht die veränderten Faktoren in ihre alten Stellungen zurückzuziehen und die neu auftretenden als störende Elemente zu unterdrücken oder zu verdrängen sucht. Werden die letzteren vollständig vernichtet, so schwächt sich der Staat; „denn er kann die Kräfte nicht nach Belieben schaffen, sondern nur benutzen"; [1] werden sie aber unter die statische Schwelle herabgedrückt, so geraten sie in Spannung, und ein der Grösse der gebeugten Kraft entsprechender Teil der ursprünglichen Machtfülle wird dadurch gebunden und in seiner Betätigung gehemmt. Darum nicht Unterdrückung und Vernichtung, sondern Vereinigung! „Man muss versuchen, den Hemmungen durch die Komplikationen und Verschmelzungen zu begegnen." [2]

Einen kurzen Blick müssen wir nunmehr noch auf die Elemente des Staates werfen, die unser Denker aus der praktischen Philosophie ableitet.

Aus der blossen Theorie heraus lässt sich kein lebensfähiges Staatengebilde schaffen, sondern die wahre Staatskunst muss die gegenwärtigen Neigungen und Bedürfnisse, „das lebendige, gerade jetzt vorhandene Vertrauen, das die Menschen unter sich verknüpft," [3] in Rechnung ziehen. Sie darf dabei nicht nur die gesellschaftliche Folgsamkeit verlangen, sondern muss sich auch um die gesellschaftliche Einsicht bekümmern. Die letztere aber beruht auf den fünf abgeleiteten Ideen: der beseelten Gesellschaft, des Kultur- und Verwaltungssystems, der Rechtsgesellschaft und des Lohnsystems. Bei ihrer Wertung muss man sich freilich daran erinnern, dass sie für den wirklichen Staat nicht die massgebenden Elemente sind. Dieser wird bezeichnet durch die zwingende Macht, die keiner Idee zukommt. Ihnen gebührt aber eine regulative Stellung, sie erleichtern die Lösung der Staatsaufgaben. Daher muss jeder Staatsmann bemüht

---

[1] „Psychologie als Wissenschaft II." H. Bd. VI, pag. 41.
[2] „Psychologie als Wissenschaft II." H. Bd. VI, pag. 42.
[3] „Über die Unmöglichkeit, persönliches Vertrauen im Staate durch künstliche Formen entbehrlich zu machen." K. Bd. IX, pag. 5. (H. Bd. IX, pag. 226.)

sein, dem Kultursystem die nötige Stärke und Energie zu verleihen, das Verwaltungssystem in möglichster Schönheit und Harmonie auszugestalten, der Rechtsidee zum unwandelbaren Fundament des ganzen Baues zu verhelfen und das Lohnsystem soweit wie möglich dem Schicklichen anzupassen suchen, dann wird der Charakter der beseelten Gesellschaft immer mehr und mehr zum Ausdruck gelangen, in dem gesellschaftlicher Wille und gesellschaftliche Einsicht in Einklang gebracht sind. Diesen Zustand innerer Freiheit gesellschaftlicher Art in möglichster Reinheit und Vollkommenheit herauszugestalten, muss das ideale Ziel jedes vernünftigen Staatslenkers sein. So lange es aber noch nicht erreicht ist, und es wird in Wirklichkeit nie dazu kommen, werden auch der Widerstreit der Interessen und der Kampf der Gegensätze, hervorgerufen durch eine verschiedene Wertung der gesellschaftlichen Ideen, nicht aufhören.

Aus diesen Erwägungen heraus ergibt sich eine dreifache Staatskunst: die wiederherstellende, die erhaltende und die verbessernde, von denen die letzte die bei weitem wichtigste, aber auch schwerste und verantwortungsreichste ist. Sie erstreckt sich besonders auf die „Verteilung der Güter, die Ausbreitung der Einsichten und die Bürgschaft gegen mögliche Missgriffe."[1] Fehler, die bei der Lösung dieser Aufgaben sich einstellen, lassen sich nur ausserordentlich schwer berichtigen. Je allgemeiner die Anordnungen der verbessernden Staatskunst sind, d. h. von je höherer Stelle sie ausgehen, desto verantwortungsvoller sind sie und desto unheilvoller sind mögliche Fehlgriffe. Deshalb ist es erklärlich, wenn der Fürst die Leitung dieser Angelegenheiten besonders berufenen Organen anvertraut, die unter seiner Aufsicht und Kritik, Revision und Bestätigung arbeiten. So ergibt sich für Herbart die Notwendigkeit der Regierungen, denen zu gehorchen, jedes Gesellschaftsmitglied als sittliche Pflicht empfinden muss; „denn wo der einzelne nicht von der Obrigkeit Befehle annehmen will, da ist Anarchie, aber kein rechtlicher Zustand."[2]

Hiermit glaube ich das Wesentlichste von der Staatslehre Herbarts herangezogen zu haben, so weit es meine Aufgabe erfordert. Ergänzungen der mannigfachsten Art werden sich naturgemässer Weise während der folgenden Betrachtungen noch ergeben.

2. Über Wesen und Aufgabe der Erziehung.

Die Bearbeitung des folgenden Abschnittes, in dem Wesen und Zweck der Erziehung behandelt werden sollen, gedenke ich insofern nicht ganz parallel der des ersten zu gestalten, als die Grundprinzipien der Herbartschen Pädagogik als bekannt vorausgesetzt und darum nicht systematisch zur Darstellung kommen sollen;

---

[1] „Kurze Encyklopädie." K. Bd. IX, pag. 131. H. Bd. II, pag. 140.
[2] „Analyt. Beleuchtung des Naturrechts u. der Moral." H. Bd. VIII, pag. 208.

sondern bei ihrer Erwähnung mögen sofort die Konfliktspunkte und Reibungsflächen zwischen Pädagogik und Politik hervorgehoben werden, andererseits soll auch der berührenden, unterstützenden oder wenigstens parallelen Elemente beider Gebiete gedacht werden, damit schon am Ende dieser Untersuchung die Grundgedanken unseres Philosophen über das Verhältnis zwischen Erziehung und Staat sich ergeben.

Gegenstand der Erziehung ist das Kind, das unmündige, hilflose Glied der menschlichen Gesellschaft, der zarteste und „weichste", aber auch edelste und kostbarste aller Stoffe. Diesem Einzelindividuum alles menschlich Erhabene, Grosse und Schöne anzueignen, ist die einzige Aufgabe der Erziehung; denn „Gegenstand der Erziehung ist ohne allen Zweifel ganz allein der Mensch".[1] Dieser Aufgabe ist nur eine grosse Kunst, die mit viel feinsinnigem Verständnis, mit nicht zu erschöpfender Liebe und nie ermüdender Geduld und Ausdauer sich betätigt, gewachsen. Ihr darf es auch nicht schwer fallen, in feinfühliger Weise die geheimen „Ruhepunkte" des kindlichen Gemüts aufzusuchen, den verborgenen Regungen der kindlichen Seele nachzuspüren und ihre versteckten Wünsche und Begierden zu ergründen. Wer kann angesichts solcher Forderungen behaupten, dass er die „Erziehungskunst, diese schwere, nie auszulernende Kunst", wirklich verstände und Pädagogik, „diese tiefe Wissenschaft",[2] besitze! Ihr ist nicht gedient mit einem oberflächlichen Dilettantismus und einer Augenblicksbegeisterung; sie erfordert vielmehr einen echten Künstler, der tief durchdrungen ist von der Schwierigkeit und Heiligkeit seiner Aufgabe, „nicht einen Staatsmann, nicht einen Gelehrten, nicht einmal das Gefühl eines Vaters."[3]

Welch scharfen Kontrast bildet hierzu die Staatskunst! Sie hat es nur mit Kollektivbildungen zu tun und mit dem einzelnen Individuum nur insofern, als es ihr daran gelegen sein muss, geeignete Persönlichkeiten zur Ausübung ihrer verschiedenen Tätigkeiten zu erlangen: also einen tüchtigen Beamtenstand zu schaffen und eine fähige, ihren Aufgaben gewachsene Regierung zu erhalten. Dadurch ist aber nur ein mittelbares und dazu sehr einseitiges Interesse am einzelnen gegeben. Auf der andern Seite wird sich der Staat sogar vielfach in die Lage versetzt sehen, einzelne Menschen in bestimmten Fällen in ihrer Entwicklung zu hemmen, sie zu unterdrücken oder zu vernichten, um das „Gleichgewicht der Kräfte" zu erhalten im Interesse der Gesamtheit. Dazu bedarf er ausschliesslich der Macht, unterstützt durch Klugheit. Die staatsmännische Tätigkeit hat in

---

[1] „Zwei Vorlesungen über Pädagogik." K. Bd. I, pag. 330.
[2] „Über Erziehung unter öffentl. Mitwirkung." K. Bd. III, pag. 79, H. Bd. XI, pag 372.
[3] „Über Erziehung unter öffentl. Mitwirkung." K. Bd. III, pag. 78, H. Bd. XI, pag. 372.

dieser Beziehung keine Berührungspunkte mit der Kunst des Erziehers, und ihr Vertreter darf deshalb nicht glauben, der „Pädagogik
gebieten zu können, weil er Staatsmann ist".[1]) Man muss sich
immer vor Augen halten, dass die Staatskunst es mit einem fertigen,
starren Gebilde, einem Gleichgewichtssystem der verschiedensten Art
von Kräften zu tun hat, während dem Erzieher die Aufgabe obliegt,
eine zarte, hilflose Menschenseele zu einem lebensfähigen und lebens-
tüchtigen Organismus zu entwickeln. Erhaltung und Entwicklung
sind letzten Endes die beiden Pole, um die sich die Interessensphären
beider Gebiete drehen.

Die Grundverschiedenheit von Pädagogik und Politik ergibt sich
vollständig einwandsfrei erst bei der Betrachtung des pädagogischen
Zwecks im besonderen. In der Darstellung desselben findet sich
bei Herbart eine nicht unbedeutende, und wie sich im folgenden
ergeben wird, nicht zu unterschätzende Differenz. Während die
„Allgemeine Pädagogik" eine Provinz der notwendigen und eine
Provinz der willkürlichen, d. h. beruflichen Zwecke, unterscheidet
— dasselbe gilt auch von der „Ästhetischen Darstellung der Welt" —,
kennt der „Umriss pädagogischer Vorlesungen" nur einen Zweck,
nämlich: „Tugend ist der Name für das Ganze des pädagogischen
Zwecks. Sie ist die in einer Person zur Wirklichkeit gediehene
innere Freiheit."[2]) In dieser Bestimmung finden wir nichts von dem
sonst üblichen und aus der ersten Angabe auch durchschimmernden
Hinweise auf Standes- und Berufsfragen, keine Betonung der „Staats-,
Berufs-, Standes-, Herrschafts- und Dienstbarkeitsbildung". In ihr
liegt einzig und allein die Proklamierung des ethischen Individualismus
als normatives Prinzip jeder Erziehung. Eine wesentliche Verschiebung
dieser Grundlage kann auch nicht durch die etwas abweichende
Haltung in den älteren Werken unseres Philosophen hervorgerufen
werden. In ihnen ist den notwendigen oder sittlichen Zwecken eine
derart dominierende Stellung zuerkannt, dass den Zwecken der Willkür jede selbständige Wegweisung abgeschnitten ist.

Ein solch rein persönliches, allgemein menschliches, jede
praktische Erwägung unberücksichtigt lassendes Interesse liegt dem
Staate natürlich fern. Ihm kann es nicht darum zu tun sein, das
einzelne Individuum zu vollkommener und reiner Menschlichkeit zu
entwickeln, d. h. alle Kräfte, die in der Seele verborgen schlummern,
zu wecken, allseitig sie zu bilden und zu stärken und sie auf ein
harmonisches Zusammenwirken abzustimmen. Er betrachtet sich
nicht wie der Erzieher als „Depositär des geistigen Vermögens des
Zöglings", der verbunden ist, „demselben die Mitgaben der Natur
unverdorben und durch keine Vernachlässigung verringert dereinst

---

[1]) „Über Erziehung unter öffentl. Mitwirkung." K. Bd. III, pag. 78, II. Bd. XI,
pag. 372.

[2]) „Umriss pädagog. Vorlesungen." H. Bd. X, pag. 189.

abzuliefern".[1] ,Der Staat sorgt nur für sich selbst, für „die jetzige Generation von ,Erwachsenen", und er hat „genug Arbeit, genug Aufwand nötig, um ' nur ganz Staat zu sein".[2] Seine Bestrebungen sind darum auch rein egoistischer Natur. „Er braucht Soldaten, Bauern, Handwerker, Beamte u. s. w., und es liegt ihm an deren Leistungen. Wer etwas leistet, wird hervorgezogen, der Schwächere muss zurücktreten, die Mängel des einen ersetzt ein anderer."[3] Er nimmt sich nur der vorzüglichen, vielfach auch freilich nur der äusserlichen, gleissenden und heuchelnden Elemente, die „viel Oberfläche" zeigen, an, während die grosse Masse derer, die einer schnellen Entwicklung nicht fähig sind, die vielmehr, dem geräuschvollen und hastigen Treiben abhold, sich in ein beschauliches Innenleben zurückziehen, um hier die „Ruhepunkte ihres Denkens und Fühlens" zu gewinnen, von ihm ganz übersehen werden. „Seine Schulen sollen ihm die Subjekte liefern, die er braucht. Er wählt die brauchbarsten. Die übrigen mögen für sich sorgen."[4]

In gewisser Beziehung besitzt freilich der Staat auch ein Interesse an der Gesamtheit des jungen Nachwuchses; denn ihm ist es ohne Zweifel „vorteilhafter, wenn in ihm guterzogene Bürger leben als schlechterzogene".[5] Auch muss er, wenn er seinem idealen Ziele näher zu kommen trachtet, bestrebt sein, eine möglichst gleichmässige und vollkommene Bildung seiner einzelnen Glieder zu erlangen, damit die gesellschaftlichen Ideen in gleicher Weise die unveränderliche Richtschnur für das allgemeine Tun bilden. Von diesem Zustande ist aber der wirkliche Staat — und war besonders der Beamtenstaat der Herbartschen Zeit mit seinem „groben und rohen Mechanismus" — weit entfernt. In den meisten Köpfen spiegelt sich dieses Gemeinwesen nicht als ein „Verein gebildeter Menschen", sondern als Maschine zur Erleichterung und Vermehrung der Geschäfte und ' damit zur Gewinnung eines billigen und bequemen Lebensunterhaltes. Dieser mechanische Geschäftsstaat braucht allerdings eine möglichst einseitige Berufs- und Fachbildung der einzelnen Glieder, um aus ihnen ein Ganzes zusammenzusetzen. Ein solcher Staat aber wird bei seinen Handlungen nicht geleitet von jenen unveränderlichen Ideen, sondern von jeweiligen Stimmungen und Bedürfnissen, die in einem ewigen Flusse sich befindlichen Zeitgeiste. Auf seiner Oberfläche wechseln beständig die Menschen, verändern sich ,fortwährend die Parteien und mit ihnen die öffent-

[1] „Aphorismen zur ,Pädagogik." H. Bd. XI, pag. 434.
[2] „Über Erziehung ,unter öffentl. Mitwirkung." K. III, pag. 79, H. XI, pag. 870.
[3] „Umriss pädagog. Vorlesungen." H. Bd. X, pag. 337. Vgl. „Aphorismen zur Pädagogik." H. Bd. XI, pag. 479.
[4] „Briefe über Anwendung der Psychologie." K. Bd. IX, pag. 347. H. Bd. X, pag. 353.
[5] „Briefe über Anwendung der Psychologie." K. IX, pag. 347. H. Bd. X, pag. 353.

liche Meinung. Darnach richten sich auch die Forderungen des Staates, die er an die Erziehung zu stellen sich berechtigt glaubt. „Er braucht bald Matrosen und Soldaten und bald entlässt er sie. Er braucht Bergleute, wenn eine neue Mine entdeckt wird, Baumeister, wenn eine Stadt abgebrannt ist, Schauspieler, wenn Geld genug vorhanden ist, um eine kostbare, aber geistvolle Unterhaltung zu bezahlen. Aber die Eigentümlichkeiten der Menschen kommen und gehen nicht mit diesen öffentlichen Wünschen, sondern man benützt, was man findet, so wie man Metalle und Steine gebraucht, wenn man sie hat."[1] In diese Sphäre des Sprunghaften und Willkürlichen passt die Erziehung nicht, das laute und oberflächliche Treiben ist daher dieser feinen Kunst nicht zuträglich; die Öffentlichkeit ist nicht das Klima, das ihr zusagt.

Darum ist das Staatsleben mit seinen politischen, wirtschaftlichen und sozialen Differenzen, mit seinen Standesunterschieden, seinem Klassenbewusstsein und Kastenwesen, mit seinen „Ehrenpunkten" und äusserlichen, konventionellen Vorschriften durchaus nicht der geeignete Boden für wahre Menschenbildung. Diese Verhältnisse aber finden sich in jedem Staate; denn „bei jeder Nation, die sich aus der Roheit emporgewunden hat, gibt es Verschiedenheit der Stände. Diese Verschiedenheit ist teils ein Werk der Gewalt und der Not, teils Folge der Naturanlagen, teils entspringt sie aus dem Bedürfnis, die Arbeit zu teilen. Indem nun der Mensch sein ganzes Tun in eine Zweckmässigkeit zu konzentrieren sucht, entsteht ein äusseres Gepräge und eine Ehre für jeden Stand, wobei nicht nur, wie zu geschehen pflegt, die Mittel selbst den Zweck um etwas verrücken und zum Teil vergessen machen, sondern auch die Gedanken und Gesinnungen des Menschen richten sich nach seinem Tun, sie schwinden zusammen auf den Kreis ihrer Brauchbarkeit, und die Bestrebungen, welche übrig bleiben, scheiden sich in zwei Teile, in einen, der dem Stande angehört, und einen andern, der trotz demselben Befriedigung sucht."[2]

Für den Charakter eines Menschen ergeben sich damit zahlreiche Fallgruben, mannigfache Veranlassungen, in unbewachten Augenblicken vom rechten Wege abzuweichen und solchen Pfaden zu folgen, die von Klassengeist und dünkelhaftem Standesbewusstsein gebahnt, eine glänzende Zukunft trügerisch vorspiegeln. Deshalb taugen diese Sonderungen nicht für die Erziehung; ihre Kenntnis verwirrt und verdirbt den Zögling. Ungesunder Ehrgeiz und verderbliches Strebertum werden dadurch in den jungen, zu kühlem Abwägen und ruhiger Entschliessung noch unfähigen Seelen erzeugt und ein nachhaltiger Einfluss der erzieherischen Massregeln vermindert oder gar verhindert. Der Staat kann aber diese „Ehren-

---

[1] „Über die gute Sache." K. Bd. IV, pag. 569. H. Bd. IX, pag. 149.
[2] „Lehrbuch zur Psychologie." K. Bd. IV, pag. 354. H. Bd. V, pag. 97.

punkte" nicht verheimlichen und die Klassenunterschiede nicht vermischen; darum kann auch die Erziehung unmöglich Sache des Staates sein, darf auch nicht in seiner Atmosphäre ausgeübt werden; sonst entsteht jener unheilvolle Wettbewerb der einzelnen Glieder untereinander, den Herbart — gleich wie Rousseau — so lange wie möglich von seinem Zöglinge ferngehalten wissen will. Diese Erkenntnis hatte sich aber der öffentlichen Meinung jener Zeit erst zum geringsten Teile erschlossen, darum erhebt der Philosoph an vielen Stellen seiner Schriften seine warnende Stimme, um irregeleitete Väter und Mütter, die „um das Fortkommen ihrer Söhne besorgt sind" und nach den oben bezeichneten gesellschaftlichen Abstufungen und nicht nach den wirklichen Bedürfnissen des Kindes „die Anlagen der Ihrigen beurteilen",[1]) vor unheilvollen Entschlüssen zu bewahren.

Nach dem bisher Gesagten ist es ersichtlich, dass die Forderungen des Staates mit den Bedürfnissen der Erziehung überall kollidieren. Anstatt allseitiger und harmonischer Entwicklung aller geistigen Kräfte verlangt er bei einzelnen Individuen höchste Steigerung bestimmter, einseitiger Anlagen, während er auf die grosse Masse nivellierend wirkt. Bringt er aber eine gewisse Accentuierung in seine Forderungen, so geschieht es durch die falschen, verderblichen Einflüsse des Kastenwesens und Klassengeistes.

Auf keinen Fall könnte also eine Staatserziehung der Individualität des Zöglings gerecht werden. Gerade sie aber soll nach Herbart den Incidenzpunkt aller erzieherischen Massregeln bilden. Der einsichtsvolle Pädagog sucht für sich „eine Ehre darin, dass er dem Manne, der seiner Willkür unterworfen war, das reine Gepräge der Person, der Familie, der Geburt und der Natur unvermischt"[2]) erhalte. Er darf sich nicht von dem Verlangen unvernünftiger, törichter Eltern beeinflussen lassen, die ihre Söhne und Töchter „zustutzen", auf „das ungehobelte Holz" in unverständiger Weise „allerlei Firnis auftragen, der in den Jahren der Selbständigkeit und der Reife nicht ohne Schmerz und Schaden" wieder abgerissen wird. Darum gilt für ihn der Grundsatz: „die Individualität des Zöglings so unversehrt als möglich zu erhalten, damit nicht das blosse Exemplar der Gattung neben der Gattung kleinlich erscheine und als gleichgültig verschwinde."[3]) Gerade an dieser gattungshaften Abgleichung der Individuen aber muss dem Staate viel gelegen sein, denn mit einem derart gleichgestimmten — und sei es auch nur mechanischen — Gesellschaftsverbande hat er bedeutend leichtere Arbeit, seine Anordnungen können mehr ins allgemeine

---

[1]) „Briefe über Anwendung der Psychologie." K. Bd. IX, pag. 347. H. Bd. X, pag. 354.
[2]) „Allgemeine Pädagogik." K. Bd. II, pag. 37. H. Bd. X, pag. 38.
[3]) „Allgemeine Pädagogik." K. Bd. II, pag. 37. H. Bd. X, pag. 38.

gehen, die gesellschaftliche Folgsamkeit wird vergrössert. Letztere wird aber erst in der beseelten Gesellschaft als sittliche Nötigung empfunden. So lange dieser ideale Zustand nicht erreicht ist, muss sich der Staat mit andern Mitteln behelfen, um die notwendige Übereinstimmung der persönlichen Einsicht und des persönlichen Wollens mit den Existenzbedingungen des Staates zu erlangen. Für den Augenblick wenigstens gelingt es ihm am besten und sichersten durch möglichst weitgehende Unterdrückung der individuellen Neigungen.[1])

·· Mit der Hervorhebung dieser Tatsache ist wiederum eine unüberbrückbare Kluft zwischen Staat und Erziehung aufgedeckt. Freilich soll die Bildung des künftigen Mannes in der Berücksichtigung der Individualität nicht aufgehen. Damit würde die Erziehung in die Enge getrieben. Die Gedanken müssen auch auf allgemeine Verhältnisse gelenkt werden. Das ist um so mehr notwendig, als die natürliche Lage, in die sowohl der Zögling als auch der Erzieher durch die Geburt gebracht sind, die Tendenz besitzt, den Blick von den allgemeinen und grossen Gesichtspunkten auf zeitlich Begrenztes, örtlich Beschränktes abzuziehen. Mit Familie, Volk und Staat ist „ein Grad der Kultur, ein nationales Gefühl und Gewissen verbunden, wovon der einzelne in allen Punkten seiner Lebensbahn mächtig gelenkt, gehoben und niedergeschlagen wird".[2]) Darum ist Erweiterung des natürlichen Horizonts unbedingt erforderlich, um so mehr, als auch „das tägliche Treiben sich so vielfach einprägende individuelle Erfahrung den Gesichtskreis so mächtig in die Enge zieht."[3]) In diesem Punkte scheinen sich endlich einmal die Bedürfnisse des Staates mit den Forderungen der Erziehung in Einklang zu befinden. Aber nur scheinbar! Das Abgleichen individueller Kanten und Ecken im pädagogischen Sinne geschieht nicht in der Weise und zu dem Zwecke, den der Staat für gut befindet, d. h. nicht durch äusserlichen, mechanischen Zwang, sondern durch Ausbildung eines vielseitigen, gleichschwebenden Interesses. Der vielseitig Gebildete passt aber nicht in die engen Schranken eines Staatswesens, seine Gedanken lassen sich nicht fesseln von den Grenzpfählen seines Heimat- oder Vaterlandes und gehen nicht auf in dem Wirklichkeitsgehalte, den sie umschliessen. Diese beengenden Bande vielmehr abschüttelnd, besitzt er „kein Geschlecht, keinen Stand, kein Zeitalter! Mit schwebendem Sinn, mit allgegenwärtiger Empfindung passt er vielmehr zu Männern, Mädchen, Kindern, Frauen, er ist, wie ihr wollt, Höfling und Bürger, er ist zu Hause in Athen und London, in Paris und Sparta, · Aristo-

---

[1]) Vgl. ·„Über die Unmöglichkeit, persönl. Vertrauen im Staate . . ." K. Bd. IX, pag. 3. H. Bd. IX, pag. 224f.
[2]) „Lehrbuch zur Psychologie." K. Bd. IV, pag. 364. H. Bd. V, pag. 97.
[3]) „Zwei Vorlesungen über Pädagogik." K. Bd. I, pag. 323, 324.

phanes und Plato sind seine Freunde, aber keiner von beiden besitzt ihn. Er merkt auf das Bunte, denkt das Höchste, liebt das Schönste, belacht das Verzerrte und übt sich in jedem. Neu ist ihm nichts, frisch bleibt ihm alles. Gewohnheit, Vorurteil, Ekel und Schlaffheit berühren ihn nie."[1]) Ein solches Iudividuum kann nicht im staatlichen Alltagsleben, einem wahren Zerrbilde freien Lebens, aufgehen; es kann nicht mit der grossen Masse, die sich willenlos lenken und leiten lässt, verschmelzen; es taugt aber auch nicht in die dumpfe, die Seele einschnürende Luft der Beamtenstube und in die kühle, begeisterungslose Sphäre der Regierungstätigkeit. Der Vielseitige ist ganz allein Mensch und kann und will auch nichts anderes sein. Damit ist aber aufs neue erwiesen, dass sich Erziehungs- und Staatsaufgaben als durchaus unvereinbar gegenüberstehen. Selbst die Zügelung und Abgleichung der Leidenschaften, das Auswachsen der Individualität, die gemeinsame Sorge beider Gebiete sind, hat zu keinem einheitlichen Resultate geführt.

Die Gesamtheit der theoretischen Erwägungen hat uns dennoch in allen Punkten und mit aller Entschiedenheit auf die schroffen Gegensätze zwischen Staat und Erziehung hingewiesen. Zugleich ergibt sich, dass dieses Verhältnis kein künstliches, durch übertriebene Ansprüche der einen oder der andern Seite hervorgerufenes ist, sondern mit Notwendigkeit aus dem innersten Wesen beider Faktoren hervorgeht; denn die Grundlage des Staates bildet die Idee des Rechts, das Fundament der Erziehung aber die Idee der Vollkommenheit.[2]) Jene richtet sich auf das Zusammenleben vieler innerhalb gewisser Grenzen, diese aber auf die Entwicklung eines einzelnen ausserhalb konventioneller Normen. Die erstere konzentriert daher alles Interesse auf die Gegenwart, während die letztere erst von der Zukunft die Verwirklichung erhofft.

3. Folgerungen aus dem Verhältnis zwischen Staat und Erziehung.

Wenn zwischen zwei Wirkungskreisen keinerlei Beziehungen bestehen, ist von vornherein die Forderung völliger Unabhängigkeit, unbedingter Selbständigkeit und unbeschränkter Freiheit ausgesprochen. Staatspädagogik ist daher für Herbart ein unverständliches und unmögliches Beginnen. Bei der Wertung dieses Ergebnisses ist besonders zu beachten, dass unser Denker nur die Idee des Staates im Auge hat, von den wirklichen, unsagbar traurigen Erscheinungen des Staatslebens seiner Zeit völlig absieht. In der Einleitung zum 2. Teile seiner „Psychologie als Wissenschaft" bemüht er sich mit

---

[1]) „Allgemeine Pädagogik." K. Bd. II, pag. 40, 41. H. Bd. X, pag. 42.
[2]) Vgl. „Lehrbuch zur Einleitung in die Philosophie". K. Bd. IV, pag. 134. H. Bd. I, pag. 158.

sichtbarem Eifer, den Gedanken, „als ob er versteckter Weise auf die heutigen Staaten ziele,"[1]) rein abzuschneiden.

a) Stellung der Pädagogik und Politik im philosophischen Wissenschaftssysteme.

Welche Stellung nehmen nun Erziehungs- und Staatskunst, Pädagogik und Politik im System Herbarts selbst ein? Die Antwort finden wir, freilich in verschiedener Weise gegeben, in dem „Lehrbuche zur Psychologie" und in der „Kurzen Encyklopädie der Philosophie".

In der 1. Ausgabe des Lehrbuchs „Zur Einleitung in die Philosophie" vom Jahre 1813 sind Pädagogik und Politik nebst Religion als koordinierte Glieder der Tugendlehre aufgeführt. Es heisst dort: „Ein paar Zweige der Tugendlehre sind Politik und Pädagogik. Für jene ergeben sich aus den ursprünglichen praktischen Ideen ebensoviele abgeleitete, welche mit der Erwägung menschlicher Schranken und Hilfsmittel müssen verbunden werden."[2]) Diese Subsumtion unter die Tugendlehre fehlt in der 4. Ausgabe vom Jahre 1837. Es findet sich hier eine Gleichstellung von Tugend, Kunst und Religion und unsere beiden Disziplinen werden als Kunstlehren aufgezählt. In der 1. Ausgabe der „Encyklopädie" vom Jahre 1831 sind Staats- und Erziehungskunst unter den Elementarlehren mitgenannt, während die 2. Auflage von 1841 sie einfach als angewandte Teile der praktischen Philosophie bezeichnet. Im allgemeinen ist demnach bei Herbart die Pädagogik die Kunstlehre der Jugendbildung, die ihrem Fundamente nach auf der praktischen Philosophie ruht und in der Psychologie eine wertvolle Hilfswissenschaft besitzt. Die Politik dagegen ist Staatskunstlehre, der vorigen ebenbürtig und gleichgestellt. In dieser systematischen Zusammenstellung kommt das Ergebnis der vorangegangenen Untersuchung unmittelbar zum Ausdruck.

b) Folgerungen für die Praxis.

Aus der durchgehenden Parallelstellung ergibt sich aber auch eine gewisse Übereinstimmung und Verwandtschaft. „Wie natürlich," sagt Herbart, „da Politik und Pädagogik auf derselben Grundlage beruhen."[3]) Sie sind Sprösslinge eines gemeinsamen Nährbodens. In dieser Ansicht finden wir bei unserem Philosophen trotz der verschiedensten Eingliederung unter wechselnde Geltungsbegriffe kein Schwanken. Ihm ist auch dieser Parallelismus zwischen Politik und Pädagogik „kein blosser Luxus der Theorie, sondern er ver-

---

[1]) „Psychologie als Wissenschaft II." H. Bd. VI, pag. 22, 23.
[2]) „Lehrbuch zur Einleitung in die Philosophie." K. Bd. IV, pag. 134. H. Bd. I, pag. 158.
[3]) „Analyt. Beleuchtung des Naturrechts und der Moral." H. Bd. VIII, pag. 367.

dient Beachtung in den Fällen, wo die Erfahrung entweder im kleinen Kreise deutlicher hervortritt als im grossen oder umgekehrt".[1]) Er denkt dabei einerseits an die Auffassung und die Handhabung der Strafe und andererseits an die Vergrösserung und Verallgemeinerung individueller Züge durch ein geschicktes Projizieren auf den Hintergrund des öffentlichen Lebens. „Wir werden," heisst es an einer Stelle, „den einzelnen Menschen nicht bloss vollständiger auffassen, wenn wir ihn als einen Teil des Menschengeschlechts ins Auge fassen, sondern wir werden ihn auch leichter erkennen, wenn wir zuerst sein vergrössertes Bild im Staate beschauen."[2]) Diese Tatsachen bedingen natürlich auch eine gewisse Übereinstimmung in der Tätigkeit des Staatsmannes und des Erziehers. Ein im letzten Grunde verwandtes Ziel lenkt beider Tun in parallele Fährten und bestimmt Auswahl und Anwendung der zu ergreifenden Massregeln. „Wie vor den Augen des Erziehers eine werdende Sittlichkeit oder Unsittlichkeit sich aus einem gegebenen Boden erhebt, ebenso steht vor den Augen des Staatsmannes eine im Wachsen oder Abnehmen begriffene, mehr oder weniger von sämtlichen praktischen Ideen ergriffene beseelte Gesellschaft, getragen von der Natur, verbunden durch Gemeingeist, gebunden durch Macht, reflektierend über sich selbst in höherem oder niederem Grade. Sein Ziel ist, sie als Rechtsgesellschaft zu befestigen, als Lohnsystem zu sichern, als Verwaltungssystem zu veredeln, als Kultursystem zu erweitern und zusammenzuhalten, endlich ihrem Selbstbewusstsein die innere Zufriedenheit zu erhöhen."[3]) Unterstützend stehen beider Streben wichtige Hilfswissenschaften zur Seite, die die besonderen und vereinzelten Erfahrungen ergänzen, vertiefen und verallgemeinern: Psychologie und Philosophie der Geschichte. In beiden Wissenschaften müssen Erzieher und Staatsmann ähnliche, ihrer Quantität nach identische Kräfte wirksam sehen, d. h. Kräfte, die nicht durch eine eiserne Notwendigkeit in ihrem Wirken bestimmt und geleitet werden oder deren Einfluss durch die Annahme absoluter Freiheit illusorisch gemacht wird. „Bewegliche und lenksame Kräfte, die jedoch unter Umständen eine bestimmte Form und allmählich einen dauerhaften Charakter gewinnen, sind die Voraussetzung der Pädagogik und Politik."[4])

Solche Betrachtungen dürfen aber nie dazu verleiten, die fundamentale Verschiedenheit zu übersehen und in allzu grossem Eifer beide Bestrebungen identisch zu setzen, um daraus eine gegenseitige Beeinflussung abzuleiten oder auch dem Faktor, der bei der Wägung die grösseren Machtmittel aufweisen kann, eine überragende und herrschende Bedeutung zuzuschreiben. Das wäre ein törichter und

---

[1]) „Analyt. Beleuchtung des Naturrechts und der Moral." H. Bd. VIII, pag. 369.
[2]) „Psychologie als Wissenschaft II." Einleitung. H. Bd. VI, pag. 21, 22.
[3]) „Analyt. Beleuchtung des Naturrechts und der Moral." H. Bd. VIII, pag. 365.
[4]) „Lehrbuch zur Psychologie." K. Bd. IV, pag. 427. H. Bd. V, pag. 169.

schädlicher Wahn! Immer müssen die grossen, grundlegenden Gesichtspunkte, die eine völlige Unabhängigkeit der Erziehung vom
Staate fordern, als Leitsterne jeder pädagogischen Betrachtung
dienen. Erst dann wird sich demjenigen, der sich ernstlich mit
erzieherischen Aufgaben beschäftigt, das Wesen dieser tiefen Wissenschaft und erhabenen Kunst voll erschliessen, denn niemals „wird
derjenige eine Sache recht erkennen, der damit anfängt, sie als
Mittel zu etwas anderem zu betrachten. Und ebensowenig verstehen diejenigen sich auf Erziehung, die, nachdem sie lange vorher
mit staatskünstlerischen Theorien und frommen Wünschen sich getragen hatten und endlich aus Verzweiflung die Pädagogik nicht
etwan zu Hilfe rufen, — nein! — eine neue Pädagogik erfinden
wollen, so wie sie sein müsste und müsste sein können, um für jene
politischen Theorien einen Strebepfeiler abzugeben".[1]

Schluss folgt.

II.

Über Gedächtnistypen.

Von Marx Lobsien, Kiel.

I.

Anschauungs- und Gedächtnistypus nennt man gewöhnlich in
einem Atemzuge; es kann auch keinem Zweifel unterliegen, dass sie
aufs engste miteinander zusammenhängen. Bekanntlich spricht man
von dem akustischen, dem motorischen und dem optischen Typus.
Doch ist hier gleich einem Missverständnisse zu begegnen, das sich
leicht einstellen könnte: ausgeprägte Einzeltypen gibt es
innerhalb der Gesundheitsbreite nicht, sondern man kann
von Anschauungs- und Gedächtnistypen nur in dem Sinne reden,
dass das eine oder andere Moment mehr oder minder stark überwiegt und so der Persönlichkeit ein nach ihr geartetes Gepräge auf-
drückt. Niemals aber ist die eine oder andere Seite gänzlich
ausgelöscht. Streng genommen kann man, unter normalen Umständen, nur von Mischtypen reden.

---

[1] „Über Erziehung unter öffentlicher Mitwirkung." K. Bd. III, pag. 75. H.
Bd., XI, pag. 368.

Die Terminologie: 1. Mischtypus, 2. akustischer, 3. motorischer, 4. optischer Typus hat also folgenden Sinn: 1. nach allen drei Seiten ist die Persönlichkeit annähernd gleich günstig veranlagt, 2, 3, 4: die betreffende Seite dominiert deutlich.

Es erhebt sich als erste Aufgabe, eine Methode ausfindig zu machen, die gestattet, die einzelnen Momente nicht nur zu sondern, sondern auch dem Grade nach gegeneinander abzuwägen. Das ist keineswegs eine leichte Aufgabe, wie die bisherigen Bemühungen in dieser Richtung beweisen. Vor allem gilt das gegenüber dem motorischen Moment. Die Versuche, das motorische Moment zu unterbinden, wie sie in den neueren experimentell-didaktischen Bestrebungen auf dem Gebiete des Rechtschreib-, Rechenunterrichts u. s. w. sich finden, sind ja so bekannt, dass es hier nur eines Hinweises bedarf. Sie sind allesamt so roh, in ihren Wirkungen so unkontrollierbar, dass man dem gegenüber verzweifeln möchte, eine brauchbare Methode zu finden, die weiter über die geschulte Beobachtung hinaus führte. Ich erinnere zum Beweise nur an die zahlreichen Muskelbewegungen bei dem Sehen, dem Hören u. s. w., ohne deren Infunktiontreten weder Hören noch Sehen möglich ist — sie alle aber lösen motorische Empfindungen aus. Die Versuche beschränken sich darum wohlweislich darauf, Sprech- und Schreibbewegungsempfindungen wenigstens zu dämpfen, erstere indem man zumeist die Zungenspitze festlegt, rollt oder zwischen die Zähne klemmt, letztere, indem man die Schreibbewegungen der Finger und der Hand unterbindet. Indem man nun bald unter Aufhebung dieser Hemmung, bald unter Mitwirkung derselben, schreiben, rechnen, memorieren u. s. w. lässt, beobachtet man Förderung oder Hemmung und bezeichnet als Motoriker den Typ, der bei Hemmungsaufhebung die grössere Förderung seiner Leistungsfähigkeit aufweist. — Zweifelsohne, das Verfahren ist roh, aber wir besitzen bis heute kein besseres. Ich habe in meinen vorliegenden Untersuchungen mich in erster Linie auf eine deutliche Sonderung des akustischen und optischen Typus Gewicht gelegt — und hier haben wir allerdings ein viel sicheres Mittel beide gegenseitig zu binden — nur in einem Schlussversuche habe ich die motorische Seite berücksichtigt.

Zuvor einen kurzen historischen Rückblick. So weit meine Kenntnis reicht, gebührt das Verdienst, die vorliegende Angelegenheit zum ersten Male experimentell in Anwendung gebracht zu haben, dem Freiburger Professor Cohn. Er veröffentlichte seine Untersuchungen in der Zeitschr. f. Psychologie und Physiologie der Sinnesorgane. Seine Methode ist aber für Massenbeobachtung in didaktischer Absicht wenig brauchbar, darum erübrigt sich eine nähere Würdigung.

Weit später setzten dann die bekannten Versuche der Lay'schen Schule ein. Neuerdings hat Lay eine neue Weise versucht, die er

2*

in seiner experimentellen Didaktik[1]) folgendermassen beschreibt — allerdings unter dem Vorbehalt, dass er einen ersten Versuch wage —: Versuchspersonen waren Schüler einer Klasse, für die ich im Jahre 1900 die Zugehörigkeit zu den sprachlichen[2]) Typen (nach oben erwähnter Methode) festgestellt hatte. Um die sinnliche Art der sachlichen[2]) Anschauung zu prüfen, wurde zunächst in folgender Weise verfahren: Ich bildete drei Gruppen von je fünf Dingnamen. Die erste Gruppe konnte hauptsächlich auf Gehör und Gesicht, die zweite auf Muskelsinn, Gesicht und Gehör beruhen, und die dritte umfasste die abstrakten Vorstellungen. Die Wörter wurden den Schülern zur Reproduktion des zugehörigen Inhalts, zur Erinnerung an die „Sache" in folgender Reihenfolge durch deutliches Vorsagen dargeboten: 1. Pfeife, 2. Gerechtigkeit, 3. Schlagen, 4. Verhalten, 5. Sprechen, 6. Gesang, 7. Tugend, 8. Brüllen, 9. Ursache, 10. Schreiben, 11. Zischen, 12. Klettern, 13. Glocke, 14. Barmherzigkeit, 15. Stoss. Die durch das dargebotene Wort in der Erinnerung hervorgerufene, am deutlichsten bemerkbare Vorstellung wurde von den Schülern notiert. Alsdann folgte die Darbietung des nächsten Wortes. Dem Versuche gingen die nötigen Übungen und Belehrungen voraus. Diese betrafen namentlich die Unterscheidung des Gesichtsbildes, des Klangbildes und der Muskelempfindung, der Sache und des Wortes von denen die eine oder die andere als stellvertretende Vorstellung der Sache in der Erinnerung auftaucht. — Diese Methode hat den grossen Nachteil, dass sie bei Schülern — Lay experimentierte mit Seminaristen — nicht verwendet werden kann. Sie setzt ein hohes Mass von Selbstbeachtung voraus, das man dort nicht voraussetzen darf. Dazu kommt folgendes: das Selbstbeobachten in der vorliegenden Form birgt noch stärkere Gefahren als unter gewöhnlichen Umständen, die der Täuschung, der Fälschung. Man hat nicht erst in neuerer Zeit auf diese Gefahren des Selbstbeobachtens hingewiesen, besonders nachdrücklich betont Herbart diesen Umstand. — Hier aber bringt Lay dieses Verfahren mit Absicht wieder zur Anwendung: Fälschungen können nicht ausbleiben. Das den Fehler verstärkende Moment aber ist, dass dem der unbewussten suggerierenden Einwirkung durch den Versuchsleiter Unterworfenen (gerade durch die Belehrung), die Bezeichnung der bevorzugten Vorstellung zum Gegenstande der Überlegung, der Wahl wird. Alle drei Seiten — z. B. bei der Glocke: die Form, der Klang, die schwingende Bewegung, bieten sich der Meditation dar, die Wahl ist ein Akt der Überlegung, aber nicht spontanes Erfassen. — Der Experimentator darf die Fäden nicht soweit aus der Hand lassen, dass ihre Schürzung in dem Masse der oft gerügten Vulgärbeobachtung grossenteils zer-

---

[1]) Wiesbaden, Nemnich, 1903, S. 215.
[2]) Von mir gesperrt. D. V.

fällt. Dazu darf ich noch erwähnen, dass es sich hier lediglich um „deutlich vorgesprochene Wörter" handelt; folglich erfährt das akustische Moment durchgehends eine starke Betonung, sehr oft, z. B. bei den „Abstrakten" dadurch ein nicht geringes Übergewicht. Diesen Umstand hat Lay nicht näher erwogen, hat das Übergewicht nicht ausgeglichen — vielleicht, weil er es nicht konnte. Man könnte dem entgegenhalten, dass trotzdem der Typencharakter, wenn auch hier und da weniger deutlich, zum Ausdruck komme und zum Beweise dessen auf die Übersicht Lay sauf S. 216, angeführten Orts, hinweisen, aber zunächst muss man bedenken, dass die ausgeprägten, widerstandsfähigen Typen dünn gesäet sind, die minder deutlich ausgeprägten (die Mehrzahl) aber im Verhältnis ihrer schwächeren Betonung der Beeinflussung in dem gedachten Sinne unterworfen sind — auch das geht aus der erwähnten Tabelle je und je deutlich hervor.

Dem Lay'schen Verfahren gegenüber möchte ich fordern: 1. das optische Beobachtungsmaterial werde dem Auge, das akustische dem Ohre dargeboten, 2. die Methode muss das Material straffer in den Händen des Experimentators lassen.

Dabei will ich nicht leugnen — und das möge in diesem Zusammenhange kurz erledigt werden —, dass unter diesen veränderten Umständen der zahlenmässige Vergleich erschwert erscheint; man kann nur äusserlich eine gleiche Anzahl optischer und akustischer Reize den Beobachtern bieten — auf alle Fälle aber scheint mir ein derartiges Verfahren, gegenüber jener durch die äussere Versuchsanordnung notwendig bedingten Bevorzugung einer Seite, geringere Fehler zu sichern.

Mancherlei Vorwürfe, die ich gegen die Lay'sche[1]) Methode erhoben habe, treffen auch meine „Untersuchung über den relativen Gedächtniswert verschiedener Gedächtnistypen",[2]) der einige Jahre zurückliegt. Hier versuchte ich, durch ein Examen den Gedächtnistypus festzustellen und zwar in der Art, dass ich vier Fragen beantworten liess: 1. Wer lernt zu Hause laut? Wer lernt leise? Wer denkt bei dem Aufsagen an die Seite im Buch? Wer lernt sein Memorierstück leichter, wenn die Mutter es ihm vorspricht? Wenngleich die Ergebnisse sehr wohl mit praktischen Erfahrungen übereinstimmen, so wirken doch auch hier eine Reihe von Umständen, die sich einer schärferen Beobachtung und strafferen Formulierung entziehen.

Diese Erwägungen veranlassten mich einen neuen Versuch anzustellen, dessen Weise und Ergebnisse ich nun darstellen möchte.

---

[1]) Das Kapitel: „Anschauungstypen" ist übrigens eine vorzügliche Arbeit und gehört zu den besten des ganzen Buches.
[2]) Herm. Beyer u. S., Langensalza 1901.

II.

Methode des Versuchs.

1. **V e r s u c h s p e r s o n e n.** Der Versuch wurde angestellt in drei Knabenklassen hiesiger Volks- und Mittelschulen. Die Kinder standen im Durchschnittsalter von bezw. 13/14, 12 und 11 Jahren.

2. **O b j e k t d e s V e r s u c h s.** Folgende Versuchsanordnung stellte ich auf: die Kinder haben vor sich ein Blatt Papier und den Schreibstift in der Hand. A: die Wörter: dröhnen, pfeifen, stampfen, krachen, rauschen, knistern, säuseln, klirren, rasseln, knallen werden den Kindern deutlich vorgesprochen. Die Kinder werden veranlasst, während des Hörens die Zungenspitze zwischen die Vorderzähne zu klemmen (Zf). Dann folgt der Befehl: Schreibt! Nach 24, 48, 72 Stunden, dann nach 6 Tagen erfolgt eine Erneuerung des Versuchs, aber jetzt fällt das Vorsprechen a u s und die Aufgabe lautet: Schreibt die Wörter auf, die ich euch gestern (u. s. w.) vorsprach. — B: den Schülern wurde ein Bild gezeigt, auf dem nachbenannte Gegenstände und in folgender Anordnung gezeichnet waren:

Kreisel		Kasten		Korb
	Treppe		Wagen	
Tanne		Glas		Hut
	Kerze		Pinsel.	

(Ich bemerke, dass diese Gegenstände nur in Umrisszeichnung geboten wurden ohne jegliches ornamentale Beiwerk.) Die Ausführung geschah mit schwarzer Tusche auf weissem Grunde und in solcher Grösse, dass sie auch in grösseren Klassen auf den letzten Sitzplätzen deutlich erkennbar waren. — Die Fixationszeit beträgt 3 Minuten. Dann wird das Bild schnell entfernt und die Schüler müssen niederschreiben, was sie behalten haben. Während des Beobachtens: Zf.! Nach 24, 48, 72 Stunden, dann nach 6 Tagen werden die Kinder erneut veranlasst, das Gesehene niederzuschreiben — das Bild wird aber n i c h t wieder gezeigt. — C: Die oben verzeichneten Wörter werden, eins nach dem andern, unmittelbar nach dem Vorsprechen, im Chor wiederholt und dann im ganzen niedergeschrieben. Dann wird auch das B i l d erneut gezeigt. Die Kinder umfahren die Grenzen der dargestellten Dinge mit dem Finger in der Luft und schreiben nach schneller Entfernung des Bildes nieder, was sie behalten haben. Dieser Versuch wird nur an einem Tage, nämlich 24 Stunden nach dem letzten korrespondierenden Versuche, angestellt.

Die ganze Versuchsordnung bezog sich — ich möchte das erneut wiederholen — in erster Linie auf den akustischen und optischen

Typus. Nächstdem ist insonderheit neu, dass nicht nur die sog.
Frische das Gedächtnis, d. h. das Ergebnis nach unmittelbarer Beobachtung verzeichnet wurde, sondern auch die Gedächtnistreue
über einen Zeitraum von 6 Tagen.

III.

Ergebnisse.

A. Gesamtergebnis

Die Versuchsergebnisse jedes Einzelversuchs wurden innerhalb
der gleichen Altersstufen addiert und durch die zugehörige Personen-
zahl dividiert. So wurde im Mittel gewonnen die jeweilige Gedächt-
nisenergie einer dem jeweiligen Klassenverbande angehörigen idealen
Durchschnittspersönlichkeit. Ich verzichtete auf eine eingehendere
Fehlerwertung und berechnete nur innerhalb der oben signierten
Gruppen A, B und C die Gesamtergebnisse (g) und die
richtigen (r) Aufzeichnungen. Die Differenz zwischen beiden
deutete ich im Rahmen dieses Gesamtergebnisses als Fehlerwerte. Ich stelle vorab die Ergebnisse her, gesondert nach den
absteigenden Altersstufen.

Klasse II:

Versuchszeit	A		B	
	g	r	g	r
I	9,1	7,7	5,4	4,3
II	8,8	8,4	4,5	3,7
III	9,5	9,4	6,0	5,5
IV	9,6	9,5	6,8	5,9
V	10	9,9	6,6	5,5
C	10	10	9	8,5

Klasse III:

Versuchszeit	A		B	
	g	r	g	r
I	7,3	6,0	3,9	3,8
II	7,0	6,0	4,0	3,3
III	7,1	6,5	4,7	4,2
IV	7,8	6,7	5,1	4,4
V	7,9	7,0	5,1	4,3
C	9,7	8,7	7,9	7,5

Klasse IV:

Versuchszeit	A		B	
	g	r	g	r
I	8,2	7,7	6,1	4,1
II	9	8,5	6,5	4,1
III	9,2	8,7	7,2	4,4
JV	8,1	8,1	5,9	3,8
V	8,2	7,6	5,4	4,1
C	9,5	9,1	7,9	6,9

Als Gesamtergebnis berechnete ich folgende Werte. Sie stellen die Klassenergebnisse, d. h. die Gesamtergebnisse dividiert durch 3 dar.

Gesamt:

Versuchszeit	A		B	
	g	p	g	p
I	8,5	7,1	5,1	4,1
II	8,3	7,6	5,0	3,7
III	8,6	8,1	6,0	4,0
IV	8,7	8,1	5,9	3,9
V	8,5	8,0	5,7	4,6
C	9,7	9,3	8,3	7,6

Weil die Klassen II und III ein Sonderverhalten aufweisen, schien es empfehlenswert, aus ihnen einen Gesamtwert zu berechnen. Ich berechnete folgende Gesamtwerte:

Gesamtwerte für Klasse II u. III:

Versuchszeit	A		B	
	g	p	g	p
I	8,2	6,8	4,6	2,0
II	7,9	7,2	4,2	3,5
III	8,3	8,0	5,3	4,8
IV	8,7	8,0	5,9	5,1
V	8,9	8,5	5,8	4,9
C	9,9	9,3	8,9	8,0

In diesen allgemeinen Daten finde ich erneut eine Bestätigung (hinsichtlich des optischen Beobachtungsmaterials) der Ergebnisse meiner früheren Untersuchungen, nämlich, dass die primäre Reproduktion, d. h. die Niederschrift des Behaltenen unmittelbar nach der Beobachtung, keineswegs — wie doch landläufige Erfahrung annimmt — das günstigste Ergebnis liefert, sondern dass die Menge des richtig Reproduzierten von Fall zu Fall wächst;[1] das gilt für Klasse 4 bis zur Reproduktion nach 72 Stunden, für Klasse 2 und 3 auch noch für die Wiederholung nach 6 Tagen. Die Menge des Reproduzierten wächst, um erst nach einer gewissen Zeit unaufhaltsam dem Vergessen zu verfallen.

(Bemerkung bez. der Versuchstechnik. Ich bedauerte nachträglich, dass ich kein grösseres Wortmaterial und eine entsprechend reichere Ausgestaltung des Bildes gewählt hatte, der Kurvenverlauf wäre wenigstens für die oberen Klassen etwas deutlicher zutage getreten.)

Einen ganz andern Verlauf nimmt die Kurve, die sich auf das Gedächtnis für gehörte Wörter bezieht. Zunächst ist auffällig, dass das optische (o) Gedächtnis[2] dem akustischen (a) weit überlegen ist. Auf der Tabelle auf Seite 38, I ersieht man leicht, dass o sich verhält zu a etwa wie 8 : 4, ihm also doppelt überlegen ist, ein Ergebnis, das der landläufigen Erfahrung durchaus entspricht. Das Memorieren akustischer Dinge erfordert die doppelte Mühe und im allgemeinen die doppelte Anzahl von Wiederholungen. Ich sage im allgemeinen aus einem doppelten Grunde: 1. Mit Fleiss wählte ich eine Reihe zusammenhangsloser Bilder und Wörter aus und ordnete sie so an, dass keinerlei störende Assoziationen eingreifen konnten. Nun kann aber keinen Augenblick bezweifelt werden, dass ein sinnvoller Zusammenhang — so wenn die Bilder eine Geschichte, die Wörter eine kurze Erzählung darstellen — dem Gedächtnis die wertvollste Stütze bieten. Dieser sinnvolle Zusammenhang wird gewiss das Verhältnis o : a = 2 : 1 modifizieren, immer aber wird o über a an Wert hinausragen. 2. Der Typenunterschied der Sonderpersönlichkeit ist hier ausgelöscht worden; ich begnügte mich vor der Hand mit dem Typenbilde einer ganzen Klasse. Es ist aber sehr wohl möglich, dass ausgeprägtere Sondertypen einen andern Kurvenverlauf, ein anderes Wertverhältnis offenbaren werden — das werden wir später erfahren.

Im besonderen zeigt sich, entgegen dem Ansteigen der optischen Kurve, relative Konstanz; erst gegen Ende der Versuchsperiode fällt die Kurve.

---

[1] Zu vergleichen: 1. Marx Lobsien, Aussage in Wirklichkeit bei Schulkindern (Beitrag z. Psych. d. Aussage. Bd. I. 2. Ders. Über das Gedächtnis für einfache bildl. Darstellungen. Ebd. Bd. II.

[2] Ich brauche die Ausdrücke: akustisches, optisches und motorisches Gedächtnis der Kürze wegen. Der Sinn ist nicht missverständlich.

Das ist offenbar ein eigenartiges Ergebnis, das der täglichen Erfahrungzu widersprechen scheint, die da genugsam lehrt, dass Memorierstoffe nur durch sorgsamste Wiederholung präsent erhalten werden können. Man könnte, einen Deuteversuch wagend, darauf hinweisen, dass doch jede Erneuerung des Versuchs eine Wiederholung bedeute. Das kann zwar nicht geleugnet werden; doch kann man unmöglich diesen Umstand dafür verantwortlich machen, dass immer mehr reproduziert wird, bezw. der vorhandene Gedächtnisinhalt relativ konstant erhalten blieb. Dem Umstande könnte man höchstens zuschreiben, dass etwa das primär Reproduzierte erhalten blieb, doch nicht einen Zuwachs an Gedächtnisinhalt. Man könnte ferner erwägen: der Versuch bedeutet für die Kinder etwas Neues. Nach Kinderart werden sie sich hernach über die Angelegenheit unterhalten und da das Prinzip der Agonistik, d. h. des Wettbewerbs, bei dem Versuche nicht zu umgehen ist, so werden sie sich gegenseitig erkundigen, wieviel und was sie geschrieben. So wird der eine seinen Gedächtnisvorrat aus dem des andern ergänzen und es muss notwendig für den zweiten ein günstigeres Gesamtresultat herauskommen. So verständig dieser Gedanke lautet, so ist ihm hier doch in keiner Weise stattzugeben. Zunächst: wie will man so erklären, dass die Menge des Reproduzierten vom vierten Versuchstage an fällt? Ferner: ein Verbot, sich untereinander über die Sache nach der Stunde zu unterhalten, wäre natürlich gerade eine Einladung dazu gewesen, es wurde daher nicht gegeben. Aber es lag gar keine Veranlassung vor, sich über die Sache zu unterhalten, denn die Kinder wussten gar nicht, dass und wann eine Wiederholung stattfinden sollte. Dazu lag der Versuch zu Beginn der Unterrichtsstunde. Die Arbeit der Stunde löschte das Gedächtnis für den einfachen Vorgang stark hinweg. Sollte demnach je und je eine Unterhaltung zwischen diesem und jenem stattgefunden haben, so war sie keineswegs in der Lage bei 140 × 6 × 20 = 16 800 Einzelversuchen eine derartige Regelmässigkeit zu erzeugen.

Zur vorläufigen Orientierung sei mir gestattet, auf ein zweifaches hinzuweisen: 1. zwischen den einzelnen Wörtern und den Sonderbildchen bestand kein logischer o. ä. Zusammenhang, es war ganz gleichgültig, in welcher Folge sie durch den Schreibenden reproduziert wurden. Gerade diese Beziehungen aber sind bei dem sogenannten judiziösen Gedächtnis das Wesentliche. Sie bilden die Stütze für das Was. Man verlässt sich auf die Beziehungen die eine leichte Rekonstruktion zu ermöglichen scheinen und achtet weniger auf das Was. Diese Bedeutung des Gedächtnis der Beziehungen ist, soweit meine Kenntnis reicht, nicht immer genug gewürdigt worden. 2. betone ich erneut, dass es sich hier um ein Massen- und Klassenbild, nicht um den Sondertypus handelt.

Trotzdem bleibt ein Rest, der der Erklärung trotzt und den wir als Tatsache, als eine neue Erscheinung bei dem rein mechanischen Gedächtnis zu würdigen haben. Es liegt hier eine neue Bestätigung des Herbart'schen Gedankens vor, dass nichts, was die Seele aufgenommen hat, verloren gehe, es taucht aus der Latenz·auf, wenn die mechanischen Bedingungen dafür vorhanden sind. Alle 10 Bildchen, alle 10 Wörter sind mit grösserer oder geringerer Deutlichkeit projiziert worden. Da sie aber Eigentum der Seele, wenn auch in anderer Form schon waren, so werden manche infolge ihrer mannigfachen Verknüpfung mit anderen Vorstellungen gebunden, um erst bei besonderer Gelegenheit hervorzutreten. Diese besondere Gelegenheit wird mechanisch zum guten Teile geschaffen durch die Aufforderung, was man vordem gesehen und gehört hat, aus dem Gedächnis niederzuschreiben.

Ich will den Klassentypus nicht verlassen, ohne auf einige Punkte den Finger zu legen. Die Niederschrift erfolgte unmittelbar nach der sinnlichen Wahrnehmung — primäre Aussage, oder erst später — sekundäre Aussagen 1., 2., 3. und 4. Ordnung. Der erste Umstand geht wesentlich die Gedächtnisfrische, der letztere die Gedächtnistreue an.

Beide werden durch ein Doppeltes bestimmt: durch die Anzahl der richtigen und die der Gesamtreproduktionen. Die zwischen den richtigen und den zugehörigen Gesamtreaktionen liegenden sind Fehlreaktionen — diese näher zu sondern hat für die allgemeinere Betrachtung keinen Sinn. Je grösser die Zahl der Gesamtreproduktionen, aber je kleiner die innerhalb derselben liegende Anzahl richtiger Reproduktionen ist, desto geringer ist die Frische, bezw. die Treue des Gedächtnisses. Der Treuewert wird also bestimmt durch das Verhältnis der richtigen zu der Anzahl der Gesamtreproduktionen. Da die Gesamtreproduktionen bestehen aus $r + f$, d. h. den richtigen und falschen, so können wir die Formel für den Treuewert kurz formulieren:

$$\frac{r^{1)}}{r + f.}$$

Dieser Treuewert hat offenbar einen Komplementärwert in dem Untreuewert. Die Untreue gegen korrekte Reproduktion besteht hier in einem phantasiemässigen Ergänzen des Behaltenen. (Ein stärkerer Anreiz zu derartigem Ergänzen liegt darin, dass ein dunkles Bewusstsein dafür vorhanden ist, dass eine grössere Menge sinnlich dargeboten worden war, so suchte man zu ergänzen. Auf welchen interessanten Wegen das oft geschah, werde ich hernach zeigen.) Diesen Untreuewert können wir mithin als Ausdruck für die Neigung

---

¹) Offenbar der prozentuale Wert, also: $\frac{r \cdot 100}{r + f}$, doch kann der gleiche Multipl. vernachlässigt werden.

zum phantastischen Ergänzen ansehen. Mathematisch ist er natürlich zu formulieren:

$$\frac{r+f}{r}$$

Ich bezeichne den ersten Wert kurz als t und diesen als p, also

$$t = \frac{r}{r+f}$$

$$p = \frac{r+f}{r}.$$

Es erhebt sich die Frage, wie beide Werte in den aufeinanderfolgenden Versuchen sich verändern. Erst so gewinnen wir den **wahren** Treue-, bezw. Frischewert der beiden Klassentypen A und B, nicht lediglich aus — wie oben geschehen ist — den absoluten Daten. Ich bescheide mich, die Gesamtergebnisse herzustellen.

Versuch	A		B	
	t	p	t	p
I	87	13	82	18
II	92	8	76	24
III	94	6	80	20
IV	95	5	80	20
V	93	7	82	18
C	98	2	93	7

Es offenbart sich hier, dass die Zuverlässigkeit des Gedächt· nisses sowohl bei dem A-, als bei dem B-Typus **relativ gleich bleibt** innerhalb des geleisteten Gesamtwertes. Sie ist bei A grösser als bei B. Sie wächst — das darf ich aus Tabellen, die ich des Raumes wegen hier nicht veröffentlichen will, schliessen, besonders bei B, — deutlich mit zunehmendem Alter. Auch die Neigung zu phantasiemässiger Ergänzung, bleibt relativ gleich innerhalb der aufeinanderfolgenden Versuche. Das wäre unmöglich, wenn nicht die Gesamtangaben und die richtigen Reproduktionen annähernd übereinstimmend steigen und fallen.

Dazu noch eine kurze Bemerkung. In Prozenten des Anfangswertes wachsen und fallen die Ergebnisse in den aufeinanderfolgenden Versuchsphasen:

Versuch	A		B	
	g	p	g	p
I	100	100	100	100
II	98	107	99	90
III	112	114	118	99
IV	123	114	115	95
V	100	112	112	89
C	114	131	161	185

Die Tabelle zeigt mit hinlänglicher Klarheit, dass sowohl die Gesamtangaben bei A wie bei B dauernd wachsen; bezüglich der richtigen Reproduktionen aber den Fundamentalunterschied zwischen der optischen und der akustischen Kurve (den der Vergleich der absoluten Angaben nicht offenbaren konnte): die Kurve der richtigen optischen Angaben steigt, die der richtigen akustischen aber fällt. Das Ergebnis scheint mir wichtig genug, um es in einer graphischen Darstellung zu veranschaulichen. Die Abszisse denke ich mir in der Höhe von 100.

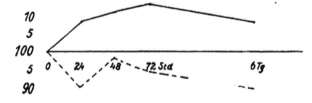

B. Besondere Typenunterschiede.

1. Wie werden sie bestimmt?

Der motorische Typus soll uns aus den angedeuteten Gründen nur ganz zum Schluss kurz beschäftigen. Ich unterscheide daher nur folgende Typen: den akustischen, den optischen und den akustisch-optischen oder Mischstypus. Der Kürze wegen bezeichne ich sie als a, o und a-o. Die Festsetzung geschah auf einfachste Weise. War annähernd ein gleich grosses optisches und akustisches Material reproduziert worden, dann verzeichnete ich a-o, überwog a oder o, dann wurde der entsprechende Typus konstatiert. Selbstverständlich darf man nicht engherzig sein. Mischtypus wurde auch dann verzeichnet, wenn a und o im Verhältnis von etwa 4 : 5 standen, die Differenz also = 1 war. Ein solches Verfahren schien mir aus praktischen Gründen durchaus erlaubt. Die Differenz musste aber mindestens 2 betragen, wenn Typus a oder o festgestellt werden sollte. Das Verfahren scheint sehr mechanisch und äusserlich, doch bemerke ich zur Klärung, dass die phantasiemässigen Ergänzungen und die Art der Anordnung des sinnlich wahrgenommenen in den reproduzierten Reihen genau gewertet wurde. Namentlich bei akustischem Material zeigen sich Ergänzungen allein mit Hilfe von Klangassoziationen, und ebenfalls erwiesen sich derartige Assoziationen bei der Anordnung der Glieder wirksam; teils wirkten konsonantische Alliterationen, teils vokalische Assonanzen. So kam also nicht lediglich die Menge, sondern auch die Art der reproduzierten Darstellungen und ihre Anordnungen bei der Typenbestimmung voll zur Geltung.

2. Die Häufigkeit der Typen a, o und a-o.

Eine erste Anordnung der Ergebnisse sollte feststellen, wie häufig die drei Typen unter den Schülern nachweislich waren. Es kamen 140 Schüler in Betracht. Unter diesen 140 fand ich angehörig

Typus   a = 3,
Typus a-o = 30,
Typus   o = 107.

Der Typus o dominierte also ganz entschieden. Darf man diese Werte verallgemeinern, so kann man folgende prozentualen Werte über die Häufigkeit der Typen berechnen:

Typus   o = 76,5 %,
Typus a-o = 21,4 %,
Typus   a = 2,1 %.

3. Typus- und Gedächtnisstreue.

Es erhebt sich nun die Frage, ob die Sondertypen mit den Klassentypen übereinstimmenden Kurvenverlauf zeigen hinsichtlich der Frische und der Treue des Gedächtnisses. Nun wäre selbstverständlich eine starke Zumutung an den Leser, wollte ich das gesamte Datenmaterial hierherstellen. Darum biete ich nur die Gesamtergebnisse, die ich mittels der in der Statistik gebräuchlichen Durchschnittsrechnung aus den einzelnen Typensummen gewonnen habe. Für jeden Versuch wird mithin zunächst die Summe aller

Richtig- und Fehlreproduktionen innerhalb des o-Typs addiert und durch die Gesamtzahl der Typenangehörigen dividiert. So gewinnt man also die Durchschnittszahl der Reproduktionen pro Kopf, Genau so verfährt man mit a-o und a. Ich beschränke mich auf die übersichtliche Darstellung der richtigen Reproduktionen aus A, B und C. Nach Typen gesondert ergeben sich folgende Werte:

Versuch		Typus		
		a	a-o	o
I	A	2	6,2	9
	B	7	6	4,5
II	A	2	7,8	9
	B	6,5	7	3,4
III	A	3	7,5	9,2
	B	6,4	7	5,5
IV	A	3,2	7,5	9,1
	B	6,0	5	4,4
V	A	3,3	6,7	7,7
	B	5,9	5	3,8
C	A	—	9	9,6
	B	—	8,4	6,3

Der a-Typus weist die geringsten Gedächtnisleistungen auf. Das günstigste Ergebnis zeitigte der Primärversuch, dann aber zeigt sich ein stetes Fallen von Versuch zu Versuch. Die Leistungen auf akustischem Gebiete sind dürftig, trotzdem zeigen sie ein Steigen und Fallen entsprechend der eben ausgesprochenen Regel. — Relativ am günstigsten sind die Resultate des a-o-Typs. Das optische Material folgt durchaus der Regel, auch das akustische zeigt anfänglich eine Steigerung, wohl veranlasst durch die bedeutende Assistenz der optischen Vorstellungen. — Der optische Typus erzielt gleich derartig hohe Resultate, dass eine weitere Steigerung unmöglich erscheint, auf akustischem Gebiete sind die Leistungen gering und — wohl auch infolge Assistenz durch optische Vorstellungen — in ihrer Höhenlage schwankend.

Bestimmen wir jetzt nach der Formel

$$\frac{r}{r+f}$$

den Treuwert der einzelnen Gedächtnistypen und zwar sowohl die Frische wie die Treue. Für die Gedächtnisfrische gewinnen wir den Wert aus der ersten Versuchsreihe. Ich berechnete für Typus

	a	a-o	o
A	15	91	100
B	67	86	71.

Da der Komplementärwert dieser Daten, wie oben ausgeführt wurde, ein Ausdruck ist für die Neigung zum phantasiemässigen Ergänzen, so folgt aus ihnen zugleich, dass diese Neigung bei Typus a weit stärker vorhanden ist als bei o und a-o, und zwar in erster Linie gegenüber dem akustischen Material. Diese Neigung wuchs, wie wir gleich sehen werden, in demselben Masse wie das zu Reproduzierende dem Gedächtnis entschwand.

Die Gedächtnistreue zeigen folgende Werte an:

Versuch		Typus		
		a	a-o	o
I	A	26	63	91
	B	87	75	85
II	A	37	71	93
	B	81	69	87
III	A	38	74	92
	B	80	82	79

Versuch		Typus		
		a	a-o	o
IV	A	35	68	89
	B	76	79	78
V	A	27	69	90
	B	96	74	75

den relativ höchsten Treuewert des Gedächtnisses hat der Typus o, den geringsten Typus a. Der Treuewert sinkt bei a von Versuch zu Versuch. Im übrigen bleibt der Wert verhältnismässig konstant.

Ich habe bereits oben angedeutet, dass die Neigung zum phantasiemässigen Ergänzen bei dem akustischen Typus deshalb grösser ist, weil das Wort viel flüchtiger ist als das Bild. In dem Augenblicke, da es erschallt, ist's verhallt. Das Bild hält wiederholter Beobachtung stand. Es war nicht ohne Interesse, die Art und Weise dieser Ergänzungen zu verfolgen. Deutlich liessen sich mehrere Stufen verfolgen: Einer ersten Gruppe genügten äussere Klangassoziationen — vokalische oder konsonantische, um dann wahl- und kritiklos eine Reihe ähnlich klingender Wörter niederzuschreiben. Das geschah ganz unbekümmert um die Zahl und Art der vorgesprochenen Wörter. Es wurden bis zu 14 Wörtern niedergeschrieben, von denen nicht selten nur zwei richtig waren, oft lagen sie gar nicht auf akustischem Gebiete. Bei einer andern, verwandten, Gruppe war offenbar nur der Totaleindruck: Geräusch nach der Darbietung geblieben; dementsprechend verfuhr sie bei der Niederschrift. — Ich bemerke ausdrücklich, dass es sich hier um Akustiker handelt, denn ihre Gedächtnisleistung auf optischem Gebiete war sehr minderwertig. Wo das optische Moment etwas stärker betont war, stellte sich plötzlich als starke Stütze ein Begriff höherer Ordnung ein, dem die durch die Wörter bezeichneten Inhalte subsummiert wurden. Ich will nur zwei hervorragend charakteristische Beispiele herstellen. Das Wort „schallen" erweckte in mehreren Fällen den Begriff Peitsche, und nun folgten in bunter Reihe: schallen, knallen, sausen, pfeifen, schwingen. Ebenso eigentümlich ist das andere Beispiel. Da stellte sich der Begriff Lokomtive ein, wohl geweckt durch: rasseln oder pfeifen und daran knüpft sich: pfeifen, rasseln, sausen, dampfen, rauchen, stampfen, dröhnen. So entwickelt sich plötzlich eine kombinatorische Tätigkeit, die der Experimentator nicht vorgesehen hatte. Wir haben hier zugleich ein interessantes Beispiel einerseits, wie das optische Element das akustische zu stützen vermag, andererseits wie der „Sinn" belebend einzugreifen vermag.

Es erübrigt noch, in prozentualen Werten das Wachsen und Fallen der Reproduktionsmenge innerhalb der einzelnen Typen anzugeben. Ich darf mich damit begnügen, nur die richtigen Reproduktionen für A und B (C) aufzuzeichnen.

Versuch		Typus		
		a	a-o	o
I	A	100	100	100
	B	100	100	100
II	A	100	122	101
	B	93	117	75
III	A	150	121	102
	B	92	117	122
IV	A	160	121	101
	B	85	83	99
V	A	165	101	86
	B	84	83	84
C	A	—	145	108
	·B	—	110	140

Wer sich die kleine Mühe machen will, diese Daten in der Weise der oben entworfenen Figur in Gestalt einer Kurve zu veranschaulichen, wird meine Ausführungen durchaus bestätigt finden.

3*

Noch ein kurzes Wort über die motorische Seite des Gedächtnisses. Ich habe die entsprechenden Daten gleich in den zugehörigen Zusammenhängen unter C geboten, sodass ich hier darauf
zurückverweisen kann. Die Gehörseindrücke wurden durch das Nachsprechen im Chor verstärkt, die Gesichtswahrnehmungen durch die
nachmalende Bewegung der Hand unterstützt. Infolgedessen ergab
sich überall eine ganz bedeutende Steigerung der Masse des
Reproduzierten. Am auffälligsten ist das bei dem akustischen
Material und dem Typus a. Hier bedeutete die motorische Unterstützung nicht selten eine Steigerung bis nahe an die maximale
Leistungsmöglichkeit heran, während vordem das Mittel häufig un-
erreicht blieb. Geringer schien der Einfluss bei dem o-Typus.
Allerdings lagen hier die Leistungen bedeutend höher, so dass der
Einfluss sich so deutlich offenbaren konnte, daneben aber darf man
doch nicht vergessen, dass der blosse Hörer viel passiver ist, als
der Seher. Zwar sind bei festgelegter Zunge keineswegs alle
peripheren sprachmotorischen Empfindungen unterbunden, trotzdem
erreichen sie niemals die Stärke und Bedeutung der durch das Auge
vermittelten Bewegungsempfindungen.

Auf einen Umstand muss ich jedoch verweisen der den Einfluss
der Bewegungsempfindungen nicht reinlich zu tage treten lässt: dem
betreffenden Versuch waren mit gleichem Material alle andern
voraufgegangen. In den Daten steckt also ein nicht geringer Wieder-
holungswert, der zu subtrahieren ist. Das kann jedoch die allgemeine Wahrheit nicht erschüttern, dass durch den Einfluss von m
das Gedächtnis eine beträchtliche Stütze erfährt.

IV.

Pädagogische Bedeutung.

Die experimentelle pädagogische Psychologie hat uns gerade
in der Lehre vom Gedächtnis neuerdings manche Überraschung gebracht. Der „Ermüdungsrummel" hat — so sehr und oft die über-
fliessende Schale voll Spott berechtigt war — stark reinigend gewirkt. Die Charletanfinger sind grösstenteils verscheucht worden,
und man ist mit wissenschaftlichem Ernste bemüht, sorgsam die
Methoden zu erwägen, mit grösster Vorsicht die Ergebnisse zu
deuten. So darf man ihr heute weit grösseres Vertrauen entgegenbringen.

Eines ihrer wichtigsten Kapitel ist das der Anschauungs- und
Gedächtnistypen. Hier wird die neuere Psychologie der Schule
noch wertvolle Dienste leisten. Die Lehre von den Typen zeigt die
alten Regeln: „Unterrichte anschaulich"; „Beachte die Individualität
deiner Schüler" — in vollkommen neuer Beleuchtung. Sie zeigt,
dass man trotz nachdrücklichster Betonung dieser Grundregeln sich
in den Mitteln oft vergriff, weil man eben die Typenunterschiede

nicht kannte. In der Weise des Veranschaulichens zwang der Unterrichtende lediglich seinen Typus den Schülern auf. Entsprach sein Typus dem Gros der Klasse — nun wohl, so geschah nur Wenigen aus Unkenntnis Unrecht, wie aber, wenn er einen Sondertypus einnahm und ihm die eingehende Kenntnis der Lehre von den Typen abging? Nicht allein, dass den Kindern die Arbeit oft erschwert wurde — man bedenke doch auch, dass Unlust, Überdruss sich leicht einstellen und vor allen Dingen, dass mangelhafte Leistungen nur zu leicht in die Nähe des bösen Willens verlegt werden. So greift die Kenntnis der Anschauungs- und Gedächtnistypen auch bedeutsam in das Kapitel von der Regierung über. Lay liefert hier eine treffliche Illustration.[1]) Er erinnert an den heftigen Kampf zwischen Diesterweg und Bormann, zwei Schulmännern, die es mit dem Veranschaulichten zweifelsohne ernst nahmen, über die Frage, ob für das Rechtschreiben das Auge oder das Ohr in erster Linie in Frage komme. Der Streit tobte heftig und wurde niemals unter ihnen ausgetragen, — kein Wunder, der eine, Diesterweg, war Akustiker, der andere Optiker und so schaute jeder die Angelegenheit durch seine Brille, die er natürlich für die vortrefflichste hielt.

Es ist vielleicht nicht überflüssig, in diesem Zusammenhange vor einem Irrtum zu warnen.[2]) Die ältere Psychologie war lebensfern. Sie konstruierte eine Psyche, die tatsächlich nirgends existierte. Die neuere experimentelle angewandte Psychologie will auch in der Angelegenheit der Anschauungstypen, dem individuellen Leben nahe treten. Den eigentlichen Kern des Individuums aber mit seinem besonderen Wesen zu werten, wie er in unendlicher Mannigfaltigkeit sich bietet, kann sie nicht berühren, der kann nur individuell erlebt werden. Während aber jene ältere Psychologie zum grossen Teile hinausprojizierte um ein wohlgefügtes, wenn auch lebensfernes Bild der Psyche zu konstruieren, ist die neuere deduktiv gerichtet auf das Wesen des Individuums und die individuellen Differenzen. Ihre Absicht geht auf das Individuum; das ist ihr stetes Streben, — dessen Ziel doch nie erreicht werden wird. Die Messkunst spricht von der Asymptote und versteht darunter eine krumme Linie, die sich der Geraden nähert, ohne sie je zu erreichen. So ist auch, mit Stern zu reden, das eigentliche individuelle Wesen die „Asymptote der psychologischen Wissenschaft". Aber eines kann sie, nämlich, die mannigfachen individuellen Besonderheiten, in denen sich das individuelle Wesen spiegelt: im Anschauen, Gedächtnis, Reproduzieren u. s. w. experimentell, d. h. unter Ausschluss der fälschenden Zufälligkeiten, beobachten und zu Typengruppen zusammenordnen. Je näher sie dem individuellen Zentrum kommen, um so wertvoller sind die Typen für die praktische Anwendung.

---

[1]) A. a. O. S. 233.
[2]) Man vgl. u. a. auch Stern: Psychologie der individuellen Differenzen. Leipzig 1902.

Das vorausgeschickt, will ich mit aller Vorsicht eine Bemerkung in pädagogischer Absicht anfügen, die die vorliegenden Untersuchungen angehen. Aus ihnen scheint sich zu ergeben: Der a-o (der akustisch-optische Misch-)Typus ist der günstigste, da er beide Seiten des Gedächtnisses gleichmässig wertet. Dem a- und o-Typus ist immer Rechnung zu tragen, indem man dem einen das sinnlich zu erfassende vor die Augen, dem andern es vor die Ohren bringt. Den einen veranlasst man, z. B. bei dem Memorieren, zu lesen, dem andern spricht man den Text wiederholt vor. Die steigende optische Kurve zeigt, dass an den aufeinanderfolgenden Tagen zur dauernden Befestigung bei o weniger Wiederholungen nötig sind als bei a. Wer ökonomisch verfahren will, benutzt die Gelegenheit, nach 24 und 48 Stunden zu repetieren. Der a-Typ zeigt grössere Neigung zu phantasieren, ist wenig zuverlässig in seinen Angaben; er ist in dieser Hinsicht zu disziplinieren. Der o-Typ gibt den tüchtigeren Zeichner, den gewandteren Schreiber. Im Rechtschreiben ist er anfangs dem a-Typ gegenüber rückständig, weil 67 % unserer Wörter lauttreu geschrieben werden — hernach aber ist der o-Typ im Vordertreffen, wenn es gilt, die vom Laut abweichende Schreibung sich einzuprägen. Entsprechend gestalten sich die Fehler im Diktat. o ist der verlässlichere Zeuge, wenn es sich um Beschreibung optischer Vorgänge handelt, a, wenn es sich um Wiedergabe von Äusserungen handelt. o wird in der Naturbeschreibung und im französischen Extemporale dem a überlegen sein, dagegen wird a die Aussprache früher beherrschen. a-o wird überall auf der Mittellinie sich bewegen. Wo irgend möglich, ist dem m ausgiebigster Einfluss zu gewähren, zumal bei dem a-Typus, weil er die Leistungen deutlich in günstigem Sinne beeinflusst. Im Rechenunterricht wird a mit der Klangreihe der Zahlwörter operieren, er wird, bei gleicher Befähigung, der bessere Kopfrechner sein, weil er durch das Ohr die Zahlen aufnimmt, während o einen Umweg machen muss.

Diese Andeutungen mögen genügen, um zu zeigen, dass eine genaue Erforschung der Typen eine Angelegenheit ist, an der die Schule grosses Interesse hat.

III.

Neue Bahnen im heimatkundlichen Unterrichte. [1]

Von **Otto Barchewitz**, Schuldirektor in Radeberg.

Mit Zagen bin ich an die Lösung dieser umfangreichen Aufgabe gegangen. Aber je mehr ich selbst auf Grund der reichen einschlägigen

---

[1] Vortrag, gehalten auf der amtlichen Hauptkonferenz der Lehrer des Schulaufsichtsbezirks Dresden III am 3. November 1904.

Literatur[1]) zu erkennen suchte, „welche heimatkundliche Nahrung",
— um mit dem Bahnbrecher Dr. Finger zu reden, — „man Kindern
zu geben und auf welche Weise man diese ihnen dann zu bieten
habe", habe ich die Aufgabe als eine schöne und wertvolle erkannt.
Schön und wertvoll erschien sie mir deshalb, weil sie mich über-
zeugte, dass die „neuen Bahnen" oder „Reformvorschläge" geeignet
sind, den heimatkundlichen Unterricht „aus dem Geleise einer rein
mechanischen Tätigkeit, in dem er noch vielfach dahinrollt, heraus-
zuleiten auf den Boden einer psychologisch begründeten, das Interesse des Schülers wahrhaft fördernden Arbeit"; schön und wertvoll
auch deshalb, weil man erkennt, dass die „neuen Bahnen" diesen
Unterricht immer mehr auf die unmittelbare Beobachtung der Natur
hinleiten, an die Beobachtungen angeknüpft wissen wollen, die die
Heimat gestattet. In dem Ergebnisse einer richtig betriebenen
Heimatkunde liegt das Geheimnis für den Erfolg eines Unterrichts,
der nicht nur Kenntnisse, sondern ein klares, sicheres Erkennen
vermittelt.

Bei meinen Ausführungen verzichte ich von vornherein darauf,
über „Bedeutung und Notwendigkeit des heimatkundlichen Unterrichts", über den „Begriff Heimat", sowie über die „Geschichte des
heimatkundlichen Unterrichts" zu reden. Ich begnüge mich mit dem
Hinweise, dass die vor etwa einem halben Jahrhunderte anfangs nur
langsam fortgeschrittene Erörterung der Bedeutung und Behandlung
der Heimat gegenwärtig in vollem Gange ist.

Ein kurzes Wort über den bisherigen Betrieb des heimatkundlichen Unterrichts soll zeigen, wie dringend notwendig es ist, den
neuen Bestrebungen unsre volle Aufmerksamkeit zuzuwenden. Dabei
gilt es, die gemachten Fehler offen zu bekennen, da jede Be-
schönigung derselben der edlen Sache niemals dienen würde. Wir
wollen nicht zögern, in dem erfrischenden Streite der Meinungen
beim Suchen nach Wahrheit Ansichten und Meinungen — sofern
wir sie als irrig erkannt haben — aufzugeben, um zu dem klar und
als richtig erkannten Ziele auch den richtigen Weg zu finden.

Im Unterrichte der Volksschule hat man der Heimatkunde
bisher die sehr untergeordnete und beschränkte Aufgabe zugewiesen,
nichts weiter als ein geographischer Vorkursus, eine Vorstufe für

---

[1]) Dr. Lange, Über Apperzeption. 7. Auflage. Die Bedeutung der Heimat etc.
— Schulze, Die Heimat im Volksschulunterrichte. — Lomberg, Über Schul-
wanderungen etc. — Finger, Anweisung zum Unterrichte in der Heimatkunde. —
Prüll, Die Heimatkunde als Grundlage für den Unterricht in den Realien auf allen
Klassenstufen. — Pohle, Heimatkunde von Plauen i. V. — Zemmrich, Heimatkunde
von Zwickau. — Bechler, Heimatkundliche Ausflüge in die Umgebung von Weimar.
— Günther u. Schneider, Beiträge zur Methodik des Unterrichts in der Heimat-
kunde. — Leyfert, Der heimatkundliche Unterricht mit besonderer Rücksicht auf die
Einführung in das Kartenverständnis. — Encyklop. Handbuch, Band III. — Felgner,
Heimatkunde als Mittelpunkt des gesamten Unterrichts im 3. Schuljahre.

den geographischen Unterricht zu sein. Dadurch blieben wertvolle Schätze für die formale und praktische Bildung der Volksschüler und des Volkes ungehoben.

Man suchte den Wert des heimatkundlichen Unterrichts darin, den Schüler zu befähigen, in schöngeformten Sätzen und langatmigen Erklärungen die Kenntnisse seiner heimatlichen Verhältnisse kundzugeben, Kenntnisse, denen oft jede Anschauung fehlte. Statt der Gegenstände selbst gab man nicht selten nur Abbildungen derselben; oder man ging von der toten Karte aus, um an ihr dem Kinde zu zeigen, was es doch nur aus und an der Heimat lernen kann. Durch zerstreute, einem Lehrbuche entlehnte Notizen über die Heimat, durch das blosse Wort des Lehrers in der engen, dunstigen Stube suchte man den kindlichen Anschauungskreis zu erweitern. Nur selten bemühte man sich, unentbehrlichen äusseren Wahrnehmungen, die den Kindern bei ihrem Eintritte in die Schule gewöhnlich fehlen, besondere Aufmerksamkeit zuzuwenden; ebensowenig widmete man bereits vorhandenen, aber falschen, flüchtigen und unvollständigen äusseren Anschauungen die nötige Sorgfalt und übersah, dass derartige Vorstellungen dringend der Wiederholung und Verstärkung, Berichtigung, Ergänzung und Vertiefung bedurften. Vor allem aber bot man dem Kinde viel zu wenig Wahrnehmungen aus Wald und Feld, von Bergen, Tälern und Gewässern, von den einfachsten Beschäftigungen der Menschen, setzte damit also solche Anschauungen, die die Grundlage unseres geistigen Lebens bilden, sorglos als völlig vorhanden voraus. Aber ohne klare Anschauung der Heimat ist der spätere Unterricht kein lebensvoller Sachunterricht, sondern ein hohles Wortgeklingel mit unverstandenen und nur gedächtnismässig angeeigneten Erklärungen. Kenntnis und Verständnis der heimatlichen Natur muss aber der Kernpunkt dieses Unterrichts sein, denn Erfahrung und Umgang sind die beiden Quellen, auf denen der grösste Teil unsres Wissens ruht.

So haben wir durch die bisherige Art des heimatlichen Unterrichts vielfach versäumt, das Kind „heimisch zu machen im grossen Vaterhause der Natur". (Stoy, Vaterhaus und Muttersprache.)

Ist die Heimatkunde wirklich nichts weiter als eine Vorstufe für die Erdkunde, nichts weiter als ein treffliches methodisches Hilfsmittel, das, wie das Lautieren nach erlangter Lesefertigkeit, beiseite gelegt werden kann?

Nimmermehr! Dieser Unterricht soll die Augen des Kindes üben, viel tiefer zu dringen, „sie sollen Entdeckungszüge in die Unendlichkeit der heimatlichen Erscheinungswelt machen und sollen eine möglichst grosse Zahl von wertvollen Erinnerungsbildern in der Seele ansammeln".

Mehr als je hat die Pädagogik in den letzten Jahren die Vertiefung in die Kenntnis der Heimat befürwortet. Und wahrlich! In dieser Zeit der Heimatlosigkeit müssen wir Lehrer es vor allem als eine wichtige soziale und pädagogische Aufgabe erfassen, dem Menschen das sichere, warme und beglückende Gefühl der Zugehörigkeit zu dem Boden, dem er entsprossen ist, wiederzugeben. Wir wollen die Seele des Kindes, sein Gemüt hineinführen in die Wunder der heimatlichen Natur, damit dem Kinde die Schönheit der Heimat klar vor die Seele trete und sein Heimatgefühl eine wertvolle Bereicherung erfahre. Ja, ich meine sogar, dass die Heimatkunde zu denjenigen Unterrichtsgegenständen gehört, durch die der Volksschulunterricht zugleich mit dem deutschen Worte deutsche Treue und Tugend der deutschen Jugend ins Herz pflanzen muss.

Klarheit und Wahrheit im Wissen, Tiefe und Reichtum in Empfindungen und Gefühlen, Selbständigkeit im Denken, Reden und Handeln soll der Volksschüler durch eine recht betriebene Heimatkunde mit hinausnehmen in den Sturm der Zeit! Das führt mich zum ersten Hauptteile meines Vortrages, zu den Darlegungen über die

I.

Aufgabe des heimatkundlichen Unterrichts.

Nur die Natur bietet die ewig frische Quelle harmonisch bildender Anschauungen. Je mehr das Kind auf sinnige Weise angeleitet wird, in der Natur zu sehen, zu beobachten und zu denken, desto klarer wird sein Denk-, desto tiefer sein Empfindungsvermögen, und unbewusst sammelt sich in ihm eine Fülle geistiger Kraft an, die bestimmt wirkt auf seine Lebensanschauung, auf seinen Charakter.

Unser offizieller Lehrplan sagt in § 6 b, Abs. 4: „Die Heimatkunde hat in anschaulicher Besprechung über den Wohnort und dessen Umgebung teils die geographischen Grundbegriffe zu entwickeln, teils das Verständnis der Landkarte zu begründen." Die „Gutachtlichen Berichte" sagen dazu (vgl. No. 131): „Die Heimatkunde verfolgt im Grunde genommen dieselben Ziele wie der Anschauungsunterricht;" und dann (in No. 15 D, Abs. 2): „Der Unterricht in der Heimatkunde erscheint seiner Form nach als eine dem erweiterten Anschauungskreise der Kinder des 3. und 4. Schuljahres angemessene Fortsetzung des Anschauungsunterrichtes. Er unterscheidet sich aber dadurch wesentlich von letzteren, dass er durch Anschauung alles dessen, was der Heimatsort und die dem Kinde leicht erreichbare Umgegend desselben zur Wahrnehmung darbietet, in bewusster, geordneter Weise auf den vom 5. Schuljahre an getrennt auftretenden Unterricht in Geographie und Geschichte, Naturgeschichte und Naturlehre vorbereitet."

Heimatkunde ist also Anschauungsunterricht und muss das sein; aber er bezweckt nicht Übung in der Anschauung, das ist nur ein Nebenziel, ein Ziel, das sie unbeabsichtigt mit erreicht. „Sie bezweckt Kenntnis der Heimat nach allen Richtungen und Beziehungen.

Das blosse Erfahren soll zum Beobachten erhoben werden, d. h.
zu einem bewussten, absichtlichen, fortgesetzten und regelmässigen
Wahrnehmen." (Muthesius.)

Die Heimat ist (nach Scholz) „das Stück Erde mit seinen natürlichen und menschlichen Verhältnissen, denen der einzelne die ersten
nachhaltigen, stets von einem starken Gefühlstone begleiteten Eindrücke verdankt, die bei allem Wechsel des Innenlebens einen bleibenden Grundzug seines Wesens bilden. Sie gleichen der Summe des
Selbstangeschauten und Selbsterlebten, sei es auf dem Gebiete des
Menschenlebens oder dem der Natur, gehöre es der Gegenwart oder
der Vergangenheit an".

Daraus lassen sich 2 Seiten der Heimat erkennen, eine geographische
und eine geschichtliche. Die geographische Heimatkunde, die man
bisher immer, als den Schauplatz des heimatlichen Lebens, in den
Vordergrund gestellt hat, behandelt die Heimat räumlich, die geschichtliche Heimatkunde aber zeitlich. Bei der geographischen
Heimatkunde erfährt auch die Pflanzen- und Tierwelt der Heimat
entsprechende Berücksichtigung, ihre eingehende Behandlung
freilich ist Aufgabe des naturkundlichen Unterrichtes; desgleichen
gehört eine eingehende geschichtliche Betrachtung der Heimat
in den Geschichtsunterricht. Als Vorbereitung auf beide macht die
Heimatkunde das Kind mit dem heimischen menschlichen Leben
bekannt. Dasselbe zeigt sich ihm im Kreise der Familie und Gemeinde. Mit eigenen Augen sieht es hier den Menschen in seinem
Verhältnisse zu Gott und anderen Menschen, es sieht ihn in Arbeit
und Ruhe, in Lust und Leid, in seinen Sitten und Gebräuchen. Zugleich soll aber das Kind hierbei lernen, wie Menschen, Tiere und
Pflanzen von der Bodenbeschaffenheit und den atmosphärischen Erscheinungen abhängig sind, und wie diese Geschöpfe auch untereinander in enger Beziehung stehen, so dass gleichsam ein Lebewesen das andere bedingt.

Im heimatlkundlichen Anschauungsunterrichte des 1. und 2. Schuljahres, oder in der „allgemeinen Heimatkunde", wie wir diesen heimatkundlichen Vorkursus auch nennen können, haben wir ebenfalls
Gegenstände der Umgebung, der Heimat, zur Veranschaulichung
herangezogen und die entsprechenden Elemente der Heimat der
jeweiligen Geistesfähigkeit der Kinder entsprechend behandelt.
Mit „Rotkäppchen" betraten wir den finstern Wald; die Geschichte
vom Moseskinde führte uns an das schilfreiche Fluss- oder Teich-
ufer; mit Hey's Wandersmann belauschten wir die Lerche auf dem
Felde. Im beschreibenden wie im erzählenden Anschauungsunterrichte haben wir die Heimat und ihre Objekte als schätzbares An-
eignungsmaterial verwertet. Nun erweitert sich im 3. und 4. Schuljahre dieser heimatliche Anschauungsunterricht zur eigentlichen
Heimatkunde, die nun die im 1. und 2. Schuljahre gewonnenen Anschauungen ordnet, ergänzt und erweitert. Hier vor allem gilt es,

die Heimat dem Kinde recht kennen zu lehren und die Abhängigkeit der heimatlichen Objekte voneinander festzustellen: „Demgemäss
verlangt der heimatkundliche Unterricht ein Durchwandern der
Heimat nach den verschiedensten Richtungen; erfordert vom Kinde
ein fortgesetztes Beobachten dessen, was in seiner Umgebung ist
und geschieht. Nimmermehr vermag auch die lebhafteste Vorstellung des Lehrers die eigene Beobachtung der Schüler zu ersetzen
und unentbehrlich zu machen. Sie müssen selbst sehen und hören,
selbst mit den Sinnen wahrnehmen, wovon ihnen eine Anschauung
zu teil werden soll." (Dr. Lange.) Nun könnte man wohl meinen,
die Kinder brächten bereits genügend Vorstellungen aus ihrem
Heimatsorte und dessen Umgebung in die Schule mit; es würde
deshalb genügen, dieselben zu reproduzieren. Statistische Erhebungen
aber, wie sie besonders in Annaberg und Plauen gemacht worden
sind, haben das Gegenteil bewiesen. Wie nichtig geographische
Lehren sind, wenn sie nicht auf Erfahrung beruhen, zeigt uns der
kleine Karl in Goethes „Götz von Berlichingen", der vor lauter
Gelehrsamkeit seinen Vater nicht kennt und sehr glatt über Jaxt-
hausen zu berichten versteht, dabei aber nicht einmal weiss, dass
er selbst in diesem Schlosse wohnt. Mit Recht hält ihm sein Vater
entgegen: „Ich kannte alle Pfade, Weg' und Furten, eh' ich wusste,
wie Fluss, Dorf und Burg hiess." Auch bei unsern Kindern zeigt
die Erfahrung immer wieder, dass die Anschauungen, die die Kinder
zufällig gemacht haben, ganz unvollkommen sind. Wichtiges ist
angeschaut worden, während viel Wertvolles fehlt. Viele Anschauungen waren unvollständig, andere nicht klar und scharf, vieles
ist vergessen. Die vorhandenen Vorstellungen bedürfen also gar
sehr der Ergänzung, Berichtigung, Klärung und Befestigung. „Kinder,
die nichts gesehen, nichts beobachtet haben, kann man nicht unterrichten" (Herbart). Darum müssen wir, sofern wir der Aufgabe des
heimatkundlichen Unterrichts gerecht werden wollen, Gelegenheit
nehmen, „den engen Schulraum zu vertauschen mit der weiten
Schöpfungswelt, aus den Zimmern müssen wir hinaus ins Freie, ins
frische, volle Leben. Hier ist der Ort, wo die Lücken im Gedankenkreise auszufüllen und die Mängel in der Erfahrung zu beseitigen
sind. Es gilt, des Kindes Interesse für die Natur lebendig zu machen,
sein Auge zu öffnen, seinen Blick zu fassen und ihn so lange auf
die Gegenstände hinzulenken, bis die Anschauung ihre völlige Reife
erlangt hat. Nur durch solche Führung und Anleitung erlangt das
Kind diejenige Befriedigung und Vorbereitung für den Unterricht,
durch die dessen Erspriesslichkeit in erster Linie bedingt ist"
(Lomberg). Schulwanderungen sind zur völligen Lösung der Aufgabe der Heimatkunde unentbehrlich. Gerade in unsrer Zeit, wo
man sich — um mit Finger zu reden — so sehr von der Natur
entfernt, dass viele dem Geschriebenen mehr trauen als dem offenen
Auge, ist es nötig, unsere Kinder frühzeitig zur Natur zu führen, sie

soviel wie möglich heimisch in ihr zu machen. Ehe wir unsre
Schritte dahin lenken, wo das Meer mit seinen Wundern sich vor
uns auftut, oder wo die Alpen majestätisch zum Himmel emporsteigen, müssen wir vorerst unsere Heimat gründlich kennen lernen,
um imstande zu sein, unsre Kinder zur denkenden und sinnigen Betrachtung der Heimat anzuleiten, Freude und Interesse an ihr zu
wecken. Dazu hat auch die geschichtliche Heimatkunde ihr bescheiden Teil beizutragen. Auf den Wanderungen, zu denen uns eine
recht betriebene Heimatkunde verpflichtet, treten uns zahlreiche
Zeugen der Vergangenheit vor die Augen, nicht bloss in den Städten,
sondern auch in und bei dem kleinsten Dorfe. Die altersgrauen
Überreste längst verschwundener Zeiten, Denkmäler, Gedenkbäume u. a.
sind vorzüglich dazu angetan, Interesse für die Heimat, besonders
für die Geschichte derselben im Schüler zu wecken. Mit Recht
flechten wir darum geschichtliche Darbietungen in unsern heimatkundlichen Unterricht ein, je nachdem sich Gelegenheit dazu bietet,
ohne jedoch den eigentlichen historischen Unterricht zu verfrühen.
Haben wir mit den Kleinen das Schulgrundstück behandelt, so schliesst
sich daran die erste geschichtliche Betrachtung, vielleicht von den
Fragen ausgehend: „Seit wann steht unser Schulhaus? Warum ist
ein neues Gebäude errichtet worden? Wo wurden früher die Schulkinder, eure Eltern und Grosseltern unterrichtet?" Die alten Schulhäuser werden zu diesem Zwecke den Kindern bei einem Gange
durch die Stadt gezeigt. Vielleicht gibt auch die Jahreszahl an
einem alten Hause Anlass zu geschichtlicher Anknüpfung. Eine zweite
Gelegenheit bietet sich nach Erarbeitung des Stadt- oder Dorfplanes,
indem man anknüpft an die Fragen: „Welchen Namen führt unser
Ort? Was bedeutet, oder, woher kommt dieser Name? Seit wann
mag unsre Stadt, unser Dorf bestehen?" Das führt uns dann auf
die Besiedelung unsrer Gegend. Für den Lehrer der Heimatkunde
ist es darum nötig, nach dieser Richtung einigermassen eingehende
Kenntnis zu haben, was keineswegs sagen soll, dass er alles, was
er in dieser Beziehung sammelt, den Kindern zu bieten hat. „Was
der Griffel der Jahrhunderte in den Boden der Heimat gegraben
hat, das soll der Schüler verweilend betrachten" (Lomberg). Auch
die Sage muss bis zu einem gewissen Grade ihre Stelle im heimatkundlichen Unterrichte finden, denn „die örtliche Sage kettet das
deutsche Gemüt mit an die Heimat". Die Sage soll der Schmuck
sein, den der Lehrer bei der Wanderung durch die Heimat um ihre
Stätten legt, der Schmuck, den man den Kindern zeigen muss da,
wo er im hellen Glanze schimmert.

Je besser ein Kind seine Heimat kennen lernt, desto mehr ver-
wächst es mit derselben. Mit dem heimatlichen Boden lebt es dann
zusammen wie mit einem Freunde, und die Liebe zur Heimat ist
die köstlichste Frucht solch heimatkundlichen Unterrichts. Und
wie tief solche Liebe wurzelt, klingt hervor aus der Klage des Hand-

werksburschen in der Fremde: „'s ist zwar schön in fremden Landen, doch zur Heimat wird es nie"; und tief zu Herzen gehend ertönt im Volksliede die Klage des heimatlosen Wanderers: „Ich kann nicht nach Hause, hab' keine Heimat mehr." Der Mann aber, in dem die Liebe zur Heimat, zur vollen Reife gelangt ist, wird zu derselben nicht nur den engen Kreis seines Wohnortes rechnen, sondern sein ganzes, weites Vaterland als solche ansehen und in allen Fällen einstehen für das Land, „wo seiner Väter Wiege stand und ihre Asche ruht". „Mag die Heimat beschaffen sein, wie sie wolle, mögen kahle Felsen und öde Sandwüsten oder grossartige Szenerien, Berg und Tal, Wald und Meer ihr das Gepräge geben, sie ist und bleibt für jeden Menschen die Urquelle seines geistigen Wesens und für das ganze Leben seine Liebe und seine Sehnsucht, denn er hat an ihren Eindrücken empfinden und denken gelernt. Das ist der psychologische Grund der Heimatliebe, zu der jede Gegend, sie sei beschaffen, wie sie wolle, in gleicher Stärke veranlasst, und hierin liegt auch zugleich die Erklärung der ungeschwächten Fortdauer der kindlichen Erinnerungen." (Dr. Sachse, Schulreform.) In solcher Liebe zur Heimat, die der heimatkundliche Unterricht wecken und pflegen muss, hat auch die Vaterlandsliebe ihre kräftigste Wurzel.

Das bisher Gesagte lässt uns den ersten und unmittelbaren Zweck des heimatkundlichen Unterrichts erkennen, der darin besteht, die Kinder zur denkenden und sinnigen Betrachtung und Erforschung der heimatlichen Umgebung anzuleiten, dadurch aber ihr Beobachtungsvermögen zu stärken, Kenntnis und Verständnis der Heimat, Freude und Interesse an ihr und lebendige Heimatliebe zu wecken und zu pflegen.

Mit diesem unmittelbaren Zwecke verfolgt und erreicht er aber zugleich einen mittelbaren, der zunächst darin besteht, dass er den Schülern an und in der Heimat wertvolle typische Anschauungen und Aneignungshilfen für den übrigen Unterricht, namentlich für die sachunterrichtlichen Fächer übermittelt.

Aus der Umgebung des Kindes betrachtet der heimatkundliche Unterricht demgemäss nur die wichtigsten und notwendigsten Dinge und begnügt sich „mit der Erzeugung solcher Anschauungen, die der Unterricht am meisten voraussetzt, mit typischen Wahrnehmungen, die er am häufigsten als Aneignungshilfen benutzt und deren Gegenstände ein starkes, unmittelbares Interesse am Kinde zu erwecken vermögen". „Durch sorgfältige Beobachtung heimatlicher Objekte und Ereignisse will der heimatkundliche Unterricht für mehr als ein Wissensgebiet lebendige Anschauungen erwerben: Geographie, Geschichte und Naturkunde verdanken ihm die wichtigsten elementarsten Vorstellungen, und auch der Religionsunterricht, Geometrie, Rechnen, der Unterricht in der Muttersprache und im Zeichnen sind angewiesen auf zahlreiche innere und äussere Erfahrungen des Kindes, wie sie im Verkehre mit Land und Leuten der Heimat ihm werden." (Dr. Lange.) Dabei führt er dem Kinde nur so viel Objekte derselben vor, als für das Verständnis des Unterrichts erforderlich sind, und behandelt nur solche Dinge, die der eigenen Erfahrung des Kindes angehören, die das Kind wirklich beobachten, mit eigenen Augen und Ohren wahrnehmen kann, schliesst also z. B. fremde Tiere und Pflanzen, soweit sie nicht in der Heimat beobachtet oder durch heimatliche Anschauungsobjekte verdeutlicht werden können, unbedingt aus. So bieten sich für Naturkunde bei einer Schulwanderung gar mannigfache Anknüpfungspunkte dar. Farben, Formen und Zahlverhältnisse der Pflanzen und Tiere fesseln anfangs den kindlichen Geist; dann wird derselbe empfänglich für die Lebensäusserungen, und im Anschlusse daran machen spekulatives und ästhetisches Interesse ihr Recht geltend. Wir richten in der heimatlichen Gegend, in der es für das Kind kein zusammenhangsloses Nebeneinander, sondern nur ein beziehungsreiches, lebensvolles Ineinander gibt, unser Augenmerk auf das Leben in Haus und Hof, in Fluss und Teich, auf Wiese und Feld. Wir schauen auf den Wald und seine Bewohner und Kostgänger und betrachten, wie derselbe dem Menschen dient, und welche Stellung er im Gesamthaushalte der Natur einnimmt. Bei solchen Betrachtungen schaut der Schüler aber jedes Individuum als dienendes Glied des Ganzen, er bekommt also ein Verständnis für die Lebensgemeinschaften Wald, Teich, Garten, Wiese, Feld u. s. w. Hierbei kommt es nicht auf die Zahl der behandelten Objekte, sondern überall auf den Nachweis gegenseitiger Abhängigkeit an. „Der Reichtum der Naturwissenschaften besteht nicht mehr in der Fülle, sondern in der Verkettung der Tatsachen." Aber nicht mit Bildern, Präparaten und Modellen ist es hier abgetan! Klare, lebendige und natürliche Anschauungen und Vorstellungen, auf Schulwanderungen durch die heimatliche Natur erworbene, müssen dem Unterrichte den Erfolg sichern. Das Kind muss beobachten können, wie ein Gewächs als Samenkorn, als Keimling, im Jugendkleide, im Blütenschmucke und in der Fruchtreife aussieht. Dazu ist ein Schulgarten für die Kinder von grossem Werte, der ihnen treffliche Gelegenheit gibt, die allmähliche Entwicklung der Pflanzen zu beobachten. Dabei werden die Kinder zu denkender Naturbetrachtung angehalten, und Lust und Liebe ist ausserdem ein nicht zu unterschätzender Gewinn. Ebenso bietet sich für Mineralogie und Geologie vieles in unserer Heimat, was nicht übersehen werden darf, da es beim Unterrichte in diesen Fächern gut verwertet werden kann. Dass auch die Physik einer Vorbereitung durch den heimatkundlichen Unterricht bedarf, hat Herbart im Sinne, wenn er sagt: „Die Physik muss lange zuvor, ehe sie vorgetragen wird, durch mancherlei, was die Aufmerksamkeit erregt, von ferne angemeldet werden." Diesterweg führt zuerst diesen Gedanken durch. Er sagt in seinem Wegweiser: „Der Unterricht hat dem Schüler die Erscheinungen selbst vorzuführen oder ihn zu Beobachtungen zu veranlassen, wo solche im Leben gemacht werden können, oder ihn an diejenigen, die er bereits gemacht hat, zu erinnern und sie in ihrem Anfange, Verlaufe und Ende zu besprechen." Da beobachtet das Kind mechanische Eigenschaften der Körper an der „festen Welle" beim Hausbaue, an der Wasserwage, am Flaschenzuge u. dgl., an den verschiedenen Keilen, die der Landmann gebraucht, wie Spaten, Pflugschar und Egge, an den Wirkungen des Hebels am Schubkarren, Tragbahren und Brecheisen. Ebenso fehlt es nicht an mancherlei interessanten Anhaltepunkten für die Lehre vom Schall, vom Licht, von der Wärme, dem Magnetismus und der Elektrizität.

Nicht wenig tritt die heimatkundliche Unterweisung in den Dienst des S p r a c h u n t e r r i c h t s. Den Wörtern liegen Vorstellungen aus Wald und Feld, aus den Naturerscheinungen und aus den einfachsten Beschäftigungen der Menschen zu Grunde. Von dem Augenscheinlichen, Sinnfälligen sind dann die Sprachformen auf das rein Gedankenmässige, tief Innerliche übertragen worden. Wird der Schüler angehalten, den Blick fleissig ins Freie zu wenden, so wird er am ehesten verstehen, was mit dem „Geheimnis des Waldes", dem „Teppich der Wiesen", der „lachenden Flur", dem „Schleier der Abenddämmerung" gemeint ist; er lernt begreifen, was unter dem „Grün der Jugend", dem „Mai des Lebens", den „blauen Bergen der Kindheit", dem „Grenzsteine der Wahrheit" und den „Maulwurfsgängen des Lasters" zu verstehen ist. Ebenso weisen viele Sprichwörter auf genaue Beobachtung der Natur hin: Leere Ähren stehen hoch; stille Wasser sind tief; steter Tropfen höhlt den Stein; wie die Aussaat, so die Ernte; oder sprichwörtliche Redensarten: Es geht den Krebsgang; sie ist schlank wie eine Tanne; der Kerl ist grob wie Bohnenstroh; er zittert wie Espenlaub; er schimpft wie ein Rohrspatz u. a. m.

Besondere Sorgfalt der Behandlung erfordern die lyrischen Erzeugnisse unsrer Literatur.

Auf einem Unterrichtsgange sind wir einmal mit unsern Kindern an einer Sägemühle stehen geblieben; das kommt den Kindern zu statten, wenn sie lesen und lernen:

> „Dort unten in der Mühle sass ich in guter Ruh
> Und sah dem Räderspiele und sah den Wassern zu."

Oder wir sind einmal an einem herrlichen Sonntagsmorgen mit unsern Kindern hinausgezogen in Gottes freie Natur und haben mit Ergötzen den Glockentönen aus den Nachbarorten gelauscht, die uns zuriefen: „Das ist der Tag des Herrn!" Oder wir sind ein

andermal beim Abendläuten von einer Wanderung müde heimgekehrt.
Dann verstehen unsre Kinder, wenn Paul Gerhardt singt:

„Nun ruhen alle Wälder,
Vieh, Menschen, Städt' und Felder,
Es schläft die ganze Welt!"

Welchen Wert solches Verständnis für den Aufsatzunterricht hat,
leuchtet klar ein. Hildebrand sagt in seinem Buche: „Vom deutschen
Sprachunterricht": „Am besten gelingen solche Arbeiten — nach
meiner Erfahrung wenigstens um 30% besser als andere — in denen
man die Schüler etwas erzählen und frei gestalten lässt, was sie
selbst erlebt und selbst erfahren haben."

„Lass auf dich etwas nur den rechten Eindruck machen,
So wirst du schnell den rechten Ausdruck finden."

So haben wir auch im Religionsunterrichte oft Gelegenheit,
mit heimatkundlichen Vorstellungen in Wechselwirkung zu treten.
Dabei folgen wir der Methode des Heilandes, unsres höchsten
Meisters, der von den Vögeln unter dem Himmel und von den
Lilien auf dem Felde, von dem Unkraute unter dem Weizen und
von dem Feigenbaume vor der Hütte, von der köstlichen Perle und
dem Schatz im Acker, vom Fischer am See und von dem Säemann
auf dem Felde ausging. Uns dienen dabei als Ausgangspunkte Grab-
steine auf dem Friedhofe, Gedächtnistafeln in der Kirche, Denkmäler
und Gedenkbäume des Heimatortes und seiner Umgebung, Fenster-
gemälde, Wandsprüche, Vorkommnisse unter den Kindern, Ereignisse
in Gemeinde und Staat, im Vaterlande und in der Ferne. Durch
das alles wird das religiöse Leben des Kindes aufs innigste verknüpft
mit seiner Heimat. Muss dann das Kind Abschied nehmen vom
Vaterhause, von dem heimatlichen Kirchlein und der Heimatflur,
von Eltern, Geschwistern, Geistlichen und Lehrern, wenn es losgerissen wird von dem heimatlichen Boden und hineingeworfen in
das Hasten und Rennen des Erwerbslebens unsrer Tage, hinein in
den Strudel eines an Versuchungen so reichen Nomadenlebens, dann
bilden jene Rückerinnerungen an die Heimat den mächtigsten Faktor,
es vor Sünde und Schande zu bewahren. Ein Kind, in dieser Weise
unterrichtet, kann später nicht gefühllos werden, sondern wird denken,
was bei Hiob so schön zum Ausdrucke kommt: „O dass ich wäre
wie in meiner Jugend, da Gottes Geheimnis über meiner Hütte war!"

Auch Rechnen, Raumlehre und Zeichnen erfordern die
Hilfeleistung der Heimatkunde, ebenso in den Oberklassen einzelne
Kapitel aus der Staatsverfassung, dem Gemeindewesen und der
Volkswirtschaftslehre. Das weiter auszuführen, muss ich mir heute
versagen. Doch möchte ich nicht unerwähnt lassen, dass gewisser-
massen ein neuer Zweig im Schulunterrichte, die Volkskunde,

sich in Anlehnung an den heimatkundlichen Unterricht bemüht, „dem Schüler einen Einblick in die Volksseele zu verschaffen und durch liebevolles Eingehen auf des Volkes Art und Sitte ihn bekannt zu machen mit seinem Denken und Empfinden, seiner Anschauung und seinen Bedürfnissen".

Neben der „Volkskunde" meldet sich aber in unsern Tagen auch die „Kunst der Heimat" mit der Anklage, von uns bis jetzt ganz übersehen worden zu sein. Die Heimatkunde soll auch die Schätze der Heimatkunst beobachten, da diese den natürlichen Ausgangspunkt für die Weckung und Pflege des künstlerischen Sinnes der Jugend in Verbindung mit der sinnigen Betrachtung der heimatlichen Natur bilden.

„Vaterländische Natur und heimische Kunst sind der natürliche Nährboden für die Bildung des Geschmacks. Sie bieten das grosse Anschauungsmaterial dar, ohne das von einer gesunden Entwicklung des Kunstsinnes der Jugend nicht die Rede sein kann." (W. Rein, Jena: „Heimat und Kunst in der Schule" in der Zeitschrift: „Die Woche", Jahrg. 1904, No. 27.)

So sehen wir, wie der heimatkundliche Unterricht den Schülern an und in der Heimat wertvolle Aneignungshilfen für den übrigen Unterricht zu vermitteln sucht. Doch sein mittelbarer Zweck ist damit noch nicht ganz erreicht.

Humboldts Wort: „Die Erde ist in jedem Winkel ein Abglanz des Ganzen" sagt uns, dass in den Vorstellungen der Heimat das begriffliche Gerüst der gesamten Geographie enthalten ist. „Indem wir also den einzelnen geographischen Individuen der Heimat nachgehen und sie vergleichend zusammenstellen, erwerben sich unsere Kleinen allmählich und zwar auf dem naturgemässen Wege die geographische Terminologie. Die Begriffe Talsohle, Schlucht, Ebene, Pass, Sattel, Böschung, Wasserscheide, Flussgebiet, Gebirge, Plateau nehmen sie als vollwertige Münzen in ihren Sprachschatz auf; können sich etwas Rechtes vorstellen, wenn im späteren Unterrichte von Quellen, Flussbetten, Uferwänden, Stromschnellen, Wasserfällen, Mündungen, Nebenflüssen, Kanälen, Deltabildung die Rede ist; sie verbinden richtige Anschauungen mit den Begriffen Insel, Halbinsel, Landzunge, Kap, Strand, Haff, Golf, Klippe, Strudel." (Lomberg.)

So betrachten wir die Heimat nach Individuen, reden von einem ganz bestimmten Berge, Hügel, Flusse, Sumpfe, Teiche, von einer ganz bestimmten Quelle, Mündung, Schlucht u. s. f. und entwickeln nicht etwa allgemeine Begriffe. Es werden keine Definitionen eingepaukt, sondern Vorstellungen mit repräsentativem Charakter für das Fremde angeeignet.

Die heimatkundlichen Kenntnisse sollen nicht nur erworben, sie sollen auch befestigt werden. Das beste Mittel dazu ist die Karte. Um die Kinder in das Verständnis der Karte einzuführen, sind Übungen nötig, die planmässig vorgenommen werden müssen. Dieselben gehen von der Sache zum Zeichen, nicht umgekehrt. Sie beginnen mit dem Zeichnen des Grundrisses des Klassenzimmers, des Schulhauses und des Schulhofes, schreiten fort zur Skizzierung der heimatlichen Gegend und zwar des Teiles, den man zuerst mit den Kindern durchwandert, bis die erste einfache Karte entsteht, eine Karte mit wenig Zeichen. Später werden für neu auftretende Objekte neue Zeichen eingeführt; die erste einfache Karte erweitert sich unter ständiger Mithilfe der Kinder zur Heimatkarte, diese zur Karte des Bezirks.

So besteht der mittelbare Zweck des heimatkundlichen Unterrichtes darin, den Schülern an und in der Heimat wertvolle typische Anschauungen und Aneignungshilfen für den übrigen Unterricht, namentlich für die sachunter-richtlichen Fächer, zu übermitteln, er bemüht sich aber insbesondere, auf der Unterstufe ihnen die wichtigsten, erdkundlichen Grundvorstellungen zu bieten und die Schüler durch planmässige Übungen in das Verständnis der Karte einzuführen.

II.

Auswahl und Verteilung des heimatkundlichen Stoffes.

Es ist selbstverständlich nicht möglich, in den ersten drei Schuljahren das ganze Gebiet der heimatlichen Anschauungen zu erschöpfen, die ganze Heimat dem Kinde vorzuführen. „Das ist schon deshalb nicht möglich, weil aus physischen Gründen unsre neunjährigen Schüler ihre Heimat nicht vollständig zu durchwandern und kennen zu lernen vermögen. Zu dem lässt sich ihnen auf dieser Stufe vieles, was zu wissen nötig ist, wie z. B. die Bedeutung der modernen Verkehrsmittel, der Industrie, gewisse staatliche und kirchliche Einrichtungen und viele historische Ereignisse gar nicht zum Verständnisse bringen" (Dr. Lange). Aus dem umfangreichen Stoffe, der sich uns zur Durcharbeitung anbietet, sind nur die wertvollen Objekte auszuwählen, und der Lehrer der Heimatkunde wird nur solche Themen eingehend besprechen, die dann wertvolle Anknüpfungspunkte für die später auftretenden Wissensgebiete sichern, „die geeignetes Anschauungsmaterial zur Bildung geographischer Begriffe, physikalischer Gesetze, naturkundlicher Vorstellungen liefern und das Interesse für geschichtliche Stoffe wecken". Minderwertige Stoffe, wie etwa eine ausführliche Strassen- und Wohnungskenntnis, eine genaue Zeichnung aller Plätze und Anlagen, desgl. aller geschichtliche Notizenkram, sind zugunsten wichtigerer Themen aus dem Stoffplane auszuscheiden. Sie würden nur das Gedächtnis beschweren und das heimatliche Bild trüben. Nach sorgfältiger Sichtung ergibt der Stoffplan demnach Stoffe, die eingehend betrachtet werden können neben solchen, die fortlaufend betrachtet werden müssen, wie klimatische

Erscheinungen und Erscheinungen aus der Himmelskunde. Dazu ist es nun aber nötig, dass die geographische Heimatkunde das heimatliche Gebiet, die Umgebung des Kindes „in eine Anzahl scharf begrenzter und leicht überschaubarer Landschaftsgebiete", also in natürliche Gruppen oder Einheiten zerlegt, „durch deren eingehende Betrachtung und Beobachtung es zahlreiche typische Grundanschauungen für die einzelnen Zweige des Realunterrichtes — also nicht bloss für Erdkunde — gewinnt. Mit jedem neuen Landschaftsgebiete, das ihm so vertraut wird, erobert das Kind einen Teil der Heimat und einen Schatz apperzipierender Stammvorstellungen" (Dr. Lange).

Auf Grund eingehender Anschauung und gründlicher Darstellung wird so die Heimat Stück für Stück durch Wort und Zeichen mit den Kindern erarbeitet, eingedenk des Goetheschen Wortes: „Wie fruchtbar ist der kleinste Kreis, wenn man ihn wohl zu pflegen weiss." Nach ihrer Klarstellung werden diese Teile zu einem organischen Ganzen fest verbunden, doch so, dass sie jederzeit aus ihrer Verbindung gelöst und als Aneignungshilfen an der entsprechenden Stelle des erdkundlichen Unterrichts verwendet werden können. Dabei gewinnen wir die Überzeugung, dass wohl in jedem Bezirke für die grosse Mehrzahl der geographischen Begriffe heimatliche Vorstellungen zu Gebote stehen. Nur einige Beispiele (nach Lomberg) sollen das zeigen.

Es soll die Küstenbildung an der Nord- und Ostsee zur Anschauung gebracht werden. Wir unternehmen zu diesem Zwecke einen Unterrichtsgang an einen Teich, Fluss oder Bach mit seichten Ufern. Die Kinder sehen hier, wie das Wasser durch heftigen Wellenschlag Erde, Sand, verwehtes Laub, Baumrinde, Holzstückchen, Pflanzenteile u. s. w. an den Rand geworfen hat. Wenn auch nicht alles, was angespült wird, liegen bleibt, sondern von dem zurückgehenden Wasser wieder mitgenommen wird, so bleiben doch immerhin die groben und schweren Bestandteile zurück und werden nach und nach immer höher hinaufgeschoben. Wenn Hochwasser gewesen ist, zeigt sich diese Tatsache an den Ufern unsrer Flüsse, Bäche und Gräben sehr deutlich. Nach und nach entsteht nun an solchen Ufern ein kleiner Wall aus Geröll, Sand und Schlamm. Die ausgeworfenen Massen werden von den Sonnenstrahlen getrocknet und vom Winde noch eine Strecke weiter fortgeführt. Haben wir hierzu mit den Kindern noch beobachtet, wie im Winter durch den Wind die hohen Schneewehen mit ihren scharfgeschnittenen Kammlinien entstehen und sich bei anhaltendem Sturme aller Augenblicke verändern, so haben wir damit die Grundzüge der Dünenbildung gewonnen. Im Geiste treten wir nun an die Gestade der deutschen Meere. Unter der lebendigen Schilderung des Lehrers nimmt der Teich ungeheure Dimensionen an, wir können nicht mehr über ihn hinwegsehen, die Wellen schlagen höher und immer höher, die Tiefe

4*

nimmt mit der Entfernung vom Lande zu — diese gewaltige Wasser-
flut ist das Meer. Umgeben wird es von einem Wall von Sand und
Steinen. Das Kind hat ferner beobachtet, wie auf einer Hochebene
der Wind viel mehr Gewalt hat als im Tale und kann sich darum
auch eine Vorstellung von der Stärke des Windes, welchem hier
nirgends ein Hindernis entgegensteht, und von der Wucht der Wogen
machen. Es kann sich weiterhin annähernd die Höhe und Breite
der Dünen vorstellen und wird ihre Entstehung und Wanderung
landeinwärts verstehen. Eine gute bildliche Darstellung vervollständigt das Bild in der Seele des Kindes.

Bei Behandlung der Marschen werden folgende heimatkundliche Beobachtungen von grösstem Nutzen sein: Das Kind weiss
aus Erfahrung, dass das Wasser des Baches oder Flusses nicht immer
klar, sondern, namentlich nach heftigen Gewittergüssen, getrübt ist
und in diesem Falle aufgelöste Erde, Sand, geriebenes Gestein,
welches durch den Anprall des Wassers von den Ufern losgerissen
worden ist, enthält. Füllt man ein Glas mit solchem Wasser, so
setzen sich in dem nunmehr ruhig stehenden Wasser die genannten
Teile zu Boden. Ähnlich ist es da, wo der Fluss einen langsameren
Lauf annimmt. Dort sinken die erdigen Bestandteile ebenfalls zu
Boden, und es entsteht eine Schlammablagerung. Besonders gut
lässt sich das beobachten, wenn in der Niederung eine Überschwemmung stattgefunden hat; schon an Feld- und Wiesengräben lässt
sich das sehr gut zeigen.

Die Kinder haben ferner beobachten können, wie durch einen
starken Regenguss Tümpel an ganz ebenen Stellen auf der Strasse
entstehen. Die vom Wasser mitgeführte Erde setzt sich an hervor-
stehende Steine oder kleine Bodenerhebungen an und bildet einen
kleinen Wall. Schliesslich wird die angestaute Wassermenge zu
gross, zerreisst den Damm an einer Stelle und sucht seinen Weg
zu einem grösseren Gewässer. Damit veranschaulichen wir die
Bildung der Haffe, Nehrungen, Landzungen und Strandseen, und die Kinder können sich eine Vorstellung machen von
den Mündungsgebieten der Oder und Weichsel. Zugleich werden
damit Dammbrüche, wie sie bei Springfluten erfolgen, veranschaulicht, und „der zur Fremde aufsteigenden Phantasie gesellt sich die
Teilnahme als aufrichtige Begleiterin zu.“

Für die Verdeutlichung der Alpenwelt drängen sich im
Winter eine ganze Menge Vorgänge und Erscheinungen dem Auge
geradezu auf. Die Kinder sehen Berge und Täler mit Schnee bedeckt, der im Sonnenscheine mit seinem Glanze das Auge blendet.
An manchen Tagen hält sich die Sonne hinter dichten Wolken verborgen, es tritt heftiges Schneegestöber ein, das bei zunehmendem
Winde Wege und Stege verweht. Feuchte Felswände überziehen
sich nach und nach mit einer dichten Eiskruste, an deren Fusse
sich im Frühjahre ein Wässerchen bildet. Bei Tauwetter löst sich

der Schnee von den Dächern und rasselt unter donnerähnlichem Krachen nieder. Im Garten rollen die Kinder einen Schneekloss dahin und jubeln, wenn er bald zu einer Masse anwächst, die fortzubringen sie nicht mehr imstande sind. Mit Hilfe solcher Vorstellungen wird es dem Kinde wohl möglich, die Schilderungen des Lehrers über Firnen, Lawinen, Schneestürme, Gletscher und Quellen in den Alpen zu verstehen.

Das Kind hat weiter beobachtet, dass im Frühjahre auf den Bergesgipfeln und in den Schluchten der Schnee am längsten liegen bleibt, dass bei beginnendem Winter oder im zeitigen Frühjahre früh die Berge mit weissen Kuppen erscheinen, während alles tiefer liegende Land noch ein grünes Gewand zeigt. Es folgert daraus, dass es da oben viel kälter sein muss als unten.

Bei Schulwanderungen hat es gemerkt, dass auf Bergesgipfeln die Luft viel bewegter und frischer ist als im Tale. Wir haben es ferner wiederholt darauf aufmerksam gemacht, dass die der Sonne zugeneigten Gärten und Felder viel eher grünen und einen viel üppigeren Pflanzenwuchs zeigen als die der Sonne abgeneigten, dass Obst und Beeren hier viel eher und besser reifen als dort, dass in sonnigen Tälern, die durch umliegende Berge geschützt sind, alles viel besser gedeiht als auf der Höhe, dass andrerseits in Schluchten und an tiefen, den Sonnenstrahlen schwer zugänglichen Stellen Schnee und Eis am längsten liegen, mitunter sogar dem Hochsommer trotzen. Auf Grund dieser Beobachtungen dürfte es nicht schwer fallen, zu verstehen, warum an dem Südfusse der Alpen die herrlichsten Südfrüchte reifen, während in den höheren Regionen und namentlich auf der Nordseite rauhe Winde wehen und ewiger Schnee und Eis das Gebirge bedecken.

„Selbst für die Vorstellung des Urwaldes finden wir Hilfsquellen in heimatlichen Anschauungen." Bei einer Wanderung durch den Wald verlassen wir einmal den Weg, suchen die wildesten Stellen auf und staunen über die mächtigen Bäume, das undurchdringliche Gestrüpp und die üppig wuchernden Schlingpflanzen. Manche Bäume sind mit Flechten über und über bedeckt. Haben wir Glück, so finden wir wohl auch einmal von Altersschwäche gebrochenen Baumriesen. Das alles setzen wir uns zu einem Bilde zusammen, denken uns viele solche geborstener Bäume, deren Überreste von grünenden Pflanzen mit grossen, herrlichen Blüten überwuchert und von dem dichten Blätterdache der jungen Stämme überschattet werden. Diese Welt denken wir uns belebt mit farbenprächtigen Paradiesvögeln, flinken Affen, schillernden Schlangen und der sonstigen Tierwelt unsrer Tiergärten und Menagerien und — vor uns steht ein Bild des Urwaldes.

Die kleinen Wasserfälle des Frühjahres und die Wehre dienen uns zur Veranschaulichung der grossen Wasserfälle des Rheines und anderer Ströme. Das Ausbaggern eines verschlämmten Mühlgrabens erläutert die Notwendigkeit des Ausbaggern des Elbbettes. Die steilen Abhänge und Felsen unsrer Täler müssen uns zur Veranschaulichung der Steilküste und der Tiefe des Meeres dienen. Jede Brunnengrabung und jeder Eisenbahndurchschnitt bieten Vorstellungen für den Aufbau der Erdrinde.

Noch viele solcher Vergleiche sind möglich, und weitgereiste Kollegen können diesen Schatz vermehren helfen.

Aus heimatkundlichen Beobachtungen erkennt der Schüler den Einfluss der Bodenart auf die Pflanzenwelt. Aus der Bodenbeschaffenheit und den Schätzen des Erdinnern folgt die Beschäftigung der Bewohner. Die Mineralschätze der Erde bedingen Bergbau und Fabrikwesen. Die Industrie, womit Handel und Verkehr in unzertrennlicher Verbindung stehen, erfordert aber Verkehrswege. Das führt uns auf den Bau der Strassen und Eisenbahnen. Nebenher gewähren wir dem Schüler einen Blick auf die Verkehrswege unsres Bezirks in alter Zeit.

So ist der Schüler befähigt, durch die bei der Gewinnung des Heimatbildes gewonnenen Anschauungen sich später im erdkundlichen Unterrichte eine wirkliche Vorstellung entfernter Weltgegenden machen zu können. „So wird dem Kinde selbst die fernste Ferne als Bildungsbesitz zur erweiterten Heimat." (Polack.)

Solche Bilder auf- und auszubauen, gelingt uns nur, wenn die Kinder durch unsre Arbeit gelernt haben zu w a n d e r n, zu s e h e n und zu d e n k e n, damit später ihr suchendes Auge immer neue Bilder finde, die es fesseln. Dies fordert aber wieder eine der Zeit und dem Stoffe nach lückenlos fortschreitende und v e r w e i l e n d e Betrachtung der heimatlichen Gegend, die nur dann möglich ist, wenn der Heimatkunde auf der Unterstufe das Recht eines selbstständigen Faches eingeräumt wird.

Mit dem 4. Schuljahre gilt selbstverständlich dieses Bild der Heimat nicht als vollendet, die Zeichnung desselben nicht als abgeschlossen, sondern in allen weiteren Schuljahren bis hinein in die Fortbildungsschule — wenn über das Gemeindewesen, die heimische Industrie, Handel und Gewerbe am Orte zu sprechen ist — wird dasselbe weiter ausgeführt.

So ist die Heimatkunde berufen, auf allen Stufen des Unterrichts je nach Bedürfnis vorbereitend und klärend zu wirken, und namentlich sind es die realistischen Fächer, die dieser fortdauernden Beziehung zur heimatlichen Erfahrung bedürfen, wie solches nach den von mir schon angeführten Beispielen leicht zu erkennen und zu vervollständigen ist. Die Heimatkunde gibt nun, indem sie den Unterricht auf allen Stufen und in allen Fächern weiter begleitet, ihre Selbständigkeit auf und wird zum „Prinzip", stellt also jetzt ihre einzelnen Elemente je nach Bedürfnis in den Dienst der realistischen Fächer und zieht zur Veranschaulichung des Fremden und Entlegenen entsprechende typische Gegenstände, Verhältnisse oder Vorgänge der Heimat herbei, um sie kennen zu lehren und zu verwerten. „So möge, so lange das Kind zu unsern Füssen sitzt, die Sonne der Heimat hineinscheinen in die enge Schulstube und ihm das Lernen zur Lust, zu einer seiner fröhlichsten Jugenderinnerungen machen." (Dr. Lange.)

Das über „Auswahl und Verteilung des heimatlichen Stoffes" Gesagte fasse ich in die Sätze zusammen:

1. Nicht die ganze Heimat kann Gegenstand des Unterrichts sein; nur diejenigen Teile und Erscheinungen derselben sind einer verweilenden Besprechung zu unterziehen, die dem Schüler wertvolle Anschauungen und damit wichtige Anknüpfungspunkte für die später auftretenden Wissensgebiete vermitteln.

2. Der heimatkundliche Unterricht zerlegt zu diesem Zwecke die Umgebung des Kindes in eine Anzahl scharf begrenzter und leicht überschaubarer Landschaftsgebiete, deren Dinge und Lebenserscheinungen dem kindlichen Interesse naheliegen.

3. Die Bearbeitung des heimatkundlichen Lehrstoffes ist nicht auf die ersten 3—4 Schuljahre zu beschränken, sondern erstreckt sich, dem jeweiligen Verständnisse der Kinder entsprechend, auf alle 8 Schuljahre. Insbesondere bedürfen die realistischen Fächer einer fortdauernden Beziehung zur heimatlichen Erfahrung.

Die Heimatkunde ist auf der Unterstufe ein selbständiges Fach, das den sogenannten Anschauungsunterricht mit in sich begreift, auf der Oberstufe aber eine Unterrichtsweise, ein Prinzip.

III.

Einige Winke für das Unterrichtsverfahren.

Durch planmässig angelegte und zweckmässig ausgeführte Schulwanderungen muss der heimatkundliche Unterricht — wie schon im 1. Teile ausgesprochen wurde — den Kindern eine sichere Grundlage unmittelbarer Anschauung geben, damit die wichtigsten geographischen Grundvorstellungen durch eigene Anschauung, Beobachtung und Übung in den festen Besitz der Kinder übergehen; denn die Vorstellungen, die wir in der Heimat erworben haben, sind stets am stärksten.

Diese heimatkundlichen Schulwanderungen, Lehrausflüge oder Unterrichtsgänge, haben bisher leider wenig Verbreitung gefunden. Ein Lehrer konnte solche Lehrausflüge nicht ausführen lassen, „weil hierdurch sein Unterricht zu sehr beeinträchtigt werden würde," und ein anderer unterliess sie deshalb, „weil diese nicht den Beifall des Ortsschulinspektors finden würden". Glücklicherweise ist jetzt der überwiegend grösste Teil der Lehrer, Schulleiter und Schulaufsichts-

beamten von der Wichtigkeit und Notwendigkeit solcher Lehrausflüge
überzeugt; eine wirklich belebende Heimatkunde ohne derartige Ausflüge ist undenkbar, ist einfach unmöglich, ein
Unterricht in Heimatkunde ohne Unterrichtsgänge ein
Unding.

Allerdings ist eine zweckmässige Leitung aller dieser Ausflüge
keine leichte Sache. Sie setzt ein feines Taktgefühl, eine sichere
Beobachtung, Kenntnis der Entwicklung des kindlichen Geistes und
ein ausgebildetes Lehrgeschick voraus, weshalb derartige Schulwanderungen auch von jungen Lehrern anfangs mit einer gewissen
Bangigkeit, einem leichten Widerwillen in Angriff genommen werden,
zumal auch der praktischen Ausführung dieser Lehrausflüge teilweise
noch Hindernisse entgegenstehen.

Es kann hier nicht meine Aufgabe sein, mich ausführlich über
die Bedeutung dieser Schulwanderungen für Unterricht und Zucht
und über die Organisation derselben zu verbreiten. Dazu empfehle
ich allen Kollegen das Studium der vorzüglichen Schrift „Über Schulwanderungen im Sinne des erziehenden Unterrichts" von Lomberg.
Ich muss mich hier darauf beschränken, das Wichtigste für unsere
Zwecke hervorzuheben.

Die Schulwanderungen, die dem Kinde die Urquelle vieler Erkenntnisse, die Natur, aufzuschliessen haben, verlangen vor allem
eine gründliche Vorbereitung des Lehrers. Er muss sich einen bestimmten Plan dazu machen und in vielen Fällen den Ausflug vorher
allein unternehmen, um sich darüber klar zu werden, was er auf
dem betreffenden Unterrichtsgange den Schülern besonders veranschaulichen will.

Jeder derartigen Wanderung geht eine Vorbereitung im Klassenzimmer voraus. Diese hat nach Angabe des Zieles das im Vorstellungskreise der Kinder vorhandene einschlägige Material zusammenzustellen, damit der Lehrer sieht, welche falschen Vorstellungen er
durch die Anschauung auf dem Ausfluge zu beseitigen, welche unklaren Begriffe er zu klären hat, aber auch in den Schülern das
Bedürfnis rege zu machen, durch gemeinsames Anschauen sich Klarheit zu schaffen und das Fehlende zu ergänzen. Die Vorbereitung
darf niemals in langes, zweckloses Reden ausarten, dem die wirkliche
und gemeinsame Unterlage fehlt. Sie beginnt mit einer Zielangabe,
z. B.: „Wir besuchen heute das obere Rödertal bis zur
Hüttermühle!" Nun werden die Kinder darauf hingewiesen, worauf
sie ihre Aufmerksamkeit vor allem zu richten haben, nämlich auf
den Lauf des Flusses, die Sohle des Tales, seine Begrenzung, seine
Bedeckung, die menschlichen Ansiedlungen und ihre Bewohner.

Vor dem Antreten des Ganges erfolgt vor dem Schulhause
zuerst seitens der Kinder die Angabe des einzuschlagenden Weges,
dann die Bestimmung der Himmelsgegenden, der Windrichtung und
zuletzt die Betrachtung der Himmelsansicht und der Wolkenform.

Nun wird der Gang begonnen. Der Weg führt uns von der Schule an der Mittelmühle vorüber durch die Pirnaer Strasse, das sogen. „Gässchen", über die Röderbrücke an der Stolpner Strasse, durch die Bergmühle und die Wasserstrasse an das Ziel, den Beginn der Hauptarbeit, ins Hüttertal. Wir haben Kompass, Thermometer, Messband, Senkblei, Lupe u. ä. mitgenommen. Ein wesentliches Stück für das Gelingen der Wanderung liegt nun darin, dass der Lehrer nicht wortkarg neben seinen Kindern einhermarschiert und so die Zeit bis zur Ankunft am Ziele den Schülern zu beliebiger Verwertung preisgibt. Die Aufmerksamkeit der Kinder darf auf weniger interessanten Strecken nicht erlahmen, der Erschlaffung muss vorgebeugt werden. Das kann leicht durch folgende Massnahmen geschehen: Man lässt die Kinder ein Lied singen, das die Stimmung erhöht und die Zucht ganz wesentlich erleichtert; man lässt sie ein Stück im Takte marschieren, einen Kilometer nach der Uhr abschreiten, Entfernungen schätzen; grössere Entfernungen zerlege man in kleinere Teile und schätze erst diese. Dem Schätzen folgt das Messen. Ausserdem haben die Kinder auf merkenswerte Objekte, Erscheinungen u. a. aufmerksam zu machen und sich darüber auszusprechen. Auch versäume man nicht, die Kinder auf solche Dinge und Erscheinungen hinzuweisen, die andern Unterrichtsfächern angehören oder höheren Unterrichtsstufen zugewiesen sind. So achten wir z. B. auf die wesentlichen Merkmale der einheimischen Laub- und Nadelbäume, der Getreidearten und andrer Pflanzen, aber nicht nur einmal, sondern wiederholt, weil ein einmaliger Hinweis keine klare Vorstellung erzeugt. „Wir verfolgen mit unserm Blicke die aufsteigende Lerche, belauschen die gefiederten Waldsänger, beobachten die fleissig schaffenden Bienen und Ameisen, die schwirrenden, von Blume zu Blume gaukelnden Schmetterlinge und die am sonnigen Waldabhange wohnende behende Eidechse u. a. m." (Zemmrich.) So lassen sich mancherlei Schwierigkeiten überwinden, wenn Opferwilligkeit, Liebe zu den Kindern und ein offener Sinn vorhanden sind.

Ebenso wollen wir auf dem Wege nach dem Ziele nicht unterlassen, sofern die Gegend, die wir durchwandern, dazu auffordert, den Sinn für die Schönheiten der heimatlichen Landschaft zu wecken, denn solche Betrachtung trägt nicht nur zur Bildung des ästhetischen Interesses bei, sondern nährt auch die Liebe zum heimatlichen Boden.

Wir haben das Ziel des Ausfluges erreicht. Nun werden die Hauptsachen, auf die es ankommt, besonders ins Auge gefasst, Nebensachen nur kurz besprochen. Das Unterrichtsziel und die in der vorbereitenden Besprechung gefundenen Gesichtspunkte werden kurz wiederholt. ·

Nun geht es an die Betrachtung, die Darbietung beginnt. Einen Augenblick lässt man die Kinder sich umschauen, ohne dass dabei gesprochen wird. Die nun folgende Besprechung leitet der

Lehrer nur; die Kinder bemerken, sprechen sich aus und erklären; jeder sagt, was er weiss. Fällt nach Beendigung der Besprechung die Wiedergabe seitens der Kinder ungenügend aus, so wird die Anschauung unter ganz besonderer Berücksichtigung der bemerkten Lücken so lange wiederholt, bis die erforderliche Klarheit erreicht ist; denn fehlt diese, oder ist sie mangelhaft, so schwebt die sich anschliessende „Besprechung in der Schule" völlig in der Luft oder wird zum leeren Gerede.

Jeder Schüler hat ein Notizbuch mit, in das er kleine Zeichnungen gleich an Ort und Stelle genau einträgt. Unterlässt man dies, so darf man sich nicht wundern, wenn im Klassenzimmer dann das Zurechtfinden nicht gelingt. Wer das Zeichnen im Freien nicht scheut, erspart viel Zeit und lästige Pausen im Klassenzimmer. Diese Zeichnung, zu der der Zeichner oder andere Kinder die Erklärung geben, ist zugleich die beste Zusammenfassung, die die einzelnen Teilbetrachtungen des Unterrichtsganges abschliesst. So wird an allen anderen Punkten verfahren: ruhig und scharf angeschaut, klar ausgesprochen, wenn irgend möglich, gezeichnet und zusammengefasst.

Am Ende unserer Wanderung durch das Hüttertal wird noch einmal gehalten, das Ganze übersehen und kurz von bessern Schülern wiederholt. Damit ist die Arbeit des Ausfluges getan.

Vor Antritt des Heimweges gönnt man den Kindern eine kleine Pause, denn solche Stunden sind ebenso anstrengend, wie die im Schulzimmer.

Auf dem Heimwege lasse man den Kindern Freiheit, und man wird bald finden, dass die Kinder sich zwanglos über das und jenes aus dem soeben Geschauten aussprechen, vielleicht durch eine Sage den oder jenen Punkt der Wanderung nach ihrer Weise auszuschmücken suchen. So schafft ein solcher Ausflug Vorstellungen, wie sie kein anderes Hilfsmittel in gleicher Weise zu schaffen imstande ist, und die als Grundlage für den nun folgenden Unterricht unerlässlich sind.

In den nächsten Unterrichtsstunden für Heimatkunde erfolgt nun die Wiederholung und Einübung[1]) des auf diesem Ausfluge gewonnenen Stoffes.

Um dabei rasch und sicher zum Ziele zu kommen, kann man namentlich dann, wenn es sich noch um endgültige Einprägung des neuen Stoffes mit besonderer Rücksicht auf das Kartenbild handelt, die nächste Stunde auf dem Schulhofe bez. dem Turnplatze abhalten.

Unter Einübung darf nun hier nicht mehrmaliges Wiederholen

---

[1]) Das durch Beobachtung gewonnene Material wird gewiss auch mancherlei Vertiefung nach bestimmten Gesichtspunkten durch eingehendere Besprechung erfahren müssen. D. R.

in derselben Form verstanden werden. Während zuerst der Stoff in der Reihenfolge wiedergegeben wird, in der er auf der Wanderung an sie herangetreten ist, können dann einmal nur die Richtungen der Wege in und ausser der Reihe oder nur die Längen angegeben werden, oder es wird der Weg durch die Stadt und der Weg im Tale für sich wiederholt und beide werden miteinander verglichen. Von den gefundenen Weglängen präge man dabei nur solche für die Dauer ein, die als Mustermasse, d. h. als zu merkende und bei künftigen Schätzungen und Vergleichungen zu benutzende Grössen dienen können. Nach erfolgter Übung schreitet der Unterricht fort zur zeichnerischen Darstellung des Beobachteten, zunächst zur Zeichnung des zurückgelegten Weges, das sich als wichtiges Mittel der scharfen Erfassung und Befestigung des heimatkundlichen Stoffes erweist. Die erste Zeichnung ist eine einfache Planzeichnung, die nur auf Richtung und Ausdehnung, nicht aber auf Bodenerhebungen Rücksicht nimmt. Da die heimatkundlichen Zeichnungen als Vorbereitung auf das Kartenlesen oder als Mittel, solches zu lernen, wichtig sind, verwenden wir darauf besonders viel Zeit und Mühe. Seminaroberlehrer Bechler schlägt dazu in seiner wertvollen Abhandlung über „Heimatkundliche Ausflüge in die Umgebung von Weimar" für den ersten Ausflug 4 Zeichnungen vor: die Zeichnung auf den Schul- oder Turnplatz, Zeichnung auf einen kleinen Spielplatz, Zeichnung auf die wagrecht gelegte Tafel und Zeichnung ins Schülerheft. In sehr anschaulicher und überzeugender Weise wird dabei den Kindern das Verständnis für den verjüngten Massstab und für den Blick aus der Vogelschau und ebenso dafür ver.mittelt, dass die gezeichneten Skizzen immer mehr zusammenschrumpfen, je grösser das durchwanderte Gebiet wird.

Der Unterrichtsgang „Augustusbad, Landwehr, Felixturm" gestattet uns eine Umschau von letztgenannter Höhe aus, durch die zunächst die Bezeichnung „Gesichtskreis" gefunden wird. Dann wird den Kindern bald klar, dass die vor uns liegende Fläche nicht eben ist, wie eine Tischplatte, sondern dass in ihr Erhebungen und Vertiefungen vorhanden sind. Sie lernen dabei schnell erkennen, dass Berge hohe, Hügel nur niedere Bodenerhebungen sind. Dieser Gesichtskreis vom Felixturme aus wird dann in der Nacharbeit im Schulhofe unter Leitung des Lehrers im kleinen als ganz rohes Relief nachgebildet. Das Relief ist der naturgemässeste Übergang zur ersten einfachsten Zeichnung der Bodengestalt. Es werden nämlich auf eine neben das Sandrelief wagerecht gelegte Tafel die untersten Linien der Bodenerhebungen (die Fusslinien) abgezeichnet, so dass zwischen ihnen die Täler, hinter ihnen die Erhebungen liegen. Hierauf wird der Raum, den letztere einnehmen, schraffiert, und die einzelnen Berge, Hügel und Täler werden durch Eintragung der Namen bestimmt. Bei Höhenbestimmungen wird der Lehrer ausser der allgemein gebräuchlichen

Messung der Erhebungen vom Meeresspiegel aus nie versäumen, neben der absoluten auch die relative Höhe anzugeben.[1])

Unser Relief oder der dem Ausfluge entsprechende Teil desselben wird unter steter Bezugnahme auf die Wirklichkeit besprochen und unter Mithilfe der Schüler auf die Wandtafel übertragen, wobei sich die Anwendung farbiger Kreiden als vorteilhaft erweist. Nun zeichnen die Schüler das Kartenbild auf ihre Schiefertafel oder auf ein Blatt Papier, und zwar nicht die Einzelheiten, sondern nur die Hauptsachen mit groben Strichen. Die erste derartige Zeichnung entspricht dem ersten kleinen durchwanderten Gebiete und stellt sich als erste einfache Landkarte dar. Diese Karte ist ein Bild, mit dessen Hilfe sich die Schüler die durchwanderte Landschaft wieder vorzustellen vermögen. In derselben Weise reiht sich nun die kartographische Darstellung jedes Teiles der heimatlichen Gegend an den früheren an, und vor den Augen der Kinder entsteht die mit ihnen Schritt für Schritt auch nun kartographisch erarbeitete heimatliche Gegend, die Heimatkarte.

Haben wir auf diese Weise unsre heimatliche Gegend kartographisch erarbeitet, so unternehmen wir noch einmal einen Ausflug auf die Höhe, von der aus wir die erste Umschau hielten, auf den Felixturm, um von hier aus das ganze Gebiet noch einmal zu überschauen, also eine Hauptwiederholung abzuhalten.

„Während die erste orientierende Betrachtung des heimatlichen Weichbildes, die ein Jahr oder auch länger zurückliegt, in der Seele des Kindes eine ziemlich unklare Bildfläche erzeugte, liegt nun das heimatliche Bild klar vor dem Auge des Kindes da, als sei von ihm ein Nebel gewichen, der die Einzelheiten des Bildes bisher verborgen hielt." Jetzt muss das Kind in der Lage sein, sich hier oben nicht nur nach Himmelsgegenden und einzelnen Orten zurechtzufinden, sondern auch die Neigung der Täler zu erkennen, anzugeben, wie sich der heimatliche Boden senkt, wohin also die Gewässer ihren Lauf nehmen, die Richtung der vorherrschenden Winde zeigen u. a. m.

Ins Schulzimmer zurückgekehrt, führen wir die Heimatkarte vor, suchen alles Bekannte auf und stellen eine zusammenhängende und ergänzende Betrachtung an.

Bei dieser Wiederholung lege dann der Lehrer auch besonderes Gewicht auf das vergleichende Gruppieren des reichen Stoffes: die Ortschaften stelle er nach Lage, Grösse, Beschäftigung der Bewohner, die Bodenerhebungen nach Gestalt, Höhe, Abdachung, Bedeckung, die Talwände nach Höhe und Böschungswinkel, die fliessenden Gewässer nach Länge und Wasserreichtum zusammen u. s. f. Ferner

---

[1]) Manche Schulen besitzen ein fertiges Relief der Heimat. Dieses möchte aber so hergestellt sein, dass das Profil der heimatlichen Gegend an allen 4 Seiten sichtbar wird und dadurch die Profilzeichnungen veranschaulicht, die der Lehrer mitunter seinen Skizzen hinzufügen wird.

müssen unter seiner Anleitung erfolgen Zusammenfassungen über den Nutzen des Waldes, über die Tiere im Walde, sowie über die Tätigkeiten des Försters, Holzhauers und des Landmannes. Von den letzteren Zusammenstellungen kann gar manches auch dem deutschen oder dem naturkundlichen Unterrichte zugewiesen werden.

In der ungünstigen Jahreszeit wird auf die oben bezeichnete Weise der Ortsplan erarbeitet.

Von der Heimatkarte führen wir die Kinder zur Bezirkskarte, zur Karte der Amtshauptmannschaft Dresden. Wenn nun auch die verschiedenen Heimatkarten in den auf ihnen angewandten Zeichen mit dieser Bezirkskarte nicht ganz übereinstimmen, so dürfte das in gewissem Sinne als ein Vorteil zu bezeichnen sein, da später dem Kinde manche Karte unter die Augen kommen wird, die andere Zeichen aufweist, in die es sich aber, einen guten Unterricht vorausgesetzt, bald finden wird.

Für Erreichung des rechten Kartenverständnisses ist es notwendig, das Kind auf die allmähliche Zusammenschrumpfung der Darstellung aufmerksam zu machen: wie das Schulzimmer, das wir zuerst gezeichnet, im Plane vom Schulhause nur noch ein kleiner Raum, der grosse Schulhof vom Stadtplane nur ein kleines Teilchen ist, wie die Heimatkarte auf der Bezirkskarte bedeutend verkleinert erscheint. Empfehlenswert ist es ferner, auf der Vaterlandskarte das Stück abzugrenzen, das die Bezirkskarte bietet.

Vieles nun von dem, was uns die Bezirkskarte zeigt, kann aber der Entfernung wegen auch auf den Schulwanderungen, die bis zu den oberen Stufen hinauf das gesamte Schulleben begleiten müssen, nicht mehr in natura angeschaut werden; denn auch bei grösseren Schulwanderungen der späteren Jahre können immerhin nur einzelne Teile des Bezirks besucht werden. Karte, Bild und das lebendige Wort des Lehrers dürften dann wohl eine Vorstellung in dem Kinde erzielen, die der Wirklichkeit nahekommt. Auf Grund all dieser Anleitungen muss es dem Schüler später gelingen, mit Hilfe der Phantasie in den bunten Karten seines Atlasses wiederum plastische, natürliche Gebilde, lebensvolle Landschaften zu erkennen, den heimatlichen Bach zum mächtigen Rheinstrome, den Dorfteich zum tiefen See und das Kirchlein zum herrlichen Dome zu bilden.

Neben den Schulwanderungen sind endlich auch fortlaufende, sowie gelegentliche Beobachtungen der Schüler ein unentbehrliches Mittel zur Gewinnung heimatlicher Grundanschauungen. Es gibt Stoffe der Heimatkunde, die zu ihrer Behandlung eine Reihe von Beobachtungen verlangen, die längere Zeit in gleichmässiger Weise fortgesetzt werden müssen.

Wir betrachten demgemäss nicht nur die Erde unter uns, sondern auch den Himmel über uns in seinen auffälligsten Erscheinungen: den Himmel als Halbkugel, die Sonne nach Aussehen, Auf- und Untergang und Stand am Mittage, den Mond nach

Aussehen und Bewegung, die Sterne in besonders auffälligen Stern-
bildern, die Wolken, die Witterungserscheinungen, die Winde, den
Regenbogen und gegebenenfalls Mond- und Sonnenfinsternis. Als
Hilfsmittel zu diesen fortlaufenden und gelegentlichen Beobachtungen
benutze der Lehrer eine Sonnenuhr, ein Thermometer, Tabellen zum
Eintragen der Witterungserscheinungen auch durch die Kinder, einen
Regenmesser im Schulhofe, eine an der Schuldecke angebrachte
Windrose, ein Barometer u. ä. Diese Beobachtungen werden zum
Teile unter der Aufsicht und Anleitung des Lehrers, zum Teil nach
seinen Angaben von den Schülern selbständig gemacht.

Bei diesen Beobachtungen handelt es sich nur um die Beobachtung der äusseren Erscheinung, um das „äusserliche Was"
und das „erscheinende Wie", keineswegs aber um die Erklärung,
um „das wahre Wie und Warum".

Dieses bleibt dem eigentlichen Unterrichte in der mathematischen (astronomischen) Geographie überlassen. Es kommt hier
auch weniger auf den Umfang als auf die Genauigkeit der Beobachtungen an.

Ein Rückblick auf das im 3. Teile Gesagte ergibt folgende
Sätze:

1. Planmässige Schulwanderungen, sowie fortlaufende und gelegentliche Beobachtungen der Schüler ausserhalb derselben
sind unentbehrliche Mittel zur Gewinnung heimatlicher Grundanschauungen.

2. Die Schulwanderung ist nach einem sorgfältig erwogenen
Plane auszuführen. Sie beginnt mit der Vorbereitung, dem
Hinweise auf das Ziel des Ausfluges, um die innere Teilnahme und das unmittelbare Interesse des Schülers zu
erregen.

3. Auf dem Wege nach dem Ziele öffne und schärfe man
den Kindern den Blick für die Schönheiten der heimatlichen
Landschaft und der Natur überhaupt, sorge aber dafür, dass
die Kinder weder abgespannt noch zerstreut am Ziele, also
am Beginne der Hauptarbeit, ankommen.

4. Das in der Natur Angeschaute erfährt in der „Wiederholung
im Schulzimmer" unter Hervorhebung des hierbei Wesent-
lichsten eine weitere Besprechung, Vertiefung und Ergänzung.

5. Als wichtiges Mittel der scharfen Erfassung und Befetsigung
des heimatkundlichen Stoffes erweist sich die zeichnerische
Darstellung des Beobachteten. Die unter Benutzung von
Sandmodell und Relief vom Schüler gefertigten heimatlichen
Kartenskizzen bahnen zugleich allmählich das Verständnis
der erdkundlichen Karten an.

Der heimatkundliche Unterricht, der von der Schulstube ausging, ihre Gestalt und Ausdehnung darlegte, zum Schulgebäude und
Schulgrundstücke weiterschritt und darnach zur Behandlung des

Heimatortes gelangte, führte die Kinder von hier aus zu dessen weiterer Umgebung, zum Heimatkreis und zum Heimatlande. Damit ist die Heimatkunde im engeren und weiteren Sinne abgeschlossen; es beginnt der eigentliche geographische Unterricht über Deutschland.

Wird nun auf der Oberstufe noch einmal ein Gang durch die Heimat gemacht, der das Vorhandene durch stärkere Heranziehung des Kulturgeschichtlichen, das die Heimat bietet, vertieft, so werden die Kinder mit dem Dichter bekennen: „Was ich bin und was ich habe, dank ich dir, mein Vaterland!"; sie werden die Wahrheit der Worte unsres Arndt fühlen: „Wo dir Gottes Sonne zuerst schien, wo das erste Menschenauge sich liebend über deine Wiege neigte, da ist deine Liebe, da ist dein Vaterland!"; dann werden die Kinder immer fähig und bereit sein, in Befolgung der tiefernsten Mahnung des sterbenden Freiherrn von Attinghausen „Ans Vaterland, ans teure schliess' dich an, das halte fest mit deinem ganzen Herzen!" in alter deutscher Treue allezeit mitzuwirken an ihres Volkes Ruhm, an ihres Vaterlandes Herrlichkeit!

B. Kleinere Beiträge und Mitteilungen.

I.

Bericht über die Versammlung des Vereins für Kinderforschung.

Von Dr. Th. Fritzsch in Leipzig.

Der Verein für Kinderforschung wurde im Jahre 1897 anlässlich der akademischen Ferienkurse in Jena gegründet. Er hat sich nicht nur die Erforschung der Kindesnatur zum Ziel gesetzt, sondern er will auch weitere Kreise von der Wichtigkeit einer planvollen, mit exakten Mitteln betriebenen Erforschung des Kindes überzeugen und zur Mitarbeit gewinnen.

In Leipzig, wo am 14.—16. Oktober die 6. Jahresversammlung stattfand, brachte man, aus den zahlreich besuchten Sitzungen zu schliessen, dem Vereine ein grosses Interesse entgegen.

In seiner Begrüssungsansprache hob Herr Anstaltsdirektor Trüper aus Jena hervor, dass die Bestrebungen des Vereins im Zeitalter des Sozialismus nicht modern seien, da der Verein die Eigenheit des kindlichen Individuums schützen wolle. Eltern, Lehrer, Seelsorger, Ärzte, Juristen — alle würden zu freudiger Mitarbeit willkommen geheissen. Leipzig sei für die Bestrebungen des Vereins ein besonders günstiger Boden. Es wird an die Tätigkeit Zillers, Strümpells, Wundts erinnert. Die Arbeiten eines Tiedemann, Sigismund, Preyer auf dem Gebiete der Kinderforschung hätten im Auslande, z. B. in Amerika und England, mehr Anklang gefunden als in Deutschland.

Herr Bezirksschulinspektor Schulrat Prof. DDr, M ü l l e r begrüsste darauf in herzlichen Worten die Versammlung. Er wolle ihr als Motto ein Wort des Leipziger Philosophen Leibniz zurufen: Semper ad discendum paratus = Allzeit zum Lernen gern bereit. Zwar hiesse es von Leipzig: Lipsia vult exspectari, aber von der Kinderforschung könne man das nicht sagen, dies zeige nicht nur ein Rückblick auf die Vergangenheit, wo schon vor 40 Jahren Bornemann und Dr. Panitz für solche Fragen zu interessieren suchten, sondern noch mehr ein Blick in die praktischen Arbeiten der Gegenwart. (Hilfsschulen für Schwachsinnige, Lehrplanreform!) Man scheue sich nicht, Opfer zu bringen in materieller und geistiger Hinsicht. Selbst zum schwersten Lernen, zum Umlernen, bei dem so viele Arbeit und Erfahrung verloren gehe, sei man bereit. Neidlos habe man die Ärzte in die Schule einziehen sehen, und es sei eine Freude, zu beobachten, wie die Lehrer die Untersuchungen der Ärzte vorbereiteten, unterstützten und nützten. Durch das Zusammenarbeiten von Ärzten, Lehrern und Eltern werde man sicherer fortschreiten und herrlichere Erfolge haben — selbst bei dem Ärmsten und Schwächsten.

Hierauf überbrachte Herr Dr. L e w i n s t e i n die Grüsse der englischen Schwestervereinigung, der British Child-Study Association, gleichzeitig lud er ein zur 10. Versammlung dieser Gesellschaft, die im Mai 1905 in Derby stattfinden soll.

Im Auftrage der 11. Konferenz für Idioten- und Hilfsschulwesen in Stettin begrüsste dann Herr Dir. P i p e r - Berlin die Versammlung.

Der Vorsitzende gedachte darauf der Toten des letzten Jahres, der Herren Dr. S c h m i d t - M o n n a r d und Prof. Dr. W e n d t - Troppau, eines Schülers und fleissigen Arbeiters im Geiste Zillers und feinsinnigen Beobachters und Freundes der Kinder.

Die wissenschaftlichen Verhandlungen wurden eingeleitet durch einen Vortrag des Herausgebers der Zeitschrift für Philosophie und Pädagogik, Herrn Pastor O. F l ü g e l in Wansleben über das Verhältnis des Gefühls zum Intellekt in der Kindheit des Individuums wie der Völker. Der Gedankengang des über 1¹/₂ stündigen Vortrags, der durch eine Fülle treffender Beispiele aus allen Wissensgebieten besonders interessant wurde, war folgender:

Alle Naturerscheinungen sind Wirkungen einer Menge letzter Elemente auch die geistigen Erscheinungen sind zusammengesetzte Wirkungen letzter Elementarvorgänge. Wundt nennt diese letzten Elemente Empfindungen, Herbart nannte sie Vorstellungen, allerdings mit dem Vorbehalte, dass dies nur aus Not geschähe, in Ermanglung eines passenderen Ausdrucks. Daher rührt der unberechtigte Vorwurf, er führe alles auf Vorstellungen zurück, sein System leide an Intellektualismus. — Alle geistigen Vorgänge hängen innig zusammen, so auch Gefühl und Intellekt. Genau gefasst, lassen sie sich nicht trennen, man kann nur von einem Vorherrschen des einen vor dem andern sprechen. Es wird nun nachgewiesen, dass in der Kindheit das Gefühl vorherrscht. Das zeigt sich bei den Tieren, bei dem individuellen Kinde, bei den Naturvölkern, in den Anfängen der Kultur, der Wissenschaft, der Philosophie — entweder herrscht da das Gefühl vor oder ist eine starke Begleiterin des Intellekts.

Im 2. Teile beantwortete der Herr Vortragende die Frage: Warum herrscht das Gefühl vor? Das Geistesleben setze phylogenetisch und ontogenetisch mit dem Gemeingefühl, dem Gemein- oder Organbewusstsein ein. Dieses setzt sich zusammen aus den Einwirkungen der Herztätigkeit, der Atmung, der verschiedenen Muskelgefühle, des Vibrationsgefühls. Gewöhnlich werden diese nur wahrgenommen, wenn sie störend sind, aber in jedem Falle geben sie ihren Beitrag zur Bildung des Gemeingefühls, das uns als Resultante bewusst wird, bei welchem sich die einzelnen Komponenten unserem Bewusstsein entziehen. Hierin wurzelt Temperament, Naturell, Anlagen. Nachdem diese bereits vorhanden ist, entsteht erst das Sinnesbewusstsein durch die einzelnen Sinneseindrücke. Auch jede Empfindung hat etwas Gefühlsmässiges, den Ton. Die intellektuellen Gefühle beruhen teils auf der Lage, teils auf gewissen Bewegungen der Gedanken, also auf nicht voll- oder nur schwachbewussten Vorstellungen. Starke Gefühle hängen oft mit sehr schwach bewussten Vorstellungen zusammen. Daher die vielen Selbsttäuschungen, denen das Kind vielmehr unterworfen ist als der Erwachsene, der herausfindet, warum er missgestimmt ist. Darauf wird auf den Affekt eingegangen. Das Kind hat weniger Affekte, sofern diese in dem intellektuellen Bewusstsein beruhen. Anderseits neigt es mehr zum Affekte, da bei ihm der Leib mehr der Spiegel der Seele ist und da ihm die Vorstellungen fehlen, durch welche der Erwachsene sich beherrscht. Daher auch der schnelle Stimmungswechsel. Damit hängt auch der Selbstmord zusammen. Wie bei wilden Völkern, die nach augenblicklichen Impulsen sich das Leben nehmen, so auch die Kinder. Bei Mädchen ist der Selbstmord nach der Statistik weniger häufig als bei Knaben, und bei Schülern höherer Schulen tritt er öfter auf als in Volksschulen. Das hat seinen Grund in sozialen Verhältnissen, vor allem aber in der Schulnot. — Leibniz sagt: Die bewussten Vorstellungen gleichen den Inseln, die aus dem Meere der unbewussten hervorragen. Der Herr Vortragende will sie lieber mit Schiffen vergleichen, die ihren eignen Kurs haben, die aber auch ihren Kurs ändern durch Einwirkung dessen, was unbewusst ist. Das gilt auch von der Psychologie des Staates. Der Staatsmann würde grosse Enttäuschungen erleben, der nicht die Unterströmungen berücksichtigen würde, wie Herbart sagt. Unsre sittliche Aufgabe ist es, uns immer mehr der Herrschaft des Unbewussten zu entziehen und nach bewussten Maximen zu handeln!

In der Debatte ergriff zunächst das Wort Herr Dr. Brahn, Dozent der Psychologie an der Leipziger Universität. Zwar könne er sich damit einverstanden erklären, dass in der Kindheit des Einzelnen wie der Völker das Gefühl überwiege, einzelnen Punkte des stark von Herbartschem Geist durchdrungenen Vortrags müsse er aber als Schüler Wundts widersprechen. Herbart habe tausend geniale Dinge gesagt, seine Einleitung in die Philosophie sei heute noch die beste, vom Standpunkte der modernen Psychologie aus müsse jedoch namentlich der Intellektualismus bekämpft werden, selbst wenn er in Herbarts System nicht so böse gemeint sei.

Herr Oberlehrer Delitsch-Plauen zeigte an einem Beispiele, wie hoch das Gefühl für intellektuelle und moralische Bildung einzuschätzen sei, wie ein schwaches Gefühl der Grund für eine schwache intellektuelle Ausbildung sein könne.

Herr Dr. Spitzner-Leipzig betonte, dass die Pädagogik gezwungen sei, der modernen Auffassung des Gefühls im Kinde mehr nachzuspüren als bisher. Strümpell stehe den neueren Anschauungen näher als Herbart. —

Der Vormittag des zweiten Verhandlungstages wurde zur Besichtigung von Leipziger Anstalten, Schulen und Einrichtungen für Kinderfürsorge benützt. Die Verhandlungen selbst wurden eröffnet durch einen Vortrag des Herrn Geh. Medizinalrates Dr. Binswanger aus Jena über den Begriff des moralischen Schwachsinns. Bei Geistesstörungen dieser Art genügt es — nach den Ausführungen des Redners — nicht, den Nachweis eines sittlichen Defektes zu führen, denn dieser ist bis zu einem gewissen Grade ganz der gleiche bei Gesunden und Kranken, sondern es muss nachgewiesen werden, dass das Vorhandensein des sittlichen Defekts in gewissen krankhaften Veränderungen der Gehirnorganisation beruht. Dieser Nachweis ist sehr schwer zu führen. Aus einzelnen körperlichen Entwicklungsfehlern — z. B. Missbildung des Ohres oder Fusses, einer Hasenscharte — können keine Rückschlüsse auf die Gehirnorganisation gemacht werden, wie es Lombroso tut. Viel wichtiger sind die psychischen Kennzeichen, insbesondere der Mangel einer vollen intellektuellen Entwicklung. Ein einfaches Examen über erworbene Kenntnisse im Rechnen, Schreiben, Hersagen der 10 Gebote etc. beweist nichts. Es ist die Aufgabe der Pädagogen, geeignete Methoden ausfindig zu machen, wie wir uns über das Begriffs- und Urteilsvermögen eine bestimmte Schätzung verschaffen können. Auch das beweist noch nichts, wenn z. B. ein Knabe, der Scheusslichkeiten begeht, definieren kann, was gut, böse, dankbar ist, sondern diese Vorstellungen müssen mit seinem Ich verknüpft sein, er muss wissen: Ich bin böse.

Der Referent führte 2 Beispiele aus seiner Praxis an: Einen moralischen Idioten, der doch moralisch etwas erzogen und schliesslich auch im Rahmen einer Anstalt zu einer nutzbringenden Arbeit verwendet werden konnte. Im andern Falle handelte es sich um einen Knaben, der durch Überbürdung nervenkrank wurde und dann erst ethische Defekte zeigte. Mit Abstellung der Ursache hörten auch die moralischen Vergehungen auf.

Eine Gruppe von Kranken zeigt keine Spur von Defekten, und doch sind sie ein Schrecken der Erzieher. Die Zeichen der Entartung liegen da auf andern Gebieten: krankhaft affektive Veranlagung, Angst, Schreckhaftigkeit, Traumbilder, Schlafstörungen, Eigensinn, periodischer Wechsel zwischen melancholischer Depression und grosser Erregung.

Vom juristischen Standpunkte aus behandelte die von Geh. Rat Binswanger angeschnittene Frage des jugendlichen Verbrechertums Herr Dir. Polligkeit, der juristische Mitarbeiter der einzigartigen „Zentrale für private Fürsorge" in Frankfurt a. M. in seinem Vortrage über Strafrechtsreform und Jugendfürsorge. Der Strafrechtsreform muss nach seinen Ausführungen eine Erziehungsreform vorausgehen und zwar nach folgenden Gesichtspunkten:

1. dass in der Erziehung neben der intellektuellen Ausbildung auch der Entwicklung der moralischen Persönlichkeit der ihr gebührende Raum gewährt

werde, besonders mit Rücksicht auf die vielfach vorkommenden Anomalien in sittlicher Beziehung;

2. dass in der Schulerziehung eine stärkere Individualisierung nach sittlichem Empfinden und dem Grade der Empfänglichkeit für sittliche Beeinflussungen stattfinde — auf Grund sorgfältiger Ermittlungen von psychologisch und psychiatrisch geschulten Ärzten und Pädagogen;

3. dass die Begründung von Sonderschulen und Erziehungsanstalten für verschiedene Grade sittlicher Befähigung gefördert werde;

4. dass in der Einrichtung einer Berufsvormundschaft ein Organ geschaffen werde, das als zentrale Beratungs- und Auskunftsstelle den Eltern in der Erziehung ihrer sittlich minder veranlagten oder entarteten Kinder ratend zur Seite stehe und dem Vormundschaftsgericht als Ermittlungs- und Aufsichtsorgan diene.

Vom Strafrecht ist nicht zu erwarten, dass es die Ursachen der Jugend-Kriminalität beseitigen könnte, es ist dazu weder geeignet, noch berufen. Das Problem, gegen die Verwahrlosung der Jugend anzukämpfen, wird um so eher gelöst werden, je mehr man sich von dem Prinzip abwendet, erst bei dem Vorliegen einer Gesetzesübertretung in die Erziehung des Kindes einzugreifen. Man muss von der regressiven Methode zu der prophylaktischen übergehen. Die staatliche Überwachung der Erziehung des Individuums sollte sich nicht in einem Rügen eines begangenen Fehlers erschöpfen, sondern sich der Leitung der Erziehung überhaupt annehmen. Ob damit die Lösung des Problems gefunden ist, ist fraglich. Dazu sind die Ursachen der Verwahrlosung und der Kriminalität zu kompliziert, vor allem spielen ja soziale Faktoren mit, deren Paralysierung nicht ohne weiteres durch die Erziehung möglich ist

Als dritter Redner trat Herr Rektor Hemprich aus Freyburg a. U. auf, der die Ergebnisse der Kinderforschung in ihrer Bedeutung für Unterricht und Erziehung behandelte. Die Hauptgedanken waren folgende: Die neuere Forschung habe noch nicht den Beweis erbracht, in pädagogisch-didaktischer Beziehung von Bedeutung zu sein, im Gegenteil bedeuten ihre einseitigen pädagogischen Resultate einen Rückschritt gegenüber den didaktischen Belehrungen, die die „gemeine Kinderpsychologie" bisher gab. Referent zeigt das an Lays Reformvorschlägen, Fauths und Lippmanns Ausführungen. Die Gemütsbildung werde bei modernen Forschungen vernachlässigt. Das deutsche Märchen müsse aber auch fernerhin unterrichtlich verwertet werden, und des Kindes Seele müsse früh genug religiös richtig geleitet werden. — Was die Kinderforschung über die neuropsychische Hygiene sage, sei sehr beachtenswert. Es sei Übertreibung, wenn man sage, dass die physische Erziehung alles sei. Die Konsequenz der physiologisch-experimentellen Psychologie würde eine naturalistisch gefärbte Erziehungslehre sein. Dagegen sei vom Standpunkte des erziehenden Unterrichts aus zu protestieren.

In der Debatte wurde darauf hingewiesen, dass man nicht die ganze Richtung für die Fehler einzelner verantwortlich machen könne. Die Pädagogik habe selbständig auf dem Gebiete der Kinderforschung mitzuforschen. Auch von diesem Gesichtspunkte aus sei die Errichtung besonderer pädagogischer Lehrstühle zu fordern.

Am Sonntage sprach zunächst Herr Rektor Schubert aus Altenburg über

5*

„einige Aufgaben der Kinderforschung auf dem Gebiete der künstlerischen Erziehung". Wir heben aus dem reichen Inhalt des interessanten Vortrags einige Gedanken hervor: Zunächst ist es nötig, dass sich die Lehrer mehr mit ästhetischen Fragen beschäftigen. Mit der Herbart-Zimmermannschen Formalästhetik ist nicht auszukommen. Wir müssen fortschreiten über Siebeck, Vischer zu Lange, Schmarsow, Volkelt. Dem Schulmeister muss der Pedantismus mit dem Bakel ausgetrieben werden. Man muss sich die sinnliche Frische zu bewahren wissen. Goethe kann da Erzieher der Erzieher sein.

Die Schule hat alle 6 Interessen zu pflegen. Dies wird uns davor bewahren, die künstlerische Erziehung auf die Spitze zu treiben.

Das Gebiet ist nun auch von der Kinderforschung in Angriff genommen worden, die Ergebnisse sind aber noch sehr gering. Man hat sich eingehend mit dem Spiel beschäftigt und gezeigt, wie sich die Künste aus den Spielen entwickeln, aus den Puppenspielen die plastische Kunst u. s. w. Wie aber die Übergänge sich vollziehen, darüber ist man noch nicht klar. Im Sammeln von Kinderzeichnungen ist man sehr tätig gewesen. Doch ist da grosse Vorsicht geboten.

Von der experimentellen Psychologie verspricht sich unsere Lehrerschaft zu viel. Die Pädagogik kann nur die verbürgten Resultate der Wissenschaft benützen, wie bei den Naturwissenschaften, der Geographie, der Bibelkritik, so auch in der Psychologie. Die physiologische Psychologie kann nur die physiologischen Begleiterscheinungen des ästhetischen Empfindens untersuchen, nicht aber die höheren Stufen desselben.

Die Freude am nackten Menschen ist unserem Volke abhanden gekommen. Wir müssen die Kinder an die Natur heranführen, ihnen auch die Schönheit des Körpers zeigen, die Knaben nackt turnen lassen, sie in Luft- und Sonnenbäder führen. Nicht unsere Schulstuben, sondern die Badeanstalten; nicht die Zeichenstunden, sondern die Erholungsstunden auf dem Hofe, im Freien, auf der Eisbahn sind die wichtigsten Stätten der ästhetischen Erziehung. Verschafft sie auch den Mädchen! Dann wird die Prüderie schwinden.

Aller Verfrühung im Kunstunterricht muss entgegengetreten werden, namentlich auch aus Gesundheitsrücksichten. Es darf nichts geboten werden, was nicht vorgestellt oder gefühlt wird.

Herr Oberlehrer Dr. Pappenheim aus Grosslichterfelde führte hierauf eine grosse Anzahl von Kinderzeichnungen und Formarbeiten in Lichtbildern vor, um zu zeigen, dass die künstlerische Eigenart des Kindes durch den Unterricht in der Naturkunde nicht geschädigt wird, wie man annimmt, sondern im Gegenteil günstig beeinflusst wird.

In der Debatte befürwortete ein Arzt lebhaft aus medizinischen Gründen den Vorschlag, in der Schule die Scheu vor dem Nackten überwinden zu helfen, während von andrer Seite diesen Ausführungen heftig entgegengetreten wird. — Herr Dr. Kretzschmar kommt auf das erwähnte Vorhaben Prof. Lamprechts zu sprechen. Nach den Ausführungen des bekannten Historikers an der Leipziger Universität lässt der heutige Stand der Wissenschaften keinen Zweifel mehr daran bestehen, dass die Entwicklung des Einzelmenschen nicht nur physisch, sondern auch psychisch im allgemeinen analog der Entwicklung der Rasse verläuft. Der seelische Werdegang des Kindes verläuft in vielen Punkten parallel zu jenen Zeiten der Kulturgeschichte, die man als Prähistorie bezeichnet; nicht minder weist er Merkmale auf, die auch den Kulturen der heute noch auf niedrigen Entwicklungsstufen stehenden Naturvölkern eigentümlich sind. Die Kinderforschung ist infolgedessen imstande, für eine vergleichende Kulturgeschichte der verschiedenen Rassen und damit für eine allgemeine Menschheitsgeschichte sehr wertvolle Materialien und Fingerzeige zu liefern. Es besteht nun zunächst die Absicht, möglichst zahlreiche von Kindern aller Altersstufen und verschiedener Nationalitäten gefertigte freie, nicht aus dem Zeichenunterrichte hervorgegangene Kinderzeichnungen planmässig zu sammeln und wissenschaftlich zu verwerten.

Herr Direktor Dr. Kiessling-Leipzig betonte, dass das Formen dem Zeichnen vorangehen müsse und berichtete über die in einer Schule angestellten Versuche. —

Da Herr Dr. med. J. Moses-Mannheim verhindert war, seinen Vortrag zu halten, so sprach Herr Rektor Dr. Männel aus Halle, der ursprünglich als Korreferent vorgesehen war, über die Gliederung der Schuljugend nach ihrer seelischen Veranlagung und das Mannheimer System. Nach einem historischen Rückblicke schilderte er die Mannheimer Schulorganisation. Er kam zu dem Schlusse, dass diese eines Opfers an Zeit und Geld und auch eines grossen Versuches wert sei.

Herr Rektor Schubert bezeichnete in der Debatte die Tendenz, die dem System zu Grunde liegt, als eine falsche. Alles gehe aufs Wissen hinaus. Die Hauptsache sei aber, dass die Kinder mit dem rechten Interesse aus der Schule entlassen würden. In Mannheim liege viel an der Persönlichkeit des Organisators. Auch sei die Bevölkerung eine andere. (Hoher Prozentsatz Semiten!) Übrigens habe auch die Einrichtung in Mannheim selbst eine starke Opposition. Herr Dr. Seyfert-Annaberg, von dem bekanntlich die ganze Bewegung ausgegangen ist, verteidigte das System. Es sei geboren aus dem Mitgefühl mit dem Schwachen. In den Hilfsklassen sässen viele Kinder der niederen Stände. Der Intellektualismus sei nicht allein massgebend. Richtig sei, dass die Gründung von Vorschulklassen durch die Organisation gefördert werde. Man müsse Mittel und Wege ausfindig machen, dies zu umgehen. Auch in den Nebenklassen zeige sich bald eine Differenzierung. Gegenüber der Organisation nach Ständen sei die nach der Leistungsfähigkeit ein Recht des Kindes. 2 Herren, die die Mannheimer Verhältnisse aus eigner Anschauung kennen, traten warm für das System ein. Der Referent zitierte in seinem Schlussworte einen Ausspruch Herbarts: „Die Verschiedenheit der Köpfe ist das grosse Hindernis aller Schulbildung. Darauf nicht zu achten, ist der Grundfehler aller Schulgesetze, die den Despotismus der Schulmänner begünstigen und alles nach einer Schnur zu hobeln veranlassen." —

Der nächste Kongress soll in Frankfurt a. M. tagen.

C. Beurteilungen.

Monumenta Germaniae Paedagogica. Herausgegeben von Prof.
Dr. **K. Kehrbach.** Berlin, A. Hofmann u. Comp.

Band **XXIV** des hochverdienstlichen
Unternehmens der Gesellschaft für
deutsche Erziehungs- und Schulgeschichte
bietet den 1. Bd. der badischen Schulordnungen, bearbeitet von Dr. Karl
Brunner, Assessor am Gr. General-
Landes-Archiv zu Karlsruhe. (Preis
20 M.) Es sollen 2—3 weitere Bände
folgen. Der Bearbeiter begründet den
Umfang seines Werkes damit, dass im
heutigen Grossherzogtum Baden eine
territoriale Mannigfaltigkeit gegeben
ist, wie sie uns in Deutschland auf
gleich geringem Raume nur selten begegnet. Dazu komme die hohe Bedeutung der oberrheinischen Gebiete
für die gesamte deutsche Kulturentwicklung. „Das heutige Baden vereinigt in seinen Grenzen gegen 150
Territorien des Heiligen Römischen
Reichs."
Der 1. Bd. bietet die Schulordnungen
der badischen Markgrafschaften; im
2. Bd. sollen die auf das Schulwesen
der geistlichen Gebiete bezüglichen
Quellen veröffentlicht werden, im 3.
und 4. Bd. die Schulordnungen der
übrigen Gebiete und der Kurpfalz.
Bd. XXVII und XXVIII der Monumenta enthalten die Schulordnungen
des Grossherzogtums Hessen,
herausgegeben von Lic. theol. Dr. phil.
Wilh. Diehl. Der 1. Bd. (Pr. 12 M.)
bringt die Texte, der 2. Bd. (Pr. 12 M.)
einen Überblick über die Entwicklung
des höheren Schulwesens in der Landgrafschaft Hessen-Darmstadt (1567 bis
1806) und Erläuterungen und Bemerkungen zu den Texten und ihre
geschichtlichen Überblicke. Besonders
aufmerksam möchte ich auf Abt. B des
1. Bandes machen: Prüfungsnoten, Be-
soldungsnoten und andere schulgeschicht-
lich interessante Aktenstücke.
Bd. XXV und XXIX: Pestalozzi-
Bibliographie. Die Schriften und
Briefe Pestalozzis nach der Zeitfolge,
Schriften und Aufsätze über ihn nach
Inhalt und Zeitfolge zusammengestellt

und mit Inhaltsangaben versehen von
August Israel, kgl. sächs. Ober-
schulrat. Mit diesem Werke erfährt
der ursprüngliche Plan der Monumenta
Germ. Paed., in dem Bibliographien
nicht vorgesehen waren, eine Erweiterung. „Zum ersten Male tritt hier ein
Werk in die Erscheinung, das nicht nur
das Werden und Wirken einer hervorragenden Persönlichkeit aus deren
eigenen Werken, sondern auch an
den Werken und Aufsätzen, die über
diese Persönlichkeit erschienen sind,
erkennen lässt." Der Verfasser war
bemüht, ein lesbares Buch zu schreiben.
Das ist ihm unbeschadet des bibliographischen Charakters des Werkes gelungen. (1. Bd. Die Schriften Pestalozzis, Pr. 18 M., 2. Bd. Die Briefe
Pestalozzis, Pr. 12 M.)
Bd. XXVI: Die pädagogische Reform
des Comenius in Deutschland bis zum
Ausgange des 17. Jahrhunderts. Herausgegeben von Prof. Dr. Johannes
Kvacala. 1. Band: Texte. Pr. 12 M.
Der Herausgeber bemerkt im Vorworte, dass man bisher die Männer, die
im Anschluss an Comenius eine Reform
der Erziehung anstrebten, kaum der
Aufmerksamkeit würdigte. Diese Lücke
in der Forschung auszufüllen, hat er
sich zur Aufgabe gesetzt. Das Ergebnis seiner Arbeit liegt hier vor.
Die Namen der Mitarbeiter an den
Monumentis Germaniae Paedagogicis
bürgen für eine dem grossen Plane entsprechende Ausführung der einzelnen
Arbeiten. Es ist eine Ehrenpflicht
aller leistungsfähigen Bibliotheken, die
Bände der Mon. zu erwerben, und wer
sich wissenschaftlich mit der Geschichte
der Pädagogik beschäftigen will, darf
den Inhalt dieser Publikationen nicht
unbeachtet lassen.

Encyklopädisches Handbuch der
Pädagogik, herausgeg. von **Prof.
Dr. W. Rein.** 2. Aufl., 1. Band,
2. Hälfte. Langensalza 1903, H. Beyer
u. Söhne. Pr. 7,50 M.

Die Vorzüge des Handbuchs sind
bereits in der Besprechung des 1. Halbbandes hervorgehoben worden (Päd.

Studien 1903, S. 356/57). Dazu hat die 1. Auflage bereits so allgemeine Anerkennung gefunden, dass es genügt, auf den reichen Inhalt des vorliegenden Bandes hinzuweisen. Er umfasst 65 Artikel (S. 513—1000: Ärztliche Beobachtung bis Darstellender Unterricht). Ob die Artikel „Bescheidenheit" und „Cholera" in ein Handbuch der Pädagogik gehören, mag zweifelhaft sein. So trefflich der Inhalt dieser Artikel an sich ist, so ist er doch für den Lehrer und Erzieher von geringem Belang. Ein besonderer Artikel „Bilder" erscheint neben den Artikeln: „Biblische, geographische, historische, naturwissenschaftliche Bilder, Bilder für den Kunstunterricht an höheren Schulen (warum nicht auch an Volksschulen?), Bilderbücher" überflüssig. Dagegen wäre neben dem Artikel „Bildung" ein Artikel über „Bildungsideale" erwünscht.

Möchte auch der 2. Auflage des encyklopädischen Handbuches die weiteste Verbreitung beschieden sein.

Heman, Prof. Friedrich, Geschichte der neueren Pädagogik. Eine Darstellung der Bildungsideale der Deutschen seit der Renaissance und Reformation. Zum Unterricht für Lehrerseminare und zum Selbststudium. Osterwieck 1904, A. W. Zickfeldt. Pr. geb. 4,20 M.

Müller, C., Grundriss der Geschichte des preussischen Volksschulwesens. Ebenda. Pr. 3 M.

In der Vorrede bemerkt der Verfasser: „Was jeweilen der Zeitgeist als seine höchsten Güter schätzte, das verdichtete sich zu den Bildungsidealen, nach denen die Jugend sollte erzogen werden . . . Das gibt auch der Geschichte der Pädagogik ihre tiefere Bedeutung . . . Nur wenn der Unterricht in der Geschichte der Pädagogik unter diesem Gesichtspunkte erteilt wird, wird er fruchtbar sein und ein Bildungsmittel, das nicht entbehrt werden kann." Vom Auslande wird nur erwähnt, was die deutsche Pädagogik beeinflusst hat. Der Verfasser hat seinen Gegenstand innerhalb der durch den Zweck des Buches gezogenen Grenze übersichtlich und klar dargestellt. Es darf erwartet werden, dass unter dem vom Verfasser in den Vordergrund gerückten Gesichtspunkte der Unterricht Geist und Leben erhält. Er kann nicht zu einer blossen Aneinanderreihung von Tatsachen, zu bloss mechanischer Gedächtnisarbeit herabsinken, sondern wird eine Vertiefung in die Kulturentwicklung darstellen, aus der der Lehrer ein neues und wirksames Interesse für seine Berufsarbeit gewinnen muss. Freilich aber muss vorausgesetzt werden, dass der Unterricht in der Geschichte der Pädagogik nicht verfrüht wird. Ein Unterricht im Sinne des Verfassers wird nur nach dem Abschluss des Seminarkursus hin erteilt werden können.

Der Text des Buches ist auf keiner Seite durch Fussnoten belastet. Das ist in gewisser Beziehung ein Vorzug. Da jedoch das Buch nicht nur zum Unterricht an Lehrerseminaren, sondern auch zum Selbststudium bestimmt ist, wäre es zweckmässig, wenn in Fussnoten auf hervorragende neuere Schriften (Monographien und Abhandlungen in Zeitschriften) hingewiesen würde, die zu den in der Literaturübersicht angegebenen Werken Ergänzungen und Berichtigungen bieten. Von Vorteil würde auch der Hinweis auf neuere und leicht zugängliche Veröffentlichungen pädagogischer Quellenschriften sein.

Der Verfasser macht einen Unterschied zwischen „Philanthropinisten" und und „Philanthropisten" (vgl. S. 34/35). Das kann man tun; ob er aber das Richtige getroffen hat, erscheint zweifelhaft. § 31 trägt die Überschrift: „Die Philanthropinisten"; § 32 ist überschrieben: „Andre Philanthropisten und Rationalisten". Hier ist wohl eine Korrektur erforderlich.

Kapitel 13: „Die Pädagogik als philosophische Wissenschaft" — schliesst sich inhaltlich eng an Kapitel 11: „Pestalozzi und die Volksschule als staatliche Erziehungsanstalt." Es dürfte sich empfehlen, Kapitel 12: „Der Ausbau der Volksschule zur Staatserziehungsanstalt" hinter Kap. 13 zu setzen.

In dem kurzen Abschnitt über das sächsische Volksschulgesetz von 1873 ist wiederholt von Rektoren die Rede. Diese Bezeichnung für einen Schulleiter kennt das sächsische Volksschulgesetz nicht.

Das Buch, welches den 10. Band des von K. O. Beetz in Gotha herausgegebenen Sammelwerks „Der Bücherschatz des Lehrers" bildet, kann warm empfohlen werden.

Der Grundriss der Geschichte des preussischen Volksschulwesens von Rektor C. Müller schliesst sich insofern an den 6. Band (Beetz, Führer im Lehramt) des genannten Sammelwerkes an, als er zu der dort gegebenen Darstellung der schulgesetzlichen Bestimmungen die Ergänzung nach der geschichtlichen Seite hin sein will. Der Verfasser führt uns von den Anfängen des preussischen Volksschulwesens bis herauf zur Gegenwart. Obwohl der Band nur 294 Seiten umfasst, bietet er in klarer übersichtlicher Darstellung des Wissenswerten und Interessanten eine Fülle. Über alle wesentlichen Seiten des preussischen Volksschulwesens gibt das Buch Aufschluss. Ein ausführliches Inhaltsverzeichnis und ein Namen- und Sachverzeichnis ermöglichen eine leichte und rasche Orientierung. Auch dieser Band des Sammelwerkes kann bestens empfohlen werden.

v. Rohrscheidt, Kurt, Preussisches Volksschularchiv. Zeitschrift für Rechtsprechung und Verwaltung auf dem Volksschulgebiete. 1. Jahrgang. Heft 1—4. Berlin 1902, Frz. Vahlen. Pr. 5 M.

Das Archiv will eine stete Orientierung über alle das Schulwesen betreffende Rechtsvorgänge ermöglichen und nicht nur Schulaufsichtsbeamten, sondern insbesondere auch den Lehrern dienen. Jedes Heft wird von einem oder mehreren Aufsätzen aus sachkundiger Feder eingeleitet. So enthält Heft 1 eine Abhandlung über die Haftpflicht der Lehrer von Landgerichtsrat Dr. Haase; Heft 2 über die Verpflichtung der Gemeinden, neue Lehrer herbeizuholen, von Regierungsassessor v. Stockhausen und über die Auslegung des Lehrerbesoldungsgesetzes in der Ministerialinstanz und der Rechtsprechung von Regierungsrat v. Doemming; Heft 3 über die gewerbliche Kinderarbeit von Regierungsrat v. Rohrscheidt; Heft 4

über Bau und Unterhaltung der Schul- und Küsterhäuser im Gebiete des Preussischen Landrechts von Ober-Regierungsrat a. D. Schreiber.

Die Gesetze, Entscheidungen, Erlasse und Verfügungen sind nach gewissen Gesichtspunkten (1. Behörden, Beamte, Vokationsberechtigte, 2. Lehrer, 3. Lehrergehalt etc., 4. Schulpflicht und Schulversäumnis, 5. Schulkinder, 6. Religiöse Erziehung von Kindern aus gemischten Ehen, 7. Schulzucht, 8. Fürsorgeerziehung bis 14. Vermischtes und Ausserpreussisches) übersichtlich geordnet. Ein Inhaltsverzeichnis zum ganzen Jahrgange und ein sorgfältig bearbeitetes Sachregister machen das Archiv zu einem wertvollen Nachschlagewerke. Auch werden Besprechungen der einschlägigen Literatur geboten.

Das Archiv sollte in keiner preussischen Schule fehlen; aber auch nichtpreussische Schulen werden des Lehrreichen genug darin finden. Der niedrige Preis erleichtert die Anschaffung. Die Ausstattung ist gut.

Rochlitz i. S. Dr. Schilling.

Joh. Friedr. Herbarts Pädagogische Schriften. Mit Herbarts Biographie herausgegeben von Dr. Fr. Bartholomäi. Siebente Auflage, neu bearbeitet und mit erläuternden Anmerkungen versehen von Dr. E. v. Sallwürk, Geh. Hofrat. 1. Band. Langensalza: Herm. Beyer & S., 1903.

Seit der in den Jahren 1890/91 erschienenen 5. Auflage der Bartholomäischen Sammlung von Herbarts pädagogischen Schriften besorgt Dr. E. von Sallwürk die Herausgabe. Nun liegt bereits die 7. Auflage vor! Rechnet man dazu die grosse Zahl anderer Ausgaben Herbartscher Schriften, so kann man wohl behaupten, dass Herbart heute, fast 100 Jahre nach dem Erscheinen seiner Allgemeinen Pädagogik, zu den gelesensten pädagogischen Schriftstellern gehört. Herbart selbst hat nach dem offenbaren Misserfolg seines ersten pädagogischen Hauptwerkes, das zu seinen Lebzeiten nur eine Auflage erlebte, eine solche Wendung der Dinge gewiss nicht erwartet. Aus vielen seiner Briefe klingt die Sorge um die Zukunft seiner Lehre heraus.

Zur Verbreitung Herbartscher Gedanken hat auch die vorliegende Sammlung viel mit beigetragen. Vorausgeschickt ist eine Biographie Herbarts. Der Herausgeber ist bemüht gewesen, diese nach neueröffneten Quellen zu ergänzen und zu verbessern. Neues Material lieferten ihm namentlich B r a n d i s, Ungedruckte Briefe Herbarts, und S t e c k, Der Philosoph Herbart in Bern. E. v. Sallwürk hat mehrere wichtige Beiträge zur Herbartforschung übersehen. In erster Linie sind zu nennen die Veröffentlichungen R u d. H a r t s t e i n s im Jahrbuche des Vereins für wissenschaftliche Pädagogik Bd. 28 und 30: Inedita Herbartiana und Herbarts Schemata zu Vorlesungen über Pädagogik in Göttingen. Ferner sind ganz unberücksichtigt geblieben die Briefe Herbarts an Drohisch, die der Rezensent in demselben Organ Jahrgang 1902f. publiziert hat. Auch über die Göttinger Katastrophe sind neuerdings Arbeiten erschienen, die Herbarts Verhalten in weit günstigerem Lichte erscheinen lassen als bisher, die aber hier nicht erwähnt und benützt worden sind.

Gehen wir nun auf Einzelheiten ein! S. 69 Anm. heisst es: „Herbarts an Griepenkerl gerichtete „Briefe über die Anwendung der Psychologie auf die Pädagogik", erschienen 1836 zu Göttingen." S. 97: „Die 35 Briefe, die Hartenstein nach dem auf der Universitätsbibliothek in Königsberg befindlichen Manuskript herausgegeben hat —" (Zusatz der 7. Aufl.). Als Entstehungsjahr wird 1831 angegeben. Dazu ist zu bemerken: Herbart hat die „Pädagogischen Briefe", wie er sie nennt, im Juni 1832 zu schreiben begonnen. Veröffentlicht wurden sie erst nach seinem Tode durch Hartenstein unter dem genannten Titel. — S. 89 wird Krause erwähnt, gemeint ist Chr. Jac. Kraus. — Zu beanstanden ist ferner die Behauptung: 1806 waren die Philanthropen noch oben auf. — Strümpell

wird „Herbarts Liebling" genannt. Was sagen dazu die Strümpellianer?

In einer Biographie Herbarts, die auch die neueren Schicksale der Herbartschen Lehre berücksichtigen und ihre Geschichte bis in die neueste Zeit fortführen will, dürfen Männer wie Thilo, Cornelius, Lott, Vogt nicht fehlen. Vor allem aber vermissen wir O. Flügel, der für die Verbreitung Herbartscher Lehren unermüdlich und mit grösstem Erfolg tätig ist, der eine grosse Zahl begeisterter Herbartverehrer — namentlich in Lehrerkreisen — herangebildet hat und seit länger als 30 Jahren eine vielgelesene philosophische Zeitschrift herausgibt. Die Ausländer sind sehr stiefmütterlich behandelt worden, so fehlen die Holländer ganz, von den Franzosen M. Mauxion[1] u. a. Da die ganze Literatur bequem und ausführlich in Reins Encykl. Handbuch der Päd. Bd. 3 S. 466—600 zusammengestellt ist, hätte darauf verwiesen werden können.

Da die Ausgabe „bis aufs Kleinste dem Anspruch der kritischen Korrektheit genügen" will, so sei gestattet, auf einige Textfehler hinzuweisen, auf die Rezensent bereits an anderem Orte vor Jahren aufmerksam gemacht hat, die sich aber in der neuen Auflage noch finden. S. 127, Abs. 12 steht in der vorliegenden Ausgabe: „Der Philosophie selbst muss es lieb sein, wenn ihr die andern dankend entgegenkommen." Das Original hat: „d e n k e n d". S. 166, Abs. 19 steht nach dem Originale: „Die reiche Ordnung einer reichen Besinnung heisst System." O. Willmann (und nach ihm andre, z. B. Glöckner) schlägt vor statt r e i c h e zu setzen „r e c h t e O r d n u n g", eine Emendation, die gewiss ebenso berechtigt ist als andere von O. Willmann vorgeschlagene und auch von E. v. Sallwürk akzeptierte Verbesserungen. Die Anmerkung 79 auf S. 325 gehört auf die folgende Seite.

In vielen Stücken ist noch heute O. W i l l m a n n s Sammlung von Herbarts pädagogischen Schriften unüber-

---

[1] Zu erwähnen ist neuerdings Herbart et l'Éducation par l'Instruction par G. C o m p a y r é, Recteur de l'académie de Lyon. Dort heisst es: „Was wird in Zukunft aus dieser fast universellen Bewegung werden, die den Namen Herbarts an alle Länder der Welt getragen hat? Wir glauben fest, dass sie dauern und sich noch ausbreiten wird." Vgl. die Übersetzung in Justs Praxis der Erziehungsschule 18. Band.

troffen und es ist nur zu bedauern, dass die Verlagsbuchhandlung sich nicht zur Veranstaltung eines Neudruckes entschliessen kann.

R. Steck, Prof. in Bern, Der Philosoph Herbart in Bern. (Berner Taschenbuch für 1900.)

Im 18. Jahrhundert wurde wie in Dentschland, so auch in der Schweiz die Bildung der Jugend der höheren Stände nur zum geringsten Teile durch öffentliche Unterrichtsanstalten vermittelt. In der Schweiz war das Halten von Hauslehrern geradezu eine Notwendigkeit. Man nahm mit Vorliebe Ausländer zu diesen Stellungen. So war Wieland 1759—60 Hauslehrer in einer Interlakener Familie, Hegel 1793—96 in der Familie Steiger von Tschugg; Fichte unterrichtete 1788 die Kinder des Besitzers des Gasthofes zum Schwert in Zürich, und Herbart verweilte fast volle drei Jahre, 1797 bis 1800, im Hause des Landvogts Steiger von Interlaken. Er nahm dort eine Vertrauensstellung ein, die weit über die eines gewöhnlichen Hauslehrers hinausragte. Professor Steck in Bern hat den Aufenthalt Herbarts in der Schweiz zum Gegenstand einer interessanten Studie gemacht. Es stand ihm dazu ausser den „Herbartschen Reliquien" von Ziller und andrer bekannter Literatur auch handschriftliches Material zur Verfügung. War ja einer seiner Vorfahren (Joh. Rud. Steck) ein Studiengenosse und Freund Herbarts. Der Aufsatz, von dem auch ein Auszug im Archiv für Geschichte der Philosophie (XIII. Band, 2. Heft) erschienen ist, behandelt folgende Punkte: 1. Herbarts Berufung nach Bern. 2. Erster Eindruck von Bern. Verhältnis zu der Familie Steiger. 3. Eine Reise in die Alpen. 4. Die Lehrtätigkeit. — Bernische Verwaltung und Politik. 5. Die Anfänge des eigenen Systems. — Der Freundeskreis. — Abschied von Bern. — Dem Verfasser ist es mit seinen Ausführungen gelungen, ein deutliches und anziehendes Bild von Herbarts Aufenthalt in der Schweiz zu entwerfen und damit einen dankenswerten Beitrag zur Herbart-Biographie zu liefern.

B. J. Lange, Rektor in Wandsbek, Die Pädagogik des Pierre Coustel. Nach den „Règles de l'Éducation des Enfants" vom Jahre 1687 dargestellt und beurteilt. Wandsbek, Kommissionsverlag von K. Sauermann, 1903. Pr. 1,50 M.

„Die Geschichte von dem Leben, Lehren und Schaffen der Männer und Frauen vom Port - Royal ist das glänzendste, die von ihrer Verfolgung und Unterdrückung das trübste Blatt der französischen Kirchengeschichte, das Ganze ein Gegenstand, der wohl seines ersten Historiographen J. Racine würdig war." Die Bedeutung dieser merkwürdigen Männer für die Pädagogik ist wenig bekannt. Und doch haben sie bleibende Verdienste z. B. um den Elementar- und Sprachunterricht. Condillac urteilt: „Die Herren von Port-Royal haben zum ersten Male Licht in die Elementarbücher gebracht." Sie führten die Lautiermethode ein, verwendeten zuerst kupferne Federn im Schreibunterricht und sorgten auch sonst für Erleichterung des Unterrichts. Von unmittelbarem Einflusse auf das französische Unterrichtswesen konnte ihre Wirksamkeit allerdings nicht sein, da sie die schärfsten Gegner der Jesuiten waren, die damals die Schulen beherrschten. Ja noch bis in die neuste Zeit war in Frankreich der Jansenismus in Acht und Bann erklärt. Auf einer Liste zu vernichtender Bücher aus dem Jahre 1885 standen die Werke eines Pascal, Nicole, Arnauld, St.-Cyran obenan. In der vorliegenden Broschüre werden wir mit der Pädagogik des Pierre Coustel bekannt gemacht. Er war der Theoretiker der „Einsiedler" von Port-Royal. Mit Fleiss und Geschick hat sich der Verfasser der Aufgabe unterzogen, Coustels Regeln in übersichtlicher Anordnung darzustellen und zu beurteilen, um dadurch diesen Pädagogen in das Andenken der Zeitgenossen zurückzurufen. Damit hat er sich ein grosses Verdienst erworben. — Im einzelnen ist zu bemerken: S. 2 f. werden die „bedeutenden" Arbeiten über Port-Royal angeführt. Die bedeutendste in Dentschland erschienene fehlt ganz: „Bildung und Bildungswesen in Frankreich während des 17. und 18. Jahrhunderts" von Geh. Hofrat Dr. Ernst von Sallwürk in Karlsruhe in K. A. Schmid, Gesch. der Erziehung IV. 1., besonders S. 470 ff. — S. 8 u. S. 62 muss es heissen: Leibniz. S. 20: Erasmus von Rotterdam. Leipzig. Dr. Th. Fritzsch.

Blackie, John Stuart, Selbsterziehung. Ein Wegweiser für die reifere Jugend. Deutsche, autorisierte Ausgabe von Lic. th. Dr. F. Kirchner. 3. Aufl. Leipzig, Verlag von J. J. Weber 1903 (Illustrierte Katechismen, Bd. 245). Pr. 2 M.

Das Schriftchen, in dem ein im Leben gereifter Mann, der im steten Verkehr mit der studierenden Jugend gestanden, die Quintessenz seiner Lebens- und Weltanschauung niederlegt, möchten wir jedem jungen Manne zur Beherzigung mitgeben bei der Ausreise ins freie Leben mit seinen Gefahren. Aber nicht nur bewahrenden Charakter trägt die Schrift: was der Verf. über die Zucht des Denkens, des Leibes und des Willens an positiven Ratschlägen auf Grund einer langen Lebenserfahrung und als Ausfluss einer frischen und heiteren und doch ernsten, ja im letzten Grunde tief religiösen Weltanschauung seinen jugendlichen Freunden bietet, wird diesen bei ernstem Nachstreben zum Segen ausschlagen. Das Buch hat in England allgemeinen Beifall gefunden, möge es auch in Deutschland die weiteste Verbreitung finden! Dresden. Vetter.

Liebmann, Dr. med. A., Stotternde Kinder. Berlin, Verlag Reuther u. Reichard. Pr. 2,40 M.

Der Verfasser fasst einleitend die verschiedenfachen Ansichten über das Wesen und die ihnen entsprechenden Behandlungsweisen des Stotterübels zusammen. In gewissem Gegensatz zu Autoritäten auf dem Gebiete der Sprachgebrechen — Gutzmann, Coën, die Gewicht auf Atmungs-, Stimm- und Artikulationsübungen legen, — betont Verfasser mehr das psychische Moment. Er verspricht sich Erfolg von der individuellen Behandlung des Einzelnen und weist dies in interessanter Weise nach an 15 Patienten beiderlei Geschlechts und in den verschiedensten Lebensaltern. Diese Aufgabe löst Verfasser

mit grossem Geschick und viel Anschaulichkeit. Die vorliegende Schrift bietet reiche nutzbringende Belehrung. Der Einzelunterricht verspricht sicher grossen Erfolg, aber werden der hohen Kosten wegen nicht oft ganze Abteilungen gebildet werden müssen?

Mehnert, M., Über Sprachstörungen mit besonderer Berücksichtigung des Stammelns und Stotterns bei Schulkindern. Verlag Adolf Urban, Dresden. Pr. 75 Pf.

Vorliegende, 40 Seiten starke Schrift enthält einen Vortrag. Verfasser hat die Erhebungen der beiden Schulbezirke Dresden über Sprachgebrechen übersichtlich zusammengestellt. Er bietet reiches statistisches Material, gut und klar geordnet. Dazu kommen praktische Winke, wie man Stammeln und Stottern mit Erfolg behandeln kann. Hier spricht weniger eigene Erfahrung, sondern Verfasser wandelt in der Hauptsache die Wege, die Gutzmann, Berlin, und andere Autoren gehen. Dieser Teil bietet etwas zu wenig, zwar gibt er Anregung, doch wird sich der Leser kaum ein klares Bild entwerfen können, wie er Sprachgebrechen seiner Schüler zu heilen hat. O. Rau.

Dr. Fr. Pfalz, Fritz Spalteholz, der junge Volksschullehrer. R. Wöpke, Leipzig 1903. — 316 S. — 3 M.

Vorliegendes Buch ist in gewissem Sinne die Fortsetzung von dem bereits besprochenen Werke des Verfassers 'Ein Knabenleben vor 60 Jahren'; denn unter dem Namen Fritz Spalteholz führt uns der Verfasser sich selbst als Seminarist und Hilfslehrer vor, wie er, von heissem Streben nach höherer Bildung beseelt, unter harten Kämpfen und in engen Verhältnissen sich die Möglichkeit erarbeitet, studieren zu können; dieses zähe Ringen nach dem idealen Ziele ist typisch für den deutschen Volksschullehrer-Stand. Lehrer, besonders sächsische, werden dieser Selbstbiographie das meiste Interesse entgegenbringen, die ihnen zeigt, wie die Bewegung von 1848 und 49 auf den Lehrerstand wirkte, wie in diesem Pestalozzi und Diesterweg zündete. Manche werden in den vorgeführten Seminaristen und Hilfslehrern von Klauseneck alte Freunde, Lehrer oder Vorgesetzte erkennen. Aber auch jedem andern, der sich für Volksbildung interessiert, wird dies lebendig geschriebene und wahrheitsatmende Buch einen hohen Genuss bereiten. Ja selbst das schöne Geschlecht geht nicht leer aus; denn der Verfasser schildert uns auch sehr anziehend seine Jugendliebe und seine heissen Kämpfe um die Braut. Möge er in allen Kreisen recht viel Leser finden!

Löbau i. S. Dr. Carl Franke.

1. **Fr. Belt**, Pastor. Bilder und Beispiele für die Predigt und den Religionsunterricht. 142 S. 2 M., geb. 2,50 M. Hannover und Berlin, Carl Meyer 1903.

2. **E. Mrugowsky**, Hilfsbuch für den evang. Religionsunterricht. 1. Teil: Die Bibelkunde des Alten Testaments. 171 S. 2 M. Halle a. S., H. Schrödel 1903.

3. **Professor Dr. E. Thrändorf**, Das Leben Jesu und der I. und II. Artikel. Präparationen. 3. umgearbeitete Aufl. 192 S. 2,80 M., geb. 3,30 M. Dresden, Bleyl und Kaemmerer 1904.

4. **Dr. Georg Witzmann**, Die unterrichtliche Behandlung der Gleichnisse Jesu. Ein Beitrag zur Reform des Religionsunterrichts. 119 S. 2 M., geb. 2,50 M. Dresden, Bleyl u. Kaemmerer 1904.

5. **Schulrat Dr. R. Staude**, Präparationen. Der biblische Geschichtsunterricht der Unterstufe. Erstes Ergänzungsheft zu des Verfassers „Präparationen zu den biblischen Gesch. des A. und N. Testaments." 151 S. 2 M., 2,50 M. Dresden, Bleyl u. Kaemmerer 1903.

No. 1 ist eine Sammlung von Bildern und Beispielen, durch welche die sittlichen und religiösen Begriffe veranschaulicht und dadurch verdeutlicht werden sollen. Für diesen Zweck ist das Buch wohl geeignet.

No. 2 ist auf Grund der neuen Lehrpläne bearbeitet und zum Gebrauch an Lehrerbildungsanstalten bestimmt. Die gesicherten Ergebnisse der wissenschaft-lichen Bibelkritik sind berücksichtigt worden. Die Bibelkunde darf als brauchbar bezeichnet werden.

No. 3 enthält Präparationen, welche das Leben Jesu und im Zusammenhange damit den I. und II. Artikel behandeln. Die neue 3. Auflage ist, wie ein Vergleich mit der mir vorliegenden 1890 erschienenen ergibt, durchweg umgearbeitet und nicht unbedeutend erweitert. Die sieben Präparationen, in denen die hervorragendsten Propheten und ihre Zeit behandelt waren, sind nicht wieder mit aufgenommen worden. Dagegen ist die Sammlung um 33 andere neutestamentliche Einheiten vermehrt. Der gesamte Stoff ist unter folgende Kapitelüberschriften gegliedert: Johannes der Täufer. Galiläische Friedensarbeit. Die galiläischen Kämpfe. Der Messias. Auf dem Wege nach Jerusalem. Der Kampf um die Hauptstadt. Unter der Dornenkrone. Der erhöhte Christus.

Die Präparationen, welche unter steter Berücksichtigung des gesetzmässigen Verlaufs des Lernprozesses, also nach den Formalstufen angefertigt worden, sind für die Oberstufe der Volksschule und für die Mittelklassen der höheren Schulen bestimmt. Sie bedürfen keiner besonderen Empfehlung. Einesteils ist der Name des Verfassers gewissermassen schon eine Bürgschaft für die Gediegenheit derselben; andererseits ist's bei dieser Arbeit ebenso wie bei allen Arbeiten Thrändorfs: sie fesseln den Leser und lassen ihn nicht los. In Einzelheiten wird man hin und wieder anderer Meinung sein. So halte ich z. B. dafür, dass Thrändorf in verschiedenen Präparationen die Frageform zu viel, manchmal auch zu anhaltend angewendet hat. Dieser Umstand bringt es mit sich, dass man beim Lesen aufgehalten wird, besonders dann, wenn man sich vor äusseren Störungen nicht schützen kann. Als besonderer Vorzug muss hervorgehoben werden, dass überall die Hauptsachen akzentuiert, Stoffübermass und Weitschweifigkeit aber vermieden sind. Das Material für Stufe I wird man oftmals kürzen müssen.

No. 4 erörtert die Bedeutung und unterrichtliche Behandlung der Gleichnisse Jesu. In den letzten Jahrzehnten ist durch die Forschungen der wissenschaftlichen Theologie immer mehr erkannt worden, dass wir in den Gleichnissen — neben anderen Redestücken der Synoptiker — den wertvollsten, kritisch unanfechtbarsten Kern des Evangeliums besitzen, ihre religiös-ethische Bedeutung ist immer mehr herausgestellt, ihre einzigartige Schönheit unter Vergleichung mit ähnlichen Erzeugnissen anderer Zeiten und Religionen betont, die Möglichkeit einer gesonderten Behandlung derselben dargetan und in ihrer Wichtigkeit hervorgehoben worden. Deshalb hat der Verf. die unterrichtliche Behandlung einer grundlegenden Erörterung unterzogen. Auf diese Arbeit irgendwie näher einzugehen, gestattet der Raum nicht. Wir müssen uns auf einige Sätze beschränken. Der Inhalt des Buches zerfällt in 3 Teile. Der I. handelt von Zweck, Wesen und Überlieferung der Gleichnisse, der II. befasst sich mit der pädagogischen Seite, der unterrichtlichen Behandlung der Gleichnisse, den Schluss bildet ein sehr wertvoller Anhang. Hier werden in übersichtlicher Gruppierung in vier nebeneinanderstehenden Kolumnen der Kontext, der wissenschaftliche Text, der Schultext und die Grundgedanken der Gleichnisse gegeben. Verf. verwirft entschieden die allegorische Auslegung und begründet eine Reihe grundsätzlicher Forderungen über die Behandlung der Gleichnisse im Religionsunterrichte.

Die gediegene Arbeit wird von den Religionslehrern lebhaft begrüsst und auch von den religiös angeregten Nichtlehrern mit Interesse und Gewinn gelesen werden.

No. 5 ist eine Arbeit des in der Lehrerwelt wohlbekannten Seminardirektors Schulrat Dr. Rich. Staude in Coburg. Verf. bezeichnet sie als 1. Ergänzungsheft zu seinen Präparationen zu den bibl. Geschichten A. und N. Testaments. Die Arbeit verdient diesen Namen, weil Staude für die Unterstufe, seinem früheren Lehrplane gemäss, keine Präparationen geschrieben hatte. Er hat demnach seine Anschauung, wann mit dem bibl. Geschichtsunterricht zu beginnen sei, geändert. Allerdings will er nicht sofort nach dem Schuleintritt damit begonnen haben, deshalb schickt er einen halbjährigen Vorkursus voraus, in dem geeignete Fabeln und Märchen

behandelt werden sollen. Für die 2. Hälfte des I. Schuljahres sind 12 der einfachsten und verständlichsten aus dem Leben Jesu ausgewählt, dagegen dem II. Schuljahr sind die Geschichten der Erzväter fortlaufend, sowie die Fortsetzung der Jesusgeschichten einschliesslich der Leidensgeschichte zugedacht. Dieser Lehrgang soll die Grundlage für den im III. Schuljahre einsetzenden eigentlichen Religionsunterricht, der dann in geschlossener Stufenfolge erteilt wird, sein. Wenngleich ich noch immer meine, dass der geeignetste Stoff für den grundlegenden Gesinnungsunterricht ethische Volksmärchen, weil dem Empfinden und Vorstellen der Sechsjährigen am ähnlichsten, bilden und dass durch die übliche Weise des bibl. Geschichtsunterrichts das Heilige leicht ins Langweilige herabgezogen und zum Überdruss werden kann, so nehme ich doch keinen Anstand, diese Präparationen warm zu empfehlen, und zwar aus folgenden Gründen. Staude wendet nämlich durchweg das darstellende Verfahren an, d. i. das für diese Stufe zweckmässigste und alle Langeweile verhindernde. Und noch eins. Ein grosser Vorzug dieser Lehrbeispiele besteht darin, dass der Verf. nicht vom Bibelwort oder der Fassung irgend eines Historienbuches ausgeht, sondern dass er die Erzählung in volkstümlichem, leichtverständlichem Ausdruck entwickelt. Damit fällt auch die grosse Pein für die Kinder weg, dass sie in einer Sprache zusammenfassen sollen, die ihnen fremd und unverständlich ist und darum sehr schwer fällt.

Glogau.   H. Grabs.

Wilhelm von Kügelgen, Drei Vorlesungen über Kunst mit Vorwort von Konstantin von Kügelgen. Richard Wöpke, Leipzig 1902.

W. v. Kügelgen ist der gleichfalls künstlerisch begabte Sohn des vor einem Jahrhundert berühmten Malers Gerhard von Kügelgen. Er ist wohl bekannter durch seine „Jugenderinnerungen eines alten Mannes" als durch die „Vorlesungen". Aber auch diese sind nach Form und Gehalt einer warmen Empfehlung wert an alle die, welche Neigung haben, ästhetischen Erörterungen zu folgen. In einer edlen, ungewöhnlich gehaltvollen und künstlerisch durchgebildeten Sprache wird hier über mehrere ästhetische Gegenstände gesprochen. Es offenbart sich in diesen kunsttheoretischen Darlegungen ein Mann, ausgezeichnet durch Geist und Gemüt und feinen Kunstsinn. Hohe Lebensweisheit spricht aus den Zeilen zu uns, wie sie der weite Überblick des Alters verleihen kann.

Vor allem dringt uns wärmend entgegen eine starke Begeisterung für die idealen Werte des Lebens, insbesondere für die christliche Religion, in deren Dienst die Kunst nach der Überzeugung des Künstlerphilosophen ihre Aufgabe am vollkommensten erfüllt. In solchem Geist und in solcher Weise erhalten wir in der ersten Vorlesung auf die alte Frage: Was ist das Schöne? mehrfache, aber nicht widersprechende Antwort.

Die zweite Vorlesung enthält Erörterungen über die Kunst, die auf dem Grunde des Schönen steht, über das Wesen des Kunstwerks, über den künstlerischen Eindruck, das künstlerische Schaffen, das Wesen der Ideen, die den Inhalt des Kunstwerks ausmachen. Hier finden wir aber nicht die Art der modernen Ästhetik, in empirischer Untersuchung der psychologischen Bestandteile und Bedingungen des ästhetischen Eindrucks und des künstlerischen Schaffens aufzuweisen, sondern die alte spekulative Ästhetik, die z. B. in den „Ideen" den mystischen, metaphysischen Inhalt des Kunstwerks sieht. Das Wesen der künstlerischen Idee besteht in ihrer Unaussprechlichkeit; sie ist singulär, nicht begrifflich und kann nur durch Anschauung des Kunstwerks selbst erfasst werden. Die Idee soll nach jener alten Ästhetik und nach den Worten unseres Künstlers der eigentliche und alleinige Inhalt der Kunstwerke sein. Diese Bestimmung würde der moderne Ästhetiker zu eng finden und ungerecht gegenüber manchen Kunstwerken, in denen mir nicht gerade ein allgemeiner Gedanke, eine Idee entgegentritt, denen aber doch auch menschlich bedeutsamer Gehalt zu Grunde liegt. Damit hängt zusammen, dass gefordert wird, die Kunst muss die Stoffe und Formen, die sie in der Wirklichkeit gegeben vorfindet, umgestalten, „ihnen Gewalt antun, d. h. sie idealisieren". Das ist eine Kunstanschauung, welche die realistische Darstellung der Natur verachtet, entgegen der neueren Ästhetik, die der künstlerischen reinen Schilderung der Wirklichkeit in Menschenleben und Natur, dem Realismus, gleichfalls Berechtigung zugesteht.

Die dritte Vorlesung ergänzt die beiden ersten. Auch hier wieder die hohe poetische Kraft in der Sprache und der philosophische Gedankenflug! Hauptsächlich wird hier eine Einteilung der Kunst angedeutet „nach Massgabe der Güte ihrer Gegenstände". Die edelsten Aufgaben und die angemessenste Stätte findet die Kunst im religiösen Bereich und zwar in den christlichen Gedankenkreisen. Der christlichen Kunst reicht der fromme, tiefreligiöse Künstler die Palme vor allen anderen Kunstrichtungen. Aus dieser etwas einseitigen Schätzung der christlichen Kunst geht eine ziemlich starke Geringschätzung der antiken Kunst hervor, in der er das rein Göttliche in den Stoffen vermisst. Am Ende dieser letzten ästhetischen Vorlesung kommt der hohe, streng ideale Zug des Künstlers noch einmal zum schönen Ausdruck in einer zornigen Verurteilung der falschen Kunst. Dieser Kunst, die in der Apotheose des Fleisches, in der Verherrlichung des unsittlichen Sinnlichen, das nur Leibliches ihr unedles Ziel sieht, gelten flammende Worte und bittere Anklagen des ehrlichen, tugendbegeisterten Idealisten.

Nossen.   Dr. Häntsch.

E. Brenning, Deutsche Literaturgeschichte. 2. Aufl. Lahr. M. Schauenburg. 776 S. —

Der fliessende und anmutige Stil sowie die fesselnde und leichtfassliche Darstellungsweise machen vorliegendes Werk zu einem sehr lesbaren Buche. Es ist aber auch ein sehr lesenswertes. Dem Verfasser ist bei der Beurteilung von Dichtungen das Gesetz massgebend, ,dass die deutsche Dichtung niemals der Schönheit der Erzählung das Wesenhafte des Inhaltes aufgeopfert hat'. Seine Gliederung der deutschen Literatur in die heidnisch-germanische bis 800, in die christliche bis 1450 und in die christlich-klassische oder humane be-

kundet sein Streben, die ganze Geistesrichtung einer Periode zu Grunde zu
legen. Auch hält er innige Fühlung
mit den Wandlungen und Entwicklungen
auf andern Kulturgebieten. Während
er sich bei Betrachtung der Zeit bis
etwa zum Jahr 1000 ziemlich kurz fasst,
behandelt er die Literatur nach Goethe
eingehender, als es meist der Fall ist.
Er schliesst mit Gustav Frenssen. Dabei führt er uns den Werdegang der
deutschen Literatur anschaulich vor
und beurteilt die einzelnen Perioden
und Dichter meist treffend. Vollkommen
im Recht ist er, wenn er die Zeit nach
Goethe höher als eine blosse Epigonen-
schaft einschätzt und von der Anfang
der 80er Jahre auftretenden Dichtung
der ‚Modernen‘ sagt, dass es die Frage
bleibt, ob diese wirklich eine neue glanz-
volle Zeit heraufzuführen oder ob das
Alte seinen Wert zu behaupten vermag. — Einen Ausnahmefall bildet die
Beurteilung Hartmanns von Aue, den
er für ‚keinen bedeutsamen und tiefen
Dichter‘ hält. Und doch ist Hartmann
der Sänger der deutschen Treue, die er
als Frauentreue im Erek, als Mannes-
treue im Iwein und als Untertanentreue
im armen Heinrich verherrlicht. Bedenken erregen auch die Worte: ‚Wer
aus einer weiten Ferne den ganzen
Verlauf des gesamten geistigen Lebens
überblickt, der gewahrt 4 alle anderen
überragenden — Gipfel — Homer —
Dante — Shakespeare und unsern
Landsmann‘ Goethe; denn sie weisen
indirekt Schiller einen Platz unter
Goethe zu. — Manchmal irrt der Verfasser offenbar, so wenn er bei Besprechung des Hildebrandliedes sagt,
dass Hadubrand ausgezogen sei, ‚den
Vater zu suchen‘ (S. 9). Denn aus
Hadubrands Worten:

‚dat sagetun mi seolidante westar
ubar wentilseo, dat inan wic furnam:
tot ist Hiltibrant‘ — geht hervor, dass
er seinen Vater für tot hielt. — Zuweilen gibt der Verfasser unerwiesene
Hypothesen für Wahrheit aus; so erklärt er den Kürenberger für den Dichter
des 'Nibelungenliedes, dessen Original-
arbeit ‚um 1190 zweimal und jedesmal
unabhängig voneinander, umgearbeitet‘
(S. 124) worden sei, und doch spricht
für die Verfasserschaft des Kürenbergers
nur der gleiche Strophenbau. Ferner
nimmt der Verfasser ohne weiteres eine
mythische Grundlage der Nibelungen-
sage an, während die Ansicht immer
mehr Boden gewinnt, dass die Grundlage historisch ist und daran mythische
Bestandteile sich setzten, wie man es
deutlich an Theoderichs des Grossen
Person beobachten kann. Auch die Behauptung: ‚Kriemhild vor allem ist nicht
ohne die Erinnerung an die mythische
Grundlage der Dichtung verständlich‘
(S. 139) — ist sehr gewagt; denn der
Dichter des Nibelungenliedes bemüht
sich sichtlich, die Rachetat der Kriem-
hilde durch Hagens Handlungsweise zu
motivieren. — Demnach ist das Buch
mit einer gewissen Vorsicht zu lesen.
Zum eigentlichen Schulbuch eignet es
sich nicht, wohl aber verdient es einen
Platz in Lehrer- und Schülerbibliotheken.
Löbau i. S.   Dr. Carl Franke.

Eingegangene Bücher.
(Besprechung vorbehalten.)

Lange, Schulrat Dr. K., Die Erziehung der sittlich gefährdeten Schulkinder. Dresden 1904,
    Bleyl u. Kaemmerer. Pr. 0,50 M.
Meltzer, Dr. med. E., Die staatliche Schwachsinnigenfürsorge im Königreich Sachsen.
    Ebenda. Pr. 0,60 M.
Heubaum, Dr. A., Die Nationalerziehung in ihren Vertretern Zöllner und Stephani.
    Halle 1904, Schroedel. Pr. 1,50 M.
Schulte-Tigges, A., Philosophische Propädeutik. Berlin 1904, Reimer. Pr. 3 M.
Gille, Dr. A., Philosophisches Lesebuch. Halle 1904, Waisenhaus. Pr. 2,50 M.
Vogel, Dr. A., Überblick über die Geschichte der Philosophie. 1. Teil: Die griechische
    Philosophie. Leipzig 1904, Brandstetter. Pr. 1,60 M.
Gramzow, Dr. O., Geschichte der Philosophie seit Kant. 1. u. 2. Heft. Charlotten-
    burg 1904, Brückner.

Otto, Rudolf, Naturalistische und religiöse Weltansicht. Tübingen 1904, Mohr. Pr. 3 M.
Gaudig, M., Didaktische Ketzereien. Leipzig 1904. Teubner. Pr. 2 M.
Damaschke, A., Alkohol und Volksschule. (Hefte und Flugschriften für Volkswirtschaft und Sozialpolitik, No. 24.) Leipzig 1904, Dietrich. Pr. 0,15 M.
Förster, Dr. med. F., Kind und Alkohol. Leipzig 1904, Teubner.
Kemény, F., Gegenwart und Zukunft der körperlichen Erziehung. Berlin 1904, Gerdes und Hödel. Pr. 1,20 M.
Kley, Dr. W., Die Ausbildung unserer Töchter nach der Entlassung aus der Schule. Hannover 1904, C. Meyer. Pr. 1,50 M.
Ziegler, Theob., Die Simultanschule. Berlin 1905, Reuther u. Reichard. Pr. 1 M.
Laass, W., Das Zeichnen in der Volksschule nach dem Berliner Lehrplane. Minden, Marowsky. Pr. 75 Pf.
Schewe, K., Zum Fachunterricht in der Volksschule. Ebenda. Pr. 80 Pf.
Hofmann, B., Zum Universitätsstudium der Volksschullehrer. Gutachtliche Äusserungen deutscher Hochschullehrer. Gotha 1904, Thienemann. Pr. 1 M.
Rühle, O., Das sächsische Volksschulwesen. Leipzig 1904, Leipziger Buchdruckerei-Aktiengesellschaft. Pr. 50 Pf.
Reiniger, M., Heimatkundlicher Unterricht. Berlin 1904, Kohler. Pr. 1,25 M.
Heine, K., Aus der Praxis der modernen Jugenderziehung. Nordhausen 1904, Haacke. Pr. 1 M.
Bach, W. K., Kinderschutzgesetz und Volksschullehrer. Bielefeld, Helmich. Pr. 40 Pf.
Derselbe, Über den Grundlehrplan der Berliner Gemeindeschulen. Ebenda. Pr. 40 Pf.
Entwurf zu einem Lehrplan für die Bürgerschulen in Frankfurt a/M. Frankfurt a/M., Neumann.
Wigge, Th., Lehrplan für sechs- bis neunstufige Volks- und Mittelschulen. Berlin 1904, Gerdes u. Hödel. Pr. 2,50 M.
Hübner, M., Die deutschen Schulmuseen. Breslau 1904, F. Hirt. Pr. 1,50 M.
Meyer-Rosin, Pädagogisches Handbuch 1903. Berlin 1904, Gerdes u. Hödel. Pr 4 M.
Jasche, R., Kunst dem Volke? Minden, Marowsky. Pr. 50 Pf.
Kind und Kunst. Illustrierte Monatsschrift. Herausg. von A. Koch. 1. Jahrg., 1. Heft. Jährl. 12 Hefte. Darmstadt 1904, A. Koch. Pr. 12 M.
Hühn, Dr. E., Hilfsbuch zum Verständnis der Bibel. 1. u. 2. Heft. Tübingen 1904, Mohr. Pr. je 80 Pf.
Boeckh, Fr., Der Religionsunterricht in den höheren Lehranstalten. Wismar 1905, Bartholdi. Pr. 80 Pf.
Seydel, A., Unterricht in der christlichen Religion auf heilsgeschichtlicher Grundlage. Leipzig 1904, Teubner. Pr. 2,60 M.
Kolbe, J., Die Biblische Geschichte in Lebensbildern. 1. Teil. Leipzig 1904, Wallmann. Pr. 2,60 M.
Derselbe, Merkbuch für Konfirmanden. Ebenda. Pr. 30 Pf.
Sell, K., Die Religion unserer Klassiker Lessing, Herder, Schiller, Goethe. Tübingen 1904, Mohr. Pr. 3,80 M.
Martens, W., Geschichtswiederholungen hauptsächlich zur Vorbereitung auf Geschichtsprüfungen. 1. Aufl. Hannover 1904, Lange. Pr. 2 M.
Erfurth, R., Bilder aus der Kulturgeschichte unserer Heimat. Wittenberg 1905, Ziemsen.
Beck, Ph., Cassians Weltgeschichte für höhere Mädchenschulen. 3. Teil. 6. Aufl. Leipzig 1904, Bredt. Pr. 2,70 M.
Rosenburg, H., Die Geschichte für Lehrerbildungsanstalten. 4. Teil. 2. Auflage. Hannover 1904, Meyer. Pr. 2,50 M.
Linke, K. F., Poesiestunden. Hannover 1904, C. Meyer. Pr. 7,50 M.
Gaudig, Dr. H., Aus deutschen Lesebüchern. 5. Bd. 3. Aufl. Leipzig 1904, Hofmann. Pr. 5,50 M.
Leimbach, K. L., Die deutschen Dichter der Neuzeit und Gegenwart. 9. Bd. 3. Lief. Leipzig, Kesselringsche Hofbuchhandlung. Pr. 1,50 M.

Fortsetzung folgt.

Druck von A. Rietz & Sohn in Naumburg a. S.

A. Abhandlungen.

I.

Ein Wort zur Simultanschulfrage.

Von Prof. Dr. Thrändorf.

> „Das weltlich Regiment hat Gesetz, die
> sich nit weiter strecken denn über Leib und
> Gut, und was äusserlich ist auf Erden. Denn
> uber die Seele kann und will Gott niemand
> lassen regieren denn sich selbs alleine. Darumb,
> wo weltlich Gewalt sich vermisset der Seelen
> Gesetz zu geben, do greift sie Gott in sein
> Regiment, und verführet nnd verderbet nur
> die Seelen."
>
> Dr. Luther.

Als ich mich vor kurzem mit einem Politiker über die Simultanschulfrage unterhielt, berief sich dieser auf die Entscheidung der
Allgemeinen deutschen Lehrerversammlung und meinte, damit sei
die pädagogische Seite der Frage entschieden, und aller Widerstand
gegen die Simultanschule stamme nur aus reaktionären Neigungen
gewisser Politiker. Ich konnte ihm darin natürlich nicht zustimmen,
denn ich glaube, dass die pädagogischen Konzilien mit ihren Majori-
tätsbeschlüssen ebensowenig unfehlbar sind wie die kirchlichen. Ich
halte es in dieser Beziehung nach wie vor mit Schiller, der im
Demetrius sagt:

> „Was ist die Mehrheit? Mehrheit ist Unsinn;
> „Verstand ist stets bei Wen'gen nur gewesen . . .
> „Man soll die Stimmen wägen und nicht zählen;
> „Der Staat muss untergehn, früh oder spät,
> „Wo Mehrheit siegt und Unverstand entscheidet."

Wissenschaftliche Fragen lassen sich nicht kurzer Hand durch
Massenabstimmung erledigen, sondern müssen durch ruhiges Abwägen der Gründe und Gegengründe ihrer Lösung näher gebracht
werden. Zu diesen Fragen, die besonnen und leidenschaftslos er-

wogen werden sollten, gehört auch die Simultanschulfrage. Sie ist uns neuerdings wieder nahegelegt worden durch die Verhandlungen im preussischen Landtage. Dort wird sie zunächst auch nur nach dem Machtverhältnis der politischen Parteien entschieden werden; denn die Schule ist ja leider noch immer ein Zankapfel der Politiker, und das lässt sie zu keiner ruhigen, gedeihlichen Entwicklung kommen. Mag daher in Preussen die Entscheidung fallen, wie sie will, die pädagogische Frage nach dem Rechte der Simultanschule wird durch den preussischen Landtag der Lösung nicht um ein Haar breit näher gebracht werden. Wohl aber wird die Frage infolge der immer weiter fortschreitenden Mischung der Konfessionen von Tag zu Tag dringender an uns herantreten; daher haben wir Lehrer die Pflicht, uns selbst und andern, besonders den Eltern unserer Schüler, über die Gründe für und gegen die Simultanschule Rechenschaft zu geben. Dieser Pflicht möchte ich, soweit es in meinen Kräften steht, durch die nachstehenden Erwägungen zu genügen suchen. Wenn ich dafür von gewissen Leuten als Reaktionär und Freund der „Schwarzen" an den Pranger gestellt werde, so soll mich das weiter nicht stören.

Die äussere Veranlassung, meine Meinung öffentlich auszusprechen, boten mir zwei vor kurzem erschienene Flugschriften. Die eine von Lehrer Tews in Berlin führt den Titel: „Schulkompromiss — Konfessionelle Schule — Simultanschule". Die andere, bei weitem interessantere ist von Friedrich Naumann und betitelt sich: „Der Streit der Konfessionen um die Schule".

Die Schrift von Tews bringt viel wertvolles geschichtliches und statistisches Material. Ihr Hauptargument für die Simultanschule lautet: Die Simultanschule steht in schultechnischer Hinsicht höher als die Konfessionsschule, folglich ist sie nicht Notschule, sondern für konfessionell gemischte Gegenden Normalschule. Wenn z. B. in einem Orte mit konfessionell gemischter Bevölkerung eine Simultanschule besteht, so kann man diese vollständig ausbauen, indem man ein achtstufiges Klassensystem herstellt, bei dem der Lehrer es stets bloss mit einem Jahrgange zu tun hat. Will man dagegen die konfessionelle Trennung durchführen, so muss man statt einer achtklassigen Schule zwei vierklassige einrichten und hat es nun in jeder Klasse mit zwei verschiedenen Jahrgängen zu tun, die gleichzeitig zu unterrichten grosse Schwierigkeiten bietet. In kleineren Landorten wird man vielleicht nicht einmal vierklassige Schulen einrichten können, sondern sich mit zweiklassigen begnügen müssen. Alle diese Schwierigkeiten fallen nach Tews weg, wenn man auf die konfessionelle Schule verzichtet und Schüler verschiedener Konfessionen in allen Fächern mit Ausnahme des Religionsunterrichtes zusammen unterrichtet. Dem stimmt auch Naumann zu, wenn er (S. 49) schreibt: „Die Konfessionsschule bedeutet Unterrichtsverschlechterung ... und erhöht die Kosten des Schulwesens

für die Gemeinden." — Damit wäre das schwierige Problem zu-
gunsten der Simultanschule gelöst. Auf den ersten Blick scheint die Lösung überraschend einfach
und praktisch; denn es gibt doch eben, wie die Freunde der
Simultanschule mit Recht geltend machen, keine besondere Art des
Rechnens, Lesens und Schreibens für katholische und eine andere
für evangelische Schulen. Ebenso wird sich für den Unterricht in
Naturkunde kaum ein Unterschied nachweisen lassen. Wenn man
also die Schule nur als Lernschule betrachtet, in der den Schülern
verschiedene fürs Leben nützliche Kenntnisse und Fertigkeiten beigebracht werden, so ist gegen die Beweisführung der Simultanschulfreunde gar nichts einzuwenden, man müsste ihnen vielmehr
vollkommen Recht geben.

Ganz anders wird aber die Sache, wenn man die Schule als
Erziehungsanstalt ansieht, die im Bunde mit dem Elternhause
und den religiösen Gemeinschaften sich die Aufgabe gestellt hat,
eine bestimmte Gesinnung im Zögling zu pflegen und ihm so zur
Gewinnung eines einheitlichen Charakters behilflich zu sein. Ist das
die Aufgabe der Schule, dann muss sie selbst einen möglichst einheitlichen Charakter haben, es muss ihr das Ideal eines bestimmten
Charakters vorschweben, für das sie erziehen will.[1]) Wer die Sache
so auffasst, für den ist die Simultanschule ein pädagogisches Unding; denn man kann doch nicht gleichzeitig für ein katholisches
Ideal mit blinder Unterwerfung unter die kirchliche Autorität und
für ein evangelisches mit Selbständigkeit der sittlichen Überzeugung
erziehen. Möglich wird das nur dann, wenn man die Einheit der
Schule zerreisst und Lernschule und Erziehungsschule scharf trennt.
Das wollen aber die Simultanschulfreunde nicht zugeben.

Ich gebe also Herrn Tews zu, dass durch die immer stärkere
Mischung der Konfessionen für die Schule grosse Schwierigkeiten
entstehen, ich leugne auch nicht, dass ein mehrgliedriges Schulsystem vor der zwei- und vierklassigen Schule gewisse Vorzüge
hat; aber trotzdem kann ich in der Simultanschule keine befriedigende
Lösung der Schwierigkeiten sehen. Ihre Verteidiger übersehen,
dass es neben dem lehrtechnischen Gesichtspunkte, den sie hervorheben, noch andere Rücksichten gibt, die bei der Ausgestaltung der
Schule beachtet sein wollen.

Für diese tieferliegenden Schwierigkeiten, die für Tews gar
nicht zu existieren scheinen, hat Fr. Naumann entschieden mehr
Verständnis. Er sieht daher auch in der Simultanschule durchaus
kein Ideal, sondern nur von zwei Übeln das kleinere (S. 50). Er
räumt (S. 38) ein: „Es liegt viel Wahrheit in den von Dörpfeld und
andern Pädagogen, auch von Prof. Rein, geltend gemachten Rechten

---

· [1]) Wenn Naumann (S. 42) darauf hinweist, dass diese Einheit des Geistes in
vielen Schulen fehlt, so beweist das nichts gegen die Forderung, dass sie da sein sollte.

6*

der Eltern auf den Geist der Erziehung.[1]) Er gesteht ferner zu, dass man ein Recht hat zu fragen: „Wie kann eine Anstalt Charakter haben, die von zwei Weltanschauungen gleichzeitig bewegt wird? Wer kann gleichzeitig für Katholiken und Protestanten und Juden Weltgeschichte oder Sittenlehre oder Literatur geben?" (S. 40).[2])

Wenn sich Naumann trotz aller dieser Bedenken dennoch für die Simultanschule entscheidet, so kann man das nur verstehen aus der gewaltigen Umwandlung, die sein religiöses Leben in der letzten Zeit erfahren hat, und von dem seine Briefe „Über Religion" ein so ergreifendes Zeugnis ablegen. In diesen Briefen zeigt sich Naumann wie immer als durchaus ehrlicher, selbständiger Denker. Die völlige Umwandlung des äusseren Weltbildes, die so vielen zum Steine des Anstosses geworden ist, an dem ihr religiöser Glaube scheiterte, hat Naumann nicht irre zu machen vermocht. „Ich bin mir bewusst", so schreibt er im 10. Briefe, „trotz voller rückhaltloser Anerkennung der modernen Weltauffassung, noch genau das innere Grundverhältnis zum Leben an sich zu haben wie meine Vorväter. Sie waren in Gottes Hand, ich bin es, sie baten ihn, wenn sie nicht weiter konnten, ich tue dasselbe. Auch hier haben sich nur Formen und Begriffe verschoben, nicht aber die Grundstimmung der Seele." Naumann ist also trotz Kopernikus und Darwin ein durchaus religiöser Mensch geblieben.

Dagegen hat aber sein Verhältnis zur Ethik des Christentums eine völlige Umwandlung erfahren. Ja man kann wohl sagen: Die christliche Ethik ist für das Staats- und Wirtschaftsleben bei Naumann völlig ausser Kraft gesetzt. Im Staats- und Wirtschaftsleben muss der moderne Mensch Egoist sein. Für christliche Gesinnung ist höchstens noch im Privatleben ein bescheidenes Plätzchen vorbehalten. „Der Staat ist ein Stück des Kampfes ums Dasein, ein Gebiss, das die Nationalität sich schafft, ein Gemächte aus Willen, Soldaten, Paragraphen und Kerkern ... Dieses Gemächte fand seine Musterform in Rom, nicht in Nazareth" (Briefe S. 42). Zwischen diesem Staat und der christlichen Sittenlehre gibt es nach Naumann keine „einigermassen erträgliche Vermittelung". „Entweder das Evangelium von der gepanzerten Faust oder das Evangelium der Brüder vom gemeinsamen Leben."

---

[1]) Wenn Naumann an derselben Stelle behauptet: „Elternrecht und Schulzwang und Staatsschule stehen in einem beständigen aber unvermeidlichen Kampfe", so vergisst er, dass Dörpfeld in seinem „Fundamentalstück" den Weg zum Frieden gezeigt hat. Im Schulprogramm der Nationalsozialen hatte man diesen Friedensweg bereits betreten, jetzt hat ihn Naumann wieder verlassen. Ob die alten Freunde ihm alle folgen werden?

[2]) Mit dem Satze, „wir haben keine einheitliche Kultur", mit dem N. alle seine Bedenken niederschlägt, ist für die Schule gar nichts gewonnen, denn aus dieser Tatsache könnte doch nur der Schluss folgen: Folglich können wir auch keine Einheitsschule haben.

In diesem für den Daseinskampf der Nationen geschaffenen Staat entwickelt sich dann weiter der Daseinskampf im Kleinen und Kleinsten. Der Agrarier kämpft gegen den Industriellen, der Arbeiter gegen den Fabrikanten, der Geschäftsmann gegen den Konkurrenten. „Alles ist nach dem Prinzip eingerichtet: Du musst begehren deines Nächsten Haus! Du sollst den Markt gewinnen wollen, den die Engländer haben. — Du sollst für höhere Löhne kämpfen, du sollst gute Preise fürs Handwerk erzielen, du sollst — begehren!" (S. 38). Auch der Kampf der politischen Parteien im Staate ist ein Kampf um die Macht. Im deutschen Reiche ist augenblicklich das Zentrum die ausschlaggebende Partei und „kein Mensch wird es dem Zentrum verdenken, dass es seine Macht in seinem Sinne ausnützt. Dazu arbeiten ja die politischen Parteien, um schliesslich herrschen zu können, wenn ihre Zeit gekommen ist. Wir, die wir in der gegenwärtigen Periode zu den Machtlosen gehören, werden bei etwaigem späteren Umschwung der politischen Machtverhältnisse ebenfalls in unserm Sinne Gesetzgebung und Verwaltung beeinflussen" (der Streit der Konfessionen S. 3). In dieses Getriebe des Staats- und Wirtschaftslebens passt natürlich die Religion Jesu mit ihrem Grundsatz der Nächstenliebe nicht hinein; „darum konstruieren wir unser staatliches Haus nicht mit den Zedern vom Libanon, sondern mit den Bausteinen vom römischen Kapitol" (Briefe S. 49).

Es sind keine ganz neuen Gedanken, die Naumann hier vorträgt. Schon der alte englische Philosoph Hobbes, der zur Zeit des dreissigjährigen Krieges lebte, hat in seinem Leviathan (1651) von einem Bellum omnium contra omnes, einem Kriege aller gegen alle, geredet und, gemeint, von Natur sei homo homini bestia, ein Mensch dem andern gegenüber Bestie. Nur weil der Krieg aller gegen alle der Selbsterhaltung schädlich ist, hat, man den Staat geschaffen und ihn so stark gemacht, dass jeder der ihn angreift, Schaden für sich selbst zu fürchten hat (Thilo, Gesch. d. Phil. II, 98). In diesem Hobbesschen Staate braucht also der Mensch seine Bestiennatur nicht aufzugeben, sondern er muss bloss ihre Äusserungen so weit einschränken, wie es im Interesse seiner Selbsterhaltung nötig ist.

Welche Bedeutung hat nun für einen solchen aus dem Egoismus erwachsenen und für den Egoismus zugeschnittenen Staat die Schule? Non scholae sed vitae discimus sagt die alte Regel. Die Schule soll also für das Leben erziehen. Ist aber das Leben in der Hauptsache ein Kampf aller gegen alle, so ist auch die vornehmste Aufgabe der Schule, die Zöglinge für diesen Kampf tüchtig und geschickt zu machen. Der Daseinskampf zwingt uns, „die Menschenqualität so hoch zu steigern als irgend möglich" (27). „Der Zweck der Staatserziehung ist weltlicher Art, denn der Staat ist ein Gemächte irdischen Kampfes" (38). Dieser weltlichen Aufgabe dient die Schule am besten durch Ausbildung der Intelligenz und des

Nationalgefühls. Die Intelligenz braucht der Mensch vor allem im Kampfe gegen seine persönlichen Konkurrenten, das Nationalgefühl, oder schärfer bezeichnet, der nationale Egoismus ist die Waffe im Konkurrenzkampfe der Nationen.

Für diese Aufgabe der Schule als einer vom Staate geschmiedeten Waffe im Konkurrenzkampfe hat natürlich die Religion Jesu gar keine Bedeutung, ja sie kann sogar direkt schädlich wirken, indem sie die Motive, die den Klassen- und Nationalitätskampf begünstigen, einschränkt und lähmt, oder wohl gar durch konfessionelle Gegensätze die nationale Einheit gefährdet. Darum meint Tews (S. 26): „Hätten die Gegner der Simultanschule darin recht, dass die deutsche Nation nicht eine Kultureinheit sei (Naumann gibt das, wie wir bereits sahen, zu),[1]) sondern ein Konglomerat von verschiedenen Kulturen, so würde der Staat im Interesse der Selbsterhaltung gezwungen sein, mit eiserner Hand die ungleichen Teile zusammenzufassen, ohne zu fragen, ob man wolle oder nicht."[2]) Darum darf Religion, die ihrer Natur nach mehr zur Individualisierung neigt, in der Staatsschule, die dem Daseinskampfe dient, keinen hervorragenden Platz einnehmen, sondern muss sich mit dem Auszugsstübchen eines bloss geduldeten fakultativen Faches begnügen, etwa wie der Zeichenunterricht im Gymnasium. Dagegen steht die Erziehung zum nationalen Egoismus d. h. zur Daseinskampfgesinnung im Mittelpunkt der ganzen Schultätigkeit.

Man wird mir nun einwerfen, dass das eine ganz einseitige Darstellung der Gedanken Naumanns ist, und dass sich bei ihm auch eine ganz andere Wertschätzung besonders auch der Ethik des Christentums nachweisen lasse. Ich gebe das gern zu und gestehe, dass mir selbst Naumanns ganzes Auftreten mit diesem grossartigen, opferbereiten Idealismus ein Protest gegen seine Theorie zu sein scheint; aber Naumann ist eine so reiche und dazu so mitten in der Entwickelung begriffene Natur, dass sich verschiedene Strömungen bei ihm wohl nachweisen lassen. Wendet er doch selbst am Anfang seiner Briefe das Wort aus C. F. Meyers Hutten auf sich an:

Ich bin kein glatt geschriebnes Buch,
Ich bin ein Mensch mit seinem Widerspruch.

Wenn ich daher mit dem Vorstehenden auch nicht den „ganzen Naumann" zur Darstellung gebracht habe, so glaube ich doch den Hauptgedanken, der ihn bei seinem Eintreten für die Simultanschule geleitet hat, richtig bezeichnet zu haben.

---

[1]) Der Streit der Konfessionen S. 40.

[2]) Mit Naumann (S. 41) möchte ich Herrn Tews hier fragen: „Was müsste eine Pädagogik leisten, die diese Einheitskultur (die, nebenbei bemerkt, sehr schlecht zur Simultanschule passen würde) herstellen wollte? Sie müsste in erster Linie über ein Heer von Lehrkräften verfügen, das geistig einexerziert ist wie ein Garderegiment auf dem Tempelhofer Felde. Das gibt es aber bei der modernen Lehrerbildung nicht."

Was lässt sich nun gegen Naumann einwenden? In seinen Briefen ist Naumann von der Frage ausgegangen: Wie stellt sich der Christ zum Daseinskampfe? — Dass dieser Kampf ums Dasein eine unbestreitbare Tatsache ist, und dass es für den Christen schwierig ist, dieser Tatsache gegenüber die rechte Stellung zu gewinnen, wird niemand bestreiten wollen. Aber ist es denn auch wahr, dass dieser Kampf ums Dasein das Letzte und die Ausrüstung für ihn das höchste Ziel des Menschen ist, das Ziel, neben dem alles andere zurücktreten muss?

Aus uralter Zeit, in denen der Daseinskampf noch viel härter und grausamer war, klingt ein Lied der Sehnsucht zu uns herüber, das zeigt uns andere Ziele für die Entwicklung der Menschheit. Da heisst es [1]) (Sach. 9, 10):

> Er wird die Streitwagen ausrotten aus Ephraim
> Und die Rosse aus Jerusalem;
> Und der Streitbogen soll zerbrochen werden,
> Und er wird Frieden gebieten unter den Völkern.

(Mich. 4, 3): Sie werden ihre Schwerter zu Pflugscharen machen
`   Und ihre Spiesse zu Sicheln.
> Es wird kein Volk gegen das andre das Schwert erheben.

(Jes. 19, 23): Zu der Zeit wird eine gebahnte Strasse führen
> Von Ägypten nach Assyrien,
> Dass die Assyrier nach Ägypten und die Ägypter nach Assyrien kommen
> Und die Ägypter samt den Assyrern Gott dienen.
> Zu der Zeit wird Israel der Dritte im Bunde sein
> Mit den Ägyptern und Assyrern,
> Ein Segen inmitten der Erde;
> Denn der Herr Zebaoth wird sie segnen und sprechen:
> Gesegnet seist du, Ägypten, mein Volk,
> Und du, Assur, meiner Hände Werk,
> Und du, Israel, mein Erbe!

Das klingt anders als die Rede vom immerwährenden Kampfe ums Dasein. Hier wird der Kampf zu etwas Vorübergehendem und der Friede zum letzten Ziel. Diesem Gedanken eines allgemeinen Friedensreiches gegenüber dürfen wir zunächst nicht fragen: Ist das unter unsern jetzigen Verhältnissen möglich, ist ein solcher Völkerfriede auf Erden überhaupt erreichbar? sondern wir müssen uns vielmehr vor allem fragen: Hat ein solcher Friede einen **sittlichen Wert**? Ist der Kampf aller gegen alle etwas Verabscheuenswertes? Ich glaube, auch wenn wir nicht an die Greuelszenen des Krieges im Osten dächten, unsere Antwort müsste lauten: Der Friede ist sittlich wertvoll, der Kampf egoistischer Willen, auch wenn er durchaus notwendig und unvermeidlich ist, bleibt immer etwas durchaus missfälliges. Beweisen lässt sich dieses Urteil allerdings nicht, es gehört zu den Elementarurteilen,

---

[1]) Übersetzung nach Meltzer, Lesestücke aus den prophetischen Schriften (Ausgabe A) S. 62 ff. Dresden 1904.

auf denen unser sittliches Denken ebenso ruht, wie die Mathematik auf ihren Axiomen. Mit der sittlichen Überzeugung vom Werte des Friedens verbindet sich aber bei religiösen Menschen der Glaube, dass das Streben nach Frieden unter den Menschen nicht aussichtslos sein kann, sondern dass wir uns dem Ziele, wenn wir es auch unter irdischen Verhältnissen nie vollkommen erreichen werden, doch immer mehr nähern können. Und die Erfahrung straft diesen Glauben nicht Lügen. Die Kriege werden tatsächlich seltener, und auch im Konkurrenzkampfe der Einzelnen gewinnen doch die Bestrebungen, die den Frieden zum Ziele haben, immer mehr Einfluss.

Der Kampf ums Dasein wird zwar unter irdischen Verhältnissen nie ganz aufhören, aber er wird allmählich weniger brutale Formen annehmen, und vor allem wird man aufhören, ihn als Zweck und einzige Bestimmung des Menschen anzusehen, vielmehr wird man einsehen lernen, dass auch dieser Kampf in Gottes Hand zum Erziehungsmittel wird, durch das im Menschen das Streben, sich weiter und höher zu entwickeln, immer aufs neue kräftig angeregt wird. „Die lebhafte Konkurrenz weckt Leben auf allen Seiten; auch der bekämpfte Konkurrent wird zu höherem Streben angeregt; durch den Kampf werden die schlummernden Kräfte in ihm geweckt, und wenn hartes Arbeiten besser ist als müheloses Verdienen, so wird der materielle Verlust, den der Konkurrent vielleicht erleidet, reichlich aufgewogen durch die segensreichen Wirkungen, die der Kampf für seine Charakterbildung hat."[1]) Sieht man so den Kampf oder besser den Wettstreit der Nationen und Individuen als Erziehungsmittel in der Hand Gottes an, dann wird auch der Kaufmann und der Politiker mit gutem Gewissen Christ sein können, dann wird aber auch aus dem notwendigen Konkurrenzkampfe das persönlich-egoistische Moment immer mehr ausscheiden.

Ist so der Kampf nur Erziehungsmittel, nicht Erziehungsziel, so braucht auch die Bedeutung des Staates nicht darin aufzugehen, dass er ein „Gebiss im Kampfe ums Dasein" ist. Seine Entstehung mag er wohl dem Kampfe ums Dasein verdanken, und eine wesentliche Seite seiner Tätigkeit wird immer der Schutz nach aussen und der Rechtsschutz im Innern sein, aber daneben hat er im Laufe der Zeit noch ganz andere Aufgaben mit übernommen, die mit dem Kampfe ums Dasein direkt nichts zu tun haben. Zu diesen neuen Aufgaben, die dem modernen Staate in immer weiterem Umfange zugefallen sind, gehört nun auch das gesamte Bildungswesen, das in seiner Ausdehnung und Vollendung ohne staatliche Leitung und Unterstützung gar nicht denkbar ist. Aber das Leiten und Unterstützen darf nicht zum Beherrschen und Vergewaltigen werden. Am Bildungswesen

---

[1]) „Evangelisch-Sozial" Jahrg. I (1904) S. 14.

— das darf nie vergessen werden — hat nicht bloss der Staat
Interesse, sondern vor allem auch die Familie und weiter auch die
bürgerliche und kirchliche Gemeinde. Es ist daher ganz einseitig
und durchaus verkehrt, wenn man, wie Naumann und Tews es tun,
bei Schul- und Bildungsfragen ausschliesslich die Rücksichten auf
den Staat geltend macht. Der Zögling und seine Familie sind doch
wahrlich nicht um des Staates willen da, sondern der Staat ist eine
Einrichtung zum Wohle der Familie und des Einzelnen. Man wird
also Arthur Bonus nur zustimmen können, wenn er in der christlichen Welt (Jahrg. 1904 Nr. 46) schreibt: „Die Vertreter der
Staatsomnipotenz verwechseln immer Staat und Volk.
Der Staat ist eine Maschine zum Wohle des Volkes. Verwechselt
man nun die Maschinerie mit dem lebendigen Volkskörper und
fordert für sie die Gefühle, die bloss dem Volkskörper zukommen,
so macht man das Mittel, die Institution — zum Zweck und das
lebendige Volk zum Mittel.“

Tews ist ein solcher Anhänger der Staatsomnipotenz, er behauptet in seiner Schrift, die den Nebentitel führt „Aufruf an alle
bildungsfreundlichen Kreise unsres Volkes (S. 27): „Die Bewohner
des Staates müssen auch eine geistige und sittliche
Einheit bilden. Der Staat, der darauf verzichtet, seine Bürger
in diesem Sinne zu erziehen, versäumt eine seiner ersten Pflichten
gegen sich selbst, und eine Schule, die dieser Aufgabe nicht gewachsen ist, ist keine nationale Schule, keine Schule, die die Zukunft unsres Volkes gross und weit auffasst.“ Eine solche Zwangs-
kultur nennt Bonus in der Christlichen Welt einfach Barbarei.
Ich glaube, mit vollem Recht. In seinem sehr lesenswerten
Schriftchen „Vom Kulturwert der Schule“ schreibt Bonus[1]) (S. 6):
„Nach unserer Auffassung ist es lächerlich, Kunst- und Geschmacks-
unterricht unter Staatszwang zu stellen, aber einfach unsittlich,
den Zwang auf den Gesinnungsunterricht auszudehnen...
Am seltsamsten dünkt uns die Lahmheit der Parteien, welche meinen,
mit ein bischen Abschleifen und Versimultanisieren sei es getan...
Die Schule als Massenunterrichtsanstalt unter Staatszwang mit uni-
formierten Lehrplänen, deren Inhalt also von Individualität, Begabung, Gesinnung des Lehrers — und erst recht des Schülers —
losgelöst ist, kann diesem ihrem Wesen nach lediglich technisches
Können überliefern ..., für die Volksschule genügen Rechnen, Lesen
und Schreiben“ (S. 70). Jeder Gesinnungsunterricht ist zu vermeiden.
„Wer aber das Gesinnungsbilden und Seelenriechen nicht lassen
kann, der sei verflucht“ (S. 71). — Wenn ich nur zwischen der
Tewsschen Schule mit schablonenhaft aufgezwungener (berlinisch-)

---

[1]) Ich hoffe, dass ich demnächst Gelegenheit finden werde, mich mit Bonus, dem
ich durchaus nicht in allen Stücken zustimme, an anderer Stelle ausführlich auseinander-
zusetzen.

nationaler Gesinnung und der Bonusschen Schreib- und Rechen-
schule zu wählen hätte, so würde ich entschieden die letztere vorziehen, denn bei ihr bleibt für wahre individuelle Bildung doch
wenigstens der Raum frei, während bei Tews alles einfach platt ge-
walzt wird wie auf der Landstrasse.

Hoffentlich wird aber weder die Bonussche Schule[1]) noch die
Tewssche jemals Wirklichkeit. Je stärkere Fortschritte die staatliche Schablonisierung in der Schule macht, um so mehr und um so
kräftiger wird sich auch die Opposition regen. Für die Armee mag
ja das Uniformieren das Richtige und allein Zweckentsprechende
sein, auf das Bildungswesen angewandt, bedeutet es den Tod.
Darum muss endlich doch „die Idee des modernen Staates verwirklicht werden, der nicht mehr die Festschraubung des Volkes in
eine bestimmte wünschenswert erscheinende Kultur betreibt, wie es
die Kirche für ihre Aufgabe hielt ..., sondern dessen erstes Prinzip
ist, die Freiheit der Entwicklung zu gewährleisten" (Bonus S. 63).
In diesem Kulturstaate der Zukunft wird man auch der Schule
die Freiheit gewähren, die sie zu ihrer Weiterentwicklung unbedingt bedarf. Die staatliche Oberaufsicht mag dann immerhin
wachen, dass alle Staatsbürger sich das Quantum von Kenntnissen
und Fertigkeiten aneignen, das sie befähigt, in der Welt fortzukommen und ihren bürgerlichen Pflichten zu genügen. Aber weiter,
als unbedingt nötig ist, darf der Staatszwang nicht gehen. Gesinnungen sollen und können nicht aufgezwungen werden.

Manche Vertreter der Simultanschule werden mir nun einwerfen: Das wollen wir auch nicht. Wir gestatten jedem, seinen
Kindern den Religionsunterricht geben zu lassen, den er für den
richtigen hält. Für alle übrigen Fächer aber fordern wir gemeinsamen Unterricht. — Wenn nun aber der gläubige Katholik von
diesem gemeinsamen Unterricht nichts wissen will, weil ihm der
Geist des religiösen Indifferentismus, der über der Simultanschule
lagern muss, zuwider ist? Was dann? Und wenn der Protestant
verlangt, dass aus den Lesebüchern nicht alles entfernt wird, was
empfindliche Katholiken etwa verletzen könnte, wenn er verlangt,
dass die Geschichte nicht so farblos vorgetragen wird, dass niemand
dabei warm werden kann, weil der Lehrer nicht warm werden
darf, sondern hübsch simultan bleiben muss? — Was
dann?[2]) Nun, dann tritt eben der Zwang ein, und dieser Zwang
kommt, wie wir das in Östreich sehen, der Partei zu gute, die die
Macht im Staate hat, das ist aber augenblicklich das Zentrum. Es

---

[1]) Wenn wir die Lehrer für eine solche Schule gewinnen wollten, müssten wir
die Lehrerbildung wieder auf die Höhe des vorvorigen Jahrhunderts heruntersetzen.

[2]) Von „freier Wissenschaft" sollte man in der Simultanschule gar nicht reden,
denn wenn die Simultanität gewahrt werden soll, darf stets bloss so viel Wissenschaft
zugelassen werden, als die katholische Kirche gestattet. Über ein famoses Beispiel von
simultanem Geschichtsunterricht berichtet Naumann S. 55.

ist überhaupt nur ein Wahn, dass man religiöse Richtungen durch künstliche Züchtung der religiösen Gleichgültigkeit überwinden könnte. Eine Religion wird nur überwunden durch eine bessere Religion.[1])

Ich lehne also die Simultanschule als Zwangsanstalt, in der den Minoritäten durch Majoritäten Gewalt angetan wird, ab, habe aber durchaus nichts dagegen, wenn Familien oder Gemeinden sich zusammentun, um ihre Kinder simultan erziehen zu lassen. Natürlich bin ich ebenso — und darin stimme ich mit Naumann und Bonus überein — Gegner der Zwangskonfessionsschule, bei der einfach das Landeskonsistorium oder eine Synodalmajorität oder, wie Naumann (S. 49) sagt, „der Geheimrat kommandiert", welcher Geist in den Schulen des ganzen Landes herrschen soll. Bei solchem Gewissenszwang und solcher Unterdrückung der Wahrhaftigkeit kann sich bloss der Stumpfsinn wohlfühlen. Solchen Schulen gegenüber kann, wie das bei Bonus der Fall ist, die Forderung, den Religionsunterricht ganz aus der Schule zu beseitigen, eine Forderung des Glaubens werden.[2])

Von dieser Zwangskonfessionsschule, die im Interesse der Religion bekämpft werden muss, ist aber wohl zu unterscheiden die freie Konfessionsschule, d. h. die Schule, deren Charakter bedingt ist durch den Geist derer, die ihr die Erziehung und Bildung ihrer Kinder anvertrauen.[3]) Eine solche Schule setzt natürlich bei denen, die ihren Geist und Charakter bestimmen sollen, eine gewisse Höhe der Gesamtbildung voraus.[4]) Ist diese vorhanden, dann wird man auch dem Unterricht die Schranken nicht so eng ziehen, dass die Individualität der Lehrer dabei Schaden leiden muss.

Von einer Einheit der „Lehre" und des Dogmas, wie sie das charakteristische Merkmal der Zwangskonfessionsschule war, wird in der evangelisch-protestantischen Konfessionsschule der Zukunft nicht mehr die Rede sein können; denn wo wirklich geistiges Leben ist, da wird es sich mit Notwendigkeit individualisieren. An die Stelle der niemals vollkommen herstellbaren Einheit der Lehre muss die Einheit der Gesinnung treten. Wer mit mir aus wahrer Herzensüberzeugung sagen kann: Jesus mein Herr, ich sein eigen! der ist mein Konfessionsgenosse. Ob er dann in Bezug auf das

---

[1]) Vgl. Demokratie und Kaisertum von Naumann. 2. Aufl. S. 133.
[2]) Vgl. auch „Streit der Konfessionen" S. 36.
[3]) Wer zahlt, sagen Naumann (S. 49) und Tews, hat das Verfügungsrecht. Ich sage: Sehr richtig! Steuern und Schulgeld zahlen die Eltern, also?
[4]) Mit Recht sagt Naumann (S. 39): „Die Ansprüche vieler Gemeinden würden, wenn man den Ortsschulvorstand entscheiden lassen wollte, unglaublich gering sein." Aber das wollen ja die Vertreter des Familienprinzips gar nicht. Dem Staat soll das Oberaufsichtsrecht erhalten bleiben; aber daneben können die Rechte der Familie wohl gewahrt werden. Nur das Recht auf Dummheit kann der Staat nicht uneingeschränkt gewähren.

Geheimnis der Person Jesu mehr das „wahrhaftiger Mensch" betont, oder auf das „wahrhaftiger Gott" den Hauptnachdruck legt, oder ob er beides zu vereinigen versteht, das ist Sache seiner Individualität, kann aber unsre Konfessionsgemeinschaft nicht stören. Wir können recht wohl in einem Geiste zusammen arbeiten, wenn wir auch in metaphysischen Fragen sehr verschieden denken. Dass ein solches praktisches Zusammengehen ohne dogmatische Einigung sehr wohl möglich und fruchtbar ist, zeigen der Gustav-Adolf-Verein, der Verein für innere Mission und der Evangelische Bund. Wie man dort aus der Liebestätigkeit den Dogmengegensatz und das Dogmengezänk ausgeschaltet hat, so wird man es auch in der Schule tun können und tun müssen.

Selbstverständlich soll auch in der neuen Konfessionsschule den Zöglingen das Bekenntnis der Erwachsenen nicht einfach aufgezwungen werden.[1]) Wer nur etwas von Psychologie und Entwicklung des kindlichen Geistes versteht, der ist sich auch darüber klar, dass Kinder im schulpflichtigen Alter für ein eigenes Bekenntnis noch gar nicht reif sind, dass also Bekenntnisse, die man ihnen auf- oder abnötigt, Scheinfrüchte sind, die bei der ersten Berührung mit dem Leben abfallen. Naumann hat ganz recht, wenn er sagt (S. 44): „Die Schule macht den Charakter nicht, sie liefert nur Material."

Die wahre Konfessionsschule kann also das spätere Bekenntnis ihrer Zöglinge bloss vorbereiten, und sie tut das, indem sie nach bestem Wissen und Gewissen ihren Unterricht so gestaltet, dass er, an das natürliche Werden anknüpfend, Interesse und Selbsttätigkeit weckt.[2]) Dann muss sie es den religiösen Persönlichkeiten, die sie den Schülern vorführt, überlassen, die Herzen für das Bekenntnis zu gewinnen.

Aber das sind ja — so wird vielleicht mancher im Stillen denken — bloss Ideale, von denen die Wirklichkeit nichts weiss und nichts wissen will. — Dass es Ideale sind, das gebe ich gern zu, und dass die alles uniformierende Bureaukratie nichts davon wissen will, bezweifle ich auch nicht; aber wertlos werden deshalb solche Gedanken doch nicht. Denn wenn die Ideale sich auch unter gegebenen, oft sehr misslichen Verhältnissen nie restlos verwirklichen lassen, so muss doch die Praxis, wenn wir nicht ins Chinesentum verfallen wollen, sich stets am Ideal orientieren, und jede Weiterbildung muss nach dem Ideal hin erfolgen. Das Ideal

---

[1]) Vgl. des Verfassers „Allgemeine Methodik des Religionsunterrichtes" (Langensalza 1903) S. 38.

[2]) Dagegen dürfte meines Erachtens auch Naumann nichts einzuwenden haben, denn seine Polemik gilt doch nur dem „katechisierenden Staat". — Selbst Häckel will in seiner Zukunftsschule vergleichende Religionsgeschichte treiben lassen (Welträtsel, Volksausgabe S. 144).

ist in unserm Falle dieses: Ein annähernd gleichgesinnter und verwandt denkender Gesellschaftskreis schafft sich eine diesem seinem Geistesleben entsprechende möglichst einheitliche Schule. Diese Schule sieht ihre Aufgabe nicht darin, den Zöglingen Bekenntnisse aufzunötigen, sondern sie bemüht sich, die Selbsttätigkeit zu wecken, das Urteil zu schärfen und zu klären und so die künftige selbständige Entscheidung des Zöglings vorzubereiten. Dabei geben sich Eltern und Lehrer wohl der Hoffnung hin, der Geist, der in der Gemeinde und Schule herrscht, werde auch im Zögling eine sein ganzes Wesen beherrschende und bestimmende Macht werden, aber Schule und Elternhaus hüten sich wohl, gröbere oder feinere Zwangsmittel anzuwenden, denn jeder Zwang auf diesem Gebiete bewirkt in der Regel das Gegenteil von dem, was er erreichen wollte.[1]

Die Praxis wird, wie bereits zugegeben wurde, der Verwirklichung dieses Ideals manche Hindernisse in den Weg legen. Aber man darf sich diese Hindernisse nun nicht noch unnötig vergrössern. Das tut man aber, wenn man um jeden Preis grosse Schulsysteme herstellen zu müssen glaubt. Der Grossbetrieb mag für die Industrie sehr zweckentsprechend sein, für die Schule ist er nicht unbedingt zu empfehlen. Wenn sich also mit zwei weniger gegliederten, vielleicht vierklassigen Schulen Einheit des Schulgeistes herstellen lässt, so braucht man diese Einheit nicht aufzuopfern, um durch Zusammenkoppelung widerstrebender Elemente eine achtklassige Schule herzustellen, von der man sich in Bezug auf die Unterrichtstechnik grössere Vorteile verspricht.

Das Schlussergebnis der vorstehenden Überlegungen ist also folgendes: Die Ordnung des Schulwesens und die Bestimmung des Geistes der einzelnen Schulen ist nicht ausschliesslich und nicht in erster Linie Staatssache, sondern zugleich Familien- und Gemeindeangelegenheit. Wollen wir also auch in Bezug auf Schule wirklich liberal denken und handeln, so müssen wir alle beteiligten Faktoren möglichst zu ihrem Rechte kommen lassen. Also weder Zwangskonfession noch Zwangssimultanisierung, sondern dem Staate, der Gemeinde und der Familie

Suum cuique!

Das ist gut hohenzollerisch, gut evangelisch

und

wahrhaft liberal.

---

[1] Bonus nennt das Polarisation der Gefühle.

II.

Herbarts Gedanken
über das Verhältnis der Erziehung zum Staate.

Von Dr. phil. **Hermann Popig** in Löbau (Sachsen).

(Schluss.)

II. Teil.
Erwägungen praktischer Natur.

Aus der Gesamtheit der vorausgegangenen Erwägungen ergibt sich von selbst in absolut zwingender Weise, dass die Stätte der Erziehung nicht die vom Staate geleitete, seiner Aufsicht unterstellte und seiner Macht sich beugende öffentliche Schule, sondern einzig und allein das Elternhaus sein kann. Nur in seinen stillen Räumen und in seinem heiligen Frieden kann die wahre Menschenbildung das „Klima" finden, das ihr zusagt; und der Gedanken- und Gefühlsgehalt, der sich unmittelbar damit verknüpft, kann allein den rechten Nährboden für die jugendliche Pflanze abgeben.

Solche Anschauungen waren im letzten Drittel des 18. Jahrhunderts in den massgebenden pädagogischen Denkern die herrschenden gewesen. Aber schon in den ersten Jahren des folgenden Jahrhunderts hatte sich in diesen Ansichten ein bedeutender Umschwung vollzogen, der mit der grossen Umwälzung auf politischem und wirtschaftlichem Gebiete, die vom grossen Franzosenkaiser ausging, in kausalem Zusammenhange stand. „Napoleon war's, dessen Schatten damals Europa verhüllte."[1] Die Grundfesten aller Ordnung waren durch ihn erschüttert, heilige Überlieferungen stürzten vor seinem Machtwort zusammen, und die Gesetze des Völkerrechts beugten sich seinem kühnen Willen. Die Welt schien in den „Schlund der Hölle hinunterzufahren".[2] Der Druck des grossen Despoten machte sich am stärksten in Preussen-Deutschland geltend, das nach der unglücklichen Schlacht von Jena und Auerstädt und nach dem unseligen Friedensschlusse zu Tilsit in völlige Abhängigkeit von dem korsischen Machthaber geraten war. Die neue Gestaltung der Dinge griff in schärfster Weise auch in das Leben jedes einzelnen Bürgers ein; jeder fühlte den Druck, der auf dem Vaterlande lastete, und ganz allgemein war daher die Aufregung gegen den napoleonischen Despotismus. Auch die Besten und Edelsten der Nation wurden

---

[1] „Über Fichtes Ansicht der Weltgeschichte." K. Bd. III, pag. 312.
[2] Ebenda. H. Bd. XII, pag. 256.

von ihr ergriffen, und gerade sie waren es, die sich nicht mit der grossen Masse in klagende und untätige Verzweiflung verloren, sondern ihre besten Kräfte daransetzten, Mittel und Wege zu einer Erlösung ausfindig zu machen. Von dem gegenwärtigen Geschlechte, das in den Zustand „völliger Sündhaftigkeit"[1] hinabgesunken war, durfte man eine Gesundung nicht mehr erwarten. Aller Hoffnungen richteten sich deshalb auf die Jugend, aber freilich auf eine in Deutschland noch vermisste „Nationaljugend".[2] Sie sollte die Schmach, die dem Vaterlande angetan war, wieder abwaschen, Rache nehmen an dem Unterdrücker des Volkes und künftigem Unglück vorbeugen. In diesem Gedankenkreise wurzelten die meisten Erziehungspläne und Bildungsreformen, die in jener Zeit entstanden. Am einseitigsten und radikalsten waren diese Meinungen im Fichtischen „Erziehungsstaate" verkörpert. Es ist nicht zu leugnen, dass die Idee, „die Jugend einer Nation in grossen Massen unter einer gemeinschaftlichen Disziplin heranwachsen zu lassen, frühzeitig verbrüdert, durch gemeinsame Bildung gleichgestimmt," „einladend und scheinbar gross"[3] ist. Unter dem Drucke und in der Verwirrung der Zeitverhältnisse hatte der Fichtische Vorschlag nicht verfehlt, eine grosse Wirkung auszuüben, und bald sich angeschickt, in erfolgreicher Weise die neuhumanistischen und rationalistischen Ideen zu bekämpfen. Wenn man sich auch in der Folgezeit ziemlich schnell von den Fichtischen Übertreibungen abkehrte, so blieben doch deutliche Spuren derselben in dem Anschauungsgehalte der Zeit zurück. Erhalten hatte sich vor allen Dingen die Vorliebe für die öffentlichen Schulen. In diese mit nationalen und übertrieben patriotischen Ideen gesättigte Zeit fallen Herbarts pädagogische Jugendschriften.

I. Mängel öffentlicher Schulen.

Ihm, der von den stillen Gefilden des allgemein Menschlichen, von dem klassischen Boden „unserer Vorfahren" herkam, durchdrungen von dem leidenschaftslosen Geiste der Humanität, war das laute, einseitige und unvernünftige Treiben der Staatspädagogen im Innersten zuwider, und in scharfen Worten polemisiert er gegen ihre verderblichen Pläne, die eine „Masse pädagogischen Unsinns" enthalten. Herbart findet überall in der öffentlichen Erziehung, welcher Gedanke ihn auch auf sie führen mag, Fehler und Mängel, Unnatürliches und Unpädagogisches.

---

[1] Vgl. Fichte.
[2] „Briefe über Anwendung der Psychologie." K. Bd. IX, pag. 346. H. Bd. X, pag. 361.
[3] „Über Erziehung unter öffentlicher Mitwirkung." K. Bd. III, pag. 75. H. Bd. XI, pag. 367.

a) Mängel in der Organisation.

Allen Staatsschulen ist unverkennbar der Stempel des Egoismus aufgedrückt. In den Gymnasien sieht unser Denker weiter nichts als „Schulen für zukünftige Beamte". Aus dem grossen, freilich äusserst selbstsüchtigen Interesse des Staates an der öffentlichen Schule erklärt sich auch die strenge Aufsicht, der diese Lehranstalten von seiten der Regierung unterworfen sind. Die weitere natürliche Folge der staatlichen Überwachung ist eine „Uniformierung" der Verwaltung und des ganzen Lehr- und Lernverfahrens, die sich zum Zwecke der leichteren und bequemeren Übersicht als durchaus notwendig erweist. Wie missliebig Herbart ein solches Verfahren war, zeigt uns der letzte der pädagogischen Aphorismen, in dem er sagt: „Ist es etwa wünschenswert, dass ein ganzes Land hinsichtlich des Lehrens und Lernens gleichsam Uniform trage; und muss man die geistige Bildung der einzelnen darauf einrichten, dass der Regierung die Übersicht davon bequem und leicht gemacht werde? Kommt es hier auf eine Ordnung an, welcher alle auf gleiche Weise sich fügen müssen, damit man wisse, wie man mit ihnen daran sei? Statt dieser Meinung spreche ich als meine Überzeugung das gerade Gegenteil aus."[1]

Das unheilvollste und gefährlichste Waffenstück in der staatlichen Rüstkammer ist in seinen Augen der allgemeine Lehrplan, der die von Herbart verfemte Nivellierung in der Behandlung pädagogischer Fragen und erzieherischer Massregeln bezweckt. Er setzt an die Stelle des freudigen Wollens das harte Sollen, die leidenschaftslose, ernste Pflicht zieht er der unmittelbaren Begeisterung vor. Die freie, spontane und ursprüngliche Wirksamkeit des Erziehers wird unterbunden, vielfach sogar vernichtet. Der Künstler wird zum Handwerker. Er kann nicht mehr seiner Individualität, seinen Anlagen gemäss schaffen und muss in vielen Fällen seine Kräfte verzetteln und sie Aufgaben widmen, die er nur mit Widerwillen lösen kann. Die eigentümliche künstlerische Befähigung, die „heilige Mitgabe der Gottheit", verkümmert bei solchem Tun. Der Staat kann aber Talente nicht schaffen, soll sie deshalb auch nicht vernichten, sondern benützen, wo sie sich ihm darbieten. Die Ungleichheit und Einseitigkeit der Bildung, die aus einem derartigen freien Wirken im Sinne Herbarts hervorginge, bliebe natürlich immer ein Missverhältnis. „Allein man erwäge, ob dieses Missverhältnis dadurch besser wird, dass man durch den Zwang eines vorgeschriebenen Lehrplans demjenigen, der sich über sein Lieblingsfach mit Vergnügen und mit Kraft aussprechen würde, dieses verbietet und ihm und seinen Schülern Beschäftigungen aufnötigt, in denen das schöpferische Wohlgefühl, das Kunst und Wissenschaft

---

[1] „Aphorismen zur Paedagogik." H. Bd. XI, pag. 506.

erzeugt hat und verbreitet, erstorben ist?"[1] Ein solcher Lehrplan kann, besonders in der Hand pedantischer Beamten —, zu einer wahren Geissel für Lehrer und Schüler werden.

Die Schäden, die der Erziehung durch den staatlichen Lehrplan zugefügt werden, erfahren in vielen Fällen eine Vergrösserung oder Vermehrung durch die Willkür, das Zusammenhangslose und Unorganische der behördlichen Anordnungen. Die Regierung, von der sie ausgehen, ist nichts Konstantes, sondern ein Produkt des Zeitgeistes, mit seinem ewigen Flusse ewig wechselnd. Die Träger der öffentlichen Meinung werden in ihrem Urteil nur allzuleicht von „augenblicklichen Bedürfnissen und Vorteilen",[2] von dem Druck politischer Parteien, derer sie nicht entbehren können, beeinflusst. Die Erziehungsgrundsätze aber sind im wesentlichen unveränderlich; denn sie beruhen in der ewig gleichbleibenden menschlichen Natur. In diesem Gegensatze liegt die grösste Schwierigkeit für eine Staatspädagogik vom theoretischen Standpunkte aus. Die Beachtung dieser Tatsache muss sodann zu der Erkenntnis führen, dass die Erziehung niemals in bedingungslose Abhängigkeit vom Staate gelangen kann; denn „sie ist alt, der Staat aber bleibt immer jung. Die Jahre, die auch der älteste Herrscher zählt, sind gegen das Alter der Schule immer nur Kinderjahre und des ältesten Herrscherstammes nur Jünglingsjahre. In den Staaten wechseln die Menschen, in den Schulen zwar auf der Oberfläche auch die Meinungen, aber in dem Boden bleiben die Wurzeln und die Stämme der Meinungen grösstenteils dieselben. Darum wirkt in der Schule eine beharrliche Kraft, deren Erzeugnisse der Staat wohl zum Teil benutzen oder verderben, deren Natur er aber nicht umschaffen kann."[3] Wollte sich ein Staatsmann gegen diese unumstössliche Wahrheit verschliessen und eine Unterordnung der Erziehung anstreben, so müsste ein unheilvoller Kampf entstehen, aus dem am Ende die Staatsgewalt doch nicht als Sieger hervorgehen könnte, durch den aber auf jeden Fall eine bedeutende Summe von Kraft gebunden würde, die durch eine Wirkung für die wahren Interessen des Staates eine bessere Verwendung finden könnte. Schon diese Betrachtung sollte imstande sein, die Begeisterung für die öffentliche Erziehung etwas herabzustimmen. Wie leicht kann aber dieses eigenartige Verhältnis zwischen Politik und Pädagogik kurzsichtige und fanatische Staatsmänner veranlassen, die vorhin gezeigte Kraftprobe zu wagen! Wenigstens liegt die Gefahr ausserordentlich nahe, dass solche Männer, ermuntert durch das äusserlich bescheidene Auftreten der Erziehung, zu dem Wahne gelangen, Erziehung zu verstehen und ihr die Gesetze ihrer Wirksamkeit vorschreiben zu können.

---

[1] „Aphorismen zur Paedagogik." II. Bd. XI, pag. 506.
[2] Th. Ziller: „Herbartische Reliquien." 1871. pag. 259.
[3] „Über das Verhältnis der Schule zum Leben." K. Bd. IV, pag. 516. H. Bd. XI, pag. 392.

Für Herbart ergaben sich also schon aus der Betrachtung des äusserlichen Verhältnisses der Schule zum Staate unüberbrückbare Hindernisse. In seiner Überzeugung von der Unmöglichkeit einer Staatserziehung wird er bestärkt, wenn er das Besondere des Erziehungsgeschäftes in einer öffentlichen Lehranstalt einer Prüfung unterzieht.

Die erste Folge der Schulbildung ist die Anhäufung vieler Kinder an einem Punkte, die körperlich und geistig ausserordentlich verschieden beanlagt sind. Zur Aufrechterhaltung der Ordnung unter dieser zusammengewürfelten Schar werden Schulgesetze geschaffen, nach denen jedes Glied der Schulgemeinde sein Verhalten einzurichten hat. Schon diese Verordnungen können zu einer Quelle gefährlicher Verwickelungen werden; denn sie legen den „natürlichen Neigungen der Menschen einen Zügel an", unterbrechen damit die „Kontinuität, womit der Naturmechanismus, sich selbst überlassen, fortwirken würde".[1] Deshalb ist bei ihrer Handhabung mit so viel pädagogischem Takte zu verfahren, wie er dem Durchschnittslehrer nicht eigen ist. Es ist darum eine gewöhnliche Erscheinung, dass durch die Disziplinarregeln der kindliche Eigenwille mehr gereizt und gespannt als gebessert wird.

b) Mängel im Unterrichte.

Zum Zwecke einer leichteren Handhabung der Disziplin und einer intensiveren Einwirkung auf den Gedankenkreis des einzelnen wird die ganze Schar in Klassen eingeteilt. Hier sitzt das geistig regsame Kind neben dem trägen, denkfaulen, das cholerische neben dem melancholischen, das guterzogene neben dem verwahrlosten. „Diese Verschiedenheit der Köpfe ist das grösste Hindernis der Schulbildung."[2] Wieviel Zeit braucht der Lehrer dazu, um in diese verworrenen Verhältnisse nur eine annähernde, für den Massenunterricht aber unerlässliche Gleichmässigkeit des Gedanken- und Gefühlsgehalts zu bringen! Ist dies dem geschickten, psychologisch feingebildeten Erzieher endlich gelungen, dann muss er seine Klasse an den nachfolgenden Lehrer abgeben, der denselben Prozess wieder anstrengen muss, um die wünschenswerte Einheit zwischen dem Klassengeiste und seinen subjektiven Anschauungen herzustellen. Dazu kommt der lästige Wechsel des Schülerbestandes im Laufe jedes Jahres. Durch den Weggang der einen werden an dem Geiste der entstandenen Gemeinschaft empfindliche Lücken aufgerissen, und auf der andern Seite können durch neue Elemente Störungen und Modifikationen entstehen, die den so sorgsam gepflegten Gemeingeist ins gerade Gegenteil verwandeln. Überdies wird es bei dem Klassensystem

---

[1] „Psychologie als Wissenschaft II." H. Bd. VI, pag. 48.
[2] „Aphorismen zur Paedagogik." H. Bd. XI, pag. 453.

sehr schwer, vielfach geradezu unmöglich sein, ein vielseitiges und gleichschwebendes Interesse zu erzeugen; denn beim Schulunterrichte ist ein kontinuierliches Fortschreiten und Weiterbilden des Gedankenkreises aller Schüler nicht zu erlangen. Mit der Versetzung wird sodann der frühere Gedankenfluss plötzlich abgebrochen, und mit dem neuen Schuljahre stürmt auf den Schüler so viel Neues und Fremdartiges ein, dass besonders in den langsamen und schüchternen Naturen eine verderbliche Verwirrung entstehen kann. Diesen Umständen muss der gewissenhafte Lehrer Rechnung tragen. Damit ist aber wieder für die lebhafteren Elemente die Gefahr der Langeweile, der Zerstreuung und Gedankenflucht heraufbeschworen. Ist nun gegen die Mitte des Schuljahres ein ziemlich gleichmässiger Gang endlich erreicht, so „fängt sogleich eine entgegengesetzte Gewalt an zu wirken. Der Schüler strebt und eilt, die Klasse zieht rückwärts, sie hemmt und bindet. Wie kann denn da ein Interesse entstehen?"[1] Diese Verkehrtheit, allen pädagogischen Regeln Hohn sprechend, wiederholt sich so oft, bis der Schüler endlich „Prima" glücklich erreicht hat und vor der „furchtbaren Abiturientenprüfung"[2] steht. So muss allmählich eine Summe von Fehlern, eine falsche Einwirkung auf den Gedankenkreis des Schülers resultieren, die man nicht als geringfügig hinstellen kann oder mit dem Hinweis auf mögliche Vorteile in anderer Beziehung übersehen darf. Das Unnatürliche des Klassensystems geisselt Herbart treffend in folgendem Bilde: „Wenn man nun einmal eine Maschine nach dem Muster des Klassensystems bauen wollte —, worin die Kraft auf die Last abwechselnd so heftig und so schwach wirkte, dass im ersten Falle eine grosse Reibung unnützerweise entstünde, und im zweiten die Last beinahe vollständig zum Stillstande käme, so dass sie von vorn an wieder in Bewegung müsste gesetzt werden: — was möchte doch ein guter Mechanikus zu einer solchen Maschine sagen!"[3]

Besonders schwierig gestalten sich die Verhältnisse dann, wenn verschiedenaltrige Kinder in einer Klasse unterrichtet werden müssen. Den jüngeren unter ihnen, die sich noch nicht allein behelfen können, muss sich der Lehrer wenigstens eine lange Zeit hindurch ganz widmen, ihnen geht die Zeit, die notwendigerweise auch der Belehrung der älteren Mitschüler gegönnt werden muss, vollständig verloren, während in diesen umgekehrt „durch die Weitläufigkeit und Wiederholung" und durch die „Buntheit dessen, was man den jüngeren nebeneinanderstellt", die rege Anteilnahme erlischt.[4]

---

[1] „Pädagogisches Gutachten über Schulklassen und deren Umwandlungen." K. Bd. IV, pag. 534. H. Bd. XI, pag. 286.

[2] „Briefe über Anwendung der Psychologie." K. Bd. IX, pag. 366. H. Bd. X, pag. 379.

[3] „Pädagogisches Gutachten über Schulklassen . . ." K. Bd. IV, pag. 534. H. Bd. XI, pag. 287.

[4] „Über die allgemeine Form einer Lehranstalt." K. Bd. III, pag. 302. H. Bd. XI, pag. 408.

7*

Abgesehen von diesen Mängeln, denen noch am ehesten abgeholfen werden könnte, kann auch aus anderen Gründen das wahre Ziel des Unterrichts nicht erreicht werden. Bei der Masse des vorgeschriebenen Lehrstoffs und der Menge der zu unterrichtenden Schüler ist es dem Lehrer unmöglich gemacht, der Wirkung seiner Arbeit nachzugehen, in Erfahrung zu bringen, ob der dargebotene Stoff wirklich in den Gedankenkreis des einzelnen als lebendiger Bestandteil eingedrungen ist oder ob er nur, äusserlich und mechanisch angeeignet, zu einem toten Wissensschatze angesammelt worden ist.[1] „Mittelmässige Köpfe treiben lange Zeit mechanisch fort, was man von ihnen verlangt, sie werden gelobt, erfreuen sich der schönen Zeugnisse, wissen aber den gesammelten Vorrat nicht zu gebrauchen und verlieren ihn, sobald sie dürfen."[2] Diese Erkenntnis aber muss im Lehrer ein Gefühl des Unbefriedigtseins hervorrufen, denn an diesen Seelen war seine Arbeit vergebens. Der Durchschnittslehrer freilich wird sich dessen gar nicht bewusst werden, er begnügt sich mit der Summe des Wissens, die er dem einzelnen angeeignet hat, ohne sich um die innere Verarbeitung zu kümmern.[3] Die aufsichtführenden Staatsorgane müssen übrigens mit einer solchen Arbeit völlig zufrieden sein; denn ihnen bleibt das Innere des Zöglings erst recht verschlossen, sie können nur die Oberfläche beurteilen, die sich ihnen darbietet.[4]

Herbart zeigt sich auch den Erscheinungen gegenüber, die fast allgemein als Vorzüge des Schulunterrichts angesehen werden, wenig zugänglich und nimmt sie scharf unter die Lupe seiner skeptischen Kritik. So glaubt er, dass Einseitigkeit und unberechtigte Eigenart beim Massenunterrichte wohl aufgedeckt, aber nicht immer geheilt werden. Vollständig ablehnend verhält er sich aber denen gegenüber, die der Aufstachelung des Ehrgeizes durch den Wettbewerb mit Altersgenossen das Wort reden. Der Ehrgeiz in jeglicher Gestalt verdirbt den Charakter!

Wenn man die Ergebnisse überblickt und zusammenfasst, so ergibt sich die Gefahr, dass beim staatlich geleiteten Massenunterrichte das Erziehungswerk zu „einem groben und rohen Mechanismus" oder zu einer reinen Geschäftssache herabsinkt, das im grossen „wie eine Fabrik durch Maschinenwerk ohne Berücksichtigung der Individuen" betrieben werden kann. Sicher geht der feine Gehalt vollständig verloren.

---

[1] „Briefe über Anwendung der Psychologie." K. Bd. IX, pag. 348. H. Bd. X, pag. 354.

[2] „Briefe über Anwendung der Psychologie." K. Bd. IX, pag. 348. H. Bd. X, pag. 355.

[3] „Umriss pädagogischer Vorlesungen." H. Bd. X, pag. 337. Vgl. „Briefe über Anwendung der Psychologie." K. Bd. IX, pag. 348. H. Bd. X, pag. 355.

[4] „Aphorismen zur Paedagogik." H. Bd. XI, pag. 479.

c) Mängel in der Ausübung der Zucht.

Noch ungünstiger aber gestaltet sich das Urteil des Philosophen, wenn er auf die moralische Seite des öffentlichen Unterrichts zu sprechen kommt.

„Nichts in der Welt erschwert so sehr die eigentliche moralische Erziehung, als die Anhäufung vieler Kinder auf einem Punkte."[1] Von wahrer, tiefgreifender, nachhaltiger Zucht kann in einer öffentlichen Anstalt keine Rede sein. Sie hat in den meisten Fällen genug getan, wenn es ihr gelungen ist, die Massen in Ordnung zu halten, den jugendlichen Übermut zu zügeln und einen geordneten Unterrichtsgang zu ermöglichen. Töricht aber wäre es, zu glauben, dass Disziplin schon Charakterbildung, Polizeimassregeln schon Zucht bedeuteten. Unter der Strenge der Schulgesetze müssen besonders die „südlichen Naturen" leiden. Wie so manches zarte Kindesgemüt wird durch die Schroffheit und Rauheit solcher Bestimmungen derartig aus seinem stillen Frieden aufgescheucht, dass Furcht und Abneigung gegen den Erzieher statt Liebe und Zutrauen in ihm erwachsen. Damit wird dem Schüler nicht nur die Schulzeit zur Qual, sondern auch die Erinnerung an sie wird ihm getrübt, und der „heitere Dank" ist nicht von ihm zu erwarten. So offenbart sich im Punkte der Charakterbildung zu allermeist die Unfähigkeit des öffentlichen Erziehungssystems; denn „in moralischer Hinsicht vielleicht mehr als in jeder anderen, neigt sich, unabhängig von der Erziehung, jedes menschliche Wesen auf seine ganz besondere Weise so oder so, daher bedarf es auch für jedes einer höheren Pflege und Sorge, auf welche zwar allgemeine Regeln aufmerksam machen, welcher allgemeine Mittel vorarbeiten können, aber wobei die genaue Bestimmung dessen, was in vielen Fällen zu tun sei, immer dem feinen, tiefbesonnenen Urteil des nahen Beobachters hingegeben bleibt."[2]

Es gibt nun freilich auch Freunde des Schulunterrichts, die die vorhin erwähnten Mängel einsehen und zugeben, aber die sie durch die Vorteile, die aus dem Zusammenleben vieler Schüler erwachsen, völlig kompensiert glauben. Die Schulgemeinde ist in ihren Augen das verkleinerte Bild der bürgerlichen oder staatlichen Gemeinschaft; das Kind ist von ähnlichen Verhältnissen umgeben wie der Erwachsene, ihm ist schon frühzeitig die Gelegenheit geboten, das Gute, das er sieht, nachzuahmen und das Schlechte zu fliehen, in den mannigfachsten Situationen eigene Entscheidungen zu treffen und sich so einen hohen Grad von Selbständigkeit anzueignen.

---

[1] „Über das Verhältnis des Idealismus zur Paedagogik." K. Bd. VIII, pag. 196. H. Bd. XI, pag. 336.
[2] Über Pestalozzis Schrift: „Wie Gertrud ihre Kinder lehrt." K. I, pag. 166. H. Bd. XI, pag. 59.

„Der Staat wird in der Schule keimen."[1] Herbart stellen sich
diese Verhältnisse durchaus nicht in so rosigem Lichte dar. Er ist
vielmehr der Meinung, dass die Verschiedenheit der Köpfe und die
Ungleichheit der Charaktere schon im Jugendalter eine Spaltung in
Parteien und „Gesellungen" begünstigen, sogar bedingen. Gleiches
gesellt sich zu Gleichem, und gemeinsam werden die Elemente entgegengesetzter Art bekämpft. Unter diesem Parteihader haben besonders die schwächlichen Kinder viel zu leiden. Sie werden von
keiner Seite als gleichwertig anerkannt und als Bundesgenossen aufgenommen. Beiden Teilen dienen sie vielmehr als Spielball ihrer
Launen. Selbst eine strenge Aufsicht, wenn sie nicht kontinuierlich
wirkt, vermag kaum vollständigen Wandel zu schaffen.[2] Taucht
aber ein den Parteien gemeinsamer Feind auf, so vereinigen sie sich
trotz ihrer grundsätzlichen Meinungsverschiedenheiten zu gemeinsamer
Abwehr oder zu geschlossenem Angriff. Es ist nun sehr leicht möglich, dass in vielen Fällen der Lehrer die Rolle des Störenfrieds
spielen wird, wenn er gezwungen ist, mit harter Hand kindlichen
Mutwillen in seine Schranken zu weisen. Dann offenbart sich der
Klassengeist als ein nicht ungefährliches Hindernis der Charakterbildung; denn „der Lehrer wird als Fremder betrachtet, beurteilt
und nach Möglichkeit umgangen."[3] Es ist deshalb viel Wachsamkeit erforderlich, um die Auswüchse des Gemeingeistes zu beseitigen.
Vielfach wird es nicht „ohne militärischen Zwang", ohne Anwendung
despotischer Massregeln abgehen. Eine treffliche Schilderung der
möglichen und wahrscheinlichen Schäden einer „Erziehung unter
öffentlicher Mitwirkung" findet sich im dritten psychologischen Briefe.
Dort heisst es: „Einige lernen gehorchen, wo sie nicht sollten, andere
herrschen, wo es ihnen nicht gebührt. Starke Muskeln schaffen dem
einen, dreistes Auftreten dem andern die Herrschaft; der schlaue
Knabe weiss andere vorzuschieben, damit sie seine Anschläge ausführen, und alle zusammen halten auf Ehrenpunkte, auf Heimlichkeit
und gegenseitige Hilfe in Verlegenheiten."[4] Je grösser demnach
die Zahl der Schüler ist, um so gefährlicher kann ihre Verbrüderung
wirken, und desto strenger muss daher die Überwachung sein.
Mit der zunehmenden Schärfe der Strafbestimmungen aber wächst
der kindliche Unwillen, und seine Reaktionskraft nimmt proportional
dem geschaffenen Widerstande zu. So gestaltet sich die Frage der
Aufsicht im öffentlichen Erziehungswesen zu einer sehr schwer zu
behandelnden. Sie muss kontinuierlich sein und darf doch nicht

---

[1] „Erziehung unter öffentlicher Mitwirkung." K. Bd. III, pag. 75. H. Bd. XI,
pag. 367.

[2] „Allgemeine Paedagogik." K. Bd. II, pag. 160. H. Bd. X, pag. 164.

[3] „Über das Verhältnis des Idealismus zur Paedagogik." K. Bd. VIII, pag. 425.
H. Bd. XI, pag. 326.

[4] „Briefe über Anwendung der Psychologie." K. Bd. IX, pag. 348. H. Bd. X,
pag. 355.

lästig wirken, soll an Feiertagen und in den Ferien nicht ganz
fehlen; denn gerade bei den durch strenge Schulgesetze im Zaume
gehaltenen Schülern bildet sich leichtlich der Vorsatz, in der Zeit
der Schulfreiheit „wegen des erlittenen Zwanges sich schadlos zu
halten".[1]) Besonders schwierig gestalten sich die Verhältnisse in
grossen Städten. „Einige stehen dann immer unter schlechter Aufsicht, und diese verführen die andern."[2]) In kleinen Landstädten
dagegen, in die viele Eltern des platten Landes ihre Söhne zur
Ausbildung schicken, ist diese Gefahr weniger gross, dafür macht
sich wieder der fehlende Familiengeist in recht merklicher Weise
geltend.

Alle diese aufgewiesenen Fehler müssen sich in dem Masse
vergrössern und vervielfachen, als die Erziehung ausschliesslich in
die Hände des Staates, mit Umgehung des Familiengeistes, übergeht und würden nach Herbarts Meinung im Fichteschen „Erziehungsstaate" ungefähr ihr Maximum erreichen. „Überlegt war hier keineswegs das Unheil, was der rohe psychische Mechanismus in jedem
Haufen von Knaben wie von Männern anrichtet, die ohne die
mildernde Einwirkung des Familiengeistes ihre Kräfte aneinander
messen, bis einige unterliegen, andere sich behaupten und die
meisten sich fügen. Solcher Kampf trägt nicht die mindeste Bürgschaft in sich, dass etwa das Bessere siegen würde. Bei den zu-
sammengehäuften, abgesondert lebenden Knaben hätten sich von
vorn alle bösen Gesinnungen der Barbarei erzeugen müssen; be-
waffnete Banden für den Gebirgskrieg, geschickt in Schluchten und
Wäldern zu kämpfen, hätten auf die Art heranwachsen können, gefährlich zuerst dem Feinde und dann dem eigenen Lande."[3]) In
dem Fichteschen Erziehungsplane sah Herbart einen solchen Kultur-
rückschritt, der imstande war, uns aufs Niveau der spartanischen
Zeit zurückzuführen.

Aus den bisher angestellten Erörterungen über die besonderen
Veranstaltungen zur Erreichung des Erziehungszieles in öffentlichen
Anstalten geht mit aller Entschiedenheit die Erkenntnis hervor, dass
die Staatsschule sich vollkommen unfähig erweist, die Aufgaben der
Erziehung zu lösen. Sie erzielt höchstens eine Summe toten Wissens
statt eines lebendigen, zur Selbsttätigkeit drängenden Interesses,
sklavische Unterwürfigkeit statt Gehorsam, Disziplin statt Charakterbildung. „Die Pädagogik hat hier keine Stimme, die Gesetze des
erziehenden Unterrichts gelten hier nicht."[4]) Darum muss immerdar

---

[1]) Ebenda. K. Bd. IX, pag. 348. H. Bd. X, pag. 354.
[2]) „Aphorismen zur Paedagogik." H. Bd. XI, pag. 499.
[3]) „Briefe über Anwendung der Psychologie." K. Bd. IX, pag. 349. H. Bd. X,
pag. 356. Vgl. „Über das Verhältnis des Idealismus zur Paedagogik." K. Bd. VIII,
pag. 426. H. Bd. XI, pag. 327.
[4]) Vorrede zu Dissen: „Die Odyssee mit Knaben zu lesen." K. Bd. III, pag. 4
H. Bd. XI, pag. 358.

das Losungswort der Erziehung und ihrer berufenen Vertreter bleiben:
„Los vom Staate, frei von staatlichem Zwange!" Nie und nimmer
darf sie, ohne ihrem innersten Wesen nach sich aufzugeben, zu einem
„politischen Hebel" sich missbrauchen lassen.

2. Vorzüge der Hauslehrererziehung.

Wie ganz anders dagegen gestalten sich die Verhältnisse, wenn
die Erziehung in ihre heimatliche Sphäre, in den stillen Frieden
des häuslichen Familienlebens verlegt wird. Darum lautet einer der
Leitsätze der Herbartschen Pädagogik: „Die Erziehung ist wesentlich
Sache der Familien, von da geht sie aus und dahin kehrt sie
grösstenteils wieder zurück."[1] Nur die Familie besitzt ein unmittelbares, selbstloses Interesse an dem Zöglinge, nur ihr ist daran
gelegen, das aus ihm zu gestalten, wozu Befähigung und individuelle
Anlagen die Grundlage bilden, und damit das Beste und Vollkommenste zu erreichen, was überhaupt erreicht werden kann. Im
öffentlichen Leben dagegen überwiegt das Staatsinteresse bei weitem
das Familienwohl; Staatsgemeinschaft und Familiengeist, Begeisterung
für den Staat und Sorge für die Familie sind vielfach nicht miteinander vereinbar.[2] „Je grösser der Staat, desto grösser die
Differenz zwischen häuslichem und öffentlichem Interesse. Welches
auch die Staatsform sei, der Staatsmann verschwindet vor der Masse
und der Macht."[3] Dass aber andrerseits durch das Übergewicht
des häuslichen Geistes die Erziehung nicht als „Mittel zur häuslichen
Versorgung" aufgefasst und durchgeführt werde, dafür soll die Tätigkeit des in gewissem Sinne neutralen Hauslehrers die Bürgschaft
abgeben. Ihm stehen die familiären Interessen nicht so nahe, als
dass er sich durch sie von den ewig gleichbleibenden Grundsätzen
der Menschenerziehung abbringen liesse.

Seine vornehmste Aufgabe nun ist die Charakterbildung, die in
einer öffentlichen Schule nur sehr unvollkommen gelöst werden kann.
Die Bedingungen derselben sind so vielfältig und versteckt, „dass
sie eben deshalb den Schein veranlassen, als wäre eine innere oder
äussere übersinnliche Freiheit oder Gnadenwahl, was eingreifend in
die Sinnenwelt, die Erscheinungen der Tugend oder der Bosheit vor
unsere Augen stelle." Alles dies muss dem Erzieher bekannt sein,
und damit ist noch die feinste Beobachtungsgabe, die weitestgehende
Anpassungsfähigkeit an das Individuum zu verbinden. „Werden wir

---

[1] „Kurze Encyklopädie." K. Bd. IX, pag. 137. H. Bd. II, pag. 148.
[2] Vgl. „Aphorismen zur Paedagogik." H. Bd. XI, pag. 479. „Analytische Beleuchtung des Naturrechts und der Moral." H. Bd. VIII, pag. 372. Vorrede zu Dissen:
„Die Odyssee mit Knaben zu lesen." K. Bd. III, pag. 4. H. Bd. XI, pag. 358.
„Umriss päd. Vorlesungen." H. Bd. X, pag. 337, 338.
[3] „Analytische Beleuchtung des Naturrechts und der Moral." H. Bd. VIII,
pag. 372.

dies fordern oder erwarten von dem Vater, weil er Vater ist, von dem Gelehrten, von den Staatsmännern, insofern sie Gelehrte sind oder Staatsmänner?"[1] Es würde zu weit führen und den Rahmen der gestellten Aufgabe überschreiten, wenn alles angeführt werden sollte, wie sich Herbart den rechten Hauslehrer denkt, wie er sich seine Tätigkeit, sein Verhältnis zum Zöglinge, zur Familie, zum Staate vorstellt. Es seien darum nur die Punkte hervorgehoben, die als Ergänzung der vorhin negativ gezeichneten Seite der Erziehung oder als ganz charakteristische Anschauungen des Philosophen anzusehen sind.

In den Bereich der Hauslehrerwirksamkeit gehört unbedingt die Erteilung des analytischen Unterrichts, da sie dem Massenunterrichte der öffentlichen Schulen unter keinen Umständen gelingen kann; denn dieser will so individuell und persönlich gestaltet sein, dass nur jemand an diese Aufgabe sich heranwagen kann, der ganz genau mit den einzelnen Winkeln und Verstecken des kindlichen Gemüts vertraut und darum auch befähigt ist, den verborgenen Pfaden des jugendlichen Seelenlebens nachzugehen.[2] Besonders notwendig ist dies bei den „vorzüglichsten, den zarten Naturen", die ihre „Heimat im Innern haben".[3] Es gehört ungemein viel pädagogisches Geschick dazu, solche Charaktere in ihrer eigenen Sphäre aufzusuchen, und es kann nur dem feingebildeten, mit dem Zöglinge auf dem Fusse persönlicher Freundschaft stehenden Erzieher gelingen, nicht einmal dem Vater, vor dem das Kind immer eine gewisse Scheu empfindet. Diese innerlichen Naturen müssen auch sorgfältig vor dem Umgange mit rohen, ungebildeten Altersgenossen, der in der Schule nicht ganz zu vermeiden ist, behütet werden. „Mässige pädagogische Sorgfalt bringt es dahin, dass der Zögling den Weg seiner Ausbildung allein verfolgt und das ganze Treiben roher Naturen ausser Vergleichung mit seinen Bestrebungen wie eine fremde Erscheinung beobachtet und beurteilt."[4]

Allen Forderungen kann nur ein Hauslehrer gerecht werden. Er dürfte nach Herbarts Ideal in keiner Familie fehlen. Aber die Erwägung des Kostspieligen eines solchen Verfahrens veranlasst ihn an einer Stelle zu dem Vorschlage, mehrere Familien zusammen möchten sich einen Hauslehrer halten, oder wenn dies noch nicht angängig sei, eine ganze Gemeinde. In der Kommune würde dann der Erzieher eine ähnliche Stellung einnehmen wie der Arzt, der in den Zeiten der Not und Gefahr in die Familien gerufen wird. „Nur nicht so desultorisch würde das Geschäft des Erziehers sein, wie das

---

[1] „Über Erziehung unter öffentlicher Mitwirkung." K. Bd. III, pag. 79. H. Bd. XI, pag. 372.
[2] „Aphorismen zur Paedagogik." H. Bd. XI, pag. 501.
[3] „Bemerkungen zu einem pädagogischen Aufsatz," K. Bd. III, pag. 296. H. Bd. XI, pag. 304.
[4] „Allgemeine Paedagogik." K. Bd. II, pag. 153. H. Bd. X, pag. 162.

der Ärzte. Etwas regelmässiger und stetiger — oder etwa so wie bei langwierigen, wenn schon nicht mit plötzlicher Gefahr verbundenen Krankheiten der Besuch des Arztes zu sein pflegt, so würde ein Erzieher das Haus besuchen, worin er Arbeit fände."[1] Die Erziehung als Kommunalangelegenheit betrieben würde nach Herbarts Meinung am besten das öffentliche und häusliche Interesse, Staatswohl und Familiengeist berücksichtigen. Herbart scheint aber das Unpraktische und Undurchführbare dieses Planes bald selbst eingesehen zu haben; denn in keiner seiner pädagogischen Hauptschriften wird dessen Erwähnung getan, überhaupt ist im folgenden nie mehr davon die Rede.

Die von Hauslehrern im Schosse der Familie geleitete Erziehung wird nach Herbarts Meinung nicht nur die persönlichen Interessen des Zöglings und der Familie wahren, sondern auch den allgemeinen Forderungen des Staates am besten entgegenkommen, sie wird sich fürs Staatswohl am Ende viel zweckmässiger erweisen als die vom Staate selbst angeordnete und durchgeführte. Eine der vorangehenden Betrachtungen hat doch gezeigt, wie die Anhäufung vieler Knaben auf einem Punkte die Veranlassung zu „Gesellungen" gibt, die der vom Staate gewünschten Gleichförmigkeit sich entgegenstemmen. Wollte dies der Staat verhindern, so müsste er soviel Schulen gründen, als menschliche Regungen vorhanden sind. Damit würde aber eine „verfrühte Trennung der Kinderwelt durch die Trennung im Staate, eine voreilige Bezeichnung von Gegensätzen unter Menschen und Menschen, statt der gewünschten Vereinigung und Gleichförmigkeit erzielt."[2] Diesen Zuständen beugt die rechte Erziehung, die gar nicht von „politischen Interessen begeistert ist", vor, indem sie die verschiedenen Individualitäten im Hinblick auf ein fernes, sich immer gleichbleibendes Ziel einander nähert und gleichstimmt. Sie übergibt den Zögling erst dann dem öffentlichen Leben, wenn diese Entwickelung zu einem gewissen Abschlusse gebracht ist, wenn sie die Gewissheit besitzt, dass ihn die Täuschungen und Irrungen des Lebens nicht mehr verwirren, seine Leiden und Freuden nicht mehr gewaltsam erregen oder drücken, wenn er vielmehr alles nur als eine Gelegenheit auffasst, „seinen Mut und seine Kräfte, die angeborenen, die anerzogenen und die selbst erworbenen zu erproben und zu zeigen".[3] Wenn nun der Staat aus der grossen Zahl dieser gleichmässig gebildeten, abgeglichenen und geklärten Elemente die vorzüglichsten für seine Ämter auswählt, während die andern nach ihren natürlichen Bedürfnissen in der Gesellschaft sich zusammenschliessen, dann dürfte für sein Wohl am besten gesorgt

---

[1] „Über Erziehung unter öffentlicher Mitwirkung." K. Bd. III, pag. 82. H. Bd. XI, pag. 376.

[2] „Über Erziehung unter öffentlicher Mitwirkung." K. Bd. III, pag. 77. H. Bd. XI, pag. 369.

[3] „Allgemeine Paedagogik." K. Bd. II, pag. 170. H. Bd. X, pag. 182.

sein, und auch der Erziehung wäre es möglich gemacht, „frei von politischen Rücksichten", nur den Bedürfnissen der menschlichen Seele gemäss zu wirken.

Rückblickend und die Untersuchungen des 2. Teiles überschauend, ergibt sich eine absolute Gegnerschaft Herbarts zu den Bestrebungen der Staatspädagogik, und zwar ergibt sie sich ihm mit Naturnotwendigkeit aus der Verschiedenheit beider Gebiete, der unmündigen Kindesnatur und der ausgereiften Gesellschaft. Diese Verschiedenheiten sind so grundsätzlicher Natur, dass an einen Ausgleich nicht zu denken ist. Daher Selbständigkeit der Erziehung und unbedingte Freiheit dem Erzieher zum Wohle des Zöglings, der Familie und des Staates!

III. Teil.

Darstellung vermittelnder Einflüsse.

Bei der im vorigen Abschnitte dargestellten Ansicht Herbarts ist nicht zu vergessen, dass der gezeichnete Gedankengehalt einem Idealbilde angehört. Ein Blick auf die Wirklichkeit belehrt sofort, dass vieles von seinen Ideen nicht durchzuführen ist, und der Philosoph selbst hat sich dieser Erkenntnis keineswegs verschlossen, sondern versucht, seinen Radikalismus zu mildern und seinen Erziehungsplan soweit als möglich dem schon Bestehenden anzuschliessen. Dabei ist aber nicht aus dem Auge zu lassen, dass unseren Denker zu solchen Versuchen nicht etwa Bedenken theoretischer, prinzipieller Natur, Zweifel an der Richtigkeit oder wenigstens am schliesslichen Erfolge seiner Grundsätze, sondern ganz allein Erwägungen praktischer Natur nötigten. Sie müssen sich ihm besonders dann aufgedrängt haben, wenn er seine Blicke in die Wirklichkeit hinausschweifen liess und die erziehungsbedürftigen Massen des Volkes gewahrte. In solchen Augenblicken mussten auch in ihm, dem stillen, einsamen und aristokratischen Denker soziale Gefühle sich auslösen und Reaktionen in der oben angedeuteten Richtung erzeugen. Ob es der Fall gewesen ist, wage ich nicht zu behaupten, da es so ausserordentlich schwer ist, in unseres Meisters Seele zu lesen. Er gehört im vollsten Masse zu den Naturen, die im Innern ihre Heimat besitzen. Sicher aber ist es nicht unmöglich und unwahrscheinlich, dass solche soziale Unterströmungen mitgewirkt haben, wenn auch nicht im entferntesten mit der Intensität wie bei dem in vieler Beziehung gleichgesinnten Pestalozzi.

I. Erwägungen praktischer Natur.

a) Bedenken gegen das Kostspielige und Unrationelle der Hauslehrererziehung.

Doch gehen wir zurück auf festen Boden! Zunächst verschliesst sich H. keineswegs der Einsicht, dass die von ihm geforderte Erziehung für den einzelnen grosse Opfer bedeutet. Daher sucht er überall nach Vereinfachungen und empfiehlt sie, wenn sie nicht seinen Fundamentalsätzen zuwiderlaufen. Es ist bei früherer Gelegenheit schon auf den etwas seltsamen Vorschlag hingewiesen worden, dem Erzieher den Charakter eines Kommunalbeamten zu verleihen, dem der Lebensunterhalt auch von der Gemeinde zu gewähren sei. An anderem Orte glaubt er das einfachste Mittel zur Beseitigung der äusseren Schwierigkeiten in der Übernahme der Besoldung des Hauslehrers durch den Staat zu erblicken.

Sodann darf man sich von vornherein die Forderungen unseres Philosophen in Bezug auf Einzelerziehung nicht so radikal vorstellen wie diejenigen Rousseaus. In seinem Sinne liegt es durchaus nicht, die Einzelerziehung so weit auszudehnen, wie es der französische Naturphilosoph getan hat. Sein Auge ist von den individualistischen Ideen noch nicht so verhüllt und verschleiert, dass er den Blick auf das Ganze der menschlichen Gesellschaft verloren hätte.[1] H.s Erzieher wird sich im Kreise von 2 oder 3 munteren Knaben am wohlsten fühlen und nicht in der Einsamkeit, die den Rousseauschen Zögling umgibt. Vor allen Dingen verwirft er die Methode, mit der Emil erzogen wird, ihres unrationellen Charakters wegen. Diese Erziehung eines einzelnen Kindes „von der Muttermilch bis zum Ehebette"[2] durch einen Erwachsenen ist zu teuer und schädigt die Volkskraft in empfindlicher Weise. Rousseau „opfert in Gedanken das ganze eigentümliche Leben des Erziehers auf, den er zum beständigen Begleiter dem Knaben dahingibt! Das Leben des Begleiters ist auf allen Fall mehr wert als das des Knaben, — schon nach den Moralitätslisten; denn die Wahrscheinlichkeit, leben zu können, ist für den Mann grösser als für das Kind."[3] Der trotzige, volks- und staatsfeindliche Individualismus des Franzosen ist dem deutschen Denker fremd. Ihm ist vielmehr an einem Ausgleich zum Wohle des einzelnen wie der Gesamtheit gelegen. Dieser Assimilierungsprozess der eignen Ideen mit den zur Zeit üblichen Erziehungsweisen vollzog sich bei ihm ersichtlich mit zunehmendem Alter. H. musste einsehen, dass seine Gedanken nicht in vollem

---

[1] „Umriss pädagog. Vorlesungen." H. Bd. X, pag. 190.
[2] „Allgemeine Pädagogik." K. Bd. II, pag. 5. H. Bd. X, pag. 5.
[3] „Allgemeine Pädagogik." K. Bd. II, pag. 6. H. Bd. X, pag. 6.

Umfange zu verwirklichen waren. Die Erfolge der französischen Revolution machten sogar in Deutschland eine derartig aristokratische Erziehung unmöglich. Es ist unserm Philosophen bei Lebzeiten noch beschieden gewesen, den Sieg der öffentlichen, vom Staate geleiteten Schulerziehung über die Privaterziehung mit anzusehen. Schon das allgemeine Landrecht vom 5. Februar 1794 erklärte die Schulen schlechthin für Staatsanstalten. Von demselben Geiste waren auch die Reformen des Ministers Zedlitz (1771—88) und die Pläne Massows (1798—1806) getragen. Einen mächtigen Impuls hatten diese Gedanken durch die Zustände, die der Napoleonischen Invasion folgten, erhalten. Die Staatserziehung erschien nicht mehr als eine mögliche Theorie neben andern Theorien, sondern allgemein als die Theorie der Erziehung. In der Schule sollte die Wiedergeburt von Volk, Staat und Nation erfolgen. In diesem Sinne z. B. war der Freiherr von Stein tätig. Ihm schien die Aufgabe der Erziehung in der „Weckung des staatsbürgerlichen und kriegerischen Geistes" und in der Pflege „der Liebe zu Gott, König und Vaterland" zu liegen. Selbst W. von Humboldt, der radikale Individualist,[1] ist später von der allgemeinen Strömung auch ergriffen worden. In das erste Dezennium des 19. Jahrhunderts fällt auch in den meisten Staaten Deutschlands die Einführung des Schulzwanges, die das Idealbild Herbarts von der Erziehung gründlich zerstörte. Da aber H.s Ideen vollständig frei von egoistischen Interessen, einzig und allein dem lauteren Streben nach Wahrheit entflossen waren, so konnte er ohne bittern Trotz den veränderten Verhältnissen sich anpassen. Und er hat es — wenigstens zum Teil — getan.

b) Bedenken wegen möglicher Missstände im Familienleben.

Zunächst übersah H. keineswegs die in vielen Familien herrschenden Missstände, die der Erziehung ebenso grosse Hindernisse entgegenstellen als die Mängel der öffentlichen Schulanstalten. Nicht in allen Familienkreisen herrscht ein solcher Geist wie in dem Steigerschen Hause zu Bern. Sicher wird bei solchen Betrachtungen dem Philosophen sein eigenes, höchst unglückliches Leben im väterlichen Hause in Oldenburg und sein gespanntes Verhältnis zu seiner Mutter mit allen für ihn so niederdrückenden Ereignissen vorgeschwebt haben.[2] Davon abgesehen, findet er das Familienleben im allgemeinen „sehr oft zu geschäftsvoll, zu sorgenvoll und zu geräuschvoll für die ganze Strenge, welche teils in den Anforderungen des Unterrichts, teils in denen der Zucht nicht zu verkennen ist. Das Wohlleben wie die Dürftigkeit haben Gefahren

---

[1] Vgl. „Versuch, die Grenzen der Wirksamkeit des Staates zu bestimmen!"
[2] Vgl. „Erinnerungen an Herbart" von Joh. Smidt, die nach dem Tode der Herbartischen Verwandten von Kehrbach gedruckt worden sind. K. Bd. I, pag. V—XXVII!

für die Jugend.[1]) Wie wenig ein müssiges Wohlleben bei sonst ausgezeichneten Verhältnissen der Erziehung günstig ist, zeigt H. im 8. seiner psychologischen Briefe. In der dort erwähnten Familie waren die Kinder „im Schosse des Glücks bei sonst befriedigten Bedürfnissen und wegen der Zukunft sorgenlos" aufgewachsen und hatten darum auch keinen hinreichenden Antrieb zu angestrengter Arbeit empfunden."[2]) In solchen Fällen ist sogar „von der Strenge unserer heutigen Gymnasien" mit ihrer „furchtbaren Abiturienten-prüfung" wenigstens eine „bedeutende Milderung des Übels" zu er-warten. Solche Erscheinungen machen es auch erklärlich, wenn sich das Bestreben bemerkbar macht, die Jugenderziehung aus dem Familienkreise hinaus in die öffentliche Schule zu verlegen. H. sträubt sich keineswegs trotzig gegen solche Forderungen, warnt aber eindringlich vor einem vollständigen Ausschlusse des Familien-geistes von der Erziehung. Dieser ist und bleibt ihre wertvollste Stütze auch in öffentlichen Anstalten. Wenn Herbart der öffent-lichen Erziehung weit entgegengekommen ist, so war es ihm doch nie möglich, das bestehende Schulwesen einfach anzuerkennen. Die Schulen sind ihm nie als Ideale erschienen, höchstens als „Nothilfen", dem Bedürfnisse der Zeit entsprechend. Ein Wandel in seinen Grund-anschauungen lässt sich demnach aus diesen Zugeständnissen nicht konstruieren.

c) Vorschläge zur Reform öffentlicher Schulen.

Wie nun eine öffentliche Anstalt, in der die Grundsätze der Er-ziehung nicht ganz vernachlässigt werden sollen, eingerichtet sein müsste, zeigt das „Pädagogische Gutachten über Schulklassen und deren Umwandlungen."[3]) An einer früheren Stelle ist auf die Mängel des Klassensystems hingewiesen worden. Um auch in dieser Hin-sicht zu einem erträglichen Ende zu gelangen, glaubt H. folgende Reformen vorschlagen zu müssen: Alle Schüler sollen möglichst dem für den Kursus gesteckten Ziele zugeführt werden, wobei als Mass-stab der Beurteilung der an den Tag gelegte Grad des Interesses und nicht die Summe des Wissens anzulegen ist. Ist das Ziel erreicht, so „muss die ganze Summe der Schüler auf einmal in die nächstfolgende Klasse" „ausgeschüttet" werden, und „sämtliche Schüler" der vorhergehenden Klasse sind zu übernehmen. Zur Ausgleichung der Differenzen in den Übungen und Fertigkeiten, die sich im Laufe der Zeit zwischen den „vorzüglichen Naturen" und den minder begabten Elementen herausstellen, sind besondere Übungsstunden oder Übungsklassen zu errichten, die von den Nach-

---

[1]) „Umriss pädagog. Vorlesungen." H. Bd. X, pag. 337.
[2]) „Briefe über Anwendung der Psychologie." K. Bd. IX, pag. 366. H. Bd. X, pag. 379.
[3]) H. Bd. XI. K. Bd. IV.

züglern ungefähr in der Mitte der Schulzeit, also beim Übergange
von der Quarta zur Tertia zu besuchen wären. Ist man so verfahren, „so wird das Interesse fest genug begründet sein, und nun
mag man sich allenfalls erlauben, in die oberste Klasse der Bürgerschule und ebenso in die beiden obersten Klassen des Gymnasiums,
worin die Schüler vom 15. Jahre an ferner unterrichtet werden,
nach der gewohnten Weise, d. h. nach Massgabe der gewonnenen
Fertigkeiten zu versetzen." [1])

Zwei merkwürdige Vorschläge, die H. in den Aphorismen
vertreten hatte, sind in dem „Gutachten" unberücksichtigt geblieben,
nämlich die Einrichtung realistischer Nebenklassen und die Institution
der Repetenten. Mit den Nebenklassen wollte er dem Bedürfnisse
der Zeit nach erhöhter Realbildung ohne Neugründung von Schulen
abhelfen. Sie sollten dem Gymnasium in der Weise angegliedert
werden, dass vielleicht nach zurückgelegtem 14. Lebensjahre in einer
besonderen Klasse Gelegenheit zur Ausbildung im Zeichnen, Rechnen,
angewandter Mathematik, Baukunst, Maschinenlehre, Technologie mit
Rückblicken auf Physik, Chemie, Naturgeschichte und Nationalökonomie gegeben war.[2]) Mit dieser Einrichtung meinte er die
Gründung von Realschulen entbehrlich gemacht und die Einheitlichkeit des Unterrichts gewahrt zu haben. In der Einleitung zu
„Dissen, die Odyssee mit Knaben zu lesen" macht sich allerdings
eine andere Ansicht über Real- und Fachbildung bemerkbar. In
ihr fordert H. den Staat geradezu auf, eine Anzahl von Fachschulen,
ähnlich der in Schulpforta, in denen ganz bestimmte Studien getrieben werden sollen, zu gründen. „Jeder Staat sollte einige wenige
dergleichen Konservatorien stiften und pflegen und zwar nicht alle
von einerlei Art, sondern neben der Schulpforte etwa eine poly-
technische Schule, in welcher Mathematik ebenso sehr als in jener
alte Sprachen den Hauptstamm der Studien bilden würde."[3]) Der
erziehende Unterricht könnte natürlich im Rahmen einer solchen
Schule keinen Platz finden, er müsste völlig vom Hause übernommen werden.

Jeder öffentlichen Schule aber glaubt H. die Erteilung des
synthetischen Unterrichts anvertrauen zu können, da es dabei
nicht um ein kunstsinniges Zergliedern des Gedankenkreises jedes
einzelnen, um ein geschicktes Hervorlocken aus den inneren Verstecken, sondern um die Darstellung neuer Stoffe sich handelt, der
alle Schüler ziemlich gleichmässig und unbefangen gegenüberstehen.
Um den Gymnasien die Möglichkeit zu bieten, auch den analytischen
Unterricht zu behalten, schlägt unser Reformator die Einrichtung

---

[1]) „Pädagog. Gutachten über Schulklassen und deren Umwandlungen." K. Bd. IV,
pag. 544. H. Bd. XI, pag. 300.

[2]) „Aphorismen zur Paedagogik." H. Bd. XI, pag. 502.

[3]) „Vorrede zu Dissen: Die Odyssee mit Knaben zu lesen." K. Bd. III, pag. 4.
H. Bd. XI, pag. 357.

von Repetenten vor. Zu diesem eigenartigen Amte will er die Besten der Privaterzieher herangezogen wissen, die „ihrem Wissen und Denken keine Fesseln anlegen, es dagegen wohl mit allerhand abwechselnden Einkleidungen schmücken."[1] Ihre Arbeit würde in gesprächsweiser Unterhaltung mit jedem Schüler bestehen, in der „das Gelernte und Gedachte auf mannigfaltige Weise" reproduziert und die „eignen Äusserungen und Arbeiten der Schüler analysiert würden."[1] Ihnen müsste auch jederzeit ungehinderter Zugang in den betreffenden Familien gestattet sein.

Die Erziehung ganz dem Staate übertragen will H. in den Fällen, wo nur noch eine strenge und harte Regierung am Platze ist, also bei „verwahrlosten Subjekten", die auch durch die beste Zucht zu einem neuen Lebenswandel nicht gebracht werden können, sondern „die Gelegenheit für die Aufnahme eines besseren und neuen Gedankenkreises"[2] trotzig und unbenützt vorübergehen lassen.

Wir wollen aber bei diesen Erörterungen nicht vergessen, dass der Philosoph auch in den nach seinen Wünschen verbesserten Schulen weiter nichts als Nothilfen sieht, die zur „alltäglichen Gemeinheit" herabsinken, in völligen Gegensatz zur wahren Erziehung treten, wenn aus ihnen der Familiengeist als wertvollste Stütze und Hilfe verbannt ist. Auch an den Stellen, wo er den Zeitverhältnissen sehr weit entgegenkommt, ist und bleibt er entschiedener Gegner des bestehenden Schulwesens mit seiner Zentralisierung und Uniformierung des Lehr- und Lernverfahrens. Auf jeden Fall sind „umfassende Verbesserungen", die „eine grosse Vielförmigkeit des Schulwesens nicht bloss dulden, sondern beabsichtigen", unbedingt nötig; denn „Teilung der Arbeit ist bei allen menschlichen Leistungen der Weg zum Besseren".[3]

2. Schwankungen in der theoretischen Darstellung.

Um der diesem Abschnitte der Arbeit besonders gestellten Aufgabe, den etwa vorhandenen Milderungen und Abschwächungen der unbedingten Gegnerschaft H.s zu den Bestrebungen einer kollektivistischen Pädagogik nachzugehen, völlig gerecht zu werden, erübrigt es sich noch, im folgenden auf schliesslich vorkommende Schwankungen in seinen Absichten aufmerksam zu machen.

a) Schwankende Zweckbestimmung.

Die auffallendste und für unsern Zweck bedeutendste Differenz in der Darstellung des Erziehungszieles ist schon im 1. Teile dieser Arbeit aufgedeckt worden. In der „Allgemeinen Pädagogik" scheint dies mehr

---

[1] „Aphorismen zur Paedagogik." II. Bd. XI, pag. 503.
[2] „Allgemeine Pädagogik." K. Bd. II, pag. 43. H. Bd. X, pag. 45.
[3] „Umriss pädagog. Vorlesungen." H. Bd. X, pag. 341.

als eine zufällige, vorübergehende Tatsache dazustehen. Eine Stelle aus den Aphorismen dagegen ist geeignet, die Betonung der beruflichen Zwecke nicht als eine gelegentliche erscheinen zu lassen. Dieser Beleg findet sich übrigens nicht in den älteren Heften, dürfte demnach erst nach der „Allg. Pädagogik" niedergeschrieben worden sein. Es heisst an der betreffenden Stelle: „Das Entscheidende der Erziehung liegt durchaus nicht an dem Anstrich, den man allgemeine Bildung nennt, sondern in dem, was dem Menschen als fernes und grosses Ziel erscheint, hier ein Wirkungskreis im Staate, dort in der Kirche, dort in der Gelehrsamkeit, dort das Familienglück, dort die ruhige Tätigkeit und der Erwerb des Landlebens, dort selbst der Genuss in einem ausgedehnten Lebenskreise."[1]) Sieht H. aber darin das „Entscheidende", so muss er auch unbedingt der Berufs- und Fachbildung einen breiteren Raum gewähren, als es geschieht. Eine schwerwiegende Betonung erhält die Idee des Berufes auch in dem „Lehrbuche zur Psychologie". Es heisst dort: „Wie notwendig auch die moralische Beherrschung seines Innern, sie ist ihm als Hauptgeschäft zu klein. Der einzelne Mensch ist in seinen eignen Augen, sowie er sich als irdisches, gebrechliches Wesen kennt, losgetrennt von der Gesellschaft, zu wenig, zu gering. Er bedarf mindestens der Familie, aber auch sie erfüllt nicht seinen Gesichtskreis. Hingegen seine gesellige Bestimmung ist der höchste Zielpunkt, den er noch deutlich sehen kann, diesen nicht zu sehen, wäre Beschränktheit."[2]) Als Vorstufe dieser Stellung im Gesellschaftsverbande „gilt ihm sein Beruf oder die Stellung und Wirksamkeit, welche in der wirklichen Gesellschaft der Bestimmung möglichst nahe ist."[3]) Bei einer derartigen Betonung der Berufsidee ist es nicht recht ersichtlich und natürlich, wie ihr H. bei der Bestimmung des Erziehungszieles im „Umriss" so wenig Bedeutung beimessen konnte. Den Charakter des Zufälligen und Gelegentlichen dürften die angeführten Belegstellen zerstört haben, und es bleibt nur noch die Annahme übrig, dass wir hier vor einer Inkonsequenz, einem Zwiespalt, einer Unausgeglichenheit stehen, die naturgemässer Weise auch die Stellung zum Staate, d. h. zur Berufs- und Tauglichkeitserziehung, berühren muss. Aus der Tatsache, dass es nicht, — wenigstens nicht nachweisbar, — geschehen ist, geht wohl hervor, dass unser Denker dieser Differenz gar nicht sonderlich sich bewusst gewesen ist. Ich glaube, dass es sich dabei um eine unbewusste und ungewollte Beeinflussung durch den deutschen Nationalcharakter handelt; denn „das Ideal der germanischen Welt ist das des Berufes, der seine Aufgabe zugleich zu erfüllen und zu lieben weiss."[4])

---

[1]) „Aphorismen zur Pädagogik." H. Bd. XI, pag. 477.
[2]) „Lehrbuch zur Psychologie." K. Bd. IV, pag. 429. H. Bd. V, pag. 171.
[3]) „Lehrbuch zur Psychologie." K. Bd. IV, pag. 427. H. Bd. V, pag. 170.
[4]) L. v. Stein „Das Bildungswesen". I. Teil. Vorrede VII.

b) Schwankende Betonung der Schwierigkeit der Erziehung.

Ein gewisser Widerspruch mit früher angeführten Ansichten scheint mir sodann in der Kritik der Rousseauschen Erziehung zu liegen. In der Einleitung zur „Allgemeinen Pädagogik" ist H. die Aufgabe des Erziehers bei Rousseau zu ernst und zu schwer aufgefasst. „Wir glaubten," sagt er, „die menschliche Pflanze gleiche der Rose, wie die Königin der Blumen den Gärtner am wenigsten bemüht, so wachse auch der Mensch in jedem Klima, nähre sich von allerlei Nahrung, lerne am leichtesten sich mit allem behelfen und allem Vorteil abzugewinnen."[1]) Abgesehen von der Unrichtigkeit des zum Vergleiche herangezogenen Bildes — jeder Gärtner oder Rosenzüchter würde ihm das Gegenteil versichern — stellt sich diese Ansicht in schroffen Gegensatz zu früher geäusserten. Ist bei einer derartigen Auffassung noch eine so „tiefe Wissenschaft", eine so „schwere, nie auszulernende Kunst" zur Erziehung wirklich nötig? Kann nicht die so leicht zu ziehende, mit allem sich begnügende menschliche Pflanze in dem Boden der öffentlichen Staatsanstalten genügende Nahrung finden, genug Licht und Wärme erhalten. Ich bin nun nicht der Meinung, aus dieser kleinen Disharmonie einen grundsätzlichen Zwiespalt konstruieren zu müssen, sondern vielmehr geneigt, es als einen Ausfluss der polemischen Stimmung, als eine Übertreibung, die das Unnatürliche der Rousseauschen Pläne scharf geisseln soll, aufzufassen. Eine schwache, in unserm Sinne auszubeutende Stelle hat diese kleine Entgleisung immerhin aufgedeckt.

c) Schwankende Bedeutung der Gesellschaft für die Erziehung.

Einen weiteren Missklang in die Harmonie der pädagogischen Grundsätze Hs. bringt eine Stelle aus der Abhandlung „über „Schule und Leben."[2]) Der Verfasser warnt hier vor der Überschätzung des Strebens nach allgemeiner, umfassender Erkenntnis, „der Erhebung über die Zeit, der Betrachtung des Bleibenden" — und versucht vielmehr den Blick auf die wirklichen Verhältnisse, auf die Welt, wie sie strebt und irrt, leidet und lacht, den Menschen erhebt und niederdrückt, zu richten. Dieses wechselvollen Spiels irdischer Gewalten bedarf der Mensch, „um sich zu entwickeln und zu bilden; versuchen muss er sich, versuchen muss ihn die Welt; denn nur in der Mitte des Handelns und des Leidens entspringt jene Selbständigkeit, die, nachdem sie da ist, als dauernd, als be-

---

[1]) „Allgemeine Pädagogik." K. Bd. II, pag. 6. H. Bd. X, pag. 6.
[2]) K. Bd. IV. H. Bd. XI.

harrend, allem ferneren Wechsel innerlich sich entgegenstemmt."[1]) Bei solchen Betrachtungen drängt sich unwillkürlich die Frage auf, ob die friedliche, allen äusseren Stürmen entrückte Stille des Hauses die geeignete Atmosphäre ist, um solche Charaktere zu bilden! — ob der Herbartsche Zögling, der zum ersten Male als gereifter Jüngling die Öffentlichkeit mit ihren Leiden und Freuden, Treiben und Hasten kennen lernt und sich von dem rücksichtslosen, rohen Getriebe so abgestossen fühlt, dass der Erzieher Mühe hat, ihn überhaupt der Gesellschaft anzugliedern, auf dem richtigen, kräftigen Boden genährt worden ist! Sollte nicht vielmehr die öffentliche Schule — wie ihre Anhänger immer und immer wieder betonen — mit der mannigfachsten Verschiedenheit der zusammenlebenden Charaktere der bessere Platz sein für selbständiges Handeln und kraftvolles Dulden!

d) Schwankende Betonung der Hauslehrererziehung.

Schliesslich sei in diesem Zusammenhange noch auf die verschieden starke Betonung der Notwendigkeit von Hauslehrern hingewiesen. Im 2. Teile der vorliegenden Arbeit war Gelegenheit genug gegeben, der grossen Vorliebe Hs. für die Einzelerziehung Erwähnung zu tun. Dort ist er der Meinung, dass die Erziehung „nur von Hauslehrern im Schosse der Familie" ausgeübt werden kann. Die Schulen mit ihren „vorwärtsstrebenden Schülern in stehenbleibenden Klassen" und ihren unwissenden oder gelehrten Leitern waren ihm ein pädagogisches Unding. Ganz anders hören wir H. in späteren Jahren im „Umriss" urteilen. Auch hier ist er der Ansicht, dass die Erziehung so viel wie möglich zu den Familien zurückkehren müsse. „Dabei können in vielen Fällen Hauslehrer nicht entbehrt werden."[2]) Von ihrer alleinigen Herrschaft im Reiche der Erziehung ist also Abstand genommen. In ähnlicher, vielleicht noch schärferer Weise deutet diesen Meinungswechsel eine Stelle im 3. psychologischen Briefe an: „Scheint es vielleicht, als ob ich den Hauslehrern ihre goldene Zeit zurückwünschte?" und gibt sofort die Antwort: „Gewiss wenigstens nicht auf Kosten der Schulen."[3])

Überblicken wir die angeführten Schwankungen, so können und sollen sie in uns durchaus nicht den Eindruck erwecken, als ob H. im Laufe der Jahre ein vollständig anderer geworden wäre. Keineswegs! Vielmehr werden sie uns von neuem darauf hinweisen, dass man diesen Denker nicht so ganz und ungeteilt auffassen darf, dass sein Lehrgebäude vielmehr in den einzelnen Stockwerken einem feingegliederten, organischen Wesen mit allen Fehlern und Vorzügen

---

[1]) „Über das Verhältnis der Schule zum Leben." K. Bd. IV, pag. 514. II. Bd. XI, pag. 389.
[2]) „Umriss pädagogischer Vorlesungen." H. Bd. X, pag. 335.
[3]) „Briefe über Anwendung der Psychologie." K. Bd. IX, pag. 349. H. Bd. X.

eines solchen gleicht, in dem die einzelnen Teilchen oft nur widerwillig dem Ganzen sich fügen und darum die Grundlinien etwas verwischen, aber niemals den Charakter des Einheitlichen rauben können.

Zugleich ist bei der Wertung der zuletzt gepflogenen Erörterungen zu beobachten, dass viele der Belegstellen nicht den grundlegenden pädagogischen Schriften entnommen sind, sondern gelegentlichen Arbeiten, kurzen Abhandlungen und Reden angehören, die mehr den Stempel eines leicht beweglichen Fliessens, einer freien und gewissermassen sorglosen Komposition an sich tragen, und die oft gar nicht beanspruchen, den Gegenstand zu erschöpfen, sondern nur der Anregung des Gesprächs dienen wollen. Diese Bemerkung ist z. B. dem Vortrage über „Erziehung unter öffentlicher Mitwirkung" beigefügt.

Wenn H. schlechthin vom Staat spricht, so ist der theoretische Staat, ein Idealgebilde, gemeint. Wie werden nun seine Ansichten beeinflusst, wenn er an den wirklichen Staat denkt? Die Eörterung dieser Frage lenkt uns auf gesuchte Pfade.

3. Wirkliches Verhältnis zwischen Erziehung und Staat.

Zunächst erkennt H. eine gewisse Oberhoheit des Staates, wenigstens in formeller Beziehung an; denn „der Staat setzt notwendig einen gewissen Grad der Kultur voraus, seine Bürger müssen die Gesetze kennen, ihre innere Notwendigkeit und verbindende Kraft überzeugend einsehen und sich in jedem Moment, wo es auf Befolgung oder Übertretung derselben ankommt, jene Kenntnis und Überzeugung, zugleich mit der Erinnerung an die angehängte Drohung, vergegenwärtigen. Sonst kann der Staat zwar Verbrechen strafen, aber nicht verhüten. Diese Kultur muss er darum allenthalben hervorzubringen suchen, und darnach bestimmt sich der Einfluss, wenigstens die Aufsicht des Staates über die Erziehung."[1] So ergibt sich äusserlich eine gewisse Überordnung des ersteren, dass also „wenn der Staat befiehlt, die Schule gehorcht, und was jener nicht dulden will, diese vermeiden muss."[2] Jeder einsichtsvolle Staatsmann, „der sich ernstlich die Frage vorgelegt hat, worauf denn am Ende alle Macht, alle Wirksamkeit des Befehls im Staate beruhe? — auf welchem Baume eigentlich die Szepter wachsen, mit denen die Könige regieren?",[3] wird sich mit dieser äusserlichen Unterordnung begnügen. Wird der Erziehung auf diese Weise die innere

---

[1] Th. Ziller: „Herbart. Reliquien" 1871, pag. 87. Ein Brief an Rist vom September 1796. Vgl. „Kurze Encyklopädie". K. Bd. IX, pag. 131, 132!
[2] „Über das Verhältnis der Schule zum Leben." H. Bd. XI, pag. 391.
[3] „Über das Verhältnis der Schule zum Leben." K. Bd. IV, pag. 515, 516. H. Bd. XI, pag. 391. .

Bewegungsfreiheit gewahrt, die freie Selbstbestimmung gewährleistet, dann wird sie umgekehrt die billigen Wünsche und Forderungen des Staates zu erfüllen suchen. In seinem Interesse werden die Zöglinge an Gehorsam gewöhnt[1]) und mit den Grundlagen der gesellschaftlichen Ideen schon in früher Jugend bekannt gemacht.[2]) Wenn sich die jugendlichen Kräfte gestählt und schliesslich ausgebildet haben, dann ist es auch Zeit, das Gemüt des Jünglings zu erheben „zu dem Gedanken an die Vaterlandsverteidigung", besonders „beim Anblick auf das Militär, dieses glänzende Schauspiel des Staates."[3]) Von der Grossmut des Staates erwartet H. hinwieder auch eine gewisse Unterstützung der Erziehung. Die zur Menschenbildung nötigen künstlerischen Kräfte kann er freilich nicht schaffen, aber er „kann die vorhandenen in eine angemessene Wirkungssphäre setzen,"[4]) für sie in ähnlicher Weise sorgen, wie es die schweizerische Regierung mit Pestalozzi tat. Mit einem solchen einsichtsvollen und grossmütigen Verhalten wird der Staat seine Interessen selbst am besten fördern. „Verlangt er mutige Krieger und einsichtsvolle Führer, verlangt er kluge Geschäftsleute und unbestechliche Richter, verlangt er Bürger, die einer billigen Regierung redlich folgen und sie gerne unterstützen, die zu gut sind, um ihr Vaterland nicht zu unterstützen, und zu einsichtsvoll, um nicht den Dünkel der Revolutionäre zu verachten, so braucht er nur durch wahre Verdienste sich selbst zu ehren, und die Menschen, welche die Kunst erzogen hat, werden den Beruf, Bürger zu werden, in jedem Sinne empfinden, es wird ihnen nicht hart, zu gehorchen, es wird ihnen die angenehmste Pflicht sein, alle redliche und kluge Fürsorge des Staates mit aller Dankbarkeit zu erkennen."[5])

So wird das Verhältnis der Erziehung zum Staate kein trotziges und feindseliges, sondern ein wohlwollendes und unterstützendes sein, dessen Wurzeln in der gegenseitigen Unabhängigkeit ihren festen Boden haben.

Am Schlusse dieser Abhandlung soll der Versuch gewagt werden, die Faktoren in Hs. Persönlichkeit, seinen Charakterzügen, Neigungen und Lebenserfahrungen, die auf die Ausgestaltung des Verhältnisses der Erziehung zum Staate in seinem System Einfluss ausgeübt haben können, aufzusuchen und zur Darstellung zu bringen.

---

[1]) „Kurze Encyklopädie." K. Bd. IX, pag. 139.
[2]) „Umriss pädagogischer Vorlesungen." H. Bd. X, pag. 190. H. Bd. II, pag. 148 f.
[3]) „Allgemeine Pädagogik." K. Bd. II, pag. 87. H. Bd. X, pag. 93.
[4]) „Über Erziehung unter öffentl. Mitwirkung." K. III, pag. 79. H. XI, pag. 373.
[5]) „Aphorismen zur Pädagogik." H. Bd. XI, pag. 432.

IV. Teil.

Versuch einer Erklärung durch Mitwirkung persönlicher Faktoren.

I. Herbarts Erziehung und Persönlichkeit.

Alle Schilderungen, die wir von unserem Philosophen besitzen, geben uns von ihm das Bild eines äusserst zarten Menschen von ausserordentlich schwacher, sogar ziemlich gebrechlicher Körperkonstitution.[1]) Als Kind fast immer kränklich, von der Mutter in unnatürlicher Weise eingeschränkt, hat er ein freies, ungebundenes Knabenleben gar nicht kennen gelernt. Der mangelhafte Gesundheitszustand, der durch den Sturz in einen Kessel mit heissem Wasser noch verschlimmert worden war, liess einen öffentlichen Unterricht zunächst nicht als angebracht erscheinen. Als der kleine H. später das Gymnasium seiner Vaterstadt besuchte, war seine Art schon so bestimmt, sein Wesen schon so fest geprägt, dass er an kindlicher Geselligkeit, Frohsinn und Ungezwungenheit keine Freude mehr empfinden konnte.

Diese Züge haben sich während der Universitätsjahre nicht verloren. Ausgelassene Heiterkeit und ungebundene, schwärmende Jugendlust, hingebende Freundschaft und sorglose Geselligkeit sind auch dem Studenten H. immer etwas Fremdes geblieben. Selbst in der „Literarischen Gesellschaft", wo er sich noch am wohlsten fühlte, hat er sich sehr zurückhaltend gezeigt. Treffend ist er in einem Briefe Prof. Woltmanns vom Jahre 1795 gezeichnet. Es heisst darin: „H. ist ein philosophischer Kopf, überhaupt ein vortrefflicher Jüngling, aber er scheint zu früh an der einen Seite gereift. Die Genialität der Jugend fehlt ihm. Die Erziehung hätte bei ihm um so mehr darauf hinwirken sollen, je weniger ihm die Natur von dem äolischen Harfenspiel der Einbildungskraft und Empfindung verliehen, wodurch der Mensch in ewiger Jugend zauberisch erhalten wird."[2]) Es macht zwar den Eindruck, als ob der jugendliche Student in den ersten Semestern seiner Studienzeit einem frischeren, kraftvollen Auftreten zugeneigt habe. In einem Briefe an Rist vom September 1796 schreibt er: „Ich muss Dir zuerst sagen, dass ich Dir in einer neuen, langen ledernen Hose schreibe und mit ein Paar kleinen, allerliebsten silbernen Spörnchen angetan bin, sintemal ich der edlen Reitkunst jetzt wöchentlich 4 Stunden widme, vom Herrn Stallmeister Seidler für einen hoffnungsvollen Schüler erklärt bin und mich sehr daran amüsiere. . . .

---

[1]) Vgl : „Bericht von Prof. Sanio" in Reliquien pag. 4. „Bericht von Sallwürk" in Herbarts päd. Schriften. Herausgegeben von Bartholomäi. Bd. I, pag. 4.

[2]) „Erinnerungen an Herbart" von Joh. Smidt. K. Bd. I, pag. XXV.

Auch Herr Roux sorgt dafür, meine Muskeln fleissig vom Fechten
schwellen zu lassen, und so ist mein armseliges Organ ja wohl
endlich etwas brauchbarer und stärker geworden."[1]) Diese Begeisterung für die Reit- und Fechtkunst scheint aber nur eine
vorübergehende gewesen zu sein. In keiner späteren Aufzeichnung
ist derselben je wieder Erwähnung getan.

H. war also eine ernst angelegte, innerliche Natur, der Welt
scheu und pessimistisch gegenüberstehend. Er fühlte sich wohl,
wenn er von dem geräuschvollen Treiben seiner Umgebung in sein
stilles, aber reiches Innenleben sich zurückziehen konnte. Dieser
Zug lässt sich wohl unschwer in seinen Gedanken über das Verhältnis der Erziehung zum Staate wiederfinden und macht den übertriebenen Pessimismus gegenüber der öffentlichen Erziehung erklärlich.

2. Herbarts Abneigung gegen Geselligkeit und Politik.

Der Naturanlage entsprechend, entwickelten sich seine Neigungen.
Das öffentliche Leben, das Treiben des Staates hat den einsamen
Denker wenig berührt. Zum guten Teile lag dies in den unglücklichen Zuständen seines elterlichen Hauses begründet; denn „die
Liebe zum Vaterlande, die Sehnsucht, demselben etwas sein zu
wollen, hat ihre tiefsten Wurzeln in kindlich freundlicher Pietät
gegen Laren und Penaten. Waren diese unserm Freunde gänzlich
verkümmert, so war es wohl zu begreifen, dass er nach einer
literarischen, geistig kosmopolitischen Tätigkeit sich sehnte."[2]) Was
H. von seiner deutschen Heimat sah und hörte, war im höchsten
Masse ungeeignet, patriotische Gefühle in ihm zu wecken. Das
Mechanische und geistig Tötende der üblichen bureaukratischen
Beamtentätigkeit zu beobachten, hatte er überreiche Gelegenheit in
seinem Elternhause. Sein Vater war der Typus eines deutschen
Beamten. „Man sah ihn fast nur auf seinem Studierzimmer, in
kollegialischen Sitzungen und abends in einem Klub. — Schweigsam,
trocken, phlegmatisch, zufrieden, in dem ihm angewiesenen Kreise
seine Schuldigkeit zu tun, erstrebte er weiter nichts auf der Welt."[3])
Auch die traurigen Zustände der allgemeinen politischen Verhältnisse waren H., trotzdem er fast nie eine Zeitung las, nicht verborgen. Angewidert davon, gab er sich den weltbürgerlichen
Träumen der Deutschen jener Zeit hin. So bekennt er in einem
Berichte an Herrn v. Steiger ohne grosse innere Beklemmung:
„Deutsche haben, was sie auch sagen mögen, kein Vaterland," und
als er in demselben Schreiben über den Wert des Patriotismus
spricht, glaubt er sich mit den Worten entschuldigen zu müssen:

[1]) Th. Ziller: Herb. Reliquien pag. 37.
[2]) „Erinnerungen an Herbart" v. Joh. Smidt. K. Bd. I, pag. XII.
[3]) „Erinnerungen an Herbart" v. Joh. Smidt. K. Bd. I, pag. XI.

„Wiewohl ich nur ein Deutscher bin."[1] Das sind dieselben Gedanken und Empfindungen, die uns bei einem W. v. Humboldt,
Goethe, Pestalozzi entgegentraten, und die jene Männer veranlassten,
das Glück der Menschheit fern von der Gegenwart, abstehend von
der Wirklichkeit, in dem „reinen Äther der Humanität" zu suchen.
In denselben Bahnen bewegt sich Hs. Seelenleben, die Phantasie
wird seine Trösterin. So schreibt er in der „Allg. Pädagogik":
„Hat man den Gedankenkreis so vollkommen gebildet, dass ein
reiner Geschmack das Handeln in der Phantasie durchaus beherrscht,
alsdann fällt die Sorge wegen der Charakterbildung mitten im Leben
beinahe gänzlich weg."[2] Ist es bei solchen Ansichten befremdend, wenn
Herbarts Abneigung gegen jede Art von Staatserziehung bisweilen
einen besonders scharfen Ausdruck annimmt? Er glaubte durchaus
nicht, dass „in der jetzigen Welt bedeutende allgemeine Einrichtungen,
um die Jugend zweckmässig in Handlung zu setzen, getroffen werden
können."[3] Auch die Zustände Deutschlands unter der französischen
Fremdherrschaft und die glorreiche Erhebung des deutschen Volkes
konnten in ihm eine grundsätzliche Wandlung nicht hervorrufen.
Seiner Überzeugung in dieser Frage ist er treu geblieben.

Durchaus irrig oder böswillig wäre es aber, H. wegen dieser
konsequenten Haltung Vaterlandsliebe und allen Patriotismus abzusprechen. Die grossen Ereignisse des Jahres 1813 sind nicht
spurlos an ihm vorübergegangen. Um die nationale Stimmung
seines Gemüts zu erkennen, braucht man nur die zahlreichen Ge-
legenheitsreden, die er bei feierlichen und festlichen Gelegenheiten,
besonders an Geburtstagen des preussischen Königs in Königsberg
gehalten hat, zu lesen. Bewunderung geradezu flösste ihm die
männlich tapfere Haltung des preussischen Monarchen, der den
schwersten Schicksalsschlägen widerstand, ein. Freudigen Herzens
ging er schon deshalb nach Königsberg. Vor seiner Abreise von
Göttingen schrieb er an seinen Freund Smidt in Bremen: „Ich
werde, wenn ich von hier gehe, nicht glauben, Deutschland zu verlassen, sondern eher nach Deutschland zu reisen."[4] Mit freudigem
Stolz erfüllte es ihn auch, als in den denkwürdigen Märztagen des
Jahres 1813 die Studierenden der Universität fast ausnahmslos die
Hörsäle verliessen und zu den Waffenplätzen eilten, um den „teuren
deutschen Boden zu retten von Not und Schmach und fremder
Sitte, fremder Gewalt und Sprache",[5] und voll Begeisterung gedenkt
er als Festredner am Krönungstage im ersten Jahre nach dem
schwer errungenen Siege derjenigen, „die in ‚unsrer' Mitte den
Studien oblagen, die, als von oben der Ruf erging, uns verliessen

[1] „Fünf Berichte an Herrn v. Steiger." K. I, pag. 58. H. Bd. XI, pag. 29.
[2] „Allgemeine Pädagogik." K. Bd. II, pag. 130. H. Bd. X, pag. 136.
[3] „Allgemeine Pädagogik." K. Bd. II, pag. 130. H. Bd. X, pag. 135.
[4] Th. Ziller: Herb. Reliquien pag. 193.
[5] „Über freiwilligen Gehorsam." K. Bd. III, pag. 261, 262. H. Bd. IX, pag. 38.

und eilends sich in jene Reihen mischten, wo man die Zuversicht des Sieges hatte, weil man den Tod fürs Vaterland mehr suchte als scheute. Die Erinnerung an diese unsere akademischen Mitbürger," versichert er, „die mit der angespanntesten Tatkraft ihre Liebe für König und Vaterland bewährt haben, wird auf immer in den Herzen aller derer, welche zu dieser Universität sich rechnen, als ein teures Kleinod aufbehalten werden."[1]) Denselben Gehalt an patriotischer Begeisterung finden wir in der Rede, die H. am Geburtstage Friedrich Wilhelm III. in demselben Jahre gehalten hat. Mit prophetischem Blicke sieht er eine bessere Zukunft erstehen. „Wir werden lernen und verstehen," sagt er, „und gemeinsam arbeiten, wir werden dauernde Werke vollbringen und sie aufrichten als Denkmal dem schwer errungenen Frieden von aussen und von innen; denn nur die edelste der Hoffnungen ist die würdige Begleiterin für die Gebete, Gelübde, welche wir heute der künftig ungetrübten Heiterkeit unseres erhabenen Monarchen, welche wir dem Vaterlande widmen, dem Wohnsitze der tapferen Preussen, und auch jenem grösseren Vaterlande, der Heimat der biedern, ernsten, jetzo neugeeinten Deutschen."[2]) Das sind tietinnerliche Herzenstöne. Sie offenbaren uns unbedingt sein ureigenstes Fühlen und Empfinden; denn Schein und Heuchelei waren seiner reinen Seele fremd.

Es dürfte nicht überflüssig gewesen sein, diese Seite an Hs. Persönlichkeit, die noch viel zu wenig gekannt und gewürdigt wird, auch in dem vorliegenden Gedankengange ans Licht gezogen zu haben. Damit sollten zugleich Ansichten, als ob wir es in dem Verhältnis der Erziehung zum Staate bei Herbart mit einem Ausfluss unpatriotischer, staats- und vaterlandsfeindlicher Gesinnung zu tun hätten, im Keime erstickt werden. Andererseits dürften diese Betrachtungen dazu beitragen, mildere Anschauungen der späteren Jahre erklärlich zu machen.

3. Herbarts Erfahrungen als Hauslehrer und Hofmeister.

Von Neigungen und Anlagen abgesehen, müssen von persönlichen Momenten am meisten die Erfahrungen, die der junge H. als Hauslehrer — besonders im Steigerschen Hause zu Bern — gesammelt hat, auf die Ausgestaltung seiner pädagogischen Ideen und erzieherischen Pläne von Einfluss gewesen sein. Aus jedem Briefe an seine Freunde und aus jedem Bericht an den Vater seiner Zöglinge geht hervor, welche Freude und Befriedigung ihm seine Tätigkeit gewährte. In den stillen Räumen des schweizerischen Edelhauses, bei dem steten Umgang mit seinen Schülern sind ihm

---

[1]) „Über freiwilligen Gehorsam." K. Bd. III, pag. 267. H. Bd. IX, pag. 46.
[2]) „Über Fichtes Ansicht der Weltgeschichte." K. Bd. III, pag. 310. H. Bd. XII, pag. 261. Vgl. „Politische Briefe"! K. Bd. III.

seine Erziehungsgrundsätze allmählich ausgereift. Seine treue Arbeit
war auch von schönstem Erfolge gekrönt. Sein ganzes Leben
hindurch hat ihm besonders der zweite der Steigerschen Knaben,
„sein lieber Karl," herzliche, ungetrübte Freude bereitet, Erhebend
für jedes Erzieher- und Lehrerherz ist das Freundschaftsverhältnis,
das sich zwischen beiden vom ersten Tage an knüpfte. In einem
Briefe an Smidt vom 4. Sept. 1799 schreibt H. darüber: „Karl ist
ein so verständiger, schöner, guter und inniger Knabe, dass mein
Arm sich nun schon unwillkürlich um ihn schlingt, dass ich nicht
gut anders, als ihn an meiner Brust liegend, neben mir sitzen lassen
kann, dass ich manchmal nicht nur pro forma mit ihm zum Knaben
werde."[1] Es war H. auch später noch in Bremen und während der
ersten Zeit seines Göttinger Aufenthaltes Gelegenheit geboten, seine
Lieblingsbeschäftigung, allerdings mehr in der Form als Hofmeister,
fortzusetzen. In Bremen lag ihm die Vorbereitung eines gewissen
Walte, des Neffen eines angesehenen Kaufmannes, für das Universitätsstudium ob. Er ist dem jungen Manne auch noch in
Göttingen zur Seite gestanden. Da aber beider Geistesrichtungen
zu sehr divergierten, konnte ihm diese Beschäftigung nicht den
vollen Genuss erbringen. Noch weniger befriedigte ihn die Arbeit
mit einem gewissen Holmer, dem Sohne eines verstorbenen oldenburgischen Ministers. Grosse Freude dagegen bereitete ihm wieder
der Umgang mit dem jungen, reichbegabten Sohne des hannove-
rischen Ministers v. Grote. Darüber berichtet H. in einem Briefe
vom 24. Mai 1802 an seinen Freund Smidt: „Und wirst Du mich
nicht auslachen, wenn ich Dir sage, aus welcher Quelle ich begierig
die Art von Verjüngung trinke, deren ich mich bedürftig fühle? Es
ist der cidevant unbändige Grote, von dem jetzt nicht nur die Zierlichkeit und feinen Sitten konstant zu werden scheint, sondern der
auch sein ganzes Betragen so reinlich hält, dass ich die Stunden unter
die schönen und guten Stunden meines Lebens zähle, da wir das Versprechen einer herzlichen Offenheit miteinander gewechselt haben."[2]
Im allgemeinen war die Erinnerung, die H. von dieser Art
pädagogischer Tätigkeit besass, eine freundliche, in vielen Zügen
erhebende und begeisternde. Erscheint es demnach unnatürlich,
wenn die Hauslehrererziehung in seinem Systeme, abgesehen von
der aus der Theorie heraus sich ergebenden Notwendigkeit, eine
besonders starke Betonung erhält?

4. Herbarts zwiespältige Natur.

Eines Zuges im Charakter unseres Philosophen soll im folgenden noch Erwähnung getan sein, der, wie es mir scheint, für die
Beurteilung des Verhältnisses zwischen Erziehung und Staat und im

---

[1] Th. Ziller: Herb. Reliquien pag. 92.
[2] Th. Ziller: Herb. Reliquien pag. 144.

besonderen für verschiedentlich auftretende Schwankungen von Bedeutung ist, der aber trotzdem gewöhnlich übersehen zu werden
pflegt. Wenn man seine pädagogischen und philosophischen Hauptschriften liest, so gewinnt man von ihm den Eindruck eines strengen,
mathematischen, konsequenten Denkers, dem es unmöglich ist, von
der einmal eingeschlagenen Gedankenbahn abzuirren, den Neben-
gedanken und Unterströmungen überhaupt nicht belästigen und in
seiner Arbeit beeinträchtigen können. Das Studium der kleineren
Schriften und der Vergleich mit den Hauptwerken dagegen ist geeignet, diese Meinung etwas zu erschüttern. In ihnen tritt der
Mathematiker und logische Denker hinter dem Menschen zurück;
und da offenbart sich, wie ich glaube, eine nicht unbedeutende
Zwiespältigkeit in der Herbartischen Natur, die zur Erklärung seiner
Schwankungen in der angeregten Frage heranzuziehen, ich geneigt bin.

Eine geteilte Seelenstimmung musste schon frühzeitig in dem
geweckten Knaben durch das Leben im elterlichen Hause hervorgerufen werden. Auf der einen Seite übte das Gefühl eines gewissen Wohlstandes, einer sorglosen Behaglichkeit eine angenehm
berührende Wirkung aus, während der elterliche Zwist und die eigene
Behandlung von seiten der Mutter dieses Lustgefühl wieder herab-
stimmten. Wie schwer der Druck dieser Verhältnisse auf ihm
lastete, zeigt eine kurze Notiz in den Aufzeichnungen seines schon
vielgenannten Freundes Smidt. „Meine vertraulichen Unterhaltungen
mit H. unter vier Augen hatten in der ganzen Zeit seines Hierseins
(Bremen) vorzugsweise das unglückliche Verhältnis, welches zwischen
ihm und seiner Mutter vorwaltete, zum Gegenstande,"[1] so lautet
der Bericht. Es ist infolgedessen erklärlich, dass erhebende und
niederdrückende Empfindungen, Lust- und Unlustgefühle in bunter
Folge seine Seele durchzogen und das Gefühl bedrückten.

Ähnliche wechselvolle Stimmungen und Gefühle muss auch das
Bewusstsein der grossen Differenz zwischen dem schwächlichen,
vielfach kränklichen Körper und dem glänzenden, kräftig arbeitenden Geiste erzeugt haben. So entstand eine Art Bitterkeit, Zer-
rissenheit, ein Schwanken zwischen optimistischen und pessimistischen
Neigungen, zwischen Daseinsfreude und Lebensverdruss. Es ist
freilich schwer, einen völlig überzeugenden Beweis dafür zu geben,
da H. sein Seelenleben nie offen zur Schau trug, und gerade solche
Stimmungen und Lebensgefühle scheint er besonders sorgsam vor
den Augen der Welt verborgen zu haben. Ein Tagebuch von ihm
besitzen wir nicht, und die spärlichen Aufzeichnungen seiner Freunde
lassen uns bis auf wenige Andeutungen auch im Stiche. Einmal
allerdings ist es uns vergönnt, dem Kampfe gegensätzlicher Stimmungen
und dem wilden Toben streitender Gefühle in unseres Denkers Brust
zuzuschauen.

---

[1] „Erinnerungen an Herbart" von Joh. Smidt. K. Bd. I, pag. XVIII.

Dieser Streit sich gegenseitig befehdender Stimmungen, dem der junge Jenenser Student auf einem Spaziergange nach „Cuniz am Fusse des Genzig" ausgesetzt war, ist uns, in frischen Zügen und mit kräftigen Strichen aufgetragen, in der folgenden Schilderung überliefert: „Düstrer Gedanken voll ging ich einsam am Flusse. Umsonst bot mir die Natur ihren freundlichsten Morgengruss, umsonst lächelte mir die grüne Flur, schimmerte mir der zarte Nebel der Frühe im milden Sonnenglanze . . . Auf dem hohen Felsenufer stand ich stille und sah in die Tiefe hinab. ‚Zwei Schritte,' so sprach ich zu mir, ‚nur zwei Schritte hinunter! — Der Fluss ist trübe wie Dein Sinn! Der heitere Sonnenstrahl ist nicht Dein Element! Wozu in Deiner Brust der reinen Menschheit Bild? In nächtliches Dunkel gehüllt steht es da, unbewundert, kaum geahnt . . . Wohlan, so zerschelle es an diesem Felsen, so wirble der Fluss die Trümmer mit sich fort, so führe er die grübelnden Fragen, die beklemmenden Zweifel mit in das weite Meer der Vergessenheit und des ewigen Schlafs!'" Während dieser trüben Betrachtungen war er unvermerkt bis auf den Gipfel gelangt. Mit elementarer Kraft ringen sich in diesem Augenblicke die Gefühle der Daseinsfreude und der Schaffenskraft in ihm empor, und mit flammender Begeisterung gelobt er: „So will ich höher und höher denn streben, mit feurigem Eifer rastlos kämpfen, bis die Gruft sich öffnet. Phöbus wird dann seinen Strahl mir nachsenden, nicht im morschen Nachen, nein, im Lichte der Wahrheit werde ich dahinschweben über die heiligen Fluten und Elysiums Fluren begrüssen!"[1]

Die Ideen, die von H. in der behandelten Frage ausgingen, haben sich in dem Jahrhundert, in dem sie ausgestreut wurden und das nun abgeschlossen hinter uns liegt, als ausserordentlich lebenskräftig erwiesen. Gerade in den Ansichten über das Verhältnis der Erziehung zum Staate treffen sich sonst weit auseinandergehende pädagogische Theorien und Lehrmeinungen. Freilich in der Frage der Hauslehrererziehung mussten selbst seine orthodoxen Anhänger einen andern Weg beschreiten als der Meister Der soziale und demokratische Zug des 19. Jahrhunderts erwies sich als viel zu mächtig, als dass diese im Grunde gewiss ideale, aber ihrem Kerne nach auch aristokratische Erziehungsmethode sich hätte behaupten können. So schreibt schon einer der ersten Jünger Hs., der aus der Hegelschen Schule herübergekommene Mager: „Die allgemeine Volksschule ist in den heutigen zivilisierten Staaten eine Institution geworden, die fortan so fest steht wie Ehe und Eigentum."[2] Dass

---

[1] „Ein Augenblick meines Lebens." K. Bd. I, pag. 38. H. Bd. XII, pag. 782, 783.
[2] Mager: Deutsche Bürgerschule. Herausgegeben von Eberhardt 1888, pag. 10.

aber in den Schulen die Erziehungsarbeit vollständig auf eigne Füsse gestellt werde und frei von staatlichem Zwange ihre Aufgaben lösen könne, ist nicht nur die Forderung aller seiner Schüler, sondern fast aller pädagogischen Richtungen der verflossenen Dezennien. In ihr vereinigten sich Dörpfeld und Ziller, Diesterweg und Dittes. Als ausschlaggebender Faktor dieser, die heterogenen Elemente zur Vereinigung treibenden Kräfte wirkte der bürgerliche Liberalismus, der durch die Ereignisse des Jahres 1848 in Deutschland zum Siege geführt worden war, und der seinem innersten Wesen nach individualistisch angelegt war. Mit ihm war aber die Stellung der Erziehung dem Staate gegenüber gegeben. Die Befreiung des Individuums von hemmenden und drückenden sozialen Schranken fordert natürlich in erster Linie die Loslösung der Erziehung von Fragen des Staatsinteresses. Der konsequenteste Vertreter des bürgerlichen Liberalismus in der Pädagogik war Diesterweg. Er war auch der unerschrockenste und tapferste Kämpfer in den Reihen derer, die der Reaktion der fünfziger Jahre entschlossenen Widerstand entgegensetzten. Diese Gegenströmung, die in den Stiehlschen Regulativen vom Jahre 1854 ihren exaktesten Ausdruck findet, ruht auf breiter sozialer Grundlage. In schroffster Weise kommt ihr Geist in den Aktenstücken, die jene Verordnung begleiteten, zum Ausdruck. In ihnen schreibt Stiehl: „Die preussische Elementarschule hat es nicht mit Menschen überhaupt und allein zu tun, sondern mit Kindern, die als Menschen 1. evangelische Christen, 2. Untertanen Sr. Majestät von Preussen sind, ein Vaterland, eine Geschichte ihrer Väter und Anspruch haben auf Teilnahme an der Bildung und Sitte des deutschen Volkes, 3. die als künftige Bürger, Bauern und Soldaten der allgemeinen Bildung und der Fertigkeiten bedürfen, welche sie befähigen, sich ihr bürgerliches Fortkommen zu sichern und ihrem Stande Ehre zu machen." Diese kollektivistische, ihrem Ursprunge und Ziele nach reaktionäre Sturzwelle konnte aber den Siegeslauf der liberalen individualistischen Ideen auf die Dauer nicht aufhalten. Nachdem die deutschen Siege auf Frankreichs Boden dem bürgerlichen Liberalismus auch die äusseren Erfolge gebracht hatten, war die Herrschaft der Regulative schon gebrochen noch vor ihrer Aufhebung durch den Minister Falk.[1]

An der Wende des neuen Jahrhunderts bereitet sich wieder ein kollektivistischer Vorstoss sowohl gegen den idealistischen als auch gegen den wirtschaftlichen Liberalismus, den die siebziger Jahre grossgezogen haben, vor, der aber grössere Dimensionen anzunehmen scheint als derjenige, der dem Jahre 1848 folgte. Auf der einen Seite sehen wir besonders die Jünger Herbarts die individualistischen Prinzipien verteidigen, während die Gegner mit der Losung der kollektivistischen und sozialen Pädagogik den Kampf-

---

[1] Vgl. Rissmann: Die deutsche Schule!

platz betreten. Der Anstoss zu dieser Bewegung ging aber nicht wie in der Mitte des vorigen Jahrhunderts von klerikalen, engherzig nationalen und bildungsfeindlichen Bestrebungen, sondern von dem Bemühen aus, die klaffenden sozialen Gegensätze durch Bildung eines gemeinsamen Gedankenkreises und Gefühlsgehaltes in allen Schichten der Bevölkerung zu überbrücken. Dieser Kampf harrt noch der Entscheidung. Nach seinem schliesslichen Ausgange wird auch das Verhältnis der Erziehung zum Staate, dem grössten und einflussreichsten Gemeinwesen, sich wiederum bestimmen. Wie dieses Ringen aber auch enden möge, eine endgültige Lösung der aufgerollten Frage wird es nicht erbringen; denn der Gegensatz streitender Ideen, von dem das Verhältnis der Erziehung zum Staate aufs entschiedenste abhängig ist, gehört nicht zu den spezifisch pädagogischen, sondern seine Wurzeln liegen tief in der Natur des Menschen gegründet, der als geschlossenes Einzelwesen gezwungen ist, in der Gesellschaft zu leben. Ausgeprägtes Persönlichkeitsgefühl aber und nivellierender Gemeingeist werden nie zu einem vollkommenen Ausgleich gelangen!

Ergebnis und Schlussbemerkung.

Die Erörterungen der vorliegenden Arbeit kurz zusammengefasst, zeitigen folgendes Ergebnis:

Erziehungs- und Staatskunst sind ihrem Wesen und ihrer Aufgabe nach trotz ihrer Parallelstellung im philosophischen Wissenschaftssysteme und der Ähnlichkeit mannigfacher Bestrebungen bei Herbart zwei ganz verschiedene Gebiete menschlicher Betätigungen. Diese Erkenntnis schliesst die Forderung unbedingter Unabhängigkeit der Erziehung von der Staatsgewalt unmittelbar ein, ist aber durchaus nicht unvereinbar mit einer gegenseitigen Unterstützung und Förderung und rechtfertigt am allerwenigsten eine gegenseitige Befehdung. Die Stätte wahrer Jugendbildung kann daher nicht die vom Staate gegründete und seiner Aufsicht unterstehende öffentliche Schule, sondern einzig und allein das Elternhaus sein, in dem einem feinsinnig gebildeten und künstlerisch beanlagten Hauslehrer die Erziehung anzuvertrauen ist. Praktische Erwägungen jedoch führen zu einem gewissen Ausgleiche mit dem bestehenden Schulwesen. Ebenso sind geringe Schwankungen in der theoretischen Darstellung geeignet, die schroffe Ablehnung jeder Staatserziehung etwas zu mildern. Zu erklären sind sie als Einflüsse der Zeitströmung und als Spiegelung eines gewissen zwiespältigen Wesens in Herbarts Persönlichkeit. Das Fundament des Erziehungsplanes wird übrigens wenig von ihnen berührt.

Die Betrachtung hat im grossen und ganzen die individualistische Anlage und unhistorische Auffassung der Herbartschen Pädagogik gezeigt. Seine Ansichten berühren sich an zahlreichen und vielfach entscheidenden Stellen mit rationalistischen und neuhumanistischen Ideen. Aber es wird nicht möglich sein, H. ohne Bedenken und ohne jeden Vorbehalt einer dieser Geistesrichtungen einzugliedern. Er ist von der pietätlosen Gesamtanschauung der Aufklärung weit entfernt und hat noch nicht in dem Masse den Sinn für das Gegenwärtige, für den heimatlichen Boden und nationales Leben verloren wie die Humanisten. Im allgemeinen also bestätigt diese Arbeit die Ansicht, dass in Herbarts Lehrmeinungen Synthesen der verschiedensten Art, in denen den einzelnen Faktoren vielfach ein sehr ungleiches Mass von zwingender Kraft und deutlicher Sichtbarkeit zukommt, sich geltend machen, und dass man daher gerade diesen Denker nicht ohne weiteres einer bestimmten, zu seiner Zeit herrschenden Geistesrichtung unterordnen kann.

III.

Bedarf der Erzieher einer Ergänzung der philosophischen Ethik durch die christliche?

Von Waldemar Baumgart in Stassfurt.

In der Forderung unseres Themas, den Nachweis für die Notwendigkeit einer Ergänzung der philosophischen Ethik durch die christliche hinsichtlich der Anwendung beider auf die Pädagogik zu führen, ist die Behauptung mitenthalten, dass Ethik die Wissenschaft ist, deren der Erzieher zur rechten Ausübung seines Berufes bedarf; darum wird eine kurze Beantwortung der nachstehenden Fragen für die eigentliche Besprechung von Vorteil sein: Was ist Ethik, und warum bildet die genannte Wissenschaft mit Recht die Grundlage der Pädagogik? — Die Ethik beschäftigt sich mit dem, was eine Beurteilung in sittlicher Hinsicht zulässt. Der Begriff „sittlich" muss im weitesten Sinne gefasst werden, besonders aber darf man nicht Sitte und Sittlichkeit identifizieren, wie dies Vertreter der evolutionistischen Ethik dadurch teilweise tun, dass sie den Kulturbegriff zum herrschenden ihrer Sittenlehre erheben. „Nicht Sittlichkeit ist jede ekle Sitte," sagt Zedlitz im Vorwort zum „Waldfräulein". Die Ethik hat gleich der Ästhetik zu untersuchen, ob und wie weit etwas gefallen oder missfallen darf und muss. Während aber die Ästhetik feststellt, was „schön" und „hässlich" ist, will die Ethik Klarheit über die Begriffe „gut" und „böse" geben.[1] „Wissen,

---

[1] Vgl. Dörpfeld „Zur Ethik" II. Teil S. 203. „Die Ethik hat die Aufgabe, zu sagen, was gut und böse — oder was recht und unrecht, was löblich und verwerflich ist."

was gut und böse ist," war seit Anbeginn der Welt das strebende Bemühen der Menschheit, und nur um die letztere handelt es sich (wenn man von der sittlichen Stellung des höchsten Gutes zunächst absieht) in der Ethik, wo nur das beurteilt wird, was seinen Grund in einem freien Willensentschlusse hat, und zwar in alleiniger Berücksichtigung dieses Willensverhältnisses selbst, ohne Anrechnung der praktischen Konsequenzen, welche sich etwa aus der Verwirklichung von Willensäusserungen ergeben. Allerdings ist man im täglichen Leben nur zu leicht geneigt, "alle Menschengeschichten," wie Rückert sagt, "nach den Erfolgen zu richten"; aber der Philosoph darf sich dadurch nicht beirren lassen.[1]) Für ihn ist und bleibt "das willenlose Urteil über den Willen"[2]) alleiniges Fundament aller ethischen Erkenntnis. Zu dieser Auffassung führt der von Schopenhauer festgestellte Grundsatz, dass der Wille "das letzte Substrat jeder Erscheinung des Seelenlebens" und damit natürlich auch die notwendige Ursache aller Äusserungsformen menschlichen Bewusstseins ist. Mit besonderem Nachdruck ist von Kant die Notwendigkeit der Berücksichtigung dieser Tatsache bei jeder ethischen Beurteilung betont worden, der nichts absolut Gutes anerkennt, als einen guten Willen.[3]) Für die Pädagogik hat Herbart dieses Prinzip fruchtbar gemacht, obwohl er, seiner Freiheitslehre zufolge, in der Begründung desselben sich erheblich von Kant entfernt.[4])

Um etwas in sittlicher Beziehung beurteilen zu können, müssen Merkmale vorhanden sein, deren Studium Aufgabe der Ethik ist. Aus dem Vorhandensein oder Fehlen dieser Merkmale werden wir weiter auf die Ursache des absoluten Missfallens oder Gefallens menschlicher Willensverhältnisse schliessen; denn wenn auch Paulsen sagt, dass Ethik nicht die Aufgabe habe zu zeigen, warum z. B. Lügen böse sei, sondern nachzuweisen, welche Folgen die Lüge für Individuum und Gesellschaft habe, so folgt daraus noch nicht, dass die Beantwortung der erstgenannten Frage nicht ins Gebiet der ethischen Erkenntnis fällt, weil die Aufgabe einer Wissenschaft erst einen kleinen Teil ihres Wesens ausmacht. Weiter wird die Ethik, wie jede andere Wissenschaft, ihre Berechtigung in praktischer

---

[1]) Vgl. Herbart: "Das Handeln überhaupt, vollends aber die Quantität des Handelns, ist kein sicherer Massstab für die Tugend, die oft genug sich im Unterlassen zeigen muss und nicht selten im ruhigen Dasein am schönsten gedeiht."

[2]) Vgl. Herbart: "Das Bild des Willens ist gebunden nach Art der Bilder, an das willenlose Urteil, das in dem Auffassenden hervortritt." Vgl. Dr. Felsch: Erläuterungen zu Herbarts Ethik mit Berücksichtigung der gegen sie erhobenen Einwendungen. (Verlag von Beyer u. Söhne, Langensalza 1899.) Einleitung S. 3.

[3]) "Es ist überall nichts in der Welt, ja überhaupt auch ausserhalb derselben zu denken möglich, was ohne Einschränkung könnte für gut gehalten werden, als allein ein guter Wille." Kant, Grundlegung zur Methaphysik der Sitten. S. 10.

[4]) Siehe auch Dörpfeld: "Wo kommt das Sittliche zur Erscheinung und wo liegt für seine Beurteilung die entscheidende Stelle?"

Hinsicht nachzuweisen haben, die in der Bestimmung liegt, dem Menschen eine feste Norm zur Beurteilung seiner Handlungen nach der moralischen Seite und Anleitung zur möglichst vollkommenen Entwicklung aller sittlichen Anlagen zu geben. Ebenso wird man die Lehren der Moral in ein System bringen und die Stellung des letzteren zu andern wissenschaftlichen Systemen untersuchen müssen. Ethik ist darnach die Wissenschaft, welche uns Aufschluss über menschliche Willensverhältnisse hinsichtlich Grund und Grad ihres absoluten Gefallens oder Missfallens zu geben hat, indem sie uns gleichzeitig mit ihrer Berechtigung, ihrer Aufgabe und ihrer praktischen Anwendbarkeit vertraut macht.

Was nun den Wert dieser Wissenschaft und die Notwendigkeit ihres Studiums anbelangt, so sagt Nietzsche darüber: „O meine Brüder, wo liegt doch die grösste Gefahr aller Menschenzukunft? Ist es nicht bei den Guten und Gerechten? — als bei denen, die da sprechen und im Herzen fühlen: wir wissen schon, was gut ist und gerecht, wir haben es auch; wehe Denen, die hier noch suchen!"[1] Er stimmt also keineswegs der Ansicht bei, die auch wir nicht teilen, dass eine Zeit mit vorwiegendem Interesse an ethischen Problemen eine solche sittlichen Verfalls sei. Wir dürfen wahrlich nicht stolz darauf sein, dass wir es mit unserer ethischen Erkenntnis so herrlich weit gebracht haben. Wohl wird das Studium der Ethik nicht immer sittliche Vervollkommnung herbeiführen; die Aussicht aber, dass es manchmal der Fall sein kann und wird, müsste allein schon zur Beschäftigung mit sittlichen Fragen führen. Zwar ist sich ferner der gute Mensch auch ohne ethisches Studium in seinem dunklen Drange des rechten Weges wohl bewusst; daraus folgt aber noch nicht, dass wir nun auch im dunklen Drange bleiben sollen. Nein, wir müssen Klarheit über unsere sittlichen Lebensaufgaben erlangen. Vor allem aber hat der mit moralischen Dingen sich beschäftigende Philosoph die durch Goethes Wort im Faust dem Dichter gestellte Aufgabe zu erfüllen, das in schwankender Erscheinung Schwebende mit dauernden Gedanken zu befestigen, soweit es sich um ethische Erkenntnisse handelt. Der Pädagoge aber, wenn er nicht selbst imstande ist, durch eigene Untersuchung die Wissenschaft der Moral zu bereichern, muss sich zum mindesten schon vorhandene Errungenschaften der gedachten Art zu Nutze machen. Da die Ethik Anleitung zur möglichst vollkommenen sittlichen Entfaltung gibt, da es weiter ideales Erziehungsziel ist, den Zögling zur Vollkommenheit zu führen, so folgt daraus der enge Zusammenhang von Ethik und Pädagogik. Die Erziehung zur

---

[1] Also sprach Zarathustra. Ein Buch für Alle und Keinen. S. 309; 26. Leipzig, Naumann, 1901. Vgl. ebendas. S. 287, 2: „Als ich zu den Menschen kam, da fand ich sie sitzen auf einem alten Dünkel. Alle dünkten sich lange schon zu wissen, was dem Menschen gut und böse sei. Eine alte müde Sache dünkte ihnen alles Reden von Tugend; u. s. f.

Sittlichkeit ist Hauptzweck, nach Herbart[1]) sogar einziger Zweck aller pädagogischen Tätigkeit, und es ist einfach ausgeschlossen, dass der Erzieher zielbewusst und folgerichtig seinen Beruf ausüben kann, ohne Klarheit über das zu haben, was er erreichen will und soll.

Darum wird jeder Erzieher gut tun, Sprüche 4, 13 zu beherzigen: „Halte fest an der Sittenlehre, lass nicht ab von ihr; nimm sie in acht, sie ist dein Leben!"

Da das letzte Ziel der Erziehung, der unveränderlichen und ewigen Bestimmung des Menschen gemäss, für alle Völker und Zeiten das gleiche sein muss, so wird eine auf Pädagogik anzuwendende Ethik vor allem die Forderungen erfüllen müssen, allgemeingültig und unwandelbar zu sein.

Dass zunächst nicht jede Ethik unwandelbar ist, lernen wir aus Nietzsches Worten: „Einst glaubte man an Wahrsager und Sterndeuter: und darum glaubte man ‚Alles ist Schicksal; du sollst, denn du musst!‘ Dann wieder misstraute man allen Wahrsagern und Sterndeutern: und darum glaubte man ‚Alles ist Freiheit. Du kannst, denn du willst!‘"[2]) Dass ferner ebensowenig jeder Ethik Allgemeingültigkeit zukommt, lehrt der Ausruf des eben zitierten Philosophen: „Vieles fand ich hier böse genannt und dort mit purpurnen Ehren geputzt." Wir müssen daraus schliessen, dass in sittlichen Dingen entweder überhaupt keine Übereinstimmung herrschen kann, dass keine Maximen, sondern Ansichten massgebend sind, oder aber, dass man die ethischen Resultate zum Teil auf Grund falscher Voraussetzungen gewonnen hat. Wenn wir bei der Betrachtung dieser Fragen die verschiedene Art der Untersuchung ethischer Probleme ins Auge fassen, so werden wir immer nur auf zwei Erkenntnisquellen zurückgeführt. Diese sind: Vernunft und Offenbarung. Der Vernunft entfliesst die philosophische, der Offenbarung die religiöse Ethik. Auch Schleiermacher stimmt der Ansicht bei, dass man nur auf die gedachte Weise zur moralischen Erkenntnis gelangen kann. Die philosophische Ethik nimmt nach ihm ihre Begriffe aus dem, was im weitesten Sinne zum Wesen des Menschen gehört, während sich die religiöse Moral auf das stützt, was den Menschen zum gläubigen Anhänger irgend einer Offenbarung, also z. B. den Christen zum Christen macht.[3]) Daraus folgt schon

---

[1]) Vgl. Umriss pädagogischer Vorlesungen. Einleitung, § 8, 58. Den dritten Abschnitt des zweiten Teils über die Zucht u. a. m.

[2]) A. a. O. S. 249, 9. Vgl. auch Kants: „Du kannst; denn du sollst."

[3]) Siehe Lühr: Ist eine religionslose Moral möglich? Berlin 1899, Schwetschke und Sohn, S. 13. Vgl. auch Felsch, Erläuterungen . . . Vorwort S. VIII. „Der Grund der religiösen Ethik ist der religiöse Glaube. Die philosophische Ethik lehrt: tue das Gute um des Guten, meide das Böse um des Bösen willen! Die religiöse Ethik lehrt: tue das Gute und meide das Böse, weil Gott oder die Kirche es befiehlt. Die philosophische Ethik hat Gültigkeit, so weit die psychischen Gesetze gelten; die kirchliche Ethik geht aus vom religiösen Glauben, die philosophische Ethik führt zum religiösen Glauben hin."

die nur bedingte Gültigkeit jeder religiösen Sittenlehre; denn die letztere wird, auf Glauben gegründet, „alle Schwankungen desselben teilen".

Bezüglich der Art, in welcher die Philosophie ihre ethische Erkenntnis gewinnt, sei nur bemerkt, dass dies entweder auf Grund realer Erfahrungstatsachen, also auf empirischem Wege, oder aber auf spekulative Weise geschieht. Die Folge dieses Verfahrens ist das negative Merkmal der philosophischen Ethik, dass sie sich weder ganz noch teilweise auf Glaube und Offenbarung zu gründen vermag.

Beantworten wir nun die Frage, warum man die philosophische Ethik mit Recht als sichere Grundlage der Pädagogik anerkennt.

Gleich hier sei kurz der Standpunkt angegeben, welcher in den folgenden Ausführungen vertreten wird.

Da die christliche Ethik der Forderung unbedingter Gültigkeit nicht genügt, so lehnen wir sie um derer willen, welche ihren Wert nicht anerkennen, als Grundlage der Pädagogik ab: dies können wir ohne Verlust tun, da eine auf philosophischem Wege einwandsfrei gewonnene Ethik in prinzipiellen Fragen mit der des Christentums übereinstimmt. Wir gelangen also, trotz der Ablehnung, zur christlichen Ethik. Ausserdem aber erheischt jede auf philosophischem Wege gewonnene Sittenlehre gebieterisch aus nachher anzuführenden Gründen eine Ergänzung durch die religiöse Moral, und letztere kann für uns nur die christliche sein. Die ursprüngliche Ablehnung der christlichen Ethik durch den Verfasser ist also nur eine scheinbare und wird durch Bedenken formeller Natur bestimmt.

Die christliche Ethik ist natürlich, wie jede andere religiöse Sittenlehre, von der Dogmatik abhängig. Ganz abgesehen davon, dass Dogmen Wandlungen durchmachen, dass ferner viele Menschen noch heute nichts von christlicher Dogmatik wissen, gibt es auch unter den gebildeten Christen welche, die, obschon sie die Heilstatsachen ihrer Kirche anerkennen, aus inneren Gründen nicht imstande sind, ihre religiöse Erkenntnis auf Dogmen zu bauen. Für alle diese würde die christliche Ethik keine oder nur bedingte Gültigkeit haben. Nach der christlichen Ethik wird das als gut bezeichnet, was dem Willen Gottes entspricht. Göttliche Willensäusserungen aber können wir nur durch Offenbarung erlangen. Jeder nun, der die Offenbarung leugnet, wird damit auch die Reinheit der Quelle bezweifeln, welcher die religiöse Ethik entströmt. Ja, der blosse Zweifel, nicht an der Offenbarung überhaupt, sondern nur daran, dass sie gerade in der gedachten Form gegeben worden ist, genügte, der dieser Offenbarung entspringenden religiösen Ethik die Allgemeingültigkeit zu nehmen. Es lässt sich also nicht abstreiten, dass eine religiöse Ethik keine absolute, allseitig anerkannte und stets fest bestehende Grundlage der Pädagogik sein kann, da dieselbe weder unwandelbar, noch allgemeingültig ist. Dagegen kann man nachweisen, dass auf dem Wege philosophischen Forschens eine Ethik zu finden ist, die wir als unbestrittene, von allen an zuerkennende Grundlage der Erziehungswissenschaft annehmen dürfen.

Es wird allerdings, so von T o l s t o i, behauptet, dass es nicht möglich sei, moralische Erkenntnis ohne Beziehung auf Religion zu gewinnen, ja, Tolstoi gelangt sogar zu der von seinem einseitigen religiösen Standpunkte leicht zu verstehenden Überzeugung, dass es keine Menschen mit verworreneren Ansichten in sittlichen Dingen gäbe, als die „Männer der Wissenschaft“.[1]) Dem halten wir entgegen, dass der grössere Teil religiöser Ethik widersinnig, manchmal direkt unsittlich im christlichen Sinne ist, und dass gerade „Männer der Wissenschaft“, wie z. B. H e r b a r t, auf dem Wege der spekulativen Forschung zu einer Ethik gelangt sind, die in grossen Fragen mit der auch von Tolstoi anerkannten Sittenlehre des Christentums übereinstimmt. Auch lehrt die geschichtliche Entwicklung, dass die Sittlichkeit nicht einfach aus der Religion entwachsen ist, wenngleich die höchsten Entwicklungsperioden ethischer und religiöser Erkenntnis zusammenfallen.[2]) Dass in der Tat die Möglichkeit vorliegt, sittliche Fragen ohne religiöse Voraussetzungen zu lösen, lehrt auch K a n t, wenn er sagt: „Die Moral bedarf zum Behufe ihrer selbt keineswegs der Religion, sondern vermöge der reinen praktischen Vernunft ist sie sich selbst genug.“[3]) Derselbe Philosoph behauptet auch einmal, dass möglichste Voraussetzungslosigkeit die Grundlage aller wissenschaftlichen (also auch der ethischen) Erkenntnis sein müsse. Die Ethik nimmt nun ihre Hauptbegriffe aus der Menschennatur; daraus folgt, dass wir uns auf göttliche Autorität bei dem reinen theoretischen Streben nach Erkenntnis nicht stützen können. Ja, auch wenn dies sein dürfte, so müssten wir „als ehrliche Theisten“ zuvor das Dasein Gottes beweisen; denn vor der Pantheist, welcher als ein Teil dessen, was anfangs war, durch seine eigene Existenz diejenige Gottes beweist, hätte eine derartige Untersuchung nicht nötig. Nach S h a f t e s b u r y soll sich das religiöse Gebot durch seinen sittlichen Inhalt legitimieren; nicht umgekehrt. Gott ist also nur darum Gott, weil er unserem feststehenden Begriffe von „gut“ als der Idee des höchsten Gutes entspricht. „Die Religion muss sich vor dem

---

[1]) Vgl. L ü h r: Ist eine religionslose Moral möglich? — S. 1 u. 2.
[2]) Siehe L ü h r a. a. O. S. 25. „Die grossen Perioden der Entwicklung des Religiösen wie der des Sittlichen fallen zusammen, je höher die Stufen dieser Entwicklung sind, um so mehr. Die Prophetie, das Christentum, die Reformation sind Zeiten zugleich des religiösen wie des sittlichen Umschwungs . . .“
[3]) Vorrede zu der Schrift: Religion innerhalb der Grenzen der reinen Vernunft. „Die Moral, sofern sie auf dem Begriffe des Menschen als eines freien, eben darum aber auch sich selbst durch seine Vernunft an unbedingte Gesetze bindenden Wesens, gegründet ist, bedarf weder der Idee eines anderen Wesens über ihm, um seine Pflicht zu erkennen, noch einer anderen Triebfeder als des Gesetzes selbst, um sie zu beobachten. Sie bedarf also zum Behufe ihrer selbst (sowohl objektiv, was das Wollen, als subjektiv, was das Können betrifft) keineswegs der Religion, sondern vermöge der reinen praktischen Vernunft ist sie sich selbst genug.“

Richterstuhle der Vernunft rechtfertigen; können"; dies klänge uns schroff, wenn wir nicht wüssten, dass es religiöse Erkenntnis genug gibt, der eine solche Rechtfertigung nicht möglich ist. Deshalb sagt Kant einmal, dass wir auch den Heiligen des Evangeliums zuvor mit dem Ideal sittlicher Vollkommenheit vergleichen müssen, ehe wir ihn als heilig anerkennen dürfen. Wohl mag der Inhalt vorstehender Darlegungen manchem übertrieben skeptisch erscheinen; aber der Christ hat nicht nur das Recht, sich seines Glaubens zu freuen, sondern auch die Pflicht, seine Religion und ihre ethischen Konsequenzen mit wissenschaftlichen Hilfsmitteln zu verteidigen. Darum hält es z. B. auch D ö r p f e l d für einen groben Fehler, dass die Moral Glaubenssache sein soll; denn „dann ist keine Diskussion mit den Ungläubigen, geschweige denn eine Überzeugung der letzteren möglich". Die philosophische Ethik aber bildet ein neutrales Gebiet für wissenschaftliche Auseinandersetzungen. So fragt auch G i z y c k i s in der „Ethischen Kultur": [1] „Sollten wir etwas Unbeweisbares zur Grundlage der Moral machen?" —

Jedenfalls steht fest, dass wir nicht nötig haben, dies zu tun, und wir wollen es vermeiden, nicht um derer willen, die an Christum und seine Offenbarungen glauben, sondern um derer willen, die nicht daran glauben. [2] Zum Glauben kann niemand gezwungen werden, das Sittengesetz aber weiss jeder. Nun kann man zwar sittlich scheinende Handlungen, nicht aber sittliche Gesinnungen erzwingen. Wo aber überhaupt ein Zwang ausgeübt werden muss, da würde der Mensch auch bei vorhandener religiöser Einsicht das Gute nicht um des Guten willen tun.

Man hat nun auch der philosophischen Ethik vorgehalten, dass sie im Laufe der Zeit Wandlungen durchgemacht habe. Wo sich aber solche Wandlungen nachweisen lassen, wird man stets finden, dass sich die Sittenlehre in ihren grossen und entscheidenden Fragen nicht von der Beziehung auf religiöse Dinge freigehalten hat. Weiss die philosophische Ethik ihre Unabhängigkeit von der Religion zu wahren, so herrscht in grossen Fragen durch alle Zeiten hindurch stets Übereinstimmung, besonders hinsichtlich dessen, was sittlich und un-sittlich ist. So verschiedenartig die Aufgaben sind, welche man dem Menschen im Kleinen zur Erreichung seiner endlichen Vollkommenheit vorschreibt, so einig sind die Gründer aller philosophischen Systeme in dem grossen Gedanken, dass das immer strebende Bemühen, durch welches auch Faustens Unsterbliches gerettet wurde, die Summe aller sittlichen Erkenntnis ausmacht. Darum sagt W u n d t: „In ethischen Dingen sind die Unterschiede nicht grösser, als auf

---

[1] Ethische Kultur. 1894. No. 7.
[2] Lühr a. a. O. S. 27. Die philosphischen Systeme „behaupten, dass die Moral nicht allein ohne Religion begründet und verwirklicht werden könne, sondern ohne sie zum mindesten begründet werden müsse, um volle Moral zu sein. Darin sind die empiristischen und die aprioristischen Theorien einig".

intellektuellem Gebiet, wo trotz aller Abweichungen der Anschauung und Denkrichtung doch die Allgemeingültigkeit der Denkgesetze feststeht."

In dem Bestreben, philosophische Ethik zur Grundlage der Pädagogik zu machen, dürfen wir nun allerdings nicht rationalistisch jede Offenbarung ableugnen oder für überflüssig halten. Nach Kants Ansicht von den a priori in uns liegenden Formen der Anschauung und des Denkens[1]) entquillt die Religion der Vernunft; wir müssen Gott bereits vor der Offenbarung wahrnehmen, weil wir sonst gar nicht imstande wären, einzusehen, dass irgend eine Offenbarung von Gott kommt. Stimmte nun die Offenbarung mit der Vernunft nicht überein, so müssen wir erstere als unvernünftig ablehnen; sind beide gleich, so ist die Offenbarung unnötig. Dass es noch einen andern Weg gibt, hat Herbart gezeigt; ihm ist der Gedanke, Vernunft als einzige Erkenntnisquelle der Religion anzusehen, vollkommen fremd, und doch gewinnt er seine Ethik auf dem Wege philosophischen Forschens und nicht aus den Heilstatsachen einer geoffenbarten Religion. —

Die Unveränderlichkeit einer rein philosophischen Ethik hat ihren Grund in dem festen, beständigen Punkte, den Gott als erste Offenbarung in das Menschenherz gelegt hat. Diesen Punkt und seine Unveränderlichkeit im Bewusstsein, die Gewissensanlage, erkennen fast alle Philosophen an.[2]) Herbart sagt darüber: „Gedenken wir des ursprünglichen Beifalls und Missfallens in uns selber, jenes Punktes, welcher von spekulativen Zweifeln, wie von Neigungen, Begierden und Leidenschaften unberührt bleibt."

Die Perser nannten das Gewissen ihr erstes, ungeschriebenes Gesetz; Cicero schrieb dieser geheimen Kraft des menschlichen Herzens selbständige sittliche Macht zu, während der Materialismus versuchte, dieselbe als physiologische Erscheinung zu erklären. Sehr fein charakterisiert Goethe des Gewissens Walten, wenn er sagt: „Ganz leise, leise spricht ein Gott aus unsrer Brust; ganz leise, ganz vernehmlich, zeigt uns an, was zu ergreifen ist und was zu flieh'n." Wenn wir nun vom festen Punkte eines reinen unparteiischen Gewissens ausgehen, dann können wir getrost ein menschliches System zum Massstab göttlicher Offenbarungen machen, denn stets wird vollkommene Harmonie eintreten müssen.

So glauben wir bewiesen zu haben, dass die Philosophie Grundlage aller ethischen Erkenntnis und letztere Fundament der Erziehungswissenschaft sein muss. Unsere Entschlüsse müssen dieser moralischen Quelle entfliessen, wenn wir „unseres eigenen Beifalls

---

[1]) Vgl. Kant, Kritik der reinen Vernunft: Der Deduktion der reinen Verstandesbegriffe zweiter Abschnitt. Von den Gründen a priori zur Möglichkeit der Erfahrung.
[2]) Vgl. Schiller, Probleme aus der christlichen Ethik. Berlin 1888, Reuthers Verlagsbuchhandlung. Abschnitt IV: Das Gewissen.

wert sein wollen",[1]) und wenn wir den Zögling dahin zu führen suchen, sein Handeln unserm Beispiel gemäss zu gestalten.

In welcher Beziehung nun die religiöse Ethik zur philosophischen steht, lernen wir von Kant, welcher lehrt, dass aus der Moral religiöse Ideen als praktische Postulate hervorgehen; denn da sich z. B. unser Wille dem Sittengesetz nur nähern kann, ohne dass wir jemals unsere sittlichen Aufgaben lösen können, so erwächst aus dieser Tatsache der Gedanke an die Unsterblichkeit der Seele. Und ebenso folgt aus der Erkenntnis, dass wir das zu Erstrebende nicht erreichen können, die Notwendigkeit einer Ergänzung des Moralischen durch das Religiöse. Die Ethik stellt uns vor Aufgaben, ohne uns die Hoffnung zu geben, sie lösen zu können. Wir wissen wohl, welche Forderungen wir in sittlicher Hinsicht erfüllen müssen; aber Schulden anerkennen, heisst noch nicht Schulden bezahlen. Ja, die Sittenlehre sagt uns sogar, dass das Ideal, welches uns als Mustergestalt den Musterbegriff höchster moralischer Vollkommenheit verkörpert, unerreichbar ist, weil sich der menschliche Wille in seiner natürlichen Beschaffenheit nicht auf das Gute, sondern auf das Nützliche richtet. Daraus resultiert der durch keine Philosophie zu schlichtende Widerstreit mit ·Gott als der Idee des höchsten Gutes. Die weitere Folge davon ist das niederdrückende Gefühl, mit der obersten sittlichen Macht in steter Feindschaft zu leben. Diesem Gefühl entspringt die Sehnsucht nach Versöhnung als religiöses Bedürfnis; denn die Religion ist, wie Jean Paul sagt, der Glaube an Gott, und wir wollen hinzufügen, der Glaube an das Ideal, welches, wenn auch für uns unerreichbar, doch existiert „in und durch Gott". Dadurch übermittelt die Religion das Vertrauen auf den Wert unseres sittlichen Strebens, indem sie uns sagt, dass dasselbe nicht vergebens sei.[2]) Bei diesem Verhältnis von Moral und Religion kann die Tatsache nicht wunder nehmen, dass der Glaube an einen persönlichen Gott in gleichem Verhältnis mit der Reinheit des sittlichen Strebens wächst, und dass Menschen mit grossem ethischen Verlangen einen ungeheuren Schmerz über ihre eigene sittliche Schwäche empfinden werden. Dieser Schmerz kann bei edlen Naturen so weit gehen, dass sie Reue darüber empfinden, jemals, „in der Forschung Wälder" getreten zu sein, wie denn Lenau einmal

---

[1]) Herbart: „Die Sittenlehre muss uns im Handeln bestimmt haben, von ihren Antrieben müssen unsere Entschlüsse ausgegangen sein, wenn wir bei ruhiger Rückkehr zu uns selbst unseres eigenen Beifalles wert sein, wenn wir Frieden gleichsam in unserem eigenen Hause empfinden wollen."

[2]) Vgl. Lühr a. a. O. S. 90. „Für Kant ist die Religion nicht die Grundlage der Moral, sondern umgekehrt. aus der Moral hervorgegangen als eine beruhigende Antwort auf die notwendig dem Gemüt sich aufdrängende Frage, was aus unserm Rechtshandeln herauskomme. Der Glaube an Gott als die Macht, die im Reiche der Vernunft und der Natur gleich herrschend die vom moralischen Bewusstsein geforderte Harmonie zwischen sittlicher Würdigkeit und Glückseligkeit, das höchste Gut, herstellen kann, wird ein Postulat der reinen praktischen Vernunft."

ausruft: „All des Herzens fromme Lust verlor ich, seit ich des Glaubens treue Spur verliess." Ein Philosoph sagt: „So erhebend das Bewusstsein reinen Strebens ist, um so mehr schmerzt der Stachel, dass Kräftige altern und Weise im Irrtum befangen sind."

Die Trostlosigkeit buddhistischen Büssertums, wie sie in so vielen altindischen Sprüchen zum Ausdruck kommt, erklärt sich aus dieser Tatsache. Zweifel und Ruhelosigkeit sind die Folgen reinen sittlichen Strebens, wofern das letztere nicht von dem erhebenden Bewusstsein allerbarmender Gottesliebe gestützt und getragen wird.[1]) So beneidet der Dichter des Schicksalsliedes im Hyperion aus dieser Trostlosigkeit heraus die droben im Lichte auf weichem Boden selig wandelnden Genien, während uns gegeben ist, an keiner Stätte zu ruh'n. Faust, im Gefühle seiner menschlichen Ohnmacht ist, mit Gefahr in Nichts dahin zu fliessen, bereit, auf neuer Bahn den Äther zu durchdringen, aber die Osterglocken, welche den von Mängeln umwundenen Sterblichen Freude verkünden, geben ihn der Erde wieder. Gerade also die sittliche Schwachheit des Menschen führt denselben zu Gott, indem das Missverhältnis, in welchem das möglicherweise zu Erreichende zum Ideale steht, die tröstende Vergewisserung erheischt, dass nicht umsonst auf der Erde gestrebt und gelitten wird.[2])

So entspringt die Sehnsucht des Menschen nach dem Religiösen dem Wunsche, aus der Unvollkommenheit natürlicher Einrichtungen einer befriedigenden und abschliessenden Weltanschauung entgegengeführt zu werden, einer Auffassung, die der Dichter in den Worten gibt: „Und ob alles in ewigem Wechsel kreist, es beharret im Wechsel ein ruhiger Geist." Darum sieht auch S h a f t e s b u r y in der Religion Sporn und Förderungsmittel der Sittlichkeit; denn „Gott ist eine sichere Stütze für das Gute".[3]) Besonders aber für den

---

[1]) Siehe H e r b a r t: Über das Bedürfnis der Sittenlehre und Religion in ihrem Verhältnis zur Philosophie: „Hier nun ist der wichtige Punkt des Zusammenhangs zwischen Moral und Religion. Von jeher suchten alle Völker ihren Mut in dem Glauben. Ohne diese Zuversicht gab es kein festes Prinzip einer anhaltenden Tätigkeit. Aber von jeher auch hat die Religion den Menschen einen Mut leihen müssen, wie sie eben dessen bedurften."

[2]) Wie oft dies Verhältnis der Religion zur wissenschaftlichen Ethik von Philosophen betont wird, geht aus L ü h r s Worten hervor: Unter den Philosophen, welche mehr unter dem Einfluss der empiristischen Philosophie stehen, findet man eine „freundlichere Wertschätzung, ja Betonung der Religion als Trägerin der Moral, so bei Wundt, dem die Religion der Glaube an das Ideal ist, auch bei Paulsen. Und auch bei jenen anderen tauchen theoretische Bedenken auf, die der Religion doch irgend eine bestimmte Stelle anweisen; so wenn K. Lasswitz in der „Nation" (1896 No. 27—29) in warmer und tiefer Würdigung die Religion als das Vertrauen beschreibt, dass das sittliche Streben nicht vergeblich ist (vgl. auch Paul Natorp! „Religion innerhalb der Grenzen der Humanität"), oder wenn Otto Stock (Lebenszweck und Lebensauffassung 1897) die Religion als die gemütvolle Anticipation der Lösung der unendlichen sittlichen Aufgabe bezeichnet, deren voller sittlicher Ernst freilich erst in der Philosophie sich verwirklicht."

[3]) Vgl. H e r b a r t: „Die Religion muss uns den Blick auf die Welt erheitern, in deren Mitte wir uns finden; sie muss uns hüten, dass wir uns selbst mit unserem

Zögling, der sich ja zunächst nur auf Autorität stützen soll, ist es notwendig, dass zu dem sittlichen Gebot, dessen Zweckmässigkeit das Kind vielleicht sogar bezweifelt, die göttliche Person in ihrer ganzen Autorität tritt. Ferner finden wir in jeder philosophischen Ethik die Neigung, vorzugsweise Tugenden zu berücksichtigen, welche sich auf das Einzelwesen beziehen. Goethe sagt zwar nicht mit Unrecht: „Höchstes Glück der Erdenkinder ist nur die Persönlichkeit." Eine zu ausschliessliche Beachtung der Individualität aber würde zur Vernachlässigung anderer sittlicher Aufgaben führen, und ihr tritt mit Erfolg die religiöse Ethik in ihrer ergänzenden Wirkung entgegen. Wir glauben also, behaupten zu dürfen, dass die ethischen Ziele ohne Beziehung auf Gott festgestellt werden können, dass ihre Verwirklichung bei der Schwachheit menschlicher Natur aber nur unter Mithilfe tröstender und tragender göttlicher Offenbarungen möglich werde. Erst dann, wenn durch Verbindung der philosophischen mit der religiösen Ethik eine innere harmonische Einheit der Menschenseele entstanden ist, können wir in Hinsicht auf die Möglichkeit der Lösung sittlicher Aufgaben mit Nietzsche ausrufen: „Siehe, jetzt eben ward der Mensch vollkommen." [1]

Welche religiöse Ethik soll nun zur Ergänzung der philosophischen Moral dienen? — Diese Frage ist für den Christen leicht zu beantworten. Es kann keine andere Sittenlehre, als die christliche sein und zwar aus folgenden Gründen:

Liessen wir die christliche Ethik, welche als Grundlage der Pädagogik in formeller Hinsicht nicht allen Anforderungen genügt, auch als Ergänzung fallen, so kann dies nur auf Grund der Tatsache

---

guten Willen nicht für Fremdlinge in einer feindlichen Gegend halten." („Über das Bedürfnis der Sittenlehre und Religion in ihrem Verhältnis zur Philosophie"), dgl. „die Sittenlehre bestimmt zunächst nur unseren Willen und zeigt uns nur im allgemeinen, welches die würdigen Zwecke eines vernünftigen Lebens, welches die grossen Aufgaben der Menschheit sind. Aber sie flösst uns nicht die Hoffnung des Gelingens ein; sie überlässt uns dem Zweifel, ob nicht eine übermächtige Naturgewalt uns zerstörend entgegenwirkt, ob nicht die Bemühung edler Menschen vergeblich und ihre Begeisterung Unverstand sei, ob der gute Wille nicht zur Torheit werde, sobald er aus der Tiefe unserer Brust hervortritt an das offene Tageslicht und in das Gewühl der menschlichen Strebungen. Hier bedürfen wir im kleinen der Klugheit, im grossen der Religion." Ebendaselbst.

[1] Wie wichtig Herbart eine rechte Verbindung der religiösen und moralischen Bildung erscheint, ersehen wir auch aus § 19 im „Umriss pädagogischer Vorlesungen". Seiner Meinung nach kommt in die moralische Bildung leicht ein falscher Zug. „Schon aus diesem Grunde ist es nötig, dass man die eigentlich moralische Bildung, welche im täglichen Leben fortwährend auf richtige Selbstbestimmung dringt, mit der religiösen verbinde; nämlich um die Einbildung, als wäre etwas geleistet worden, zu demütigen. Allein die religiöse Bildung bedarf auch rückwärts wieder der moralischen; indem bei ihr die Gefahr der Scheinheiligkeit äusserst nahe liegt, wo die Moralität nicht schon in ernster Selbstbeobachtung, mit der Absicht, sich zu tadeln, um sich zu bessern, einen festen Grund gewonnen hat. Da nun die moralische Bildung nur nachfolgen kann, wo die ästhetische Beurteilung und die richtige Gewöhnung schon vorangingen, so darf auch die religiöse Bildung ebenso wenig übereilt, als ohne Not verspätet werden."

geschehen, dass sie sich auf Glaube und Offenbarung gründet, da sie ja sonst unter allen religiösen Sittenlehren, wie hier nicht weiter bewiesen werden soll, die vollkommenste ist; damit aber würde jede andere religiöse Sittenlehre erst recht hinfällig werden. Lassen wir sie aber als Ergänzung gelten, dann ist eben die Tatsache der Offenbarung als alleiniger Unterschied von der philosophischen Ethik der Grund; dann sind aber weiter Glaube und Offenbarung das Massgebende, und für den gläubigen Christen darf keine andere religiöse Ethik in Betracht kommen. Dadurch ist nun zwar noch nicht bewiesen, dass die christliche Sittenlehre auch die Möglichkeit bietet, sich ergänzend auf die philosophische Ethik anwenden zu lassen. Voigt sagt darüber: „Es kann für uns nicht schwierig sein, die Ideen des Philosophen mit dem Geiste des Christentums zu erfüllen." [1] Warum ist dies nicht schwer, ja, warum ist es überhaupt möglich? — Der philosophischen und der christlichen Ethik liegt zunächst viel Gemeinsames zu Grunde; [2] denn auch das Christentum kennt kein anderes Ziel, als dass die „in Gott gegründete und sittlich tätige Persönlichkeit gestaltet werde". [3] Philosophie und Christentum stehen ferner auf dem Standpunkt, ihre Ethik auf die Heiligkeit des göttlichen Willens als des höchsten Gutes zu beziehen, so dass christliche Frömmigkeit zusammenfällt mit reiner, vollkommener Sittlichkeit. [4] Da die der Ergänzung bedürftige philosophische Ethik also unzweifelhaft zur christlichen führen muss, „so kann und soll es uns genügen, wenn ein pädagogisches System die Sittlichkeit in Form abstrakter Allgemeinheit schlechthin fordert". [5] Durch eine dem Christentum entnommene moralische Erkenntnis wird die philosophische Ethik in vollkommener Weise ergänzt werden; denn „Christus ist die göttliche Offenbarung des höchsten Prinzips der Sittlichkeit" und Renan sagt: „Man ist nicht über das von Christus Geschaffene hinausgekommen und wird es auch in Zukunft nicht." [6] Das Christentum lehrt nach Rein „den Glauben an Gott über uns,

---

[1]) Voigt, Die Bedeutung der Herbartschen Pädagogik für die Volksschule. Leipzig, Dürr.

[2]) Vgl. auch Schleiermachers Ansicht, dass sich philosophische und religiöse (also auch christliche) Ethik inhaltlich nicht widersprechen können. Ebenso Martensen „Christliche Ethik" Bd. 1 S. 61: „Einen Gegensatz zwischen philosophischer und christlicher Ethik nehmen wir nicht an . . ."

[3]) Vgl. Voigt, Christentum und Bildung S. 10.

[4]) Siehe auch: Die Entwicklung der prot. Theol. seit Kant von Pfleiderer. Berlin 1892, Georg Reimer. S. 29. „Bei Rothe zielt die ganze, kühn angelegte Spekulation seiner ‚Theologischen Ethik' hin auf die Begründung des Satzes, dass die christliche Frömmigkeit normalerweise schlechthin zusammenfalle und sich decke mit der reinen und vollen Sittlichkeit, und dass darum auch die religiöse Gemeinschaft oder dem Staat mit der Zeit eins werden solle." Dgl. S. 30; Schweizers Ansicht; „denn das Christentum ist die vollkommene Religion eben insofern, als es eins ist mit der sittlich religiös idealen Menschheit."

[5]) Voigt, Bed. d. Herb. Pädag.

[6]) Renan, Leben Jesu. Schluss.

die Hoffnung auf die Zukunft vor uns und die Liebe zu den Brüdern um uns"; wir möchten noch hinzufügen: Es lehrt auch das Vertrauen auf die sittliche Kraft in uns, dass wir trotz alles verfehlten Strebens endlich Ruhe finden für unsere Seelen. Faust, der beim besten Willen keine Befriedigung mehr fühlt, sehnt sich nach Offenbarung, „die nirgends würdiger und schöner brennt, als wie im neuen Testament".

Stärkend allein schon ist das Gefühl, dass wir und unsere Mitmenschen nicht allein ein sittliches Urteil fällen, sondern „dass der Urheber unseres vernünftigen Daseins" ebenso urteilt. Ausserdem aber schulden wir Gott in sittlicher Hinsicht allein darum schon Dank, weil in ihm „das Gute zum ungetrübten Ausdruck kommt". Der Trostlosigkeit, welche die Erkenntnis unserer moralischen Schwäche hervorruft, steht der Optimismus entgegen, den der Gedanke unserer sittlichen Unterwerfung erzeugt, „dass das Gute über Alles herrscht". So breitet das Christentum „ein stetes Trostgefühl über unser ganzes Leben" aus und gibt dadurch eine erhöhte sittliche Kraft. Diese moralische Macht des Christentums kann durch keine Philosophie erreicht, geschweige denn übertroffen werden.[1] „Die Trennung der sittlichen Lehre von dem mächtigen Gefühlsdrange", auf welchen sie das Christentum zu stellen vermag, würde unzweifelhaft „eine innere Verarmung zur Folge haben, die dahin führen könnte, das Sittliche zur schönen Phrase zu machen".[2] Darum muss das Christentum die unversiegliche, kraftspendende Quelle der Moral sein und bleiben, dadurch, dass es als „Gefühlsnotwendigkeit für den Bestand des sittlichen Bewusstseins"[3] dient. Wohl kann die Vernunft ein erhabenes Sittengesetz in sich fassen, der Glaube aber an Christi Erlöserwerk gibt die Kraft der Erfüllung durch die Zuversicht, Ruhe zu finden nach allem irdischen Ringen und Streben. Das Christentum ist nach Kant „ein Erleben jener Einheit" (des sittlichen Ideals und des tatsächlichen moralischen Seins), ein Erfassen des Ideals in dem von der Phantasie emporgetragenen Gemüte. So gewährt das Gefühl der „schlechthinnigen Abhängigkeit" von Gott ein „Ausruhen in der tatsächlichen Gottesgemeinschaft" und die friedenbringende Beendigung unserer „unendlichen

---

[1] Vgl. Voigt, Christentum und Bildung. Dürrsche Buchhandlung, 1903. S. 29. Das ist das Grösste, was das Christentum menschlicher Bildung leistet, dass es dem sündigen Menschen den Frieden mit Gott und damit den Glauben an sich selbst zurückgibt; denn erst wenn das Herz, das ruhelos unbeständige, zerrissen von dem Wehgefühle der Schuld und doch in leisem und geheimnisvollen Sehnen zu dem ewig Göttlichen emporgezogen, in der Gewissheit von der Liebe Gottes Frieden findet, ist der Weg geöffnet, auf dem sich die in Gott gegründete und sittlich tätige Persönlichkeit entfalten kann." Dgl. Lühr a. a. O. S. 69.

[2] Vgl. Voigt: „Die Bedeutung der Herbartschen Pädagogik für die Volksschule." Leipzig, Dürrsche Verlagsbuchhandlung.

[3] Siehe Lühr S. 31.

Aufgabe in der Idee."[1] Aber noch in anderer Hinsicht ergänzt die christliche Ethik die philosophische. Wie wir vorhin schon bemerkten, betont die auf philosophischem Wege erworbene ethische Erkenntnis, an diejenige der Griechen anknüpfend, in erster Linie die auf das Einzelleben gerichteten Tugenden; dagegen stellt die Ethik des Christentums die Tugenden in den Vordergrund, welche aus den Pflichten gegen andere erwachsen, was für die Erziehung des Zöglings zum brauchbaren Gliede der gesellschaftlichen Gemeinschaft von grosser Bedeutung ist.[2] Daraus ergibt sich der weitere Unterschied, dass die christliche Ethik keinen Pflichtenwiderstreit beim praktischen Handeln kennt; denn sie würde unzweifelhaft alle sittlichen Kollisionen zu Gunsten der Liebe lösen. Während für die philosophische Ethik der Satz gilt: „Das Recht sagt, jedem das Seine", würde das christliche Wohlwollen häufig zum Schaden der Rechtsidee entscheiden.[4] Der sich aus dieser Tatsache ergebende theoretische Mangel der christlichen Ethik ist praktisch ein Vorteil; denn er hat seinen Grund in dem Zugeständnis an die Schranken der menschlichen Natur.[5]

Auch der Schiller'schen Forderung, dass die Grazie beim Sittlichen zum Rechte gelange, kommt die christliche Ethik entgegen.[6] Während dies in der philosophischen Sittenlehre auf Grund derselben nur bei Ausnahmen der Fall sein dürfte, ist der einfachste Christ eine durch und durch harmonische Persönlichkeit; denn das Christentum „tut alles Rohe und Gemeine von ihm ab, verleiht seinem Reden und Handeln ein glückliches Ebenmass und ist so imstande, auch das äussere Leben eines Menschen schön zu gestalten".[7] Der Vorwurf, welchen man der christlichen Ethik macht, dass sie keine Freiheit des Handelns gewähre, ist allerdings nicht unbegründet, wenn auch Luther von der Freiheit eines Christenmenschen spricht;

---

[1] Siehe Lühr a. a. O. S. 31.
[2] Vgl. z. B. Nietzsche a. a. O. S. 88.
[3] Siehe „Ethik" von W. Herrmann, Tübingen 1901.
[4] Vgl. Schiller a. a. O. S. 71 ff.
[5] Dass auch der christlichen Ethik die Tugenden, welche sich auf das Einzelwesen beziehen, sehr wichtig erscheinen, sehen wir aus: Christentum und Bildung von Voigt S. 8 u. 13.
[6] Vgl. Lühr a. a. O. S. 59. „In der christlichen Moral, obwohl sie keine Heilige erzeugt, und auch in ihr die Kraft immer hinter der Aufgabe, die Leistung hinter dem Sollen zurückbleibt, ist doch diese moralische Schönheit, das Leben aus der Liebe Gottes, aus göttlichem Geiste heraus, bei aller Unvollkommenheit doch die Gewissheit, dass wir leben in ewiger Gerechtigkeit, Unschuld und Seligkeit."
[7] Siehe Schillers ästhetische Schriften: „Briefe über die ästhetische Erziehung des Menschen", „Über den moralischen Nutzen ästhetischer Sitten", „Über die Schaubühne als eine moralische Anstalt betrachtet" u. s. w. Vgl. auch Martensen: „Die individuelle Ethik". Berlin 1894. Reuther und Reichard. § 18—21; über „Die ästhetische Erziehung". Besond. S. 66. Das Christentum verheisst „jedem Menschen, ihm zum Frieden und zu einer tiefen Harmonie seines Wesens zu verhelfen, welche ihn auf anderem Wege von der Knechtschaft des Gesetzes befreien wird."

denn die Philosophie macht frei, während es ganz selbstverständlich ist, dass der Glaube bindet. Wie wir jedoch gesehen haben, ist gerade dieser scheinbare Mangel ein Vorzug der christlichen Ethik, der sogar dazu dienen muss, die philosophische Sittenlehre zu ergänzen. Wir glauben nun, durch unsere Ausführungen bewiesen zu haben, warum und inwiefern die philosophische Ethik zum Zwecke ihrer praktischen Anwendung einer Ergänzung durch die christliche bedarf.[1]) Praktisch angewendet wird aber die Ethik vorzugsweise in der Pädagogik, und wir glauben daher auch der Forderung des Themas genügt zu haben, den Nachweis für die Notwendigkeit einer Ergänzung hinsichtlich der Pädagogik zu führen. Was für die praktische Anwendung der Ethik überhaupt gilt, hat auch seine Bedeutung für die pädagogische Ethik, und es wäre verkehrt, zum mindesten aber überflüssig, letztere als besondere Wissenschaft konstruieren zu wollen.

Wenn wir nun noch einmal den Gang der Besprechung überblicken, so glauben wir, festgestellt zu haben, dass Ethik die Grundlage einer jeden pädagogischen Betätigung bilden muss. Die philosophische Ethik genügt den Forderungen des Pädagogen am vollkommensten, und, wie wir hier hinzufügen wollen, auch denen des Christen (da sie mit der christlichen Ethik im Wesentlichen übereinstimmt und eine vollkommenere systematische Ausbildung erfahren hat).[2]) Für die praktische Anwendung dagegen bedarf die philosophische Ethik einer Ergänzung durch die christliche, indem durch die letztere das Sittliche mit dem Unendlichen in das richtige Verhältnis gebracht wird.

Wenn Kant einmal sagt, dass er nichts Erhabeneres kenne, als den Sternenhimmel über sich und das Sittengesetz in sich, so scheint er damit sagen zu wollen, dass Religion, der Glaube an den allmächtigen Schöpfer und Erhalter, der sich im Sternenhimmel am herrlichsten offenbart, mit der Moral zusammenwirken müsse, wie sie hier in Parallele gebracht werden; jedenfalls ist es für eine gedeihliche Weiterentwicklung der pädagogischen Wissenschaft notwendig, dass die Theologen mit den Philosophen, welche eine dem Menschen eingeschaffene Gewissensanlage anerkennen, die rationale Ethik vereint ausbilden.[3]) Gründet sich eine philosophische Ethik nicht nur auf Erfahrung, so hat sie alle Vorzüge der christlichen Sittenlehre, indem sie dabei die letztere in Hinsicht auf Allgemeingültigkeit und systematische Durchbildung übertrifft. Sie führt ferner auf direktem Wege zum Christentum, und wenn wir nun auch die

---

[1]) Vgl. auch Dörpfelds Beantwortung der Frage: Welchen Einfluss die Ethik als Fundament auf das darauf gebaute dogmatische Glauben ausübt.
[2]) Vgl. Dörpfeld: „Zur Ethik" S. XXVI. Gütersloh 1895, Bertelsmann.
[3]) Siehe Dörpfeld a. a. O. S. XXXVII.

philosophische Ethik als absolutes Fundament der Pädagogik erkannt haben, so werden wir doch das allerletzte Ziel der Erziehung
bestimmt sein lassen durch die von Christus für alle Zeiten unveränderlich aufgestellten reinen Lehren des Evangeliums.[1]

B. Kleinere Beiträge und Mitteilungen.

I.

Mathematische Lehrhefte an Fachschulen.

Von Dr. W. Ahrens in Magdeburg.

An den Fachschulen blüht vielfach noch, als ob es keinen Buchhandel und
jauch keine Buchdruckerkunst gäbe, das Wesen resp. Unwesen der Lehrhefte, die
oft nur hektographiert oder nach einem anderen mangelhaften Vervielfältigungs-
verfahren hergestellt sind. Ich bin nicht imstande zu entscheiden, ob dies Verfahren nicht vielleicht mit Rücksicht auf die speziellen Bedürfnisse einer Anstalt
in gewissen technischen Fächern wenigstens für eine Übergangszeit geboten ist,
und beschränke mich daher in meinem Urteil ausdrücklich auf ein Gebiet, in dem
es an Lehrbüchern und auch an guten Lehrbüchern keinen Mangel gibt und in
dem bereits das griechische Altertum ein klassisches, in seiner Art unübertreffliches,
wenn auch nicht für moderne Schulen unbedingt geeignetes Lehrbuch hervorgebracht hat, also auf ein Gebiet jedenfalls, dessen Methodik, wenn auch gerade
etzt in beständigem Fluss begriffen, doch an sich schon recht alt ist, — die
Geometrie. Der allerbescheidenste Anspruch, den man an ein „Lehrheft" wird
stellen dürfen, ist nun offenbar doch der, dass es an Qualität nicht wesentlich
hinter den im Buchhandel kursierenden Lehrbüchern geringeren Ranges zurückbleibt. Sehen wir zu, wie es damit bestellt ist! Die Kritik hat im allgemeinen
ja keine Gelegenheit, sich mit solchen pädagogischen Erzeugnissen zu beschäftigen:
sie beanspruchen nicht, mit anderen Lehrbüchern in Konkurrenz zu treten; ihre
Domäne beschränkt sich auf die betreffende eigene Schule; im Buchhandel sind
sie gar nicht oder nur schwer zu haben und sie pflegen wohl auch der Kritik
ausdrücklich ein „noli me tangere" entgegenzurufen, indem sie einen Vermerk
wie „als Manuskript für die Schule gedruckt" oder dgl. an der Stirn tragen. —
Ein besonderer Zufall spielt mir zwei an derselben Anstalt gebrauchte und in den
Jahren 1900 und 1901 gedruckte, also jedenfalls auch jetzt wohl noch in Gebrauch
befindliche Lehrhefte in die Hand; auch sie bitten den bösen Criticus flehentlich,
sie doch zu betrachten „als Handschrift für die Schule gedruckt". „Wir wollen
ausserhalb unserer Schule", so kann dieser Vermerk doch nur ausgelegt werden,

---

[1] Siehe Voigt: „Die Bedeutung der Herbartschen Pädagogik für die Volksschule." Dürrsche Buchhandlung, Leipzig.

„auch ganz gewiss keinen Unfug stiften". Zugegeben; aber ist denn das Wohl
und Wehe der betreffenden Schule selbst ganz gleichgültig? — Die beiden Hefte
sind nun von einer derartigen Beschaffenheit, dass hier das „satiram non scribere"
eine absolute Unmöglichkeit ist. Selbst wenn der unwahrscheinliche Fall bestehen
sollte, dass diese ersten mir überhaupt zu Gesicht kommenden mathematischen
Lehrhefte gerade eine Ausnahmestellung einnähmen und von keinem anderen an
Elendigkeit übertroffen oder auch nur erreicht würden, wäre eine Besprechung
eine unerlässliche Pflicht; steht doch der geometrische Unterricht einer ganzen
Anstalt auf dem Spiel und ist dies nicht etwa wichtig genug? Bei einem
schlechten im Buchhandel erschienenen Lehrbuch kann der Rezensent sich immer
noch der tröstlichen Hoffnung hingeben, dass es vielleicht nie an einer Anstalt
eingeführt werden wird, aber hier ist dies ja notorisch; sind doch diese Hefte
extra für eine bestimmte Schule geschrieben und „von dem Leiter der Anstalt
unter Mitwirkung der Lehrer herausgegeben". Übrigens habe ich zu dem deutschen
Buchhandel auch das Vertrauen, dass derartige Elaborate nie einen Verleger
finden würden; die Herren Verfasser würden auch, wenn sie gezwungen wären,
den Konkurrenzkampf mit anderen zu bestehen, — und darin liegt ja der grosse
Segen aller Konkurrenz —, von ihrer Aufgabe sicherlich eine ernstere Auffassung
bekommen und dann jedenfalls noch rechtzeitig von einer Arbeit, der sie offenbar nicht gewachsen sind, zurücktreten. — Ich will nun, da es mir natürlich
nicht auf die Person jener Verfasser, sondern nur auf das Prinzip ankommt,
ihren Notschrei gerne berücksichtigen: sie mögen weiter im Verborgenen blühen,
ich will weder ihren noch ihrer Anstalt Namen verraten, ja selbst der des betreffenden Landes mag ungenannt bleiben. Bemerkt muss nur werden, dass die
betreffende Fachschule — nennen wir sie fortan X. — eine Staatsanstalt in einem
deutschen Bundesstaat ist. Es bleibt ja übrigens den Herren unbenommen, selbst
das Visier zu lüften; dafür, dass diese Zeilen allen Beteiligten zu Gesicht kommen,
wird Sorge getragen werden.

Der geometrische (planimetrische und stereometrische) Unterricht an der
Anstalt X. wird erteilt nach 2 Lehrheften, von denen das eine, für die Unterstufe, einen Herrn, den wir mit A. bezeichnen wollen, und das andere, für die
Oberstufe, einen Herrn, der B. heissen möge, zum Verfasser hat. Herr A. bezeichnet sich selbst als „Lehrer", Herr B. als „Ingenieur" und „Oberlehrer".
Obwohl das erste Heft nur 27, das zweite nur 55 Druckseiten umfasst, also
wahrlich Grund genug vorhanden ist, den disponiblen Raum möglichst auszunutzen,
wimmelt es in beiden von Trivialitäten. Da liest man z. B. bei A. p. 1: „Das
Ganze ist gleich der Summe seiner Teile" und „Das Ganze ist grösser als jeder
seiner Teile"; p. 10 steht die allerliebste Anm.: „Um Kongruenz oder Ähnlichkeit
nachweisen zu können, muss man mindestens zwei Dreiecke mit einander
vergleichen."

Dabei sind solche Trivialitäten im allgemeinen keineswegs von den
wichtigeren Sachen äusserlich getrennt oder auch nur durch den Druck unterschieden; so steht z. B. bei A., p. 16 eine Reihe von Sätzen untereinander in
den gleichen Typen, unter ihnen: „Alle Halbmesser eines Kreises sind einander
gleich, desgleichen alle Durchmesser. Kreise von gleichen Halbmessern (oder
Durchmessern) sind kongruent" und dann weiter unten der wichtige Satz: „Jeder

Centriwinkel ist doppelt so gross wie jeder Peripheriewinkel auf demselben Bogen." Die zwar unmittelbare, aber doch wichtige Folgerung, dass alle Peripheriewinkel über demselben Bogen gleich sind, und die weitere, dass jeder Peripheriewinkel im Halbkreise ein Rechter ist, werden überhaupt nicht gezogen. Der intelligente Schüler wird diese Folgerungen zwar selbst ziehen können, sich dann aber mit Recht wundern, dass diese Sätze nicht ausdrücklich angegeben sind in einem Buch, in dem es von Trivialitäten wimmelt, oder aber er wird hinter diesen letzteren einen tiefen Sinn vermuten und seine Zeit mit nutzlosen Grübeleien vergeuden. Kommt er dann aber zu der Erkenntnis, dass eine grosse Zahl der Nüsse, die man ihm zu knacken gegeben, taub ist, so wird es mit seinem Interesse für das Fach bald aus sein. Durch nichts wird der Lerneifer der Jugend systematischer gelähmt als durch das ewige Breittreten solcher mit dem Schein der Wissenschaftlichkeit gekrönter Trivialitäten. Ein derartiger kurzer Leitfaden, in dem nichts begründet wird, ist doch offenbar so gedacht, dass er dem Schüler einen gewissen Anhalt bei Repetitionen bieten soll, und heisst es da nicht einen geradezu frevelhaften Missbrauch mit der an Fachschulen bekanntlich ohnehin sehr stark beanspruchten [1]) Zeit des Schülers treiben, wenn man ihn zwingt, die wenigen geniessbaren Körner unter einem Haufen leeren Strohs mühsam hervorzusuchen? Ein Schüler, der, um den Umfang eines Quadrats aus der Seite zu berechnen, erst sein Lehrheft konsultieren und dort die Formel $U = 4s$ (s. A., p. 14) hervorsuchen muss, gehört nicht in eine Fachschule, sondern in eine Idiotenanstalt. — Auch bei Herrn B. findet sich (p. 16) der „Lehrsatz 1": „Alle Halbmesser eines Kreises sind gleich", nachdem zuvor der Kreis in der üblichen Weise definiert ist. Aus dieser, wie aus den obigen Proben (aus A.), die sich noch reichlich vermehren liessen, sieht man schon zur Genüge, dass den Herren nicht einmal der Unterschied zwischen Lehrsatz und Definition klar ist. Hierauf näher einzugehen, ist hier natürlich nicht der Ort; hoffen wir, dass es schliesslich einmal einem der Schüler, die nach meinen Erfahrungen zu einem Teil schon mit ganz soliden und gefestigten Kenntnissen über die ersten Elemente der Mathematik in die Fachschule eintreten, gelingen möge, seinem „Lehrer" und „Oberlehrer" jene fundamentalen Unterschiede klar zu machen! — Bei den Ellipsen unterscheidet Herr A. „echte" und „unechte". Letztere führen auch den schönen Namen „Langrund"; man konstruiert sie „zu einer gegebenen Breiten- oder Längenachse mit Lineal und Zirkel". Herr A. denkt wahrscheinlich, da er bei gegebenen Halbachsen nur ein solches „Langrund", mathematisch gesprochen: nur ein aus Bogenstücken von Krümmungskreisen bestehendes Oval zu konstruieren weiss, dass es auch nur ein solches Oval gibt, offenbar nach dem Grundsatz: „Was ich nicht konstruieren kann, das seh' ich für unmöglich an." Demselben Grundsatz huldigt auch Kollege B., der nichts davon weiss, dass ausser den auf der Schule allgemein behandelten regulären Polygonen sich auch noch andere konstruieren lassen (s. p. 31). Kann man sich denn angesichts des neuerdings vielfach geltenden Prinzips: „Mathematik von Nichtmathematikern!" über solche

---

[1]) Man vergleiche z. B. die statistischen Feststellungen des Herrn Paschke über die Überbürdung der Schüler an den preuss. Baugewerkschulen in „Zeitschr. für gewerbl. Unterr." 1903 u. 1904.

Früchte wundern? Der vielgerühmte „Praktiker" wird, wenn er nicht wirklich mathematisch durchgebildet ist, sich sklavisch an die hergebrachte dogmatische Form der Mathematikbehandlung halten, womöglich in engster Anlehnung an die Art, wie ihm selbst vor 20 oder 30 Jahren die Elemente des Wissens beigebracht wurden. Der Mathematiker dagegen, der vermöge seiner spezialwissenschaftlichen Ausbildung hoch über seinem Stoff steht, wird diesen frei zu handhaben und den besonderen Bedürfnissen der betreffenden Schulgattung anzupassen wissen.

Schlimm genug ist es schon, wenn man einen Menschen in einem Fach unterrichten lässt, von dem er nichts versteht; unerhört ist es aber, wenn man ihn auch noch darüber schreiben lässt. Will man aber absolut solche Lehrhefte verbrechen, so sollte man sie wenigstens in einer Druckerei herstellen lassen, die auf mathematischen Satz eingerichtet ist: in den grossen mathematischen Druckereien sind doch wenigstens Korrektoren, die ein wenig von Mathematik verstehen und zwar oft gewiss mehr als diese „Autoren", und zudem würde das Buch dann nicht noch durch zahlreiche typographische Mängel und Druckfehler weiter verschlechtert werden Gerade technische Lehranstalten sollten sich doch die besten technischen Hilfsmittel zu nutze machen und ein nobile officium darin erblicken, in dieser Hinsicht nur Ausgezeichnetes zu bieten. Statt dessen liest man bei A. p. 24: $\sqrt{G}\, g$ statt $\sqrt{G \cdot g}$, ferner bei B. p. 6 wa statt w_α; ebendort p. 12 heisst es: „das Rhombus". Bei A., p. 23 findet sich als Formel für den Inhalt des Kegels: $\dfrac{2 r^2 \pi h}{3}$; p. 22 ist eine allerdings höchst überflüssige Formel für den Spezialfall des quadratischen Zylinders falsch u. s. w.

Mit Herrn B. müssen wir uns nun noch nach einer anderen Seite hin näher beschäftigen. Als „Lehrsatz 28" findet man: „In jedem Strebeck ergänzen sich die beiden an einer Nicht-Richtgleichen liegenden Winkel auf 2 R." Vielleicht, lieber Leser, begreifst Du den tiefen Sinn dieser mystischen Worte, wenn ich Dir verrate, dass die Überschrift des Kapitels lautet: „Vom Strebeck oder Trapez". Herr B. ist nämlich — bedauerlicherweise wohl unheilbar — an der Puristenseuche erkrankt und sucht nun stracks auch alle seine Schüler, ja die ganze Anstalt zu infizieren. Kapitelüberschriften und Inhaltsverzeichnis müssen einem normalen Sterblichen das zum Verständnis dieses Rotwälsch erforderliche Lexikon ersetzen. Wohl alle Schüler ohne Ausnahme wissen bei ihrem Eintritt in die Fachschule, was ein Parallelogramm, was ein Quadrat, was eine Pyramide ist, und kennen diese Begriffe jedenfalls auch unter diesen Namen; Herr B. aber zwingt sie erst, für diese ihnen geläufigen Bezeichnungen die ihnen natürlich viel fremdartiger klingenden Ausdrücke „Richtgleicheck", „Geviert", „Spitzsäule" sich anzueignen. „Er kann jetzt die Machtmänner zur Tagfahrt hereinlassen," sagte ein junger Bürgermeister seinem grauen Ratsdiener. Dieser verstand ihn nicht: „I! die Advokaten vom Termin." „Ja, Euer Magnificenz, jetzt verstehe ich's; ich verstehe alles, Euer Magnificenz, wenn Sie mir's nur deutsch sagen wollen." ! Über die Berechtigung puristischer Bestrebungen an sich wollen wir hier nicht rechten; wollte man aber partout solche Geschmacklosigkeiten begehen, so müsste man doch zum mindesten auf der untersten Stufe, der Elementarschule, damit anfangen. Am allerwenigsten ist aber die Fachschule hierfür der geeignete

Platz; es ist doch sattsam bekannt, dass man — wohl hauptsächlich mit Rücksicht auf die finanziellen Opfer, welche der Besuch der Schulen von den vorwiegend aus den weniger bemittelten Bevölkerungsklassen sich rekrutierenden
Schülern fordert, — die Lehrpläne dieser Schulen derartig bepackt hat, dass in
einem Minimum von Zeit ein relativ sehr grosses Pensum absolviert werden muss,
und da ist es doch geradezu ein Verbrechen, die kostbare Zeit mit solchen Albernheiten zu verplämpern. Und glaubt denn Herr B. wirklich, dass er sein Ziel erreichen wird, dass es ihm also gelingen wird, der deutschen technischen Welt eine
in seinem Sinne deutschnationale Mathematik vorzuschreiben? Nicht einmal an
allen Schulen derselben Kategorie und desselben Landes würde ihm dies gelingen,
selbst wenn er die einflussreichsten Hintermänner[1]) hätte, ja nicht einmal an seiner
eigenen Anstalt erreicht er dies. Gebraucht doch der Verfasser des ersten Hefts
nachwievor die üblichen Fremdworte und da, wo er etwas verdeutscht, mehrfach
andere Bezeichnungen als B. Welche Verwirrung muss hierdurch in den Schüler-
köpfen angerichtet werden! Mit dem Begriff und der Bezeichnung „parallel“ —
jeder Dienstmann weiss heute, was zwei „parallele“ Strassen sind — tritt der
Schüler in die X.er Schule ein; auf der Unterstufe, bei Herrn A., lernt er dafür
die Bezeichnung „gleichlaufend“, schliesslich bei Herrn B. findet das erzieherische
Werk seine Krönung in der Bezeichnung „richtgleich“: per aspera ad astra!
Dabei ist es Herrn B. nicht einmal gelungen, sich selber von dem Dogma des
alleinseligmachenden Purismus vollständig zu durchdringen; so spricht er z. B.
p. 15 von einem „Sekantenwinkel“, obwohl die Sekante ebendort „Schneidende“
heisst; so nennt er p. 54 u. 55 ein Kreuzgewölbe, eine Hängekuppel „quadratisch“
(shocking!). Er wird allerdings wissen, dass, wenn der junge Techniker seinem
Bureauchef von einer „gevierigen Hängekuppel“ sprechen wollte, er wahrscheinlich
mit der „Lang-“ oder „Kurzseite“[²)] des Dreiecks Bekanntschaft machen würde.
Lächerlicherweise erwähnt Herr B. in seinem Opus, wenn auch nur beiläufig,
verschiedene Fremdworte, die auch dem normalen Mathematiker entbehrlich sind,
z. B. „Rhomboid“ und „Oblongum“. S. 32 nennt er einen „unendlichen Zehner-
bruch“ „irrational“: warum denn nicht „unvernünftig“, wo doch schon so vieles
in dem Buch diese Bezeichnung verdient? Fremdworte, welche der oft schwerfälligen Zunge der Schüler Schwierigkeiten machen, wird jeder Lehrer gern vermeiden, z. B. das rechtwinklige Parallelepipedon etwa „Quader“ nennen; Herr B.

---

[1]) Man erzählt mir, dass ein Direktor einer anderen gewerblichen Fachschule
sich vermass, einige in der ganzen kaufmännischen Welt gebräuchliche, dem
Italienischen entnommene Termini technici von seinem Amtszimmer aus wegzu-
dekretieren; dabei handelte es sich vorwiegend um Ausdrücke, die ohnehin jedem
Laien geläufig sind und die durch eine Direktorialverfügung vielleicht im besten
Falle von einer Schule verbannt und dort durch geschmacklose, fremdartig
klingende, aber „deutsche“ Ausdrücke ersetzt werden können — sehr zum späteren
Schaden der Schüler natürlich, die aber draussen nachwievor weiter gebraucht
werden. Man weiss in solchen Fällen nicht, ob man sich mehr wundern soll über
die Anmassung oder die Verblendung; beides pflegt allerdings wohl meistens
gepaart zu sein. — Der betreffende Fachlehrer widersetzte sich übrigens dieser
Vergewaltigung, aber der für das Fach nichts weniger als sachverständige
Direktor bestand auf dem verbrieften Recht des Vorgesetzten, stets der Klügere
zu sein.

[²)] Hypotenuse resp. Kathete.

sagt dagegen „rechtwinkeliger Richtgleichflächner“, ein Ausdruck, der zur Zungenübung ebenso trefflich geeignet ist wie das griechische Wort, das übrigens bei Herrn A. in „Parallelepipedum“ latinisiert wird. Eine besondere Schönheit der B.schen Terminologie ist der „Spitzsäulenstumpf“ (abgestumpfte Pyramide); es ist ganz unverantwortlich, dass Herr B. noch keine „Stumpfsäulenspitze“ erfunden hat. — Mag Herr B. solchen Sport immerhin treiben, aber mag er ihn ausserhalb der Schule treiben und insbesondere ausserhalb einer Schule, in der es noch mehr als anderswo stets heissen muss: non scholae, sed vitae discimus. Da, ausserhalb der Schule, mag denn Herr B. sich immerhin auch damit beschäftigen, eine verbesserte Ausgabe des Kommersbuches zu veranstalten und darin von „der schönsten der Langseiten“ singen; da mag er auch der Frage nachgrübeln, die schon ein gewisser Wolfgang von Goethe, also ein Mann, der angeblich etwas von der deutschen Sprache verstanden haben soll, aufgeworfen hat, nämlich:

Sinnreich bist du, die Sprache von fremden Wörtern zu säubern;
Nun, so sage doch, Freund, wie man Pedant uns verdeutscht.

Da mag Herr B. aber auch einmal eine „Erklärung“ in den Preussischen Jahrbüchern, Bd. 63 (1889₁), p. 312/13 u. 418 nachlesen, in der „die Unterzeichneten sich verwahren gegen die hehende Geschäftigkeit der Puristen, die nach Jacob Grimms Wort in der Oberfläche der Sprache herumreuten und wühlen“, und er wird unter den 48 Namen die ersten aus der deutschen Geisteswelt finden: neben den hervorragendsten Gelehrten aller Fakultäten und Disziplinen, einem Treitschke, Sybel, Virchow, Eduard Zeller, Rudolf Sohm, Adolf Harnack, Häckel, Erich Schmidt, Schmoller, Ernst Curtius u. s. w. hervorragende praktische Schulmänner wie Oscar Jäger, Gustav Uhlig u. a. und neben den ersten Schriftstellern, einem Spielhagen, Gustav Freytag, Th. Fontane, Klaus Groth, Paul Heyse, Wilhelm Jordan, Wildenbruch u. a. die ersten Kanzelredner, wie Kögel und Emil Frommel.

Motiviert wird, so viel ich weiss, die Herausgabe von Lehrheften oft nicht einmal durch innere Gründe, sondern nur damit, dass so der Schüler billiger zu seinen Lehrmitteln komme (sic!). Zunächst ist doch das moralische Recht der Schule, die Arbeitskraft des Lehrers für derartige Zwecke auszunutzen, ein recht fragwürdiges;[1] sodann brauchte doch nicht an allen Anstalten dieselbe Arbeit immer wieder von neuem geleistet zu werden. Unmöglich kann übrigens doch auch umgekehrt ein Lehrer verlangen, stets nur nach seinen eigenen Heften zu unterrichten. Zudem kann eine einzelne Anstalt mit Rücksicht auf etwaige

---

[1] Den Schülern mutet man an Fachschulen allerdings noch viel unerhörtere Dinge zu: Ich könnte eine königliche Anstalt nennen, an der im Jahre des Heils 1905 bei einer kontinuierlichen, nur durch zwei Pausen unterbrochenen siebenstündigen Unterrichtzeit (8—3 Uhr) eine Klasse an einem Tage vier Stunden (von 8—12 Uhr) Rechnen und zwar zum grossen Teil Kopfrechnen hat. Die wöchentliche Stundenzahl in diesem Unterrichtsgegenstand beträgt 6. Wenn ein Zirkusdirektor den Stundenplan machte, würde ich mich über derlei Dinge nicht wundern. Dass aber ein Schuldirektor so wenig pädagogisches Verständnis haben sollte, ist doch wohl ausgeschlossen, noch mehr aber, dass die vorgesetzte Behörde einem solchen ihr vorgelegten Stundenplan ihr Placet erteilt: es kann sich danach also wohl nur um ein psychiatrisches Experiment auf die maximale Leistungsfähigkeit der Gehirne angehender Techniker handeln.

10*

Änderungen im Lehrplan etc. doch immer nur kleinere Auflagen veranstalten, und aus diesem Grunde sind die im Buchhandel umlaufenden Lehrbücher trotz Autorenhonorar und Verleger- und Sortimenterprofit wahrscheinlich auch nicht viel oder gar nicht teurer. Aber auch wenn dies der Fall wäre, so wäre jene Sparsamkeit, wie Exemplum zeigt, ganz verkehrt, ganz abgesehen davon, dass sich schlimmstenfalls eine Differenz ergäbe, die in gar keinem Verhältnis zu den Gesamtkosten des Schulbesuchs steht. In unserem Fall müssen wir jedenfalls urteilen: die Schüler laufen Gefahr, das Vernünftige, das sie schon mitbringen, zu verlernen, um dafür Trivialitäten und Albernheiten einzutauschen, und auch die Lehrer haben durch die Verpflichtung, ein solches Lehrheft auszuarbeiten, nichts gelernt, während sie, gezwungen, tagtäglich ein brauchbares Lehrbuch zu benutzen, vielleicht doch schliesslich etwas in die Terra incognita ihres Lehrfachs eingedrungen wären.

II.

Die „Pädagogische Gesellschaft",

bei Gelegenheit der Jenaer Ferienkurse im August 1901 von Prof. D. Dr. Zimmer-Zehlendorf und Prof. Litt. D. Dr. Rein-Jena ins Leben gerufen, hat sich als Ziel die theoretische und praktische Fortbildung der Erziehung gesteckt. Sie darf nicht in den Dienst einer einzelnen pädagogischen, politischen, sozialen, religiösen oder sonstigen Richtung treten; sie bewahrt sich den freien, weitblickenden Standpunkt. Ihr gehören daher auch schon jetzt angesehene Gelehrte und Schulmänner verschiedener Richtungen an. Im ganzen zählt die Päd. Ges. bis jetzt gegen 1800 Mitglieder.

Als erste Aufgabe hat sie sich vorgenommen, aus der Anzahl der erschienenen Schriften für Schule und Erziehung diejenigen zusammenzustellen und knapp zu charakterisieren, die zuverlässig, brauchbar und wissenschaftlich unanfechtbar sind.

Bisher erschienen zwei Hefte: Verzeichnis von empfehlenswerten Schriften für den evangelischen Religionsunterricht von Dr. Meltzer-Zwickau (2. Auflage in Vorbereitung) und für den deutschen Unterricht von Dr. Matthias-Zwickau. In Vorbereitung befindet sich: Verzeichnis von empfehlenswerten Schriften für den Geschichtsunterricht.

Es ist für jedes Jahr ein Heft in Aussicht genommen; von Zeit zu Zeit werden Nachträge herausgegeben.

Der Jahresbeitrag beträgt 1 M. Dafür erhält jedes Mitglied die Drucksachen der Gesellschaft zugeschickt.

Schliessen sich Vereine oder grössere Kollegien der Päd. Ges. an, so ermässigt sich der Jahresbeitrag je nach der Zahl der hinzutretenden Personen für die Person auf etwa 40—60 Pf. Anmeldungen nimmt der Schriftführer, Rektor Winzer in Jena, entgegen. Dieser ist auch zu jeder weiteren Auskunft gern bereit.

III.

Zur Lehrerbildungsfrage.

Mitgeteilt von C. Schubert-Altenburg.

Prof. Litt. D. Dr. Rein hat im Februar d. J. auf Einladung des Bezirkslehrervereins in Altenburg über die Lehrerbildungsfrage gesprochen. Seine Ausführungen waren etwa folgende: Während die Erörterungen über die wissenschaftliche und pädagogische Ausbildung der Lehrer an höheren Schulen durch
die Einrichtung eines Seminar- und eines Probejahrs für Preussen und einige
andere Staaten einen vorläufigen Abschluss erfahren haben, will die Lehrerbildungsfrage für die Volksschule nicht zur Ruhe kommen. Zu den bisherigen
zwei Streitpunkten (Verhältnis zwischen Allgemein- und Fortbildung und Einrichtung der Seminare nach preussischem oder sächsischem System) ist durch die
Königsberger Beschlüsse die radikale Forderung getreten, dass der Volksschullehrer denselben Bildungsgang wie der Jurist, der Mediziner, der Philologe und
der Theologe durchlaufen solle, dass nach ausreichender Allgemeinbildung
auf einer höheren Schule die fachwissenschaftliche Ausbildung durchaus auf der
Universität gesucht werden müsse. Rein suchte sich zuerst diesen aus Historische
nicht anknüpfenden Beschluss psychologisch zu erklären. Folgende vier Motive
haben mitgewirkt: 1. Der Bildungsdrang, der in jede Menschenbrust gelegt
ist, als eine durchaus ideale Quelle; 2. der Drang, den Lehrern an den höheren
Schulen sozial gleichgestellt zu werden, da beide an der Volksbildung
einen gleichwichtigen Anteil haben; 3. der lebhafte Wunsch, sich von
der geistlichen Herrschaft zu befreien, den Befreiungsprozess, der seit
der Reformation der Reihe nach die Universitäten, die Gymnasien, die Realschulen, das ganze höhere Schulwesen aus einem ecclesiasticum zu einem politicum
gemacht hat, auch auf die Volksschule auszudehnen, damit zum Segen der Kirche
und der Schule statt des äusseren Beherrschens eine innere Bindung beider Erziehungsfaktoren ermöglicht wird; 4. die tiefe Abneigung gegen den oft
in den Seminaren herrschenden engherzigen, dogmatischen Geist, gegen die
Überfütterung mit religiösem Gedächtnismaterial, gegen den unsinnigen Glauben
an die Macht des Stoffes, gegen den Zwang der Internate mit ihrer alles
ästhetische Gefühl verletzenden Ödigkeit, gegen die geistige Armutskost und
Abschliessung von allen modernen Bildungselementen.

Aus diesen Motiven heraus kam man in Königsberg zu der revolutionären
Forderung: Fort mit den Seminaren aus dem Bildungsgang des Lehrers!

Nun fragte Rein: Wie hat der Königsberger Vorschlag gewirkt? Die
Regierungskreise, die Universitäten und ein Teil der Lehrerschaft verhalten sich
durchaus ablehnend.

Zwei Gründe werden dagegen geltend gemacht: 1. Die Durchführung des
Vorschlags ist aus wirtschaftlichen Erwägungen heraus unmöglich. Der Staat
wird das gewaltige Kapital, das in den Seminargebäuden steckt, nicht aufgeben:
2. Ein Lehrer, welcher einen 9 jährigen Schul- und einen 3 jährigen Universitäts-
bildungsgang durchgemacht hat, wird nicht aufs Land gehen.

Beide Gründe sprechen nicht ohne weiteres gegen die Universitätsbildung:

jenes lässt sich zwar hören, ist aber eine nicht unlösbare staatstechnische Frage, der zweite Grund ist sofort durch den Hinweis auf den Landpfarrer und die Einführung einer besseren finanziellen Besoldung zu widerlegen.

Wichtiger ist die Ablehnung durch die Universitäten. Ihre Gründe müssen gehört werden:

1. Die Universitäten können jetzt die Ausbildung der Volksschullehrer nicht übernehmen, da ihnen mit einer einzigen Ausnahme (Jena) die Lehrstühle für Pädagogik und Methodik nebst Übungsschulen fehlen.

2. Die Lehrer an höheren Schulen können sich auf bestimmte Fächer festlegen (klassische oder neuere Sprachen, Geschichte, Naturwissenschaft, Mathematik), der Volksschullehrer muss in der Erziehungsschule in allen Sätteln gerecht sein.

3. Für diese notwendige vielseitige Bildung müssten erst allgemein orientierende Vorlesungen geschaffen werden, eine Neuordnung, die bei dem konservativen Charakter der Universitäten nur sehr schwer sich wird erreichen lassen.

4. Die Zahl der in Frage kommenden Lehrer-Studenten ist eine zu grosse, als dass die jetzt bestehenden Universitäten ihre etwa 3 jährige Ausbildung mit Erfolg übernehmen könnten. (21 Universitäten, 261 Lehrerseminare, 21 000 Studierende mehr, pro Universität 1000 Studenten mehr). Wo sollten die Übungsschulen herkommen, um 1000 Studenten ausreichend zu beschäftigen? Auf die Übungsschulen wird niemand verzichten wollen, da wir durch die Trennung der Theorie von der Praxis wieder ins Mittelalter zurückgeworfen werden würden. Gerade die intensive methodische Ausbildung der Volksschullehrer ist doch deren Stärke. Durch die grosse Zahl würde auch das Moment der persönlichen Einwirkung zu sehr ausgeschaltet, das habe er, Prof. Rein, sehr im pädagogischen Universitätsseminar erfahren; jetzt, wo es 60 Mitglieder zählt, sei seine Einwirkung auf den einzelnen viel geringer geworden. Aber gerade neben dem Wissen (μάϑησις) und der Übung (ἄσκησις) sei die Anlage (φύσις) das wichtigste für den Erzieher; vom Dämonion in seiner Brust, vom Persönlichen hängt in letzter Linie aller Erfolg ab. Diese gemütliche Anlage muss geweckt, in Bewegung gesetzt werden, das kann die Massenbildung nicht. Deswegen ist auch das preussische System (gesonderte Präparande und gesondertes Seminar) dem sächsischen vorzuziehen, weil die Einwirkung des preussischen Seminardirektors, dem nicht so viel bureaukratische Obliegenheiten aufgebürdet sind, eine intensivere sein kann.

Daher ist die Königsberger Forderung kein Ideal, sondern ein Ziel, das in die Irre führt.

Es ist schrittweise vorzugehen, unter Anknüpfung ans Historischgewordene. Reformen sind im Seminarwesen nötig; die preussischen Lehrpläne sind ein Fortschritt gewesen, dem weiterer Ausbau folgen muss. Das Ziel muss sein: der Ausbau der Präparande zu einer allgemeine Bildung vermittelnden, nicht bloss Lehreraspiranten zugänglichen Anstalt mit Einjährigenzeugnis und daran anschliessend ein 2klassiges reines Fachseminar. In diesem sollten aber viel mehr wie bisher das freie Privatstudium, die Pädagogik und die Methodik nebst den Hilfswissenschaft Ethik und Psychologie zu ihrem Rechte kommen.

Die Universitäten dürfen aber dem Lehrerstande nicht verschlossen bleiben, sondern müssen dessen Fortbildung übernehmen. Hier wird die Zeit kommen, wo jeder Lehrer den Weg zur Universität suchen und finden wird, nachdem er durch einige Jahre Berufserfahrung reifer geworden ist. An das Ende dieser Universitätszeit wäre dann auch die 2. Prüfung zu legen. Schon länger sind die Türen der Universität geöffnet. Auch die preussischen Universitäten sind darin Leipzig, Jena und Giessen nachgefolgt, jeder Lehrer wird für 2 Jahre auf Grund der kleinen Matrikel inskribiert.

So kommt Rein schliesslich zu folgenden Thesen:

I. Die Universitäten als Zentralstätten des Wissens sind in ihrer gegenwärtigen Verfassung nicht geeignet, die Ausbildung der Lehrer zu besorgen, können aber wohl der Fortbildung derselben dienen.

II. Aufgabe der Zukunft ist es, diese Fortbildung für alle Lehrer entsprechend einzurichten mit einem staatlichen Abschlussexamen.

III. Jeder Lehrer soll auf Grund des Seminarabgangszeugnisses ohne Einschränkung immatrikuliert werden können.

Der Redner schloss mit dem Hinweis, dass der Königsberger Beschluss zu sehr ein Stimmungsprodukt und zu sehr durch Standesinteressen beeinflusst worden sei. Lehrerbildungsfragen sollten aber vor allem aus pädagogischen und nationalen Erwägungen heraus entschieden werden.

In der dem Vortrage folgenden Besprechung wurden nachstehende Punkte berührt:

1. Scharfe Verurteilung der vorgekommenen Besetzung von Lehrerstellen mit Nichtlehrern (S.-Altenburg!), (principiis obsta!).

2. Beibehaltung des Latein im Lehrerseminar (Verteidigung desselben durch die sächsischen Lehrer, Ablehnung durch Prof. Rein).

3. Bevorzugung des Englischen vor dem Französischen, der Literatur wegen.

4. Einrichtung des pädagogischen Abschlussexamens (nicht durch die Universität, sondern durch eine staatliche Prüfungskommission und zwar einer gemeinsamen der Thüringer Erhalterstaaten) und Wegfall der sonstigen Prüfungen (Mittelschul- und Rektoratsprüfungen).

5. Richtigstellung der von Prof. Rein gegebenen Zahlen.

6. Hinzufügung eines 7. Seminarjahres.

7. Wunsch auf Abschaffung der Einrichtung, dass nur gute Zensuren zum Besuche der Universität berechtigen sollen.

8. Bedauernswerte Zwangslage der Seminare, beim jetzigen Lehrermangel auch minderwertiges Material ausbilden und entlassen zu müssen.

C. Beurteilungen.

Gaudig, Prof. Dr. H., Didaktische Ketzereien. Leipzig u. Berlin, 1904, B. G. Teubner. 8. VI, 140. Pr. 2 M.   Der Verfasser bietet Aphorismen, wie sie aus eigener Praxis, aus der Beurteilung des Lehrverfahrens anderer, aus Konferenzverhandlungen, aus der Lektüre der pädagogischen Fachliteratur erwachsen können. In den fast tagebuchartig anmutenden Aufzeichnungen spricht ein Pädagoge zu uns, der mit ganzer Seele in seinem Berufe wirkt und gesunden pädagogischen Grundsätzen huldigt. Ob der Titel des Buches glücklich gewählt ist? Ich wüsste nicht zu sagen, an welchen allgemein anerkannten pädagogischen Dogmen die Ansichten des Verfassers zu Ketzereien werden müssten. Oder gibt uns die „Vorbemerkung" zu dem Buche Aufschluss über die Wahl des Titels? Da heisst es: „In unseren Schulen wird vom Lehrer zuviel gelehrt und — vom Schüler zuviel gewusst. Die Zeit fordert, dass alle Lehrer . . . das Ziel im Auge haben, selbstätig denkende Köpfe zu bilden . . . Es würde mich von Herzen freuen, wenn meine Schrift ein wenig dazu beitrüge, dass die höhere Mädchenschule wie auch die höheren Knabenschulen mit aller Kraft dem Ziele nachtrachteten, denkende Menschen zu bilden." Neu ist diese Forderung, die übrigens nicht von der Zeit, sondern von der Pädagogik gestellt wird, nun zwar nicht, aber richtig ist, dass in der Praxis noch viel dagegen gesündigt wird. Nicht wenig Lehrer meinen, der Pädagogik entraten zu dürfen; sie begnügen sich damit, blosse Instruktoren, blosse Übermittler von Wissensschätzen zu sein, unbekümmert um das erziehliche Wozu und das methodische Wie. Im Hinblick auf solche Vertreter des Lehrerstandes erscheint der Titel des Buches als ein satirischer Stachel. Möchte er die, für die er bestimmt ist, zum Nachdenken aufreizen! Doch enthält das Buch viel Anregendes auch für solche, die mit der Zeit fortgeschritten sind und weiter fortschreiten möchten. Der Verfasser steht der pädagogischen Richtung, die auch von den „Pädagogischen Studien" vertreten wird, nicht fern. Ich weise z. B. hin auf den Abschnitt „Ein wenig zur Verständigung (S. 98 ff.) — auf das, was er über „Konzentration" sagt (S. 119 ff.). Die Probleme, die bei Erwähnung der Pflege des Gefühlslebens (S. 101), des Bildungsideals (S. 108 ff.), der Gefahren des Enzyklopädismus an-

geschnitten werden, könnten ihrer Lösung durch sorgsame Pflege einer richtig verstandenen „gleichschwebenden Vielseitigkeit" des Interesses entgegengeführt werden. Der Begriff der Vielseitigkeit enthält die Forderung einer Beschränkung und darf nicht mit Allseitigkeit verwechselt werden; die gleichschwebende Vielseitigkeit des Interesses soll nicht ein Zustand sein, in dem ein Interesse genau so stark sich geltend macht als das andere (dann würde ja ein Gleichgewicht in mechanischem Sinne, ein Zustand der Ruhe, der Untätigkeit, ein Indifferentismus eintreten; übrigens würde einem solchen Zustande schon die Individualität entgegenwirken): sondern jene Bezeichnung soll andeuten, dass die verschiedenen Interessen in ein Verhältnis zueinander gesetzt werden müssen, das der Erreichung des Erziehungszieles förderlich ist, oder negativ ausgedrückt: dass nicht einzelne Interessen so einseitig kultiviert werden dürfen, dass aller Erreichung des Erziehungszieles gefährdet wird. Auch die Forderung einer „Didaktik der Privatlektüre" (S. 34) ruht auf dem Begriffe des Interesses. Versteht der Unterricht das Interesse zu wecken, dann wird auch die „freie Hauslektüre" gedeihen. — Was der Verfasser über Geschichtsunterricht sagt (S. 35), verdient volle Beachtung; freilich aber haben derartige Vorschläge noch wenig Einfluss auf den Betrieb des Geschichtsunterrichts zu gewinnen vermocht; die Ehrfurcht vor dem Götzenbild geschichtlicher Vielwisserei lässt den Mut, neue Bahnen zu betreten, nicht aufkommen.

Dem Buche sind recht viele Leser zu wünschen; vielleicht auch lässt mancher sich dadurch zum Studium systematischer Werke anregen. Der ernst Suchende wird bei Aphorismen nicht stehen bleiben; er findet nur Befriedigung durch den Einblick in die wissenschaftlichen Zusammenhänge.

Rochlitz.   Dr. Schilling.

Zur Lehrerbildung. Ein Versuch von Ernst Schneider. Verlag von Ernst Kuhn, Biel 1903.

Aus Andeutungen des Verfassers darf man schliessen, dass die kleine Schrift in erster Linie bestimmt war, aufklärend, wegweisend und fördernd bei der Neugestaltung des schweizerischen Lehrerbildungswesens zu wirken; aber auch für unsere deutschen Verhältnisse ist sie nicht ohne Interesse, wenn auch ein grosser Teil der aufgestellten Forderungen, speziell in Sachsen, längst verwirklicht ist. Der Verfasser kommt auf alle wesentlichen, in der Gegenwart so ausserordentlich flüssigen Fragen der Lehrerbildung zu sprechen und versucht eine Lösung derselben auf dem Boden der Herbartschen Pädagogik, von dem Gedanken ausgehend, dass das neue, durch die moderne Pädagogik aufgestellte Bildungsideal der Volksschule auch eine neue entsprechende Ausbildung der Lehrer verlangt, die sich in den Dienst dieses Ideals stellen wollen, nicht mehr Schulhandwerker der früheren Zeit, sondern wirkliche „Erziehungskünstler", „Persönlichkeiten mit lebendigem Interesse für die wissenschaftliche und pädagogische Weiterbildung". Dieses Ziel bestimmt den Charakter des Seminars, nicht als einer Fachschule, die bloss das nötige Wissen und Können vermittelt, sondern einer Erziehungsschule, die den Schwerpunkt in das erziehende Moment verlegt. Das ist der Gesichtspunkt, unter dem zunächst die Frage der Trennung der allgemeinen und beruflichen Bildung, sodann Ziel, Inhalt, Mittel und Wege derselben erörtert und die Folgerungen daraus für Lehrplan und Methode gezogen werden. Dem energischen Protest gegen den „didaktischen Materialismus" namentlich auf historischem Gebiete, gegen das blosse Abfüttern mit Wissensmaterial in unpädagogischer Weise etc. auf der einen Seite, der Forderung einer intensiveren Pflege und Weiterbildung der Seminarpädagogik auf dem von der Pädagogik der Volksschule beschrittenen Wege andererseits, wird man sich mit Freuden anschliessen. In einer Anzahl Einzelheiten stimme ich dagegen dem Verfasser nicht bei. Ich halte z. B., was die Frage der Organisation der Übungsschule anbelangt, eine vollkommen ausgebaute 8klassige Übungsschule nicht für ein erstrebenswertes Ziel, weil es sehr wichtig ist, dass die Übungsschulpraktikanten auch in einer Klasse arbeiten lernen, in der mehrere Schuljahre miteinander ver-

einigt sind. Auch die Frage des Internates lässt sich nicht so kurzer Hand erledigen, wenn auch der Verfasser mit seiner Verwerfung desselben vielleicht die Sympathien eines sehr grossen Teiles der Lehrerschaft auf seiner Seite haben dürfte. Die Erfahrungen, die man in Sachsen an dem einzigen bestehenden Externate gemacht hat, lassen erkennen, dass denn doch noch manche andere Gesichtspunkte, namentlich in der Grossstadt, zu beachten sind, um in gerechter Weise über das so viel geschmähte Internat zu entscheiden.

Dresden.   Dr. E. Kotte.

1. **A. Kankeleit**, Fürs Leben. Zum Gebrauch in Oberklassen der Volksschule, in Fortbildungsschulen und zur Selbstbelehrung. 144 S. 50 Pf. Königsberg, Verlag des ostpreuss. Pestalozzi-Vereins, 1904.

2. **Jakob Beyhl**, Ultramontane Geschichtslügen. Zur Abwehr und Aufklärung gegenüber den Angriffen des Jesuiten von Berlichingen auf Luther und die Reformation. 2. Aufl. 43 S. 50 Pf. München, J. F. Lehmann, 1903.

3. **Prof. Bithorn**, Religiöse Lebensfragen. Volkstümliche Vorträge, gehalten auf Veranlassung des Merseburger Lehrervereins. 47 S. Merseburg, Friedrich Stollberg, 1904.

4. **H. Boehmer - Romundt**, Die Jesuiten. Eine historische Skizze. 164 S. Geb. 1,25 M. Leipzig und Berlin, B. G. Teubner, 1904.

No. 1 ist ein Büchlein, das wegen seines reichen und auch vielseitigen belehrenden Inhalts warm empfohlen werden muss. Ganz besonders eignet es sich als Geschenk für Konfirmanden.

Der Verfasser von No. 2, Kollege Beyhl in Würzburg, hat in dieser Schrift nicht allein die ultramontane Geschichtslüge betr. Luthers Haltung in Worms in ihr Nichts aufgelöst und ausserdem die ganze Unwahrhaftigkeit der Geschichtsvorträge des Jesuiten von Berlichingen aufgedeckt, sondern er hat auch an einem Beispiele höchst anschaulich gezeigt, wie die ultramontanen Geschichtslügen hergestellt werden. Wir können die Arbeit warm empfehlen.

No. 3 enthält drei Vorträge: 1. Das

Wesen der Religion, 2. Religion und Naturwissenschaft, 3. Religion und Geschichte. Das sind Darbietungen zur rechten Zeit. Auf dem grossen Kriegsschauplatz der Geister tobt nicht allein der Kampf zwischen römisch-ultramontanen und' deutschevangelischen Interessen, sondern auch zwischen Glauben und Unglauben, zwischen Christentum und modernem Heidentum. Seit längerer Zeit tritt in weiten Kreisen der protestantischen Christenheit ein starkes Verlangen nach religiöser Vertiefung und Aufklärung hervor. Man will Bescheid haben darüber, was es mit der kühnen Behauptung einzelner auf sich habe, dass der Bestand des auf die Bibel sich stützenden Christentums durch die Fortschritte der Naturerkenntnis bedenklich erschüttert sei. Diese Vorträge geben eine vortreffliche Antwort darauf. Sie wirken auf den Leser nicht allein belehrend, sondern auch erhebend und stärkend.

No. 4 ist eine willkommene Gabe für die, welche sich über den Jesuiten-Orden etwas genauer unterrichten wollen. Es bietet in gedrängter Form ausserordentlich reiches Material über Entstehung, Siegeszug, Machtsphäre und Machtmittel, Aufhebung und Neugründung der Gesellschaft Jesu. Möchte es von recht vielen gelesen werden.

Heinze-Rosenburg. Die Geschichte für Lehrerbildungsanstalten. IV. Teil: Neueste Geschichte seit 1815 bis zur Gegenwart. Mit Titelbild und 5 Bildertafeln zur Kunstgeschichte. Für die I. Seminarklasse. — Geh. M. 2. — Geb. M. 2,50. — Hannover-Berlin. Carl Meyer. 1902. — 180 S.

Der Verfasser versucht mit Erfolg das Verständnis für den pragmatischen Zusammenhang der Ereignisse zu vermitteln. Wenn er auch mit Recht die preussische Geschichte in den Vordergrund rückt, so ist doch auch die Entwicklung der anderen deutschen Länder und der übrigen europäischen Staaten genügend berücksichtigt worden. Sehr ausführlich hat er die wirtschaftlichen Verhältnisse Deutschlands behandelt, jedoch das Verkehrswesen von 1815—1848

sehr knapp. Anhangsweise folgt ein Überblick über Staats- und Reichsverfassung, über Staats- und Reichsverwaltung, über die Selbstverwaltung der Kommunalverbände, über die geschichtliche Entwicklung der Verhältnisse der einzelnen Stände in Längsschnitten und über die Verdienste des Hohenzollernhauses auf sozialpolitischem Gebiete. Das Buch ist allen deutschen Seminarien zur Einführung zu empfehlen.[1]

Löbau i. Sa. Dr. Carl Franke.

Schillmann, Dr. R., Schulinspektor a. D., u. **Viergutz, F.,** Rektor in Berlin, Leitfaden für den Unterricht in der Deutschen Geschichte. Nach dem neuen Grundlehrplane für die Berliner Gemeindeschulen in drei Teilen bearbeitet. 3 Teile. Berlin, Nicolai (R. Stricker). Pr. 50, 75 Pf.

Tecklenburg, Aug., Lern- und Lesebuch für den Geschichtsunterricht. I. Teil: Deutsche Geschichte von der Urzeit bis zum Ende des 30jähr. Krieges. Nach dem Grundlehrplan der Berliner Gemeindeschulen für die Hand des Schülers. Preis kart. 50 Pf. Hannover u. Berlin, Verlag von Carl Meyer (Gustav Prior).

Von dem bekannten, bereits in vielen Auflagen erschienenen erstgenannten Werke ist namentlich der 1. Teil, der für die Unterstufe berechnet ist, völlig ausgestaltet worden, um den Anforderungen des neuen Berliner Lehrplans gerecht zu werden. Dieser schreibt, entgegen den früheren Bestimmungen, den Geschichtunterricht schon für die V. u. IV. Klasse vor. Es ist hervorzuheben, dass die Verfasser die Darstellung dem Auffassungsvermögen der Schüler dieser Stufe glücklich angepasst haben. Der gleichfalls vorteilhaft bekannte Verfasser des zweiten Werkes, dessen 1. Teil uns vorliegt, war bestrebt, den sorgfältig ausgewählten Stoff durch Quellenstücke zu vertiefen und interessant zu gestalten und durch Dichtungen zu beleben.

Beide Werke sind zu empfehlen.

---

[1] Es ist bereits die 2., verbesserte Auflage erschienen, auf die hiermit hingewiesen wird. D. R.

Weigand, Heinrich, Merkbuch für die Deutsche Geschichte. Preis steif geheftet 30 Pf. 1904. Verlag von Carl Meyer (Gustav Prior) Hannover.

Namentlich für einfache Schulverhältnisse, wo bei einstündigem Geschichtsunterricht durch das Diktieren von Merksätzen und Stichworten viel kostbare Zeit verloren geht, empfehlen wir das vorliegende reichhaltige in seiner sprachlichen Fassung den kindlichen Standpunkt berücksichtigende Schriftchen als ein recht brauchbares Hilfsmittel.

Thoma, Prof. D. A., Das Studium des Dramas an Meisterwerken der deutschen Klassiker. Teil I. Meisterwerke Lessings. 2. Aufl. (Beiträge zur Lehrerbildung und Lehrerfortbildung. Herausg. von K. Muthesius, 27. Heft.) Gotha, Verlag v. E. F. Thienemann 1903. Pr. 2 M.

In kurzer Frist ist von dem vorliegenden Hefte die 2. Auflage nötig geworden, ein Beweis, dass Thoma's Behandlung klassischer Dramen — er hat sich darüber in einem besonderen, sehr empfehlenswerten Schriftchen „Das Drama" weiter verbreitet — lebhaften Beifall gefunden hat. Und in der Tat: die „Aufbauarchitekten", „Schuldschnüffler" und „Textgründlinge" haben nur zu lange das Regiment geführt in den Schulausgaben deutscher Klassiker und manchem Schüler das Studium verleitet. Thoma's Erklärungen wollen bei der Erklärung der Dramen nur „freundliche Begleiter" sein bei dem „lustwandelnden Gang durch den Zaubergarten der Poesie" Das vorliegende Heft behandelt die 3 Meister- und Musterdramen Lessings: Emilia Galotti, Minna von Barnhelm und Nathan den Weisen und kann ebenso dem erklärenden Lehrer wie dem lesenden Schüler zum Studium warm empfohlen werden.

1. **Meyer, Johannes,** Rektor, a) Deutsches Sprachbuch, Ausg. A. in in einem Hefte, 13. 15. Aufl. b) Ausgabe B. in vier Heften (für Bürger-, Mittel- und höhere Mädchenschulen) 4. Heft. c) Kleines Deutsches Sprachbuch, Ausg. A. in einem Heft, 4. Aufl. . d) Lehr- und Übungsbuch für den Unterricht in der deutschen Rechtschreibung, Ausg. A. in einem Hefte, 17. Aufl. Verlag von Carl Meyer (G. Prior) Hannover u. Berlin.

2. **Wilke, Edwin,** Rektor, a) Sprachhefte für Volksschulen, Ausg. A., Schülerhefte, III. Heft, 4. Aufl., b) Sprachhefte für einfache Schulverhältnisse, Ausg. D. bearbeitet von Wilke und Herbst, Fr., Hauptlehrer, II. Heft (7. u. 8. Schuljahr) Halle, Verlag v. Hermann Schroedel.

3. **Cassel, H.,** Lehrer a. d. gewerbl. Fortbildungsschule zu Hildesheim, a) Aufsätze und Diktate für Fortbildungs- und Gewerbeschulen, 1904, b) Deutsche Aufsätze für Volks- und Bürgerschulen, 2 Teile, 1903, Hannover und Berlin, Verlag von Carl Meyer (G. Prior).

4. **Edert, R.,** Lehrer, Geschäftsaufsätze, Ausg. A. in 2 Heften; 2. Heft, 3. Stereotypauflage, 7.—9. Tausend. Hannover u. Berlin, Verlag von Carl Meyer (G. Prior).

5. **Göhl, Dr. H.,** Schuldirektor, und **Göhl, Th.,** Lehrer, 60 Volksschulaufsätze als Ergebnis von Lese-, Rede-, Sprachlehr-, Rechtschreibungs- u. Aufsatzübungen. 2. Aufl., 2 Teile, Meissen, Verlag der Sächs. Schulbuchhandlung (Albert Buchheim) 1. Teil 2 M., 2. Teil 2 M.

Die unter 1a, c, d oben verzeichneten Schriften des durch seine Arbeiten auf dem deutschsprachlichen Gebiete bekannten Rektors Meyer sind wiederum in neuen Auflagen gedruckt worden (in der neuesten Rechtschreibung) und gehören zu den besten ihrer Art. Das neuerschienene mit Dr. Rossbach in Düsseldorf bearbeitete Sprachbuch b. ist insbesondere zu empfehlen: Ursprung und Entwickelung der deutschen Sprache (S. 1—11), die Wortbedeutung (S. 86 bis 108) sind Sprachstoffe, die noch immer der Behandlung in höheren Volksschulen harren, trotzdem gerade sie geeignet sind, das Studium der Muttersprache zu beleben und interessant zu machen. — Die Einführung von Satzstrich für

Komma (S. 37) möchten wir nicht empfehlen, da doch das Komma nicht bloss in Sätzen angewendet wird. Warum nicht eiufach sagen „der Strich"? — eine Verwechselung mit Gedanken- und Strichpunkt (Semikolon) ist doch ausgeschlossen.

Auch die unter 2. genannten Sprachhefte von Wilke, bez. Wilke und Herbst nehmen in der fast kaum mehr zu überblickenden Menge der Sprachhefte eine bevorzugte Stelle ein und sind dort, wo man die Einführung von Sprachheften überhaupt für nötig erachtet, zu empfehlen. — Unrichtig ist es (S. 89) zu sagen zu Hause bedeute die Ruhe, den Aufenthalt; nach Hause die Bewegung. Auch zu bedeutet die Bewegung: ich gehe zu Bett, zu Biere, zu Weine; der Krug geht so lange zu Wasser u. s. w.

Eine Notwendigkeit zur Herausgabe von Aufsatzsammlungen wie die vorliegenden Cassel'schen vermögen wir nicht anzuerkennen. Derartige Hilfsmittel liegen schon in grosser, ja allzugrosser Menge vor. Der Raum verbietet es uns, Aufsatzstücke, wie der Tisch (S. 8 in b) u. a. m. herauszuheben, die für die betreffende Altersstufe völlig ungeeignet und stilistisch völlig wertlos sind. Derartige „Aufsätze", die jeder Lehrer in jeder Stunde selbst verarbeitet, der Lehrerschaft darzubieten, kommt fast einer Beleidigung derselben gleich. Dem Titel nach musste man erwarten, dass die gewerbliche Seite des Aufsatzunterrichtes besonders und in vertiefter Weise betont werde. Dies ist jedoch nicht der Fall: sehr viele Aufsätze sind höchst oberflächlich gearbeitet. Ein Satz für viele! S. 255 heisst es im Aufsatze Die Bierbereitung: „Zu diesem Zweck wird die Gerste durch eine grosse Maschine, welche aus einem Sieb besteht, gereinigt."

Die kurzgefassten Hefte von Edert können wir eher empfehlen: sie erhalten Aufgaben aus dem Leben in reicher Anzahl und überlassen die Hauptarbeit, die Ausgestaltung dieser Aufgaben für die verschiedenen Altersstufen der Schüler u. s. w. dem Lehrer. Bemerkt sei, dass die Aufgaben, die mit juristischen, finanziellen und postalischen Bestimmungen in Verbindung stehen, von Fachmännern vor der Drucklegung auf ihre Richtigkeit hin genau geprüft worden sind.

Die Göhl'schen „Aufsätze" sind namentlich jüngeren Amtsgenossen zum Studium wärmstens zu empfehlen. Im ersten, methodischen Teile zeigen die Verf in trefflicher Weise, wie das Lesestück als Konzentrationsstück fürs Lesen, die Sprachlehre, Rechtschreibung und den Aufsatz auszunutzen ist. Nicht einverstanden können wir damit sein, dass Aufgaben für Sprachlehre und Rechtschreibung direkt an Gedichte angeschlossen werden, wie die Verf. das des öfteren belieben. Wir empfehlen ihnen, bei künftiger Neuauflage Aufgaben wie: Schreibe aus dem Gedicht (Die Bürgschaft!) Sätze heraus, die näher bestimmt sind auf die Fragen wen oder was, wem! u. a. auszumerzen. Auch die Zielangaben S. 2 im 1. Teile sind z. T. unrichtig.

Dresden.   Vetter.

Achtzig Schemabilder aus der Lebensgeschichte der Blüten für den Gebrauch der Schule und des Naturfreundes. Dr. Walter Schoenichen. Verlag von Benno Goeritz, Braunschweig 1902. 2 Hefte, je 1,40 M., zus. 2,50 M.

Wie wichtig die Fähigkeit zu beobachten für die Ausbildung des Geistes ist, ist ebenso bekannt wie die Tatsache, dass der Unterricht in der Naturkunde die Übung dieser Fähigkeit in besonderem Masse zukommt. Sicherlich ist dazu das Zeichnen ein äusserst zweckmässiges Mittel. Das Abbilden eines Gegenstandes nach der Natur oder eines vom Lehrer an der Wandtafel entworfenen Bildes zwingen am sichersten, die äussere Form gründlich anzusehen und einzuprägen. Eine Wiedergabe einer solchen Zeichnung durch den Schüler ist zugleich der beste Beweis, dass diese und damit die dargestellte Sache dem Gedächtnis einverleibt ist. Besonders ist die schematische Zeichnung gut zu verwenden. Sie empfiehlt sich nicht nur bei Zeitmangel als Notbehelf, sondern vielmehr dadurch, dass sie in einfachster Weise das Wichtigste und Charakteristischste des Gegenstandes oder der Erscheinung darstellt und die Aufmerksamkeit darauf konzentriert. Lässt sie der Lehrer an der Wandtafel unter den Augen der Schüler entstehen, baut sich also die Gesamtanschauung aus den Einzelheiten auf, so wird mit dieser synthetischen Tätigkeit eine wichtige Ergänzung der analytischen Arbeit des Beobachtenden geliefert. In der Hauptsache handelt es sich dabei um die Darstellung von Formen oder um einfache Entwicklung, um das deskriptive und evolutive Schemabild, wie Schönichen sehr gelehrt sagt. Aber auch für den biologischen Unterricht ist die genaue Beobachtung und das treu Festhalten der biologischen Vorgänge und der durch sie geschaffenen Formen notwendig, und aus diesem Gedanken sind die vorliegenden 80 biologischen Schemabilder entstanden. Sie sind biologisch, d. h. sie sind Zeichnungen, welche neben den Formen und Entwicklungsvorgängen auch die biologischen Ursachen oder den biologischen Zweck der dargestellten Momente veranschaulichen. Da nun Anpassungserscheinungen oder die Blatt-Biologie nicht wohl dargestellt werden können, so hat sich der Verfasser ausschliesslich auf die für Faustzeichnungen sehr wohl geeignete Lebensgeschichte der Blüten beschränkt. — Das Buch enthält schematische Längsschnitte der Blüten von 80 Pflanzen. Da Vorgänge veranschaulicht werden sollen, so gehören häufig zu einer Pflanze 2, ja 3 Einzelbilder, namentlich bei den eingeschlechtlichen Pflanzen und bei solchen, wo durch zeitlich getrennte Reife der Befruchtungsorgane Fremdbestäubung gesichert ist. Sie reden eine Bildersprache, die das Verständnis für blütenbiologische Dinge ausserordentlich erleichtert. Schwer zu veranschaulichende Vorgänge können so, namentlich wenn beim Zeichnen farbige Kreide benutzt wird, in einfachster Weise zur grössten Klarheit gebracht werden. Jedem Bilde sind knappe, aber klare und darum ausreichende Erläuterungen beigegeben. Zu den Begriffen, die so bearbeitet werden, gehören besonders Insekten-, Wind-, Fremd- und Selbstbestäubung; als Anhang gibt der Verfasser auf 10 Seiten eine nach biologischen Gesichtspunkten geordnete reichhaltige Übersicht, welche die lebengeschichtlichen Tatsachen der im Buch geschilderten Blüten zusammenstellt. — Nur ein Einwand sei gegen die Zeichnungen gemacht. Der Verf. sagt selbst, die Aufrisse bedürften der Erläuterung durch Diagramme, durch Grundrisse. Diese sollen verhüten, dass der Schüler, wenn er z. B. im Schemabild nur 2 Staubgefässe sieht, nicht glaubt, es seien im ganzen nur 2 Staubgefässe da. Wird aber nun die Benutzung des Diagramms vorausgesetzt, dann genügen durchweg die reinen Längsschnitte, und es war unnötig, vom Schnitte nicht getroffene Blütenteile mit anzudeuten. Durch solche Andeutungen wird die Klarheit und Deutlichkeit des Bildes nur beeinträchtigt. Doch das ist eine Kleinigkeit gegenüber den Vorzügen der Arbeit, die den Lehrern der Naturgeschichte warm empfohlen sei, sowohl zum Selbststudium als auch zum Gebrauch im Unterrichte.

Geschichte des naturwissenschaftlichen Unterrichts an den höheren Schulen Deutschlands von **Prof. Dr. Norrenberg.** (6. Heft der Sammlung naturwissenschaftlich - pädagogischer Abhandlungen, herausgegeben von Schmeil und W. B. Schmidt.) Verlag von Teubner. 1904. 76 S. 1,80 M.

In gedrängter aber klarer Darstellung gibt das Buch eine Übersicht über die Entwicklung des naturwissenschaftlichen (bes. des physikalischen und chemischen) Unterrichtes an den Gymnasien und Realschulen Deutschlands, insbesondere Preussens, vom Beginn unseres Schulwesens im Mittelalter an bis auf die Bewegungen der letzten Jahre. Dabei sucht der Verfasser immer die Beziehungen blosszulegen, die zwischen den allgemeinen Bildungsidealen eines Zeitabschnittes und der herrschenden Ansicht über Aufgaben, Umfang und Methode des naturwissenschaftlichen Unterrichtes bestehen. Bei dem Durcheinander der allgemeinen Bestrebungen namentlich im 18. und 19. Jahrhundert war es nicht leicht, ein klares Bild des Entwicklungsganges zu zeichnen. Dem Verfasser ist es gelungen. Wir erhalten einen sehr lehrreichen Einblick in die Kämpfe, die es gekostet hat, der Naturwissenschaft und besonders der Biologie als der vermeintlichen Grundlage des gefürchteten Materialismus die dürftige Stellung im Lehrplan der höheren Schulen zu erringen, die diese Wissenschaft im allgemeinen heute noch einnimmt; wir lernen im Gegensatze hierzu uns des regen Lebens und Strebens freuen, das in den letzten 2 Jahrzehnten auf methodischem Gebiete herrschte und das uns hoffen lässt, die Unterrichtsbehörden werden endlich dem aufstrebenden Zuge folgen und den Forderungen der Zeit durch neue Lehrpläne, namentlich für die gegenwärtig fast völlig entwerteten biologischen Fächer, Rechnung tragen. Den Optimismus freilich, mit dem der Verfasser auf Grund der Ergebnisse seiner Untersuchung der Weiterentwicklung des naturwissenschaftlichen Unterrichts entgegensieht, mit dem er diesem Fache die Aussicht auf eine nahe reiche Zukunft eröffnet, vermögen wir nicht zu teilen. dass das Buch lehrt vielmehr, dass eine baldige Erfüllung der Wünsche, die auf eine bessere Benützung der in der Naturwissenschaft ruhenden Erziehungskräfte gerichtet sind, nicht zu erwarten ist. Noch sind ja dieselben Mächte am Werke, die Jahrhunderte hindurch gegen unser Fach gekämpft haben als gegen einen modernen Eindringling, der nicht nur an der Überbürdung der Jugend, sondern an allerlei anrüchigen Erscheinungen eines verderbten Zeitgeistes die Schuld trage. — Damit im Zusammenhang steht unser Widerspruch gegen 2 andere Urteile des Verfassers. „Christentum und Naturwissenschaften," lesen wir, „haben freilich oft in hartem Kampfe sich gegenübergestanden, aber niemals haben es die massgebenden Vertreter der christlichen Konfessionen unterlassen, die Kenntnis der Natur zu ihren religiösen Zwecken zu fördern und auch im Jugendunterricht durch die Naturkenntnis zum Glauben hinzuführen." Niemals? Und wenn schon — selten oder nie zum Vorteil der bevormundeten Wissenschaft und des Unterrichtes, weder in der Vergangenheit noch in der Gegenwart. Besonders seit dem Eindringen der Deszendenzlehre in die Wissenschaft ist der wissenschaftliche Unterricht als Ausgeburt einer materiellen Denkweise und glaubensfeindlichen Richtung mit allen Mitteln befeindet worden: noch 1882 wurde die Biologie durch Gossler

aus den oberen Klassen aller höheren preussischen Schulen gewiesen. Sodann heisst es in dem Buche — augenscheinlich zur Entschuldigung der ablehnenden Haltung, die die massgebenden Behörden gegen neue Forderungen zeigen: „Die Achtung vor unserer Vergangenheit und vor unserer nationalen Eigenart lässt uns vielleicht an Vielem festhalten, was man anderswo als abgetan betrachtet; aber ihr haben wir es auch zu danken, dass die emporstrebende Saat des naturwissenschaftlichen Unterrichtes auf historischem Boden fest und tief wurzelnd sich stetig und sicher weiterentwickelte, von unten kräftig Nahrung sammelnd, bevor sie ihre an Früchten reichen Äste und Zweige dem Lichte entgegenstreckte." Nun hat uns aber das ganze Buch gezeigt, wie wenig achtenswert die Vergangenheit des naturwissenschaftlichen Unterrichts, wie unfruchtbar der historische Boden ist: wo sollen die reichen Früchte bei einer solchen Kultur herkommen? In unserem Falle sich auf die Vergangenheit berufen, heisst nicht gute, sondern böse Geister gegen Zeitströmungen zitieren. „Gegen allzu eifrige Neuerer bewährte Traditionen weiter zu pflegen," ist im allgemeinen recht empfehlenswert. Aber wo sind in der Geschichte des naturwissenschaftlichen Unterrichtes bewährte Traditionen? Fast in jeder Epoche, nicht zum wenigsten in der uns am nächsten liegenden, erdrückende Beschränkung und Beschränktheit! — Das alles hindert aber nicht, das Buch zu empfehlen. Auch dem Volksschullehrer wird es lehrreich sein, obwohl der Verfasser die Verdienste, welche die Volksschule um die Verbesserung der Methodik der Naturkunde sich erworben hat und die den höheren Schulen zu gute gekommen sind, nur widerstrebend und nicht genügend würdigt.

Der naturwissenschaftliche Unterricht in England insbesondere in Physik und Chemie von Dr. Karl T. Fischer. Verlag von Teubner. 94 S. 3,60 M.

Das Buch entstand aus einem Berichte für das bayerische Kultusministerium, mit dessen Unterstützung der Verf. sich längere Zeit in England aufhielt, um die dort herrschenden Methoden des naturwissenschaftlichen Unterrichtes kennen zu lernen. Die Veröffentlichung der wichtigsten Erfahrungen schien dem Verfasser deshalb geboten, weil in England in den letzten 2 Jahrzehnten gerade der naturwissenschaftliche Unterricht und die heuristische Methode Prof. Armstrongs Gelehrte und Pädagogen lebhaft beschäftigt und zu vielen Versuchen geführt hatte, weil bei der Selbständigkeit der einzelnen englischen Schulen die versuchten Unterrichtsmethoden sehr mannigfaltig sind und weil somit England bereits über Erfahrungen verfügt, die wir nicht haben, die aber in der Entwicklung eines zweckmässigen Unterrichts hohe Bedeutung beanspruchen. — Zunächst ist (S. 6—36) aus mitgeteilten Lehr- und Stundenplänen zu ersehen, dass die Naturkunde in allen Schulgattungen (mit Ausnahme der Hochschulen) viel höher bewertet wird und dass man ihr daher mehr Zeit und Raum zuweist als bei uns. In England gehört die Naturwissenschaft zum Kern des Lehrplans, bei uns ist sie nur ein Anhängsel, das der abzurundenden Bildung wegen geduldet wird. Dabei sind im allgemeinen die englischen Lehrpläne viel weniger systematisch als unsere und nach den jeweiligen Bedürfnissen und der Erfahrung eingerichtet. Auffällig ist, dass die biologischen Fächer nicht die Pflege finden, die man erwarten sollte; doch ist in besseren Mittelschulen experimentelle Biologie eingeführt. Wichtiger sind die Ausführungen über die Unterrichtsmethode (S. 37—84). Man ist in England überzeugt, dass der erzieherische Wert der Naturwissenschaft nur dann zur Geltung kommen könne, wenn auch die Schüler mit dem gleichen Geiste denken lernen, mit dem der Forscher Naturwissenschaft pflegt. Diese Denkweise den Schülern anzuerziehen, hält man nach mehrjährigen ernsten Erwägungen und öffentlichen Erörterungen für einen wichtigeren Zweck des Unterrichts in der Naturkunde, als dem Schüler Wissen mitzuteilen. Diesem Zwecke sucht die von Prof. H. E. Armstrong 1884 zuerst geforderte „heuristische Methode" zu dienen. Folgende Sätze geben diese Forderung im wesentlichen wieder: Man solle den Schülern nicht nur von den Dingen erzählen oder Dinge zeigen, sondern man solle in ihnen die Fähigkeit entwickeln, Aufgaben selbst durch das Experiment zu lösen, d. h. man solle die Schüler darauf hinleiten, selbst zu entdecken, und zwar sollten ihre Entdeckungen in enger Beziehung zu den Gegenständen und Erscheinungen des täglichen Lebens stehen. Oder anders: Es muss eine Methode angewendet werden, welche den Schüler zu einem guten Beobachter, sorgfältig und erfinderisch machen soll, ihn anzuregen vermag, sein Wissen aus eigenem Antrieb zu vermehren, ihn auf den Weg bringt, der ihn vom Bekannten zum Unbekannten führt; eine rationale Methode an Stelle der mechanischen, um in dem Schüler den Forschungstrieb zu erwecken, der jetzt vielfach erstickt wird, um die Schule nicht zu früh zu einem Grab der Individualität, sondern zu einem Anziehungspunkt zu machen. Diesen Grundsätzen gemäss sind nun in England Einrichtungen, die bei uns nur an den Hochschulen zu finden sind und die dem Studenten eine Vertiefung seines Wissens durch praktische Übungen ermöglichen sollen, erheblich erweitert und auf alle Schulen ausgedehnt worden. Neben dem Unterricht mit rein aufnehmender Tätigkeit des Schülers finden wir überall noch praktische Übungen, um die Selbstbetätigung der Zöglinge zu ermöglichen; überall sind Laboratorien, nicht nur mit bescheidener, sondern, wie die zahlreichen Abbildungen zeigen, auch mit geradezu grossartiger Ausstattung. Sie beschränken sich nicht etwa auf die unseren höheren Schulen entsprechenden Anstalten; der praktische Unterricht wird vielmehr um so nötiger erachtet, je jünger die Schüler und je einfacher die zu bewältigenden Stoffe sind. Die Erfahrungen, die man auf diesen neuen Bahnen gemacht hat, sind durchgängig befriedigend (S. 70—77). Der Schüler wird weniger zur Bedachtsamkeit erzogen wie bei uns, um so mehr zur Tatkraft und Energie. — Die gekennzeichnete Methode ist nun allerdings nicht neu. Pestalozzi verlangt sie schon, und Liebig hat sie bereits vor 75 Jahren gefordert, und sein chemisches Laboratorium in Giessen ist samt den dort erprobten Methoden „Fons und Origo aller englischen Laboratorien, gleichviel ob sie mechanich metallurgisch, chemisch, physikalisch, geologisch, astronomisch oder biologisch seien". Aber während bei uns nur für die Hochschulen die entsprechenden Einrichtungen getroffen worden sind, hat England bereits 1868 angefangen, auch mit Mittelschulen Laboratorien zu verbinden, und heute ist es drüben auf Grund der Erfahrung entschieden, dass naturwissenschaftlicher Unterricht ohne Praktikum wertlos ist. Die Kosten werden kaum mehr als Hindernis erwähnt; was wollen sie auch bedeuten gegenüber einer Methode, von der fast übereinstimmend versichert wird, dass sie zwar weniger Wissen, aber mehr Können vermittelt als die bei uns übliche, dass sie den Schüler gewöhne, aus der Natur selbst Anregung zu empfangen auch nach der Schulzeit noch, dass sie viel mehr inneres Leben hinterlasse und darum eine frischere und häufigere Verwendung des Wissens bewirke. Die Anerkennung der Notwendigkeit des praktischen Unterrichtes spricht sich am deutlichsten darin aus, dass eine Schule in England nur dann als Realschule (School of Science) anerkannt wird, wenn sie ein gut ausgerüstetes chemisches und physikalisches Laboratorium hat. —

Aus diesem Fortschritt erklären sich auch die ungünstigen Urteile, die der Engländer über unseren naturwissenschaftlichen Unterricht fällt, trotz der Bewunderung, die er sonst im allgemeinen für die Organisation des deutschen Schulwesens (abzüglich der zu straffen Zentralisation, der reglementierenden Staatspädagogik und der geistigen Überfütterung) hat. Wir mögen freilich von Tadel nichts wissen. Ähnlich wie England in allgemeinen Angelegenheiten hat Deutschland sich in bezug auf Unterrichtswesen an eine Art Hochmut gegenüber anderen Ländern gewöhnt. Ob er berechtigt, ist hier nicht zu entscheiden. Der naturwissenschaftliche Unterricht hilft ihn sicher nicht rechtfertigen. Wir fangen gegenwärtig erst an, mit starken Hindernissen bes. von theologischer und altphilologischer d. h. also regierender Seite kämpfend, dahin zu zielen, wo die Engländer seit Jahrzehnten angelangt sind. In den neuesten Lehrplänen etwa wird eine gelegentliche Unterstützung des chem. Unterrichts durch praktische Übungen der Schüler gefordert, aber eben nur eine gelegentliche mit unzulänglichen Mitteln. Bemerkenswerter sind die praktischen naturwissenschaftlichen Ferienkurse, die jetzt an zahlreichen Universitäten für Lehrer gehalten werden. Vielleicht, dass von hier aus der Schulbetrieb nach und nach befruchtet und in jene Bahnen geleitet wird, welche die Engländer uns vorangehen. Es sei jedem empfohlen zu lesen, was Fischer über ihren Unterricht in Naturkunde erzählt; man wird zwar nicht sehen, wie herrlich weit wir es gebracht haben, wohl aber, wie viel uns noch zu tun übrig bleibt.

Grimma.   A. Rossner.

Eingegangene Bücher.
(Besprechung vorbehalten.)

Bornemann, Dr. L., Zur Sprachdenklehre. Gütersloh 1904, Bertelsmann.

Römermann, E., Ausführliche und vollständige Sprachlehre. Ebenda 1904. Pr. 40 Pf. Derselbe, Vereinfachte Satz- u. Satzzeichenlehre. Ebenda.

Steger u. Wohlrabe, Fibel für den ersten Unterricht im Deutschen. Halle, Schroedel. Pr. 0,50 M.

Born u. Kranz, Fibel auf phonetischer Grundlage. Leipzig 1904, Kesselringsche Buchhandlung. Pr. 0,40 M.

Green, L., Fibel für den vereinigten Sprech-, Schreib- und Leseunterricht. 2. Aufl. Dessau 1904, Baumann. Pr. 0,60 M. Derselbe, Begleitwort dazu. Ebenda. Pr. 40 Pf.

Pünjer u. Heine, Lehr- u. Lesebuch der englischen Sprache. 2. Aufl. Hannover 1904, C. Meyer. Pr. 3,40. M.

Fortsetzung folgt.

Druck von A. Rietz & Sohn in Naumburg a. S.

A. Abhandlungen.

I.

Schiller und seine Bedeutung für die Pädagogik der Gegenwart.

Zum Gedächtnis der hundertsten Wiederkehr des Todestages des Dichter-Philosophen.

Von Dr. **Friedrich Schilling,** Schuldirektor in Ebersbach i. S.

„In drei grossen Flutwellen hat sich die geistige Kultur der. alten Welt, ihre Religion und Philosophie, ihre Sprache und Literatur über die Völkerwelt ergossen, die zur Trägerin des geschichtlichen Lebens der Neuzeit bestimmt war.
Die erste befruchtende Überschwemmung, wenn man die Festhaltung des Bildes gestatten will, erfuhr die germanische Völkerwelt mit ihrer Bekehrung zum Christentume. Die zweite grosse Flutwelle überströmte die abendländische Welt im 15. und 16. Jahrhundert. Es ist die sogenannte Renaissance. Sie bedeutet das Wiederaufleben des klassischen, d. h. des heidnischen Altertums in Kunst und Literatur, in Philosophie und Lebensstimmung. Die dritte Flutwelle erhob sich, langsam ansteigend, im Laufe des 18. Jahrhunderts; um seine Wende erreichte sie ihren höchsten Stand. Es ist der Neuhumanismus; man könnte ihn zum Unterschiede von dem italienisch-römischen Humanismus der Renaissance auch den deutsch-griechischen Humanismus nennen. Diese neuhumanistische Flutwelle war nicht in demselben Sinne, wie die beiden früheren, universell; ihr eigentliches Überschwemmungsgebiet ist das protestantische Deutschland. Sie durchtränkte die ganze deutsche Literatur und Bildung mit hellenistischen Ideen und Anschauungen."[1] Das allmähliche Ansteigen dieser neuen geistigen Welle, deren Anfänge in die sechziger Jahre des 18. Jahrhunderts zu setzen sind, fällt räumlich und sachlich zusammen mit dem Abebben des Rationalismus,

---

[1] Paulsen: Geschichte des gelehrten Unterrichts. Einleitung.

der, mehr und mehr in die Massen dringend, zur Aufklärung wurde und unter Friedrich II. und Joseph II. kulminierte, um endlich von der mählich erstarkenden Neuflut überspült zu werden. In dieser zwiefältigen und zwiespältigen Bewegung der Geister erwächst Friedrich Schiller. Die Natur der Einflüsse kompliziert sich für ihn noch dadurch, dass er, hochfahrend und selbstbewusst, in eine Wirklichkeit von Härte und Willkür eingepresst war, die in schreiendem Gegensatze stand zu dem heissen Hungern und Dürsten nach Natur und Freiheit, das beides der grosse Prophet des Naturevangeliums in ihm entfacht hatte.[1]) Diesem trüben und unklaren Milieu entspringt gärend unreif und phantastisch die Poesie seiner Sturm- und Drangperiode.[2])

Der Beginn der Freundschaft mit Körner leitet den Bruch mit dieser seiner ersten Schaffensperiode ein. „Seine phantastische Überschwenglichkeit bricht und ernüchtert sich an der massvollen Besonnenheit Körners; sein ungebärdiges Titanentum läutert sich im Anschauen und Mitgeniessen des ruhigen Glückes geordneten Familienlebens und anspruchslos befriedigter Lebensverhältnisse.

Versöhnung mit den realen Mächten des Lebens, aber in dieser Versöhnung Erhebung; Einsicht in die Unerlässlichkeit der Beschränkung, aber innerhalb dieser um so festeres Streben nach Rettung und Verwirklichung des unaufgebbaren Ideals reiner und

---

[1]) „Von dem dämonischen Zauber, den der mahnende Weckruf Rousseaus nach Natur und Ursprünglichkeit, nach Wiedergeburt und Verjüngung auf die nächsten Zeitgenossen ausübte, können wir uns heute kaum noch eine genügende Vorstellung machen. Selbst Kant, der doch aufs tiefste alle Schwarmgeister hasste, konnte sich der grossartigen Gedankenwelt Rousseaus nicht entziehen. Es wird erzählt, dass ihm einmal über dem Studium Rousseaus das Unerhörte begegnete, dass er seinen gewohnten täglichen Spaziergang vergass. Schiller widmet dem begeisterten Lobe Rousseaus eins seiner frühesten Gedichte." (Hettner: Literaturgeschichte des 18. Jahrhunderts III, 1, pag. 4.)

[2]) „Die geschichtliche Stellung der Sturm- und Drangperiode zu den grossen Bestrebungen des deutschen Aufklärungszeitalters ist genau dieselbe, wie die geschichtliche Stellung Rousseaus zu Voltaire und zu den französischen Encyklopädisten." (Hettner a. a. O., pag. 5.)

„Schillers erste dramatische Leistungen, von den Räubern bis zum Don Carlos, was sind sie anderes als der kraftvoll dichterische Ausdruck des tiefen revolutionären Grollens, das der nach Natur und Freiheit lechzende Jüngling durch die Schriften Rousseaus in sich genährt und gesteigert hatte?" (Hettner a. a. O., pag. 5.)

„In Rousseau fand der brennend düstere Zorn des genialen Jünglings und, wie Schiller selbst sich bitter ausdrückt, die Indignation seiner verletzten Menschenwürde, Gehalt und Gestalt, Erfüllung und Ziel. Das Grundthema der gesamten Jugenddichtung Schillers, insbesondere seiner dramatischen, ist der von Rousseau aufgestellte typische Gegensatz zwischen der Fülle und Reinheit der ursprünglichen Menschennatur und der unheilbaren Verderbtheit der tatsächlichen Wirklichkeit. Und zwar mit der entscheidenden Wendung, dass, während alle die anderen Stürmer und Dränger, in deren Leben Despotenwillkür nicht so unmittelbar eingegriffen hatte, in der dichterischen Darstellung dieses Gegensatzes sich meist nur auf die stillen Anliegen der Sitte und Bildung beschränkten, Schiller gepressten Herzens sich fast ausschliesslich an die politische Seite Rousseaus hielt." (Hettner a. a. O., pag. 315.)

schöner Menschlichkeit":[1]) das ist das Motiv der Ouvertüre, die den zweiten Teil der Sinfonie seines Lebens einleitet.

„Es bezeichnet die Weltanschauung der stürmenden Jugendzeit, wenn Schiller in der Abhandlung „über naive und sentimentalische Dichtung", sagt, dass wir uns mit schmerzlichem Verlangen nach der Natur zurücksehnen, sobald wir angefangen haben, die Drangsale der Kultur zu erfahren; aber es bezeichnet die Weltanschauung der erlangten Reife und Klärung, wenn Schiller in derselben Abhandlung hinzufügt, dass die Lösung dieses Streites nur in der geistreichen Harmonie einer völlig durchgeführten Bildung liege. Aus dieser Einsicht quillt ihm das unabweisbare Bedürfnis grösserer wissenschaftlicher Vertiefung. Was für Goethe die italienische Reise und die Naturwissenschaft war, das werden für Schiller seine geschichtlichen und philosophischen Studien."[2])

Inmitten dieses Weges, der ihn auf immer den Sternen seiner Jugend entführt, trifft ihn das grosse Ereignis seines Lebens: Kant kreuzt seinen Pfad. Und, wie es immer ist, wenn zwei Herrenaturen zusammenstossen, so auch hier: am Stahl des einen entzündet sich des anderen Feuer.

Das Studium seines Verhältnisses zu dem „Überwinder und Vollender des Rationalismus" gehört zu dem Interessantesten, was diese Periode überhaupt bietet. Zuerst mächtig angezogen von der Höhe und Herbe der philosophisch-ethischen Auffassung dieser ihm auch menschlich verehrungswürdigen Persönlichkeit,[3]) einer Auffassung, die ihn im Innersten ergreift und erregt, entfernt er sich im Verlaufe seiner Studien je weiter von dem „Drako seiner Zeit", je mehr der Künstler in ihm erstarkt, um zuletzt bei dem Manne anzulangen, dem er sich bisher fremd gefühlt und den er daher eher gemieden als gesucht: bei Goethe. Kant ganz Moral, Goethe ganz Ästhetik

---

[1]) Hettner a. a. O. pag. 344.

[2]) Hettner a. a. O. pag. 344/45.

„Es ist nicht genug, Empfindung mit erhöhten Farben zu schildern; man muss auch erhöht empfinden. Begeisterung allein ist nicht genug; man fordert die Begeisterung eines gebildeten Geistes. Alles, was der Dichter uns geben kann, ist seine Individualität. Diese muss es also wert sein, vor Welt und Nachwelt ausgestellt zu werden. Diese seine Individualität so sehr als möglich zu veredeln, zur reinsten, herrlichsten Menschheit hinaufzuläutern, ist sein erstes und wichtigstes Geschäft, ehe er es unternehmen darf, die Vortrefflichen zu rühren." (Schiller: Über Bürgers Gedichte.)

[3]) „Ich kann die Gelegenheit nicht vorbeigehen lassen, ohne Ihnen für die Aufmerksamkeit zu danken, deren Sie meine kleine Abhandlung gewürdigt, und für die Nachsicht, mit der Sie mich über meine Zweifel zurechtgewiesen haben. Bloss die Lebhaftigkeit meines Verlangens, die Resultate der von Ihnen gegründeten Sittenlehre einem Teile des Publikums annehmlich zu machen, der bis jetzt noch davor zu fliehen scheint, und der eifrige Wunsch, einen nicht unwürdigen Teil der Menschheit mit der Strenge Ihres Systems auszusöhnen, konnte mir auf einen Augenblick das Ansehen Ihres Gegners geben, wozu ich in der Tat sehr wenig Geschicklichkeit und noch weniger Neigung habe. Dass Sie die Gesinnung, mit der ich schrieb, nicht misskannten, habe ich mit unendlicher Freude aus Ihrer Anerkennung ersehen." (Schiller an Kant, Brief vom 13. 6. 1794.)

und zwischen diesen Antipoden, die durch eine Welt geschieden,
Schiller in rastlosem Streben, den Punkt zu finden, der diese grossen
Gegensätze in höherer Einheit zu versöhnen erhaben genug sei:
wahrlich ein wahrhaft klassischer Anblick!

Bekanntlich ist bis auf den heutigen Tag die Streitfrage noch
nicht entschieden, welcher Art das endgültige philosophische Verhältnis Schillers zu Kant gewesen sei,
mit anderen Worten: wie Schiller das Verhältnis zwischen
Moral und Ästhetik, gemessen an den höchsten und
letzten Zielen der Menschheiterziehung, endgültig
gefasst habe. In der 1. Auflage seiner Schrift: „Schiller als
Philosoph", die im Jubiläumsjahre der Universität Jena erschien,
hatte Kuno Fischer die Frage ebenso klar wie geistvoll dahin beantwortet, dass Schiller im ersten Abschnitte seiner philosophischen
Periode den ästhetischen Gesichtspunkt dem moralischen untergeordnet, im zweiten neben-, im dritten aber dem moralischen
übergeordnet habe — eine Formulierung, die sofort nach Erscheinen seines Werkchens vielseitig und lebhaft angegriffen wurde.[1])
In der zweiten Auflage vom Jahre 1891 hielt er zwar seine ehemalige Auffassung vom Jahre 1858 nicht aufrecht, erklärte aber
weitere Erörterungen der Frage für gegenstandslos, da eine Vergleichung der Aussagen Schillers bezüglich dieses Punktes zu keinem
einfachen Resultate führe.[2]) Auf diesem Standpunkte steht Kuno
Fischer, wie die 3. Auflage seiner Schrift, die soeben erschienen ist,
beweist, noch heute.[3]) Und wenn Baur in Schmids Encyklopädie
schreibt: „Den Inhalt des erst 1795 verfassten dritten Teiles [der

---

[1]) Zur Literatur hierzu vgl. Muthesius: Schillers Briefe über die ästhetische Erziehung des Menschen pag. 54/55.

[2]) „Jetzt kehren wir zu der Frage zurück, wie Schiller das Verhältnis des
ästhetischen und moralischen Menschen endgültig gefasst hat und wie seine Lehre in
Ansehung der Moral sich zur Kantischen verhält? In seinen Briefen . . . über die
ästhetische Erziehung hat Schiller nachdrücklich erklärt, dass er in den Grundsätzen
der Moral mit Kant völlig einverstanden sei; in dem Aufsatze über Anmut und Würde
hat er sich ebenso nachdrücklich wider die Kantische Lehre . . . gerichtet und ihr den
Begriff der schönen Seele, der sittlichen Grazie entgegengestellt. In einer Reihe seiner
bedeutungsvollsten Sinnsprüche wird die Schönheit der Seele und der Seelenbildung
als das höchste Mass menschlicher Vollkommenheit, als das eigentliche Kennzeichen des
menschlichen Ideals gepriesen, so dass der ästhetische Mensch nun nicht mehr bloss
als die Bedingung und Vorstufe, sondern als die Vollendung des moralischen erscheint.
Wir hören, dass aus dem ästhetischen Zustande der moralische leicht und sicher hervorgeht, also doch der höhere ist und bleibt; dann aber wird uns versichert, dass mit
dem ästhetischen Zustande der moralische schon erfüllt, seine Aufgabe gelöst, die
moralische Kraftanstrengung . . . also überflüssig sei. Wir hören, dass nur aus dem
ästhetischen Menschen sich der moralische entwickelt. Wenn nun das ästhetische Vermögen gar nicht vorhanden ist, wo kommt die moralische Kraft her und wie ist sie
möglich? Die Vergleichung seiner Aussagen . . . führt zu keinem einfachen Resultate,
sondern zu einer Streitfrage, die in antinomische Sätze zerfällt." (2. Aufl. pag. 321
und 339/40.)

[3]) Der Text derselben ist völlig gleichlautend mit dem der 2. Auflage.

Briefe über die ästhetische Erziehung des Menschen][1]) gibt Schiller selbst am Schlusse des zweiten mit den Worten an: „Ich werde im Fortgange meiner Untersuchungen den Weg, den die Natur in ästhetischer Hinsicht mit dem Menschen einschlägt, auch zu dem meinigen machen und mich von den Arten der Schönheit zu dem Gattungsbegriff derselben erheben. Ich werde die Wirkungen der schmelzenden Schönheit an dem angespannten und die Wirkungen der energischen an dem abgespannten prüfen, um zuletzt beide entgegengesetzte Arten der Schönheit in der Einheit des Ideal-Schönen auszulöschen, so wie jene zwei entgegengesetzten Formen der Menschheit in der Einheit des Idealmenschen untergehen." Nach diesen Worten ist es nicht etwa, wie K. Fischer meint, dem Dichter nur wider Wissen und Willen begegnet, dass er die Schönheit zuerst als Bildungsmittel und dann wieder als höchstes Bildungsideal behandelt; sondern mit ebenso klarem Bewusstsein als gutem Grunde hat er hier wie in den „Künstlern" die ästhetische Bildung zuerst als Vorstufe und dann als die verklärende Vollendung der moralischen dargestellt" — so ist das auf jeden Fall ebenso schön gedacht wie sinnig gesagt, ändert aber nichts an der Tatsache, dass unleugbar Widersprüche — und wie es scheint unlösbare — in den Aussagen Schillers zu Tage liegen.

Diese zum Teil heiss umstrittenen philosophischen Schriften — es handelt sich, wie in der Anmerkung schon erwähnt, hauptsächlich um die Briefe über die ästhetische Erziehung des Menschen — deren leitende Gedanken auch in einer Reihe in unserer Literatur einzig dastehender Lehrgedichte klassische Form gewonnen, enthalten Schillers Erziehungsideale. Wenn nun aber Bliedner[2]) meint, dass die endgültige Lösung der oben erörterten Streitfrage von massgebender Bedeutung für die Pädagogik überhaupt sei, so können wir ihm hierin nicht beipflichten. Im Gegenteil: wir erachten das Resultat derselben für die Zwecke der Erziehungswissenschaft als irrelevant.

Wir sprachen oben, und zwar mit Absicht, nicht von dem Erziehungsideale, sondern von den Erziehungsidealen Schillers. In der Tat hat der Dichter zwei Erziehungsideale aufgestellt. Das erste findet sich in der klassischen Abhandlung „über Anmut und Würde", die im Mai 1793 entstand und in ihren Hauptgedanken schon in den „Künstlern" vorahnend empfunden ist, das zweite in der „zweifellos bedeutendsten Leistung Schillers auf dem Gebiete der Ästhetik", den „Briefen über die ästhetische Erziehung des Menschen", die am Schlusse seiner philosophischen Lehrjahre stehen und in dem „ebenso

---

[1]) Um diese Abhandlung dreht sich in der Hauptsache der Streit.
[2]) In Reins encyklopädischem Handbuche der Pädagogik VI, pag. 75.

grossartigen als eigentümlichen Gedichte, das ursprünglich das „Reich der Schatten", später das „Reich der Formen" hiess und jetzt die Überschrift „das Ideal und das Leben" führt", ihre vollendete Verkörperung gefunden haben. Wir wollen jenes das Fundamental-, dieses das Vollendungsideal nennen. Wenn nun Hettner[1]) Schillers Vollendungsideal in folgende Form fasst: „Es ist der Begriff einer völligen Abwesenheit aller Beschränkungen, Freiheit von Leidenschaft, Genuss des Unendlichkeitsgefühles, die vollendete Versöhnung und Harmonie aller Widersprüche und Gegensätze des Lebens; es ist das freie Darüberstehen über aller Angst und Not des Irdischen; es ist, wenn es erlaubt ist, ein schmählich entweihtes Wort auf seine ursprüngliche Bedeutung zurückzuführen, die göttliche Ironie, von der die Romantiker so viel sagten und sangen; es ist das feste Insichselbstberuhen; es ist des Sieges hohe Sicherheit, die von allen Erdenmalen frei ist und alle Zeugen irdischer Bedürftigkeit von sich ausgestossen hat; es ist die volle und reine Menschlichkeit in der Seligkeit ungetrübter göttlicher Heiterkeit und Ruhe",[2]) so ergibt sich daraus wohl ohne weiteres, dass diesem Ideale unmittelbare Bedeutung für die Pädagogik nicht zugesprochen werden kann, da seine Verwirklichung lediglich letztes und höchstes Ziel der Selbsterziehung ist. Diese aber liegt ausserhalb des Rahmens unserer Erzieheraufgabe.[3])

---

[1]) A. a. O. pag. 160.

[2]) „Nur der Körper eignet jenen Mächten,
Die das dunkle Schicksal flechten;
Aber frei von jeder Zeitgewalt,
Die Gespielin seliger Naturen,
Wandelt oben in des Lichtes Fluren
Göttlich unter Göttern die Gestalt.
Wollt ihr hoch auf ihren Flügeln schweben,
Werft die Angst des Irdischen von
euch!
Fliehet aus dem engen, dumpfen Leben
In des Ideales Reich!

Aber dringt bis in der Schönheit Sphäre,
Und im Staube bleibt die Schwere
Mit dem Stoff, den sie beherrscht, zurück.
Nicht der Masse qualvoll abgerungen,
Schlank und leicht, wie aus dem Nichts
gesprungen,
Steht das Bild vor dem entzückten Blick.
Alle Zweifel, alle Kämpfe
schweigen
In des Sieges hoher Sicherheit;
Ausgestossen hat es jeden Zeugen
Menschlicher Bedürftigkeit.

Aber der, von Klippen eingeschlossen,
Wild und schäumend sich ergossen,
Sanft und eben rinnt des Lebens Fluss
Durch der Schönheit stille Schattenlande,
Und auf seiner Wellen Silberrande
Malt Aurora sich und Hesperus.
Aufgelöst in zarter Wechselliebe,
In der Anmut freiem Bund vereint,
Ruhen hier die ausgesöhnten
Triebe,
Und verschwunden ist der Feind.

Aber in den heitern Regionen,
Wo die reinen Formen wohnen,
Rauscht des Jammers trüber Sturm nicht mehr.
Hier darf Schmerz die Seele nicht durch-
schneiden,
Keine Träne fliesst hier mehr von Leiden,
Nur des Geistes tapfrer Gegenwehr.
Lieblich, wie der Iris Farbenfeuer
Auf der Donnerwolke duft'gem Tau,
Schimmert durch der Wehmut
düstern Schleier
Hier der Ruhe heitres Blau."

[Aus: „Das Ideal und das Leben", Strophe 3, 7, 9, 13.]

[3]) Wenn daher Bliedner [a. a. O.] wie folgt schreibt: „Unter Berücksichtigung

In der Abhandlung „über Anmut und Würde" reitet Schiller an gegen Kants starres Pflichtgebot und seine rigorose Abweisung aller sinnlichen Neigungen und Antriebe; er versucht, den moralischen Standpunkt mit dem ästhetischen zu vereinigen, zu versöhnen, das Schöne moralisch zu rechtfertigen und zu begründen.[1])

Ausgehend vom griechischen Mythos definiert Schiller die Anmut [Grazie] als die Schönheit der Gestalt unter dem Einflusse der Freiheit.[2]) „Es gibt nun," fährt er fort, „eine Schönheit der Natur, die wir nicht hervorbringen, sondern empfangen: die Schönheit des Körpers, der Gestalt. Diese ist Naturgabe, nicht Verdienst. Unser Leben, soweit es nicht durch Wille und Bewusstsein bestimmt wird, verläuft in unwillkürlichen Funktionen; unwillkürlich ist die Empfindung, die der Eindruck hervorruft, der Laut der Freude und des Schmerzes, wodurch die Empfindung sich äussert, die sympathetische Bewegung, die dieselbe begleitet, die Gebärde, die sie ausdrückt. Ist dieser Ausdruck ganz ungezwungen und natürlich, nicht ungestüm und heftig, wie die rohe Natur sich Luft macht, sondern massvoll und frei, so erscheint unser bewegtes Seelenleben in einer Form, die durch kein Naturgesetz, durch kein Sittengesetz, sondern allein durch die Person bestimmt wird: dieser freie, völlig ungekünstelte und unnachahmliche Ausdruck des persönlichen Seelenlebens hat den Charakter der Anmut. Anmut ist ganz natürliche und zugleich sprechende Bildung. Nur der Geist spricht. Anmutig ist die schöne Natur, die der Geist gebildet hat. Es gibt keine künstliche Grazie. Wer anmutig sein will, ist es nicht; sein Lächeln ist nicht reizend, sondern süsslich. Die Natur, die sich bloss gehen lässt,

---

von alledem Jiesse sich das Schillersche Erziehungsideal in folgende Worte kleiden: Es ist ein Zustand des Gemütes, in dem die menschheitlichen Interessen, Ziele und Aufgaben nicht mehr als schwere Traumbilder des Erdenlebens erscheinen, sondern durch die schöne Kunst in eine solche Beleuchtung gerückt sind, dass der Mensch, von aller „Angst des Irdischen" befreit, einer göttlichen Ruhe und Heiterkeit teilhaftig wird" — so halten wir diese, wie ersichtlich aus den Briefen „über die ästhetische Erziehung des Menschen" [resp. aus „Ideal und Leben"] abstrahierte Formulierung — abgesehen von ihrer wenig glücklichen Fassung — aus dem oben dargelegten Grunde inhaltlich für verfehlt.

[1]) „In der Abhandlung „über Anmut und Würde" liegt der Schwerpunkt in dem Kampfe gegen die Sinnenfeindlichkeit der Kantschen Sittenlehre. Die innige Einheit und Durchdringung von Sinnlichkeit und Vernunft, die freiwillige Übereinstimmung von Neigung und Pflicht, kurz: die volle und ganze und in sich harmonische, im griechischen Sinne gute und schöne Menschennatur soll in ihrem unverbrüchlichen Rechte bleiben.

Auch ein grosser Teil der philosophischen Gedichte behandelt diesen Kampf und dessen Lösung in überraschender Mannigfaltigkeit und Lebensfülle und mit der wunderbarsten Genialität schöpferischer Fortbildung — [der Genius; an einen jungen Freund, als er sich der Weltweisheit widmete; die Führer des Lebens; das Höchste; der Tanz; Würde der Frauen; die Sänger der Vorwelt; Odysseus; die Antike und der nordische Wanderer; der Spaziergang]." (Hettner a. a. O. pag. 163.)

[2]) Sofern eine besondere Quelle nicht verzeichnet wird, ist die gebotene Darstellung die Schillers.

ist nicht anmutig; der Geist, der die Natur zwingt, sich nicht gehen zu lassen, ist es ebensowenig. Anmutig ist nur der Geist, und er ist es nur dann, wenn er sich ganz natürlich und darum unwillkürlich offenbart."[1] Da also weder die über die Sinnlichkeit herrschende Vernunft, noch die über die Vernunft herrschende Sinnlichkeit sich mit der Schönheit des Ausdruckes verträgt, so wird (denn es gibt keinen vierten Fall) derjenige Zustand des Gemütes, wo Vernunft und Sinnlichkeit — Pflicht und Neigung — zusammenstimmen, die Bedingung sein, unter der die Schönheit erfolgt. Um ein Objekt der Neigung werden zu können, muss der Gehorsam gegen die Vernunft einen Grund des Vergnügens abgeben. Aber — so wie die Grundsätze Kants von ihm selbst und auch von anderen pflegen vorgestellt zu werden, ist die Neigung eine sehr zweideutige Gefährtin des Sittengefühls und das Vergnügen eine bedenkliche Zugabe zu moralischen Bestimmungen. Soviel scheint ja gewiss zu sein, dass der Beifall der Sinnlichkeit, wenn er die Pflichtmässigkeit des Willens auch nicht verdächtig macht, doch wenigstens nicht imstande ist, sie zu verkürzen. Der sinnliche Ausdruck dieses Beifalls in der Grazie wird also für die Sittlichkeit der Handlung, bei der er angetroffen wird, nie ein hinreichendes und gültiges Zeugnis ablegen, und aus dem schönen Vortrage einer Gesinnung oder Handlung wird man nie ihren moralischen Wert erfahren. Bis hierher glaube ich, mit den Rigoristen der Moral vollkommen einstimmig zu sein; aber ich hoffe, dadurch noch nicht zum Latitudinarier zu werden, dass ich die Ansprüche der Sinnlichkeit, die im Felde der reinen Vernunft und bei der moralischen Gesetzgebung völlig zurückgewiesen sind, im Felde der Erscheinung und bei der wirklichen Ausübung der Sittenpflicht noch zu behaupten versuche.

So gewiss ich nämlich überzeugt bin, dass der Anteil der Neigung an einer freien Handlung für die reine Pflichtmässigkeit derselben nichts beweist, so glaube ich, eben daraus folgern zu können, dass die sittliche Vollkommenheit des Menschen gerade nur aus diesem Anteile seiner Neigung an seinem moralischen Handeln erhellen kann. Der Mensch nämlich ist nicht dazu bestimmt, einzelne sittliche Handlungen zu verrichten, sondern ein sittliches Wesen zu sein. Nicht Tugenden, sondern die Tugend ist seine Vorschrift, und Tugend ist nichts anderes, „als eine Neigung zur Pflicht". Der Mensch darf nicht nur, sondern soll Lust und Pflicht in Verbindung bringen: er soll seiner Vernunft mit Freuden gehorchen. Nicht, um sie wie eine Last wegzuwerfen oder wie eine grobe Hülle von sich abzustreifen: nein, um sie aufs innigste mit seinem

---

[1] Nach Fischer a. a. O. pag. 259/60.

höheren Selbst zu vereinbaren, ist seiner reinen Geister-
natur eine sinnliche beigesellt. In der Kantischen Moral-
philosophie ist die Idee der Pflicht mit einer Härte vorgetragen,
die alle Grazien davor zurückschreckt und einen schwachen
Verstand leicht versuchen könnte, auf dem Wege einer finstern und
mönchischen Asketik die moralische Vollkommenheit zu suchen.
Womit haben die Kinder des Hauses verschuldet, dass er nur für
die Knechte sorgte? — Es ist für moralische Wahrheiten gewiss
nicht vorteilhaft, Empfindungen gegen sich zu haben, die der Mensch
ohne Erröten sich gestehen darf. Wie sollen sich aber die Empfindungen der Schönheit und Freiheit mit dem düsteren Geiste
eines Gesetzes vertragen, das ihn mehr durch Furcht als durch Zuversicht leitet, das ihn, den die Natur doch vereinigte, stets
zu vereinzeln strebt und nur dadurch, dass es ihm Misstrauen
gegen den einen Teil seines Wesens erweckt, sich der Herrschaft
über den anderen versichert. Es erweckt mir kein gutes Vorurteil
für einen Menschen, wenn er der Stimme des Triebes so wenig trauen
darf, dass er gezwungen ist, ihn jedesmal erst vor dem Grundsatze
der Moral abzuhören; vielmehr achtet man ihn hoch, wenn er sich
demselben, ohne Gefahr, durch ihn missleitet zu werden, mit einer
gewissen Sicherheit vertraut. Denn das beweist, dass beide
Prinzipien in ihm sich schon in derjenigen Übereinstimmung befinden, die das Siegel der vollendeten
Menschheit und dasjenige ist, was man unter einer
schönen Seele versteht.
    Eine schöne Seele nennt man es, wenn sich das sittliche Gefühl
aller Empfindungen des Menschen endlich bis zu dem Grade versichert hat, dass es dem Affekt die Leitung des Willens ohne Scheu
überlassen darf und nie Gefahr läuft, mit den Entscheidungen desselben in Widerspruch zu stehen. Daher sind bei einer schönen
Seele die einzelnen Handlungen eigentlich nicht sittlich, sondern der ganze Charakter ist es. In einer
schönen Seele[1]) ist es also, wo Sinnlichkeit und Vernunft, Pflicht und Neigung harmonieren und Grazie ist
ihr Ausdruck in der Erscheinung.
    Es ist zwar dem Menschen aufgegeben, sagt Schiller im zweiten
Teile seiner Abhandlung [über die Würde], diese innige Übereinstimmung zwischen seinen beiden Naturen zu stiften, immer ein
harmonierendes Ganze zu sein und mit seiner vollstimmigen ganzen
Menschheit zu handeln. Aber diese Charakterschönheit, die reifste
Frucht seiner Humanität, ist bloss eine Idee, der gemäss zu werden
er mit anhaltender Wachsamkeit streben, aber die er bei aller Anstrengung nie ganz erreichen kann. Der Grund hierfür ist die

---

[1])   Doch Schön'res find' ich nichts, so lang ich wähle,
      Als in der schönen Form — die schöne Seele.
                (Huldigung der Künste.)

unveränderliche Einrichtung seiner Natur; es sind die physischen Bedingungen seines Daseins selbst, die ihn daran verhindern. Der Naturtrieb bestürmt das Empfindungsvermögen durch die gedoppelte Macht von Schmerz und Vergnügen, durch Schmerz, wo er Befriedigung fordert, durch Vergnügen, wo er sie findet. In diesem Punkte steht er dem Tiere vollkommen gleich. Jetzt aber fängt der grosse Unterschied an. Bei dem Menschen ist noch eine Instanz mehr: nämlich der Wille. In Affekten also, wo die Natur (der Trieb) zuerst handelt und den Willen entweder ganz zu umgehen oder ihn gewaltsam auf ihre Seite zu ziehen strebt, kann sich die Sittlichkeit des Charakters nicht anders als durch Widerstand offenbaren, und dass der Trieb die Freiheit des Willens nicht einschränke, nur durch Einschränkung des Triebes verhindern. Übereinstimmung mit dem Vernunftgesetz ist also im Affekte nicht anders möglich, als durch einen Widerspruch mit den Forderungen der Natur. Und da die Natur ihre Forderungen aus sittlichen Gründen nie zurücknimmt, folglich auf ihrer Seite alles sich gleichbleibt, wie auch der Wille sich in Ansehung ihrer verhalten mag, so ist hier keine Zusammenstimmung zwischen Neigung und Pflicht, zwischen Vernunft und Sinnlichkeit, möglich, so kann der Mensch hier nicht mit seiner ganzen harmonierenden Natur, sondern ausschliessungsweise nur mit seiner vernünftigen handeln. Er handelt also in diesen Fällen auch nicht moralisch schön, weil an der Schönheit der Handlung auch die Neigung notwendig teilnehmen muss. Er handelt aber moralisch gross. Die schöne Seele muss sich also im Affekte in eine erhabene verwandeln, und das ist der untrügliche Probierstein, wodurch man sie von dem guten Herzen oder der Temperamentstugend unterscheidet. Ist bei einem Menschen die Neigung nur darum auf seiten der Gerechtigkeit, weil die Gerechtigkeit sich glücklicherweise auf seiten der Neigung befindet, so wird der Naturtrieb im Affekte eine vollkommene Zwangsgewalt über den Willen ausüben, und wo ein Opfer nötig ist, so wird es die Sittlichkeit und nicht die Sinnlichkeit bringen. War es hingegen die Vernunft selbst, die, wie bei einem schönen Charakter der Fall ist, die Neigungen in Pflicht nahm und der Sinnlichkeit das Steuer nur anvertraute, so wird sie es in demselben Momente zurücknehmen, als der Trieb seine Vollmacht missbrauchen will. Die schöne Seele geht ins Heroische über und erhebt sich zur reinen Intelligenz.

„Nennen wir die schöne Seele in der idealen Heiterkeit ihres ruhig harmonischen Gleichgewichts Anmut, so nennen wir sie in der kämpfenden Betätigung ihrer sittlichen Kraft und in dem Siege ihrer Geistesfreiheit Würde."[1]

---

[1] Hettner a. a. O. pag. 153.

Sind Anmut und Würde, jene noch durch architektonische Schönheit, diese durch Kraft unterstützt, in derselben Person vereinigt, so ist der Ausdruck der Menscheit in ihr vollendet.

Nach diesem Ideal menschlicher Schönheit sind die Antiken gebildet, und man erkennt es in der göttlichen Gestalt einer Niobe, im Belvederischen Apoll, in dem Borghesischen geflügelten Genius und in der Muse des Barberinischen Palastes.[1]

Auf Grund vorstehender Darstellung dürfte es berechtigt sein, Schillers Fundamentalerziehungsideal in folgende Formel zu fassen:

Ziel der Erziehung ist die Begründung einer nach allen Anlagen und Kräften des Leibes und der Seele harmonisch ausgebildeten — kurz:

Begründung einer vollendeten Persönlichkeit.[2]

Bei der Bedeutung Schillers für unsere Nation, insbesondere für die Erziehung unserer heranwachsenden Generationen, können wir uns

---

[1] „In der Abhandlung „über Anmut und Würde" liegt so sehr der innerste Kern der sittlichen Denkweise Schillers, dass sich um sie eine beträchtliche Anzahl kleiner Abhandlungen gruppiert, die wesentlich den Zweck haben, diesen Grundgedanken weiter auszuführen. Am schlagendsten tritt die Übereinstimmung mit der Abhandlung „über Anmut und Würde" noch in der Abhandlung von 1801 „über das Erhabene" hervor, nur mit dem Unterschiede, dass Schiller, wahrscheinlich um die Spöttelein Kants, der die Grazien mit verführerischen Buhlschwestern verglichen hatte, unschädlich zu machen, jetzt die Ausdrucksweise verändert hat und die Anmut nunmehr als das Schöne, die Würde als das Erhabene bezeichnet." [Vgl.: „Nur wenn das Erhabene mit dem Schönen sich gattet und unsere Empfänglichkeit für beides in gleichem Masse ausgebildet worden ist, sind wir vollendete Bürger der Natur, ohne deswegen ihre Sklaven zu sein und ohne unser Bürgerrecht in der intelligiblen Welt zu verscherzen."] (Hettner a. a. O. pag. 153.)

„Die Führer des Lebens" [„Schön und Erhaben"]
Zweierlei Genien sind's, die durch das Leben dich leiten.
Wohl dir, wenn sie vereint helfend zur Seite dir gehn!
Mit erheiterndem Spiel verkürzt dir der eine die Reise,
Leichter an seinem Arm werden dir Schicksal und Pflicht.
Unter Scherz und Gespräch begleitet er bis an die Kluft dich,
Wo an der Ewigkeit Meer schaudernd der Sterbliche steht.
Hier empfängt dich entschlossen und ernst und schweigend der andre,
Trägt mit gigantischem Arm über die Tiefe dich hin.
Nimmer widme dich einem allein! Vertraue dem ersten
Deine Würde nicht an, nimmer dem andern dein Glück.

[2]   Aufgabe.
Keiner sei gleich dem andern, doch gleich sei jeder dem Höchsten!
Wie das zu machen? Es sei jeder vollendet in sich.
(Schiller: Tabulae votivae.)

„Das konkrete Erziehungsideal aber wird, wenigstens für den Teil der Bevölkerung, der sich freier nach dem höchsten Ziele zu strecken vermag, durch die in den vorangehenden Kapiteln dargelegte neuhumanistische Anschauung vorgezeichnet: Menschen bilden, das ist die Aufgabe, nicht Sklaven einer Profession oder Marionetten einer Konfession, sondern volle, ganze, freie Menschen, bei denen alle Anlagen des Leibes der Nötigung nicht entziehen, dieses Fundamentalideal kritisch zu beleuchten.

Wir erheben demnach zuerst die Frage: Ist Schillers Erziehungsideal überhaupt geeignet, als oberstes Prinzip der Erziehung aufgestellt zu werden? An den Anforderungen gemessen,[1]) die an einen Satz gestellt werden müssen, der den Anspruch erhebt, an die Spitze eines Systems als oberster Grundsatz gestellt zu werden, dürfte es keinem Zweifel unterliegen, dass das Urteil zu gunsten des Schillerschen Fundamentalsatzes ausfallen wird.

Somit tritt die zweite Frage an uns heran: Ist Schillers Fundamentalgrundsatz wertvoll genug, um zum Ideal aller Erziehungsarbeit erhoben zu werden.

Die Beantwortung dieser zweiten Frage scheint auf den ersten Anblick nicht zu so befriedigendem Resultate führen zu sollen, wie die der ersten; denn dem Schillerschen Satze scheinen zwei Mängel anzuhaften, die, wenn sie als tatsächlich vorhanden sich herausstellen sollten, seine Qualität nicht unbedenklich zu mindern die Kraft haben dürften. Der erste Mangel liegt in der scheinbaren Nichtberücksichtigung des religiösen, der zweite in der des nationalen Momentes.

Was nun zunächst den ersten Punkt anlangt, so dürfte sich wohl kein Widerspruch erheben, wenn wir dahin argumentieren, dass, vom theistischen Standpunkte aus gesehen, eine Persönlichkeit ihre Vollendung nur in der Weihe christlicher Gesinnung findet, dass also im Begriffe der „Vollendung" das Moment der „Christlichkeit" als dessen Krönung eo ipso enthalten ist. Was nun den zweiten Vorwurf betrifft, der dahin zu präzisieren ist, dass Schillers Ideal rein individualistisch sei, die Beziehungen also des Einzelnen zur Gesamtheit, das kollektivistische Moment, gänzlich ignoriere, so fällt auch er bei näherer Betrachtung in nichts zusammen. Es ist Axiom, dass die absolute, die abstrakte Persönlichkeit eine Idee ist; denn so wenig einmal eine Nation im Komplex ihrer sozialpsychischen Beanlagung mit der anderen über-

und der Seele von innen heraus entwickelt, zu tätigen Kräften des Erkennens und Handelns gebildet sind. Dabei wird auch die Eigentümlichkeit des Einzelnen zu ihrem Rechte kommen: denn Mannigfaltigkeit und Besonderheit der Bildung machen den Reichtum der Menschheit aus; Gleichförmigkeit ist Armut. Auf diesem Wege und auf ihm allein kann gewonnen werden, was der höchste Inhalt und das höchste Glück des Lebens ist: freie und harmonische Betätigung aller Kräfte der zu eigentümlicher Gestalt entwickelten Persönlichkeit." (Paulsen a. a. O. pag. 280.)

[1]) „Die vier Merkmale eines obersten Grundsatzes der Erziehung wären demnach: Er darf weder eines Beweises fähig, noch desselben bedürftig; er muss unmittelbar gewiss; er muss ein allgemeiner, ein einziger, ein formaler Satz sein. Hat daher irgend ein Erziehungsgrundsatz diese vier Merkmale, so ist er der oberste Grundsatz der Erziehung; hat er sie nicht, so ist er nicht der oberste Grundsatz der Erziehungswissenschaft; kann ein solcher nicht gefunden werden, so muss die Erziehungslehre auf den Rang einer strengen Wissenschaft verzichten." (Diesterweg: Über das oberste Prinzip der Erziehung. Rheinische Blätter. Neue Folge. Band I.)

einstimmt und so wenig zum anderen innerhalb eines Volkes der Begriff des Typs im Laufe der geschichtlichen Entwicklung konstant
geblieben, so wenig ist eine Persönlichkeit denkbar, deren Entwicklung unabhängig von dessen jeweiliger sozialpsychischer Ausprägung
in die Erscheinung getreten wäre. Das Ideal der vollkommenen Persönlichkeit ist daher nur realisierbar
auf der Grundlage nationaler Geist- und Herzensbildung.

Es soll nicht bestritten werden, dass dieser Gedankengang dem
Dichter in den Jahren seiner Entwicklung, die ja im Zeichen der
Herrschaft eines abstrakten Kosmopolitismus stand, dessen Entstehung
uns — leider — nur allzu verständlich ist, nicht geläufig war;[1] die
Werke der Reife aber, die Dichtungen seiner klassischen
Periode, lassen keinen Zweifel, dass er auf der Höhe
des Daseins das nationale Moment in der Erziehung in
seiner vollen Bedeutung erkannt und gewürdigt hat.[2]

Wenn wir nun aus alledem das Fazit ziehen, so glauben wir,
nicht auf Widerspruch zu stossen, sofern wir es dahin formulieren,
dass Schillers Fundamentalerziehungsideal zugleich
das Erziehungsideal par excellence ist.

Welche Stellung hat nun die Schule des 19. Jahrhunderts diesem Schillerschem Ideale gegenüber eingenommen?

Die Antwort auf diese Frage lässt sich nicht ohne weiteres in
eine kurze, geschlossene Formel fassen.

Stein hatte die Erziehung der Jugend für eine der wichtigsten,
wenn nicht die wichtigste Mission des Staates erklärt; es kann daher
nicht wunder nehmen, wenn wir sehen, dass die Schule des 19. Jahrhunderts im Kielwasser der Staatsraison steuert, je länger, je mehr.

„Die grosse Aufgabe, die sich die Neubegründer des nieder-
getretenen Staates[3] stellten, war die innere Erneuerung des
ganzen Volkslebens. Der äussere Zusammenbruch des Staates stellte
sich ihnen als die Folge seiner inneren Untüchtigkeit dar. Die
eigentliche Ursache erkannten sie in dem Mangel an Selbsttätigkeit
der Bevölkerung, den die alte Staatsverfassung verschuldet hatte.
Nach der durch den Absolutismus sanktionierten Auffassung ist der
Staat nicht eine Sache des Volkes, sondern der Dynastie und der
von ihr in Dienst genommenen Beamten; die einzige Aufgabe der
Untertanen ist: gehorchen, Steuern zahlen und für das Heer das
Menschenmaterial liefern. Die Wirkung dieser Verfassung ist der

---

[1]   „Zur Nation euch zu bilden, ihr hofft es, Deutsche, vergebens.
      Bildet, ihr könnt es, dafür freier zu Menschen euch aus."
[2] Hierzu Belegstellen geben, hiesse doch wohl Eulen nach Athen tragen.
[3] Wir ziehen in unserer Darstellung nur Preussen und Sachsen in den Kreis der
Betrachtung.

Geist der reinen Passivität: der Untertan tut nichts, wozu er nicht genötigt wird; der Gemeingeist stirbt ab, der Geist der Trägheit und Selbstsucht wird grossgezogen. Lässt nun die treibende Kraft an der Spitze des Staates nach, so steht das Ganze, wie ein toter Mechanismus, still; ein Stoss von aussen, und er bricht in Stücke.

Soll eine Wiederbelebung des niedergeworfenen Staates stattfinden, so kann sie nur geschehen durch die innere Entwicklung der im Volke vorhandenen, aber schlummernden Kräfte. Der neue Staat muss auf die Selbsttätigkeit aller seiner Glieder gebaut werden, dann wird er zu einem lebendigen Organismus, mit der diesen Wesen eigentümlichen Widerstands- und Wiederherstellungskraft. Hierzu ist notwendig zuerst: Freiheit der Bewegung für den Einzelnen in seinem Kreise; sie ist ihm durch Auflösung der Bande zu schaffen, wodurch im alten Staate die persönliche Freiheit und die Freiheit des Erwerbs und des Eigentums beschränkt waren; sodann: Beteiligung der Staatsbürger am öffentlichen Leben; die Selbstverwaltung der öffentlichen Angelegenheiten in Gemeinde, Kreis und Staat ist das grosse Erziehungsmittel, um alle Bürger mit Gemeinsinn, mit Kraft und Einsicht für das Gemeinwesen zu erfüllen. Dazu kommt endlich das neue, auf allgemeine Wehrpflicht und allgemeine Wehrhaftigkeit gegründete Heer.

Für diesen auf neue Prinzipien gegründeten Staat ist nun aber auch eine neue Erziehung nötig, eine Erziehung, die auf das Prinzip der Selbsttätigkeit und Selbstverantwortlichkeit gegründet ist. Und hier trifft nun die Politik der leitenden preussischen Staatsmänner mit der neuen Pädagogik zusammen: Pestalozzi wird zum Führer auf dem Gebiete der Volkserziehung genommen.

Als die Summe der Bestrebungen dieses echten Volksfreundes, mit dem grossen Herzen voll Liebe zum Volke und voll Glauben an das Volk, kann man bezeichnen: Bildung zur Selbsttätigkeit.

Mit Humboldts Eintritt in die Regierung werden diese Ideen formell zur Neugestaltung des preussischen Unterrichtswesens berufen. Sie durchdringen die Universitäten: das Studium wird auf Selbstdenken und Selbsttätigkeit gestellt. Sie durchdringen die Schulen. Das Gymnasium soll, als Vorschule der Universität, die Aufgabe dieser vorbereitend ermöglichen; selbständig wissenschaftlich arbeiten lernen ist das Ziel, das auf der obersten Stufe vor allem in freier Privatlektüre hervortritt. Und auch die Volksschule wird auf Selbsttätigkeit gestellt: an Stelle der alten Schulmeister, die mit dem Stocke die Buchstaben und den Katechismus einbleuten, treten die Jünger Pestalozzis, bemüht, die Dinge durch die Anschauung der Erkenntnis der Schüler zuzuführen und in gemeinsamer intellektueller Arbeit die geistige Herrschaft über die Natur zu begründen. Bekanntlich werden Zöglinge zu Pestalozzi nach Ifferten geschickt, um sich mit dem neuen Geiste zu erfüllen und die neue Methode zu lernen, und andererseits Schüler Pestalozzis berufen, die in Wanderkursen die Geistlichen und Lehrer mit der Sache bekannt machen."[1])

Ist das aber, so fragt man sich unwillkürlich, nicht eine ein seitige Auffassung Pestalozzis? Ist nicht harmonische Aus bildung aller Kräfte der Menschennatur[2]) Pestalozzis Er ziehungsidel? Ist Pestalozzi nicht Schillers Erfüllung? Mit nichten! Wohl fordert er harmonische Ausbildung des ganzen Menschen; aber für die Erziehung zur Schönheit im Sinne Schillers fehlt ihm, wenn auch nicht die Ahnung, so doch das notwendige Organ wahren Verständnisses: die eigene ästhetische Per sönlichkeit.[3]) So wurde Pestalozzis Ruf nach Kraftbildung zum Feldgeschrei einseitiger Verstandesbildung. Und wenn auch die gelehrte Schule, eintauchend in die einzigartige, künstlerische Welt des Hellenentums, trinkend aus dem unversieg lichen Borne reinsten und schönsten Menschentums, alle Grundlagen zur ästhetischen Erziehung ihrer Schüler in lockender Fülle ihr eigen nannte und dadurch der Volksschule innerlich überlegen war, so zerstörte gar bald der Meltau scharfer Prüfungsordnungen, der, von Preussen ausgehend, allmählich auch auf die anderen Staaten ver dorrend sich senkte, die zarte Saat aufspriessenden ästhetischen Empfindens. „Wissen" und abermals „Wissen" wird das Ziel der gelehrten Schulen Deutschlands.[4])

Die mit den Karlsbader Beschlüssen in die Erscheinung tretende erste Reaktionsperiode in Preussen berührt, wenn schon die Hoch schulen das Hauptopfer derselben wurden, auch die Gelehrten schule. Da jedoch die Erweckung politischer und religiöser Ge sinnungstüchtigkeit bei Lehrern und Schülern den Hauptinhalt der

---

[1]) Paulsen a. a. O. pag. 277/78; 280/81.

[2]) Siehe „Abendstunde eines Einsiedlers".

[3]) „Stets fordert Pestalozzi harmonische Ausbildung des ganzen Menschen; aber er übersieht, dass die Vollendung und Probe dieser Harmonie eben die ästhetische Bildung, die ästhetische Durchdringung auch der intellektuellen, sittlichen und technischen Bildung ist. Er fordert harmonische Bildung nach „Kopf, Herz und Hand"; aber die Hand vertritt hier nur die technische Fertigkeit, Kunst bedeutet ihm tech nisches Können, Kunstbildung wird identisch mit Arbeitsbildung." (Natorp im „Säemann", januarheft 1905, pag. 12.)

[4]) „Das ist der Lehrplan des modernen Gymnasiums in Preussen. Eine harmonische Ausbildung aller Kräfte des Geistes, durch Sprachen und Literatur, durch Mathematik und Realwissenschaften, das ist das Ziel. Der zur Universität reife Abiturient soll eine allseitige, formale Bildung des Verstandes, ein sicheres Können in den Sprachen, die zur Gelehrsamkeit nötig sind, ein bedeutendes Mass von Einsichten und Fertigkeiten in den mathematischen Wissenschaften, endlich einen umfassenden Besitz wissenschaftlicher Kenntnisse auf dem Gebiete der natürlichen wie der geschichtlichen Welt mitbringen. Er mag sich nun auf der Universität jeder Art von Studien zuwenden: überall findet er sich zu Hause, überall besitzt er die Werkzeuge der wissenschaftlichen Arbeit; in der Philologie wie in der Theologie oder der Rechtswissenschaft, in der Mathematik und Naturwissen schaft wie in der Medizin: nirgends werden ihm Aufgaben gestellt, wofür er nicht, vor bereitet wäre." (Paulsen a. a. O. pag. 293.)

angestrebten Reformen ausmacht, so liegt für uns keine Veranlassung vor, uns näher mit diesen Änderungen zu befassen.[1]

In welchem Verhältnisse nun, so fragen wir zuletzt, stand denn in dieser Periode die Ausbildung eines der wichtigsten Stände für das gesamte Erziehungswesen, die der Volksschullehrer zum Schillerschen Ideale? Und welches ist das Kriterium, an dem wir dieses Verhältnis zu messen vermögen?

Universität und Gymnasium stiegen nieder zu der verjüngenden Quelle des Hellenentums, um aus den Wassern dieses ewig klaren Meeres den Trank reinen Menschentums zu trinken. Welches aber ist der Born der Erquickung für die, die die Seele der Schönheit nicht in den Schätzen griechischer Heiligtümer zu suchen vermögen?

Wir haben schon in der Einleitung ausgeführt, dass — so weit überhaupt möglich — das ganze protestantische Deutschland eintauchte in die Flutwelle des Neuhumanismus: Winckelmann wurde der Prophet, Weimar der Sitz, Herder, Goethe und Schiller wurden die Priester des neuen Kultus.[2] Wir werden daher nicht fehlgehen, wenn wir das Verhältnis, das die Seminarbildung jeweils zu den deutschen Klassikern, insbesondere zu Schiller, einnimmt, zum Kriterium bei der Beantwortung jener Frage erheben.

Es ist ein im ganzen nicht unerfreuliches Bild, das Konrad Fischer[3] von dem Bildungsgange der preussischen Volksschullehrer in dieser Zeit entwirft. Und in der Tat: Namen, wie die

---

[1] Joh. Schulzes — des Dezernenten für das gelehrte Unterrichtswesen und Organisators des neuen preussischen Gymnasiums — Stellung war allerdings eine Zeitlang erschüttert; 1822 hatten seine Gegner sogar die Unterzeichnung einer Kabinettsordre durchgesetzt, die seine Absetzung verfügte. Indessen gelang es dem Minister Altenstein, die Vollziehung derselben hintanzuhalten. (Vgl. Paulsen a. a. O. pag. 321.)

[2] „Kant beschränkt die Betrachtung auf das Moralische im engeren Sinne; der gute Wille ist das einzige, was absoluten Wert hat. Bei Herder und Goethe und Schiller wird sie auf den ganzen Menschen erweitert: vollendete Entwicklung aller menschlich-geistigen Anlagen, das ist das absolut Wertvolle; in der „schönen Seele" haben wir die vollkommene Wesensgestalt des Menschen: sie vereinigt Natur und Einfalt mit höchster und freiester Bildung des Kopfes und des Herzens. Das ist das neue Bildungsideal, das im Gewande der Dichtung dem deutschen Volke um die Wende des 18. Jahrhunderts glänzend aufging. Es wäre eine anziehende Aufgabe, der Ausbreitung dieser Anschauungen und Empfindungen in dem Gebiete der Literatur nachzugehen; ich muss mich auf wenige Andeutungen beschränken. Seinen Höhepunkt erreichte der Kultus des Griechentums in der Literatur während der 90er Jahre; Weimar-Jena war der Sitz seiner Oberpriester. Herder, der älteste unter ihnen, veröffentlichte 1793 die Briefe zur Beförderung der Humanität; Goethe war, erfüllt von der griechischen Welt, aus Italien zurückgekehrt; Schiller, seit 1787 in Weimar, begann seine Hellenisierung; die Götter Griechenlands und die Künstler wurden gedichtet; Rousseau verlor seine Herrschaft an Homer und die Tragiker. W. v. Humboldt trat am Anfange der 90er Jahre in diesen Kreis. Sein Briefwechsel mit Schiller zeigt, was diese Männer verband: die Liebe zum Menschheitsideal, das ihnen in der Griechenwelt sich offenbarte." (Paulsen a. a. O. pag. 192, 198.)

[3] K. Fischer: Geschichte des deutschen Volksschullehrerstandes.

eines Dinter,[1]) Harnisch[2]) und Diesterweg[3]) haben einen guten Klang in der Geschichte der deutschen Lehrerbildung. Alle drei[4]) sind geistige Schüler Pestalozzis; die am stärksten wuchtende Persönlichkeit ist unstreitig die Adolph Diesterwegs. Wiewohl nun auch er, der „deutsche Pestalozzi", in der Erziehung zur Selbsttätigkeit und in der „Kraftbildung" die Angelpunkte der eigenen und der Lehrertätigkeit überhaupt sieht, so ist er doch hinwiederum ernstlich bestrebt gewesen, das Ideal der harmonischen Ausbildung des ganzen Menschen nach Möglichkeit zu verwirklichen. Schon das von ihm aufgestellte Ziel der Erziehung: „Erziehe zur Selbsttätigkeit im Dienste des Wahren, Schönen und Guten"[5]) lässt keinen Zweifel daran, dass der Mann, von dem alle seine Schüler rühmen, dass er nichts gesprochen und geschrieben, das nicht der Ausdruck seiner innersten Überzeugung gewesen, und der mit allen Kräften seiner impulsiven Natur diese seine Überzeugung in die Tat umzusetzen strebte, über der Pflege der Verstandeskraft seiner Schüler Gemütsbildung nicht vernachlässigt haben wird. Und in der Tat: er findet echte Herzenstöne, wenn er vom Wesen deutscher Erziehung spricht,[6])

---

[1]) 1797—1807 Seminardirektor in Dresden-Fr.; 1816 Schulrat in Königsberg.

[2]) 1812—1822 Seminardirektor in Breslau; 1822—1842 Seminardirektor in Weissenfels.

[3]) 1820—1832 Seminardirektor in Mörs; 1832—1847 Seminardirektor in Berlin.

[4]) Dinter allerdings erst in seiner Königsberger Zeit; anfänglich war er, wie bekannt, ein scharfer Gegner Pestalozzis.

[5]) An anderen Stellen hat D. das Ziel der Erziehung in folgender Weise auseinandergelegt: „Folgendes Vierfache (Einfache und Harmonische) bezeichnet die Strebe-ziele aller Erziehungs- und Schulanstalten der ganzen Erde:

1. als bleibendes, höchstes Ziel und eigentlicher Endzweck: (allgemeine) Menschenbildung in nationaler Form und individueller Ausprägung;
2. als Grundbeschaffenheit des Individuums: religiöse Gesinnung, Erkenntnis des Höheren, Unsichtbaren, Ewigen; Streben nach dem Idealen; Leben in Ideen;
3. als äusseres Ziel: Unterordnung der persönlichen Interessen unter das Ganze der Menschheit, der Nation, der Gemeinschaft, des Standes; Leben und Streben zum Ganzen;
4. das Mittel: frei-menschliche Entwicklung der Anlagen und Kräfte des Menschen; Geistes-, Gemüts- und Charakterbildung in individueller Ausprägung bis zu dem Grade der Selbsterziehung, Selbstbestimmung und Selbständigkeit überhaupt." (Fischer: A. Diesterweg, pag. 70.)

[6]) Vgl. hierzu den Aufsatz: „Nationalerziehung und das Prinzip des germanischen Lebens" (Jahrbuch 1854). Er entwickelt hier unter anderem folgende Gedanken:

1. die deutsche Erziehung hat die Ausprägung des Allgemeinmenschlichen in nationaler Form anzustreben und alles fremdnationale Gepräge, besonders in früher Jugend, fernzuhalten;
2. die deutsche Erziehung weckt das nationale Bewusstsein, führt zur Kenntnis der nationalen Schätze, weckt den Gedanken der nationalen Einheit, drängt daher die die deutschen Stämme trennenden Unterschiede, die geschichtlichen wie religiösen, zurück;
3. die deutsche Erziehung arbeitet von innen heraus, nicht von aussen hinein; sie dient dem Prinzip der Entwicklung gemäss dem Charakter des Menschen, insonderheit des deutschen. „Pestalozzi für immer!"

und mit Begeisterung singt er das hohe Lied von der unvergäng-
lichen Schönheit der Muttersprache und dem unschätzbaren Werte
unserer Nationalliteratur. „Führe deine Zöglinge," sagt er, „zum
innersten Verständnis der deutschen Sprache, zum Genusse der herrlichen Werke in ihr, die sie zu fassen vermögen! Die Sprache ist
jedes Volkes Heiligtum. Sie betasten, sie ihm rauben, ihm eine
fremde aufzwingen, heisst: sein Leben an der Wurzel angreifen.
Jedes Volk der Erde empfindet solch Wagnis als ein Verbrechen,
das gegen seine Majestät geübt wird, und keines lässt solches un-
gestraft geschehen. In der Sprache lebt das Volk; in der Sprache
ist sein Geist verkörpert. Eine edle Sprache ist seine grösste Tat,
ist das Gepräge, der Ausdruck seines innersten Wesens. Möge auch
fernerhin der Geist unserer Jünglinge an fremden, toten Sprachen geübt
werden; in keinem Falle aber gehört der Unterricht in toten Sprachen
zur allgemeinen Bildung der deutschen Nation, sondern zur
Standesbildung, bei der aber auch nie von der Forderung abzugehen,
dass die Muttersprache auch ihre Sprachmutter werde, die Zentral-
sprache, auf die auch die zum Gelehrtenstande Gebildeten alles
Sprachliche beziehen; von der Forderung, dass auch sie die Muttersprache am vollkommensten kennen lernen, nur in ihr denken
und empfinden, dass auch sie an deutschen Klassikern
ihren Kopf und ihr Herz bilden: Nationalliteratur ist
Nationalleben, Volksliteratur ist Volksleben.
    Jeder Deutsche soll deutsch lernen, verstehen die herrliche
Ursprache, sie gewandt und richtig sprechen und schreiben, und sein
Geist soll getränkt werden mit den grossen Werken seiner Nation!
Für jedes Alter, für jeden Stand gibt es Musterwerke, von den all-
gemeinsten, der Bibel und dem Gesangbuche, an, die auch wahrhaft deutsche Werke genannt zu werden verdienen, bis zu denen,
die für die verschiedenen Stufen der Bildung sich eignen. Die tiefste
Schmach sollte jede allgemeine deutsche Bildungsanstalt treffen, in
der die Schüler eine fremde Sprache besser lernen, als die Muttersprache, Schmach jedem Deutschen, der über dem Studium der
fremden Sprachen die Muttersprache vernachlässigt, Schmach jedem
Vater, jedem Erzieher, der ein deutsches Kind, wenn es noch lallt
oder kaum zu lallen aufgehört hat, eine fremde Sprache wie die
Muttersprache sprechen lehrt. Wie das Heil eines jeden Volkes
nur aus ihm selbst kommen kann, so weht auch der Geist des
deutschen Volkes nur aus seiner Sprache heraus. Unter uns ist
dieses gerechte Nationalgefühl noch lange nicht verbreitet genug.

---

4. die deutsche Erziehung legt es im tiefsten Grunde auf die Entfaltung und
    Stärke des Gemütes, auf die Erweckung des lebendigen Interesses an dem
    Wahren und Guten und an den Gegenständen der Bildung an;
5. die deutsche Erziehung legt den Hauptwert nicht auf ein Vielerlei von Kennt-
    nissen, sondern auf die Bildung des Charakters, die die körperliche Bildung
    mit einschliesst. (Nach Fischer: A. Diesterweg, pag. 342/43.)

Jeder gebildete Franzose lernt die schönsten Stellen seiner Klassiker auswendig und keinem fällt es ein, seine Knäblein und Mägdlein deutsch plappern zu lassen. Wie der Lehrer sich durch den einzigen Pestalozzi mit pädagogischem, so kann jeder Deutsche sich durch den einzigen Schiller mit echt deutschem Geiste taufen und tränken:[1] Schiller für immer! Er ist und wird bleiben der Dichter jedes edlen deutschen Jünglings, eines jeden, der ergreifbar ist für grosse Gedanken und ideales Streben. Dass er darum auch der stille Freund jedes wahren Lehrers sei, versteht sich von selbst. Er lebt und erfreut uns in einsamen Stunden, seine Hochgedanken erfrischen unseren trockenen Sinn, seine Sprüche entflammen uns für ein höheres Streben. Aber er ist zugleich noch in engerem Sinne unser Lehrer. Auch in unmittelbar pädagogischer Hinsicht lernen wir von ihm. Seine grossen Gedanken über Dasein und Bestimmung des Menschenlebens, über die ewigen Zielpunkte des höheren Strebens, über die Schönheit und Erhabenheit des individuellen und nationalen Seins sind auch uns auf unseren Wegen Lichtpunkte und Leitsterne. An dem, was grosse Geister aus der Fülle ihrer gottbegabten Natur zu Tage gefördert, erwachsen uns Kleineren die Schwingen. Die grössten Geister aller Zeiten sind auch die grössten Lehrer der Lehrer, wie der ganzen Menschheit. Schiller ist einer dieser Grossen, einer der Grössten. Schönheit ist ihm der Inbegriff alles gross und edel Vollbrachten, des in sich Vollendeten. „Alle Aufklärung des Verstandes," sagt er, „verdient nur insofern unsere Achtung, als sie auf den Charakter zurückfliesst; sie geht auch gewissermassen von dem Charakter aus, weil der Weg zum Kopfe durch das Herz muss geöffnet werden." Anderwärts sagt er: „Lebe mit deinem Jahrhundert, aber sei nicht sein Geschöpf; leiste deinen Zeitgenossen, was sie bedürfen, nicht, was sie loben; gib der Welt, auf der du wirkst, die Richtung zum Guten: so wird der ruhige Rhythmus der Zeit die Entwicklung bringen. Diese Richtung hast du ihr gegeben, wenn du, lehrend, ihre Gedanken zum Notwendigen und Ewigen erhebst, wenn du, handelnd oder bildend, das Notwendige und Ewige in einen Gegenstand deiner Triebe verwandelst." Wer Schiller liebt, liebt das Erhabene, Ewige; wer ihm Freunde erwirbt, erwirbt sie dem Menschengeschlechte, den grössten Gütern desselben. An ihm kannst du die geschwächte Flamme deines Herzens für Menschenwohl im Dienste des Wahren, Guten, Schönen wieder entzünden; er ist reich genug, auch dir von den edelsten Gaben in Fülle mitzuteilen; du darfst ihn nur aufschlagen, und seine Stimme durchtönt auch deine einsame Kammer, veredelt dich, dein Weib und deine Kinder.

---

[1] Wegweiser III, pag. 784/85.

Darum: unter allen grossen Toten, die das ganze Vaterland verehrt:

Schiller für immer!" [1]

Sachsen hat in diesen Jahrzehnten keine Persönlichkeit, die sich an Bedeutung mit Adolph Diesterweg messen könnte. Immerhin glauben wir uns auf Grund ziemlich eingehenden Quellenstudiums [2] berechtigt, auszusprechen, dass die sächsischen Seminare den preussischen Musteranstalten durchaus ebenbürtig waren. Da zudem erwiesen ist, einmal, dass nicht alle preussischen Seminare auf der Höhe derjenigen von Breslau, Weissenfels und Berlin standen, zum anderen, dass noch im Jahre 1830 über die Hälfte der im Amte stehenden preussischen Lehrer nicht auf Seminaren vorgebildet war, [3] so unterliegt es keinem Zweifel, dass der sächsische Lehrer im Durchschnitt besser für seinen Beruf vorgebildet war, als der preussische. Die Pflege der Nationalliteratur lag in stillen, treuen Händen. [4]

Bei dem machtvollen Einflusse, den Diesterwegs starke und begeisternde Persönlichkeit nicht nur auf seine unmittelbaren Schüler, sondern auch auf einen grossen Teil der preussischen Lehrerschaft überhaupt ausübte, ist es selbstverständlich, dass seine Impulse in Hunderten, wenn nicht Tausenden preussischer Schulen nachzitterten, und es ist geradezu faszinierend, den Gedanken durchzudenken, zu welch imponierender Höhe sich schon damals die deutsche Schule emporgehoben, wenn Pestalozzi und Schiller die beiden Brennpunkte geworden wären, in die die Kraft deutschen Geistes und die Innigkeit deutschen Gemütslebens sich ergossen und zu höherer Einheit verschmolzen hätten. Es hat nicht sein sollen!

Während Sachsens Schulwesen unter der lebenspendenden Wärme überaus harmonischer innerer Verhältnisse noch auf eine Reihe von Jahren hinaus stetigen Fortschrittes sich erfreuen durfte, stiegen an Preussens Horizonte dunkle Massen drohenden Gewölkes unheilverkündend empor. Der Strahl zuckte, und ein schwerer Hagel-

---

[1] „Schiller für immer!" Rede, gehalten zur Feier von Schillers 80. Geburtstage im Berliner Lehrerverein. (Rhein. Blätter. N. F. Band XX.)

[2] Schilling, Friedrich: Der literaturgesch. Unterricht im sächs. Seminar von seinen Anfängen bis zur Gegenwart. Leipzig 1897.

[3] Fischer a. a. O. pag. 175.

[4] „So dürftig nun auch das ist, was uns an Material aus dieser Periode erhalten geblieben, so gestatten doch die . . . Dokumente in Bezug auf den Betrieb der Literaturgeschichte in den Jahren vor 1840 einen ziemlich sicheren Schluss. Soweit nämlich etwas mehr als trockene Stundenpläne vorliegen, hören wir zwar nichts von Literaturgeschichte, wohl aber von der „Erklärung deutscher Klassiker", von Übungen im Deklamieren und Rezitieren und von freien Vorträgen. Von besonderem Interesse sind für diese Zeit die „Vorlesestunden", von denen wir nachzuweisen versucht haben, dass sie . . . aller Wahrscheinlichkeit nach schon in dieser Periode Pflegestätten für die Einführung in die deutsche Literatur gewesen sind." (Schilling, Fr.: a. a. O. pag. 8/9.)

schauer schlug die zarte Saat aufkeimender Menschheitsbildung vernichtend zu Boden.

Der Wettersturz ist gebunden an den Wechsel in der Person des Regenten, der im Frühsommer des Jahres 1840 eintritt. „Es ist das Phänomen der Aufklärung, das den König [Friedrich Wilhelm IV.] beunruhigt. Im vorigen Jahrhunderte hatte sie die höheren Schichten der Gesellschaft durchdrungen, jetzt ergriff sie, nicht ohne den befördernden Einfluss der vorausgegangenen Regierung, immer weitere Kreise der Bevölkerung, sie drang schon beinahe bis zu den Massen durch.[1]) Diesem Unwesen zu steuern, den verirrten Zeitgeist zurechtzubringen: darin sieht der König seinen persönlichen Beruf. Was er der Schule zum Vorwurf macht, ist, dass sie allein auf das Wissen gehe und dieses überall allein schätze und pflege; nicht Bildung, sondern Gesinnung ist ihm die Hauptsache.[2]) Die Abstellung des „Missverhältnisses der intellektuellen und sittlichen Volksbildung" wird die Hauptsorge der Regierung. Sie sieht den Weg hierzu darin, „die Kirche und ihre Organe zu einer gesteigerten Tätigkeit in Beziehung auf das Volksschulwesen anzuregen und namentlich dahin zu wirken, dass die Schullehrer zu der Einsicht gelangen, wie unzuträglich die Trennung der Volksschule von der Kirche wirke und wie sehr es im Interesse ihrer amtlichen Stellung und Aufgabe liege, in Übereinstimmung mit den Ortspfarrern zu wirken." Den Schullehrerseminarien sei besondere Aufmerksamkeit zu widmen: dieselben hätten allerdings im Unterrichte Rühmliches geleistet; „es frage sich indessen, ob die Forderungen, die hinsichtlich der Kenntnisse an die Schulamtskandidaten gemacht würden, [nicht] die Verstandesbildung überwiegend angeregt, die Entwicklung [aber] der sittlichen Kräfte zurückgelassen und durch das Missverhältnis zu einer Abschwächung der sittlichen Kräfte und Interessen in den Lehrern selbst geführt hätten." Diese Angelegenheit sei mit den Direktoren der Anstalten in Erwägung zu ziehen."[3])

Die der Revolution folgende politische Reaktion vollendet das angefangene Werk: die berüchtigten drei Regulative des Jahres 1854, dem Misstrauen gegen die Seminare, ihre Lehrer und Zöglinge entsprungen, unterbinden auf fast zwei Jahrzehnte hinaus bei der heranwachsenden Lehrergeneration die Entwicklung individuellen

---

[1]) Paulsen a. a. O. pag. 455.
[2]) Ebenda pag. 453.
[3]) Mitteilungen aus der Verwaltung der geistlichen etc. Angelegenheiten in Preussen 1847/48, pag. 458/468. (Nach Paulsen: a. a. O. pag. 455.)
In dem Revisionsurteile Stiehls, die Revision des Seminars zu Heiligenstadt betreffend [1846], wurden zwar die Leistungen im Unterrichte anerkannt, zugleich aber wurde vor einem Zuviel an Wissenschaft und Aufklärung gewarnt. (Aus Kellner: Lebensblätter; nach Paulsen: a. a. O. pag. 456.)

geistigen Lebens: Pestalozzi und Schiller gehen in die Verbannung.[1])

Zurückhaltender verfuhr man gegen die Gymnasien, wiewohl auch sie durch die neue Strömung aus der alten Bahn geworfen wurden.[2])

Mit der Veröffentlichung der Seminarordnung vom Jahre 1857 trat auch in Sachsen eine bis in die Mitte der 60er Jahre anhaltende Stagnation in der Ausbildung der Volksschullehrer ein.[3])

Und abermals schwang das Rad der deutschen Geschichte eine mächtige Schwingung: über den Feldern von Königgrätz und Sedan rauschte zornig-sieghaft der deutsche Aar. Und abermals wurde es Frühling in deutschen Landen und mit den Siegern kehrten Pestalozzi[4]) und Schiller heim ins befreite Vaterland.

„Wie in der Betätigung des Staates nach aussen," sagt Paulsen[5]) von dieser Wendung, „die schwächliche Erhaltungs- und Enthaltungspolitik einer Politik kraftvoller und zuversichtlicher Selbstdurchsetzung wich, so wich auch im Inneren das Misstrauen dem Glauben an das Volk, seine Kraft und seinen guten Willen. Dieser Glaube machte sich besonders auch in der Schulpolitik geltend. Hatte die Regierung des vorigen Königs sich durch die Scheu vor der Aufklärung beinahe zu einer bildungsfeindlichen Schulpolitik treiben lassen, wie sie vor allem in den Regulativen über das Seminarwesen zu Tage tritt, so wurde jetzt die Anschauung herrschend: die Kraft des Staates, die militärische und ökonomische, beruht auf der Leistungsfähigkeit aller Einzelnen, und daher ist es das Lebensinteresse des Staates, alle intellektuellen und sittlichen Kräfte der Bevölkerung zur möglichsten Höhe zu entwickeln. Formell gelangte die neue Auffassung mit dem Wechsel des Unterrichtsministeriums im Jahre 1872 zur Herrschaft; v. Mühler, der Minister der Konfliktszeit, wurde durch Dr. Falk ersetzt. Lag seine Aufgabe zunächst auf dem Gebiete der Kirchenpolitik, so ist seine Verwaltung doch auch für die Entwick-

---

[1]) Diesterweg fiel infolge der grossen von ihm anlässlich der 100. Wiederkehr von Pestalozzis Geburtstag veranstalteten Festlichkeiten; die 100. Wiederkehr von Schillers Geburtstag wurde in den Seminaren teilweise ganz ignoriert; 1870 noch wurden anlässlich einer ausserordentlichen Revision in einem westpreussischen Seminare die deutschen Klassiker eiligst von den Bücherregalen entfernt. (Vgl. Fischer: a. a. O. pag. 294.)

[2]) Vgl. Paulsen: Das preussische Gymnasialwesen im Zeitalter der Reaktion (1850/66).

[3]) Vgl. Schilling, Fr., a. a. O. pag. 21 ff. Die den „Neuen Bestimmungen" für Preussen entsprechende „Lehrordnung für die evangelischen Volksschullehrerseminare im Königreiche Sachsen" datiert vom 14. Juli 1873; der neue Geist weht aber schon in der an sämtliche Kreisdirektionen ergangenen Verordnung vom 15. Januar 1866. (Vgl. Schilling a. a. O. pag. 29 f.)

[4]) Wir müssen es uns hier aus einer Reihe von Gründen, die an dieser Stelle darzulegen zu weit führen würde, versagen, dem Verhältnisse zwischen J. Fr. Herbart und Schiller nachzugehen.

[5]) A. a. O. pag. 572.

lung des Unterrichtswesens von hervorragender Bedeutung; ja, sie hat hier wohl dauerndere Spuren zurückgelassen als dort. Besonders im Volksschulwesen. Hier wurden noch in demselben Jahre die Stiehlschen Regulative, die so viel Hass und Verachtung hervorgerufen hatten, beseitigt und durch die „Neuen Bestimmungen" vom 30. Oktober 1872 ersetzt. Sie knüpfen an die grosse, die Pestalozzische Epoche des preussischen Volksschulwesens in den ersten Jahrzehnten des Jahrhunderts wieder an."

In dieser durch die nationalen Einheitskämpfe ausgelösten Bewegung stehen wir noch heute mitten inne. Und bis zu welchem Grade haben wir uns hierbei dem Schillerschen Erziehungsideale genähert? Sind wir gar drauf und dran, es zur Verwirklichung zu bringen? Mit nichten! Wir sind dem Ziele ferner, als unsere Väter ihm vor einem Menschenalter waren!

Die Neugestaltung unserer politischen Verhältnisse hat vor allem eine weithin sicht- und fühlbare Wirkung gehabt: eine wirtschaftliche Entwicklung des Reiches ohnegleichen. In der Tat: Deutschland ist eine Macht geworden auf dem Weltmarkte. Und*da die Schule ein Kind ihrer Zeit ist, was Wunder, wenn das nationale Geistesleben der letzten Jahrzehnte eine durchaus praktische Richtung genommen hat? „Zeit ist Geld" und „Wissen ist Macht": das etwa sind die beiden Schlagworte, die für einen reichlich grossen Teil unseres Volkes der Weisheit letzten Schluss bedeuten. Unsere Kultur ist materiell geworden: „allgemeine Bildung „ist das Schibboleth unserer Tage, „präsentes Wissen" der Alpdruck, der auf dem gesamten Schulwesen der Gegenwart lastet.[1] Dieser vorherrschenden Kultur des Ver-

---

[1] „So lange dieser Begriff der allgemeinen Bildung herrscht und so lange dazu die Anschauung herrscht, dass der Mensch nichts lernt und treibt, was ihm nicht in einem Examen abgefragt wird, so lange wird es mit dem Schulwesen nicht besser. Besser werden kann es erst, wenn die Einsicht herrschend geworden ist, dass allgemeine Bildung nicht in einer Summe gelernter und zum Abgefragtwerden parater Kenntnisse besteht, dass sie [vielmehr] eine der Naturausstattung und der Lebenslage entsprechende Form des inneren Menschen bedeutet und dass solche Form nicht von aussen gemacht und angefertigt werden, sondern nur durch Wachstum von innen entstehen kann. Dem Triebe zum Wachstum Anreiz, Gelegenheit und Nahrungsstoffe zuführen, das kann und soll die Schule tun; die Bildung machen kann sie nicht; wohl aber kann sie, wenn sie den Schüler mit Stoffen überhäuft und überschüttet, die werdende Bildung hindern. Es entsteht dann Halbbildung, jener klägliche Zustand einer Seele, die Massen von Stoff aufgenommen hat ohne die Kraft, sie zu verarbeiten und in lebendige Erkenntniskräfte umzusetzen. Hindert man dann durch immer wiederholte Prüfungen die Natur, durch das Ausstossen der Fremdkörper, Vergessen genannt, sich zu befreien, so entsteht geradezu etwas wie Lähmung des Verstandes. Der so Gelähmte kann sich gar nicht mehr zur aktiven Tätigkeit des Auffassens aufraffen; er wird „von der Sucht, wie von einer Pflicht beherrscht, auf eine Frage so rasch als möglich die Antwort herzusagen." (Hildebrand: Vom deutschen Sprachunterrichte, pag. 22.) Sich besinnen, erscheint ihm als ein mangelhafter Zustand, die Präsenz des Hersagens als Vollkommenheit." (Paulsen: a. a. O. pag. 685/86.)

standes ist auch die deutsche Dichtung vielfach zum
Opfer gefallen. „Wenn bisher," schreibt Otto Ernst,[1]) „in der
deutschen Schule eine deutsche Dichtung von den Kindern angeeignet und mündlich wiedergegeben werden sollte, dann pflegte
das in der Regel in folgender Weise vor sich zu gehen: der Lehrer
las zunächst das Gedicht mit „sinngemässer Betonung" vor. Das
Wort „sinngemäss" ist dabei sogleich bezeichnend. Das Gedicht
wurde nach seinem „Sinne", d. h. nach seiner intelligiblen Tendenz
vorgetragen, sein Gedankeninhalt wurde mit Sorgfalt und Mühe und
mit unterstreichender Betonung vor den Kindern ausgebreitet. Nach
der Vorlesung des Gedichtes folgte die „Behandlung", d. h., das
Gedicht wurde „erklärt". Auch das Wort „erklären" ist vielsagend.
Man wollte viel, man wollte womöglich alles klarmachen, auch das,
was im Interesse des Kunstwerkes eigentlich dunkel bleiben sollte,
ja, noch mehr, auch das, was nach dem Wesen der Kunst überhaupt
dunkel bleiben musste. Wenn nun das Gedicht genügend „behandelt" war, so wurde es von den Schülern mit „sinngemässer Betonung" nachgelesen, dann auswendig gelernt und deklamiert oder
„aufgesagt". Wenn der Schüler deklamierte „Heute muss die Glocke
werden", dann verbesserte der Lehrer „Heute muss die Glocke
werden, und wenn das dann eine Stunde lang so fortgegangen
war, dann war das eine Deklamationsstunde gewesen. Wenn hiernach die Dichtung (die beklagenswerte) von allen 20—50 Schülern
durchdeklamiert war, dann hatte sie drei oder gar sechs Monate
Ruhe. Eines Tages aber hiess es: Alle Gedichte repetieren! denn
die Gedichte wurden als Wissensstoff betrachtet, der „präsent"
sein musste, wie die Kongruenzsätze oder die Maskulina auf -is.
Wenn dann Meyer repetierte: „Dies alles ist mir untertänig", so fuhr
der Lehrer plötzlich ganz ausser der Reihe auf Schulze los und rief:
„Schulze, weiter!" und wenn Schulze dann, ohne mit der Wimper
zu zucken, fortfahren konnte: „Begann er zu Ägyptens König", dann
zeigte sich in den Mienen des Lehrers Befriedigung. Wenn aber
trotz alledem ein Kind sich so vergass, dass es dennoch mit Gefühl
und lebendiger Vorstellungskraft sprach, dann wurde es von seinen
Mitschülern, vielleicht sogar von seinem Lehrer verlacht, und schnell
duckte sich das arme Seelchen wieder zurück in den viereckigen
Kasten der Regelmässigkeit. Wir sind hier nicht im Theater. sagte
man, in der Schule spricht man vernünftig."

Die Reaktion hiergegen konnte nicht ausbleiben, und so stehen
wir denn seit etwa zehn Jahren im Zeichen der Kunsterziehung.
Wir leben mitten inne in dieser Bewegung, die durch „Erziehung

---

[1]) „Lesen, Vorlesen und mündliche Wiedergabe des Kunstwerkes." [In „Ergebnisse und Anregungen des 2. Kunsterziehungstages in Weimar".] Die Darstellung ist
allerdings etwas pointiert, wie sich ja schon aus der Veranlassung ergibt, der der
Vortrag seine Entstehung verdankt.

des Kindes zur ästhetischen Genussfähigkeit"[1]) die harmonische
Ausbildung des Menschen wieder zu Ehren zu bringen mit Ernst
und Eifer beflissen ist. Dass die Welle immer weitere Kreise zieht,
ist ein Beweis dafür, dass ein tiefes Bedürfnis aus der Seele des
Volkes heraus der Bewegung suchend entgegengeht. Ob es ihr
aber gelingen wird, Schillers Ideal im 20. Jahrhunderte in der Erziehung zur Darstellung zu bringen? Wohl kaum! Vor einem
Menschenalter noch wäre sie imstande gewesen, dieses goldene Zeitalter glänzend heraufzuführen; heute indes liegt der Fall nicht mehr
so einfach, krankt doch der Körper der Nation an schwerem Siech-
tum. So mag sie wohl die Kraft haben, Linderung zu bringen,
doch Heilung nimmer.

Wenn Paulsen[2]) eine der Ursachen des Auftretens der neuhumanistischen Flutwelle im 18. Jahrhunderte in dem natürlichen
Gegenstosse des durch Friedrichs des Grossen Taten neubelebten
politischen Selbstbewusstseins der Nation gegen französische Supre-
matie sieht, so wird niemand dem widersprechen wollen. Wir aber
sehen den letzten Grund derselben in der Wahlverwandtschaft
zwischen dem griechischen und dem deutschen Volke. „Es ist nun
einmal nicht anders," schreibt Jäger im Vorworte zu seiner „Geschichte der Griechen" [1865]: „diese Geschichte ist wie eigens für
unser Volk geschehen: hier wie dort ein Überreichtum an individuellen Kräften, der sich in keine einheitliche politische Form fassen
lassen will; Widerstreit zweier Grossmächte und halsstarrige Eifersucht der Klein- und Mittelstaaten auf ihre „Autopolitie"; grosse
prinzipielle Gegensätze im Bunde mit unaustilgbaren Stammesanti-
pathien: und neben und über dem tausendfachen Hader
doch das Bewusstsein einer tieferen Einheit in den
höchsten und geistigsten Gütern, das Bewusstsein, wie
Aristophanes sagt, „aus einer Weiheschale den Unsterblichen zu
opfern."“

„Während das politische Leben" der Nation um die Wende
des 18. Jahrhunderts „in unzählige Ströme zerteilt dahinfloss," sagt
Treitschke, „waltete auf dem Gebiete der geistigen Arbeit die
Naturgewalt der nationalen Einheit so übermässig, dass
eine landschaftliche Sonderbildung niemals auch nur versucht wurde.
Alle Helden unserer klassischen Literatur, mit der einzigen Ausnahme
Kants, sind gewandert und haben ihre reichste Wirksamkeit nicht
auf dem Boden ihrer Heimat gefunden. In ihnen allen lebte
das Bewusstsein der Einheit und Ursprünglichkeit des
deutschen Wesens und das leidenschaftliche Verlangen,
die Eigenart dieses Volkstums wieder in der Welt zu
Ehren zu bringen; sie alle wussten, dass das ganze grosse

---

[1]) Lange, Konrad: Das Wesen der künstlerischen Erziehung, pag. 2.
[2]) A. a. O. pag. 310.

Deutschland ihren Worten lauschte und empfanden es als ein stolzes Vorrecht, dass allein der Dichter und Denker zu der Nation reden, für sie schaffen durfte. **Also wurde die neue Dichtung und Wissenschaft auf lange Jahrzehnte hinaus das mächtigste Band der Einheit für das zersplitterte Volk.** Wie einst Hutten jede neue Offenbarung, die ihm aufging, alsbald frohlockend seinen humanistischen Freunden verkündigte, so scharte sich jetzt die unsichtbare Kirche der deutschen Gebildeten zu gemeinsamer freudiger Andacht zusammen. Im Gerichtssaale hinter den Aktenstössen verschlang der Vater Theodor Körners begierig die Werke der weimarischen Freunde, und wie oft ist Prinz Louis Ferdinand, als er mit seinem Regimente in Westfalen stand, nach durchschwelgter Nacht frühmorgens nach Lemgo hinübergeritten, um mit dem Rektor Reinert über Sophokles und Homer zu sprechen. Jedes Gedicht war ein Ereignis, ward in ausführlichen Briefen und Kritiken betrachtet, zergliedert, bewundert."[1] So war das politisch zerklüftete und zerrissene Deutschland des sich neigenden 18. Jahrhunderts doch in Wahrheit eine **geschlossene nationale Persönlichkeit** von einer Fülle und einem Idealismus, auf die wir heute nur mit dem Gefühle sehnsüchtiger Wehmut zurückblicken können. Und dieser feurige Geist nationaler Einheit, dessen klassischer Interpret Friedrich Schiller[2] wurde, ruhte nicht, bis dass er das Gefäss gefunden, drin er zu immer glühenderer Stärke sich entfalten zu können träumte; er schlug die Befreiungskriege,[3] er rettete

---

[1] Deutsche Geschichte im 19. Jahrhundert, Band I, pag. 88 u. 195/96.

[2] Wie tief Schiller auch seine „prosaische" Zeit verachtete, wie stolz er auch jeden Versuch tendenziöser Dichtung von sich wies, dieser ganz auf die historische Welt gerichtete Geist war doch erfüllt von einem hohen politischen Pathos, das erst die Nachlebenden völlig begreifen sollten. Es war kein Zufall, dass er sich so lange mit dem Gedanken trug, die Taten Friedrichs in einem Epos zu besingen. Als die Deutschen selbst zur Befreiung ihres Landes sich rüsteten, da ward ihnen erst das farbenglühende Bild der Volkserhebung in der Jungfrau von Orleans recht verständlich; als sie unter dem Drucke der Fremdherrschaft sich wieder auf sich selber besannen, da würdigten sie erst ganz die Grösse des Dichters, der ihnen in seinen beiden schönsten Dramen die vaterländische Geschichte so menschlich nahegebracht hatte. Die entsetzlichste Zeit unserer Vergangenheit gewann durch seine Dichtung ein so frisches, freudiges Leben, dass der Deutsche sich noch heute im Lager Wallensteins fast heimlicher fühlt als unter friderizianischen Soldaten; aus den Kämpfen der handfesten deutschen Bauern des Hochgebirges gestaltete er das verklärte Bild eines grossen Freiheitskrieges und legte alles darin nieder, was nur ein hoher Sinn über die ewigen Rechte des Menschen, über den Mut und Einmut freier Völker zu sagen vermag. Der Teil sollte bald für unser politisches Leben noch folgenreicher werden als einst Klopstocks Bardengesänge. An diesem Gedichte vornehmlich nährte das heranwachsende Geschlecht seine Begeisterung für Freiheit und Vaterland; die ganz dramatisch gedachte Mahnung: „seid einig, einig, einig!" erschien den jungen Schwärmern wie ein heiliges Vermächtnis des Dichters an sein eigenes Volk. (Treitschke: a. a. O. pag. 201/2.)

[3] „Nicht im Kampfe mit den Ideen der Humanität, sondern recht eigentlich auf ihrem Boden ist die vaterländische Begeisterung der Befreiungskriege erwachsen. Als grausame Schicksalsschläge den in den Wolken fliegenden deutschen Genius wieder an die endlichen Bedingungen des Daseins erinnert hatten, da gelangte die Nation durch

durch die Jahrzehnte der Verstimmung und des gegenseitigen Ver-
kennens seine Schwungkraft bis auf jene Tage, da der grösste Sohn
des 19. Jahrhunderts ihn über die Schlachtfelder von Böhmen und
Frankreich in das schon von den Vätern so heiss ersehnte eigene
Vaterland führte.

Und ist auch dieses, unserer Väter zweites Sehnen in
Erfüllung gegangen? Mit nichten! Wir haben heute zwar
das Gefäss der Einheit, aber der Geist ist daraus ent-
wichen; wir sind heute zwar ein deutsches Reich, aber keine
geschlossene nationale Persönlichkeit mehr. Vor hundert
Jahren ein völlig zusammenhangsloses Nebeneinander von dreihundert
souveränen und nahezu fünfzehnhundert halbsouveränen Staaten
und Stätchen, aber durchdrungen von dem hohen Bewusstsein der
Einheit im Geiste, heute ein geschlossener Staat, aber zer-
splittert in mehr denn dreihundert Stände und Kasten.
Ist's nicht also? Gott sei's geklagt! Vor hundert Jahren ein nationaler
Idealismus, der Katholiken und Protestanten, die ganze bürgerliche
Welt und den echten Adel[1] einhellig zu gemeinsamer Arbeit zusammen-
schloss — und heute? Feindlich steht der Bruder zu wider den Bruder!
Wiederum hat uns der Glaube in zwei Heerlager gespalten; mit
harter Faust und zäher Energie liegt ein neuer Stand kampfgerüstet
zu Felde gegen die Besitzenden, die ihrerseits wieder in rücksichts-
losem Konkurrenzkampfe gegenseitig sich zerfleischen. Hochmütig
sehen die Vertreter der führenden Klassen und der klassischen
Bildung auf das Gewimmel unter sich, und starr halten selbst die,
so an gleichem Werke arbeiten, darauf, dass der ihre Zirkel nicht
störe, dessen Zopf nicht genau die Länge des ihrigen hat!

„Von den Tagen an," klagt Paulsen,[2] „da die humanistischen
Poeten und Oratoren des 16. Jahrhunderts die Sprache ihres Volkes
als gotische Barbarei empfanden und ihren väterlichen Namen als
einen Schimpf ablegten, ist bis auf die Gegenwart die Fremdheit
der höheren Bildung gegen das Volk und seine geistige Welt wenn
nicht eine gewollte, so doch eine tatsächliche Wirkung der klassischen
Bildung. Der Gelehrtendünkel zog aus ihr Nahrung: wer nicht Latein
kann, der hat in menschlichen und göttlichen Dingen kein Urteil.

---

einen notwendigen letzten Schritt zu der Erkenntnis, dass ihre neue geistige Freiheit
nur dauern konnte in einem geachteten, unabhängigen Staate; der Idealismus, der aus
Kants Gedanken und Schillers Dramen sprach, gewann eine neue Gestalt in dem
Heldenzorne des Jahres 1813." (Treitschke: a. a. O. pag. 90.)

[1] „Die geistige Bewegung hatte ihre Heimat im evangelischen Deutschland, riss
erst nach und nach die katholischen Gebiete des Reiches mit in ihre Bahnen hinein.
Aus der Gedankenarbeit der Philosophen ging eine neue sittliche Weltanschauung, die
Lehre der Humanität, hervor, die, aller konfessionellen Härte bar, gleichwohl fest im
Boden des Protestantismus wurzelte und schliesslich allen denkenden Deutschen, den
Katholiken wie den Protestanten, ein Gemeingut wurde; wer sie nicht kannte, lebte
nicht mehr im neuen Deutschland." (Treitschke: a. a. O. pag. 88.)

[2] A. a. O. pag. 677/78.

Und vielfach hat die Schule selbst diesen Dünkel grossziehen helfen,
so, wenn sie früher den Knaben die Muttersprache als die Vulgär-
sprache verächtlich machte, so in näherer Vergangenheit, wenn sie ihnen
mindestens einredete, die wahre Humanität beginne erst mit der
klassischen Bildung. So sehr haben wir uns an diese Rede gewöhnt,
dass wir gar nicht mehr empfinden, welche Beleidigung darin für
alle die liegt, die nicht durch das Gymnasium gegangen sind: als
ob sie eine Art Menschen zweiter Güte wären. Die vielgeschmähte
Aufklärung hatte von Bildungshochmut ein gut Teil weniger und
von wirklichem Humanitätsgefühl ein gut Teil mehr als unser Jahrhundert, wenn Humanitätsgefühl doch vor allem das Gefühl der
Solidarität des Volkes und der Menschheit zur Grundlage hat. Man
sehe, wie Kant von der „grossen, für uns achtungswürdigsten Menge"
spricht und halte dagegen, wie Schopenhauer, der grosse Menschen-
verächter, von der Masse redet, die nicht Latein kann; er empfindet
es als Profanation, dass sich ein wissenschaftlicher oder philosophischer
Schriftsteller an die Lateinlosen, das urteilslose vulgus, wendet. Selbst
ein Mann wie G. Hermann,[1]) dem vulgärer Gelehrtenhochmut ferne
liegt, rühmt einmal unter den Vorzügen der klassischen Bildung,
„dass in einer Zeit, wo durch den Buchdruck und die allgemeine
Schulbildung das ganze Volk an der wissenschaftlichen Bildung in
nicht geringem Masse Anteil gewonnen habe, die Kenntnis des
Griechischen und Lateinischen beinahe das einzige sei, wodurch die
Gelehrten vom Volke noch unterschieden werden könnten." Noch
energischer aber führt Lichtwark die Sonde in diese klaffende
Wunde am Körper unserer Nation, wenn er schreibt:[2]) „Es scheint
in Deutschland, dessen Gesellschaft in scharf gesonderte, sich gegenseitig mit Misstrauen betrachtende Kasten zerfällt, sehr schwer zu
fallen, dass man sich menschlich gelten lässt. Zuerst gilt bei
uns der Stand, nicht der Mann. Die Dänen haben eine sehr
treffende Beobachtung darüber kurz und bündig zusammengefasst.
In England fragt man, was einer hat, sagen sie, in Deutschland,
was einer ist, in Dänemark, wie er ist. Unsere Gesellschaft hat
noch einen weiten Weg zur tiefen Menschlichkeit unseres ersten
Kaisers."
Und dem allen entspricht der Zustand unserer
Bildung! Wir erziehen nicht mehr Menschen, nicht
mehr Deutsche im Sinne Schillers und seiner Zeit: wir
erziehen Standes- und Kastenvertreter![3]) Wir erziehen

---

[1]) Von 1795—1848 Professor an der Universität Leipzig. Berühmter Philologe.
[2]) Lichtwark: „Der Deutsche der Zukunft." [In: „Ergebnisse und Anregungen
des Kunsterziehungstages in Dresden am 28. und 29. September 1901."]
[3]) „Dieser ungenügende nationale Inhalt unserer Bildung hat den sehr bedauer-
lichen Zustand zur Folge, dass die Art der Bildung in Deutschland Kaste macht. Wer
die klassische Bildung selbst nur in der unzulänglichen Gestalt erworben hat, in der
das heutige Gymnasium sie vermittelt, glaubt als höherer Mensch mit Geringschätzung
auf den, der nur die moderne Dreisprachenbildung besitzt, herabsehen zu dürfen. Wer

Wesen mit gänzlich einseitigem, wenn auch reichem Verstandes-
leben und verkrüppelten Herzen, denen selbst die Fähigkeit rein
menschlichen und nationalen Empfindens frühzeitig verloren geht.
Was aber sagt solchen die Kunst? Wenig, wenn nicht — nichts!

Zunehmende Verödung auf geistigem, schwere Krisen auf wirtschaftlichem, bedrohliches Anwachsen der destruktiven Elemente
auf politischem Gebiete: das sind die Zeichen der Zeit! Der Bau
aber, um den Generationen ihr Herzblut gegeben, ist zu kostbar,
als dass er von neuem der Gefahr der Zerstörung ausgesetzt werden
dürfte. Wie da zu helfen sei? Ich sehe nur einen Weg:

Zurück zu Schiller!

In der Tat: So lange wir nicht zurückgekehrt sind
zum nationalen Idealismus unseres Schiller, so lange
wir, ehemals „ein einig Volk von Brüdern", nicht wieder
aus uns heraus geboren haben die reine nationale Persönlichkeit des vorvergangenen Geschlechtes, so lange
werden wir unfähig sein und unfähig bleiben, die vollendete Individual-Persönlichkeit in der Erziehung zur
Darstellung zu bringen.

Und somit gewinnt des sterbenden Attinghausen Mahnspruch:
„Seid einig, einig, einig!" für uns neue Bedeutung und neuen
Inhalt. Er fordert von uns den Zusammenschluss aller
Glieder unseres Volkes zu einer vollendeten, natio-
nalen Persönlichkeit durch das Medium einheitlich-natio-
naler Geistes- und Herzensbildung.

Was verstehen wir aber hierunter? Wir verstehen hierunter
nicht einen allgemeinen Bildungsbrei, der, nach einem bestimmten Rezept aus einer bestimmten Anzahl von Bestandteilen
zusammengerührt, von jedem Gliede der heranwachsenden Generation
ohne Unterschied genossen werden muss, sondern wir verstehen
darunter den — wenn es erlaubt ist, das Wort anzuwenden —
deutschtümlichen Einschlag im Gewebe unserer Gesamtbildung, dessen Kette sich differenziert nach der
Art der Sonderziele, denen der Einzelne zustrebt.

Erst dann, wenn — nach Massgabe seiner Fassungskraft — in
jedem Gliede des Volkes das geistige und gemütliche Leben der
ganzen Nation pulst, erst dann, wenn eine wirkliche Lebensgemeinschaft zwischen dem Einzelnen und den stärksten und feinsten
Geistern der Nation erwachsen, Wissenschaft und Kunst in ihren
edelsten Früchten wie ein Blutstrom den Körper des Volkes durch-

Englisch und Französisch kann, fühlt sich höher als den noch so gebildeten einsprachigen
Deutschen. Wo, wie in England und Frankreich, die Grundlage der nationalen Bildung
sehr nachdrücklich bereitet und gepflegt wird als ein allen gemeinsamer Besitz, wo das
ganze Volk wirklich in und mit seinen Dichtern lebt, fühlt sich der in den klassischen
Sprachen und Literaturen Heimische, so weit meine Beobachtungen reichen, nicht als
höhere Klasse." (Lichtwark: a. a. O. pag. 47/48.)

kreisen: erst dann ist die Gewähr geboten, dass er die Gifte, die heute schon ihn in die Bande vorzeitigen Siechtums schlagen und ihm zum Verhängnis werden können in den Tagen künftiger Kampfnot, noch einmal auszustossen innerlich die Kraft finden wird.

Alle Versuche, die bis heute in dieser Richtung unternommen worden sind: es waren Versuche in ungenügendem Umfange, unternommen mit unzureichenden Mitteln. Auf welchem Wege aber auch die endliche Lösung gefunden werden mag,[1] z w e i grosse Körperschaften, die bis jetzt zum grössten Teile ausgeschaltet waren aus der Kette, durch die in Zukunft der Funke einheitlich nationaler Verstandes- und Gemütsbildung machtvoll hindurchschlagen soll, dürfen fürderhin nicht mehr gleichgültig beiseite gestellt werden: die Tausende und Abertausende der deutschen Volksschullehrer und die Hunderttausende deutscher Jünglinge, die ihre Vollendung weder auf Mittel- noch auf Hochschulen suchen: unsere Handwerks-Lehrlinge und -Gesellen und das Heer unserer jugendlichen Fabrikarbeiter.

Dass der Stand, durch dessen Hände mehr denn 90 % der Jugend unseres Volkes gehen, künftighin nicht mehr unberührt von den Strömungen der Zeit, abgeschlossen von den anderen Vertretern der führenden Schichten im Vaterlande, erzogen werden darf, liegt wohl auf der Hand; denn nur der, der in engster Fühlung mit dem pulsenden Leben der Nation erwächst, nur der, der durchtränkt wird schon von Jugend auf mit den herrschenden Ideen seiner Zeit, kurz: nur der, der i n der Zeit l e b t, kann f ü r die Zeit e r z i e h e n.[2]

<hr>

[1] „Alle Welt beschäftigt sich heute mit der sozialen Frage; was ist diese anders, wenigstens von einer Seite gesehen, als das Vordrängen der Massen zur Anteilnahme an der Kultur und der geistigen Bildung, die bisher das ausschliessliche Besitztum weniger war? Dies Vordrängen nötigt die oberen Gesellschaftsschichten, aus ihrer Zurückhaltung herauszutreten und jenem Verlangen entgegenzukommen. Man empfindet: die Gebildeten können die Führung nur dann behalten, wenn die Massen sie wirklich als ihre Führer zu höherer Lebensgestaltung an ihrer Spitze sehen. Je mehr und je früher dies den künftigen Inhabern der gelehrten Berufe zum Bewusstsein kommt, desto besser. Und in diesem Sinne scheint mir nun auch die Minderung des Abstandes der auf wissenschaftliche Studien vorbereitenden Schule von der allgemeinen Schule zu wirken. Wenn der alte spezifische Unterschied der Gelehrtenschule fällt, wenn sich ihr Unterricht mehr und mehr bloss als eine Fortsetzung und Steigerung des Unterrichts der allgemeinen Schule darstellt, wenn der Übergang aus der Volksschule in das Gymnasium dadurch erleichtert wird, wenn der künftige Gelehrte durch die allgemeine Volksschule geht, bis er durch Auszeichnung sich den Vorzug erwirbt, in eine Schule überzugehen, die mehr bietet und mehr fordert, so würde ich in alledem erfreuliche Fortschritte zu einer w a h r e n Demokratie sehen, die zugleich die wahre Aristokratie ist. Je mehr so die w a h r e Aristokratie, die Aristokratie der Kraft und der Leistung, die Führung übernähme, desto mehr würde Achtung und Vertrauen des Volkes zu seinen Führern sich mehren. Und selbst die Bildung würde dabei nicht Schaden leiden. Im Gegenteil: Kunst und Dichtung wachsen selbst an Gestalt und Kraft in dem Masse, als ihre Wurzeln tiefer in die Volkssubstanz hinabreichen. Haben sie bloss in den oberen Schichten der Bevölkerung oberflächliche Wurzeln, so entarten sie leicht zu blossen Mitteln der Augenblicksunterhaltung. Res severa verum gaudium." (Paulsen: a. a. O. pag. 679/80.)

[2] Die endgültige Lösung kann auch hier nur auf dem Wege umfassender Versuche gefunden werden. Da aber der Beruf des Lehrers einmal die Befähigung zu

Ungleich verhängnisvoller für unsere nationale Zukunft kann die Verzögerung der Reform des deutschen Fortbildungsschulwesens und die Verkennung der eminenten Bedeutung der damit in innigstem Zusammenhange stehenden tiefgreifenden Erziehungsfragen sich erweisen. Wie gross der Riss ist, der zwischen den einzelnen sozialen Schichten unseres Volkes klafft, ist oben bereits dargelegt worden. Wer aber, der mit offenem Auge und warmem Herzen die Geschichte des Tages verfolgt, will leugnen, dass die Gegensätze sich von Tag zu Tag verschärfen? Wer will die Gefahr in Abrede stellen, dass diese Kluft, die unheilvoll zwischen den wichtigsten Ständen unseres Volkes gähnt, in wenig Jahrzehnten unüberbrückbar werden könnte?

Die Weiterbildung des kaufmännischen und gewerblichen Nachwuchses ist ja sowohl durch Reichsgesetz als auch durch entsprechende Verordnungen der einzelnen Staaten im ganzen ziemlich befriedigend geregelt.[1] Immerhin kann und muss für die Gemüts- und Herzensbildung des angehenden Jünglings bei weitem mehr geschehen, als bisher getan worden ist. Wohl sind unsere Fortbildungsschulen in geradezu musterhafter Ausnutzung der wenigen ihnen zur Verfügung stehenden Stunden bestrebt, auch in diesem Punkte den letzten Hauch ihrer Kraft daranzusetzen, um die noch bildungsfähigen Seelen für alles Wahre, Schöne und Gute zu begeistern; von einer

selbständiger wissenschaftlicher Vertiefung und Weiterbildung, zum anderen höchstes methodisches Wissen und darauf gegründetes vielseitiges Können fordert, so wird die anzustrebende Reform ihre Aufmerksamkeit notwendigerweise auf zwei Punkte zu richten haben: zum ersten auf die Ermöglichung der Ausbildung der künftigen Volksschullehrer in der realgymnasialen Fortsetzung der allgemeinen Volksschule, zum anderen auf die Organisation der theoretisch-praktischen Fachausbildung dieser Abiturienten in Seminaren.

Von dem von uns aufgestellten Gesichtspunkte aus betrachtet dürfte auch das Streben der Volksschullehrer, sich, eben im Interesse der ihnen gestellten grossen nationalen und sozialen Aufgaben, die Pforten der deutschen Hochschulen zu erschliessen, mindestens diskutabel erscheinen.

Hierzu vergleiche auch das Schulprogramm der preussischen Liberalen, das in seinen Hauptpunkten, wie folgt, lautet: „Wir verlangen: 1. dass die gesamte Jugend des deutschen Volkes bis zu einer gesetzlich festgestellten Altersgrenze in der Volksschule vereinigt werde und dass neben der Volksschule öffentliche Anstalten für den ersten Unterricht nicht bestehen; 2. dass die Volksschule mit den mittleren und höheren Bildungsanstalten in organische Verbindung gebracht werde und besonders begabte Kinder unentgeltlichen Unterricht in weiterführenden Lehranstalten erhalten; 3. dass sich an die Volksschule eine obligatorische Fortbildungsschule für Knaben und Mädchen anschliesst; 5. dass die Lehrer eine wissenschaftliche Bildung erhalten, die der Stellung der Volksschule im gesamten Bildungsorganismus des Staates entspricht. Wir verwerfen demgemäss: 1. die Trennung der Volksschule nach sozialen Schichten (Standesschulen) und religiösen und kirchlichen Bekenntnissen; 3. die Abtrennung der Lehrerbildungsanstalten, so weit sie die allgemeine Vorbildung der künftigen Volksschullehrer zur Aufgabe haben, von den übrigen höheren Lehranstalten. (Einstimmige Beschlüsse der Generalversammlung vom 11./12. Februar a. c.)

[1] Auch die sächsische allgemeine Fortbildungsschule hebt sich in der Gegenwart mit frischer Kraft aus den Niederungen einer wenig befriedigenden Wiederholungsarbeit zu den Interesse weckenden Höhen beruflicher Organisation.

wirklichen Pflege aber der ethischen und ästhetischen Bedürfnisse des heranwachsenden Geschlechtes kann gar nicht die Rede sein. Die kann mit wirklicher Aussicht auf Erfolg in Wahrheit nur ausserhalb des Rahmens der Fortbildungsschule in Angriff genommen werden.[1])

Geradezu trostlos aber liegen die Verhältnisse bei den jugendlichen Arbeitern. Die weit überwiegende Mehrzahl derselben wächst, aus der Volksschule entlassen, ohne jegliche weitere Ausbildung den Jahren der Reife entgegen. Während nun aber der Handwerkslehrling — ganz abgesehen von der Arbeit der Fortbildungsschule — schon in der Arbeit in seinem, im ganzen doch nach Lust und Neigung erwählten Berufe eine Anregung zur Konzentration seiner körperlichen und geistigen Kräfte findet, geht dem jugendlichen Arbeiter — ich denke hierbei vornehmlich an den jugendlichen Fabrikarbeiter — „der innerliche Segen der Arbeit, der darin besteht, dass das Arbeitsprodukt als ein Erzeugnis des eigenen Intellekts und des eigenen Willens und als ein Ereignis der Seele empfunden wird“,[2]) gänzlich verloren. Verödung des Intellekts, Verarmung des Gemütes, kurz: Rückbildung des ganzen Menschen nach allen seinen Anlagen und Kräften ist die natürliche Folge dieses verwüstenden Einflusses degradierender Maschinenarbeit. „In diesen Boden fällt nun, meist schon sehr früh, der Same der Sozialdemokratie. Sie hat in ihrer Agitationsweise und vor allem in ihrer wirklichen, von ihren ungebildeten Anhängern, mit denen die heranwachsende Jugend zunächst in Berührung kommt, vertretenen Gestalt eine Tendenz, die auf diese nur entsittlichend wirken kann. Zunächst verstehen die Jungen die Lehren nicht oder falsch. Sie assimilieren geistig nur das, was ihrer Geisteslage entspricht. Die auf das Materielle gerichtete Tendenz der Lehre kommt dem immer stärker werdenden Vorwiegen des Sinnlichen entgegen; sie erscheint ihnen als die lautere Wahrheit. Dies um so mehr, als sie das negiert, was ihnen die nicht gerade beliebte Schule als Wahrheit lehrte. Dazu kommt das Verhöhnen der Autoritäten, das Pochen auf das Individualrecht, das ganz der inneren Verfassung der jungen Burschen entspricht. Das Antireligiöse ist nur eine Konsequenz daraus, und die Renommisterei mit der Glaubenslosigkeit liegt ganz in der Richtung der jungburschlichen Grosstuerei. So arbeiten das unbedachte Geschehenlassen von der einen Seite und das absichtliche Ein- und Herausreissen auf der anderen und vollenden so ein Werk, dessen letztes Ziel die Entsittlichung

---

[1]) Es würde den Rahmen dieser Darstellung überschreiten, wenn wir uns auf die Erörterung dieser, übrigens eminent wichtigen Frage echter sozialer Liebestätigkeit ausführlicher einlassen wollten. Wie notwendig aber gerade diese Arbeit der Gebildeten sowohl für die Jugend selbst als auch für die Gesamtheit sich erweisen dürfte, wird die Zukunft noch lehren.

[2]) Wolgast: Die Bedeutung der Kunst für die Erziehung, pag. 5.

unseres Nachwuchses in seinen unteren Schichten sein muss.[1]) Wohin all das führt: wir sehen es in heissem Erschrecken Tag um Tag. Wohin es in Zukunft noch führen wird, wer mag es ermessen? Dies aber ist die Stelle, von der unserem nationalen Leben, unserem deutschen Volkstum, höchste Gefahr droht! Darum muss es des Staates und unser aller, die wir durchdrungen sind vom Ernste der Zeit, nächste und sorgendste Arbeit sein, diese Hunderttausende der heranwachsenden Generation einzuschliessen in den belebenden Strom einheitlich-nationaler Geistes- und Herzensbildung, der uns insgesamt befruchten und stark machen soll, die nationale Persönlichkeit, deren Wirken und Weben unsere Väter hochgehalten hat in den Zeiten schweren politischen Tiefstandes, in uns allen zur harmonischen Entfaltung zu bringen.

Und dann, aber auch nur dann, wird sich uns der Blick weiten für die Wege, die zu gehen sind, um die Jünglinge die zwei oder drei Jahre, die sie noch von der letzten grossen Erziehungsanstalt, dem deutschen Heere, trennen, in engster Fühlung zu halten mit dem inneren und äusseren Leben ihres Volkes.

Der Weg zu dieser Höhe ist steil. Er stellt, wie schon angedeutet, nicht nur hohe Anforderungen an Staat und Gemeinden, er fordert ganz besonders auch grosse Opfer von jedem einzelnen unter uns, der sich eins weiss mit dem anderen in der Sorge um die Zukunft unseres Volkes.

„Im Walde der Kulturvölker," also schreibt Lichtwark am Schlusse seines Aufsatzes über „den Deutschen der Zukunft", „hat unsere Nation durch Jahrhunderte als Baumstumpf gestanden, dessen Wurzeln die Nachbarstämme nährten, dessen Stumpf von ihnen Nahrung zurückkempfing.

Aus den uralten Wurzeln haben wir nun aufs neue einen Stamm zum Himmel hinaufgesandt und treiben unsere Lebenssäfte zum eigenen Wipfel empor.

Aber die Mächte, die dem ersten Stamme den Untergang bereitet haben, sind noch nicht überwunden und lauern — immer noch dieselben — in uns und um uns her.

Schutz vor erneuter Vernichtung gewähren uns nicht die äusseren Einrichtungen unseres Volkslebens, nicht unsere Bündnisse. Das alles kann der Sturm einer Nacht hinwegfegen.

Aber unbesiegbar werden wir dastehen, wenn jeder Einzelne in jeder Stunde, bei jedem Werke, an jedem Orte, wohin ihn Mut und Schicksal gestellt haben, das höchste Mass seines Willens und seiner Kraft entfalten lernt."

---

[1]) Seyfert: Zur Erziehung der Jünglinge aus dem Volke, pag 7.

13

Wie weit wir noch von diesem Ideale entfernt sind und welch gewaltige Hindernisse sich seiner Verwirklichung noch entgegentürmen, haben wir oben gesehen. Doch der Einsatz ist zu hoch, als dass wir die Hände resigniert vom Pfluge lassen dürften. Zu dieser Freudigkeit des Wollens aber helfe uns der Geist unseres Friedrich Schiller! Aus den Niederungen des Daseins, aus den Banden des Menschlichen, des Allzumenschlichen, drang er in titanischem Kampfe mit sich und der Welt siegreich empor zu den Höhen der Menschheit: ein Mensch, ein Kämpfer und, am Ziele der Wanderung, eine vollendete Persönlichkeit. Sein leuchtendes Heldentum sei uns Stab und Stecken auf dem dornigsteilen Pfade der eigenen Höhenwanderung. Darum unsere Losung:

Aufwärts zu Schiller!

II.

Naturwissenschaft und Religionsunterricht.

Von N. Roestel, Rektor in Wollin i. P.

Motto: Noch manch ein Rätsel ungelöst
Ragt in die Welt von heute.
Und ist dein sterblich Teil erlöst,
So kommen andre Leute.

Für unsre schnellebige Zeit ist es schon recht lange her, seitdem Viktor von Scheffel, der Dichter mit dem Geologenhammer, das als Motto angeführte Wort gesprochen hat. Manches, was ihm als ungelöstes Rätsel erschien, hat wohl inzwischen seine Deutung gefunden. Denn wahrhaft glänzende Resultate sind in allen Zweigen der Naturwissenschaft gewonnen worden und haben dem Naturforscher ideale Freude, dem praktischen Leben hochwillkommene Gaben beschert.

Trotzdem hat das Scheffelsche Wort noch heute seine Gültigkeit. Das Werden, Wachsen und Vergehen in dem grossen Reiche der Natur liegt keineswegs überall wie ein aufgeschlagenes Buch vor den Augen der Forscher. Je weiter sich die Untersuchungen und Vermutungen von der Gegenwart in die Vergangenheit und Zukunft ausdehnen, desto unsicherer werden ihre Resultate. Das Rätsel des Lebens, des ersten Ursprungs aller Dinge, bleibt wohl überhaupt unlösbar, freilich nur im naturwissenschaftlichen Sinne. Es kann weiter und weiter zurückgeschoben werden, indem wir uns scheinbar seiner Lösung nähern, ohne sie jedoch zu erreichen. Denn hinter jeder Antwort erhebt sich eine neue Frage, aber die letzte

Antwort wird niemand geben. Im allgemeinen werden diese Tatsachen von den Naturforschern anerkannt, im besonderen aber erheben sich Stimmen, welche einen letzten Grund für alles Sein und Geschehen gefunden zu haben meinen. Ursprung und Entwicklung der organischen und unorganischen Welt führen sie auf die Wirkung physisch-chemischer Gesetze zurück, und dadurch haben sie eine tiefe Kluft zwischen naturwissenschaftlichem und religiösem Denken eröffnet. Für das Letztere ist die Frage nach dem Anfang alles Seins kein Problem. In dem Schöpfungsberichte findet es Genüge und Befriedigung, und glaubend hält es fest an dem Worte: Im Anfang schuf Gott Himmel und Erde. Wenn nun von der Naturwissenschaft der Schöpfungsbericht aus Genesis 1 und 2 als etwas den natürlichen Gesetzen Widersprechendes hingestellt und darum verworfen wird, so muss sie uns dafür auch entsprechende Beweise vorlegen können.

Unter allen Zweigen der Naturwissenschaft ist es besonders die Geologie, deren Forschungsergebnisse zum Stützpunkt einer atheistischen Weltanschauung herangezogen werden; denn keine andere Wissenschaft lenkt des Forschers Blick so weit zurück in die fernste Vergangenheit der Erde und ihres Lebens als die geologische.

Sie beschäftigt sich mit dem Baue und mit der Entwicklung der Erde bezw. Erdrinde. Im besonderen untersucht sie a) das Baumaterial der Erde, b) die Lagerung desselben, c) die Kräfte, welche den Bau aufgeführt haben oder ihn wieder zerstören wollen und d) die zeitliche Aufeinanderfolge der einzelnen Schichten dieses gewaltigen Gebäudes. Dabei setzt die Geologie die Erde auch in die verschiedenste Beziehung. Sie sieht in ihr einen Planeten des Sonnensystems, ein chemisches und physikalisches Laboratorium, ein Aggregat von Mineralsubstanzen, einen Wohnplatz von Pflanzen und Tieren und einen Schauplatz einer endlosen Reihe von Vorgängen aller Art. Wenn das richtig ist, was die Wissenschaft über die Entstehung und Entwicklung des Organischen und Unorganischen lehrt, so muss es notwendigerweise in der Geologie seine Anwendung und seine Bestätigung finden. Aus diesem Grunde scheint es nicht uninteressant, die gegenwärtigen Ergebnisse der geologischen Wissenschaft, natürlich nur in ihren Umrissen, einer Betrachtung zu unterziehen.

Aber auch als Lehrer werden wir der Geologie unsere Teilnahme zu widmen haben. Wir kommen nämlich auf die Dauer nicht bei ihr vorbei und werden ihr in unsern Lehrplänen ein wenn auch bescheidenes Plätzchen einräumen müssen. Dafür spricht ihr materieller und pädagogischer Wert. Ich kann ihn hier nur kurz berühren.

Die Forschungsergebnisse der Geologie greifen tief in das praktische Leben ein. Chaussee- und Tunnelbauten, die Anlage

13*

von Kanälen und Eisenbahnen, von Brunnen und Bergwerken erfordern die Mithilfe erfahrener Geologen. Und nicht zum wenigsten ist der Landmann auf sie angewiesen, der die im Untergrunde seines Ackers vorhandenen Reservevorräte kennen muss, aus denen seine Kulturpflanzen Ersatz für die verbrauchten Nährsalze des Bodens entnehmen sollen. Somit ist der Geologie ein bedeutender materieller Wert nicht abzusprechen. Aber sie hat auch bei r e c h t e r Behandlungsweise eine pädagogische oder erziehliche Bedeutung und vermag, gleich den andern naturwissenschaftlichen Fächern, ein a l l - s e i t i g e s Interesse zu erregen. Wenn wir in einzelnen Fächern den Unterricht in stofflicher und methodischer Hinsicht auf der Höhe erhalten wollen, können wir ihrer auf die Dauer nicht entbehren. In der physikalischen Geographie z. B. sind wir ohne die Mithilfe geologischer Betrachtungen gar nicht imstande, die gegenseitigen Beziehungen zwischen der organischen und unorganischen Welt allseitig zu erörtern, die Bildungen und Umbildungen der Erdformen zu erklären und ein Verständnis der heimatlichen Flur nach ihrem Werden und Vergehen zu erzielen. Ebensowenig kann in der Mineralogie das „Lebensbild" oder die „Lebensgeschichte" eines Gesteins entwickelt werden, wenn nicht dabei geologische Tatsachen mitsprechen. Diese greifen auch in den botanischen und zoologischen Unterricht ein, so dass es uns an Anknüpfungspunkten nicht fehlen wird, ebensowenig an Mitteln zur Befruchtung des empirischen, spekulativen und ästhetischen Interesses. Und da die Geologie, wie schon erwähnt, auch Fragen berührt, die in das Gebiet der Religion hinübergreifen, so ist es den Tatsachen gemäss, die Geologie mit dem religiösen Interesse in Beziehung zu setzen.

Die folgenden Erörterungen sollen behandeln:
I. die religiösen Grundlagen,
II. die naturwissenschaftlichen Grundlagen,
III. das Ergebnis aus beiden,
IV. die Schule und die Entwicklungsfrage.

I.

Die Welt als das Werk eines persönlichen, schaffenden Gottes zu erfassen, der ausserhalb der Naturgesetze steht, sozusagen hinter der Bühne alles Seins, fordert die heilige Schrift. Als das Resultat einer derartigen Auffassung gilt das Glaubensbekenntnis „an Gott den Vater, den Allmächtigen, Schöpfer Himmels und der Erden". Der Weg zu diesem Ziele ist der induktive, also ein auf der Erfahrung beruhender. Freilich kommt hierbei nicht sowohl die äussere, als vielmehr die innere, subjektive Erfahrung in Betracht, die, einmal gemacht, den Charakter der Gewissheit besitzt.

Einzelheiten über die Tätigkeit des Schöpfers sind in dem ersten und zweiten Kapitel des 1. Buches Mosis enthalten. Und zwar unterscheiden wir 2 Berichte. Der 1. findet sich 1. Mose 1 bis 1. Mose 2, 4. Der 2. schliesst sich an und soll einer älteren Quelle entstammen. 1. Mos. 2, 5—7. Er lautet nach genauer Übersetzung: „Zur Zeit, als Jehovah Gott Himmel und Erde machte, — es gab aber auf Erden noch gar kein Gesträuch auf den Fluren, und noch sprossten keine Pflanzen auf den Fluren; denn Jehovah Gott hatte noch nicht regnen lassen auf die Erde, und Menschen waren noch nicht da, um den Boden zu bebauen; es stieg aber ein Nebel von der Erde auf und tränkte die ganze Oberfläche des Erdbodens — da bildete Jehovah Gott den Menschen aus Erde vom Ackerboden und blies in seine Nase Lebensodem; so wurde der Mensch ein lebendiges Wesen." Es entsteht nun die Frage, ob der Schöpfungsbericht seinem gesamten Inhalte nach und auch in der Art, wie der Verfasser von der schaffenden Tätigkeit Gottes spricht, zu den Grundwahrheiten der Bibel, an denen nicht gerüttelt werden darf, gerechnet werden muss, oder ob der Verfasser — wer immer es auch gewesen sein mag — nur e i n e bestimmte Tatsache, e i n e n wesentlichen Kern habe bieten wollen, den er aus gewissen Gründen in eine vergängliche Schale hüllte.

Die Entscheidung in dieser Frage fällt insofern nicht schwer, weil es vor dem „Mosaischen" Schöpfungsberichte bei anderen Völkern Kosmogenien gegeben hat, die teils naivem Volksglauben und religiöser Träumerei, teils philosophischem Denken entsprungen sind. Der (verstorbene) Alttestamentsforscher Eduard Riehm sagt: „Aus den Berührungen dieser Darstellung des Schöpfungsvorganges mit den mythologischen Vorstellungen anderer Völker des Orients über die Weltentstehung hat man längst erkannt, dass in ihr ein alter Überlieferungsstoff, welchen die Israeliten mit jenen gemein haben, von dem eigentümlichen Geiste der Religion Israels ausgestaltet und erneuert worden ist." Hat man also Grund zu der Annahme, dass der biblische Verfasser seine Schöpfungsgeschichte andern ähnlichen Berichten, z. B. babylonischen, entlehnt hat, so wird man den individuellen Kern des „Mosaischen" Berichtes dadurch finden, dass man diesen mit andern vergleicht. Stossen wir dabei auf inhaltliche Übereinstimmung in Einzelheiten, werden wir diese als entlehnte anzusehen haben. Finden wir aber n e u e Gedanken, die in andern Kosmogenien fehlen, müssen wir in diesen etwas Individuelles, Selbständiges, das eigenste Werk des biblischen Verfassers erblicken. Dann aber liegt der Schluss nahe, dass es ihm auch nur auf die Konstatierung d i e s e r Tatsachen ankam.

Von den Ansichten des naiven Volksgeistes d e r I n d e r berichtet uns folgender Mythus: „Im Anfang war dies All ein Nichts; es veränderte sich, ward ein Ei, das lag ein Jahr. Es spaltete sich, die beiden Schalen waren Silber und Gold; das Silber ist die Erde, das Gold der Himmel, die Hülle sind die Wolken, die Aderröhren

sind die Ströme. Was geboren ward, ist die Sonne." Eigentümlich
ist diesem Mythus der dem tierischen Leben entliehene Entwicklungsgedanke; doch sind die Vorstellungen des Berichts so unklar wie
möglich. Auf einer etwas greifbareren materiellen Grundlage baut
sich folgender Mythus auf, der wahrscheinlich einer späteren Zeit
angehört: „Aus dem Urwasser erhob sich die goldne Lotosblume.
Aus ihrer Knospe ging Brahma hervor. Er schuf das Urfeuer.
Durch die Kraft des Urfeuers schieden sich aus dem Urwasser die
Welten und der grosse Weltenraum, der aus 14 kugeligen Schalen
besteht. Die 7 oberen bilden die Sonne und die Sterne, die 7
unteren den Erdkörper. Nach der Schöpfung dieser Welten rief
Brahma die Geister und die 4 Rassen der Menschen ins Leben."
Brahma, der höchste Gott, ist selbst erst ein Geschöpf; von Ewigkeit her war nur die Materie, die hier als „Urwasser" vorgestellt
wird. Der Mensch erscheint am Ende der Schöpfungsreihe.

Diesen, dem naiven Volksglauben entsprungenen Anschauungen
gegenüber steht der Schöpfungsbericht indischer Philosophen auf
höherer Stufe, nicht bloss durch seinen Inhalt, sondern auch durch
die hochpoetische Form. Religion ist Dichtung, Dichtung ist
Religion für den Inder damaliger Zeit. Das älteste Denkmal
indischen Geisteslebens ist der „Rig-Weda", ein heiliges Buch, aus
1028 Hymnen bestehend und vielleicht um das Jahr 1000 v. Chr.
entstanden.

„Von der Finsternis verdeckt war das All, im Anfang unter-
schiedloses Wasser."

„Da gab es weder Sein, noch gab es Nichtsein,
Nicht war der Dunstkreis und der Himmel drüber.
Bewegt sich was? und wo? in wessen Obhut?
Gab es das Wasser und den tiefen Abgrund?

Nicht Tod und nicht Unsterblichkeit war damals,
Der Tag war nicht geschieden von den Nächten.
Nur Eines atmet ohne fremden Anhauch
Von selbst, nichts andres gab es über diesem.

Das Dunkel war in Dunkelheit versunken
Am Anfang, alles wogte durcheinander.
Es ruhte auf dem leeren Raum die Öde,
Doch eines kam zum Leben kraft der Wärme.

„Es entstand die Nacht und das wogende Meer. Aus dem
wogenden Meere ward die Zeit geboren; sie setzt die Tage und
die Nächte fest, sie, die Macht hat über alles, was die Augen bewegt. Der Reihe nach bildete der Schöpfer Sonne und Mond,

Himmel und Erde, den Luftraum und das Ätherreich." — Aber der Anfang ist und bleibt ein Rätsel; denn:

„Wer weiss es recht, wer kann es uns verkünden,
Woher entstand, woher sie kam die Schöpfung,
Und ob die Götter nach ihr erst geworden?
Wer weiss es doch, von wannen sie gekommen?"
(Aus dem 129. Hymnus des 10. Buches des „Rig-Weda",
übersetzt von Kaegi u. Geldner.)

Der japanische Mythus lehrt: „In alter Zeit, da Himmel und Erde noch nicht geschieden, das Trübe und das Klare noch nicht getrennt waren, bestand nur der Uräther, ein Gemenge, gleich einem Ei. Das Klare schwebte als das Leichte nach oben und wurde Himmel; das Schwere, Trübe gerann im Wasser zum Niederschlag und wurde Erde." Eine durch und durch materialistische Anschauung, die die Ewigkeit der Materie voraussetzt und die Entwicklung der Welt auf die der Materie innewohnenden Kräfte zurückführt, ohne dabei eines besonderen Schöpfers zu bedürfen.

Chantepie de la Saussaye teilt folgende ägyptische Kosmogenie mit: „Im Anfang war weder Himmel noch Erde. Von dichter Finsternis umgeben erfüllte das All ein grenzenloses Urwasser, welches in seinem Schoss die männlichen und weiblichen Keime oder die „Anfänge" der zukünftigen Welt in sich barg. Der göttliche Urgeist, unzertrennlich von dem Urstoff des Wassers (!), fühlte das Sehnen nach schöpferischer Tätigkeit, und sein Wort erweckte die Welt zum Leben, deren Gestalt und formenreiche Gebilde sich in seinem Auge vorher abgespiegelt hatten. Ihre körperlichen Formen und Farben entsprachen nach ihrer Entstehung der Wahrheit, d. h. den Urvorstellungen des göttlichen Geistes über sein künftiges Werk. Der erste Schöpfungsakt begann mit der Bildung des Eies aus dem Urgewässer, aus dem das Tageslicht, die unmittelbare Ursache des Lebens in dem Bereich der irdischen Welt, herausbrach." Bemerkenswert, weil unterscheidend, ist in dieser Kosmogenie die Vorstellung von der Unzertrennlichkeit des göttlichen Urgeistes vom Urstoffe des Wassers. Nach Holzinger zeigt der Bericht „frappante Parallelen" mit 1. Mos. 1. — (Siehe Mugrowski, „Die bibl. Urgeschichte". Praxis der Volksschule. Heft III, 1903.)

Wie bei den Indern müssen wir auch im jüdischen Volke zwischen Volkstradition und dem eigentlichen „Mosaischen" Schöpfungsberichte, als dem Werke eines philosophisch gebildeten Geistes, einen Unterschied machen.

Nach der Volksanschauung hat es zwischen Gott und irgend einem feindlichen Wesen offenbar noch vor der eigentlichen Schöpfung einen Kampf gegeben, der mit der Niederlage des Gott feindlichen Wesens endete. So redet z. B. Ps. 74 von einem Drachen, ebenso Jes. 51, 9: Bist du nicht der, der Rahab zerhauen und den Drachen durchbohrt hat? Rahab = Grossmaul.

Es ist Grund zu der Annahme vorhanden, dass das Volk Israel diesen Gedanken nicht aus sich selbst erzeugt, sondern einem Volke entlehnt hat, welches lange vor Israel Träger der Kultur gewesen war, nämlich dem babylonischen. Die Wahrscheinlichkeit der Annahme wird durch die Tatsache erhöht, dass sich in babylonischen Schöpfungsmythen ganz ähnliche Gedanken finden:

> „Einst, als droben der Himmel nicht benannt war,
> Drunten die Erde noch keinen Namen trug,
> Als noch der Ozean, der uranfängliche, ihr Erzeuger,
> Der Urgrund Tihamat, ihrer aller Mutter,
> Ihre Wasser in eins zusammenmischten . . .
> Da entstanden die ersten Götter."

Zwischen ihnen aber kommt es zum Kampfe und Tihamat, die Mutter der Götter, schafft sich riesige Wesen als Helfer. Aber „Marduk rüstet sich mit Bogen und Köcher, Sichelschwert und Dreizack und fährt auf seinem Streitwagen der Tihamat entgegen; er stösst ihr das Schwert in den Leib, setzt ihre Helfer gefangen und zerschlägt dann den Leichnam der Tihamat in zwei Teile:

> „Die eine Hälfte nahm er, machte sie zum Himmelsdach,
> Zog eine Schranke davor, stellte Wächter hin.
> Ihre Wasser nicht herauszulassen, befahl er ihnen."

Aus der andern Hälfte baut er über dem unterirdischen Weltmeere die Erde. Schliesslich schneidet er sich selbst den Kopf ab, und aus dem Gemisch von Blut und Erde kneten die Götter den Menschen.

Man wird zugeben müssen, dass Anklänge in der religiösen Volksanschauung Israels an babylonische Mythen vorhanden sind.

Aber von diesen Kämpfen vor der eigentlichen Weltschöpfung weiss der Mosaische Bericht nichts zu erzählen. Er steht auf einer höheren Warte. Eigentümlich ist ihm und den meisten andern Schöpfungserzählungen der Entwicklungsgedanke und zwar in der Vorstellung, dass die Welt mit allem, was sie in sich begreift, nicht auf einmal entstand, sondern teilweise und zu verschiedenen Zeiten. Dabei erfolgten die Schöpfungsvorgänge unter der Voraussetzung des unmittelbaren Eingriffs einer zweckmässig wirkenden und bauenden schöpferischen Persönlichkeit, wurden demnach als übernatürliche Vorgänge aufgefasst, die auch keiner allmählichen Vorbereitung bedurften, sondern sozusagen ruckweise katastrophenartig erfolgten. Nur der japanische Bericht scheint eine Ausnahme zu machen, insofern er von einer besonderen schaffenden Persönlichkeit für den ersten Anfang absieht. Aber ein Unterschied besteht zwischen dem Mosaischen Bericht und andern Kosmogenien: es ist der Hinweis darauf, dass ein persönlicher Schöpfer das Weltall aus dem Nichts ins Leben gerufen hat. Und darum liegt in dem 1. Verse des 1. Kapitels der Genesis der Kern des Ganzen. Dieses Schaffen aus dem Nichts tritt in keinem andern Berichte so klar und bestimmt hervor. Im Gegenteil neigen alle zu einer mehr oder weniger materialistischen Anschauung und lassen die Tätigkeit ihrer Hauptgötter in einem blossen Umformen der schon vorhandenen Materie — meist des Urmeeres — bestehen, ganz abgesehen davon, dass im babylonischen Bericht die Götter erst selbst geschaffen werden. Allerdings scheint es, dass auch im biblischen Bericht die Annahme eines Chaos oder richtiger einer Urflut nicht ausgeschlossen wäre. „Die Erde war wüst und leer, und es war finster auf der Tiefe." Aber man darf eben den ersten Satz der Bibel nicht ausser acht lassen, in dem die Idee einer vorangegangenen Schöpfung auch dieses Chaos ausgesprochen ist.

So hat ein höherer Wille die Welt ins Dasein gerufen, das ist die Hauptsache, und mit diesem Gedanken hat sich der Verfasser des Bibelberichtes über religiöse Träumereien oder philosophische Spekulationen anderer Völker erhoben und hat damit auch der christlichen Religion ein bleibendes Erbe hinterlassen: „Am Anfang schuf Gott Himmel und Erde."

Nun ist aber die Vorstellung eines unsichtbaren, allmächtigen Schöpfers für den Menschengeist unfassbar. Für das Volk Israel war es mit der abstrakten Behauptung: „Am Anfang schuf Gott Himmel und Erde" nicht abgetan. Der Verfasser musste seinem Volke diese schaffende Tätigkeit an konkreten Einzelfällen oder Beispielen erläutern. Und dass es ihm in selten klarer Weise und in einer allgemeinverständlichen und hochpoetischen Form gelungen ist, wie sie kein anderer Bericht aufzuweisen hat, wird niemand bestreiten. Der Verfasser brauchte Worte und Wendungen, wie sie das Volk verstehen konnte. Er musste sie brauchen, er musste anknüpfen an Gedanken, die sich das Volk wohl schon seit langen, langen Zeiten über die Erschaffung der Welt gemacht hatte. Und so bediente er sich menschlicher Worte zum Ausdruck göttlichen Tuns. Diese Worte aber sind so viel oder so wenig zutreffend, als das Geschöpf vom Schöpfer zu reden vermag. Denn Gott sprach und schuf, wie eben Gott spricht und schafft. Wir Menschen vermögen darüber nur menschlich zu reden, und unserm Geiste muss es überlassen bleiben, hinter dieser menschlichen und darum vergänglichen Schale den bleibenden Kern zu suchen und festzuhalten. „Sollen wir," so sagt der Geologe Dr. Stutz in Zürich — „auf die vierundzwanzigstündige Länge des Tages schwören, oder darauf, dass Gott hebräisch gesprochen habe? Sollen wir bei der Erschaffung

des Menschen an einen Töpfer denken, der sein Bild mit Händen
und Fingern aus Ton knetet?" Gewiss nicht.

Wer demnach in dem 1. Kapitel der Genesis naturwissenschaftliche Belehrung sucht, verkennt durchaus die Absicht des Verfassers.
Die Naturwissenschaft hat mit diesem Kapitel bezw. Genes. 2 absolut
nichts zu tun, und es ist töricht, immer wieder auf die vermeintlichen
Widersprüche hinzuweisen. So lange die Wissenschaft nur die Einzelheiten der anthropomorphen Darstellung des Schöpfungsberichts, die
nicht zu den Grundwahrheiten der Bibel gehören, zum Gegenstande
des Angriffs macht, mag man ihr das Vergnügen lassen. Anders
aber ist es, wenn sie auf Grund der Forschung sich zu der Behauptung versteigt, dass auch der 1. Vers aus 1. Mos. 1 nicht den
Ergebnissen der Wissenschaft entspricht. In diesem Falle fordern
wir den Beweis.

II.

Die Welt ist das Resultat ununterbrochen wirkender mechanisch-
chemischer Kräfte. So lehrt uns die Naturwissenschaft. Sie gibt
vor, auf Grund bestimmter Tatsachen zu diesem Endergebnis gekommen zu sein. Mithin hat sie bei ihren Forschungen, wie es ja
auch ganz selbstverständlich ist, den induktiven Weg eingeschlagen.
Er geht vom Tatsächlichen, vom Konkreten aus und führt von der
Beobachtung und Erfahrung zum Abstrakten, d. i. zum Naturgesetz,
insbesondere zu einer schier endlosen Kette von Kausalitätsbe-
ziehungen. Wo es sich aber um die Erklärung noch unerkannter
Erscheinungen handelt, nimmt die Naturwissenschaft und also auch
die Geologie, um die es sich hier aus den schon angeführten
Gründen allein handeln soll, ihre Zuflucht zur Hypothese, die in
der Theorie zur entwickeltsten Form gelangt.

Die Annahme von Hypothesen kann der Geologie nicht zum
Vorwurf gemacht werden. „Hypothesen sind Versuche zur provisorischen Erklärung der Gesetzmässigkeit noch unerkannter Erscheinungen; sie sind auf Grund bereits erkannter Wahrheiten nach
dem Gesetze der Wahrscheinlichkeit zu formulieren, um dann durch
die Forschung bestätigt oder widerlegt zu werden. Jede Natur-
forschung gestattet nicht bloss Hypothesen, sondern sie bedarf derselben. Sie wirken anregend, dringen wie Vorposten in noch nicht
hinreichend erkannte Gebiete ein und bereiten deren wissenschaftliche Ausbeutung vor." (Cotta.) Somit werden wir unter den Beweisen für die Richtigkeit dieser oder jener Behauptung der Naturwissenschaft neben wirklichen Tatsachen auch hypothetisches Material
finden, das wir als Beweisgrund gelten lassen wollen, aber immer
unter der Voraussetzung seines hypothetischen Charakters.

Auf Grund der Forschung ist die Wissenschaft zur Annahme
eines das Ganze umfassenden Entwicklungsgesetzes gekommen.
Alles in der Welt des Seins und Geschehens deutet auf Entwicklung.

Nach ehernen Gesetzen vollenden sich des Daseins Kreise; alle Willkür, aller Zufall ist verbannt, und überall entwickelt sich alles nach Ursache und Wirkung. Und weil das so ist, darum hörten wir auch auf einem Naturforschertage, dass kein zureichender Grund vorhanden sei, neben den ewig gültigen Gesetzen der Natur und den der Materie von Ewigkeit her innewohnenden Kräften einen persönlichen Schöpfer anzunehmen, für dessen Tätigkeit, selbst wenn er die Welt geschaffen hätte, kein weiteres Feld zu entdecken wäre. Darum wird auch auf eine teleologische Weltansicht verzichtet, da die Annahme einer Zweckmässigkeit im Weltgeschehen, die eine bewusste Schöpferkraft voraussetzt, neben der Behauptung strenger Kausalität nicht bestehen kann. Mit Hilfe mechanisch wirkender Ursachen und physisch-chemischer Naturvorgänge lassen sich, oder werden sich in Zukunft alle Rätsel lösen lassen durch das an die Stelle eines willkürlichen Schöpfungsaktes getretene Entwicklungsgesetz.

Im Reiche der organischen Welt hat der Entwicklungsgedanke durch die bekannte Deszendenztheorie oder Abstammungslehre seinen Ausdruck gefunden. Es ist Irrtum oder absichtliche Verkennung der Tatsachen, wenn die Deszendenztheorie oder die Behauptung, dass sich alles Lebende aus Niederem zu Höherem entwickelt habe, mit dem eigentlichen Darwinismus immer wieder verwechselt wird. Letzterer lehrt nicht mehr und nicht weniger als das Überleben des Bestorganisierten im Kampfe ums Dasein, umfasst also die sogenannte „Theorie der natürlichen Zuchtwahl", die Selektionstheorie, die der Abstammungslehre gegenüber die Rolle eines kausalen Prinzips spielt. Beides muss man auseinanderhalten. Man kann Anhänger der Abstammungslehre und Gegner des Darwinismus sein. Für jene muss die Geologie, abgesehen von den embryologischen und vergleichend anatomischen Untersuchungen des Zoologen, Beweismittel erbringen; für diesen hat sie kein Tatsachenmaterial übrig.

Aber nicht nur auf die Welt der Organismen erstreckt sich der Entwicklungsgedanke, sondern auch auf die unorganische Welt. In dieser Beziehung hat Cotta das Entwicklungsgesetz konstruiert: „Die Mannigfaltigkeit der Erscheinungsformen ist eine notwendige Folge der Summierung von Resultaten aller Einzelvorgänge, die nacheinander eingetreten sind." Kürzer gefasst, lautet es: Die Mannigfaltigkeit der Erscheinungsformen ist Folge der Einzelvorgänge. Das ist ohne weiteres einzusehen. Denn „wenn zum Einen das Andre kommt, dann zu beiden ein Drittes u. s. f., so wird dadurch unzweifelhaft entweder die Zahl der Dinge oder der Teile oder der Gestaltungen eines Dinges vermehrt." Dadurch wird die Mannigfaltigkeit dieses einen Dinges, in unserm Falle der Erde, durch stete Zunahme vergrössert. Unbestritten ist es, dass sich die Erde stets verändert hat und auch stets verändern muss, weil

Veränderung ein wesentliches Merkmal des Entwicklungsbegriffes ist. Dann aber haben wir in dem gegenwärtigen Zustande der Erde nur das augenblickliche Endresultat, nicht aber das wirkliche zu erblicken, und wir müssen imstande sein, von der Gegenwart aus die Entwicklungsphasen des Erdkörpers nach rückwärts hin zu konstruieren, um festzustellen, bis zu welchem Anfang die Wissenschaft uns lückenlos zu führen vermag, ob zu dem absoluten oder nur zu einem relativen Anfang. Danach wird sich alsdann beurteilen lassen, ob die Negation eines persönlichen Schöpfers wirklich zweifelsohne ist.

Wir betrachten:

a) Den Entwicklungsgedanken im Reiche der organischen Welt.

b) Den Entwicklungsgedanken im Reiche der unorganischen Welt.

a) Der Entwicklungsgedanke im Reiche der organischen Welt. Da in dem folgenden Abschnitte vielfach auf einzelne Perioden der Erdgeschichte Bezug genommen werden muss, soll zunächst kurz dargelegt werden, auf welche Weise der Geologe die zeitliche Aufeinanderfolge der die Erdrinde zusammensetzenden Schichten feststellen und also eine wirkliche „Geschichte" der Erde konstruieren kann.

Der Boden, auf dem wir leben, ist mit Ausnahme der ersten Erstarrungskruste der Erde, die natürlich noch niemand gesehen hat und auch nie erforschen wird, und mit Ausnahme der aus dem Inneren der Erde emporgestiegenen Tiefengesteine (z. B. Granit) und der vulkanischen Gesteine (z. B. Basalt, Trachit, Lava) durch Absatz aus dem Wasser entstanden. Die mechanische und chemische Tätigkeit desselben im Verein mit Frostwirkung und Lufteinfluss führte zu einer Zerstörung (Verwitterung) des ersten Gesteinmaterials und dadurch zur Bildung von Lehm, Sand, Ton, Mergel, Schiefer u. s. w. Noch heute setzt das Wasser unserer Flüsse und Meere Sand und Schlamm aller Art auf dem Boden ab; Schicht bildet sich auf Schicht, und unaufhaltsam wandern die verwitterten und mechanisch zerstörten Gesteine unserer Gebirge ins Meer, ihrem endlichen Grabe. Und was wir gegenwärtig beobachten können, das geschah auch schon von der Zeit an, als das Wasser zum ersten Male auf unserer Mutter Erde die Felsen umspülte. Was die Kraft des inneren Feuers erbaut hatte, das Wasser sucht es wieder einzureissen in fortdauernder planierender, einebnender Tätigkeit. So sind im Laufe langer Zeiten mächtige Erdschichten, aus Ton, Sand und anderen zerriebenen Gesteinsfragmenten bestehend, auf dem Grunde der Meere abgelagert worden. Auch Tiere aller Art übernehmen die Rolle von Baumeistern. Der Druck der oberen Schichten auf die unteren, der Druck des Wassers und wohl auch die innere Erdwärme liessen diese anfänglich lockeren Niederschläge oder Sedimente zu festem Gestein erhärten. Aus dem Sande entstand der Sandstein, aus dem

Tonschlamm bildeten sich Schiefergesteine. Trat nun aus irgend welchen Ursachen eine Hebung des Meeresbodens ein oder kam es zu einer Faltung der Erdkruste, so floss das Wasser natürlich zu den tieferen Stellen der Erdoberfläche, die diese Hebung oder Faltung nach oben nicht oder nicht in dem Masse mitgemacht hatten. So wurde der einstige Meeresboden trockengelegt, erhob sich höher und höher, und wir schauen als Hochebene oder als Gebirge, was einst in der Tiefe des Meeres gebildet ward. Das Meer aber begann an andrer Stelle seine Sand, Schlamm, Lehm, Kalk etc. absetzende Tätigkeit und legte das Fundament zukünftiger Gebirge. Tiere, die im Wasser lebten, sanken bei ihrem Tode auf den Boden. Die aus organischen Verbindungen aufgebauten Teile ihres Körpers wurden durch die Verwesung ganz oder teilweise zerstört. Nur die festen mineralischen Teile des Körpers blieben oft, wenn auch verändert, erhalten und wurden im Schlamme des Meeresbodens begraben. Sie „versteinerten" oder sie liessen doch Abformungen der inneren Hohlräume oder der äusseren Gestalt zurück. Pflanzen wurden meist verkohlt mit mehr oder weniger Beibehaltung ihrer ursprünglichen Form. Blätter zeigen sich am häufigsten als feine Kohlenhäutchen. Lange lagen diese mineralischen Reste organischer Wesen im Meeresboden. Endlich feierten sie mit der Hebung desselben ihre Auferstehung, und wir erblicken in ihnen die beredten Zeugen eines längst entschwundenen Lebens. Sie sind es auch allein, die dem Geologen eine Gruppierung der verschiedenen Erdschichten nach zeitlicher Folge ermöglichen.

Beobachtet man nämlich, dass in gewissen Erdschichten — sie seien mit a bezeichnet — wesentlich dieselben Versteinerungen vorkommen, so wird man mit Recht daraus schliessen, dass diese Schichten auch zu gleicher Zeit vom Meere abgesetzt wurden, gleichviel, ob sie dicht nebeneinander liegen oder durch weite Räume getrennt sind, ob sie in grösserer oder geringerer Tiefe angetroffen werden. Denn infolge der Bewegungen innerhalb der Erdrinde traten Verschiebungen der einzelnen Erdschichten ein, so dass nicht selten die ältere Schicht höher lagert als die jüngere.

In anderen Schichten — b — finden sich andere Versteinerungen. Lassen diese auf eine höhere Entwicklung der einstigen Lebewesen schliessen, so sind sie später im Meere abgesetzt worden; denn man darf wohl mit Recht behaupten, dass Lebewesen höherer Organisation der Gegenwart näherstehen und umgekehrt. Mithin sind die Schichten b in dem angenommenen Falle jünger als die Schichten a. Deuten aber die Versteinerungen in b auf eine niedrigere Entwicklungsstufe, so sind die Schichten b naturgemäss älter als a, und so ist mit der jeweiligen Phase der Entwicklung der einstigen organischen Welt auch das relative geologische Alter einer Erdschicht gegeben.

Freilich sind Irrtümer nicht ausgeschlossen, was wegen der

objektiven Bewertung der Tatsachen besonders konstatiert werden muss. Fast immer hat es der Geologe mit Fragmenten zu tun, die oft noch so verändert sind, dass die Enträtselung der Bruchstücke der einstigen organischen Körper ungemein schwierig ist. Allerdings steht dem Geologen wiederum das von Cuvier aufgestellte Gesetz der Korrelation zur Seite, welches besagt, dass alle Organe eines Lebewesens in Wechselbeziehung stehen, so dass aus der besonderen Form und Einrichtung eines Organs, ja sogar eines fragmentären Restes desselben, auf die Beschaffenheit der andern Organe sowie des ganzen Organismus geschlossen werden kann. Und wie wir den Architekten aus den letzten Trümmern antiker Gebäude z. B. einen Tempel neu konstruieren sehen, so zeichnet der Geologe aus den fragmentären Versteinerungen das Leben der Vorwelt in seinen wechselvollen Gestalten.

Und dieses Leben bietet zugleich den Massstab für die geschichtliche Entwicklung der Erdrinde. Wie man in der Weltgeschichte von einer Neuzeit, einem Mittelalter und einem Altertume redet, so hat man auch für die Geschichte der Erdrinde solche Zeitalter aufgestellt, dem Altertum allerdings noch die Urzeit vorangesetzt. Jedes Zeitalter umfasst eine Reihe von Schichtenfolgen oder Perioden, jede Periode setzt sich aus Einzelschichten oder Formationen zusammen. Fast immer wird die Zugehörigkeit einer Erdschicht oder Gesteinsschicht zu dieser oder jener Formation durch bestimmte Versteinerungen bedingt.

Die Neuzeit oder das känozoïsche Zeitalter umfasst z. B., rückwärts schreitend, das jüngere Schwemmland oder das Alluvium, das ältere Schwemmland oder Diluvium, die Tertiärzeit oder die Braunkohlenformation. Dann setzt das Mittelalter oder die mesozoïsche Zeit mit der Kreideformation ein, deshalb so genannt, weil die hierher gehörigen Gesteinsschichten stellenweise Kreide aufweisen. Auf Rügen z. B. tritt sie zutage und liefert den Beweis, dass ihrer Entstehung nach einer längst entschwundenen Vergangenheit angehörende Gesteine doch unmittelbar an der Oberfläche sich befinden können. Älter als die Kreideformation sind die Jura- und Triasschichten. Jene haben ihren Namen nach dem ihnen zugehörigen Juragebirge erhalten; diese schliessen drei Formationen in sich, die man sehr oft in unmittelbarer Aufeinanderfolge gefunden hat, weshalb man sie als „Trias" zusammenfasste. Unter ihr — der Zeit nach — lagen die Schichten des Altertums der Erde oder der paläozoïschen Zeit. In diesen kamen die Steinkohlenwälder, also die Gewächse, aus denen unsere Steinkohlen entstanden sind, zur höchsten Entwicklung. Darum nennt man eine der hierher gehörenden Formationen die Steinkohlenformation. Dem Altertum der Erde ging die Urzeit oder die azoïsche Zeit voran. Die Bezeichnung azoïsch = versteinerungsleer ist irreführend; es bürgert sich immer mehr der Name „archäische" Zeit ein.

Lange Jahrhunderte hindurch fand der Menschengeist Befriedigung an dem Inhalt des Schöpfungsberichts der Bibel. Er sah in sich ein gottähnliches höheres Wesen, mitten hineingesetzt in die Welt niederer Geschöpfe. Es ist anders geworden. Der grübelnde Verstand verlangt von der Wissenschaft, dass sie die Frage nach dem Ursprung des Menschengeschlechts löse. Die Wissenschaft hat sich mit Eifer dieser Arbeit unterzogen; und wenn auch die von ihr zutage geförderten Quellen recht bescheidene sind, so ist das Bild, das sie von der Entwicklung des Menschengeschlechts entwirft, doch ein wesentlich anderes, als bisher angenommen wurde.

Trotz der Verschiedenheit der Rassen bildet das jetzt lebende Menschengeschlecht eine einheitliche Art, den homo sapiens. Soweit geschichtliche Denkmäler einen Rückblick in die Vergangenheit gestatten, sprechen alle Anzeichen dafür, dass auch schon im 5. und 6. Jahrtausend v. Chr. die gleichen Unterschiede zwischen den verschiedenen Rassen bestanden haben wie in der Gegenwart. Auch der Versuch, eine dieser Rassen als niedrigste und affenähnlichste hinzustellen und eine aufsteigende Reihe zu konstruieren, etwa: Australier, Neger, Malaie, Mongole, Europäer oder ähnlich, ist hinfällig. Wenn auch die dunkelsten Menschenrassen dem Schädelinhalt nach auf der niedrigsten Stufe stehen und sich den menschenähnlichen Affen nähern, so nehmen sie nach den sonstigen Verhältnismassen ihres Körpers einen höheren Rang als der Europäer ein. Denn gerade beim Australier und Neger sind die Beine verhältnismässig länger als die Arme, der Körper ist verhältnismässig kürzer, während beim Europäer umgekehrte Proportionen vorhanden sind. Letzterer nähert sich also in dieser Hinsicht den menschenähnlichen Affen, während Australier und Neger nach den Hauptproportionen sich von ihnen entfernen. Selbst bis in die prähistorische neolithische Steinzeit, welche freilich noch dem Alluvium angehört, lässt sich aus den vorgefundenen Skeletteilen schliessen, dass auch jene Menschen keineswegs auf einer niederen, tierischen Stufe der Entwicklung standen. Sie waren im wesentlichen Menschen wie wir. Das Gleiche gilt von der Menschenart, die während der letzten Periode des Diluviums Europa bevölkerte. Es waren gar stattliche Gestalten, bis 1,90 m gross. Wenn auch der Schädel einen etwas geringeren Umfang besass, deutet doch seine Ausbildung auf eine hohe, geistige Begabung. Dafür sprechen auch die verschiedenen Werkzeuge: Pfriemen, Lanzen, Harpunen, Pfeilspitzen; vor allem aber deuten Malereien und Zeichnungen, die man auf den Wänden südfranzösischer Höhlen gefunden hat, auf die relativ hohe Intelligenz dieses „homo priscus". Die Malereien zeigen „Mammute, Rinder und Renntiere, sowie viele zum Teil aufgezäumte Pferde, welche auffallende Ähnlichkeit mit den kürzlich in Innerasien entdeckten kleinen Wildpferden besitzen." Ferner sind deutlich Zelte zu erkennen, woraus zu schliessen ist, dass diese einer mittelländischen Rassengruppe angehörenden Menschen nicht ausschliesslich in Höhlen wohnten. Zu ihnen gehört insbesondere die Cro-Magnon-Rasse. Der mittelländischen Rassengruppe stellt Kraitschek noch eine nordische gegenüber.

Aber in der älteren Periode des Diluviums änderte sich das Bild. Man hat Überreste von Menschen gefunden, die einer entschieden geringer organisierten Spezies angehören. Als Repräsentanten derselben gelten die Funde in der Neandertalhöhle zwischen Düsseldorf und Elberfeld und der Krapinahöhle in Kroatien. Jeder dieser Funde vertritt eine bestimmte Rasse. Die Neandertalrasse wird durch 10 an verschiedenen Orten entdeckte Überreste vertreten. Die Krapinarasse steht vereinzelt da. Aber in Langerie in Südfrankreich hat man Knochenreste gefunden, die eine 3. differenzierte Rasse, die sogenannte Langerie-Rasse repräsentieren. Von diesen Menschenrassen — als Spezies homo primigenius genannt — entwirft Prof. Berger im Beiheft zu No. 7 der Wartburgstimmen (1903) folgendes Bild: Ein langer Rumpf wurde von kurzen Beinen getragen, deren Knie etwas gekrümmt waren; die Arme besassen eine mittelmässige Länge und hingen durchaus nicht affenartig tief herab. Der Kopf war unverhältnismässig gross, sein Schädel niedrig und schmal, die Stirn wich weit nach hinten zurück, so dass sie jedenfalls unter dem wüsten Haarwuchs vollständig verschwand. Über den Augenbrauen wölbten sich als ungeheure Wulste die Augenbrauenbogen, und die Schläfen waren tief eingesenkt. Die Augen standen nicht affenartig dicht beieinander, sondern ziemlich entfernt. Dieser Umstand hatte zur Folge, dass sich das Vorderhirn kräftiger entwickelte, und also auch die Vernunft. Zwischen den Augen befand sich eine breite, platte und kurze Nase. Die Kiefer sprangen nicht als tierähnliche Schnauze hervor. Das Kinn trat weit zurück; an seiner Innenseite war die Ansatzstelle für den Sprachmuskel nur schwach entwickelt, diese Menschen konnten also nur mangelhaft sprechen. In beiden Kiefern aber wurzelten tief ungeheure Zähne."

Den Neandertalmenschen erklärte Virchow für die anthropologische Forschung wenig brauchbar, weil er nach seiner Meinung mit krankhaften Veränderungen behaftet gewesen sein soll. Doch hat in neuester Zeit Gustav Schwalbe, der Leiter der Strassburger Anatomie, den Nachweis geliefert, dass Virchows Beobachtungen und Schlüsse grösstenteils falsch und ungenau gewesen sind. Dass man es in diesem Falle nicht mit einer zufälligen Besonderheit, sondern mit einer eigenen Art der Gattung „Mensch" zu tun hat, beweisen besonders die Skelettfunde in einer Höhle bei Spy in Belgien, deren Schädel mit dem Neandertaler merkwürdig übereinstimmen.

Interessant sind die näheren Umstände, unter denen Professor Kramberger in der Krapinahöhle seinen Fund machte. Die

Höhle enthielt die Reste des braunen und des Höhlenbären, des diluvialen Nashorn, des Ur, einer Schildkröte und des Alpenmurmeltieres, das offenbar durch die Gletscher der damaligen Eiszeit von den Bergen in die Ebene gedrängt worden war. An Menschenresten fanden sich Bruchstücke fast aller Körperknochen, besonders Schädeldachknochen, Zähne, Stücke von Ober- und Unterkiefern, Stirnteile und mehrere Oberaugenränder. Dazwischen lagen Asche und Holzkohle, rotgebrannte Sandsteinstücke und eine Menge von zernagten, angebrannten Menschenknochen, die Kindern und Erwachsenen, Männern und Weibern angehörten; alle Knochen sind kurz und klein geschlagen. Die hier hausende Horde ist offenbar von einer andern überfallen, niedergemacht und dann aufgefressen worden.

Aber mit dem homo primigenius sind die Quellen für die Entwicklung des Menschengeschlechts noch nicht erloschen. Wer will sagen, bis in welche im Verhältnis zu unserer historischen Zeit unermesslichen Zeiträume uns der Fund zurückführt, den vor etwa 10 Jahren Dubois auf der Insel Java gemacht hat. In j u n g - t e r t i ä r e n Ablagerungen entdeckte er ein Schädeldach, zwei einzelne Backenzähne und den Oberschenkelknochen eines Wesens, das er unter dem Namen P i t h e c a n t h r o p u s e r e c t u s, d. i. aufrechtstehender Affenmensch, als besondere Spezies zusammenfasste. Das Charakteristische dieses einstigen Lebewesens liegt in dem aufrechten Gang, der sich aus der Beschaffenheit des Oberschenkelknochens unzweifelhaft ergibt und in der Gestalt, sowie dem Rauminhalt des Schädels. Letzterer erinnert in etwas an den Neandertaler; er ist aber affenähnlicher in der Form, während er dem Inhalte nach einem Menschenschädel bedeutend nähersteht als einem Affenschädel. Dieser hat beim Gorilla eine Grösse von 500 ccm, beim Pithecanthropus aber nahezu 1000 ccm. Deshalb kamen viele Forscher zu dem Schlusse, dass der Pithecanthropus dem Stammbaume des Menschengeschlechts angehöre. Übrigens ist nur dies eine Gerippe eines Affenmenschen gefunden worden und seine Deutung ist recht problematischer Natur. Der Zeit muss es vorbehalten werden, noch weitere Belege für diese „Menschenart" herbeizuschaffen. Anzunehmen ist, dass Tausende von solchen Gerippen in der alten Welt, in Asien und Europa, ruhen.

Welche aber waren die Stammväter dieser eigentümlichen Wesen? Die Wissenschaft findet sie in dem unter dem Namen Baumaffe oder D r y o p i t h e c u s bekannten affenähnlichen Wesen, von dem einige Reste im Tertiär gefunden worden sind.

Fasst man das von der Geologie gebotene Material zusammen, so scheint sich zu ergeben, dass das Menschengeschlecht wirklich eine Entwicklung von niederen Arten zu höheren durchgemacht hat, die durch die Reihe Pithecanthropus, Homo primigenius, Homo priscus und Homo sapiens bezeichnet wird. So viel ist sicher, dass von einem Abstammen des Menschen von menschenähnlichen Affen nie die Rede sein kann. Die gesamte Welt der einstigen und der noch jetzt existierenden Lebewesen kann man sich unter dem Bilde eines weitverzweigten grünenden Baumes vorstellen. Einer der grünenden Zweige in der Peripherie stellt das jetzt lebende Menschengeschlecht, ein Nachbarzweig die menschenähnlichen Affen vor. Keine Verbindung führt von dem Ende des einen Zweiges zur Spitze des andern. Ihre Entwicklung ist vielmehr eine parallele. Verfolgt man aber die Zweige nach der Tiefe zu, dann trifft man auf eine Stelle, wo sie ihren gemeinsamen Ursprung genommen haben. Von diesem gemeinsamen Vorfahr hat sich nun, so wird angenommen, nach der einen Richtung hin das Menschengeschlecht, nach der andern das anthropomorphe Affengeschlecht entwickelt. Wie schon gesagt, hält man den Dryopithecus für diesen gemeinsamen Vorfahr.[1])

Ist die Ausbeute in Bezug auf die Entwicklungsreihe des Menschen sehr dürftig, so ist sie für die Tier- und Pflanzenwelt reichhaltiger; doch zeigt auch hier das Versteinerungsmaterial klaffende Lücken. Immerhin aber muss die Geologie den Nachweis liefern können, dass die Tier- und Pflanzenwelt der einzelnen Formationen den jetzt lebenden Tieren und Pflanzen um so ähnlicher ist, je jünger die Formationen sind, d. h. je näher sie der geologischen Gegenwart liegen.

In der Tat ist dieser Beweis erbracht worden. Säugetiere, die mit den jetzt lebenden völlig übereinstimmen, finden wir fast nur im Diluvium. Gehen wir aber in die Tertiärzeit, treffen wir auf immer grösser werdende Unterschiede. Die Tertiärzeit teilt man in 4 Perioden ein. Die jüngste oder 4. Periode weist Säugetiere auf, die zwar dem Gattungscharakter nach mit dem gegenwärtigen übereinstimmen, deren Arten jedoch schon ausgestorben sind. In der 3. und 2. Periode des Tertiär lebten Säugetiergattungen, die jetzt nicht mehr existieren; und vollends in der 1. Periode finden wir eine durchaus fremdartige Säugetierwelt.

Wären nicht die Lücken im Versteinerungsmaterial vorhanden, so müsste es in der Tat möglich sein, vollständige Entwicklungsreihen zu komponieren. So aber muss sich die Wissenschaft im allgemeinen mit Einzeldaten begnügen, während sie im besonderen wieder völlig ausgebaute Reihen aufdecken kann, wie z. B. diejenige der Einhufer, die sich vom einzehigen Pferd successive durch 3-, 4- und 5zehige Entwicklungsstadien nach rückwärts verfolgen lässt. Das fünfzehige Tier, Phenacodus aus dem ältesten Tertiär, gilt als Anfangsform des jetzigen Pferdestammes. Mit jenem „zu gleicher

---

[1]) Welche Tatsachen der vergleichenden Anatomie, der Embryologie, der geographischen Verbreitung der Lebewesen für die Abstammungslehre sprechen, muss hier unerörtert bleiben. Hingewiesen sei nur im besonderen auf die mit Hilfe von Menschenblutserum festgestellte „Blutsverwandtschaft" zwischen Mensch und Gibbon (Orang-Utan, Schimpanse).

Zeit lebten Ahnen der Raubtiere, der Halbaffen und anderer Säuger-
ordnungen, die sehr wohl ihrer Ähnlichkeit nach sich mit ihm in
ein und dieselbe Ordnung stellen liessen, trotzdem von ihnen ganz
verschiedene Ordnungen jetzt lebender Säugetiere abstammen: es
wachsen also, wenn wir in der Entwicklungsreihe zurückgehen, verschiedene Stämme zu einer einheitlichen Wurzel zusammen"
Bei einer gewissen unteren Grenze hören die Säugetiere ganz
auf. Im Mittelalter sind die Reptilien die höchstentwickelten Wirbeltiere. Krokodile und Eidechsen von riesiger Grösse und eigenartiger
Form beherrschen die Meere und bevölkern das Land. Aber auch
sie waren nicht immer da. Frosch- und molchartige Amphibien
waren vor ihnen die höchstentwickelten Vertreter der Wirbeltiere.
Sie stammten wieder von den Fischen ab, die sich bis tief ins
Altertum der Erde verfolgen lassen. Schliesslich existiert kein
Wirbeltier mehr. Crustazeen und hornschalige Brachiopoden, sowie
einige Korallen und Weichtiere repräsentieren das tierische Leben
des Altertums der Erde Mit ihnen erlischt das Aktenmaterial der
Abstammungslehre.
Wenn wir die ersten Zeugen des tierischen Lebens ins Auge
fassen, müssen wir uns mit Recht darüber wundern, dass grade sie
bereits „hochgradig differenzierte und hochorganisierte" Formen aufweisen. Denn wenn die Deszendenzlehre richtig ist, so müssen
notgedrungen die ältesten Schichten der Erde auch die einfachsten
Formen des Tierlebens aufweisen, sogenannte Stammformen, „welche
Bindeglieder zwischen den Hauptstämmen des Tier- und Pflanzen-
reiches darzustellen hätten". Und nun setzt wunderbarerweise das
tierische Leben der paläozoïschen Zeit mit relativ hochentwickelten
Krustentieren (Trilobiten) ein. Diesen Widerspruch löst die Wissenschaft in der Weise, dass sie annimmt, dass auch im archäischen
Zeitalter Lebewesen existiert haben, deren Körperbeschaffenheit aber
derart war, dass Überreste im Grundgebirge der Erde nicht aufbewahrt werden konnten, weil die Körper dieser einfacheren und
einfachen Stammformen der Hartteile entbehrten. Zum Beweise der
Richtigkeit dieser Behauptung weist man auf mächtige Gneise und
Glimmerschiefer hin, die z. B. bei Nullaberg in Schweden in ihrer
ganzen Masse von schwarzen, bituminösen Substanzen durchdrungen
sind. Auch die Kalklager des Urgebirges können nur organischen Ursprungs sein, da alle mächtigen Kalkablagerungen neuerer Zeit nachweislich von kleinsten Tieren (Foraminiferen u. a.) aufgebaut sind.
Schliesslich hält man auch den Graphit und Anthracit des Urgebirges
für das Verkohlungsprodukt damals existierender Pflanzenformen.
„Zwingende Beweiskraft" — so sagt Neumayr im 1. Bande seiner
Erdgeschichte S. 660 — „wohnt dieser Argumentation freilich nicht
inne, denn es lässt sich dagegen einwenden, dass der Graphit auch
in den Meteoriten nachgewiesen ist, die nicht die geringsten Spuren
organischen Lebens erkennen lassen, und Kohlenwasserstoffe sowohl

14*

in den Meteoriten wie auch nach den Ergebnissen der Spektralanalyse in den Kometen und glühenden kosmischen Massen vorkommen. Die Beihilfe organischer Wesen zur Bildung von Graphit und Bitumen ist also nicht durchaus nötig, wie man früher gemeint hat. Dagegen bereiten die Kalklager, wenn man von organischer Bildungsweise absehen will, grössere Schwierigkeiten; man könnte nur sagen, dass unsere Kenntnis der urzeitlichen Zustände nicht ausreicht, die anorganische Entstehung der Kalke in Abrede zu stellen." Also nur mittelbar kann die Wissenschaft das Leben im Uralter der Erde beweisen. Und nur Vermutungen sind es, wenn sie die Entwicklungsreihe weiter verfolgt und annimmt, dass die Polypen, zu denen z. B. die Korallen gehören, von den Infusorien abstammen, und dass deren Vorfahren die kleinen, einzelligen Urschleimtierchen, die Moneren, gewesen seien, die aus einer kernlosen Eiweissmasse bestehen. Woher aber stammten diese? Wenn Bölsche die Hypothese aufstellt, dass diese Lebewesen von andern Weltkörpern auf unsre Erde gekommen sein könnten, da für diese unendlich kleinen Organismen schon der Lichtdruck der Ätherschwingungen genüge, um sie der Erde zuzuführen, so hat er damit die schwerwiegende Frage nach dem Ursprunge des Lebens nicht gelöst, er hat den Anfang nur um eine Etappe zurückverlegt.

Analog der Entwicklungsreihe des Tierlebens ist diejenige des Pflanzenlebens. Die Erdschichten liefern in grossen Umrissen die Beweise dafür, dass auch hier das Höhere sich aus dem Niederen entwickelt hat; aber zur ersten differenzierten Pflanze führt keine Spur.

Schluss folgt.

III.

Über vorbereitenden Religionsunterricht.

Von C. Geisel in Nordhausen.

Reformgedanken auf dem Gebiete des Religionsunterrichts kommen jetzt von allen Seiten: von Pädagogen, Theologen und den Eltern. Besonders lebhaft interessiert man sich für den Religionsunterricht der in die Schule eintretenden Zöglinge, oder sagen wir lieber: für den vorbereitenden religiösen Unterricht. Da sind die Lehrer freilich nicht die letzten, welche nur zusehen wollen, wie von dieser oder jener Seite ein beliebiger Stoff eingestellt wird. In vielen Büchern und Zeitschriften haben sie schon längst ihre Forderungen ausgesprochen. Auch die „Pädagogischen Studien" haben von jeher dieser Frage volle Aufmerksamkeit zugewendet, vor allem auch darauf geachtet, dass die Meinungen nicht in Rücksicht auf Personen und Sachen unterdrückt werden.

Es gibt nicht bloss in der Reihe der Theologen, sondern auch in unserem Stande genug Männer, die von einem vorbereitenden religiösen Unterricht nichts wissen wollen. Wer jahrelang in der Schule lehrend tätig gewesen ist und einen psychologisch und pädagogisch geschärften Blick für die Fehler des heutigen Religionsunterrichtes hat, der wird bekennen müssen: Biblische Geschichten sind für Sechsjährige keine angemessene seelische Speise; sie gehören auf eine spätere Unterrichtsstufe.[1]

Auch Seminaroberlehrer O. Förster steht mit uns fast auf dem gleichen Standpunkte. In seinem „Ersten Schuljahre“, Aufl. 4, erschienen bei R. Voigtländer, führt er folgendes aus: „Wer aber eingeführt werden soll in die christliche Gemeinschaft, und wer den Wert des Christentums verstehen lernen soll, der muss bekannt gemacht werden mit der Vorbereitung und der Entwicklung des Reiches Gottes auf Erden, muss die geschichtliche Grundlage desselben wenigstens in seinen Hauptzügen erfahren. Es kann daher der Religionsunterricht, mit dem wir an die Kleinen herantreten, auf keinem anderen Grunde erwachsen, als auf dem, welcher uns in der heiligen Schrift, die allein uns die Heilstatsachen überliefert, aufgezeichnet ist. Die dort so lebendig und anschaulich gezeichneten Charakterbilder, die konkreten und mit den lebhaftesten Farben aufgestellten Beispiele von Frömmigkeit und Tugend, von Gottlosigkeit und Gottseligkeit . . . müssen jedem Christenkinde bekannt werden.“ —

„Nun ist freilich die Bibel nicht für die Kinder geschrieben, ihre Sprache, ihre bilderreichen Vergleiche, der Schauplatz ihrer Begebenheiten, die fremde Denkweise der handelnden Personen u. dgl. verlangen einen Bildungsgrad, der bei 6jährigen Kindern im allgemeinen nicht zu finden ist. Dazu kommt, dass es beim biblischen Geschichtsunterricht nicht auf Aneignung des Stoffes, nicht auf Sprachbildung und Übung im Sprechen, auch nicht auf Wissen der Tatsachen allein ankommt, sondern dass die Hauptsache bei demselben religiös-sittliche Charakterbildung ist. Hierzu ist es nötig, dass die Seele bereits fähig ist, aus den geschilderten und erlebten äusseren Verhältnissen sittliche und religiöse Vorstellungen zu abstrahieren und die vorhandenen dunklen und unbestimmten religiösen Gefühle sprachlich zu fixieren und zu klären und dass diese Kraft schon zu einer gewissen Höhe erhoben sein muss. Ohne dieselbe sinkt der Religionsunterricht zum Realunterricht mit wenig passenden, fremden Stoffen, ohne sie wird die Schale

[1] Siehe meinen Artikel in der „Pädag. Warte“ 1902: Welches ist der geeignetste Stoff für den Gesinnungsunterricht im I. Schuljahre?

gegeben, während der Kern der Heilswahrheiten den
Kindern verborgen bleibt."

Im weiteren kommt Förster, nachdem er noch die erfolglose
Behandlung der biblischen Geschichten in deutlicher Weise charakterisiert hat, zu dem Schlusssatz, dass der eigentliche Religionsunterricht erst nach dem ersten Schulhalbjahre
auftreten dürfe. Darin stimme ich nicht mit ihm überein. Wenn
er an einer späteren Stelle (S. 53) auseinanderlegt: „Wir haben nach
ziemlich reicher Erfahrung die feste Überzeugung erlangt, dass es
für den Lehrer eine wesentliche Erleichterung ist, wenn der erste
Religionsunterricht möglichst weit hinausgeschoben wird.
Je später er anfängt, desto gründlicher, verständlicher,
nachhaltiger kann er erteilt werden, desto interessevoller
wird er verlaufen, — so stehe ich wieder ganz auf dem gleichen
Standpunkte.

Man kann sich wundern, dass Förster den Religionsunterricht
schon nach so wenigen Schulwochen beginnen lassen will. Warum
bleibt er nicht dabei: je später, desto besser? Warum sagt er
nicht bestimmt: nach 1, 2 oder 3 Jahren ist erst die rechte Zeit?
Er will mit der heutigen Praxis, die oft so gern recht oberflächlich
über die wichtigsten Fragen hinweggeht, nicht brechen. Aus diesem
Motiv heraus erklärt sich auch seine Ansicht über den Anschauungsunterricht als Unterrichtsfach und sein ablehnender Standpunkt gegenüber den Märchen. Man könnte hierdurch schon veranlasst sein, die
weiteren Ausführungen über den Märchenunterricht mit Stillschweigen
zu übergehen; dennoch sollen sie kurz kritisch beleuchtet werden.
Förster will im ersten Schulhalbjahre einen heimatkundlichen Anschauungsunterricht so einrichten, dass die Kleinen in
sprachlicher, sachlicher und religiös-ethischer Weise so vorbereitet
werden, dass sie danach am Religionsunterricht mit Erfolg teilnehmen können. Wenn mir das zunächst auch sehr
zweifelhaft erscheint, so will ich hierauf nicht weiter eingehen, da
mir der Punkt hinsichtlich der Stoffauswahl für diesen Kursus viel
interessanter erscheint. S. 16 heisst es: „In den ersten Wochen
sind ganz einfache, kurze, recht packende Vorkommnisse im Kinder-
und Tierleben zur blossen Unterhaltung zu erzählen. Die unmittelbar vorher erlebten sind die besten. Oft genügen einige Sätze.
Man erzähle von einem Knaben, der in einem allen Kindern bekannten Garten vom Baume fiel. — Von einem Mädchen, das zu
schnell lief und hinfiel, — sich beschmutzte. — Von einem Hunde,
der ins Wasser sprang, um eine Mütze herauszuholen. — Von einem
Knaben, der ein Glas zerbrach oder Geld verlor u. s. w. Es wird
keinem Lehrer schwer fallen, sich kleine passende Gelegenheiten
zurechtzulegen oder solche zu erfinden. Nur dürfen sie nicht gar
zu unwahrscheinlich oder zu dumm sein."

Denken wir uns einmal die unterrichtliche Behandlung des

Ereignisses von dem Knaben, der vom Baume fiel. Ich bitte zunächst um Entschuldigung, wenn meine Erfindung etwas mangelhaft ausfallen sollte. Aber das kann doch auch vorkommen, wenn es eine selbstgemachte ist. Ziel: Ich will euch jetzt erzählen, wie einmal ein Knabe von einem Baume herabgefallen ist. Das im Ziele angedeutete Vorkommnis hat eine ernste, aber auch eine spasshafte Seite. Nehmen wir an, was gar nicht ausgeschlossen ist, dass die Kinder bei Ankündigung der Geschichte recht herzhaft lachen.

Der Lehrer wird in ruhigem Tone die Fragen stellen: Warum lacht ihr denn so sehr? Hatte der Knabe keine Schmerzen, da er gefallen war? Die Kinder lachen schon wieder. Warum? Es ist dem einen und dem anderen Knaben eingefallen, dass es ihm auch schon einmal so ergangen ist; einer sagt ganz unaufgefordert: Das tat aber gar nicht weh. L.: Warum nicht? Sch.: Der Baum war gar nicht hoch. L.: Wenn er aber sehr hoch gewesen wäre? Zunächst alles still. — Warum? — Endlich meldet sich ein kleiner Schlaukopf: Dann wäre ich nicht hinaufgeklettert. L.: Das ist recht so. Der Lehrer ist jetzt etwas schüchtern geworden, da er den Stoff nicht so leicht an die Kinder heranbringen kann. Plötzlich sagt er: Denkt euch einmal, ihr wäret sehr hoch hinaufgeklettert und herabgefallen! Knaben und Mädchen, alles still! L.: Ihr hättet doch gewiss auch herabfallen können? Wie kam es, dass du von dem niedrigen Baume herabfielst? Sch.: Ich hatte mich nicht festgehalten. L.: Und wenn du auf einem hohen Baume ständest, würde es dir auch so ergehen können. Würdest du dann lachen? Sch.: Nein. L.: Warum nicht? Sch.: Weil mir der Kopf sehr wehe täte und die Beine auch. L.: Du könntest dann gar nicht gehen? Sch.: Doch, ich lief schnell nach Hause. L.: So war es aber bei dem Knaben nicht, von dem ich euch erzählen will. Er war sehr schlimm gefallen. Der Kopf blutete stark und ein Bein war zerbrochen; der Knabe starb und wurde ins Grab getragen. — Das Ergebnis dieser Besprechung fasst der Lehrer kurz zusammen und lässt es von den Zöglingen mehrmals nacherzählen. Nachdem dies geschehen, wird die Stufe des Denkprozesses durchlaufen zur Gewinnung des Satzes: Seht euch vor! oder: Seid vorsichtig! welcher auf der Anwendungsstufe für weitere ähnliche Fälle im Leben des Kindes angewandt wird.

Wie beurteilen wir nun diese Lehrprobe, die so ziemlich im Sinne Försters ausgefallen sein wird?

Wir sagen: Eine rechte Teilnahme der Kinder am Unterrichte ist nicht erreicht worden. Das lag hauptsächlich an der „Erfindung" des Lehrers; denn „seine" Erfindung war nicht die der Schüler. 'Ein sechsjähriger Schüler wird es doch selten erlebt haben, dass er oder ein anderer von einem Baume herabgefallen ist und wenn es einmal vorgekommen wäre, dann hat möglicherweise ein solcher Sturz nur Heiterkeit bereitet, wie wir das aus den Antworten der Kinder herausgehört haben. Nun soll sich aber das Kind das Fallen vom Baume phantasiemässig vorstellen und das hielt ihm schwer, gewiss deshalb noch viel schwerer, weil das geweckte Gefühl der Freude über das selbsterlebte Fallen die neue Vorstellungsreihe — dass der Knabe auf einen hohen Baum, etwa: einen Birn-, Apfel- oder Kirschbaum geklettert war, die Äste sehr schwach und dürr waren etc. — nicht so schnell hervortreten lässt; ich will sagen: der Kontrast liegt in der Erzählung so nahe zusammen, dass das schon vorhandene Gefühl — dazu noch Lustgefühl — auf die neuen Vorstellungen hemmend wirkt. Ich fahre, um dies noch näher zu erklären, in der obigen Lektion fort: Als die Mutter hörte, dass ihr Sohn sich totgefallen hatte, konnte sie vor Schreck kein Wort sagen. Aus diesem schroffen Gegensatz der Vorstellungen heraus erklärt sich dann auch das Nichtantwortenkönnen der Kinder, das sich bis zum Ende der Lektion fortsetzte. Daraus schliessen wir, dass solche Begebenheiten — die oben weiter angeführten sind von diesem Urteil nicht auszuschliessen — keinen tieferes Interesse weckenden Unterricht ermöglichen, der um so geringwertiger ausfallen muss, je kürzer die Erzählungen sind und je schneller die Gegensätze in denselben aufeinander folgen.[1]) Und was ist nun mit einem solchen Unterricht für die nächstfolgende Zeit erreicht? Wird sich das Kind fernerhin darnach sehnen, weil die Geschichte so schön war? Gewiss, es hat sich gefreut über das Herabfallen vom Baume, es hat so sehr laut lachen müssen. Aber das ist doch nicht das rechte Vergnügen, das sie bereiten soll; das muss etwas Gutes, etwas Lobenswertes sein, das sein sittliches Gefühl anregt und ihm für lange Zeit einen kräftigen Antrieb zu ähnlichem Handeln gewährt. Und wie steht es um die Sprachbildung? Mochten die Kinder gern antworten und nacherzählen? Die Antwort kennen wir bereits. Aber einen Unterricht, der ernste Arbeit erfordert, wünschen wir nicht für die erste Schulzeit, da sollen sich die Kinder noch so ganz wie zu Hause fühlen, wird Förster mir entgegenhalten. Das würde aber mit seiner sonstigen Auffassung über die ersten Schultage und -wochen nicht im Einklang stehen; denn diese sollen nicht zu spielartiger Beschäftigung, wie sie der Märchenunterricht verlange, vergeudet werden. Wir dagegen wünschen nicht, dass das Kind in der Schule vom ersten bis zum letzten Schultage das Wort „Arbeit" in dem Sinne kennen lernt wie etwa der Steineklopfer am Wege; unsere Auffassung von demselben liegt in dem Satze ausgesprochen: Unterrichte, damit du Interesse weckst; da ist die Arbeit eine Lust. Dabei wird das Kind nicht zum tollen Lachen etc. geführt, dass es dem Lehrer fast

---

[1]) Über die Verwendung solcher Erzählungen siehe meinen erwähnten Artikel in der Pädag. Warte.

unmöglich ist, die Zügel der „Regierung" festzuhalten, wie das in der vorher gedachten ersten Unterrichtsstunde der Fall war. Gebt dem Kinde vom Schulanfang an solche Stoffe, die weniger das äussere Interesse wecken, die vielmehr sein sittliches Wollen rege machen; dann kann eine Vorbereitung für den späteren biblischen Geschichtsunterricht durch sie gegeben werden. Märchen sind der geeignetste Stoff hierfür, aber nicht jene Erzählungen, die Förster vorschlägt.

Förster ist Gegner der Märchen im Gesinnungsunterricht. Und warum? Er sagt S. 17: „Die Märchen sind bunte Blätter der Phantasie unseres Volkes und entstammen der alten wie der neuen Zeit. Sie sind und wollen nichts anderes sein als Gedankenspielereien, bei deren Erfindung niemand daran dachte, zu belehren und sittliche Ideen zu veranschaulichen, weshalb auch ethische Gedanken keineswegs ihre Grundbestandteile bilden und wohl keins in der „Hülle des Wunderbaren" einen religiösen Sinn birgt. Jedes einzelne will in seiner Gesamtheit freudig erregen, das Gemüt erheben, gleich einem schönen Gedichte, aber nicht moralisieren oder den Verstand bereichern. Natürlich werden sie, wie jeder wahre Genuss auch für den Verstand etwas abwerfen, aber zur Grundlage sittlich-religiöser Bildung sind sie ihrer Natur und Herkunft nach nicht geeignet."

Da haben wir vernommen, wie das Märchen und wie es nicht im Unterrichte zu behandeln ist.

Über diesen Punkt führt E. Fuss-Würzburg[1]) folgendes aus: „Das Märchen ist ein kleines Kunstwerk; aber verliert denn ein Kunstwerk an Wert und Schönheit, wenn man sich recht darein vertieft, wenn man jeden Charakterzug der dargestellten Personen nachgeht und ihn beurteilt? Durch solche Betrachtung gewinnt vielmehr jedes Kunstwerk, weil dadurch dem Beschauenden erst recht seine Schönheit und sein Wert vor Augen treten. Diese Erfahrung kann jeder Mensch alltäglich an sich selbst machen." Und wie verhält sich das Kind dem Märchen gegenüber, das ihm eben erzählt worden ist? Da will es gern sein Urteil darüber aussprechen, wie ihm diese und jene Person gefallen oder nicht gefallen hat; das tut es, ohne dazu aufgefordert worden zu sein. Wenn wir das selbst erfahren haben, sollen wir dann den Unterricht abbrechen, nachdem die Darbietung geschehen ist? So ergibt sich aus der praktischen Behandlung des Märchens, dass wir es nicht wie ein schönes — etwa lyrisches — Gedicht behandeln können, mit dem wir fertig sind, wenn das Wort- und Sachverständnis dem Kinde nahegebracht ist, und damit ist zugleich gesagt, dass wir ethische und religiöse Sätze zu entwickeln haben.

---

[1]) Preisschrift! Der Unterricht im ersten Schuljahr. Dresden bei Bleyl und Kaemmerer. 2,50 M. Vgl. Kunstwart 1905, Heft 13, S. 6 f. D. R.

Ausserdem braucht der Léhrer nicht ängstlich zu sein, dass er zu wenig ethische und religiöse Gedanken im Märchen fände. Ganz im Gegensatze zu Förster äussert sich Prof. Rein[1]) hierüber: „So sind vor allem die Märchen als Gesinnungsstoff hervorzuheben; denn sie stellen im Spiel der Phantasie einen tiefen sittlichen Gehalt dar; ihre Wurzel ist das dichterische Gemüt, welches eine höhere Wahrheit in anschauliche Gestalten kleidet und in der Form einer Erzählung vorträgt. Es birgt das Märchen eine Menge ethischer Begriffe in sich, die über die Sphäre der Einbildungskraft hinausführen. Ohne alles voreilige Moralisieren zu unterstützen, findet sich doch reichliche Gelegenheit, das ethische Urteil, das Fundament aller ethischen Wertschätzung, zu wecken, auszubilden und Maximen in einfachster Form daraus herzuleiten. Ethische Gedanken sind geradezu der Grundbestandteil der Märchen. Auf ihnen beruht die Reinheit, die als Grundzug des deutsch-nationalen Charakters ausgesprochen werden darf. Dieselbe Reinheit ist der Grundzug der unschuldigen Kindesnatur. In diesem gegenseitigen Entgegenkommen in ethischer Hinsicht liegt vor allem die Ursache, warum das Kind so tiefe, innige Befriedigung aus dem Märchen schöpft, ein so leichtes, sicheres Verständnis ihm entgegenbringt, einen so lebhaften Drang darnach empfindet."

In ähnlicher Weise sprechen sich ferner aus: Willmann,[2]) Richter,[3]) Landmann[4]) etc. Hinsichtlich des Religiösen müssen wir darauf hinweisen, dass es den Märchen — wir denken hier stets an die von Prof. Rein ausgewählten — an solchen Momenten nicht fehlt. „Überall aber da, wo sich Menschenhände zu kurz erweisen, um aus Not, Elend, Gefahr, Angst und Pein zu erretten, setzt die Gottesidee wirksam ein." Vorzüglich werden von Gottes Wesen die Vaterliebe und Vaterhuld, auf menschlicher Seite aber das Gottvertrauen veranschaulicht, und damit erhält der Grundgedanke der christlichen Religion von Anfang an lebendige Gestalt." (Landmann.) Einen Punkt müssen wir noch besonders hervorheben; er betrifft die Gottesvorstellung beim sechsjährigen Kinde. Förster meint, dass Gott in dem Märchen „Der Reiche und der Arme" in einer der Bibel „zuwiderlaufenden Darstellung" gebracht sei, nämlich als Bettler. Hat Förster noch nie ein Kind gefragt, wie es sich seinen Gott im Himmel denkt? Ist er für das Kind ein Geist? Gewiss nicht; er ist nur eine menschliche Person, so menschlich, dass es ihn auch sieht in menschlicher Kleidung, nicht bloss im Himmel, sondern auch auf Erden. Dazu ein Beispiel aus meiner früheren Praxis. Die Gelegenheit brachte es, dass ich einmal die

---

[1]) Das erste Schuljahr von Rein, Pickel und Scheller. 6. Aufl. Leipzig.
[2]) Pädag. Vorträge. S. 27. Leipzig 1869.
[3]) Beiträge zur Literaturkunde. I. Abt. S. 119. Berlin, Ad. Stubenrauch.
[4]) Aus dem Pädag. Universitätsseminar zu Jena. 4. Heft. S. 145. Beyer und Mann in Langensalza.

Frage stellte: Hast du schon den lieben Gott gesehen? Da antwortete mir ein sechsjähriger Knabe in seinem Dorfdialekt: Der liebe Gott war bei uns am Herd in der Küche. Er hatte einen schwarzen Rock und eine schwarze Hose und eine rote Weste an. Er ging fort in die Kirche und läutete die Glocken. — Wenn sich die Sechsjährigen solche Vorstellungen von Gott[1]) machen, dann müssen wir an diese anknüpfen, und das kann durch die Märchen viel besser geschehen als durch biblische Geschichten, zumal wenn diese in buntem Durcheinander — altes und neues Testament in einem Jahre — behandelt werden. Wir schliessen mit diesen Ausführungen über F ö r s t e r s „Erstes Schuljahr" vorläufig, ohne auf die weiteren Einwände gegen die Märchen im einzelnen einzugehen,[2]) da wir fest überzeugt sind, dass sie bei g e s c h i c k t e r Behandlung einen ü b e r a u s w e r t v o l l e n · G e s i n n u n g s s t o f f für das erste Schuljahr bilden und die Kinder für die nächsten Schuljahre in s a c h l i c h e r und s p r a c h l i c h e r Hinsicht viel mehr fördern als die von F ö r s t e r vorgeschlagenen, vom Lehrer selbst erfundenen kleinen Erzählungen, die bei noch so guter Behandlung bei weitem nicht das e c h t f r i s c h e k i n d l i c h e L e b e n wecken wie die Märchen.

In einem Artikel des „Schulblattes der Provinz Sachsen" (No. 51 und 52, 1902) wendet sich auch W. N e u m e y e r gegen die Märchen im vorbereitenden Religionsunterricht. Er erkennt die Gründe an, die R e i n anführt. Nur in der Frage: „Welchen Platz sollen wir dem Märchen im Unterrichte einräumen?" ist er mit R e i n nicht einverstanden.

„Dies ist der casus belli. Das ist der Punkt, bei welchem die Ansichten und Meinungen der Schulmänner auseinandergehen. Die einen wollen das Märchen nur gelegentlich als Gegenstand des Spieles (à la Basedow); diese versprechen sich von dem Märchen nicht den geringsten förderlichen Einfluss auf die moralische und intellektuelle Bildung. Die andern erkennen an, dass das Märchen wohl fähig ist, die geistige und sittliche Bildung zu fördern. Die dritten endlich wollen das Märchen zum Zentrum des gesamten Unterklassenunterrichts machen, indem sie es zum Mittel- und Ausgangspunkte des sogenannten „Gesinnungsunterrichts" erheben. Ein Hauptvertreter dieser Richtung ist der Prof. Dr. Rein in Jena, der die Märchen zu einem Vorkursus für den eigentlichen Religionsunterricht verwenden will."

Das ist freilich richtig, dass der Lehrer, welcher den hohen gesinnungsbildenden Wert des Märchens für ein sechsjähriges Kind

---

[1]) Siehe Baumgarten S. 57: Neue Bahnen. Der Unterricht in der christlichen Religion im Geiste der modernen Theologie bei J. Mohr in Tübingen. — Pädag. Studien 1904, Heft 1 u. 2: Dr. H. M e l t z e r, „Neue Bahnen im Religionsunterricht?"

[2]) Pädag. Warte, Heft 9, 1902: Zum Märchenunterricht. Eine Entgegnung von W. Barheine. In diesem längeren Artikel werden die Angriffe F ö r s t e r s nach verschiedenen Seiten hin in wohlgelungener Weise zurückgewiesen.

anerkennt, es nicht bloss gelegentlich behandeln will, vielleicht dann, wenn er gerade in einer besonders guten Stimmung ist, um den Zöglingen etwa eine Festtagsfreude mitten in der Werktagsarbeit der Schule zu bereiten; er wird ihm vielmehr einen Platz einräumen müssen, der jenem Werte angemessen ist, so dass es in einem fortlaufenden Unterrichte erscheint. Hat er das Zeitmass für die Behandlung im allgemeinen festgestellt, so kommt er zu der Frage, in welchem Fache es auftreten soll. Für das erste Schuljahr haben wir nur eine sehr geringe Zahl von Unterrichtsfächern: Religions-, Sprach- und Anschauungsunterricht. Förster u. a. behandeln es im Anschauungsunterricht, jedoch höchst selten, weil sonst — vielleicht! — das Anschauungsprinzip nicht genug betont wird. Neumeyer, Förster u. a. schieben es deshalb lieber in den Deutschunterricht hinein. Es fragt sich nun aber, ob hier die erforderliche Zeit vorhanden ist. Nach den heutigen Zielen dieses Unterrichts ist das nicht der Fall; denn da heisst es, so schnell als möglich, wenigstens bis zum Ende des ersten Schuljahres fliessend lesen und das Meiste des Gelesenen richtig schreiben können. Diese Ziele werden auch für die Zukunft bleiben, mag auch manches davon in die spätere Zeit hinausgeschoben werden. Und wie wird heute hier das Märchen behandelt? 1. Es kommen nur wenige vor. 2. Diese geringe Zahl wird mehr nach der sprachlichen als religiös-ethischen Seite behandelt. 3. Ihre Behandlung setzt erst dann ein, wenn das Lesen zusammenhängender Stücke begonnen hat, also im letzten Vierteljahr. Ist das nun die entsprechende Behandlung, die das Märchen seines sittlich bildenden Inhaltes wegen verdient? Oder kennt Neumeyer eine andere Einstellung im Deutschunterrichte? Vielleicht hält er es für gut, wenn es noch im zweiten und dritten Schuljahre behandelt wird.

Wenn wir es mit einem so vorzüglichen Stoffe zu tun haben, der aus dem seelischen Leben eines sechsjährigen Kindes wie herausgeschnitten ist, dann gehört es in die erste Schulzeit, um das Kind in ihm und durch ihn leben und streben zu lassen, nicht aber in eine Zeit, in der das Kind bereits über die Märchenstufe hinausgewachsen ist. Dann ist seine Phantasie für die Dinge im Märchen fast nicht mehr zu haben, weil ihm im sonstigen Unterrichte, im Leben des Hauses und in der Natur dieselben so real vor die Augen getreten sind, dass sie ihm für seine phantasiemässige Betrachtung nur noch einen sehr geringen Spielraum gewähren. Die Natur des Märchens, die Kindheit unseres Volkes darstellend, weist also, wie mit vollem Rechte behauptet wird, auf die frühe Kindheit des einzelnen Menschen hin; das ist das Alter bis zum siebenten Lebensjahre, weiter hinaus finden wir, dass sich Kind und Märchen immer unähnlicher werden.[1]) Darum fordern wir, dass

---

[1]) Landmann: Reins Encyklopädie. Langensalza.

die Märchen vor der Schulzeit im elterlichen Hause[1]) und später im ersten Schuljahre dem Kinde dargeboten werden. Der Deutschunterricht vom Anfang bis zum Ende des ersten Schuljahres gestattet eine angemessene Behandlung nicht und kann der Bedeutung des Märchens nicht gerecht werden, da seine Aufgaben auf anderem Gebiete liegen; deshalb gehört das Märchen nicht in den Deutschunterricht des ersten Schuljahrs. Es hat dem gesinnungsbildenden Unterrichte zu dienen.

Schluss folgt.

IV.

Der Eintritt des weltgeschichtlichen Unterrichts in den Kreis der Schulfächer.

Ein Beitrag zur Geschichte der Methodik von Schuldirektor R. Herzog in Klotzsche.

Der Unterricht in der Geschichte ist gegenwärtig ein Bestandteil des Lehrplans auch der einfachsten Volksschule. Dennoch ist seine Aufnahme in den Kreis der Schulfächer überhaupt nicht ehrwürdigen Alters. Humanismus und Reformation haben für ihn an die Pforte der Schulen geklopft, bis sie allmählich ihm Einlass gewährten.

Eine Darstellung des zeitlichen Verlaufs dieser Entwicklung, soweit sie den ersten Eintritt in den zeitherigen Lehrstoff der Schule als Endergebnis in sich schliesst, ist gerade in unserer Gegenwart, die eine Umwertung so vieler pädagogischer Werte herbeizuführen sich bemüht, nicht ohne typisches Interesse.

Neue Gedankenkreise und Gefühlsrichtungen werden dem geistigen Leben eines Volkes gegeben. Nur durch die Jugend werden sie vor raschem Altern geschützt. So gilt es denn, begeistert den Wert des Neuen zu preisen, die Herzen der Lehrer der Jugend ihm zu gewinnen. Manche verhalten sich wohl da ablehnend; manche versuchen, den neuen Most in alte Schläuche zu fassen; manche aber, semper rerum novarum studiosi, nehmen sich gern des neuen Stoffes an und geben ihm einen Raum in ihrem Unterrichte. Zu seiner zweckmässigen Behandlung erscheinen methodische Anweisungen und sachliche Hilfsbücher, und endlich bezeugen die Lehrpläne der Schulen, dass das neue Wissensgebiet das Bürgerrecht im typus lectionum erlangt hat.

Die Schulen des gesamten Mittelalters kannten noch keinen

---

[1]) Just: Märchenunterricht. Altenburg.

Geschichtsunterricht. Man kam in ihnen über nur zufällige und planlose gelegentliche historische Belehrungen nicht hinaus. Das war begründet in dem Wesen der mittelalterlichen Schule. Sie war zunächst nur zur Ausbildung des Klerus bestimmt; die Auswahl ihrer Unterrichtsstoffe wurde lediglich durch kirchliche Interessen bedingt. Die kritische Luft, der vaterländische Hauch, die durch die Geschichte wehen — man weiss nicht, von wannen sie kommen — machten dem Geiste der Scholastik das Unbehagen des grauenden Tages.

Aber die auf dem klassischen Boden der Kirche entstandene Bewegung des Humanismus drang siegreich auch in Deutschland ein. In seinem auf Erforschung des Realen gerichteten Wesen lag es, der geschichtlichen Erscheinung sowohl der alten Griechen und Römer, als auch des eigenen deutschen Volkes seine besondere Aufmerksamkeit zuzuwenden. Was gereiften Geistern aber so beglückend erschien, lag nahe, auch die Jugend empfinden zu lassen.[1] Wie damals in Italien Guarino von Verona, Vittorino de Feltre und Ognibene de Bonisoli als pädagogische Apostel des Humanismus auftreten, so wandte sich auch der deutsche Humanismus gern an die Schule, um sie für geschichtlich-nationale Ideale zu entzünden. Erasmus von Rotterdam empfiehlt in einem Briefe an Friedrich den Weisen das Studium der Geschichte als einer Führerin der Fürsten;[2] Johann Musler, Rektor der Nikolaischule zu Leipzig, gibt den angehenden Rechtsgelehrten den Rat, als vorbereitendes Studium Geschichte zu betreiben.[3] Ihm pflichtet der bedeutende Jurist Johann Apel bei.[4] Jacob Wimpheling, der „Altvater des deutschen Schulwesens" und selbst Verfasser eines „Auszugs der deutschen Geschichte bis auf unsere Zeit" (1505 erschienen), spricht in seiner Germania von der Verpflichtung des Strassburger Rates, historische Jahrbücher anlegen zu lassen, die die wichtigen gleichzeitigen Begebenheiten in Strassburg, im Elsass und im ganzen Reiche zur Kenntnis der Nachkommen bringen sollen. „Das wird, denk ich, sehr dienlich und nützlich sein . . . zur Aneiferung der Jugend." Auf der von ihm geplanten Schule wird man auch „die Schriften der . . . Geschichtschreiber lesen, welche man nicht nur für den geistlichen, sondern noch weit mehr für den bürgerlichen, den ritterlichen, den ratsherrlichen Stand nützlich halten wird."[5]

---

[1] Vgl. H. J. Kaemmel, Geschichte des deutschen Schulwesens im Uebergange vom Mittelalter zur Neuzeit (Leipzig 1882). S. 247.

[2] H. J. Kaemmel, Das Schulwesen der sächsischen Länder in den letzten Zeiten des Mittelalters. S. 12. (Das Heft ist ein Separatabdruck aus dem neuen Lausitzischen Magazin, Bd. 39.)

[3] Aus Muslers „Oratio in explicationem institutionum imperialium deque liberalibus disciplinis cum jurisprudentia conjungendis". Vgl. H. J. Kaemmel, Johann Musler (Görlitz 1869). S. 16.

[4] Muther, Aus dem Universitäts- und Gelehrtenleben im Zeitalter der Reformation (1866). S. 235.

[5] Jakob Wimphelings Germania, übersetzt von Ernst Martin (Strassburg 1885). S. 59.

Mit dem deutschen Humanismus innerlich und innig verbunden
ist die Reformation. Melanchthon, der Theolog des Humanismus,
ist der Humanist der reformatorischen Theologie; seine theologischen
Gesinnungsgenossen sind mit ihm heimisch in den Kreisen der
Humanisten. Schon dieses Verhältnis bedingte, dass auch die Reformation
den Wert geschichtlicher Kenntnisse hoch einschätzte. Dazu kamen
für die Reformatoren theologische Gründe, die sie zu besonders
beredten Lobrednern geschichtlicher Belehrung machten. Sie zeigt
die Entwicklungsstufen der Kirche auf, die nach Gottes Willen uns
bewusst sein sollen, gibt die zum Verständnisse der prophetischen
Bücher nötigen Kenntnisse, gewährt den kirchlichen Lehrbegriffen
Sicherstellung und schafft Erkenntnis den Irrlehren und führt endlich
die Seelen zur Gottesfurcht und macht sie wahrer Anrufung Gottes
zugänglich.[1]

Wiederholt hat deshalb Luther von dem Werte der Geschichte
gesprochen. Sie ist „wundernütze, der Welt Lauf zu erkennen ...",
ja auch Gottes Wunder und Werk zu sehen."[2] Aus den Historien
und Geschichten sind „fast alle Rechte, Künste, guter Rat, Warnung,
Dräuen, Schrecken, Trösten, Stärken, Unterricht, Fürsichtigkeit,
Weisheit, Klugheit samt allen Tugenden als aus einem lebendigen
Bronnen gequollen."[3] Durch ihre Übermittlung kann jeder „in kurzer
Zeit gleichsam der ganzen Welt von Anbeginn Wesen, Leben, Rat
und Anschläge, Gelingen und Ungelingen vor sich fassen wie in
einem Spiegel."[4] So macht Geschichte ihn durch die Erfahrungen
der Vergangenheit „witzig und klug" für die Gegenwart und bewahrt
ihn davor, ein Narr auf eigene Hand zu werden; „denn zu eigener
Erfahrung gehört viel Zeit."[5]

Unvergleichlich höher ist Melanchthons Einfluss auf die
Pflege des geschichtlichen Studiums für die Schule gewesen. Seine
Gedanken durchdringen das ganze 16. Jahrhundert;[6] manche von
ihnen kommen erst im nächsten zur pädagogischen Ausmünzung.
Amos Comenius wird ihrer aller nicht Meister; erst der pädagogisch
tiefgründige Pietismus zeigt sich in seinen schönen Schulordnungen
als der rechte Erbe.

---

[1] Corp. Reformatorum IX, 533, ib. 536; auch XII, 714.

[2] An die Bürgermeister und Ratsherrn u. s. w. von 1524. Abgedruckt bei
K. v. Raumer, Gesch. d. Pädagogik I S. 167 (Stuttgart 1843).

[3] Vorrede zu Galeatii Capellae, Historie vom Herzog zu Mailand. Vgl. Luthers
Werke, herausgegeben von Walch XIV S. 354 ff. — Abgedruckt bei K. v. Raumer,
Gesch. d. Pädagogik I S. 183 ff. (Stuttgart 1843).

[4] An die Bürgermeister und Ratsherren u. s. w. Vgl. K. v. Raumer a. a. O.
S. 162.

[5] K. v. Raumer a. a. O. S. 162.

[6] Vgl. hierzu die Vorrede Johann Colers zum „Diarium Historicum, das ist
Historisch Hauss Buche ... durch Valentinvm Beyern Waldenburgensem" (Wittenberg 1603), die ganz Melanchthons Anschauungen folgt.

Es ist schwer, Melanchthons Anschauungen über den Wert des geschichtlichen Wissens in klarer Kürze darzustellen. Zwei Weltanschauungen mischen sich in ihnen: die patristisch-transcendentale und die reformatorisch-nationale; zwei Gefühlskreise streiten in ihnen: der theologische und der humanistische.

Gewiss und vornehmlich betont mit Luther auch Melanchthon die religiös-ethische Seite des Geschichtsstudiums. Die Geschichte ist ihm eine erleuchtete Lehrerin in der Ertragung des Unglücks.[1] Selbst die ältere deutsche Geschichte ist doch darum vor allem wichtig, weil sie lehrt, „des Geschickes Wechselfälle gleichmütig zu ertragen und vielmehr das himmlische Vaterland inbrünstig zu suchen."[2] Aller Geschichten Motto könne sein: „Discite justitiam, moniti, et non temnere divos."[3]

Ebenso ist ihm aber mit Cicero die Kenntnis der Geschichte wichtig um der Rhetorik willen. Freilich wird diese gern in den Dienst theologischer Ausbildung gestellt. Wie reiche Beispiele bietet die Historie doch für den oratorischen Erweis der christlichen Wahrheiten und Bibelstellen! „Deswegen will Gott, dass die Geschichten bekannt seien, damit wir aus ihnen sein Dasein erweisen."[4] Aber auch für die Lehren der Staats- und Lebensklugheit gibt die Geschichte herrliche Illustrationen. An der Verbindung Athens mit Corcyra zeigt sie, wie unheilvoll naturwidrige Verbindungen sind; an Perikles und Alcibiades, an Marius und Pompejus lässt sie erkennen, wie verderblich der Ehrgeiz und die Polypragmosyne ist.[5] So wird sie gleichsam eine Schule der praktischen Politik und ihre Kenntnis darum besonders wichtig für die Fürsten und ihre Beamten.

Indem so die Geschichte spielend Tugend und Urteilskraft der Jugend bildet, ist das Studium ihrer Schriftsteller zugleich in hervorragendem Masse geeignet, den Stil und die Redefertigkeit der Schüler zu fördern.

Dabei ist Melanchthon aber die Bedeutung der geschichtlichen Tatsachen an sich durch ihren inneren Pragmatismus nicht fremd geblieben. Er fühlte wohl, dass sie wirken könnten auch ohne moralische Exklamationen. Und noch eine andere ganz der Jetztzeit

---

[1] Vgl. v. Wegele, Gesch. der deutschen Historiographie seit dem Auftreten des Humanismus (München u. Leipzig 1885).

[2] Vgl. Harry Brettschneider, Melanchthon als Historiker. Ein Beitrag zur Kenntnis der deutschen Historiographie im Zeitalter des Humanismus (Gymnasial-Programm von Insterburg 1880).

[3] Oratio Melanchthonis de Friderico Admorso. Recitata a Casparo Peucero, a. 1554. Abgedruckt im 2. Bde. von J. B. Menckenius, Scriptores rerum Germanicarum praecipue Saxonicarum. 3 T. Lips. 1728—30.

[4] Vgl. Melanchthons Rede über Friedrich mit der gebissenen Wange: „. . . Scitis autem praecipue ob hanc causam velle Deum notas esse historias, ut . . . statuamus esse Deum . . ."

[5] Aus der Vorrede zu seiner Ausgabe der Carionschen Chronik — abgedruckt im corp. ref. XII, 707—740.

entsprechende Würdigung der Geschichte kennt Melanchthon. Sie stärkt das nationale Bewusstsein und weckt Freude am deutschen Vaterlande, dem die Erbschaft des römischen Reiches zugefallen ist. Darum steht den Schülern der Fleiss besonders wohl an, die vaterländische und heimatliche Geschichte kennen zu lernen.[1])

So liess die Vielseitigkeit seines Geistes Melanchthon die verschiedensten Standpunkte finden, von denen aus den praktischen Schulmännern jener Tage die Einfügung geschichtlicher Belehrungen in den Unterricht als notwendig erscheinen musste.

Zwei Momente treten nun in den Lehrplänen des 16. Jahrhunderts als bestimmend für die Einführung geschichtlichen Unterrichts hervor: einmal soll er die Lehren der Dogmatik und Ethik beweisen, verteidigen und stützen; zum andern soll er als angewandte Rhetorik und Politik die sprachlich-logische Bildung der Schüler fördern, klären und vertiefen.

Als Selbstzweck ihn anzusehen oder durch ihn vor allem Liebe zur vaterländischen Vergangenheit zu entzünden, blieb im grossen und ganzen der Schule des 17. Jahrhunderts vorbehalten, die ihn doch schon als wesentlichen Gegenstand ihres Lehrplanes überkam.

Doch lassen wir nun die Schulordnungen des Reformationszeitalters als redende Zeugen auftreten!

Der Süden Deutschlands zeigte sich den neuen Ideen am ehesten zugänglich. 1526 hatte es der Rat der Stadt Nürnberg für seine Pflicht erachtet, die Sorge um die rechte Führung der Jugend in seine Hand zu nehmen und dieselbe zur Erlernung der Kenntnisse anzuhalten, welche sowohl für das bürgerliche Leben als auch für die Verwaltung und Regierung des Gemeindewesens notwendig sind.[2]) Zu diesem Zwecke eröffnete er neben der Knabenschule, in der die Anfangsgründe gelehrt und die Schüler mit den Lehren der Grammatik vertraut gemacht wurden, für gereifte Jünglinge, die die Grammatik vollständig innehatten, einen Unterricht in der Rhetorik der Alten und überhaupt in den freien Künsten und Wissenschaften. Hierzu wurden Professoren angestellt, von denen einer die Grundzüge der Dialektik und Rhetorik zu lehren hatte. Derselbe hatte auch zu bestimmten Zeiten Übungen im freien Vortrage anzustellen. Der Stoff hierzu war von ihm der Geschichte zu entnehmen. Z. B. ob Brutus den Cäsar mit Recht getötet hat?

---

[1]) Oratio de Frid. Adm.: „Etsi autem omnes historiae talium exemplorum plenae sunt, et nosse plurimas ad confirmandam adsensionem de providentia utile est, tamen diligentia praecipue digna est studiosis, nosse res patrias et domesticas." (Mencken, l. c. pag. 1059.)

[2]) „Plan der kürzlich in Nürnberg errichteten Schule" (1526). — Mitgeteilt in Dr. Heinrich Wilh. Heerwagen, Zur Gesch. der Nürnberger Gelehrtenschulen in dem Zeitraume von 1485—1526. (Nürnberg 1860.)

Gleichzeitig sollte über Geschichte gelesen werden, entweder nach
Livius oder anderen Schriftstellern, damit die Jünglinge an solchen
Mustern schreiben und sprechen lernten.[1]

1537 schrieb Jakob Micyllus — ebenfalls von Melanchthon beraten — für die Barfüsserschule zu Frankfurt a/M. eine Schulordnung.[2] Im Eingang derselben handelt er von der Auswahl der
Lektüre. In Betracht kommen u. a. die Kompendien des Florus
und des Justinus. Denn aus ihnen können nicht allein die Aus-
drucksformen und der Bau der Rede neben den Figuren und der
Satzfülle, sondern ebenso vielfache Lehren und wirkliche wie sagen-
hafte Beispiele (sc. de moribus et tota vitae ratione) genommen
werden.[3] Dazu heisst es ergänzend in dem Lehrplane der obersten
Klasse: Kenntnis der Geschichte muss ganz besonders der Jugend
schon von Anfang an empfohlen werden ... Sie ist nach Ciceros
rühmendem Ausspruch die Zeugin der Zeiten, das Licht der Wahrheit, das Leben des Gedächtnisses, die Lehrerin der Sitten, die
Heroldin des Altertums.[3]

Schärfer bringt diese Gedanken die abgeänderte Schulordnung
vom Jahre 1579 zum Ausdruck, indem sie für den geschichtlichen
Unterricht ausdrücklich ein Lehr- und Lernbuch vorschreibt.[4]

Die nächsten Jahrzehnte allerdings begnügte man sich noch
mit den klassischen Schriftstellern zur Vermittlung historischer Belehrungen. Darauf beruhte schon die Auswahl der Lektüre; unter
den zu lehrenden Schriftstellern spielen Justinus, Florus und Eutropius
eine Hauptrolle. Namentlich Justinus Geschichte des Altertums
wurde wegen ihres reichen Tatsachengehaltes, ihrer gedrängten Darstellung und ihrer dabei einfachen Form bevorzugt.[5] Die Erklärung
der Schriftsteller suchte den Schülern Worte und Sachen zu verschaffen.[6] Wie und was man reden müsse, sollten sie lernen.
So geht alle Erklärung darauf hinaus, den Autor für die Zukunft
des Schülers nutzbar zu machen. Wenn Chyträus in Rostock
mit den Studierenden Herodot las, so sollten sie nicht bloss seine

---

[1] Heerwagen a. a. O. S. 37: „Idem [sc. professor] certis temporibus disputabit,
ut pueri usum aliquem dialectices habeant et colligere et vicia argumentorum deprendere
discant. Controversias petet ex historicis. Jurene C. Caesarem Brutus occiderit. Jurene
Manlius pater de filio victore, cum provocatus pugnasset, supplicium sumpserit et
similes ... Et praelegentur ... historiae vel Livii vel aliorum scriptorum, ad quorum
imitationem scribere ac loqui adulescentes discant.“

[2] Die evangelischen Schulordnungen. Herausgegeben von Reinhold Vormbaum,
Pfarrer zu Kaiserswerth a/Rh. Gütersloh 1860. 1. Bd.: Die evangelischen Schulordnungen des 16. Jahrhunderts. S. 631 not.

[3] R. Vormbaum a. a. O. S. 635 Anm.

[4] R. Vormbaum a. a. O. S. 637.

[5] Dr. Franz Rühl, Die Verbreitung des Justinus im Mittelalter (Leipzig 1871), S. 2.

[6] Vgl. hierzu Friedrich Paulsen, Gesch. des gelehrten Unterrichts (Leipzig 1885)
S. 229 ff. — K. Hartfelder „Melanchthon, der Praeceptor Germaniae“ (Mon. Germ.
Paed.) hat die Notiz, dass Melanchthon in Tübingen bei der Lektüre der Klassiker
dem Studium der Realien besondere Aufmerksamkeit gewidmet habe.

vortrefflichen moralischen Sentenzen kennen lernen, sondern ebenso z. B. das Land Ägypten und seine Bewohner, weil H.s Bericht die Angaben der h. Schrift in vielen Punkten bestätigt.[1]) Zu Ausblicken auf spätere Epochen der Geschichte bot das Tatsachenmaterial der alten Historiker einem kenntnisreichen Lehrer reiche Gelegenheit. Derselbe Chyträus bemerkt zu seiner Erklärungsweise des Thucydides:[2]) „Die Geschichte ist ein Gemälde und Theater des menschlichen Lebens, welches auf alle Zeiten passt. Wie die Natur des Menschen selbst, so bleiben auch die Anlagen, Sitten, Geschäfte, Gelegenheiten, Ratschläge, Erfolge, Irrtümer und Verbrechen dieselben; nur die Schauspieler wechseln. Die Geschichte des Thucydides ist ein schlagendes Bild der gegenwärtigen deutschen Angelegenheiten, Entschlüsse, Ratschläge, Versuche, Bündnisse, Macht- und Rachebestrebungen unter dem Vorwand der Religion." Neben der Lektüre wurden auch die schriftlichen und mündlichen Übungen für Geschichtskenntnis nutzbar gemacht.

Die schriftlichen Übungen sind die argumenta, kurze Zusammenfassungen eines erzählten oder gelesenen Stoffes, oder zu übersetzende Diktate, und die declamationes, Aufsätze nach rhetorischem Schema oder kleine freie Vorträge. Der Inhalt der argumenta und declamationes sollte vorwiegend dem Gebiete der Geschichte entnommen werden und den Stoff der Schule teils befestigen, teils ergänzen.

1552 setzt hierüber die Mecklenburgische Kirchenordnung fest,[3]) dass „die Knaben aus dem 3ten Hauffen, die nu zimlich Grammatici sind", am Sonnabend etliche schöne Historien aufschreiben, die in der nächsten Woche lateinisch zu übersetzen sind. Geeignet sind die Erzählungen von Simson, Ulysses und Polyphem, von Herkules und Omphale, von Cyro, von Cambyse und dem gestraften Richter, des Haut Cambyses auf den Richterstuhl spannen liess ... und anderes nützliches, „darin zugleich die Jungen die Sprach vben und Historien lernen vnd viel erinnerung von tugend mercken mögen, vnd sollen die Schulmeister vleis thun, das sie jenen selb vorrat schaffen solcher Historien ..."

Die Neubrandenburger Schulordnung vom Jahre 1553[4]) hält besonders mythologische Stoffe für die Argumente geeignet, wie die Erzählung von der Zauberin Circe oder den Ehebruch zwischen Venus und Mars, natürlich im Sinne der Brandenburgischen Schulordnung von 1564 mit geschickter Anpassung an eine nützliche Lehre.[5])

Obwohl die ernstliche Forderung des grossen Strassburger

---

[1]) Mitgeteilt von Fr. Paulsen a. a. O. S. 233 aus einer Sammlung Rostocker Universitätsschriften der Jahre 1560—67.
[2]) Paulsen a. a. O. S. 234.
[3]) R. Vormbaum a. a. O. S. 64 ff.
[4]) R. Vormbaum a. a. O. S. 435.
[5]) R. Vormbaum a a. O. S. 538: „cum accommodatione apta ad utilem doctrinam."

15*

Rektors S t u r m noch heutigen Tages ein pium desiderium geblieben ist, dass die Hefte der Schüler sorgfältig aufzubewahren
seien, um aus ihnen den Gang des Unterichts jederzeit zu ersehen,
sind wir doch in der Lage, aus erhaltenen Ü b u n g s b ü c h e r n
c h u r s ä c h s i s c h e r P r i n z e n [1]) die Schulweisheit vergangener Tage
reden zu hören. Themen aus Sage und Geschichte wechseln ab;
auch Ereignisse der damaligen Gegenwart werden behandelt. Die
Moral der Geschichte kommt fleissig zu Worte. Von Hektor und
Ajax wird gehandelt, um zu lernen, dass des Feindes Geschenke
keine Geschenke sind.[2]) Züge aus Alexanders des Grossen Geschichte
werden mehrfach erzählt.[3]) Konstantin der Grosse und Karl der
Grosse bieten Themata. In die Neuzeit führt ein Übungsstück:
„Luther in Worms." Der Schluss desselben heisst: „Vnd hatt ihn
gott in derselben grossen gefahr gnediglich behüttet vnd erhalten!
Zur selbigen Zeit hat er den Kirchengesang gemachet aus dem
46. Psalm: Ein feste burgk ist vnsser gott."

Auf systematischen Geschichtsunterricht lässt das 11. Spezimen
des Heftchens schliessen, das von der damals gültigen Periodisierung
der Geschichte den Inhalt nimmt. „Es seint Vier Monarchien gewesen von anfangk der Welt bis auff diesse zeitt, die erste ist gewest
der Assyrier oder Caldeer, vnd hat sich angefangen von dem Nimroht
Könige zu Babel, bald nach der Sündfluth, die andere ist gewest
der Persier und Meder, welche Cyrus Königk in Persien angefangen
hatt, die dritte ist gewest der Griechen, welche sich angefangen
hatt von dem Alexandro Magno, Könige in Macedonien, die viertte
ist gewest der Römer, vnd hat den ahnfang gewonnen vom Julio
Caesare, ein wehnigk vor Christi geburth, diese Monarchie ob sie
gleich zu vnser Zeit sehr geschwechet ist, soll sie doch wehren bis
zum ende der welt nach der prophecey Danielis."

Es glückte wohl auch damals dem pädagogischen Praktiker
nicht immer, den Schüler unterrichtlich von der „Lustigkeit der
historischen Lektion" zu überzeugen, „so da nicht leichtlich einen
Ekel erwecket".[4])

Geschichtliche Unterweisung zum Zwecke geeigneter Materien
für Deklamationes und Disputatio schreibt die B r i e g e r S c h u l -
o r d n u n g vor.[5]) Nach der 1583 ergangenen Ordnung des Gymnasiums zu Nordhausen mussten sich die Schüler zu diesem Behufe

---

[1]) Manuskripte der Kgl. öffentlichen Bibliothek zu Dresden.
[2]) Msc. Dresd. J. 318: Liber argumentorum ab Illustrissimo principe ac domino
Christiano duce Saxoniae compositorum. Anno Christi 1597, 98, 99. Argument. 13.
[3]) Dieses und die folgenden Mitteilungen aus Msc. Dresd. 305: Liber argumentorum ab Illustrissimo principe ac domino duce Johanne Georgio duce Saxoniae compositorum. Anno Christi 1596, 97, 98.
[4]) Ein kurtzer begrieff der allgemeinen Historia an Ihre Fürstl. Gn. Printz Moritz
Wilhelm u. s. w. Msc. Dresd. J. 308.
[5]) R. Vormbaum a. a. O. S. 205.

Merkbücher anlegen. Eins derselben war den geschichtlichen Persönlichkeiten zu widmen, ein anderes nahm geschichtliche Tatsachen mit auf. Auf diese Weise erlangten die grösseren Schüler mit der Zeit einen herrlichen Schatz sachlicher Kenntnisse auch in der Geschichte.[1])

1560 hatte sich die Sehnsucht Melanchthons erfüllt, erlöst zu werden von der Wut der Theologen. Seine Ideen aber lebten in vielen seiner Schüler fort. Nicht zum wenigsten hatte er in ihnen die Begeisterung für die Geschichte entzündet. Und nicht bloss in den Juristen, auch in den Dienern am Werk der Schule, die zu seinen Füssen gesessen hatten, war sein jugendlicher Begeisterung entströmter Ausspruch lebendig geblieben, dass die Geschichte zu missen, kein geringerer Verlust wäre, „als wenn dieser unserer Welt die Sonne, die ihre Seele ist, genommen würde."[2])

So erscheint es nur als eine logische Folge dieser Auffassung, wenn die durch Melanchthon geschichtlich vorgebildeten Lehrer auch an ihrer Schule die Jugend wirklich in Geschichte unterrichten wollen, in selbständiger Lektion und nicht mehr angelehnt an Religion und Sprache.

Wir deuteten diesen Fortschritt der Entwicklung schon bei der 2. Schulordnung des Frankfurter Gymnasiums an. Wir finden ihn erkannt von Johannes Sturm, dem berühmten Strassburger Schulmanne, der für seine Akademie — für Schüler vom 16.—21. Jahre gedacht — einen besonderen Lehrer der Geschichte anstellt, dem er als Aufgaben u. a. vorzeichnet,[3]) die Ordnung der Zeiten zu zeigen, Beschreibungen der Kämpfe und ihrer Schauplätze zu geben, den Ursachen der weltgeschichtlichen Pläne, Handlungen und Geschehnisse nachzugehen und die Art der historischen Darstellung zu erläutern. Und Sturm war im Gegensatz zu Melanchthon kein Freund der Realien gewesen. Wie Wolf in Augsburg hatte er ihnen lange keinen Raum in seiner Schule gegeben.

1575 schon setzt die Altdorfer Schulordnung fest, dass „der Historicus des Herrn Philippi Melanchthonis Chronica Carionis, wie die von Hermanno Bonno auss dem Teutschen in das Latein gebracht worden" erklären und dabei der Jugend die Zeitrechnung fleissig weisen möge. Empfohlen wird ihm, dabei auch Sleidans Buch von den 4 Monarchien zu Rate zu ziehen.[4]) 1591 weist der Stundenplan der 2. Klasse des Gymnasiums zu Stralsund Montags und Donnerstags von 12—1 „Historiarum recitatio" auf. An ersterem Tage wird Sleidan und dann Melanchthons Chronik gelesen, um in die Universalgeschichte einzuführen; am anderen Tage wird ein

---

[1]) R. Vormbaum a. a. O. S. 375.
[2]) Rede von 1518. Vgl. Corp. ref. XI, 22.
[3]) Joannes Sturmius Michaeli Beutero Iureconsulto Historico. Abgedruckt bei R. Vormbaum a. a. O. S. 694 ff.
[4]) R. Vorbaum a. a. O. S. 612.

Werk spezielleren Inhalts zum Vortrag gebracht. Genannt werden dabei neben Cäsar und Sallust die grossen zeitgenössischen Werke Sleidans und des Philipp Cominaeus. Vorgelesen wird durch Schüler, denen der Konrektor vorher den zu lesenden Abschnitt angibt, damit sie sich zu Hause gründlich vorbereiten, ohne Stocken vorzutragen, den Sinn richtig zu erfassen und die Sprache durch angemessene Bewegung zu unterstützen. Leser und Hörer sollen dunkle Stellen durch Studium anderer zur Erläuterung dienender Schriftsteller sich erhellen oder darüber Lexika einsehen. Von dem Fleiss der Schüler wird sich der Lehrer zunächst durch Fragen überzeugen und was zu völliger Klarheit noch fehlt, dann leicht ergänzen.[1]

So intensive Pflege der Geschichte war nicht häufig, aber doch war nun die Zeit erfüllet, wo Geschichte fast überall „in furnehmen und wohlbestalten schulen hin- und herwieder"[2] gefunden ward. Schulherren und Schullehrer hatten beherzigt, was ein Lieblingsschüler Melanchthons allen Erziehern ans Herz gelegt hatte und waren mit ihm der Meinung geworden: „Weil . . . Studium vnd cognitio Historiae sive Monarchiarum, vnd in sonderheit auch Historiae orbis gentium celebratiorum, als Gothorum, Hunnorum, Vandalorum, Saracenorum, Turcarum, Tartarorum vnd etliche ander mehr, so in quarta Monarchia grewlich rumort, schrecklich haussgehalten, sie jemmerlich deformiret, zerrissen und geschwechet, vnd nicht wenig jr zu den schwachen Beinen gehulffen, darauff sie kümmerlich stehet, vnd sich zur not kaum behelffen kann, nicht allein ein herrlich, lustig Studium, Sondern auch viel in Ecclesia vnd in republica sine historijs nicht kan expliciret werden, als were ser gut vnd nütze, das man dieselben zwey Jhar einem Knaben, aber diuersis diebus vnd horis, auch proponirte vnd′ ennarirte ein fein eruditam vnd Compendiosam Synopsin historiae . . ."[3]

Aber so sehr Melanchthon auch die Herzen seiner Schüler erwärmt hatte für den Wert der Geschichte im Schulunterrichte, zu einem selbständigen Geschichtsunterricht hätte die Theorie allein es kaum gebracht. Wir tun den ehrenfesten Präzeptoren jener Zeit kein Unrecht, wenn wir sagen, dass sie ohne Goethe nach der Maxime unterrichteten: Grau ist alle Theorie, doch grün des Lebens goldner Baum. Das heisst pädagogisch ausgelegt in unserem Falle: Geschichtsunterricht in selbständiger Form wäre eine papierne Form geblieben, wenn den Lehrern nicht ein geeignetes Lehrbuch

---

[1] R. Vormbaum a. a. O. S. 488—499.

[2] Friedrich Koldewey, Braunschweigische Schulordnungen von den ältesten Zeiten bis zum Jahre 1828 (Monum. Germ. Paed. I, Berlin 1886) unter No. 21, S. 127: Schulordnung des Rates von 1596.

[3] Michaelis Neandri Bedenken, An einen guten Herrn vnd Freund, Wie ein Knabe zu leiten, vnd zu vnterweisen, dass er one gross jagen, treiben vnd eilen, mit Lust vnd Liebe, vom sechsten Jahr seines alters an, biss auff das achtzehende wol vnd fertig, lernen möge Pietatem, Linguam Latinam, Graecam, Hebraeam, Artes, vnd endlich universam Philosophiam. 1582 (3. Ausgabe).

in die Hand gegeben wurde, das der neuen Disziplin Richtung und Weg wies.

Dass Melanchthon dafür gesorgt hatte, kennzeichnet ihn auch auf diesem Gebiete als den praeceptor Germaniae und sicherte dem neuen Bildungselement das Bürgerrecht in der Schule.

Es ist Magister Philippus Chronicon Carionis, dass d e r e r s t e L e i t f a d e n f ü r z u s a m m e n h ä n g e n d e n U n t e r r i c h t i n d e r U n i v e r s a l g e s c h i c h t e wird. Ihm eine nähere Betrachtung zu widmen, ist unerlässlich, wenn anders der damals wirkende Geist des geschichtlichen Unterrichts vor unseren Augen lebendig werden soll. Sein Gebrauch in der Schule währt allerdings nicht lange; für die Schüler erlangte noch am Ausgange des 16. Jahrhunderts fast allgemein Autorität des Sleidanus Büchlein über die vier Monarchien. Aber der Vortrag der Lehrer ward doch weit bis ins 17. Jahrhundert von Melanchthons Buch beeinflusst; viele Gedanken des Amos Comenius, des ersten grossen Systematikers der Pädagogik, berühren sich mit ihm.

Es ist hier nicht der Ort, über die Bibliographie des Chronicon Carionis zu handeln.[1]) Das Werk erschien zuerst 1532 und hatte zum Verfasser den brandenburgischen Hofmathematikus und -astronomen Johannes Carion, einen Schüler des nur wenige Jahre älteren Melanchthon. Ihm wurde das Buch vor der Veröffentlichung zur Durchsicht und Überarbeitung zugesandt und durch ihn bei Georg Rhaw in Wittenberg ediert. In deutscher Sprache geschrieben, wurde es 1537, dem Todesjahre Carions, von dem Lübecker Superintendenten Hermann Bonnus ins Lateinische übersetzt und dadurch auch für Präzeptoren geniessbar. Zugleich legte es Melanchthon seinen Vorlesungen zu Grunde. Zwei Jahre vor seinem Tode entschloss er sich, das Buch in einer Neubearbeitung herauszugeben. Ihr erster Teil erschien 1558; er reichte bis zur Zeit des Augustus. 1560 folgte der zweite Teil, die Zeit von Augustus bis Karl den Grossen umfassend. Den Abschluss des Buches besorgte Melanchthons Schwiegersohn Kaspar Peucer.

Melanchthons Umarbeitung geschah in lateinischer Sprache. Auch inhaltlich weicht sie von der älteren Vorlage durch Zusätze und Richtigstellungen vielfach ab. Die leitenden Ideen bedurften bei dem Verhältnisse Melanchthons zu Carions Werke keiner grundsätzlichen Änderung. Aus diesem Umstande sowohl wie aus der Tatsache, dass die ältere Ausgabe in der Bonnschen Übersetzung als Schulbuch zuerst in Gebrauch war, nehmen wir das Recht, auf sie unsere Darlegung zu gründen.[2])

---

[1]) v. Wegele, Gesch. der deutschen Historiographie u. s. w. — G. F. Strobel, Miscellaneen. 6. Sammlung (Nürnberg 1782). S. 139—206.

[2]) „Chronica durch Magistru Johan Carion / vleissig zusamen gezogen / meniglich nützlich zu lesen." Das Exemplar der Leipziger Universitätsbibliothek ist von mir benutzt worden.

Auf 341 Seiten wird die Geschichte von Adam bis zur damaligen Gegenwart erzählt. Den Anfang bildet nach einer Vorrede an Joachim von Brandenburg eine ausführliche Antwort auf die etwa erhobene Frage nach dem Nutzen der Geschichte. Alles, was die Pädagogik des 16. Jahrhunderts zum Lob der Geschichte vorbringt, ist hier schon zu finden. Dann folgt die Einteilung des Geschichtsverlaufes nach den vier Monarchien. Teilweiser Erbe des römischen Reichs ist die deutsche Nation geworden als das „rechte haubt der ganzen weltordnung". Freilich steht des deutschen Reichs Zerstörung auch zu befürchten. Aber hoffentlich kommt darnach bald der jüngste Tag, um „dem verrat zu stewren". Zur Stärkung des Glaubens soll neben den weltlichen Reichen immer die Geschichte der Kirche als des Reiches Christi angezeigt werden.[1]

Nun setzt die Urgeschichte ein. Mit Adam und Eva beginnt die Gründung der Kirche. Adam hat zuerst Gottes Wort aufgeschrieben, mithin ist er Erfinder der Buchstabenschrift gewesen. 1656 — von Melanchthon später genauer mit dem Datum des 17. Februar angegeben — trat die Sündflut ein. Nach ihr richtete Gott eine neue Welt ein und erlaubte, Fleisch zu essen. Zu bedenken ist bei diesen Geschichten 1. der grosse Zorn Gottes, 2. wie Gott sein „heufflin" dennoch erhält und 3. wie die weltliche Gewalt und Strafe des Totschlags eingesetzt ist.[2] Wir übergehen die Erzählung der ersten Monarchie und des Beginnes der zweiten, um einige Proben der Behandlung der griechischen Geschichte zu geben. Sehr summarisch wird der trojanische Krieg abgetan, der, wie aus Virgil sich ergibt, zur Zeit Davids stattgefunden hat. Achilles ist in ihm durch Verräterei umgekommen. Die Trojaner versprechen ihm, eine Tochter Priami zu geben, „vnd da er fur dem Alten kniet jnn der kirchen, hat jhn Paris verreterlich erschossen."[3] Herkules ist unserem Schriftsteller ein edler Friedefürst, der darum „solch ewiges Lob erlanget". Am äussersten Ufer Spaniens hat er zwei Berge setzen lassen, die man nennt columnas Herculis. „Welche der allerlöblichste Kaiser Carolus der funfft jtzund zu einem sonderlichen zeichen furet als der so von Gott gegeben, das er zu diesen zeitten Hercules jnn gantzem Europa sein sol, frieden vnd recht, durch sein sieghaffte hand, widderümb aufzurichten."

Da man „jnn Historien furnehmlich sehen sol, wie die reich gestanden sind, wilche recht religion, vnd künsten sie gehabt haben…", wendet sich die Erzählung nun der griechischen Religion und Dichtung zu. Nach den Söhnen Noahs ist auch in Griechenland die Abgötterei eingerissen, da des Landes Bewohner „ein fürwitz

---

[1] Vgl. Blatt 5 und 6 des Leipziger Exemplars. Ich führe nur zu einigen Stellen die Seitenzahl an.

[2] Blatt 7—9 ebenda.

[3] Blatt 25a ebenda.

Volck gewesen". Homer und Hesiod, ein „Pfarrherr am Berge Helikon" sind zu rühmen. Indem Carion zur persisch-griechischen Geschichte übergeht, spendet er höchstes Lob dem Cyrus, den man unter die „Gottesdiener und Heroes" geben soll. Seine Eroberung Babylons wird dem Autor Anlass zu einer Abschweifung über das „geistliche Regiment". Es folgt die Geschichte der Nachfolger des „heiligen Königs Cyrus" und Erzählung der Kämpfe mit Griechenland. Die Schicksale sowohl des Miltiades wie des Themistokles zeigen, „wie der pöfel grossen leuten lohnet."[1] An Leonidas und den Athenern, die ihre leere Stadt dem Feinde überlassen um sich selbst nicht ergeben zu müssen „ist diese grosse tugent hoch zu loben vnd das exempel zu mercken, das sie alle lieber haben wöllen sterben, denn sich an eine fremde natio" auszuliefern. Nach einem Überblick über die weiteren Geschicke Griechenlands bis auf Philipp von Mazedonien beginnt die Geschichte Roms innerhalb der zweiten Monarchie seit Verjagung der Könige. Doch „ist der Römer Historien viel zu lang, sie zu recitieren". Deshalb werden nur einige Ereignisse derselben erwähnt. Ausführlich gehalten ist in der Geschichte der dritten Monarchie die Erzählung der Taten Alexanders. Auch über die Reiche der Diadochen wird berichtet. Länger verweilt der Chronist bei den jüdischen Zuständen vor Christi Erscheinen. „Denn was jm Jüdenthumb geschehen ist, ist gewislich ein figur der Cristenheit."[2]

Roms Geschichte von den punischen Kriegen an wird nun aufgenommen. Bei der Schilderung des Cimbernzuges wird angegeben, dass „Cimbri . . . kömpt her vom wort Gomer. Also hat geheissen ein son Japhet". Gründlich wird die Ermordung Cäsars berichtet. Zu ihr hat sich Brutus durch Cassius Schulargumente betören lassen!

Wir müssten fürchten zu ermüden, wollten wir noch weitere Auszüge geben. Nur eine Stelle sei, als für die Anschauungsweise der Zeit merkwürdig, noch angefügt. „Zu Zeiten Neronis ist ein Comet sechs Monat gesehen worden. So lange stehen selden die Cometen. Zuuor unter Claudio hat man auch ein Cometen und drei Sonnen gesehen, welche one zweiuel bedeut haben, das sich drey vmb Keisarthumb jnn kurtz schlagen solten. So acht ich, das der gros Comet nicht allein die selbige auffruhr, sondern verenderung dem gantzen Römischen Reich bedeut, vnd sonderlich den jemmerlichen vntergang der Jüden . . .[3] Das setze ich allein derhalben, das man zeichen nicht veracht, sondern hiebey lerne, das sie Gottes zorn bedeuten, damit wir zu besserung vermanet, vnd die straff abgewendet, odder, doch gelindert werde, wie Gott die straff Niniue abwendet."[4]

---

[1] Blatt 43a.
[2] Blatt 69.
[3] Blatt 83a.
[4] Blatt 87a.

Stellen wir die Einzelheiten der Carion-Melanchthonschen Universalgeschichte unter den Gesichtspunkt einer allgemeinen Auffassung, so erkennen wir deutlich, wie inbezug auf Recht, Staat und Entwicklung noch die Anschauungen des frühchristlichen Mittelalters herrschen. „Zwei civitates sind vorhanden: die ecclesia und die imperia."[1] Beider Entwicklung vollzieht sich in geschichtlichem Verlaufe; aber das Reale der Geschichte ist eigentlich nur die Kirche, ihrer gottgewollten Endbestimmung müssen schliesslich alle Erlebnisse der vergänglichen weltlichen Reiche dienen. Bis auf Christi Kommen ist die Ecclesia eins mit dem Judentume. Es sind die Gedanken Augustins, die uns entgegentreten.

Keine Zeit vermag in den Ideen, die als ihr Gemeingut auftreten, über sich selbst hinauszugehen. Erst diese Erkenntnis gibt ihre rechte Würdigung. Auf pädagogischem Gebiete hatte das 16. Jahrhundert der Schule in der Geschichte einen neuen und wichtigen Bildungsstoff zugeführt. Sie in ihrem Werte für den Unterricht vielseitig zu beleuchten und ihr eine bleibende Statt im Lehrplane zu bereiten, war ihm am Ende gelungen, und das ist sein hohes Verdienst. Aber es überstieg seine Kraft, auch durch sie ein neues Bildungsideal zu fördern. Dem andern Säculum blieb diese Aufgabe zu mehrfacher Lösung vorbehalten.

B. Kleinere Beiträge und Mitteilungen.

I.

Die Generalversammlung des Vereins für wissenschaftliche Pädagogik

findet in diesem Jahre in Weimar statt. Die Vorversammlung beginnt am 2. Pfingstfeiertage (12. Juni) abend $1/_4$8 Uhr im Saale der „Armbrust", Schützengasse No. 8. In demselben Lokale werden die beiden Hauptversammlungen Dienstag und Mittwoch, den 13. und 14. Juni, von vormittag 8 Uhr an abgehalten. Anmeldungen und Anfragen sind an Herrn J. Dietz, Lehrer am Sophienstift, zu richten. Das Jahrbuch des Vereins (37. Jahrgang), dessen Inhalt den Verhandlungen zu Grunde gelegt wird, ist bereits erschienen (Dresden, Bleyl und Kaemmerer, Inh. O. Schambach);[2] es enthält folgende Beiträge:

---

[1] Siehe Harry Brettschneider, Melanchthon als Historiker.
[2] Preis 5 M. im Buchhandel. Die Mitglieder des Vereins erhalten das Jahrbuch nebst Erläuterungen für den Jahresbeitrag von 4 M. Die Mitgliedschaft erwirbt man durch Anmeldung beim Vereinskassierer (Lehrer Karl Teupser, Leipzig-R., obere Münsterstr. 6) und Zahlung eines Eintrittsgeldes von 1 M.

1. M. Schmidt, Was ist's um Herbarts Zucht?
2. J. L. Jetter, Zur Volksschulmethodik.
3. K. Hemprich, Zur modernen Kinderforschung.
4. A. Ritthaler, Die schulmässige Entwicklung der Grundzahlenbegriffe.
5. M. Fack, Lays experimentelle Didaktik.
6. Dr. Th. Fritzsch, Briefe Herbarts an Drobisch.
7. Dr. E. Wilk, Das Werden der Zahlen und des Rechnens im Menschen und in der Menschheit auf Grund von Psychologie und Geschichte.
8. Prof. Dr. Just, Missverständnisse und falscher Gebrauch der Formalstufen des Unterrichts.
9. K. Hemprich, Rudes Methodik des gesamten Volkschulunterrichts.
10. Prof. Dr. Vogt, Die Konzentration des Unterrichts.

II.

Die Ferienkurse in Jena

für Damen und Herren werden, wie in den vergangenen Jahren (seit 1889) im August, und zwar vom 3.—16. d. M. im Volkshaus am Karl Zeissplatz abgehalten werden. Das Programm enthält folgende Abteilungen: 1. Naturwissenschaftliche Kurse: Botanik, Physik, Astronomie, Geologie, Zoologie, Physiologie; 2. Pädagogische Kurse: Geschichte der Pädagogik, allgemeine Didaktik, spezielle Didaktik, Religionsunterricht, Hodegetik, Pädag. Pathologie, Psychologie des Kindes, das Mannheimer Schulsystem; 3. Kurse aus dem Gebiete der Frauenbildung: Volkserziehung mit Bezug auf die Frauen, Kraft und Schwachheit beider Geschlechter in der Kultur; 4. Theologische, geschichtliche und philosophische Kurse: Religionsgeschichte, deutsche Nationalökonomie, deutsche Wirtschaftsgeschichte, deutsche Literaturgeschichte, Einleitung in die Hauptrichtungen der Ethik, Psychologie; 5. Kurse aus dem Gebiete der Kunst: Heimatkultur, Richard Wagner; 6. Sprachkurse: 1. Deutsche Sprache, Sprachkurse für Anfänger und für Fortgeschrittene; 2. Englische Sprache: Elementarkursus und englische Literatur; 3. Französische Sprache: Grammatik, franz. Literatur. Den Ferienkursen sich anschliessend werden an zwei Abenden der ersten Woche zwei Vorträge über Goethes Faust von Dr. Türk und in der zweiten Woche zwei Vorträge über Mädchenbildung in den Vereinigten Staaten von Frl. Nix (Minnesota) gehalten werden. Auch wird am 14. August die Hauptversammlung der Pädagogischen Gesellschaft im Volkshause stattfinden und im Anschluss daran ein Vortrag von Hr. Pfarrer Flügel. Nähere Auskunft erteilt das Sekretariat: Frau Dr. Schnetger, Jena, Gartenstr. 2.

C. Beurteilungen.

W. Pongs, Entwürfe zu Lektionen über die wichtigsten Anwendungen des Galvanismus. Für die Oberklassen der Volksschulen, Mittel- und Mädchenschulen. Leipzig, Dürrsche Buchhandlung. 24 Seiten, Preis 40 Pf.

Entsprechend ihrer grösseren Bedeutung und häufigeren Anwendung im Leben sollen 1. die auf dem Elektromagnetismus beruhenden Apparate, elektrische Klingel, Elektromotor und Strassenbahn, 2. die durch Induktion wirkenden Induktionsapparate, Telephon, Mikrophon, und endlich noch, merkwürdigerweise zuletzt, das Glüh- und Bogenlicht, sowie die galvanische Vergoldung in der Schule — nach des Verfassers Ansicht unter Zurückdrängung oder gar völliger Ausscheidung der Lehre von der Reibungselektrizität — gründlicher behandelt werden. Die Art und Weise, durch welche der Verfasser die Wirkungsweise der genannten Vorrichtungen zum Verständnis zu bringen sucht, ist, mit Ausnahme vielleicht der Besprechung des Mikrophons, dessen Wirkungsweise wohl anschaulicher und einleuchtender zu behandeln wäre, nicht ungeschickt gewählt und dürfte manchem, namentlich älteren Lehrer eine ganz willkommene Hilfe sein. Die Frageweise — die Lektionen sind teilweise in Fragen bearbeitet — ist freilich nicht immer mustergültig und dürfte dem Maulbrauchen öfters Vorschub leisten.

Merkbuch für Wetterbeobachter, herausgegeben von **K. H. L. Magnus**, Verlag von Carl Meyer (Gustav Prior), Berlin u. Hannover. Preis gebunden 80 Pf.

Das Buch ist für Schüler höherer Lehranstalten bestimmt. Es enthält Formulare zur Aufzeichnung aller bei Gewitterbeobachtungen in Frage kommenden Erscheinungen, Formulare für Niederschlagsmessungen, Beobachtungen des Luftdrucks, der Temperatur, Windrichtung, Windstärke und Bewölkung, dazu für jede dieser Aufgaben, und zwar sowohl für die Aufzeichnung der Einzelbeobachtungen wie für die übersichtliche Zusammenstellung derselben, die nötigen Winke für den Beobachter, endlich das Notwendigste zum Verständnis der von den meteorologischen Stationen herausgegebenen täglichen Wetterkarten für das nordwestliche Europa sowie Tabellen für die Reduktion des Barometerstandes auf 0° und auf Meereshöhe. Das Büchlein ist dazu geeignet, meteorologische Beobachtungen ganz wesentlich zu erleichtern, bequemer zu gestalten und Anleitung für sie zu geben.

Einführung in die Haushaltungskunde von **Dr. Friedrich Blumberger**, Direktor der städtischen höheren Mädchenschule u. Lehrerinnenbildungsanstalt in Cöln. Drei Teile in einem Bande, mit 19 Abbildungen im Texte, 12 Tafeln in Schwarzdruck und 3 Farbendrucktafeln. Breslau, Ferdinand Hirt, 1903. 3,50 M.

Das Buch verfolgt den Zweck, Lehrer und Lehrerinnen, welche den theoretischen Unterricht an Koch- und Haushaltungsschulen zu erteilen haben, zunächst überhaupt erst die dazu nötigen allgemeinen naturwissenschaftlichen Kenntnisse, insbesondere auf dem Gebiete der Chemie, zu vermitteln, weshalb es in seinem (93 Seiten umfassenden) ersten Teile einen vollständigen Abriss zunächst der anorganischen Chemie (mit Einschluss einiger, bei Luft und Wasser eingefügter Kapitel aus der Physik über Sieden, Osmose, Diffusion etc.) darbietet, wie ihn sonst jedes andere chemische, bez. physikalische Lehrbuch enthält, während es im 2. Teile weiterhin, in etwa dem gleichen Umfange, zunächst alle Nahrungsspender des Tier- und Pflanzenreichs, dann auch die Gewürze und Gewürzpflanzen, sowie Getränke ebenso, der Hauptsache nach, in ganz allgemeiner, rein naturgeschichtlicher Weise, ohne jede besondere oder nähere Beziehung und Beschränkung auf das zur Haushaltungskunde Notwendige, beschreibt, abbildet und kennen lehrt, bis es endlich, erst gegen den Schluss des 2. Teiles hin auf ungefähr 25 Seiten auch einzelne Gebiete, Stoffe und Vorgänge der organischen Chemie (Gährung, Nährstoffe), sowie weitere mit dem Titel des Buches in engerer Beziehung stehende Fragen, Auswahl, Zubereitung, Aufbewahrung und Darreichung der Kost, behandelt. Der 3. Teil endlich gibt auf etwa 20 Seiten Behörden, Vereinen, Haushaltungslehrerinnen und Schulaufsichtsbeamten Anleitung zur Errichtung von Schulküchen, Verzeichnisse der dazu benötigten Gegenstände nebst ihres Kostenerfordernisses, einen Grundriss der Küchenanordnung, einen Überblick über die äussere Organisation des Unterrichts, über die zu kochenden Gerichte, Kostenanschläge etc. Etwa zwei Drittel des Buches sind der allgemeinen naturkundlichen Vorbildung, ein Drittel spezieller der eigentlichen Haushaltungskunde gewidmet.

Anthropologie und Gesundheitslehre zur Benutzung in Schule und Haus von **Ed. Feldtmann,** Lehrer in Hamburg. Mit 40 Abbildungen. Gerdes u. Hödel, Berlin. Preis 1 M.

Das Büchlein bietet den Wissensstoff aus der Menschenkunde in ziemlich ausführlicher Weise dar und sucht, wie es selbst in der Vorrede hervorhebt, seinen Vorzug besonders darin, dass es bei Besprechung jedes einzelnen Organs zugleich die für dessen Pflege und Gesunderhaltung zu beachtenden Gesundheitsregeln beifügt, Gesundheitslehre und Menschenkunde, wie dies so vielfach noch geschehe, also nicht als getrennte Gebiete behandelt. Eine tiefere und gründlichere Einführung in das Verständnis und den Zusammenhang der Lebensvorgänge, in physiologische Fragen also, über die der Verfasser freilich, wie besonders aus einer Bemerkung auf Seite 44 über „Die Verarbeitung im Blute mit Hilfe des Sauerstoffes" geschlossen werden muss, sich selbst nicht recht klar zu sein scheint, hat sich das Büchlein nicht zur Aufgabe gemacht, wiewohl gerade für die Begründung der Gesundheitslehre und der Einsicht in die Wichtigkeit ihrer Forderungen eine gründlichere Einführung in die **physiologischen**

Zusammenhänge wohl das allergeeignetste Mitte wäre.
Stollbergl (Erzgeb.).
Dr. Schmidt.

Lehrbuch für den Samariterunterricht an Seminarien, Präparandenanstalten, Höheren, Mittel- und Volksschulen, sowie zum Selbstunterricht von **Dr. med. Alfred Baur.** Mit 30 Tafeln. Wiesbaden, Otto Nemnich.

Das empfehlenswerte Büchlein des auf dem Gebiete der Schulgesundheitspflege bekannten Verfassers ist in erster Linie wohl für den Unterricht an Seminarien bestimmt. Es sucht im Anschluss an die Anthropologie, deren Behandlung vorausgesetzt wird, die wichtigsten Lehren des Samariterunterrichtes, also erste Hilfeleistung bei Unglücksfällen sowie Krankenpflege zu vermitteln. Die Wichtigkeit dieses Zweiges der Gesundheitslehre, der indes, soweit mir bekannt, bisher nur sehr wenig an Lehrerbildungsanstalten — abgesehen von sporadischen Hinweisen im Turnunterrichte — kultiviert worden ist, wird in neuerer Zeit immer mehr anerkannt. Wird doch der Seminarist in seinem späteren Lehrberufe sehr häufig in die Lage kommen, bei Unglücksfällen auf dem Turn- und Spielplatz, bei Ohnmachtsanfällen u. dergl. helfend einzugreifen und eröffnet sich namentlich dem Lehrer auf dem Lande, dem berufenen Pionier der Gesundheitspflege, auf diesem Gebiete ein ausserordentlich weites Feld nützlichster Gemeintätigkeit.
Obwohl Bau und Tätigkeit des menschlichen Körpers als bekannt vorausgesetzt werden, wird in jedem Kapitel noch einmal das Wichtigste aus der Anatomie und Physiologie der einzelnen Organsysteme zusammengefasst und im Anschluss daran werden dann die wichtigsten Verletzungen und Beschädigungen besprochen; besonders ausführlich zunächst die im Leben so häufigen Verletzungen des Knochen- und Muskelsystems, wie Knochenquetschungen, einfache und komplizierte Knochenbrüche, Verrenkungen, Luxationen und die erste Hilfe, die der Samariter in diesen Fällen zu gewähren hat. In den folgenden Kapiteln

wird das Kreislauf- und Atmungssystem, die Unterleibsorgane, das Nierensystem samt Sinnesorganen behandelt, so dass das Buch über alle Lagen Auskunft gibt, in denen ein Notstand schnell, bevor der Arzt zur Stelle sein kann, behoben werden muss, wie z. B. bei Bewusstlosigkeit, Ohnmacht, bei Blutungen aus Wunden, bei der Erstickungsgefahr durch Ertrinken, Erhängen, Erwürgen, durch Fremdkörper, Einatmung giftiger Gase, durch elektrische Schläge, durch Verbrennen, Erfrieren, durch Vergiftung mit chemischen Stoffen auf dem Wege der Haut, des Magens, der Einatmung, bei Verhütung von Gefahren für das Leben durch vergiftete Wunden, durch gefährliche Knochenbrüche, durch Beistand bei Krampfanfällen, bei geistiger Umnachtung usw. Die folgenden Kapitel sind dem Samariter im Dienste der allgemeinen Krankenpflege in Friedenszeiten und der Kriegskrankenpflege gewidmet. Ausserordentlich beherzigenswerte Gedanken enthält das Kapitel über die Grenzen der Samaritertätigkeit, eindringliche Warnungen, durch zahlreiche Beispiele belegt, für diejenigen, welche versuchen sollten, die Samariterkompetenzen zu überschreiten, weil sie dadurch nur einem elenden Kurpfuschertum verfallen würden.

Das Büchlein ist sehr frisch geschrieben; seine Verwendbarkeit würde indessen eine bedeutend grössere sein, wenn der Verfasser eine etwas mehr der Schule und dem Standpunkte der Schüler angepasste, nicht streng wissenschaftliche Darstellungsweise gewählt hätte. So finden sich zahlreiche Ausdrücke der medizinischen Terminologie wie Tampon, Tourniquet, Pelotte, Shok, eklamptische Zustände etc. ohne jede weitere Erklärung. Für den, der einmal einen Samariterkursus durchgemacht hat, dürfte das Buch eine wertvolle Zusammenfassung des Gelernten bieten; für die Volksschule würde nur eine ganz beschränkte Auswahl und Anwendung möglich sein, während der Verfasser sich in einer Selbsttäuschung befindet, wenn er glaubt, dass „durch das Buch eine rasche Ausbildung der Seminaristen im Selbstunterrichte" ermöglicht werden könnte. Die Beschreibungen der Verbände, wie der Kinnschleuder, des Halfterverbandes, des Achtertragetuches sind so kurz gehalten, dass der praktisch Erfahrene dadurch wohl sofort wieder erinnert wird, der Laie aber, selbst unter Zuhilfenahme der Abbildungen keine klare Vorstellung daraus gewinnen kann. Dem Buche sind 30 Tafeln beigegeben, welche vom Tun und Treiben des Samariters ein allgemeines Bild zu verschaffen versuchen; leider ist bei verschiedenen Abbildungen der gewählte sehr kleine Massstab für die Auffassung sehr störend; auch würde es für den Selbstunterricht wertvoll sein, wenn man Einzelheiten wie Art der einzelnen Handgriffe etc. nicht ausser acht gelassen hätte. Die beigegebenen 2 bunten Tafeln, Gift- und Heilpflanzen, konnten ruhig wegbleiben, denn sie vermögen in dieser mangelhaften Ausführung doch kein rechtes Bild zu erwecken.

Dresden. Dr. Kotte.

Eingegangene Bücher.

(Besprechung vorbehalten.)

Pünjer u. Heine, Lehr- u. Lernbuch der französischen Sprache. 2. Aufl. Hannover 1904, C. Meyer. Pr. 3,60 M.

Jonas, W., 25 deutsche Dichtungen im Gewande franz. Prosa. Leipzig, Haberland. Pr. 0,75 M.

Ziemann, Dr. F., Sprachlehre für die Volksschule. 1. Heft. Gotha, Thienemann. Pr. 0,40 M.

Bauer, Dr. F. u. Streinz, Dr. F., Karl Schillers Handbuch der deutschen Sprache. 16.—20. Lieferung. Wien, A. Hartleben. Pr. je 50 Pf.

Matthias, Dr. Th., Zum deutschen Unterricht. Schriften der pädag. Gesellschaft, 2. Heft. Dresden 1904, Bleyl u. Kaemmerer. Pr. 1 M.

Meyer, J., Aus der deutschen Literatur. Lieferung 1. Berlin 1904, Gerdes u. Hödel. Pr. 50 Pf.

Freudenberg, A., Was der Jugend gefällt. Deutsche Gedichte aus neuerer und neuester Zeit. Dresden, A. Köhler. Pr. 1,60 M.

Weyde, Dr. J., Neues ·deutsches Rechtschreibwörterbuch. 2. Aufl. Leipzig 1904, G. Freytag. Pr. 1.50 M.

Jacoby, O. u. Sauer, A., Deutsche Literaturdenkmale des 18. u. 19. Jahrh.: Quellenschriften zur Hamburgischen Dramaturgie. Berlin 1904, Behr. Pr. 1,80 M.

Linde, F., Entwürfe zur Behandlung deutscher Prosastücke. 1. Bd. Cöthen 1904, Schulze. Pr. 3 M.

Castle, Dr. E., Schillers Wallenstein (Graesers Schulausgaben). Leipzig, Tenbner. Pr. 1 M.

Kuenen, E. u. Evers, M., Die deutschen Klassiker. 8. Bdch.: Schillers Wallenstein. Leipzig 1904, Bredt. Pr. 1,40 M.

Walter van der Elbe, Eva oder Der Weg. Lobensheimer Verlag, Elberfeld, Leipzig. Pr. 3 M.

Weise-Skolevius, Praktische Anleitung zum Anfertigen deutscher Aufsätze. Leipzig 1904, Teubner. Pr. 1,60 M.

Dorenwell, K., Der deutsche Aufsatz. 5. Aufl. 1. Teil. Hannover 1904, Meyer. Pr. 3,50 M.

Meyer, J., Deutsches Sprachbuch. Ausg. B. in 4 lleften: 3. Heft. Hannover 1904, Meyer. Pr. 0,75 M.

Diez, E. u. Müller, H., Dietleins deutsche Fibel, Ausgabe A, B 1 u. II, C. Leipzig 1904, Hofmann.

Pünjer, J., Lehr- u. Lernbuch der franz. Sprache. 2. Teil. Hannover 1904, C. Meyer. Pr. 2,80 M.

Tableaux Auxiliaires. Cahier I u. II. Français. G. Delmas, Bordeaux.

Boerner u. Dinkler, Lehrbuch der franz. Sprache. Ausg. H, 1 u. 2. Teil. Leipzig 1904, Teubner. Pr. 1,40 u. 1,80 M.

Koch, Dr. E., Unterrichtsbriefe für das Selbststudium der altgriechischen Sprache. 1. Brief. Leipzig, Haberland. Pr. 0,50 M.

Wulle, F., Erdkunde für Lehrerbildungsanstalten. 1. Teil. Halle 1904, Schroedel. Pr. 2,75 M.

Hoffmann, M., Geographische Länder-Fibel. Leipzig 1904, Wigand.

Tromnau-Schöne, Länderkunde. Halle 1903, Schroedel. Pr. 4,50 M.

Daniel-Wolkenhauer, Leitfaden für den Unterricht in der Geographie. 242. Aufl. Halle 1904, Waisenhaus.

Hinkel, Ph., Handbuch der Erdkunde. 1. Teil. Frankfurt, Neumann. Pr. 2 M.

Umlauft, Prof. Dr. Friedr., Deutsche Rundschau für Geographie u. Statistik. 27. Jahg. 1. Heft. Wien, Hartleben. Pr. 13,50 M.

Schneider, Dr. G., Gesundheitslehre und Haushaltungskunde. Leipzig 1904, Teubner. Pr. 80 M.

Remus, K., Das dynamologische Prinzip. Ein Wort zur einheitlichen Gestaltung des naturkundlichen Unterrichts. Ebenda 1904. Pr. 80 Pf.

Smailan; Dr. K., Grundzüge der Pflanzenkunde für höhere Lehranstalten. 2 Teile. Leipzig 1903, Freytag. Pr. 4 u. 1,60 M.

Claussen, Dr. P., Pflanzenphysiologische Versuche und Demonstrationen für die Schule. Ebenda 1904. Pr. 80 Pf.

Mück, Käfer- und Insekten-Atlas. Pr. 0,60 M.

Derselbe, Schmetterlings-Atlas. Pr. 0,60 M.

Wünsche, Dr. O., Die Pflanzen des Königreichs Sachsen. Leipzig 1904, Teubner. Pr. 4,60 M.

Säurich. R., Das Leben der Pflanzen. 2. Bd.: Das Feld, Heft 1. Leipzig 1904, Wunderlich. Pr. 2 M.

Blum, C., Tierkunde. Frankfurt 1904, Neumann. Pr. 0,80 M.

Sauer, L, Pflanzenkunde. Ebenda. Pr. 0,90 M.

Sprockhoff, A., Einzelbilder aus dem Tierreiche. 6. und 7. Aufl. Hannover 1904, Meyer. Pr. 0,85 M.

Sprockhoff, A., Einzelbilder aus dem Pflanzenreiche. 6. u. 7. Aufl. Hannover 1904, Meyer. Pr. 0,85 M.

Derselbe, Einzelbilder aus dem Mineralreiche. Ebenda. Pr. 0,75 M.

Partheil u. Probst, Die neuen Bahnen des naturkundlichen Unterrichts. Berlin 1904, Gerdes & Hödel. Pr. 0,60 M.

Schreibers künstlerische Wandbilder für den Anschauungsunterricht. Tafel 1—4. Esslingen u. München, J. F. Schreiber. Pr. 3 M. unaufgezogen.

Hartmann, Schulrat, Dr. B., Der Rechenunterricht in der deutschen Volksschule vom Standpunkte des erziehenden Unterrichts. 3. Aufl. Leipzig 1904, Kesselring.

Grassmann, Prof. Dr. H., Gesammelte mathematische und physikalische Werke. 2. Bd. 1. Teil. Herausg. von Fr. Engel. Leipzig 1904, Teubner. Pr. 16 M.

Dr. E. Bardeys methodisch geordnete Sammlung von Aufgaben aus der Elementar-Arithmetik. Neue Ausgabe, bearb. von W. Seyffarth. Leipzig 1904, Teubner. Pr. 2,80 M.

Fiebig, O. u. Kutnewsky, M., Rechenbuch für Handwerker u. gewerbliche Fortbildungsschulen. 1.—3. Teil. Leipzig 1904, Teubner. Pr. 1 M.; 0,70 M.; 0,70 M.

Pagel, F. u. Wende, F., Rechenbuch für Handwerker und gewerbliche Fortbildungsschulen. Ausg. B in 3 Heften. Leipzig 1904, Teubner. Pr. 1 M., 1 M., 0,60 M.

Brohmer, R. u. Kühling, M., Übungsbuch zum Gebrauche beim Rechenunterricht in Taubstummenanstalten, Hilfsschulen und verwandten Schulgattungen. 2. Teil. Halle 1904, Schroedel.

Henze, W., Aufgaben für den ersten Rechenunterricht. 2 Hefte. Gotha 1903, Thienemann. Pr. 25 u. 35 Pf.

Nieder, G., Rechenbuch für Volks- und Bürgerschulen. Ausg. A in 4 Heften. Halle 1904, Schroedel. Pr. 20, 30, 30, 45 Pf.

Hanft, H., Rechenbuch für Volks- und Mittelschulen. Ausg. B, Heft 1—3, Ausg. A, Heft 1. Halle 1904, Schroedel. Pr. 20, 30, 35, 25 Pf.

Holzmüller, Dr. G., Vorbereitende Einführung in die Raumlehre. Leipzig 1904, Teubner. Pr. 1,60 M.

Wiese, B., Lichtblau, W., Backhaus, K., Raumlehre für Lehrerbildungsanstalten. 1. Teil, 1. u. 2. Abt., 6. Aufl.; 2. Teil, 5. Aufl. Breslau 1904, Hirt. Pr. 1,65 M.; 1,35 M.; 2,50 M.

Rohrbach, C., Vierstellige logarithmisch-trigonometrische Tafeln. 4. Aufl. Gotha 1904, Thienemann. Pr. 80 Pf.

Association of Teachers of Mathematics in the Middle States and Maryland. Bulletin No. 1. New York 1904.

Beck, Ph., Liederbuch mit kurzer Gesanglehre für höhere Mädchenschulen. 3 Teile. Leipzig 1904, Bredt. Pr. 75 Pf.; 90 Pf.; 1,40 M.

Hesse, F. u. Schönlein, A., Schulliederbuch. 3. Heft. 8. Aufl. Dessau 1905, Baumann. Pr. 1,50 M.

Gottberg-Herzog, von, A., Kinderlieder mit Singstimmen und Klavierbegleitung. Leipzig, Grethlein. Pr. 1 M.

Dyck, J. van, Das Zeichnen ein wichtiges Hilfsmittel für den Elementarunterricht. Leipzig 1903, Koehler. Pr. 50 Pf.

Grüllich, A., Geh. Schulrat, Unsre Seminararbeit, ein Beitrag zur Organisation des sächs. Seminarwesens. Meissen 1904, Schlimpert. Pr. 5 M.

Helm, Johann, Handbuch der allgemeinen Pädagogik. Erlangen und Leipzig 1905, Deichert. Pr. 4,80 M.

Kehrbach, Karl, Mitteilungen der Gesellschaft für deutsche Erziehungs- und Schulgeschichte. 15. Jahrg. 1. Heft. Berlin 1905, Hofmann & C.

Willmann, Prof. Dr. Otto, Aus Hörsaal u. Schulstube. Freiburg 1904, Herder.

Böhm, J., Praktische Erziehungslehre auf anthropologisch-psychologischer Grundlage für Seminaristen und Volksschullehrer. 5. Aufl. Durchgesehen von Fuss u. K. Böhm. München 1904, Oldenbourg.

Fortsetzung folgt.

Druck von A. Rietz & Sohn in Naumburg a. S.

A. Abhandlungen.

I.

Ein volkskundliches Landschaftsbild.

Von Dr. **A. Simon**, Auerbach im Vogtlande.

In unserer Zeit mit ihrem erleichterten Verkehr, ihrer Freizügigkeit, ihrem erneuten Zuge nach den städtischen Industriezentren soll die Volkskunde, „die Wissenschaft von dem Denken und Tun des Volkes, das Heimatsgefühl entwickeln und kräftigen, die Vaterlandsliebe pflegen, der Gemütsverarmung steuern, die Ursprünglichkeit des patriotischen Fühlens, die der Jugend von heute meist abhanden gekommen ist, aufs neue erwecken, der Heimat die ihr zukommende Bedeutung als Kulturstätte wiedergeben, die Ehrfurcht vor der Väter Erbe und die Dankbarkeit gegen Volk und Vaterland im Herzen der Schüler erregen, Rückkehr zur Einfachheit und Enthaltsamkeit bewirken und den jungen Seelen Harmlosigkeit und Freude an reiner Kindheit erhalten. Volkskundliche Hinweise sollen die Beobachtungsgabe erwecken, entwickeln und vertiefen, so dass der Schüler Ereignisse und Tatsachen der Gegenwart mit solchen einer früheren Zeit vergleicht und dadurch einsehen lernt, dass alles Geschehen das Ergebnis oft Jahrhunderte langer Entwicklung ist."[1]

Aber nicht bloss für die Schüler, auch für den Lehrer hat die Volkskunde hohen Wert. Er lernt die Kinder besser verstehen, beurteilt sie richtiger, erfasst sie im Innersten und eben dadurch sicherer und vermag nachhaltiger auf sie einzuwirken, wenn volkskundliche Beobachtungen und Studien „ihm einen tieferen Einblick in die Regungen der Volksseele eröffnen und ihn mit dem Leben, den Empfindungen, den Bedürfnissen des Volkes bekannt machen durch Eingehen auf das Kleine und scheinbar Unbedeutende in des Volkes Art und Sitte."[1]

[1] Benndorf, Sächs. Volksk. als Lehrstoff in der Volksschule. Dresden, Schönfeld, 1905. S. 2 f.

Pädagogische Studien. XXVI. 4.

16

Die Volkskunde will sich aber nicht als ein neues Lehrfach in die Volksschule eindrängen, sondern sie tritt in den Dienst aller wichtigen Lehrfächer derselben. Wie das geschehen kann, soll hier nicht erörtert werden; es scheint nötiger zu sein, vorher einmal den Stoff zusammenzustellen für einen engeren Bezirk, eine einheitliche Landschaft.

Das Vogtland scheint als Beispiel besonders geeignet zu sein. Begrenzt im Nordosten durch die Zwota, die Göltzsch und die Elsterstrecke von der Göltzsch- bis Weidamündung, im Nordwesten durch die Längstäler der Weida und Wiesenthal, im Südwesten durch die Saalestrecke von der Wiesenthal- bis Schwesnitzmündung, die Schwesnitz und den Seebach, im Südosten durch die Höhenlinie von 400 m, die den Franzensbader Kessel abschneidet, stellt diese im Mittel 494 m hohe, sanftgewellte Hochfläche in Rechtsecksform sowohl geologisch als auch orographisch die Brücke dar zwischen dem Erzgebirge mit dem erzgebirgischen Kohlenbecken und dem Fichtelgebirge mit Frankenwald. Aus Oberdeutschland führen über diese nordwärts wenig geneigte Landschaft bequeme Übergänge zu der weit nach Süden vorgestreckten Leipziger Bucht des norddeutschen Tieflandes und am Rand des Erzgebirges nach dem deutschen Osten. So ist das Vogtland von Natur ein wichtiges Durchgangsgebiet in Mitteldeutschland.[1]) Darum durchzogen dasselbe verschiedene Volksglieder in der Richtung von Nord nach Süd und von Süd nach Nord, Deutsche, Slaven und wieder Deutsche, wobei immer Volksreste haften blieben und ein Volksgemisch erzeugten; darum sind hier slavische und deutsche Siedler und Siedlungsformen durcheinandergewürfelt; darum berühren sich hier norddeutsche und süddeutsche Mission (Bistümer Naumburg, Zeitz, Regensburg, Bamberg), ebenso norddeutsches und böhmisches Stadtrecht. Ein so wichtiges Durchgangsland sicherten sich die Kaiser lange Zeit durch Vögte, die das Gebiet schliesslich doch für sich erwarben, aber von den Markgrafen von Meissen und den Königen von Böhmen, die die wichtigen Strassen des Vogtlandes auch erstrebten, am Ende überwältigt wurden. In der vielbegehrten Landschaft entwickelten sich an den vielbegangenen Verkehrswegen einzelne Orte in ganz natürlicher Weise zu Städten, während abseits gelegene Waldhufendörfer sich gleichblieben und so Altertümliches lange bewahrten, Altertümliches, das jetzt von der Volkskunde aufgesucht und benutzt wird.

Aus eigener Erfahrung weiss der Verfasser, wie unsicher man tastet, wie fruchtlos man sich vielfach abmüht und überall herumsucht, um nur genau die Tatsachen festzustellen, und wie häufig man irrt, wenn aus diesen Tatsachen Schlüsse auf Leben, Sitte, Herkunft des Volksstammes zu ziehen sind. Die Sache wird dadurch so schwierig, dass für jede Landschaft, schliesslich für jeden Ort

---

[1]) Simon, Das Vogtland. Ein Landschaftsbild. Meissen, Schlimpert, 1905.

besondere Beobachtungen und Erkundigungen nötig sind. Bücher, wie Wuttkes sächsische Volkskunde und Benndorf sind wertvoll; sie ordnen den Stoff, geben Anleitung und Richtlinien. Aber das Einzelne, worauf es gerade ankommt, können sie nicht bieten. Das Büchlein von einer Kommission Plauenscher Lehrer: Unser Vogtland, kann schon mit mehr Vorteil benutzt werden. Sichere Quellen sind immer die Urkunden. Leider enthält der Codex dipl. Sax. reg. II noch immer keine Urkunden aus dem Vogtlande. Doch bieten die Mitteilungen des Altertumsvereins zu Plauen und das Urkundenbuch der Vögte von Weida (von Schmidt) die wichtigsten Urkunden. Die Kirchenbücher der Pfarrämter, auch die vom Königl. Sächs. Ministerium herausgegebenen Flurkarten, dazu alte Gebäude, Geräte, Werkzeuge, Denksteine bieten noch viel unbenutztes Material. Aber nicht diese stummen Zeugen aus vergangenen Jahrhunderten, die erst mühsam zu deutlichem Sprechen geweckt werden müssen, sind der reichste Quell für die Volkskunde. Der ist das lebende Volk selbst. Das muss beobachtet werden, sein Reden, Denken, Fühlen, Arbeiten, Geniessen.

Heute nur die stummen Zeugen der Volkskunde des Vogtlandes. Was sagen sie uns zuerst über die vorgeschichtliche Zeit? Die älteste Inschrift findet sich wahrscheinlich auf dem alten Opfersteine in der Kirche zu Thossen (sw. von Plauen). Doch ist dieselbe noch nicht entziffert, nützt uns also nichts. Die nächstältesten Spuren menschlicher Tätigkeit zählt Mohr auf in der Festschrift des Vogtl. Touristenvereins zu Plauen 1890: Wall und Graben am Gipfel des Kapellenberges, Altes Schloss Schönfeld bei Arnsgrün (sw. Adorf), Altes Schloss bei Gassenreuth (sw. Ölsnitz), Schanze südlich von Gassenreuth, Schanze am Assenberg bei Loddenreuth (zwischen Ölsnitz und Hof), Schwedenschanze bei Weischlitz, Schwedenstein bei Krebes (sw. Weischlitz), Mauer am Schwarzen Holze bei Reinsdorf (s. Plauen), Teichinsel im Walde bei Reissig (n. Plauen), Ringwall nahe dem Huthause bei Pöhl (nö. Plauen), Gräberfeld am Kirchpöhl bei Strassberg, Urnengräber bei Möschwitz. Urnen sind noch vorhanden (zahlreichste Sammlung in Hohenleuben). Doch weisen alle diese Überreste nur in die slavische Zeit zurück. Also müssen wir uns für die vorgeschichtliche Zeit mit einem negativen Resultate begnügen: aus der Steinzeit, die in Sachsen bis zum Jahre 1000 v. Chr. reicht, ebenso aus der Bronzezeit, 1000—500, und aus der ersten Eisenzeit, 500 v. Chr. bis 400 n. Chr., haben wir im Vogtlande keine Überreste.

Nur Nachrichten römischer Schriftsteller gestatten den Schluss: vermutlich haben Kelten das Vogtland durchzogen; denn im nahen Fichtelgebirge haben sie Bergbau getrieben; dann rückten Hermunduren von der unteren Saale her allmählich südwärts, besetzten das Vogtland und schoben sich über die südlichen Pässe bis ins Ansbachische, wo sie den limes berührten. Anfangs standen sie mit den Römern in friedlichem Tauschverkehr; etwa seit 150 n. Chr. beginnen ihre Einfälle ins römische Gebiet, besonders beteiligen sie sich an dem furchtbaren Markomannenkrieg (166—74, 78—86) unter Marc Aurel. Jahrhundertelang hören wir dann nichts von ihnen, bis sie im Anfang des 5. Jahrhunderts wieder hervortreten unter dem Namen der Thüringe, deren Reich von der Saalemündung bis zur Donau bei Regensburg sich erstreckt. Natürlich hatten diese Völker Siedelungen; aber wir kennen sie nicht. Sicher scheint nur das eine zu sein: das Vogtland war schon in dieser Zeit ein wichtiges Durchgangsland mit einer grossen Völkerstrasse; der ganze östliche, wahrscheinlich auch ein gut Stück des westlichen Teiles war eine unbetretene Waldwildnis, in der nur die Auen der Flüsse und Bäche waldfrei waren.

In der geschichtlichen Zeit ist das erste für die Volkskunde wichtige Ereignis das Vordringen der Slawen ins Vogtland. Als dem gemeinsamen Ansturm der Franken und Sachsen unter Chlodowechs Söhnen 531 das stolze altthüringische Königreich erlag, wurde das Vogtland, durch vorangegangene Wanderungen bereits menschenarm, darum schutzlos, für neu anziehende Völkerstämme leicht zugänglich. Die Slawen fanden bei ihrem Vordringen keine oder geringe Hindernisse, breiteten sich darum rasch aus, wahrscheinlich 550—750, wie weit, das zeigen deutlich die Spuren, die bis auf den heutigen Tag noch nicht verwischt sind. Ihre Siedelungen, die sorbischen, sind die ältesten, die wir im Vogtlande kennen. Die Namen der Orte freilich gelten nicht mehr als die sichersten Kennzeichen. Trotzdem man jetzt zur offiziellen Namensform einerseits die volkstümliche, andrerseits die älteste urkundliche Namensform aufsucht, lässt sich nicht immer feststellen, ob der Name sorbisch oder deutsch ist. Plauen, mundartlich: nei af Plaue, urkundlich 1122 Plawe, ist sorbisch; Theuma, ma. Deime, urk. 1267 dimen, 1388 Theime, hält Benedict[1]) für deutsch, Schmidt[2]) für slawisch; umgekehrt ist die Ansicht beider bei Foschenroda, ma. Foschnrode, urk. 1140 Foschenrod, ebenso bei Rodau (sw. Plauen), ma. Rode, urk. 1224 Rode. Wenn schon die Feststellung, ob ein Ortsname slawisch oder deutsch, nicht immer einwandfrei ist (am sichersten sind die von Sippennamen abgeleiteten Leubnitz, Tremnitz, Nosswitz), so steht die Deutung der slawischen Ortsnamen auf noch schwächeren Füssen: Plaue soll Überschwemmungsort, Plauen Flossplatz bedeuten. Besser ist's da, zu sagen: Wir kennen die Bedeutung nicht; es kommt ja auch dabei sehr wenig heraus. Ob Würschnitz „wildreicher Bach" heisst oder Oberdorf, Planschwitz Holzapfelbusch, ist für die Volkskunde ziemlich gleichgültig, ja sogar wertlos, wenn

---

[1]) Ortsnamen des sächs. Vogtl. Plauen, Neupert, 1900.
[2]) Zur Geschichte der Besiedelung des sächs. Vogtl. Dresden, Teubner. Jahresbericht No. 585.

man der neueren Ansicht zuneigt, nach der viele Ortsnamen
nicht an Ort und Stelle entstanden, sondern von den
Siedlern aus der Heimat übernommen, zur Erinnerung an
den Heimatsort der neu angelegten Siedelung gegeben wurden.
Plauen findet sich oberhalb der Weisseritzmündung, oberhalb der
Flöhamündung und an der Mündung der Syra in die weisse Elster;
Ölsnitz bei Grossenhain, bei Lugau und an der w. Elster, in der
Form Ölschnitz bei Münchberg, und als Fluss- und Dorfname bei
Bayreuth; Chemnitz (abgesehen von der Form Kam(e)nz) bei Bern-
stadt, bei Dresden, an der Chemnitz (Stadt und Dorf), an der
Zwönitz bei Stollberg, bei Weischlitz (Bach und Dorf Kemnitz);
ebenso lassen sich verschiedene Gössnitz (Jössnitz), Coschütz, Mösch-
witz, Zschockau, Kürbitz, Dölau, Pirk, Leubnitz (Leimitz), Würschnitz,
Greiz und andere Orte gleichen oder verwandten Namens verfolgen.
Dieselben Ortsnamen also finden wir im östlichen wie im westlichen
Sachsen und in der Oberpfalz; möglich, ja wahrscheinlich, dass die
Sorben in dieser Richtung wanderten, in Sachsen von Ost nach
West, im Vogtlande dann weiter südwärts nach der Oberpfalz, und
dabei die Namen transportierten.

Wir greifen darum zu einem zweiten Erkennungszeichen
slawischer Orte: der Dorfanlage. Die Sorben bauten entweder Gassendörfer oder Rundlinge, das war nationale Gewohnheit;
in unserem Gebiete kommt nur der Rundling vor. Zwoschwitz
w. Plauen, Magwitz w. Ölsnitz, Theuma ö. Plauen sind vorzügliche
Rundlinge. Den Dorfplatz in der Mitte von Theuma, darauf der
Teich, das Wirtshaus (Kretzscham) und die Schmiede, die Gemeinde-
eigentum war, umgeben wie ein Kranz die Gehöfte, meist nur 8—10;
Hoftor und Haus sind nach dem Dorfplatz gerichtet. Zu letzterem
führte ursprünglich der Sicherheit wegen von aussen her nur ein
Zugang (in Zwoschwitz noch deutlich zu erkennen). Die Dorfflur ist
echt slawisch aufgeteilt; diese Flurverteilung ist, da in unserer
Zeit manche Dörfer, besonders die in der Nähe der Industriezentren,
rasch wachsen und dabei die ursprüngliche Dorfanlage verwischt wird,
ein weiteres und zwar noch untrüglicheres Zeichen, da
an ihr kaum geändert wird. Eben deswegen werden die vom
Ministerium veröffentlichten Flurkarten auch der Wissenschaft zugänglich gemacht. Die slawische Flurverteilung ist daran zu erkennen, dass von den Gehöften in der Mitte, dem Ring, nach allen
Richtungen, aber in Unregelmässigkeit, Feldblöcke sich ausdehnen,
die wieder in verschieden grosse Stücke zerfallen, die ganz verschiedenen Besitzern gehören; in Theuma sind nur die Stücke eines
Feldblockes in einer Hand, wohl infolge späteren Zusammenkaufs;
sogar die Pfarrfelder, die in der Regel keinem Wechsel unterlagen,
sind über viele Blöcke verstreut. Die Dorfanlage, noch sicherer die
Flurverteilung, lassen besser als der Ortsname feststellen, ob wir
eine slawische Siedelung vor uns haben. Theuma also mit seinem

Allodialgut ist wahrscheinlich sorbische Gründung, mag sein Name (Deime) nun deutsch oder slawisch sein. Rodau, dessen Name auch umstritten ist, zerfällt nach Dorfanlage und Flurverteilung in zwei Teile, einen südlichen, ursprünglich slawischen Teil mit zusammengebauten Häusern, Rittergut und schmalen Flurstreifen und in einen nördlichen deutschen mit auseinanderliegenden Gehöften und dazugehörigen Waldhufen. Obermylau ist ein ausgeprägter Rundling mit Rittergut, es gab wahrscheinlich der daneben entstandenen deutschen Gründung (Stadt Mylau) den Namen, wie dies auch bei Würschnitz sein mag: Unterwürschnitz, das grössere Kirchdorf, ist Rundling mit ungeordneten Flurblöcken, Oberwürschnitz ist eine deutsche, jüngere Siedelung mit Waldhufen. Mancher Rundling mit Blockverteilung der Flur hat wohl einen deutschen Namen bekommen, so Unter- und Obermarxgrün bei Ölsnitz, Pansdorf, Scholas, Reimersgrün bei Elsterberg; andere haben die Namen behalten, zeigen aber ganz deutlich eine nachträgliche deutsche Neuverteilung der ursprünglich slawischen Flurblöcke, so Kröstau, Tobertitz, Dehles w. Plauen; Schwand w. Weischlitz hat beides deutschen Namen (schwenden = wegbrennen) und nachträgliche Flurverteilung.

Noch ein gutes Kennzeichen für einst slawische Besiedelung sind die über die Landschaft verstreuten Flurnamen; sie ändern sich wenig, weil sie nicht verstanden werden, nur fallen sie der Vergessenheit immer mehr anheim; zum Glück hat die Oberreitsche Karte von 1780 eine Menge derselben erhalten: Lamnitzer auf Auerbacher Flur; Wudel bei Mylau; die Ruppelde, der Blamig bei Friesen w. Reichenbach; der Kröbisch bei Weischlitz; der Öltzsch und Wisching bei Unterlosa; der Kulm, die Jesse bei Oberlosa; die Possig bei Plauen; die Maltere, die Frösigleithen, dazu die Fressnigk (wüste Mark) bei Schloditz; die Körliche, die Rapperte bei Grobau; die Possecke bei Reimersgrün. Auffällig ist weiterhin, dass viele vogtländische Gewässer slawische Namen haben: Göltzsch und Pöltzsch bei Auerbach, Syra, Jessnitz- und Frotschabach bei Plauen, Tremnitz und Triebitz bei Elsterberg, Kemnitz, Regnitz, Schwesnitz im Süden. Weniger zahlreich sind slawische Bergnamen: Kulm kommt sehr häufig vor im bayrischen und sächsischen Vogtlande; dazu Sose bei Brockau; Ösenpöhl bei Krebes, Greglitzberg bei Sachsgrün, Brözelberg bei Ottengrün. Auch Familiennamen deuten auf Slawen: Kretzschmer und Kretzschmar, Kruschwitz, Trobitzsch, Pestel, Ramig oder Raming, Hamig, Windisch (ma. Winnisch). In der Umgangssprache erinnern manche Ausdrücke an die Sorben: bumale, ma. bumadig, pietschen; doch sollen diese erst im 17. Jahrhundert eingedrungen sein; dagegen sind Plauze, Mutsch, Herle, Biele, Crinitz, Hitsch, Halunke wohl älterer Bestand, aber nicht im Vogtland allein angetroffen. Der Einfluss des slawischen Idioms auf den Lautbestand der später eindringenden deutschen Mundart ist wohl möglich, sogar wahrscheinlich, aber nach Gerbets Untersuchungen[1]) nicht über jeden Zweifel erhaben. Die sprachliche Untersuchung lässt den Schluss zu, dass die Slawen der Rundlinge hernach bei der Unterwerfung durch die Deutschen mit dem Joche derselben auch deren Sprache annahmen. Nirgends wird uns etwas über die Sprache derselben berichtet, wie etwa im Altenburgischen und um Zwickau, wo Wendisch vor Gericht zu sprechen 1327 verboten wird.

Für die Volkskunde ergibt sich also nur der Schluss: die Sorben, die, von Nordosten kommend, in unserem Gebiete südwärts vorrückten, besetzten die offenen, fruchtbaren Landstrecken des mittleren, westlichen und südlichen Vogtlands, also um Plauen den Gau Dobna, um Schleiz den Gau Visenta (Fluss Wiesenthal), um Hof den·Gau Recknitz (Regnitz); in den Ortsnamen, vor allem in der Dorfanlage und Flurverteilung finden wir heute noch ihre Spuren.

Nach 900 beginnt die Eroberung des Vogtlandes durch die Deutschen und zwar durch den Sachsenstamm unter Heinrich I., unter Otto I. wird sie straffer, zielbewusster, einheitlicher. Die Eroberer drangen auf der alten Heerstrasse am Tal der Elster aufwärts; die militärisch wichtigen Punkte Greiz, Elsterberg, Plauen, Hof, bereits von Sorben besiedelt, werden von sächsischen Edelingen bewacht, der Dobnagau wird der Mark Zeitz fest angegliedert. Den rücksichtslos vorgehenden, militärisch weit überlegenen Deutschen gegenüher konnten sich die Sorben von ihren schwachen (oben genannten, an Strassen liegenden) Erdwällen und Schanzen aus nicht erwehren. Den Eroberern folgten auf gleicher Strasse die Missionare. Der Dobnagau bis nach Zöbern im Süden wird dem Bistum Naumburg-Zeitz angegliedert, der Südosten, namentlich das Egerland, dem Bistum Regensburg, der Südwesten dem später gegründeten Bistum Bamberg (Babenberg, das bis Bobenneukirchen reicht, vgl. ma. Bōmneikerng mit Bamberg). Das Christentum machte freilich nur langsam Fortschritte; die Slawen verharrten im Heidentum. Sie blieben vorläufig auch in der Überzahl: denn die sächsische Eroberung war nicht zugleich Kolonisation. Die vorhandenen Sorben wurden in ihrer sozialen Schichtung wohl je eine Stufe heruntergedrückt; im übrigen aber liess man sie gewähren, so weit und so lange sie sich ruhig verhielten. Die eigentliche Ansetzung deutscher Kolonisten begann, wie überall im slawisch-deutschen Osten, unter den Staufern. Die deutschen Grundherren und die Kirche sahen auch im Vogtlande deutsche Bauernfamilien gern einziehen, riefen sie sogar herbei; um ihr Einkommen durch bessere deutsche Landwirtschaft zu erhöhen, um die Verteidigung durch deutsche Treue und deutsche Fäuste zu sichern, um das Christentum auch unter den noch immer heidnischen Sorben

---

[1]) Gerbet, Mundart des Vogtlandes. Leipzig, Breitkopf und Härtel, 1896.

schneller zu verbreiten. Vielleicht wurde damals Plauen der Mittelpunkt eines besonderen Burgwarts und dieser gleichzeitig der Sprengel der Kirche in Plauen. In der Urkunde (No. 43 des Hauptstaatsarchivs zu Dresden) von 1122 beurkundet Dietrich, Bischof von Naumburg-Zeitz: Adelbert, Graf von Everstein, hat im Gau Dobna „in vico Plawe" die Johanniskirche erbaut und derselben ein Gut übergeben „in villa Cribsiz" (Dorf Crieschwitz, jetzt zu Plauen gehörig), welches „Smurden" bebauen, dazu Abgaben von der Mühle an der Elster. Der ausserordentlich grosse Sprengel wird sehr genau begrenzt: von der unteren Trieb, dem Raben- und Egelbach, der oberen Göltzsch, oberen Mulde, oberen Zwota, dem Flossbach, dem oberen und mittleren Triebelbach, dem unteren Schafbach, von „villa Zobri" (Kleinzöbern), Kemnitzbach, Wiesenthal, Lindenbächel, Triebitz und Elster bis zur Triebmündung. Es scheint, dass diese Sprengelgrenze sogar durch Steinkreuze markiert wurde, wenigstens stehen viele derselben auf der Grenze: zwischen Dorfstadt und Lauterbach am Plauen-Auerbacher Wege östlich von Reumtengrün, an der ältesten Göltzschbrücke in Auerbach, zwischen Erlbach und Gopplasgrün, am hohen Kreuz an der Ölsnitz-Hofer Strasse,. bei Zöbern an der Plauen-Hofer Strasse. 1122 werden trotz genauer Grenzangaben nur 3 Orte genannt und zwar slawische, dabei wird vicus (Plawe) und villa (Cribsiz, Zobri) unterschieden, vielleicht Flecken und Dorf; in Crieschwitz wohnen noch Smurden, slawische Leibeigene. Der Kirche in Plauen wurde ein grosser Sprengel zugewiesen, wohl aus dem Grunde, weil die Gegend noch sehr dünn bevölkert war. Die Einwanderung zahlreicher Kolonisten soll ja erst beginnen. Als durch dieselbe die Bevölkerung dichter geworden war, werden in Orten, die von Plauen aus leicht zu erreichen waren, Filialkirchen gebaut, noch später manche derselben selbständig gemacht, wie die zu Ölsnitz, wo 1224 „Heinricus, plebanus (Leutpriester, also selbständig) de Olsniz" als Zeuge aufgeführt ist. 1267 schenkt der Vogt in Plauen der Kirche „in dimen" (Theuma) einen Hof, das bisherige Schulzengut, mit Äckern und Zubehör, sowie zwei Höfe und Hofstätten im Dorfe Bergen, damit der plebanus (nicht mehr bloss capellanus) bei ihnen selbst seinen Sitz habe und er selbst dort häufiger Gottesdienst halte. Wie heute noch die Kirchen in Strassberg und Jessnitz von der Johanniskirche in Plauen, die Kirchen in Hohendorf und Steinsdorf von Elsterberg aus bedient werden, so wurden damals in weit zahlreicheren Fällen von den Mittelpunkten aus, die anfänglich allein eine Kirche hatten, die Tochterkirchen versorgt, so von Reichenbach aus nach der Urkunde von 1265 die Filialen zu Mila, Waltkirchin, Plona, Rotenbach, Ernphornzgrun, bis diese mit der Zeit selbständig wurden (Patron zum Teil noch der Pfarrer von Reichenbach). 1122 also erscheinen nur 3 Orte und zwar mit slawischen Namen, 1265 bei einer Hauptkirche mit 5 Filialen

4 deutsche Ortsnamen: deutsche Bauern sind eingezogen, das Christentum wird ausgebreitet, auch unter den Sorben (Plona, Mila, wenn hier nicht die Neugründung Mylau gemeint ist). Denn schon 1122 bei der Gründung der Johanniskirche in Plauen wird dem Pfarrer Thomas ans Herz gelegt, die heidnischen Bewohner (incolae), die Slawen, von ihrer Lehre abzuwenden und der wahren Lehre zuzuführen. Klöster werden gegründet, zuerst das Cisterzienserkloster Waldsassen, dann 1209 vom Vogt in Weida das Kloster Mildenfurt. Aber das Heidentum ist schwer auszurotten; der Deutschherrenorden wird ins Land gerufen; 1215 hat er nach den Urkunden bereits eine Niederlassung in Eger, 1224 wird ihm die Pfarrkirche in Plauen, 1264 in Reichenbach, 1270 in Asch mit Tochterkirche in Adorf, 1279 in Tanna, 1284 in Schleiz überwiesen. Wir sehen: etwa von 1150—1350 vollzieht sich die eigentliche Germanisierung und Christianisierung des Vogtlandes.

In vielen schon bestehenden Rundlingen werden nach und nach die eindringenden Deutschen Hofbesitzer, die Dorfflur, bisher in Blöcke zerlegt, wird nochmals aufgeteilt, daher die manchmal recht wenig umfangreichen Gütchen. Die Dörfer behalten ihre Namen oder bekommen deutsche, so Marxgrün, Messbach, Tiergarten; an Rundlinge werden deutsche Dorfteile angegliedert, wie in Rodau; neben dem wendischen Dorfe entsteht eine deutsche Siedelung, neben Mylau, das fortan Obermylau heisst, Stadt Mylau, neben Würschnitz Oberwürschnitz, neben den umgetauften Neundorf Oberneundorf w. Plauen, neben Ölsnitz eine deutsche Siedelung, die später ummauerte Stadt, vor der jenes als Altenstadt lag. Oder zwischen wendischen Dorffluren werden, wenn auch seltner, neue Dorffluren gerodet: Stöckigt, Neuensalz, Neudörfel, Herlasgrün, Ruppertsgrün. Neue Dörfer in viel grösserer Zahl, deutsche Waldhufendörfer, entstehen in dem von den Sorben einst gemiedenen Bergwalde. Eine Siedelungskarte, welche mit schwarzen und roten Punkten die slawischen und deutschen Siedelungen kennzeichnet, zeigt, wie letztere sich im Osten des Dobnagaues mehren, aber auch jenseit dessen Grenzen im Süden und Südosten nach der Eger hin häufig sind, nicht so zahlreich im Wsten und Südwesten im Gebiete der Visenta- und Recknitzslawen. Eine deutsche Dorfanlage kann uns Reumtengrün westlich von Auerbach vor Augen führen. Von dem am Bache hinziehenden, immer waldfreien Wiesenlande aus wurde zu beiden Seiten in den Wald hinein gerodet. Auf der Grenze zwischen Wiesenland und Rodland wurden die Höfe erbaut, so dass man Wiese und Feld gleich nahe war. Von den Bauernhöfen, die voneinander fast gleichweit entfernt sind und zwei wenig gebogene Reihen zu beiden Seiten des Baches bilden, führt je ein Wirtschaftsweg nach dem Walde zu, an dessen beiden Seiten die zu jedem Hofe gehörigen Feldstreifen liegen. So folgen Gebreite neben Gebreite ungefähr parallel aufeinander. Das ist das deutsche

Reihendorf, hier zweireihig; nur liegen auf der Ostseite etwa 9, auf der Westseite etwa 18 Höfe, eines der echten Waldhufendörfer, die im Vogtlande so häufig -grün heissen, in der Oberpfalz meist -reuth (roden, ausrotten).

Diese Art der Dorfanlage brachten die Siedler als alte Gewohnheit aus ihrer Heimat mit, passten sie natürlich den örtlichen Verhältnissen an. Welches ist nun die Heimat der deutschen Siedler des Vogtlandes? Aus dem alten Sachsenlande zwischen Harz und Nordsee sind, abgesehen von den Edelingen, wahrscheinlich wenig Siedler in das für sie hochliegende, darum rauh erscheinende Vogtland gezogen. Foschenroda und Rodau könnten sie oder ihre Edelinge benannt haben. Schon etwas mehr Siedler kamen nachher, als thüringische Adelsgeschlechter die Herrschaft im Vogtland führten, mit diesen aus dem näher gelegenen Thüringen; die wenigen Ortsnamen mit der Endung dorf, am Rande der slawischen Siedelungen gelegen, könnten den thüringischen Edelingen oder Siedlern ihre Neubenennung oder Gründung verdanken: Heinsdorf, Oberneundorf, Steinsdorf (Rundling), Rodersdorf, Geilsdorf, Reinsdorf, Pansdorf. Diejenige Zuwanderung, die in Masse erfolgte, so dass auch das Volkstum dadurch bestimmt wurde, die lange anhielt, reichlich 200 Jahre, erfolgte von der Oberpfalz her, vielleicht aus dem Gebiete, das begrenzt wird im Westen von der oberen Pegnitz und dem roten Main (Nordsüdlinie durch Bayreuth), im Süden vom Veldensteiner Forst (Ostwestlinie durch Weiden), im Osten durch die Ausläufer des Böhmerwaldes und durch den Kaiserwald. Dort spricht man fast dieselbe Mundart wie im Vogtlande, in diesem Nordteil der Oberpfalz finden wir überraschend viele dem dem Vogtlande eigentümliche Ortsnamen. Ein Auerbach s. Bayreuth ist umgeben von einem Reichenbach, Hammersberg, Staubertshammer, Russhütte, Pechhof, Eibenstock und Erlbach. Liegt da die Vermutung nicht nahe, dass Siedler aus der dortigen Gegend das Auerbach im Vogtlande und die ähnlich benannten Orte der Umgebung gegründet haben? Wir finden Reichenbach s. Bayreuth, sw. Asch und im Vogtlande; Ebet s. Kronach, Ebnath n. Kemnath, Ehmet sö. Schönbach i. Bö., Ebmath (ma. Jemet) s. Ölsnitz; ebenso noch 19 andere Orte gleichen Namens. Ausserdem sind demselben Teile der Oberpfalz und dem Vogtlande Ortsnamen mit der Endung reut und grün eigentümlich, die beide dasselbe bedeuten, nämlich Rodland, Rodung, nur dass die -reut im oberpfälzischen Anteile, die -grün im Vogtlande überwiegen. 5 Ortsnamen auf -reut, 9 auf -grün sind in beiden Gebieten gleich, so Gottmannsgrün w. Schwarzenbach a. M., s. Pabstleithen, bei Hirschberg; der volkstümliche Spottnamen für Gottmannsgrün bei Pabstleithen, Wuschtum, findet sich als Ortsname Wustuben w. Oberkotzau. Dazu kommt der auffällige Wechsel zwischen -reut und -grün, -reut im Süden, -grün im Norden: Pfaffenreuth sö. Kemnath, Pfaffengrün s. Hof, nw. Treuen; Burkhardtsreuth s. Kemnath, Burkhardtsgrün sw. Ölsnitz; Poppenreuth sw. Münchberg, Poppengrün ö. Schwarzenbach a. W., sw. Falkenstein; Mechlenreuth sö. Münchberg, Mechelgrün ö. Plauen; Loddenreuth s. Weischlitz, Lottengrün nö. Ölsnitz. Eigentümlich sind diesem Gebiete, aber noch nicht genügend erklärt, die vielen Ortsnamen auf -las, -los, -les: Prünless s. Graslitz, Brünlos sö. Schönbach i. B. (Brünloss sö. Stollberg), dazu Höflas, Rinlas, Dörflas, Haidlas, Weiglas, Reutlas, Menglas, Lüglas, Scholas, Brücklas, Perlas, Mülles. Sorge, d. i. ursprünglich ein ritterliches Vorwerk zur Versorgung eines jüngeren Sohnes, finden wir als Neue Sorge bei Neuberg s. Bad Elster, Sorge bei Adorf, Sorga bei Brambach, bei Reusa, bei Auerbach (ma. Sorg und Sorge).

Eine grosse Zahl von Ortsnamen sind transportiert, klingen also in der nördlichen Oberpfalz und im Vogtlande gleich. Nun sind aber meines Erachtens nur sehr wenig Ortsnamen an Ort und Stelle entstanden; urkundlich nachweisbar ist das nur bei Vogtsberg nö. Ölsnitz, dessen Schloss zwischen 1209 und 1232 erbaut wurde[1]) von Reinbot, dem bis dahin Strassberg gehört hatte, und bei Reumtengrün (ma. Reimtngri, das sich ganz richtig aus der ältesten Namensform Reymbotengrün entwickelt hat); es ist entweder nach dem eben angeführten Reinbot auf Vogtsberg oder nach Reinbot, dem damals Falkenstein gehörte, genannt;[1]) für diese späte Gründung Reumtengrüns sprechen noch die drei Gründe, dass seine Dorfflur ganz einseitig, durch die der Dörfer Dorfstadt und Rebesgrün eingeengt ist, dass es kirchlich bis etwa 1870 zu Auerbach, Falkenstein und Treuen gehörte, dass es den Patrimonialgerichten zu Auerbach, Falkenstein, Lauterbach und Rützengrün zugewiesen war. Wie die Holländer, Franzosen, Engländer, Deutschen jenseits des Ozeans ihr Neu-Seeland, Neu-Orleans, Neu-York, Neu-Hamburg, Rastenburg und Heidelberg gründeten, so brachten vielleicht die aus der Oberpfalz ins Vogtland allmählich einrückenden Siedler — die oben genannten Namen mit in die neue Heimat.

Als Wege für die Zuwanderung kommen hauptsächlich die grosse alte Völkerstrasse Hof-Plauen und die Strasse Eger-Schönbach-Markneukirchen-Schöneck-Auerbach in Betracht. Diese Wege sind noch in anderer Hinsicht wichtig für die Volkskunde. Während noch immer neue Waldhufen- oder Reihendörfer angelegt wurden, setzte bereits in manchen der bestehenden Orte, in älteren und jüngeren, eine neue Entwicklung ein, die eine Sonderung unter den Siedelungen herbeiführt: einzelne Orte wachsen zu Städten heran.

In der ältesten bekannten Urkunde des Vogtlandes, der von 1122 — der Einzug der deutschen Kolonisten hat kaum begonnen — wird unter den genannten Orten, nur mit slawischen Namen, Plawe, Cribsiz, Zobri, geschieden zwischen vicus und villa, etwa Flecken und Dorf. Aber ein grundsätzlicher, rechtlicher Unterschied wird

---

[1]) Benedict a. a. O. S. 41, 74.

noch nicht vorhanden gewesen sein; der entsteht jedoch gar bald.
Wodurch? Auch in dieser Frage ist die vogtländische Volkskunde
übel bestellt; trotz der alten, für ihre Zeit recht guten, sogar sehr
anregenden Chronik der Stadt Ölsnitz von Dr. Jahn fehlen moderne
Stadtchroniken, die auf Urkundenforschung ruhen. Urkunden müssen
freilich hierbei sehr vorsichtig benützt werden; sie geben nur einzelne,
alleinstehende Tatsachen, das Bild der Entwicklung muss hinein-
phantasiert werden. Letzteres ist denn auch reichlich geschehen,
wie die Sagen über die Städteentwicklungen zeigen. Sicher ist:
keine Stadt des Vogtlandes verdankt ihre Entstehung
oder ihre Erhebung zur Stadt der Willkür, dem Macht-
gebot eines Fürsten, keine ist so plötzlich entstanden
wie manche Bergstädte des Erzgebirges. Es müssen darum Einflüsse
aufgesucht werden, die aus Dörfern nach und nach Städte werden
liessen.

Plauen und Reichenbach waren frühzeitig kirchliche Mittelpunkte. Zu solchen wurden natürlich Orte ausgewählt, die von der Umgebung, den Dörfern aus gut zu erreichen
waren, die auch gute Verbindung mit dem kirchlichen Mittelpunkte,
der Bischofsstadt Naumburg, hatten, von wo die Sendboten auf der
alten Missionsstrasse über Zeitz und Gera hin- und herzogen. Bei
den Gottesdiensten, namentlich der hohen Feste, bei Taufen und
Begräbnissen wurden in den kirchlichen Mittelpunkten auch Kauf-
geschäfte, Tauschgeschäfte mitbesorgt. So erklärt es sich, dass vielfach der Hauptjahrmarkt auf den Tag des Kirchenheiligen fiel oder
noch fällt; in Reichenbach wird „der Jarmargkt vor der kirchin"
schon 1317 erwähnt. So werden die kirchlichen Mittelpunkte
Handelsplätze, wenn sie es nicht vorher schon waren, da die
Strassen noch älter sind. Zur Sicherung der Kirche, der wertvollen
Handelsgüter, des ruhigen Handels, der fremden Händler werden
diese Orte geschützt, wohl nicht sofort durch Mauern, sondern
vielleicht zuerst (von Chemnitz ausdrücklich berichtet) durch starke
Holzbohlen, vor denen Erde aufgeschüttet wird. Wenn der Handel
zugenommen hat, der Ort durch denselben wohlhabend genug geworden ist, werden wirkliche Mauern gebaut. 1255 wird vor der
Mauer Plauens ein Siechenhaus für Aussätzige genannt, also war
eine Stadtmauer vorhanden. Auch Reichenbach, Elsterberg, Ölsnitz,
Adorf, Asch, Eger, Hof hatten Stadtmauern, die Reste sind noch
vorhanden. Ob alle vogtländischen Städte einmal ummauert waren,
wage ich nicht zu behaupten. Die Ummauerung ist ja auch nicht
wesentlich für den Begriff der mittelalterlichen Stadt. Auch das
Vorrecht des Marktes, das alle Städte haben, ist nicht so wesentlich;
denn Marktrecht hatten Orte, die nie Städte geworden sind. Das
Wesentliche ist: 1. die Stadt mit der zugehörigen Flur ist
ein besonderer Gerichtsbezirk, der aus dem Gau, aus dem
Gebiet des allgemeinen Landrechtes, herausgelöst ist; 2. die Stadt

hat eine eigenartige, selbständige Gemeindeeinrich-
tung und Verwaltung. Beides wird in den Urkunden, vielfach
wicbilde, Weichbild, d. h. Stadtrecht genannt, zusammengefasst oder
bestätigt. Der Ort wird fortan (doch ist das nicht beweiskräftig)
civitas genannt, Plauen 1244, in welcher Urkunde auch Plauensche
unter den Zeugen als cives aufgeführt sind. 120 Jahre also nach
der Gründung der Johanniskirche in vicus Plawe ist Plauen eine
Stadt. Reichenbach wird 1271 civitas, Ölsnitz dagegen 1281 noch
vicus genannt. Dagegen wird 1370 die „stadt unter (castrum)
Schonecke", 1402 „unser slosse, state vnd dorff Urbach" (Auerbach,
Niederauerbach), 1409 der Rat des Marktes in Falkenstein zum
ersten Male erwähnt. In der letzterwähnten Plauener Urkunde von
1244 wird schon die Steinbrücke über die Elster genannt, die
jedenfalls den Handelsverkehr von den Zufälligkeiten der Über-
schwemmungen befreien sollte. 10 Jahre später wird verhandelt
über das Geleit von milites, mercatores, rustici, Ritter, Kaufleute,
Bauern, die zur Stadt ziehen. Dass die Städte das eigene Gericht
erstrebten und erlangten, zeigt die Urkunde von 1271, nach der
Reichenbach seinen eigenen Richter hat; 1274 bestätigt der Vogt
dem „Herrn Wilhelm von Myla, Comenthur zcu Reichenbach", dass
er sich nur „das halsgerichte vnde stroszegerichte" vorbehalte; die
niedere Gerichtsbarkeit hat also Reichenbach schon längere Zeit.
Zur Gerichtsbarkeit erwerben die Bürger nach und nach anderes
hinzu: „Heinrich, voygt von Plawen vnd herre da selbens verleiht
1368 den getruwen burgern gemeinlich der Stat zu Plawen vnd
allen iren mitpurgern vor der stat vnd in der stat, alle ihre gute
(Güter) zu ersterben uf dy nehsten frund, wer sich der nehste zu
der sippe gezihen mag oder wem erz mit gutem willen bescheydet.
Welch man von uns varn wolle, der schol zu vns vrlaubt nemen
vnd schol sich enbrechen von vns vnd von den vnsern by recht
ist, so schullen wir in lasen varn vnbeschedigt: welch man zu vns
czuhet der schol dy vorbeschriben reht haben dy vnser vorgenannten
burger haben, der do burger wird vnd stat recht tut." Unter den
Zeugen erscheint der Bürgermeister, Schultheitz und 3 Ratmannen.
In demselben Jahre 1368 verleiht Hermann von Lobdaburg den
Bürgern und Bürgerinnen von Elsterberg ähnliche Rechte nach
Zwickauer Vorbild. Die Stadt Schöneck bekommt von dem Böhmenkönig
Karl 1370 alle die Freiheiten und Rechte und guten Gewohnheiten,
welche die Stadt Ellnbogen von altersher gehabt. Alle Stadtrechte
Plauens sind zusammengestellt in einer Urkunde aus der 2. Hälfte
des 14. Jahrhunderts: statuta Opidi Plawen. Auffällig ist darin der
Satz: Juden haben alle Rechte wie Christenleute. Die
Plauenschen scheinen aber mit den Juden ebensowenig glimpflich
verfahren zu sein, wie andere Bürger damaliger Zeit; 1351 verspricht
Heinrich von Weida dem Juden Mair und Belnson und der Frau
des letzteren, dass die Zerwürfnisse mit dem Vogt beendigt sind,

gibt sicher Geleit ihm und seinem Gesinde und Gut vom 6. Februar bis 24. Juni. Er verspricht, zu helfen vmb das gelt. Von dem ersten gelde, daz im von demselben gevellet, schol er uns 100 pfunt heller geben, von dem übrigen soll der Vogt die Hälfte, der Jude die andere Hälfte bekommen. Die Schuldbriefe des Pfarrers zum hof (Hof), Herrn Albrecht, die sollen alle ledig, los, tot sein. Nach der geschriebenen Frist will er ihn geleiten gein Eger oder anderswo von Hof 6 Meilen. Der Jude hat einen Eid geschworen, mit ihm hat geschworen Mayr von plawen, der Baroch vnd der Veyfel, des Mayrs son, von werde (Werdau?), für sich und alle ihre Freunde, dass sie niemand um Schulden mahnen wollen. Aufgefallen ist wohl bei diesen Stadtgerechtsamen, dass die Städte des Vogtlandes, im Gegensatz zu den übrigen Städten der sächsischen Erblande, im wesentlichen böhmisches Stadtrecht haben, wie die Städte der Lausitz damals auch. Es hat das gleiche Gründe: 1212 schenkt Kaiser Friedrich II. dem König Odokar von Böhmen die Provinz Milin (Mylau) mit Reichenbach, Schloss Schwarzenberg und Lichtenstein; 1337 nimmt der Vogt von Plauen dominium suum Plawe von dem Böhmenkönig Johann zu Lehen, und sein Sohn Karl macht diese Verbindung dauernd. Und er ist es, der sehr rasch Stadtrechte verlieh, als guter Geschäftsmann natürlich nur gegen hohe Bezahlung.

Da in den Städten der einzelne sein Recht besser fand, sich freier bewegen, mehr Verdienst finden konnte im Handwerk, das allerdings erst 1279 erwähnt wird, aber längst bestand, so zogen oder flohen viele Landbewohner in die Städte. Einer Art Landflucht, wie sie heutzutage wieder eingetreten ist, suchten die Vögte schon 1288 zu steuern durch folgenden Erlass: Wir tun kund, dass wir uns geeinigt haben über das Wegziehenlassen nach Hof und auf dem platten Lande der Regnitz. Es ist beschlossen, dass der Landbüttel des älteren Vogtes von Weida kann befreien zum Wegzug in die Stadt zu aller Zeit im Jahre, ebenso im Regnitzgebiet unter folgenden Bedingungen: der zum Wegziehen befreit wird, muss das Gut seines Herrn innerhalb 14 Tage räumen und muss sich ankaufen in der Stadt Hof innerhalb eines Jahres, dorthin hat er seine Habe zu bringen vom Gut seines Herrn innerhalb Jahr und Tag. Tut er eins davon nicht, so hat der Herr ihn als Pflichtvergessenen zu verfolgen. — Wird einem angesessenen Bauern der Wegzug gestattet, so muss er das Besitztum des Herrn innerhalb 14 Tagen verlassen und sein Besitztum ein Jahr feil bieten. Verkauft er es, so hat der Herr den Käufer damit zu belehnen. Kann er es nicht verkaufen, so hat der Herr das Gut zum eingetragenen Preise zu übernehmen und dabei etwaige Verbesserungen am Gut nach Schätzung der Nachbarn und wie der Augenschein zeigt, an Terminen zu bezahlen, welche beiden Teilen gerecht sind. — Wenn einer der

Herrn oder Nachbarn dem andern auf dem Lande zum Wegzug
verhelfen oder bringen will, so muss er das um Lichtmess tun.
Wir sehen, in derselben Zeit, in der das Vogtland bis.
in seine entlegenen Waldwinkel mit Dörfern besetzt
wird: 1150 bis etwa 1359 oder 1400, entwickeln sich auch
schon einzelne Orte zu Städten. Beide Entwickelungen
hatten um 1400 etwa einen gewissen Abschluss erreicht. Und das
war gut, denn schon nach 1400 kommen schwere Zeiten, nicht bloss
für die hart gedrückten Bauern, auch für die Städte; man denke
an die Husitenkriege, in denen Dörfer schon wieder verschwinden,.
auch im Vogtlande. Nur wüste Marken erinnern noch an dieselben:.
Gatzenhof (ma. Ganzenhof), unterhalb Ölsnitz, die Rupelde bei.
Reichenbach.

Die eigenartige Besiedelung des Vogtlandes, zuerst durch Slawen,.
dann durch Deutsche, welch letztere meist von der Oberpfalz her-
kamen, zeigt sich heute noch ausser dem bereits Angeführten auch
in anderen wichtigen Stücken der Volkskunde: in Sprache, Sitten,.
Gebräuchen, Aberglauben, Tracht, Hausbau, Dichtung und sonstiger
Kunstbeschäftigung, im Leben und Charakter der Vogtländer, welche:
Stücke einer besonderen, eingehenden Untersuchung bedürfen.

II.

Naturwissenschaft und Religionsunterricht.

Von N. Roestel, Rektor in Wollin i. P.

Schluss.

b) Der Entwickelungsgedanke im Reiche der un--
organischen Welt. Unendlich weiter als das Leben vermag
die Wissenschaft die Geschichte der Erde, also die Entwickelung des.
Unorganischen zu verfolgen.

Die heissen Quellen, die vulkanischen Ausbrüche, die hohe
Temperatur, die bei Tunnelbauten und in Bergwerken angetroffen
wird, sprechen für eine mit der Tiefe sich steigernde Hitze des Erdinnern. In welchem Verhältnis sie wächst, entzieht sich unserer
Schätzung, da die Annahme einer geothermischen Tiefenstufe von 33 m,
d. h. die Zunahme der Wärme um je 1^0 C. bei je 33 m Tiefe, nur
problematischen Wert besitzt. Soviel aber ist gewiss, dass das.
Erdinnere gewaltige Temperaturgrade aufweisen muss. Die Frage
nach dem Ursprunge der hohen Temperatur des Erdinnern liegt
deshalb sehr nahe. Beobachtungen auf und in der Erdrinde geben
keinen Aufschluss darüber; denn lokale Selbstentzündungen, wie sie
wohl hier und da infolge chemischer Prozesse entstehen, und Wärme-

-entwickelungen, wie man sie zuweilen nach Einsturzbeben beobachtet hat, sind so relativ geringfügiger Natur, dass sie hierbei nicht mitsprechen, ganz abgesehen davon, dass sich diese Vorgänge in relativ wenig tiefen Schichten vollziehen. So bleibt der Wissenschaft nichts weiter übrig, als im weiten Raume der Sternenwelt Umschau zu halten, ob sich dort vielleicht Tatsachen entdecken lassen, die über ·die Geschichte der Erde und demgemäss auch über die Beschaffenheit des Erdinnern aufklärendes Licht verbreiten. Freilich wird zunächst der Beweis dafür zu erbringen sein, dass andere Weltkörper: Fixsterne, Planeten, Kometen und Nebel denselben Naturgesetzen unterworfen sind wie unsre Erde, und dass sie im wesentlichen aus denselben Stoffen bestehen, wie wir sie in unsrer Erdrinde vorfinden. Lässt sich der Beweis nach diesen beiden Seiten hin führen, dann hat ein Analogieschluss in bezug auf unsre Erde seine Berechtigung.

Bleiben wir zunächst bei unserm Sonnensysteme stehen. Wir wissen, dass sich unsre Erde in der Richtung von Westen nach ·Osten um ihre Achse dreht, dass sie in derselben Richtung innerhalb eines Jahres die Sonne umkreist, dabei eine wenig exzentrische Ellipse beschreibend. Diese Bewegungsbahn ist das Resultat zweier gleichzeitig wirkender Kräfte: der Anziehungskraft der Sonne und der Centrifugalkraft der Erde. Beide Kräfte werden Zentralkräfte genannt, und ihre Wirkung lässt sich mit mathematischer Genauigkeit berechnen. Blicken wir auf die andern Planeten unseres Sonnensystems, so entdecken wir eine bewundernswerte Übereinstimmung:[1] dieselbe Achsendrehung in derselben Richtung, dieselbe Bewegung in elliptischen Bahnen um die Sonne, wobei die Bahnen der planetarischen Körper sich nur wenig gegeneinander und gegen den Äquator der Sonne neigen; endlich die Tatsache, dass auch die Sonne sich in der Richtung von Westen nach Osten um ihre Achse dreht. Somit wirken die Zentralkräfte nicht nur auf unsre Erde ein, sondern sie leiten mit der gleichen ·Gesetzmässigkeit die Bewegungen aller Planeten. Ist aber, woran sich nicht zweifeln lässt, die Bewegung innerhalb unsres Sonnensystems die Folge einer gemeinsamen Ursache, d a n n i s t a u c h d i e A n n a h m e e i n e s g e m e i n s a m e n U r s p r u n g s a l l e r K ö r p e r u n s e r s S o n n e n s y s t e m s i n h o h e m G r a d e w a h r s c h e i n l i c h. Dann muss es aber auch zulässig sein, die Daten für die Entwickelungsgeschichte der Erde gegebenenfalls durch Tatsachen zu ergänzen, die an andern planetarischen Körpern beobachtet werden.

Die Zulässigkeit solcher Analogieschlüsse aber wird dadurch bedeutend erhöht, dass es der Wissenschaft gelungen ist, auch über die s t o f f l i c h e Z u s a m m e n s e t z u n g der Sonne hinreichende Auskunft zu geben. Ja ihre Untersuchungen erstrecken sich sogar auf das Heer der Fixsterne überhaupt, auf Kometen, Nebel, kosmische Wolken, und die Ergebnisse sind derart, dass nicht daran gezweifelt

---

[1] Von Ausnahmen wird im Schlussteil die Rede sein.

werden kann, dass unsre irdischen Grundstoffe auch auf fernen Fixsternen vorhanden sind. Diese Tatsache macht es wahrscheinlich, dass auch die gesamte Sternenwelt auf einen einheitlichen Ursprung zurückzuführen ist.

Das Mittel, dessen sich die Wissenschaft bedient, um die stoffliche Zusammensetzung der Himmelskörper festzustellen, ist die Spektralanalyse. Die Einrichtung eines Spektralapparates kann hier nicht erörtert werden. Es sei kurz folgendes erwähnt: Alle Lichtstrahlen, welche die verschiedensten im Zustande der Weissglut befindlichen festen und flüssigen Körper ausstrahlen, geben im Spektralapparat ein aus den bekannten 7 Regenbogenfarben bestehendes Band. Weil die Farben vollständig vorhanden sind, weil jede Farbe ohne Unterbrechung allmählich in die nächste übergeht, heisst das Spektrum oder das Farbenband ein ununterbrochenes oder kontinuierliches.

Anders geartet ist das Spektrum glühender Gase. Es besteht nur aus einzelnen hellen Streifen, die durch dunkle Flächen voneinander getrennt sind. Eine Spur von Natrium, wie es im Kochsalz enthalten ist, in die nicht leuchtende Flamme einer Spirituslampe gebracht, erzeugt ein aus höchstens zwei nebeneinander befindlichen gelben Linien bestehendes Spektrum. Kaliumdampf erzeugt eine rote und eine blaue, der Dampf des Strontiummetalls mehrere rote und eine blaue Linie. Alle diese Linien erscheinen gewöhnlich auch an derselben Stelle des Spektrums und sind für jedes Gas nach Zahl, Farbe und Lage charakteristisch, indem jedes Gas sein eigenes, sich gleichbleibendes, aber von dem aller übrigen total verschiedenes Spektrum zeigt, welches in jedem Falle ein Streifenspektrum ist.

Fängt man, wie es Kirchhoff zum ersten Male versuchte, das Licht einer schwachleuchtenden Natriumflamme mit dem Spektroskop auf, so erhält man die dem Natriumdampf charakteristische gelbe Linie an der entsprechenden Stelle der Spektraltafel. Bringt man aber hinter die Natriumflamme ein sehr helles, intensiv weisses Licht (vielleicht durch mehrere Kerzen erzeugt), so entsteht ein kontinuierliches Spektrum; denn das helle weisse Licht überstrahlt bei weitem die schwachleuchtende Natriumflamme, die eben wegen ihrer geringen Lichtstärke kein Spektrum zeigen kann. Aber an der Stelle, an der vorher im Spektum der gelbe für Natrium charakteristische Streifen zu sehen war, erscheint eine nunmehr d u n k l e L i n i e. Analoge Versuche mit andern glühenden Metalldämpfen ergaben dieselben Resultate. Denn jedes Gas absorbiert aus der helleren Lichtquelle diejenigen Lichtarten, die es selbst ausstrahlt. Sie kommen also durch das glühende Gas nicht hindurch, können mithin auch nicht den Spektralapparat erreichen, und darum müssen an Stelle der sonst farbigen Linien des Gases dunkle Linien entstehen. Hat aber das Gas d i e s e l b e Lichtstärke wie die Lichtquelle hinter ihm, dann zeigt letztere ihr kontinuierliches Spektrum und auch das Gas zeichnet seine charakteristichen Linien, die jetzt aber nicht zu unterscheiden sind, weil beide Lichtquellen gleiche Lichtstärke haben. Immerhin sind die dunklen Linien im Spektrum verschwunden. Ist endlich das Gaslicht heller als das Kerzenlicht, dann erscheinen auf dem kontinuierlichen Spektrum des letzteren die charakteristichen Linien des Gases als hellere Streifen. Es lässt sich aus dem Gesagten folgern: Jedes Gas verwandelt seine hellen Linien in dunkle, wenn durch dasselbe Strahlen einer Lichtquelle gehen, die hinreichend hell ist und für sich ein kontinuierliches Spektrum erzeugt.

Wenden wir nunmehr dies Gesetz deduktiv auf das Sonnenspektrum an. Dem blossen Auge erscheint es als ein kontinuierliches, erglänzend in den 7 Regenbogenfarben. In nichts unterscheidet es sich von dem Spektrum irgend eines andern in Weissglut befindlichen festen oder flüssigen Körpers. Schon daraus ist zu schliessen, dass die Sonne ein in Weissglut befindlicher nicht gasförmiger Körper ist.[1])

Betrachtet man aber das Sonnenspektrum durch ein starkes Fernrohr, so erblickt man eine ungeheure Menge schwarzer Linien. Daraus folgt: der stark leuchtende, weiss oder gelbglühende Sonnenkern ist von einer nicht so stark leuchtenden Gashülle umgeben. Das von jenem ausgestrahlte Licht muss durch diese Gashülle hindurch, ehe es die Erde erreicht. Dabei werden von den einzelnen Gasarten diejenigen Strahlen absorbiert, die sie für sich allein aussenden würden. Deshalb entstehen die vielen dunklen Linien. Aus der Lage der Linien im Spektrum folgt die genaue Bestimmung der einzelnen Gasarten, daraus ergibt sich dann auch die stoffliche Zusammensetzung der Gashülle und die stoffliche Beschaffenheit des Sonnenkernes, von dem jene herrührt.

Es ist erwiesen, dass mehr als die Hälfte aller irdischen Elemente auch Bestandteile der Sonne sind. Eine Übereinstimmung in so vielen Grundstoffen (über 40) lässt mit Recht auf einen gemeinsamen Ursprung schliessen. Aber die Spektralanalyse weist auch nach, dass Venus und Mars eine Atmosphäre haben, die der irdischen sehr ähnlich ist, dass gewisse Fixsterne sich in einem höheren Glutzustande befinden als die Sonne, andere wieder mit der Sonne übereinstimmen, in der Hauptsache auch in den Elementen, die sie enthalten. Wieder andere müssen schon weiter erkaltet sein, verbreiten aber noch Licht. Endlich gibt es solche Sterne, von denen nur ein schwacher Lichtschimmer ausgeht, der freilich noch die photographische Platte erregt, und Gestirne, bei denen völlige

---

[1]) Genau genommen ist die Sonne nicht in Weissglut, sondern befindet sich bereits im gelbglühenden Zustande. Doch ändert dies die Wirkung auf den Spektralapparat nicht im geringsten.

Erkaltung eingetreten ist. „Wohin sich unser Auge in dem endlosen Raume richtet, weist alle Beobachtung auf wesentliche Gleichheit in den grossen Hauptpunkten hin. Dieselben Naturkräfte, dieselben Gesetze und im wesentlichen dieselben Stoffe." Dann dürfen wir aber auch mit ziemlicher Sicherheit den Entwicklungsgang unsrer Erde gemäss den jetzt zu beobachtenden verschiedenen Entwicklungsstufen verschiedener Gestirne nach rückwärts hin konstruieren. Schliesslich müssen wir dann auch zu einem Anfange kommen. Gewiss liesse sich an der Hand des Beobachtungsmaterials auch die weitere Entwicklung unserer Erde für die Zukunft mutmassen.

Mit zunehmender Tiefe steigert sich die Temperatur der die Erde umhüllenden Gesteinsschichten. Es muss sich also im Innern des Erdkörpers, gleichviel in welcher Tiefe beginnend, ein Wärmeherd befinden. Mögen auch die Gesteinsschichten noch so schlechte Wärmeleiter sein, so muss trotzdem eine Wärmeleitung von innen nach aussen und demgemäss eine Wärmeausstrahlung in den Weltraum erfolgen. Mag sie noch so langsam und unmerklich vor sich gehen: sie findet statt, weil es eine Naturnotwendigkeit ist. Jeder Wärmeverlust des inneren Wärmeherdes bedingt aber auch ein fortgesetztes Erhärten der Gesteinsmassen, die ihn unmittelbar umgeben. Vorher flüssig, werden sie allmählich dicker, teigartiger und schliesslich fest, so dass die Gesteinshülle der Erde im Laufe der Äonen an Stärke wachsen wird. Dann muss aber auch angenommen werden, dass sie früher nicht dieselbe Dicke besass als jetzt. Je weiter wir zurückgreifen, um so dünner müssen wir uns die Kruste des Erdballs vorstellen, und um so höher die Temperatur auf ihrer Oberfläche annehmen, die von unten her angeheizt wurde. Daraus folgt auch, dass das Leben auf der Erde in Betreff seines Anfangs von der Oberflächentemperatur abhängig war. Als diese 70^0 C betrug, konnte von irgend einer lebenden Substanz auf der Erde noch keine Spur vorhanden sein, da Eiweisskörper, die Hauptbestandteile der Zelle, bei solcher Hitze gerinnen. Je dünner die Erdkruste war, um so häufiger kam es zu gewaltigen Eruptionen des glühenden Erdinnern. Dass eine solche Periode in der Bildungsgeschichte der Erde möglich war, beweist die Beobachtung des Jupiter, von dem Bernard behauptet, dass die eigentümlichen streifigen Flecke, die man bisher für Wolkenbildungen gehalten hat, durch innere Eruptionen veranlasst werden. Möglich ist es auch, dass die Erdkruste, bevor sie vollständig erhärtete, eine plastische, teigartige Konsistenz besass, wie sie für den Jupiter gegenwärtig angenommen wird.

Weiter rückwärts schreitend, müssen wir uns einen Zustand der Erde denken, bei dem die Erstarrung an der Oberfläche nur teilweise war. In diesem Entwicklungsstadium muss die Erde naturgemäss auch eigenes Licht ausgestrahlt haben. Aber die schon vorhandenen Krustenteile, Kontinente in dem Glutmeere des

17*

flüssigen Materials, hinderten stellenweise und zeitweilig die Ausstrahlung des Lichtes und veranlassten dunkle Flecken auf der Oberfläche. So bot die Erde das Bild eines Sternes, der mit den noch jetzt zu beobachtenden roten und meist veränderlichen Fixsternen Ähnlichkeit hatte. Sie spenden ein trübes Licht; zeitweise tritt infolge weiter ausgebreiteter Krustenbildung Verdunkelung ein, die beim Durchbruch der jungen Rinde einem plötzlichen Aufleuchten weicht. Dieser Zustand bezeichnet bereits den Anfang des Greisenalters im Sternenleben. Sterne dieser Art sind bereits so weit abgekühlt, dass manche Elemente, die früher nur gesondert existieren konnten, sich zu chemischen Verbindungen vereinigt haben. Es ist Vogel gelungen, in der Atmosphäre dieser Sterne Kohlenwasserstoff nachzuweisen. Tycho Brahes berühmter Stern Nova im Sternbild der Cassiopeja und die im Februar 1901 entdeckte Nova im Sternbild des Perseus gehören mit noch vielen anderen Fixsternen in diese Gruppe. Dass man die Nova Persei so lange nicht gesehen hat, lässt eben auf weit vorgeschrittene Krustenbildung und auf eine gewaltige Dampfhülle chemischer Verbindungen schliessen, die das Verlöschen des Sternes für das menschliche Auge herbeiführten. Sein plötzliches Aufleuchten wird durch das Eintreten neuer chemischer Verbindungen in der Atmosphäre erklärt, die von neuem mächtige Hitzegrade erzeugten, welche allmählich zurückgehen werden.[1])

Ehe die Erde als veränderlicher Stern im roten Lichte leuchtete, erstrahlte sie im gelben Glanze. So glich sie in dieser Hinsicht der Sonne und den vielen gelben Fixsternen, deren Zahl ca. $^1/_2$ der Gesamtheit ausmacht. Ihr Spektrum zeigt eine grosse Zahl dunkler Linien, welche auf eine an metallischen Dämpfen reiche Gashülle deuten, aber das Vorhandensein chemischer Verbindungen ausschliessen, was sich aus der höheren Temperatur ihrer Oberfläche erklärt. In der Hauptsache stimmen die erkannten Elemente mit denen der Sonne überein. Einzelne Krustenbildungen mögen auch in diesem Stadium schon auf der Erde vorgekommen sein; doch überwog das gelbleuchtende Magma die durch Krusten erzeugten Flecke bei weitem. Auch die Sonnenflecke bedecken bei ihrem Maximum noch nicht $^1/_{500}$ der Gesamtoberfläche.

Da es unter den Fixsternen auch weissleuchtende gibt, zu denen

---

[1]) Das Wiederaufleuchten erloschener Gestirne sucht man sich aber noch auf andre Weise zu erklären, und besonders hat der Schwede Swante Arrhenius, einer der 1903 mit dem Nobelpreis ausgezeichneten Gelehrten, neue geistreiche Gesichtspunkte eröffnet. Erloschene Fixsterne, deren es im Weltraume eine grosse Zahl geben kann, sollen auf ihren Bahnen durch den Raum zuweilen in dunkle oder schwachleuchtende kosmische Nebel eindringen, deren Existenz die photographische Platte beweist. Durch das Eindringen des erkalteten festen Körpers in die Gasmasse findet infolge von Reibungswiderständen eine solche Temperaturerhöhung statt, dass nicht bloss die Gashülle zu leuchten beginnt, sondern auch der erkaltete Sonnenkörper von neuem in den glutflüssigen Zustand verwandelt wird. Die sterbende Sonne ist neugeboren und beginnt von neuem für Äonen ihre leuchtenden Bahnen zu wandeln.

nach Secchi und Vogel etwa die Hälfte aller gehören, so darf angenommen werden, dass unsere Erde auch dieses Stadium, das der
feurigen Sternenjugend, durchlaufen hat. „Der Glühzustand dieser
Sterne ist ein so beträchtlicher, dass die in ihren Atmosphären enthaltenen Metalldämpfe nur eine überaus geringe Absorption ausüben
können, so dass entweder keine oder nur zarte Linien im Spektrum
zu erkennen sind." (Neumayr.)

In ähnlicher Weise, wie es hier dargestellt wurde, entwirft auch
der Leipziger Professor Zöllner die Geschichte der Erde gemäss den
Entwicklungsphasen im Universum. Die der Sonne näheren Planeten
und auch unsre Erde, so sagt er, befinden sich gegenwärtig im
Stadium der vollendeten Oberflächenerkaltung. Ihre Kruste ist so
dick, dass sie in ihrer Ganzheit nicht mehr zerstört werden kann.
Voraus ging das Stadium der Schlackenkrustenbildung, bei dem die
dünne Kruste zeitweilig durch ungeheure Revolutionen zersprengt
wurde. Vorbereitet wurde diese Entwicklungsphase durch einen
Zustand, bei dem es nur stellenweise zu Schlackenbildungen kam.
Diesem Stadium endlich ging das des glutflüssigen Zustandes voraus.

Aber, so fragen wir weiter, wie war die Erde beschaffen, ehe
sie durch Wärmeausstrahlung so weit abgekühlt wurde, dass sie
als feurig-flüssiges Gestirn ein weisses Licht verbreitete? Auch diese
Frage sucht die Wissenschaft zu beantworten, und auch dabei noch
vermag sie auf Beobachtungen im Universum hinzuweisen.

Schon lange haben die Astronomen die in undenklichen Weiten
aufglimmenden Nebel mit freudigem Ahnen betrachtet. Durften sie
doch hoffen, durch ihre genaue Erforschung eine Bestätigung der
Ansichten zu erhalten, die die Wissenschaft schon längere Zeit über
die wahrscheinliche Bildung der leuchtenden und nicht leuchtenden
Welten gefasst hatte.

Wenn auch viele der Nebelflecke sich mit Hilfe gewaltiger
Teleskope in einzelne Sternenhaufen und Sterne auflösen, haben
andere ihren Nebelcharakter behalten. Die Spektralanalyse hat dargetan, dass diese Nebel nur glühende Gase sein können. Wenn
demnach glühende Gase in Form kosmischer Nebel im Weltenraum
existieren, so muss auch die Möglichkeit zugegeben werden, dass
die Erde vor dem glühend-flüssigen Stadium einen solchen Nebel
gebildet habe. Aus der Form einiger dieser Nebel hat man auf
eine Rotationsbewegung derselben, aus der schneckenförmigen
Gestalt mancher auf eine unter der Wirkung der Zentrifugalkraft
vor sich gehende Teilung in einzelne selbständige Nebelmassen geschlossen.

Auch dem Nebelball der Erde muss eine Rotationsbewegung
zugesprochen werden; denn in diesem Entwicklungsstadium gebar
er durch Fortschleuderung seinen Begleiter, den Mond, der ihn seit
dieser Zeit getreulich umkreiste. Die Wissenschaft sucht diese
„Sternengeburt" auf folgende Weise zu erklären: In dem äquatorialen

Gürtel des Nebelballs der Erde war die Umdrehungsgeschwindigkeit und infolgedessen auch die Massenanhäufung am grössten. Schliesslich trug die Zentrifugalkraft über die Schwerkraft den Sieg davon, und die in der Nähe des Äquators vorhandenen Aufwölbungen gasförmiger Massen lösten sich in Form eines Ringes ab, der sich schliesslich wieder zur Kugel ballte und seitdem als Trabant unsere Erde, seine Mutter, begleitete. Solche Loslösungen von Nebelmassen in Ringform hält die Wissenschaft für sehr wahrscheinlich. Auch die 3 Ringe Saturns sprechen für einen derartigen Entwicklungsgang.

Und wie die Erde durch Fortschleuderung den Mond geboren, so war sie und mit ihr das Heer der Planeten auf eben diese Weise von ihrer aller Mutter, der Sonne, erzeugt. Mit ihrer Absonderung als Nebelring wurde die Erde etwas Individuelles, Selbständiges, eine differenzierte Welt unter ungezählten anderen. Den Keim weiterer Entwicklung trug sie in sich. In und an ihr wirkten die Zentralkräfte; auch besass sie als Erbe ihrer Erzeugerin bereits eine hohe Temperatur, die sich in dem Masse im Innern des Nebels steigern musste, als seine äusseren Teile durch Ausstrahlung sich abkühlten und dadurch Zusammenziehung und erhöhten Gasdruck bewirkten. Unser Weg hat uns bis zum Anfange der Erde zurückgeführt, aber noch nicht zu dem Anfange, mit dem die Bibel beginnt. Denn mancherlei Fragen sind noch zu beantworten: Woher stammt der ungeheure Nebelball der Sonne? Woher hat er seine Bewegung? Woher das Heer der Sterne überhaupt mit ihren zwar nicht sicher gemessenen, aber doch vermuteten regelmässigen Bahnen?

Unter wesentlicher Anlehnung an die Kantsche Theorie hat die Forschung folgendes als wahrscheinlich angenommen:

Die Materie, aus welcher unser Sonnensystem und die Zahl der noch vorhandenen besteht, erfüllte in einer für uns gar nicht vorstellbaren Verdünnung den Weltenraum. Die kleinsten nicht mehr teilbaren Masseteilchen, die Atome, schwebten in dem Raume, frei und gleichartig. Aber wo Materie ist, da ist auch Anziehungskraft. Sie wirkt im graden Verhältnis zur Dichtigkeit der Masse. Da nun die Atome als gleichartig vorausgesetzt werden in dem Sinne, dass keines dichter oder schwerer war als das andere, so mussten sie sich auch das Gleichgewicht halten. Und in dem endlosen Raume „herrschte die Ruhe des traumlosen Schlafes". Die angenommene Bewegungslosigkeit bezieht sich indessen nur auf das Verhältnis der einzelnen Atome zueinander. Die Atome selbst denkt man sich (nach Secchi) in rotierender Bewegung, derart, dass bei dem einen die Achse senkrecht, bei einem andern wagerecht, bei noch anderen in irgend einem Winkel dazu stand. „Somit gab es also eine Unmenge von verschiedenen Drehungen im übrigen ganz gleichartiger Atome." Aus unbekannten (!) Ursachen vereinigten sich bald hier, bald da einzelne Atome zu Atomgruppen oder Molekülen. Der gelehrte Jesuit Secchi meint, dass diese Vereinigung

dann zustande gekommen sei, wenn zwei oder mehr Atome derselben Drehungsrichtung unmittelbar nebeneinander schwebten.
Diese bildeten alsdann ein Molekül, das natürlich die ursprüngliche
Bewegung der Atome beibehielt. Solcher Atomgruppen gab es
unendlich viele. Da sie aus zwei oder mehreren Atomen bestanden,
verdoppelte, verdreifachte etc. sich ihre Anziehungskraft. Die Folge
war, dass die schwerste, d. h. die aus den meisten Atomen bestehende Gruppe die grösste Anziehung ausübte, und dass deshalb
weniger starke Gruppen, sowie die Menge der noch freien Atome,
insofern sie im Machtbereiche der Attraktion waren, sich zu dieser
zum Zentrum für irgend eine Gegend des Raumes gewordenen
Hauptmasse hinstürzten. An andern Punkten des Raumes bildeten
sich andere Verdichtungsmittelpunkte, bis sie schliesslich durch die
überwiegende Anziehung des schwersten zu einem vereinigt wurden,
der seinerseits einem noch dichteren Kerne folgen musste. Menschliche Vorstellung reicht nicht aus, um sich dieses Fallen und Drehen
der unzählbaren Stoffteile zu vergegenwärtigen. Es war gewiss ein
wildes, wüstes Chaos, ein Kampf der einzelnen Individuen und
Gruppen um ihre Existenz. Er war aussichtslos, dieser Kampf;
denn mit unzerreissbaren Banden zog die dichteste und darum
schwerste Gruppe alle andern an sich heran. So entstand ein
kosmischer Nebel, formlos und von riesenhafter Ausdehnung, für
unser Sonnensystem weit über die Neptunsbahn hinausreichend.

Da die Materie dieses Nebels vorher einen noch grösseren
Raum ausfüllte, jetzt aber verdichtet war, musste auch die Temperatur
zunehmen, weil jede Verdichtung oder Volumenverkleinerung mit
Temperaturerhöhung verbunden ist. Bei fortschreitender Verdichtung
musste die innere Hitze sich fortgesetzt steigern; in der Peripherie
des Nebels aber entstand durch das Festhalten elektrisch geladener
Jonen [das sind, vergleichsweise gesprochen, die Atome der Elek-
trizität] nach und nach eine Lichtwirkung.

Die anfänglich formlose Masse des Nebels erhielt mit der Zeit
eine bestimmte Gestalt. In dem Gewirre des Fallens, Kreisens und
Fliegens der Atome und Moleküle trat allmählich Ordnung ein. Je
länger je mehr gruppierten sich die Massen nach ihrer Schwere.
Die schwersten Moleküle strebten in die Nähe des Zentrums, die
leichtesten blieben am Rande des Nebels, und die Schwerkraft
formte aus der gestaltlosen Masse endlich diejenige Form, bei der
das Gleichgewicht stabil war: die Kugelform. Somit war der Nebelball entstanden und mit ihm der geordnete Anfang unseres
Sonnensystems, in welchem infolge des Überwiegens von Molekülen bestimmter Drehungsrichtung die Bewegung von Westen nach
Osten das Übergewicht erhielt. Bei den Zentren anderer Sonnensysteme mag eine andere Drehungsrichtung vorhanden sein.

Wenn wir uns vergegenwärtigen, dass ein Kreisel nicht bloss
um seine Achse rotiert, sondern dabei auch eine in krummen Linien

fortschreitende Bewegung macht, so ist auch einzusehen, dass die Drehung des Nebelballs um seine Achse mit einer fortschreitenden Bewegung verbunden sein kann. Eine solche Bewegung unserer Sonne wird in der Tat auch vermutet.

Wie mit der Verdichtung oder Volumenverkleinerung des Nebelballs Erhitzung verbunden ist, so folgt aus dieser wiederum Wärmeausstrahlung an der Oberfläche, die eine weitere Schrumpfung oder Volumenverkleinerung zur Folge hat. Nach dem Gesetze der Trägheit behält ein Körper die Geschwindigkeit, die er ursprünglich hat, solange nicht Hemmnisse eintreten. Indem der Nebelball je-länger jemehr seinen Umpfang verkleinerte, hatten die an seiner Oberfläche befindlichen Massen nach und nach einen kleineren Weg bei der Umdrehung zurückzulegen; dasselbe gilt von allen Masseteilchen, die infolge der Verdichtung dem Zentrum um etwas näher kamen. Da jedes Masseteilchen aber seine ursprüngliche Geschwindigkeit behielt, musste es, weil der Weg kleiner geworden war, auch schneller mit einer Umdrehung fertig werden. Mit andern Worten: der Nebelball rotierte schneller um seine Achse, damit erhöhte sich auch die Centrifugalkraft besonders der in der Nähe des Äquators befindlichen Massen. Es trat Aufwölbung und schliesslich Abschleuderung ein. Die Nebelringe zerbarsten, „ballten sich zu Kugeln zusammen und umkreisten so als Planeten den immer kleiner gewordenen Rest des ursprünglichen Nebelballs als ihre Sonne".

Alle diese Ergebnisse sind die notwendigen Wirkungen physikalischer Kräfte und beruhen auf Gesetzen der Schwerkraft und der Wärme. Sie bewirkten die Differenzierung und Gliederung des ganzen Weltgebäudes. Verfolgen wir den Nebelball der Erde, nach dem er den Nebelring des Mondes abgeschleudert hat, in seiner Entwickelung weiter, so müssen wir uns vorstellen, wie bei zunehmender Abkühlung viele gasförmigen Bestandteile als solche nicht mehr bestehen blieben. Sie wurden flüssig, sammelten sich um das Zentrum des Erdballs und gruppierten sich hier nach ihrer Schwere, die Erde durchlief dann die schon geschilderten Stadien eines weissglühenden, gelb- und rotleuchtenden Sternes, die weitere Abkühlung hatte erneute glühend - flüssige Niederschläge aus der Atmosphäre zur Folge, bis schliesslich der nunmehr glühend - flüssige Erdball nur noch von einer hauptsächlich aus Wasserdampf, atmosphärischer Luft und Kohlensäure bestehenden Gashülle umgeben war. Als sich dann an der Oberfläche eine immer dicker werdende Kruste bildete, nahm auch die Wärmeausstrahlung aus dem Innern ab; die Temperatur an der Oberfläche, nicht mehr in dem Masse wie früher von unten aus erhöht und ersetzt, fiel langsam, der Wasserdampf der Luft schlug sich als Wasser nieder, und allmählich waren die Bedingungen des Lebens gegeben. Es erschien, nahm in den verschiedenen Zeitaltern der Erde seine Entwicklung und vollendete sie relativ in der erdgeschichtlichen Neuzeit mit dem Dasein des Menschen.

Damit sind wir wieder an den Ausgangspunkt unserer Betrachtung gelangt.

III.

Eine Nötigung, eine unüberbrückbare Kluft zwischen Wissen und Glauben aufzubauen, liegt meines Erachtens nicht vor. Es fällt dem Glauben nicht ein, Tatsachen, die die Wissenschaft als feststehend gefunden und mit einwandsfreien Beweisen belegt hat, nur deshalb zu leugnen, weil einst ein religiöses Gemüt über Dinge gesprochen und geurteilt hat, wie es als Kind seiner Zeit sprechen und urteilen musste. Die Bereicherung des Gedankenschatzes der Menschheit durch philosophisches, geschichtliches und naturwissenschaftliches Denken und Forschen wird durch Religion in der Theorie nicht ausgeschaltet. Trotzdem Kopernikus die Erde um die Sonne sich bewegen liess und dieses Faktum nach und nach allgemein anerkannt wurde, hat die Autorität der Bibel nicht gelitten, und siegreich wird sie auch weiter bestehen, wenn die grössere Wahrscheinlichkeit dafür spricht, dass das Menschengeschlecht einen tierischen Ursprung gehabt und einen allmählichen natürlichen Entwickelungsgang durchgemacht habe.

Nach der praktischen Seite kommt es auf das religiöse Gefühl an. Wo dies geweckt ist — der taktvolle Religionsunterricht unter Einsetzung der von innerster Überzeugung getragenen Lehrerpersönlichkeit und die gesamte religiöse Sphäre des Elternhauses sind sein Nährboden —, wo es lebendig ist, da kann es nicht jäh verschwinden, weil etwa über den Stammbaum des Menschengeschlechts, über die Schöpfung der unorganischen und organischen Welt die Wissenschaft ein neues Licht verbreitet; nur ist es Sache des Unterrichts, dieses neue Licht nach seiner wirklichen Leuchtkraft zu prüfen, dem kindlichen Verständnis, soweit es angeht, nahe zu bringen, damit es nicht schliesslich doch durch seine Intensität das Auge blende.

Aber auch die Wissenschaft soll die ihr gesetzten Sckranken nicht durchbrechen. So berechtigt das Streben nach Erkenntnis der Naturrätsel ist, so notwendig ist die Besonnenheit in den Konsequenzen, die aus Ergebnissen der Forschung gezogen werden. Es ist doch wahr, dass wo das Begreifen aufhört, der Glaube oder das Nichts anfängt. Und wer den Mut zu jenem nicht findet dem gilt wohl das Wort: „Ihm hat das Schicksal einen Geist gegeben, der ungebändigt immer vorwärts dringt und dessen übereiltes Streben der Erde Freuden überspringt. Den schlepp ich durch das wilde Leben, durch flache Unbedeutendheit, er soll mir zappeln, starren, kleben; und seiner Unersättlichkeit soll Speis und Trank vor gieri'gen Lippen schweben; er wird Erquickung sich umsonst erflehn; und hätt' er sich auch nicht dem Teufel übergeben, er müsste doch zugrunde gehn." Aber nicht bloss Göthe, auch andere Naturforscher haben, freilich in weniger poetischer, bilderreicher Sprache, die Mahnung, in den Naturwissenschaften sich vor metaphysischen Spekulationen zu hüten ausgesprochen. Cotta sagt: (Geologie der Gegenwart) „Der philosophischen Methode bedarf gewiss jeder Naturforscher, und somit auch jeder Geologe. Nur der metaphisische Teil der Philosophie ist ihm vollständig entbehrlich, ja er hat ihn sogar bei seinen Forschungen ausdrücklich auszuschliessen. Er hat es zunächst nur mit materiellen Dingen zu tun, deren erste Ursache und deren eigenstes Wesen er nicht zu erkennen vermag, wie denn auch der aufrichtige Philosoph darüber nur mehr oder weniger wahrscheinliche Betrachtungen aufstellt, ohne auf diesem Gebiet von Beweisen zu reden. Der Naturforscher begnügt sich, die Stoffe und ihre Wirkungen zu untersuchen und Naturgesetze daraus abzuleiten."

Kant bemerkt in seinen Prolegomenen: „Naturwissenschaft wird uns niemals das Innere der Dinge, d. h. dasjenige, was nicht Erscheinung ist, aber doch zum obersten Erklärungsgrunde der Erscheinungen dienen kann, entdecken . . . Sie soll ihre Erklärungen jederzeit nur auf das gründen, was als Gegenstand der Sinne zur Erfahrung gehören und mit unsern wirklichen Wahrnehmungen nach Erfahrungsgesetzen in Zusammenhang gebracht werden kann."

Die Naturwissenschaft will die Wahrheit ergründen im Gebiete des Naturseins und -geschehens. Aber da sie dabei von Beobachtungen und Hilfsmitteln abhängig ist, da, wie es die Geschichte der Geologie zur Genüge beweist, neue Entdeckungen manches bisher als sicher und wahr angenommene Resultat umstossen, so darf die Naturwissenschaft überhaupt nicht darauf Anspruch machen, absolute Wahrheiten bieten zu wollen. Ihre Ergebnisse haben den Charakter objektiver Wahrheit, sind oft nur wahr für ihre Zeit, und „wir kommen mit all unserm Wissen über die Stufe einer mehr oder weniger hohen Wahrscheinlichkeit nicht hinaus." Wenn die Naturwissenschaft der Religion den Vorwurf macht, das sie sich mit undefinierbaren, rein dogmatischen Begriffen wie Gott, Seele, Unsterblichkeit u. dgl. befasse, so darf sie doch auch nicht vergessen, „dass die Begriffe von Atom, Molekül, Äther etc. nicht weniger dogmatisch sind". (Dennert.)

Im Lichte dieser hier nur ganz im allgemeinen gebotenen Voraussetzungen und Grundlagen sind die Resultate der Geologie zu bewerten.

Die Skelettfunde, durch weit klaffende Lücken getrennt, machen eine allmähliche Entwicklung des Menschen aus niederen Primaten wahrscheinlich, und wenn, was ja eine notwendige Voraussetzung des Entwicklungsgedankens ist, das Zwischenglied zwischen Mensch und Affen völlig einwandsfrei vorhanden wäre, so liesse sich weiter darüber reden. Aber der schon erwähnte Dryopithecus, der von einigen Forschern für das Zwischenglied gehalten wird, wird von

andern als unzureichendes Beweismaterial bezeichnet. Einer der
berühmtesten Paläontologen, von Zittel, sagt: „Man hat mit grossem
Eifer nach den fossilen Urahnen des Menschen gesucht und den
fossilen Affen [in deren absteigender Reihe sie zu finden sein müssten]
besondere Aufmerksamkeit gewidmet. Man kennt jetzt etwa 15
echte, schmalnasige fossile Affen aus den Tertiärablagerungen Europas
und Indiens. Allein mit Ausnahme eines einzigen, des Dryopithecus,
stehen sie den drei grossen, dem Menschen vergleichbaren Arten,
dem Orang, Schimpanse und Gorilla, fern, und auch der Dryopithecus
nimmt, wie ein neuerdings aufgefundener Unterkiefer beweist, unter
den sogenannten Anthropomorphen eine verhältnismässig tiefe Stufe
ein. Der durch die Entwicklungslehre postulierte
Proanthropos, das Zwischenglied zwischen Mensch
und Affen, ist demnach noch nicht gefunden."
    Und wäre es der Fall, so läge kein Grund vor, dem Bibel-
bericht ohne weiteres jede Bedeutung abzusprechen. Denn die
Entwicklung des Menschen nach der geistigen Seite hin ist durch
chemisch-physikalische Gesetze allein nicht zu erklären. Wenn der
Neo-Vitalismus als das treibende Agens organischer Kräfte eine besondere Lebenskraft bezeichnet, deren Wirksamkeit er freilich nur
in Verbindung mit organischer Energie denken, über deren Ursprung
er aber keine Auskunft geben kann, sondern an die zu glauben er
fordert, so muss die Wissenschaft es auch andern gestatten, für die
aus blossem Belieben eingesetzte Grösse eine andere zu substituieren,
die dem persönlichen Empfinden mindestens ebenso nahe, wenn nicht
näher liegt, nämlich einen persönlichen Schöpfer, durch dessen
Wirken der Mensch erst zum Menschen wurde, und zwar durch den
Geist, der kein Erbteil tierischer Ahnen sein kann.
    Auf welche Weise aber der Mensch zum Menschen wurde,
weiss niemand zu sagen. Was wir in Genesis 1 und 2 darüber
hören, ist einerseits die blosse Konstatierung der Tatsache, dass der
Mensch von Gott geschaffen ist, andrerseits eine Vermenschlichung
des uns unbekannten göttlichen Wirkens (Erdenklos — Odem).
Darum darf auch die Naturwissenschaft nicht gegen diesen letzten
Bericht zu Felde ziehen, ihn nicht lächerlich machen. Er enthält
keine Grundwahrheit, an die man sich inhaltlich und formell zu
binden hätte.
    Dass die gesamte übrige organische Welt, Tiere und Pflanzen,
sich aus niederen zu höheren Formen entwickelt habe, wird durch
die Versteinerungslehre als höchst wahrscheinlich bestätigt. Aber
auch damit steht der Bibelbericht im grossen und ganzen nicht im
Widerspruch, weil auch er die Lebewesen in aufsteigender Reihe
entstehen lässt. Wenn die Wissenschaft an einer langsamen, un-
gezählte Jahrtausende umfassenden Entwicklung der Organismen
festhält, redet ihr niemand dagegen, kann sie sich doch auf untrügliche und zahlreiche Tatsachen stützen. Aber auch der Verfasser

des Schöpfungsberichts ist in seinem Rechte. Er hatte seinen Grund,
von 6 Tagen zu reden, sollte doch der 7. Tag als „Ruhetag des
Schöpfers" zum Feiertage des Menschen werden.[1]) Ausserdem
rechnete der Verfasser als Kind seiner Zeit mit Erdenzeiten und
Erdenmassen, während die Wissenschaft sich je länger je mehr
von diesen engen Fesseln freigemacht hat, die Erde als Stern unter
Sternen betrachtet und für sie auch Sternenzeiten beansprucht. Die
Entwicklung der Geographie und Geologie ist nichts anderes als
ein Losringen von den Fesseln irdischer Raum- und Zeitvorstellungen.
    Mit den in den ältesten Schichtengesteinen der Erdrinde gefundenen
niedrigsten Pflanzenfamilien der Fucoiden und den auf der relativ
tiefsten Entwicklungsstufe stehenden Kalktierchen (Polypen—Spongien)
ist die Reihe noch lange nicht bis zum Anfang des Lebens fortgeführt. Die Untersuchungen über Parthenogenese oder über Entstehung lebensfähiger organischer Substanz aus unorganischer
Materie sind noch nicht zum Abschluss gekommen. Und so ist die
Frage nach dem Ursprunge des Lebens im wesentlichen noch un-
beantwortet. Übrigens darf nicht übersehen werden, dass sich die
Abstammungslehre mit Rücksicht auf das organische Leben im Uralter der Erde in einer Art Zirkelerklärung bewegt. Für sie steht
es fest, dass alle Tier- und Pflanzenformen auf wenige einfach
organisierte Stammtypen zurückzuführen sind. Die ältesten Versteinerungen sind aber nichts weniger als einfach. Darum schliesst
der Deszendenztheoretiker, dass die ältesten Krebstiere, Brachiopoden u. a. sich in der archäischen Periode „aus einfachen, unserm
jetzigen Protozoen entsprechenden Lebewesen entwickelt haben."
Dieser Schluss ist aber grade die Voraussetzung der gesamten
Abstammungslehre, und die Geologie bleibt den Beweis dafür
schuldig. Mit Recht bemerkt deshalb Neumayr: „Wir dürfen nicht
vergessen, dass die Abstammungslehre selbst noch nicht allgemein
als bewiesen angesehen wird, ja dass die Existenz archäischer
Organismen eine wesentliche Bedingung ihrer Richtigkeit ist. Es
wäre demnach ein grosser Fehler, wollte man die eine Annahme
durch die andere beweisen und dann noch einmal denselben Schluss
umgekehrt machen." Zugegeben, dass unter uns unbekannten Verhältnissen sich die erste lebensfähige Zelle aus unorganischem Stoffe
gebildet habe, so dass wir über die Entstehung des ersten Lebens
glatt hinweggehen könnten, so bleibt wiederum die Frage nach
dem Ursprung des Stoffes an sich, der Materie, und nach der Ursache ihrer Bewegung eine offene.
    Man sagt: die Materie ist ewig, ewig sind auch die mit ihr und
auf sie wirkenden Kräfte (Schwerkraft, Gravitation — chemische Anziehungskraft etc.). Diese Ansicht hat in den Gesetzen von der
Konstanz der Materie und von der Konstanz der Kraft ihren Aus-

---

[1]) Doch vgl. 5. Mos. 5, 14, 15.

druck gefunden. Aber gerade dieses letztere nötigte zu recht bebemerkenswerten Schlüssen. Wo irgend eine Kraft wirkt, sei es mechanische, elektrische, magnetische, strahlende etc. Energie, findet sie sich im stetigen Kampfe mit einer ausgleichenden, die ihre Wirkung stetig einschränkt, so dass das Gesetz von der Erhaltung der Kraft in seiner Bedeutung wesentlich entwertet wird. Alle Energiearten suchen sich schliesslich in Wärme auszugleichen. Der Schlag des Hammers auf den Nagel ist ein zwar rohes, aber allbekanntes Beispiel. Ein Teil der mechanischen Kraft wird also umgesetzt, kommt demnach als mechanische Energie nicht zur Geltung. Diesen Teil der Kraftwirkung der Körper, der nicht wieder in mechanische Arbeit umgesetzt wird, nennt die Wissenschaft Entropie. Indem sie diesen Erfahrungsbegriff einführte, musste sie auch die Konsequenzen daraus ziehen. Die Erde, die andern Planeten, alle Teile unsers Sonnensystems überhaupt, bewegen sich im Raum. In dieser Bewegung macht sich die mechanische Energie geltend. Dabei befindet sich die zentrifugal wirkende mit der zentripetal wirkenden (der Schwerkraft, Anziehungskraft) im beständigen Kampfe. Der Weltraum ist mit Äther erfüllt, den wohl niemand mehr für immateriell halten wird; es bewegen sich in ihm die Meteoriten in unzähligen Mengen; und endlich ist der Raum zwischen den Planeten (nach Analogie auch zwischen den verschiedenen Sonnensystemen) mit für uns unsichtbaren Stoffteilchen erfüllt, was man aus einer sonst unerklärlichen Verzögerung der Umlaufszeit des Enkeschen Kometen geschlossen hat: So setzen sich den zentrifugalen Bewegungen Widerstände entgegen, die, wenn' auch im geringsten Masse, Reibung hervorbringen. Durch sie wird Wärme erzeugt. „Es ist aber auf keinerlei Weise möglich, einen Vorgang, in welchem Wärme durch Reibung entsteht, vollständig rückgängig zu machen." So nimmt die Entropie in eben dem Masse zu, als die mechanische Energie abnimmt; die Bewegung der Massen muss in endlicher Zeit zum Stillstand kommen, d. h. unser Sonnensystem muss einst an Altersschwäche sterben, da alle Kraftwirkung durch Umwandlung in Wärme aufgehoben sein und „die gesamte Masse des Sonnensystems in einem einzigen dunklen Körper vereinigt, um den Schwerpunkt des Milchstrassennebels schwingen wird." Gewiss ist dabei die Summe der Kräfte dieselbe wie vorher, aber sie sind gleichmässig verteilt und in Wärme umgewandelt.

Wenn so der Blick des Forschers in die Zukunft in fernen, fernen Zeiten ein Ende der Welt erschaut, charakterisiert durch ein Minimum von Kraft und ein Maximum von Entropie, so darf er aber auch rückwärts blicken in die Äonen der Vergangenheit. Und er wird sich sagen müssen, dass, je weiter er das Walten mechanischer Kräfte zurückverlegt, er eine um so grösser werdende Kraftwirkung und eine immer kleiner werdende Entropie annehmen muss. „Es ist nicht möglich," so führt der französische Naturforscher H. Pellot aus, „dass in einem endlichen Systeme von Kräften sich die Wirkung derselben unbegrenzt differenzieren kann; zu einer bestimmten Zeit muss es ein Maximum von Kraftwirkung gegeben haben, welche als tatsächliche mechanische Arbeit zur Geltung kam, und ein Minimum von Entropie." Was war aber vorher? Darauf antwortet Pellot: „Da wir mit einer endlichen Summe von Kraft und Stoff im Universum rechnen müssen, so bleibt nichts anderes übrig als die Annahme, dass vor jenem Zeitpunkte andere Gesetze gegolten haben müssen, denen Stoff und Kraft unterworfen waren; eine Annahme, die gleichbedeutend mit der Idee einer Schöpfung ist."

So sind es wissenschaftliche Spekulationen selbst, die uns zu Schlussfolgerungen führen, die einst der Verfasser des Schöpfungsberichts so klar und einfach zum Ausdruck brachte: Am Anfang schuf Gott Himmel und Erde.

Endlich darf nicht ausser acht bleiben, dass die allgemein anerkannte Kant-Laplacesche Weltentstehungstheorie keineswegs alle mit der Zeit beobachtete Tatsachen im Weltgeschehen erklärt, sondern auch andern Theorien Raum lässt, mit andern Worten, dass die Forschung auch hier nur Wahrheit gibt für ihre Zeit und zur bescheidenen Zurückhaltung ermahnt. Als Herschel den Saturn entdeckte, fand er, dass die äusseren Monde desselben sich nicht, wie es der Theorie nach hätte sein müssen, von Westen nach Osten, sondern umgekehrt von Osten nach Westen drehten. Auch bewegten sie, sich in einer Ebene, die mit der der andern Planeten und Monde unseres Sonnensystems fast einen rechten Winkel bildete. Zwischen Mars und Jupiter kreisen eine ganze Anzahl von Planetoïden ebenfalls in Abweichungen von der normalen Bahnebene. Und endlich will der Massen- und Gewichtsunterschied zwischen Erde und Mond gar nicht zu der angenommenen Abschleuderung des letzteren passen. Seine Masse ist $^1/_{80}$ von der der Erde, sein Gewicht wenig mehr als die Hälfte des spezifischen Gewichts der Erde (nach Ratzel). Nimmt man an, dass der einstige Mondring sich von der Aussenseite des Erdballes abgelöst habe, wie es der Theorie entspricht, dann ist die äusserst dünne Beschaffenheit der Atmosphäre des Mondes unerklärlich. „Trotz der räumlichen Nähe der beiden Weltkörper muss man an eine getrennte Entstehung denken." (Ratzel.)

IV.

Und nun zur Schule, zur Erwägung der Frage, ob und in welcher Weise sie Anteil zu nehmen hat an dem Kampfe zwischen Naturwissenschaft und Religion. Es ist wahr, insofern der Streit der Meinungen auf die Gelehrten allein beschränkt bliebe, brauchte die Schule meiner Meinung nach keine Notiz davon zu nehmen. Indessen lehrt die Erfahrung, dass die atheistische naturwissenschaftliche Literatur im populären Gewande auch in den weitesten Schichten des Volkes Verbreitung gesucht und gefunden hat. Unter der Flagge untrüglicher wissenschaftlicher Forschung werden Behauptungen als feststehende Tatsachen hingestellt, die nichts weniger als wissenschaftlich erwiesen, aber in hohen Grade geeignet sind, das religiöse Denken des Laien zu verwirren, wenn nicht gar für immer auf Abwege zu nötigen. Das ist schliesslich kein Wunder, der Laie ist ja gar nicht in der Lage, die „untrüglichen" Ergebnisse der Wissenschaft auf ihre Beweiskraft hin zu prüfen und nach ihrer wirklichen Bedeutung zu bewerten. Ausserdem haben sie für ihn den Reiz des Neuen. Eine ganz andere Welt tut sich vor seinen Augen auf, die bisher nur durch die Brille des üblichen Religionsunterrichts die Entstehung des Leblosen und Lebendigen betrachtet haben. Und weil man ihm in der Schule auch nicht eine Spur einer anderen Auffassung des Schöpfungsberichts gegeben hat, so denkt er, dass man ihn absichtlich im Unklaren gelassen habe, und belacht die Naivität seines Kinderglaubens. Da er andrerseits vor der Wissenschaft Respekt hat, die auf den verschiedenen Gebieten des praktischen Lebens so staunenswerte, greifbare Erfolge erzielte, so schliesst er, dass sie wohl auch auf dem in Rede stehenden Gebiete verlässlich sei. Und so wirft er mit der vergänglichen Schale den bleibenden, ewigen Kern religiöser Grundwahrheiten über Bord. Gewiss ist, dass nicht alle es tun, denen die populäre materialistische Literatur in die Hände fällt. Die religiöse Sphäre des Elternhauses und der eindringliche, gemütbildende Religionsunterricht, der nicht im steten Präsenthalten von Memorierstoffen seine Hauptaufgabe sieht, werden auch für das spätere Leben feste Wälle errichten, die der Atheismus nicht leicht übersteigen wird. Aber dessenungeachtet halte ich dafür, dass, ganz abgesehen von den Fällen, wo die religiöse Grundlage unter den schädigenden Einflüssen der näheren Umgebung des Kindes bedenklich schwankt, die Schule entschieden die Pflicht hat, noch ein Übriges zu tun. Sie soll ihren Zöglingen den atheistischen Angriffen gegenüber nicht bloss die Befähigung zur Verteidigung ins Leben mitgeben, sondern sie auch mit bestimmten Angriffswaffen gegen die „unumstösslichen Tatsachen" der Wissenschaft ausrüsten, damit sie in der Lage sind, diesen entscheidende Gründe entgegenzusetzen. Mit einer Vogel-Strauss-Politik kommen wir auf die Dauer nicht mehr aus. Das Bildungsbedürfnis ist im Volke vorhanden, nicht zum wenigsten durch die biologische Weise des Unterrichts angeregt; die materialistische Literatur erscheint in bestechendem Gewande, zu billigem Preise und nicht selten unter anlockenden Titeln, und so wird gelesen. Was ist nun besser, dass andere einem nach Erkenntnis sich sehnenden Menschenkinde von ihrem einseitigen Standpunkt aus Aufklärung geben, oder das wir Lehrer es in taktvoller, vorsichtig abwägender Weise tun? Also kurz gesagt: Um der Religiosität selbst willen ist es notwendig, die Kinder mit dem Entwicklungsgedanken bekannt zu machen, ihnen zu sagen, bis zu welchem Anfange die Gelehrten diese Entwicklung zurück verfolgen können, und über welche Tatsachen sie nicht hinauskommen. Dass solche Mitteilungen nicht in der Form und in dem Umfange zu geben sind, wie ich den Überblick über den Entwicklungsgedanken dargeboten habe, ist selbstverständlich.

Auch der Unterricht in den beschreibenden natur-wissenschaftlichen Fächern, denen die physikalische Geo-graphie einzuordnen ist, erfordert die Darbietung der Elemente der Entwicklungslehre.

Wir sprechen in der Geographiestunde von der Entstehung der Gebirge. Teils führen wir sie auf Faltenbildung (z. B. Jura - Alpen), teils auf stehengebliebene „Horste" inmitten einer allmählich ein-gesunkenen Umgebung zurück. (Oberrheinisches Schiefergebirge.) Die Ursachen der Bewegungen in der Erdkruste erkennen wir in dem Schrumpfungsprozess, den die Erde durchgemacht hat und notwendigerweise weiter durchmachen muss. Er ist wieder eine Folge der allmählichen Abkühlung, die durch den Wärmeverlust des Erdballs bedingt ist. Weil diese Erscheinungen im kausalen Ver-hältnis zueinander stehen und nie eine Unterbrechung erfahren können, ist es auch zu allen Zeiten zu bedeutenden Veränderungen an der Erdoberfläche gekommen. Mit den Faltungen waren nicht selten vulkanische Ausbrüche und demgemäss Bildungen vulkanischer Gebirge verbunden. An den Veränderungen hat sich das Wasser beteiligt, indem es, sobald Erhöhungen auf der Oberfläche vorhanden waren, diese zu planieren strebte. Mithin sind die Gebirge, die wir heute sehen, verschiedenen Alters und, je nach ihrer Altersstufe, von ganz charakteristischer Oberflächenform: der Böhmer Wald z. B. mit seiner gewölbten, mehr uneingeebneten Oberfläche und dem Mangel steiler Abstürze, und das Alpengebirge mit seinen kühnen, scharf-umgrenzten Bergspitzen (Dolomitengruppe) und seinen tiefen Schluchten. Sein Äusseres schon ist ein Beweis seines jüngeren Alters. Als der Böhmerwald entstand und zur Höhe strebte, gab es noch kein Alpengebirge. An seinem gegenwärtigen Platze flutete das Meer. Die Zahl solcher Beispiele kann beliebig vermehrt werden. Aus ihnen folgt, dass die Oberflächengestalt der Erde einem dauernden Wechsel unterworfen war und ist, dass die Erde also eine Ent-wicklungsgeschichte hat. Zu denselben Ergebnissen führen uns die Hinweise auf säkulare Hebungen und Senkungen des Landes (Süd-küste Schwedens — Ostküste Oberitaliens). Was einst Meer war, wurde Land und umgekehrt. Wie könnte man sonst auch Ver-steinerungen von Meerestieren auf hohen Gebirgen entdecken! Wenn sich also „das Wasser an besondern Örtern sammelte, dass man das Trockne sähe", so geschah das nicht auf einmal mit einem endgültig fertigen Resultat, sondern in stetem Wechsel mit stetig sich ändernden Ergebnissen, an denen die nivellierende Tätigkeit des Wassers weitere Umformungen vollzog. Die lückenlose Reihe der Folgerungen führt uns schliesslich zu kosmischen Ausblicken, die sich den Stoffen der mathematischen Geographie einordnen. In welchem Lichte muss bei derartigen Erörterungen denkenden Schülern der Schöpfungsbericht erscheinen, wenn er nicht eine angemessene Interpretation erfährt?

Die biologische Weise des Unterrichts arbeitet mit „dem Kampf ums Dasein", mit der „Veränderungsfähigkeit:" (Variabilität) von Tieren und Pflanzen, mit der „künstlichen Zuchtwahl", also mit Begriffen, die recht eigentlich ins Gebiet der Entwicklungslehre hineingehören. Auch hier resultiert als allgemeines Ergebnis der Gedanke: Tiere und Pflanzen der Jetztzeit sind der Veränderung unterworfen. Im Kampfe ums Dasein passten sie sich allmählich den neuen Verhältnissen an. Weil sich, wenn auch im Laufe langer Zeiten, ein steter Wechsel der Lebensbedingungen vollzog (andere Verteilung von Land und Meer, anderes Klima — man braucht sich nur zu vergegenwärtigen, welche Änderung der klimatischen Verhältnisse z. B. die Faltung des Alpengebietes sowohl in nördlicher als südlicher Richtung zur Folge hatte —), so muss es früher Tiere und Pflanzen gegeben haben, die jetzt nicht mehr existieren (Mammut — Pflanzen der Kohlenzeit). In den Versteinerungen sehen wir die Zeugen des einstigen Lebens, die des ersten Lebens kennen wir nicht.

So bedingt also auch der Unterricht in der Naturwissenschaft, wenn er wirklich biologisch sein und dem Kausalitätsbedürfnis genügen will, eine Entwicklungslehre in elementarster Gestalt und mit ihr zugleich eine befriedigende, d. h. hier eine dem gegenwärtigen Stande des Wissens angepasste Deutung der Schöpfungsgeschichte.

Ob sie an den Schluss des alttestamentlichen Unterrichts gesetzt werden soll, wie z. B. Meltzer will, oder ob man, wie es gemeinhin geschieht, mit ihr den Anfang macht, bleibe unerörtert. Auf keinen Fall aber soll man sie übergehen, wie es von anderer Seite vorgeschlagen wird. Auf den 1. Vers aus Genesis 1. ist als auf eine Grundwahrheit das Hauptgewicht zu legen. Die Bemühungen, den weiteren Bericht mit den Ergebnissen der Forschung möglichst in Übereinstimmung zu setzen, mögen ja gut gemeint sein. Man pflegt den Schülern zu sagen, dass die Tage grosse Zeiträume, Schöpfungsperioden, bedeuten, dass Sonne, Mond und Sterne wirklich erst im 4. Zeitraum erscheinen konnten, weil bis dahin die Erde von einem dichten Nebel umgeben war, der sich erst abregnen musste, daher im 3. Zeitraume die Entstehung des Meeres. Man weisst wohl auch auf die successive Entstehung der Pflanzenwelt, der Wasser- und Landtiere hin und zeigt den Menschen endlich „als der Schöpfung Ruhm und Preis". Ich halte solche Deutungen, die ins naturwissenschaftliche Fach hineinschlagen, für überflüssig. Der Bericht behalte seine unvergleichliche Plastizität nach dem Wortlaut der Schrift, aber er gelte den Kindern als Beispiel, wie einst ein tief religiöses Gemüt sich die Entstehung der Welt (1. Mose 1—24) und des Menschen (1. Mose 2, 5—8, 18—24) dachte. Seinem Volke wollte Moses die Schöpfertätigkeit Gottes bis ins Einzelne anschaulich schildern, und darum redete er vom göttlichen Tun in menschlicher Weise. Und auch für uns bleibt seine Darstellung von bleibendem Wert; denn wir sind mit dem Verfasser eins in dem Gedanken 1. dass die Welt nicht ein Werk des Zufalls, sondern das Werk des allmächtigen und weisen Schöpfers ist; 2. dass dieser Schöpfer ein Gott der Ordnung ist (erst die unorganische, leblose, dann die organische Welt der Lebewesen); 3. dass Gott seiner Welt nicht gleichgültig gegenübersteht, sondern Freude an seinen Werken, Freude am Leben hat; 4. dass endlich der Mensch durch seinen Geist die Krone der Schöpfung ist, bestimmt, durch diesen Geist zu herrschen über die Erde und verpflichtet, an seiner weiteren Vollkommenheit mit Ernst zu arbeiten. Nur um diese rein religiösen Gedanken darf es sich handeln. (Siehe Köstlin, Leitfaden S. 110.) Nun kann die Gefahr gar nicht mehr eintreten, dass die Schüler später die Mosaische Darstellung wegen ihrer „Widersprüche" gegen die Wissenschaft verlachen, wissen sie doch, was Mosis bezweckte, und dass er nach dem damaligen Stande der Naturkenntnis und mit Rücksicht auf das Volk Israel sich gar nicht anders und auch nicht besser hätte ausdrücken können.

Sind die religiösen Gedanken der Schöpfungsgeschichte entwickelt, dann ist den Schülern zu sagen, dass sich die Gelehrten unserer Zeit eine etwas andere Vorstellung von der Entstehung der Welt gemacht haben (diese bietet teils der geographische, teils der naturgeschichtliche Unterricht); dass aber auch sie nur Mutmassungen darüber haben, dass es so geschehen sein könnte. Es ist wahrscheinlich, aber gewiss ist es nicht. Und wenn es gewiss wäre, so würde „der überwältigende Anblick des Sternenhimmels, die Betrachtung des geordneten Naturverlaufs, des wunderbaren Baues des menschlichen Körpers und des noch wunderbareren Lebens des menschlichen Geistes" uns doch die felsenfeste Überzeugung schaffen,

> dass „Gottes unsichtbares Wesen, das ist seine ewige Kraft und Gottheit, wird ersehen, so man das wahrnimmt an den Werken, nämlich an der Schöpfung der Welt".
> Röm. 1, 20.

III.

Über vorbereitenden Religionsunterricht.

Von C. Geisel in Nordhausen.

Schluss.

In dem kürzlich erschienenen Buche „Neue Bahnen. Der Unterricht in der christlichen Religion im Geiste der modernen Theologie" von D. O. Baumgarten, Prof. der Theologie in Kiel, nimmt der Verfasser auch Stellung zu dem Märchenunterrichte im ersten Schuljahre. Wenn man den Ausdruck „Neue Bahnen" liest, glaubt man im ersten Augenblicke, auch was unsere Frage betrifft, auf überraschend neue Wege geführt zu werden.

Wir beginnen mit der methodischen Behandlung des Stoffes; die Frage nach Stoffauswahl soll darnach besprochen werden.

Da führt der Verfasser aus, dass der Unterricht ganz persönlich, beweglich, frei, von Mund zu Mund gehen müsse; der Lehrer solle die Geschichten in ähnlicher Weise erzählen, wie es die Mutter vor der Schulzeit macht, wenn sie biblische Geschichten, Märchen und Fabeln dem Kinde zu hören gibt.

Den in die Schule neu Eintretenden ist eine gewisse Passivität wie anerzogen; dazu kommen mancherlei neue Eindrücke von der Schule, welche noch auf lange Zeit nachwirken und eher dazu geeignet erscheinen, die Kleinen in ihrem passiven Verhalten beharren zu lassen, als sie von demselben zu befreien. Mit Rücksicht auf diese Tatsache ist es geboten, jeden Unterricht, auch den religiösen, so zu gestalten, dass sich die Kinder lebhaft beteiligen können. Zu diesem Zwecke stellt der Lehrer Fragen, die die Schüler veranlassen, den Stoff gewissermassen zu erfinden. Dieses Unterrichtsverfahren nennen wir das entwickelnd-darstellende. Werden die Kinder auf diese Weise genötigt, aus sich herauszugehen, so merkt auch der Lehrer, wieweit der dargebotene Stoff von ihnen erfasst worden ist und wie er auf ihr Gefühl eingewirkt hat. Ferner ist bei diesem Verfahren der Lehrer gezwungen, sich fortwährend mit seinen Fragen den Antworten der Schüler anzuschliessen, wodurch der Vorteil erreicht wird, dass keine dem neuen Stoffe entgegenstehende Vorstellungen entstehen oder falsche Vorstellungen der Kinder unkorrigiert bleiben. Auch ist mit diesem Verfahren der Vorteil verbunden, dass nichts unvermittelt auftritt, dass alles durch geweckte gleichartige oder ähnliche (apperzipierende) Vorstellungen aufgenommen wird. Mithin gewährt diese Lehrform die beste Garantie dafür, dass sich der Stoff mit dem Seeleninhalte des Schülers in organischer Weise verbindet, wie es sein muss, wenn wahre Bildung entstehen soll.

18*

Aber ein derartiger Unterricht mag recht gut sein, um den Intellekt zu entwickeln, für das Gefühl aber, das in der religiösen Bildung eine Rolle spielt, ist er ungeeignet — wird man einwenden. Dem können wir entgegenhalten, dass unser Unterricht das Gefühl fortwährend als den Anker ansieht, mit dem wir die Vorstellungen aufnehmen und festhalten lassen wollen. Daher soll die Zielangabe schon so gestellt sein, dass starke positive Gefühlstöne erweckt werden, die die Kraft in sich bergen, auf eine weite Strecke des Unterrichts hin die Teilnahme zu sichern. Die Durcharbeitung des Stoffes hat dahin zu streben, dass das durch das Hauptziel geweckte Gefühl so weit gestärkt wird, dass es einen Antrieb zu starkem Wollen und später auf der Anwendungsstufe zu ausdrucksvollem, phantasiemässigem Handeln geben kann. Ich glaube die Worte von Prof. Baumgarten hierher setzen zu können: „Wenn irgendwo, so gilt für unser Gebiet das Schlagwort vom erziehenden Unterricht, der ansteckend wirkt auf die innere Selbsttätigkeit, auf den inneren Drang, der Herz und Willen zur Zustimmung gewinnt. Darum ist auch die Bildung von Vorstellungen nicht alles; wesentlicher sind die Anregungen des religiösen Gefühls, die Eindrücke auf die innere Regsamkeit, die Veranlassung zu religiösen Erlebnissen, mystischen Ahnungen u. s. f., wie sie durch Suggestion zustande kommen."

Prof. Baumgarten wendet, wie schon gesagt, für die Unterstufe die vortragende Lehrform ausschliesslich an und glaubt so zu besseren Resultaten zu gelangen. Es ist zu leicht das Gegenteil nachzuweisen. Das soll geschehen, indem wir dies Verfahren in derselben Weise schildern wie das entwickelnd-darstellende.

Der Lehrer erzählt die Geschichte in einer inhaltlich und sprachlich der kindlichen Darstellung entsprechenden Form. Das ist schon eine recht schwere Aufgabe, den Inhalt darzustellen, wie Kinder es tun. Das können nur wenige Lehrer und auch Lehrerinnen, wenngleich letztere nach Baumgartens Ansicht sich viel besser zur Erteilung eines guten Religionsunterrichts eignen. Ich möchte Herrn Professor Baumgarten selbst einmal hören, wie er solche Kindererzählungen über biblische Geschichten bildet, um mich überzeugen zu lassen, dass die Kinder hierbei besser folgen, als bei dem entwickelnd-darstellenden Verfahren. Mir ist es klar, dass in einer solchen Stunde — auch bei Lehrerinnen — recht viele Fehler vorkommen müssen, die obendrein von der unterrichtenden Person selten bemerkt werden können. Oder sollte etwa der alles offenbarende Kinderblick, die wunderbare Stille der Klasse allein sie schon verraten? So entstehen falsche Anschauungen und Vorstellungen im Zögling und wo sie vielleicht richtig sind, fehlt doch die Kenntnis des Lehrers davon, ob und inwieweit sie apperzipiert worden sind. Das Gesamtbild wird in seinem Zusammenhange nicht einmal von den Besserbefähigten erfasst, geschweige denn von den

Minderbegabten, und von einer aus „innerer Regsamkeit" — sagen wir dafür: aus lebhaftem Interesse — entstandenen Selbsttätigkeit kann nur wenig die Rede sein. Die grosse Mehrheit der Kinder, an die geistige Arbeit überhaupt noch nicht gewöhnt, gibt sich dann vom ersten Schultage an dem geistigen wie physischen Schlafe hin. Das sind die Resultate, die Prof. Baumgarten mit seiner vortragenden Methode auf der Unterstufe des Religionsunterrichts erreichen wird. Ein solcher Unterricht soll „persönlich", „frei", „beweglich" sein? Das ist einfach unglaublich. Diese Eigenschaften müssen wir vielmehr dem entwickelnd-darstellenden Unterrichte zuschreiben. Zu derartigen schlechten Resultaten muss es kommen, wenn man die theoretischen Grundsätze nicht richtig durchführt. Bei Baumgarten heisst es S. 10: „Es fehlt dem Religionsunterricht ganz besonders die selbsttätige Aneignung durch Assoziation der religiösen Anschauungen mit der vorhandenen Vorstellungswelt. Mögen Herbart, Ziller, Rein übertreiben mit ihrer Lehre von den Formalstufen, so bleibt jedoch ihr Grundgedanke richtig und nichts darf im Unterrichte dargeboten werden, das nicht verschmolzen werden könnte mit bereits lebendigen Vorstellungen. Der Unterricht in der Religion erscheint dagegen so oft als das Aufdrängen nicht organisch zu assimilierender Fremdkörper" — und von S. 61 an wird das gerade Gegenteil gelehrt! Mögen die obigen Worte sich zunächst auch noch auf die Auswahl des Stoffes beziehen, so darf doch nicht übersehen werden, dass sie auch ihre Bedeutung für die Lehrform besitzen. Denn dieselben Überlegungen, wie sie dort hinsichtlich des Stoffinhaltes und der Apperzeptionsfähigkeit des Kindes vorgenommen wurden, sind auch hier anzustellen, nur mit dem Unterschiede, dass hier noch die Lehrperson hinzutritt, durch welche je nach der Art des Verhältnisses zwischen Stoffinhalt und Kind diejenige Form der Mitteilung in Anwendung kommt, welche die beste Aussicht bietet für eine leichte, durch innere Teilnahme bewirkte Aufnahme. Hierauf hat Baumgarten seine Berechnung nicht genügend gemacht, besonders die Vorteile beider Lehrformen mit Rücksicht auf die in diesem Alter vorherrschende Phantasietätigkeit nicht beachtet, die weniger ein stilles, passives Hinnehmen als vielmehr ein Mitarbeiten, Selbstmiterfinden des Stoffes fordert und den Lehrer dazu zwingt, die Geschichte nicht selbst zu erzählen, sondern gesprächsweise den Zöglingen zu vermitteln. Sollte ich nun noch vieles darüber ausführen, wie vergebens alle weiteren Bemühungen Baumgartens sind, die er unternimmt, um den Stoff erziehlich wirkend zu gestalten? Was hilft es, wenn der Stoff in der Anschauung und Apperzeption überhaupt nicht oder doch nicht genügend erfasst worden ist, zu fordern: „Gerade hier spielt die Suggestion eine entscheidende Rolle. Man muss mit gedämpftem Ton mystisch über diese Dinge sprechen können, im Stil des Geheimnisses. Das braucht durchaus nicht Berechnung des Effektes zu sein; es verlangt nur Gemütsmenschen." Das sind meines Erachtens sehr minderwertige Zugaben, auch dann, wenn sonst der Unterricht ein guter war; in Baumgartens Unterricht aber werden sie erst das Salz an der Suppe! Wie ist es möglich, von einer so mangelhaften Stunde die Forderung gelten zu lassen: „Die Hauptsache bleibt, diese Stunde den Kindern über alles lieb zu machen, den Hauch der Andacht darüber zu breiten, Gottes und Christi Nähe spüren zu lassen?" Unter dem Dunkel, wie der Stoff nach Baumgartens vortragender Methode in die Seele der Kinder einzieht, kann sich kein Fühlen und Spüren der Nähe Gottes und Christi regen. Von dem religiösen Memoriermaterialismus, den Baumgarten theoretisch verwirft, praktisch jedoch wieder gelten lässt, will ich schweigen und die bisherigen Ausführungen kurz folgendermassen zusammenfassen: „Neue" Bahnen für den Religionsunterricht des ersten Schuljahres hat uns Baumgarten nicht gebracht. Die bei ihm ausnahmslos zur Anwendung gelangende vortragende Lehrweise hat für den erziehenden religiösen Unterricht ganz minimalen Wert; ihr ist die entwickelnd-darstellende als die dieser Altersstufe am meisten entsprechende vorzuziehen. Diese aber, sehr abhängig von der Leichtigkeit des Stoffes, kann in dem biblischen Geschichtsunterrichte des ersten Schuljahres kaum angewandt werden.[1]

„Neue" Bahnen in der Stoffauswahl und -anordnung hat uns Prof. Baumgarten auch nicht gelehrt. Und doch, wie gespannt muss man darauf sein, wenn man im I. Teile seiner Schrift mit seiner erwartungsvollen Überschrift „Historischer Teil" zunächst die „Anklagen der Pädagogik" vernimmt. Da glaubt man sich versetzt in ein pädagogisches Werk, das mit dem bisherigen Betrieb des Religionsunterrichts vollständig aufräumen will. § 4 beginnt: „Ein Grundgedanke aller neueren Pädagogik fordert Berücksichtigung der Kindesnatur und ihrer Naivität. ,Da ich ein Kind war, redete ich wie ein Kind, war klug wie ein Kind und hatte kindische Anschläge.' Aber wie reden wir zumeist mit den Kindern?'" Und nun wird im weiteren gezeigt, wie vorschulpflichtige und schulpflichtige Kinder mehr dazu veranlagt sind, über reale Dinge als über innere und übersinnliche nachzudenken. Das lutherische Christentum, das von Paulus so sehr abhänge, trüge zu wenig echt kindlichen Charakter. „Der Protestantismus (im Gegensatz zum Katholizismus, Ref.) lehrt eine unsinnliche Innerlichkeit, eine pessimistische Schätzung aller sinnlichen Welt (so? d. R.), Misstrauen gegen das eigene Werk. Das Unkindliche liegt nicht nur in der Form, es liegt gerade im Inhalt der Lehre, die eben jenseits kindlicher, naiver Selbstbeurteilung und Erfahrung liegt."

---

[1] Siehe meine Lehrprobe „Mosis Errettung" in der Päd. Warte 1901.

Aus diesen Worten klingt heraus, dass der Stoff ein leichter, ein echt kindlicher sein muss, der ganz im Erfahrungskreise des Kindes liegt. Dieser Stoff muss auch für das sechsjährige Kind konkret sein oder doch wenigstens konkret gemacht werden können. Baumgarten sagt:

„Damit hängt aufs engste zusammen die Übertretung eines zweiten Grundgesetzes der Pädagogik: der konkreten Anschaulichkeit, der Vergegenwärtigung der Unterrichtsgegenstände für die Phantasie, wo nicht eine direkte Gegenwart für die Sinne zu erreichen ist, mit andern Worten: des realen oder idealen Umgangs mit den Objekten." — Bieten die biblischen Geschichten einen derartigen Stoff? Das bestreitet Baumgarten im folgenden: „Aber auch bei der biblischen Geschichte finden viele Pädagogen, dass die Gegenstände vielfach sich in zu grosser Ferne und Fremdheit den Kindern gegenüber halten. Mit den fremdartigen, übermenschlichen und uralten Figuren lässt sich so schwer ein wirklicher Umgang herstellen. Ja, wenn man sie wie Sagengestalten rein mit der Phantasie auffassen dürfte! Aber sie sollen ja wie Geschichtsgrössen gewertet werden. Da fehlt dann die einfältiger Auffassung unentbehrliche Gleichzeitigkeit und Lebendigkeit der Repräsentation. So entstehen die blassen Schattenbilder biblischer Gestalten, die mit dem wirklichen Leben der Kinder keine Beziehung eingehen."

Muss der Stoff einmal ein leichter, kindlicher und konkreter sein, dann darf im Unterrichte auch nichts dargeboten werden, „das nicht verschmolzen werden könnte mit bereits lebendigen Vorstellungen. Der Unterricht in der Religion erscheint dagegen so oft als das Aufdrängen nicht organisch zu assimilierender Fremdkörper. Es ist festzuhalten an dem Prinzip vom Nächsten zum Ferneren fortzuschreiten in allmählicher Erweiterung des Weltbildes; darum sind nur solche neue Stoffe darzubieten, wonach die Seele bereits unbewusst, ahnend ausgreift." Wenn das aber nicht geschieht, „bleibt die Seele völlig passiv, höchstens dämmernd in einem dumpfen Gefühl, dass sie etwas greifen sollte, aber nichts greifen kann. So übergibt sie sich denn innerer Untätigkeit."

Leicht, echt kindlich, konkret und apperzipierbar soll der Stoff für das erste Schuljahr sein, und welchen Stoff schlägt da Prof. Baumgarten vor, nachdem sich bereits ergeben hat, dass die biblischen Geschichten solche Eigenschaften nicht haben? Die Antwort weckt Staunen über alle Massen! Sie ist uns bekannt. Schon der Mutterunterricht bringt dem Kleinen biblische Erzählungen, durchweg dieselben, die das erste Schuljahr nochmals zu verarbeiten hat, auch in der gleichen methodischen Behandlungsweise, die wir bereits kennen gelernt. haben; denn die Unterstufe ist nur als eine Fortsetzung der Mutterschule anzusehen, und deshalb eignet sich auch die Lehrerin besser für diese Jahrgänge als der Lehrer!

Fragen wir nach den Gründen, die Baumgarten trotzdem Veranlassung gaben, für die Unterstufe bezw. für das erste Schuljahr biblische Geschichten zu empfehlen, so finden wir folgende: 1. Das Kind der Unterstufe neigt zur phantasiemässigen Auffassung; darum darf man ihm auch biblische Geschichten geben, denn diese fasst es ebenfalls nicht anders auf.

Das ist meines Erachtens eher ein Grund gegen als für dieselben, und Baumgarten selbst scheint mir darin Recht zu geben, wenn er auf S. 63 ausführt: „Wir wissen ja schon, dass das Kind geneigt ist, auch religiöse Stoffe nicht anders aufzunehmen wie reine Gebilde der Phantasie. Darin liegt unleugbar eine grosse Gefahr." Zu diesem Widerspruch tritt noch der andere, den ich bereits erwähnte, als ich die didaktischen Grundsätze für die Auswahl des Stoffes anführte; da heisst es, dass man die Personen der Geschichten nicht wie Sagengestalten rein mit der Phantasie auffassen dürfe, sie mussten wie Geschichtsgrössen gewertet werden!

2. Die Religion ist zum grössten Teile nicht lehrbar (das Lehrbare der Religion bezieht sich nur auf bestimmte Tatsachen und Erscheinungen der objektiven Religion).

Dieser Grund ist ebenfalls nicht stichhaltig: Wenn die Religion wegen ihres subjektiven Charakters grösstenteils nicht lehrbar ist, dann ist es jedenfalls eine verfrühte Sache, mit Sechsjährigen schon Religionsunterricht zu treiben, eben weil die Geschichten dem Kinde zu fern liegen, und eine verkehrte Sache, die religiösen Stoffe nur nach der vortragenden Lehrform zu behandeln. Baumgarten will fast ausschliesslich religiöse Erbauungsstunden, weniger Religionsunterricht erteilen; das Wenige desselben erstreckt sich nur auf das Einlernen unbegehrter und unverständlicher Sprüche und Liederstrophen. Die Erbauungsstunden aber fallen nicht sonderlich gut aus. Wie würde er damit bestehen können, wenn er eines Tages als Volksschullehrer in einer sehr gefüllten Klasse zu unterrichten hätte und der geistliche Schulinspektor prüfte seinen Unterricht? Wo sind dann ausser den mechanisch eingeprägten Sprüchen und Strophen prüfbare Resultate? Was soll der Inspektor in seinen Bericht aufnehmen? Oder denkt sich Professor Baumgarten, dass man hier auch so viel Freiheit hätte, wie er sie für den Konfirmandenunterricht fordert, nämlich, dass der Inspektor da kein Recht habe? Ich glaube nicht, dass Baumgarten auch für uns Volksschullehrer eine solche Unterrichtsfreiheit wünschen wird; ich könnte ihm auch nicht dankbar dafür sein, da ich die Inspektion im Interesse der gesamten religiösen Erziehung des Volkes für notwendig halte; die Inspektion des Konfirmandenunterrichts muss daher auch gefordert werden.

Das sind die Gedanken Baumgartens über die Stoffauswahl. Zunächst fordert er, dass die psychische Beschaffenheit des Kindes zu entscheiden habe, und dann verfährt er, als ob nicht sie, sondern

der Stoff das Bestimmende wäre. Wenn er dem Psychologischen
bis zuletzt mehr Rechnung getragen hätte, dann würde er wahrscheinlich
zu einer Ablehnung der biblischen Geschichten für den Unterricht des
ersten Schuljahres gekommen sein und die Frage aufgeworfen haben:
Welcher Stoff muss dem Kinde dargeboten werden,
wenn die biblischen Geschichten keine unterrichts-
mässige Behandlung gestatten? Wenn nun Prof. Baumgarten den Vorsatz gefasst hatte, dass er sich, wie es im Vorwort
heisst, „als Leser nicht bloss Theologen und akademisch gebildete
Religionslehrer, sondern besonders Lehrer und Lehrerinnen an
Volksschulen und Seminaren wünsche," um letztere aus ihrer Not,
der „herrschenden" Praxis zu befreien, dann hätte er deren Grundsätze hinsichtlich der Reform des Religionsunterrichts annehmen
müssen; dann wäre Hoffnung vorhanden, dass wir von der
„herrschenden" Praxis erlöst werden können. So aber lässt er alles
beim Alten, wenigstens in dem, was die Unterstufe anbetrifft, wie
er das auf S. 63 selbst bekennt: „So bleibt es wesentlich bei der
herrschenden Methode, aus dem Zusammenhang gelöste einzelne
biblische Geschichten zu bieten." Und doch nennt Baumgarten sein
Werk „Neue Bahnen"!

„Neue" Bahnen in der Stoffauswahl können nur dann gegeben
werden, wenn man die Frage untersucht: Welcher Stoff ist im
ersten Schuljahr oder überhaupt auf der Unterstufe einzustellen?

Baumgarten hat diese Frage nicht ganz unberührt gelassen,
indem er seine Stellung zu den Märchen kurz so andeutet: Der
Wunsch vieler Pädagogen, Märchen in der I. Klasse zu behandeln,
um die geistige Regsamkeit erst zu wecken, sei ihm an sich wohl
verständlich. Die Märchen und biblischen Geschichten hätten in der
Auffassung des Kindes grosse Verwandtschaft: „Gemeinsam ist
ihnen die Inanspruchnahme der frei produzierenden Phantasie und
das Fehlen aller Reflexion auf geschichtliche Tatsächlichkeit." Dem
Märchen aber fehle das religiös-ethische Element, die Beziehung
auf das göttliche Geheimnis. Von allem Anfang an müsse das rein
Phantastische und das Religiös-Ethische auseinander gehalten werden;
würden Märchen und biblische Geschichten nacheinander behandelt,
so lerne das Kind das erstere vom letzteren nicht unterscheiden,
und damit es nicht zu falscher Auffassung hingeleitet werde, dürfe
man nicht mit Märchen beginnen. Märchen seien übrigens kein
schulmässiger Stoff, sie gehörten zur Privatlektüre. Die Schule solle
nur solche Stoffe lehren, die bleibenden Wert hätten und in das
spätere Weltbild aufgenommen werden könnten.

So ganz unsympathisch steht also Baumgarten den Märchen
nicht gegenüber. Baumgartens grösstes Bedenken gegen die Märchen
scheint nur der Gedanke von dem phantastischen Charakter der

Märchen zu sein, der gegen die in den biblischen Geschichten mitgeteilten Gottesoffenbarungen im Kinde streite und in diesem etwa
die Vorstellungen aufkommen lassen könnte, dass letztere ebenfalls Phantasiegebilde seien. Sollte das Prof. Baumgarten wirklich
meinen? Empfiehlt er doch den Müttern, ihren Kindern vor der
Schulzeit Märchen und biblische Geschichten zu erzählen! Wir bleiben
dabei, was Baumgarten selbst sagt: „Das Kind auf der Unterstufe
nimmt Märchen und biblische Geschichten als Warheiten für das
Gemüt auf.“ Mir ist es nie in den Sinn gekommen, als Kind die in
den biblischen Offenbarungen gegebenen Offenbarungen Gottes als
Phantasiegebilde aufzufassen; zu solchen Vergleichen ist der Mensch
auf jener Sufe noch nicht fähig. — Baumgarten hält die Märchen
nicht für einen schulmässigen Unterrichtsstoff. Darüber braucht
man nicht viel zu sagen. Ich habe schon dargetan, dass sie Stoffe
liefern, wie wir sie in jeder Hinsicht nicht besser finden, um
die Sprache, die Phantasie, das Gemüt und den Willen eines
sechsjährigen Kindes zu pflegen. Dazu sind sie um so geeigneter,
da sie uns über mancherlei Schwierigkeiten im Unterricht der Sechsjährigen am besten hinweghelfen. — Die Märchen haben auch
bleibenden Wert, nicht nur für die Schulzeit, sondern auch fürs
spätere Leben. Haben sie nicht gelehrt: Brich dem Hungrigen
dein Brot, kleide, die nackend sind, vertrau auf Gott,
er hilft in Not, zu ihm müssen wir in der Not beten . . .?
Haben sie nicht die Kindheitszeit überstrahlt mit ihrem
Sonnenschein echt kindlicher Freude und Liebe? Und
in diese Zeit kehrt doch noch der alte Mensch so gern im Geiste
zurück! Daraus sollte sich jeder recht viel Sonnenschein holen, um
ihn hineinzutragen in das durch viel Dunkel entstellte heutige
Weltbild! Dann darf der Greis noch singen: „O selig, o selig ein
Kind noch zu sein!“

So müssen wir den Kindern des ersten Schuljahres
Märchen geben und keine biblischen Geschichten; dann betreten
wir in der Tat „neue“ Bahnen, für die uns unsere Kinder noch lange
dankbar sein werden.

Förster leitet seinen Angriff auf die Märchen mit folgendem
Satze ein: „Zwar hat dieser — der Gedanke von den kulturhistorischen
Stufen — mit grossem Nachdruck hervorgehobene Gedanke sich in der
Praxis noch wenig Stellung verschafft, aber die Zahl derer, die durch
Schrift und Wort lebhaft dafür kämpfen, dass der bisherige heimatkundliche Anschauungsunterricht, insbesondere der biblische Geschichtsunterricht, aus der Elementarklasse entfernt und dafür Märchen
als Quelle alles religiös-ethischen wie heimatkundlichen Materials
benutzt werden, ist eine so ansehnliche geworden, dass wir an dieser
Stelle nicht unterlassen können, auf die Bedeutung der Märchen
für den ersten Unterricht etwas näher einzugehen.“

Darin hat Förster eine sehr richtige Beobachtung gemacht, dass die Anhänger der Märchenidee im Gesinnungsunterrichte bereits eine recht grosse Schar geworden sind. Viele werden mir zustimmen, dass die Zahl derselben nicht nur in Thüringen, sondern auch weit über seine Grenzen hinaus, namentlich in den letzten Jahren bedeutend gewachsen ist und durch das jährlich in den Schuldienst eintretende jüngere Lehrergeschlecht vergrössert wird. Bedeutende Schulmänner haben in preisgekrönten Schriften über das erste Schuljahr die Behandlung der Märchen im vorbereitenden religiösen Unterrichte empfohlen. Der erste Entwurf für einen Lehrplan der Berliner Volksschulen und andere Lehrpläne sind für Märchen eingetreten und haben zum Teil auch die behördliche Bestätigung gefunden. Verschiedene Lehrervereine haben mit Stimmenmehrheit den Satz aufgestellt: Dem sechsjährigen Kinde gehören keine biblischen Geschichten, auch keine vom Lehrer erfundenen Geschichten, sondern klassische Märchen.

Wohin wir schauen, ob in die Schichten der Sozialdemokraten oder Aristokraten, überall regt sich wieder das religiöse Denken; man kann ohne einen Gott nicht leben.[1] Darum die Unzufriedenheit im Volke mit dem herrschenden Religionsunterrichte! Manche Lehrer verstopften allerdings ihre Ohren, wenn es heisst, die Schule überlade mit ihrem vielen unverstandenen religiösen Auswendiglernen den Geist des Kindes und töte damit das religiöse Gefühl, oder man tröstete sich damit, dass man sagt: Die Eltern verstehen das nicht. Und warum sollten die Eltern das nicht begreifen, wenn sie täglich mit ansehen, wie ihre Kinder so viel Unverstandenes wörtlich memorieren, wie sie mit der höchsten Angst sich abmühen, besonders wenn grössere Repetionen vorgenommen werden, die grossen Stoffmassen nach dem Wunsche des strengen Lehrers und Schulinspektors von neuem mechanisch in sich aufnehmen? Wahrlich, wenn die Schule auf dem wichtigsten aller Unterrichtsgebiete solche Fehler begeht und erst die Eltern darauf aufmerksam machen müssen, dann wäre es doch höchste Zeit, dass sie bald bessere didaktische Grundsätze aufstellte, und da sollte vor allem der eine nicht fehlen: Richte dich bei deinem religiösen Unterrichte allein nach der Apperzeptionskraft deiner Zöglinge und lasse dich durch nichts davon abhalten!

---

[1] Gerstung: Neue Pfade zum alten Gott. — Daab und Wegener: Das Suchen der Zeit.

B. Kleinere Beiträge und Mitteilungen.

I.

Präparation zur „Behandlung der Ausdehnung der Körper durch die Wärme" für gehobene Volks- und für Mittelschulen.

Von P. Conrad, Seminardirektor in Chur.

Vorbemerkung.

Das hier folgende Lehrbeispiel ist dem soeben in II. Auflage erscheinenden II. Band meiner Präparationen für den Physikunterricht[1]) entnommen. Das Eigenartige dieser Präparationen ist schon im Titel angedeutet. Es besteht darin, dass jede methodische Einheit das Ziel verfolgt, ein bestimmtes physikalisches Einzelwesen zum Verständnis zu bringen, und zwar ein Einzelwesen, das den Schülern in der täglichen Erfahrung schon nahegetreten ist. Im Einklang damit werden die zahlreichen Erfahrungen der Kinder auf physikalischem Gebiete überhaupt ausgiebig und an erster Stelle benutzt. Versuche stehen nirgends an der Spitze; sie werden vielmehr da eingeschoben, wo die Erklärung der gewählten Einzelwesen, also die Erklärung von Naturerscheinungen oder von häufig gebrauchten Vorrichtungen und Werkzeugen etc., es nötig macht.

Sämtliche Präparationen sind nach den formalen Stufen ausgeführt; doch werden diese in freier Weise angewendet, so wie es die Natur der Sache mit sich bringt. Im Gegensatz zur I. Auflage sind aber die III. und IV. Stufe deutlicher auseinandergehalten worden, um die Verallgemeinerung zu erleichtern. Auch leitet zuweilen ein besonderes Ziel den Abstraktionsprozess ein.

Als Unterrichtsform denke ich mir auf allen Stufen die Disputationsmethode. Der Lehrer hält auch auf der Synthese keine Vorträge. Er stellt Fragen, weist auf ähnliches Bekanntes, auf Widersprüche und Rätsel hin und leitet dadurch das Gespräch so, dass die Schüler das Neue soviel als möglich selber finden. Ich stelle in den Präparationen nur das Ergebnis dieses Gesprächs dar. Der Lehrer muss also den Weg im einzelnen, abgesehen von einzelnen Winken oder Fragen, die ich hier und da einstreue, selber finden. Es kann ihm dies keine Mühe machen, und er wird so eher in allen Fällen gerade diejenigen Mittel anwenden, die für seine Schüler und seine Verhältnisse passen.

Ziel. Wie können wir bestimmen, ob es in unseren Wohnräumen nicht zu kalt oder zu warm ist, ob das Badewasser die richtige Temperatur hat u. dgl. m.

---

[1]) Präparationen für den Physikunterricht in Volks- und Mittelschulen. Mit Zugrundelegung von Individuen bearbeitet von P. Conrad, Seminardirektor in Chur. Dresden, Bleyl & Kaemmerer. I. Teil: Mechanik und Akustik. II. verbesserte Auflage, 1901. II. Teil: Optik, Wärme, Magnetismus und Elektrizität. II. verbesserte Auflage, 1905. Preis jedes Bandes geh. M. 3,60, in Leinwand gbd. M. 4,20.

I. Wenn wir es ganz genau wissen wollen, bedienen wir uns des Thermometers. Ungefähr sagt es uns jedoch schon das „Gefühl". Ist die Temperatur des Zimmers oder des Badewassers zu niedrig, so frieren wir; ist sie zu hoch, so wird es uns warm; in einem überheizten Raum werden wir matt und schläfrig; manchmal stellen sich auch Schweiss oder gar Kopfschmerzen ein. Die Temperatur des Badewassers wird oft nur durch Hineinhalten des entblössten Armes geprüft. Dabei können aber noch viel mehr, als bei der Schätzung der Stubenwärme, arge Irrtümer vorkommen, die für die Badenden schon oft verhängnisvoll geworden sind. Wird die Prüfung mit verhältnismässig kaltem Arm vorgenommen, so schätzt man die Temperatur zu hoch, nimmt also das Wasser zu kalt; im umgekehrten Falle wird die Temperatur zu niedrig geschätzt, das Wasser folglich zu heiss genommen. Es ergibt sich dies deutlich aus folgendem Versuch (Arendt, Materialien, IV. Auflage, S. 136): wir stellen 3 Schalen nebeneinander und füllen die erste mit Wasser von etwa 40°, die zweite mit Wasser von 20 bis 25° und die dritte mit kaltem Brunnenwasser (8—10°). Dann tauchen zwei Schüler gleichzeitig ihre linke Hand so lange als möglich in das Wasser der ersten, die rechte in das der dritten und zuletzt beide in das der mittleren Schale. Das Wasser dieser erscheint der linken Hand kalt, der rechten warm. Solchen Täuschungen entgehen wir nur durch Benutzung des Thermometers. Dieses zeigt die Temperatur des Wassers in der mittlern Schale ganz gleich, ob wir es erst längere oder kürzere Zeit in das kältere oder wärmere Wasser gehalten haben.[1]

Die Temperatur kann beim Thermometer von einer Skala abgelesen werden, ähnlich wie beim Barometer der Luftdruck. Es besteht nämlich aus einer engen Glasröhre, an deren unterm Ende sich ein kugelförmiges oder zylindrisches Gefäss befindet; dieses und ein Teil der Röhre sind mit Quecksilber gefüllt und gewöhnlich an einem Brettchen befestigt; letzteres trägt die Skala: der ganze Raum von der Kugel bis zum oberen Ende der Röhre ist nämlich in eine Anzahl gleicher Teile eingeteilt, welche man Grade nennt. Bei einem gewissen Punkte unter der Mitte steht 0, und von hier aus lesen wir nach oben und unten 5, 10, 15, 20 u. s. f.; nach jener Seite steigt es bei Stubenthermometern meistens bis auf 50, bei andern aber auch bis 100 und noch höher, nach dieser Seite jedoch nur bis etwa 30. Natürlich sind auch alle einzelnen Grade zwischen 0 und 5, 5 und 10 etc. durch Striche bezeichnet; oft finden wir sogar noch Zehntelgrade angegeben; doch fehlen die Ziffern daneben. Bei zunehmender Wärme steigt nun das Quecksilber, während es bei abnehmender Wärme fällt. Die Grade über Null bezeichnet man daher auch als Wärmegrade, diejenigen unter Null als Kältegrade.

Es genügt jedoch nicht, bloss die Anzahl der Wärme- und Kältegrade anzugeben, da die Grade nicht bei allen Thermometern gleich gross sind. Auf manchen Thermometern lesen wir die Bezeichnung Réaumur, auf andern Celsius; auf dritten finden wir beide, und danach spricht man von Réaumur- und von Celsiusgraden; jene sind etwas grösser als diese, was wir schon daraus

---

[1] Das regelwidrige Einschalten eines Versuchs in das analytische Material lässt sich hier damit rechtfertigen, dass nur auf diese Weise handgreiflich die Notwendigkeit des Thermometers dargetan werden kann, und die Schüler deshalb mit um so grösserm Interesse dessen Besprechung folgen werden.

schliessen können, dass wir für unsere Zimmer eine Wärme von 12—15° R. oder von 15—20° C. fordern.

Bei Thermometern, welche zum Messen der Temperatur im Freien bestimmt sind, ist das Quecksilber oft durch rotgefärbten Spiritus ersetzt.

Die angegebenen Erscheinungen drängen uns folgende Fragen auf:

1. Wie kommt es, dass ein Steigen der Temperatur auch ein Steigen des Quecksilbers oder des Weingeists bewirkt?
2. Wie hat man die Skala des Thermometers festgestellt?
3. Warum nimmt man nicht zu allen Thermometern dieselbe Flüssigkeit?
5. Welche andern Stoffe können vielleicht zu demselben Zwecke Verwendung finden?

II a. Wir bringen die Kugel des Thermometers zuerst in heisses Wasser; sofort steigt das Quecksilber in der Röhre. Hierauf halten wir sie in kaltes Wasser, in Schnee oder gestossenes Eis und sehen, dass das Quecksilber wieder sinkt. In dem Glasgefäss und dem untern Teil der Röhre zeigt sich dabei nicht die mindeste Veränderung, während doch die Erhöhung und Erniedrigung der Temperatur gerade dort einwirkte. Dafür wird der Quecksilberfaden in der Röhre im ersten Falle allmählich länger, im zweiten kürzer. Es könnten diese Erscheinungen darauf zurückgeführt werden, dass das Quecksilbergefäss dort enger, hier weiter geworden sei, dass sich mithin das Glas bei der Erhitzung zusammengezogen, bei der Abkühlung ausgedehnt habe. Wir können dies beim Thermometer selbst nicht prüfen, wohl aber bei einer Flasche mit gläsernem Stöpsel, welcher zu fest sitzt. Dieser wird dadurch losgemacht, dass wir den Hals der Flasche über einer Flamme oder durch Reiben erwärmen. Offenbar ist der Hals bei der Erwärmung weiter geworden; das Glas hat sich also ausgedehnt. Dasselbe muss wohl auch beim Glasgefäss des Thermometers der Fall sein, wenn überhaupt eine Veränderung mit ihm vorgeht; es geschähe also gerade das Gegenteil von dem, was wir erwartet hatten. Wenn nun trotzdem das Quecksilber beim Zunehmen der Temperatur gestiegen ist, so weist dieses deutlich darauf hin, dass es einen grössern Raum beansprucht als vorher, mit andern Worten, es muss sich bei steigender Temperatur auch ausgedehnt, bei sinkender zusammengezogen haben. Beim Weingeist treten jedenfalls dieselben Veränderungen ein. Versuche werden das Verhalten beider Flüssigkeiten beim Wechsel der Temperatur zeigen.

1. Eine Kochflasche füllen wir so weit mit Weingeist, dass unter dem luftdicht schliessenden Kork noch ein kleiner Raum freibleibt. In den Kork führen wir eine enge, oben im spitzen Winkel gebogene Glasröhre ein. Dann wird der Weingeist über einer Flamme erhitzt. Bald hat dieser nicht nur den noch leeren Raum der Flasche ausgefüllt, sondern steigt auch rasch in der Röhre empor und läuft schliesslich in ein untergestelltes Gefäss über.

Der Weingeist bemächtigt sich mithin auch hier neuer Räume, jedenfalls weil er in den alten nicht mehr Platz hatte; dies hinwiederum kann lediglich darauf zurückgeführt werden, dass sich der Weingeist bei der Erhitzung ausgedehnt hat.

2. Beim Abkühlen des Weingeists in der Luft schon beobachten wir, dass er in der Röhre sinkt. Noch auffallender zeigt sich dies, wenn wir die Kochflasche in Schnee oder Eis halten. Es entsteht ein merklich grösserer leerer Raum, als wir ihn gelassen hatten.

Die Ursache, dass sich der Weingeist jetzt wieder mit einem kleinern Platze begnügt, ist nur in seiner Zusammenziehung zu suchen, und diese muss von seiner Abkühlung herrühren.

3. und 4. Dieselben Versuche mit Quecksilber; nur wird statt der Kochflasche ein möglichst kleines Probiergläschen genommen und bloss wenig erhitzt, wegen der giftigen Quecksilberdämpfe, die sonst entstehen.

III a. Ziel. Diese Erscheinungen zeigen uns, wie sich Quecksilber und Spiritus bei der Veränderung der Temperatur verhalten.

In allen Versuchen dehnten sich Quecksilber und Spiritus aus, als wir sie erhitzten, und sie zogen sich zusammen, als wir sie abkühlten.

IV a. Das lässt sich als Gesetz so ausdrücken:

Quecksilber und Spiritus dehnen sich bei zunehmender Temperatur aus, bei abnehmender Temperatur ziehen sie sich zusammen.

V a. Unsere erste Frage ist damit schon erledigt:

Das Steigen der Temperatur, d. h. die Zunahme der Wärme bewirkt, dass sich das Quecksilber und der Weingeist ausdehnen. Sie brauchen deshalb mehr Platz als vorher. Diesen finden sie aber nur in dem leeren Raum der Röhre; daher rührt es, dass Quecksilber und Weingeist in der Röhre emporsteigen, sobald es wärmer wird.

Beim Sinken der Temperatur dagegen, d. h. beim Abnehmen der Wärme ziehen sich Quecksilber und Weingeist zusammen; sie haben deshalb nun in einem kleineren Raume Platz als vorher und sinken daher in der Röhre herunter.

Sehen wir deshalb einmal, dass das Quecksilber in der Röhre höher steht, als vorher, so können wir daraus auch schliessen, dass es wärmer geworden sein muss; umgekehrt ergibt sich daraus, dass das Quecksilber gesunken ist, mit Notwendigkeit, dass die Temperatur abgenommen hat. Aus diesen Gründen können wir das Thermometer eben als Wärmemesser benutzen. Nur bedürfen wir, wenn wir die Wärmeunterschiede genau bestimmen wollen, auch einer Skala.

II b. Der zweite Punkt, welcher der Erklärung bedarf, ist nun eben die Festsetzung der Skala. Jedenfalls kann man nicht an einer beliebigen Stelle Grade hinschreiben und ebensowenig die Grösse der Grade nach Willkür wählen; es würden ja sonst die verschiedenen Thermometer sehr voneinander abweichen. Einige Anhaltspunkte zur Lösung der Frage kann uns das Thermometer selber geben. Auf einem Thermometer nach Réaumur lesen wir bei 80° „S. P.“, auf einem solchen nach Celsius dieselben Buchstaben bei 100°, während der 0-Punkt bei beiden mit „E. P.“ bezeichnet ist. Wenn wir auch den Sinn dieser Buchstaben einstweilen noch nicht verstehen, so können wir doch schliessen, dass die genannten zwei Punkte von hervorragender Bedeutung sind. Wahrscheinlich hat man sie zuerst in irgend einer Weise bestimmt und dann den dazwischen liegenden Raum eingeteilt, und zwar, wie es die Thermometer selber lehren, bei dem einen in 80, bei dem andern in 100 gleiche Teile oder Grade.

Die Art und Weise der Feststellung jener zwei Punkte prüfen wir jetzt selber. Wir halten ein Réaumur- und ein Celsiusthermometer nebeneinander in das Wasser einer Kochflasche; bei jenem steht das Quecksilber auf 8°, bei diesem auf 10°. Durch Erhitzen des Wassers können wir es jedenfalls dazu bringen, dass das Quecksilber in beiden Thermometern steigt, vielleicht gar bis zu dem mit „S. P." bezeichneten Punkte. Wir versuchen es. Langsam steigen die Quecksilberfäden empor; wir vergleichen fortwährend deren Stand; das Réaumurthermometer zeigt 16°, dasjenige nach Celsius 20°,

jenes 20°, dieses 25°
  „   40°,   „   50°
  „   60°,   „   75°
  „   72°,   „   90°
u. s. f.

Bald steigen aus dem Wasser grosse Blasen auf, und wenn es im vollen Kochen ist, steht das Quecksilber im Thermometer nach Réaumur auf 80°, in demjenigen nach Celsius auf 100°, bei beiden also auf dem mit „S. P." bezeichneten Punkte. Die Erklärung dieses Ausdruckes ist folglich nicht mehr schwer: das Wasser kocht oder siedet; was können folglich jene Buchstaben anders heissen als Siedepunkt? Zugleich können wir daraus schliessen, wie bei dem Thermometer jener Punkt festgestellt wird: offenbar ähnlich, wie wir die Prüfung vorgenommen haben. Ganz so einfach ist die Sache freilich nicht. Nehmen wir an, man habe das Glasgefäss und den untersten Teil der Röhre mit Quecksilber gefüllt und hielte ersteres hierauf in kochendes Wasser; das Quecksilber dehnte sich ohne Zweifel aus und stiege deshalb in der Röhre empor. Dabei würde aber ebenso gewiss das Gefäss zertrümmert, wenn nicht vorher der Raum, den das Quecksilber bei seiner Ausdehnung in Anspruch nimmt, frei gemacht, d. b. wenn nicht die Luft daraus verdrängt worden wäre. Dieses geschieht am einfachsten dadurch, dass das Glasgefäss vor dem Zuschmelzen der Röhre so stark erhitzt wird, dass das Quecksilber eben im Begriffe ist, oben auszutreten; in diesem Augenblick schmilzt man die Öffnung zu. Bei der Abkühlung zieht sich das Quecksilber wieder zusammen, und es bleibt darüber ein luftleerer Raum, so dass seiner Ausdehnung durchaus kein Hindernis mehr im Wege steht. Es kann nun der Siedepunkt in der angedeuteten Weise fixiert werden.[1]

Was bedeutet nun aber „E. P.", und wie setzt man diesen Punkt fest? Wahrscheinlich auch mit Hilfe des Wassers. Um dieses so weit abzukühlen, bringen wir in eine Kältemischung aus Schnee und Kochsalz eine Kochflasche mit Wasser, worin das Thermometer mit Hilfe eines Korks so befestigt ist, dass sein Glasgefäss eben unter der Wasseroberfläche steht. Bald sinkt das Quecksilber von Grad zu Grad und erreicht ungefähr den Nullpunkt, wenn sich das umliegende Wasser in Eis verwandelt hat. E. P. wird demnach wohl mit Eispunkt zu übersetzen sein, und die Festsetzung dieses Punktes geschieht in ähnlicher Weise, wie wir eben dessen Lage prüften. Grösserer Genauigkeit wegen bringt

---

[1] Dass man in Wirklichkeit das Quecksilber nicht dem kochenden Wasser direkt, sondern nur dessen Dämpfen aussetzt, kann eventuell später nachgeholt werden, nachdem der fortschreitende Unterricht die nötigen Voraussetzungen dafür geschaffen hat.

man das Quecksilbergefäss allerdings nicht in gefrierendes Wasser, sondern in schmelzendes Eis. Wir überzeugen uns durch den Versuch, dass das Quecksilber darin genau auf dem Nullpunkt steht, und zwar bei Thermometern nach Réaumur und nach Celsius.

Die Namen Réaumur und Celsius bezeichnen die Männer, welche die zwei Skalen festgesetzt haben. Jener teilte den Raum zwischen dem Gefrier- oder Eispunkt und dem Siedepunkt in 80, dieser in 100 gleiche Teile. 100 Grade C. sind folglich gleich 80° R., 1° C. = $4/_5$° R., 1° R. = $5/_4$° C. Die Grade unter Null und über 80 resp. 100 werden durch Abtragen von Teilen, welche den übrigen Graden entsprechen, festgesetzt. In Reisebeschreibungen haben manche auch schon von Graden nach Fahrenheit gelesen, und zwar war dabei nicht selten die Rede von 100° Lufttemperatur. Daraus kann schon geschlossen werden, dass seine Grade viel kleiner sein müssen als die uns bekannten, oder dass sein 0-Punkt bedeutend tiefer liegt. In Wirklichkeit ist beides der Fall. Fahrenheit teilte den Abstand zwischen Gefrier- und Siedepunkt in 180 Grade und bezeichnete mit 0-Grad einen Punkt, welcher 32° unter dem Eispunkt liegt. Er fand ihn mit Hilfe einer künstlichen Kältemischung aus Schnee und Salmiak[1]) (Versuch!). Es sind mithin

$$180° F. = 100° C. = 80° R.$$
$$9° F. = 5° C. = 5° R.$$
$$1° F. = 5/_9° C. = 4/_9° R.$$
$$9/_5° F. = 1° C. = 4/_5° R.$$
$$9/_4° F. = 5/_4° C. = 1° R.$$

Behufs Beantwortung der Frage, warum manche Thermometer Quecksilber, andere Weingeist enthalten, erinnern wir uns zunächst, dass dieser namentlich zum Messen der Temperatur im Freien angewendet wird. Ausserdem wissen wir, dass man in kalten Ländern, wie z. B. in Sibirien, zur Winterszeit nur Thermometer letzterer Art gebrauchen kann. Es können sehr niedrige Temperaturen mit Quecksilberthermometern gar nicht mehr gemessen werden, weil da das Quecksilber den Aggregatzustand aller übrigen Metalle annimmt, es wird fest. Wann dies geschieht, schliessen wir aus dem Umstand, dass die niedrigsten Temperaturen bei uns, — 20 bis 25° C., noch richtig vom Quecksilber angezeigt werden, während dieses in Jakutzk, dessen mittlere Temperatur im Januar — 43° C. beträgt, nicht mehr der Fall ist. Das Quecksilber gefriert also innerhalb dieser Grenzen, zwischen — 25 und — 43° C., genau, fügt der Lehrer hinzu, bei — 40° C. (Wo die nötigen Hilfsmittel zur Verfügung stehen, durch den Versuch zu zeigen!) Der Weingeist dagegen wird bei der bis jetzt erreichten Temperatur überhaupt nicht fest.

Ist demnach der Weingeist für niedrige Temperaturen unersetzlich, so eignet er sich jedenfalls für höhere nicht; es wäre sonst nicht einzusehen, warum man statt seiner das weit teurere Quecksilber benutzte.

Den Grund dafür werden wir an Hand eines Versuches gleich finden. Wir erhitzen Weingeist in einer Kochflasche und halten ein Thermometer hinein. Während nun das Wasser erst bei 100° lebhaft kochte, geschieht dies beim

---

[1]) Nach der „Erziehungsschule" von Barth Nr. 11, 1886, bezeichnete Fahrenheit mit 0° die grösste Kälte zu Danzig im Winter 1790.

Weingeist schon bei 78°. Es könnten also höchstens Temperaturen bis zu diesem Grade mit Weingeistthermometern gemessen werden. Das würde übrigens für Zimmer- und Badethermometer vollständig genügen; da man aber auch zu diesen Zwecken fast nur das Quecksilber verwendet, so muss der Weingeist noch einen weitern Übelstand haben. Um diesen nachweisen zu können, ist ein Weingeistthermometer erforderlich, bei welchem der Nullpunkt auf gewöhnliche Weise bestimmt worden ist. Wenn wir hierauf durch Vergleichung mit einem Quecksilberthermometer die höher gelegenen Temperaturgrade etwa von 10 zu 10 Graden markieren, so zeigt es sich, dass die Abstände der Teilstriche um so grösser werden, je höher die entsprechenden Temperaturen sind. Es folgt daraus, dass der Weingeist sich nicht gleichmässig ausdehnt, dass seine Ausdehnung vielmehr mit der steigenden Temperatur zunimmt. Deshalb würde es äusserst schwierig sein, eine bis ins einzelne genaue Skala herzustellen; an dieser Schwierigkeit scheitert wohl der Gebrauch des Weingeists zu Zimmer- und Badethermometern.

Die vierte Frage lautete, ob nicht noch andere Stoffe zum Thermometer Verwendung finden könnten, eine sehr wichtige Frage, da die Anwendung des Quecksilbers nicht nur nach unten, sondern auch nach oben eine bestimmte Grenze hat, welche durch den nämlichen Umstand bedingt ist wie beim Weingeist. Das Quecksilber kocht eben auch bei einem gewissen Grade und verwandelt sich in Dämpfe. Wir prüfen dies in möglichst sorgsamer Weise, um ja nicht den giftigen Quecksilberdampf in die Atmungsluft übertreten lassen zu müssen. Wir erhitzen es deshalb in einer Flasche, in deren luftdicht schliessendem Korke eine möglichst lange Glasröhre befestigt ist. Nach einiger Zeit fängt das Quecksilber wirklich zu kochen an, und die unsichtbaren Dämpfe verdichten sich in der aufgesetzten Röhre wieder zu Quecksilber, ähnlich wie sich Wasserdämpfe am Deckel des Kochgefässes wieder in Wasser verwandeln. Die Temperatur, bei welcher das Quecksilber kocht, können wir freilich nicht ermitteln, da uns ein entsprechendes Instrument fehlt. Doch ist so viel gewiss, dass sie bedeutend höher liegt als beim Wasser; denn sonst könnten wir ja nicht den Siedepunkt des Wassers mit einem Quecksilberthermometer bestimmen. Es siedet erst bei 350°.

Daraus geht klar hervor, dass man höhere Temperaturen, z. B. die Wärme in den verschiedenen Zonen eines Hochofens oder die Schmelzwärme der meisten schweren Metalle, weder mit Weingeist-, noch mit Quecksilberthermometern prüfen kann. Was für Stoffe werden denn dazu genommen? Offenbar solche, welche sich bei Wärmezu- und -abnahme ebenso verhalten wie Quecksilber und Weingeist. Sie müssen sich also in jenem Falle ausdehnen, in diesem zusammenziehen, ohne dabei zu sieden oder andere Nachteile zu zeigen. Flüssige Stoffe dieser Art werden kaum existieren. Denken wir an Wasser, Wein, Bier, Milch etc., so liegt jedenfalls der Siedepunkt aller weit unter demjenigen des Quecksilbers. Beim Wasser haben wir ihn schon bestimmt; bei Bier, Wein und Milch wird es nicht wesentlich anders sein, da ja deren Hauptbestandteil auch Wasser ist. Ausserdem wissen wir ja auch noch gar nicht, ob sie sich bei der Steigerung der Wärme ausdehnen und umgekehrt. Es ist dies übrigens in ähnlicher Weise, wie beim

Spiritus, bald geprüft. Wir tun es wenigstens bei einigen dieser Flüssigkeiten[1]) und finden, dass sie sich ebenso verhalten wie Weingeist und Quecksilber. Zur Anwendung in Thermometern eignen sie sich jedoch trotzdem nicht, wegen ihres niedrigen Siedepunkts.

Es bleiben uns demnach nur noch feste und luftförmige Körper übrig. Bei erstern sind von vornherein ausgeschlossen die brennbaren, wie Holz, Stroh etc.; dagegen dürften sich die festen schweren Metalle wohl dazu eignen. Über deren Ausdehnung und Zusammenziehung bei wechselnder Temperatur geben die Schüler folgende Erfahrungen an, die sie auch gleich zu erklären haben: glühende Plättbolzen klemmen sich in ihren Höhlungen, wenn sie im kalten Zustand nicht gehörigen Spielraum haben. Telegraphendrähte hängen an heissen Sommertagen schlaff, während sie bei hoher Winterkälte straff angezogen erscheinen. Um diesen Temperatureinflüssen ohne Nachteil folgen zu können, werden die Eisenbahnschienen nicht dicht aneinandergelegt etc.

Durch den Versuch weisen wir das Verhalten der Metalle bei zu- und abnehmender Temperatur mit dem bekannten Ring und der dazu passenden Kugel nach, welche bei gewöhnlicher Temperatur eben hindurchfallen kann, während sie oben liegen bleibt, nachdem sie stark erhitzt worden ist. Und zwar müssen Kugeln von verschiedenen Metallen vorhanden sein, da sich die Erfahrungen der Kinder fast ausschliesslich auf das Eisen beziehen.

Dass übrigens auch andere feste Körper dasselbe Verhalten zeigen, schliessen die Schüler aus folgenden Wahrnehmungen: Holz, Papier und Pappe werfen sich auf dem heissen Ofen, weil sie sich infolge stärkerer Erhitzung auf der untern Seite mehr ausdehnen als auf der obern. Auch auf das Lockern zu fest sitzender gläserner Stöpsel wird noch einmal hingewiesen.

IIIb. Ziel. Wir können jetzt von einer ganzen Menge von Dingen angeben, wie sich beim Erhitzen und beim Abkühlen verhalten.

Quecksilber, Weingeist, Wasser, Milch, Eisen, Blei, Kupfer, Zink dehnten sich aus, als wir sie erhitzten, und sie zogen sich zusammen, als wir sie abkühlten. Die einen der genannten Körper sind flüssig, nämlich —; die andern sind fest, nämlich —.

IVb. Wir stellen deshalb das Gesetz so fest:

Bei der Erwärmung dehnen sich feste und flüssige Körper aus; bei der Abkühlung ziehen sie sich zusammen.

Vb. Es ist deshalb sicher, dass sich z. B. Metalle sehr wohl zur Herstellung von Thermometern für hohe Temperaturen, von sog. Pyrometern (Feuermessern), eignen. Spekulation über die Einrichtung eines solchen. Dann Vorweisen, Erklären und Prüfen eines einfachen Apparats, z. B. desjenigen von Brongniart (vgl. Schriftl. System 2c und Fig. 20).

IIc. Haben wir jetzt nachgewiesen, wie flüssige und feste Körper zum Messen der Temperatur Verwendung finden, so bleibt uns noch zu untersuchen, ob nicht auch luftförmige demselben Zwecke dienstbar gemacht werden können. Die Ausdehnung und Zusammenziehung der atmosphärischen Luft beim Steigen

---

[1]) Auf das abweichende Verhalten des Wassers (Ausdehnung von 4° abwärts) wird erst später eingegangen.

und Sinken der Temperatur ist uns schon von der Besprechung des Barometers
her bekannt. (Wiederholung der dort gemachten Versuche und der Beziehung
dieser Eigenschaft der Luft zum Barometer!) In ähnlicher Weise prüfen wir
das Verhalten des Wasserstoffs, der Kohlensäure etc.

IIIc. Ziel. Das Gesetz über die Ausdehnung und Zusammenziehung der
Körper lässt sich danach noch erweitern.

Wir haben schon gesehen, dass sich feste und flüssige Körper ausdehnen,
wenn —, und sich zusammenziehen, wenn. Das gleiche fanden wir jetzt auch
noch bei luftförmigen Körpern, nämlich —.

IVc. Das bezügliche Gesetz kann deshalb jetzt so gefasst werden: feste,
flüssige und luftförmige Körper dehnen sich bei der Erwärmung
aus und ziehen sich bei der Abkühlung zusammen.

IId. Die Anwendung luftförmiger Körper in Thermometern ist jedoch nicht
so einfach wie diejenige fester und flüssiger,[1]) aus zwei Gründen: einmal füllen
die Gase einen ihnen überlassenen geschlossenen Raum vollständig aus; sie
würden sich daher bei einer Änderung der Temperatur weder ausdehnen, noch zusammenziehen können; zum andern könnte ja auch ihr Steigen und Sinken in
einer Glasröhre deshalb nicht beobachtet werden, weil die uns bekannten Luft-
arten farblos und mithin unsichtbar sind. Daher macht sich für das Luftthermometer eine ganz besondere Einrichtung nötig. Auf Grund eines Versuchs mit
dieser Kochflasche und dieser gebogenen Glasröhre finden wir sie leicht selbst.
Wir schliessen die Kochflasche fest mit einem durchbohrten Kork und führen
durch diesen eine möglichst lange Sicherheitsröhre, deren zwei Schenkel so weit
mit Wasser gefüllt sind, dass dessen Niveau etwa die Mitte der Kugel erreicht.
Die in der Glasflasche eingeschlossene Luft erwärmen wir zunächst dadurch, dass
wir die Flasche mit den Händen anfassen. Schon dadurch können wir die Wasser-
säule in dem senkrecht nach oben gehenden Schenkel der Röhre in die Höhe
treiben. Bei stärkerer Erhitzung der Luft über einer Flamme wird das Wasser
sogar gänzlich aus der Kugel verdrängt und bis in den Trichter hinaufgetrieben.

Damit haben wir die Einrichtung des Luftthermometers gefunden. Gewöhnliche Temperaturen können schon mit dieser Glasflasche samt der Sicherheitsröhre bestimmt werden, nachdem man an der senkrecht nach oben gerichteten
Röhre eine Skala angebracht hat, was durch Vergleichung mit einem Quecksilberthermometer bequem geschehen kann. Freilich würde das Wasser rasch verdunsten
und deshalb besser durch Quecksilber ersetzt werden. (Ausführen des vorigen
Versuches damit!) Beim Messen höherer Temperaturen, wie sie z. B. in einem
Hochofen herrschen, müsste man auch an Stelle der Glasflasche, die sofort
schmelzen würde, ein anderes Gefäss nehmen, z. B. eine hohle Platinkugel oder,
da Platin in der Glühhitze Luft durchlässt, noch besser eine solche von Porzellan.

---

[1]) Deshalb handelt es sich hier, methodisch genommen, auch nicht nur um
einen Anwendungsfall wie auf Va und b; das Neue, das notwendigerweise herangezogen werden muss, überwiegt das Bekannte zu sehr, als dass es auf die
V. Stufe gestellt werden könnte.

Zur Klärung der gewonnenen Anschauungen schliessen wir noch folgendes an:

1. Zusammenstellen und Vergleichen der verschiedenen Thermometer nach Ähnlichkeiten und Unterschieden in Einrichtung und Gebrauch.

2. Vergleichung des Thermometers und des Barometers nach denselben Gesichtspunkten.

IIId und IVd.

1. Kurze Zusammenfassung der wesentlichen Merkmale des Thermometers unter Hinweis auf ihren Zweck.

2. Angeben des Verhältnisses zwischen den Graden von C., R. und F. Ableiten folgender Umrechnungsregeln:

$$x^0\, F = {}^5/_9 \times (x - 32)^0\, C =$$
$$ {}^4/_9 \times (x - 32)^0\, R =$$
$$x^0\, C = {}^4/_5 \times x^0\, R =$$
$$ {}^9/_5 \times x^0 + 32^0\, F =$$
$$x^0\, R = {}^5/_4 \times x^0\, C =$$
$$ {}^9/_4 \times x^0 + 32^0\, F =$$

Schriftliches System.

Das Thermometer.

1. Messen der Temperatur der Luft in Wohnräumen, in Schulstuben, im Freien, des Badewassers etc. Ermöglicht durch die Ausdehnung fester, flüssiger und luftförmiger Körper beim Steigen der Temperatur und umgekehrt. Beobachtungen und Versuche!

2. Arten von Thermometern:

a) Quecksilberthermometer: sehr enge, überall gleich weite Glasröhre; unten ein kugeliges oder zylindrisches Glasgefäss; dieses und ein Teil der Röhre mit Quecksiber gefüllt, darüber luftleerer Raum; Skala nach Réaumur (Gefrier- bis Siedepunkt 0—80°), nach Celsius (0—100°). Verwandlung der verschiedenen Grade. Bestimmung des E.-P. und S.-P. Verdrängen der Luft aus der Röhre, Gefrieren des Quecksilbers bei — 40°, Kochen desselben bei 350°; daher —.

b) Weingeistthermometer: Einrichtung ebenso, jedoch —. Messen niedriger Temperaturen (Sibirien), weil —. Kochen bei 78° und schon vorher ungleichmässige Ausdehnung; daher —.

c) Metallthermometer (Pyrometer): Metallstab, der gegen einen Hebel drückt, welcher die Bewegung durch Zahnrad auf einen Zeiger überträgt (Fig. 20).

d) Luftthermometer (Pyrometer): Luft in einer Platin- oder Porzellanhohlkugel, welche in Verbindung steht mit einer U-förmig gebogenen Glasröhre, die Quecksilber enthält. Versuch!

e) Maximum- und Minimum-Thermometer. Bedeutung. Je ein horizontal liegendes Quecksilber- und Weingeistthermometer mit Stahl- und Glasstäbchen. Erklärung!

3. **Rostpendel**: Rostartig miteinander verbundene Stäbe aus Stahl und
Zink oder aus Stahl und Messing (Fig. 21). Ungleiche Ausdehnung
verschiedener Metalle, Versuche! Zweck des Rostpendels! —

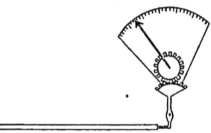

Fig. 20.

Vc.

1. Erklärung der im schriftlichen System neu aufgeführten Gegenstände:
   a) das Maximum- und Minimumthermometer.
   Vorweisen der einfachsten Form desselben (horizontal
   liegendes Quecksilber- und Weingeistthermometer);
   Erklären durch die Schüler! Beobachtungen!

Fig. 21.

   b) das Rostpendel. Anknüpfend an die Frage, ob die Ausdehnung und
   Zusammenziehung sich nicht auch beim Pendel der Uhr geltend
   mache, und in welcher Weise dadurch der Gang der Uhr beeinflusst
   werde, wird die Einsicht in die Notwendigkeit des Rostpendels geweckt.
   Die vielen Schülern bekannte Einrichtung desselben führt zu der Vermutung von der ungleichen Ausdehnung verschiedener Metalle. Wir
   weisen diese mit einem Metallthermometer, so wie es im schriftl.
   System angedeutet ist, dadurch nach, dass wir gleich lange Drähte
   der verschiedenen Metalle durch das kochende Wasser eines Glas-
   zylinders leiten und auf den Hebel und durch diesen auf den Zeiger
   einwirken lassen. Es ergibt sich dabei, von der geringsten bis zur
   grössten Ausdehnung fortschreitend, folgende Reihe: Eisen, Kupfer,
   Messing, Zinn, Blei, Zink. Von einer Feststellung der Ausdehnungs-
   koeffizienten können wir füglich absehen. Nur darauf wird hingewiesen, dass sich Messing fast zweimal, Zink beinahe dreimal so
   stark ausdehnt als Eisen. Auf Grund dieser Erkenntnis fällt die
   Erklärung einfacher Rostpendel nicht mehr schwer.

2. Fragen:
   a) Warum muss die Röhre des Thermometers möglichst eng, warum
   die Wand des Glasgefässes möglichst dünn sein?
   b) Welche Thermometer sind empfindlicher, diejenigen mit zylindrischen
   oder die mit kugelförmigen Glasgefässen?
   c) Wie ist es möglich, das Glasgefäss durch eine so dünne Röhre mit
   Quecksilber zu füllen? (Austreiben der Luft durch Erhitzen etc.). —

d)
$$22^\circ\,C = ?\,^\circ R = ?\,^\circ F;$$
$$22^\circ\,R = ?\,^\circ C = ?\,^\circ F;$$
$$22^\circ\,F = ?\,^\circ C = ?\,^\circ R.$$
u. s. f.

e) Aus welchem Grunde legt der Schmied den Wagenreif im glühenden Zustand um das Rad?

f) Wie wird der Ausdehnung und Zusammenziehung infolge wechselnder Temperatur bei Zinkdächern Rechnung getragen?

g) Warum springen Wassergläser, wenn man sie auf den Ofen stellt? Wie kann dem vorgebeugt werden?

b) Warum springt ein heisser Lampenzylinder, wenn man ihn mit Wasser besprengt?

i) Wie kann ich mittels eines Probierzylinders und eines Wasserglases ein Luftthermometer herstellen?

II.

Bericht über die Versammlung des Vereins der Freunde Herbartischer Pädagogik in Thüringen.

Von C. Geisel in Nordhausen.

Der Verein, welcher in diesem Jahre wieder in Erfurt tagte, hielt zwei Versammlungen ab, welche gut besucht waren. In der ersten (24. Mai) sprach Institutsdirektor Trüper-Jena über „Gemeinsame Erziehung und gemeinsamen Unterricht" und in der zweiten, der Hauptversammlung, (25. Mai) Schuldirektor Scholz-Pössneck über das „Mannheimer Schulsystem". Bei der vielseitigen Besprechung beider Themen in pädagogischen und anderen Zeitschriften scheint es mir überflüssig zu sein, auf ihren Inhalt zunächst noch im einzelnen einzugehen; ich werde deshalb in diesem Berichte, abgesehen von dem ersten Vortrag, dessen Inhalt ich kurz streifen muss, nur die Thesen und die Hauptpunkte der Debatte wiedergeben.

I. Vortrag: 1. Die Vereinigung der beiden Geschlechter in allen unseren Schulen ist natürlich und praktisch, da sie dem Bau und Wesen der Familie und Gesellschaft folgt;

2. sie ist unparteiisch, billig und gerecht, da sie dem einen Geschlecht dieselbe Bildungsmöglichkeit gewährt, wie dem anderen;

3. sie ist sparsam und finanzwirtschaftlich am zweckmässigsten, weil die für unsere Schule bestimmten Gelder so am nutzbringendsten verwendet werden;

4. sie wirkt vorteilhaft auf die Entwicklung von Geist, Moral und Gewohnheiten der Zöglinge;

5. sie erleichtert sowohl den Eltern wie den Leitern und Lehrern der Schulen die Erziehungsaufgaben und beeinflusst das Familienleben wie das Schulleben und den Unterricht in günstigem Sinne.

In den Ausführungen zu den ersten 3 Thesen, in denen das Soziale der Frage uns entgegentritt, war vom Vortragenden der Satz ausgesprochen worden, dass der Romanismus überall, wo er sich in Schule und Kirche, im Rechts- und Staatsleben geltend mache, die Geschlechter trenne, während der Germanismus in den verschiedensten Ländern sie zu vereinigen suche. Zur Beweisführung hierzu erinnerte Redner einmal an die gegenwärtige Trennung in höheren und niederen Schulen, an die Errichtung von Klöstern, an das Zölibat, das vielgepriesene römische Recht, das dem Manne mehr Rechte einräume als der Frau — dann an die germanischen Länder, in denen die gemeinsame Erziehung in der Schule schon bestehe (namentlich in Amerika), an das neue deutsche Recht, in dem die ganze Familie mehr zu ihrem Rechte komme. Redner beleuchtete diesen Gedanken noch weiter an mancherlei Erscheinungen in Kunst und Literatur, wo man besonders für die Frauen ein eignes Gebiet geschaffen habe und erklärte zuletzt, dass solche Trennung unnatürlich und darum auch nicht volkstümlich sei. Was Gott zusammengefügt habe, das solle der Mensch nicht scheiden. Die Schule müsse sich daher, wenn sie eine volkstümliche Einrichtung sein wolle, dem Natürlichen, der Familienbildung, anschliessen, da lebten die Geschlechter zusammen. Darum solle man keine Knaben- und Mädchenschulen, sondern eine einheitliche Schule gründen. Geschehe dies, so werde auch dem Teile unserer Frauen mehr Gerechtigkeit zuteil — das ist heute mehr als 1 Mill. — der die gleiche Bildung für Knaben und Mädchen fordere und zwar in allen Schulen bis zur Universität hinauf.

Gegenüber dem oben angeführten Hauptgedanken, dass die Trennung der Geschlechter römisch und deren Vereinigung christlich sei, wurde betont, dass das Christentum orientalischen Ursprungs ist und bei Paulus das Weib dem Manne untergeordnet war. Germanisch sei die Zusammenführung der Geschlechter auch nicht; das könne man historisch nicht leicht beweisen. Demgegenüber legte Referent dar, dass vor Jesus Frauen und Männer nebengeordnet waren. Frauen und Männer begleiteten ihn stets, und wenn ihn die Männer verliessen, da blieben ihm die Frauen noch treu. Durchs Christentum haben die Frauen eine höhere Stellung erhalten, das zeige sich auch heute in allen germanischen Ländern, wo das Schulwesen höher stehe als in den romanischen. Diesen Darlegungen schlossen sich auch mehrere der anwesenden Damen an. Bezüglich des Mädchengymnasiums wurde von weiblicher Seite die Ansicht geäussert, dass man bisher an dieser Schuleinrichtung festgehalten habe, um schneller zum Universitätsstudium zu gelangen; der Idee der gemeinsamen Unterrichtung von Knaben und Mädchen stehe man ihrerseits sympathisch gegenüber.

Die beiden letzten Thesen besprechen die individuelle Seite der Frage. Da handelt es sich vor allem um die Entscheidung dieser Frage: Kommen die einzelnen Individuen bei ihrer Mischung in der Schule zu ihrem Rechte? Der Vortragende zeigte zuerst aus der Geschichte der Pädagogik, wie man sich bald für, bald gegen die Trennung der Geschlechter ausspricht, und hierbei macht sich allerdings der Einfluss des Romanismus wieder geltend. Darauf zeichnete er kurz die Stellungnahme der Physiologen zu dieser Frage, die ebenfalls teils für, teils gegen die gemeinsame Erziehung gerichtet ist. Unter den Psychologen sind namentlich Stern, Lobsien, Stössel etc. mit ihren experimentellen Untersuchungen auf diesem Gebiet hervorgetreten, auf die ich hier wegen ihrer umfangreichen Darbietung nicht weiter eingeben kann.

In der Debatte zu diesem Teile des Vortrags wurden zunächst die erwähnten psychologischen Untersuchungen einer Kritik unterzogen, wobei sich herausstellte, dass sie einer weiteren Nachprüfung noch bedürftig sind. Sehe man aber von dieser auch noch ab und nehme an, dass individuell ein gewisser Unterschied zwischen Knabe und Mädchen bestehe, so sei doch eine gemeinsame Erziehung und ein gemeinsamer Unterricht möglich. Man brauche es Amerika noch nicht nachzuahmen, wo die Mädchen, ihren Neigungen entsprechend, sich die Unterrichtsfächer auswählen, man sollte bei uns bloss 1. den Stoff verringern, 2. ihn mehr den Entwicklungsstadien des Kindes anpassen, 3. das Tempo im Unterricht etwas ändern, dann werde die individuelle Seite von Knaben und Mädchen keine Schwierigkeiten bereiten. In erziehlicher Hinsicht — und das Erziehliche müsse besonders betont werden — wirke das Zusammenleben nur vorteilhaft auf den Knaben sowie das Mädchen ein. Beide würden nicht so sehr das Geschlechtsleben im Auge haben, wenn sie zusammenkommen, wie das heute unter den Studenten nicht selten der Fall sei; sie würden sich vielmehr nach ihrer ethischen Seite besser kennen lernen, ihre beiderseitigen Vorzüge wahrnehmen und diese auf sich einwirken lassen. Der Volkssittlichkeit wäre dann damit sehr viel geholfen.

Wie steht es um die Anstellung von Lehrerinnen an Schulen mit vereinigten Geschlechtern?

Wenn man eine Parallele zwischen Schule und Familie ziehe in der Beziehung, dass die Lehrerin in der Schule der Mutter in der Familie gleichen solle, dann müsse die Lehrerin auch Mutter sein. Das ist aber nicht gut. Daraus folgerte man, dass sie da nicht unterrichten bezw. erziehen könne, wo ihr Pflichten übertragen werden, die sie nur als Mutter richtig ausüben kann. Es handelt sich da hauptsächlich um den Unterricht in der Anthropologie. Man war der Ansicht, dass in diesem Punkte der Lehrerin dieselben Schwierigkeiten wie dem Lehrer entgegenstehen. Darum solle man die Geschlechter dort trennen, wo sich Besprechungen über das sexuelle Leben ergeben.

II. Vortrag. 1. Dem Verlangen nach einer möglichst weitgehenden individuellen Behandlung der Schüler zum Zwecke einer kräftigen körperlich-geistigen Entfaltung ihrer Anlagen ist prinzipiell zuzustimmen. Dasselbe gilt von dem Urteil, dass das bisher in nicht zureichendem Masse geschehen ist und mit zu der allgemein verbreiteten Repetentennot beigetragen hat.

2. Letztere ist von verschiedenen Faktoren abhängig, dass ihr durch bloss organisatorische Massnahmen, wie durch die Differenzierung der Schüler nach ihren Fähigkeiten bezw. Leistungen nicht abgeholfen werden kann.

3. Diese Differenzierung ist nach dem heutigen Stande der pädagogischen Wissenschaft, wenn sie mit einiger Sicherheit und Gerechtigkeit gehandhabt werden soll, nur insoweit möglich, als man die krankhaft schwachbegabten Kinder von den anderen abgesondert unterrichtet und erzieht. Die Frage des Hilfsschulwesens ist darum vor allem allseitig und gründlich zu erörtern und die sich ergebenden Forderungen, zu denen u. a. die Anstellung von Schulärzten gehört, sind möglichst bald zu verwirklichen.

4. Einer weiteren Scheidung der Schüler nach ihren Fähigkeiten müssen verschiedene Massnahmen der äusseren Organisation und der inneren Ausgestaltung des Schulbetriebes vorausgehen.

5. Zu ersteren sind zu rechnen: a) die Verschiebung des Schulbeginns mindestens bis zum vollendeten 6. Lebensjahr; b) eine wesentliche Herabsetzung der Höchstzahl der Klassenbestände, besonders in den Elementarklassen; c) die Durchführung der Klassen nach Altersstufen; d) eine genauere Regelung des Wechsels zwischen Ermüdung und Erholung, überhaupt der Einrichtungen für die körperliche Pflege, wie Turnen, Spiel, Schulreisen.

6. Die innere Ausgestaltung des Schulbetriebes bezieht sich vor allem auf eine gründliche Revision der Lehrpläne, wobei der Unterricht des ersten Schuljahres eine wesentliche Umwandlung in der Richtung zu erfahren hätte, dass mit den Forderungen des praktischen Lebens, sondern dem Wesen und den Bedürfnissen des kindlichen Geistes in erster Linie Rechnung zu tragen ist. Die Handhabung dieses Lehrplanes setzt aber unbedingt eine psychologische Lehrweise voraus.

7. Würde trotz alledem — bisher liegen darüber keine Erfahrungen vor — noch ein nennenswerter Teil die gesteckten Ziele nicht erreichen, dann müsste mit gutem Recht eine weitere Differenzierung eintreten.

8. Ist die Zahl der Repetenten gering, dann werden sie — eine psychologische Methode vorausgesetzt — ohne nennenswerten Schaden die Klasse wiederholen können.

9. Ob — bei grösserer Zahl — durch Sammlung der Repetenten in besondere Klassen oder durch andere Vorkehrungen den sich etwa noch zeigenden Übelständen abzuhelfen ist, wird am besten nach örtlichen Verhältnissen zu entscheiden sein. Die mit Wiederholungs- und Abschlussklassen angestellten Versuche werden dafür willkommene Erfahrungen liefern. Ist ihre allgemeine Einführung aus obengenannten Gründen auch nicht zu empfehlen, so kann in ihnen eine Gefährdung des Schulwesens, besonders auch der Einheitsschule, nicht erblickt und einer schroffen Ablehnung der ganzen Reform nicht zugestimmt werden.

10. Die Frage, wie die besonders gutbegabten Kinder zu fördern sind, erledigt sich bei den Knaben im allgemeinen durch den Übergang der fähigen Schüler auf höhere Schulen. Die wenigen noch verbleibenden guten Schüler von ihren Altersgenossen zu scheiden, empfiehlt sich aus Gründen der Miterziehung nicht. Besonderer Überlegungen bedarf diese Frage dagegen mit Rücksicht auf die Mädchenbildung.

Das eigentlich Neue in der Mannheimer Organisation ist die Einrichtung von Förder- oder Wiederholungsklassen, die vom 2. Schuljahr ab beginnen und mit dem 6. ihren Abschluss finden. Darin sitzen also grösstenteils die Repetenten oder „Sitzenbleiber". Und ihrer gibt es nicht bloss in Mannheim, sondern auch in anderen Orten, was von der Mehrheit der Redner bestätigt wurde, eine bedeutende Zahl, so dass, wie Referent hervorgehoben hatte, eine allgemeine Repetentennot vorhanden ist. (These 1.) Die Ursachen der Repetentennot sind sehr verschiedener Natur. Gegenden mit mehr Industriebevölkerung, wo die Eltern des Broterwerbs wegen sich um den geistigen Hunger ihrer Kinder wenig kümmern können, liefern meist mehr Sitzenbleiber als solche, in denen der häusliche Fleiss der Kinder häufig angeregt wird. Auch der Lehrplan wie die Methode tragen, wenn sie nicht psychologisch gegründet sind, ein grosses Stück Schuld daran, dass die Schüler nicht regelmässig versetzt werden. Meist gilt auch das Wissen zu viel und die Herzensbildung zu wenig. Wenn zu diesem allen noch ein beständiger Wechsel in der Weiterführung der Schüler kommt, wenn schliesslich bloss nach dem Resultat der Versetzungsprüfung und nicht nach den sonstigen Leistungen des Schülers versetzt wird, dann ist es begreiflich, woher die Repetentennot kommt und wie die Fähigkeiten grösstenteils nicht richtig geschätzt werden können. Man kann von der Mannheimer Organisation nicht behaupten, dass sie die genannten Ursachen ganz oder wenigstens zum grössten Teile beseitigt, dass sie mithin auch eine Trennung der Zöglinge erreicht habe. So ist diese Organisation eine rein äusserliche, der die innere noch fehlt (These 2.) Um die Schüler geistig genau voneinander zu trennen, dazu gehört ein grösserer Fortschritt der Psychologie, speziell der Kinderpsychologie, als der, der heute namentlich von der letzteren erreicht worden ist. Man spricht zwar auch schon viel Rühmendes von der neuen experimentellen Didaktik; allein Sicheres bietet sie uns auch noch nicht. Erst wenn hier einwandfreiere Resultate erlangt worden sind, vermögen wir eine bessere Scheidung nach Fähigkeiten vorzunehmen. Wenn in der Gegenwart eine Trennung der Zöglinge einigermassen gelingen soll, dann kann sie sich nur auf die Schwachsinnigen beziehen, deretwegen wir immer von neuem wieder die Anstellung von Schulärzten und Gründung von Schulen für Schwachsinnige — auch auf dem Lande — fordern müssen. Dr. Sickinger hat seiner Organisation ein wissenschaftliches Gepräge zu verleihen gesucht, indem er die einzelnen Klassenreihen als den Ausdruck bestimmter Grade der Befähigung hinstellt; bei näherer Betrachtung fällt jedoch dieser Charakter gänzlich fort. Kann man demnach annehmen, dass seine Organisationsidee viel zu früh hinausgetragen worden ist, so muss doch auch berücksichtigt werden, dass äussere Organisation oft nicht so lange warten können, bis die inneren vollendet sind; denn diese brauchen oft Jahre, um in diesem oder jenem Punkte nur einen merklichen Schritt vorwärts zu kommen. (Lehrplan!) (These 3.) Trotzdem dürfte das Mannheimer System, das doch schon eine Einrichtung grösseren Stils ist und darum nicht mit kleinen Organisationen, deren zu frühes Auftreten lange nicht so viel schaden kann als grössere, verwechselt werden, heute noch nicht praktische Gestaltung annehmen. Vor allem musste hinsichtlich der äusseren Organisationen zunächst noch der Schulbeginn der Incipienten besser geregelt sein. Kinder im Alter von $5^1/_4$, $5^1/_2$ oder $5^3/_4$ Jahren sollte man noch nicht in die Schule aufnehmen. Ferner kommt hier noch die Unterrichtszeit, ob geteilt oder ungeteilt, in Betracht: Vergleiche über die Erfolge beider Zeiten lassen sich gegenwärtig kaum anstellen, da die ungeteilte Unterrichtszeit noch nicht überall eingeführt ist. Schliesslich ist die Stundenzahl der Lehrer von nicht geringer Bedeutung bei der Beurteilung der Unterrichtserfolge; eine Zeit von $41^1/_2$ Stunden Wochenunterricht, wie sie in Mannheim im ersten Schuljahre für einen Lehrer angesetzt ist, geht über die äusserste Grenze der Leistungsfähigkeit des tüchtigsten Lehrers weit hinaus. Betreffs der inneren Organisation sind nach Auswahl und Anordnung der Lehrstoffe wie auch an die Lehrerbildung solche Forderungen noch zu erfüllen, die es ermöglichen, dass der Schüler dem Unterrichte leichter zu folgen vermag.

Über die Arbeit in den Förderklassen lässt sich ein schönes Bild nicht machen, da ein besonderer Lehrplan für diese fehlt; man arbeitet den Stoff der vorhergehenden Klasse für normalbefähigte Schüler noch einmal rasch durch, um dann noch ein grösseres Stück des Stoffes der nächstfolgenden Klasse normaler Schüler zu behandeln. Dabei herrscht viel Abteilungsunterricht, der besonders den schwächer Befähigten erteilt wird. Abgesehen von der unhygienischen Art dieses Unterrichts, ist zu bemerken, dass in solchem viel Drill und wenig Erziehung steckt. Um schwächere Kinder da besser vorwärts zu bringen, wo das Mannheimer System fehlt, empfiehlt sich Nachhilfeunterricht, dessen Stunden allerdings den übrigen Klassenstunden eingerechnet sein müssen. (These 4—10.)

Betrachtet man das Mannheimer System vom Standpunkte der Eltern der Schüler, so muss, trotzdem man erklärt, dass die Eltern in Mannheim mit dem neuen Schulsystem zufrieden wären, betont werden, dass ihre Zufriedenheit — sehr gelinde gesagt — in dem erwünschten Grade noch nicht erreicht sein wird. Kann ein Lehrer, der erst wenige Jahre im Amt steht, eine solche Trennung der Geister vornehmen, dass man hier erstklassige, da zweitklassige und dort drittklassige Menschen hat? Und das muss doch der jüngere Lehrer ebenso verstehen als der ältere; können die Eltern zufrieden sein, wenn sie erfahren, dass dies bis heute überhaupt unmöglich ist, da man in der Kinderpsychologie fast gar keine Ratschläge dafür findet? Die Unzufriedenheit der Eltern mit der Schule ist heute allgemein noch so gross, dass wir Ursache genug haben, sie mit unseren gegenwärtigen äusseren und inneren Schuleinrichtungen zunächst zufrieden zu stellen, bevor wir sie mit neuen und verfrühten Schuleinrichtungen bekümmern und dadurch von der Schularbeit abwendig machen. Richten wir überall Elternabende ein, um ihr pädagogisches Verständnis für unsere Tätigkeit und unsere Einrichtungen zu wecken und zu kräftigen; dann können wir sie, wenn die rechte Zeit gekommen ist, mit einer Organisation wie die Mannheimer in der Tat befreunden, die dann für die Schule wie für die Eltern und Schüler viel Segen bringen wird.

Aus dem geschäftlichen Teile der Versammlung sei mitgeteilt, dass die Mitgliederzahl seit Beginn dieses Jahres von 1319 auf 1453 gestiegen ist. Die nächste Versammlung wird Ostern 1906 in Nordhausen abgehalten werden, für die die beiden Themen „Das erste Schuljahr“ und die „Lehrerbildung in Thüringen“ angesetzt worden sind.

III.

Eine Nationalbühne für die deutsche Jugend.

Der bekannte Literaturhistoriker und Dichter Prof. Adolf Bartels in Weimar macht in einer bei Hermann Böhlaus Nachfolgern in Weimar soeben erschienenen Denkschrift (Das Weimarische Hoftheater als Nationalbühne für die deutsche Jugend. Pr. 50 Pf.) den Vorschlag, eine Nationalbühne für die deutsche Jugend zu schaffen. Und zwar soll das so geschehen, dass das Weimarische Hoftheater alljährlich in der Ferienzeit vom 1. Juli bis 15. August einen Zyklus von 6 hervorragenden Dramen der Weltliteratur aufführt, zu dem die Schüler der oberen Klassen aller höheren Lehranstalten aus ganz Deutschland einzuladen wären. Dieser Zyklus soll 6 mal wiederholt werden, und da das Hoftheater jeden Abend 1000 Plätze für die Schüler zur Verfügung zu stellen hätte, könnten also im ganzen 6000 Schüler alljährlich teilnehmen. Bartels schreibt: „Es ist von unendlicher Bedeutung für ein Volk, in jedes Jugendleben ein grosses Ereignis und Erlebnis hineinzubringen, das mit dem Höchsten der Menschheit zusammenhängt, und das man sein Leben lang nicht vergisst," er will eine ideale Ferienfahrt und erwartet auch von dem Eindruck der klassischen Stätten Weimars, die zu kennen zur deutschen Bildung gehöre, Bedeutendes. Gespielt werden sollen Lessing, Goethe, Schiller, Kleist, Grillparzer, Hebbel, Ludwig, vielleicht auch Wildenbruch und was etwa an bedeutenderen Neueren auftaucht, dann auch Shakespeare und einige Griechen, Spanier und Franzosen, jeder Zyklus soll in sich abgeschlossen und möglichst reizvoll sein. Die Kosten der gesamten 36 Vorstellungen würden nur 60000 Mk. betragen, die Bartels durch einen „Verein (Schillerbund?) zur Begründung und Erhaltung einer Nationalbühne für die deutsche Jugend" aufzubringen hofft. Reise und Aufenthaltskosten in Weimar wären durch wöchentliche Beiträge der Schüler zu beschaffen. Ein örtlicher Ausschuss in Weimar, ein nationaler für ganz Deutschland sollen die Sache leiten. Es ist wohl zu hoffen, dass die jedenfalls fruchtbare Bartelssche Idee zunächst gründlich debattiert werden wird — bis zur Vollendung des neu zu bauenden Weimarischen Hoftheaters sind es ja noch einige Jahre.

C. Beurteilungen.

Technik der Experimental-chemie von **Prof. Dr. Rudolf Arendt.** Dritte, vermehrte Auflage Leipzig, Leopold Voss. 1900.

Seit dem ersten Erscheinen dieses hervorragenden Werkes vor mehreren Jahrzehnten hat der Unterricht in der Chemie inbezug auf Experiment und Methode gewaltige Fortschritte gemacht. Diese sind insbesondere dem bahnbrecherischen Wirken von Rudolf Arendt zu danken, der durch seine verschiedenen auf den chemischen Unterricht bezüglichen Werke geradezu reformatorisch gewirkt hat. Unter diesen nimmt das vorliegende eine besondere Stellung ein. Die Vorzüge desselben sind so allgemein anerkannt, dass es nur Aufgabe der Kritik sein kann, immer wieder mit Nachdruck auf dieses grossangelegte, vorzügliche Werk hinzuweisen, das namentlich dem Anfänger unschätzbare Dienste leistet. Wenn auch der Studierende der Chemie sich mannigfache Übung im Gebrauch chemischer Gerätschaften und Körper erwirbt, so sind doch die Erfahrungen, die bei den qualitativen und quantitativen Laboratoriumsarbeiten gemacht werden, wesentlich anderer Natur als sie der spätere Unterricht bedarf. Zwar wird in neuerer Zeit an den Universitäten durch praktische Kurse der Experimentalchemie den Studierenden Gelegenheit gegeben, sich einen gewissen Grad von Fertigkeit und Sicherheit in der Ausführung von Demonstrationsversuchen zu erwerben; nach meinen Erfahrungen geben aber solche Kurse immer nur einen kleinen Ausschnitt aus der Praxis und sind lange nicht imstande, jene Geschicklichkeit in der Anwendung der Geräte und Zusammensetzung der Apparate zu verleihen, die nur durch langjährige Erfahrung erworben wird. Darum bleibt Arendt der nie versagende Berater und Helfer in der Not. Die Vorzüge des Buches liegen in der methodischen Anordnung und Durcharbeitung des ganzen Stoffes, in der reichen Auswahl der Experimente, von den einfachsten ausgehend, die selbst unter bescheidensten Verhältnissen sich ausführen lassen, bis zu den neuesten, erst in letzter Zeit bekannt gewordenen Vorlesungsversuchen, in der kurzen, prägnanten Zusammenfassung der für jeden Versuch nötigen Gerätschaften und Reagentien, in den klaren Beschreibungen, die auf alle Nebenumstände, welche störend auf das Experiment wirken könnten, Rücksicht nehmen, in den vorzüglichen instruktiven Abbildungen.

Leitfaden der Botanik. Unter besonderer Berücksichtigung biologischer Verhältnisse von Dr. Otto Schmeil. Stuttgart, Erwin Nägele 1903.

Die Schmeil'schen Lehrbücher haben seit ihrem Erscheinen in den Kreisen der Fachgelehrten wie der Schulmänner eine so glänzende Aufnahme gefunden — siehe die eingehende Würdigung in dieser Zeitschrift: Pädag. Studien 1902, 6. Heft, dass ein Wort über ihre Bedeutung nicht gesagt zu werden braucht. Es ist mit besonderer Freude zu begrüssen, dass Schmeil ausser dem kleinen für die Volksschule berechneten Grundriss noch diese Bearbeitung geliefert hat. Der Leitfaden ist ein stark gekürzter Auszug aus dem grösseren Lehrbuche der Botanik, mit dem er in Anlage, Einrichtung und Ausstattung übereinstimmt. (Von den 38 farbigen Tafeln d. grossen Ausgabe sind im Leitfaden 20 der wichtigsten ausgewählt.) Ein 2jähriger Gebrauch des grösseren Lehrbuches hat mir gezeigt, dass es selbst gewandten und sprachlich gut gebildeten Schülern im Alter von 15 bis 16 Jahren schwer fällt, aus den umfangreichen Beschreibungen im Lehrbuche immer das Wesentliche in kurzer,

prägnanter Form bei der Repetition herauszuheben. Darum dürfte es zweckmässig sein, dem Schüler der höheren Lehranstalten den Leitfaden in die Hand zu geben; dieser ist für ihn das geeignete Lehr- und Lernbuch. Beigegeben sind dem Buche umfangreiche Tabellen für Bestimmungsübungen nach dem Linnéschen System, die dem Lehrbuche fehlen.

Physik für deutsche Lehrerbildungsanstalten auf Grund der neuen amtlichen Bestimmungen vom 1. Juli 1901 bearbeitet von Gustav Melinat. Leipzig, B. G. Teubner 1903.

Veranlasst durch die neuen preussischen amtlichen Bestimmungen sind uns in den letzten Jahren eine ganze Reihe von neuen Lehrbüchern, für die speziellen Zwecke der Seminare bestimmt, beschert worden. Ganz abgesehen davon, ob es zweckmässig und notwendig sei, für jede der vielen Schulgattungen im lieben Deutschen Reiche eine besondere Physik, eine besondere „Erdkunde" oder „Weltgeschichte" anzufertigen, zeichnen sich eine ganze Anzahl dieser Bücher vor manchem bewährten älteren Buche durch einen Umstand in nicht gerade vorteilhafter Weise aus: das ist die ungeheure Dickleibigkeit. Es ist höchste Zeit, dass einmal energisch Front gemacht wird gegen diese unheimlichen Folianten, die der Schüler für jedes einzelne Fach herumzuschleppen und — zu kaufen hat, gegen diese Art und Weise der Darstellung, die dem Lehrer überhaupt nichts zu sagen übrig lässt, ihn vielmehr veranlasst, nun noch mehr als das Lehrbuch zu bieten, die den eigentlichen Zweck des Lehrbuches, dem Schüler eine kurze, prägnante Zusammenfassung des im Unterricht Gelernten zu bieten, vollständig verkennt, die ihm vielmehr zumutet, sich durch einen ganzen Wust von Weitschweifigkeiten und Umständlichkeiten hindurchzuarbeiten und ihm so die Vorbereitung für die nächste Stunde wie eine Generalrepetition am Schluss des Schuljahres, sowie bei späteren Prüfungen ungeahnt erschwert. Auch gegen die vorliegende Physik müssen diese Vorwürfe erhoben werden. Das 479 Seiten starke Buch hätte recht gut um $\frac{1}{3}$ zusammengestrichen werden können. Man vergleiche einmal die Stoffmenge mit dem, was Sumpf in seinem „Grundriss" auf 312 Seiten bietet. Ich muss es mir aus Platzmangel versagen, hier grössere Abschnitte zum Abdruck zu bringen; man lese einmal nach, was der Verfasser auf 2½ Seiten über Galvanoplastik alles berichtet, um ein klassisches Beispiel für diese Weitschweifigkeit der Darstellung zu erhalten; kurz vorher heisst es z. B. über die elektrischen Strassenbahnen: „Bis jetzt ist unter Beobachtung aller vorgeschriebenen Vorschriften selbst in den belebtesten Strassen eine Fahrgeschwindigkeit von 12 km für die Stunde möglich geworden. Das genügt aber für den Riesenverkehr einer Weltstadt nicht. Deshalb ist man zu den Hochbahnen und den Unterbahnen (Tunnelbahnen) gekommen. Die Techniker streiten darüber, welches das bessere System sei. Doch die Berliner Hochbahn ist vollendet, und nun wird Vorteil und Nachteil auf anschaulichem Grunde sich erkennen lassen. Eine fast ungeheuerliche Bauart ist die Hängebahn, auch eine Hochbahn, in der die Wagen hängend unter den Leitungen weitergeführt werden. Lässt auch eine solche Bahn sich nicht ermöglichen, so ist der Techniker noch immer nicht verlegen, er legt eine Tunnelbahn an, die unter der Erde dahinführt. War in diesen Bahnen der Personenverkehr hauptsächlich zu berücksichtigen, so gibt es auch elektrische Lastbahnen, Grubenbahnen in den Bergwerken, Beförderungsbahnen in den Fabriken. Selbst die Wasserwege mussten herhalten, elektrische Boote baut man besonders in England" .... usw. usw. Ein Beispiel für viele; in diesem erzählenden Tone — nicht einmal immer stilistisch einwandfrei — ist das ganze Buch abgefasst; nun, unsere sächsischen Seminaristen sind Gottlob doch an eine etwas stärkere Kost gewöhnt; kurz: Das Buch wäre brauchbarer geworden, wenn der Verfasser mehr Gewicht auf Kürze und Einfachheit der Darstellung gelegt hätte, wenn eine Zerlegung des Inhaltes in kleinere, möglichst in sich geschlossene Abschnitte, die bei der Repetition leicht zu überblicken sind, stattgefunden hätte und auch äusserlich durch Stärke der Schrift, bez. verschiedene Schriftarten, Haupt- und Nebensachen, Beschreibungen von Versuchen und formulierte Gesetze besser getrennt worden wären. Die nochmalige Zusammenstellung von „wörtlich einzuprägenden Gesetzen" am Schluss jedes Kapitels hat dagegen in praxi geringe Bedeutung und vermag obiges nicht zu ersetzen. In methodischer Hinsicht bietet das Buch nichts Neues. Wie in anderen Büchern wird zwar von den einfachsten, den Schüler umgebenden Erscheinungen ausgegangen, indessen wünscht man in vielen Fällen eine breitere, induktive Basis, auf der das Gesetz aufzubauen wäre; die peinlich durchgeführte Voranstellung von 3 Beispielen aus der Erfahrung vor jedem § wirkt auf die Dauer pedantisch. In der eigentlichen Darstellung sind mathematische Ableitungen fast ganz vermieden und auf einen besonders angefügten Teil: „Entwicklung und Anwendung der physikalischen Formel" verwiesen. Der Verfasser denkt sich die Behandlung so, dass „an diesem Abschnitte die Lehrseminaristen der 1. Klasse das selbständige Studieren lernen sollen," um zu erfahren, „wie physikalische Fragen bei späterer Fortbildung angegriffen werden müssen." Der Gedanke ist sehr nett, aber seine Durchführung in der vorliegenden Form nicht besonders glücklich. Abgesehen davon, dass durch diese Einrichtung für zahlreiche wichtige Gesetze im ersten Teile nicht die kurze bestimmte mathematische Formulierung gegeben wird, setzen anderseits die später gegebenen mathematischen Ableitungen über das Seminarziel hinausgehende mathematische Kenntnisse voraus. Das Übungsmaterial ist sehr dürftig und lässt vor allem eingekleidete Aufgaben, in denen eine rechnerische Anwendung der Gesetze verlangt wird, vermissen.

Endlich bin ich auch mit der Auswahl der Abbildungen nicht einverstanden. Es sind zum grössten Teile Abbildungen von physikalischen Apparaten, während ich instruktive Bilder einfacher Schulversuche, die der zukünftige Volksschullehrer selbst zusammenzustellen hat, vermisse.

Ein Vergleich mit Sumpf, diesem beliebtesten und verbreitetsten aller Lehrbücher der Schulphysik in Deutschland kann nur zu Gunsten des älteren Werkes ausfallen. Der Preis von 6,40 M. geb. ist ausserordentlich hoch.

Dresden.   Dr. E. Kotte.

Walter von der Elbe, Eva oder der Weg. Lebensheimer Verlag, Elberfeld, Leipzig. 220 S.

Vorliegende Dichtung ist ohne Zweifel sehr lesens- und beachtenswert. Im dramatischen Gewande spricht der Verfasser religionsphilosophische und soziale Ideen aus. Und wenn er dies auch vom einseitig spiritistischen, pangermanischen, antisemitischen und landreformerischen Standpunkte tut und trotzdem er allgemeine Menschenliebe predigt, fanatischen Hass gegen das Judentum zeigt, so ist doch seine Absicht eine gute. Denn er will die Schäden unserer Zeit aufdecken und heilen, und wenn er als deren grössten die Herrschaft des Grosskapitals und die materialistische Gesinnung erkennt, wer will ihn darin des Irrtums zeihen? Allerdings scheint es unglaublich, dass ohne Börse und Kapitalwirtschaft Handel und Industrie weiterbestehen kann, und dass die Erfindung des lenkbaren Luftschiffes den allgemeinen Völkerfrieden, die Erklärung des Grund und Bodens zum Staatseigentum das Wohlbefinden aller Stände bringen wird. Doch beseelt die ganze Dichtung ein erhabene Grundgedanke: Der Erkenntnistrieb führt die Menschheit zum Heil. Denn Leid ist die Vorbedingung höherer Entwicklung. ‚Gott selber litt, da schuf er sich als Welt,‘ und die Menschheit ist bestimmt, an Gottes Entwicklung teilzunehmen. Die Führung auf diesem Weg durch Leid zum Heil hat Eva, das reine Weib. Alle Menschen erlangen es einst, die einen früher, die andern später. 12 Stufen der Menschheitsentwicklung zeigt uns der Dichter: Chaos (Selbstsucht), Paradies (Sündenfall), Adamiten (Brudermord), Wanderung der Germanen (Krieg), Christentum (Glaube), Hansa (Zweifel), Narrenzeit (Verzweiflung), das ist unsere Zeit, Erfindung (Wille), Parlament (Einsicht), Aëria (Bruderliebe), Auferstehung (Erleuchtung), Himmel (Gnade). Der bunte Wechsel der Bilder wirkt öfter verwirrend, in der Benutzung des geschichtlichen Stoffes und in der sprachlichen Form verfährt der Dichter sehr kühn. Unser poetisches Gefühl wird bisweilen verletzt. Aber das ganze Werk bekundet sich als ein eigenartiger Sang von den Schmerzen und dem Sehnen unserer Zeit.

Weise-Cholevius, Praktische Anleitung zum Anfertigen deutscher Aufsätze. 7. völlig umgearbeitete Auflage. Leipzig, Teubner, 1904. 141 S. Pr. 1,60 M.

Durch vorliegende Auflage ist die Brauchbarkeit des an und für sich guten Buches wesentlich erhöht worden. Denn dem rühmlichst bekannten Prof. Dr. O. Weise ist es geglückt, den Anforderungen der Gegenwart gerecht zu werden, den kindlichen Ton Cholevius' durch eine knappe, aber nicht minder klare Darstellung zu ersetzen und doch in dessen Geiste das Werk dadurch weiter auszubauen, dass er eine Übersicht über gute Prosaschriften, die sich nach Inhalt und Form für Schüler der oberen Klassen eignen, sowie 15 ausgeführte Aufsätze, die als Musterbeispiele für die einzelnen Aufsatzformen dienen sollen, hinzugefügt hat. Das Buch ist daher aufs wärmste zu empfehlen.

Joh. Weyde, Neues deutsches Rechtschreibwörterbuch. Mit Rechtschreibregeln, kurzen Wort- und Sacherklärungen, Verdeutschungen der Fremdwörter und sprachlichen Winken aller Art. Auf Grund der neuen, gemeindeutschen Rechtschreibung der Einheitsschreibung des Buchdrucker-Duden. 2. verb. Aufl. Mit etwa 50 000 Stichwörtern. 1 M. 50 Pf. Leipzig-Wien, Verl. Freytag, Tempsky. 1904. 249 S.

Vorliegende Auflage ist tatsächlich zeitgemäss verbessert. Denn auf der weiteren Einigung über die Doppelschreibungen nach 1902 fussend, verfolgt sie den vernünftigen Grundsatz, die Fremdwörter, so weit sie nur irgend deutsche Form, Aussprache und Betonung haben, auch durchaus nach den Regeln der deutschen Rechtschreibung zu behandeln; ferner berücksichtigt sie die Mundarten mehr und fügt bei den Haupt-, Zeit- und Eigenschaftswörtern die kennzeichnenden Merkmale hinzu. Gern nimmt man dafür in Kauf, dass die meisten deutschen Zusammensetzungen weggelassen wurden.

Joh. Meyer, Rektor der Bürger-Mädchenschule in Krefeld. I. Aus der deutschen Literatur. Dichtungen in Poesie und Prosa, ausgewählt für Schule und Haus, II. Einführung in die deutsche Literatur, zugleich eine Geschichte der deutschen Literatur von den ältesten Zeiten bis zur Gegenwart. Berlin, Gerdes u. Hödel, 1904. Lieferung I. 50 Pf. 32 S.

Die Auswahl in vorliegender Lieferung ist eine gute; sie bietet 3 Abschnitte aus Wulfilas Bibelübersetzung, den gotischen Kalender, das Hildebrandslied, die Merseburger Zaubersprüche, das Wessobrunner Gebet, Muspilli und 3 Abschnitte aus dem Heliand mit Übersetzung sowie die Erklärung zu den 4 erstgenannten Sprachdenkmälern. Diese fusst auf wissenschaftlicher Grundlage, ist aber allgemeinverständlich gehalten und gleichwohl sehr eingehend. Leider hat der Verfasser noch nicht die letzte Feile an sein Werk gelegt. So steht Einführung S. 13 Z. 13 ‚vais' für veis, auch begegnet er hier in Z. 14 in ‚vit' die Inkonsequenz, den gotischen W-Laut mit ‚v' zu bezeichnen, während er ihn in ‚Aus der deutschen Literatur' S. 3 u. f. mit ‚w' bezeichnet hat. Ferner spricht er Einführung S. 21 bei Besprechung des Stabreimes zunächst Z. 1 ganz richtig von gleichen Anfangskonsonanten, Z. 25 von Anfangsbuchstaben, was den Irrtum erweckt, als ob gleiche Vokale bei fehlendem konsonantischem Anlaut notwendig wären.

Dr. H. Gaudig, Aus deutschen Lesebüchern. Epische, lyrische und dramatische Dichtungen erläutert für die Oberklassen der höheren Schulen und für das deutsche Haus. Wegweiser durch die klassischen Schuldramen. 3. Abteilung. Friedrich Schillers Dramen. II. Maria Stuart, Jungfrau von Orleans, Braut von Messina, Wilhelm Tell, Demetrius.

5. Bd. 3. vermehrte und verbesserte Aufl. Leipzig u. Berlin, Theod. Hofmann, 1904. 5,50 M. 524 S.

Vorliegende Auflage ist im Geiste Fricks weitergeführt. Dass Gaudig sehr reichliches Quellenmaterial für Maria Stuart bietet, Freytags Technik des Dramas noch sparsamer als Frick berücksichtigt, dagegen Schillers eigene ästhetische Schriften stärker und von dem Grundsatz ausgeht: „Jedes Drama muss an seinen eigenen Prinzipien gemessen werden' — ist entschieden zu loben. Demnach ist auch diese Auflage auf das wärmste zu empfehlen.

Graesers Schulausgaben klassischer Werke, **Dr. Ed. Castle.** Friedrich von Schiller, Wallenstein. B. G. Teubner, Leipzig. Heft 30—31. 1 M. 241 S.

Die treffliche Einleitung zeichnet sich besonders durch sorgfältige Darstellung der Entstehung der Wallensteintrilogie und durch die Behandlung der Charaktere aus, während der Aufbau des Dramas sehr knapp gehalten ist. In den Anmerkungen sind recht brauchbare Erläuterungen enthalten, so über das Militärwesen des 30 jährigen Krieges und über die Astrologie. Demnach ist diese Schulausgabe besonders für den Gebrauch der Schüler zu empfehlen.

E. Kuenen und M. Evers, Die deutschen Klassiker, erläutert und gewürdigt für höhere Lehranstalten, sowie zum Selbststudium. 8. Bändchen: Schillers Wallenstein. 2. Heft. 3. Aufl. Leipzig, Heinrich Bredt, 1904. 1,40 M. 204 S.

Die vorliegende 3. Auflage dieser trefflichen Erläuterungsschrift hat wenig Änderungen erfahren. In diesem Heft wird der Gang der Handlung und ihr dramatischer Aufbau vorgeführt. Hierbei ist es dem Verfasser gelungen, den inneren Gesamtzusammenhang, das Verhältnis der Nebenhandlung zur Haupthandlung, den Aufbau (nach Freytag), den spannenden Fortgang, die Charaktere, die erschütternde Tragik der Handlung, die tragische Ironie und die Fülle des Ideengehaltes sehr anschaulich darzustellen. Dass er dabei manchmal

über die engen Grenzen des Schüler-
bedürfnisses hinausgreift, um zu tieferem
Studium anzuregen, empfiehlt sein Werk
nur noch mehr.

Karl L. Leimbach, Ausgewählte
deutsche Dichtungen für
Lehrer und Freunde der
Literatur. 13. Bd. 3. Lieferung.
Die deutschen Dichter der Neuzeit
und Gegenwart. Biographien, Charakteristiken und Auswahl ihrer Dichtungen. 9. Bd. 3. Liefg. Leipzig,
Frankfurt a. M., Kesselringsche Hofbuchhandlung. 141 S. 1,50 M.

Auch für vorliegendes Heft gilt das,
was über die vorausgegangenen dieses
äusserst mühsamen und doch so dankenswerten Werkes rühmend gesagt wurde.
Dass in ihm die Dichter Ad. Friedr.
Graf von Schack, Ad. Schafheitlin,
V. v. Scheffel und Christ. Friedr. Scherenberg ausführlicher behandelt sind, ist
freudig zu begrüssen. Ausserdem enthält es noch: Karl, Moritz u. Wilhelm
Schäfer, Georg Schaumberg, Jul. Schaum-
berger, Fritz Schawaller, Sam. Friedr.
Sauter, Emilie Schedel, Karl Scheele,
Leop. Schefer, Friedr. Schenk, Ernst
Scherenberg und Georg Scherer. Die
Auswahl der Gedichte ist wiederum eine
treffliche, manche Perle findet sich unter
ihnen.

G. Erbach, Deutsche Sprachlehre.
Ein Lern- und Übungsbuch für höhere
Lehranstalten, wie auch für Mittelschulen, Präparandenanstalten und
Fortbildungsschulen. 5. nach der
neuen Rechtschreibung umgearbeitete
und mit einem Wörterverzeichnis versehene Aufl. Düsseldorf, L. Schwann,
1903. 145 S.

Die Brauchbarkeit des trefflichen
Schulbuches, das den grammatischen
Übungsstoff mit dem der Rechtschreibung
verbindet, ist durch die vorgenommenen
Änderungen, wie übersichtliche Zusammenstellung der wichtigsten Regeln
für die Rechtschreibung, Beseitigung
oder Ersatz der die Fassungskraft des
Schülers übersteigenden Sätze, noch
erhöht worden. Dass der Verfasser kurz
der hochdeutschen Lautverschiebung gedenkt und den niederdeutschen Laut-
stand angibt, verdient besondere An-

erkennung, wenn auch die Bezeichnung
von b, d, g, w, s, j als ‚stimmlose‘
Laute Widerspruch hervorrufen wird.
Recht glücklich gewählt ist der Ausdruck ‚zusammenfassender Satz‘ für
zusammengezogener. Gut ist auch die
Darstellung des Prädikativsatzes.

F. Schmidt, Lehrbuch der latei-
nischen Sprache für vorgerücktere
Schüler, sowie zum Selbstunterricht.
O. Nemnich, Wiesbaden, 1903. 123 S.

Vorliegendes Lehrbuch, welches
Grammatik und Lesebuch in sich vereint und ungefähr den Stoff bietet, der
in den 2 unteren Gymnasialklassen behandelt wird, hat entschieden manche
Vorzüge, so die Darbietung von inhaltlich zusammenhängenden Sätzen, die
Bezeichnung des Geschlechts eines
Substantivs durch Hinzufügung von
hic, haec, hoc, die Rücksichtnahme auf
Französisch und Englisch, die Gruppierung der Vokabeln nach Wortfamilien,
die Aufstellung des Satzes: ‚die lateinischen Präpositionen regieren fast alle
den Accusativ‘ als Hauptregel. Gleichwohl halte ich es für nicht geeignet,
um den lateinischen Elementarunterricht
selbst mit vorgerückteren Schülern zu
beginnen, da es zu zeitig die unregelmässige Formlehre (schon S. 9, VI) und
die wichtigsten Regeln der Syntax
(schon S. 19, XI) auftreten lässt und
nur gelegentlich einige deutsche
Sätze gibt, die noch dazu genau den
voranstehenden lateinischen entsprechen.

Fr. Padderatz, k. Seminarlehrer,
Sammlung von Briefen für
den Unterrichtsgebrauch an
höheren Lehranstalten, besonders an Lehrerseminaren.
Halle a. S., Herm. Schroedel, 1903.
124 S. 1,50 M.

Veranlasst ist vorliegende Sammlung
durch die Bestimmungen des Preussischen
Unterrichts-Ministeriums, welche für
den Unterricht im Deutschen an den
Seminaren Lektüre von Briefen vorschreiben. Die Briefe sollen in erster
Linie den Stil bilden, in zweiter als
Quellenmaterial dienen. Zu beiden
Zwecken sind sie sehr gut zu verwenden, einige, die in der Schreibweise
der Originale wiedergegeben sind, auch

zu sprachlichen. 5 sind von Luther, 3 von Gellert, 5 von Klopstock, 1 von Bürger, 8 von Lessing, 5 von Herder, 31 von Goethe, 3 von dessen Mutter, 30 von Schiller, 5 von dessen Gattin, 4 von Theodor Körner, 10 von Bismarck. Dass der Herausgeber mit Luther, dem ersten Meister des deutschen Briefes, beginnt und mit Bismarck schliesst, hauptsächlich aber Briefe von Goethe und Schiller bietet, ist durchaus zu billigen. Mancher wird vielleicht eine stärkere Vertretung des schönen Geschlechtes wünschen. Formell unverständlich ist mir in der Einleitung S. VI der Satz: ‚den Zeitpunkt höchster Blüte des deutschen Briefstils bezeichnen Goethe und Schiller zu suchen‘.

W. Tomuschat, Deutsches Lesebuch für Lehrerbildungsanstalten. 1. T. für die Präparandenanstalt. F. Hirt, Breslau, 1903. 3,75 M. 652 S.

Vorliegendes Werk ist im besten Sinne des Wortes ein deutsches Lesebuch. Es ist nicht bloss geeignet, den Stil zu bilden und in deutsche Literatur und Geschichte einzuführen, sondern auch deutsches Nationalgefühl zu erwecken. Treten doch neben unseren grossen Schriftstellern und Dichtern von Luther bis Geibel auch neuere wie Rosegger, Marshall, Dahn, Ritterhaus, M. Greif, v. Liliencron, v. Wildenbruch auf und lässt es doch nicht bloss Tacitus und Prokopius, sondern auch v. Ranke, v. Raumer, v. Giesebrecht, G. Freytag, v. Sybel, v. Werner und v. Treitschke deutsche Geschichten erzählen. Auch Rud. Hildebrand und mundartliche Dichtungen fehlen nicht, sowie Moltke, Helmholtz, Brehm und Ratzel. Der Prosa ist ungefähr noch einmal so viel Raum wie der Poesie gewährt. Jene bietet gemäss der Lehrplanbestimmungen vom 1. Juli 1901 vorwiegend Erzählungen, Schilderungen und Beschreibungen, aber auch Berichte und Briefe von erzählendem und beschreibendem Charakter, so von Blücher, Wilhelm I. und Bismarck. Grundsätzlich sind Stoffe, die den gebräuchlichsten Volksschullesebüchern gemeinsam sind, nicht aufgenommen; doch enthält der Anhang derartige Gedichte zur Wiederholung. Ohne Zweifel entspricht das Buch den Bedürfnissen der Altersstufe, für die es bestimmt ist.

Girardet, Puls u. Reling, Deutsches Lesebuch für Lehrerbildungsanstalten. Gotha, Thienemann, 1903. T. I. Prosa für Präparandenanstalten. 3,50 M. 520 S. T. II. Gedichtsammlung für Präparandenanstalten. 2 M. 278 S.

Dies Lesebuch ist ein würdiges Seitenstück des soeben besprochenen. Es ähnelt diesem sehr, so dass das über Veranlassung, Stoffauswahl, Inhalt, Verhältnisse von älterer und neuerer Literatur, sowie von Prosa und Poesie und deren Anhang Gesagte auch von ihm gilt. Rühmend sei noch hervorgehoben, dass es unter den Prosaisten auch W. Raabe, Wissmann und Wislicenus vorführt und einige Gedichte Walthers v. d. Vogelweide in der Übersetzung gibt. Dagegen fehlen Tacitus, Prokopius, v. Raumer und R. Hildebrand, sowie mundartliche Dichtungen. Die kurzen Bemerkungen über das Leben der Schriftsteller und Dichter sind eine willkommenere Zugabe zu einem Lesebuch, als das von Tomuschat dem seinen beigefügte Fremdwörterverzeichnis.

Prof. Dr. W. Jerusalem, Der Bildungswert des altsprachlichen Unterrichtes und die Forderungen der Gegenwart. Wien, Alf. Hölder, 1903. 35 S. 70 Pf.

Der Verfasser kämpft in der Defensive. In ruhiger und massvoller Weise sucht er für die alten Sprachen den jetzigen Besitzstand zu behaupten. Kein Einsichtiger wird bestritten, dass ‚das Gymnasium, um den Forderungen der Gegenwart gerecht zu werden 1. Naturwissenschaftliche, 2. historische, 3. formale, 4. ästhetische Bildung vermitteln soll‘. Dass die modernen Fremdsprachen sich an formalem Bildungswerte mit dem antiken in keiner Weise messen und dass Übersetzungen klassische Dichtungen nicht im entferntesten ersetzen können, ist auch meine Meinung (vgl. das über den Lateinunterricht am Seminar in diesem Blatte Gesagte!). Da nun aber Shakespeare ein ebenso grosser Dramatiker als Sophokles ist, die Ent-

20*

wicklung des deutschen Dramas jedoch mehr beeinflusst hat, so erhebt sich gerade von diesem Standpunkte aus für das Gymnasium die Forderung, englisch zu treiben. Diese findet, von der immer mehr wachsenden praktischen Bedeutung des Englischen abgesehen, im sprach-geschichtlichen Standpunkt eine Stütze. Für die alten Sprachen führt der Ver-fasser auch den historischen Sinn unseres Jahrhunderts ins Feld; allein der hat sich doch in erster Linie auf die Ge-schichte unseres Volkes und unserer Sprache zu richten, dessen geschicht-liches Verständnis durch Kenntnis der englischen Schwester sehr vertieft wird. Der Schaden aber, den die Übertragung des römischen Rechtes auf die in ihrer geschichtlichen Entwicklung verkannten deutschen Rechtsverhältnisse angerichtet hat, ist bis jetzt noch nicht vollständig wieder gutgemacht. Nach dem Ver-fasser ist Goethes Faust für viele Gym-nasiasten zu schwer. Fr. Zarncke war gegenteiliger Ansicht. Wenn man dem Deutschunterricht mehr Zeit einräumt und ihn wirklichen Fachleuten über-trägt, werden die Gymnasiasten Faust schon verstehen lernen. — Soll Deutsch und Englisch im gebührenden Umfang unter Wahrung des Besitzstandes der Naturwissenschaften, der Mathematik und des Lateins betrieben werden, so muss notwendigerweise Französisch und Griechisch eine Beschränkung erdulden. Dabei würde für Homer, Sophokles und Plato, deren Lektüre der Verfasser mit Recht warm befürwortet, immer noch genügend Zeit bleiben. — Dass die Griechen sich getrauten, ohne fremd-sprachlichen Unterricht die höchste Bildung ihrer Zeit der Jugend zu ver-mitteln, erscheint mir als das Nach-ahmenswerteste an ihnen. — Sollte nicht auch die nationale Bildung das Ziel der Gymnasien sein? Sollte diese nicht besser als Demosthenes Lektüre Marathon- und Salamis-Kämpfer heranbilden können, die wir brauchen, wenn ein zweiter Xerxes von Osten kommt?

Löbau i. Sa.

Prof. Dr. Carl Franke.

Bertha Schmidt, Précis de la Littérature française. J. Biele-feld, Karlsruhe, 1902. M. 2.

Auf 121 Seiten Klein-Oktav gibt die Verfasserin einen Überblick über die französische Literatur vom 12. (!) bis Ende des 19. Jahrhunderts, un-gefähr 125 Verfassernamen. Das Buch soll das Nachschreiben der Diktate über Literatur (!!) entbehrlich machen und „fixer clairement dans l'esprit des élèves les matières essentielles". Zu diesen unentbehrlichen Dingen gehören die Troubadours, die alten Sagenzyklen, Villehardouin und Genossen, Rabelais, Montaigne, kurz die ganze Arche Noäh mit den üblichen Einteilungen und Etiketten, mit den üblichen ober-flächlichen Urteilen und dem Mangel jeden tieferen Verständnisses. Man greift sich an den Kopf und fragt sich, ob denn ein Vierteljahrhundert päda-gogischer Arbeit so spurlos verloren gehen kann. Hoffentlich ersteht uns bald ein Molière, der über diesen nöheren Bildungsschwindel einmal die Pritsche schwingt. Wir haben hier eines der Bücher, vor denen nicht genug gewarnt werden kann, weil es den Unterricht verflacht und durch den trostlosesten Gedächtniskram eine Scheinbildung er-zeugt. Urteilen sollen die Kinder lernen, nicht Urteile.

Dr. Fr. Marheineke, La Classe en français. Hannover, Carl Meyer (Gustav Prior), 1902.

Die Absicht des Verfassers ist sicher wohlgemeint, aber n. m. D. durchaus verfehlt, die Ausführung aber ganz un-glücklich. Auf 362 Seiten werden eine Anzahl von Themen abgehandelt, über die nur ein sehr gesprächiger Lehrer im fremdsprachlichen Unterricht sprechen wird und die die Schüler nur höchlichst belustigen werden, wenn sie überhaupt verstehen, was da zu ihnen gesagt wird. Von diesen moralisierenden Ansprachen kann man nur sagen: Words, words, words! Ich möchte wissen, was für die Unterrichtsstunde übrigbleibt, wenn den Schülern kürzere oder längere Salbade-reien über Eigensinn, Flucht aus dem Elternhaus, Lesezirkel, Schulamtskandi-daten, Gesetzverächter, Friedensgesell-schaften, Aussöhnung, botanische Schul-gärten u. s. w. u. s. w. gehalten werden. Das Französisch scheint mir an vielen Stellen recht bedenklich, und der be-sondere Dank, den der Verfasser dem

Wörterbuch von Sachs spendet, lässt vermuten, wie es entstanden ist. Es ist zu bedauern, dass viel Fleiss und guter Wille zu einem solchen Ergebnis geführt haben.

Neusprachliche Reformbibliothek, herausgegeben von **Dr. B. Hubert** und **Dr. Max Fr. Mann.** Leipzig, Rossberg. 1. **Graham**, The Victorian Era, herausg. von Dr. Richard Kron. 2. Quatre Nouvelles modernes, herausg. von B. Hubert. 3. **Kipling**, Three Mowgli Stories, herausg. von Ed. Sokoll. 4. **Thiers**, Bonaparte en Egypte, herausg. von Prof. Dr. O. Schulze. 5. **Shakespeare**, Julius Cäsar, herausg. von Dr. M. Fr. Mann. 6. Contes et Nouvelles modernes, herausg. von D. Bessé.

Die neusprachliche Reformbibliothek ist herausgewachsen aus der methodischen Bewegung, die den Schüler von Anfang an soviel wie möglich in der fremden Sprache festhalten will. Man hat erprobt, dass das fortwährende Hin- und Herschwanken des Geistes zwischen Muttersprache und Fremdsprache die Spracherlernung erschwert und in vielen Fällen ganz hemmt, weil der Geist und die Psychologie der verschiedenen Sprachen nicht harmonieren. Dazu trat die Erkenntnis, dass das wirklich erreichte Können, die mündliche und schriftliche Handhabung der Sprache, nicht recht im Einklang stand mit der darauf verwendeten Zeit und Kraft, und dass vor allem der geistige und sittlich bildende Gehalt der Stoffe nicht zur Wirkung kam und der ästhetische Genuss und Gewinn nur recht gering veranschlagt werden konnte. So fühlte man denn auch das Bedürfnis nach einsprachigen Schulausgaben der Schriftsteller. Zwei Schwierigkeiten waren hierbei zu lösen: die Erklärung der unbekannten Wörter durch fremdsprachliche Umschreibungen, und die sachliche Erklärung schwieriger Stellen in einfacher Weise. Man darf im allgemeinen sagen, dass die erste der beiden Aufgaben von der Reformbibliothek gut gelöst wird, dass aber die zweite in einzelnen Bänden noch nicht in ihrer

ganzen Bedeutung erkannt und gewährleistet ist; das ist aber ein Mangel, der auch den zweisprachigen Ausgaben in vielen Fällen anhaftet, der also nicht gegen die Idee selbst geltend gemacht werden kann. Naturgemäss wird in einzelnen Fällen auch die Worterklärung dem Schüler, wenn er sich selbst überlassen bleibt, nicht gleich verständlich sein. Da tritt dann eben der Lehrer ein, der die Schwierigkeiten hebt. Töricht wäre es, wollte man deswegen den Stab über das Prinzip brechen, denn selbstverständlich ist in vielen Fällen auch dann das Verständnis nicht erzielt, wenn der Schüler für ein Fremdwort im Wörterbuch ein entsprechendes deutsches aufgesucht hat. Ich habe wiederholt Bände dieser Bibliothek beim Unterricht benutzt und muss bezeugen, dass selbst Klassen, die nicht nach dem direkten Lehrverfahren vorbereitet waren, sich rasch mit diesen Ausgaben zurechtfanden. Die Stoffe sind gut gewählt, die Ausstattung der Sammlung ist vorzüglich. Die angeführten Bände können sämtlich empfohlen werden.

Dresden. Konrad Meier.

Becker, Prof. Dr. Anton und Mayer, Prof. Dr. Julius, Lernbuch der Erdkunde. 1. Teil. Allgemeine Ausgabe. Mit 3 Textfig., 3 Abb. und 4 Karten. Wien, Franz Deuticke, 1904. 86 S. Geb. 1,50 M.

Wir haben bereits Gelegenheit gehabt, die speziell für die niederösterreichischen Schulen bestimmte Ausgabe dieses neuen, den Lehrplänen für die österreichischen höheren Schulen angepassten Lehrmittels zu besprechen. Die jetzt vorliegende allgemeine Ausgabe gibt die Grundbegriffe der Erdkunde, ohne sich an die Umgebung von Wien anzulehnen. Die 2. Hälfte des Buches enthält die Übersicht über die Erdteile. Die eingefügten Fragen und Aufgaben fördern das Studium der Karte, die gesperrt gedruckten Leitsätze fassen den wichtigsten Lehrstoff zu leichterer Einprägung zusammen. Dieser 1. Teil ist auch in der allgemeinen Ausgabe eine durchweg gute Leistung und lässt erwarten, dass die folgenden Teile auf gleicher Höhe stehen werden. Erst nach ihrem Erscheinen wird sich ein abschliessendes Urteil über die neue Methode Becker-Mayer abgeben lassen.

Deutsche Rundschau für Geographie und Statistik, herausgegeben von **Prof. Dr. Fr. Umlauft.** Wien, Hartleben. Jährlich 12 Hefte. Preis des Jahrgangs 13 M. 50 Pf.

Diese nunmehr im 27. Jahrgang stehende Zeitschrift hat sich im gebildeten Publikum zahlreiche Freunde erworben. Allgemeinverständliche Aufsätze mit guten Illustrationen bilden den Hauptteil eines jeden Heftes. Alle wichtigeren Neuigkeiten und Veränderungen auf geographischem Gebiete werden dem Leser in kürzeren Mitteilungen schnell zur Kenntnis gebracht. Hierbei wird dem geographischen Zahlenmaterial besondere Aufmerksamkeit gewidmet, was bei dem schnellen Veralten der wirtschaftsgeographischen und bevölkerungsstatistischen Zahlen von besonderem Wert ist. Jedem Heft ist eine Sonderkarte in Farbendruck beigegeben.

Schultze, Hermann, Geographische Repetitionen, insonderheit im Anschluss an H. A. Daniels geogr. Lehrbücher. 2. neubearbeitete Auflage. Halle, Waisenhaus, 1903. 180 S. Geb. 1,80 M.

Dass für dieses Buch eine 2. Auflage nötig geworden ist, beweist, wie sehr das Bedürfnis empfunden wird, die Frage in ausgedehntem Masse in das geographische Lehrbuch einzuführen, um dem Schüler eine sichere Anleitung zu selbständigem Kartenlesen zu geben. Diese Neuauflage beweist aber auch, dass an geeigneten Hilfsmitteln hierzu noch kein Überfluss herrscht. Denn diese „Repetitionen" sind weiter nichts, als eine Umarbeitung der bekannten Danielschen Lehrbücher in Fragen und Antworten. Unter jede Frage ist sofort die volle Antwort gesetzt. In dieser Form ist das Buch völlig verfehlt. Statt den Schüler zu veranlassen, die Karte aufmerksam zu betrachten, verleitet es ihn geradezu, den Atlas überhaupt beiseite zu legen. Die ganze Anlage des Buches erinnert recht sehr an die alten Kompendien des 18. Jahrhunderts.

Tromnau, Adolf, Lehrbuch der Schulgeographie. 2. Teil, 3. Abt.: Das Deutsche Reich. Neu bearbeitet von Dr. Emil Schöne. Halle, Herm. Schroedel, 1903. 2 M.

Das Buch selbst haben wir bereits bei seinem ersten Erscheinen eingehend besprochen. Nach Tromnaus frühem Hinscheiden hat Emil Schöne die Neuausgabe übernommen. Die Anlage des Buches ist die bewährte, alte geblieben. Erst werden die natürlichen Landschaften eingehend behandelt, dann folgt eine Zusammenfassung nach der politischen Einteilung. An Reichhaltigkeit, Übersichtlichkeit und Zuverlässigkeit steht die neue Ausgabe durchweg auf der Höhe der ersten. Tromnaus Text ist nur da geändert, wo es die inzwischen eingetretenen Veränderungen erforderten. Wir können auch die neue Auflage als eins der besten Hilfsmittel für Lehrer und Seminaristen angelegentlich empfehlen.

Plauen i. V.   Dr. Zemmrich.

Hartmann, Dr. Berthold, Der Rechenunterricht in der deutschen Volksschule vom Standpunkte des erziehenden Unterrichts. 3. sorgfältig durchgesehene und verbesserte Auflage. Leipzig - Frankfurt, Kesselringsche Hofbuchhandlung, 1904. Pr. 5 M.

Der allgemeine Teil (S. 1—376) bietet im ersten Abschnitt aus der Geschichte des Rechenunterrichts, was für die Erkenntnis seines gegenwärtigen Standes erforderlich ist. Der zweite Abschnitt handelt vom heutigen Stande des Rechenunterrichts, der dritte vom Lehrplan für den Rechenunterricht, der vierte vom Lehrverfahren. Der besondere Teil (S. 377 488) verbreitet sich über die Darstellungsformen im Rechnen (5. Abschnitt) und erteilt Ratschläge über die Sicherung der Unterrichtserfolge. Hartmanns Buch ist ein durchaus zuverlässiger Führer; es entspricht nicht nur den Anforderungen einer wissenschaftlichen Behandlung des Gegenstandes, sondern bietet auch dem Praktiker vorzügliche Handreichung. Reich ist die Fülle des in dem Werke gebotenen bibliograpischen Materials, das in einer das Interesse des Lesers weckenden und fesselnden Weise verarbeitet ist. Nirgends hält der Verfasser mit seinem Urteile zurück, ohne aufdringlich zu werden. So bietet das Buch in jedem Abschnitte wertvolle Anregungen.

Die Ausstattung des Buches ist gut; der Preis muss als ein mässiger bezeichnet werden. Ein alphabetisches Sach- und Namenverzeichnis macht es auch als Nachschlagewerk geeignet.

Rochlitz.   Dr. Schilling.

Edert - Kröger, Geometrie für Mittelschulen und verwandte Anstalten. Mit besonderer Berücksichtigung der zentrischen und axialen Symmetrie und des geometrischen Zeichnens. 2 Hefte à 1 M. Verlag von Carl Meyer, Hannover-Berlin.

Das erste Heft vorliegender Geometrie enthält einen Vorkursus und den ersten Teil der Planimetrie, das zweite Heft Fortsetzung der Planimetrie (Proportionalität und Ähnlichkeit) und die Stereometrie. — Zunächst muss lobend hervorgehoben werden, dass die Verfasser die Notwendigkeit eines Vorkursus in der Geometrie auch für gehobene Lehranstalten erkannt und diese theoretische Erkenntnis in ihrer Stoffanordnung praktisch verwertet haben. — Durch Betonung der zentrischen und axialen Symmetrie erhalten der zweite und dritte Teil ein ganz eigenartiges Gepräge, so dass diese Geometrie sich auffallend von ähnlichen Werken der neueren einschlägigen Literatur unterscheidet. — Die Verfasser versichern in der Vorrede, dass das ganze Werk aus der Praxis herausgewachsen ist und Lehrsätze und Aufgaben erst Aufnahme gefunden haben, nachdem sie sich als zweckmässig, notwendig oder interessant erwiesen. Die Stoffauswahl ist in der Tat auch in materialer und formaler Hinsicht eine äusserst glückliche, nur erscheint mir die Stereometrie auf Kosten der Planimetsie zu kurz weggekommen zu sein. Trotzdem verdient das Werk volle Anerkennung und warme Empfehlung.

Raumlehre für Handwerker- und Fortbildungsschulen von **Ph. Schmidt, O. Kerl und K. Wenzel.**

2 Teile. à 0,50 M. Verlag von C. Meyer, Hannover-Berlin.

Eine für Handwerker- und Fortbildungsschulen sehr brauchbare und deshalb warm zu empfehlende Raumlehre!

Martin-Schmidt, Raumlehre. Nach Formengemeinschaften bearb. Ausg. B. 3 Hefte. Berlin, Gerdes u. Hödel.

Der ersten Ausgabe der Martin und Schmidtschen Raumlehre ist eine zweite, vielfach gekürzte und vereinfachte Ausgabe B gefolgt, während der Streit über die Idee der Behandlung der Geometrie nach Formengemeinschaften, der nun schon seit Jahren geführt wird, noch nicht entschieden, im Gegenteil in letzter Zeit noch hitziger geworden ist. Die Ursache an der Verschärfung dieses Streites trägt zum guten Teil mit die nicht mehr ganz sachlich gehaltene Entgegnung des Herrn Martin auf die von Dr. Wilk erschienene, rein wissenschaftliche Polemik über den gegenwärtigen Stand der Geometriemethodik. Die Quintessenz des ganzen Streites bilden wohl 2 Fragen: 1. Ist die Bezeichnung „Formengemeinschaft" der richtige Ausdruck für die Martin-Schmidtsche Stoffanordnung? 2. Ist die Anordnung des Stoffes nach obigem Prinzip methodisch richtig?

Wenn ich auch auf dem Standpunkte stehe, dass die methodischen Einheiten keine Formengemeinschaften im geometrischen Sinne sind, dass andernteils auch der Ausdruck „Formengemeinschaft" in dem Sinne, wie Junge seine „Lebensgemeinschaften" auffasst, von den Verfassern nicht glücklich gewählt ist, da in derselben der kausale Zusammenhang, die Notwendigkeit einer Abhängigkeit der Form vom Gegenstand fehlen, — so scheint mir doch die erste Frage belangloser zu sein als die zweite, denn sie spitzt sich schliesslich auf den Streit um ein Wort zu. — Entscheidend für die Annahme oder Ablehnung der Martin-Schmidtschen Geometrie ist dagegen die Frage: Ist die Verteilung des geometriewissenschaftlichen Stoffes nach dem Prinzipe der Verfasser methodisch richtig? Der schwerste Angriff gegen vorliegende Raumlehre ist dann sicher der — auch von Dr. Wilk bereits erhobene —, dass der sich Schritt für Schritt logisch und lückenlos aufbauende Stoff der Geometriewissenschaft vollständig zerrissen und die erarbeiteten Einzelsysteme deshalb vollständig wieder umgearbeitet werden müssen. Damit richtet sich, so leid mir dieses Urteil in Rücksicht auf die reichhaltige, das praktische Leben stets als Ausgangspunkt nehmende und deshalb ungemein anregende Martin-Schmidtsche Raumlehre tut, die ganze Anlage des Werkes, so dass wir die Ausgabe B, wie die Ausgabe A ablehnen müssen.

Braune, A., Raumlehre für Volks-, Bürger- und Fortbildungsschulen, sowie für Präparanden-Anstalten. Nach method. Grundsätzen. Bearbeitet v. F. Skorczyk, königl. Seminarlehrer. 7. Aufl. Preis 0,75 M. Halle, Pädag. Verlag von H. Schrödel.

Der Titel vorliegender Geometrie, die 84 Seiten umfasst und in 2 Teilen den gesamten Stoff der Planimetrie und Stereometrie behandelt, macht schon etwas stutzig. Es soll ein Buch sein, das sich sowohl in Volks- und Bürgerschulen, als auch in Fortbildungs- und Präparandenanstalten verwenden lässt. Der Verfasser hat da ein Kunststück fertiggebracht, das mehr als gewagt ist. — Denn vergegenwärtigen wir uns die Ziele der einzelnen Schulgattungen, für die das Buch berechnet ist, so kommen wir zu folgendem Resultat: Die Volksschule erstrebt als Unterrichtsanstalt eine Allgemeinbildung, die infolge der ihr zugemessenen Zeit in den einzelnen Disziplinen nur das Wichtigste berücksichtigen kann; die Bürgerschule hat im allgemeinen dasselbe Ziel, nur ist sie imstande, infolge mehrfacher Klassenteilung und kleinerer Schülerzahl den Lehrplan zu erweitern; die Aufgabe der Fortbildungsschule ist aber, nicht nur den Wissensstoff der Volksschule zu befestigen, sondern vor allen Dingen Fachkenntnisse zu übermitteln (wir haben deshalb, wo nur irgend möglich, Fachklassen) —; die Präparanden endlich sind keine Repetitions-, sondern Vorbereitungsanstalten für die Seminarien, in ihnen beginnt die wissenschaftliche Behandlung des Lehrstoffes. — Also hier wissenschaftliche, dort elementare

Behandlung des Stoffes, hier Betonung der Fach-, dort Betonung der Allgemeinbildung. Und das alles durch ein Buch! Das kommt mir vor wie ein Universalmittel vielleicht gegen alle inneren Krankheiten! — Die Klippe kann auch damit nicht umschifft werden, dass der Verfasser einen Teil der Aufgaben als nur geeignet für gereiftere Schüler bezeichnet. — Wir kommen also zu dem Urteil, ein Buch für so verschiedenerlei Schulgattungen zuzuschneiden, ist aus methodischen und didaktischen Gründen nicht möglich. — Und trotzdem verrät uns das Titelblatt, dass das Buch im vorigen Jahre in 7. Auflage erschienen ist. Diese Tatsache, nur erklärlich aus dem bis fast in die Gegenwart reichenden Tiefstand der diesbezüglichen Fachliteratur, nötigt uns, noch genauer auf den Inhalt einzugehen. — Zunächst lässt das Buch uns im Unklaren, ob es für die Hand des Lehrers oder der Schüler bestimmt ist. S. 7, Aufg. 4; § 18, 1—3; S. 43, 1; S. 39. § 29, 2 u. 3 u. v. a. Stellen lassen uns ersteres annehmen; die Vorbemerkung des Verfassers zur 1. Aufl. belehrt uns aber eines anderen. Dann gehören jedoch auch die zitierten Aufgaben nicht in das Buch. — Die methodischen Grundsätze, nach denen das Buch bearbeitet sein soll, sind oft nicht recht erkenntlich. Dieser Vorwurf trifft zum Teil die Reihenfolge der Aufgaben, die wir gern durchweg nach der Schwierigkeit geordnet gesehen hätten. — Ferner finden wir in dem Buche eine Reihe von Konstruktionen, die von den Schülern nur mechanisch nachgemacht werden können und infolgedessen entweder verfrüht oder ganz überflüssig sind (vgl. S. 12, Halbierung des Winkels, — § 16, b u. c, — S. 38, Konstruktion eines regelmässigen Fünfecks). — Bei Betrachtung der Flächenmasse fehlen qcm und qmm (S. 29); bei Betrachtung der Kubikmasse das cdm (als Masseinheit für das Liter). — In § 27 stellt der Verfasser zuerst die Formel für Berechnung unregelmässiger Vielecke und dann erst die Formel für Berechnung unregelmässiger Vierecke auf; vgl. damit auch § 28, 3 u. 4. — In § 19 vermissen wir in den Aufgaben die praktische Anwendung der Kongruenzsätze u. s. w. — Dazu leidet das

Buch an Unklarheiten und stilistischen Unebenheiten. Zum Beweise nur einige Stellen: § 17, 2 (Welche Dreiecke?); S. 32, Aufg. 7; S. 33, Aufg. 12; S. 36, Aufg. 7; S. 52, Aufg. 1; S. 66, Aufg. 10; S. 73, Aufg. 9 u. s. w.

Obige Beispiele lassen sich nach jeder Seite hin noch vermehren, so dass man trotz aller Hochachtung vor den Verdiensten Braunes das Buch in Rücksicht auf den heutigen Stand der Geometriemethodik nicht mehr empfehlen kann.

Zeissig, E., Die Raumphantasie im Geometrieunterrichte. Ein Beitrag zur methodischen Ausgestaltung des Geometrieunterrichtes aller Schulgattungen. Berlin, Verlag von Reuther u. Reichard.

Die Arbeit zeugt von grossem Fleisse und dem erfreulichen Bestreben, an ihrem Teile zur methodischen Hebung eines lange vernachlässigten Gegenstandes mit beizutragen. In der Abhandlung ist ganz richtig betont, dass die Begriffe Gedächtnis, Phantasie, Verstand nicht Kräfte spezifischer Art, sondern komplexe Erscheinungsformen sind, die in der Unterrichtspraxis gleichmässig berücksichtigt werden müssen. Aber ich fürchte, dass der Verfasser die Wage zu Gunsten seines Lieblings, der Raumphantasie, beschwert hat. — Trotzdem ist die Broschüre jedem Kollegen, der das abstrakte Wissensgebiet der Geometrie zu bearbeiten hat, warm zu empfehlen: sie regt an und fordert zum Nachdenken auf.

Gotha. Pfestorf.

Brennert u. Stubbe, Rechenheft für 8stufige Schulen. 1. Heft 15 Pf., 2.—5. Heft à 30 Pf., 6. bis 7. Heft à 50 Pf., 8. Heft 60 Pf. Berlin, Stricker.

Die ersten 4 Hefte dienen hauptsächlich dem mechanischen Rechnen. Der Stoff zu den eingekleideten Aufgaben der Hefte 5—8 ist dem Anschauungskreise der Kinder entnommen und in einer einfachen, klaren Form gegeben. Bezüglich der Stoffverteilung auf die einzelnen Schuljahre waren die Verfasser an den Lehrplan gebunden.

Es ist zu bedauern, dass „die Aufgaben aus den weltkundlichen Gebieten nicht in besondere Gruppen gebracht" wurden. Der „methodische Fortschritt" hätte trotzdem „gewahrt" werden können. Dieser Mangel fällt besonders in den Kapiteln auf, welche die Bruchrechnung behandeln. Bezüglich der Aufnahme der Aufgaben für das mündliche Rechnen in die Schülerhefte trage ich Bedenken, weil die Schüler sich gar zu bald an die Zahlenbilder gewöhnen. Dadurch wird das Zahlengedächtnis geschwächt und ein sicheres Kopfrechnen infolgedessen vereitelt.

Die eingeklammerten Zahlen in den eingekleideten Aufgaben nehmen diesen die Natürlichkeit, geben den Aufgaben das Gepräge des Gemachten. Sie verfehlen auch vollständig ihren Zweck, denn diese sog. 2. Aufgaben werden rein mechanisch gerechnet.

Unverständlich ist es mir, wie die Zahlenbilder des 1. Heftes die „Eltern, die erfahrungsmässig gern mit den kleinen Kindern arbeiten, so unterstützen" vermögen. Geradezu erstaunt bin ich über die stille Aufforderung an die Eltern, ihren Kindern bei Anfertigung der Schularbeiten zu helfen. Ich denke, wenn die Eltern dafür sorgen, dass die Kinder ihre Arbeiten anfertigen, so haben sie ihre Schuldigkeit vollkommen getan. Was sie mehr tun, ist für Kind und Schule von Übel. Endlich halte ich das Aufsuchen des grössten gemeinschaftlichen Masses (VI, 8) für Kinder für unverständlich und auch unnötig.

Berchtold, Bayerisches Rechenbuch. Ausgabe B für Landschulen in 4 Heften. 1. Heft 12 Pf., 2. Heft 15 Pf., 3. Heft 25 Pf., 4. Heft 25 Pf. München, Kellerer.

Wenn die Hefte auch für einfache Schulverhältnisse berechnet sind, daher auch naturgemäss die notwendigen mechanischen Rechenübungen den breitesten Raum gewähren und das Gepräge der Einfachheit und Leichtigkeit tragen müssen, so will es mir doch scheinen, als ob die eingekleideten Aufgaben zu durchsichtig sind und gar zu wenig Nachdenken erfordern. Als einen Fehler betrachte ich es, dass der Verfasser die Einübung der Bruchrechnung nicht nacheinander, sondern ohne Grund auf 3 voneinander getrennt liegende Abschnitte des 3. u. 4. Heftes behandelt. Für recht bedenklich halte ich es endlich, dass der Verfasser die gesamten Aufgaben für das mündliche Rechnen dem Schülerhefte überweist. Die Erfahrung lehrt, dass Kinder, die an ein solches Kopfrechnen gewöhnt sind, bald keine Zahl mehr im Gedächtnisse festhalten können. Das Auge verwöhnt das Gedächtnis so, dass es ohne sichtbare Zahlenbilder gar nicht mehr sicher zu arbeiten vermag. Solche Aufgaben gehören in die Hand des Lehrers, nicht in ein Schülerheft.

Berchtold, Bayerisches Rechenbuch für Fortbildungs- und Feiertagsschulen. 71 S. 30 Pf. München, Kellerer.

Wir haben es hier nicht mit einem nach der Rechenschwierigkeit stufenmässig aufgebauten Rechenhefte zu tun, sondern mehr mit einer Aufgabensammlung, die den Zweck haben mag, den Unterricht in der Gesundheitslehre, der Rechtspflege, dem Verkehrsleben, dem Gewerbeleben, der Landwirtschaft, dem Versicherungswesen u. s. w. durch viele Rechenbeispiele zu klären und zu vertiefen. Wir meinen aber, dass unsere „Fortbildungs- und Feiertagsschüler" dringend eines Rechenbuches bedürfen, das die rechnerischen Schwierigkeiten sorgfältig berücksichtigt. Die vielen eingestreuten Belehrungen und guten Ratschläge gehören in kein Schülerheft. Die Übermittelung dieses Stoffes an die Schüler ist rein Sache des Lehrers. Um ihn etwa zu ersetzen, sind diese Belehrungen viel zu dürftig.

Wenzel, Trapp u. Magnus, Rechenbuch für Fortbildungsschulen (Winterschulen, ländliche u. kleinere gewerbliche Schulen). Ausgabe B in 2 Teilen. 1. Teil 40 Pf., 2. Teil 70 Pf. 3. Aufl. Berlin, C. Meyer.

Dem dreifachen Zwecke entsprechen die Hefte auch äusserlich, indem die Verfasser zu jeder Übung 3 Gruppen angewandter Aufgaben (1. aus der Landwirtschaft, 2. aus der Volkswirtschaftslehre und 3. aus dem gewerblichen Leben) hinzufügen. Wenn auch manche Aufgaben, die der Statistik entnommen sind, oder solche, die Umwandlung nicht mehr gesetzlicher Masse fordern, unsere Fortbildungsschüler nicht zu fesseln vermögen, daher wegfallen können, so bleiben beide Hefte doch immer noch eine reichhaltige Aufgabensammlung, die für einen 3 jährigen Fortbildungsschulunterricht vollauf genügen dürfte.

Gotha.   Schröter.

Bardeys Sammlung von Aufgaben aus der Elementar-Arithmetik, neubearbeitet zum Gebrauche in den mittleren und oberen Klassen der Lehrerseminare von **Wilh. Seyffarth,** Oberlehrer am Seminar zu Dresden-Friedrichstadt. 1904. Verlag von Teubner. Preis geb. 2,80 M.

Der Neubearbeiter der altbewährten und vielgebrauchten Aufgabensammlung der Arithmetik für höhere Schulen hat das Buch den neuen Lehrplänen der Seminare angepasst. Die Neubearbeitung entspricht Paragraph für Paragraph dem systematischen Lehrbuche Seyffarths: Allg. Arithmetik und Algebra, Verlag von Bleyl und Kaemmerer, Dresden, dessen methodische Eigenart wir schon früher in dieser Zeitschrift (Jahrg. 1903, S. 69 ff.) gewürdigt haben. Seyffarth macht zum ersten Male den Versuch, die Lehren der Arithmetik in engste Verbindung zu bringen mit den Gesetzen des gemeinen Rechnens, ein Gedanke, für den ich schon seit Jahrzehnten eingetreten bin. Er zeigt, dass die Rechengesetze nichts weiter sind als besondere Unterfälle der allgemeinen arithmetischen Gesetze und bringt dadurch Rechnen und Arithmetik in ihren natürlichen Zusammenhang. Darin liegt ein grosser Fortschritt in der Methodik des mathematischen Unterrichts der höheren Schulen.

Die meisten Umänderungen des alten Bardey sind Folgen dieses methodischen Gedankens. Überall stehen parallel nebeneinander Aufgaben mit allgemeinen und solche mit besonderen Zahlen. Ich meinerseits wäre allerdings in dieser Beziehung noch einen Schritt weitergegangen und hätte unter jede allgemeine Regel der Arithmetik alle im ganzen Rechnen vorkommenden

Spezialfälle gesammelt. Unter der Regel $(a + b) . c = ac + bc$ finden wir bei Seyffarth (S. 30) die Rechenfälle $96 . 7$ (zweistellige mal einstellige Zahl) und 13 M. 9 Pf.. 6 (Multiplikation der mehrfach benannten Zahlen). Das ist richtig so. Wir vermissen aber hier den dritten und letzten Spezialfall des Rechnens: die Multiplikation einer gemischten Zahl mit einer ganzen, z. B. $6^3/_4 . 7 = (6 + ^3/_4) . 7 = 42 + 5^1/_4 = 47^1/_4$. Diese im Kopfrechnen ganz ungewöhnlich häufige Rechenweise gehört an diese Stelle, weil für sie das Gesetz der Multiplikation einer Summe ausschlaggebend ist. Der Verfasser hat geglaubt, verleitet durch den logischen Aufbau seines Buches, die besonderen Brüche nicht eher berühren zu dürfen, als bis die Gedankenfolge seines Buches auf die Brüche im allgemeinen stösst. Nach meiner Ansicht hat dagegen der arithmetische Unterricht an jeder Stelle den ganzen Gedankenkreis der Schüler zu durchsuchen nach konkreten Kenntnissen, in der Absicht, sie den allgemeinen Gesetzen zu subsumieren. Da die Schüler des Seminars längst schon auf der Volksschule mit besonderen Brüchen haben rechnen lernen, so erfordert die Vollständigkeit der Begriffsbildung, dass diese Brüche zur Illustrierung der allgemeinen arithmetischen Gesetze herangezogen werden auch schon in denjenigen Kapiteln, welche in allgemein arithmetischer Beziehung nur von den ganzen Zahlen handeln. Was ich für einen einzigen Fall dargetan habe, gilt allgemein. Hier liegt zwischen Seyffarth und mir eine prinzipielle Differenz vor, auf die ich schon in der oben erwähnten Besprechung der systematischen Arithmetik Seyffarths hingewiesen habe. Seyffarth liegt zu sehr im Banne der Logik; diese zwingt ihn, sich bietende Apperzeptionshilfen zurückzuweisen. Vom psychologischen Standpunkte ist das unnatürlich. Das Unglück will es, dass obiger Rechenfall $(6^3/_4 . 7)$ dann später bei Behandlung der Brüche ganz vergessen worden ist. Und das ist leicht begreiflich, denn dieser Rechenfall hat ja tatsächlich mit den allgemeinen Bruchregeln gar nichts zu tun.

Ein zweiter Punkt, der die Kritik herausfordert, betrifft die Stellung des Quadratwurzelziehens. In meiner Besprechung der neuen Lehrpläne vom Jahre 1901 der preussischen Seminare und Präparandenanstalten (34. Jahrbuch d. V. f. w. P. S. 147) habe ich auf eine Inkongruenz zwischen den Lehrplänen der Geometrie und Arithmetik hingewiesen, die unmöglich bestehen bleiben kann. Die Geometrie behandelt im 3. Präparandenjahr schon den Pyth. Lehrsatz mit seinen Anwendungen auf die regelmässigen Figuren und die Kreisberechnung. Diese Lehre setzt nicht bloss das Quadratwurzelausziehen voraus, sondern auch die Rechnung mit Quadratwurzelgrössen. Beides aber bringen die preussischen Lehrpläne erst ein Jahr später. Meines Erinnerns hat Seyffarth in einem Gutachten (abgedruckt in dem Buche: Unsere Seminararbeit des Geh. Schulrates Grüllich) dieselbe Inkongruenz für die Sächsischen Seminare ebenfalls zugegeben. Warum hat Seyffarth diese Disharmonie nicht beseitigt, einfach dadurch, dass er das Quadrieren und das Quadratwurzelziehen und die Rechnungen mit Quadraten und Quadratwurzeln der allgemeinen Lehre von den Potenzen und Wurzeln in einem besonderen Abschnitte vorausschickte, wie das z. B. Tödter: Anfangsgründe der Arithmetik und Algebra schon vor Jahrzehnten getan hat? Der logische Faden hat mit nicht gelitten, wird Seyffarth sagen; wir wollen im Seminare wissenschaftlich vorgehen: Erst das Allgemeine, dann das Besondere, so will es die strenge Wissenschaft. Ich aber meine: Erst das Besondere, dann das Allgemeine, so fordert es der Unterricht. Bei der Potenz- und Wurzellehre erhalten die Schüler zum ersten Male neue Begriffe und neue arithmetische Gesetze, die im gemeinen Rechnen noch nicht vorgekommen sind. Daher muss man bei ihrer Grundlegung besonders vorsichtig sein. Dazu kommt, dass die Quadratwurzeln und die Rechnungen mit ihnen wegen ihrer vielseitigen Anwendung von bei weitem grösserer Wichtigkeit sind als die höheren Potenzen und Wurzeln, die eigentlich fast nur von spekulativem Interesse sind. Auch schon darum verdienen sie eine besondere Behandlung. So sind es drei Gründe, welche mich veranlassen würden, der allgemeinen Potenz- und Wurzellehre ein besonderes Kapitel vorauszuschicken, das sich nur mit den 2. Potenzen und Wurzeln befasst.

Nun noch ein Wort über die Anordnung der Sachgebiete. Seyffarth hat sich bemüht, Gruppen von einheitlichen Sachaufgaben zusammenzustellen und wird damit einer alten pädagogischen Forderung gerecht, die auch die preussischen Lehrpläne aufgenommen haben („statt zusammenhangsloser Mannigfaltigkeit der Aufgaben nach sachlichen Gesichtspunkten geordnete Gruppen"). Dadurch wird dem Schüler Gelegenheit gegeben, sich in jedes einzelne Sachgebiet zu vertiefen. Und das ist die Hauptsache, wenn die Aufstellung der formalen Gleichung zur Lösung einer sachlichen Aufgabe gelingen soll. Denn alle Hindernisse und Schwierigkeiten bei Aufstellung der Ansätze liegen immer nur in der ungenügenden Vertiefung der Schüler in die sachlichen Verhältnisse der Aufgaben. Wenn man die Schüler in das Sachgebiet sich versenken lässt, wenn man in jedem Sachgebiet von den einfachsten Verhältnissen mit Vorsicht allmählich aufsteigt zu mehr und mehr zusammengesetzten, so kann man sie leicht hinaufführen zur Lösung von recht verwickelten Aufgaben. In dieser Beziehung hat Seyffarth meines Erachtens zweierlei verfehlt.

Alle seine sachlichen Aufgaben sind angeordnet in 3 Stufen, entsprechend ihrer Schwierigkeit. Jedes Sachgebiet wird dreimal behandelt, einmal in der ersten Stufe, ein anderes Mal in der zweiten, ein drittes Mal in der dritten Stufe. Jedes Sachgebiet wird demnach zweimal abgerissen und später, nachdem sich andere Begriffe und Gedankengänge dazwischengeschoben haben, wieder aufgenommen. Das sind die konzentrischen Kreise des alten Bardey, welche Seyffarth leider stehengelassen hat. Das ist bedauerlich; denn nirgends sind die konzentrischen Kreise übler angebracht, als gerade in der Mathematik. Wenn die Schwierigkeit der Aufstellung der Gleichung durch die Sache und ihre Verhältnisse, durch das Hineindenken in diese Verhältnisse bedingt ist und nicht in der formalen Verknüpfung der Rechnungsoperationen, nicht in der Auflösung der Zahlengleichungen, die ja in allen diesen

Fällen verhältnismässig leicht ist, so folgt daraus, dass jedes Sachgebiet in einem Zuge erledigt werden muss. Was heisst denn: eine Aufgabe, eine Sache, ein Begriff ist schwierig oder leicht? Ist damit eine Eigentümlichkeit der Sache an sich ausgedrückt? Keineswegs; eine Sache kann wohl einfach oder zusammengesetzt sein, sie kann aus wenigen oder vielen Merkmalen oder Beziehungen bestehen; die Leichtigkeit oder Schwierigkeit aber ist bedingt durch das Verhältnis des vorstellenden Subjekts zur Sache, niemals durch die Sache allein. Leicht und Schwierig sind Eigentümlichkeiten der Apperzeption, des Begreifens. Die Sache selbst ist weder leicht, noch schwer; sondern sie ist schwer oder leicht zu begreifen. Die einfachste Sache kann schwer zu begreifen sein, wenn die apperzipierenden Vorstellungen fehlen; und die komplizierteste ist leicht zu begreifen, wenn sie da sind. Deshalb wird die Schwierigkeit des Begreifens vermehrt, wenn Seyffarth seine Sachgebiete abbricht und sie in einer späteren Zeit wieder aufnimmt, weil die unterdessen im Bewusstseinsinhalt vergrabenen Vorstellungen jetzt aufs neue hervorgeholt und gesammelt werden müssen. Darüber habe ich mich ausführlich ausgelassen im 23. Jahrbuch S. 133 in dem Aufsatze: Bemerkungen zum Unterricht in der Algebra. Vielleicht findet H. Seyffarth Zeit, diesen Aufsatz einmal durchzulesen.

Innerhalb der einzelnen Sachgebiete scheint mir nun Seyffarth nicht überall mit der gehörigen Vorsicht vorgegangen, nicht immer von den einfachsten und dem Schüler am nächsten liegenden Dingen ausgegangen zu sein. Aufgefallen in dieser Beziehung ist mir vor allem die Behandlung der Mischungsrechnung. Sie beginnt in der 2. Stufe (S. 181) mit der Gold- und Silberindustrie. Von allen Dingen, die gemischt werden, liegt gerade dieses Gebiet den Schülern am entferntesten; mit dem Begriffe des Feingehaltes sind sie jedenfalls weniger vertraut als mit den Prozenten der Alkoholmischung oder gar mit den verschiedenen Preislagen von Kaffeesorten und anderen Waren. Ich würde die Reihenfolge gerade umgekehrt machen.

Die Bestrebungen Seyffarths auf dem Gebiete der Methodik der Algebra sind sehr unterstützungswert. Deshalb habe ich mich mit seinen Büchern länger befasst als mit anderen" des gewöhnlichen Schlages. Aus meinen Aussetzungen, die ja nur wenige Punkte betreffen im Verhältnis zu dem vielen Guten, was diese Bücher bieten, darf man daher nicht etwa auf eine etwaige Minderwertigkeit derselben schliessen. Im Gegenteil, gerade ihre Vortrefflichkeit hat mich veranlasst, meinen guten Rat anzubieten zu ihrer noch weiteren Ausgestaltung. Ob der Verfasser und die Leser sich mit meinen Ausführungen einverstanden erklären, das ist nun allerdings eine andere Frage. Die Neubearbeitung der vorliegenden Aufgabensammlung kann ich auf das Wärmste empfehlen. Im Interesse des Fortschrittes der Methodik der höheren Schulen, insbesondere des Seminars, wäre es wünschenswert, wenn der alte Bardey in seiner neuen Gestalt recht viel gebraucht würde.

Päd. Abhandlungen, herausgegeben von Rektor **Bartholomäus.** 8. Band. Heft 8. Das Heft enthält 2 Abhandlungen:

1. **Der Rechenunterricht im Zahlenkreise 1—10** von Lehrer **Lilienfeld** in Steele. 7 Seiten.
2. **Wie kann die Volksschule eine möglichst grosse Rechenfertigkeit erzielen?** von Rektor **Oberg** in Camen. 6 Seiten.

Diese 13 Seiten kosten 40 Pf. Das genügt. Die erstere Schrift wendet sich gegen die Anschauer in der Rechenmethodik und verteidigt im Prinzip die Zählmethodiker, meint aber nicht ganz mit Unrecht, dass diese in ihrem Verfahren zu abstrakt seien. Lilienfeld will daher die Anschauungsbilder abtippeln lassen. Man könnte nun fragen: Warum nimmt er nicht die Finger? Diese sind doch nun einmal unsere natürlichen Zählmittel. Der Vorschlag Lilienfelds kann erst in Erwägung gezogen werden, wenn der Zahlenkreis die 10 überschreitet.

Die zweite Abhandlung ist ein schlimmes Beispiel trivialer Schriftstellerei, die besser nicht gedruckt worden wäre. Als Kuriosum sei nur

erwähnt, dass sie die Zahlvorstellungen entgegen der vorigen Arbeit, mit der sie zusammengespannt ist, nur durch Anschauung konkreter Dinge entstanden erklärt.

Herm. Grassmanns gesammelte mathematische und physikalische Werke, herausgegeben von **Friedrich Engel.** 2. Bd. Teil I: **Die Abhandlungen zur Geometrie und Analysis.** Leipzig, Teubner. Preis 16 M.

Grassmann ist gewiss ein grosser Mathematiker gewesen; seine pädagogische Einsicht in den Gedankenkreis von Quartanern und Tertianern muss ich aber anzweifeln. Der vorliegende Band der Gesammelten Werke enthält Stücke aus einem „Lehrbuch der Arithmetik für höhere Lehranstalten", das im Jahre 1861 erschienen ist. Nur dieser Abschnitt kann in einer pädagogischen Zeitschrift beurteilt werden, alle anderen sind rein wissenschaftlicher Natur und von nur stofflichem Interesse, es sind die Ergebnisse der Entdeckungen Grassmanns auf dem Gebiete der Mathematik.

Wenn ein Mann der gelehrten Forschung sich herablässt, die Elemente der Wissenschaft darzustellen, so kann man von vornherein mutmassen, dass ihn dazu die strenge Logik des Stoffes gereizt hat. Und so ist es tatsächlich. „Die vorliegende Bearbeitung der Arithmetik, — so sagt die Vorrede — tritt mit dem Anspruche auf, die erste streng wissenschaftliche Bearbeitung jener Disziplin zu sein, und mit dem noch weitergehenden Anspruche, dass die darin befolgte Methode, wie sehr sie auch von der üblichen abweichen mag, dennoch, in allen ihren wesentlichen Momenten, nicht eine unter vielen möglichen, sondern die einzig mögliche Methode einer streng folgerichtigen und naturgemässen Behandlung jener Wissenschaft sei." Beide Behauptungen zu bezweifeln, haben wir keinen Grund und keine Veranlassung. Dagegen haben wir starke Bedenken gegen die pädagogische Rechtfertigung seines Buches. Grassmann sagt: „Dass auch schon für den ersten wissenschaftlichen Unterricht in der Mathematik die möglichst strengste

Methode vor jeder anderen den Vorzug verdiene, werden wohl wenige bestreiten." Ich glaube, das werden sehr viele bestreiten. Wenn die Grassmannsche Darstellung der Arithmetik — nach seiner eigenen Behauptung — die einzig mögliche Darstellung bei Einhaltung voller wissenschaftlicher Strenge ist, so halten wir es für ausgeschlossen, dass Knaben in dem Alter von Quartanern und Tertianern eine solche begreifen können. Grassmann begeht den grössten Fehler, den überhaupt ein Lehrer machen kann: er bekümmert sich absolut nicht um die schon vorhandene Vorstellungswelt seiner Schüler; er stellt sein ganzes Lehrgebäude auf den schwachen Grund einiger wissenschaftlicher Erklärungen, deren Inhalt in keinem Zusammenhang steht mit dem Zahlenbewusstsein der Kinder und leitet durch logische Deduktionen alles übrige ab. Sein Ausgangspunkt ist nicht etwa die natürliche Zahlenreihe, mit welcher die Kinder von ihrem ersten Schultage an gearbeitet haben, sondern eine ganz allgemeine Reihe positiver und negativer Zahlen, deren Glieder sich nicht etwa um Eins, sondern um irgend eine Grösse e unterscheiden. Der Verfasser unterlässt, den Zusammenhang aufzuzeigen, wie diese allgemeine Reihe mit der Reihe der speziellen Zahlen zusammenhängt; er vergisst, die negativen Zahlen aus den absoluten zu entwickeln durch den Zwang der Subtraktion; er schüttet einfach die Reihe vor den Kindern aus in einer kurzen Erklärung. Und darauf, auf ein so schwächliches Vorstellungsgebilde, will er bauen. Das kann unmöglich gelingen. Es kommt aber noch schlimmer: Grassmann benutzt nicht nur nicht die vorhandenen Vorstellungen der Kinder, er setzt sich sogar in Widerspruch mit diesen. Er definiert z. B. die Null als Summe einer positiven und einer negativen Zahl von gleichem absoluten Werte. Die Schüler aber kennen die Null längst schon als etwas ganz anderes, nämlich als Differenz zweier gleicher (absoluter) Zahlen. Der Schüler muss sich sofort fragen: Ist denn das, was wir jetzt Null nennen, dasselbe wie das, was wir früher so genannt haben, oder etwas ganz anderes? Der Zweifel, die Verwirrung ist da, bis sich endlich an einer späteren Stelle des Unterrichts die Dissonanz, die Verstimmung in Wohlgefallen und Wohlgefühl auflöst. Das Gesagte mag genügen zur Charakterisierung. Als Schulbuch müssen wir diese Darstellung der Arithmetik verwerfen, weil sie den arithmetischen Stoff auf den schwachen Grund von Definitionen und die dünne Linie von logischen Deduktionen stellt. Eine Schularithmetik muss den breiten Untergrund, welchen das Rechnen gelegt hat, verwerten; von diesem muss sie ausgehen und allmählich die weiteren Zahlenarten entwickeln, aus den Gesetzen des Rechnens sind die Gesetze der Arithmetik durch Verallgemeinerung zu gewinnen. Die Grassmannsche Methode mag die einzig richtige sein in Bezug auf Folgerichtigkeit der Logik, die unsrige aber ist die einzig natürliche, weil sie den Vorstellungskreis der Schüler beachtet und benutzt; sie ist die psychologische Methode. Wenn wir somit auch die Grassmannsche Darstellung der Arithmetik als Schulbuch verwerfen, so können wir sie dagegen den Studenten der Mathematik auf das Angelegentlichste zum Studium empfehlen. Für eine zweite Durcharbeitung des Stoffes sind die obigen Mängel nicht vorhanden. Der Mathematiker von Fach soll und muss seine Wissenschaft auch einmal von oben herunter, vom rein logischen Standpunkte aus ansehen.

C. Rohrbach, Vierstellige logarithmisch-trigonom. Tafeln. 4. Aufl. Verl. von Thienemann, Gotha. Preis 80 Pf.

Es ist recht erfreulich, dass man an höheren Schulen den Formalismus des Rechnens allmählich zu vereinfachen beginnt. Beweis dafür sind die Logarithmentafeln, welche langsam von 7 Stellen auf 5 und jetzt sogar auf 4 vermindert worden sind. Dadurch haben sie sehr an Umfang abgenommen, das Aufschlagen ist bequemer und leichter geworden. Es ist zu wünschen, dass die 4stelligen Logarithmen mehr und mehr Eingang finden möchten in die höheren Schulen. Die Tafeln von Rohrbach sind ein brauchbares Hilfsmittel.

Gotha.   Dr. E. Wilk.

Eingegangene Bücher.

(Besprechung vorbehalten.)

v. Sallwürk, Dr. E., Das Ende der Zillerschen Schule. Frankfurt a/M. 1904, Diesterweg. Pr. 1 M.

Compayré, Gabriel, Montaigne et l'Éducation du Jugement. Paris, Delaplane. Preis 90 Cent.

Barohewitz, Otto, Neue Bahnen im heimatkundlichen Unterrichte. Sonderabdr. aus den Päd. Studien. Dresden 1905, Bleyl & Kaemmerer. Pr. 0,50 M.

Thrändorf, Prof. Dr., Ein Wort zur Simultanschulfrage. Sonderabdr. a. d. Päd. Studien. Ebenda. Pr. 0,40 M.

Lange, Dr. Karl, Die Erziehung der sittlich gefährdeten Schulkinder. Sonderabdr. aus den Päd. Studien. Ebenda. Pr. 0,50 M.

? Die Nassauische Simultanschule. Bielefeld, Helmich. Pr. 0,50 M.

Drewke, H., Das zukünftige Volksschulgesetz in Preussen. Ebenda. Pr. 0,40 M.

Liepe, Albert, Über die schwachsinnigen Schüler und ihre Behandlung. Berlin 1905, Zillessen. Pr. 0,75 M.

Reiniger, Max, Konzentrische Kreise u. Konzentration. Minden, Marowsky. Pr. 60 Pf.

Blum, Anna, Hat die Schule die Aufgabe, über sexuelle Verhältnisse aufzuklären? Ebenda. Pr. 60 Pf.

Frenzel, Fritz, Die überhandnehmende Verrohung von Jugend und Volk. Pössneck 1904, Gerold.

Fuchs, Arno, Beiträge zur pädagogischen Pathologie. Gütersloh 1904, Bertelsmann. Pr. 1,20 M.

Eichler, Alwin, Stoffe für den Anschauungsunterricht. Leipzig 1905, Wunderlich. Pr. 2 M.

Höller, Guido, Hans Christian Andersen und seine Märchen. Ebenda. Pr. 60 M.

Hecht, C., Vom Seminar-Musikunterricht. Berlin 1904, Vieweg.

Kriegeskotten, Fr., Lehrpläne u. Lehraufgaben für den Musikunterricht an den höheren Lehranstalten. Ebenda.

Walther, Dr. Fr., Der Zusammenhang zwischen Verstandesentwicklung und Religion. Stuttgart 1904, Kohlhammer. Pr. 2 M.

Kiefer, Dr. O., Die körperliche Züchtigung bei der Kindererziehung in Geschichte und Beurteilung. Berlin 1904, Kohler. Pr. 4 M.

Ufer, Chr., Die Ergebnisse und Anregungen des Kunsterziehungstages in Weimar. Altenburg 1904, Bonde. Pr. 1 M.

Frisch, Franz, Zeitschrift für Lehrmittelwesen und pädagogische Literatur. 1. Jahrg. 1905, No. 1. Wien, A. Pichlers Witwe. Jahrg. Pr. 4,20 M.

Jochen, M., Theorie u. Praxis der Heimatkunde. Leipzig 1905, E. Wunderlich. Pr. 2 M.

Hühn, Eugen, Hilfsbuch zum Verständnis der Bibel. 3. Heft: Das neue Testament. Tübingen 1904, Mohr. Pr. 1 M.

Fricke, J. H. Albert, Bibelkunde. 1. Bd., 2. Hälfte. 2. u. 3. Aufl. Hannover 1905, C. Meyer. Pr. 2,60 M.

Derselbe, Handbuch des Katechismusunterrichts. 1. Bd. Ebenda. Pr. 4,60 M.

Rinn, Dr. Heinrich u. Jüngst, Lic. Johannes, Kirchgeschichtliches Lesebuch für den Unterricht an höheren Lehranstalten. Schülerausgabe. Tübingen 1905, Mohr. Pr. 1,50 M.

Dennert, Dr. E., Christus und die Naturwissenschaft. Stuttgart 1904, Kielmann. Pr. 1 M.

Thrändorf-Meltzer, Der Religionsunterricht. Bd. 1: Jesusgeschichten, Das Leben der Erzväter. 2. Aufl., bearb. von E. Beyer. Dresden 1905, Bleyl & Kaemmerer. Pr. 1,60 M.

Erbach-Steineoke, Biblische Geschichte aus dem Alten u. Neuen Testament. Essen 1904, Baedecker. Pr. 1 M.

Briebrecher, Ernst, Leitfaden für den Unterricht im alten Testament für Lehrerseminare. Hermannstadt 1904, Michaelis. Pr. 1,20 M.

Haupt, Walther, Religionsbuch für die Hand der Schüler. 1. u. 2. Teil. Tübingen 1904, Mohr. Beide Teile geb. 2,50 M.

Religionsgeschichtliche Volksbücher. Her. v. Fr. Michael Schiele: **Wernle, Prof. D.,** Die Quellen des Lebens Jesu. Pr. 40 Pf. — **Holtzmann, Prof. Dr.,** Die Entstehung des Neuen Testaments. Pr. 35 Pf. — **Pfleiderer, Prof. D.,** Vorbereitung des Christentums in der griech. Philosophie. Pr. 40 Pf. — **Bertholet, Prof. D.,** Seelenwanderung. Pr. 40 Pf. Halle 1904, Gebauer-Schwetschke.

Capesius, Dr. J., Abriss der astronomischen Erdkunde. Hermannstadt 1904, Krafft Pr. 50 Pf.

Wittrisch, Max, Methodisches Handbuch für den Unterricht in der mathematischen Geographie in der Volksschule. Halle 1904, Schroedel. Pr. 2 M.

Bolthausen, Jul., Programm der vier Lehrer-Orientfahrten im Jahre 1905. Solingen.

A. Sprockhoffs Einzelbilder aus der Physik. Hannover 1904, Meyer. Pr. 85 Pf.

Schreiber, Dr. Rudolf, Die wichtigsten Versuche des chemischen Anfangsunterrichts. Halle 1904, Schroedel. Pr. 1,80 M.

Paust, J. G., Tierkunde. Breslau 1905, F. Hirt. Pr. 4,50 M.

Tromnau, Adolf, Kulturgeographie des deutschen Reiches und seine Beziehungen zur Fremde. 3. Aufl. Halle 1904, Schroedel. Pr. 2,40 M.

Cossmann u. Huisgen, Deutsche Schulflora. Breslau 1904, Hirt. Pr. 4,25 M.

v. Berlepsch, Der gesamte Vogelschutz. 9. Aufl. Halle 1904, Gesenius.

Smallan-Haupt, Pflanzenkunde. Leipzig 1905, G. Freytag. Pr. 1,50 M.

Ludwig, Prof. Dr. Friedrich, Die Milbenplage der Wohnungen. Leipzig 1904, Teubner. Pr. 80 Pf.

Bauer u. Streinz, Karl Schillers Handbuch der deutschen Sprache. 21.—25. Lieferung. Wien, A. Hartleben. Preis der Lieferung 50 Pf.

Weise, Prof. Dr. O., Unsere Muttersprache, ihr Werden und ihr Wesen. Leipzig und Berlin 1904, Teubner.

Viëtor, Wilhelm, Deutsches Lesebuch in Lautschrift. 1. u. 2. Teil. Leipzig 1904, Teubner. Pr. je 3 M.

Velhagen & Klasings Sammlung deutscher Schulausgaben. Lief. No. 102—106, 109, 110, 112: **Ernst, K.,** Proben deutscher Mundarten; **Lemp, E.,** Zur Religion und Ethik; derselbe, Zur deutschen Literaturgeschichte; derselbe, Zur Kunst; derselbe, Aus Natur und Leben; **Hubatsch, Dr. O.,** Homers Odyssee und Ilias im Auszuge; **Lemp, E.,** Aus deutschen Landen. Pr. 1 M. bis 1,40 M.

Schiller, Wilhelm Tell. Für den Schulgebrauch herausg. von P. Strzemcha. 3. Aufl. Leipzig-Wien 1905, Freytag-Tempsky. Pr. gbd. 75 Pf.

Müller, Prof. Dr. E., Schillerbüchlein für Schule und Haus. Ebenda. Pr. gbd. 1 M.

Meyer, Johannes, Deutsches Sprachbuch. Ausg. A in einem Heft. 15.—18. Aufl. Hannover 1904, Meyer. Pr. 1,20 M.

Derselbe, Kleines deutsches Sprachbuch. Ausg. B in drei Heften. 3. Heft. 3. Aufl. Ebenda. Pr. 0,50 M.

Derselbe, Deutsche Sprachübungen. Ausg. A in einem Heft. 3. Aufl. Ebenda. Pr. 40 Pf.

Edert, R., Geschäftsaufsätze. Ausg. A in zwei Heften, 1. Heft. 4. Aufl. Hannover und Berlin 1905, C. Meyer. Pr. 60 Pf.

Doll, G., Leichtfassliche Interpunktionslehre. Leipzig 1904. Wunderlich. Pr. 80 Pf.

Tiergeschichten. Für die Jugend ausgewählt vom Hamburger Jugendschriften-Ausschuss. Ebenda.

Wehrbach, Malli Cl., Schüleraufsätze. 2. Teil. Minden, Marowsky. Pr. 1,20 M.

Meixner, H., Diktatstoffe ähnlich- und gleichlautender Wörter in Sprachganzen. Lobenstein, Krüger.

Reichel, Dr. Walther, Vernunft und Regel. Ein Beitrag zur Lehre von der stenographischen Gesetzgebung. Leipzig 1904, Zehl.

Klemm, Ernst, Schullesekästchen mit 96 Buchstaben auf 48 Plättchen. Chemnitz, Fr. Hoffmeister. Pr. 65 Pf.

Fortsetzung folgt.

Druck von A. Rietz & Sohn in Naumburg a. S.

A. Abhandlungen.

I.

Aus den Erinnerungen eines Fünfundachtzigjährigen.[1])

Auf Grund seiner Mitteilungen
bearbeitet von Seminaroberlehrer R. Herrmann in Nossen.

I. Schul- und Schulburschenzeit 1825—1836.

Es war am Donnerstag nach Ostern, am Morgen des 7. April 1825, als meine Mutter mit mir hinauf zur Schule pilgerte, wo sich nach und nach an die zwanzig Neulinge, alle mit der Buchstabierfibel, einer kleinen eckenbeschlagenen Schiefertafel und einem langen Schieferstifte ausgerüstet, zusammenfanden. Eltern und Pfleger steckten ihre sorglich verhüllten Zuckerdüten und vom Dorfbäcker für den Tag besonders festlich gross gebackenen Semmeln dem Lehrer heimlich zu und liessen ihre Kleinen ins Schulregister eintragen. Dann begann der Lehrer mit uns eine kleine Prüfung über das, was wir an Sprüchen, Verschen, Gebetchen, an Buchstaben, „Zahlen- und Ziffernkenntnis vòn zu Hause mitbrachten und bestimmte hiernach vorläufig unsere Sitzordnung. Zuletzt langte er die Ergebnisse seiner heurigen Frühjahrsdütenernte — er hatte den süssen Baum nur erst am Vortage geschüttelt — hinter dem Katheder hervor, überreichte uns mit wohlwollender Gönnermiene die durchgängig wohlgeratenen Früchte, deren glänzende bunte, oft gold- und silberverzierte Hüllen später noch lange als Umschläge an den neuen Fibeln prangten, und entliess uns mit freundlichen Lockungen und Ermahnungen.

---

[1]) Der „Fünfundachtzigjährige" ist ein Zögling des Friedrichstädter Seminars zu Dresden und der einzige noch lebende aus dem Abgange des Jahres 1839. Die „Erinnerungen" beziehen sich 1. auf die Schul- und Schulburschenzeit (1825—1836), 2. auf die Seminarzeit (1836—1839), 3. auf die ersten 11 Jahre seiner 50-jährigen Lehramtszeit (1839—1850).

Die grossmächtige Schulstube, die uns nun täglich aufnahm, war der einzige Unterrichtsraum für alle neun Jahrgänge[1]) und umfasste annähernd zwei Drittel des ganzen Erdgeschosses; in das letzte Drittel teilten sich die Küche, der Backofen und die Stallung für eine Kuh, ein Schwein und verschiedenes kleineres Getier. Darüber im aufgesetzten Stockwerk breitete sich die geräumige Lehrerwohnung aus, die der hohe Dachraum noch durch einige Rumpelkammern und einen grossen Wäscheboden vervollständigte. An das Haus lehnte sich nach der Kirche hin ein Blumen-, Gemüse-, Gras- und Obstgarten an, der unmerklich in den Friedhof überging und ausser schönen Fruchtbäumen auch Reihen von weissen Maulbeerbäumen zeigte. Wurden die Lehrer überhaupt angehalten, sich der Baumzucht zu befleissigen und durch eine aus der „Holzstrafkasse" zu reichende „Ergötzlichkeit" ermuntert, auch andere im Obstbau zu unterrichten, so wünschte die Regierung im besonderen zur „weiteren Emporhebung der in den sächsischen Landen florierenden Seiden-Fabriken und -Manufakturen" die Anpflanzung des weissen Maulbeerbaums in Pfarr- und Schulgärten sowie auf Friedhöfen. Hierbei erteilte sie unentgeltlich gedruckte Anweisungen über die Aufzucht von Bäumchen aus Samen oder Pflänzchen, über Wartung und Behandlung der „Seidenwürmer" und über die Kultur der Seide, verschenkte auch Samen, Pflanzen und Seidenspinnereier und lockte sogar die „Seiden-Cultivateurs" durch ein „Douceur" von 12 Groschen d. i. $\frac{1}{2}$ Taler für jedes im ersten Jahre gewonnene oder in den folgenden Jahren mehr erzielte Pfund Seide. Ich habe oft die langen braunen Raupen beobachtet und den Lehrer die gelblichen Cocons einsammeln sehen, von denen er wohl gegen 2000 zu einem Pfund Seide brauchte.

Kirche und Schule, erstere der Sage nach eine alte wendische Festung, beherrschten gemeinschaftlich von einer für unser welliges sächsisches Niederland charakteristischen kleinen Anhöhe aus die fruchtbare Umgegend und schauten freundlich hinunter in den Talgrund, in welchem sich das ansehnliche und wohlhabende Dorf behäbig ausbreitete. Sieben andere kleinere Bauerndörfer gehörten noch in seine Kirche und Schule, ein achtes besass zwar ein eigenes Filialkirchlein mit Schule, allein sein Lehrer durfte nur zu den Gottesdiensten die Orgel schlagen und den Gesang leiten; die Kasualien, Taufen, Trauungen und Begräbnisse, musste er unserm Kirchschullehrer, oder wie man ihn im Gegensatz zu den Nebenschullehrern, „Kinderlehrern", „Schulhaltern" und „Katecheten" nannte, unserm „Schulmeister" überlassen. Dieser, eine alte, ehrwürdige, im harten Schuldienst ergraute Präzeptorengestalt, gehörte noch zu denen, die

---

[1]) Kinder in Orten mit eigener Schule besuchten damals die Schule schon vom 5. Lebensjahre an; nur solchen, die nach auswärts zur Schule gehen mussten, liess das Gesetz noch ein Jahr nach.

nie ein Seminar besucht hatten, galt aber trotzdem für einen Geschickten und tüchtigen Schulpraktikus und in musikalischer Hinsicht für einen ebensoguten Sänger wie gewandten Violin- und Orgelspieler. Sammelte er doch auch beständig eine kleine Anzahl junger Leute um sich, die er als Lehrgehilfen, „Schulburschen", in seiner Schule praktisch „anlernte" und, wenn sie sich begabt und anstellig genug erwiesen, in der Folge auch wissenschaftlich theoretisch soweit förderte, dass sie vor dem gestrengen Herrn Superintendenten das „Tentamen", eine kleine Tauglichkeitsprüfung, bestehen und als Schulhalter Verwendung finden konnten. Scherzhaft bezeichnete man daher in der Umgegend unsere Schule als eine „Schulmeisterfabrik".

Freilich lohnte der Schuldienst, zumal auf den Nebenstellen noch herzlich schlecht, und der Lehrer sah sich geradezu gezwungen, Nebenerwerb in Privatstunden oder in Betreibung eines Handwerks zu suchen. So hat mir mein Vater oft vom alten Döringschulmeisterehepaar erzählt, das gemeinsam, er im Webstuhl, sie am Spulrad sitzend, die Kleinen im Buchstabieren und Syllabieren und Zählen oder im Aufsagen von Sprüchen und Moralverschen vornahm.

Die Anforderungen, die man dazumal an einen Lehrer stellte, spiegeln verschiedene gesetzliche Bestimmungen wieder. Für unsere Zeit galt in der Hauptsache noch die erneuerte Schulordnung für die deutschen Stadt- und Dorfschulen der kursächsischen Lande, vom 17. März 1773, ein vorzügliches Schulgesetz, das die beiden älteren, die Kirchen und Schulordnung vom 1. Januar 1580 und die Verordnung vom Unterricht der Jugend in den deutschen Schulen der kursächsischen Lande vom 20. November 1724 „nach der Erkenntnis des gegenwärtigen Zeitalters" verbesserte und erst vom 1835-er Schulgesetze aufgehoben und abgelöst wurde. Hiernach sollte kein Schulmeister konfirmiert werden, er lege denn zuvor seine „gute Kundschaft" und Zeugnis seiner Geburt ehelichen Lebens und Wandels vor (1.), sei auch in Religionssachen nicht irrig, sektiererisch oder abergläubisch sondern der reinen, wahren, christlichen augsburgischen unveränderten Konfession zugetan (2.), verstehe den Katechismum und wisse denselben der Jugend verständlich vorzutragen und sie darin einfältiglich zu unterweisen (3.), habe auch guten Verstand und Bericht, die Kinder mitbuchstaben (buchstabieren), syllabieren, lesen und rechnen genugsam und nützlich zu lehren (4.), und schreibe eine ziemlich leserliche Handschrift und könne sie der Jugend zum nachschreiben und lernen mit Nutzen vorgeben (5.). Andere Verordnungen, verlangen hiernächst noch eine gründliche Kenntnis im Christentum, im Lesen, Schreiben und Rechnen, einen deutlichen und fasslichen Unterricht, Liebe, Geduld und Sanftmut im Verkehr mit Kindern und einen stillen, christlichen, unbescholtenen, unsträflichen und erbaulichen Lebenswandel.

Was die Bezahlung anlangte, so setzte das Gesetz ein wöchentliches Schulgeld von einem guten Groschen, das ist 12 Pf. oder $1/_{24}$ Taler, für jedes Kind fest; allein auf den Dörfern zahlten in der Regel nur die oberen Jahrgänge den vollen Groschen; den Unterricht der mittleren bewertete man mit 9 Pf., den der unteren gar nur mit 6 Pf. Wer überdies kein Schreiben und Rechnen mitnahm, ging die ganze Schulzeit hindurch nicht über seinen wöchentlichen Sechser hinaus. Am letzten Schultag, bei uns am Freitag, brachten die Kinder ihre Dreier, Sechser und Groschen mit, oder — sie blieben weg, und der Lehrer hatte das Nachsehen. Die Schulgelderreste, die sich dadurch aufhäuften, erreichten oft die Höhe von 100 Talern und darüber und wurden selten nachträglich beglichen. Im Sommer blieb überdies eine Anzahl Kinder wegen Viehhütens eine lange Zeit weg, für die natürlich auch nichts bezahlt wurde, und von den grossen Knaben traten nicht selten welche schon mit 12 oder 13 Jahren bei einem Meister in die Lehre, wenn sie auch noch ein oder zwei Jahre schulpflichtig waren. Zwar sollten sie wenigstens in der Winterzeit täglich noch 2 Stunden auf Kosten der Dienstherrschaft oder des Meisters zur Schule kommen; allein sie wussten schon Gründe für ihr Ausbleiben vorzubringen, und so sah sich der Lehrer in verschiedener Weise geschädigt und um einen Teil seines kargen Lohnes gebracht.

In der Regel musste das Einkommen vom Kirchendienst die Stelle erst heben und „fett machen". Nebenstellen ohne Kircheneinkommen lohnten so schlecht, dass sich der Lehrer geradezu gezwungen sah, Nebenerwerb in Privatstunden oder in Betreibung eines Handwerks zu suchen. Dagegen hatte auch das Gesetz nichts einzuwenden; es verbot nur das Halten von Gesellen und Lehrlingen und das Arbeiten während der Schulzeit, wie es wohl von Winkelschullehrern hin und wieder gepflegt worden sein mag.

Bezeichnend für die soziale Stellung des Lehrers sind die für ihn geltenden Verbote, Bier und Branntwein zu schenken, eine Handlung oder Krämerei anzufangen und in Schenkhäusern oder bei Hochzeiten aufzuwarten; dagegen konnte er mit Bewilligung der Herrschaft den Gerichtsschreiberdienst übernehmen.

Dass er hierbei in Ausübung seines Doppelberufes auch noch hin und wieder der Gegenstand des Spottes und der Verachtung loser Leute geworden ist, geht aus den Verwarnungen hervor, einen handwerkernden Lehrer als „Störer, Pfuscher, Hümpler und Stümper" zu verschimpfieren.

Immerhin stand sich auch der Nebenschullehrer im eigenen Schulhause noch etwas besser als der arme Reihschullehrer. In kleineren Dorfgemeinden, die es zum Bau oder Erwerb eines Schulgebäudes nicht bringen konnten oder wollten, musste der Lehrer mit seinen Zöglingen von Haus zu Haus wandern und jeden Monat sein Zelt bei einem anderen Bauer aufschlagen, der gerade mit Aufnahme der Schule an der Reihe war. Seine wenigen Habseligkeiten

führte er gleich mit sich; als Schullokal zur Entfaltung und
Ausübung seiner pädagogischen Künste räumte man ihm die
grösste Stube, meist die des Gesindes, ein, und in Kost und
Lohn stand er vielleicht ziemlich auf gleicher Stufe mit dem
Grossknecht.

Solche Schilderungen wollen uns Modernen jedenfalls wenig
glaubwürdig erscheinen. In den Anschauungen über das, was zu
einer ordentlichen Schule gehört, etwas anspruchsvoll geworden und
durch die vorzüglichen Einrichtungen unsers ganzen neueren Schulwesens verwöhnt, können wir uns überhaupt nicht mehr in die unzulänglichen Zustände der alten Schule hineinfinden. Wer vermag
sich z. B. heute noch in die Verhältnisse der einklassigen Volksschule hinein zu versetzen, wie sie bis Mich. 1827 auch in meiner
Heimat noch bestanden? Wie war es dem alten Lehrer möglich,
jahraus jahrein zu gleicher Zeit gegen 160 Kinder aus 9 verschiedenen Jahrgängen in dem einzigen Schulzimmer, das unsere Schule
aufwies, zu unterrichten? Wie brachte er sie überhaupt unter, und
wo blieb in dieser quetschenden Enge, wo sich alles durcheinander-
drängte, in diesem dichten Knäuel von grossen und kleinen krie-
belnden und wiebelnden Menschenkindern die für einen frucht-
bringenden Unterricht unerlässliche Ordnung und Disziplin? Wie
kam er in den verschiedenen Abteilungen im Lesen, Schreiben,
Rechnen u. a. durch und — von einer individuellen Einwirkung,
einer eingehenden Beschäftigung mit dem einzelnen Kinde gar nicht
zu reden — wie erzielte er wenigstens ein Vorwärtskommen der
Massen? Je nun, unter dem Druck der Verhältnisse ist in der
Welt schon manches gegangen, was man sonst schlechthin für
unausführbar gehalten hat. Zunächst — sassen sie alle, und nicht
genug, es blieb auch noch Platz für einen Zwischengang zum
Verkehr des Lehrers und des Schulburschen unter den Kindern.
Das Verteilungskunststück ist leicht gezeigt. 3 Wände der
Stube waren nach aussen gerichtet und mit Fenstern versehen,
die vierte mit der Eingangstür und dem grossen Kachelofen ging
nach innen, nach der Hausflur. An jeder der drei Fensterwände
zog sich eine Tafel hin mit schmalen Sitzbänken zu beiden
Langseiten. Die an die Wand anstossende Bank war festgemacht
nach Art der in alten Bauernstuben an den Wänden herumlaufenden
Sitzbänke. Vom Katheder aus, das sich kastenähnlich in einer
Zimmerecke zwischen zwei solchen Langtafeln erhob, überschaute
man leicht das Ganze: Nach rechts hin die Tafel mit den 30 bis
40 grossen Knaben, nach links hin die mit ebensoviel grossen
Mädchen, an der dritten Tafel die Kinder der mittleren Jahrgänge
und im Mittelraum der Stube die acht bis zehn niedrigen Bänke
der Kleinen, Bretter mit 4 hineingesteckten Beinchen, wie man
sie auch gegenwärtig noch in anspruchslosen Haushaltungen sieht.
Die Kinderchen hatten also nichts Tisch- oder Tafelähnliches vor

sich, sondern hockten nur so reihenweise auf ihren ärmlichen lehnen- und stützenlosen Sitzen. Was die sonstige Ausstattung unserer Schulstube anlangt, so weiss ich mich auf etwas anderes als auf die grosse an der Ofenwand hängende schwarze Tafel nicht zu besinnen. Den Luxus von einer Landkarte, einem Globus, von einigen Bildern zur biblischen Geschichte und Naturkunde oder von irgend einem anderen Lehrmittel kannte unsere Schule nicht. Die grosse Tafel an der Wand musste alles Fehlende ersetzen. An ihr konnte der alte Lehrer seine Kunst entfalten und alles zur Anschauung Nötige entwerfen und verbildlichen. Nicht einmal eine Lesemaschine, die man doch jetzt in jeder Schule findet, war vorhanden; sie liess sich schliesslich auch bei der ganzen Art des Leseunterrichts, nicht im Chor lesen zu lassen sondern jedes Kind einzeln zum buchstabieren vorzunehmen, entbehren.

Der Unterricht, 27 Stunden die Woche, verteilte sich mit je drei Vormittags- und 3 Nachmittagsstunden auf Montag, Dienstag, Donnerstag und Freitag und mit nur drei auf den Mittwochvormittag; Sonnabend galt als schulfrei. Am Morgen wie des Nachmittags begann und schloss die Schule mit von der Violine begleitetem und unterstütztem Gesang und Gebet. Der nachmittägige Unterricht verlief in der Hauptsache wie der vormittägige; nur dass es jetzt dem Lehrer möglich wurde, sich etwas mehr mit den Kleinen, die vormittags nur zum Buchstabieren kamen, zu beschäftigen. Sie sollten ja auch mancherlei von Sprüchen, Verschen und Katechismusabschnitten lernen. Bei dem unverstandenen, gedankenlosen Aufsagen kamen freilich recht drollige Verdrehungen und Missverständnisse vor, die regelmässig bei den älteren und mit einer gewissen Erhabenheit und Überlegenheit auf das kleine Volk herabblickenden Kindern mächtige Heiterkeit hervorriefen. Sonst herrschte aber immer im Unterrichte die nötige Ruhe und Ordnung. Während der Lehrer mit den Grossen zu tun hatte, mussten die Kleinen unbeschäftigt auf ihren Bänkchen still sitzen, und wenn ja eins zu stören versuchte, so rief es der aufsichtführende Knabe oder Schulbursche auf, worauf dann sofort vom Katheder her die Strafverfügung, wie „Stehen!" „Kauern!" „Knieen!" über den kleinen Missetäter erging. Hatte der Lehrer die Grossen soweit geführt, dass sie sich die übrige Zeit still lernend, lesend, schreibend oder rechnend selbst beschäftigen konnten, so nahm er sich seiner Anfänger an und liess einen nach dem andern mit der Fibel zum buchstabieren und syllabieren vor an das Katheder kommen. Auch das verlief ohne jede Ruhestörung und Unart. Es herrschte überhaupt ein gewaltiger „Respekt" in unserer Schule, der jedenfalls nicht allein in der Furcht vor der Rute wurzelte; denn unser Lehrer war kein Prügelmeister und das garstige aber fast typisch gewordene Bild des Lehrers der alten Zeit als eines finsteren und vergrämten Schultyrannen, der vom Katheder aus den Bakel, sein

Zepter, unablässig schwingend, nur ausspäht, wo er ihn auf die Köpfe der sich ängstlich duckenden Kinder niedersausen lassen kann, passte auf den alten Herrn nicht. Allerdings wendete er noch einige veraltete Strafen an, wie das erwähnte Knieen und Kauern, allein er handhabte z. B. nie einen Stock, sondern teilte nur die Rute aus, und das auch mässig, wenigstens nicht in harter und roher Weise. Die Jugend damaliger Zeit war ja gewiss nicht weniger unartig, als es gesunde und muntere Kinder von jeher gewesen sind; aber man sah an ihnen nicht das Dreiste und Freche, das Abgefeimte und Raffinierte mancher „Pflanze" der Gegenwart, sondern sie gaben sich einfältig und treuherzig, bescheiden und gutgesinnt. Dass dennoch Überschreitungen des Strafrechtes und -masses auch damals vorkamen, deuten verschiedene behördliche Vorschriften und Warnungen an. Nach diesen wurde der Lehrer angehalten, mit aller Vorsicht und Mässigung zu züchtigen, keinesfalls im Zorn und Affekt, mit heftigem Anfahren und Fluchen. Bei den Haaren zu raufen, hin und her zu ziehen oder zu schleppen, sollte ebenso verboten sein wie das Knieen und Anhängen schimpflicher Bilder. Fruchteten freundliche und ernste Worte, auch Drohungen bei leichtsinnigen und faulen, vornehmlich aber bei hartnäckigen und boshaften Kindern nichts, dann waren mässige Schläge mit der Rute auf die Hände und den Rücken, niemals aber auf das Haupt und in das Gesicht, auf den Leib und die Schienbeine erlaubt. Hierbei wurde empfohlen, wenn möglich nicht während des Unterrichts sondern erst nach Beendigung der Stunde zu strafen. Schienen aber nachdrücklichere Leibesstrafen angezeigt, so sollten sie nur mit Vorwissen und im Beisein des Pfarrers vollstreckt werden und zwar entweder vom Lehrer selbst oder vom Kalkanten oder von sonst jemand, dem aus dem Kirchenvermögen etwas Weniges dafür zu reichen sei; auf die letztere Weise würde der Lehrer auch die Erbitterung und die Vorwürfe unartiger Kinder und deren Eltern von sich abwenden und auch nicht so leicht Gefahr laufen, sich vom Zorn übereilen zu lassen.

Ich selbst entsinne mich aus meiner ganzen Schulzeit nur zweier Strafen; einmal musste ich wahrscheinlich Plauderns halber kauern; ein andermal fasste mich der Lehrer am Kopfe und drehte mich mit einem strafenden „Ei! ei!" mehrere Male unsanft hin und her, weil ich aus Scheu, ein dringendes Leibesbedürfnis kund zu geben, die Schulstube genässt hatte.

Die Mehrzahl der Strafen forderte jedenfalls das „Aufsagen" heraus. Dessen gab es allerdings in der alten Schule nicht wenig, wenn auch nicht in der übertriebenen Häufung und Menge, in welcher man es jetzt häufig darzustellen beliebt. Der Hauptunterschied besteht wohl darin, dass sich damals fast der ganze Lernstoff auf ein einziges Fach, den Religionsunterricht, zusammendrängte, während er sich jetzt auf eine ganze Reihe von Fächern verteilt. Ein Anhang zum Kreuzkatechismus[1]) zählt unter der Überschrift „Vor die Lehrmeister in öffentlichen und Privatschulen, was vor Sprüche sie sollen ihre Untergebenen auswendig lernen lassen" nach meiner Zählung allerdings 868 Sprüche auf. Allein der Vorbericht hebt ausdrücklich hervor, es sei keineswegs die Meinung des Dresdener hohen Konsistoriums, den gemeinen Mann oder die einfältige Jugend mit erlernen eines neuen und grösseren Katechismus zu beschweren. Was auswendig zu lernen sei, bleibe der kleine Katechismus Luthers, der deshalb auch der Erklärung ganz vorausgesetzt sei. Es werde aber gewiss nicht ohne Nutzen abgehen, wenn die liebe Jugend, wie auch Kinder und Gesinde im Hause täglich etwa ein oder ein paar Gebote oder einen Artikel im christlichen Glauben, einen oder zwei Bitten im Vaterunser u. s. f. fleissig läsen und erwögen, die beigesetzten Sprüche betrachteten und wie sie sich auf die vorstehende Frage und Antwort sehickten, fleissig überlegten; bei welchem Forschen denn nicht allein ihr Herz in der Erkenntnis göttlicher Weisheit stattlich befestigt, sondern auch das liebe Wort Gottes seine herrliche Kraft zu heiligen Bewegungen und gründlicher Lebensänderung merklich werde spüren lassen. In der Schule aber hätten die Schulmeister und Schulmeisterinnen den Kreuzkatechismus so zu brauchen, dass sie den Kindern nach der Erklärung „als Discursweise" den rechten Verstand desselben beibrächten, und sie dann und wann einen oder den andern Spruch liessen ins Gedächtnis fassen mit Anzeigung dessen, was er in ihrem Katechismo bewiese; welches viel fürträglicher sein würde, als wenn sie wöchentlich einen oder mehrere Sprüche liessen lernen, ohne dass sie wüssten, was darin enthalten oder wozu sie dienten.

Wenn nun trotzdem lustlose und träge, unwissende und ungeschickte Lehrer in ihrer Unfähigkeit, ordentlich zu katechisieren, die Kinder nur fortgesetzt auswendig lernen liessen, so lag das ebensowenig in der Absicht der Oberbehörde, als wenn heutzutage noch hier und da in den verschiedenen Schulfächern viel mechanischer Betrieb herrscht und Namen, Zahlen, Formen, Regeln u. a. nur gedächtnismässig eingepaukt werden.

Im übrigen darf man aber auch bei einem Blick auf das Memorieren der alten Schule seinen bleibenden Erfolg nicht ausser Acht lassen. Was einmal auswendig gelernt wurde, das grub sich durch die steten Wiederholungen — nicht nur täglich einige Minuten, sondern wöchentlich ganze Rezitierstunden — so tief ins Gedächtnis ein und setzte sich so unaustilgbar darin fest, dass dieser unverlierbare Vorrat und Schatz des Besten und Edelsten, was sich ein Mensch aneignen kann, eine christliche Wegzehrung für das ganze Leben bildete und in allen Fällen getreulich beistand und durchhalf, in den Versuchungen mahnend und warnend, in den Freuden be-

---

[1]) Siehe unten S. 334.

seligend und heiligend, in den Ängsten und Nöten erquickend, tröstend und friedenspendend.

Mit dieser Betrachtung über das Memorieren habe ich aber bereits den Lehrstoff und die Frage berührt, was denn eigentlich in den 27 Stunden unserer Schulwoche getrieben wurde. Nun, ein buntbewegtes und vielfarbiges Bild bot unser Stundenplan nicht, und wenn zum Aufzählen der Lehrfächer der einfachen Volksschule gegenwärtig die Finger beider Hände nicht mehr reichen wollen, so genügten damals schon die von einer Hand dazu; denn die Stunden verteilten sich nur auf Religion, Lesen, Schreiben, Rechnen und ein wenig Singen. Schreiben und Rechnen konnten aber schon nicht recht als obligatorische Lehrfächer gelten, weil es ins Belieben eines Kindes oder seiner Eltern gestellt war, diese Gegenstände mitzunehmen oder nicht (vgl. oben Seite 324); verblieben also in der Hauptsache nur drei, Religion, Lesen und Singen. Und wenn man noch weiter erwägt, dass sich das Schulsingen jener Tage durchaus nicht auf Weltliches, sondern ausschliesslich auf Geistliches bezog, auf Einübung von Chorälen und einigen Arien, und das Lesen, sobald die A-B-C-Fibel überwunden war, auch nur im Religiösen, im „Psalm" (d. h. einem Psalterbüchlein) und Evangelienbüchlein, im Katechismus und zuletzt in der vollständigen Bibel seinen Übungsstoff suchte, so wies eigentlich alles und jedes zurück auf die Religion, als das grosse zentrale Hauptfach und die Grundlage aller menschlichen Bildung. Immerhin behauptet sich das Lesen, eben weil es das Kind direkt an die Quelle aller wahren religiösen Bildung, die Bibel, und an deren kurze Lehrzusammenfassung, den Katechismus, heranführt, als das bedeutsamste Fach neben der Religion, wie es ja auch nach dieser die meisten Stunden beansprucht. Schreiben und Rechnen treten in der alten Schule schon wesentlich hinter dem Lesen zurück; sie stehen ja auch nicht in so unmittelbarem Zusammenhang mit dem Hauptgegenstand des Unterrichts und finden nur deshalb Aufnahme, weil sie im praktischen Leben gefordert werden.

Von dieser einfachen Entwickelung der Grundsätze und Grundanschauungen der alten Schule aus lernt der Schulmann der Gegenwart vielleicht auch bis zu einem gewissen Grade den folgenden für die alte Schule typischen Stundenplan der 1724-er Schulordnung, der Vorläuferin der schon oben (Seite 323) erwähnten erneuerten Schulordnung von 1773, verstehen.

Von seinen 30 Lehrstunden lässt also unser nachstehender Plan der Religion mit Einschluss des religiösen Memorierens schlecht gerechnet die Hälfte zukommen; von der andern Hälfte gesteht er dem Lesen 9 zu, und den Rest verteilt er unter Schreiben (4), Rechnen (1) und Singen (1).

Wenn es nun auch niemandem, der unsere Zeit versteht, einfallen kann, zu wünschen oder gar zu fordern, dass eine solche ein-

	Montags	Dienstags	Mittwochs	Donnerstags	Freitags	Sonnabends
Vormittags 1.	Morgengebet und Wieder-holung der Predigt.	Morgengebet und Bibel-stunde.	Morgengebet und Bibel-stunde.	Morgengebet und Bibel-stunde.	Morgengebet und Bibel-stunde.	Morgengebet und Bibel-stunde.
2.	Buchstabieren und Lesen.	Buchstabieren und Lesen.	Buchstabieren und Lesen.	Buchstabieren und Lesen.	Buchstabieren und Lesen.	Die I. Klasse lernt die Buchstaben und Ziffern von der Tafel ablesen, die II. und III. Kl. rechnen.
3.	Spruch-stunde.	Spruch-stunde.	Psalterstunde.	Psalterstunde.	Psalterstunde.	Liederstunde (d. h. Lesen, Erklären und Singen von Kirchen-liedern) und Wieder-holung aus dem Wochen-pensum.
Nachmittags 1.	Buchstabieren und Lesen.	Wie Montags.		Wie Montags.	Wie Montags.	
2.	Katechismus.					
3.	Schreiben [für die Kinder der I. Klasse]. Sprüchewie-derholung.					

seitige Lehrstundenverteilung auch jetzt noch vorbildlich sein möchte, so kann dennoch ein Hervorziehen dieses altmodischen, simpeln, unzeitgemässen Stundenplanes an das Licht der Gegenwart und ein Vergleich mit seinen modernen Nachfolgern nicht völlig zwecklos erscheinen. Zunächst zeigt sich deutlich die grossartige Kulturentwickelung, die zwischen jenen Tagen und den unseren liegt. Fast alle Wissensgebiete insonderheit aber die der Naturwissenschaften haben sich ausserordentlich erweitert, vertieft und vervollkommnet und alle Verhältnisse des Lebens in ihre Zauberkreise hineingezogen und umgestaltet. In der Tat, die Welt ist in vieler Beziehung eine ganz andere geworden. Niemand, auch der einfache auf Erwerbung von gelehrter Bildung verzichtende Mann nicht, vermag sich den mächtigen Einflüssen und Einwirkungen des veränderten Kulturzustandes vollständig zu entziehen. Dadurch sind aber auch die Anforderungen, die das praktische Leben an das Wissen und Können des Einzelnen stellt, bedeutend gewachsen und niemand kann zur Zeit noch mit einem so bescheidenen Masse weltlichen Wissens auskommen wie unsere Vorfahren vor hundert und mehr Jahren. Bildung ist eine Macht geworden, und wer im Besitze dieser Macht ist, hat — auch einmal ganz äusserlich und materiell betrachtet — vor seinen Mitmenschen den Vorteil, sich leichter emporarbeiten, ein gutes Unterkommen in der Welt erobern und ein sicheres Plätzchen behaupten zu können. Diesen durchaus veränderten Verhältnissen musste auch die Schule Rechnung tragen und an ihrem Teile mitarbeiten an der Vorbereitung für das neue, vielgestaltige, aufgabenreiche Leben. Und sie hat sich der ihr zugefallenen wichtigen Aufgabe nicht entzogen, sondern alles getan, ihr gerecht zu werden, ihre ganze Organisation umgestaltet und ihr Lehrverfahren fortgesetzt vervollkommnet, ihre Lehrpläne erweitert, die Anzahl der Fächer vermehrt und vielerlei aufgenommen und eingeführt, woran eine frühere Zeit nicht zu denken brauchte. Freilich hat auch das alles seine Grenzen. Gegenwärtig ist sie so vollgepfropft und von allen Seiten so mit Stoff überhäuft, dass sie kaum mehr auszukommen weiss und nur mit aller Macht weitere Versuche, ihr noch dieses „Schöne" und „Wünschenswerte" und jenes „Wichtige" und „Notwendige" aufzuhalsen, abwehren muss; sonst würde allerdings bald die Gründlichkeit, die Echtheit und der ganze bleibende Wert ihrer Bildung darunter leiden. Das ist die eine Gefahr und die andere, die übrigens jeder Periode gesteigerter und einseitiger Verstandeskultur droht, besteht darin, die Bildung des Gemütes und Herzens, die Pflege des inneren auf Gott und die ewige Bestimmung des Menschen gerichteten Lebens zu vernachlässigen. Über dem unablässigen Jagen nach Verstandesbildung und weltlichem Wissen verliert man sich nur zu leicht ganz und gar im Diesseitigen und vergisst das Eine, was nottut, was allein wahrhaft glücklich macht und unvergänglich bleibt. In dieser Beziehung kann uns der veraltete

Stundenplan wohl leise mahnen, uns unser eigentliches Ziel nicht verrücken und unsere wahre Bestimmung nicht verkennen zu lassen. Übrigens erkannte unser altes zu meiner Zeit doch in vielen Bestimmungen noch geltendes 1773-er Schulgesetz auch schon die Berechtigung anderes Bildungsstoffes neben und ausser dem religiösen an, wenn es den Lehrern empfahl, grösseren Kindern das Leichteste, Fasslichste und Nützlichste aus den „anderen Künsten und Wissenschaften", aus der Erdbeschreibung, der Kirchen- und Weltgeschichte zu lehren und ihnen, „soweit es den Umständen nach möglich sei" auch etwas von der Stadt- und Landwirtschaft, von den gewöhnlichsten und nötigsten Handwerken und Professionen (man nannte es Technologie), von geistlichen und weltlichen Ämtern, von den allgemeinen Kirchen- und Landesgesetzen, vom Gebrauche des Kalenders, der Zeitungen, der Intelligenzblätter und anderer im gemeinen Leben nützlichen Dinge „auf eine erzählende und angenehme Weise" beizubringen, auch „wegen eines oder des anderen gründlichen und deutlichen Handbuches sich an den Superintendenten oder Pfarrer zu wenden". Allein unter der Ungunst und Unvollkommenheit der Schulverhältnisse — vielfach nur einklassige Volksschule, ungenügende Unterrichtsräume, zu grosse Kinderzahl, fast gänzlicher Mangel an Lehrmitteln, geringes Entgegenkommen des Hauses — kam der Lehrer, selbst wenn er die für diese Dinge nötige Vor- und Durchbildung besass, nicht dazu und musste es meist bei dem Althergebrachten bewenden lassen. So begnügte sich auch unser alter Lehrer wenigstens für die Allgemeinheit mit der Fünfzahl der Fächer (Religion, Lesen, Schreiben, Rechnen und Singen) und überliess eine Erweiterung und Vervollkommnung des Stundenplans den frischen Kräften eines jugendlichen Nachfolgers, der ihn ja auch bald ablösen sollte. Andere Dinge trieb er nur mit den jungen Leuten, die er als Schulburschen brauchte und fürs „Tentamen" beim Superintendenten vorbereitete.

Eigentlich — und das ist die ausgesprochene Meinung des erwähnten Schulgesetzes — sollte überhaupt das Haus die Schule ersetzen oder ihr doch wenigstens vorarbeiten, indem es die Kleinen bereits vor dem schulpflichtigen Alter in den ersten Anfangsgründen der Religion und des Lesens unterwiese.

Eltern, und wenn diese zeitlich versterben, Vormünder, Verwandte und Paten sind schuldig, sobald das ihnen von Gott geschenkte und anvertraute Kind seinen Verstand zu gebrauchen und die Muttersprache zu verstehen anfängt, zu dessen Unterweisung in der Erkenntnis Gottes den Grund zu legen, auf den in Schulen künftig weiter gebaut werden soll. Wenn sie genugsam Fähigkeit dazu besitzen, werden sie wohl daran tun, wenn sie statt unnützer Reden, den Kindern die biblische Geschichte von den göttlichen Wohltaten der Schöpfung, Erlösung und Heiligung nebst der in der Taufe geschehenen Wiedergeburt auf eine ihnen fassliche Art zu wiederholtenmalen erzählen. Lässt das Kind merken, dass es einigen Begriff von

Gott, seinem himmlischen Vater, desgleichen von Jesu Christo gefasst hat, so kann es schon gewöhnt werden, ein kurz kindlich Gebet
zu seinem Vater im Himmel zu schicken. Auch kann man einem
solchen Kinde sagen: Gott der Vater im Himmel hat das, was es
tun und nicht tun soll, in den zehn Geboten gelehrt und es liebreich
ermahnen, auf ein jedes Gebot, das ihm wiederholt ohne alle Zusätze oder Verstümmelungen vorzusprechen ist, fein Achtung zu geben
und es nachzusagen. Wenn das Kind die zehn Gebote nebst der
in der heiligen Schrift so oft wiederholten Hauptsumme des göttlichen Gesetzes „Du sollst lieben Gott deinen Herrn von ganzem
Herzen, von ganzer Seele und von ganzem Gemüt und deinen Nächsten
als dich selbst" nach und nach gefasst hat, kann ihm der christliche
Glaube und das Vaterunser samt einigen biblischen kurzen Haupt-
sprüchen, desgleichen Luthers Morgen- und Abendsegen wie auch
Tischgebet vorgesprochen, auch jedes Stück soviel als möglich dem
Kinde wenigstens einigermassen verständlich gemacht und erläutert
werden. Sodann können ihm einige Exempel frommer Kinder besonders aus der biblischen Geschichte erzählt, vornehmlich aber das
allerbeste Beispiel Jesu fleissig vorgestellt werden, um es dadurch
zur Nachfolge zu reizen. Vor allen Dingen aber ist dahin zu sehen,
dass der Eigensinn und Eigenwille der Kinder gebrochen werde;
denn je zeitiger das geschieht, desto gehorsamer werden sie später
gegen Eltern, Lehrer und Obrigkeiten sich bezeigen.

Wollten Eltern und Wärterinnen kleinen Kindern, die zu reden
anfangen, statt gewöhnlicher Spielwerke, Stücke Pappe mit je einem
bedruckten oder beschriebenen Buchstaben anschaffen und jeden
Buchstaben dem Kinde öfter nennen und vorsprechen, so würden
solche Kinder in kürzerer Zeit die sämtlichen Buchstaben kennen
und unterscheiden lernen; ebenso könnte ihnen auch das Buchstabieren und Lesen durch Zusammensetzung der Buchstaben und
Silben beigebracht werden.

Da jedoch die wenigsten Eltern imstande sind, die Unterweisung
und „Anführung" ihrer Kinder selbst zu besorgen, so — folgert das
Gesetz — ist eben die Schule unbedingt nötig.

Nun wollen wir näher auf die einzelnen Fächer unserer Schule
und besonders auf die Art ihres Betriebes eingehen.

Der Religionsunterricht, „der Unterricht im Christentum", „die
Christenlehre" begann bei den Kleinen damit, dass ihnen der kleine
Katechismus abschnittweise so lange vorgesagt wurde, bis sie die
Worte gefasst und auswendig gelernt hatten. Einfache Wort- und
Sacherklärungen und erläuternde Zwischenfragen des Lehrers suchten
das erste Verständnis anzubahnen. Dann wurden die Kinder mit
Zuhilfenahme der biblischen Geschichte in die christliche Heilslehre
eingeführt, deren einzelne Wahrheiten sie durch Haupt- und Kern-
sprüche der Bibel bewiesen. Endlich drangen sie, des Lesens
kundig, in die heilige Schrift selbst ein und lernten die Namen und

den Hauptinhalt der einzelnen Bücher kennen. In allem aber betonte der Lehrer die ermahnende und besonders die erbauliche Seite des Unterrichts, die Anwendung der Lehre auf einen rechtschaffenen Glauben, auf ein heiliges Leben und ein seliges Sterben.

Als Grundlage der Behandlung der christlichen Heilslehre diente der Dresdnische oder Kreuz-Katechismus, eine auf Churfürstl. Durchlaucht zu Sachsen gnädigsten Befehl vom Ministerio zum heiligen Creutz 1688 in Dressden herausgegebene ausführliche Erklärung der Hauptstücke in Frage und Antwort. Wem jedoch diese Auslegung zu umfänglich erschien, der benutzte einen der verschiedenen kurzen Auszüge z. B. den Löserschen oder den Albertischen. Um nun jedem, der diese erste grössere Katechismuserklärung überhaupt nicht näher kennt oder wenigstens nicht zur Hand hat, einen Begriff von ihrem Lehrverfahren zu geben, mag ein kleiner das 7. und 8. Gebot umfassender Abschnitt hier zum Abdruck gelangen. (Nur in betreff der Sprüche will ich mich mit Angabe der Stellen begnügen.)

74. Wie lautet das siebente Gebot? Du sollst nicht stehlen. 75. Was ist das? Antwort: Wir sollen Gott fürchten u. s. w. 76. Was wird uns allhier verboten? Wir sollen nicht stehlen, das ist: unsers Nächsten Geld oder Gut nicht nehmen, noch mit falscher Ware oder Handel an uns bringen. III. Mos. 9, 11. I. Kor. 6, 10. 77. Wie geschieht denn das? Einmahl mit dem Hertzen, wenn man sich nicht begnügen lässt mit dem, was man hat, sondern mit unersättlichem Geitz durch List und Tücke nach fremden Gütern trachtet. Hebr. 13, 5. II. Tim. 6, 6—10. 78. Wie ferner? Hernach mit Worten, wenn man dem Nächsten das Seine abschwatzet, oder ihm zu Schaden redet. Jer. 9, 5. 79. Wie aber im Werke? Wenn man entweder mit Gewalt dem Nächsten das Seinige nimmt, oder es ihm heimlich entwendet, oder mit falscher Waar oder Handel oder durch Wucher, unrecht Gewicht und Maass, Uebersetzung, Geschenke, Zurückhaltung des verdienten Lohns, und andere unrechtmässige Mittel an sich bringet. Jes. 5, 8—9. I. Thess. 4, 6. Ps. 15, 5. II. Mos. 23, 8. V. Mos. 25, 13—16; 24, 14. Jak. 5, 4. 80. Was wird allhier geboten? Dass wir unsern Nächsten sein Gut und Nahrung helffen bessern und behüten. Welches geschieht, wenn man ihn nach Vermögen mit Rath und That beyspringet, Allmosen giebt, leihet, für Schaden warnet, zu dem Seinigen hilfft, und zu solchem Ende auch fleissig arbeitet und das Seinige zu rathe hält, damit man im Fall der Noth ihm aushelffen könne. II. Mos. 23, 4—5. Matth. 5, 24. Ps. 112, 5. Eph. 4, 28. II. Thess. 3, 10. 81. Wie lautet das achte Gebot? Du sollst nicht falsch Zeugnis reden wider deinen Nächsten. 82. Was ist das? Antwort: Wir sollen Gott fürchten und lieben u. s. w. 83. Was wird uns allhier verboten? Dass wir unsern Nächsten nicht fälschlich belügen, verraten, afterreden oder bösen Leumund machen, welches sowohl in als ausser Gericht geschiehet. 84. Wie geschiehet das vor Gericht? Wenn der Richter

unrechten Ausschlag giebt, oder der Kläger den Nächsten un-
schuldiger Weise verklaget, und ihm fälschlich etwas kund giebt,
oder der Beklagte wider Wissen leugnet, oder der Zeuge falsch
Zeugniss ableget, oder der Advocat gute Sachen verzögert und
hindert, bösen hingegen einen Schein des Rechten giebet. V. Mos. 1,
16—17. II. Mos. 23, 6—8. II. Chron. 19, 6—7. Sprüche 17, 15;
19, 5. II. Mos. 23, 1. 85. Wie geschieht es ausser dem Gerichte?
Wenn man von seinem Nächsten solche Dinge redet, die nicht wahr
sind, oder was man verschweigen sollte, von ihm ausbreitet, ihn
verunglimpfft und ihm bösen Leumund, das ist: einen bösen Namen
machet. Eph. 4, 25. Sprüche 20, 19; 11, 13. Ps. 50, 19—20.
Jak. 4, 11. 86. Was wird uns dann befohlen im achten Gebot?
Wir sollen unsern Nächsten entschuldigen, Gutes von ihm reden und
alles zum Besten kehren. Welches geschieht, wenn man nicht nur
Gutes von ihm denket, sondern auch seine Ehre rettet wider allen
Argwohn und Beschuldigung, seine Fehler mit christlicher Liebe
bedecket, seine Tugenden rühmt, und wo er auch gefehlet, es nach
Vermögen aufs Beste ausleget. Sprüche 31, 8—9. I. Petr. 4, 8.
Sir. 6, 5.

Der Auszug gab dieselben 7 Fragen fürs 7. und 6 Fragen fürs
8. Gebot, nur in kürzerer Fassung und mit ganz wenig Sprüchen.
Neben diesem Katechismus gab es in meinen Schul- und Seminar-
jahren auch noch verschiedene rationalistisch gehaltene Religionsbücher; allein unsere Lehrer, der alte wie der neue, müssen sich
nicht nach ihnen gerichtet haben; sonst hätte mir als grösserem
Knaben wohl die ganz andere, flache Art unseres neuen Pfarrers
nicht so unangenehm auffallen können.

Die grösste Plage der alten Schule war für den Lehrer wie
fürs Kind jedenfalls der Leseunterricht. Wie es unser alter Lehrer
— und gewiss mancher andere mit ihm hin und her im Lande —
von Jugend auf gewöhnt war, so erteilte er noch immer das Lesen
nach der Buchstabiermethode, obgleich das Stephanische Lautieren
schon gegen Anfang des Jahrhunderts „erfunden" worden war. Wehe,
was hat dieses Folterwerkzeug und Marterholz, das Buchstabier-
verfahren, die Jugend jahrhundertelang geschunden!

Zunächst verstrich ein ganzes Jahr oder mehr mit dem Lernen
der Namen und Bilder der Buchstaben. Dann ging es an das
„Syllabieren" d. h. das Kind sagte die Namen der einzelnen Buchstaben einer Silbe der Reihe nach her und der Lehrer sprach ihm
vor, wie es diese Reihe „lesen", auf einmal aussprechen müsse. Das
plapperte der Lernende so verständnislos wie ein Papagei so lange
nach, bis er beim Anblick einer gewissen Buchstabenreihe auch also-
gleich aus dem Gedächtnis den Zusammenklang sagen konnte und
beispielsweise für zet we e ce ka Zweck, für ku u i er el Quirl,
für es ce ha we e el ge te schwelgt, für be el i te zet Blitz, für
vau o en von u. s. f. las. So lernte man, ohne eigentlich einzusehen,

warum das so zusammenklang, eine Silbe nach der anderen. Kamen auf einer Zeile oder in einem kleinen Lesestück noch einige unbekannte Silben vor, so mussten sie vom Lehrer erst vorgesprochen werden. Eine reine mechanische Abrichtung und Gedächtniskrämerei! Eine Vorrichtung, wie sie unsere Lesemaschine darstellt, mit welcher man dem Kind durch äusseres sichtbares Heranrücken eines Buchstaben an den vorhergehenden oder nachfolgenden das Zusammenklingen der Laute, das Silbenbilden wesentlich erleichtert, brauchte die Buchstabiermethode bei ihrem blossen mechanischen Vorsprechen und Nachsagen nicht. Lautes Chorlesen pflegte sie auch nicht; bei uns buchstabierte und syllabierte immer nur ein Kind laut, und die übrigen mussten still nachlesend folgen, wobei sie mit einem Griffel oder Finger auf das Wort zeigten. Es lässt sich denken, dass solch Lesenlernen weit mehr Zeit beanspruchte als jetzt. Innerhalb eines Jahres lernte überhaupt niemand lesen; die besseren Kinder überwanden es im 2. Jahre; schwache aber schlugen sich noch im 3. und 4. Schuljahre mit ihrer Fibel herum und bildeten für die anderen oft den Gegenstand des Spottes. Einen schnelleren Gang des Leseunterrichts sah auch das Schulgesetz nicht vor, wenn es annahm, dass in dreiklassigen Schulen in der Unterklasse das Abece und der Anfang des Buchstabierens, in der Mittelklasse das Buchstabieren und der Anfang des Lesens und erst in der Oberklasse das geläufige Lesen gelernt werden könnte.

An Versuchen, die ungeschickte, wertlose und auch viel verspottete [1] Buchstabiermethode zu verbessern, hat es nicht gefehlt. Pädagogen und Schulmänner wie Pestalozzi, Basedow, Salzmann, Gedicke, Olivier, Seltzsam u. a. haben sich bemüht, das Lesenlernen einfacher und leichter zu gestalten, aber vergeblich. So natürlich und selbstverständlich es uns auch gegenwärtig erscheint, nicht auf den Namen des Buchstaben sondern nur auf seinen Klang zu sehen, und so leicht es uns auch vorkommt, die einzelnen Laute dann zu einer Silbe zusammenfliessen und -klingen zu lassen, so schwer muss es doch unsern Vorfahren geworden sein, sich von dem Namen des Buchstaben freizumachen und nur den Klang festzuhalten, und so haben sich noch viele Geschlechter mit dem Buchstabieren abquälen müssen, ehe es gänzlich beseitigt wurde; ja, auch der „Erfinder" der neuen Methode (1803), der bayrische Pfarrer Stephani, vermochte mit seiner Fibel und den anderen seine Lautirmethode begründenden und lehrenden Schriften die alte unsinnige nicht auf einmal aus der Schule zu vertreiben; sonst hätte sie nicht noch im dritten Jahrzehnt des 19. Jahrhunderts in unserer und gewiss auch mancher anderen

---

[1] In der vielangezogenen 1787 pseudonym erschienenen „Lesekunst, in welcher das zornerweckende Buchstabieren aus dem Wege geräumt wird" heisst es: Mein Leser, denke doch, wie lehrt und lernt man Lesen? Wenn man hoch lesen will, spricht man ha o ce ha! Dann kommt das Wort hernach, wenns erst konfus gewesen: Man tönet zweimal ha und ist doch hier kein a. Warum nicht lieber ho anstatt ha o gesprochen?

Schule ruhig und ungestört fortbestehen können. Die liebe Gewohnheit und das Misstrauen gegen das Neue lassen manchen nicht den Schritt vorwärts zum Besseren tun. Hatte sich das Kind endlich mit viel Schweiss zu einiger Fertigkeit im Silbenlesen hindurchgearbeitet, so nahm es den kleinen Katechismus Luthers vor und versuchte daraus, kleine Abschnitte zusammenhängend zu lesen, nachdem sie vom Lehrer oder Schulburschen mustergültig vorgelesen worden waren. Nach und nach lernte es alle Hauptstücke kennen und erleichterte sich dadurch das Auswendiglernen derselben. Vom Wortlaut des kleinen Katechismus gingen wir zu seiner Erklärung im Kreuzkatechismusauszug über, und die weitere Leseübung bot das Evangelienbüchlein, der „Psalm" (eine kleine Ausgabe der 150 Psalmen), das neue und zuletzt das alte Testament.

Einen eigentlichen Deutschunterricht erteilte unser alter Lehrer nicht, wie sich ja auch „Deutsch" nicht einmal dem Namen nach auf dem Lehrplane der Volksschule vorfand. Wohl konnte ausser dem Lesen und Schreiben das Diktieren zur Besserung der Rechtschreibung an einen Deutschunterricht erinnern; aber alles andere hierher gehörige und unserer jetzigen Jugend auch durchaus geläufige wie grammatische und stilistische Belehrungen und Übungen, die Anfertigung von Aufsätzen, die Behandlung von Lesestücken mit Einblicken in das Literaturgeschichtliche und das Vortragen von Gedichten belästigte unsere damalige Dorfjugend noch nicht.

Der Schreibunterricht hob zunächst durch Vorschreiben an der Wandtafel den Unterschied zwischen den Druck- und Schreibbuchstaben hervor und hielt dabei eine durch die Grösse bestimmte Einteilung der Buchstaben in solche fest, die sich nur auf den Raum der Doppellinie beschränken (kleine), die nach oben oder unten (halblange) und die nach beiden Richtungen bis an die Grenzen des Liniensystems reichen (lange). Hierauf begannen die eigentlichen Schreibübungen. Der Lehrer zeichnete einen Buchstaben mit Bleistift auf dem Papiere vor, führte dem Kinde die Hand und liess es das Bleistiftbild mit Tinte überziehen, bis es den Buchstaben ohne Vorzeichnung brachte. Nach und nach bekam das Kind Silben, Wörter und ganze Zeilen vorgeschrieben oder in Vorschriften, Spänen und Schreibtafeln vorgelegt. Freilich, wusste man einmal das Vorgeschriebene auswendig, dann gab man fast gar nicht mehr acht, sondern schrieb gedankenlos Zeile für Zeile herunter, bis man seine Seite voll hatte. Stoff zu den Vorschriften boten Bibelsprüche, kurze Briefe, Geschäftsaufsätze (Rechnungen, Schuldscheine, Quittungen, Reverse u. a.) geschichtliche, geographische oder naturwissenschaftliche Tatsachen. Gewöhnlich liess sich der Lehrer die Vorschriften zuvörderst wiederholt vorlesen, damit die Kinder auf die verschiedenen darin vorkommenden Namen, Daten, Ereignisse oder wenn es Geschäftsaufsätze betraf, auf die Formen des Briefes,

Schuldscheins, der Rechnung, Quittung, Bescheinigung; des Zeugnisses usw. achthätten und die letzteren nachahmen lernten. Der allgemein gebräuchliche Duktus war der Rossbergsche oder „die Dresdner Hand" mit dem Grundzuge des Steifen, Gradlinigen, Eckigen im Gegensatz zu dem Vorherrschen des Krummlinigen, Biegsamen und Abgerundeten unserer jetzigen kaufmännischen und Schulalphabete. In der strengen Regelmässigkeit und grossen Zierlichkeit seiner Formen und in der Festigkeit und Kraft seiner Züge sah er sehr gefällig aus, war aber wegen seiner Ecken und Brüche weniger schreibflüchtig als unsere runden flüssigen Formen und konnte schon deshalb mit der neueren in immer rascherem Tempo arbeitenden Zeit nicht mehr standhalten. Dagegen weist sein Alphabet viel deutlicher auf unser deutsches Druckalphabet hin als der runde kaufmännische Duktus; denn es ist aus der Kanzlei und dieses wieder aus der Fraktur und Mönchsschrift entstanden, der ja auch unsere deutsche Druckschrift entstammt. Ein Leipziger Schreibmeister, Johann Stäps, schreibt in seiner „Gründlichen Anweisung zur kanzleimässigen Schreibkunst" 1749 schon fast ganz so wie Rossberg und hat diesem späteren Dresdner Geheimkanzlisten zur „Erfindung" seines nach ihm genannten Duktus jedenfalls sehr zum Muster und Vorbild gedient. Stäps lehrte in seinem vielgebrauchten Buche — ich besitze es heute noch — auch alle Zier- und Prunkschriften und mit reichem Zugwerk geschmückten Alphabete. In meinen Schuljahren lernten auch in der Volksschule die besseren Schreiber und besonders die Knaben, welche sich später einem schreibenden Berufe widmen wollten, die gebräuchlichen Zierschriften wie Schleifkanzlei, steife Kanzlei, Fraktur und „Gotisch" mit dem zugehörigen Zugwerk und verwendeten sogar dabei bunte Farben. Ein solches Schreibebuch stellte mitunter ein kleines Kunstwerk dar. Jede Seite fing in der Regel mit einer Zeile grosser reichverzierter Fraktur an, dann folgte Kanzlei und Latein und den übrigen Teil der Seite füllte Deutsch; den Abschluss unten bildete der ausführliche Name des Schreibers nebst Geburtsort und Datum und ein kunstvoll verschlungener Zug.

In der damaligen Zeit gab man überhaupt noch etwas auf schmuckhaftes und zierratliches Schreiben, jetzt nicht mehr. Der Sinn und das Verständnis fürs Schöne und die Kunst im Schreiben ist uns so ziemlich verloren gegangen. Votivtafeln, Diplome und andere Ehrenschriftstücke lässt man ja wohl noch hin und wieder von Kalligraphen ausführen, aber meist gibt man sie in die Druckerei, die sich für solche besondere Fälle schon mit einigen Zieralphabeten ausgestattet hat. Wer lernt denn jetzt noch Zierschriften, und wenn es auch nur die einfache Kanzlei-, Fraktur-, und gotische Schrift wäre, von kunstvolleren Alphabeten, schönen Initialen, von feinen Zügen und anderem Schmuckwerk ganz abgesehen? In der Volksschule bleibt es im allgemeinen bei Kurrent und Latein, und in der höheren Schule tritt noch die Sönneckensche Rundschrift hinzu. Aber fragt mich nur nicht, wie sie vielfach verbrochen wird, wie hässlich und unrein in den Formen, gibt es doch viele Erwachsene, die nicht einmal ihr Latein rein zu schreiben wissen und Kurrentbuchstaben mit untermischen! Und wer schon besser zu schreiben versteht, nimmt sich nicht gern die Zeit dazu; denn es möchte heutzutage alles im Fluge erledigt sein. So findet auch niemand etwas Auffälliges darin, dass bedeutsame Schriftstücke wie Käufe, Verträge, Testamente, Gesellen-, Meister- oder Bürgerbriefe, Reifezeugnisse, Vokationen, Anstellungsurkunden, Belobigungen, Beförderungen u. a. ärmlich und ohne Schmuck und Zier ausgestattet sind. In solchen Dingen dachte man früher anders. Man verlangte geradezu von Urkunden, Dokumenten und anderen amtlichen Schriftstücken, die man respektvoll betrachtete und heilig aufhob, dass sie schön ausgeführt waren und hätte sich entsetzt über unsere saloppe, unwürdige und geschmacklose Art. Im übrigen gönnte man sich aber überhaupt zu allen Dingen mehr Zeit. Man raste noch nicht so durch die Welt wie jetzt. Über das ganze Leben war eine behäbige Ruhe und stille Beschaulichkeit ausgebreitet, und in feierlicher, gemessener Würde verrichtete man seine Geschäfte, auch die des Schreibens. Und wenn man von der Schule auch sonst nicht viel verlangte, so sollte sie doch die Jugend würdig und schön schreiben lehren in Deutsch und Latein oder „Französisch", Kanzlei, Fraktur oder Gotisch und künstlichem Zugwerk zur Bildung ihres Schönheitssinnes wie auch zur Verwendung im späteren Leben.

Die Kinder brachten ihr Schreibmaterial selbst mit, die Gänsekiele, die blechernen Schreibzeuge mit einem Tinte- und einem Streusandfässchen und das Schreibpapier in allen Qualitäten und Färbungen, vom Dorfkrämer oder aus der nächsten Stadt bezogen. Das Linieren und Federschneiden für die vier Schreibstunden der Woche bildete für den Lehrer jahraus jahrein eine recht aufhältliche Arbeit. Eine Feder reichte selten länger als eine Stunde. Hätten dem alten Lehrer bei der grossen Menge Kinder nicht seine Schulburschen beigestanden, es wäre ihm wohl nicht möglich gewesen, mit dem Schneiden allein durchzukommen. Mit der Zeit erlangte man allerdings auch eine gewisse Gewandtheit darin; nur der Daumen, auf den man zuletzt noch jede Feder aufsetzte, um die Spitze mit dem Federmesser kunstgerecht abzukuppen, hatte etwas auszuhalten und schmerzte manchmal. Am Schluss der Stunde steckte jedes Kind seine Feder in ein mit vielen numerierten Löchern versehenes grosses Brett und merkte sich seine Nummer. Das Schreibzeug schob es in das grosse offene Fach, dass sich unter jeder der drei Tafeln zum Aufnehmen der Bücher, Mützen, Hauben, Kopftücher und alles sonst von den Kindern täglich mit zur Schule Gebrachten befand.

Fürs Linieren des Papiers — denn gedrucktes liniertes Papier

22*

fertigte man damals noch nicht — schnitt man in sein Reissblei von der Dicke eines·Schieferstiftes eine Narbe, sodass zwei Spitzen im ungefähren Abstande der Doppellinien entstanden und zog damit ziemlich rasch die Doppellinienpaare.

Ehe ich nun weiter noch unser Schulrechnen darstelle, möchte ich erst der Wandlungen gedenken, die unsere Dorfschule durch den Lehrerwechsel erfuhr.

Michaelis 1827 trat unser alter Lehrer vom Schuldienste zurück, kaufte sich von seinem mühsam Ersparten ein bescheidenes Häuschen mit Garten und widmete sich fortan seiner Lieblingsbeschäftigung der Bienenzucht. Damals gewährte der Staat seinen ausgedienten Lehrern noch kein Ruhegehalt. Das mussten sie in der Höhe von $1/_3$ bis zu $1/_2$ des Diensteinkommens von ihren Nachfolgern bekommen — in der Tat eine harte Einrichtung und gleich unangenehm für den Geber wie für den Empfänger. Der jüngere Nachfolger, froh eine bessere Stelle erlangt zu haben und mehr für seine Familie und die Ausbildung der Kinder aufwenden zu können, sah sich enttäuscht und auf wer weiss wieviel Jahre hinaus noch beschränkt in seinem Einkommen. Und der Alte musste sich, wenn er nicht Not leiden wollte, das Gnadenbrot aus der Hand des Jüngeren darreichen lassen und so recht seinem Kollegen zur Last leben. Mitunter kam es auch noch zu gegenseitiger Erbitterung und Feindschaft, wenn etwa der Nachfolger sein Einkommen nicht auf die Summe bringen konnte, die der Alte angegeben und nach welcher er seine Pension berechnet hatte. Dann erwachte natürlich der Verdacht, der Alte habe zur Erlangung einer höheren Pensionssumme alle Einkünfte und Bezüge der Stelle künstlich hinaufgeschraubt. Wie glücklich konnte sich daher die sächsische Lehrerschaft preisen, als endlich durch die beiden Gesetze vom 26. Mai 1868 und 31. März 1870 diese unerquicklichen Zustände beseitigt wurden und der Staat die Zahlung der Pensionen[1]) selbst übernahm! Wir Lehrer hatten nun nur noch als geringes Entgelt einen kleinen Beitrag zur Pensions- und Witwenkasse zu leisten, der uns aber seit 1889 auch noch erlassen worden ist, so dass wir gegenwärtig unsere Pensionen ohne jede Gegenleistung vom Staat empfangen.

Der neue Lehrer, ein ehemaliger Friedrichstädter Seminarist und Präfekt des Hofchors, war schon einige Jahre Hauslehrer beim Grafen von V. gewesen. Voll hoher Ideale, griff er in seiner lebendigen, raschen Art überall bessernd in den alten Schulorganismus ein. Zunächst gliederte er die bisherige einklassige Schule in eine zweiklassige und vermehrte die Stundenzahl. Den Zeitpunkt des Eintritts in die Schule verschob er vom 5. aufs

---

[1]) Die Errichtung einer Pensionskasse für die Wittwen und Weisen der Lehrer stammt bereits aus dem Jahre 1840 (1. Juli).

6. Lebensjahr. Die Grossen von 10 bis 14 Jahren liess er vormittags kommen, die Kleinen von 6 bis 10 Jahren nachmittags; jene bekamen täglich 4 Stunden, diese 3 $1/_2$ Stunden, auch Mittwochs. Den bisher schulfreien Sonnabend besetzte er auch mit 4 Stunden, die sich nur dann auf 3 abminderten, wenn Sonnabends Beichte für die Abendmahlsgäste des darauffolgenden Sonntags stattfand. Hiernach belastete sich der neue Lehrer jahraus jahrein mit nicht weniger als 40 $1/_2$ Stunden (5 mal 4 und 3 in der I. Kl. und 5 mal 3 $1/_2$ in der II.) — und das alles ohne das geringste Entgelt für die Überstunden.

Der Lektionsplan erfuhr verschiedene Erweiterungen. Im Religionsunterrichte, den er mit besonderer Weihe und grosser Wärme erteilte, traten gesondert Bibel- und Liederklärung, Religions- und Reformationsgeschichte auf; der Freitag brachte regelmässig die Behandlung eines Kirchenliedes, der Sonnabend die Erklärung des nächstfolgenden Sonntagpredigttextes. Überhaupt verteilten sich die 23 Stunden der Oberklasse in folgender Weise: 7 Std. Religion (einschliesslich Bibelstunde), 3 Std. Vortragen oder Hersagen (1 Std. Sprüche und Lieder, 1 Std. wöchentlich ein Hauptstück, 1 Std. Gedichtvortrag aus Wagner u. Hempel, vgl. unten den Abschnitt über das Schullesebuch!), 1 Std. abwechselnd Sprachlehre und Diktieren, 1 Std. Aufsatzübungen, 2 Std. Lesen (er hielt viel auf gutes Lesen), 2 Std. Schönschreiben (Deutsch, Latein, Kanzlei, Fraktur und Züge, ausserdem einschreiben von biblischen Geschichten, Aufsätzen und Rechenexempeln), 3 Std. Rechnen (2 schriftlich, 1 Kopfrechnen), 2 Std. Geschichte, (1 allgemeine G. nach Hempels grossem Volksschulfreund und 1 sächsische G. nach Ottos Kinderfreund), 1 Std. Geographie (wobei wir das erste Mal eine Landkarte zu sehen bekamen; ja, der Lehrer zeigte uns sogar eine ganze Sammlung von Karten, einen Atlas), 1 Std. Singen (Choräle, Lieder, zweistimmige Arien).

Im Rechen erschienen Kopfrechenübungen neu und im Bruchwesen die Dezimalbrüche. Bisher kannten wir nur die schriftliche Form und Darstellung von Lösungen, unser „Tafelrechnen". Mit dem Lesen und Schreiben der zehn Ziffern bereitete man es vor und mit dem mechanischen Auswendiglernen des kleinen Einmaleins[1]) gab man ihm eine sichere Grundlage. An das Kopfrechnen aber wagten sich die alten Herren nicht gern; denn sie besassen meist selbst nicht die dafür nötige Rechengewandtheit und Fertigkeit. Fürs Tafelrechnen konnten sie sich schon hinter ihr Fazitbuch verschanzen; aber im Kopfrechnen mussten sie alles selbst mitrechnen, die verschiedenen falschen Lösungen sofort richtig stellen und überhaupt das Rechnen einer ganzen Klasse beherrschen. Bei

---

[1]) Man übte es damals in vierfacher Weise als „Eins und Eins", „Eins von Eins", „Eins mal Eins" und „Eins in Eins".

ihrer Abneigung gegen das Kopfrechnen beriefen sie sich auch auf
das praktische Leben, in welchem allerdings zu grösserer Sicherheit
das meiste schriftlich gerechnet wird. Für schriftliches Rechnen in
der Schule sprach ferner der Vorteil, dass man damit die verschiedenen Rechenabteilungen der Klasse leichter still beschäftigen
konnte. Endlich meinte man, dass sich ein wenig Kopfrechnen mit
der Zeit schon ganz von selbst aus dem Tafelrechnen entwickle und
hielt daher besondere Übungen und Stunden dafür nicht für nötig.
Mochte darum auch immer das Kopfrechnen als „das aller-
geschwindeste und bequemste Rechnen, das ohne allen Apparat aller-
wegen und zu allen Zeiten, ja sogar im finstern geschehen könne"
angepriesen werden, man blieb — konservativ. Und wie man sich
gegen alle Empfehlungen des Kopfrechnens ablehnend verhielt, so
liess man sich auch nicht von seinem mechanischen Schlendrian
und denklosen Regelrechnen abbringen. Die Gründe, warum so
und nicht anders gerechnet werden musste, blieben den meisten
unbekannt und die in den alten geschriebenen Rechenbüchern breit-
spurig ausgeführten Lösungen sind für den mit dem komplizierten Regelkram des damaligen Rechnens nicht vertrauten Leser
ebensowenig verständlich, wie sie es für den Abschreiber selbst
gewesen sind.

Eine besondere Erschwernis bot dem damaligen Rechnen in
der Schule wie im Handel und Wandel die grosse Menge von
Massen, Gewichten und Münzen mit ihren Vergleichungen und
Währungszahlen. Es war natürlich nicht möglich, sie im Gedächtnis zu
behalten, sondern sie mussten immer wieder in Tabellen nach-
geschlagen werden. Nur das sächsische Geld lernte man in der
Schule, und zwar in zwei Pfennigtafeln (12 Pf. sind 1 Groschen, 24 Pf.
2 Gr. bis 288 Pf. sind 24 Groschen; 20 Pf. sind 1 Groschen und 8 Pf.,
40 Pf. sind 3 Groschen und 4 Pf. bis 1000 Pf. sind 3 Reichstaler
11 Groschen und 4 Pf.), zwei Groschentafeln (24 Groschen sind
1 Reichstaler, 48 Groschen sind 2 Reichstaler, bis 288 Groschen
sind 24 Reichstaler; 30 Groschen sind 1 Reichstaler 6 Groschen,
40 Groschen sind 1 Reichstaler 16 Groschen bis 1000 Groschen
sind 41 Reichstaler 16 Groschen), einer Dreiertafel (4 Dreier sind
1 Groschen, 8 Dreier sind 2 Groschen bis 200 Dreier sind 2 Reichstaler 2 Groschen), einer Achtertafel (3 Achter sind 2 Groschen,
6 Achter sind 4 Groschen bis 300 Achter sind 8 Reichstaler
8 Groschen) und anderen Übersichten kennen. Ja wie leicht
und bequem haben wir es dagegen jetzt mit unsern wenigen
Münzen, Massen und Gewichten und ihren dezimalen Währungszahlen!

Dinter wollte gern in seiner von vielen Lehrern gebrauchten
„Anweisung zum Rechnen für sächsische Dorfschulen" (1801) eine
Vergleichung der nur in den verschiedenen Teilen Sachsens vor-
kommenden Masse mit dem gewissermassen als Norm dienenden

Dresdner Masse herbeiführen und wendete sich deshalb um genaue Auskunft an seine vielen Bekannten hin und her im Lande. Allein die Nachrichten und Zahlen waren so auseinandergehend und widersprechend, dass er, um nichts Unrichtiges zu berichten und zu lehren, den Plan aufgeben musste. Was für Irrungen bei dieser Unsicherheit in den Währungszahlen auch dem besten Rechner mit unterliefen, davon gibt Dinter ein Beispiel aus seiner eigenen Pfarrerpraxis. Nachdem er jahrelang nach dem üblichen Verhältnisse, dass 3 Altenburgische Siebmasse 17 Dresdener Metzen gleich kämen und ein altbornaischer Scheffel 18 Dresdner Metzen betrage sein Getreide verkauft und seinen „Zehnten" empfangen hatte, erfuhr er, ein Altenburgischer Scheffel halte in Dresdner Mass 1 Viertel 1 Metze und 1 Mässchen mehr als 1 Scheffel, ein altbornaischer aber nur 3 Mässchen mehr als der Dresdener Scheffel; demnach hatten ihm seine Bauern nach seiner Berechnung bereits 750 Dresdner Metzen Korn und ebensoviel Hafer zu viel gegeben. Da nun Dinter sah, dass auch nicht einmal zwischen den einzelnen Gegenden und Landschaften Sachsens Übereinstimmung bestand, so empfahl er jedem Lehrer, sich um die gerade in seiner Gegend herrschenden Masse und ihre Vergleichungen mit dem normalen Dresdner Masse selbst zu kümmern.

Überhaupt wünschte er von jedem Schullehrer, dass er sich seine Rechenexempel nach den Verhältnissen seines Ortes und der Umgegend selbst ausarbeite und z. B. die Hufen- und Ackerzahl seines Dorfes und der benachbarten Ortschaften, die herrschenden Masse und ihre Vergleichungen, die Anzahl der durchschnittlich von einem Scheffel Aussaat erbauten Schocke und der aus einem Schocke ausgedroschenen Scheffel, die Arten der von den Leuten am häufigsten angebauten Früchte, die mittleren Preise, zu denen sie ihre Produkte verkauften u. a. m. in seine selbst gebildeten Rechenaufgaben verwebe und so sein Schulrechnen individualisiere. Um nun seine Lehrer zum Selbstbilden von Aufgaben anzuleiten und sie überhaupt in ihren Rechenstunden zu unterstützen, gab er Rechentafeln heraus.

Gedruckte Rechenhefte für die Hand der Schüler, 4-, 5-, 6-, 7- und mehrteilige Rechenschulen, wie sie in den letzten 50 Jahren wie Pilze aufgeschossen sind, waren nämlich damals noch nicht üblich. Man begnügte sich mit Rechenbogen, Rechentafeln aus steifem Papier oder Pappe, von Kleinoktavgrösse bis zum Doppelfoliobogenformat und doppelseitig mit Aufgaben bedruckt. Die kleinen Tafeln gingen von Hand zu Hand; die grossen aber stellte man inmitten einer Schultafel auf, damit sie gleichzeitig allen Kindern der zweireihig besetzten Tafel zur Übung und Benutzung dienten. In jeder Schultafel waren Löcher für die an den aufzustellenden Rechentafeln befindlichen Stifte. Beim alten Lehrer rechneten wir nach den Junkerschen Tafeln, der neue brachte die Hesseschen (von einem Dresdner Garnisonschullehrer bearbeiteten) und die Dinterschen mit. Die letzteren waren uns die liebsten. Auf 98 doppelseitig bedruckten Kleinoktavtafeln gibt Meister Dinter lauter angewandte Beispiele zu den 4 Grundrechnungsarten in ganzen Zahlen, zum Bruchrechnen, zur einfachen und zusammengesetzten Regeldetri (Fünfsatz) mit geraden und umgekehrten Verhältnissen, zur Interessenrechnung[1]) in 22 von A bis W bezeichneten Abteilungen, zwischen welche wider 11 Wiederholungsabschnitte zur Befestigung des Gelernten eingeschaltet sind. Welchen Teil man auch vornimmt, überall bietet sich Anregendes und Abwechselungreiches; dabei sieht man auf Schritt und Tritt den alten Praktikus, der sich nie in künstlich Gemachtem bewegt, nie in unwahrscheinlichen und unmöglichen Verhältnissen verliert, sondern mit seinen Aufgaben immer mitten in der Wirklichkeit steht und in kulturgeschichtlich interessanter Weise ein gut Stück des bäuerlichen und kleinbürgerlichen Lebens wiederspiegelt.

Einen Einblick in Dinters Art mögen einige Beispiele gewähren. 1. Die Gemeinde zu Thierbach hat den Bau eines Leichenhauses vor. Ihr Kapital von 550 Reichstaler will sie aber nicht angreifen sondern nur die Zinsen zu 4% so lange ansammeln, bis sie reichen. Der Richter berechnet, dass sie in 8 Jahren genug hat. Der Herr des Dorfes schenkt der Gemeinde noch 150 Reichstaler zu ihrem Kapital, und der Kaufmann Gutmann übernimmt das Ganze zu 5%. Nach wieviel Jahren kann der Bau ausgeführt werden? 2. A zu B: Wenn du nach Verhältnis deines Feldes soviel Frondienste hättest als ich, ich glaube, du kriegtest das Rebellionsfieber. B: Und wieviel hast du denn? A: Ich bin 33 3/4 Tag auf Hofdienst gewesen und habe nur 7 Acker Feld. B: Ach, wenn die Fronen sich nach der Grösse der Grundstücke richteten, so käme ich fast in keiner Woche nach Hause. Ich habe 2 5/8 Hufen, die Hufe zu 21 Acker gerechnet. Wieviel gäbe das nach deinem Verhältnis Frontage? 3. Der Schulmeister zu Fleckenstedt bekam bisher 32 Zwölfpfundbrote, 6 Scheffel 1 Viertel 1 Metze und 1 Mässchen Nordhausener Mass Korn und 2 1/4 Klafter Holz, sechsviertelig. Nun wird aber der Dienst so verbessert, dass die Brote 14-pfündig, das Holz neunviertelig und das Korn nach Dresdner Mass gegeben wird. Wieviel in Geld beträgt sonach die Zulage, wenn 1 Pfund Brot 8 1/3 Pf., die Klafter, 6 1/2-viertelig 5 Reichstaler, der Dresdner Scheffel 3 Reichstaler 12 Groschen gilt? 4. Ein Müller muss 450 Reichstaler Pacht geben, ausserdem wöchentlich 5 Stückchen (Näpfchen) Butter und jährlich 3 fette Schweine. Wenn nun 1 Scheffel Korn zu 3 Reichstaler 10 Groschen, 1 Kanne Butter zu

---

[1]) Dinter braucht den Ausdruck „Interessen" lieber als „Zins", weil der Landmann damals bei „Zins" mehr an die Naturalabgaben (Getreide, Hühner, Eier und a.) dachte, die er an die Gutsherrschaft anzuführen hatte.

9 Groschen 6 Pfennig, 1 fettes Schwein zu 16 Reichtaler 16 Groschen gerechnet wird, wieviel Scheffel muss er ehrlich metzen, ehe er nur seinen Pacht heraus hat? 5. Der Kammer-Kommissar Hecht setzt in die Lotterie. Gewinne ich, so sagt er, dann behalte ich keinen Heller für mich, sondern gebe vom reinen Überschuss $^2/_5$ zu Schulbüchern für arme Kinder, $^1/_4$ als Beitrag zur neuen Turmuhr und den Rest ans Waisenhaus in Marienberg. Er gewinnt wirklich, und zwar beträgt der reine Überschuss soviel, dass das Waisenhaus noch 91 Reichstaler 13 Groschen 5 Pfennig bekommt, wieviel die andern?

Welches Triumphgefühl durchbebte einen, wenn man sich nach jahrelangem Rechnen endlich durch die ganze lange Reihe von Tafeln und die noch viel längere der auf ihnen verzeichneten Aufgaben glücklich hindurchgearbeitet hatte! Heute noch erinnere ich mich der Freude, als ich die letzte, den Schlussstein des ganzen Rechenwerkchens bildende Aufgabe vornahm: In einem Winkel soll ein steinerner Wassertrog gesetzt werden, 4 Ellen lang, 3 Ellen breit und 2$^1/_{16}$ Elle hoch. Wenn nun die steinernen Platten, die ihn umgeben, auf allen Seiten (oben bleibt er offen) 6$^1/_2$ Zoll dick sind, wieviel Kubikellen Wasser fasst der Trog?

Gegen Schluss jeder Rechenstunde erfolgte das „Ansagen". Wer die Aufgaben zuerst „heraus hatte", bekam einen Strich an der Wandtafel, jeder folgende einen Punkt; zuletzt gab der Lehrer einen Überblick über die Erfolge und las mit scharfer Betonung und Hervorhebung der Namen erst die guten, dann die mittelmässigen, zuletzt die schlechten Rechner vor. Das wirkte mehr als wortreiches Loben oder geiferndes Schimpfen.

Beim Bruchrechnen führte uns der neue Lehrer auch in die Dezimalbrüche ein, die damals, obwohl sie von der Wissenschaft bereits seit Jahrhunderten und namentlich in den logarithmischen und trigonometrischen Tafeln viel gebraucht wurden, in die Schulen und in die breiten Schichten des Volkes noch so wenig eingedrungen waren, dass der gemeine Mann vielfach weder einen solchen Bruch lesen oder schreiben noch ihn im praktischen Rechen handhaben konnte. Das hatte zumeist seinen Grund in der fast unumschränkten Herrschaft des zwölfteiligen (duodezimalen) oder babylonischen sechzigteiligen (sexagesimalen) Systems im Abzählen und Einteilen, also in den Währungszahlen des Münz-, Mass- und Gewichtssystems und in der Zeiteinteilung. Überall begegnete man der 60 (Schock, Minuten, Sekunden, Grad) oder Zahlen, die aus Grundfaktoren der 60 gebildet sind, wie 2 (1 Pfennig 2 Heller, 1 Elle 2 Schuh, 1 Wispel 2 Malter, 1 Ohm 2 Eimer, 1 Kupe 2 Fass, 1 Fass 2 Tonnen, 1 Kanne 2 Nössel), 3 (1 Last 3 Wispel, 1 Drachma 3 Scrupel, 1 Gran 3 Grän, 1 preussischer Groschen 3 Schillinge, 1 Real 3 Groschen, 1 Kaisergroschen 3 Kreutzer), 4 (1 Lot 4 Quent, 1 Quent 4 Cent, 1 Karat 4 Gran, 1 Viertel 4 Metzen, 1 Metze 4 Mässchen, 1 Fuder 4 Oxhoft, 1 Ohm 4 Anker, 1 Tonne 4 Öhmchen), 6 (1 Toise 6 Fuss, 1 Klafter 6 Schuh, 1 Pfund

Sterling 6 Reichstaler, 1 Schilling 6 bis 7 Pf.), 8 (1 Mariengroschen 8 Pf.,
1 Hamburger Mark 8 bis 9 Groschen, 1 Mark 8 Unzen, 1 Unze 8 Drachma,
1 Souverain = 3 Dukaten = 8 Reichstaler 12 Gulden), 12 (1 Malter
12 Scheffel, 1 Dutzend 12 Stück, 1 Fuss 12 Zoll, 1 Zoll 12 Lin, 1 Last
12 Schiffspfund, 1 Pfund 12 Unzen, 1 Groschen 12 Pf.), 15 (1 Mandel
15 Stück, 1 Leipziger Rute 15 Werkschuh, 15 geographische Meilen
1 Äquatorgrad), 16 (1 Scheffel 16 Metzen, 1 Mark Silber 16 Lot), 24
(1 Tag 24 Stunden, 1 Öhmchen Bier 24 oder 25 Kannen, 1 Elle 24 Zoll,
1 Taler 24 Groschen, 1 Apothekerpfund 24 Lot, 1 Mark Gold 24 Karat),
21 (1 Meissnischer Gulden 21 Groschen), 32 (1 Pfund 32 Lot), 36
(1 Reichstaler 36 Mariengroschen, 1 Schiffslast 36 Zentner), 72 (1 Eimer
72 Kannen), 108 (1 Tonne 108 Kannen), 144 (1 Gross 144 Stück) u. s. f;
dagegen trifft man nie die 10, 100 oder 1000 als Einteilungs- und
Währungszahl. Hierdurch gewöhnte man sich so an die nicht zehnteiligen gemeinen Brüche, dass man das Rechnen mit anderen für
schwer hielt und das Dezimalbruchrechnen etwa wie eine Art
höheres Bruchrechnen respektvoll aus der Ferne betrachtete,
während es doch jetzt mit Recht als das einfachste und leichteste
Bruchrechnen gilt. Erst nachdem einer das ganze Schulrechnen
absolviert hatte, wurde ihm zuletzt noch als ganz besondere
Zugabe und Rarität ein Einblick in die Geheimnisse des Dezimalbruchrechnens gewährt. So braucht man sich auch nicht darüber
zu wundern, wenn unsere vorzüglichen Dinterschen wie die
meisten anderen Rechentafeln und für die Volksschule bestimmten
Aufgabensammlungen die Dezimalbrüche mit keinem Worte erwähnen.
Nur die Kompendien der Arithmetik und für eine höhere
Lehrstufe geschriebenen wissenschaftlich gehaltenen Werke, wie zu
meiner Zeit Kästner, Snell, Kries, Vieth u. a. hielten es für ihre
Pflicht, der Vollständigkeit ihres Systems wegen auch einen Abschnitt über Dezimalbrüche zu bringen und zwar entweder als Anhang zur Bruchlehre oder gelegentlich der Entwickelung des deka-
dischen Zahlensystems, dessen Fortsetzung nach rechts über die
Einer hinaus von selbst auf die zehnteiligen Brüche führt. Unter
den eigentlich elementaren und gemeinverständlichen praktischen
Rechenbüchern aus meiner Jugendzeit ist mir nur eins bekannt,
das Aufgaben über die Dezimalbrüche bietet, die „Teutsche arithmetische Praktik" von Joh. Phil. Schellenberg (1. Aufl. 1815). Sie
streicht sogar die Dezimalbruchrechnung als eine „in unsern gegenwärtigen Zeiten ganz unentbehrliche Rechnungsart" heraus.

Dass nun aber in unserer Dorfschule die neue Bruchrechnung nicht
nur auf dem Plane stand, sondern auch wirklich betrieben wurde, beweisst
folgende Tatsache. Der Leiter der Landesvermessungsanstalt im nahen
Schlosse H., der Major Leonhardi machte bei seiner Ausbildung von
Messgehilfen stehend die Erfahrung, dass die jungen Leute noch
keinen Dezimalbruch lesen konnten. Es war ihm daher auffällig,
als er in dem einen Jahre 6 Knaben zugeführt bekam, die alle eine

genügende Kenntnis des Dezimalbruchrechnens zeigten und keine Nachhilfe darin brauchten. Er hielt daher mit seinem Lobe nicht zurück, als er erfuhr, dass sie unserer Schule entstammten.

Die Rührigkeit unsers neuen Lehrers in der Abstellung von Mängeln und der Einführung von Verbesserungen bewährte sich auch auf dem Gebiete des Deutschunterrichtes. Hier handelt es sich bei uns wesentlich um zweierlei, in der Unterklasse um Verbannung des Quälgeistes und Schreckens aller Abeceschützen, der Buchstabiermethode, und in der Oberklasse um Einführung eines besonderen Schullesebuches neben und ausser unsern geistlichen Leseübungsbüchern, dem Katechismus, dem Psalter, dem Evangelienbuch und der Bibel. Ein neues Lesebuch, nein gar zwei auf einmal, Hempels grosser Volksschulfreund und Ottos sächsischer Kinderfreund und dazu noch ein besonderes Gedichtbuch, Wagners Lehren der Weisheit und Tugend, das war eine wahre Lust und galt uns Grossen als die schönste und herrlichste Neuerung. Mit der den meisten Kindern eigenen Lesewut fielen wir über die schönen neuen Bücher her und verschlangen sie förmlich, mochten wirs verstehen oder nicht, was sie uns darboten. Und was fand sich alles darin: kleinere und grössere Geschichten, Erzählungen aus der Weltgeschichte, aus der sächsischen Geschichte, Vaterlandskunde, von fremden Weltteilen, von Tieren und Pflanzen und vieles Andere, wovon wir noch nie etwas gehört hatten; es tat sich eine ganz neue Welt vor unsern Blicken auf!

Freilich — so schön und herrlich sie uns auch erschienen, und so beliebt und verbreitet sie auch waren — vom fortgeschrittenen Standpunkt und geläuterten Geschmack der Gegenwart aus klingt das Urteil über sie ganz anders. Von den jetzigen neuen Lesebüchern aus kann man einen gerechten Massstab für unsere alten, nicht gewinnen, sondern man muss sich in die ersten Anfänge der deutschen Lesebuchliteratur zurückversetzen, die nur wenige Jahrzehnte von meiner Jugendzeit aus zurücklagen, um einen richtigen Standpunkt zu gewinnen und milder zu urteilen.

Jedoch, wer kennt sie überhaupt noch, die Veteranen der deutschen Lesebuchliteratur, die einem nur noch ganz vereinzelt in Seminar-, Lehrervereins- und anderen pädagogischen Büchereien begegnen, wer hat einen Rochow (1775), der länger als ein halbes Jahrhundert Muster und Massstab für die meisten der nachfolgenden Lesebücher gewesen und mehr abgeschrieben und nachgebildet worden ist als irgend ein späteres Schulbuch, [1]) dann Weisses Kinder-

---

[1]) Meine Ausgabe ist schon eine vielfach verbesserte; die kleinere für die Unterklasse „der Kinderfreund" oder erster Unterricht im Lesen und beim Lesen von Friedrich Eberhard v. Rochow auf Reckan, Brandenburg 1801, 2 $\frac{1}{2}$ Groschen, enthält 107 teilweise in Gesprächsform abgefasste moralische Erzählungen und belehrende Stücke, einschliesslich 8 Gedichte, über die Erde und ihre Geschöpfe, die Welt (künstliche

freund (1776—1782), Wilmsens Kinderfreund, 1800, Thiemes Gutmann oder sächsischer Kinderfreund 1802, Salzmanns Konrad Kiefer, Zerrenners Verstandesübungen in Beispielen für die Jugend 1811, Schlez' Denkfreund 1812, unsers Hempels Volksschulfreund in grosser und kleiner Ausgabe 1816, Ottos sächsischer Kinderfreund 1829 u. a.!

Von diesen bescheidenen Anfängen aus hat es allerdings lange gedauert und grosser Wandlungen bedurft, ehe man sich über den eigentlichen und wahren Zweck eines Schullesebuches klar geworden ist und dann so vorzügliche Werke hervorgebracht hat, wir sie unsrer gegenwärtigen Schuljugend in die Hände geben können.

Jetzt sind wir freilich sehr anspruchsvoll geworden, und die Ansprüche an ein gutes Lesebuch wachsen und steigern sich noch fortgesetzt, so dass schliesslich wohl keins der vielen Schullesebuch-werke der Gegenwart allen Wünschen und Forderungen genügen wird, und die Schöpfung des eigentlichen Ideallesebuches vor der Hand noch der Zukunft überlassen bleiben muss. Aber ein Bild von ihm kann man sich schon aus Vorträgen und Abhandlung über Lesebücher, Programmen und Beurteilungen neuerschienener Werke konstruieren. Darnach soll es eine alles, Gott, Welt und Menschenleben beleuchtende „Sonne", ein „Spiegel" aller das Kind umgebenden Dinge, eine „Welt im Kleinen", eine „Fundgrube", „Perlen- und Edelsteinsammlung" des Schönsten, Besten, Edelsten und Wertvollsten sein, was nur grosse Dichter und Denker für die Jugend und das Volk geschrieben haben, ein echtes deutsches Volks-buch, eine Auswahl von Bildern aus allen Gebieten der Natur und des Lebens (daher „Lebensbilder" ein besonders schöner Name für ein Lesebuch), ein „Quickborn", „Gesund- und Jungbrunnen", aus welchem aber auch noch die längst der Schule Entwachsenen schöpfen und trinken sollen, eine „Nationalliteratur" in Proben und Ausschnitten, deren Studium der Jugend einen kräftigen Anreiz geben soll, auch noch nach der Schulzeit in Volksbibliotheken nur nach dem Besten zu greifen und besonders die Quellen aufzusuchen, die Meisterwerke

---

Erdkugel), den Kalender, die Natur, über Leib und Seele, Gesundheit und Krankheit (Hospital, Lazarett), Stadt und Dorf, Handwerk, Fabrik, Kauf und Verkauf, Mass, Gewicht und Münze, Fuhrwerk und Schiffahrt, Lehranstalten, Recht, Pflicht, Gesetz, Gericht, Polizei, Armenversorgnng, Soldaten, Verteidigung und einige allgemeine Begriffe wie wesentlich und zufällig, Schicksal u. a.; die grössere für die Oberklasse „der Kinderfreund", ein Lesebuch zum Gebrauch in Landschulen von F. E. v. Rochow, Erbherrn auf Reckan u. s. w., Frankfurt a. M. 1798 bietet in ihren 186 Lesestücken (79 im ersten, 107 im zweiten Teil, einschliesslich 13 Gedichten) ausser den in der kleineren behandelten Gegenständen noch Belehrungen über Pflanzenwachstum, Nahrungs-mittel, Magneten, Gewitter, Stallfütterung, Bienenzucht, Seidenbau, Brennglas, Vorsichts-massregeln bei Feuers- und bei Vergiftungsgefahr, Aberglaube, Zweck und Mittel.

Rochow schrieb seinen Kinderfreund als einen Versuch die „bisherige grosse Lücke zwischen Fibel und Bibel auszufüllen" und wollte ihn hauptsächlich zur Übung der Aufmerksamkeit, zu Sprachübungen und als Vorbereitung zur christlichen Tugend gebraucht wissen.

unserer grossen Dichter und Denker, aus welchen das Schullesebuch in seinem beschränkten Umfange nur einige Proben, nur ein paar Becher darreichen konnte.

Insbesondere muss das Lesebuch auch der Geist echter Herzens- und Lebensreligiosität und wahrer Vaterlandsliebe durchwehen, damit es in der heranwachsenden Jugend beides erwecke und pflege.

Die Darstellung anlangend muss alles so geschrieben sein, dass es der Fassungskraft und Natur des Kindes angepasst ist, nicht schwer verständlich, nicht abstrakt gelehrt, nicht im wissenschaftlichen Abhandlungstone sondern einfach, gemeinverständlich, volkstümlich, nicht alt- und überklug sondern naiv, nicht gespreizt sondern natürlich, nicht gewöhnlich sondern edel, nicht kindisch und läppisch sondern mit heiterem Ernste sich zur Kindesanschauung liebevoll herablassend und diese nach und nach emporhebend und erweiternd.

Im Grossen und Ganzen erfülle es in besonderer Weise die drei einfachsten an jedes gute Lesebuch zu stellenden Bedingungen, ein lautreines, deutliches, fliessendes, geläufiges, ausdrucksvolles schönes Lesen zu fördern, die sprachliche (orthographische, grammatische, stilistische und literarische) Bildung zu unterstützen und den Unterricht in den „Nebenvolks-" oder „gemeinnützigen" Kenntnissen, in Geschichte, Geographie, Naturbeschreibung und Naturlehre durch Darbietung lebensvoller, farbenreicher Einzelbilder aus diesen Wissenschaften zu beleben und zu ergänzen.

Es sei aber ja kein Kompendium der Schulwissenschaften, kein Abriss, Leitfaden, „gedrängter Auszug" des „Notwendigsten und Wissenswertesten" aus jenen Lehrgegenständen, kein Realien- oder Naturkundenbuch, keine trockene Namen- und Zahlenwüste, keine Orthographieschule, kein Grammatikbeispielbuch mit „präparierten" Lesestücken und unnatürlich gedrechselten undeutsch zusammengestoppelten, nur um des Nebenzweckes willen künstlich fabrizierten Satzreihen.

Endlich führe das Ideallesebuch auch Bilder, aber nicht zur flüchtigen Unterhaltung und eitlen Befriedigung der Schaulust der Jugend sondern zur Unterstützung und Belebung der Schilderung des Wortes, zur Vermittlung eines besseren und tieferen Verständnisses und zur Anregung der Phantasie und Förderung der ästhetischen Bildung.

Vergleichen wir nun mit diesem Ideale und Musterbilde eines deutschen Schullesebuches unsern alten Hempel, Otto und noch einige der anderen Lesebuchveteranen!

„Der Volksschulenfreund", ein Hilfsbuch zum Lesen, Denken und Lernen von Karl Friedrich Hempel [1]), Pfarrer und katechetischem Adjunkt zu Stünzhayn bei Altenburg, Leipzig, Verlag von Dürr,

---

[1]) Der Vater des auch bereits verstorbenen Bezirksschulinspektors Schulrat Hempel in Leipzig.

370 Seiten, Preis 6 Gr., erschien 1816, wurde später stereotypiert und fand in mehr als 20 Auflagen eine ausserordentliche Verbreitung in Sachsen und über seine Grenzen hinaus in einem grossen Teile Deutschlands. Nur für die Bedürfnisse der „gewöhnlichen Volksschule" geschaffen, in welcher man nicht, wie in den „ausgezeichneten Bürgerschulen" der grösseren Städte für die „einzelnen Lehrgegenstände besondere Lehrbücher" hat, sollte es zugleich das Notwendigste aus den verschiedenen Schulwissenschaften darbieten. Hierbei wünscht aber der Verfasser nicht etwa, das der Lehrer das Buch von der erten bis zur letzten Seite durchlesen lasse und darüber „die ersten Bücher der Schule, die Bibel, den Katechismus und das Gesangbuch, vernachlässige", sondern er erwartet vom Lehrer, dass er das „Wichtigste dem weniger Wichtigen vorziehe" und das Gebotene für die einzelnen Schulfächer praktisch verwerte. Den wackeren Herzensstandpunkt des Verfassers kennzeichnet folgende Stelle aus der Vorrede: „Man verlangt jetzt beinahe überall mehr von den Schulen und ihren Lehrern. Wenn aber auch nicht alle Eltern, die grössere Anforderungen an uns stellen, uns mehr Vergeltung geben, auch nicht überall die Obern mehr zur Unterstützung und Ermunterung für den Lehrstand tun, so mache das uns in unserm Eifer nicht irre und mutlos; denn es gibt noch ein höheres als das irdische Oben; an den ehrenvollen Zuruf eines unparteiischen Vergelters wollen wir denken: Ihr frommen und getreuen Knechte, ich will euch über viel setzen. Ordensbänder von Menschen gewebt, trägt der Würdige und der Unwürdige, und sie zieren beide zum letztenmale auf dem Sarge; der Orden des wahren Verdienstes, den Gott erteilt, schmückt nur den Treuen und Demütigen und schmückt ihn ewig."

Das Buch erchien als grosser und als kleiner Volksschulenfreund in zwei Ausgaben und gab in seinen 9 Abteilungen und 3 Anhängen der Reihe nach: 1. „Vom guten Lesen", 2. „Einige Erzählungen für kleinere Leser", 3. „Lehrreiche Erzählungen für geübtere Leser", 4. „Einige Fabeln, Denksprüche und Lieder", 5. „Naturlehre, Naturgeschichte (mit bunter Abbildung von Kellerhals, Bilsenkraut, Stechapfel und Belladonna) und naturhistorische Merkwürdigkeiten", 6. „Einige Nachrichten von berühmten alten Völkern und von den Deutschen nebst einigen anderen historischen Merkwürdigkeiten", 7. „Geschichte der christlichen Kirche", 8. „Von der bürgerlichen Gesellschaft, von den Rechten und Pflichten ihrer Mitglieder", 9. „Etwas über äusserliche Wohlanständigkeit", 10. „Etwas über Zahlen (Einmaleinse), Münzen, Masse und Gewichte", 11. „Etwas über Rechtschreibung (und Grammatik)" und endlich 12. „Kurze Geographie" aller Erdteile und Länder.

Unser anderes Lesebuch „Der sächsische Kinderfreund", ein Lesebuch für Stadt- und Landschulen von Christian Traugott Otto, Seminar- und Schuldirektor zu Friedrichstadt-Dresden, Dresden und

Leipzig, Arnoldische Buchhandlung, 280 Seiten, Preis 6 Gr., erschien 1829 und verbreitete sich nur über das engere Vaterland, „damit der Schüler das Land seiner Väter nicht nur kennen, sondern auch lieben lerne". In seinen 5 Abteilungen behandelt es Sachsens Geschichte, Geographie, Verfassung, Rechtspflege, Gesetze, staatliche und bürgerliche Einrichtungen (sogenannte Bürgerkunde), Reformationsgeschichte, mathematische und physikalische Geographie, Naturlehre und Naturgeschichte und will ausgesprochenermassen solchen Schulen die fehlende realistische, naturkundliche und bürgerkundliche Bildung ersetzen, in denen es „die grosse Anzahl der Kinder und die dadurch nötig gewordene Klassenabteilung unmöglich macht, sich über etwas weiteres zu verbreiten als über Religion, Lesen, Schreiben und Rechnen".

Wenn Hempel neben seinen nur den Realien, der Naturkunde und einigen anderen Schulkenntnissen gewidmeten Abschnitten doch immer noch 3 allgemeine literarische Abteilungen mit „poetischen" Erzählungen, Fabeln und Liedern aufweist, so schliesst Otto, wie es scheint, um seines oben angedeuteten bestimmten Zwecks willen, alles nicht direkt den Realien, der Natur- und Bürgerkunde dienende vollständig aus und räumt der Litaratur und Dichtkunst auch nicht eine einzige Seite ein.

Das letztere war damals durchaus keine auffällige Erscheinung, und man kann in weit umfänglicheren und dickeren Lesebüchern als dem Ottoschen vergeblich nach Literatur- und speziell Dichtkunstproben suchen; so enthält der von Thieme in Löbau herausgegebene „Gutmann oder sächsischer Kinderfreund" auf seinen 540 Seiten nicht ein einziges gereimtes Lesestück.

Lesebücher wollen geradeso wie andere historische Erscheinungen aus dem Geiste der Zeit, dem sie entstammen und den sie daher auch wiederspiegeln, beurteilt sein. Nun fällt aber die Bearbeitung unserer ersten Lesebücher noch in die Zeit der Aufklärung, jener Geistesrichtung und Denkweise, die überall das nüchtern Vernünftelnde, platt Verständige, trocken Lehrhefte in den Vordergrund stellte und die Dinge, sogar die idealen und sittlichen wie Tugend und Frömmigkeit, wesentlich nach dem Nutzen und praktischen Vorteil, den sie versprachen, wertete; was sollte ein solch hausbacken nüchternes in allen nur auf die gemeine Nützlichkeit gerichtetes Geschlecht mit der gänzlich „unnützen", praktisch fast gar keinen Vorteil gewährenden Poesie in ihrer „sich selbst befriedigenden Absichtslosigkeit" anfangen! Sie verstand sie nicht, sie vermochte sich aus ihrer niederen Wirklichkeit nicht zu dem hohen Geistesflug des wahren Dichters emporzuschwingen, und so musste ihr Poesie mehr nur wie ein „nutzloses Gedanken- und Phantasiespiel" erscheinen.

Aber eine Dichtungsart fand doch Gnade vor ihren Augen, die Fabel. In ihrem geringen poetischen Reiz und Gehalt; ihrem hausbacken lehrhaften Ton und ihrer gemeinnützigen und moralischen Tendenz entsprach sie ganz dem Geiste der Zeit, und darum liebte und schätzte man sie und machte sie zur herrschenden Dichtungsart. In ihr und durch sie konnte man so recht gründlich Utilität und Moralität, nützliche Moral und moralische Nützlichkeit lehren und kultivieren. Denn die alten würdigen Herren der Aufklärung flossen stets über von moralischen Ermahnungen und waren sich ihrer Moralität selbt auch nicht wenig, ja mitunter bis zur Ausartung in eine Art Tugendstolz bewusst. Daher triefen die Lesestücke, die aufklärenden Betrachtungen und Erzählungen förmlich von moralischen Lehren und Nutzanwendungen. Was man auch immer schrieb und vortrug, es musste gründlich in eine dicke moralische Sauce getaucht sein und wenigstens zuletzt noch seine moralische Würze und Pointe (Spitze) erhalten.

Wir Jüngeren wissen nichts mehr davon; aber unsere Väter und Grossväter, die wenigstens noch mit ihrer Jugend in die Aufklärungszeit hineinreichten, verstanden jene Richtung und waren voll von moralischen Verschen und Sprüchen, die sie in den verschiedenen Lagen des Lebens und besonders auch beim Erziehungsgeschäfte mit wichtiger Miene, gemessener Würde und steifem, feierlichem Pathos zur Nachachtung deklamierten. Eine kleine Anzahl ist auf uns gekommen und hat sprichwörtlichen Charakter angenommen, die Mehrzahl aber der verdienden Vergessenheit anheimgefallen, und nur unsere alten Lesebücher haben sie getreulich aufbewahrt, die grosse Menge belehrender, ermahnender, Tugend und Moral predigender Merksprüchlein und Reimverschen, und so soll hier zur Charakteristik und Spiegelung jener Zeit ein Beispiel davon folgen.

Flieh, wenn du Böses siehst und ahm es niemals nach! Du bist so strafbar sonst, als der es erst verbrach.
Halt auf Ordnung, liebe sie, Ordnung spart dir viele Müh!
Die Wahrheit rede stets und wag es nie zu lügen, Oft kannst du Menschen nicht und niemals Gott betrügen.
Diebstahl selbst in Kleinigkeiten Sollst du liebes Kind, vermeiden.
Nascht nicht Kinder, lasst euch raten, Naschen bringt euch Schimpf und Schaden.
Das Gefundene verhehlen Ist so schlecht, als wie zu stehlen.
Willst du Liebe dir erwerben Musst du schonen nichts verderben.
Quäle nie ein Tier zum Scherz; denn es fühlt wie du den Schmerz.
Willst du mürrisch, zänkisch sein, wird sich niemand mit dir freun.
Dem stillen Veilchen gleich, das im Verborgnen blüht, Sei immer fromm und gut, Auch wenn dich niemand sieht.
Artig und gefällig sein Stehet Jung und Alten fein.
Höflichkeit und gute Sitten Sind bei Menschen wohlgelitten.
Gute Regeln, weise Lehren Muss man üben, nicht bloss hören. Wer Böses sieht und zittert nicht, Ist — oder wird ein Bösewicht.

Hierzu noch einige Fibelverschen: zum K: der Katze traue nicht, ihr Schmeicheln bringt oft Schmerz; den Käfer quäle nicht, das zeigt ein böses Herz. Zum F: Wie listig ist der Fuchs, und dennoch hasst man ihn; er ist ein Dieb, kannst du daraus die Lehre ziehn? Zum E: Der Esel träg und faul, folgt nur der

Peitsche Hieb; du, Knabe, folg aufs Wort, so hat dich jeder lieb. Zu B: Ein Bär, sieh, wie er tanzt, was doch die Übung tut; üb du dich stets, mein Kind, so wirst du weis und gut. Aber nicht genug dass in den Fibeln und Lesebüchern fast alles moralisch ausgedeutet und angewendet wurde, sogar die Beispiele der Sprachlehren zur Einübung der grammatischen Regeln mussten mit der moralischen Belehrung und Nutzanwendung dienen, So gibt Splittgerber zur Steigerung des Eigenschaftswortes und zur Biegung der fragenden und beziehlichen Fürwörter folgende artige Verslein: „Schön ist Jettchen, wenn sie lächelt, Schön, wenn Ernst ihr Aug umzieht, Schön, wenn sie sich Kühlung fächelt oder sich im Spiegel sieht, Schöner, wenn sie Blumen jätet, die sie für die Mutter zieht, Doch am schönsten, wenn sie betet, Und nur Gottes Aug es sieht." „Wer, Jüngling! wer hat edles Blut? Der ungesehen Gutes tut. Wessen ist die hohe Kraft, die aus Winter Frühling schafft? Wem gebührt dafür wohl Dank? Wem des Menschen Lobgesang? Wen erfreun in Ewigkeit, Segen und Zufriedenheit? Den, der Gott von Herzen liebt und sich selbst im Guten übt."

Schluss folgt.

II.

Das Rechnen.

Ein Beitrag zum erziehenden Unterricht, insbesondere zu dem des ersten Schuljahres.

Von **G. Gothe**, Göttingen.

Jede Unterrichtsmethode muss sich ihrem ganzen Wesen nach von drei Stellen aus bestimmen lassen: vom allgemeinen Erziehungsziele, vom Unterrichtsgegenstande und vom Entwickelungsstande des Schülers. Wenn einer dieser Fundamentalpunkte falsch bestimmt ist, so kann das darauf errichtete Unterrichtsgebäude keinen Halt haben und wäre es auch noch so kunstreich konstruiert. Andererseits könnte das auf soliden Grundpfeilern aufgeführte Gebäude wohl Mängel in den Einzelheiten zeigen, aber der Bau als Ganzes wäre doch sturmbeständig. Ob die von mir hier darzulegende Methode ein solches sturmbeständiges Gebäude sein wird, ob das Wetter der Erfahrung hie und da die Kanten abschleift, auch wohl etwaige falsche Konstruktionen einreisst, oder ob gar der Hammer der Kritik das Fundament selbst zertrümmert, das alles kann erst die Zeit lehren. Als rechte Bauleute wollen wir uns vorerst den Plan unserer Arbeit darlegen. Zunächst untersuchen wir die gegebenen unabänderlichen Verhältnisse, die genannten drei Fundamentalpunkte, sodann entwerfen wir uns einen Bauriss, den wir dann zuletzt wenigstens im untersten Stockwerke ausführen wollten.

I.

A. Über das Erziehungsziel.

Mögen wir uns bei der Feststellung des allgemeinen Erziehungszieles auf die Seite Herbarts begeben oder auf diejenige der sogenannten Sozialpädagogik, immer werden wir durch die Erziehungsarbeit in der Schule in zweierlei Hinsicht zu wirken trachten: formal, indem wir die harmonische Ausbildung aller Kräfte des Kindes im Sinne Zillers anstreben, und material, indem wir die Kinder in den Kulturschatz der Gegenwart einzuführen suchen.

Das formale Unterziel will die Entwickelung aller, also sowohl der psychischen wie auch der physischen Kräfte des Schülers. Diese durch allseitige Selbsttätigkeit des Kindes im Spiel und in geistiger und körperlicher Arbeit sich frei entfalten zu lassen, das ist die eine Hauptaufgabe der Schulerziehung.

Zum zweiten Punkte: Die Kulturgüter der Gegenwart zeigen einen nicht zu erschöpfenden Reichtum und eine schier unendliche Mannigfaltigkeit. Sie scheiden sich aber in gewisse organische Gruppen, die sich um bestimmte Hauptbegriffe anordnen. Wollen wir nun den Schüler in eine bestimmte Art des Kulturgutes einführen, so müssen wir auch diesen organischen Zusammenhang respektieren.

Diejenige Gruppe, zu der unser Unterrichtsfach gehört, gliedert sich um den Begriff der menschlichen Arbeit. In ihr stehen beisammen die Naturwissenschaften, Mathematik und Technik. Sie bilden gemeinsam ein organisches Ganze. Und diesen Zusammenhang wahren wir, indem wir bei all unserm unterrichtlichen Tun die menschliche Arbeit immer in Sichtweite behalten, was natürlich am besten gelingen wird, wenn wir den Schüler, wo irgend möglich, selbst wirkliche Arbeit und zwar auch physische Arbeit vollbringen lassen.

So treffen die Folgerungen aus den beiden Unterzielen der Schulerziehung in der einen Forderung zusammen, unsere Schüler zur Arbeit anzuleiten.

B. Vom Objekt des Rechenunterrichts.

Unter Rechnen versteht man die gesetzmässige Vereinigung mehrerer Zahlen zu einer neuen. Also die Zahlen und zwar allein die bestimmten Zahlen sind der Gegenstand des Rechnens. Diese treten als Bezeichnung der Anzahl oder der Grösse der Dinge auf, als Anzahl oder als Grössenzahl. Beide Arten von Zahlen sind nahe verwandt, dergestalt, dass die Grössenzahl logisch erst aus der Anzahl entstanden ist und noch immer entsteht. Somit ist die grundlegende Zahlspezies die Anzahl.

Wie gelangen wir zur Bestimmung der Anzahl? Treten drei
Soldaten gleichzeitig in den Blickpunkt unserer Aufmerksamkeit,
so werden wir sie sofort als drei erkennen. Die Auffassung der
Anzahl geschieht hierbei simultan. Wenn die Turmuhr drei schlägt,
so kann ich die Anzahl der Schläge nur durch Zählen feststellen,
also sukzessiv. Wie aber, wenn ich einen Dreiklang höre? Gleich-
zeitig dringen die drei Töne an mein Ohr; ich aber muss den
Akkord erst analysieren, um die Anzahl der Töne feststellen zu
können. Die Auffassung der Zahl geschieht also wiederum sukzessiv.
Genau ebenso ist es bei einer über fünf liegenden Anzahl von
Dingen, die sich gleichzeitig unserem Auge darbieten. Auch hier
muss ich erst die Menge analysieren, um alsdann sukzessiv die
Anzahl zu erfassen. Bei der Bestimmung der Anzahl durch den
Tastsinn liegt die Grenze der simultanen Auffassung bei drei.
Somit vollzieht sich die Feststellung der Anzahl in der er-
drückenden Mehrheit der Fälle sukzessiv und nur selten simultan;
auch haben wir nur ein Mittel für dieselbe, nämlich das Zählen,
selbst dann, wenn sich die Menge gleichzeitig darbietet.

Jede Zahl, die Anzahl sowohl als die Grössenzahl, ist an Dinge
und Erscheinungen gebunden. Eine Zahl für sich allein können
wir vielleicht abstrahieren, sie hat aber keinerlei Bedeutung für
das Leben. Operieren wir denn aber beim Rechnen nicht mit
Zahlvorstellungen oder Zahlbegriffen? Vielleicht! Es kann ein
Dreifaches beim Rechnen eintreten. Entweder rechnen wir mit
gedachten oder wirklichen Dingen, dann haben wir Zahlvorstellungen, die immer aufs engste mit der Dingvorstellung
verbunden sind; oder wir rechnen mit den Zahlen an sich, dann
schweben uns aber dennoch keine klaren Zahlbegriffe vor, sondern
die Zahlen werden nur vertreten durch ein meist recht
kräftiges Begriffsgefühl; oder wir rechnen mit den Zahlsymbolen, auch dann ist das Begriffsgefühl meist vorhanden,
aber weniger lebhaft, und der Rechenakt verläuft mehr
mechanisch. Die letzte Rechnungsweise trägt alle Bedingungen in
sich, zur rein mechanischen zu werden; denn je schneller sie verläuft, in desto grösserem Masse wird das Begriffsgefühl verhindert,
sich zu entwickeln, bis es schliesslich ganz unterbleibt. Ja auch die
Vorstellung der Zahlsymbole gelangen nicht mehr zum klaren
Bewusstsein; sie verblassen bei je längerer Übung desto mehr, und
der einzelne Rechenakt wird zu einem Typ, der alsdann
vermittels gewisser Assoziationen als geschlossene
Einheit ins Bewusstsein gehoben wird. Erst in diesem
Stadium ist der Rechenakt vollständig mechanisch geworden, wie
es für das fertige Rechnen unerlässlich nötig ist.

Aber dann hätten wir ja doch Zahlen, die nicht an Dinge oder
Erscheinungen gebunden wären? O, nein! Den einzelnen Rechenakt
durchlaufen wir ja gar nicht mehr mit Bewusstsein, er ist ja ein

Typ, ist nur eine Assoziation, also unbewusst, und tritt nur mit seinem Resultat ins Bewusstsein. In diesem Augenblicke haben wir erst wieder eine Zahl vor uns, und wir verbinden sie auch sogleich mit ihrem sinnlichen Hintergrunde. Den sinnlichen Hintergrund der Zahlen, das Substrat, von dem sie für gewöhnlich nicht gelöst werden, bilden Dinge und Erscheinungen. Diese können entweder im Raume oder in der Zeit auftreten. Nun ist ja unverkennbar, dass die erste Form die weitaus wichtigste ist. Gibt uns das ein Recht, die zweite Form zu ignorieren? Der Rechenunterricht hat sich mit der Zahl überhaupt zu beschäftigen, gleichviel ob sie im Raum oder in der Zeit sich darbietet.

Das Gesagte bezieht sich sowohl auf die Anzahl als auf die Grössenzahl. Vielleicht wäre es von vornherein nicht nötig gewesen, einen Unterschied zwischen beiden Zahlarten zu machen; denn die Grössenzahl lässt sich jederzeit auf die Anzahl zurückführen. Sie beruht auf der Analyse der Dimensionen eines Rechendinges. Es ist daher auch selbstverständlich, das die Rechendinge des Raumes bis drei Dimensionen darbieten, dagegen diejenigen der Zeit nur eindimensionale Grössen sein können. Wir behalten den Ausdruck Grössenzahl bei, denn offenbar stellt die Grössenzahl eine Fortentwickelung der Anzahl dar. Bei ihr tritt dann auch das Charakteristikum der Zahl, die Zugehörigkeit zum Objekt, in all seiner Schärfe hervor.

Die Gebundenheit der Zahl an ihr Substrat gibt uns Fingerzeige für die Ausdehnung der Zahlreihe, wie sie in der Schule ev. zur Behandlung kommen kann. Im Leben kommen ja Zahlen bis über Million vor, jedoch rechnet mit solchen nur der Fachmann. Diese hohen Zahlen müssen deshalb wohl zur Erkenntnis gebracht werden, dürfen aber niemals Rechenobjekte sein. Dagegen liefert fast überall im gemeinen Leben die Zahlreihe bis 10000 das Mass für Anzahl und Grösse. Sie muss also das eigentliche Rechenobjekt bilden. Doch auch in diesem Gebiete fordert das Leben nicht für alle seine Teile das gleiche Mass von Fertigkeit. Von jedem normalen Menschen erwartet man, dass er in der Reihe bis 100 die höchste überhaupt mögliche Rechenfertigkeit erlangt habe; während für die Reihe bis 10000 nur ein geläufiges bewusstes Rechnen gefordert wird. Diese kategorischen Forderungen des Lebens müssen auch für den Rechenunterricht gelten.

Ein geläufiges oder gar fertiges Rechnen ist nur möglich auf der Grundlage unseres Zehnersystems. Darum muss das Hantieren mit diesem Zehnersystem einer der hervorragendsten Gegenstände des Rechenunterrichts sein, und zwar muss hierin die Fertigkeit soweit getrieben werden, dass die einzelnen Akte der Rechnung nicht mehr zum Bewusstsein kommen.

Erst dann kann ja von einem fertigen Rechnen überhaupt die Rede sein.

Zusammenfassend ergibt die Betrachtung des Objektes des Rechenunterrichtes folgendes:

Die Zahl, speziell die Anzahl, wird in den weitaus meisten Fällen sukzessiv erkannt.

Anzahl und Grössenzahl sind immer an ein Substrat gebunden; dieses kann ein Ding oder eine Erscheinung sein und sich im Raume oder in der Zeit darstellen.

Beim Rechnen operieren wir nicht mit klaren Zahlbegriffen, sondern mit dieselben vertretenden Begriffsgefühlen, die entweder durch Dingvorstellungen oder durch Zahlsymbole ausgelöst werden.

Das gemeine Leben fordert fertiges Rechnen nur in einer kleinen, geläufiges Rechnen in einer grösseren aber beschränkten Zahlreihe und nur die Kenntnis der unendlichen Reihe.

Beim fertigen Rechnen verläuft der einzelne Rechenakt unbewusst.

Die vollständige Beherrschung des Zehnersystems ist eine der Grundlagen des fertigen Rechnens.

C. Vom Entwickelungsstande des Schülers.

Wenn das Kind in die Schule tritt, befindet es sich in einer Periode recht schnellen Wachstums, die meist bis zum neunten Lebensjahre anhält. Alsdann entwickelt sich der Körper während mehrerer Jahre nur verhältnismässig langsam, um etwa vom dreizehnten Lebensjahre ab sich wieder rascher zu dehnen. Diese dritte Periode hat erst ihren ungefähren Abschluss mit dem achtzehnten Jahre.

Der körperlichen Entwickelung geht die geistige parallel. Besonders auffallend ist das Zusammentreffen gesteigerten körperlichen Wachstums mit gesteigertem Phantasieleben, während die Periode körperlicher Stagnation zusammenfällt mit der Zeit der ersten objektiven Auffassung der Aussenwelt. Zwischen den beiden Perioden gesteigerten Phantasielebens tritt ein scharfer Unterschied auf. In der ersten eignet sich das Kind die meisten Vorstellungen phantasiemässig an und bewegt das Empfangene ebenso; in der zweiten dagegen betätigt sich die Phantasie hauptsächlich bei der Zielsetzung eines Strebens und bei der Bewegung nach dem Ziele hin, sie hat sich umgewandelt in Spekulation.

Ganz entsprechend verlaufen meist die äusseren Betätigungen. Zuerst reines, phantasiemässiges Spiel, dann möglichst genaue Erledigung einer geforderten Arbeit, schliesslich freie Gestaltung einer selbstgestellten Aufgabe. Niemals aber werden wir einen normalen

Knaben, wenn er nicht anderweitig gebunden ist, ohne körperliche Beschäftigung finden, sei es im Spiel oder in der Arbeit. Und das sollte uns ein Fingerzeig sein bei jeglichem Unterrichte, der eine körperliche Betätigung ermöglicht. Selbsttätigkeit im Dienste des Guten, Wahren und Schönen ist seit Diesterweg als Ziel der Erziehung aufgestellt. Wir aber tun in der Schule so, als ob nur eine geistige Selbsttätigkeit möglich wäre. Das ist nicht recht. Bei der Selbsttätigkeit müssen alle Kräfte des Schülers entfaltet werden: seine Sinne, sein Verstand und Gemüt und seine physischen Kräfte. Die blosse Verstandesarbeit befriedigt das normale Kind nicht; es will auch gestalten. Erst bei der körperlichen Arbeit kommen alle im Kinde liegenden Potenzen zur Entfaltung, erst dann kann von wahrer Selbsttätigkeit die Rede sein.

Bei der körperlichen Arbeit müssen wir wohl unterscheiden zwischen der produktiven und der erziehlichen Arbeit. Zur produktiven Arbeit gehört ein Körper, der den Abschluss der Entwickelung schon erreicht hat oder ihm doch verhältnismässig nahe steht. Der erziehlichen Arbeit aber ist der sich entwickelnde Körper fähig. Die Vorstufe der Arbeit zeigt das Kind im Spiele. Phantasiemässig gestaltet es im Spiele die ihm gegebenen Körper und Verhältnisse. Es gilt nun, dieses Treiben der Erziehung dienstbar zu machen und es fortzuentwickeln zur spielenden Arbeit, die jedoch ein durchaus ernstes Gewand haben soll. Die spielende Arbeit müsste dann in den letzten Schuljahren, in denen die Spekulation beim Schüler erwacht, abgelöst werden durch schwierigere Arbeit, bei der das höchste Mass von Kraftentfaltung, dessen ein Schüler fähig sein kann, erforderlich würde. Denken wir uns aber eine derartig abgestufte erziehliche Arbeit, so würden dadurch nicht nur der Verstand und die physischen Kräfte aufs beste ausgekauft und gefördert, auch die Sinne, und zwar alle Sinne würden in Erziehung genommen, ein Faktor, der bei unserm herrschenden Erziehungssysteme fast vollständig unterbleibt.

Wir haben in der gegenwärtigen Schule schon körperliche Arbeit, ich meine das Schreiben und Zeichnen. Anstatt dass mir die unendliche Bewegungsfähigkeit der Hand in Erziehung nehmen und mannigfaltigst üben sollten, drängen wir sie zur einseitigsten, wenn auch sehr wichtigen Betätigung. Und hiermit geht eine Verkümmerung der Sinne parallel. Wir nötigen die Schüler, sich nur auf einen einzigen Sinn, den Gesichtssinn, zu verlassen. Diesen strengen sie aber dabei so sehr an, dass er in seiner Aufnahmefähigkeit und in seiner physischen Konstitution Schaden erleiden muss. Sodann die unheilvollen Folgen, die durch das fast ausschliesslich gebrauchte Verständigungsmittel, durch das Wort hervorgerufen werden! Das Wort, selbst eine Gabe des Verstandes, wirkt auf diesen und auf das hinter ihm stehende Sinnesleben zurück, so dass die Schüler fast nur noch das mit ihren Sinnen wahrnehmen, was sie durch Worte darzustellen imstande sind. Und bei alledem hatten wir doch Kinder vor uns, fähig zu den vielfältigsten Bewegungen, aufnahmebegierig durch alle Sinne. Die physische und psychische Verfassung des Kindes in den verschiedenen Schulaltern erheischt darum mit Notwendigkeit eine planmässige Schulung sämtlicher Kräfte und Glieder unserer Zöglinge durch konsequente Anleitung derselben zu allseitiger Selbsttätigkeit. Und diese wird der Erziehung am besten gelingen, wenn sie an das Triebleben des Kindes anknüpft und insbesondere Bewegungs-, Spiel- und Gestaltungstrieb sich dienstbar macht.

Zwar werden die Erfolge einer solchen allseitigen Selbsttätigkeit der Schüler nicht in dem Masse wägbar sein, dass sie dem revidierenden Aufsichtsbeamten sofort in die Augen sprängen, auch müsste sich der Lehrer in diesem und jenem Stoffgebiete wohl einer grösseren Beschränkung befleissigen. Aber das alles dürfte uns in unserer Erkenntnis nicht beirren. Wir unterrichten nicht, um irgend ein Stoffgebiet zu erschöpfen oder um auf jeden Fall den Anforderungen der Revisoren zu genügen, sondern um das wahre Wohl unserer Schüler zu fördern. Und darum: Machet die Schultore weit auf, dass die lange verschmähten Gehilfen einer wahren Erziehung, Spiel und körperliche Arbeit, in unseren Unterrichtsräumen eine bleibende Stätte finden!

II.

Grundzüge eines Lehrplanes.

Wenn wir im folgenden versuchen wollen, die Grundzüge eines Lehrplanes für den Rechenunterricht aufzustellen, so muss dies geschehen in der strengen Verfolgung der vorher besprochenen Hauptgesichtspunkte. Wir müssen also das Rechnen in die denkbar engste Verbindung mit dem praktischen Leben, insbesondere mit den Arbeitsgebieten desselben, bringen, müssen darauf hinstreben, dass mit den Zahlen nicht wie mit leeren Schällen operiert wird, sondern sie mit empfindbarem Inhalte füllen und dabei doch die nötige Rechenfertigkeit erreichen, und müssen auch den verschiedenen Entwickelungsstufen des Schülers Rechnung tragen.

Ohne Zweifel sind die üblichen Rechenstufen 1—10, 1—100, 1—1000, 1—∞ logisch unanfechtbar, denn sie sind ja unserm Zahlsysteme entlehnt. Was berechtigt uns aber, in diesen Stufen so schnell fortzuschreiten, wie es ganz allgemein geschieht? Muss denn das ganze Zahlsystem schon in den ersten vier Schuljahren abgehandelt werden? Ist das nicht reichlich Stoff für die gesamte Schulzeit? Durch die rasche Aufeinanderfolge dieser Rechenstufen zwingen wir wohl unsere Schüler zu einer baldigen Orientierung im Zahlsysteme, zwingen sie aber auch zugleich dazu, die Zahlen nur als Systemzahlen, als leere Schälle zu gebrauchen, und führen sie nicht hin zu dem Inhalte und der Bedeutung derselben, so dass sie niemals ein Gefühl für die reelle Grösse einer Zahl erhalten. Wir zwingen aber auch zweitens dadurch unsere Schüler, mit Verhältnissen zu rechnen, denen ihr sonstiges Geistesleben noch ganz kalt und verständnislos gegenübersteht. Drittens kann die Rechenfertigkeit an grossen Zahlen auch nicht intensiver geübt werden als an kleineren; das ist ja in dem Aufbau unseres Zahlsystems begründet. Und zuviert sind und bleiben die Zahlen von 1—1000, höchstens bis 10000 für das gemeine Leben die fast ausschliesslich gebrauchten. Sie lassen sich deshalb auch auf soviele Dinge und Verhältnisse anwenden, dass dem Schüler jederzeit ein Gefühl für die jeweilige Grösse der Zahl erstehen kann. Bequemen wir uns darum doch endlich dazu, in der Erweiterung des Zahlsystems nicht ein so rasendes Tempo innezuhalten, wir kommen langsamer sicherer zum Ziel. Ich schlage deshalb in dieser Beziehung folgende Rechenstufen vor: I. Schuljahr 1—12, II. und III. 1—100, IV. 1—1000, V. 1—10000, VI. 1—100000, VII. und VIII. 1—∞.

Dieses Fortschreiten geschieht durchaus nicht zu langsam; denn wir haben als Lehrer nicht die Aufgabe, zu bewirken, dass die Zahlen dem Geiste des Schülers als blosse Ziffervorstellungen vorschweben, wir müssen auch dafür sorgen, dass sie ihm im Auge, in den Händen und Beinen sitzen. Man bezeichne diese Forderung ja nicht als übertrieben! Hundert- und tausendmal rechnen die Schüler mit kg, g, m, cm, km, die bedreffenden Masse sind ihnen gezeigt, erläutert; aber damit ist auch alles geschehen. Werden diese Masse nun auch wirklich gebraucht? Nach der hergebrachten Rechenmethodik nicht ein einziges Mal. Welcher Schüler vermag aber das Gewicht eines Steines oder die Länge eines Hauses oder die Breite seines Tisches zu schätzen? Sehr, sehr wenige. Und das ist es, was ich meine. Wir dürfen nicht mit leeren Schällen, sondern müssen mit inhaltvollen Verhältnissen rechnen, müssen diese den Schülern aber auch nahebringen und sie darum mit und an wirklichen Dingen rechnen lassen. Freilich erfordert das Zeit, viel Zeit, aber die Schüler haben den Gewinn davon; denn die Zahlen sind ihnen dann nicht mehr inhaltlose Schälle, sondern lebensvolle Vorstellungen, selbsterworbene Begriffe.

In der Raumlehre ist man zur Zeit dahin gekommen, Anschluss an das Leben zu suchen, an wirklichen Dingen arbeiten und berechnete Werte räumlich darstellen zu lassen. Aber ich behaupte, dieser Anschluss an die tatsächlichen Verhältnisse durch die Raumlehre erfolgt für den Schüler viel zu spät. Von allem Anfang, wo Masse im Unterrichte auftreten, da müssen sie auch in Verbindung mit wirklichen Dingen gebraucht werden; der Raumlehre bleiben dann immer noch genug andere

Aufgaben für die Oberstufe zu erfüllen übrig. Und dabei ist ausserdem zu berücksichtigen, das die Raumlehre ja nur mit den Massen des Raumes, nicht aber mit denen des Gewichts u. s. w. rechnet. Von diesen muss aber der Schüler ebenfalls lebhafte Vorstellungen erwerben. Ihm dazu zu verhelfen, ist eine Pflicht des Rechenunterrichts.

Alle die Vorstellungen und Begriffe von den Massen des Raumes, des Gewichts, der Kraft, der Zeit, der Anzahl, des Wertes können nur auf einem Wege wirklich erworben werden, nämlich nur durch die körperliche Betätigung, sei es im Spiel, sei es in der Arbeit. Spiel und Arbeit müssen darum organisch mit dem Rechenunterrichte verbunden werden, das ist die Kardinalforderung des vorliegenden Aufsatzes. Es ist die zwingende Folgerung aus dem Erziehungsziele, aus dem Wesen der Zahl und aus der Entwickelung des Schülers.

Bisher hatte das Spiel in unseren Schulen keinen Platz. Hermetisch wurde da die Scheidewand aufgerichtet zwischen Schulleben und Vorschulleben. In den Kinderstuben und Kindergärten, ja, da hat das Spiel sein Recht, da ist es das unentbehrlichste Erziehungsmittel; aber die Schule hat für dasselbe keine Zeit übrig. Das ist im Interesse der Erziehung aufs tiefste zu bedauern. Schauen wir uns doch nur das Tun und Treiben unserer Abc-Schützen genauer an! Würden sie nicht den grössten Teil des ihnen dargebotenen Stoffes so sehr kindlich phantasiemässig erfassen, wie gar öde müsste ihnen das Schulleben erscheinen, und wehe dem Lehrer, der ihnen in ihrem Drange nicht etwas entgegenkommt! Die Phantasie belebt ihnen auch die leersten Formen. Denken wir doch nur daran, welche sonderbaren Vorstellungen sie oft genug mit den wunderlichen Buchstabengestalten verbinden! Geben wir aber zu, dass die Phantasietätigkeit des Kindes dieser Stufe noch ausserordentlich rege und vielgestaltend ist, so müssen wir auch konsequenter Weise einräumen, das die Schule die Pflicht hat, das Spiel zu pflegen. Sie muss es in den Dienst der Erziehung stellen, genau, nur in entwickelterer Form, wie es der Kindergarten tut.

An dieser Stelle müssen wir uns mit der Frage befassen, welcherlei Gegenstände wir den Kindern in die Hand geben können, um sie dem Rechenunterrichte dienstbar zu machen. Für das erste Schuljahr stehen da meines Erachtens in erster Linie die Stäbchen. Sie eignen sich in vorzüglicher Weise zur Veranschaulichung einer beschränkten Zahlreihe. Warum und in welcher Weise ich sie zu gebrauchen gedenke, werde ich im dritten Teile näher auseinandersetzen. Beim Rechnen bis 100 liesse sich das Flechten von Papierstreifen und das Ausschneiden aus Papier sehr gut anwenden. Ständig verbunden mit Messen und Schätzen, würden diese Übungen nicht nur die kleinen Längen- und Flächenmasse dem Auge und der Hand fest einprägen, sondern auch eine sichere und äusserst anschauliche Unterlage geben für Multiplikationen und Teilungen. Diese Arbeiten müssten jedesmal den Ausgangspunkt eines Rechenproblemes bilden, in ihnen müsste das Gefundene immer wieder angewendet werden.

Die Beschäftigung mit der zweiten und dritten Spielgabe ermöglicht auch den Übergang zu ernsterer Arbeit, wie sie die folgenden Schuljahre erheischen. Es soll nicht schwere Arbeit sein, jedoch solche, die neben der methodischen Schulung der Hand die mannigfaltigsten Rechnungen erfordert. Am empfehlenswertesten wäre auf diesen Stufen die feste Verbindung des Rechenunterrichts mit dem Handfertigkeitsunterrichte. Freilich dürfte dieser nicht, wie es jetzt geschieht, sich nur mit der Erzeugung irgendwie geschmückter Gebrauchsgegenstände beschäftigen. Vielmehr müsste er in erster Linie mit denjenigen Unterrichtsfächern in organische Verbindung gebracht werden, welche die zweite Gruppe des Kulturgutes zum Gegenstande haben, die also das behandeln, was unter den Begriff der menschlichen Arbeit fällt nach Objekt und Methode. Alles, was aus dem beilaufenden Unterrichte von den Kindern sich darstellen liesse, müsste man auch darstellen lassen. Diese Darstellung aber hätte zur unmittelbaren Voraussetzung die rechnerische Bestimmung der Arbeit. So würde eine innige Durchdringung der einzelnen Unterrichtsfächer herbeigeführt werden können, dergestalt dass jeder wichtige Unterrichtsabschnitt in praktischer Betätigung ausmündete. Seine selbständige Stellung muss jeder Unterrichtszweig, also auch das Rechnen, wahren. Aber durch die enge Verbindung des Rechnens mit der Handfertigkeit gewinnen wir ein Mittel, den Schülern die Begriffe der Masse des Raumes und Gewichts, der Anzahl, des Wertes, der Zeit, der Arbeit lebendig zu machen und sie ihnen tief einzuprägen.

Immerhin kann die Handfertigkeit nur die Übung der gebräuchlichen Kleinmasse mit sich bringen. Das Rechnen mit den Grossmassen des Raumes, des Gewichts, des Wertes, der Kraft, das in den letzten Schuljahren geübt werden muss, erheischt eine vielseitige Betätigung an den grossen Gegenständen des praktischen Lebens, wie sie uns in erster Linie von der Feld- und Waldwirtschaft und vom Baugewerbe dargeboten werden. Sie ermöglichen vor allen anderen Verhältnissen die mannigfaltigste Veranschaulichung berechneter Zahlgrössen, ermöglichen auch die umfassendste Selbsttätigkeit des Schülers bei der Lösung wirklich praktischer Aufgaben; nur muss das eine berücksichtigt werden, dass, wenn irgend angängig, die Schüler selbst die der Rechnung zugrunde liegenden Grössen auffinden. Zwar wird bei einem derartigen Rechenunterrichte wie dem gedachten nicht jene ermüdende Fülle von gleichen Aufgaben zu lösen sein wie bisher, aber das,

was der Schüler errechnet, hat er leibhaftig vor sich, es regt seine
Spekulation unendlich mehr an, als es jetzt geschehen kann, und
schafft in ihm ein bleibendes Interesse, das höchste, was
wir ihm mitgeben können. Wenn ich die Forderung aufstelle: jeder Schüler soll bewusst alle gebräuchlichen Masse anwenden lernen, so
setze ich voraus, dass auch jeder Schüler die betreffenden Masse
und die dazu gehörigen Instrumente in den Händen hat. Schon
im zweiten Schuljahre müssen cm und m gebraucht werden, folglich
muss der Schüler die entsprechenden Instrumente besitzen. Ein
einfaches Lineal von 30 cm Länge mit Einteilung würde hierfür
genügen. Vom vierten Schuljahre ab müsste der Schüler ein volles
Metermass benutzen; grössere Masse könnte er sich selbst anfertigen. Desgleichen müsste er sich auch einige der kleineren
Hohlmasse bauen. Auf der Mittelstufe treten auch die Winkelmasse auf, bestehend in Transporteur und Schmiege, letztere
vom Schüler hergestellt. Die drei letzten Schuljahre hätten auch
einen selbstgefertigten Feldwinkelmesser anzuwenden, desgleichen Visierstäbe. Zum Gebrauch der kleineren Gewichtsmasse muss sich der Schüler eine gleicharmige Wage herstellen;
die Gewichte werden ersetzt durch entsprechende Steine. Als
Grundlage für das Zeitmass wäre das Sekundenpendel zu betrachten, sonst aber müsste ausgiebigster Gebrauch von der Uhr
gemacht werden. Die Kontrollmasse muss selbstverständlich der
Lehrer besitzen, ebenso diejenigen Masse, welche sich der Schüler
nicht selbst anfertigen kann.

Mit dem Vorigen hätten wir ungefähr diejenigen Hilfsmittel
aufgeführt, welche der Schüler bei dem grösseren Teile der zu
lösenden Rechenaufgaben anwenden müsste. Der Anblick einer
Klasse würde freilich nicht mehr dem Hergebrachten entsprechen;
etwas mehr Bewegung als früher würde sie wohl zeigen, aber nimmermehr weniger Disziplin. Oft, sehr oft müsste der Klassenraum
verlassen werden, um die Gegenstände des Rechnens selbst
aufzusuchen. Scheuen wir uns nur nicht davor, wir werden
dadurch das Interesse der Schüler gewinnen! Das hat jeder erfahren, der schon einmal im Freien unterrichtet hat.

Aus dem Bishergesagten ergeben sich zwei Arten von Rechenaufgaben: erstens solche, deren Operationen oder Ergebnisse sich gegenständlich darstellen lassen, und zweitens
solche, die ihren Ausgang nehmen von gegebenen wirklichen Gegenständen. Da nun die Zahl, also der eigentliche
Gegenstand des Rechnens, sich immer auf wirkliche Dinge und
Verhältnisse beziehen muss, so könnte man meinen, wären damit
die Arten der Rechenaufgaben erschöpft. Aber nicht alle Verhältnisse sind manuell zu begreifen, und von ihnen leitet sich ein
letztes Drittel von Rechenaufgaben ab. Diese treten auf allen

Stufen auf, müssen aber, gegenüber ihrer jetzigen Ausdehnung im Unterrichte, wesentlich beschränkt werden, vor allem dürfen nur solche Verhältnisse in Betracht kommen, die dem Verständnis, dem Anschauungskreise des Schülers wirklich nahe liegen.

Die genannten drei Gruppen von Aufgaben haben immer wirkliche Gegenstände und gegebene Verhältnisse zum Rechenobjekt. Um nun bei ihrer Lösung auch schnell und sicher zum Ziele zu gelangen, sind noch besondere Übungen erforderlich; ich meine das Rechnen mit reinen Zahlen. Dieses muss in einem solchen Masse geschehen, das die einzelnen Operationen zur absoluten Fertigkeit werden; denn nur in diesem Falle kann das wirkliche gegenständliche Rechnen fröhlich gedeihen.

Das Bisherige möge vorausgeschickt sein, damit man die nun folgende rohe Lehrplanskizze nicht falsch auffasse.

Lehrplan:

I. Schuljahr. Addition, Subtraktion und Multiplikation mit ihren Umkehrungen in der Zahlreihe 1—12.

Auffassung der Zahl durch alle geeigneten Sinne unter vorzugsweiser Benutzung von Kugeln und Stäbchen. Addieren und Subtrahieren mit Zuhilfenahme der römischen Zahlzeichen. Erste Bekanntschaft mit der Uhr, Auffassung der Hauptzeiten. Fixierung der Rechenaufgaben mit arabischen Ziffern. Multiplikation mit ihren Umkehrungen.

Körperliche Betätigungen: Stäbchenlegen, Zeichnen, Messen und Schätzen nach Stäbchenlängen, Spannen, Schritten.

II. Schuljahr. Addition, Subtraktion und Multiplikation in der Zahlreihe 1—100.

Einführung in die Zahlreihe an der Hand des Masslineals. Addition und Subtraktion verbunden mit dem Messen und Schätzen der Ausdehnungen von kleineren Gegenständen. Die kleinen Zählmasse und die Kleinmünzen. Die Uhr mit Minutenangabe. Multiplikation als Einmaleins.

Körperliche Betätigungen: Flechten von Papierstreifen, Zeichnen, Abzählen, Messen, Schätzen und Abschreiten.

III. Schuljahr. Die vier Spezies in der Zahlreihe 1—100.

Befestigung des vorjährigen Pensums. Anwendung des Metermasses bei grösseren Gegenständen. Multiplizieren und Teilen an Strecken und Flächen in Verbindung mit den einfachsten Brüchen. Übung in der Schlussrechnung. Die Uhr und Zeitrechnung.

Körperliche Betätigungen: Ausschneiden und Falten von Papierflächen verbunden mit dem Messen und Schätzen von Strecken und Flächen. Zeichnen in gleichem und verjüngtem Massstabe.

IV. Schuljahr. Die vier Spezies in der Zahlreihe 1—1000. Die grösseren Zählmasse, Gewichtsmasse, die kleineren Hohlmasse, die kleinsten Längen- und Zeitmasse. Die Längen- und Flächenmasse und dergleichen mit dezimaler Schreibung. Messen und Berechnen von Geschwindigkeiten. Schlussrechnung und einfache Brüche.

Körperliche Betätigungen: Wägen, Messen, Abschreiten, Zeichnen in verjüngtem und vergrössertem Massstabe, darstellen in Ton und Karton.

V. Schuljahr. Die vier Spezies in der Zahlreihe 1—10000. Die Dezimalzahlen. Die grösseren Längen-, Flächen-, Hohl- und Gewichtsmasse und Münzen, die Winkelmasse. Schlussrechnung.

Körperliche Betätigungen: Wie IV. Schuljahr.

VI. Schuljahr. Die Zahlreihe 1—100000. Die gemeinen Brüche. Berechnungen von Arbeitskraft, Arbeitsleistung und Arbeitswert. Sämtliche Masse. Anteil und Prozent. Berechnungen von Ackerflächen und ihrer Bebauung etc. Schlussrechnung.

Körperliche Betätigungen: Wie IV. Schuljahr und Feldmessen.

VII. Schuljahr. Die Zahlreihe 1—∞. Schlussrechnung. Wurzelziehen. Prozentrechnung und Berechnung von Verhältnissen in Gewerbe und Handel.

Körperliche Betätigungen: Mannigfaltige körperliche und graphische Darstellungen.

VIII. Schuljahr. Die einzelnen Wirtschaftsgebiete der Umgebung des Schülers werden rechnerisch betrachtet. Körperliche Betätigungen: Wie VII. Schuljahr.

Die vorstehende Lehrplanskizze will nichts anderes als eine Skizze sein; sie will nur die Hauptzüge des gedachten Rechenunterrichts festlegen und alle Details einer späteren Zeit überlassen.

Es sei hier nochmals ausdrücklich betont, dass ich das denkbar innigste Ineinandergreifen der einzelnen Unterrichtsdisziplinen als unbedingt notwendige Voraussetzung jedes erziehlichen Unterrichts betrachte. Deshalb sind auch alle irgend geeigneten Unterrichtsgebiete rechnerisch auszunutzen. Daran hindern uns aber unsere gebräuchlichen Rechenbücher. Es sei mir darum noch ein kurzes Wort über das Rechenbuch gestattet.

Die meisten unserer Rechenbücher enthalten erstens Rechenregeln, die entweder einfach in Worten oder in der Form von Musterbeispielen ausgeführt sind, zweitens eine Aufgabensammlung, aus der die vorgesetzen Regeln geübt werden sollen, und drittens, auf der Oberstufe sonderlich, allerlei Tabellen und sachliche Belehrungen. Die Frage, ob diese Art der Rechenbücher für die Hand des Schülers berechtigt ist, muss entschieden

verneint werden. Erstens: Die Rechenregel soll sich der
Schüler selbst erarbeiten, sie darf ihm deshalb nicht schon
fix und fertig, sei es auch in der Form eines Musterbeispieles,
vorher gedruckt gegeben werden; vielmehr muss der Schüler, wenn
überhaupt, die gefundene Regel selbst fixieren; im anderen Falle
verleitet das Rechenbuch zum Mechanisieren. Zweitens: Die
Aufgaben sollen im innigsten Zusammenhange mit dem
Gesamtunterrichte und der Umgebung des Schülers
stehen; folglich müssen sie für jede Schule, ja jeden Jahrgang
ein ganz individuelles Gepräge tragen, dem nur durch
die freie Gestaltung von seiten des Lehrers entsprochen
werden kann; dagegen muss eine ein für allemal feststehende
Aufgabensammlung den Rechenunterrichte notwendigerweise schab-
lonisieren; durch sie wird sowohl die Individualität des Lehrers als
auch der Charakter der Umgebung des Schülers von unserer
Unterrichtsdisziplin ausgeschieden. Gegen den dritten Teil des
Inhaltes unserer Rechenbücher habe ich einzuwenden, dass alle
sachlichen Belehrungen Gegenstand des Unterrichts
und nicht des Buches sein sollten; ihr Hauptinhalt muss
vom Schüler mündlich und schriftlich wiedergegeben werden; nur
so haben wir eine Bürgschaft dafür, dass der Schüler wirklich zum
Verständnis der betreffenden Sache gelangt ist. Der grösste Teil
der Tabellen aber gehört überhaupt nicht in die Volksschule,
während der kleine Rest mit Leichtigkeit von den Schülern im
Unterrichte oder selbständig zusammengestellt werden kann. Aus
diesen Gründen muss ich die Rechenbücher für die Hand des
Schülers verwerfen.

Anders für den Lehrer. Er mag ein Rechenwerk und Aufgabensammlungen benutzen, aber nur in der Weise, das er die angeführten Aufgaben als Typen betrachtet und sie den
jeweiligen Verhältnissen seiner Schule und seiner
Schüler anpasst. Es wird dabei allerdings eine wesentlich
geringere Zahl von Aufgaben gestellt werden; aber diese haben
alsdann den unendlichen Vorzug, dass sie aus dem Unterrichte
selbst und den denselben beherrschenden Verhältnissen herausgewachsen sind. Auch werden durch diese Art des Unterrichts-
betriebes ganz bedeutende Anforderungen an die Arbeitskraft des
Lehrers gestellt; aber davor dürfen wir nicht zurückschrecken.

Im folgenden Teile will ich nun meine Ansichten über den
Betrieb des Rechnens im ersten Schuljahre praktisch näher darlegen.
Ich schicke voraus, das dieser Teil der vorliegenden Arbeit direkt
aus der Unterrichtspraxis hervorgegangen ist, und bitte die werten
Leser, die Methode nicht einfach von vorgefassten Meinungen
aus zu beurteilen, sei es im günstigen oder ungünstigen Sinne,
sondern sie nachzuprüfen. Das ist der einzige Weg, der uns vorwärts führt. Schluss folgt.

B. Kleinere Beiträge und Mitteilungen.

Zwei Entwürfe zu Gleichnispräparationen.[1]

Von Dr. Witzmann, Seminaroberlehrer in Coburg.

Vorbemerkungen.

Die folgenden beiden Entwürfe zu Gleichnispräparationen sind nicht nach dem Schema der formalen Stufen bearbeitet. Eine derartige Behandlung widerstreitet, wie z. B. schon Ziller richtig erkannt hat, der Eigenart der Gleichnisse. Denn diese sind ja ihrem innersten Wesen nach nichts anderes als ausgeführte Vergleiche, von Jesus mit der Absicht gesprochen, wertvolle religiöse und sittliche Gedanken auch dem einfachsten Hörer anschaulich und verständlich zu machen. Oft weist schon die Einleitung der Gleichnisse auf diese ihre besondere Art ausdrücklich und unzweideutig hin (Das Himmelreich ist gleich, d. h.: im Himmelreich geht's so zu, wie in der folgenden Geschichte gezeigt wird.). Aber auch wo dies nicht der Fall ist, lässt sich der Kern- und Grundgedanke der Gleichnisse meist unschwer erkennen. So sind die Parabeln — um den Sprachgebrauch von Herbart und Ziller anzuwenden — Systeme, eingekleidete Systeme zwar, aber immerhin Systeme. Die Bildhälfte hat demgemäss bei ihnen nicht die Bedeutung einer Einzelgeschichte, aus welcher man mit Zuhilfenahme assoziierender Vorstellungen einen allgemeinen Gedanken abstrahieren soll, sondern das eine von Jesus gewählte Bild oder Beispiel soll für sich allein den ihm vorschwebenden Gedanken klar und deutlich spiegeln oder veranschaulichen. Der Hörer soll dadurch zu dem Urteil gezwungen werden: Ja, sowie diese Erzählung aus dem Natur- oder Menschenleben es darstellt, so und nicht anders ist es auch im religiösen Leben. Der Hörer muss also einen meist sehr einfachen Analogieschluss vom Bild auf die Sache oder einen Schluss vom Einzelnen aufs Allgemeine ziehen.[2] Die Stufe der Assoziation hat demgemäss für die Gleichniserklärung keinen logisch berechtigten Ort. Sie einfügen hiesse sich nicht mit dem klar vorgezeichneten Wege auf das bestimmte Ziel hin begnügen, sondern nachträglich eine Reihe anderer Wege nach diesem Ziele aufsuchen.

Die wichtigste Arbeit für die Gleichniserklärung muss vielmehr zunächst sein: durch Veranschaulichung und Würdigung der in der Bildhälfte (bzw. dem Einzelbeispiel) auftretenden Personen und Verhältnisse den Kerngedanken des Gleichnisses richtig zu erfassen und diesen dann auf das Gebiet des religiösen Lebens zu übertragen oder — wie in unseren beiden Gleichnissen —

---

[1] Proben aus einer in den nächsten Wochen bei Bleyl & Kaemmerer in Dresden erscheinenden Schrift: Entwürfe zu Gleichnispräparationen. Vgl. Witzmann, Die unterrichtliche Behandlung der Gleichnisse Jesu. Päd. Stud. 1903, S. 425 ff.

[2] So steht es bei den beiden folgenden Entwürfen. Der Name: „Gleichnisse" ist daher für sie sachlich nicht genau zutreffend; richtiger nennt man sie: „Beispielerzählungen". Die Gleichnisse vom barmherzigen Samariter und vom reichen Mann und armen Lazarus gehören in dieselbe Gruppe.

einfach zu verallgemeinern. Durch Veranschaulichung und Würdigung gelangen wir zur Lehre (oder Anwendung, früher meist: „Deutung" genannt).

Aber der Pädagoge darf sich mit dieser einen — mehr logischen — Hauptarbeit der Gleichniserklärung nicht begnügen, vielmehr muss er nunmehr den gewonnenen Grundgedanken in seiner Bedeutung beurteilen und auf die Erfahrung der Schüler in Welt und Leben anwenden. Erst damit wird das Gleichnis für die Schüler fruchtbar gemacht, in ihren Erfahrungskreis hineingestellt, an ihrem Gedankenkreise orientiert.

Geht also der erste Teil der Erklärung wesentlich darauf aus, die in dem Gleichnisse vorliegenden Vorstellungen zu klären, zu gruppieren und zusammenzufassen und zu verdichten (B), so ist der Hauszweck des zweiten (D), den gewonnenen Grundgedanken zu entfalten und möglichst vielseitig anzuwenden (D). Die beiden Teile stehen sich also in ihrem Gedankengange gerade gegenüber.

Es ist im wesentlichen ein praktischer Gesichtspunkt, der mich bewogen hat, in einem besonderen Abschnitte die Frage zu behandeln, wie der Grundgedanke jedes Gleichnisses in der Lehre und dem Leben des Heilands sich spiegelt. Da hierdurch die Beurteilung und Anwendung einen breiteren und zugleich festeren Boden gewinnt, dürfte es sich empfehlen, diesen Teil der Beurteilung voranzustellen (C). Der besseren Übersicht halber wird man gut tun, die zu dem Gleichnisse passenden Fragen und Aufgaben in einer besonderen Gruppe (E) zusammenzustellen.

Die Zielfrage muss bei dem eigenartig doppelseitigen Charakter der Gleichnisse so gestellt werden, das sie zwar auf die Bildhälfte sich bezieht, zugleich aber doch auch schon den Grundgedanken des Gleichnisses andeutet. Es genügt also nicht zu sagen: „Ein Gleichnis, welches von einem Pharisäer und einem Zöllner handelt", sondern: „Ein Gleichnis, in welchem Jesus einen Zöllner höher stellt als einen Pharisäer." Die Vorbereitung wird im allgemeinen kurz sein dürfen. Die Bezeichnungen A, B, C, D, E für die einzelnen Teile sind gewählt, um von vornherein eine Verwechselung mit dem Schema der Formalstufen auszuschliessen.[1]

I. Das Gleichnis vom Pharisäer und Zöllner.

Ziel: Ein Gleichnis, worin Jesus einen Zöllner höher stellt als einen Pharisäer.

A. Zur Einführung. Wie ist das möglich? Die Pharisäer galten doch allgemein als die Besten und Frömmsten im Volke. Gerade von den Frommen im Lande wurden sie hoch geschätzt wegen ihrer strengen Gesetzlichkeit und ihres nationalen Gegensatzes gegen die Römer — viel höher als die Sadduzäer. Beispiele dafür! Gewiss waren auch nicht alle überhebliche Heuchler, sondern es gab viele ernst fromme Männer unter ihnen, wie das Beispiel des Paulus zeigt.

---

[1] Die hier skizzierten Gedanken sind in meiner Schrift: Die unterrichtliche Behandlung der Gleichnisse Jesu. Ein Beitrag zur Reform des Religionsunterrichts. Dresden. Bleyl & Kaemmerer (Inh.: O. Schambach) 1904, (Preis geh. M. 2, gbd. M. 2,50) genauer ausgeführt und eingehend begründet.

Die Zöllner dagegen waren so anrüchig, dass auch Jesus sie in volkstümlich sprichwörtlicher Redeweise als Sünder bezeichnet („Zöllner und Sünder"). Sie waren bei den frommen Juden verhasst, nicht bloss, weil sie im Dienste der Römer standen, sondern weil in ihrem Amte Betrügereien damals ebenso üblich waren wie heute im Orient. Manche Gebote des mosaischen Gesetzes (z. B. Sabbatgebot) waren sie auch gar nicht in der Lage, genau zu erfüllen. So galten sie als die „Parias der Gesellschaft".

B. Luk. 18, 9—14. Veranschaulichung, Würdigung und Lehre.

I. Veranschaulichung. Disposition:

1. das Gebet des Pharisäers;
2. das Gebet des Zöllners;
3. das Urteil des Herrn.

In wenig Strichen malt uns die Meisterhand Jesu die beiden Männer so deutlich, dass wir sie im Geiste vor uns sehen, wie sie zur Zeit der vorgeschriebenen Gebetsstunden im Vorhofe des Tempels stehend — denn das Heilige durften nur die Priester betreten — ihr Gebet verrichten. Nicht auf das Gebet als solches aber kommt es dem Herrn an, vielmehr die Gesinnung der beiden Männer will er an ihren Gebeten charakterisieren.

1. Hochaufgerichtet steht der Pharisäer, dem Heiligen so nahe als möglich, ein prächtiges Kleid umgibt ihn mit breiten Quasten („Denkzetteln"), welche er nach einer gesetzlichen Vorschrift trägt. Gebetsriemen sind um die Stirn und die linke Hand gelegt, die Augen im feisten Gesicht sind nach oben gewandt, haben aber doch auch noch Zeit, sich nach den andern Leuten im Tempel umzublicken. Kaum ist er hingetreten, so strömt ihm auch schon sein wortreiches Gebet glatt und stolz vom Munde. Er hat in der Ecke einen Zöllner gesehen und dankt Gott, dass er nicht so ist wie der, sondern im Gegenteil zu den Ausgesonderten, Extrafrommen gehört; er ist sich ja — negativ — nicht bewusst, die Gebote des Dekalogs übertreten zu haben: er ist kein Räuber (5.), kein Ehebrecher (6.), kein Betrüger oder Ungerechter (7. Gebot) — er nimmt naheliegende, oft gebrauchte Beispiele —; vielmehr kann er sich — positiv — rühmen, mehr zu tun, als das Gesetz vorschreibt; denn das gebietet nur einen, höchstens zwei jährliche Fasttage und verlangt nur den Zehnten von den Einkünften aus Acker, Weide und Garten; er aber fastet sogar alle Wochen zweimal — an jedem Montage und Donnerstage — und gibt freiwillig den Zehnten von allem, was er erwirbt, — also nicht bloss von allen Naturalien, sondern von jedem Zuwachs seines Vermögens: „Was fehlt ihm noch?"

2. Der Zöllner steht scheu und zurückhaltend in einer Ecke — ein un willkürlicher Ausdruck dafür, dass er sich schämt; sein Gewissen wirft ihm manche Sünden vor, die er begangen hat; die drücken ihn nun hier am heiligen Orte noch mehr als daheim. Zum Zeichen trauernder Reue schlägt er an seine Brust, er wagt gar nicht einmal emporzublicken, hat auch gar keine Zeit, an andere zu denken, weil er mit sich reichlich genug zu tun hat, und sagt nur die inhaltschweren Worte: „Gott, sei mir Sünder gnädig!"

II. Würdigung.

Von diesem Zöllner nun sagt der Heiland, dass er „mehr gerechtfertigt" heimging als der Pharisäer, d. h. er ist Gott angenehmer, ohne dass er sich freilich nun schon für alle Zukunft das Eingehen in die Ewigkeit gesichert hat. Was sagen wir zu diesem Urteil Gottes?

1. In unserer menschlichen Gesellschaft und vor unsern weltlichen Richtern würde der Pharisäer unzweifelhaft als ein tadelloser Ehrenmann gelten. Der Mann hat also allen Grund, Gott für seinen Stand zu danken. Was uns aber nicht an ihm gefällt, das ist sein gehässiger Hochmut gegenüber dem Zöllner und seine Selbstgerechtigkeit, die um so anmassender und unmoralischer erscheint, als er doch nur ganz äussere Werke, also recht dürftige Leistungen, als sehr glänzend vor Gottes Thron hinstellt.

2. Der Zöllner ist unzweifelhaft ein wirklicher, nicht bloss ein eingebildeter Sünder; der Herr Jesus lobt ihn darum auch nicht etwa, wie er den barmherzigen Samariter lobt; was den Mann aber trotz seiner Sünden Gott angenehmer macht als den Pharisäer, das ist seine aufrichtige und bussfertige Demut.

Zusammenfassung: Der demütige Zöllner, der auf Gottes Gnade vertraut, ist Gott angenehmer als der hochmütige Pharisäer, der auf seine äusserliche, gesetzesstrenge Frömmigkeit pocht. Vgl. V. 9 u. 14.

III. Lehre: Unsere Erzählung ist ein Gleichnis, genauer: eine Beispielserzählung. Welcher allgemeine Gedanke wird durch den Einzelfall dargestellt?

Der einzelne Fall beweist allgemein, dass bussfertige Demut, die allein auf Gnade vertraut, die Rechtfertigung vor Gott verschafft, hochmütige Selbstgerechtigkeit und Vertrauen auf die eigenen Werke dagegen sie ausschliesst.

C. Jesu Lehre und Leben.

1. Dieser Gedanke ist einer der Zentralgedanken in der Lehre Jesu; vgl. Matth. 5, 6: Selig sind, die da hungert und dürstet . . . Luk. 16, 15; Luk. 5, 30—32; vgl. ferner die Gleichnisse vom verlorenen Sohne, den zwei ungleichen Söhnen, den Arbeitern im Weinberge.

2. Darum aber hasst Jesus die Heuchelei (Schauspielerei) der Pharisäer; vgl. Matth. Kap. 23 und viele andere Stellen.

3. Dem Hass gegen die heuchlerischen Pharisäer entspricht auf der andern Seite seine Vorliebe für „Zöllner und Sünder"; vgl. Luk. 5, 30—32; 15, 1—2; 7, 41—43.

4. Wie er gelehrt, so hat Jesus auch in seinem ganzen Leben gehandelt: denken wir nur an seine Einkehr bei Zacchäus, an die Wahl des Zöllners Levi (Matthäus) zum Jünger, an seine Worte an den Schächer am Kreuz u. a. m.

D. Beurteilung und Anwendung des Grundgedankens.

1. Unser Gleichnis ist eines der allerbekanntesten Gleichnisse Jesu. Und es verdient auch, allgemein bekannt zu sein. Denn unser gesamtes Christentum beruht ja auf dem Glauben an Gottes Gnade. Gnade aber ist unverdiente

Liebe. Gottes Liebe ist immer unverdient; denn die Gebote Gottes nach ihrem Wortlaut zu erfüllen ist noch nicht die wahre Gesetzeserfüllung, dazu gehört vielmehr eine völlig auf Gott gewandte Gesinnung, die auch im geringsten Gott nicht verleugnet. Hat die wohl irgend ein Mensch? Gerade die frömmsten und besten Menschen fühlen sich der Gnade Gottes bedürftig (Paulus, Augustin, Luther; vgl. „Aus tiefer Not"). So besteht Jesu Wort zu Recht: Luk. 17, 10: „Wenn ihr alles getan habt, so sprecht: Wir sind unnütze Knechte; wir haben getan, was wir zu tun schuldig waren." Hochmut und Selbstgerechtigkeit aber bindern den Menschen innerlich, seine Bedürftigkeit vor Gott zu fühlen und schliessen ihn darum innerlich von Gottes Gnade aus. Vgl. 1. Petr. 1, 5: Gott widerstehet den Hoffärtigen u. s. w. Mit Ernst, o Menschenkinder Str. 3: „Ein Herz, das Demut liebet u. s. w."

2. Das Bewusstsein von Gottes Gnade nennt Jesus hier Rechtfertigung. Dies Wort kommt sonst in den Evangelien nicht vor, um so häufiger bei Paulus, bei dem die Rechtfertigung den Zentralbegriff seiner Lehre bildet. Vgl. Röm. 3, 28. So halten wir es nun u. s. w. Wie sehr die Rechtfertigung auch der Grundgedanke Luthers und der Reformatoren ist, sei hier nur angedeutet.

3. Das hat Jesus erreicht, dass niemand den Pharisäer mehr in der Theorie in Schutz nimmt. Für alle Zeiten ist das Wort: Pharisäismus mit einem Makel behaftet. Aber in der Praxis gibt es der Pharisäer noch um so mehr, und Stellung und Anerkennung im gesellschaftlichen Leben erringt ein Mensch auch heute noch häufig leichter, wenn er wie der Pharisäer, als wenn er wie der Zöllner handelt.

4. Natürlich will Jesus nun den Zöllner uns nicht nach jeder Hinsicht als Vorbild hinstellen. Gott sei Dank! Nicht jedes Gebet muss lauten: „Gott, sei mir Sünder gnädig!"

5. Das Sündenbewusstsein ist nur die negative Seite der Demut, die positive ist das Bewusstsein der göttlichen Gnade. In diesem Sinne ist die Demut die rechte christliche Grundtugend. Sie ist das „Geheimnis des religiösen Menschen vor sich selbst". Sie ist „das Auge, das alles sieht, nur sich nicht". Sie ist das Gegenteil der Heuchelei, sie ist aber auch frei von engherzigem, unfreiem Muckertum. So nennt Jesus auch sich selbst: „von Herzen demütig". Matth. 11, 28; vgl. Röm. 14, 4; Luk. 6, 41—42.

E. Aufgaben und Fragen.

Es gibt auch Pharisäer im Zöllnergewande! Nachweis! (Pietisterei.)

Welche Ähnlichkeiten bestehen zwischen unserm Gleichnisse und dem vom verlorenen Sohne, vom barmherzigen Samariter und den beiden ungleichen Söhnen?

Kants Unterscheidung von Legalität und Moralität im Lichte unserer Erzählung!

Wie verhält sich die Geschichte vom reichen Jüngling zu unserm Gleichnisse?

Schwarz: „Ins Gottesreich treten wir nicht durch den hohen Ehrenbogen der Gerechten, sondern durch die niedere Pforte der armen Sünder, nicht unter lautem Zuruf der Menge, nein, still, unhörbaren Schrittes."

24*

Was lehrt uns unser Gleichnis über das Gebet? Vgl. Matth. 6, 5. Sprüche und Lieder zu unserm Gleichnisse: Ps. 51; 130; 32 u. a. m. (Busspsalmen); Matth. 7, 1: Richtet nicht u. s. w. 1. Joh. 1, 8; Sprüche 28, 13; Luk. 14, 11.

2. Das Gleichnis vom törichten Reichen.

Ziel: Ein Gleichnis, in welchem Jesus einen Mann, der auf seinen Reichtum pochte, einen Narren nennt.

A. Zur Einführung: Ich habe einmal einen reichen Mann einen Narren nennen hören, weil er sein Geld durch Ausschweifungen vergeudete, einen anderen, weil er es durch unvernünftige Spekulationen verlor, einen dritten, weil er es sich, gutmütig wie er war, von schlauen und gewissenlosen Freunden und Verwandten ablocken liess; aber einen Reichen deshalb einen Narren nennen, weil er reich war und sein Geld auch festhielt, das klingt seltsam — aber gerade das steht in unserm Gleichnisse.

B. Lukas 12, 16—21. Veranschaulichung, Würdigung und Lehre. (Wenn vorerzählt, empfiehlt es sich, den Text zunächst nur bis V. 20 zu bieten und bei der Lehre V. 21 zur Bestätigung hinzuzufügen.)

I. u. II. Veranschaulichung und Würdigung.

Einen reichen Landwirt schildert uns Jesus; auf seinem Dache stehend können wir uns ihn vorstellen, wie er mit vergnügten Sinnen die wogenden, zur Ernte reifen Getreidefelder rings umher überblickt. An ein Verkaufen des überflüssigen Getreides ist nach Lage der Verhältnisse im Orient nicht zu denken, wo Jahre des Überflusses mit Jahren furchtbarer Not wechseln: so will der Mann grössere Scheunen bauen an Stelle der alten, die für solchen Segen nicht ausreichen. Merkwürdig: uns kommt unwillkürlich das Wort: „Erntesegen" in den Mund; von dem glücklichen Besitzer hören wir das nicht. Kein Wort des Dankes gegen Gott kommt aus seinem Mund; kein Wort der Absicht, wohlzutun und mitzuteilen den Armen: Reichtum ist ihm das höchste Gut, selbstsüchtiger Genuss das höchste Lebensziel: Liebe Seele u. s. w., vorzüglich, wie der satte Epikuräismus unseres Mannes gemalt wird!

Aber mit einem Schlage ändert sich die Szene. Gott tritt vor den reichen Mann hin und sagt ihm, dass er noch in dieser Nacht sterben würde. (Töricht, zu fragen, wie Gottes Erscheinen zu denken sei; weiss man denn gar nicht, was poetische Lizenz ist — und ein Gleichnis ist doch auch ein poetisches Produkt. Also denken wir uns Gottes Erscheinung nur so anthropomorphistisch wie wir wollen, nicht auf das Bild kommt es an, sondern auf die ausgesprochenen Gedanken.)

Diese Gedanken aber kulminieren in dem einen Urteil: Du Narr! Worin liegt denn die Torheit des Reichen? Darin liegt sie, dass er in gottvergessenem Leichtsinn den Reichtum als das höchste Gut und in egoistischer Gesinnung den Genuss als das höchste Ziel betrachtet, denn plötzlich reisst ihn der Tod aus seinem Reichtum hinweg.

III. Lehre. Der einzelne Fall beweist allgemein, dass es töricht ist, wenn wir im irdischen Besitz das höchste Gut und im selbstsüchtigen Genusse desselben das wichtigste Lebensziel erblicken und darüber Gott vergessen, von dessen Macht und Gnade wir jeden Augenblick abhängig sind. Vgl. V. 21 (zu: reich in Gott vgl. Matth. 25, 35—40 V. 33.

C. Jesu Lehre und Leben.

1. Vgl. ähnliche — ungemein häufige — Gedanken Matth. 16, 26; 6, 19—34; 19, 16—26 (der reiche Jüngling) u. a. m., ferner Matth. 25, 35—40, Maria und Martha u. dgl.

2. Jesu Leben war ein Leben „reich in Gott", wie sich aus einem Vergleiche seiner äusseren Armut mit seiner gottesfreudigen Seligkeit deutlich ergibt.

D. Beurteilung und Anwendung des Grundgedankens.

1. „Rasch tritt der Tod den Menschen an . . .", so singen die barmherzigen Brüder bei der Leiche Gesslers, der noch eben gesprochen hatte: „Ich will!" So ist es gut, sich immer wieder daran zu erinnern, dass wir in jedem Augenblicke von Gott abberufen werden können; vgl Sir. 11, 17 ff.; Ps. 48, 17 f.; 38, 6 ff.; 90, 2; 1. Tim. 6, 7.

2. Wie töricht ist es darum, dass viele Leute dennoch so leben, als ob sie ewig dablieben: Wir bauen hier so feste, und sind doch arme Gäste; wie töricht insbesondre, nur dem Reichtum und nur dem Genuss zu leben!

3. Weise handeln dem gegenüber alle die, welche „reich sind in Gott", das heisst unbekümmert um äusseres Glück dem Gebote des Christentums folgend nur das Heil der Seele im Auge haben, und darum auch stets das letzte Stündlein anzutreten bereit sind; vgl. die Stillen im Lande z. B. Tersteegen.

4. Unser Gleichnis stellt mit dem jähen Tode des Mannes freilich einen Ausnahmefall dar, mancher geniesst seinen Reichtum ungetrübt während eines langen Lebens, daher ist das Gleichnis vom reichen Mann und armen Lazarus eine notwendige Ergänzung unserer Erzählung.

E. Aufgaben und Fragen.

Unser Gleichnis als Text zum Erntedankfest!

Besteht irgend ein Zusammenhang zwischen der griechischen Vorstellung vom Neide der Götter (vgl. Ring des Polykrates) und unserm Gleichnisse? Wieso nicht? Das Lied: Wo findet die Seele die Heimat, die Ruh . . . Was nennen wir: „Tanz um das goldene Kalb?"

Rückert: „Vergebens sucht der Mensch des Glückes Quelle
Weit ausser sich in wilder Lust:
In sich trägt er den Himmel und die Hölle
Und seinen Richter in der Brust."

Der scheinbar so blasse, und doch so ernste Spruch:

Trink und iss,
Gott nicht vergiss!

Mancher hat nicht das Geld, sondern das Geld hat ihn. Vgl Gal. 6, 7—8. Die Geschichte von den drei Freunden, die den Toten zu Grabe geleiten (das Geld — die Freunde — die guten Werke, die er getan hat).

> „Dies Haus ist mein und doch nicht mein,
> Wer nach mir kommt, wird's auch so sein."

Wenn der Herr Jesus heute denselben Gedanken an einem Gleichnisse klar machen wollte, so würde er vielleicht andre Bilder nehmen: einen reichen Kaufherrn oder Industriellen u. s. w.

C. Beurteilungen.

1. **Smith, W. Robertson,** Das alte Testament, seine Entstehung und Überlieferung. Nach der 2. Ausgabe des englischen Originalwerkes übersetzt von Prof. D. J. W. Rothstein in Halle. Tübingen 1905, J. C. B. Mohr. Billige Ausgabe Pr. 4,50 M.

2. **Urquhart, John,** Die neueren Entdeckungen und die Bibel. 1. Bd.: Von der Schöpfung bis zu Abraham. Übersetzt von E. Spliedt. 4. Aufl. Stuttgart 1904, M. Kielmann. Pr. 4 M.

3. **Urquhart, John,** Die Bücher der Bibel, oder: Wie man die Bibel lesen soll. 1. Bd. Übersetzt von E. Spliedt. Ebenda 1904. Pr. 2 M,

Smith stellt die Grundzüge der alttestamentlichen Kritik in 13 populärwissenschaftlichen Vorlesungen dar, die er nach seiner 1880 erfolgten Entfernung vom Lehrstuhle für Hebräisch und alttest. Exegese an dem freikirchlichen College zu Aberdeen auf Einladung von etwa 600 hervorragenden Mitgliedern der Freikirche in Edinburgh und Glasgow hielt. Es kam dem ungehört Verurteilten darauf an, die Probleme, Methoden und Ergebnisse der alttest. Kritik darzulegen. Die Vorlesungen erschienen schon 1881 im Drucke; 1892 veröffentlichte Smith die 2., mehrfach veränderte, verbesserte und vermehrte Auflage; 1894 ist er im

48. Lebensjahre gestorben. Die Strassburger Fakultät hatte ihm die theologische Doktorwürde verliehen. Smith war der Sohn eines Predigers der schottischen Freikirche und hatte nach Abschluss seiner Studien in Aberdeen in Bonn und Göttingen studiert. In den 13 Vorlesungen wird eine reiche Fülle Geist, Gelehrsamkeit und Frömmigkeit in anziehender Darstellung geboten. In klaren kurzen Sätzen reiht sich Gedanke an Gedanke. Die Übersetzung liest sich wie Original. Sorgfältige Fussnoten erleichtern und vertiefen das Verständnis des Textes: ein Verzeichnis der besprochenen Bibelstellen (S. 430—437) und ein gutes Sachregister (S. 438—447) erhöhen den Gebrauch des Buches in erwünschter Weise.

Der religiöse und wissenschaftliche Standpunkt des Verfassers ist erkenntlich aus folgenden Sätzen seines Vorwortes zur 1. Ausgabe der Vorlesungen: „Der hohe Wert der geschichtlichen Kritik besteht darin, dass sie uns das alte Testament lebendiger nahebringt. Das Christentum kann sich nimmermehr von seiner geschichtlichen Begründung auf die Religion Israels loslösen; die Offenbarung Gottes in Christo kann unmöglich von der früheren Offenbarung, auf der unser Herr aufgebaut hat, getrennt werden." — „Die gewöhnliche Behandlung des alten Testaments hat den weitverbreiteten üblen Argwohn zur Folge gehabt, die alttestamentliche Geschichte könne eine Prüfung wie andere alte Geschichten nicht ertragen . . . Und doch ist die Darstellung der Geschichte Israels, wenn sie recht studiert wird, die wahrste und lebendigste aller Geschichtsdarstellungen."

In der 1. Vorlesung sagt der Verfasser (S. 16 u. 17): „Eine Verschiedenheit zwischen religiöser und gelehrter Methode der Forschung (nämlich Bibelforschung) gibt es nicht. Sie führen zu demselben Ziele, und je eifriger unsere Forschung die Forderungen historischer Gelehrsamkeit erfüllt, um so völliger wird sie sich mit unseren religiösen Bedürfnissen in Einklang befinden." — „Anderseits aber dürfen Sie auch nicht vergessen, dass alle Wahrheit nur eine ist; dass der Gott, der uns die Bibel schenkte, uns auch die Kräfte des Verstandes und die Gaben der Gelehrsamkeit geschenkt hat, auf dass wir damit die Bibel erforschen, und dass der wahre Sinn der Schrift nicht nach vorgefassten Meinungen gemessen, sondern als das Resultat berechtigter Untersuchung festgestellt werden muss."

Ein Gegenstück zu Smiths Buche bilden die Veröffentlichungen Urquharts. Urquhart benutzt die Entdeckungen in Assyrien, Ägypten, in Palästina, Arabien und auf der Halbinsel Sinai, um die Glaubhaftigkeit der Bibel und die Behauptung zu beweisen, dass die Bibel ein geplantes Buch sei, und dass sie eine „göttliche Einheit" darstelle; ihm kommt es darauf an nachzuweisen, dass die moderne Kritik auf gefährlichen Irrwegen wandelt; seine Werke sind in der Absicht verfasst, den Glauben an die wörtliche Inspiration der Bibel zu stützen. U. scheint anzunehmen, dass die wissenschaftliche Bibelforschung unvereinbar ist mit dem Glauben an die Offenbarung. Seine Apologie stützt sich auf ein bedeutendes gelehrtes Wissen; doch scheint er mit seinen Ausführungen mehr die Auswüchse der modernen Kritik, zu weit gehende oder übereilte Folgerungen zu treffen, als die ernste, von religiöser Gesinnung getragene wissenschaftliche Bibelforschung. Man braucht der Tendenz des Verfassers nicht in allen Punkten zuzustimmen und wird doch aus dem Studium seiner

Werke viel Aufklärung und manch fruchtbare Anregung gewinnen. Der hohe Ernst und die feste persönliche Überzeugung Urquharts werden ihren Eindruck auf den Leser nicht verfehlen, ob aber seine Apologie der wörtlichen Inspiration der Bibel das Vorwärtsschreiten einer gewissenhaften wissenschaftlichen Bibelforschung, wie sie u. a. von Smith vertreten wird, zu hemmen vermag, mag dahingestellt bleiben. Nicht immer wahrt Urquhart in seiner Polemik die vornehme Haltung, die in Smiths Werke so angenehm berührt.

Religionsgeschichtliche Volksbücher. Herausgegeben. v. Lic. theol. Fr. M. Schiele in Marburg. Halle S. 1904, Gebauer - Schwetschke. 1. Reihe, 1. Heft: Die Quellen des Lebens Jesu, von Prof. D. P. Wernle; 11. Heft: Die Entstehung des Neuen Testaments, von Prof. Dr. H. Holtzmann; — 3. Reihe, 1. Heft: Vorbereitung des Christentums in der griechischen Philosophie, von Prof. D. Pfleiderer; 2. Heft: Seelenwanderung, von Prof. D. Bertholet. Das Heft zu 3—6 Bogen. Pr. 30—40 Pf.

Mit diesem Unternehmen wendet sich die moderne Theologie an weite Kreise des deutschen Volks. Nach dem vorliegenden Plane soll die 1. Reihe der Hefte die Religion des Neuen Testaments behandeln, die 2. u. 3. Reihe die des Alten Testaments, die 4. Reihe allgemeine Religionsgeschichte und Religionsvergleichung, die 5. Reihe soll Bilder aus der Kirchengeschichte bieten. Im Vorworte des 1. Heftes der 1. Reihe sagt Prof. Wernle: „Die Frage: wer war Jesu? beschäftigt die Menschen unserer Zeit gewaltiger als vielleicht irgend eine frühere Generation. In dem Zerfall uralter Formen und Institutionen und in dem Anbruch des grossen Neuen, das jeder erhofft und doch niemand kennt, ist der Blick stärker als jemals auf Jesus gerichtet. Dass er uns gerade jetzt etwas zu sagen habe, dass wir gerade jetzt ihn brauchen, ist uns weniger eine klare Erkenntnis als ein übermächtiges Gefühl." Wie aus den vorliegenden Heften ersichtlich ist, scheint mit diesen Sätzen der Zweck des ganzen Unternehmens ausgedrückt zu sein: Für den modernen Geist lösen sich allmählich die alten Formen, in die unseres Volkes höchste und heiligste Interessen eingeschlossen waren. Der echte, unvergängliche Inhalt dieser Formen muss erhalten bleiben, wenn der moderne Mensch inneren Frieden finden, wenn er die führende Hand des himmlischen Vaters nicht verlieren soll, die er im Glauben an Jesum Christum ergreifen darf und muss. — Mögen die Hefte recht aufmerksame, heilsbegierige und besonnene Leser finden.

Rochlitz. Dr. Schilling.

Die Religion unserer Klassiker Lessing, Herder, Schiller, Goethe von **Karl Sell**, Prof. der Theologie zu Bonn. Tübingen und Leipzig. J. C. B. Mohr. 1904. Preis geh. 2,80 M. geb. 3,80 M.

Das Buch ist das erste der „Lebensfragen", Schriften und Reden, herausgegeben von Heinrich Weinel, eines weitschichtigen Unternehmens mit hochgesteckten Zielen. „Die Lebensfragen wollen allen denen dienen und helfen, die in den überlieferten Formen der Religion und Sittlichkeit Verstand und Herz nicht mehr zu befriedigen vermögen und sich im Kampf um die Weltanschauung nach Klarheit und Kraft, nach neuem Lebensinhalt sehnen." Nicht nur die Grundfragen der Religion, sondern auch deren „Grenzfragen" auf den verschiedenen Lebensgebieten sollen Erörterung finden. Alles „im Geiste voller wissenschaftlicher Wahrhaftigkeit und Freiheit". Soweit das religiöse Gebiet in Betracht kommt, ist Freiheit nach der Tendenz des Unternehmens im Gegensatz zur Gebundenheit an das Wort der Schrift und das Bekenntnis der Kirche gemeint. — Sell's Religion unserer Klassiker gibt den Inhalt einer populär gehaltenen akademischen Vorlesung wieder. Sie will eine von jeder konfessionellen Beimischung freie Erörterung der religiösen Gedankenwelt der genannten Klassiker sein, indem sie zeigt, ob und wie sich in ihren Augen göttliche Dinge abgespiegelt haben und welchen Ausdruck sie diesem Spiegelbild zu geben vermochten. Nach einer Einleitung über gemeinsame Gesichtspunkte für die Betrachtung der Klassiker

und ihrer Religion, wird jedem der grossen Dichter Lessing, Herder, Schiller und Goethe ein besonderes Kapitel gewidmet und ihre Religion aus ihrem Lebens- und Entwicklungsgange, aus ihren Worten und Werken, aus ihrer Zeit und Umgebung heraus dargestellt. Im Schlusskapitel kommt der Verfasser zu dem Urteil, „dass die Klassiker von den Dogmen, die als die Grunddogmen der ‚Christenheit' gelten, der Dreieinigkeit, der Lehre von der Gottheit Christi, der Versöhnung der Welt mit Gott durch sein Blut, vom Weltende und jüngsten Gerichte, von ewiger Seligkeit und ewiger Verdammnis kaum eines in irgend einem Sinne haben gelten lassen. Aber auch diejenige Reduktion der christlichen Glaubensvorstellungen, die sich im ‚modernen' Protestantismus vollzogen hat, ist von den wenigsten der Klassiker nur erreicht und jedenfalls nicht dauernd festgehalten worden". Sie sind „Zeugen einer eignen Religiosität, mehr Gottsucher im Sinne von Apostelgesch. 17, 27, als Gottfinder und Verkündiger einer neuen Botschaft." Dies Urteil mag manchen enttäuschen, weil er gewohnt ist, die Dichterworte eines Goethe oder Schiller durch das Glas seines Glaubens anzusehen und die eignen religiösen Gedanken hineinzulegen. Bis zu einem gewissen Grade wird ja selbst das Urteil des Forschers hier stets etwas Subjektives behalten. Aber der Verfasser kommt zu seinem Ergebnis, in dem er überall die Klassiker aus ihrem eignen Geiste zu verstehen sucht und den Geist im Zusammenhange mit ihrer Zeit und den ihre Bildung beeinflussenden Mächten betrachtet. Das Buch bietet eine Fülle neuer interessanter Einblicke in die grosse Zeit der deutschen Klassiker und ihre Geisteserzeugnisse. Man merkt überall den Gelehrten, der den Stoff in umfassender Weise beherrscht, sonderlich die Zeit der „Aufklärung" in feiner Art charakterisiert und daraus seine Schlüsse zieht. Wer ein tiefergehendes Verständnis unsrer Klassiker und ihrer Religion erstrebt, dem kann das Buch zur Belehrung und Anregung für eignes Forschen warm empfohlen werden. Um weiteres Nachdenken über die dabei angeregten Fragen zu fördern, ist ein Verzeichnis zuverlässiger

Literatur, die in dieser Richtung Ausbeute gewährt, meist neueren Datums beigegeben, sowie ein Register, in dem man Zusammengehöriges bequem suchen kann.

Die 10 Gebote im Lichte der Moraltheologie des heiligen Alphons von Liguori. Von Lic. Albert Bruckner, Pfarrer. Schkenditz. W. Schäfer. 1904. Pr. brosch. 2,20 M. geb. 3,20 M.

Nachdem in der jüngsten Vergangenheit Robert Grassmann's Auszüge aus der Moraltheologie des Alphons von Liguori das allgemeine Interesse der römischen Beichtpraxis in ausserordentlichem Masse zugewendet haben, darf eine Schrift wie die vorliegende nun vornherein auf Beachtung in weiteren Kreisen rechnen. Wenn von katholischer Seite zugestanden worden ist, dass die Moraltheologie speziell eines Liguori und seiner Richtung nur das Mindestmass von sittlichen Anforderungen enthalte, die eben noch als für die Seligkeit zureichend anerkannt werden könne, stellt sich der Verfasser in seinem Buche die Aufgabe, dieses Minimum liguorischer Moral zu eruieren und zu beurteilen, um dann zu untersuchen, ob und warum diese Reduktion überhaupt unberechtigt und verkehrt ist. Er hat diese Aufgabe in geschickter, klarer und leidenschaftsloser Weise gelöst, und ohne dass die in 11 Kapiteln aufeinanderfolgende Besprechung der einzelnen Gebote ermüdend wirkt, auch überall anerkannt, was anzuerkennen war. Mit Ausnahme etwa der ersten beiden Kapitel, die, literarhistorische und prinzipielle Fragen erörternd, vorwiegend gelehrtes Interesse voraussetzen, ist das Buch in allen Teilen für jedermann verständlich geschrieben. Der Ausschluss alles bloss Sensationellen ist ein bemerkenswerter Vorzug der Schrift zu Gunsten ihrer Objektivität. Man gewinnt aus Bruckners Darbietungen einen Einblick in den gefährlichen Tiefstand römischer Morallehre, der sehr heilsam ist zur Stärkung protestantischen Bewusstseins und den apologetischen Zug unsrer Zeit nur rechtfertigt.

Christus und die Naturwissenschaft von Dr. phil. E. Dennert. Stuttgart. Max Kielmann. Pr. 1 M.

Dennert will den Mann von Golgatha und seine Kraft den modernen Menschen wieder näher bringen und sucht dazu allerlei Vorurteile aus dem Wege zu räumen. In der vorliegenden Schrift das Vorurteil: Christus habe keinen Wirklichkeitssinn gehabt, er sei ein Naturverächter und in den abergläubischen Ideen des Altertums befangen gewesen. So stellt der Verfasser die Frage: Wie stand Christus zur Natur und Naturwissenschaft? Diese Frage wird in klarer populärer Weise unter Bezugnahme auf die gegnerischen Einwürfe und eingehender Berücksichtigung der Reden Christi erörtert und dahin beantwortet: „Ein Naturforscher unserer Tage hat in der Tat keinen Schatten von Recht, irgend eine Stelle der Reden Christi vom modern naturwissenschaftlichen Standpunkt aus anzugreifen; denn sie enthalten gar keine naturwissenschaftlichen Lehrsätze, Weisungen und Hypothesen, die dazu Anlass geben könnten." „Trotzdem hatte er ein ganz ausserordentliches Interesse für die Natur und ein tiefes, feines Verständnis für ihr Leben." „Die Naturauffassung Christi ist eine poetisch symbolische, und ihr Grundzug ist die feste Überzeugung von der bis ins Kleinste gehenden Weltregierung Gottes." Sehr interessant ist das Kapitel (4.) über die Beziehung der „Zeichen und Wunder" Christi zur Naturwissenschaft. Dennert ist übrigens nicht Theolog, sondern Naturforscher und hat sich als Herausgeber der Zeitschrift „Glauben und Wissen. Volkstümliche Blätter zur Verteidigung und Vertiefung des christlichen Weltbildes," wie durch seine bereits in 3 Aufl. erschienene Schrift „Bibel und Naturwissenschaft" u. a. m. auf apologetischem Gebiete einen Namen gemacht.

Merkbuch für Konfirmanden von Johannes Kolbe, Pastor und Kreisschulinspektor in Freistadt, Schles. 2. neubearb. Aufl. Leipzig. H. G. Wallmann. 1904. Pr. 30 Pf., in Partien billiger.

Der zunächst für die kirchlichen Verhältnisse der unierten Landeskirche in Preussen berechnete Leitfaden zeichnet sich durch eingehende Berührung der praktischen Fragen des kirchlichen

Lebens aus: Gottesdienstordnung, kirchiche Sitte und Verfassung, konfessionelle Unterschiede, Mischehen und dergl. Auch die zahlreich eingestreuten Fragen ohne Beifügung der Antworten sind ein Vorzug, insofern sie die Konfirmanden zu eignem Nachdenken über den vorausgegangenen Unterricht veranlassen. zu vermissen ist ein Abschnitt über Mission und Diasporaarbeit.

Rochlitz.   P. Naumann.

Männer der Wissenschaft. Eine Sammlung von Lebensbeschreibungen zur Geschichte der wissenschaftlichen Forschung und Praxis. Her. v. **Dr. Jul. Ziehen.** Heft 1: J. F. Herbart, von O. Flügel. Heft 2: R. W. Bunsen, von Prof. A. Ostwald. Heft 3: F. W. Dörpfeld, von E. Oppermann. Leipzig 1905. W. Weicher. Preis jedes Heftes 1 M.

O. Flügel kennzeichnet klar und scharf Herbarts Stellung zur Philosophie seiner Zeit und weist in interessanter Weise die Spuren Herbarts im wissenschaftlichen Denken der Gegenwart nach, das stärker von ihm beeinflusst ist, oder vorsichtiger ausgedrückt: das sich stärker in der Richtung der Herbartschen Philosophie bewegt, als viele wissen und infolgedessen zugeben. Flügels Darstellung wird nirgends durch Polemik unterbrochen. In ruhigem Zuge entwirft der Verfasser mit sicherer Hand ein Bild, das jeden Leser fesseln muss und zu einem eingehenderen Studium Herbarts anregt. Im 2. Hefte der Sammlung lässt uns Prof. A. Ostwald Blicke in das reiche Leben Bunsens tun und das 3. Heft, verfasst von Schulinspektor E. Oppermann, ist einem hervorragenden Vertreter des Volksschullehrerstandes, Friedrich Wilhelm Dörpfeld, gewidmet. — Diese bis jetzt erschienenen Hefte der Sammlung, deren jedem ein gutes Bildnis beigegeben ist, können zur Anschaffung für Privat- und Lehrerbibliotheken empfohlen werden.

Dr. R. Michel und **Dr. G. Stephan,** Lehrplan für Sprachübungen. Leipzig. 1904. B. G. Teubner.

Dr. R. Michel, Sprachübungen. Stoffsammlung zu Übungen in Aussprache, Grammatik, Orthographie und Schönschreiben. Ebenda. 1903. Pr. 20 Pf.

Im Vorwort zum Lehrplane heisst es: „Durch entschlossenen Verzicht auf alle wissenschaftlich unhaltbaren oder praktisch unfruchtbaren Unterscheidungen, Einteilungen und Benennungen sucht er Zeit zu gewinnen für die selbständige sprachliche Ausgestaltung des Gedankenkreises der Schüler, die genaue Erfassung des Inhaltes der Sprache und die klare Erkenntnis dessen, was die heutige Schriftsprache von der Mundart und dem älteren Schriftdeutsch unterscheidet." Mit dieser Auffassung von der Aufgabe des deutschsprachlichen Unterrichts treten die Verfasser der landläufigen Praxis scharf entgegen, zum guten Teil auch Bestrebungen, die ihre Berechtigung aus mehr oder weniger richtig erfassten Hildebrandschen Ideen herleiten.

Schon im Titel der oben angezeigten Schriften ist angedeutet, worauf es den Verfassern im muttersprachlichen Unterrichte ankommt: durch planmässige Übungen im engsten Anschluss an den sprachlichen Erfahrungskreis soll das Sprachverständnis und Sprachgefühl gebildet werden. Der richtige Gebrauch der Muttersprache soll nicht herbeigeführt werden durch eine blosse Sammlung schulmässig erlernter Regeln, sondern durch sprachliche Betätigung des eignen Denkens und Fühlens.

Vor dem Lehrplane für Sprachübungen ist die Stoffsammlung zu Sprachübungen erschienen. Wer einen Einblick in den Zweck der Stoffsammlung gewinnen will, wird jedoch erst den Lehrplan studieren müssen. Sein allseitiges und tieferes Verständnis setzt freilich mancherlei grammatische, sprachgeschichtliche und phonetische Kenntnisse voraus, die nicht jedem zu Gebote stehen; an Aufklärungen und Anregungen bieten die Verfasser, die aus dem Vollen schöpfen, dabei aber auf das Notwendige sich zu beschränken wissen, jedoch so viel, dass die Stoffsammlung zweckentsprechende Verwendung finden kann.

Nach diesen allgemeinen Bemerkungen soll auf einige Einzelheiten hingewiesen werden. In dem Abschnitte über „Aussprache" wird vor der Behauchung des t, z. B. in tausend, toll, gewarnt und darauf hingewiesen, dass in ganz Sachsen t stimmlos und unbehaucht gesprochen wird; daneben wird die sorgfältige Übung der stimmhaften Bildung das d empfohlen. Es erscheint mir praktisch, die Anweisung zu geben, bei der Bildung des stimmhaften d das obere Zahnfleisch mit der Zungenspitze nur leise und schlaff zu berühren, bei der Aussprache des t aber die Zungenspitze fest anzulegen und schnell zurückzuziehen. Durch schnelles Zurückziehen wird die Behauchung des t verhindert. — Zur Aussprache des g in Tag, Flug. Weg, Berg, Teig; tauge, eigen, siege: Es wird empfohlen, den Verschlusslaut (Tag = Tak), den stimmlosen, wie stimmhaften, an allen Stellen des Wortes durchzuführen. Obwohl diese Praxis für den ersten Leseunterricht Vorteil bietet, würde ich doch den mittel - und norddeutschen Reibelaut (Tag = Tach, siege = sieje) zulassen. Ich schliesse mich hierbei Viëtor an. Für die Darstellung des gutturalen (Tag, tauge) und palatalen (eigen, siegen) Reibelautes wird ch angewendet; für die Leser des Lehrplans würde j für den palatalen Reibelaut empfehlenswerter sein (Tag = Tach, tauge = tauche; eigen = eijen, siegen = siejen). In der Volksschule werden wir uns damit begnügen dürfen, die Aussprache eines reinen s-Lautes zu erzielen, ohne Rücksicht auf den Unterschied zwischen stimmlosen und stimmhaften s zu nehmen.

In dem Abschnitt „Betonung" wird scharf hervorgehoben, dass die deutschen Interpunktionszeichen keine Lesezeichen sind. Das kann nicht oft genug gesagt werden. Im übrigen beschränken sich die Verfasser in diesem Abschnitte auf die Betonung des Fragesatzes. Sehr richtig wird bemerkt, dass die Betonung eines der wichtigsten Hilfsmittel des Sprachverständnisses ist und in der Schule die sorgfältigste Pflege verdient. Es wäre gewiss nützlich, wenn etwas näher darauf eingegangen wäre, wie eine gute Betonung erreicht werden kann. Im Verkehr unter sich und in ihrer häuslichen Umgebung sprechen die Kinder in den feinsten Betonungs-unterschieden, das Ungeschick zeigt sich erst gegenüber dem Schullesestoffe, überhaupt beim Lesen. Man führe nur die Kinder tief genug ein in den Gedanken - und Empfindungsgehalt der Lesestücke, dann sind alle Bedingungen einer guten Betonung gegeben. Hat die Unterweisung in einer lautreinen Aussprache ihre Schuldigkeit getan, dann wird unter jenen Voraussetzungen das Lesen den logischen und ästhetischen Anforderungen entsprechen; dann bedarf es auch keiner Betonungsregeln, durch die überhaupt eine gute Betonung nicht erlernt werden kann.

Dasselbe gilt im Grunde auch von den grammatischen und stilistischen Regeln für die Bildung des mündlichen und schriftlichen Gedankenausdrucks. Damit soll nicht gesagt sein, dass dergleichen Dinge überhaupt aus der Schule verbannt werden sollen: man soll ihnen nur keine grössere Bedeutung beimessen, als ihnen gebührt; man soll nicht glauben, dass der gedächtnismässige Besitz der Regel schon den richtigen mündlichen und schriftlichen Gedankenausdruck gewährleistet. Durch planmässige Sprachübung zum Sprachverständnis und Sprachgefühl!

Was hierüber in den betreffenden Abschnitten des Lehrplans gesagt wird, ist durchaus beberzigenswert. Auf S. 26 wird behauptet, dass die Bildung von „Wortfamilien", worauf man neuerdings grossen Wert lege, das etymologische Denken nur wenig fördere. Es wird ganz darauf ankommen, in welcher Weise man dergleichen Wortgruppen behandelt. — Die Übungsstoffe sollen aus dem Erfahrungskreise der Schüler genommen werden; dann aber sollten doch „Namen von Dingen, die ausserhalb des Anschauungs- und Erfahrungskreises der Schüler liegen" (S. 27) nicht zu sprachlichen Übungen benutzt werden. Die „kurze Erläuterung" des Lehrers wird die Anschauung und Erfahrung des Schülers nicht ersetzen können. — Dass der Gebrauch von [grammatischen] Fachausdrücken auf das Allernötigste beschränkt werden soll (S. 29), kann nur gebilligt werden; dass aber die für die Besprechung von Sprach- oder Stilfehlern erforderlichen technischen Ausdrücke oder Regeln „jedesmal aufs neue" an dem gerade vorliegenden Beispiele „entwickelt" werden sollen, erscheint nicht zweckmässig und sollte nicht notwendig sein. — Nicht befreunden kann ich mich damit, dass der Plan fast gar keine Rücksicht auf die Satzlehre nimmt. Die nach dem Plane viel gebrauchten Fragen auf wo, wohin, wann, wer, wessen, wem, wen; welcher, was für ein etc., die Berücksichtigung der logischen Beziehungen des Grundes, der Art und Weise etc. führen in praktischer Weise in die Verhältnisse des einfachen und zusammengesetzten Satzes ein. Vielleicht kann man sich mit diesen beiden Satznamen begnügen; einige greifbare Ergebnisse zur Satzlehre möchten doch aus den Übungen hervorgehen, zumal in den allgemeinen Stilregeln (Stoffsammlung S. 35) auf Syntaktisches Bezug genommen wird.

Erwünscht sind ferner nähere Ausführungen über die orthographischen Übungen und die Übungen im schriftlichen Gedankenausdrucke; und wie am Ende der Stoffsammlung eine Zusammenstellung allgemeiner Stilregeln gegeben ist, so könnten auch die in den Sprachübungen gepflegten grammatischen und orthographischen Gegenstände übersichtlich zusammengefasst und auf die einzelnen Unterrichtsstufen verteilt werden. Dem Lehrer würde dadurch das planmässige Fortschreiten im Unterrichte erleichtert werden.

Zum Schlusse möchte ich noch hinweisen auf die Aufgaben und Beispiele aus dem Sprichwortschatze und auf die Übersetzungsaufgaben aus Bibel und Gesangbuch. Die Verfasser sprechen sich näher darüber aus in den Abschnitten des Lehrplans: „Das Sprichwort als grammatisches Beispiel" (S. 42) und „Übersetzungen aus dem Frühnenhochdeutschen" (S. 44).

Das Studium der beiden Schriften muss aufs wärmste empfohlen werden. Es liegt hier keine Schablonenarbeit vor, sondern ein Versuch neue Wege zu bahnen.

Rochlitz. Dr. Schilling.

Sammlung geistlicher und weltlicher Gesänge für Männerchor, insbesondere für Seminare und die Oberklassen der Gymnasien und Realschulen

von A. Grässner und R. Kropf. Verlag Hermann Schrödel, Halle S.

Liederbuch für Männerchor von Robert Meister. (Verlag s. o.)

Beide Werke enthalten Sammlungen der besten Männerchöre in fliessender und glatter Stimmführung. Die Vortragsbezeichnung ist im einzelnen zwar nicht immer vollständig und — an den Grundsätzen geprüft, die Riemann-Leipzig in seinem Katechismus der Phrasierung entwickelt — wohl auch nicht immer richtig.

Als Beweis dafür diene Nr. 10 der Grässnerschen Chorsammlung, deren erstes Motiv (Gott sei uns gnädig) der Herausgeber nach der veralteten Accenttheorie (>|>ǁ) schattiert, während der Verlauf der musikalischen Entwickelung aus textlichen und musikalischen Gründen < > sein muss.

Allein diese kleinen Mängel werden durch die oben angegebenen grossen Vorzüge reichlich aufgewogen. Wir wünschen den Werken, denen die auf musikalischem Gebiet rühmlichst bekannten Verfasser eigene, nach Inhalt und Form tadellose Kompositionen beigegeben haben, reichen Eingang an höheren Lehranstalten.

Ein treffliches Liederbuch für Volksschulen, dem man die weiteste Verbreitung wünschen kann, ist

Hentschels Liederhain, neubearbeitet von Model und Möhring. Verlag Karl Merseburger, Leipzig.

Während die kleine Ausgabe in 1 Heft für einfache Schulverhältnisse, insbesondere für Landschulen bearbeitet ist, umfasst die grosse Ausgabe 3 bez. 4 Hefte für Stadtschulen. Die Harmonisierung der herrlichen Kinderlieder ist einfach, schön und klar und nimmt in der Schwierigkeit der Ausführung immer auf die betreffende Altersstufe Rücksicht. Ebenso ist die Abgrenzung der Melodieglieder scharf und bestimmt.

Der Wegweiser für den Gesangunterricht in 2—8klassigen Volksschulen von Kantor Moritz Förster in Olbernhau. Verlag Ernst Wunderlich, Leipzig wendet sich in seinem Vorwort namentlich an die Lehrer, die „entweder dem Notensingen noch gleichgültig oder gar feindlich gegenüberstehen oder aus irgend einem Grunde nicht in der Lage sind, sich selbst einen Lehrplan zur Erteilung eines guten Gesangunterrichtes zu entwerfen." Er will den Beweis erbringen, dass auch in der einfachen Volksschule ein vernünftiger Gesangunterricht ausführbar ist. Zu diesem Zweck hat Förster die Stoffverteilung und Behandlungsweise bis ins einzelne angegeben.

Dem Herausgeber ist der Beweis in seiner sehr fleissigen Schrift, die sicherlich aus jahrelangen Studien und praktischer Lehrtätigkeit herausgeflossen ist, gelungen. Ob man freilich in den Zielen unter normalen Verhältnissen soweit wie Förster kommen kann, muss uns fraglich erscheinen und kann nur durch die Praxis bewiesen werden.

Rochlitz.

Seminaroberl. E. F r i e d r i c h.

Die Simultanschule von **Theobald Ziegler**, Professor der Philosophie und Pädagogik in Strassburg i. E. Berlin, Reuther und Reichard 1905. 66 S. Preis 1 M.

Das Verkehrteste an dem Schriftchen des Verfassers ist entschieden der Titel. Wenn dieser lautete: „Allgemeine Humanitätsschule mit fakultativem Religionsunterricht", so würde er dem Inhalte entsprechen, die Bezeichnung „Simultanschule" dagegen ist direkt irreführend. Auf S. 13 sagt Ziegler: „Bildung ist Einheit, die Einheit einer Persönlichkeit . . . Nun gibt die Schule freilich noch keine Bildung, sondern nur Vorbildung, gibt nur Grundlagen und Fragmente; aber diese Fragmente müssen doch alle so beschaffen sein,

dass sie sich zur Zusammenfassung zu einer Einheit und in einer einheitlichen Persönlichkeit eignen, dass sie ohne Gegensatz und Bruch Teile einer einheitlichen Welt und Lebensanschauung werden können. Dieser Anforderung fügen sich die sämtlichen weltlichen Unterrichtsfächer, nur „die Religion" droht diese Einheit zu zerstören . . . und will sich nicht restlos an die andere anreihen . . . Durch die Religion kommt Zwiespalt und Widerspruch in die Schule hinein." Darum will Z. erziehen zu „simultaner (!) Gesinnung, die sich als Duldsamkeit gegen Andersgläubige betätigt und in ihrer reinen Menschlichkeit doch noch höher steht als aller konfessionelle Partikularismus" (S. 62). Dagegen gilt es „in jedem einzelnen Fall, die engherzigen und törichten Forderungen auf Ausmerzung von Dingen, die den Ultramontanen anstössig und unbequem sind, aus den Lehr- und Lesebüchern der Volksschule vor das Forum der Öffentlichkeit zu ziehen und in ihrer Anmassung und Lächerlichkeit zu brandmarken" (S. 59).[1] Im Gegensatz zu der „konfessionellen Engherzigkeit" (40), die gern verschweigt, was der eignen Konfession zur Unehre, der andern zum Ruhm und zum Stolz gereicht, „muss das für beide Konfessionen gemeinsame Lehrbuch aus dem geschichtlichen Leben und dem Ideenkreis beider Teile Stoffe aufnehmen und bringt so jedem Teil das Gute und Grosse des andern vor Augen." Auch katholische Kinder müssen es erfahren, dass „Luther einer der Klassiker unserer deutschen Literatur und ein Erneuerer unserer deutschen Sprache" ist; denn „Luther gehört zu den grossen Besitztümern unseres Volkes und das zu wissen, „gehört mit zur historischen und nationalen Bildung" (S. 40). Aus dem Angeführten geht

---

[1] Dieses Lächerlichmachen scheint mir ein sonderbarer Ausfluss der vielgerühmten Toleranz zu sein. Friedrich der Grosse schrieb 1766 an Voltaire: „Die Toleranz darf nicht so weit gehen, die Frechheiten und Ausschreitungen junger Brauseköpfe gutzuheissen, die das frech beleidigen, was das Volk verehrt." Bei dieser Gelegenheit sei gleich mit bemerkt, dass Z. das bekannte Wort Friedrichs des Grossen: „Hier muss jeder nach seiner Fasson selig werden" (S. 24), ganz falsch anwendet. Der grosse König hat, wie bei Zeller (Friedrich d. Gr. als Philosoph S. 150) zu lesen ist, mit diesem Worte den Antrag, die katholischen Schulen aufzuheben, abgelehnt. Für das Bestreben, den Katholiken Simultanschulen aufzuzwingen, wäre er also sicher nicht zu haben gewesen.

wohl zur Genüge hervor, dass das, was Z. als Simultanschule beschreibt, alles andere ist, nur keine wirkliche Simultanschule. Eine solche Schule, wie sie Z. sich denkt, kann und wird sich die katholische Kirche nicht als Zwangsschule gefallen lassen, denn wenn man ihre Kinder in eine einheitliche moderne Welt- und Lebensanschauung einführt (S. 14) und ihre Lehrer „frei denken" (S. 51) lehrt, so untergräbt man ihre Fundamente und darf sich daher nicht wundern, wenn sie sich zur Wehr setzt. Sehr richtig sagt Friedrich d. Gr., den man so gern zum Protektor dieser modernen Humanitätsschulen machen möchte: „Es ist eine Vergewaltigung, wenn man die Kinder in die Schule der natürlichen Religion schickt, während die Väter wollen, dass sie Katholiken werden, wie sie selber sind." [1]) Darum muss die wirkliche Simultanschule ein anderes Gesicht zeigen als die Zieglersche Humanitätsschule. Der Lehrer der weltlichen Fächer wird sich nicht unterstehen dürfen, den Kindern Dinge vorzutragen, die nicht zu dem stimmen, was der katholische Religionslehrer ihnen sagt, er wird sich vielmehr darauf beschränken müssen, lauter Stoffe zu behandeln, die für die Entstehung der Gesamtweltanschauung absolut gleichgültig sind. Eine solche Schule ist natürlich auch für Ziegler kein Ideal, aber dafür ist sie auch wirklich Simultanschule, d. h. eine Schule, die sich in besondern Notfällen beide Konfessionen gefallen lassen können und müssen. Von einem Erziehen durch den Unterricht kann also in der Simultanschule kaum die Rede sein; daher muss auch die evangelisch-protestantische Kirche vor allem gegen die Schwärmerei für diese Schulart auftreten, denn sie bedarf, da sie ihrem Wesen nach den Einzelnen mehr auf sich selbst und sein persönliches Fühlen und Urteilen anweist, einer planmässigen Erziehung durch den Unterricht am meisten. Die katholische Kirche, die ihre Glieder zeitlebens unter die Auktorität der Priesterschaft stellt, kann im Notfalle auf gründlicheren Schulunterricht verzichten. Darum wird auch die Simultanschule, besonders wenn sie von einer starken kirchlich-politischen Partei überwacht wird, der katholischen Konfession wenig Abbruch tun.

Auf einen Schaden, der dem protestantischen Religionsunterrichte aus der Simultanisierung der Schule erwachsen würde, möchte ich noch ganz besonders aufmerksam machen. Ziegler behauptet — und man kann ihm darin nur zustimmen —: „der Religionsunterricht ist, wenige Ausnahmen abgerechnet, immer um mindestens eine Stufe schlechter als aller andere Unterricht und er ist im Durchschnitt recht wenig gut" (S. 13). Liefert man nun diesen nach Inhalt und Form so besserungsbedürftigen Religionsunterricht ganz „der Kirche", d. h. vorläufig der Hierarchie und Bureaukratie aus, so ist an Besserung überhaupt nicht mehr zu denken. Alle die Fehler und Mängel, über die jetzt so sehr geklagt werden muss, werden vom „Kirchenregiment" sorgfältig konserviert. Bleibt dagegen der Religionsunterricht, wie es in unseren staatlichen Konfessionsschulen der Fall ist, ein Glied im Gesamtorganismus der Unterrichtsfächer, so muss er, das Kirchenregiment mag wollen oder nicht, zuletzt auch an der Gesamtentwicklung nach Inhalt und Methode Anteil nehmen. Dieser für unser religiöses Gemeindeleben so überaus wichtige Prozess hat bereits begonnen, würde aber ohne weiteres zum Stillstand kommen, wenn man den Religionsunterricht isolierte. Auch aus diesem Grunde bin ich Gegner der Simultanschule.

Wenn Z., um seine Ideen den Lehrern annehmbar zu machen, zuletzt noch behauptet, „sachverständige Aufsicht sei nur an der Simultanschule möglich" (54), so ist das, wie das Beispiel Sachsens lehrt, durchaus unzutreffend. Ebensowenig hängt die „Erhöhung des Lehrers in Stellung und Gehalt" mit der Simultanschule zusammen, wie Z. seinen Lesern (S. 62) vorredet.

Auerbach i. V.   E. Thrändorf.

---

[1]) Thrändorf und Meltzer, Kirchengeschichtliches Lesebuch III, 42.

Eingegangene Bücher.

(Besprechung vorbehalten.)

Pünjer-Kahle, Lehrbuch der französischen Sprache für Lehrerbildungsanstalten. 1. Teil. Hannover 1905, C. Meyer. Pr. 2,80 M.

Pünjer, J., Grammaire française zu Lehr- und Lernbuch der franz. Sprache. 2. Teil. Ebenda 1904. Pr. 30 Pf.

Heine, K., Einführung in die franz. Konversation auf Grund der Anschauung. Ausg. A. Ebenda 1904. Pr. 1,30 M.

Schiewelbein, Karl, Die für die Schule wichtigen franz. Synonyma. 2. Aufl. Bielefeld 1904, Velhagen & Klasing. Pr. 0,60 M.

Lindenstead, Arthur, First Steps in Englisch Conversation. Ebenda. Pr. 1,40 M.

Velhagen und Klasings Sammlung franz. u. engl. Schulausgaben. Bielefeld-Leipzig 1904. Reform-Ausg. Nr. 1: A. Laurie, Mémoires d'un collégien. Her. v. E. Wolter. Pr. 1,40 M. — Fuchs, M., Tableau de l'histoire de la littérature française. Pr. 1,60 M. — Prosateurs français: Stahl, Maroussia. Her. v. Dr. L. Wespy. Pr. 1,10 M. — Reclus, La Belgique. Her. v. Dr. E. Vogel. Pr. 1,40 M. — A travers les journaux français. Her. v. K. François. Pr. 1,40 M. — A. de Vigny, Servitude et grandeur militaires. Her. v. L. Branst. Pr. 80 Pf. — Théâtre français: Pailleron, Le Monde où l'on s'ennuie. Her. v. Dr. R. Werner. Pr. 1,60 M.

Erdmann, Karl, Anfangsgründe der ebenen Geometrie, verbunden mit einer Aufgabensammlung. II. Teil. Dresden 1905, Bleyl & Kaemmerer. Pr. geb. 2,55 M.

Hecht & Kundt, Lehrbuch der elementaren Mathematik. 1. Teil: Planimetrie. Bielefeld & Leipzig 1904, Velhagen und Klasing. Pr. 1,60 M.

Musmacher, C., Lehrbuch der Geometrie für Mittelschulen. Leipzig 1905, Renger.

Schüller, W. J., Rechenbuch für Präparandenanstalten. 1. Teil. Breslau 1905, F. Hirt. Pr. 3 M.

Utescher, Prof. Otto., Rechenaufgaben für höhere Schulen in 3 Heften. 1. und 2. Heft. 3. Aufl. Ebenda. Pr. je 40 Pf.

Wagner, Max, Zifferntafel „Unerschöpflich". Leipzig 1904, Wunderlich. Pr. 60 Pf.

Kind und Kunst. Monatsschrift für die Pflege der Kunst im Leben des Kindes. 1. Jahrg. 6. und 7. Heft, 1905. Alex. Koch, Darmstadt. Pr. 12 Hefte jährlich 12 M.

Hase, Dr. A., Geschichte der Anschauungsmethode. Inauguraldissertation. Würzburg 1904. Becker.

Zeitschrift für Lehrmittelwesen. Her. v. Franz Frisch. 1. Jahrgang 1905, Nr. 1—6. Wien, A. Pichlers Witwe & Sohn. Jährl. 10 Hefte, Pr. 4,20 M.

Zentralorgan für Lehr- und Lernmittel, Her. v. Dr. Scheffer. 3. Jahrgang 1904/5. Monatsschrift. Heft 1—9. Leipzig, K. G. Th. Scheffer. Pr. 4 M.

Roland, Organ für freiheitliche Pädagogik. 1. Jahrg. 1. Heft. Her. v. einer Vereinigung bremischer Lehrer. Bremen 1905, Boesking u. Co. Pr. halbj. 1,50 M.

Reiner, Dr. J., Aus der modernen Weltanschauung. Hannover 1905, Otto Tobies. Pr. geb. 6 M.

Monumenta Germaniae Paedagogica. Band XXXI: Pestalozzi-Bibliographie, 3. Bd. Von A. Israel. Berlin 1905, A. Hoffmann u. Co. Pr. 18 M. — Band XXXII: Die pädag. Reform des Comenius in Deutschland bis zum Ausgange des 17. Jahrh. Von Dr. Joh. Kvacala. Ebenda 1904. Pr. 7,50 M.

Männer der Wissenschaft. Her. v. Dr. Jul. Ziehen. Heft 1. J. F. Herbart, v. O. Flügel. Heft 2. R. W. Bunsen, v. Prof. Dr. Ostwald. Heft 3. F. W. Dörpfeld, v. Edm. Oppermann. Leipzig 1905, W. Weicher. Jedes Heft 1 M.

Romundt, Dr. Heinrich, Kants Kritik der reinen Vernunft, abgekürzt auf Grund ihrer Entstehungsgeschichte. Gotha 1905, E. F. Thienemann. Pr. 2 M.

Baumann, Dr. J., Wille und Charakter. Eine Erziehungslehre auf moderner Grundlage. 2. durchges. u. verm. Aufl. Berlin 1905, Reuther und Reichard. Pr. 1,50 M.

Sperber, E., Pädagogische Lesestücke aus den wichtigsten Schriften der pädagogischen Klassiker. 3. Heft. 2. Aufl. Gütersloh 1904, Bertelsmann.

Willmann, Prof. Dr. Otto, Pädagogische Vorträge über die Hebung der geistigen Tätigkeit durch den Unterricht. 4. verm. u. verb. Aufl. Leipzig 1905, G. Gräbner. Pr. 2 M.

Stern, L. William, Helen Keller, Die Entwicklung und Erziehung eines Taubstummblinden. Berlin 1905, Reuther & Reichard. Pr. 1,80 M.

v. Sallwürk, Dr. E., Logik und Schulwissenschaft. Gotha 1904, Thienemann. Preis 50 Pf.

Brügel, Dr., Moderne Volksbildungsbestrebungen. Ebenda 1905. Pr. 60 Pf.

Hohmann, L, Die Mittelschullehrer- und Rektoratsprüfung. 7. Heft: Mathematik, von B. Wiese. Breslau 1905, F. Hirt. Pr. 60 Pf.

Meltzer, Dr. Hermann, Luther als deutscher Mann. Tübingen 1905, J. C. B. Mohr. Pr. 1,20 M.

Smith, W. Robertson, Das alte Testament, seine Entstehung und Überlieferung. Übersetzt von D. J. W. Rothstein. Billige Ausgabe. Ebenda. Pr. geb. 6 M.

Auffarth, Dr. August, Die religiöse Frage und die Schule. 1. u. 2. Heft. Ebenda. Pr. 1,50 M., 1,25 M.

Staude, Schulrat Dr. Richard, Das alte Testament im Lichte des neuen Testamentes. 2. Ergänzungsheft zu des Verf. Präparationen zu den bibl. Geschichten des alten und neuen Testamentes. Dresden 1905, Bleyl & Kaemmerer. Pr. geb. 2,50 M.

Derselbe, Die biblischen Geschichten des alten und neuen Testamentes. 5. für die Mittelstufe der Volksschule bezw. die Unterstufe höherer Schulen völlig umgearbeitete Auflage. Ebenda. Pr. geb. 0,90 M.

Zeibig u. Hanicke, Präparationen zu Luthers kleinem Katechismus in fortlaufendem Gedankengange. Band 1: Die heiligen 10 Gebote. 2. verb. Aufl. Pr. geb. 2,30 M.

Hahne, G., Präparationen für den Katechismusunterricht auf der Mittelstufe. 1. Teil: Das 1. Hauptstück. Osterwieck 1905, Zickfeldt. Pr. 80 Pf.

Gottschalk, Herm., Dem Bibelleseunterricht freie Bahn! Ein erw. Konferenzvortrag. Hannover 1905, C. Meyer. Pr. 30 Pf.

Sperber, Ed., Die biblische Geschichte mit Erläuterungen, Sprüchen, Liederversen, Bibellesestellen und einem kirchengeschichtlichen Anhange. 1. u. 2. Teil. 6. umgearbeitete Aufl. Gütersloh 1905, C. Bertelsmann. Pr. 6 M.

Warneck, Gustav, Die Mission in der Schule. Ein Handbuch für den Lehrer. 10. verm. und verb. Aufl. Ebenda. Pr. 2 M.

Seeliger, G., Schulrat, Präparationen für den Katechismusunterricht (1. u. 2. Hauptst.). 6. erw. Aufl. Breslau 1905, F. Hirt. Pr. 75 Pf.

Pfeifer, W., Lehrbuch für den Geschichtsunterricht an höheren Lehranstalten. 1. bis 4. Teil. Breslau 1904, Hirt. Pr. 1 M., 1,65 M, 1 M., 2,50 M.

Heinze u. Rosenburg, Quellen-Lesebuch für den Unterricht in der vaterländischen Geschichte. Für Lehrerbildungsanstalten und Lehrer. 1. Teil. 4. Auflage. Hannover 1904, C. Meyer. Pr. 1,60 M.

Schumann u. Heinze, Leitfaden der preussischen Geschichte. 5. Aufl. Herausg. von K. Dageförde. Ebenda. Pr. 1,80 M.

Weigand, H., Der Geschichtsunterricht nach den Forderungen der Gegenwart. 2. Teil. 2. verb. Aufl. Ebenda 1905. Pr. geb. 4,60 M.

Heinze-Rosenburg, Die Geschichte für Lehrerbildungsanstalten. 1. Teil. 3. neubearb. Auflage. Ebenda. Pr. 2,50 M.

Ploetz, Dr. Karl, Auszug aus der alten, mittleren und neueren Geschichte. 14. verb. Aufl. Leipzig 1905, A. G. Ploetz. Pr. geb. 3 M.

Meyers Handatlas. 3. neubearb. u. verm. Aufl. Lief. 1—6. Leipzig 1905, Bibliogr. Institut. Lief. 30 Pf.

Fick, Wilhelm, Erdkunde in anschaulich-ausführlicher Darstellung. Ein Handbuch für Lehrer und Seminaristen. 1. Teil. 2. verb. u. verm. Aufl. Dresden 1905, Bleyl & Kaemmerer. Pr. geb. 3 M.

Fortsetzung folgt.

Druck von A. Rietz & Sohn in Naumburg a. S.

A. Abhandlungen.

I.

Aus den Erinnerungen eines Fünfundachtzigjährigen.

Auf Grund seiner Mitteilungen
bearbeitet von Seminaroberlehrer R. **Herrmann** in Nossen.

Schluss.

Doch um weiter einen Einblick in die ganze Geistesrichtung und Vortragsweise unserer Lese- und Gedichtbücher zu gewähren, muss ich auch einige Proben vollständiger Lesestücke geben. Was Gedichte anlangt, so war, wie schon erwähnt, unsere Hauptquelle „Lehren der Weisheit und Tugend von Dr. Friedr. Ludw. W a g n e r, Grossherzoglich hessischem Kirchenrat, eine Sammlung von anfangs über 200, später über 300 „Fabeln, poetischen Erzählungen und didaktischen Liedern", 1792 bei Ernst Fleischer in Leipzig erschienen und in der Folge in weit über 20 Auflagen verbreitet. Nach moralischen Gesichtspunkten zusammengestellt brachte es in 2 grossen Abteilungen Beispiele für die einzelnen menschlichen Tugenden wie für die entgegenstehenden Fehler und Laster; eine 3. Abteilung war ausschliesslich der Verherrlichung Gottes und seiner Verehrung gewidmet. Eine bessere Auswahl bot die gleichfalls nach den „menschlichen Tugenden und Fehlern" geordnete Gedichtsammlung vom Halberstädter Seminarschullehrer G. W. W o l f f, Quedlinburg, 1826. Von ihren Fabeln Beispiele zu bringen, erscheint mir nicht nötig. Man kennt sie und ihre Dichter, einen Hagedorn, Gleim, Lichtwer, Pfeffel, Gellert, Ramler, Götz, Nicolai, Willamov, Weisse, Rudolphi, Döring, Zachariä und wie sie alle heissen und schätzt und pflegt die besseren unter ihnen auch heute noch. Aber jene Lichtwersche poetische Würdigung der Fabel an sich mag hier schon ein Plätzchen finden, da sie uns das Wesen und die Bedeutung der beliebtesten Dichtungsgattung jener Zeit zur Anschauung zu bringen versucht. Das kleine Gedicht bildet den Eingang zu des Dichters Fabelsammlung (Berlin 1775) und lautet: Die beraubte Fabel. Es zog

die Göttin aller Dichter, — Die Fabel in ein fremdes Land, —
Wo eine Rotte! Bösewichter — Sie einsam auf der Strasse fand. —
Ihr Beutel, den sie liefern müssen — Befand sich leer; sie soll die
Schuld — Mit dem Verlust der Kleider büssen; — Die Göttin
litt es mit Geduld. — Mehr, als man hoffte, ward gefunden; —
Man nahm ihr alles; was geschah? — Die Fabel selber war ver-
schwunden, — Es stand die blosse Wahrheit da. — Beschämt fiel
hier die Rotte nieder: — Vergib uns, Göttin, das Vergehn! —
Hier hast du deine Kleider wieder, — Wer kann die Wahrheit
nackend sehn?

Als Vertreter der Gattung „poetische Erzählung" lasse ich
1 Nummer folgen.

Wie man's treibt, so geht's. Hans war im Kinderrocke schon
Ein ungezogener Knabe; Keck sprach er allen Menschen Hohn;
Das war so seine Gabe. Mit seiner Kraft wuchs auch sein Mut,
Sein Ungestüm, sein Toben. Kein Nachbar war dem Buben gut,
Kein Lehrer konnt ihn loben. Er sprang, er lief und kletterte
hoch über Mau'r und Hecken. Oft schrie die Mutter ach und weh!
Und sah es an mit Schrecken. Kein Graben war für ihn zu breit,
Er musst hinüberspringen; Doch wollte die Verwegenheit Nicht
immer recht gelingen. Sah er des Vaters Ross im Stall, Husch!
war der Junge droben, Und dann ging's über Berg und Tal, dass
Kies und Funken stoben. Das Sitzen war nun gar sein Tod, Das
Lernen seine Plage; Die Lehrer hatten ihre Not, Und führten
bittre Klage. Beim Schreiben hatt er selten Ruh, Ihn schreckten
die Vokabeln; Kaum hört er noch geduldig zu der Amme Wunder-
fabeln. Nun wuchs der Bursche so heran Im zügellosen Wesen;
Der Bart verkündigte den Mann, Doch konnt der Mann kaum lesen.
Leer war der Kopf und roh der Sinn, Wild, ungestüm und flüchtig,
Die edle Jugendzeit dahin, Hans war zu nichts nun tüchtig. Gross
war er wohl, doch ungeschickt Und seiner Eltern Schande; zuletzt
ging er, Vom Schimpf gedrückt, Aus seinem Vaterlande. Was
hilft ihm das? Ihm fehlte stets Geschick und Brot und Ehre;
Denn Kinder, wie man's treibt, so geht's, Merkt euch die weise
Lehre![1]

Im besonderen unangenehm fällt uns das Altkluge und unkindliche Reflektierende auf, das Kindern Urteile in den Mund
legt, die ganz ausserhalb ihrer Denk- und Anschauungssphäre liegen,

---

[1] Dass es immerhin in jener nüchternen Zeit auch eine schwärmerische, schön-
geistige Richtung gab, weist jede Literaturgeschichte nach. Nur vermochte sie höchst selten
in unsere Lesebücher einzudringen. Das folgende einem alten Lesebuche entnommene
Gedichtchen zum Preise der Fantasie scheint jener Richtung auch anzugehören:
„Von der Einbildungskraft. Nichts ist was mehr Freude schafft, Als die innere
Bildnerkraft, Die Entferntes nahe bringt, Der ein jeder Wunsch gelingt, Die durchfliegt
die ganze Welt Und erheitert Wald und Feld, Die in Kerkern Hoffnung strahlt Und
die sc önsten Bilder malt, Die des Lebens Reichtum schafft, Sie ist unsre schönste
Kraft"h

und nicht zum wenigsten auch das innerlich Unwahre ihrer Rede- und Darstellungsweise. Wo in der ganzen Welt singen Kinder recht aus sich heraus das folgende „Kinderliedchen"? „Kinder, gerne wollen wir Nun zur Schule gehen, Sorgt der Lehrer doch dafür, Dass wir es verstehen, Was er lehrt, es ist nicht schwer, Wie man's jetzo treibet; Leichter wird es immer mehr, Wer nur fleissig bleibet." Den Geschichten und Erzählungen können selbst weniger helle Kinder anmerken, dass sie nie und nirgend „passiert" sondern lediglich zu dem Zweck erfunden sind, die oder jene moralische Regel recht grobsinnlich zu illustrieren. Wie plump und aufdringlich stellt sich auch die „Moral" überall ein! Man muss sich nur wundern, dass die Kinder des ewigen Moralisierens nicht einmal überdrüssig geworden sind; wahrscheinlich haben sie es gar nicht mehr beachtet und sind mit jugendlichem Leichtsinn darüber hinweggegangen.

Schliesslich blieben unter den Lesestücken in gebundener Rede noch die „didaktischen" und religiösen Lieder übrig, die Lieder auf Gott, seine Eigenschaften, seine Werke und seine Verehrung, auf Natur- und Menschenleben, Schönheit, Freude, Freundschaft, auf die einzelnen menschlichen Tugenden wie auf die Tugend schlechthin und ähnliche.

Unter den religiösen Liedern atmen besonders die des Rochowschen Kinderfreundes eine einfache, lautere und edle Frömmigkeit. Freilich eigentlichen poetischen Gehalt darf man auch in ihnen nicht erwarten. Als Beispiel gebe ich das „Lied des frommen Tagelöhners": Du aller Menschen Gott und Herr! Entbehren will ich und dich loben, Du bist mein Gott nicht weniger, Als aller, die du hoch erhoben. Nicht alle können Reiche sein, Verschiedenheit erhält das Ganze, Verschieden ist der Sterne Schein, Verschieden Erde, Baum und Pflanze. Mich setztest du in einen Stand, den Müh und Arbeit stets begleiten; Ich habe nichts als diese Hand, Mein täglich Brot mir zu bereiten. Doch ferne sei die Schuld von mir, Gerechter, über dich zu klagen! Auch diesen Mut hab ich von dir, Der stark ist, mein Geschick zu tragen. Du knüpftest Glück an meinen Fleiss, Was konntest du mir bessres geben? Gesundheit ist der Mühe Preis, Geschäftigkeit verlängt das Leben. Der Hunger kennt des Essens Lust, Der sanfte Schlaf ist für den Müden, Dies alles, Trägen unbewusst, Dies alles hast du mir beschieden etc.

Aus den anderen wähle ich ein Lied auf die Menschenwürde und einige auf die Tugend aus. Im Anschluss an die Worte Herders: Freue dich deines Standes, o Mensch! „Wohl, ja wohl will ich mich freuen, Dass ich Mensch bin, um mich her Stehn in Haufen und in Reihen Schaf und Stier und Wolf und Bär. Tiger, Panther, Adler, Katze, Löwe, habt ihr, auch Verstand? Eure Krall und eure Tatze Nehm ich nicht für meine Hand. Meine Hand kann euch bezwingen, Löwe, bist du mir zu stark? Kugelbüchsen, Netze, Schlingen Überwinden Knochenmark. Eifernd stehn auf der Tribune Löwenherz und Menschenwitz, Dringt die Spitze der Harpune Nicht bis auf den Lebenssitz? Stärk und Grösse muss verderben, Behemoth und Krokodil, Löw und Wallfisch müssen sterben, Wenn's der Geist des Menschen will. Wohl, ja wohl will ich mich freuen, Dass ich Mensch bin, seht mich an, Ihr in Haufen und in Reihen, Die dem Menschen untertan. Löwe, kannst du meiner spotten? Ich verachte deinen Spott; Ha, der Mensch vom Hottentotten Bis zum Griechen ist ein Gott!"

Von den zahlreichen Gedichten, die nicht einzelne menschliche Tugenden sondern die Tugend schlechthin d. i. nach unserer Beziehungsweise die wahre christliche Frömmigkeit feiern, folgende Proben: Der gute Vorsatz. „Ich will mein ganzes Leben lang Die schöne Tugend ehren Und niemals auf den Lockgesang des frechen Lasters hören. Es locke hin, es locke her, Ich will den Kampf bestehen, Um leichter und zufriedener den Lebensweg zu gehen. Und weiss das Laster öfters sich In Tugend zu verkleiden, Dann, Weisheit, lehre Wahrheit mich Vom Scheine unterscheiden. Weit schlimmer ist des Lasters Gift Als Gift der falschen Schlange; Wenn's Jüngling oder Mädchen trifft, So welkt die Rosenwange, Und Unschuld stirbt davon so wie Vom wilden Sturm die Rose. Drum will ich wachen, dass ich früh Des Lasters Keim zerstosse, Will jeden fehlgetanen Schritt Auf frischer Tat verbessern. Wie leicht verführt ein kleiner Schritt Uns nicht zu einem grössern! Und ist der grössre erst getan, So lernt man weitergehen, Und so ist's endlich um die Bahn Der Tugend ganz geschehen." etc.

An die Tugend. „Holde Tugend, Leite mich in meiner Jugend, Lasse schön nur ganz allein Schön durch deine Bildung sein. Meinem Leben Kannst du nur die Würde geben; denn ein schönes Angesicht Gibt des Herzens Würde nicht. Ohne Tugend Welk ich schon in meiner Jugend. Tugend, Tugend, leite mich! Jeder Pulsschlag sei für dich!"

Wenn man sich weiter auch nach den Prosastücken unserer Lesebücher umschaut, so treten einem zuerst die belehrenden und ermahnenden Erzählungen zur Illustration der guten und schlechten menschlichen Charaktereigenschaften, der Tugenden und Fehler entgegen. Fast durchgängig nach dem Muster der Rochowschen, aber häufig weniger natürlich, einfach und lebenswahr, schildern sie an einem bestimmten Beispiele, wie „Otto war abergläubisch und furchtsam", Luise naschte gern pp.", „Marie war wohltätig pp.", „Heinrich klatschte alles aus, was er sah und hörte", „Dorothea hielt sich stets reinlich und ordentlich", „Wilhelm war gefällig und höflich gegen jedermann pp.", den Nutzen oder Schaden, das Vorteilhafte oder Nachteilige eines solchen Handelns für den Menschen aus. Wenn ich noch darauf hinweise, dass sie in der Hauptsache

nach Art der oben mitgeteilten „poetischen" Stücke „Luischen"
und „Wie man's treibt, so geht's" gebaut sind, so wird niemand
grosses Verlangen nach weiterer wörtlicher Darbietung solcher
„interessanten" Geschichten tragen.

Auf den Abschnitt der belehrenden und moralischen Erzählungen
folgen dann gewöhnlich in verschiedener Ordnung die Abrisse über
Naturkunde, insbesondere Giftpflanzenkunde, Geschichte und Geographie, über Kalender, Masse und Münzen, Gesetzes- und Verfassungs-
kunde, deutsche Rechtschreibung und Sprachlehre, Anstandslehre,
Feuerhütungslehre und manches andere in dem bekannten kahlen und
langweiligen Leitfadenstil. Hier und da findet man aber auch
Einzelbilder, und von diesen will ich zur Kennzeichnung der damals
beliebten Darstellungsweise ein Beispiel aus Hempels grossem Schulfreunde zum besten geben. Die Bäume. „Die Kinder des Herrn
Schmidt würden es für eine Schande gehalten haben, wenn sie
bloss etwa den Stachelbeerbusch oder einen Kirschbaum, Birnen-
und Äpfelbaum, Pflaumen- oder Zwetschenbaum um ihres Obstes
willen hätten benennen lernen, und wenn sie mit den anderen
Gebüschen und Bäumen ihrer Gegend unbekannt geblieben wären.
Nein, sie kannten nicht allein ihre Namen sondern wussten auch, dass
die Eichen und Buchen, die Birken, der Massholder, der Ahorn und
die meisten Obstbäume härteres Holz hätten als z. B. die Erle,
Kiefer, Fichte, Tanne, Linde, Espe, Weide, Pappel. Sie hatten
sich darüber belehren lassen und nicht darauf geachtet, als manches
andere Kind sagte: „Was hilft es uns, wenn wir auch das wissen?"
„„Es ist uns angenehm,"" sprachen sie, „„wenn wir durch Büsche,
Haine, Wälder gehen und sogleich angeben können, was dies für
ein Busch, oder Baum und wozu er brauchbar sei."" „Aber es
nützt auch," äusserte der Vater, „beim Kauf und Verkauf des
Holzes und beim Gebrauch desselben; denn es kommt viel darauf
an, ob ich das Holz zum Bauen, Verbrennen oder zu Gerätschaften
kenne oder nicht, und was ich für Holz dazu wähle."

Zum Schluss noch aus Schwabes Lese- und Lehrbuch für Volksschulen (Neustadt a. d. Orla 1823) ein paar Beispiele aus dem Recht-
schreibungsabschnitt für ähnlich klingende Wörter: „Beim Läuten
in Leyden fiel leider ein Läuter von der Leiter herab, welches ihm
viel Leiden verursachte, das vielen Leuten naheging; denn er
musste sich nach Hause leiten lassen. Heute sah ich einen ganzen
Wagen Häute, die nach der Lüneburger Heide gingen, von wo sie
in die Lande der Heiden verführt werden sollen. Am Rhein sah
ich einen Rain, der war rein abgegrast; doch durfte mich es nicht
reuen; denn ich sah zugleich in frohen Reihen eine lustige Gesellschaft tanzen. Der Schuhmacher sticht mit seiner Ahle alle Aale
tot, die in der Allee sind. Ahme deiner Amme nicht nach, dazu
sage ich aber nicht Amen, d. h. es soll also geschehen. Wenn
die Ähre auf dem Halme nicht gedeiht, die Ehre bei den Menschen

fehlt, dann ist es leichter durch ein Nadel-Öhr zu kriechen, als ruhig und zufrieden zu sein. Viele Knaben fielen beim Spiele und fühlen die Schmerzen noch jetzt auf dem Pfühle. Auf den Wällen der Seestädte erblickt man die Wellen des Meeres, die sich beständig bewegen wie die Mühlwellen aber nicht stachlich sind wie die Dornwellen. Regengüsse, Liebesküsse, Ruhekissen sind häufig in Giessen."

Wenn nun das fortgeschrittene Geschlecht der Gegenwart bei Betrachtung solcher Beispiele und Proben aus unsern alten Lesebüchern mit seinem vernichtenden Urteil schnell fertig sein wird, so möchte ich doch vor einem zu schnell und unbedacht zufahrenden, ungerechten Wesen warnen und darum noch einmal auf die ganze Zeitlage hinweisen, aus der unsere alten Lesebücher herausgewachsen sind, aus der sie daher auch erklärt sein wollen.

Eine Denk- und Geistesrichtung, die Übersinnliches und Übernatürliches, Wunder und göttliche Offenbarung leugnend, die Vernunft und den platten, nüchternen Verstand zum Massstabe aller Dinge machte und daher in der Entwickelung ihrer Begriffe, — selbst der wenigen sittlich religiösen, die ihr noch geblieben waren, wie Vorsehung, Moral, Tugend, Unsterblichkeit — trocken lehrhaft und flach verstandesgemäss verfuhr, konnte keinen höheren idealen Schwung, keine blühende Phantasie, kein Verständnis für Poesie entwickeln.

Weiter fehlte jener Zeit auch der Sinn und die Begeisterung fürs Deutsche; mit welcher verächtlichen Aschenbrödelstellung musste sich nicht unsere herrliche Sprache und Literatur infolge ihrer Überwucherung durchs Französische bei Hoch und Niedrig begnügen!

Endlich gab es noch keine so reich ausgebildete Jugendliteratur wie jetzt. Die damaligen Lesebuchschreiber konnten nicht so aus dem vollen schöpfen wie die gegenwärtigen, und so schwer es jetzt ist, ein schlechtes Lesebuch herauszugeben, so schwer war es damals, ein gutes zu schaffen. Wieviel Mühe hatten sie nicht, um aus dem wenigen Vorhandenen etwas Brauchbares und für Kinder Geeignetes für ihr Lesebuch zu finden! Und wenn das von andern deutschen Schriftstellern Dargebotene nicht reichte, will man es ihnen dann übel nehmen, wenn sie nach langem vergeblichen Suchen enttäuscht selbst zur Feder griffen und selbst jugendschriftstellerten? In der Tat haben unsere ersten Lesebuchschreiber, obenan ein Rochow, den grössten Teil ihrer Bücher aus Mangel an Besserem selbst „gemacht". Und wenn sich unsere jetzigen Lesebuchverfasser in der Hauptsache nur die „Herausgeber" nennen können, dürfen die alten ohne Überhebung das eigentliche Verfasser- Urheber- (Auktoren-) und Eigentumsrecht für sich in Anspruch nehmen. Dass sie dabei mitunter die Erzeugnisse anderer Schriftsteller oder Dichter verbalhornten, zustutzten, verstümmelten und zerzausten, auch häufig die Namen der Verfasser achtlos wegliessen und dadurch nach unserer Auffassung eigentlich eine Verletzung des Eigentumsrechtes begingen, darf man ihnen nicht hoch anrechnen; denn das entspricht auch dem Geiste ihrer Zeit, die geistiges Eigentum nicht sonderlich hoch achtete und schützte. Wenn ich nun nach diesem längeren ausschliesslich unsern alten Lesebüchern gewidmeten Abschnitt wieder auf meine Schule und ihren neuen Lehrer zurückkomme, so möchte ich noch einiger Veränderungen gedenken, die sich aber mehr aufs Äussere beziehen. In der Schulstube behielt er zwar die drei langen an den Wänden hinlaufenden Tafeln bei, vertauschte aber die für die Kleinen im Innenraum des Zimmers aufgestellten niedrigen und äusserst bescheidenen Bänkchen mit ordentlichen „Subsellien". Das damals in den meisten Orten noch bestehende Gregoriussingen hob er auf.

Das Gregoriusfest, eigentlich ein aus dem Mittelalter stammendes Schulfest zu Ehren des Papstes Gregor des Grossen (590—604), wurde am Todestage des berühmten römischen Bischofs, am 12. März, vormittags mit einem Gottesdienst, in welchem ein als Bischof verkleideter Knabe eine kleine auswendig gelernte Predigt hielt, und mit einem Umzuge von Lehrern und Schülern durch die Gassen der Stadt gefeiert, bei welchem sie von jedem Hause Geld, Eier, Kuchen und andere Gaben erhielten. Der Nachmittag brachte dann noch das eigentliche Schulfest mit abschliessendem gemeinschaftlichem Essen und Tanz. Das zur Reformationszeit seines katholischen Charakters entkleidete beliebte Kinderfest wurde auch in evangelischen Landen beibehalten und bestand bei uns in einem etwa 8 Tage in Anspruch nehmenden Singumgang im ganzen Kirchspiele mit Gabeneinsammlung und einem grossen Schulfeste am letzten Tage. Wir feierten es aber nicht vor Ostern sondern vielleicht im Anklang an ein ehemals in vielen Gegenden unseres Vaterlandes begangenes Maienfest in der schönen Frühlingszeit zwischen Ostern und Pfingsten. Obwohl das Fest für manchen Lehrer eine nicht unbedeutende Einnahme bedeutete, verzichtete unser neuer Lehrer dennoch auf den Umgang, der ihm wie eine unwürdige Bettelei erschien, wenn er auch die vorsprechenden Kollegen der näheren Umgebung, die sich den ansehnlichen Einnahmeposten nicht entgehen lassen wollten, freundlich aufnahm und bewirtete.

Einmal gelüstete es uns grosse Jungen aber doch zur Gregoriuszeit in der Erinnerung an die früheren Jahre mit unsern gut eingeübten zweistimmigen Liedern und Arien Geschäfte zu machen und in eine Reihe von Bauergütern singen und natürlich — Gaben heischen zu gehen. Allein „er" erfuhr es nur allzubald und strich es uns so aus, dass wir es nie wieder versuchten. Überhaupt drang er auf Zucht und Sitte auch ausser der Schule. Eltern durften sich z. B. nicht wagen, ein Kind auf einen öffentlichen Saal zu einer Konzert- oder Theateraufführung oder gar zum Tanze mitzunehmen, weder am Tage noch des Abends. Trotz seiner Strenge erfreute er sich aber grosser Beliebtheit bei Jung und Alt. Kein Kind „riss vor ihm aus", wenn es seiner ansichtig wurde sondern ging ihm freundlich entgegen, um ihn mit einem „Guten Tag" oder „Gott grüsse Sie, Herr M." zu grüssen. (Er liess sich nicht „Herr Schulmeister" nennen sondern wünschte, schlicht mit seinem Namen angeredet zu sein.) Wie ihn die ganze Gemeinde hoch in Ehren hielt, so erhielt er auch vom Herrn Superintendenten Dr. W. in O., der im Laufe eines Jahres jede Schule seiner Ephorie einmal zu revidieren hatte, wegen seiner tüchtigen Leistungen manche Belobigung. Dr. W., ein besonderer Freund und Gönner der Volksschule, brachte gewöhnlich eine Reihe selbst zusammengestellter Aufgaben und Fragen aus dem Rechnen, aus der Geschichte und Geographie, aus Deutsch u. a. mit, die er in jeder seiner Schulen zur Lösung hingab. Einmal kam er mit 38 solcher Doktorfragen an, von denen sieben bisher noch in keiner Schule richtig beantwortet worden waren. Wenn nun auch unser Lehrer sonst mit seinen Rechenleistungen den Forderungen des Herrn Superus nachkam, dass in einer Oberklasse von durchschnittlich 80 Kindern mindestens der vierte Teil die Regeldetri mit Brüchen beherrschen müsse, so bangte ihm doch sichtlich vor dem Ausfall dieser Prüfung. Als wir jedoch ruhig und sicher eine Aufgabe nach der anderen lösten und zuletzt auch die sieben härtesten Nüsse aufknackten, da atmete er erleichtert auf; aber auch auf dem Gesichte des Herrn Ephorus glänzte helle Freude.

Hierbei geschah es denn, dass der Herr Superus auf meine Wenigkeit aufmerksam wurde und — als ob er mir's angesehen hätte — in seiner kurzen, derben Weise mir die Frage zuwarf: „Willst gewiss Schulmeister werden?" Vor Ehrfurcht vor dem hohen Herrn brachte ich kein Wort hervor; aber in meinen freudestrahlenden Augen war gewiss ein deutliches „Ach ja, wenn's sein könnte, von Herzen gern!" zu lesen.

Von diesem Tage an entwickelte sich der bisher nur still gehegte Wunsch zu einem festen Entschluss. War ich die letzte Zeit nur selten und nur notgedrungen einmal von der Schule weggeblieben, so fehlte ich nun keine Stunde mehr, sondern wohnte alltäglich dem ganzen Vor- und Nachmittagsunterrichte von wöchentlich 40 1/2 Stunde bei. So bahnte sich allmählich der Übergang vom Schuljungen zum Schulburschen an, der seine ersten Lehrversuche anstellte und, wo er nur zugelassen wurde, helfend ins Lehrgeschäft eingriff. Leider erfuhr diese neue und interessante Beschäftigung noch einmal eine längere Unterbrechung.

Da ich als kleiner Knabe schon die Wind- oder Spitzpocken durchgemacht hatte, glaubten mich meine Eltern hinlänglich gegen das Blatterngift geschützt und liessen mich daher überhaupt nicht impfen. Wie rächte sich aber diese Vernachlässigung, als mich gerade noch im letzten Schulvierteljahr die bösartige Krankheit befiel und mir so heftig zusetze, dass ich ganze 14 Tage blind gelegen habe! Ja, ich konnte auch nicht einmal an der Palmsonntagkonfirmation teilnehmen und musste mit noch 2 andern Leidensgefährten erst zu Pfingsten nachkonfirmiert werden. Nach glücklicher Überstehung dieser Seuche widmete ich mich aber nun als ein der Kinderschule Entwachsener mit um so grösserer Energie und Hingebung meiner Vorbereitung für den öffentlichen Schuldienst. Die Geschäfte eines Schulburschen waren sehr vielseitig und erstreckten sich auch über die eigentliche Schulzeit und Schularbeit hinaus. In der Schule selbst gab es den Kindern Federn zu schneiden, in ihre Schreibebücher Doppellinien zu ziehen, Buchstaben, Silben, Wörter, ganze Zeilen vorzuschreiben, das Geschriebene wieder durchzusehen, mit den Kleinen zu lautieren und zu sillabieren, im Rechnen die Zählweisen oder Währungszahlen der verschiedenen Sorten einzuüben, bei Lösung von „Exempeln" zu helfen und die fertigen zu korrigieren, Sprüche, Liedstrophen und Katechismusabschnitte memorieren und aufsagen zu lassen und überall · mit auf Ruhe, Ordnung, Anstand und alles, was zu einer guten Schuldisziplin gehört, zu halten. Ausser der Schule aber harrten noch verschiedene Dienstleistungen der Erledigung, wie des Herrn Lehrers Stiefel zu wichsen und Kleider zu reinigen, Gevatter- und andere Briefe sowie die Kirchrechnungen zu schreiben, die Kirchenuhr aufzuziehen, Wege zu besorgen, Sonntags Orgel zu spielen, wenn der Herr Pfarrer im Filial zu predigen hatte und daher in unserer Kirche „Schulmeisterlese" stattfand, und manches andere. Dafür erhielt ich unentgeltlich täglich zwei Privatstunden zur Fortbildung im Rechnen und Aufsatzschreiben und abends eine Klavierstunde. Eigentliche methodische Anleitung und Unterweisung konnte er mir nur sehr wenig erteilen, weil er schon zu viel beschäftigt war; sein Beispiel musste alle weitere Belehrung ersetzen. Also achtete ich im Unterrichte scharf auf alle · seine Massnahmen, sah genau ab, wie er es mustergültig vormachte und versuchte mich dann selbst im möglichst geschickten Nachahmen. Auch von Büchern für den Unterricht, von Unterrichtslehren, Methodiken, Schulmeisterpraktiken und ähnlichen theoretisch-praktischen Hilfsmitteln habe ich wenig gesehen; nur ein Buch übergab er mir mit der bestimmten Weisung, es recht gründlich durchzuarbeiten, es waren Thierbachs Katechesen. Dagegen stellte mir der Pfarrer in freundlicher Weise Bücher aus den verschiedensten Wissenschaften zu meiner allgemeinen Ausbildung zur Verfügung.

Nach längerer Übungszeit wurde mir auch eine Schule zur selbständigen Verwaltung übertragen: ich bekam das Vikariat an der ersten Mädchenklasse der Schule unsers Nachbarstädtchens M., ein erhebendes, die Brust des jungen Mannes schwellendes Gefühl! Entgegen meiner Besorgnis ging nach dem Urteil der beiden Herren

Geistlichen alles gut. Sie übergaben mir sogar noch den Religionsunterricht, den sie offenbar selbst weit besser versorgt hätten. Auch
mit der Disziplin verkam ich gut, obgleich mich eine Anzahl der grossen
Mädchen an Leibeslänge ein gut Stück überragte. Beim Fortgehen
überreichte man mir als Honorar — ganze vier Taler. So sehr
ich mich auch über dieses erste selbstverdiente gute Stück Geld
freute, viel höher stand mir doch der Gewinn für meine berufliche
Ausbildung und die mannigfachen Anregungen, die ich von diesem
meinem ersten selbständigen Lehrversuche mit fortnahm. Um
nur eins zu erwähnen, so sah ich hier das erste Mal Zeichenunterricht. Ich hatte zwar wie die meisten Kinder zu Hause in müssiger
Zeit gern auf die Schiefertafel „gemalt", aber dass das auch in der
Schule gelehrt werden könnte, war mir doch etwas ganz Neues,
und der zweite Mädchenlehrer, ein liebenswürdiger zugänglicher
Herr, war sogar so freundlich, mich in die Anfänge dieser Lehr-
kunst einzuführen.

II. Die Seminarzeit 1836—1839.

Die Aufnahme. Mittlerweile hatte unser Herr Superintendent
Dr. W. die Berufung zum geheimen Kirchen- und Schulrat in
Dresden erhalten (1835), die ihn auch in amtlicher Beziehung zu
dem seit demselben Jahre der Dresdner Kreisdirektion unterstellten
Friedrichstädter Seminar brachte. Das benutzte mein Pfarrer, um an
den neuen Herrn Kirchenrat ein Gesuch um meine Zulassung zu
jenem Seminar zu richten. Die Genehmigung in Form einer Einladung zur Aufnahmeprüfung liess auch nicht lange auf sich warten.
Also machte sich meine Mutter mit mir auf den Weg nach der
grossen Haupt- und Residenzstadt, die wir beide noch nicht gesehen
hatten; allein je näher wir unserm Ziele kamen, desto banger schlug
uns beiden das Herz, und erst als wir vor dem Seminar schon eine
ganze Anzahl Schicksalsgenossen versammelt fanden, tröstete uns
der Gedanke, dass sie doch alle in gleicher Weise durch die
Prüfungshitze hindurchmüssten und richtete unseren gesunkenen Mut
wieder etwas auf. Schliesslich erwies sich aber die Prüfung, die
sich über Katechismus, Deutsch, Rechnen und Orgelspiel verbreitete,
leichter als ich dachte und öffnete mir mit noch 21 anderen die
Pforten des Seminars. Wir wurden dem zweijährigen Unterkursus,
dem „Pro", der die 3. und 4. Klasse umfasste, zugeschlagen. Die
2. und 1. Klasse vereinigte der ebenfalls zweijährige Oberkursus, im
Schülerjargon der „Sub" genannt.

Da der Unterricht schon am folgenden Tage seinen Anfang
nahm, blieb ich gleich an Ort und Stelle und liess mir meine
Sachen nachschicken. Aber der Abschied von der Mutter und von
der Heimat! Wusste ich doch, dass ich vor Pfingsten des nächsten
Jahres die heimatlichen Gefilde nicht wieder sehen würde, und jetzt

schrieben wir Michaelis. Zwar besiegte in den ersten Tagen die Freude über den Erfolg und die Ehre, nun die dunkelgrüne Seminaristenmütze tragen zu dürfen, den Trennungsschmerz; aber dann brach er um so heftiger hervor, und manche heisse Träne floss in stiller Nachtstunde über die Wangen bei der schmerzlichen Erwägung, von nun an eigentlich — die wenigen Ferienzeiten abgerechnet — für immer von der geliebten Heimat getrennt zu sein. Jedoch die alles mildernde Zeit kämpfte im Verein mit der strengen Berufsarbeit und dem Anschauen und Kennenlernen des vielen Neuen, Grossen und Herrlichen in der schönen Residenz allmählich den schlimmsten Schmerz nieder.

Das Seminar. Unser altes Seminar zwischen der Wachsbleich- und der Bader- oder Seminargasse umschloss mit noch drei anderen Gebäuden auf zwei parallelen Seiten einen grossen Hof und bildete eine Vereinigung von mehreren Schulanstalten. Die Bürgerschule und die Armenschule mit ihren insgesamt 600 Kindern dienten den Seminaristen als Übungsfeld bei ihren ersten praktischen Übungen, und es wird nicht leicht wieder ein Seminar mit einer so grossen Übungsschule zu finden sein. Im Erdgeschoss des Seminargebäudes befanden sich die I. Klasse der Knabenbürgerschule, allgemein „Realschule" genannt, eine Art Präparande fürs Seminar, dann der schön ausgemalte Bet- und Orgel-, zugleich Examen- und Festsaal und das gemeinsame Lehrzimmer für den „Pro", die beiden unteren Seminarklassen. Ausserdem diente dieses grosse Lehrzimmer aber auch dem Direktor zu einer Vereinigung aller vier Seminarklassen; hier unterrichtete er den ganzen Cötus auf einmal in Religion, Bibelerklärung, Pädagogik, Psychologie, Geschichte und Geographie, Naturgeschichte und Naturlehre, also Deutsch, Mathematik und die technischen Fertigkeiten abgerechnet, in allen Disziplinen des Seminars. Das erste Obergeschoss enthielt die Wohnungen des Direktors und einiger Seminarlehrer, das zweite aber bot gemeinsam das Lehrzimmer für die beiden Oberklassen oder den „Sub", die 12 Wohn- und Arbeitsstuben der Seminaristen oder „das Tabulat" und das Studierzimmer des Direktors. Jede der 12 Stuben nahm vier oder fünf aus verschiedenen Klassen zusammengewürfelte Schüler auf und war mit einem langen Arbeitstische, 2 Bänken, 2 Stühlen, 5 Schränken und einem Waschtisch ausgestattet. Den Schrank, zur Hälfte für Bücher, zur anderen für Kleider, unten mit einem Schubfach für die Wäsche, musste jeder Neueintretende vom Abgehenden für den stehenden Preis von zwei Talern kaufen. Ein Glasfenster in jeder Tür liess den Inspizierenden schon vom Vorsaal aus beurteilen, ob drin alles in Ordnung sei.

Neben dem Seminargebäude nach der Badergasse hin lag die erste Mädchenschule mit der Wohnung des Mädchenlehrers Berthold. Gegenüber und parallel zum Seminar und der ersten Mädchenschule begrenzte ein drittes und ein viertes Gebäude die andere Flanke des

Hofes. Das dritte barg unten die Küche und den Speisesaal mit einem Positiv zu Orgelübungen und oben die Wohnung des Seminar-hausmanns, und das vierte nahm die Armenschule auf und gewährte sonst noch genügend Raum für ein dreizehntes Wohnzimmer, das wir wegen seiner einsamen, von den übrigen Zimmern getrennten Lage übermütig den „Sonnenstein" nannten, für die beiden Schlaf-säle, die monatlich einmal für uns geöffnete Bücherei und ein Krankenzimmer. Als jedoch Michaelis 1838 der Orgelsaal des Seminargebäudes zu Klassenzimmern für die Bürgerschule eingerichtet werden musste, erbaute man der Armenschule ein besonderes Haus in der Seminargasse und verwandelte die dadurch freigewordenen Parterreräumlichkeiten des „Schlafsaalgebäudes" in einen „Konzert-saal", in welchem man auch die Orgel aufstellte.

Die Schlafsäle, hohe und weite, auf drei Seiten mit Fenstern versehene und daher sehr helle und gut zu lüftende Räume, konnte man sich nach den damaligen Verhältnissen kaum besser denken. Wir schliefen in eisernen Bettstellen mit Matratzen, die wir für den festen Preis von 1 Taler 4 Groschen geliefert bekamen. Manche kamen aber auch mit dem einfachen Strohsack durch. Ein von der Bettstelle senkrecht aufsteigender Stab war zum Aufhängen der Kleider und des Handtuches. Die Schlafsäle dienten auch zugleich als Waschsäle. Da aber nur immer auf je 6 Schüler ein einziger Waschtisch kam, so bedurfte es allerdings einer gewissen Einrichtung, damit ein jeder bis zur Andacht mit Waschen, Kämmen und An-ziehen ordentlich fertig sein konnte. Die Reinigung der Säle be-sorgten Arbeitsfrauen. Sie hatten vorschriftsmässig wöchentlich dreimal zu kehren und jährlich zweimal zu scheuern. Im Sommer trugen sie auch wöchentlich die Matratzen und Bettdecken an die frische Luft, klopften sie aus und säuberten sie von etwa ein-gedrungener Wanzenbrut; denn wenn uns auch die Entziehung der Federbetten vor Verweichlichung schützte, so vermochte sie doch nicht die lästigen Schmarotzer völlig auszurotten. Abends verkehrte man nur mit Laternen auf den Schlafsälen; das Umhergehen mit freiem Licht und auch das Tabakrauchen zog sofortige Exklusion nach sich; das letztere war auch auf dem Schulhofe und den öffent-lichen Strassen verboten. Mit gutem Trink- und Waschwasser in hinreichender Menge versorgte eine einzige Pumpe an der Ostseite des Hofes das ganze Seminar.

Leben und Unterricht im Seminar. So bescheiden nun auch im Vergleich zu den jetzigen Schulverhältnissen die ganze Anlage und Ausstattung unsers alten Seminars genannt werden mag, auf uns Neulinge, die wir meist aus sehr einfachen, teilweise ärmlichen Verhältnissen hier zusammengekommen waren, machte alles einen bedeutenden Eindruck. Dazu war das ganze so viel geschmähte und verurteilte Internatsleben für uns unverständige, unreife und unerfahrene junge Leute, die wir noch recht viel

Aufsicht und Zucht, Anleitung zu verständigem Arbeiten und erfolgreichem Studieren und Gewöhnung an strenge Pünktlichkeit, peinliche Ordnung und unbedingte Unterordnung unter den Willen Höherer brauchten, in Wirklichkeit eine grosse Wohltat. Unsere Eltern aber freuten sich, ihre Söhne so wohl aufgehoben und versorgt zu wissen, und hätten auch mit ihren bescheidenen Einkünften als niedrig besoldete Schullehrer oder kleine Beamte, Handwerker und Bauern die teuern Pensionen in Familien nicht erschwingen können. Übrigens erfuhren wir trotz der straffen Zucht die beste Behandlung. Mit Genugtuung hoben wir auch gern den Fletcheranern gegenüber hervor, die sich mit dem Lehrjungen-Du begnügen mussten, dass wir vom ersten Tage des Eintritts an mit dem Sie der Erwachsenen beehrt wurden. Nur in einer Hinsicht zeigte unser Internat einen grossen Mangel, in Betreff der Versorgung des Leibes mit Speise und Trank kümmerte es sich nämlich um $^3/_4$ aller Schüler nicht, gewährte aber dafür — wie ich weiter ausführen will — dem vierten Viertel, d. i. der ersten Klasse, den zunächst Abgehenden, aus 16—20 Freitischen des Staates und zweien der Meissener Ritterschaft die Wohltat völlig freier Beköstigung. In diesem Sinne hiessen auch die Schüler der drei unteren auf die freie Kost wartenden Jahrgänge Expectanten, die des vierten und letzten aber Alumnen. Bis 1835 bestand auch noch die Einteilung der Schüler in Novizen, vierzehnjährige konfirmierte Knaben, und wirkliche Seminaristen, mindestens 16 Jahre alte Jünglinge.

Das Leben im Internat bewegte sich in einfachen, ruhigen und wohlgeordneten Bahnen; der Tag begann im Sommer um 5, im Winter um 6. Das Wecken lag dem Adjunkt ob. Die Andachten fanden im Orgel- und Examensaale mit Orgelbegleitung statt und wurden früh $^1/_26$ ($^1/_27$) vom Direktor und abends 9 Uhr vom Präfekten gehalten. Jeder Schüler hatte ausser dem Gesangbuch auch das Choralbuch mitzubringen.

In die ganze Unterrichts- und Arbeitszeit von früh 7 bis abends 9 (nur in den längsten Sommertagen bis 10) brachten zweimal zwei Stunden Erholungs- und Freizeit, mittags von 12—2 und abends von 5—7, angenehme Abwechselung. Bei schönem Wetter sahen wir uns in der Stadt um, die mit ihren berühmten Sammlungen und verschiedenartigen wissenschaftlichen und künstlerischen Darbietungen vielseitige Anregung bot und auch sonst als Mittelpunkt der vornehmen Welt und des höfischen Lebens auf die Provinz eine starke Anziehung ausübte. Mit seinen 72000 Einwohnern erhob sie sich weit über alle Städte des Landes, selbst über Leipzig (44800 E.), von Städten wie Chemnitz (20000 E.), Freiberg (11000 E.), Plauen (6000 E.), Zwickau (5300 E.) u. a. ganz zu geschweigen. Sonntags bei längerer Freizeit besuchte man die schöne Umgebung, die damals bei der wesentlich geringeren Ausdehnung der Stadt leichter und schneller zu erreichen war als jetzt. Garstiges Wetter hielt uns im

Seminar zurück und veranlasste uns zum Spielen. Besonders beliebt war das Schachbrett, und wenn zwei Ebenbürtige mit Aufwendung all ihres Witzes einander bekämpften, ging häufig die Freizeit zu Ende, ohne dass das Turnier zu einer Entscheidung geführt hätte. Die Lehrstunden umspannten die Zeit von 7—12 und von 2—4. Die übrige Zeit diente der Arbeit. Von diesen Stunden gab es keinen Dispens, auch nicht durch Privatstunden, die in die Freizeit gelegt werden mussten. Als Aufsichtsbeamte walteten im Hause ausser dem inspizierenden Lehrer der Präfekt und der Adjunkt und sahen auf fleissige Benutzung der Arbeitszeit und gute sittliche Führung.

So sassen wir droben in unsern stillen Wohn- und Arbeitsstuben, in denen es auch deshalb weniger Störung gab, weil eben nicht mehr als 5 in einem beisammen arbeiteten und schrieben. Ja, was gab es da alles zu schreiben! Da gedruckte Lehrbücher nicht eingeführt waren, so mussten für die einzelnen Wissenschaften Hefte geführt werden, die im Laufe der Zeit zu mächtigem Volumen anschwollen. Von den regelmässig an den Lehrer abzuliefernden Arbeiten will ich nur zwei deutsche und zwei musikalische anführen. Zu den endlosen Schreibereien, die dem Unterrichte dienten, kamen aber auch noch ausserhalb desselben liegende Verpflichtungen, deren Erfüllung sich niemand entziehen durfte. Bald nachdem einer als Seminarist Aufnahme gefunden und seinen Taler und 8 Groschen Aufnahmegebühr erlegt hatte, musste er mit der Anfertigung eines vollständigen vierstimmigen Choralbuches für seinen eigenen Gebrauch beginnen. War die letzte Note geschrieben, so verlangte es der Direktor zur Durchsicht, um es dann durch Einzeichnung seines Namens zu beglaubigen. Ehe man als Wartender (Exspektant) das langersehnte Alumnat des letzten Jahres mit seiner freien Station antrat, gab es als eine Art geringer Gegenleistung 10—12 Bogen Noten für die Musikaliensammlung des Seminars zu schreiben, zu welchen der Kantor das Papier lieferte und als Verwalter der Sammlung die abzuschreibenden Musikalien bestimmte. Zur Winterarbeit bekamen wir auch die Beleuchtung. Früh morgens hatten die Jüngsten die Rüböllampen aus der Küche zu besorgen und anzuzünden und abends nach Schluss der Arbeitszeit wieder hinüberzuschaffen. Wer diese Dienstleistung nicht selbst besorgen wollte, konnte sich mit 8 guten Groschen für den ganzen Winter davon loskaufen. Von Ostern bis Michaelis mussten wir die Beleuchtung selbst bestreiten, und da wir Stehlampen gar nicht besassen, so brannten wir Talglichte, sogenannte „Dreier- oder Sechserlichter"; indessen wird manchem diese Beleuchtung nicht allzuhoch zu stehen gekommen sein; denn für das Sommerhalbjahr schrieb das Seminar auffälligerweise keine Arbeitsstunden vor, sondern überliess alles dem Privatfleiss und der freien Selbsttätigkeit der Einzelnen. Im Winter brannten sogar die Lampen noch nach der Abendandacht eine ganze Stunde für alle die, denen es nicht möglich gewesen war, ihre Tagesarbeit bis zur Andacht zu vollenden. Dann aber musste jeder unverzüglich ins Bett. Bei Strafe der Exklusion durfte nach dem Abendgebet kein Seminarist das Haus verlassen. Der Präfekt und der Adjunkt, die schon nach dem Gebete zur Kontrolle jeden mit Namen aufriefen, wachten über die Ordnung auf dem durch eine Lampe erhellten Schlafsaal, und einzelne Seminarlehrer gingen öfters visitieren, um das nächtliche Aussteigen zu verhüten. Das war in der Hauptsache unsere Internatsordnung, und ich denke noch heute nach fast 70 Jahren gern an diese Zeit als an eine der schönsten meines Lebens zurück.

Auch für den genossenen Unterricht bin ich jederzeit dankbar gewesen. Mit seiner steten Beziehung auf das Volkstümliche und praktisch Brauchbare mied er durchaus den Schein der Gelehrsamkeit, bot wenig rein Theoretisches und Abstraktes, brachte aber reichlich Beispiele zur Veranschaulichung und Anwendung des Stoffes. In den Realien und in der Naturkunde berücksichtigte man überall das Naheliegende und das Vaterländische. In Geschichte und Geographie überwog das Sächsische und Deutsche alles Fremdländische. In Naturgeschichte und Naturlehre traten vaterländische Produkte, Naturkörper und Naturerscheinungen in den Vordergrund, und technologische Belehrungen über die Bearbeitung und Verwendung der Rohprodukte schlossen sich gern den einzelnen Kapiteln an. In der Naturlehre suchte man besonders dem damals noch viel verbreiteten Aberglauben durch Aufklärung über Entstehung und Wesen der Naturerscheinungen entgegenzuarbeiten. Auffällig genau und gründlich für die damalige Zeit trieb man die mathematische Geographie. Vielleicht geschah dies auf besonderen Wink des Geh. Kirchenrats Schulze, eines in dieser Wissenschaft besonders bewanderten Herrn und Herausgebers von Lehrbüchern der astronomischen Geographie. Im Jahre 1838 stellte das Ministerium einen besonderen Lehrer (Oberlehrer Reinicke) für Mathematik, Physik und Naturgeschichte an. Von da ab erschien nun auf dem Seminarlehrplan als besonderer Unterrichtsgegenstand auch die Botanik.

Logik und Psychologie vereinigte man in eine Stunde unter dem Doppelnamen Denk- und Seelenlehre. Latein, zu meiner Zeit durch alle vier Klassen nur noch in einer einzigen Stunde getrieben, sollte die Lehren der deutschen Grammatik zum besseren Verständnis bringen helfen. Viel kann es aber nicht gewesen sein, ich besinne mich nur noch schwach auf die Grammatik von Broeder, die Übersetzungen aus dem Deutschen von dem Kreuzschulrektor Gröbel und auf den Cornel. Es mag wohl später ganz eingeschlafen sein. Dagegen trieben viele mit Eifer Französisch und nahmen zur Freizeit in der Stadt Privatunterricht.

Was die technischen Fertigkeiten anlangt, so gab es zwar schon Zeichnen und Schreiben und seit 1839 auch Turnen; aber für das letztere fehlte es im Seminare doch an allen Geräten. Also mussten wir wöchentlich zweimal, Mittwochs und Sonnabends, nach dem Gewandhause wandern, um Vorträge eines Leutnants Werner aus Dessau über Gymnastik zu hören und als Anwendungen der Theorie die vom Fechtmeister der Kadettenschule, Gubner, vorgeführten Frei- und Geräteübungen nachzuturnen.

Die Musik erstreckte sich auf Generalbass, Singen, Violin- und Orgelunterricht. Um das Klavierspiel der Seminaristen kümmerte sich das Seminar in keiner Weise; es liess weder Klavierstunden erteilen, noch Instrumente zu Übungen aufstellen und überliess es dem Einzelnen, wie weit er es privatim in der Kunst und Fertigkeit des Klavierspiels zu bringen gedachte. In der Tat musste man sich mit Selbstunterricht weiterhelfen und ein Instrument zu Übungen in der Stadt mieten. Den Wert dieses Teiles der musikalischen Bildung schätzte also die Regierung nicht hoch ein, es kam ihr offenbar nur darauf an, für den Kirchendienst wohlvorbereitete Lehrer zu bekommen.

Zu unsern schulpraktischen Übungen boten uns die mit dem Seminar verbundenen Schulanstalten, die 5-klassige Real- und Bürgerschule und die 3-klassige Armenschule reiche Gelegenheit dar. Als Normalschule und Vorbild für unsere eigene zukünftige Schule und ihre Leistungen galt die 2. und 3. Klasse der Armenschule. Sie sah darum auch uns lehrbeflissene Schulburschen und angehende Schulamtskandidaten am häufigsten bei sich und stellte das eigentliche Hauptübungsfeld für unsere Einführung ins Schulehalten dar. Unsere Tätigkeit in der Übungsschule begann übrigens nicht erst in den beiden Oberklassen, dem Sub. Denn da die meisten der ins Seminar eintretenden jungen Leute bereits draussen als Schulburschen ihren ersten Vorkursus im Schulehalten durchgemacht hatten, so konnten sie auch schon als Schüler der beiden Unterklassen, des Pro, zum Schuldienst herangezogen und wenigstens zur Erteilung des elementaren Schreib-, Lese- und Rechenunterrichts angeleitet werden. Der Unterricht in Religion, das Katechisieren, war mehr den Oberklassen vorbehalten. Die Katechesen fanden aber nicht in den Schulzimmern statt, sondern wurden im unteren Lehrsaal des Seminargebäudes abgehalten. In unsern Schulen lernte ich auch die erste Lesemaschine kennen und handhaben und — nebenbei bemerkt — Strohflechten, wozu ein altes Mütterchen die Anleitung erteilte. Arbeiten wie das Liniieren der Schreibebücher und das Schneiden der Federn für die Kinder waren mir schon von meiner Schulburschenzeit her geläufig und fielen mir daher nicht schwer. Im allgemeinen zeigten die meisten von uns Lust und Eifer für die Schulpraxis, so dass die für das Versäumen jeder Schulstunde festgesetzte Strafe von 2 guten Groschen nur selten zur Anwendung kam.

Wir hatten ja auch an unseren Lehrern mit ihrer ungeheuern

Last von Unterrichtsstunden eine gute Aufmunterung, wenn es uns ja einmal zu viel werden wollte. Nach dem heutigen Verteilungsmassstab der Schularbeit lässt es sich kaum begreifen, wie ein so kleines Kollegium ein ganzes Seminar und auch noch die mehrerwähnten Schulanstalten hat versorgen können.

Der Leiter der Anstalt, Seminar- und Schuldirektor Christian Traugott Otto, vorher Pastor und Schlossprediger in Zehista bei Pirna, der bekannte Verfasser des sächs. Kinderfreundes, ging seinen Lehrern mit gutem Beispiele voran, indem er in seiner Hand einen guten Teil des ganzen Lektionsplans vereinigte. Im grossen Lehrzimmer des Erdgeschosses, im „Sub", kombinierte er für seine Stunden stets alle 4 Klassen und unterrichtete so zu gleicher Zeit den ganzen Cötus in Religion, Bibelerklärung, Katechetik, Pädagogik, Geschichte und Geographie, ja — bis Michaelis 1838 d. h. bis zur Anstellung Reinickes — auch noch in Naturgeschichte und Naturlehre. Welcher Direktor könnte sich heutzutage noch eines so gewaltigen Einflusses auf die ganze geistige Bildung und Lebensauffassung seiner Schüler rühmen? Ich sehe ihn noch heute vor mir stehen, den grossen, ehrwürdigen Herrn, wie er einen mit seinem durchdringenden Auge fixierte, als ob er einem bis auf den Grund der Seele schauen wollte. Im langen graumelierten Rock, das schwarze Sammetkäppchen auf dem Haupt, die Hände auf dem Rücken, ging er, alles frei vortragend, langsam und würdig im Lehrsaale auf und ab. Die Rechte hielt dabei beständig zwischen Daumen und Zeigefinger ein Prischen, das unvermerkt seiner Bestimmung zugeführt und dann sofort aus der Dose wieder erneuert wurde. Sahen wir ihn aber einmal Daumen und Zeigefinger aneinanderreiben, ohne etwas von Schnupftabak zwischen den Fingern zu bemerken, so wussten wir, dass er entweder die Dose ausgeschnupft oder vergessen hatte. Dann sprang schnell einer von uns auf, stellte sich ehrfürchtig vor ihn hin und präsentierte ihm die eigene Dose, aus welcher jener eine mächtige Prise nahm, um darauf seine Lehrentwicklung, ohne sich weiter stören zu lassen, fortzusetzen, bis die charakteristische Fingerbewegung das Verlangen nach einer neuen Nasenstärkung andeutete. Etwas Lächerliches, die Spottsucht Herausforderndes darin zu finden, fiel niemand von uns ein; dazu war die Hochachtung und Ehrfurcht vor dem verdienten Manne eine zu tief begründete.

Aufzeichnen liess er uns während seiner Stunden nur wenig, höchstens Stichwörter und kurze Bemerkungen, verlangte aber trotzdem in der nächsten Stunde alles im freien Vortrage. Hatte er dann noch seine Richtigstellungen und Ergänzungen angefügt, so fuhr er in der Behandlung seines Lehrgegenstandes fort. Für die Bibelerklärung ordnete er wöchentlich ein Exzerpt von 6 Kapiteln der heiligen Schrift an, dessen Vortrag er durch kurze Erklärungen und praktische Hinweise auf geschickte Anwendung häufig unterbrach. Die andere Bibelstunde war ausschliesslich der Exegese gewidmet. In geist- und lichtvoller Weise verstand er es, seine Schüler in das praktische Verständnis des Gotteswortes einzuführen und die Ergebnisse in kurze, bestimmte Leitsätze zu verdichten. Durch alles aber suchte er in uns einen festen, evangelischen Glauben zu begründen und eine christliche Lebensführung anzubahnen. Unvergesslich ist mir heute noch seine Auslegung der Gleichnisse des Herrn. Dinters flachem, rationalistischem Standpunkte huldigte er in keiner Weise, obwohl dessen Schriften, besonders auch seine Schulmeisterbibel, noch vielfach unter uns verbreitet waren.

Für den Religionsunterricht, den er ausschliesslich auf der Grundlage der heiligen Schrift und des Katechismus aufbaute, forderte er mit grosser Strenge die genaue uud sichere Einprägung der vorgeschriebenen Sprüche und Lieder.

Hatten uns schon die ersten beiden Jahre in die Schulpraxis eingeführt, so brachten uns die beiden letzten noch ungleich mehr Beschäftigung in der Schule, hauptsächlich im Religionsunterricht und der darin zu lernenden Kunst des Katechisierens mit grossen Kindern. Für jede Woche waren zwei Stunden katechetische Übungen in den Oberklassen vorgesehen, so dass man durchschnittlich von 6 zu 6 Wochen mit dem Halten einer Katechese darankam.

Von Zeit zu Zeit hielt der Direktor selbst — ein Meister der Unterrichtskunst — Musterkatechesen ab und erteilte dadurch eigentlich die beste Anleitung zur Behandlung von Katechismusabschnitten oder biblischen Geschichten. In der Durchnahme einer biblischen Geschichte verzichtete er bei uns Anfängern im Unterrichten zunächst auf Zugrundelegung und Durchführung einer ausgeführten Disposition; es genügte ihm, wenn wir den Kindern die Geschichte zum Verständnis brachten und Anwendungen aufs Leben daraus zogen. Jede Katechese musste vollständig in Frage und Antwort ausgeführt sein und unterlag zunächst seiner prüfenden Durchsicht. Dann rückte die gefürchtete Stunde des Haltens heran, der nach Entlassung der Kinder die strenge Kritik folgte. Im Eingang pflegte er die Hospitanten alle ihre Ausstellungen machen zu lassen, und erst, wenn diese nichts mehr vorzubringen wussten, setzte er selbst mit seiner Beurteilung ein, liess noch einmal alles Für und Wider am prüfenden Auge vorüberziehen und schloss mit einem alles zusammenfassenden Endurteile ab.

Zu diesen katechetischen Übungen kamen noch die Vorbereitungen des Sonntagspredigttextes hinzu. Es lag uns nämlich die besondere Aufgabe ob, jeden Sonnabend in den Oberklassen unserer Schulen den Text des kommenden Sonntages zum Verständnis zu bringen. Dem betreffenden Klassenlehrer fiel darauf die Beurteilung der Lektion zu. Nur unser Kantor Mende verzichtete gewöhnlich lächelnd auf die ihm zustehende Kritik. So war uns gewiss viel, sehr viel Gelegenheit geboten, uns für den praktischen Schuldienst vorzubilden. Aber auch im freien Vortragen sollten wir nicht so ganz unbeholfen bleiben, darum trieb Otto mit uns Übungen im freien Reden, zu welchen wir uns die Gegenstände selbst wählen durften; dem schönen Sprechen sollten Deklamationen auswendig gelernter Gedichte dienen und endlich dem deutlichen ausdrucksvollen Lesen eine Stunde Predigtlesen für den späteren Kirchendienst, die „Schulmeisterlese" oder das Vorlesen einer Predigt vom Taufsteine aus zur Erbauung der Gemeinde bei Abwesenheit des Pfarrers. Je weniger wir hierbei mit unsern eigenen oratorischen und deklamatorischen Leistungen zufrieden sein konnten, in desto glänzenderem Lichte erschien uns die Beredsamkeit Ottos und sein fabelhaftes, ihn fast nie verlassendes Gedächtnis.

Wie war er uns aber auch sonst in vielem vorbildlich, vor allem in seiner unverwüstlichen Arbeitskraft und -lust, in seiner peinlichen Sorgfalt und Ordnungsliebe, in seiner strengen Pünktlichkeit! am meisten jedoch schätzten wir ihn wegen seiner Liebe zu seinen Schülern und seiner Teilnahme an ihrem Wohl und Wehe. Wenn wir schon längst seiner väterlichen Aufsicht und Pflege entwachsen waren, besuchte er uns noch draussen auf unsern Stellen.

So erschien er eines Tages — wahrscheinlich auf einer Landpartie begriffen — mit dem Kantor Schurig und dessen Söhnchen, dem nachmaligen Staatsminister, in meiner Schule in der Freiberger Gegend, erkundigte sich teilnehmend nach meinen Verhältnissen und meinen ferneren Lebensaussichten und erteilte mir freundlich über alles Auskunft, worüber ich sein Urteil zu hören wünschte. Von mir aus wanderte er am selbigen Tage noch hinüber auf den Brand, um einen andern alten Schüler, den dortigen Kantor Kind, aufzusuchen, und ich freute mich, ihm das Geleit dahin wenigstens bis Freiberg geben zu können.

Obgleich etwas derb und barsch in seinem Wesen, war er doch nie verächtlich oder geringschätzig gegen uns. Mitunter verschmähte es auch der sonst so ernste Mann nicht, eine scherzhafte Bemerkung zu machen und wehrte uns dann nicht, herzhaft darüber zu lachen. Eines Tages überraschte er mich kurz mit den Worten: „Kunigunde, liebst du mir? Ja, mein Prinz, ich liebe dir! Ist denn Ihr Cousinchen wieder fort?" Ich wusste in der Tat nicht, was ich mir daraus zusammenreimen sollte und schwieg etwas betroffen. Erst in den nächsten Ferien erfuhr ich, dass eine Mitschülerin und Dorfnachbarin von mir, die mit ihren Eltern nach der Residenz gereist war, die Neugierde, mich zu sehen, direkt ins Seminar getrieben hatte. Hier war sie dem Direktor in die Hände gelaufen, und dieser hatte — wie das gewöhnlich der nächste Gedanke ist — eine Liebschaft dahinter gewittert. Ein andermal begegnete er mir

26*

mit der Meldung: „Gestern war Ihr Vetter da!" Auf die Ver-
sicherung, dass ich von keinem Vetter wüsste, erwiderte er nur:
„Kennen Sie denn Ihren alten Schönfeld nicht mehr? Nicht wahr,
Sie befriedigen ihn, sobald Sie können?" Wir pflegten nämlich bei
einem alten Büdcheninhaber Schönfeld hin und wieder abends einen
„Schieböcker" d. h. ein Butterbrot mit Käse und einem Glase Bier
zu geniessen, liessen aber in der Regel aufschreiben, um die kleine
Ess- und Zechschuld bei der nächsten Stundengeldauszahlung zu be-
gleichen. In der Sorge um nur 16 angekreidete Groschen hatte er
sich an den Direktor gewendet und Erkundigung über mich ein
gezogen, so dass mich dieser vornehmen und an meine Verpflichtung
erinnern musste, die ich auch erfüllte, als ich bald darauf mein Chor-
geld ausgezahlt bekam. Aber dass er das nicht in polternder und
schimpfender, sondern in milder Weise ausrichtete, das ist es gerade,
was einem Schülerherzen wohltat.[1]

Indessen, wir hatten auch keine Ursache, uns über unsere
anderen Lehrer zu beklagen. Ausser dem Direktor wirkten eigentlich nur noch vier Lehrer ausschliesslich am Seminar und den damit
verbundenen Volksschulen: der Vizedirektor Beyer[2] (Deutsch und
Latein in allen 4 Seminarklassen, Logik und Psychologie, keine
Übungsschule), der Musikdirektor und Kantor an der Friedrich-
städter Kirche Peter Ferdinand Mende (Gesang, Generalbass, Orgel,
Violine), zugleich erster Lehrer der Knabenbürgerschule (Realklasse),
Zehrfeld (Rechnen, daher von uns kurzweg der „Rechengott" ge-
nannt), zugleich erster Lehrer an der Armenschule und Berthold
(Geometrie und Schreiben), zugleich erster Lehrer der Mädchen-
bürgerschule. Die drei letztgenannten wohnten auch im Seminar.
Die Lehrer für Zeichnen (Gress) und Violine (Lind), ein paar ältere
Herren, kamen nur zu ihren Fachstunden ins Seminar und waren
jedenfalls noch an verschiedenen anderen Schulanstalten tätig.
Welche grosse Arbeitslast auf den Schultern dieser wenigen verdienten Männer lag, vermögen wir erst in vollem Masse zu würdigen,
wenn wir bedenken, dass sie ausser dem Seminar ja auch die
mit demselben verbundenen Volksschulen zu versorgen hatten; sie
wären wahrscheinlich auch nicht durchgekommen, wenn ihnen nicht
in den Schulen ausser uns Seminaristen noch einige Hilfslehrer (zu
meiner Zeit Besser, Rabe, Schulze und der spätere Schulrat Berthelt)
zur Seite gestanden hätten.

---

[1] Ich hatte übrigens insofern noch eine nähere Stellung zu ihm, als ich ihm
seine Manuskripte abschrieb und freundschaftlichen Umgang mit seinem Sohne Max,
einem Kreuzschüler, pflegte.

[2] An Beyers Stelle, der 1838 als Rektor hinüber nach der Neustadt ging, kam
ein Herr Calinich aus Chemnitz, der, wie ich hörte, auf einmal spurlos verschwunden
ist. Man brachte seinen rätselhaften plötzlichen Fortgang mit einer unerwiderten Liebe
zur einzigen Tochter Ottos in Verbindung. Ostern dieses Jahres hatten wir nicht
weniger als drei Fackelzüge auszurichten, einen für den abgehenden Beyer und zwei
für die antretenden Calinich und Reinicke.

Unsere musikalische Ausbildung lag also in der Hauptsache in den Händen unsers Kantors Mende, eines tüchtigen Theoretikers und gewandten Orgelspielers. Nur einige der besten und befähigtsten Spieler — zu meiner Zeit acht, unter ihnen Berthold, der spätere Hoforganist, ein Sohn unsers gleichnamigen Lehrers — immer je zwei in einer Stunde erhielten zu ihrer höheren musikalischen Ausbildung noch Unterricht in Harmonielehre und Orgelspiel von dem damals im ganzen Lande bekannten und berühmten Hoforganisten Johann Schneider, der auch in seiner Sophienkirche den Gesang leiten und alle kantoralen Funktionen miterfüllen musste, da der betagte Kantor meistens schlief. An unserm Mende beobachteten wir noch die Eigentümlichkeit der Organisten der älteren Schule, die Zwischenspiele mit Gängen, Läufern und Trillern zu verzieren (dem vielbespöttelten „Schulmeisterzwirn"). Uns Schülern liess er jedoch die Nachahmung seiner Ausschmückungsmittelchen nicht zu.

Dass uns das Seminar nur regelmässige Lehr- und Übungsstunden in Orgel und Violine gewährte, für Erlernung und Übung des Klavierspiels aber nicht sorgte, erwähnte ich schon oben. Am meisten auf dem musikalischen Gebiete beanspruchte uns der Gesang.

Wie wir abwechselnd sonntäglich den Gottesdienst in der Hofkirche und in der Friedrichstädter besuchten, so widmeten wir uns auch in beiden Kirchen dem Chordienst, und zwar stellte das Seminar für die Sophienkirche 12 Tenoristen und Bassisten, zu welchen der Leiter, der Hoforganist Schneider, die ergänzenden Kinderstimmen, die Soprane und Alte, aus den städtischen Schulen bezog, und für die Kirche zu Friedrichstadt einige 20 Männerstimmen mit Sopranen und Alten aus unserer Präparande oder Realschule. Ausserdem halfen auch noch 4 Tenoristen und 4 Bassisten im Vereine mit Kinderstimmen aus der Annenschule (dem jetzigen Realgymnasium) unter Kantor Schramm den Chorgesang in der Annenkirche versorgen. Die grösseren Musikaufführungen zu den kirchlichen Festtagen wollten aber auch gut vorbereitet sein, und das Friedrichstädter Chor war im besonderen noch mit dem Neujahrsingen, dem Leichensingen, den besonders bestellten Ständchen bei festlichen Familiengelegenheiten wie Trauungen, Kindtaufen, Jubiläen u. a. und in der Zwischenzeit zwischen Ostern und Pfingsten mit dem Gregoriusumgang auf den eingefarrten Ortschaften betraut und — belastet. Diese letzteren Veranstaltungen dirigierte aber nicht der Kantor, sondern der Singpräfekt oder sein Stellvertreter, der Adjunkt, Seminaristen von besonderer musikalischer Tüchtigkeit.

Diese gesanglichen Verpflichtungen kürzten uns auch die Ferien und liessen uns zu Weihnachten und Ostern überhaupt nicht nach Hause.

Von sonstigen Betätigungen des musikalischen Lebens im Seminar erwähne ich die allmonatliche Konzertstunde, die das

Zusammenspiel von Orgel, Klavier (das Seminar besass einen Flügel), zwei Violinen, Bratsche, Cello und Gesang pflegte, und die Aufführungen unserer „Singakademie", die dem im Konzertsaal des Schlafsaalgebäudes versammelten Publikum, unsern Lehrern mit. Familien und auswärtigen Gästen, grössere Werke wie den Anackerschen Bergmannsgruss, die Rombergsche Glocke, auch einmal eine Jubelouverture von einem Semnaristen mit vollständigem Orchester u. a. darbot.

Gern besuchten wir Sonntags nach Schluss unseres Vormittagschordienstes die katholische Hofkirche, um herrliche Gesangs- und Instrumentalmusik zu hören und auch die Königlichen Herrschaften zu sehen, obenan unsern neuen König Friedrich August II., der hochaufgerichtet kerzengerade in der Hofloge stand, und neben ihm den Prinzen Johann. Ins Theater, in welchem Morlacchi die Oper und Reissiger die Symphonien dirigierte, sollten wir im allgemeinen nicht gehen; nur jedes Jahr zu Palmarum standen uns seine Pforten offen; dann brauchte man uns nämlich zu den grossen Gesangaufführungen des Hofchors, der damals unter seinen Sängern auch noch zwei Eunuchen aufwies.

Überblickt man nun noch einmal die gesamte Tätigkeit eines Seminaristen der damaligen Zeit, so wird man zugestehen, dass sie nicht geringe Anforderungen an die Kräfte des jungen Mannes stellte. Dem gegenüber muss der Mangel einer allgemeinen Internatsbeköstigung als ein grosser Übelstand bezeichnet werden. Drei Jahre hindurch gab das Seminar seinen Bewohnern nichts zu essen; dagegen gewährte es im vierten und letzten in etwa 20 staatlichen und 2 von der Meissener Ritterschaft unterhaltenen Freitischen die ganze Kost umsonst. Drei lange Jahre schaute man von seiner Selbstbeköstsgungwüste aus sehnsüchtig hinüber ins gelobte Land des Alumnates. Man konnte zwar als Nichtalumne auch alles aus der Seminarküche bekommen, sich morgens und abends etwas Warmes holen und mittags in der Wohnung der Köchin speisen oder eine billige Speisewirtschaft der Stadt aufsuchen; allein man musste eben alles bezahlen, und wenn es auch nicht teuer zu nennen war (die Tasse Kaffee aus der Seminarküche z. B. 2 Pf.), so summierte es sich doch im Laufe des Monats zu einer beträchtlichen Ausgabe. Um billiger auszukommen, habe ich mich eine lange Zeit nur mit Butter und Brot hingefristet. So drückte man sich herum und ass notdürftig auf dem Winkel, bis endlich die Zeit der Erlösung kam und das langersehnte Freijahr anbrach. Die Kost war einfach; aber wie glücklich pries man sich, nun täglich seine drei geordneten und regelmässigen, reichlichen und schmackhaften Mahlzeiten zu haben! Morgens gab's einen Teller Wasser-, abends kräftige Fleischbrühsuppe und je für 3 Pf. Brot und 3 Pf. oder ein Achtelstückchen Butter (das „Stückchen" Butter zu 125 g Gewicht stellte sich damals auf 24 Pf.). Mittags wurde an 3 Wochentagen

Fleisch und Gemüse, an den andern dreien nur Gemüse aufgetragen, Sonnabends in der Regel Kartoffeln und Butter oder Reismus, an jedem Sonntage aber und ausserdem an 13 Feiertagen des Jahres als besondere Auszeichnung Braten. Das Fleisch — man rechnete auf die Person ein halbes Pfund — kam in ganzen Stücken auf den Tisch und wurde vom Tafelobersten kunstgerecht „tranchiert" und auf einem grossen Zinnteller ausgebreitet. Von diesem entnahmen die Alumnen in täglich wechselnder Aufeinanderfolge ihre Portionen, so dass an jeden einmal die besten Fleischstückchen kamen. Brot zum Mittagstisch erhielt man nicht, dagegen bekam noch jeder — wahrscheinlich aus besonderen Stiftungen — auf je 14 Tage durchschnittlich 14 Pfd. Brot, nämlich immer eine Woche einen Achtpfünder und die andere einen Sechspfünder. Wir freuten uns allemal mächtig, wenn Bäcker Walther aus der Schäferstrasse mit seinen schönen glänzendbraungebackenen Laiben erschien. So hatten wir auch etwas für die unsern jungen Mägen manchmal recht lang scheinenden Zwischenzeiten vom Morgen bis Mittag und von da bis Abend; für etwas Butter oder Fett zum Brote sorgte aber die gute Mutter.

Klagen über das Essen, wie sie gegenwärtig häufig über die jedenfalls noch bessere und vornehmere Kost geführt werden, entsinne ich mich nicht gehört zu haben. Nur einmal — es war an einem glühendheissen Sommertage — erhob sich Beschwerde über riechendes Schöpsenfleisch. Übrigens sollten sich auch die Alumnen bei mangelnder Güte oder Menge an den Direktor wenden, dem täglich eine Portion zur Prüfung vorgelegt werden musste. Was den staatlichen Aufwand für das Alumnat anlangt, so habe ich nur erfahren, dass die Köchin bis zum Jahre 1835 für die Beköstigung der bis dahin nur 12 Königlichen Alumnen sowie als Lohn für ihre Arbeit und für die Heizung des Seminars zusammen 600 Taler erhielt. Die Ritterschaft des Meissener Kreises zahlte für ihre beiden Alumnen jährlich 100 Taler. Jedenfalls ist bald nach 1835 die Anzahl der Königlichen Freistellen wesentlich erhöht worden. Denn wir befanden uns alle 23 im Genuss des Alumnates. Von Michaelis 1838 ab bekamen wir das Mittagsbrot nicht mehr von unsrer Seminarköchin (Fr. Schreiter), sondern mussten zum Hoftore hinaus und ein paar Häuser der Seminarstrasse entlang nach einer Speisewirtschaft gehen, der die Mittagsbeköstigung zugewiesen worden war. Den Grund für diese Veränderung habe ich nie erfahren. So verstrich die schöne Seminarzeit und das grosse Abschlussexamen rückte heran. Ehe ich jedoch vom Seminar scheide, will ich noch einiges nachholen und besonders des Gesundheitszustandes im Seminar und einiger in meine Seminarzeit fallender aussergewöhnlicher Ereignisse gedenken.

Unser körperliches Befinden im Internate war ein gutes. Ich entsinne mich wohl zweier Todesfälle — ein Schüler erlag zu Hause

einem Rückenmarkübel und ein anderer starb ebenfalls im Elternhause infolge eines Herzleidens — aber von Lungenleidenden und
Schwindsüchtigen weiss ich nichts. Leichtere Erkrankungen beseitigte
ein kurzer Aufenthalt in der Krankenstube. Indessen liess der
Direktor durchaus nicht jeden über Beschwerden, Unwohlsein und
Schmerzen Klagenden das Krankenzimmer beziehen; sondern zeigte
ihm Mittel und Wege zur Besserung, ermahnte ihn auch zum Ertragen von kleinen Beschwerden und forschte ihn überhaupt so aus,
dass es jedenfalls einem Arbeitscheuen und Simulanten nur selten
einmal gelungen ist, seine Faulheit zu pflegen. Es war übrigens
auch nicht gemütlich, auf die schmale Krankenkost gesetzt zu sein
und — tüchtig laxieren zu müssen. Denn auf die gewöhnlichen
Wehklagen „o, wie mir die Brust, der Kopf, der Leib pp. wehtut!"
hatte der alte Doktor meist die kühle Entgegnung: „Ist weiter nichts;
etwas Blähung, Obstruktion; kräftig purgieren!"

Im nasskalten Frühjahr 1838 zog die in Dresden vielfach verbreitete Grippe (modern: Influenza) auch im Seminar ein und ergriff eine so grosse Menge Schüler, dass der eine Lehrsaal mit zur
Aufnahme der Erkrankten eingerichtet werden musste. Glücklicherweise hielt die Störung nicht lange an; Hunger- und Schwitzkur
taten das ihrige, um den ungebetenen Gast wieder hinauszutreiben
und die Kranken wieder herzustellen.

Im gleichen Frühjahr 1838 hat auch, wie ich später erfuhr,
eine Revision unsers Seminars stattgefunden, als deren Folge dann
die 1840er provisorische Seminarordnung betrachtet werden kann.
Allein jene Revision trug nicht den öffentlichen Charakter wie
die 1865er, sonst hätten wir Semnaristen doch auch etwas davon
erfahren müssen. Die beiden revidierenden Ministerialräte haben
wahrscheinlich nur mit dem Direktor verkehrt und konferiert, denn
es hat sich keiner der Herren bei uns sehen lassen, weder in
unserm Unterrichtsstunden noch auf unsern Wohn- und Arbeitsstuben.
Jedoch erschien im Jahre 1837 eine hospitierende Deputation aus
Ungarn, die unsern Chorpräfekten Wagner mitnahm und als Kantor
in Leutschau in der Zips (Oberungarn) anstellte.

Um die Jubelfeier des 50-jährigen Bestehens des Seminars, die
eigentlich auch erst 1837 reif war, bin ich dadurch gekommen, dass
man sie — ob aus Unkenntnis des Stiftungsjahres 1787 oder aus
übergrossem Jubiläumsfesteifer weiss ich nicht zu sagen — etwa
2 Jahre vorausgenommen und bereits am 31. Oktober und 1. November 1835 begangen hatte. Dagegen fällt in meine dreijährige
Seminarzeit von 1836 bis 1839[1]) die Weihe des Antonsdenkmals
in den Friedrichstädter Anlagen, bei welcher Otto die Weiherede
hielt, die Eröffnung der ersten Strecke der Leipzig-Dresdener

[1]) Man schenkte mir das 4. Jahr, indem man mich schon nach einem Jahre aus
dem „Pro" in den „Sub" versetzte.

Eisenbahn von Dresden bis zur Weintraube vor Kötschenbroda am
19. Juli 1838 sowie der ganzen Bahnlinie am 7. April 1839 und
endlich die 300-jährige Jubelfeier der Einführung der Reformation
in Dresden am 25. Juni 1839.

Die letztere betreffend entsinne ich mich noch deutlich einer
Festlichkeit auf dem Altmarkte, der Aufführung der „Schöpfung"
in der Neustädter Kirche, an welcher unser Seminarchor auch mit
tätigen Anteil nahm, einer grossen Illumination der Stadt, bei
welcher besonders die Frauenkirche mit einer grossen Menge herab-
hängender leuchtender Ballons einen zauberhaften Anblick gewährte
und eines mächtigen Feuerwerks am andern Tage in den Königlichen
Weinbergen der Niederlössnitz. Als Prediger glänzte bei diesem
Feste wie schon bei früheren der evangelische Hofprediger in der
Sophienkirche D. Christoph Friedrich von Ammon, der Nachfolger
des berühmten 1812 gestorbenen Reinhard. Seinen 70. Geburtstage, 1836, zeichneten seine zahlreichen Verehrer durch Begründung
einer seinen Namen tragenden Stiftung aus, deren Zinsen alljährlich
denjenigen ehemaligen Friedrichstädter Seminaristen zufallen sollten,
die das von der Verwaltung aufgestellte wissenschaftlich theologische
oder pädagogische Thema am besten bearbeiteten.

Nun rückte auch für mich allgemach die Zeit heran, in welcher
ich die grüne Schülermütze mit dem hohen Kandidatenhute vertauschen sollte. Ich stand im letzten Halbjahre meiner Seminarzeit
und rüstete mich mit 23 anderen auf die Kandidatenprüfung. Was
gab es da nicht alles zu bedenken und vorzubereiten von den
höchsten und gelehrtesten Dingen bis herunter zu — dem Kandidaten-
frack. Kniehosen und schwarzseidene Strümpfe, an deren Bändern
ebenso wie an den Schuhen goldene Schnallen glänzten, sowie das
kurze Mäntelchen — in manchen Gegenden heute noch vom Kantor
bei Begräbnissen getragen — das nicht vorn herum reichte sondern
nur über den Examenfrack den Rücken hinunterhing, gehörten seit
35 nicht mehr zur äusseren Ausstattung eines Kandidaten, soviel·
sie auch sonst noch bei Feierlichkeiten von einzelnen Geistlichen und
Lehrern getragen wurden; aber in Frack und weisser Halsbinde[1])
traten wir alle 24 — eine Zahl, wie sie wohl seit Bestehen des
Seminars noch nicht erreicht worden war — vor die hohe Kommission,
den Kirchen- und Schulrat D. Wahl, Seminardirektor Otto, Vizedirektor D. Calinich und Oberlehrer Reinicke. Stille Wehmut
erfüllt mich, wenn ich daran denke, wie sie alle schlafen gegangen
sind, sowohl die genannten Herren Examinatoren wie ihre Prüflinge,
die lieben Kameraden, und nur mich allein noch als einzigen Über-

---

[1]) Das weisse pastorale Halstuch zu dem kragenlosen Vorhemdchen war auch
schon unter uns Seminaristen verbreitet, und ich habe es noch viele Jahre Tag für Tag
in der Schule getragen, bis mich meine Frau wegen des häufigen Waschens dieser gar
zu schnell schmutzenden Halsbekleidung bat, zum schwarzseidenen Halstuch überzugehen.

lebenden und letzten Zeugen einer längst vergangenen der Gegenwart fremd gewordenen Zeit zurückgelassen haben. Unter meinen
Klassenbrüdern befanden sich auch zwei Katholiken und ein Jude,
die mit Ausnahme des Religionsunterrichts alles übrige mit uns
gemein hatten. Der eine katholische Klassengenosse übernahm
später eine Stelle an der katholischen Schule zu Hubertusburg, der
andere erlangte eine Organistenstelle an der katholischen Hofkirche
in Dresden, den späteren Wirkungskreis des Israeliten kenne
ich nicht.

Damals kam es auch noch hin und wieder vor, dass sich junge
Männer von auswärts zum Kandidatenexamen meldeten, die gar
kein Seminar besucht sondern sich nur entweder autodidaktisch
oder bei einem tüchtigen Lehrer (wie in Neustadt-Dresden bei einem
gewissen Kaden) vorbereitet hatten. Vor der Prüfung veranlasste
man uns noch, uns an der Bewerbung um die erst vor 3 Jahren
errichtete Ammonstiftung zu beteiligen. Es war auch nicht ohne
Erfolg; vier Preise kamen zur Verteilung; allein ich ging leer aus.
Unsere Arbeiten waren warscheinlich nach ihrer Qualität fortlaufend
nummeriert, und die meinige trug eben nur die Nr. 5.

Fürs Examen wurden wir in Sektionen geteilt, die immer in
den wissenschaftlichen und musikalischen Dingen miteinander ab-
wechselten. Die schriftlichen Prüfungen lagen vormittags, die
praktischen und mündlichen nachmittags.

Jene umfassten einen Aufsatz, die Skizze zu einer Katechese,
mathematische Aufgaben, die Anfertigung eines Vorspiels nach einem
gegebenen Motive und das Aussetzen eines Chorals in geteilter
Harmonie mit Zwischenspielen, diese die Katechisation in der Schule,
Glaubens- und Sittenlehre, Pädagogik, gemeinnützige Kenntnisse,
Violin- und Orgelspiel, sowie Gesang. Die ausgefüllten Zensur-
formulare trugen ausser dem Seminarstempel nur die Unterschriften
des Kirchenrats und Direktors.

III. Das erste Jahrzehnt meiner Lehramtszeit.

Da das Ministerium die Abgehenden nicht mit Stellen versorgte, so sah man sich auf sich selbst angewiesen und konnte mit
seinen Zeugnissen in der Tasche im Lande umher „auf Anstellung"
wandern. In der Regel blieb eine Anzahl — von meiner Klasse
waren es nicht weniger als 19 — noch längere Zeit in Dresden
und verdiente sich den Unterhalt durch Privatstunden und aus-
hilfsweisen Unterricht an den öffentlichen Volksschulen der Residenz.
Die jungen Leute wollten eben nicht eher von ihrem schönen
Seminarorte fortgehen, als bis ihnen draussen in der Provinz eine
gute, einträgliche Kirchenschulstelle winkte. Dieses Warten auf
Hoffnung mag wohl mitunter zu einem Unfug ausgeartet sein. Man

erzählte sich, es seien früher „alte Herren" bis zu 10 Jahren und
darüber in Dresden verblieben; sie hätten auch noch den Seminarunterricht weiter besucht, Anspruch auf freie Koststellen erhoben
und sich sogar erdreistet, Otton in den ersten Jahren seiner Wirksamkeit, als er — vom Pfarrhaus aus unmittelbar in das Amt eines
Seminardirektors berufen — noch nicht so ganz sicher in pädagogischen und schulkundlichen Fragen gewesen, frech zu widersprechen. Dann wäre ihnen nur noch ein zweijähriges Verbleiben
am Seminarorte zugelassen worden, bis ihnen eine Verordnung von
35 überhaupt jeden längeren stellunglosen Aufenthalt untersagt hätte.

Ich entschied mich sofort für das Verlassen meines Seminar-
ortes. So lieb er mir auch geworden war, ich schwärmte für das
Landleben, und in meiner Brust tönte etwas wieder von den zarten
Klängen, die Höltys Leier zum Preise des Landlebens angeschlagen
hat in dem lieblichen Gedicht von dem wunderseligen Mann,
welcher der Stadt entfloh; dem jedes Säuseln des Baumes, jedes
Geräusch des Baches, jeder blinkende Kiesel Tugend und Weisheit
predigt, dem jedes Schattengeräusch ein heiliger Tempel ist, wo
ihm sein Gott näher vorüber wallt, jeder Rasen ein Altar, wo er
vor dem Erhabenen kniet; dem auch sein bestrohetes Dach, wo
sich das Taubenvolk sonnet und spielet und hüpft, süssere Rast
winkt, als dem Städter sein Goldsaal und seine schwellenden Polster
— und so war und blieb mein Ideal eine Kirchschule auf dem
Lande. Doch zunächst galt es überhaupt, ein bescheidenes Unterkommen, ein Hilfslehrer- („Substituten-"), Vikar- oder Hauslehrer-
stellchen zu erlangen. Aber wo? Der Superintendent D. Facilides
in O., in dessen Ephorie auch mein Heimatsort gehörte,
kannte und hatte mir schon vor längerer Zeit versprochen, an
mich zu denken, wenn in seinem Sprengel etwas frei würde. Also
führte mich mein Weg zunächst zu ihm. Die herrliche neue Fahr-
gelegenheit der Eisenbahn brachte mich in 2³/₄ Std. bis Zsch., der
Station von O., und legte somit die 14-stündige Strecke ungefähr
im fünften Teile der Zeit zurück — eine nach damaligen Reise-
begriffen kaum glaubliche Schnelligkeit. Bei dem Herrn Ephorus
fand ich leider augenblicklich nichts für mich. In einiger Zeit
wurde allerdings eine Filialkirchschulstelle frei, ellein das Vikariat
bis zum Antritt des schon gewählten neuen Lehrers dauerte nur
¹/₄ Jahr. Darum setzte ich vor der Hand meine Wanderung von
Ephorie zu Ephorie weiter fort und machte nacheinander den
Herren Superintendenten von Döbeln, Leisnig, Rochlitz und Waldheim meine Aufwartung, leider überall ohne Erfolg. So gütig
auch die Herren mit mir verkehrten, eine Stelle konnten sie mir
nicht bieten. In Rochlitz hätte ich möglicherweise die Fabrik-
schullehrerstelle in F. bekommen können, mit welcher die Verpflichtung, jeden vierten Sonntag in der Kunigundenkirche die

Orgel zu spielen, verbunden war; aber wie lange musste ich vielleicht noch auf die Rückkehr und Entscheidung des verreisten Fabrikbesitzers warten? Zuletzt sprach ich bei dem Superintendent und späteren Kirchen- und Schulrat Mey in Waldheim vor. Dieser bedauerte, nicht nur vollständig mit Lehrern versehen zu sein sondern sogar durch Zusammenlegung zweier Schulstellen in eine einen Lehrer übrig zu haben; um mich aber doch nicht ganz ohne Hoffnung gehen zu lassen, wies er mich an den Pfarrer von Krummhennersdorf, der für seine Kinder einen Hauslehrer suchte, und als er mir am Gesichte ansah, dass ich den Ort noch gar nicht kannte[1]) und daher auch keinen Weg dahin wusste, war er so freundlich, seine Spezialkarte herzuzuholen und mir die Route genau vorzuzeichnen und zu schildern. Nach etwa 6 Stunden lag das stille Dorf in der Herbstsonne vor mir. Ins Pfarrhaus eingetreten begegnete ich schon im Flur dem Herrn Pfarrer im grossgeblumten Schlafrock, wie er sich soeben ein Fläschchen Bier aus dem Keller geholt hatte. Zunächst etwas verwundert nahm er mein Anbringen mit ernstem Dareinschauen entgegen; dann aber erheiterte sich bald sein Blick, und ehe ichs mich versah, war ich auch schon seiner Familie, der Frau Pastorin und seinen 3 frischen Jungen im Alter von 6 bis 10 Jahren, vorgestellt und von allen freundlich bewillkommnet. Wir wurden bald um 40 Taler fürs Jahr einig. Der Antritt sollte in Rücksicht darauf, dass ich vielleicht noch das obenerwähnte einvierteljährige Vikariat verwalten könnte, nach Neujahr erfolgen. Nach dem Abendbrote musste ich noch das Nähere über meinen bisherigen Lebensgang berichten und am andern Morgen zog ich, glücklich von dem Umherwandern und Stellensuchen erlöst zu sein und auf längere Zeit Unterkommen gefunden zu haben, heimwärts. Es war auch die höchste Zeit. Meine geringen nun gänzlich erschöpften Mittel hatten mich schon immer genötigt, die Vetterstrasse zu ziehen. Und gab es nicht überall wirkliche „Vettern", so gab es doch gute Bekannte und ehemalige Seminargenossen, die einen armen stellesuchenden Kandidaten gern unter ihr gastliches Dach aufnahmen. Jedenfalls wurde die apostolische Mahnung „Herberget gerne!" in jener Zeit des unbequemen und

---

[1]) Es war dort, wie ich später erfuhr, am 24. Juni 1192 der Markgraf Albrecht der Stolze, der Sohn und Nachfolger Otto des Reichen, unterwegs plötzlich verstorben. In Freiberg, so erzählte man sich's, hätte ihm sein eigener Leibarzt Hunold, ein Vertrauter seines Feindes, des Kaisers (Heinrich VI.), im Auftrage des letzteren Gift beigebracht. Im Begriffe nun, mit seinem Gefolge von Freiberg nach Meissen zu reiten, überkam ihm beim obersten Gute des Dorfes Krummenhennersdorf ein schweres Unwohlsein. Er empfand ein furchtbares Brennen im Leibe, musste vom Pferde steigen und sich aus dem Gute eine Trage versorgen lassen, um darauf weiter nach Meissen zu kommen. Allein sie brachten ihn nicht weiter als bis zur sogenannten Bäckenmühle unten an der Bobritzsch; dort verschied er bereits, und das Gift zerstörte seinen Leib so schnell, dass sie ihn nur schnell nach Altzelle ins Erbbegräbnis schaffen mussten.

beschwerlichen Reisens noch weitgehender und allgemeiner erfüllt als gegenwärtig.

Zu Hause lag schon der Brief des Superintendenten mit der Aufforderung, sobald als möglich das Vikariat zu übernehmen. Also gabs kein Säumen und gemächliches Ausruhen. Schon der nächste Sonnabend Morgen fand mich in dem Ort meiner ersten Lehrerwirksamkeit. Die ersten Eindrücke, die ich erhielt, waren gerade keine erhebenden. Das Äussere von Schule und Kirche bot ein beschämend ärmliches Bild und liess mich keinen günstigen Schluss auf die Kirchlichkeit und Opferwilligkeit des wohlhabenden Dorfes machen. Ich sollte freilich bald noch Übleres und Verwahrlosteres kennen lernen. Ohne Möbelausstattung mietete ich mich kurz entschlossen im Gasthofe ein. Ich wohnte und ass sehr billig, musste freilich auch mit dem fürlieb nehmen, was überhaupt für die Leute, insonderheit für die vielen durchziehenden und häufig im Gasthofe Rast machenden Frachtfuhrleute gekocht wurde und z. B. Schöpsenfleisch und Zwiebeln und manches andere essen lernen, was ich als Seminarist jedenfalls zurückgewiesen hätte. Nachmittags besuchte ich mit dem Bälgetreter, einem wegen Trunksucht abgesetzten früheren Lehrer des Dorfes, die Kirche, um die Orgel zu probieren. Aber, o weh! kaum hatte der alte Mann neben mir an den frei vor den Kirchenbesuchern bis auf das Chor herabhängenden Stricken gezogen, als sich auch schon eine solche Teufelsmusik von durcheinanderpfeifenden und heulenden Stimmen erhob, dass ich entsetzt schnell aufhören musste. Auf meinen fragenden Blick, was dagegen zu tun sei, meinte der Alte stumpf und gleichgültig „stopfen, nur stopfen!" Über diesen Orgelflickereien war aber der frühe Abend hereingebrochen, und ich konnte nun nicht mehr hinüber nach dem ein Stündchen entfernten G., um dem Pfarrer und Schulinspektor meinen schuldigen Besuch zu machen. Indessen er trug mirs nicht nach. Als er am andern Morgen zur Predigt gefahren kam und Pferd und Wagen einstweilen im Gasthofe einstellte, nahm er dort meine Vorstellung ebenso freundlich entgegen, als wenn ich ihm auf die Wohnung gekommen wäre. Nach der Predigt hielt er eine kleine Einweisung, in welcher er mich der Gemeinde vorstellte und sie bat, mir in dieser Zwischenzeit die Arbeit in der Schule in keiner Weise zu erschweren und mich in allem als den geordneten Vertreter und Verwalter der Schulstelle zu achten und zu ehren.

So gut wie das erste Mal bin ich dann in meinem beinahe 5 Jahrzehnte umfassenden öffentlichen Schuldienste immer mit den Herren Geistlichen als Schulinspektoren ausgekommen und zwar nicht etwa durch schmeichlerisches oder anderes niedriges, innerlich unwahres, unwürdiges und unmännliches Wesen, sondern die Herren, mit denen ich in amtlichem Verkehre gestanden habe, sind mir alle aufs wohlwollendste begegnet und haben mir in herzlichster Weise ihre Fürsorge bewiesen, so dass ich heute noch gern an dieses angenehme

Verhältnis zurückdenke. Einem unehrlichen und kriechenden Wesen wollte auch schon unser Direktor Otto nicht das Wort reden, wenn er uns beim Abschiede unter anderen guten praktischen Lebensregeln auch die allerdings nicht übel zu deutende Mahnung mit auf dem Weg gab: „Stellen Sie Ihre Schuluhr nur immer nach der Kirchenuhr!"

Am andern Morgen begann meine Berufstätigkeit. Die Kinder gefielen mir; sie erschienen mir folgsam und lernbegierig; aber in dem elenden Schulhause mit seinen niedrigen Guckefensterchen fand ich alles gebrechlich. Der alte bauällige Kachelofen strömte beständig einen dicken Qualm aus, der zum Ersticken wurde, als ich mit dem frischen grünen Fichtenreisig zu heizen begann, welches man mir als Schulfeuerung aus dem nahen Walde angefahren hatte. So musste ich öfter ein Fenster offen halten und die garstigen Reden, der Schulmeister wolle wohl die Gemeinde noch arm feuern, über mich ergehen lassen. Beim ersten Gehaltholen wurde mir ein eigentümliches Exempel vorgeführt. Der Schulgeldeinnehmer erklärte mir, auf den Tag käme etwa ein Achtgroschenstück (8 gute Groschen oder 96 alte Pfennige), allein, da Sonnabends herkömmlich keine Schule gehalten werde, könne ich auch nur für 5 Tage Arbeitslohn beanspruchen und daher pro Woche nicht mehr als 5 Achtgroschenstücke bekommen. Wie mir schien, verteilte er die 200 Taler des gesamten Stelleneinkommens zu 120 Taler auf den Schul- und 80 Taler auf den Kirchendienst. Dann kam allerdings auf den Tag, aber eben auch auf jeden der rund 360 Tage des Jahres der 360. Teil von 120 Talern oder $^1/_3$ Taler, die 8 guten Groschen. Da ich den Kirchendienst mit versorgte und z. B. alle 14 Tage die Predigt zu lesen hatte, wobei ich aber auch noch des Orgelspiels wegen einen Kollegen des Nachbarortes um seine Unterstützung angehen musste, so gebührte mir überdies noch ein kleiner Anteil am kirchendienstlichen Einkommen. Ich wehrte mich also gegen solche doppelt ungerechte Behandlung, und zuletzt vermochte nur meine bestimmte Androhung sofortiger Beschwerdeführung beim Superintendenten den Biedermann von seinem schlauen Plan, mich wöchentlich um wenigstens 2 Achtgroschenstücke, d. i. in dem Vierteljahre um $8^2/_3$ Taler zu schädigen, abzubringen.

Als ich mit den Verhältnissen etwas bekannter geworden war und mich nach allen Richtungen umgeschaut hatte, musste ich die traurige Beobachtung machen, dass fast das ganze Dorf dem Laster des Trunkes ergeben war, der Pfarrer — Gott sei's geklagt — nicht ausgenommen. Redete man ihm doch nach, dass er schon zum frühen Morgen sein Viertelchen „Schwarzen" (einen Bittern) zu sich nähme und mitunter in der Kirche bei Spendung des heiligen Abendmahls schwankte. Abends pflegten die Bauern mit ihren Frauen und ihrem Erbrichter im Wirtshause bei ihrem „Stamper" zu sitzen. Solche Zustände taten mir so leid und widerten mich so an, dass ich recht froh war, als der neue Lehrer schon vor dem neuen Jahre seinen Einzug hielt. Er war in der Tat nicht zu beneiden. Aber wahrscheinlich fand er keine bessere Stelle, und musste froh sein, für sich und seine vielköpfige Familie — von seinen 9 Kindern war noch keins aus der Schule — diese Unterkunft zu finden. Wie ich erfuhr, hatte er nie ein Seminar besucht und sich auch schon durch sein schriftliches Gesuch um Abholung, das mehrere sehr grobe Orthographen zierte, gut eingeführt. Bis Z. kam er mit der Eisenbahn, von da wurde er von seiner neuen Gemeinde abgeholt. Ein langer Zug von Schlitten fuhr ihm entgegen; ich empfing ihn mit den Kindern an der Dorfgrenze und begrüsste ihn mit einem einfachen Gesang. Ein Schmaus im Reihschank, an welchem auch Herr und Frau Pastor teilnahmen und die Lehrer frei gehalten wurden, beschloss die Feier des Einzugs.

Nun war ich frei und konnte meine Hauslehrertätigkeit in Krummenhennersdorf aufnehmen, die gleich am Neujahrstage 1840 mit einem Fest im Hause, mit einer Weihnachtsfeier begann. Die Pfarrfamilie hatte nämlich wegen eines Schwagers, der nicht eher eintreffen konnte, ihre Christfestbescherung soweit hinausgeschoben. Das Leben in dem Pfarrhause war für mich ebenso augenehm wie bildend und veredelnd. Nach der täglichen Arbeit mit meinen 3 Zöglingen brachte mir der Abend in dem die Geselligkeit in des Wortes edelstem Sinne pflegenden Pfarrhause musikalische und andere Geist und Gemüt anregende Unterhaltung. Schönes Wetter führte uns hinaus in die abwechselungsreiche Umgegend. Bei alledem liess man mir noch ausreichend Zeit für meine private wissenschaftliche und musikalische Fortbildung. In meiner Vorbereitung für ein später zu erlangendes Kirchschulamt kam mir besonders der Lehrer freundlich entgegen und stellte mir gern seine Orgel zur Verfügung. Zum Auswählen und Einüben passender Vor- und Zwischenspiele übergab mir der Pfarrer die für den nächsten Sonntag bestimmten Lieder schon ein paar Tage vorher, und als ich einmal für einige Tage den erkrankten Kirchschullehrer vertreten musste, fügte es sich sogar, dass ich eine in grossem Stile angelegte und ausgeführte Bauernhochzeit mitmachen durfte. Als Vertreter des Kantors offiziell eingeladen, war es mir von grossem Interesse, die bunten Bilder des heiteren ländlichen Festes aus nächster Nähe beobachten zu können. Nur allein die Vorbereitungen im Schlachten, Backen, Kochen und Braten! Dann der Aufwand und die Pracht in Kleidern und Schmuck! Und nicht zu vergessen die staunenerregende Leistungsfähigkeit im Vertilgen der Kuchenberge und anderen riesigen Speisevorräte! Drei Tage hintereinander ward von vormittags 9 bis nach Mitternacht — nur kurze Unterbrechungen abgerechnet — in einem fort gegessen und getrunken. Jeden Abend vor und nach der Tafel belustigte sich das junge Volk am Tanz auf dem dazu hergerichteten Heuboden, indessen sich die Alten die Zeit mit Kartenspiel kürzten. Am ersten Abend widmete man dem Hochzeitsvater — vielleicht als eine Art Entschädigung für seine grossen Aufwendungen — Gaben in Bar, und die Ein- und Zweitalerstücke flogen nur so von allen Seiten in die dazu aufgestellten Schüsseln. Am zweiten Abend aber überreichte jeder Gast seine dem jungen Paare zugedachten Hochzeitsgeschenke. Aufgetragen und gereicht wurde alles auf und aus Zinn, und die blitzblank gescheuerten und mit steif eingravierten Namenzügen und Jahrzahlen, Wappen, Blumen, Arabesken, Kanten und verschiedenen anderen Ornamenten gezierten Zinn -Kannen, -Krüge, -Becher, -Schüsseln, -Teller und -Platten glänzten wie Silber. Am Morgen beeilte sich jeder Gast mit Beendigung seiner Nachtruhe und seiner darauffolgenden Toilette so, dass er noch etwas vor 9 Uhr im hochzeitlichen Kleide an der Tafel erschien, sonst musste er zum Hallo der anderen auf dem Esel, einer im Hof aufgestellten groben hölzernen Nachbildung Langohrs, reiten. Der letzte Tag schloss mit dem allgemeinen Gesang „Sprich ja zu meinen Taten, hilf selbst das Beste raten" pp. und der „Danksagung", die ich in der üblichen zeremoniellen Weise nach dem mir von meinem Herrn Pfarrer übermittelten Wortlaut vortragen musste, wie mir auch regelmässig das Beten vor und nach den Mahlzeiten zufiel. Schliesslich bekam noch jeder Gast seinen „Schleifstein", eine übergrosse Bäbe, als „Gottbehütkuchen" auf den Heimweg mit.

So verstrich meine Hauslehrerzeit zwischen ernster Tätigkeit und heiterer Geselligkeit, und die Wahlfähigkeitsprüfung rückte heran, zu der ich schon Ostern 1841 zugelassen wurde. Nur ungern schied ich aus meiner Stellung in dem freundlichen Pfarrhause; jedoch der Wunsch, ein ständiges Schulamt und dadurch eine gewisse Selbständigkeit und Sicherung der Existenz zu erlangen, liess alle anderen Bedenken und Regungen zurücktreten. Vorher stellte ich mich noch zum Militär, kam aber trotz meiner $72^3/_4$ Zoll oder 172 cm und einer dieser Länge durchaus entsprechenden Breite und Stärke frei. Wahrscheinlich nahm man Rücksicht auf die Schule. Schliesslich fand sich ja wohl auch noch ausserhalb des Lehrerstandes hinreichend Zuwachs zu der damals nur 12000 Mann starken sächsischen Armee; sonst hätte doch der Staat nicht manchen jungen militärtüchtigen Mann der wohlhabenden Stände freigeben können, wenn sich jener durch eine sofortige Zahlung von anfangs 200, später 300 Taler „loskaufte".

Erste ständige Stelle in Halsbrücke. Bei Freiberg liegt das durch seine Schmelzhütten und sein grosses Amalgamierwerk bekannte Dorf Halsbrücke. Dem Besitzer des dortigen Gutes stand das Recht der Collatur zu, und als die Schulkinderzahl mit der Zeit die stattliche Höhe von 300 erreicht hatte — für die einzige Schulstube der zweiklassigen Schule und ihren einzigen Lehrer doch

etwas zu viel — sah sich die zum grossen Teil aus Beamten, Berg-
und Hüttenleuten bestehende Gemeinde genötigt, an der Freiberger
Strasse ein Haus anzukaufen, in welchem sich unten 2 Schulstuben
und oben 2 Lehrerwohnungen einrichten liessen, und für 120
Taler einen zweiten ständigen Lehrer anzustellen Diese Pfründe
erlangte ich. Der Pfarrer von T. wies mich im Beisein des
Kollators und der Gemeinderatsmitglieder feierlich ein, und ich
nahm in meiner Antrittskatechese über Luc. 2, 41—52 Gelegenheit,
die Kinder in allem auf das erhabene Vorbild des Jesusknaben hinzuweisen und sie zu gleichem Gehorsam, zu gleicher Begeisterung
für Weisheit, zu gleicher Liebe zu Gottes Wort und Haus zu ermahnen. Leider nahm der Schulvorstand die jetzt günstige Gelegenheit nicht wahr, das alte Zweiklassensystem (6.—10. und 10.—14. Jahr)
aufzugeben und die Schule in eine vierklassige (6.—8., 8.—10., 10.—12.
und 12.—14. Jahr) mit gemischten Geschlechtern umzuwandeln. Vielmehr teilte er die Kinder nach dem Geschlecht und übergab dem
einen Lehrer alle Mädchen von 6—14 Jahren, dem anderen alle
Knaben. Der 1. Lehrer nahm die Mädchen, für die er auch seinem
Wesen nach besser passte. Wenn auch nicht seminaristisch gebildet,
war er dennoch ein durchaus praktisch tüchtiger Lehrer, aber eine
ängstliche Natur, die sich am wohlsten befand, wenn sie sich von
niemand beobachtet wusste.

Seine Fertigkeit als Klavier-, Violin- und Orgelspieler wies ihm
guten Nebenverdienst in Privatstunden zu. Im Schreiben suchte er
reformierend zu wirken, indem er möglichste Vereinfachung der
Formen der Buchstaben, besonders der grossen, anstrebte. Seine
Schülerinnen zeichneten sich durch eine sorgfältige, gefällige und
eigentümlich gleichförmige Handschrift aus und konnten ihre Schule
nicht verleugnen. Allerdings pflegen sich ja auch im allgemeinen
Mädchen besser und strenger an die Formen zu halten, die sie
gelehrt werden als Knaben und entwickeln auch oft mehr Sinn
für Gleichmass und „Akkuratesse" als jene, indessen ohne Festigkeit,
Beharrlichkeit und Konsequenz des Lehrers lassen sich Mädchen
auch gehen.

Mit der Zeit bekam ich eine Menge Privatstunden, hauptsächlich in schriftlichen Arbeiten, Rechnen und Zeichnen, an welchen
auch viele Mädchen teilnahmen. Man war freilich dadurch sehr an-
gebunden und kam manchen Tag kaum des Abends zur Ruhe;
allein man brauchte bei dem kleinen Gehalt einige Nebeneinnahmen
und wenn das Stundengeld auch noch so niedrig war, durch die
Menge ergab es doch eine kleine Erhöhung des Einkommens.

In der Schule gab es manches zu ändern. Da keine Lesemaschine vorhanden war, schaffte ich die Seltzsamschen Wandtafeln
an und unterrichtete nach der Jacototschen Methode. Nach einer
Reihe von Jahren vertauschte ich sie und die alte Rochlitzer Fibel
mit der neuen analytisch-synthetischen Normalwörtermethode des

„Fischbuches", die ich auch die ganze übrige Zeit meiner Lehrtätigkeit nie wieder aufgegeben habe. Da es an allem und jedem
Kartenmaterial fehlte, veranlasste ich die Schulkasse zum Ankauf
einer Wandkarte von Sachsen, Deutschland, Europa und den übrigen
Erdteilen; von Palästina entwarf ich mir selbst ein Kartenbild und
zog es auf Pappe auf.

Die Kinder waren folgsam und fleissig, ja, es schien, als zeigten
viele schon ein gewisses Verständnis für den zukünftigen Wert ihrer
Schulbildung. Die Knaben ergriffen zumeist den Beruf des Vaters
und wurden Berg- und Hüttenleute; strebsamere und begabtere besuchten noch die Bergschule und brachten es dann zu einer Anstellung in den Gruben- und Hüttenwerken.

Zu meiner Fortbildung schloss ich mich der Wanderkonferenz
der Freiberger Umgegend an, die unter Herrn Seminardirektor
Beyers Vorsitz bald hier bald da ihre Zusammenkünfte hielt. Als
sie bei mir tagte, wurde mir die Aufgabe, über das Gleichnis von
viererlei Acker zu katechisieren und eine Lektion Tafel- und Kopfrechnen zu halten. Nach ihrer Auflösung durch Herrn Beyers Fortgang als Superintendent nach Plauen trat ich in die Mohorner
Konferenz ein, die gleichfalls tüchtiges leistete und unter Kantor Geisslers-
Hirschfeld Führung pädagogische Arbeiten, mit Rezension eines Korre-
ferenten, Aufführung von Gesängen und Beurteilung von Büchern des
Lesezirkels bot. Manches gute Buch habe ich dadurch kennen gelernt
und exzerpierend durchgearbeitet, auch hinterher in der Versteigerung
der im Jahre gehaltenen und in Umlauf gesetzten Schriften billig
erworben. Selten versäumte ich die Prüfung der Abgehenden und
Wahlfähigen im Freiberger Seminar und kehrte nie ohne Gewinn für
meine Bildung, nie ohne praktische Anregung für meine Schule zurück.

Indessen ist es für einen armen Dorfschullehrer nicht immer
so leicht, den Kopf oben zu behalten und sich seinen hochgemuten
idealen Sinn und seine Berufsfreudigkeit und -begeisterung zu bewahren.
Die Familie wuchs, die Ausgaben und Bedürfnisse mehrten sich;
ich besass noch kein Klavier, es gab noch manches Buch an-
zuschaffen und dazu die teure Zeit der Jahre 42—47! Zwar wurden
mir mehrere schöne Beihilfen zuteil, eine Teuerungszulage von
10 Talern und eine Unterstützung von 20 Talern aus der von
Lindenaustiftung für bedürftige sächsische Lehrer; allein ich blieb
doch auf meiner niederen Stelle sitzen, und ein Jahr nach dem
anderen zog ins Land, ohne mir eine Beförderung in eine Kirch-
schulstelle zu bringen. Freilich waren auch damals die mittleren
und niederen Kirchstellen so selten, dass sich um eine einzige gleich
eine ganze Menge schon in höheren Jahren stehende Bewerber
drängte und daher für mich trotz meiner mehrfachen Belobigungen
seitens der königlichen Behörden nur wenig Hoffnung auf baldige
Erreichung meines nächsten Zieles blieb.

Da erfasste mich auch einmal der Unmut; Bitterkeit nagte an

meinem Inneren, und eine tiefe Verstimmung suchte mir meinen stillzufriedenen und natürlichheiteren Sinn zu umfloren und mich zum „Umsatteln", zum Aufgeben meines Lebensberufs und zur Ergreifung eines anderen, zu drängen. Ein Betriebsingenieur der Leipzig-Dresdner Eisenbahn, den meine Frau näher kannte, sollte mir helfen. Hatte er doch schon mehreren ihrer Verwandten eine Anstellung verschafft! Obgleich der freundliche Herr nun durchaus bereit war, mich zu berücksichtigen, so unterliess er doch auch nicht, mir die Schwierigkeiten eines solchen Berufswechsels vorzustellen. Ich müsste natürlich wieder von vorn anfangen und den Dienst erst von Grund aus kennen lernen, der mich in eine ganz andere Sphäre hineinführte als die mir gewohnte. Ob ich dann nicht vieles in dem neuen Berufe vermissen würde, was mir in dem alten lieb und teuer gewesen wäre, ob ich den neuen auch so von ganzem Herzen liebgewinnen und mit derselben Lust und inneren Befriedigung treiben würde, wie den alten, das und manches andere gab er mir wohl zu bedenken. So trug ich denn die wichtige Angelegenheit eine Zeitlang mit mir herum, bis ich endlich nach Erwägung alles Für und Wider zu dem Entschlusse kam, meiner ersten Liebe treu zu bleiben. Ich fasste also neuen Mut, ging mit neuer Lust und Begeisterung an die Arbeit und überliess alles übrige Gott, der schon das nächste Jahr nach langanhaltender Teuerung (der Preis des Scheffels Korn war bis auf 10 Taler und der eines Sechspfundbrotes geringster Sorte auf 8—10 gute Groschen gestiegen) einen Erntesegen spendete, so gross und so reich, wie wir ihn seit einem Jahrzehnt nicht mehr erlebt hatten. Das ganze Land jauchzte auf, und die Erntefeste gestalteten sich zu grossen Dankesfeiern und hallten wieder von den Lobes- und Dankeshymnen der nach langer Bedrängnis wieder fröhlich aufatmenden Menschenkinder.

Nun schlug auch bald für mich die Stunde der Erlösung aus meiner dürftigen Lage, zuvor aber brauste noch einmal ein heftiger Sturm über unser Land. Zwar in unserem Dorfe blieb es verhältnismässig ruhig. Man versammelte sich nur wie überall in Sälen oder auf freien öffentlichen Plätzen, erliess Aufrufe und hielt mit lebhafter Begeisterung Reden über die deutschen Grundrechte des Volks, über Volksvertretung, Geschwornengerichte, Pressfreiheit, Reichsverfassung und vieles andere und strebte eine allgemeine Volksbewaffnung an. Das Frankfurter Parlament, aus den besten deutschen Männern zusammengesetzt, suchte der grossen aufrührerischen Bewegung dadurch Herr zu werden, dass es die Gründung eines neuen Deutschen Reiches unter einheitlicher Leitung plante und dem König des grössten deutschen Staates, Friedrich Wilhelm IV., die Kaiserkrone antrug. Allein er schlug sie aus, und nun tobte der Aufruhr von neuem und erfasste auch die besonnensten und ruhigsten Geister. Zu mir kam ein alter Silberbrenner, um einen

Schreibkursus zu nehmen. Ich freute mich über den Bildungstrieb und führte ihm die schwere Hand, bis er alle Buchstaben und seinen Namen ordentlich schreiben konnte. Wie erstaunte ich aber, als ich erfuhr, dass er seine Schreibstudien in keiner anderen Absicht getrieben hätte, als die Protokolle der öffentlichen Versammlungen unterzeichnen zu können! Am höchsten gingen die Wogen der revolutionären Bewegung in den grösseren Städten. Nachdem sich am Donnerstag den 3. Mai in Dresden eine provisorische Regierung gebildet hatte, besuchte ich am Sonnabend den 5. Mai die Stadtverordnetenversammlung in Freiberg, in welcher die Entscheidung über Zurückweisung oder Annahme der neuen Regierung fallen sollte. Vergebens suchte der Amtshauptmann die aufgeregten Herren zu beruhigen, vergebens wies er darauf hin, dass sich der König, wenn er auch aus Dresden fort und auf den Königstein gegangen sei, sich doch deshalb seiner Regierung und Herrschergewalt nicht begeben habe, dass also auch bis zur Stunde rechtlicher Weise von einer anderen als der königlichen Regierung nicht geredet werden könne — die Versammlung beschloss dennoch einstimmig die Annahme der provisorischen Regierung. Schon sammelten sich die Bürgergarden und alle sonst bewaffneten Männer, um den Aufständischen in Dresden zu Hilfe zu kommen. Allein da erschienen die ersten Flüchtlinge aus Dresden, die vor den zu Hilfe gerufenen Preussen zurückgewichen waren; das ernüchterte die Menge und weckte die meisten aus ihrem Taumel auf, so dass sie vorzogen, friedlich zu Hause bei Weib und Kind zu bleiben. Die von Chemnitz eingetroffenen bewaffneten Volkshaufen marschierten nur ein kleines Stück über Freiberg hinaus in Dresdner Richtung, schwenkten schon in Nauendorf um, liessen sich aber in Freiberg nicht wieder sehen, sondern umgingen vielmehr die Stadt in grossem Bogen und begaben sich wieder heimwärts. Nur ein geringer Teil setzte es durch, nach der Residenz zu ziehen, unter ihnen als der Einzige aus unserm Dorfe der Wundarzt P., der in seinem Berufe tätig sein und sich den Verwundeten widmen wollte; allein er wurde auch für einen Revolutionär angesehen und mit vielen anderen 3 Wochen in die Frauenkirche gesteckt. Jetzt trafen auch die Preussen in unserer Gegend ein, erwiesen sich aber als ruhige anständige Leute, die nur auf gesetzliche Ordnung sahen und sonst niemand belästigten. Ein Kollege von einem Nachbardorfe erfuhr einen nicht geringen Schreck, als er, im Unterricht mitten unter seiner Schuljugend stehend, plötzlich von preussischem Militär gefangen nach Freiberg abgeführt wurde. In Freiberg bestanden zwei Vereine, ein konservativer, der „deutsche Verein" und ein freisinniger, der „vaterländische Verein", die sich mitunter etwas befehdeten. Eines Abends nun hatte der freisinnige dem Vorstande des konservativen, dem Bergdirektor O., eine greuliche Katzenmusik gebracht. Unter der grossen Menge Zuschauer dieser Komödie befand sich auch jener Kollege und konnte sich vor Lachen über dies schreckliche Durcheinander von Johlen, Quieken, Pfeifen und allen möglichen anderen disharmonierenden Geräuschen kaum halten. Allein das war als ein böses, wenigstens verdächtiges Zeichen für einen Lehrer von irgend jemand verraten worden, und so musste sich der Kollege, eine sonst ganz friedliche und zahme Natur, schon am folgenden Morgen arretieren und zum Verhör abführen lassen, bei welchem sich natürlich bald seine völlige Unschuld herausstellte. Schon nach wenig Tagen war der Aufstand niedergeschlagen und die kurze Herrlichkeit der provisorischen Regierung vorüber; aber noch lange beschäftigten und bewegten mich die schwarz-rot-goldenen Ereignisse der hinter mir liegenden Zeit wie eine Folge bunter und phantastischer Träume und gehörten jedenfalls zu dem Eigenartigsten und Merkwürdigsten von allem, was ich bisher erlebt hatte.

Eine Kirchschulstellenprobe. Ein Jahr nach den Maitagen bewarb ich mich um zwei Kirchschulstellen zugleich, um H. bei Freiberg unter Kollatur des Stadtrates und um K. bei Tharand, die der dortige Rittergutsbesitzer zu vergeben hatte. Legte ich sie beide auf die Wage, die eine in die linke, die andere in die rechte Wagschale, so ergab sich äusserlich kein wesentlicher Unterschied. Beide brachten ungefähr 300 Taler ein, wovon jedoch auf unbestimmte Zeit nur 200 Taler für mich zu rechnen waren. Denn in beiden lebte der Senior, der Amtsvorgänger, noch, der auch nicht verhungern konnte und sein Drittel als Pension bekommen musste. Rechnete ich aber die besonderen Umstände jeder Stelle hinzu, so wollte sich allerdings das Zünglein mehr zu gunsten von H. neigen. Denn durch meine fast zehnjährige Wirksamkeit in Halsbrücke war mir die ganze Freiberger Gegend so lieb und wert geworden, dass ich sie nur ungern mit einer anderen vertauschte. Dazu hatte ich schon die ganze Zeit hindurch unter derselben Kollatur des Rates gestanden; die meisten der Ratsmitglieder kannten mich und hätten mir sehr wahrscheinlich die Stelle zugesprochen. Nach K. dagegen ging ich als völliger homo novus und hatte vielleicht so und soviel Mitbewerber gegen mich, die sich bereits der Bekanntschaft und Gewogenheit des Herren Kollators erfreuten. Während ich noch so beide Stellen miteinander verglich und gegeneinander abwog, bekam ich plötzlich die Einladung zur Probe nach K. samt Aufgaben von der Superintendentur zugestellt: 1. Katechese über Matth. 5, 10: Selig sind, die da hungert und dürstet nach der Gerechtigkeit 2. Vortrag über die 3. Synonyma „gewöhnlich, gebräuchlich und gemein", 3. Deutschlektion über die Verhältniswörter des 3. und 4. Falles und 4. Berechnung eines durch eine Flur gelegten Weges nebst Dezimalbruchaufgaben.

In K. angekommen meldete ich mich sogleich beim Herrn Patron, der mich einlud, sein Gast zu sein. Etwas später traf der zweite Probandus, ein Kollege aus der Lausitz, ein; er genoss gleichfalls die Gastfreundschaft des Kollators. Den dritten bekamen wir erst am andern Morgen zu sehen, da er im benachbarten D. bei seinem Schwiegervater zur Nacht geblieben war. Jetzt stellte sich's auch heraus, dass wir alle drei dieselben Aufgaben zu behandeln hatten. Wir beiden bekamen Wohnung beim Hauslehrer, einem jungen Theologen, angewiesen. Nach Einnahme eines feinen Abend-brotes, sassen wir noch ein Stündchen gemütlich beisammen, machten Brüderschaft und tauschten gegenseitig unsere Erlebnisse aus. Während des Plauderns liess sich ein Spinnlein von der Decke herab und direkt auf den Schoss meines Kollegen. Sogleich betrachtete ich das mit Hinweis auf den alten Volksspruch „Spinne am Abend erquickend und labend" als eine gute Vorbedeutung für ihn als den, der wahrscheinlich die Stelle bekommen werde und beglückwünschte ihn. Erfreut darüber, erzählte er mir, wie sehr er eine bessere Stelle benötige nicht nur des geringen Einkommens sondern auch der schlechten Wohnung wegen; er wolle so gern heiraten, könne aber unmöglich seine Zukünftige in eine so ärmliche Wohnung, in der sie auch nicht einmal ihre Sachen — —. Plötzlich brach er ab und wies nur starren Blickes nach der bösen Spinne hin, die ihm mittlerweile untreu geworden war und nun munter auf meinem Rockärmel herumspazierte. Ich beruhigte ihn, es sei doch alles nur Scherz und ohne Bedeutung; aber er blieb ernst und schien mir doch etwas abergläubisch zu sein.

Am andern Morgen nach dem Kaffee, als mittlerweile auch der dritte Mitprobende eingetroffen war, erschien der Herr selbst oben bei uns, warf drei Lose in den Hut und forderte uns auf, die Reihenfolge, in der wir nacheinander darankämen, zu ziehen. Die andern beiden griffen hastig hinein, natürlich jeder in der Hoffnung, sich die erste Nummer zu sichern. Denn — meinten sie — da die hohe Prüfungskommission dreimal hintereinander genau ein und dasselbe anhören müsse, so würde sie es wahrscheinlich nur beim ersten interessant finden, beim zweiten aber schon vor langer Weile' gähnen und beim dritten gar einschlummern und so nur dem ersten seine Gunst zuwenden. Ich indessen kalkulierte für mich doch etwas anders. Wenn mir die erste Nummer nicht in den Schoss fiele, wünschte ich mir gerade die letzte; denn dann wollte ich von den Fehlern meiner Vorgänger profitieren und die Gegenstände recht frisch in neuer bisher noch nicht gezeigter und die Auf-merksamkeit wieder anregender Weise behandeln. Allein solche Vorbereitung erwies sich bei mir unnötig, denn meine Mitbewerber hatten für mich die erste Nummer im Hute zurückgelassen.

Die Probe nahm ihren Anfang in der Kirche. Jeder erhielt seinen Choral mit der Weisung, ein Vorspiel dazu zu improvisieren, dann eine Strophe zu singen und eine zu spielen. Die Orgel gehörte zu den schlechtesten, die ich je gespielt habe. Ihr fehlten überdies sowohl im Manual als im Pedal der grossen Oktave die 4 Tasten

c, cis, d und dis, so dass die Taste e den Ton c, f den Ton cis,
fis den Ton d u. s. f. erklingen liess. Man nannte diese in jener
Zeit noch hier und da vorkommende Bauart „kurz Oktav"; ich
habe aber nie den eigentlichen Grund für eine solche verwirrende
Weglassung von 4 Tasten und Übertragung ihrer Töne auf 4
andere Tasten erfahren können. Ein Glück nur für uns, dass wir
uns die berühmte Orgel schon vor der Probe angesehen hatten!
Auf Gesang und Orgelspiel folgte in der Kirche sogleich noch das
Predigtlesen und die Katechese mit einer Abteilung Kinder, alles
vor einer zahlreichen und gespannt aufmerksamen Zuhörerschaft.
Dann ging es in die Schule zum Vortrag über die 3 Synonyma und
zu den beiden Lektionen in Deutsch und Rechnen. Die Entscheidung
überliess für dieses Mal der Herr Kollator dem Gemeinderat, der
sogleich nach Schluss der Probe zur Wahl zusammentrat. Wir
begaben uns unterdessen nach dem Gasthofe, um uns durch ein
Glas Bier zu stärken. Die Gaststube war gedrängt voll von zur
Probe herbeigekommenen Leuten, die nun hier ihrerseits ebenso
über Mängel und Vorzüge der 3 Schulmeister nach ihrer Art
debattierten wie der Gemeinderat drüben in der Schule.

Die meisten sassen vor ihrem gewohnten Schnaps, und es
währte nicht lange, so trank mir ein alter weissköpfiger Bauersmann
im langen bis zu den Knieen herabreichenden braunen Rock sein
Glas zu und wollte mir auch schon einen „Stamper" bringen lassen.
Allein ich lehnte es ebenso höflich wie entschieden mit der Erklärung ab, dass ich überhaupt fast gar keinen Schnaps zu trinken
pflege und mich jetzt nach der Anstrengung nicht noch stärker
erregen dürfe. Nach beendigter Wahlhandlung gab der Herr seinen
Gästen, einem Major, einem Doktor, einem Tharander Hofrat, den
beiden Superintendenten von Meissen und Freiberg, dem Orts-
pfarrer, dem Hauslehrer und uns 3 noch immer wegen des Ausfalls
der Wahl in schwebender Pein hangenden und bangenden Bewerbern
im Rittersaale des Schlosses eine grosse Prunktafel. Aber auch
während des Essens fiel nicht die geringste Andeutung über das
Wahlergebnis; denn der an mich gerichteten Scherzfrage des einen
der Herren Superintendenten: „Aber mein Schwager (er meinte den
Rittergutsbesitzer) nimmt von den 3 Herren nur den, der am besten
Skat spielen kann; wie steht's, werden Sie ihm in dieser Beziehung
genügen?" konnte doch keiner von uns Dreien irgend welche Bedeutung zumessen. Also gingen wir ebenso klug von der Tafel,
als wir uns hingesetzt hatten, aber jedenfalls noch viel unruhiger
als vorher. Wir trennten uns ohne das sonst übliche Versprechen,
dass der Gewählte den Unterlegenen ein Trost- oder Schmerzens-
geld von 5 bis 10 Taler herauszuzahlen habe; ich aber blieb noch
einmal beim Hauslehrer, und erst am andern Morgen beim Abschiede
erklärte mir der Herr, dass ich gewählt sei und die Anstellungs-
urkunde schon nächsten Sonnabend zugestellt erhalten würde.

Überglücklich eilte ich nach Hause. Bald traf auch das erwartete be-
deutungsvolle Schriftstück ein. Als ich es aber dem Superintendenten
in Freiberg vorlegte, begrüsste mich dieser mit einer neuen Überraschung: „Der Rat hat Sie unterdessen auch für H. gewählt; hier
liegt Ihre Designation!" Also eine Doppelwahl mit ihrer Qual.
Was war zu tun? Ich bat mir Bedenkzeit aus. Und nun wiederholte sich genau dieselbe Grübelei wie in der ganzen Zeit vor der
Probe und das Vergleichen und Abwägen wollte nicht aufhören. Immer
neue Vergleichspunkte wurden herzugesucht: Die Schulhäuser? —
beide alt; die Leute? — hier neben einigen Bauern viel Hüttenleute,
dort nur Bauern; die Aussicht auf Vorwärtskommen? — hier
hoffnungsvoll; denn der Rat hatte auch noch einige bessere Stellen
zu besetzen, dort keine solche vorteilhafte Perspektive; die Pfarrherren? halt, das gab den Ausschlag! Denn hier war einer, der
beständig in Unfrieden mit seinem Lehrer lebte und ihm nicht
einmal seine Kinder anvertraute sondern sie zu mir in die Schule
schickte, obgleich ich gar nicht in sein Kirchspiel gehörte und dort
ein wahres Ideal von einem Pastor und schul- und lehrerfreundlich
dazu. Ja, wer bürgte mir dafür, dass es mir bei der wetter-
wendischen und unbeständigen Gesinnung des Pfarrers in H. nicht
ebenso ergehen würde wie meinen Amtsvorgänger? Darum griff
ich fröhlich zu und ging nach K., dessen Pastor seinen guten Ruf
ausgezeichnet bewährte und vom ersten Tage wie ein Vater gegen
mich war. Nach H. aber kam ein armer Kollege, der schon ganze
zehn Jahre auf eine ständige Stelle gewartet hatte und nun seine
endliche Ernennung wie eine Versetzung in den Himmel betrachtete.
Langjähriges Sitzenbleiben auf einer Hilfslehrerstelle war allerdings
früher nichts seltenes. Wie mancher sass ein liebes langes Jahr nach
dem andern am Teiche Bethesda und wartete; allein, wenn das
Wasser sich bewegte, stieg ein anderer vor ihm hinein! Ich habe
sogar einen gekannt, der seine 25 Jahr als Hilfslehrer vollendete
und das Ministerium, das sich mit Recht sonst nicht gross um
die von Jahr zu Jahr immer zahlreicher auftretenden 25jährigen
Jubiläen kümmerte, tat hier einmal ein übriges und schenkte dem
schon ergrauten Jubilar die Ständigkeitsrechte.

II.

Das Rechnen.

Ein Beitrag zum erziehenden Unterricht, insbesondere zu dem des ersten Schuljahres.

Von **G. Gothe**, Göttingen.

Schluss.

III.

Das Rechnen im ersten Schuljahre.

Wenn es wahr ist, dass der Unterricht im ersten Schuljahre den grössten, ja ausschlaggebenden Einfluss auf die Ergebnisse der ganzen Schularbeit ausübt, so folgt daraus die Notwendigkeit, dem Anfangsunterrichte die denkbar höchste methodische Vollkommenheit zu verleihen. Deshalb muss auch jede Reformbestrebung an dieser Stelle den Hebel ansetzen.

Beim Anfangsrechenunterrichte handelt es sich fürs erste darum, die Kinder zu befähigen, eine Zahl richtig aufzufassen. Erst als zweite Aufgabe müssen wir diejenigen betrachten, die Zahlen operativ zu verbinden; denn sie ist ja nicht zu erfüllen ohne das Vorhandensein von Zahlvorstellungen und Zahlbegriffen.

Wie erzeugen wir nun Zahlvorstellungen, -begiffe und -begriffsgefühle am zweckmässigsten? Dass hier nur die Inanspruchnahme körperlicher Zählmittel wirklich zum Ziele führt, ist eine längst anerkannte Wahrheit. Aber bei der Durchführung dieser Erkenntnis macht man beständig den Fehler, die Rechendinge den Schüler nur zu zeigen. Nur der Lehrer arbeitet mit und an ihnen, und nur in den seltensten Fällen werden auch die Schüler zu diesem gegenständlichen Rechnen herangezogen. In diesem Falle aber kann dann auch immer nur ein einzelner Schüler beschäftigt werden, während die grosse Masse sich mit der sogenannten „Anschauung" begnügen muss. Man scheut sich, dem Schüler Gegenstände als Rechendinge in die Hand zu geben, damit er mit ihnen arbeite, weil man Unordnung in der Klasse befürchtet. Da soll alles gleich von Anfang an wie am Schnürchen gehen, und die kleinen Kerle müssen wie die Puppen sitzen. Man fürchtet auch das Spielen der Kinder. Als ob das Spielen den Kindern dieses Alters nicht noch das Natürlichste wäre! Gebt ihnen nur ruhig Dinge in die Hand und lasst sie damit spielen, aber stellt das Spiel in den Dienst des Unterrichts!

Doch da kommt eine Forderung der Rechenmethodiker uns in die Quere. „Die Rechendinge müssen so qualitätlos wie möglich sein!" Nun gut. Eine Kugel am Rechengestell hat für das Kind weniger Qualitäten als eine solche in seiner Hand; eine gemalte Kugel aber bietet noch weniger Qualitäten dar. Und so hat man die Schule beglückt mit der Born'schen Rechenmaschine, mit den Zahlenbildern. Diese Einrichtungen schlagen dem Pestalozzi'schen Grundprinzip von der Anschauung und dem Herbart'schen Bestreben nach Weckung des Interesses geradezu ins Gesicht; denn die Anschauung muss allseitig sein, d. h. sie muss mit allen möglichen Sinnen vor sich gehen, und das Interesse nimmt seinen Ausgangspunkt vom Gegenständlichen. Aus diesen Gründen lasse ich die Schüler die Zahlen an wirklichen Gegenständen in ihrer Hand begreifen.

Alle bisher üblichen Zählmittel beruhen auf der Erscheinung der Zahl im Raume. Nun haben wir aber noch eine zweite Erscheinungsform der Zahl, nämlich die in der Zeit vor sich gehende. Auf die Erfassung der letzteren hat man bisher ganz verzichtet. Ob wohl mit Recht? Wollen wir dem Kinde den Begriff einer Zahl beibringen, so muss diese Zahl auch in allen Arten ihrer Erscheinungsformen vorgeführt werden, und ihnen müssen sich die Hilfsmittel des Unterrichts anpassen. Nicht der Gesichtssinn allein offenbart uns die Zahl im Raume, dasselbe tut der Tastsinn und der Muskelsinn. Warum vernachlässigen wir sie bei der Erlernung der Auffassung der Zahl? Der Gehörssinn übermittelt uns vorzugsweise nur die Zahl in der Zeit. Weil er es aber tut, so dürfen wir ihn nicht übergehen. Erst wenn wir diese vier Sinne bei dem Aufbau der Zahlvorstellungen und bei Gewinnung des Zahlbegriffes in Anspruch nehmen, können wir von wahrer Anschauung sprechen.

Die vorstehenden Überlegungen führten mich dazu, beim Rechenunterrichte zwei Zählmittel zu benutzen: Stäbchen und Kugeln. Die Stäbchen stellte ich mir aus langen Schwefelhölzern her, indem ich deren überzogene Enden mit einer Schere abtrennte und sie dann im Freien gründlich auslüften liess, bis auch die letzte Spur des Phosphorgeruches verschwunden war. Für jeden Schüler bestimmte ich ausser einigen Ersatzhölzchen zwölf solcher Stäbchen. Vom Buchbinder liess ich sodann quadratische Pappteller mit aufgekippten Rändern von 10 cm Kantenlänge anfertigen. Jedes Kind erhielt zunächst einen Teller mit sechs Stäbchen. Die Kugeln nahm ich von dem bekannten Kugelspiele. Sie waren alle von gleicher Grösse, so dass ich deren zwölf bequem in der Hand halten konnte. Im Kathederkasten wurde ein dünnes Tuch ausgebreitet, um die niederfallenden Kugeln an störenden Bewegungen zu hindern. Der Lehrer allein hantiert mit den Kugeln.

Gebrauch der Stäbchen und Kugeln.

1. Erfassung der Zahl durch Gesichts-, Muskel- und Tastsinn. Der Schüler stellt den Teller an den oberen

Rand der Bank. Es werden Zählübungen angestellt, wobei die Stäbchen auf der Bank niedergelegt werden. Anfänglich wird jede Zahl aus den Einheiten sukzessiv aufgebaut, später muss der Schüler die entsprechende Anzahl Stäbchen mit einem einzigen Griffe im Teller fassen und dann geordnet niederlegen. In derselben Weise wird zugelegt und weggenommen.

2. **Erfassung der Zahl durch Gesichts- und Muskelsinn.** Sämtliche sechs Stäbchen liegen in angemessenen Abständen nebeneinander auf der Bank. Der Schüler schreitet mit dem Stifte diese Reihe ab. Wesentlich hierbei erscheint mir, dass er mit der linken Hand den Anfang der Reihe ein für allemal bezeichnet.

3. **Erfassung der Zahl durch den Gesichtssinn.** Die Anordnung der Stäbchen bleibt dieselbe wie vorhin, und der Schüler hat nur mit dem Auge die entsprechende Reihe entlang zu gleiten.

4. **Erfassung der Zahl durch Muskel- und Tastsinn.** Der Teller mit den Stäbchen wird unter die Bank auf das Bücherbrett gestellt.

Die Schüler müssen nun zuerst mit der rechten Hand eine bestimmte Anzahl Stäbchen fassen, hierzu mit derselben Hand hinzulegen oder davon weglegen und jedesmal die Anzahl bestimmen. Zur Kontrolle durch den Gesichtssinn werden anfänglich recht häufig die Stäbchen auf dem Tische nachgezählt. Diese Übungen müssen auch mit der linken Hand vorgenommen werden und ebenso mit beiden Händen. Fällt während der Übungen ein Stäbchen zur Erde, so bleibt es bis zum Schluss liegen; der betreffende Schüler erhält dafür ein Ersatzstäbchen.

5. **Erfassung der Zahl durch den Gehörssinn.** Der Lehrer lässt, den Schülern unsichtbar, in den Kathederkasten Kugeln fallen, anfänglich langsam, später schneller, erst wenige, dann mehr, teils ohne, teils mit Rhythmus. Die Anzahl wird bestimmt. Zu den schon liegenden Kugeln fallen andere — wieder die Anzahl bestimmen! Die liegenden Kugeln werden aufgenommen, und von ihnen lässt man etliche fallen. Der Rest wird bestimmt u. s. w.

Der Gebrauch dieser Hilfsmittel ist zuvörderst verbunden mit lautem, später mit tonlosem Zählen, am Ende ohne sichtbare Bewegung der Sprechwerkzeuge.

Wir schalten somit ganz allmählich eine sinnliche oder körperliche Betätigung bei der Auffassung der Zahl nach der andern aus und nähern dadurch den Schüler immer mehr der Zahlvorstellung. Jetzt ist der Zeitpunkt gekommen, wo wir das Kind mit diesen allein rechnen lassen, und zwar müssen die entsprechenden Übungen bis zur absoluten Beherrschung derselben fortgeführt werden.

Danach treten angewandte Aufgaben auf. Bei ihnen ist erstens zu beachten, dass man nicht mit dem Gegenstande des Rechnens wechsele, also nicht alle möglichen Dinge während einer Unterrichtsstunde als Rechendinge verwende. Man muss viel-

mehr den Schüler sich immer nur in einem Vorstellungskreise bewegen lassen, wodurch wir ihm die Arbeit der Reproduktion anderer
Dingvorstellungen ersparen. Zweitens müssen die betreffenden
Dinge eine fortlaufende Kette von Rechenaufgaben
ermöglichen. Da bei den gedachten Kettenaufgaben jede neue
Rechenoperation an die in der vorhergegangenen gefundene Zahl
anknüpft, so wird dem Schüler dadurch auch jedesmal die Bildung
je einer Zahlvorstellung erspart. Diese doppelte Kraftersparnis bei
der Bildung der Vorstellungen muss nun notwendigerweise andererseits eine Kraftsteigerung für die Vornahme der Rechenoperation
selbst nach sich ziehen. Es seien hier einige Objekte für derartige
Kettenaufgaben angeführt: Gewinn und Verlust von Kugeln
beim Kugelspiel, das Erscheinen und Verschwinden von Wagen,
von Menschen, von Kindern auf der Strasse, dasselbe von Hühnern
auf dem Hofe, das Niedersetzen und Fortfliegen von Tauben auf
dem Dache, das Abladen und Wegtragen von Brettern beim Bau u. s. w.
Ebensolche Kettenaufgaben müssen übrigens auch beim Rechnen
mit den unbenannten Zahlen die herschenden sein.

Nach diesem Rechnen mit vorgestellten Dingen treten als letzte
Übungen körperliche und graphische Darstellungen auf.
Die Stäbchen werden teils in der Gestalt von den Kindern bekannten
Gebrauchsgegenständen, teils in geometrischen Figuren niedergelegt;
diese Darstellungen werden dann weiter mannigfaltig verändert und
zum Schluss aufgezeichnet. Es sei hier nur erinnert an Stuhl, Tisch,
Bank, Kasten, Dach, Haus, Leiter, Fenster oder an Dreieck, Viereck
u. s. w., an Kreuz und Stern. Alle diese Darstellungen sind verbunden mit rechnerischen Operationen; doch handelt es sich dabei
immer nur um Addition und Subtraktion.

Ist die Stufe des rein gegenständlichen Rechnens bis zur vollständigen Beherrschung der Zahlvorstellungen geübt, so tritt diejenige des Rechnens mit den graphischen Zahlsymbolen
auf. Als solche sind gegenwärtig im Gebrauch erstens die sogenannten Zahlenbilder (Punktgruppen) und zweitens die
arabischen Ziffern. Ich muss mich gegen die ersteren erklären aus
folgenden Gründen: erstens lassen sie in ihrem Aufbau nicht den
Fortschritt in der Zahlreihe erkennen; zweitens fasst sie der Schüler
nur ihrer geometrischen Form, nicht aber ihrem Zahlinhalte nach
auf; drittens sind sie nur für die Schule geschaffen und werden im
Leben nicht angewendet. Auch die arabischen Ziffern kann ich
auf dieser Stufe noch nicht als Zahlsymbole gebrauchen, weil sie
ganz und gar keine Beziehung zu den von ihnen bezeichneten
Zahlen erkennen lassen. Wir bedürfen vielmehr eines Zahl-
zeichens, das erstens den Aufbau der Zahl noch hin-
durchschimmern lässt und das zweitens auch im
Leben nicht über Bord geworfen wird. Ein solches haben
wir in den römischen Ziffern. Der Gebrauch der Stäbchen

als Zählmittel hat deren zeichnerische Darstellung im Gefolge, und diese führt unmittelbar zu den römischen Zahlzeichen I, II, III, IIII, V und VI.

Nunmehr kann zur schriftlichen Fixierung von Aufgaben geschritten werden; deshalb treten an dieser Stelle auch die Operationszeichen + und — auf. Die Aufgaben selbst werden jetzt nicht mehr in der erwähnten Kettenform gegeben, da es sich auf dieser Stufe um die Erlangung der grössten Schnelligkeit in der Lösung der Aufgaben handelt, die ja einesteils auf der vollständigen Herrschaft über die Zahlvorstellungen basieren muss und anderenteils zum sicheren Besitze der Zahlbegriffe führen soll.

Die Erweiterung der Zahlreihe bis zwölf geschieht schrittweise, erst bis acht, dann bis zehn, zuletzt bis zwölf. Alle Übungen zur Auffassung der Zahl bleiben die gleichen wie in der Reihe eins bis sechs, doch treten einige Modifikationen auf. So werden beim Gebrauch der Stäbchen die Übungen unter 1). so eingerichtet, dass die Stäbchen rhythmisch angeordnet werden: 2, 2, 2 ...; 3, 3, 3 ..; 4, 4, 4; 5, 5. Diejenigen unter 2). und 3). erfordern eine Anordnung in Fünfergruppen etwa in folgender Weise; ||||| ||||| ||. Die Gruppierung geschieht also ganz analog dem Aufbau der römischen Zahlzeichen. Die Übungen unter 4). müssen jetzt immer mit beiden Händen vorgenommen werden und zwar so, dass die eine Hand die der Grundzahl entsprechende Anzahl von Stäbchen hält, während die andere Hand Operationen vornimmt, also zu- oder weglegt. Auch sei hervorgehoben, dass es sich empfiehlt, auf dieser Stufe die Übungen unter 2). und 3). mehr hervortreten zu lassen. Die Gruppe 5 der Übungen muss jetzt fast durchgehends auf dem rhythmischen Zählen aufgebaut werden.

Im übrigen bleiben die Rechenaufgaben ihrem Wesen und ihrer Art nach sich gleich. Die Kettenaufgaben können jetzt eine grössere Beweglichkeit erlangen, und es können auch schon eigentliche Reihenbildungen auftreten, allerdings nur solche mit zwei und drei. Nach jeder Erweiterung der Reihe werden jetzt sofort die betreffenden römischen Zahlzeichen eingeführt, damit die Schüler alsbald zur schriftlichen Fixierung der Aufgaben schreiten können.

Unter den Anwendungsaufgaben, die denjenigen der vorigen Stufen durchaus entsprechen, tritt jetzt eine neue Art als wesentlich auf; das ist das Ausmessen, Schätzen und Streckenabgrenzen nach Stäbchenlängen, Spannen, Fingerbreiten und Schrittlängen. Der Gebrauch dieser urwüchsigen Masse ist ausserordentlich wichtig als Vorbereitung des Verständnisses und der Benutzung unserer üblichen Raummasse. Hier legen die Kinder die Einzelmasse wirklich nacheinander an, während in späteren Jahren die feststehende Einteilung der Massleiste gebraucht werden muss. Jedenfalls ist diese Messmethode so ausserordentlich konkret, dass sie in ihrer Durchführung auf keinerlei Schwierigkeiten stösst. Vor allen Dingen aber ermöglichen die ihr entsprechenden Aufgaben zum erstenmal eine praktische Betätigung des Schülers.

Ist die Zahlreihe bis zwölf nach Addition und Subtraktion bewältigt, so wird auf der dritten Stufe die Uhr in einfachster Weise rechnerisch betrachtet. Es erscheint mir besonders wichtig, dieses weitverbreitete Instrument in der Schule und zwar möglichst frühzeitig zu behandeln. Nach unseren bisherigen Lehrplänen wird es zum grössten Teile dem Hause überlassen, das Kind mit der Uhr vertraut zu machen, und nur in seltenen Fällen wird sie als Quelle von allerlei Rechenaufgaben benutzt. Das ist ein bedauerlicher Mangel. Die Uhr gibt als gebräuchlichster Zeitmesser ein vorzügliches Rechenobjekt ab, das uns für jedes der acht Schuljahre eine unerschöpfliche Fülle von Aufgaben liefern kann. Weil sie aber von ausserordentlicher Bedeutung für das Leben überhaupt wie für das Schulleben im besonderen ist, so lasse ich sie schon auf der gegenwärtigen Stufe auftreten.

Ich benutze ein Pappmodell von ziemlichem Durchmesser, das mit abnehmbarem und drehbarem Stunden- und Minutenzeiger versehen ist. Gerechnet wird nur mit den Stunden in Addition und Subtraktion. Hierbei ist bei dem Überschreiten der Zwölf eine vorzügliche Gelegenheit geboten zum Zerlegen der Zahlen, das ja im ersten Schuljahre fleissig geübt werden muss, weil es für das Rechnen in der folgenden Klasse von grundlegender Bedeutung ist. Die Schüler werden hier geradezu zum Zerlegen der Zahlen gezwungen; denn die Zahlreihe geht ja nur bis zwölf, um dann wieder von neuem zu beginnen. Das ist ganz anders bei dem Übergange aus dem ersten in den zweiten Zehner. Hier liegt kein zwingender Grund vor, die Reihe bei zehn abzubrechen und eine Zahlzerlegung eintreten zu lassen; hier ist die Grenze nur künstlich gezogen, und wir könnten ebensogut durchrechnen lassen.

Nach diesen Übungen werden die Bezeichnungen „einviertel", „halb", „dreiviertel", „um" eingeführt, ohne dass der eigentliche Sinn dieser Ausdrücke den Kindern zur klaren Einsicht gebracht würde. Wenn ich diese Forderung hier aufstelle, so möge man immer bedenken, dass ja die Schüler täglich die betreffenden Ausdrücke hören, ohne damit meistens irgend einen Sinn zu verbinden. Jetzt werden die Worte an bestimmte Zeigerstellungen gebunden, also doch wenigstens mit einem gewissen Inhalte erfüllt. Auch die Minutenangabe muss hier geübt werden, jedoch so, das die Zeigerstellung immer auf die nächste Hauptzeit bezogen wird; also z. B. „in zwei Minuten einviertel sieben" und nicht „dreizehn Minuten über um sechs". Sowohl mit den Hauptzeiten, als auch mit den Minutenangaben wird aber in dem ersten Schuljahre noch nicht gerechnet, sondern derartige Bestimmungen

werden nur fleissig geübt; allerdings liegt jedesmal auch in einer
solchen Übung schon eine einfache Rechnung, nähmlich ein Zählakt.

Während der Übungen mit und der Rechnungen an der Uhr
dürfen selbstverständlich die früher besprochenen Rechenaufgaben
nicht ruhen. Und so ist der Schüler mittlerweile in der Beherrschung
der Zahlen bis zwölf so weit vorgeschritten, dass man wohl behaupten darf, er besitze nun auch die Zahlbegriffe, die sich
durch Begriffsgefühle bemerkbar machen. Jetzt ist die Zeit
gekommen, dass wir von dem mehr sinnlichen Zahlzeichen, als
welches sich die römische Ziffer darstellt, zum reinen Zahlsymbol
übergehen, zur arabischen Ziffer. Diese werden von nun ab
ausschliesslich gebraucht, ausgenommen bei Zeitangaben, bei denen
die römischen Ziffern noch weiter benutzt werden.

Die letzte Rechenstufe dieses Jahres wird beherrscht von der
Multiplikation mit ihren Umkehrungen. Die Multiplikation
muss sich ja selbstverständlich aus der Addition entwickeln, doch
erscheint mir hierfür die einfache Reihenbildung nicht genügend
geeignet; sie ist ja auch schon bei der Addition erschöpfend geübt.
Ich führe die Multiplikation vielmehr konstruktiv ein. So lasse
ich bei der Vervielfältigung der Vier Fensterscheiben aus je vier
Stäbchen bauen. Ein Gleiches geschieht mit Kreuzen und Sternen.
Die Multiplikationsreihe ergibt sich daraus von selbst, und spielender-
weise wird sie sich so dem Kinde fest einprägen und kann auch
wiederum auf die mannigfaltigste Art im Spiel angewendet werden.
Auch die Umkehrungen der Multiplikation, also das Enthaltensein, lassen sich auf ähnlich einfache und verständliche Weise
einführen. Die Kinder nehmen z. B. sechs Stäbchen und sollen
daraus ein Dreieck bauen, so werden sie finden, dass auf jede
Seite zwei Stäbchen kommen müssen. Jedenfalls wird man zugeben,
dass durch diesen Betrieb des Rechenunterrichts das Interesse der
Schüler nie erlahmt, sondern immer gespannt erhalten wird. Somit
muss auch der geistige Gewinn ein grosser und sicherer sein.

Auch das Messen, Abschätzen, Streckenbezeichnen,
-verlängern und -verkürzen spielt hierbei eine wichtige Rolle
und führt unmittelbar zum Teilen hinüber. Die Schüler zeigen
z. B. eine Strecke von zwei Stäbchenlängen. Sie machen sie dreimal
so lang. Jetzt müssen sechs Stäbchen hineinpassen, was auch
erprobt wird. Oder sie zeigen eine Strecke von sechs Stäbchenlängen, sodann deren Mitte; dann können in jeder Hälfte drei
Stäbchen liegen. Die Probe muss jedesmal erfolgen. Sind auf
diese Weise die Operationen genügend veranschaulicht und bis zur
Sicherheit geübt, so tritt auch die Übung mit den blossen Zahlvorstellungen und den Zahlsymbolen auf. Immer aber müssen
die Übungen wieder in derartigen manuellen und anderen
körperlichen Betätigungen auslaufen.

Hier nun noch ein Wort über die Ausdehnung der Zahlreihe bis zwölfl Gewöhnlich schliesst man die Zahlreihe im ersten Schuljahre mit zehn oder mit zwanzig ab in Anlehnung an unser Zehnersystem. Das Zehnersystem als solches kann aber erst in der Zahlreihe bis hundert zum erstenmal abgeleitet und zur Einsicht gebracht werden. Deshalb brauchen wir im ersten Schuljahre keinerlei Rücksicht darauf zu rechnen; denn in diesem handelt es sich ja nur um den Aufbau der einfachsten Zahlvorstellungen, um die Erwerbung weniger Zahlbegriffe und um die Gewöhnung an bestimmte Rechenoperationen, nicht aber um die Erkenntnis von Systemzahlen. Einfache Zahlvorstellungen müssen durch ein einfaches Wort bezeichnet werden können, und dieser Anforderung genügt die Reihe bis zwölf. Die Rechenoperationen dagegen verlangen eine möglichst vielfältige Übung. Für Addition und Subtraktion würde hier wohl die Reihe bis zehn ausreichen, nicht aber für die Multiplikation mit ihren Umkehrungen. Für sie ist unter den kleinen Zahlen allein die Zwölf mannigfaltigst auszubeuten; denn sie besitzt unter ihnen allen die grösste Teilbarkeit. Aus diesen Gründen habe ich die Zahlreihe bis hierhin ausgedehnt. Die Zwölf bietet uns nun noch einen ganz besonderen Vorteil. Sie erlaubt uns, die Kinder in das Verständnis jenes eminent wichtigen Instrumentes, in das der Uhr einzuführen und ihnen dadurch wiederum ein reiches Übungsmaterial zu erschliessen. Denjenigen aber, welche durchaus bei der Zehn als der unserem Zahlsysteme angepassten Grenze bleiben wollen, sei entgegengehalten, dass wir ausser dem Zehnersysteme auch ein volkstümliches Zwölfersystem haben. Dieses wird sogar auf dieser Stufe bei der Zeitrechnung schon rechnerisch benutzt und könnte auch als Dutzendbezeichnung in die Rechenoperationen hereinbezogen werden.

Ich bin am Ende meiner Ausführungen und möchte die werten Leser nur noch auf folgenden Punkt, der mir für die Auffassung der vorliegenden Arbeit wichtig erscheint, aufmerksam machen. Es ist mir nicht darum zu tun gewesen, möglichst genaue Einzelvorschläge für die Rechenmethodik hier zu geben, sondern vielmehr darum, den Rechenunterricht von neuen und einheitlichen Gesichtspunkten aus zu betrachten und dadurch allerdings die Unterrichtspraxis zu beeinflussen, wie ich es für das erste Schuljahr dargetan habe. Deshalb habe ich einesteils bei der Begründung des Lehrverfahrens so weit ausgeholt, anderenteils musste ich mich von weitschichtigen theoretischen Erörterungen, z. B. über das Wesen der Zahl, fernhalten. Möge nun der werte Leser das für Theorie und Praxis des Rechenunterrichts Wertvolle herausheben und anwenden, etwaige Differenzen aber in freier Kritik offen darlegen, so werden wir auf dem Wege zur Vervollkommnung unseres Erziehungswesens wieder einen Schritt vorwärts tun, und diese Zeilen hätten alsdann ihren Zweck erfüllt.

B. Kleinere Beiträge und Mitteilungen.

Bericht über die 37. Jahresversammlung des Vereins für wissenschaftliche Pädagogik.

Von Fr. Franke in Leipzig.

Die Arbeiten, welche der Versammlung in Weimar vorlagen, sind im 3. Hefte S. 234 der Päd. Stud. mitgeteilt; hier mache ich wie in früheren Jahren einige kurze Mitteilungen über den Verlauf, auch diesmal nicht ganz ohne Zusätze.

In der Vorversammlung begrüsste Herr J. Dietz im Namen der Weimarischen Mitglieder den Verein. Er gedachte dabei der früher in Weimar abgehaltenen Versammlungen (1873 und 1877) und gab auf die Frage: Warum freuen wir uns, dass der Verein kommt? die Antwort: Weil er mit seiner stillen Arbeit immer etwas bringt. Er will nach seinen Satzungen die Grundlagen der Pädagogik klarlegen und, auf dieselben bauend, die pädagogischen Gedanken nach allen Seiten hin ausbilden. Die Arbeit nach diesen Zielen ist der alltäglichen Lehrerarbeit etwas entrückt, und das ausdauernde Interesse dafür oder die Fähigkeit, daran mitzuarbeiten, verdankt der Einzelne gewissen gerade nach dieser Seite hin wirkenden Umständen auf seinem Lebensgange. Der fortgesetzten Arbeit des verhältnismässig kleinen Häufleins ist es aber doch gelungen, allmählich die pädagogische Luft zu modifizieren, so dass wir alle, ja dass auch Gegner, wenn sie die Herkunft ihrer eignen Gedanken völlig durchschauen, der Arbeit des Vereins (und gleichgearteter Arbeit ausserhalb desselben) zu Dank verpflichtet sind. Ein eigentümlicher praktischer Gedanke unserer Richtung ist das Lehrplansystem, d. h. diejenige Gestaltung unserer didaktischen Arbeit, bei welcher Schritt für Schritt die causae efficientes auf die causa finalis bezogen werden und also das letzte Endziel die Arbeit immer bestimmt. Wir verlangen aber nicht, dass dasselbe etwa sofort in alle Schulen eingeführt werde, sondern begnügen uns, dasselbe immer von neuem bald von dieser, bald von jener Seite aus zum Gegenstande der Überlegung und öffentlichen Verhandlung zu machen. Möge nun die Versammlung in Weimar den Lohn finden, den sie mit ihrer Arbeit sucht, nämlich das Bewusstsein, ein kleines Stück weitergekommen zu sein und Leuchtsterne für die künftige Arbeit geschaffen zu haben![1]

---

[1] Hier schwebte dem Redner vielleicht vor, wie sich Ziller im Jahre 1871 über die Aufgabe des Vereins ausgesprochen hat, nämlich „dass wir . . . wenigstens

Der Vorsitzende, Prof. Th. Vogt aus Wien, machte in seiner Erwiderung zunächst darauf aufmerksam, dass ausser ihm noch ein anderes Mitglied in der Versammlung gegenwärtig sei, welches dem Verein seit der Gründung angehört und schon am 1. Jahrbuche mitgearbeitet habe: Herr Prof. G. Friedrich aus Teschen. Seit jener Zeit ist eine neue Generation herangewachsen, aber geblieben ist die Hochschätzung Herbarts und Zillers. Die Persönlichkeiten dieser Männer zeigen uns eine fast beispiellose Opferwilligkeit im Dienste der pädagogischen Forschung, und hätte nicht diese Interesselosigkeit (vgl. 12. Jahrbuch S. 131) Anerkennung und Nachfolge gefunden, so wäre es auch nicht zur Gründung unseres Vereins gekommen. Geblieben sind aber auch die Grundzüge unseres Gedankensystems, trotzdem sich zahlreiche Differenzen der Anschauungen geltend gemacht haben. Herbart und Ziller würden auch selber nicht gewünscht haben, dass wir, ohne selbständig weiter zu arbeiten, bloss ihre Gedanken wie Dogmen festhalten und reproduzieren sollten, wie es uns von der oder jener Seite immer wieder zugemutet wird. Ist doch nach Herbart die Pädagogik die tiefste Wissenschaft! Wann dürfte man annehmen, dass man nun stehen bleiben könne![1]) Auch eine zweite Wahrnehmung, die ich im Laufe der Jahre gemacht habe, verdient noch Erwähnung. Es geschieht sonst häufig, dass Meinungsdifferenzen sich fortentwickeln zu persönlicher Entfremdung. Unsere Versammlungen haben sich aber[2]) erwiesen als ein wirksames Ausgleichungsmittel und uns daran gewöhnt, abweichende Meinungen ohne persönliche Verstimmung zu ertragen.

Durch den Tod hat der Verein u. a. 2 Mitglieder verloren, welche dem Verein seit der Gründung angehört haben: Direktor E. Barth in Leipzig und O. W. Beyer, früher Direktor in Pössneck, zuletzt in Leipzig tätig besonders

---

in jedem Jahrbuch und jeder Generalversammlung, so sehr ihnen auch sonst der Glanz fehlen und so wenig glänzend die Aufgabe selbst erscheinen mag, einige wertvolle theoretische oder praktische Gedanken . . . in möglichst kontinuierlichem Fortschritt produzieren und feststellen wollen." Stoys Allg. Schulzeitung 1871, S. 131 f. Jahrbuch 10, S. 268.

[1]) Vgl. aus Herbarts Selbstanzeige der Allg. Päd.: „Pädagogik als Wissenschaft ist Sache der Philosophie; und zwar der ganzen Philosophie, sowohl der theoretischen als der praktischen, und eben so sehr der tiefsten transscendentalen Forschung, als des allerlei Fakta leichthin zusammenstellenden Räsonnements." Päd. Schriften, herausgegeben von Willmann, I, S. 317. Vgl. ebenda S. 238: „Keine Art von Wissenschaft erfordert so jede Art von Sammlung wie die Pädagogik. Schon für die Wissenschaft (im Gegensatz der Kunst) gehört die Vereinigung einer zwiefachen Art von Besonnenheit, die gewöhnlich in ganz verschiedenen Anlagen verteilt ist, die theoretische und die praktische . . . Aber auch die Kenntnis der Gegenstände muss hinzukommen, — und nicht nur wissenschaftlich, sondern auch die Überschauung dessen, was diese Wissenschaften in der Welt gelten, und wie sie durch die Welt geltend gemacht werden in der jugendlichen Seele." Und ebenda S. 240: „Pädagogik als vollendete Wissenschaft könnte nur gebaut werden auf die Vollendung aller übrigen Wissenschaften . . . Es ist nicht mein Vorhaben, als könnte ich die vollendete Wissenschaft lehren. Aber . . . Gelegenheit zu manchen Betrachtungen zu geben über den Zusammenhang der Studien untereinander und mit dem Leben, . . . dazu werde ich mir Hoffnung machen dürfen."

[2]) Wenn auch leider noch nicht in allen Fällen! hätte hier hinzugefügt werden müssen.

für Schülerwanderungen und Volkshygiene; ferner den Geheimen Schulrat Grüllich in Dresden.

Aus dem Vereinsleben wurden Berichte gegeben: von Rektor Schmidt über Steinach, Meiningen und Hildburghausen; von Fack über Weimar und über den Thüringer Herbartverein, der jetzt etwa 1500 Mitglieder hat; von Glück über die Vereinigungen in Stuttgart, Reutlingen, Böblingen, Bietigheim, sowie über den allgemeinen württembergischen Verein für erziehenden Unterricht; von Haase über Halle, von Hemprich über die Konferenz im Unstruttal, von Eschenbach über Charlottenburg. — Schliesslich wird die unten befolgte Ordnung für die Besprechung der Arbeiten festgesetzt; ein in der vorigen Versammlung nicht zur Debatte gelangter Gegenstand soll den Anfang machen.

J. Dietz hatte im vorigen Jahre aus dem Rolandsliede (La chanson de Roland von Maurice Bouchor) eine Auswahl von Gesängen beziehentlich Strophen als Stoff für die erste französische Lektüre mitgeteilt, und es war dem Vorsitzenden der Wunsch ausgesprochen worden, dass wenigstens die prinzipielle Frage, ob dieser Stoff zur ersten Lektüre sich eigne, die Dietz in seinen einleitenden Bemerkungen aufgeworfen und bejaht hatte, zur Sprache gebracht werden möchte. Verf. bemerkt hierzu zuerst, der Ausdruck Realschule sei ihm untergelaufen, er habe aber keinen Grund, seinen Vorschlag auf diese Schulgattung im Sinne irgend eines Landesschulgesetzes zu beschränken. S. 10 müsse es in der Anmerkung statt Übermacht der grossen Herren heissen: Übermut. Die Wahl des Stoffes wird nun ohne weiteres gebilligt, weil derselbe dem Geiste der betreffenden Altersstufe entspreche: Einfache Handlung, schlichte, sympathische, lebenswahre Personen, welche den Geist der französischen Nation, und zwar besonders die liebenswürdigen Eigenschaften derselben, Ehrgefühl und Vaterlandsliebe, treu widerspiegeln. Hingegen hält man das benutzte Werk von Bouchor für zu schwierig und empfiehlt eine erzählende Bearbeitung von Röhrig (1885), welche den Nibelungenbüchern von Zillig oder Göpfert, der Gudrun von Kuhn ähnlich ist und nur die lyrischen Partien in poetischer Form gibt.

Darnach folgte die Abhandlung von Rektor Schmidt: Was ist's um Herbarts Zucht? Verf. ist zur Abfassung derselben und überhaupt zur Verfolgung des Gegenstandes gedrängt worden durch die Wahrnehmung, dass man dieses Gebiet viel weniger bedenkt als den Unterricht und Massregeln dafür lange nicht in dem Umfange in Schulordnungen u. s. w. festsetzt wie für die Regierung in Herbarts Sinne. So hat er schon seinen Konferenzen im Meininger Land zugerufen: Nicht zu viel Unterrichtsmethodik — macht doch auch etwas Erziehliches! Ohne auf die Ursachen der etwas stiefmütterlichen Behandlung auch im Vereine einzugehen, begrüsste man daher die Arbeit mit Freuden, und die Vorversammlung setzte sie, abgesehen von dem Nachtrag, an die Spitze der Verhandlungen. Die Massregeln, welche der Verf. vor allem heraushebt und bespricht, sind: das Merken oder Achten auf die Persönlichkeit des Kindes (ähnlich dem, was von Wallenstein oder Napoleon berichtet wird, die jeden ihrer Soldaten zu kennen schienen); die Rücksicht auf die individuelle Lage des Kindes; endlich die Art, wie der Erzieher dem Kinde im bestimmten Falle entgegentritt, die „Begegnung", und zwar speziell die idealisierende Begegnung, welche dem Kinde das Bild der vollkommeneren Handlungsweise, das in ihm selbst lebt, trotz seines

28*

etwa abweichenden wirklichen Handelns, vorhält. Es wurde das Bedenken laut, dass Verf. diese Art der Begegnung oder des Benehmens als ein Universalheilmittel behandle. Ich habe das Bedenken nicht geteilt, weil Verf. auch die naturwahre und die negative Begegnung kennt, überdies aber bei der Zucht überhaupt mit Herbart eine „gelingende Regierung" voraussetzt. Die hohe Bedeutung gerade dieser einen Massregel wurde aber anerkannt, auch dass Verf. auf den „wichtigsten Autor" in Erziehungsfragen eindringlich hingewiesen, auf Christus, mit dem die idealisierende Begegnung wenigstens im grossen erst in die Welt einzieht. Eine andere Reihe von Erörterungen betraf das Verhältnis der Begriffe Zucht und Schulleben, sowie die Behauptung Schmidts, Herbart habe die Lehre von der Zucht in verschiedenen Perioden nicht ganz gleich angefasst und keine der zwei Auffassungen ganz durchgeführt. [Es wäre schon eine schöne Frucht der Arbeit Schmidts, wenn sie Anlass würde zu neuen Versuchen, Herbarts Theorie, also zuerst seine allgemeine Pädagogik, zu durchdringen und von der Zucht aus zu überschauen; denn Herbart hat nicht ohne Grund gesagt, das Buch wolle auch von hinten nach vorn gelesen werden, und „das lange vierte Kapitel des dritten Buches", welches vom natürlichen Gang der Charakterbildung spricht, sei „der höchste Punkt, von wo aus das ganze Buch überschaut sein will."] Das Gebiet der Zucht mehr zu pflegen, haben wir, wurde dabei ausgesprochen, auch deswegen besondere Ursache, weil Vorstellungen, Wille, sittliche Ideen, von denen Herbart spricht, noch nicht alles sind; denn zur Charakterbildung gehört auch Rücksicht auf den Leib, auf die Vererbung und auf die abnormen Erscheinungen im Seelenleben des Kindes. Zur Illustration wurde die bekannte Äusserung Bismarcks mitgeteilt: Als ich die Schule verliess, war ich vom Griechen- und Römertum durchdrungen, ich war Pantheist und Republikaner; aber das angeborne nationale Gefühl war glücklicherweise stärker als die angelernte Schulweisheit. Das mag nun wohl die „schärfste Kritik" des öffentlichen Erziehungswesens sein, so weit es hier in Frage kommt; aber nach unseren Forderungen soll der Schüler gar nicht so, wie es bei Bismarck der Fall war, vorübergehend ein alter Grieche und Römer werden können; auch kein Franzose, wie kurz vorher bei dem Rolandsliede ausgeführt wurde, und deswegen müssten dieser französischen Lektüre ähnliche deutschnationale Stoffe im deutschen Unterrichte vorausgehen.

Die Arbeiten von Wilk über das Werden der Zahlen in der Menschheit und die von Ritthaler über die schulmässige Entwickelung der Grundzahlenbegriffe wurden in der Besprechung zusammengenommen. Wilk erklärt bei Beginn, er habe seine historischen Nachforschungen wohl angestellt, um über methodische Streitfragen Klarheit zu erlangen, doch seien die eingestreuten methodischen Bemerkungen einstweilen nur Seitenblicke, und die Entstehung des Rechnens habe er erst noch darzulegen. Es wird nun später bemerkt, die historischen Darlegungen gäben dem methodischen Nachdenken einen breiten konkreten Boden, ausserdem hätten sie schon bisher eine Reihe von Forderungen der Zillerschen Methodik bestätigt. Hauptsächlich bezog sich aber die Wechselrede auf den Begriff der Zahl. Ritthaler schliesst sich im Jahrbuch S. 94 an Wundt an: die Zahl sei das, was nach Elimination aller materiellen Elemente als das Konstante zurückbleibt, also „die Verbindung der einzelnen Denkakte, abgesehen von jedem Inhalt." Hierzu fragt nun der

Vorsitzende: Warum verbindet Wundt? und antwortet: weil Identisches da ist, muss Verbindung entstehen, die Zahl ist dem Begriff nach Wiederholung des Identischen. Dies wird aber, behauptet er weiter, leichter eingesehen an zeitlichen Ereignissen (Schüssen, Glockenschlägen), während an räumlichen Dingen von aller Qualität abzusehen schwieriger sei. Hingegen bevorzugen Ritthaler und Wilk die „räumlich-sichtbare Zahlenversinnlichung", und von anderer Seite wird noch gesagt, dass wir im Unterrichte beide Versinnlichungen benutzen und brauchen, dabei z. B. die Kugeln in zeitlicher Reihenfolge vor- oder zurückschieben und anderseits wohl auch zeitliche Ereignisse, die im Augenblick vergehen, durch räumliche Dinge, deren Anschauung Dauer hat, vertreten lassen! — Nach dem von Ritthaler angeführten Zahlbegriff Wundts stellt nun jeder einzelne der verbundenen Denkakte „den Begriff der Einheit dar", d. h. also, die Einheit ist das Erste. Hierzu aber wird bemerkt: Sie ist das nur in logischer Hinsicht, für den weit genug fortgeschrittenen Zähler; in psychologischer Hinsicht dagegen, d. h. hier für den Anfänger, ist die Vielheit das, was früher seine Aufmerksamkeit erregt. Daher kommt Wilk erst von der Vierheit an rückwärts zur Einheit. [Erläut. 10, S. 25 sagt Ziller, die allererste Recheneinheit sei „aus bekannten Gründen" die Drei.] Hingegen meint der Vorsitzende, noch vor der Auffassung der bestimmten Vielheit stehe die der unbestimmten. — Endlich hebt Seminarlehrer Fack noch die Beziehung heraus, welche im Begriff der Zahl steckt, und es erhebt sich die Streitfrage, ob man die Zahl sinnlich veranschaulichen könne — die drei Dinge wohl, meint er, aber nicht die Dreiheit! Er verweist aber auf seinen Artikel „Zahl, Zählen" in Reins Handbuch.

Justs Vortrag: „Missverständnisse und falscher Gebrauch der Formalstufen des Unterrichtes" fand eine lebhafte Besprechung, welche bewies, dass auch dieser Gegenstand von immer und wohl noch lange mit Nutzen zur Debatte gestellt wird. Hauptsächlich bemühte man sich, fehlerhaften Präparationen gegenüber das eigentliche Wesen der einzelnen Stufen nach Zillers Theorie zur Geltung zu bringen. Bei der Systemstufe wurde dabei die Ansicht ausgesprochen, als Begriff dürfte nur jeder Gedankengang gelten, der für eine Gruppe von Gedanken gilt, also nicht schon die isolierte, ihrer räumlichen und zeitlichen Beziehungen entkleidete Vorstellung, nicht irgend ein Ganzes mit repräsentativem Werte, z. B. „1806" als Zusammenfassung der damaligen Ereignisse und Zustände, wofür Ziller etwas vorsichtig „begriffliches Material" sagt. Dem wird jedoch entgegengehalten, dass die Methodik zwar der Logik folgen müsse, wo es geht, dass sie aber auch das, was noch auf dem Wege zum Begrifflichen steht, an das Endziel denkend, zweckmässig bezeichne. Ohne Gebrauch der repräsentativen Zahlen, Reihen u. s. w. würde den Schülern manches rasch wieder entfallen, was man braucht.

Am Mittwoch früh begann die Arbeit mit Vogts Abhandlung über Konzentration des Unterrichts. Der Verf. teilt einleitend mit, dass er wegen Zeitmangel die Arbeit nicht habe vollenden können; der Inhalt der Modifikationen, welche sich aus den „prinzipiellen Betrachtungen" ergäben, sei noch darzulegen. Die ganze Frage nun bezeichnet als der unbestrittenste Teil unserer Pädagogik. Schädlich sei es vor allem, die Theorie anzuerkennen, dagegen in der Praxis gar nichts dafür zu tun; darum wird hervorgehoben, was sich schon jetzt davon mehr oder weniger durchführen lässt. Taktisch solle man zuerst Widerspruchslosigkeit des Unterrichtsstoffes zur Anerkennung bringen, hierauf durch das Unterrichtsverfahren Verbindungen zu stiften suchen [manche würden diese Beispiele wohl umstellen, und es wird wohl manchmal erst bei der Behandlung klar, dass der Stoff nicht widerspruchslos ist] und dann zeigen, wie die Verbindungsmöglichkeiten sich mehren, wenn schon bei Auswahl und Anordnung darauf Bedacht genommen wird. In alledem aber könne nur „ganz kleine Einzelarbeit" die Sache fördern. Nun betrifft das Bisherige fast nur die psychologische Begründung, d. h. nach Vogt die Art, wie „alles mit allem" verbunden wird. Die ethische Begründung, nach welcher „alles mit einem" verbunden werden, d. h. dem Einen, der Sittlichkeit, untergeordnet werden soll, verwerfen schon alle diejenigen, welche die absolute Wertschätzung nicht kennen; bei ihnen tritt an die Stelle der Herrschaft des Sittlichen das Wahre, Gute und Schöne ohne Herrschaft des Sittlichen, und praktische Folgerungen für die Gestaltung des Unterrichts ergeben sich daraus nicht. Sodann ist auch unter den Anhängern der Herbartschen Ethik nicht einerlei Sinn, denn nicht alle gehen so weit wie Ziller, bei dem alle Einzelzwecke dem Hauptzweck und in der Ausführung alle Fächer dem kulturhistorisch aufsteigenden Gesinnungsstoffe untergeordnet sind. Endlich hält unter den Anhängern Zillers gegenwärtig nur ein Teil an der ursprünglichen Ansicht fest, wonach der Anschluss der Einzelstoffe an den Gesinnungsstoff Schritt für Schritt erfolgen soll; daneben vertreten andere das Nebeneinander mehrerer kulturhistorischer Lehrgänge, also parallele Reihen, die innerlich zusammenhängen und aufeinander zu beziehen sind. Prof. Friedrich, der auch das Hauptziel festhält, fragt, ob vielleicht daneben noch mittelbare Konzentrationsstoffe vorzunehmen seien, welche Assoziationsmittelpunkte für Stoffe bilden, die dann gleichsam nur mittelbar die Sonne umkreisen; und für einen solchen würde er dann den Kunstunterricht halten. Geantwortet wurde darauf, dass gewiss manche Fächer zunächst Anschluss an die nächstverwandten suchen müssten; auch die Vereinigung mehrerer Fächer zu einer Gruppe sei mittelbare Konzentration. Endlich vertrat dann zum ersten Male in den Pfingstversammlungen der anhaltische Rektor Schmidt seine bekannte Ansicht: das sittliche Ziel ist festzuhalten, in der Ausführung aber treten nicht die Gesinnungsstoffe, sondern die realistischen Gebiete in den Mittelpunkt (d. h. also doch: nicht die Fächer, die Fachwissenschaften, sondern die Gegenstände und Vorgänge selbst, welche die Kinder wie die Wissenschaften vorfinden). Weil es nun nicht sogleich ersichtlich war, wie hierbei die sittliche Gesinnung mit der Kenntnis der realistischen Bedingungen unseres Handelns und dem zugehörigen technischen Können zusammenkommt, ohne dass die Mittel zum Zentrum werden, so wurde Herr Schmidt gebeten, dem Vereine darüber Ausführungen vorzulegen. „Er hat ernstlich gestrebt, es müssen alle Wege versucht werden, und wir müssen uns über alle aussprechen und gegenseitig verstehen lernen, mögen auch die Differenzen einstweilen noch bleiben." Dies war mir nach dem obigen Satze von der Notwendigkeit ganz kleiner Einzelarbeit das zweite Hauptergebnis dieser Debatte, und das dritte sprach der Vorsitzende ziemlich am Anfange aus: die Aussichten können zunächst verstimmend, niederschlagend wirken. Aber wenn uns das sittliche Urteil feststeht, so haben wir darin bei allem Schwanken den

Punkt, der feststeht; das Gebot, nach Konzentration zu streben, wird bleiben, und es werden auch Männer da sein, die ihm gehorchen!

Jetters Kritik der „Methodik der einzelnen Unterrichtsfächer in zeitgemässer Gestaltung" von L. Hohmann machte nur eine kurze Besprechung nötig. Bei Hemprichs Besprechung der Methodik von Rude entspann sich eine Erörterung über den darstellenden Unterricht, welche bewies, dass die Herbartische und die Zillersche Ausgestaltung dieser Unterrichtsform noch nicht deutlich genug gesondert sind, und welche schliesslich abgebrochen werden musste, weil der Gegenstand wie andere in der Besprechung nur berührt worden war.

Bei der Debatte über die Zucht war schon die Äusserung gefallen, die Kinderforschung hätte nicht so geringschätzig behandelt werden sollen, als es in der Arbeit von Hemprich über die Resultate derselben geschehen sei. Auch hatte dies schon auf die Frage geführt, was bei Kindern normal oder abnorm zu nennen sei und welche Bedeutung der Leib für das Seelenleben des Kindes habe. Zu dem letzteren Punkte wird nun noch bemerkt, es sei ja z. B. ganz erfreulich, wenn auch nach dieser psychologischen Ansicht ein geistesarmes Kind deswegen noch nicht aufgegeben werden müsse, und dass die Vererbung zwar eine ungeheure Macht, aber doch nicht ganz unbeugbar sei — wie Ziller in seiner Weise beides auch lehrt. An der ganzen Richtung der gegenwärtigen Kinderforschung fällt es aber auf, dass sie das Ethische, Geschichtliche bei Seite stellt und nur eine naturalistische Erziehungsmethode fördern kann. Darum ist es auch nur von untergeordneter Bedeutung, dass die Darwinistische Vererbungstheorie mit unserer Kulturstufenlehre eine gewisse Ähnlichkeit hat. Im Ganzen glaubt man, dass für die Pädagogik nur diejenige Richtung der Kinderforschung fruchtbarer sein werde, welche mit der allgemeinen Psychologie in Zusammenhang zu bleiben sucht wie früher der von Ziller hochgeschätzte Sigismund. An eine erschöpfende Besprechung des Gegenstandes war bei der vorgeschrittenen Zeit nicht mehr zu denken, doch bezogen sich die Äusserungen über psychophysische Experimente z. T. schon mit auf die Arbeit von Fack über Lays experimentelle Didaktik. Hier charakterisiert schon der von Lay gewählte Titel die Richtung als Übertreibung; denn das Experiment kann nur Begleiterscheinungen feststellen und messen, und das, was man wirklich nur experimentell gewonnen hat, reicht natürlich nicht aus, eine wirkliche Didaktik aufzubauen. Von praktischen Versuchen, die in Stuttgart u. a. a. O. nach Lays Schulheften angestellt worden sind, wurde berichtet, dass sie nicht den erregten Erwartungen entsprochen hätten.

Um nicht mit diesem negativen Resultate zu schliessen, teile ich noch zwei geschäftliche Beschlüsse mit: Seminarlehrer M. Fack wurde für den verstorbenen Direktor E. Barth in den Vorstand gewählt; und die nächste Versammlung, der man schon so viel Arbeit zugewiesen, soll in Naumburg abgehalten werden.

C. Beurteilungen.

Eduard König, Prof. der Theol. in Bonn, Alttestamentliche Kritik und Offenbarungsglaube. Gross-Lichterfelde, Edwin Runge.

Von jeher hat sich der menschliche Geist mit Vorliebe der Betrachtung und Erforschung religiöser Probleme zugewendet. Je unzugänglicher sie der begrifflichen Erkenntnis waren, desto lebhafter und allgemeiner suchte das spekulative Denken ihrer mächtig zu werden. Ein Typus nur sind die Zeiten des Athanasius und Arius, da in Byzanz die Handwerker in ihren Strassengesprächen die Richtigkeit des ὁμοούσιος oder ὁμοιούσιος mit Leidenschaft erörterten.

Man meine nicht, dass der Mensch der Gegenwart ein wesentlich anderer geworden sei. Freilich religiöse Fragen allein finden schwachen Widerhall; um so lebendiger ist das Interesse unserer Zeit an der Untersuchung gewisser religiöser Fundamente mit den Methoden der historischen Kritik.

Eine ausserordentliche Belebung dieses Interesses erfolgte vor allem durch die Vorträge des Professors Friedrich Delitzsch über „Babel und Bibel", in denen der berühmte Assyriologe den Einfluss altbabylonischer Kultur auf unsere Religion nachzuweisen suchte.

Auch die pädagogische Welt mit ihren vielseitigen Interessen liess die Babel-Bibelfrage nicht an sich vorübergehen, ohne für die Schularbeit ihre Konsequenzen zu ziehen. In einer sächsischen Fachzeitung wurden als Nutzanwendungen für den Lehrer drei Forderungen aufgestellt: Beteiligung des Lehrerstandes bei unterrichtlicher Verwertung der Ergebnisse der Keilschrift- und Bibelforschung, vorsichtige Ausscheidung des als entbehrlich erkannten Stoffes und Bekanntmachung der Seminaristen mit den sicheren Ergebnissen der biblischen Forschung.

Diese Folgerungen scheinen weit über den Rahmen der Babel-Bibelfrage hinauszugehen; in Wirklichkeit sind sie einer durchaus logischen Auffassung entsprungen. Denn nicht um diese oder jene Einzelheit babylonischer Kulturüberreste in ihrem Verhältnisse zum alten Testament handelt es sich, sondern um die Tatsache, in wie weit durch die Ergebnisse der neuzeitlichen Forschungen unser Offenbarungsglaube erschüttert oder verändert zu werden vermag. Von diesem höheren Gesichtspunkte aus muss vor allem der Religionslehrer der Volksschule die neuen Bahnen religiösen Erkennens überschauen, bevor er auf ihnen allzu vertrauend vorwärtsschreitet.

Den höheren Standpunkt zu bieten, ist Professor Eduard Königs Schrift wohl geeignet.

Zur Babel-Bibelliteratur im engeren Sinne gehört das Buch nicht; jener Bewegung verdankt es doch sein Entstehen, und so erscheint es gerechtfertigt, es als einen Beitrag zu ihr anzukündigen.

Seinen Gedankengang kurz zu skizzieren, um dadurch ein Bild des reichen Inhalts zu geben, ist nicht gerade leicht, da die Schrift selbst äusserlich von geringem Umfange ist.

Die Aufgabe, die der Verfasser sich stellt, geht dahin, nachzuweisen, dass die alttestamentliche Kritik nicht vermocht hat, den christlichen Offenbarungsglauben in seinen Grundfesten zu erschüttern, so lange schon und auf so verschiedene Weise sie auch Bresche zu legen gesucht hat.

Den frühesten Anlauf hat die Textkritik genommen, die schon Kirchenväter wie Origenes und Augustinus forderten. Sie begründete bei ihrem Streben nach Herstellung der ursprünglichen Lesarten die wichtige Erkenntnis, dass einmal die älteren Geschlechter des Volkes Israel keine pedantisch-ängstlichen Hüter der äusserlichen Form ihres Überlieferungsschatzes gewesen sind, zum anderen aber eine wörtliche Inspiration des alten Testamentes überhaupt ausgeschlossen ist. Wenn von streng orthodoxer Seite noch heute die gegenteilige Meinung ausgesprochen wird, so entspricht sie nicht der wirklichen Beschaffenheit des alten Testamentes, das aber dennoch in seinem Schrifttum als die Verkörperung des Geistes erscheint, der — nach Königs schönen Worten — die alttestamentliche Religion zur Lebensmacht eines jungen, zum letzten Odem eines sterbenden Volkes gemacht hat.

Mit grösserem Nachdrucke als die eben gekennzeichnete Textkritik suchte die Literarkritik den Offenbarungsanspruch des alten Testamentes zu nichts zu machen, namentlich als sie die Methode des Jean Astruc zur Untersuchung der Quellen des Pentateuch auch für die Würdigung der anderen alttestamentlichen Schriftsteller verwendete. An der Widerlegung der Vernesschen Hypothese, dass die prophetischen Bücher des alten Testaments erst von jüdischen Schriftgelehrten des 3. Jahrhunderts v. Chr. geschrieben worden seien, zeigt E. König, wie die moderne Bibelkritik in so manchen ihrer Annahmen viel zu weit geht. Treffend erinnert er hierbei die alles negierenden Kritiker an Wellhausens Ausspruch: „Sofern die israelitische Tradition auch nur möglich ist, so wäre es Torheit, ihr eine andere Möglichkeit vorzuziehen." Zu ernsthaftem Nachdenken regt auch diese Bemerkung Königs an, dass es gegenwärtig manchmal scheine, als wolle man nachweisen, dass die Geschichtsbücher des alten Testamentes nicht bloss nicht übernatürlich, sondern vielmehr unternatürlich, d. h. abnorm unzuverlässig seien. Dem Verfasser dagegen ist Hauptaufgabe einer gesunden Kritik des alten Testamentes, das Gemeinsame, was den differierenden geschichtlichen Erinnerungen Israels zu Grunde liegt, zur Hauptsache zu machen. Auch die neuen Ergebnisse der vergleichenden Kritik, die namentlich durch Fr. Delitzsch gefördert worden ist, erweisen sich unter der strengen Prüfung Königs nicht als gewichtig genug, die Ansicht aufzugeben, dass Israels Monotheismus aus der Erfahrung der Gnadenführungen Gottes geboren ist.[1]) Ebensowenig vermögen es die materialistisch-evolutionistische und die psychologische Kritik. Die Ausführungen des Verfassers über letztere sind höchst anregend für den Pädagogen. Seine stets gewählte, gedankenreiche Sprache erhebt sich hier zu wahrhaft poetischem Schwung des Ausdruckes.

Das Buch ist anscheinend aus Vorträgen hervorgegangen, die vor Lehrern gehalten worden sind. Dieser Veranlassung dankt es einen besonderen Vorzug der Darstellung. Immer ist diese darauf gerichtet, den Leser selbst in die Arbeitsmethode einer ebenso gründlichen, wie sorgsam abwägenden biblischen Kritik einzuführen und ihm in eigener Mitarbeit neben den wissenschaftlichen Ergebnissen die Erkenntnis zu vermitteln, dass strenge Wissenschaftlichkeit und christlicher Glaube auch heute einander nicht ausschliessen. Dadurch aber ist E. Königs „Alttestamentliche Kritik und Offenbarungsglaube" eben in hohem Grade geeignet, auch dem nicht theologisch gebildeten Religionslehrer im Widerstreite der neuen theologischen Anschauungen die Klarheit über den Stand der Dinge zu geben, ohne die eine für die Schularbeit erspriessliche Wertung und Verwertung des Neuen nicht möglich ist.

Klotzsche bei Dresden.

Dir. Rich. Herzog.

1. Schulrat **Dr. Richard Staude,** Das Alte Testament im Lichte des Neuen Testaments. Präparationen. 2 M., geb. 2,50 M. 156 S. Dresden, Bleyl & Kaemmerer, 1905.

2. Derselbe, Die bibl. Geschichten des Alten und Neuen Testaments zusammengestellt. Mit einem Anhang: Hauptstücke aus den prophetischen Schriften. 5. Aufl. 70 Pf., geb. 90 Pf. 160 S. Ebenda 1905.

---

[1]) Weder ist Moses unter Hammurabi zu stellen, noch sind die Patriarchen als blosse Spiegelbilder babylonischer Mythologie anzusehen. Lediglich für die Urgeschichte kann ein gewisser Einfluss chaldäischer Erinnerungen zugestanden werden.

3. **Johs. Erbach u. Dr. O. Steinecke,** Biblische Geschichten aus dem Alten und Neuen Testament. 235 S. geb. 1 M. Essen a. R., G. D. Bädecker, 1904.

4. **Johs. Kolbe,** Die biblische Geschichte in Lebensbildern. Ausgeführte Katechesen für die Oberstufe. I. Teil: Das A. T. III. Aufl. 222 S. 2,60 M., geb. 3 M. Leipzig, H. G. Wallmann, 1904.

No. 1 ist eine sehr bedeutsame Erscheinung, die volle Beachtung und eine besondere eingehende Beurteilung verdient. Staudes Standpunkt in der Frage des bibl. Geschichtsunterrichts ist ein wesentlich anderer als sein früherer, den er in den 1883 das erstemal herausgegebenen Präparationen zu den bibl. Geschichten eingenommen hat. Die Anordnung des Stoffes nach kulturhistorischen Stufen hat er aufgegeben. Auch die Rücksicht auf das mit den Jahren sich modifizierende Interesse, das er vor 22 Jahren als Kern- und Angelpunkt der Herbartschen Methodik — und zwar mit vollem Recht — bezeichnete, tritt nicht so bestimmt hervor. Seine neue Stoffverteilung auf Unter-, Mittel- und Oberstufe hat Ähnlichkeit mit derjenigen in dem grossen, wertvollen Präparationswerke von Dr. Renkauf und E. Heyn. Staude nennt selbst sein Buch ein Reformbuch. Und es verdient diesen Namen, besonders deshalb, weil darin das noch weit verbreitete Verfahren, das auf der Anschauung beruht, Altes und Neues Testament seien gleichartig und gleichwertig, bekämpft wird. Hierin überall Wandel zu schaffen, tut wirklich not. Darum ist's verdienstlich vom Verf., es bestimmt auszusprechen und die praktischen Konsequenzen davon gezogen zu haben, dass das A. T. kein inspiriertes, sondern ein menschliches Buch über das göttliche Walten ist, dass dasselbe eine Menge Minderwertigkeiten enthält, die als solche erkannt und eingeschätzt werden müssen, ferner dass die Patriarchen- und Urgeschichte überhaupt nicht Geschichte ist, sondern Sage und Poesie. Wenn diese Erkenntnis erst bei allen Lehrenden durchgedrungen ist, dann wird die übergrosse Berücksichtigung des alttestamentlichen

Stoffes im Schulunterricht von selbst weichen; dann wird auch vielen Angriffen gegen das Christentum, die man aus dem A. T. insbesondere aus dem 1. Buche Moses und dem dort gegebenen, längst als falsch erwiesenen Weltbilde herholt, der Boden unter den Füssen weggezogen.

Die Bezeichnung „Ergänzungsheft zu des Verfassers Präparationen zu den bibl. Geschichten des A. und N. Testaments" verdient es deswegen, weil es tatsächlich ansehnliche und wesentliche Ergänzungen darbietet. Die 1. Auflage der „Präparationen" schloss im I. Bande mit der babylonischen Gefangenschaft und ihrem Ende. Sie enthielt also nichts aus der Zeit der Schriftpropheten und auch nichts aus der Geschichte der nachexilischen jüdischen Gemeinde. Das hat Staude hier nachgeholt. Wer den spröden und meist abstrakten Stoff der Prophetenzeit, der im übrigen vorzüglich geeignet ist, in den Geist Christi hineinzuleiten, im Unterricht der Oberklasse benutzen will, dem kann der Abschnitt III S. 44—115 warm empfohlen werden. Gleiche Beachtung verdient der letzte Abschnitt „Die jüdische Gemeinde", 1. ihre Geschichte, 2. das religiöse Leben, S. 116—150.

No. 2 ist eine Zusammenstellung von biblischen Erzählungen, die Staude auf der Mittelstufe der Volksschule bezw. der Unterstufe höherer Schulen behandelt haben will. Sie unterscheidet sich von der 1. Auflage durch einen Anhang, der 31 Seiten umfasst und Hauptstücke aus den prophetischen Schriften des A. T. enthält. Dieselben sind unter folgende Überschriften gruppiert: Amos, Hosea, Jesaia, Jeremia, der babylonische Prophet. Die Auswahl ist durchweg zweckmässig und das Buch für die Benutzung zu empfehlen.

No. 3 ist wie No. 2 eine Sammlung von Texten und Geschichten, welche für Volks- und Mittelschulen bestimmt ist. Ausserdem sind hier 18 Landschaftsbilder und eine farbige Karte von Palästina geboten. Druck und Ausstattung sind gut. Aus den Propheten sind nur 3, nämlich Jeremias, Hesekiel und Daniel, berücksichtigt. An die Apostelgeschichte ist ein Abschnitt aus der Kirchengeschichte an-

Becker, M. Schneckenburger, Friedr. v. Sallet, J. Mosen, Karl Günther, Anastasius Grün, Nik. Lenau, G. Hesekiel, Hebbel, Geibel, Alb. Knapp, Joh. Winkel, Graf v. Strachwitz, v. Zedlitz, W. Müller, v. Königswinter, B. Auerbach, Klaus Groth, Fr. Reuter, An. v. Droste-Hülshoff, G. Keller, Chr. Scherenberg, Osk. v. Redwitz, Ad. Böttger, W. Spitta, Gerok, Jul. Sturm, Ritterhaus, Alb. Träger, Gust. Barthel, v. Bodenstedt, P. Heyse, Graf v. Schack, Jul. Grosse, Herm. Lingg, Hans Storm, Wilh. Jensen, Scheffel, Hammerling, Dahn, Herm. Almers, W. Stieler, Herm v. Gilm, A. Fitger, Th. Fontane, Konr. Ferd. Meyer, Marie v. Ebner-Eschenbach, Rosegger, Heinr. Seydel, M. Greif, von Wildenbruch, W. Spittler, v. Liliencron, Osk. Linke, Arno Holtz, Ferd. Avenarius, Gust. Falke, Wilh. Brandes, Otto Ernst, Rich. Dehmel, Anna Ritter, Karl Lappe, Agn. Franz, v. Oer, Georg Schmidt, Herm. Besser, Karl Minding, G. Görres, J. Lehmann, Joh. Vogl, Franz Honcamp, G. Scheurlin, Ad. Bube, Joh. Seidel, Ernst Bässler, K. Siebel, K. Hagenbach, H. v. Mühler, Br. Kaulisch, Gust. Klettke, Rud. Löwenstein, Georg Dieffenbach, Joh. Baur, Jul. Lohmeyer und Heinr. v. Treitschke sind aufgenommen. Vorausgeschickt sind meist knappe, das lebendige Material gebende Einleitungen; manchen Dichtungen folgen auch Nachbemerkungen über geschichtliche Abweichungen, Gedichte ähnlichen Inhaltes und anderes. In ebenso knapper Form sind die Lebensbeschreibungen der Dichter gehalten. Aber diese knappe Form enthält einen reichen Inhalt, und daher ist das Buch sehr zu empfehlen.

Dr. L. Bornemann, Zur Sprachdenklehre. Erörterungen und Vorschläge. Gütersloh 1904, C. Bertelsmann. 70 S.

Entschieden zu billigen ist es, dass der Verfasser im Anschluss an Becker (Organismus der Sprache) und Lotze und meist im Gegensatz zu Steinthal und seinen Schülern die Ansicht vertritt: „Die Grundbegriffe der Logik, die technischen Benennungen, die ganze Topik der Probleme hat sich im Anschluss an Sprache und Grammatik gebildet. — So bewegt sich die Ontologie zwischen jenen Grundanschauungen,

welche uns in den menschlichen Sprachelementen als Subjekt-Objekt, Prädikat, Adjektiv und einfacher Satz geläufig sind" — und an Pestalozzi und Wurst anknüpfend, aber sie vielfach ergänzend, bestrebt ist, die Sprachlehre möglichst anschaulich-logisch vorzuführen. Weshalb verwendet er aber Figuren, wie Kreis, Quadrat, zur Bezeichnung der Satzteile für Elementarschüler und nicht die Anfangsbuchstaben der Satzteile? Auch kann ich mich nicht mit der Schlussfolgerung einverstanden erklären: Wollen wir dem Anfänger wirklich mit einer Terminologie ins Gesicht springen, so müsste es die lateinische sein. Schon deswegen weil die Versuche einer deutschen Terminologie zum buntesten Durcheinander geführt haben." Dass „Zweck" und „Umstand" bezeichnende und anschauliche Kunstausdrücke sind, gibt der Verfasser selbst zu. Aber auch Ding-, Geschlechts-, Verhältnis- und Empfindungswort sind anschaulicher und bezeichnender als Substantiv, Artikel, Präposition (halber!) und Interjektion und Bei-, Für-, Zahl-, Bindewort und Ergänzung mindestens den lateinischen Ausdrücken gleichwertig. Für Verb erscheint mir „Zustandswort" am passendsten und die Schwerfälligkeit von Satzgegenstand und -aussage lässt sich in Kauf nehmen. Daher komme ich zu folgender Schlussfolgerung: Wie die Rechtschreibung, so muss auch die deutsche Ausdrucksweise für sprachliche Grundbegriffe von Reichs wegen einheitlich geregelt werden. Das würde den Schülern deren anschauliches Begreifen wesentlich erleichtern.

Schriften der Pädagogischen Gesellschaft. **Prof. Dr. Theod. Matthias.** Verzeichnis empfehlenswerter Bücher für Lehrer und Lehrerinnen zur Vorbereitung für ihren Beruf und ihren Unterricht sowie zu ihrer wissenschaftlichen Weiterbildung. 2. Heft: Zum deutschen Unterricht. 1 M. Dresden 1904, Bleyl & Kaemmerer. 76 S.

Dem vorliegenden Verzeichnis merkt man es an, dass es von einem Manne herrührt, der gediegene fachwissenschaftliche Bildung mit praktischer Lehrerfahrung verbindet. Die den

Büchertiteln beigegebenen knappen
Urteile sind treffend. Daher ist dies
Heft sehr geeignet, Lehrern und Lehrerinnen als zuverlässiger Wegweiser
durch die deutsch-pädagogische Fachliteratur zu dienen. Doch ist an Stelle
des I. und II. Teiles von Lyons Handbuch der deutschen Sprache dem Lehrer
mehr „Lyon und Polack, Handbuch der
deutschen Sprache C" zu empfehlen,
desgleichen für Cholevius 1893 die in
Heft 4 der Päd. Studien S. 304 besprochene Umarbeitung von Weise.

**Deutsche Literaturdenkmale
des 18. und 19. Jahrhunderts.
Jacoby u. Aug. Sauer**, Quellenschriften zur Hamburgischen Dramaturgie. I. Chr. Fel. Weisse,
Richard III. B. Behrs Verlag,
Berlin 1904. M. 1,80. 123 S.

In der 30 Seiten umfassenden Einleitung tritt Jacoby mit vollem Recht
warm für die Lektüre der Hamburgischen Dramaturgie in den höheren
Schulen ein, ohne die diesem Werke
anhaftenden wirklichen Mängel zu verkennen. Da Fehler moderner Dichter,
wie Hauptmann, Wildenbruch, Sudermann, Maeterlinck, sich aus ihm nachweisen lassen, ist der Beweis erbracht,
dass es noch nicht veraltet ist. Nachdem der Herausgeber darauf über Weisse
und sein Verhältnis zu Lessing das
Nötigste mitgeteilt hat, lässt er die
ersten Richard III. nach der 2. Auflage
von 1765 folgen, um eine genauere Vergleichung mit Shakespeares gleich-
namiger Tragödie und zugleich eine
Nachprüfung der von Lessing hervorgehobenen Mängel des Weisseschen
Dramas möglich zu machen.

**Alw. Freudenberg, Was der Jugend
gefällt.** Deutsche Gedichte aus
neuerer und neuester Zeit. Mit Bildern
und Buchschmuck von Fel. Elssner.
Verlag Al. Köhler, Dresden und
Leipzig 1904. 256 S. 1,60 M.

Vorliegende Sammlung ist für die
Privatlektüre der Kinder vom 10. Jahre
an bestimmt. Tatsächlich hat der
Herausgeber das Beste und Passendste
aus dem Schatze unserer grossen Dichter
und Dichterinnen der Neuzeit ausgelesen,
wie ‚Mein Bübchen‘ von Anna Ritter,
‚Das taubstumme Kind‘ von v. Liliencron, ‚Das vierzehnjährige Herz‘ von

An. v. Droste-Hülshoff, ‚Das verlorene
Schwesterlein und die drei Brüder‘ von
Fel. Dahn, ‚Der Zauberleuchtturm‘ von
Mörike, ‚Histörichen‘ von Aug. Kopisch,
‚Der Rattenfänger‘ von Simrock, ‚Knecht
Ruprecht‘ von Th. Storm, ‚Weihnachten‘
von M. Greif, ‚Zum Weihnachtsbaum‘
von Rosegger, ‚Der Gast‘ von Fontane,
‚Zum letztenmal‘ von Carmen Sylva,
‚Das Kind‘ von Fr. Hebbel, ‚Kinder-
gottesdienst‘ von Gerok, ‚Legende‘ von
v. Wildenbruch, ‚Der Seelchenbaum‘ von
Avenarius, ‚Lütt Jan‘ von O. Ernst,
‚Der singende Eisenbahnzug‘ von Frida
Schanz, ‚Morgenwind‘ von P. Heyse,
‚Die kleine Passion‘ von G. Keller,
‚König Mai‘ von Jul. Sturm, ‚Vom
schlafenden Apfel‘ von R. Reinik,
‚Abseits‘ von Heinrich Seidel. Besonders
zu rühmen ist, dass das Buch auch
mundartliche Dichtungen mit bietet, so
von Groth, Reuter, W. Stieler, Fr. von
Kobell. Ihm ist daher sowohl in pädagogischer als auch in kunsterziehe-
rischer Beziehung ein grosser Wert zuzusprechen.

**Cassians Weltgeschichte für
höhere Mädchenschulen, Fortbildungskurse und Lehre-
rinnen-Bildungsanstalten mit
besonderer Berücksichtigung
der Geschichte der Frauen.**
Neubearbeitet und fortgeführt von
Ph. Beck. 3. T.: Geschichte
der Neuzeit. 6. Aufl. Leipzig 1904.
Verl. Heinr. Bredt. 358 S. M. 2,70.

Vorliegendes für den Unterricht in
den oberen Klassen höherer Mädchenschulen bestimmte Schulbuch, das die
weibliche Eigenart genügend berücksichtigt und den Anteil der Frauen an
den geschichtlichen Ereignissen und
Kulturfortschritten gebührend beleuchtet, hat sich schon in der Praxis
sehr gut bewährt. Mit Freuden ist es
zu begrüssen, dass die 6. überarbeitete
und erweiterte Auflage die ausserdeutsche Geschichte zweckmässig gekürzt, dagegen die deutsche erweitert
hat, und zwar in der Weise, dass sie
bis in die Gegenwart reicht und die
wirtschaftlichen, politischen und kulturellen Bestrebungen des Deutschen
Reiches darstellt.
Löbau i. Sa.
Prof. Dr. Carl Franke.

Wegell, J., Pastor zu Glowitz (Pommern), **Neuere Bahnen der wissenschaftlichen Pädagogik. Ein Vortrag.** Selbstverlag 1905.

Nach diesem Vortrage bezeichnen in der Gegenwart drei Hauptlinien die Entwicklungsrichtung der wissenschaftlichen Pädagogik: 1. das Streben nach tieferer psychologischer Begründung aller Pädagogie; 2. die Forderung der Kunstpflege durch die Schule; 3. die gesteigerte Forderung der Selbsttätigkeit des Schülers.

Die Ausführung des 1. Punktes gipfelt in dem Satze: Niemand kann es in der Gegenwart bei der Herbartschen Psychologie aushalten. Aber auch die Arbeiten von Wundt, Münsterberg, Ebbinghaus, Lipps u. a. geben uns, wie es weiter heisst, immer nur einige Vorkenntnisse und führen nicht in das eigentliche Sanktuarium der Psychologie ein. Den Weg dahin aber weiss der Vortrag nicht anzugeben. Daher hat die Aufforderung: Vorwärts auf neuen Bahnen des Studiums der Psychologie! wenig Wert.

Der 2. Punkt wird auf reichlich 2 Druckseiten abgetan. Mit der Bemerkung, dass die beiden ersten Linien tatsächlich in die dritte, die Hauptlinie einmünden (also drei **Hauptlinien** und doch nur eine) gelangt der Vortrag zu Punkt 3.

Schon im 1. Teile wird behauptet: „Der erziehende Unterricht (nach Herbart) ist zu sehr mitteilend, zu wenig anreizend, ja, zu wenig erziehend gewesen"; im 3. Teile wird gesagt: „Dem Lehrer verbleibt doch nach Herbart wesentlich die Aktivität, dem Schüler die Passivität." Was im Zusammenhang damit von den formalen Stufen gesagt wird, steht auf gleicher Höhe, wie die eben angezogenen Behauptungen. Dass mit der Herbartschen Pädagogik das Ideal des Wissens endgültig abgetan und an seine Stelle das Ideal des Wollens und Könnens gesetzt worden ist, davon weiss der Vortrag nichts zu berichten. Herbarts Pädagogik sollte weniger bekämpft und mehr studiert werden. Dasselbe gilt von Ziller.

Rochlitz. Dr. Schilling.

Eingegangene Bücher.

(Besprechung vorbehalten.)

Conrad, P., Präparationen für den Physikunterricht in Volks- und Mittelschulen. Mit Zugrundelegung von Individuen. 2. Teil. 2. verb. Aufl. Dresden 1905, Bleyl und Kaemmerer. Pr. geb. 4,20 M.

Aus der Natur, Zeitschrift für alle Naturfreunde. Herausg. v. Dr. W. Schoenichen. 1. Jahrg. 1905. Heft 1—4. Stuttgart, E. Nägele. Jährl. 24 Hefte 6 M.

F. C. Nolls Naturgeschichte des Menschen. 5. Aufl. von Dr. H. Reichenbach. Breslau 1905, F. Hirt. Pr. 1,50 M.

Foltz, O., Anleitung zur Behandlung deutscher Geschichte. III. Band. Mittelstufe, 4.—6. Schuljahr. Dresden 1905, Bleyl & Kaemmerer. Pr. geb. 2,30 M.

Linde, Friedrich, Entwürfe zur Behandlung deutscher Prosastücke. II. Band. Cöthen 1905, Schulze. Pr. geb. 3,80 M.

Seehausen, Dr. R., Geschichte der deutschen Literatur. Nebst einer kurzen Poetik. 2. verb. Aufl. Gütersloh 1905, Bertelsmann. Pr 75 Pf.

Schilling, Dr. Friedrich, Schiller und seine Bedeutung für die Pädagogik der Gegenwart. Dresden 1905, Bleyl & Kaemmerer. Pr. 0,60 M.

Wohlrabe, Dr., Schillerbüchlein. Leipzig 1905, Dürr. Pr. geb. 1,20 M.

Schmidt, Dr. Alfred, Schiller, wie er der grosse deutsche Volksdichter wurde. Altenburg 1905, Th. Unger.

Frick, Hugo, An Schiller. (Eine Huldigung.) Speziell für Lehrerkreise. Kaiserslautern 1905, H. Kayser. Pr. 50 Pf.

Otto, Berthold, Warum feiern wir Schillers Todestag? Halle 1905, Waisenhaus. Pr. 20 Pf.

Lehmann-Dorenwell, Deutsches Sprach- und Übungsbuch. 1. Heft: Sexta. 3. Stereotyp-Auflage. Hannover 1905, C. Meyer. Pr. 60 Pf.

Meyer, Johannes, Zur Umgestaltung des grammatischen Unterrichts in der Volksschule. 2. verb. Aufl. Ebenda. Pr. 80 Pf.

Heine, K., Einführung in die französische Konversation. Ausgabe A. Für die Hand der Schüler. 3. Stereotyp-Aufl. Ebenda 1904. Pr. 90 Pf.

Derselbe, Einführung in die englische Konversation. 3. Stereotyp-Aufl. Ebenda 1905. Pr. geb. 1,80 M.

Menzel, Max Leopold, Notensingen für Volksschulen und höhere Lehranstalten. 1. Heft. Meissen 1905, Schlimpert. Pr. 0,20 M.

Jütting u. Billig, Grösseres Liederbuch. 2. Heft. 7. Aufl. Hannover 1904, C. Meyer. Pr. 0,60 M.

Trenkner, Wilh., Zehn Kinderlieder für zwei- und dreistimmigen Kinderchor. Ebenda 1905. Pr. 20 Pf.

Meissner, Vorschläge zur Erlernung des Singens nach Noten. Leipzig, Gebr. Hug.

Kühnhold, C., Sechs Schiller-Lieder für Schülerchor mit Klavierbegleitung. Berlin, Chr. Fr. Vieweg. Partitur 60 Pf., Stimmheft 20 Pf.

Zanger-Krausbauer, Deutscher Liederborn. 1. Heft. Hannover 1905, C. Meyer. Pr. 50 Pf.

Kalender für Schüler und Schülerinnen auf das Schuljahr 1905/06. Lahr, M. Schauenburg.

Hartmann, Dr. M., Die höhere Schule und die Gesundheitspflege. Leipzig 1905, Teubner. Pr. 1 M.

Scheumann, K. H., Von der Eroberung der Landschaft. Dresden 1905, E. Schürmann. Pr. 0,80 M.

Fränckner, Chr., Vom Recht der Kunst auf die Schule. Gotha 1905, Thienemann. Pr. 1,40 M.

Dierks, W., Das Problem der künstlerischen Erziehung. Berlin 1905, Gerdes & Hödel. Pr. 0,80 M.

Strässer, Joh., Der Lehrplan für die ungeteilte Unterrichtszeit. Minden, Marowsky. Pr. 70 Pf.

Rühlmann, Dr. P., Parteien, Staat, Schule. Berlin, Gerdes & Hödel. Pr. 80 Pf.

Heine, Dr. Otto, Die Krüppel in der Schule. Bielefeld, A. Helmich. Pr. 50 Pf.

Volzer, Friederike, Des Kindes erste Lebensperiode, seine Pflege und Ernährung. Ascona 1905, v. Schmidtz. Pr. 0,60 M.

Petzoldt, Dr. J., Sonderschulen für hervorragend Befähigte. Leipzig 1905, Teubner. Pr. 1 M.

Bach, W. K., Lehrplan und Stoffverteilungen für den Religionsunterricht in evangelischen Volksschulen. Minden, Marowsky. Pr. 1 M.

Pfeifer, W., Einrichtungs-, Lehr- und Stoffplan für dreiklassige Volksschulen. Halle 1905, Schrödel. Pr. 3,50 M.

Pfeifer, W. u. Wohlrabe, Dr., Einrichtungs-, Lehr- und Stoffplan für Halbtags-, einklassige und zweiklassige Schulen. 3. verb. Aufl. des Lehrplans von W. Roehl. Ebenda. Pr. 3,50 M.

Levinstein, Dr. phil. Siegfried, Kinderzeichnungen bis zum 14. Lebensjahre mit Parallelen aus der Urgeschichte, Kulturgeschichte und Völkerkunde. Leipzig 1905, Voigtländer. Pr. geb. 12 M.

Beetz, K. O., Der Führer im Lehramte. 3., völlig umgearb. und stark verm. Aufl. Osterwieck 1905, Zickfeldt. Pr. geb. 4,80 M.

Gehrig, Hermann, Methodik des Volks- und Mittelschulunterrichts. 3. Band. Die technischen Fächer. Leipzig 1904, Teubner.

Jasche, R., Die Alten und wir Jungen. Minden, Marowsky. Pr. 0,50 M.

Heitmann, Albert, Missstimmungen im Lehrervereinsleben. Bielefeld, Helmich. Pr. 0,40 M.

Reden und Verhandlungen des ersten allgemeinen Tages für deutsche Erziehung in Weimar. Friedrichshagen b. Berlin. Verl. d. Blätter f. deutsche Erziehung 1904. Pr. 1,20 M.

Druck von A. Rietz & Sohn in Naumburg a. S.

Pädagogische Studien

XXVI. Jahrgang.

Herausgegeben

unter Mitwirkung von Schulrat *E. Ackermann*-Eisenach, Schulrat Dr. *A. Bliedner*-Eisenach, Töchterschullehrer *O. Felts*-Eisenach, Lehrer *Fr. Franke*-Leipzig, Seminaroberlehrer Prof. Dr. *C. Franke*-Löbau, Professor *Gottlob Friedrich*-Teschen, Professor Dr. *A. Göpfert*-Eisenach, Mittelschullehrer *H. Grabs*-Glogau, Schuldirektor Dr. *O. Haupt*-Oelsnitz i. V., Rektor *Hollkamm*-Glindenberg, Lehrer *Julius Henke*-Weimar, Seminaroberlehrer Dr. *Th. Klähr*-Dresden, Schulrat Dr. *K. Lange*-Dresden, Seminaroberlehrer *Fr. Lehmensick*-Frankenberg, Schuldirektor Dr. *Schmidt*-Stollberg, Schulrat Dr. *Rich. Staude*-Coburg, Lehrer *K. Tenpser*-Leipzig, Seminaroberlehrer Prof. Dr. *Thrändorf*-Auerbach, Univers.-Professor Dr. *Th. Vogt*-Wien, Provinzialschulrat Professor *G. Voigt*-Berlin, Schuldirektor Dr. *E. Wilk*-Gotha, Lehrer *Peter Zillig*-Würzburg

von

Dr. M. Schilling,

Königl. Bezirksschulinspektor in Rochlitz.

Sechstes Heft.

Inhalt:

Dresden.

Verlag von Bleyl & Kaemmerer (Inh. O. Schambach).

1905.

Der Beachtung unsrer geehrten Lese
inliegenden Prospekte folgender Firmen:

I. Verlag von **C. Bertelsmann** i

II. **R. Voigtländer's Verlag** i

III. Verlagsbuchhandlung von **Winckel**
   in **Berlin S.**, Sebastian-Strasse

IV. **Verlag** von **Otto Schulze** in

———

in Gütersloh):

Geschichte
der
Pädagogik als Wissenschaft.

Nach den Quellen dargestellt
und
mit ausführlichen, wortgetreuen Auszügen aus den
Hauptwerken der angegebenen Pädagogen versehen
von
Dr. August Vogel.
XII und 410 S. gr. Lex.-8. Preis geb. 4,80 M.

————————

Dreierlei ist es, wodurch sich das vorliegende Werk
von ähnlichen seiner Art unterscheidet.

Zunächst nämlich giebt es eine Geschichte der
Pädagogik als Wissenschaft oder der systematischen
Pädagogik, welche sonst überall — wenn überhaupt —
etwa unter dem Titel „Die Philosophen" oder „Die Philosophische Pädagogik" nur nebenbei abgehandelt wird,
während die übrige Geschichte der Pädagogik im wesentlichen nur in einer Chronik zusammenhangsloser und zu-
fälliger Ansichten der bedeutendsten, oft aber auch un-
bedeutenden Pädagogen besteht. Dennoch aber sollte eine
„Geschichte" der Pädagogik nicht die Aufzählung der Erfindungen pädagogischer Kunstgriffe und Sonderbarkeiten,
sondern vor allem den Fortschritt und Zusammenhang der
sich in ihr darstellenden grossartigen Ideen berücksichtigen.

Und hiermit hängt zugleich der zweite Punkt zusammen. Es wird nicht zu viel behauptet sein, dass fast
in keiner Geschichte der Pädagogik der Fortschritt der
Ideen von einem einheitlichen Principe aus bisher
entwickelt worden ist; vielmehr ist es beliebt, als prin-
cipium dividendi einfach die Zeit oder mehrfache principia
dividendi aufzustellen, oder auch an die Marksteine, welche
Periode von Periode von einander scheiden, einfach die
Namen der hervorragendsten Pädagogen zu schreiben ohne
jegliche Klarstellung der Ideen, welche das treibende
Agens der einzelnen Zeitabschnitte bilden und dieselben
von einander trennen und auch wieder verknüpfen. Mag
auch immerhin bei'm gegentheiligen Verfahren die Gefahr

nahe liegen, daſs dem frei waltenden Geist der Geschichte hier und da Gewalt angethan wird, — eine wissenschaftliche geschichtliche Darstellung kann desselben um so weniger entbehren, als jede Erkenntniss, also auch die geschichtliche, grade auf den nothwendigen Zusammenhang ihrer Objekte sowie der sich durch sie offenbarenden Gesetze abzweckt.

Als dritte Eigenthümlichkeit dieses Werkes ist noch hervorzuheben, dass die Darstellung der charakteristischen Hauptlehren der angeführten Pädagogen in sofern eine durchaus objektive ist, als dieselbe meist wörtlich den betreffenden Werken entnommen wurde; nur wo der Zusammenhang oder sonst ein zwingender Grund es erforderte, sind die nothwendigen Aenderungen vorgenommen worden.

Was nun die Art und Weise der Bearbeitung im besondern betrifft, so ist so viel als nöthig jedesmal auf die philosophische und metaphysische Grundansicht der einzelnen Pädagogen zurückgegangen, woraus sodann ihre eigenthümlichen pädagogischen Anschauungen entwickelt und möglichst systematisch im ganzen und grossen übersichtlich dargestellt sind; hieran schliesst sich eine Charakterisierung des einzelnen Systems sowohl als auch der Stellung desselben innerhalb des ganzen Entwicklungsprocesses der Geschichte der Pädagogik. Den Schluss bildet ein wortgetreuer, ausführlicher Auszug aus den Hauptwerken der betreffenden Pädagogen, dem zur besseren Orientierung zumeist noch eine kurze Inhaltsübersich hinzugefügt ist. Auf diese Weise ersetzt das Werk im kleinen eine Bibliothek der pädagogischen Klassiker.

Inhalt.

I. Das Alterthum.

II. Das Mittelalter.

III. Die Neuzeit.

Dr. August Vogel:

Philosophisches Repetitorium, enthaltend die Geschichte
der Philosophie, Logik und Psychologie für Studierende
und Kandidaten der Philologie und Theologie. I. Teil:
Geschichte der Philosophie. 4. Aufl. 2,50 M., geb. 3 M.
II. Teil: Logik von F. Ch. Poetter. 2. Aufl. 1,80 M.,
geb. 2,20 M. III. Teil: Psychologie von F. Ch. Poetter.
2. Aufl. 1,80 M., geb. 2,20 M.

Die Geschichte der Philosophie ist hier in präziser knapper Form von
den ionischen Physikern bis auf Schopenhauer und den modernen Materialismus trefflich vorgeführt und speciell für Memorierzwecke noch eine
tabellarische Uebersicht und vergleichende Zeittabellen beigegeben. Der
praktische Nutzen liegt auf der Hand und ist durch die wiederholten Auflagen verbürgt. Auch zum schnellen Nachschlagen bei weitergehenden
Studien kann man das Büchlein leicht zur Hand haben, um sich schnell
über ein System zu orientieren, das man nur gelegentlich zu streifen
braucht, und so kostbare Zeit sparen. **Theol. Lit.-Bericht.**

Pädagogisches Repertorium für Kandidaten und Lehrer an
höheren Schulen. Eine Rundschau über alle Gebiete
der Erziehung und des Unterrichts, gesammelt aus den
Werken hervorragender Pädagogen der Neuzeit. Mit
ausführlicher Angabe der Litteratur über sämmt-
liche Disciplinen der Pädagogik. 4,50 M., geb. 5 M.

Es ist eine beachtenswerthe Arbeit, die von grossem Takt und vielem
Sachverständnis zeugt und die Summe einer ganzen Bibliothek in sich
schliesst. Das Werk enthält viel Vortreffliches und Lehrreiches, dass auch
der Praktiker und erfahrene Lehrer mit Gewinn und Interesse darin studiert. Schätzenswerth ist die beigegebene, fast vollständige Uebersicht
über die Litteratur fast sämmtlicher Zweige der Erziehung und des Unterrichts. Druck und Ausstattung ist vorzüglich. **Mtl. Lit.-Blatt, Reading.**

Lebensprobleme und Welträtsel im Lichte der neueren
Wissenschaft. Zur Orientierung über allgemein menschliche Fragen für die Gebildeten aller Stände. 2,50 M.,
geb. 3,20 M.

Lebensprobleme .·. . ., in einem nicht sehr starken Bande, der aber
zur Orientierung über allgemein menschliche Fragen sicherlich beitragen
wird. Einzelne Kapitel des Werkes, wie z. B. über die Freiheit des
Willens, den Pessimismus und den Materialismus sind in ihrer logischen
Führung vortrefflich und werden im Kampf gegen die materialistische
Weltanschauung gute Dienste thun. **Schorers Familienblatt.**

Dr. August Vogel:

Methodik des gesammten deutschen Unterrichts in der Volksschule, begründet und entwickelt aus ihrer Geschichte. VIII, 159 S. gr. 8. 2 M.

Die Mittelschule als Bildungsanstalt für den mittleren Bürgerstand. Mit Rücksicht auf die neue Schulreform. Vorschläge zur Förderung des Mittelschulwesens. 40 S. 8. 60 Pf.

Mittelschul-Pädagogik. Grundlinien einer Erziehungs- und Unterrichtslehre f. Mittel- u. Realschulen. Mit ausführl. Angabe der einschlägigen Literatur. VIII, 272 S. gr. 8. 4 M., geb. 4,50 M.

Wir empfehlen das Werk zunächst allen Mittelschullehrern aufs angelegentlichste und wünschen mit dem Verf., es möge eine nachhaltige Anregung dazu geben, dafs das wichtige Feld der „Mittelschulpädagogik" mit ebensoviel Eifer bebaut wird, als die „Volksschul- und Gymnasialpädagogik". **Theol. Lit.-Bericht.**

Die Bibel als Begleiterin durchs Leben. Die wichtigsten Stellen und Abschnitte der heiligen Schrift zum erbaulichen Gebrauch in den verschiedensten Lagen des Lebens. VIII, 206 S. 8. Ausgabe A 1 M., geb. 1,20 M. Ausgabe B geb. 1,80 M., geb. mit Goldschn. 2 M.

Ist die Pädagogik eine Wissenschaft? Eine wissenschaftliche Untersuchung. 30 S. gr. 8. 20 Pf.

Die Mutter als erste Lehrerin ihres Kindes oder Praktische Anleitung für Mütter. VIII, 32 S. 8. 20 Pf.

Gegen den Bilderkultus. Eine wissenschaftlich-pädagogische Abhandlung. 39 S. gr. 8. 20 Pf.

Schulstenographie für Schüler höherer Schulen und für Studierende. 28 S. 8. 20 Pf.

Der Elementarunterricht in seiner Grundlage. Ein Beitrag zur Förderung und Hebung des Volksschulwesens theoretisch und praktisch ausgeführt. VII, 126 S. gr. 8. 60 Pf.

Von demselben Verf. erschien bei **Langenscheidt** in **Berlin:**

Ausführliches grammat.-orthographisches Nachschlagebuch der deutschen Sprache mit Einschluss der gebräuchlichen Fremdwörter, Angabe der schwierigen Silbentrennungen und der Interpunktionsregeln. 3. Aufl. (21.—32. Tausend.) 1903. Mit einem Verzeichnis geschichtlicher und geographischer Eigennamen. XXXII u. 506 S. Eleg. geb. 2,80 M.

Vaterländische Geschichte

von Dr. Große-Bohle und C. Heppe.

I. Teil. Für die Mittelstufe der Volksschule (3., 4., 5. Schuljahr).

Ausgabe A. Für die kath. Schulen der Reg.-Bez. Arnsberg und Düsseldorf, 61. Aufl., 30 Pfg.

" C. Für alle übrigen kath. Schulen, 62. Aufl., 30 Pfg.

" B. Für die evang. Schulen (auch für die des Reg.-Bez. Düsseldorf) bearbeitet von Schulrat Schreff, 39. Aufl., 30 Pfg.

II. Teil. Für die Oberstufe der Volksschule (6.—8. bezw. 5.—8. Schuljahr).

Ausgabe A. Für die kath. Schulen der Reg.-Bez. Arnsberg und Düsseldorf, 47. Aufl., 50 Pfg.

" C. Für alle übrigen kath. Schulen, 49. Aufl., 50 Pfg.

" D. Für die evang. Schulen - der Rheinprovinz, bearbeitet von Schulrat Schreff, 22. Aufl., 50 Pfg.

" B. Für alle übrigen evang. Schulen bearbeitet von Schulrat Schreff, 21. Aufl., 50 Pfg.

Für die Brauchbarkeit und Vorzüglichkeit dieses Geschichtswerkchens spricht die große Verbreitung desselben in weit über 500 000 Exemplaren, auch redet der Umstand, daß die Düsseldorfer Schulverwaltung unter der großen Auswahl ähnlicher Erscheinungen sich dafür entschieden, die Genehmigung zur Einführung bei der Königl. Regierung nachgesucht und erhalten hat, eine so deutliche Sprache, daß ich mich jeder weiteren Anpreisung enthalten kann.

Bei beabsichtigter Einführung Probeexemplar umsonst und postfrei.

Arnsberg.   J. Stahl, Verlagsbuchhandlung.

 **deutsche**

Von O. Foltz, Eisenach.

(Verlag von Bleyl & Kaemmerer in Dr

Druck von A. Rietz & Sohn in Naumburg

Die Haüptpunkte der Psychologie
mit Berücksichtigung der Pädagogik
ℳ und einiger Verhältnisse ℳ
des gesellschaftlichen Lebens.

Von

Dr. Felsch.

VIII u. 478 Seiten gr. 8°. 1904. Geheftet Mk. 6.50;
solid in Leinw. geb. Mk. 7.60.

Schulblatt der Prov. Sachsen v. 30. XII. 1903:

Ein Lehrbuch der Psychologie muss notwendigerweise drei Eigenschaften besitzen, wenn es seinem Zwecke ganz entsprechen soll. Es muss
erstens einen festen philosophischen Standpunkt einnehmen, von dem aus
alle psychologischen Lehren ihre Beleuchtung empfangen. Es muss zweitens
den Stoff theoretisch einwandfrei darstellen, wozu ein nicht geringes Mass
philosophischer Bildung des Verfassers erforderlich ist. Drittens endlich
darf die pädagogische Anwendung an den geeigneten Stellen nicht unberücksichtigt bleiben, denn dadurch erst erlangt die Psychologie eine
praktische Bedeutung.

Das vorliegende Werk hingegen erfüllt alle gestellten Bedingungen
in hervorragendem Masse. Die in demselben vorgetragene Psychologie
gründet sich auf Erfahrung, Mathematik und Metaphysik; ihre philosophische Grundlage ist der Realismus, wie ihn Herbart gelehrt hat. Was
den zweiten Punkt betrifft, so sind die psychologischen Probleme nicht
nur mit der grösstmöglichen Gründlichkeit und Genauigkeit behandelt,
sondern der Verfasser hat es auch verstanden, seiner Darstellung eine
angenehme und leicht verständliche sprachliche Form zu geben, so dass
die Lektüre einen nicht geringen Genuss gewährt. Ueberdies ladet das
Werk durch den Hinweis auf ältere und neuere Philosophen zu dem
für jeden Gebildeten und besonders für den Lehrer notwendigen philosophischen Studium dringend ein. Mit der wissenschaftlichen Behandlung
der psychologischen Lehren begnügt sich der Verfasser noch nicht, sondern
es kommt ihm darauf an, die Theorie für die pädagogische Praxis zu verwerten, und dies geschieht in einer Weise, die jeden Leser wegen ihrer

psychologischen Ergebnisse werden aber auch als Grundlag
und Beurteilung einiger Erscheinungen des gesellschaftli
nutzt, indem gezeigt wird, wie Missstände der Gesellschaf
entstehen und wie sie verhindert werden können. Dadurch
auch für jeden Gebildeten, der sich für unsere gesellschaft
interessiert, einen nicht geringen Wert.

Alles in allem: Das vorliegende Werk bezeichnet ein
der pädagogischen Literatur der Gegenwart. Es ist wie ke
geschaffen, den sich ernstlich um seine psychologische un
Fortbildung bemühenden Lehrer als sicherer und zuver
zu dienen.

Fr.

Die Schulpflege v. 1. I. 1904:

.... Die einzige Wissenschaft, die hier sehen lehrt, ist
nur muss es eine Psychologie sein, welche die Pädagogi
Zwecke gebrauchen kann und sie muss dem Lehrer so dar
dass er durch sie wirklich sehen lernt. Das leistet das vorliegend
ragendem Masse. Seine Vorzüge sind nicht nur der äusser
Aufbau des Stoffes, nicht nur die Gründlichkeit und Klarl
die psychologische Theorie entwickelt und auf die päda
angewandt wird, nicht nur die logisch-scharfe Weise, in w
fasser die Psychologie Herbarts verteidigt, den Hauptver
finde ich darin, dass es den Leser nicht satt, sondern hung
in betracht kommenden Gebiete sind scharf umgrenzt; d
dargestellt, dass man bei jedem Kapitel zu einem Spezi
möchte, um die dargelegten Gedanken weiter zu verfolgen.
ist ein treffliches Beispiel dafür, wie man Interesse erweckt.

Wer das Material, das ein Lehrer beherrschen muss,
Unterricht eine Lust und den Kindern das Lernen eine F
schönster Ordnung beisammen haben will, der wird in den
was er sucht. Möchten sich viele solcher Suchenden finden

Badische Schulzeitung, Monatsbeilage, Februar

Ungeachtet des anspruchslosen Titels haben wir hier
legtes Werk vor uns, an dessen Hand wir das gesamte
chologie von ganz bestimmten Voraussetzungen aus durchw
der wichtigen geistigen Probleme bleibt unerörtert. Wer s
den äusserst exakten Begriffsabgrenzungen, Beobachtungen
mit unermüdlicher Frische nachzugehen, dem öffnet sich
Geistes von überraschender Klarheit. Edler, flüssiger Sti
Wissenschaftlichkeit machen das Lesen zu einem hohen g

Auch für Konferenzbesprechungen zu empfehlen

Lehrerzeitung i. Westfalen, Rheinprovinz etc. v.

.... Werden wir beim Lesen des Vorwortes schon fü
genommen, so noch mehr bei der Durchsicht der 45 Kapit
die so klar und deutlich geschrieben ist, dass sie jedermann

zur

Behandlung deutscher Gedichte
in darstellender Unterrichtsweise

von

Fritz Achenbach.

Dritte Auflage. 1904.

Erster Teil: Mittelstufe, broschiert Mk. ⋯ gebunden Mk. 2,80.
Zweiter Teil: Oberstufe, broschiert Mk. ⋯ gebunden Mk. 3,20.
Beide Teile zusammen broschiert Mk. ⋯ gebunden Mk. 4,80.

Inhaltsverzeichnis nach den Ueberschriften:

Zahlreiche Konferenzen. Lehrervereine und pädagogische Blätter haben sich eingehend mit dem Buche beschäftigt und ihren Beifall kundgegeben.

Empfohlen von der Kgl. Regierung zu Arnsberg.

Mittelschule und böh. Mä

Das zweckdienliche Buch ist sehr empfehle
Teil mithelfen an der Lösung der Aufgabe, die
ständnis und zum Gebrauch unserer herrlichen D

Hessische S

Der Verfasser zeigt in vorliegendem Buch
die für die Sprachbildung so wichtigen realistis
wertet werden können. Die inhaltliche Behandl
möglichst kurz gefaßt, das Hauptgewicht dagegen
Werkes — auf die sprachliche Verwertung geleg
wurzelnden Entwürfe, wie auch der Umstand,
die Ergebnisse der neuesten Forschung Verwertun
zu einer sehr willkommenen Handreichung beim d

Schles.

Mit Recht hebt der Verfasser in der Einleit
poetischen Inhaltes bei weitem genauer erläuter
obgleich ja die Prosa diejenige Form des Schri
im Leben besonders abfinden müssen. Er geht
ein guter Sachunterricht auch immer der beste E
handlung der einzelnen Lesestücke wird besonders
auf die Sprachfertigkeit und die Sprachrichtigke
breiter Raum wird auch der Phonetik und Oro
welches auf den neuesten Errungenschaften im sp
ist, kann jedem Schulmann empfohlen werden.

Pädagog.

Das Buch von Linde ist eine außerordentlic
und praktische Arbeit. Eine derartige Vielseitig
listischer Lesestücke schützt vor Veröbung und Wide
als lebensvollen Born erscheinen, aus dem immer
ohne daß dadurch das Werk des Dichters oder
vernichtet wird.

Mitt. aus d. Schwäb. Schu

auf historischer Grundlage.

Lehrbeispiele nach psychologischer Methode.
Von Fritz Achenbach.

Zweit Auflage. 1904. VIII, 271 S.
Preis broschiert 8 Mk., gebunden 8,60 Mk.

Schles. Schulzeitung. 1903. Nr. 31.

Der Verfasser gibt in dem vorliegenden Werke die Behandlung von 50 der schönsten und gebräuchlichsten Kirchenlieder in Lehrbeispielen nach psychologischer Methode. Er betritt mit demselben einen neuen Weg, das Kirchenlied in der Volksschule zur inneren Entwicklung des Schülers und der Vertiefung des Religionsunterrichts zu verwenden, nachdem die bisherige exegetisch-katechetische Methode in der neueren Richtung mehr und mehr an Bedeutung verloren hat.

Die Auswahl der Kirchenlieder ist eine alle kirchlichen Festzeiten, sowie die verschiedenen Lebenslagen berücksichtigende und dürfte alle billigen Ansprüche befriedigen. Die Erklärung des einzelnen Liedes ist in die Erarbeitung und Darstellung seines Inhalts aufgenommen. Der Text des Liedes ist niemals Ausgangspunkt, sondern bildet erst das Ergebnis der Behandlung desselben in der Schule. Die einzelnen Abschnitte werden vom Lehrer und Schüler gemeinsam erarbeitet. Die Art und Weise wie dies geschehen, zeigt von tiefer, aber keineswegs frömmelnder Religiosität und ist in Bezug auf sprachliche Darstellung gut und dem Standpunkte des Schülers entsprechend. Wir empfehlen das Werk allen beteiligten Kreisen.

Deutsche Schulzeitung vom 24. September 1903.

Eine derartige Behandlung des Kirchenliedes heißen wir mit Freuden willkommen. Von Anfang bis zu Ende hält dieselbe den Schüler in Spannung, da Fragen, Aufforderungen, Anregungen mit passenden Fragen in buntem Durcheinander abwechseln. Kein Stocken des Gedankenganges, kein Abschweifen in die Breite und darum keine Langweiligkeit spürt man. Alles ist dem Verständnis der Kinder angepaßt. Leicht und gleichsam spielend erscheint die Einführung der Kinder in das Verständnis, die dichterische Form und die Gemütsstimmung, die in dem Liede zum Ausdruck kommt.

Lehrer-Zeitung für Ost- und Westpreußen Oktober 1903.

Endlich einmal eine Liedererklärung, die den allein richtigen Grundsatz befolgt, die Kinder in die Stimmung hineinzuversetzen, aus der das Lied hervorquillt.   H. (L.-R.)

Praktifcher Religio

auf der Unterftufe der Ve

Eine Lehranweifung in entwickelnd=

Von

Albert Geyer

Lehrer in Kirchbittwalb=

VIII u. 264 Seiten gr. 8°. 1905. Mt. 2,

Der Verfasser bietet in dem Buche einen B
dem so bedeutsamen, aber schwierigen Felde des
Unterstufe. Er verläßt aus Ueberzeugung den
bloß darbietenden Methode und bringt 27 Gesch
Testaments in darstellender Form. Das Buch n
Hilfsmittel sein, zumal sich die Auffassung immer
entwickelnd=darstellende Unterricht wie kein anderer
Geistes berücksichtigt und die Selbsttätigkeit des C
fordert.

Fünfzig evangelifcheC

Ein Lehrbuch

für Volksschullehrer, Seminariften

Von

Hermann Hattern

Königlicher Seminarlehrer zu St

Dritte Auflage. Preis broschiert Mt. 2,—

umfassend: Geschichtliches über die methodische B
die Grundsätze der schulgemäßen Behandlung des
und Oberstufe der Volksschule und im Seminar,
16 kurz erklärte Kirchenlieder, Erzählungen über
und biographische Notizen über die bedeu

Vorliegende Arbeit ist unmittelbar aus der
was aus Anlage, Auswahl und Darbietung herr
Behandlung nötig ist, und daß sie zwei Mom
darin offenbaren, daß die Behandlung sowohl a
das Gemüt und den Willen des Kindes einzuw
sehr gut darzulegen und an Beispielen zu beweise
Werke, das in keines Lehrers Bibliothek fehlen fol
Verbreitung, da es geeignet ist in seiner Art viel

G

Druck von Paul Dünnhaupt, Cöthe

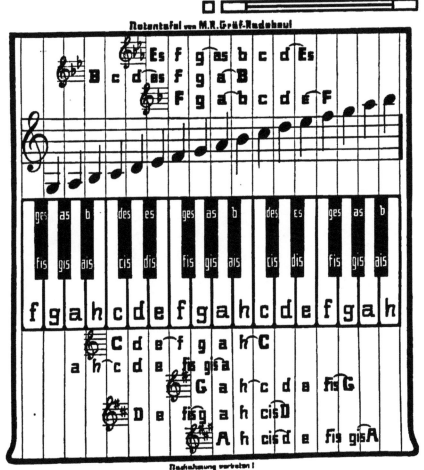

Notentafel von M. R. Gräf-Radebeul

Nachahmung verboten!

Um ohne Mehrbelastung der Gesangstunde durch zeitraubende Übungen die Schüler in kurzer Zeit zum

⊏ Singen vom Blatt ⊐

u bringen, verwende man beim Unterricht als Anschauungsmittel die Klaviatur er Notenanschauungstafel von M. R. Gräf.

In großem Landkartenformat.

Preis, unaufgezogen M. 3.80, dieselbe auf Leinwand gezogen, mit Stäben zum Aufrollen M. 6.30.

Die Tafel ist nicht in erster Linie dazu da, die Notennamen — etwas rein Äußerliches — inzuprägen, sondern um ein stark ausgeprägtes Raumgefühl zu erzeugen.

Wie wird die Anschauungstafel verwertet? Die weithin sichtbare Klaviatur wird um Singen angeschaut. Bei den methodischen Übungen, welche wir so wie so an den Anfang eder Singestunde stellen, wird zu den gesungenen Tönen mit dem Stabe auf die betreffenden

Lightning Source UK Ltd.
Milton Keynes UK
UKHW020750011218
333087UK00005B/123/P